ENTIDADES PRIVADAS COM PODERES PÚBLICOS

O Exercício de Poderes Públicos de Autoridade
por Entidades Privadas com Funções Administrativas

PEDRO GONÇALVES

ENTIDADES PRIVADAS COM PODERES PÚBLICOS

O Exercício de Poderes Públicos de Autoridade
por Entidades Privadas com Funções Administrativas

Reimpressão da edição de Outubro/2005

*Dissertação de Doutoramento em Ciências
Jurídico-Políticas na Faculdade de Direito
da Universidade de Coimbra*

ALMEDINA

ENTIDADES PRIVADAS COM PODERES PÚBLICOS
O Exercício de Poderes Públicos de Autoridade por Entidades Privadas com Funções Administrativas

AUTOR
PEDRO ANTÓNIO PIMENTA DA COSTA GONÇALVES

EDITOR
EDIÇÕES ALMEDINA, SA
Av. Fernão Magalhães, n.º 584, 5.º Andar
3000-174 Coimbra
Tel.: 239 851 904
Fax: 239 851 901
www.almedina.net
editora@almedina.net

PRÉ-IMPRESSÃO | IMPRESSÃO | ACABAMENTO
G.C. – GRÁFICA DE COIMBRA, LDA.
Palheira – Assafarge
3001-453 Coimbra
producao@graficadecoimbra.pt

Setembro, 2008

DEPÓSITO LEGAL
233362/05

Biblioteca Nacional de Portugal - Catalogação na Publicação

GONÇALVES, Pedro

Entidades privadas com poderes públicos : o exercício de
poderes públicos de autoridade por entidades privadas com
funções administrativas. - (Teses de doutoramento)
ISBN 978-972-40-2644-2

CDU   342
      347
      351

O livro que agora se publica corresponde, no essencial, ao texto apresentado, em 30 de Dezembro de 2003, como dissertação de doutoramento em Ciências Jurídico-Políticas, na Faculdade de Direito da Universidade de Coimbra.

As alterações que, para publicação, foram introduzidas repartem-se pelos aspectos seguintes:

a) *Atribuição de um novo título, mais curto, e transformação do título original em subtítulo;*

b) *Revisão e apuramento de algumas dimensões de cariz teorético, motivadas por inovadoras pistas de reflexão sugeridas pelos arguentes da dissertação, os Senhores Professores Doutores Paulo Otero e Vital Moreira;*

c) *Introdução de referências bibliográficas novas e, com uma extensão variável, alterações do texto original na sequência da respectiva leitura;*

d) *Reordenação da sequência de algumas partes ou segmentos da exposição, efectuada com o exclusivo propósito de simplificar a leitura;*

e) *Actualização de referências normativas, imposta por alterações legislativas ocorridas após a entrega da versão original.*

Coimbra, 31 de Julho de 2005

AGRADECIMENTOS

Ao longo do itinerário profissional já percorrido, tenho beneficiado do incentivo, das sugestões, dos contributos, da consideração e, sobretudo, da amizade e do afecto de muitas pessoas.

Pela importância que têm tido na minha vida académica, devo prestar sincera homenagem e registar o meu especial agradecimento a algumas delas.

Em primeiro lugar, ao Senhor Professor Rogério Soares, de quem, com imensa honra, fui assistente e que, em todas as ocasiões, me contemplou com a sua estima e confiança.

Ao Senhor Professor Vieira de Andrade, com quem aprendo todos os dias, fico a dever, além de muitos conselhos amigos, inúmeros e decisivos horizontes para uma global e lúcida compreensão dos grandes temas do Direito Administrativo; como orientador da dissertação, não esquecerei a sua sempre pronta e amável disponibilidade, bem como as suas preciosas ajudas, que, sempre, me indicaram o caminho certo, para não me perder nas labirínticas encruzilhadas da investigação.

Com os Drs. Mário Esteves de Oliveira e João Pacheco de Amorim partilho, com orgulho, a autoria de um livro, cuja elaboração me enriqueceu enormemente: foi, de facto, muito o que aprendi com eles naquele tempo de gestação do Código do Procedimento Administrativo Comentado.

Aos meus colegas da Faculdade de Direito de Coimbra, em particular às Dr.ᵃˢ Margarida Cortez e Ana Raquel Moniz e aos Drs. José Eduardo Figueiredo Dias, Licínio Lopes Martins, Rodrigo Esteves de Oliveira e Bernardo Azevedo, agradeço, além da amizade, a prestimosa ajuda que sempre me ofereceram na discussão de temas das minhas preocupações.

Ao Padre Joaquim Cerqueira Gonçalves, credor de um reconhecimento especial e da minha grande admiração.

ABREVIATURAS UTILIZADAS NA EXPOSIÇÃO

AcTC – Acórdão do Tribunal Constitucional

AcSTA/1ª – Acórdão da 1.ª Secção do Supremo Tribunal Administrativo

AcSTA/Pl – Acórdão do Pleno do Contencioso Administrativo do Supremo Tribunal Administrativo

BMJ – *Boletim do Ministério da Justiça*

BverfG – *Bundesverfassungsgericht* (Tribunal Constitucional Federal Alemão)

BverwG – *Bundesverwaltungsgericht* (Tribunal Administrativo Federal Alemão)

CJA – *Cadernos de Justiça Administrativa*

CPA – *Código do Procedimento Administrativo*

CPPT – *Código de Procedimento e de Processo Tributário*

CPTA – *Código de Processo nos Tribunais Administrativos*

CRP – *Constituição da República Portuguesa*

CVM – *Código dos Valores Mobiliários*

ETAF/1984 – *Estatuto dos Tribunais Administrativos e Fiscais*, aprovado pelo Decreto-Lei n.º 129/84, de 27 de Abril, com alterações posteriores

ETAF – *Estatuto dos Tribunais Administrativos e Fiscais*, aprovado pela Lei n.º 13/2002, de 19 de Fevereiro, com alterações posteriores

GG – *Grundgesetz* (Lei Fundamental da República Federal da Alemanha)

LAV – *Lei da Arbitragem Voluntária*: Lei n.º 31/86, de 29 de Agosto

LEMIR – *Lei-Quadro das Empresas Municipais, Intermunicipais e Regionais*: Lei n.º 58/98, de 18 de Agosto

LGT – *Lei Geral Tributária*

LADA – *Lei do Acesso aos Documentos da Administração*: Lei n.º 65/93, de 26 de Agosto, alterada pela Lei n.º 94/99, de 16 de Julho

LMunFreg – *Lei das competências e do regime jurídico de funcionamento dos órgãos dos municípios e das freguesias*: Lei n.º 169/99, de 18 de Setembro, com as alterações da Lei n.º 5-A/2002, de 11 de Janeiro

LPTA – *Lei de Processo nos Tribunais Administrativos*, aprovada pelo Decreto-Lei n.º 267/85, de 16 de Julho

LSEE – *Lei do Sector Empresarial do Estado e das Bases Gerais das Empresas Públicas do Estado*: Decreto-Lei n.º 558/99, de 17 de Dezembro

LSegPriv – *Lei da Segurança Privada*: Decreto-Lei n.º 35/2004, de 21 de Fevereiro

PGR – *Procuradoria-Geral da República*

RJEOP – *Regime Jurídico das Empreitadas de Obras Públicas*: Decreto-Lei n.º 59/99, de 2 de Março, com alterações posteriores

RJUE – *Regime Jurídico da Urbanização e da Edificação*: Decreto-Lei n.º 555/99, de 16 de Dezembro, com alterações posteriores

Tratado CE – *Tratado da Comunidade Europeia,* na versão resultante do Tratado de Amesterdão, aprovado, para ratificação, pela Resolução da Assembleia da República n.º 7/99, e ratificado pelo Decreto do Presidente da República n.º 65/99: cfr. Diário da República n.º 42, de 19/02/99;

VwGO – *Verwaltungsgerichtsordnung* (Lei do Processo Administrativo da Alemanha)

VwVfG – *Verwaltungsverfahrensgesetz* (Lei do Procedimento Administrativo da Alemanha)

INTRODUÇÃO

1. Apresentação

Uma reflexão sumária sobre as etapas mais recentes do processo de evolução do Estado Administrativo herdado do século XX conduz-nos à conclusão de que "transformação" é, provavelmente, a palavra mais certa para caracterizar, nesse âmbito, a época que vivemos[1]. Não sendo porventura rigoroso falar-se já de uma "mudança de paradigma" ou de uma radical alteração dos fundamentos do sistema tradicional, surgem, todavia, bem visíveis múltiplos sinais de profundas transformações da intensidade e das modalidades de intervenção pública no espaço social, bem como das soluções institucionais adoptadas para a realização dos interesses públicos[2]. Na presente investigação, interessa-nos destacar e enfatizar três momentos essenciais deste profundo processo de transformação[3]:

i) A cooperação mais ou menos sistemática e a conjugação ordenada dos papéis de actores públicos e privados no desenvolvimento das tradicionais finalidades do Estado Social e de Serviço Público;

ii) Sob o mote de uma "modernização administrativa", um complexo processo de "empresarialização" que, por vezes, passa pela "privatização das formas organizativas da Administração Pública"[4];

---

[1] Cfr. HENKE, "Wandel der Dogmatik des öffentlichen Rechts", p. 541 e ss; HOFF-MANN-RIEM, "Tendenzen in der Verwaltungsrechtsentwicklung, p. 433; VOSSKUHLE, "«Concetti chiave» della riforma del diritto amministrativo nella Repubblica Federale Tedesca", p. 699; SCHMIDT-ASSMANN, "El derecho administrativo general desde una perspectiva europea", p. 6.

[2] Cfr. AUBY, "La bataille de San Romano", p. 914.

[3] As coordenadas que a seguir se referem não esgotam, naturalmente, o espectro de alterações que têm sido propostas e implementadas no processo de reforma do Estado e da Administração Pública. De entre elas, limitamo-nos a indicar as que se cruzam directamente com o tema da nossa investigação.

[4] Cfr. Paulo OTERO, *Legalidade e Administração Pública*, p. 304 e ss.

iii) A promoção de mecanismos de envolvimento e de participação de particulares "interessados" na gestão de um largo leque de incumbências públicas.

Conexo com a primeira coordenada assinalada, um dos sintomas da transformação aponta para a reconfiguração do papel e das funções do Estado e para o nítido reforço da contribuição dos actores privados para a governação pública[5].

Este vector consubstancia-se, desde logo, na implementação de novos arranjos de distribuição de tarefas e de partilha de responsabilidades entre os sectores público e privado[6] baseados numa clara "lógica de emagrecimento" e numa certa "retracção" estadual[7]. Uma visão meramente empírica mostra-nos o Estado a querer acantonar-se na execução de missões mais discretas; em vez de actuar directamente, mostra preferência por usar instrumentos de regulação e de activação ou de mobilização do designado "potencial endógeno da sociedade" e do património de conhecimentos, da criatividade e da capacidade dos actores privados para resolver problemas[8].

O objectivo perseguido é, pois, o de aproveitar, na máxima medida possível, a "capacidade privada para servir objectivos públicos"[9]. Na miragem desse objectivo, o Estado serve-se de duas estratégias fundamentais: a *privatização de responsabilidades públicas* e a *activação de responsabilidades privadas*. Associadas a uma redistribuição dos papéis e das

---

[5] Cfr. FREEMAN, "The private role in public governance", p. 543 e ss.

[6] O conceito de *partilha de responsabilidades entre os sectores público e privado* é apresentado como um dos conceitos centrais dos actuais modelos organizativos de prossecução do interesse público; cfr. TRUTE, "Verantwortungsteilung als Schlüsselbegriff eines sich verändernden Verhältnisses von öffentlichem und privatem Sektor", p. 13 e ss.

[7] A retracção do Estado não é sempre voluntária, aparecendo, em larga medida, como uma consequência de poderosas forças económicas, tecnológicas e culturais, que nem os Estados mais fortes estão em condições de controlar; cfr. CREVELD, *The rise and decline of the state*, p. 336 e ss. Por outro lado, a retracção resulta também de formas de "globalização ideológica" que acentuam a importância do mercado e promovem a "desestatização da sociedade"; cfr. AUBY, "La bataille", cit., p. 914.

[8] Cfr. VOSSKUHLE, Ob. cit., p. 746; OSSENBÜHL, "Die Erfüllung von Verwaltungsaufgaben durch Private", p. 148.

[9] Cfr. FREEMAN, "The private role", cit., p. 549.

responsabilidades entre o Estado e a Sociedade[10], estas estratégias apontam para um nítido reforço da responsabilidade dos actores privados na realização do bem comum[11] e estão na origem de inovadoras formas de "auto-regulação privada publicamente regulada"[12].

As razões que explicam a referida reordenação de papéis são múltiplas.

A conjugação da crua realidade dos "défices públicos" com a "ideologia imperante", a qual vem sublinhando a "glorificação da eficiência económica do sector privado"[13], assume, neste cenário, um relevo decisivo. Mas a ideia e a lógica do "regresso ao mercado" baseiam-se também na própria complexidade dos problemas do nosso tempo, os quais não se deixam solucionar sem o concurso de conhecimentos e de capacidades (empresariais, científicas e tecnológicas) de que o Estado efectivamente não dispõe. Neste sentido, diz-se, com razão, que o processo de privatização não tem sido só motivado por razões ideológicas, mas também por decisivos factores de ordem pragmática[14].

O ambiente que vimos descrevendo, caracterizado por uma visível alteração do âmbito e dos conteúdos das responsabilidades públicas, apresenta-nos uma vertente da crescente intervenção dos particulares, apontando fundamentalmente para um alargamento do perímetro da esfera da Sociedade. Envolvido nesse processo está, repete-se, a reordenação de papéis e, por conseguinte, uma alteração que se repercute no plano das relações externas, das relações que se processam entre Estado e Sociedade.

Mas, além disso, o imperativo da implementação de um sistema administrativo "que funcione melhor e a custos mais baixos" e o esforço da "reinvenção da governação"[15] vão explicar também o reforço do

---

[10] Sobre as dimensões da nova correlação entre Estado e Sociedade no domínio da execução de funções públicas, cfr. Dolors CANALS I AMETLLER, *El ejercicio por particulares de funciones de autoridad*, p. 72 e ss.

[11] Cfr. BURGI, *Funktionale Privatisierung und Verwaltungshilfe*, p. 88.

[12] Cfr. SCHMIDT-PREUSS, "Verwaltung und Verwaltungsrecht zwischen gesellschaftlicher Selbstregulierung und staatlicher Steuerung", p. 162; SEIDEL, *Privater Sachverstand und staatliche Garantenstellung im Verwaltungsrecht*, p. 21; BURGI, Ob. cit., p. 87 e ss.

[13] Cfr. TAGGART, "The province of administrative law determined?", p. 3.

[14] Cfr. FREEMAN, "Extending public law norms through privatization", p. 1295.

[15] Cfr. HUNT, "Constitutionalism and the contractualisation of government in the United Kingdom", p. 21.

papel dos actores privados no domínio da realização dos interesses e dos fins que, apesar de tudo, o Estado continua a ter de prosseguir.

Neste outro contexto, situam-se os variados processos de *privatização no âmbito da execução de tarefas públicas* e, entre eles, a *delegação de funções administrativas e de poderes públicos em particulares*.

Embora venham crescendo num contexto geral marcado pela expansão do papel da Sociedade e pelo recuo do Estado, a delegação de funções públicas em particulares e a "governação pública por delegados"[16] representam, dentro desse processo, um fenómeno com contornos específicos[17]. Com efeito, como outras formas de privatização no âmbito da execução de tarefas públicas, a delegação de funções públicas em particulares situa-se no interior da esfera pública e, pelo menos aparentemente, não provoca perturbações no quadro geral de relacionamento entre o Estado e a Sociedade.

Trata-se, de resto, como se sabe, de um expediente que não é novo – ele tem aliás uma longa história – e que, apesar de tudo, não foi ignorado durante o período da máxima força de intervenção pública. A verdade, contudo, é que há uma diferença assinalável entre o uso que se fazia da participação privada na execução de tarefas públicas, durante uma grande parte do século XX, e aquele que se tem vindo a fazer nos nossos dias. A diferença resulta logo da própria natureza das tarefas públicas para cuja execução os actores privados vêm sendo convocados. Pela via da clássica "técnica concessória", eles eram desafiados a assumir responsabilidades no domínio da gestão e da exploração de serviços públicos ou de outras actividades públicas de natureza essencialmente técnica e empresarial. Tratava-se, em todo o caso, de uma participação na execução de tarefas estaduais periféricas, de "policy implementation"[18], que, pode dizer-se, estava ainda "conforme com a ordem natural das coisas"[19]. Actualmente, todavia, os particulares são chamados a assumir responsabilidades de execução de tarefas *nucleares* do Estado, que correspondem, em certa medida, à mais profunda razão de ser – e da exis-

---

[16] Cfr. DIIULIO Jr., "Government by proxy: a faithful overview", p. 1271 e ss.

[17] Neste sentido e chamando a atenção para a exigência de evitar confusões, cfr., por todos, BURGI, "Der Beliehene – ein Klassiker im modernen Verwaltungsrecht", p. 585.

[18] Cfr. FREEMAN, "Private parties, public functions and the new administrative law", p. 823.

[19] Cfr. CHAPUS, *Droit administratif général*, I, p. 159.

tência – do próprio Estado[20]: a gestão global das prisões, a manutenção da ordem e da tranquilidade públicas e a definição de parâmetros e o controlo das condições de segurança técnica são apenas alguns exemplos de tarefas de "policy making" em que os particulares espontaneamente se envolvem ou se vêem estrategicamente envolvidos[21]. Como já foi observado com precisão, o aspecto verdadeiramente inovador das actuais formas de *contracting out* do Estado reside no espectacular alargamento do universo de funções delegáveis[22] e na percepção da surpreendente delegabilidade de certas missões públicas[23].

Por outro lado – e aludimos agora a um dos mais relevantes vectores da crescente influência de actores privados na definição das políticas e na tomada de decisões de relevo público –, deve ter-se presente que, por força da já sugerida tendência de *government downsizing*, a Administração Pública se encontra cada vez menos apetrechada para controlar os pressupostos de muitas das decisões que, formalmente, tem de tomar. Há, neste domínio, preocupantes processos e formas de uma intervenção informal e desregulada de particulares no exercício de poderes administrativos. Embora chamados para *auxiliar* a Administração na execução de tarefas que, no plano formal, se mantêm sob direcção pública[24], os particulares acabam muitas vezes por ter a *palavra decisiva* sobre o conteúdo de decisões públicas, as quais, afinal, são pouco mais do que meros actos de ratificação ritual de propostas privadas. Fala-se, nesse contexto, de "delegações fácticas" de funções e de poderes públicos[25].

Sem se considerar, ingénua e fatalisticamente, que o processo que tem conduzido ao envolvimento crescente de actores privados na exe-

---

[20] Na expressão – crítica – de FREEMAN, "Private parties", cit., p. 824, trata-se de tarefas *intrinsecamente públicas por natureza*. Sobre a privatização como processo de "delegação" e de "partilha de autoridade" entre Estado e entidades particulares, cfr. METZGER, "Privatization as delegation", p. 1369 e ss.

[21] Sobre estas alterações, cfr. LEONARDIS, *Soggettività privata e azione amministrativa*, p. 93 e ss.

[22] Cfr. FREEMAN, "The contracting state", p. 162.

[23] Sobre a *delegabilidade* ("délégabilité") de *serviços públicos administrativos*, cfr. PEREON, "La délégation des services publics administratifs", p. 1449 (onde se observa que, no imaginário colectivo francês, a noção de serviços públicos administrativos remete para a ideia de serviços a executar por pessoas públicas).

[24] Sobre o conceito de "responsabilidade de direcção", cfr. BURGI, *Funktionale*, cit., p. 160.

[25] Cfr. SEIDEL, Ob. cit., p. 32.

cução de tarefas públicas não consente retrocessos[26], afigura-se, todavia, forçoso reconhecer que, nas suas múltiplas formas, os expedientes da delegação de funções administrativas e de poderes públicos no sector privado constituem uma das marcas decisivas do nosso tempo[27].

Uma outra coordenada tem-se desenvolvido sob os motes da "Nova Gestão Pública" e da empresarialização da máquina administrativa[28]. O objectivo é, em geral, o da implementação de um sistema administrativo baseado na "cultura de empresa", orientado para os resultados e dirigido por gestores que se pautam por regras de mercado e de gestão empresarial[29]. Apesar de se tratar de um fenómeno de espectro mais largo, um dos vectores da empresarialização reside na designada "privatização formal da Administração Pública", a qual se traduz na entrega da gestão de tarefas públicas a entidades criadas por iniciativa pública num formato de direito privado.

Envolvido num contexto que o apresenta como uma "mera" opção sobre a forma jurídica da entidade responsável pela execução de uma tarefa pública, esse fenómeno tem todavia repercussões (por ex., quanto à orientação e fiscalização da entidade privada) que ultrapassam em muito a sua aparente projecção meramente técnica[30]. Tais repercussões apresentam-se, decerto, tanto mais significativas quanto mais sensível se

---

[26] Apesar da sua importância actual, deve ter-se presente que o crescimento da intervenção dos particulares na execução de tarefas públicas e na prossecução do interesse público não é o "fim da história". Aqui e ali, há até sinais de um certo *retrocesso* nesse processo de crescimento, sinais que têm surgido na sequência de balanços fortemente negativos da actuação de actores privados: foi o que, por exemplo, se verificou nos Estados Unidos, na sequência do 11 de Setembro de 2001, quando o Governo assumiu a responsabilidade do controlo das pessoas e das bagagens nos aeroportos, tarefa, até ali, confiada às companhias aéreas; cfr. SCHWARCZ, "Private ordering", p. 341.

[27] Neste sentido, cfr. AMAN Jr. "Administrative law for a new century", pp. 91 e 98 e ss; DIIULIO Jr., Ob. cit., p. 1271; METZGER, Ob. cit., p. 1370.

[28] Referindo-se, neste contexto, a uma "substituição do *paradigma burocrático* da administração pelo paradigma administrativo-empresarial", cfr. J.J. Gomes CANOTILHO, "O direito constitucional passa; o direito administrativo passa também", p. 708.

[29] Sobre a "Nova Gestão Pública", cfr. WOLFF/BACHOF/STOBER, *Verwaltungsrecht*, 1, p. 48 e ss; PÜTTNER, *Verwaltungslehre*, p. 260 e ss; WALLERATH, "Der ökonomisierte Staat", p. 209 e ss. Em Portugal, cfr. as *Linhas de Orientação para a Reforma da Administração Pública* (Resolução do Conselho de Ministros n.° 95/2003: DR, 1.ª/B, de 30 de Julho).

[30] Neste sentido, por todos, cfr. EHLERS, *Verwaltung in Privatrechtsform*, p. 109.

revela a natureza das funções confiadas às novas entidades em forma privada, mas de substância pública. É aliás por não ter uma projecção apenas técnica que alguma doutrina esclarece que esta forma de privatização orgânica não configura um mero processo de privatização *formal*, representando antes uma autêntica *transferência* da execução de uma tarefa pública para uma entidade privada, autónoma e com a sua personalidade própria, que apresenta a especificidade de pertencer ao Estado ou a outra entidade pública[31].

Como é conhecido, a adopção de formas organizativas privadas para a gestão de tarefas públicas não representa uma novidade: a "Administração Pública em forma privada" já existe há muito tempo (associada à iniciativa económica pública). Contudo, actualmente, o cenário apresenta uma nova fisionomia, quer porque se generalizou, quer porque comporta a criação de entidades privadas para o desempenho de tarefas administrativas de natureza não comercial (*v.g.*, prestação de cuidados de saúde) e mesmo para a execução de genuínas funções públicas de autoridade (*v.g.*, funções de administração de portos e de regulação da actividade portuária)[32]. Assim e ao contrário do que se poderia eventualmente ver como implicação lógica da adopção da forma privada[33], tais entidades são, por vezes, investidas de poderes públicos de autoridade (em certos casos, com uma extensão considerável).

Mesmo entendendo-se que o são apenas *formalmente*, as entidades que nascem desse processo revelam-se *entidades privadas*, razão por que, na medida em que apareçam investidas de poderes públicos, também a elas dedicaremos a nossa atenção. Limitando-nos por agora a alguns exemplos colhidos no direito estrangeiro, referiremos, nos Estados Unidos, o *Public Company Accounting Oversight Board* – um organismo privado incumbido de extensos poderes regulamentares, de registo, de fiscalização e de disciplina das empresas de auditoria financeira –, criado em 2002, por uma lei do Congresso Americano, na sequência do escândalo financeiro ENRON[34], e, na Alemanha, a *DFS, Deutsche*

---

[31] Cfr. KÄMMERER, *Privatisierung*, pp. 35 e 41.

[32] Associando a criação pública de entidades de formato privado às exigências de "reinvenção da governação", cfr. FROOMKIN, "Reinventing the government corporation", p. 543 e ss.

[33] Pois, como alguns dizem, a adopção do formato privado parece dever ser entendida como uma espécie de renúncia ao uso dos instrumentos de actuação do direito público: cfr. EHLERS, *Verwaltung in Privatrechtsform*, cit., p. 110.

[34] Cfr. Sarbanes-Oxley Act of 2002: Pub. L. No. 107-2, H.R.3763.

Flugsicherung GmbH, uma sociedade comercial de responsabilidade limitada, com capital exclusivamente estadual investida de funções e poderes públicos no âmbito do controlo do tráfego aéreo[35].

Por fim, há uma terceira coordenada de carácter geral que também tem implicações na delimitação do âmbito da figura de que aqui se vai tratar e que pode considerar-se expressão de um "poder público corporativo"[36]: referimo-nos à tendência – que também não é nova – para confiar a responsabilidade da execução de certas tarefas públicas aos próprios interessados, em sistema de *auto-administração*. Na grande maioria dos casos, os suportes institucionais desse esquema são figuras subjectivas de direito público (máxime, associações públicas), situação que está naturalmente fora do objecto deste estudo. Mas, como o admite alguma da mais relevante doutrina, o suporte institucional dos sistemas de auto-administração pode ser também uma entidade de direito privado (*v.g.*, uma associação criada nos termos do Código Civil, que congrega os agentes económicos interessados na regulação da produção e do comércio de um produto, ou uma associação, "comissão" ou organismo representativo criado por lei com estatuto de direito privado). Poderemos assim ter uma entidade privada investida de funções e de poderes públicos que interessem especialmente às pessoas por ela representadas. Também

---

[35] A possibilidade de delegação dessas funções de "administração do tráfego aéreo" numa entidade organizada num formato de direito privado encontra-se expressamente previsto no artigo 87–D da *GG*. A actual redacção dessa disposição foi introduzida em 1992. Antes dessa data, a *GG* não conferia ao legislador a faculdade de optar por uma forma de organização privada para as tarefas de administração do tráfego aéreo. Isso explicou a recusa de promulgação (pelo então Presidente Richard von Weizsäcker), em 1991, de uma lei que atribuía aquelas tarefas a uma sociedade de responsabilidade limitada de capitais exclusivamente públicos. A decisão presidencial baseou-se no facto de a atribuição de funções de "polícia aérea" a uma organização de direito privado infringir o disposto no artigo 33, IV, da *GG*, segundo o qual o exercício, com carácter permanente, de competências públicas deverá em regra ser confiado a funcionários dos serviços públicos sujeitos a uma relação jurídica pública de serviço e de lealdade: cfr. RIEDEL/ SCHMIDT, "Die Nichtausfertigung des Gesetzes zur Privatisierung der Flugsicherung durch den Bundespräsidenten", p. 374 e ss; sobre a *DFS* e o grau de fiscalização pública a que está sujeita, cfr. PABST/SCHWARTMANN, "Privatisierte Staatsverwaltung und staatliche Aufsicht", p. 315 e ss.

[36] Cfr. DEDERER, *Korporative Staatsgewalt*, p. 25 e ss; o conceito de "poder público corporativo" surge nesta obra para significar a *integração de interesses privados organizados no processo de realização de funções públicas*.

aqui haverá, então, formas de delegação de poderes públicos em entidades privadas, pelo que os temas do "pluralismo sociológico" no sistema de organização administrativa[37] acabam, assim, por se cruzar com a nossa investigação. Neste contexto, pode chamar-se desde já a atenção para o facto de, na nossa interpretação, estas formas de exercício privado e associativo de funções e poderes públicos favorecerem ou aumentarem certos riscos, como, por ex., os de a função e os poderes públicos não serem exercidos de acordo com as exigências mínimas de um "due process"[38], bem como os que resultam, aqui, de um "quase inconsciente" abrandamento dos poderes de ingerência do Estado. Um tal abrandamento, ou até omissão, propicia condições favoráveis à emergência de uma "administração paralela" (não motivada no seu agir por razões de interesse público nem regida por critérios jurídicos)[39] e, por conseguinte, à não desejada perda do sentido público da tarefa e dos poderes delegados[40], por força da intromissão de "motivos privados em domínios públicos"[41].

---

[37] Cfr. ANDREANI, *Crisi e metamorfosi del potere ejecutivo*, p. 12 e ss.

[38] Como veremos, os raros casos em que a justiça federal norte-americana invalidou delegações de funções públicas em actores privados estão relacionados com a garantia do "due process" – cfr. *infra*.

[39] "La administración paralela" é o título de um livro de A. GORDILLO sobre o fenómeno – que ele designa por "para-sistema jurídico-administrativo" ou "sistema administrativo paralelo" – traduzido no facto de as relações entre a Administração e os cidadãos se desenrolarem com frequência no contexto de uma generalizada violação da ordem jurídica estabelecida; em vez de seguir os procedimentos previstos para exercer o seu "direito", o cidadão que pretenda algo da Administração tentará encontrar alguém dentro do sistema que lhe faça um "favor" (p. 35). Para o Autor, a "administração paralela" não é pois uma outra Administração Pública; pelo contrário, estão envolvidas sempre as mesmas pessoas, que, umas vezes, se comportam em conformidade com a ordem jurídica formal e, outras, se pautam por outros critérios. No nosso texto, não é este o sentido que damos ao conceito de "administração paralela", sendo nosso propósito alertar para o risco de o exercício privado de funções públicas e poderes públicos poder vir a dar origem a um "sistema administrativo regido por regras específicas", diferentes das que estão formalmente estabelecidas para reger o agir geral da Administração Pública. Usando o conceito de "Administração paralela" ainda num outro sentido, para referir a Administração Pública sob forma privada, cfr. Paulo OTERO, *O Poder de Substituição em Direito Administrativo*, p. 747-8, e *Vinculação e Liberdade de Conformação Jurídica do Sector Empresarial do Estado*, p. 228.

[40] Cfr. STEINER, *Öffentliche Verwaltung durch Private*, p. 263 e ss.

[41] Cfr. MINOW, Ob. cit., p. 1234.

A outorga de funções públicas a colectividades de interessados potencia os riscos referidos, mas, importa dizê-lo, estes não estão ausentes noutras formas de exercício de funções e poderes públicos por entidades particulares.

2. Relevância e actualidade do estudo

Perante o universo das alterações referidas no ponto anterior, o jurista dedicado ao direito administrativo não pode deixar de sentir a exigência premente de compreender as alterações que vão ocorrendo, de lhes descobrir o verdadeiro sentido, de antecipar as implicações e os perigos que podem estar-lhes associados e, na medida do possível, de descortinar a regulação jurídica pela qual elas devem ser disciplinadas. Mesmo evitando o extremo de se preconizar um "via alternativa" para o estudo do direito administrativo ou a necessidade de se pensar um "novo direito administrativo, com novas fronteiras"[42], impõe-se reconhecer que o grau e a qualidade da intervenção que os actores privados vêm assumindo na prossecução dos interesses públicos e dos fins institucionais do Estado reclamam a especial atenção do jurista para a inadiável tarefa de estruturação de um *direito administrativo da cooperação*[43], de *garantia*[44] ou da *"pós-privatização*[45]. O desafio é, pois, o de, neste "tempo de transição"[46], pensar e conceber um direito administrativo que ponha no terreno as necessárias adaptações institucionais, que consolide a exigência da assunção efectiva de responsabilidades por parte da Administração

---

[42] O tema do "new administrative law" – associado sobretudo ao alargamento da "província do direito administrativo" – vem sendo agitado no espaço anglo-saxónico na sequência do processo de privatização e de empresarialização do "business of government"; cfr. FREEMAN: "The private role", cit., p. 547, e "Private parties", cit., p. 815; BATEUP, "Power v State: some cultural foucauldian reflections on administrative law, corporatisation and privatisation", p. 85 e ss; MULLAN, "Administrative law at the margins", p. 134 e ss.

[43] Cfr. WEISS, "Beteiligung privater an der Wahrnehmung öffentlicher Aufgaben und staatliche Verantwortung", p. 1178 e ss.

[44] Cfr. VOSSKUHLE, "Beteiligung Privater an der Wahrnehmung öffentlicher Aufgaben und staatliche Verantwortung", p. 304.

[45] Cfr. TRUTE, "The after privatization", p. 212.

[46] Aludindo aos actuais *Übergangsjahre*, em que o velho e o novo convivem e se equilibram, cfr. CASSESE, "Tendenze e problemi del diritto amministrativo", p. 912.

Pública e que, além do mais, não deixe de ter presente que, apesar da ênfase actualmente dispensada ao papel dos actores privados, estes não possuem uma tradição institucional de servir o interesse público[47]. Neste tempo de exuberante entusiasmo e de profunda crença nos bons resultados da contribuição privada para a realização dos fins públicos, importa não negligenciar o risco, que existe, de, a final, saírem comprometidos ou diluídos alguns dos mais fundamentais "valores de direito público"[48].

Por outro lado, a criação, por iniciativa pública, de entidades em formato privado, mas com funções de autoridade e com vastos poderes públicos, representa também um desafio novo para o jurista dedicado ao direito administrativo. Apesar de não se revelar, nesse caso, o perigo de um conflito entre interesse público e interesses privados, há outros motivos de preocupação que não podem ser negligenciados.

Pela nossa parte, o contributo que oferecemos passa, fundamentalmente, pela tentativa de compreender o sentido e o alcance de algumas das transformações que se estão verificando, conferindo, nesse contexto, um especial destaque ao fenómeno que se traduz na delegação de poderes públicos de autoridade em entidades privadas que participam no desempenho da função administrativa[49].

Como se supõe estar já claro, o exercício de poderes públicos por entidades privadas interessa-nos apenas na medida em que estas entidades participam na função administrativa. Nestes termos, sempre que, no texto subsequente, nos referirmos ao "exercício privado de poderes públicos", ao "exercício de poderes públicos administrativos por entidades privadas", ao "exercício privado de poderes públicos da função administrativa" ou expressões próximas temos em vista a situação das entidades privadas que participam na execução de uma função administrativa investidas de poderes públicos de autoridade. Por outro lado e salvo indicação em sentido diferente, os conceitos de "poderes públicos"

---

[47] Cfr. FREEMAN, "Private parties", cit., p. 852[97].

[48] Cfr. MINOW, "Public and private partnerships: accounting for the new religion", p. 1246. Como alguns notam, as novas formas de colaboração e de participação privadas na prossecução dos interesses públicos reclamam a exportação de alguns "valores de direito público" tradicionais para o mundo jurídico-privado: cfr. TAGGART, Ob. cit., p. 3; FREEMAN, "Extending public law norms", cit., p. 1285 e ss.

[49] A literatura norte-americana refere-se à delegação de funções e de poderes públicos em actores privados como uma "delegação privada" (*private delegation*); nesse sentido e por todos, cfr. LAWRENCE, "Private exercise of governmental power", p. 647.

ou "poderes administrativos" serão indistintamente usados com o significado de "poderes públicos de autoridade".

O fenómeno do exercício de poderes públicos por entidades privadas não é exclusivo do *Estado de Garantia*[50] do nosso tempo. As suas inúmeras e conhecidas manifestações no passado levam-nos a concluir que não vamos analisar uma realidade jurídica nova ou sequer recente. Além disso e como seria aliás de esperar, trata-se de uma realidade que não é privativa ou exclusiva do direito português: muitos dos exemplos que a ilustram entre nós encontram paralelo noutras ordens jurídicas europeias e no direito norte-americano.

Quanto à sua projecção na actualidade, deve dizer-se que a importância e a extensão por ele adquiridas são de certo modo surpreendentes, sobretudo se for tido em conta que, ainda não há muito tempo, a mais autorizada doutrina destacava o carácter dificilmente conciliável do exercício privado de funções públicas com as concepções de organização da coisa pública[51]. A percepcionada "tendência moderna para conferir poderes de autoridade a pessoas colectivas de direito privado"[52] não passava de uma possibilidade teórica com uma parca ressonância na realidade administrativa. Tratava-se, de resto, de uma possibilidade em geral desvalorizada e mesmo rejeitada, pelo menos por alguma doutrina, que via com desconfiança a entrega de poderes públicos a entidades privadas[53]. Para ilustrar a hostilidade diante do fenómeno, dizia-se que a delegação abria a porta à intrusão de "corpos estranhos" no seio da organização pública[54]. O ambiente adverso em redor do exercício privado de funções

---

[50] Cfr. VOSSKUHLE, "Beteiligung Privater", cit., p. 284; sobre a ideia de *Estado de Garantia* como modelo explicativo das transformações do Estado, cfr. FRANZIUS, "Der «Gewährleistungsstaat» – ein neues Leitbild für den sich wandelnden Staat", p. 493 e ss.

[51] Cfr. Rogério Ehrhardt SOARES, *Direito Administrativo* (1980), p. 12.

[52] Referindo-se à "tendência moderna para conferir poderes de autoridade a pessoas colectivas de direito privado", cfr. Marcello CAETANO, *Manual de Direito Administrativo*, I, p. 184.

[53] Desconfiança que resulta, em parte, da memória dos antecedentes históricos do exercício privado de funções públicas (HUBER, "Beliehene Verbände", p. 456) e, consequentemente, da percepção do risco de uma nova forma de feudalismo ou de uma "privatização" material das tarefas estaduais (STEINER, *Öffentliche*, cit., p. 263), por força da eventual sobreposição do "querer privado" sobre o "dever ser público"; cfr. BANSCH, *Die Beleihung als verfassungsrechtliche Problem*, p. 115; LAWRENCE, Ob. cit., p. 647.

[54] Cfr. RUPP, in *JZ*, 1968, p. 300.

públicas, conjugado com a sua escassa aplicação na realidade e na prática administrativas, justificava a verificação de uma "fase recessiva" da figura[55], abertamente considerada uma realidade jurídica do passado, um fóssil[56].

Todavia, em pouco mais de um quarto de século, a situação alterou--se profundamente, permitindo-nos dizer que está hoje plenamente confirmado o vaticínio que Tomás-Ramón Fernández formulou em 1972, segundo o qual o exercício de funções e de poderes públicos por entidades privadas teria de ser considerado um tema capital, não tanto pelo que significava nessa época, mas sobretudo pelo que poderia vir a significar num futuro próximo[57]. O tempo provou o acerto do prognóstico. A ideia do exercício privado de poderes públicos é hoje uma das categorias mais populares do direito administrativo[58]. Diremos, por isso, que a outorga de funções e de poderes públicos a entidades privadas não constitui uma realidade jurídica fossilizada, estando, hoje mais do que nunca, na ordem do dia da dogmática e da realidade jurídico-administrativa[59]. Aliás, pode até afirmar-se que o ambiente vivido em redor do actual "renascimento"[60] do instituto caminha no sentido da aceitação generosa, sendo frequente verificar o exercício privado de funções e de poderes públicos como uma ocorrência "vulgar" ou "corrente", a qual já não inquieta sequer o espírito do jurista[61]. Tudo isso, apesar de, aqui e ali, sobreviverem resquícios

---

[55] Cfr. GALATERIA/STIPO, *Manuale di Diritto Amministrativo*, p. 168; GALLI, *Corso di diritto amministrativo*, p. 547.

[56] Cfr. REUSS, *Die Organisation der Wirtschaft*, p. 130.

[57] Cfr. TOMAS-RAMON FERNANDEZ, *Derecho administrativo, sindicatos y auto-administración*, p. 28.

[58] Cfr. BURGI, "Der Beliehene", cit., p. 581.

[59] Cfr. STEINER, "Fragen der Beleihungsdogmatik aus österreischischer und deutscher Sicht", pp. 605 e 617.

[60] Cfr. HEINTZEN, "Beteiligung Privater an der Wahrnehmung öffentlicher Aufgaben und staatliche Verantwortung", p. 241.

[61] É claro que não estamos a pretender sugerir a existência de uma espécie de unanimidade acrítica em volta da aceitação da delegação de poderes públicos em privados. Essa unanimidade não existe, havendo até autores que sublinham o perigo e a gravidade do fenómeno para a liberdade e para o Estado de direito (é, por ex., o caso de CHAPUS, Ob. cit., p. 159, ou de LOPEZ MENUDO, "El derecho administrativo como derecho especial e excepcional de algunos entes públicos", p. 574). Quando nos referimos ao facto de a figura já não inquietar o espírito do jurista (sobretudo do jurista decisor), estamos sobretudo a pensar numa certa "ligeireza" que perpassa algumas decisões jurisdicionais, que parecem lidar com o exercício privado de poderes públicos (e a

de uma certa "antipatia teórica" perante a figura, considerando-se, por ex., que ela ocupa uma "zona mais ou menos misteriosa"[62].

Sintomático e consequência do relevo que o exercício privado de poderes públicos vem assumindo nos tempos mais recentes é, entre nós, o facto de, desde a sua quarta revisão (1997), a CRP incluir, num artigo sobre a estrutura da Administração, uma disposição a estabelecer que *"as entidades privadas que exerçam poderes públicos podem ser sujeitas, nos termos da lei, a fiscalização administrativa"* (artigo 267.º/6). Como Udo Steiner, a propósito de duas disposições da *GG*[63], também nós podemos dizer que, em resultado da sua utilização crescente na prática administrativa, a figura parece ter sido "acreditada" ao nível mais elevado do ordenamento jurídico[64].

3. Considerações metodológicas e precisão do objecto do estudo

Apesar de se ter tornado mais ou menos corrente e de aplicação universalizada, o exercício privado de poderes públicos de autoridade não deixa *naturalmente* de ser uma "figura problemática": é, aliás, nesses termos que a vamos encarar nesta dissertação[65].

A ênfase conferida à necessidade de uma abordagem problemática não pretende, contudo, insinuar qualquer apriorística compreensão negativa sobre a figura. Aliás, só por si, a variedade das suas manifestações – suscitando problemas de equação muito diferenciada – leva-nos até a alertar para os perigos em que pode incorrer quem, apoiado numa ideia preconcebida ou confiando na pura intuição, pretenda formular um juízo genérico e definitivo sobre a bondade ou a perversidade do exercício privado de poderes públicos de autoridade.

---

prática de actos administrativos por entidades privadas) como um fenómeno vulgar, aceite sem qualquer estranheza ou esforço argumentativo sério.

[62] Cfr. João CAUPERS, *Introdução ao Direito Administrativo*, p. 32.

[63] Cfr. artigos 143.º–A, 1, 3.ª fr., e, sobretudo, 143.º–B, 3, 2.ª fr.

[64] Cfr. STEINER, "Fragen", cit., p. 605.

[65] No sentido de que todas as formas de participação de entidades particulares na execução de funções públicas representam uma "anomalia" que carece de ser esclarecida, uma vez que a situação normal consiste na execução de funções públicas por entidades públicas, cfr. HEINTZEN, Ob. cit., p. 222.

Tendo tudo isso em conta, a acentuação do carácter problemático pretende apenas anunciar a necessidade de abordar com rigor metodológico a complexidade do problema. Essa é, de resto, uma exigência logo sentida no primeiro contacto com os elementos constitutivos do exercício privado de poderes públicos, os quais imediatamente nos denunciam a "situação anómala" e até "paradoxal" (de um ponto de vista estritamente jurídico e formal) que a figura exprime[66]: referimo-nos, naturalmente, ao facto de nela se juntarem elementos que pertencem à esfera do direito público ("poderes públicos de autoridade") com outros que pertencem à esfera do direito privado ("entidades privadas").

De forma paradigmática na hipótese da delegação de poderes públicos de autoridade em *particulares*, a figura assenta numa *divergência* entre a natureza de uma *entidade* e a natureza dos *poderes* de que aparece investida[67]: há nela uma contradição institucional e uma tensão interna que estão na origem de um dilema permanente entre, por um lado, o estatuto privado e, por outro, a função pública e os poderes públicos[68]. A posição do particular com poderes públicos de autoridade está, de facto, marcada pela *duplicidade*: assim, por ex., como entidade particular, é titular de direitos fundamentais, mas, no exercício de funções e poderes públicos, tem de ser tratado como "entidade pública" para efeitos de vinculação pelos direitos fundamentais[69].

Há, por outro lado, na base do exercício privado de poderes públicos de autoridade, uma aporia: em grande medida, a figura é favorecida pela "eficiência privada" (*lato sensu*), pelos métodos e instrumentos de acção específicos do direito privado, vantagens que explicam o recurso por parte da Administração Pública a entidades privadas e a propensão para os formatos de direito privado; porém, depois, estas entidades acabam por ficar investidas do poder de usar, na execução das tarefas de que ficam incumbidas, instrumentos específicos e exclusivos de direito público.

---

[66] A figura de "paradoxo" é usada por MARTENS, *Öffentliche als Rechtsbegriff*, p. 123, ao referir-se ao facto de *particulares* serem investidos de *funções públicas*.

[67] Ainda que com um alcance ligeiramente diferente, a "divergência entre estatuto privado e função pública" é para STEINER, "Öffentliche Verwaltung durch Private", p. 531, a questão central da dogmática da "administração por particulares".

[68] Cfr. STEINER, "Fragen", cit., p. 614 e ss.

[69] Cfr. STEINER, *Öffentliche Verwaltung*, cit., p. 264; BURGI, "Der Beliehene", cit., p. 592.

A aporia formal e a dualidade em que se baseia o exercício privado de poderes públicos de autoridade explicam que o instituto seja aqui abordado, desde o início, em termos problemáticos. À mesma conclusão nos conduz também a consideração de aspectos ligados ao conteúdo do fenómeno. Desse ponto de vista, há ainda um extenso leque de questões de resolução difícil, como, por ex., as que estão conexas com os *termos* de aceitabilidade jurídica da delegação de poderes públicos em entidades privadas[70] e com os seus *limites* e a sua *extensão* possível, bem como com o desenho do *regime jurídico* que a disciplina.

Também para a mesma conclusão concorre a natureza das consequências que advêm do facto de se entender que um fenómeno determinado representa ou ilustra uma aplicação da figura. Quando for esse o caso, segue-se imediatamente um conjunto de efeitos de vária ordem: o primeiro traduz-se na submissão da actuação pública da entidade privada ao direito administrativo. Simultaneamente, decorre disso que os actos que a entidade privada pratica, nesse âmbito, vão ser considerados *actos de direito público*. Ora, como é fácil de ver, estamos aqui perante implicações que tocam directamente o tema das fronteiras do direito administrativo, que, no nosso juízo, não pode deixar de regular toda a actuação de entidades com estatuto de direito privado que se traduza no *exercício de poderes públicos de autoridade*. A ser assim, segue-se que o exercício de funções administrativas e de poderes públicos determina a vinculação da entidade privada pelo direito administrativo. Este efeito reclama todo o cuidado e rigor na identificação e delimitação dos contornos da figura.

Nesse domínio e porventura ao invés do que pode ser-se levado a pensar pelo facto de os seus elementos constitutivos remeterem para "tópicos clássicos" e "estruturantes" do direito público administrativo (*função administrativa* e *poderes públicos*), o trabalho de delimitação está longe de ser simples. O que temos pela frente não é a exigência (que também não se afiguraria fácil de satisfazer) de caracterizar a função administrativa ou o poder público de autoridade, pois o que a figura reclama é a identificação e a inventariação dos critérios que permitem ao intérprete qualificar como públicos os poderes exercidos e a tarefa executada por entidades privadas. Se, na realidade, há casos em que esse

---

[70] Como, em geral, a doutrina tem salientado, não existe hoje uma "questão constitucional" sobre o "se" da delegação; a questão que nessa sede se coloca tem antes a ver com os *termos* e as *salvaguardas* que devem acompanhar a delegação; nesse sentido, cfr. STEINER, "Fragen", cit., p. 614; LAWRENCE, Ob. cit., p. 685.

processo não apresenta grandes dificuldades (*v.g.*, porque a lei estabelece claramente a natureza pública da tarefa e dos poderes associados), noutros já isso se não verifica. Apenas como ilustração das referidas dificuldades, veja-se o que se passa com a certificação da segurança de produtos industriais (com "marcação CE"), que, para alguns, é uma missão pública – os designados "organismos notificados" são, segundo essa tese, "entidades privadas com funções e poderes públicos"[71] –, mas, trata-se, para outros, de uma actividade privada, levada a efeito no contexto de uma "auto-regulação privada publicamente regulada"[72].

Para além de identificar um critério doutrinal que nos terá de orientar neste domínio, teremos em muitos casos de nos lançar numa verdadeira "caça aos indícios" da publicidade de uma tarefa. Com efeito, apesar de nos remeter claramente para uma figura delimitada de acordo com um critério que tem em consideração a "posição jurídica" em que é colocada a entidade privada – não apenas a "natureza jurídica das tarefas" que ela executa –, a fórmula *exercício de poderes públicos de autoridade por entidades privadas com funções administrativas* denuncia a *conexão íntima* entre a posição jurídica (poderes *públicos de autoridade*) e a natureza das tarefas (função *administrativa*) de que a instância privada fica incumbida. Por outras palavras, não visando o exercício privado de funções administrativas *em geral*, propomo-nos estudar uma figura que representa ainda uma modalidade de exercício privado da função administrativa[73], especificamente caracterizada pelo facto de a entidade privada surgir investida de poderes públicos de autoridade. Por conseguinte, a outorga de poderes públicos a uma entidade privada vai aqui interessar-nos na exacta medida em que conviva com a entrega da responsabilidade por uma função pública administrativa. Neste sentido, está fora do âmbito da figura que nos propomos analisar a chamada "delegação isolada de poderes públicos", a qual se apresenta como uma delegação de poderes públicos para a prossecução de fins privados (desconexa, portanto, do exercício de uma função pública)[74].

---

[71] Cfr. BURGI, "Der Beliehene", cit., p. 586; SCHEEL, "»Benannte Stellen«: Beliehene als Instrument für die Verwirklichung des Binnenmarktes", p. 442 e ss; ESTEVE PARDO, *Técnica, riesgo y derecho*, p. 143.

[72] Cfr. SEIDEL, Ob. cit., pp. 54 e 264 e ss.

[73] Ficam, assim, fora dela os eventuais casos de exercício privado de outras funções públicas.

[74] Sobre a "delegação isolada" de poderes públicos, cfr. STEINER, *Öffentliche,* cit., pp. 69[270] e 78 e ss, e "Öffentliche", cit., p. 530.

As implicações associadas ao exercício privado de poderes públicos de autoridade falam por si mesmas sobre as exigências de rigor que a figura coloca, desde logo ao nível da delimitação dos seus elementos constitutivos. Por um lado, a sua presença determina imediatamente a aplicação do direito administrativo a uma actuação que provém de entidades privadas; por outro, a articulação entre poderes públicos e função administrativa representa, muitas vezes, uma condição da legitimidade da própria "delegação de poderes públicos em entidades privadas".

Antes de finalizar este ponto, introduzimos duas notas que contribuem, pensamos, para tornar mais claro o objecto do estudo, permitindo além disso compreender que a heterogeneidade representa, de certo modo, uma das marcas decisivas do percurso que aqui se vai efectuar.
Em primeiro lugar e como já ficou sublinhado, o critério de que nos servimos para delimitar o âmbito da figura que vamos estudar atende à "posição jurídica" em que se coloca a entidade privada que executa uma tarefa pública administrativa: esse enfoque resulta, com nitidez, da referência aos "poderes públicos de autoridade". Ora, neste contexto, uma das dificuldades com que nos vamos deparar reside precisamente no conceito de poderes públicos de autoridade[75]. Esclarecendo o sentido da investigação, diremos desde já que a alusão feita ao critério da posição jurídica não pretende abranger apenas os casos em que uma entidade privada aparece investida de poderes de comando ou de proibição. Além destes, considerar-se-ão todos os casos em que uma entidade privada aparece investida de um *poder concedido por normas de direito público que a habilitam a praticar actos que provocam efeitos na esfera jurídica de terceiros*. Apesar de girar em torno do eixo do exercício de poderes públicos de autoridade – e não, em geral, do exercício da função administrativa[76] –, nem por isso a figura deixa de estar marcada por uma característica de grande heterogeneidade. Esta é, desde logo, uma directa consequência da diversidade dos poderes públicos exercidos, quer quanto

---

[75] Cfr., por todos, LAWRENCE, Ob. cit., p. 647, referindo-se a essa dificuldade.

[76] Devendo destacar-se, quanto a este aspecto, que só pode falar-se de exercício privado de poderes públicos quando uma entidade privada surja efectivamente investida de poderes dessa natureza, não bastando portanto que, em colaboração com a Administração, ela execute uma tarefa em geral ou em regra associada ao exercício de poderes públicos: assim, por ex., o facto de uma entidade privada colaborar na gestão de uma prisão não significa naturalmente que o faça investida de poderes públicos.

ao *conteúdo* (*v.g.*, poderes impositivos, poderes de certificação e de verificação, poderes de punição), quer no *plano da eficácia jurídica* (poderes
que projectam efeitos num plano *ad intra*, nas relações da entidade privada com a Administração Pública, e poderes que irradiam efeitos num
plano *ad extra*, nas relações daquela entidade com terceiros).

Em segundo lugar e considerando a delimitação subjectiva, importa
lembrar que se pressupõe um conceito amplo de entidade privada,
incluindo as pessoas singulares e as pessoas colectivas por aquelas livremente criadas ou por elas dominadas (esse conjunto, de entidades privadas
"autênticas", "verdadeiras" ou "reais"[77], será designado pelos conceitos
de *particulares*, de *actores privados* ou de *entidades particulares*), mas
também as pessoas colectivas criadas por pessoas públicas num formato
jurídico-privado (*v.g.*, sociedade comercial) ou que, apesar de não terem
um formato jurídico determinado (*v.g.*, comissão), apareçam ou devam
ser qualificadas como pessoas de direito privado (este conjunto de pessoas privadas "apenas na forma", "fictícias" ou "de fachada" será identificado pelos conceitos de *entidades administrativas de direito privado* ou
de *entidades administrativas privadas*[78]).

A opção por um conceito amplo de entidade privada resulta do
facto de toda a construção que se quer fazer se basear num critério que
atende à "posição jurídica", em que o momento relevante radica, por isso
mesmo, na divergência entre a natureza privada de uma entidade e a
natureza pública dos poderes que lhe estão atribuídos. O que marca essa
divergência é, pois, a *forma* jurídica de uma entidade e não o seu *substrato*, pelo que, quando, na "embalagem da fuga para o direito privado",
vai incluída a delegação de poderes públicos, as entidades administrativas privadas surgem, naturalmente, como "entidades privadas com poderes públicos de autoridade"[79]. Ao contrário do que se passa no direito
alemão com a "Beleihung" – instituto que, segundo a doutrina maioritária, abrange apenas os casos de investidura de funções públicas estaduais

---

[77] Cfr. NEGRIN, *L'intervention des personnes morales de droit privé dans l'action
administrative*, p. 16; Vital MOREIRA, *Administração Autónoma e Associações Públicas*,
pp. 284 e 288, designa-as de "pessoas colectivas genuinamente privadas" ou "pessoas
(físicas ou jurídicas) naturalmente privadas".

[78] Sobre o conceito de "entidade administrativa privada", cfr. Vital MOREIRA,
Administração Autónoma, cit., p. 285 e ss.

[79] Cfr. STEINER, *Öffentliche*, cit., p. 206; WOLFF/BACHOF/STOBER, *Verwaltungsrecht*, 3, p. 556; EHLERS, *Verwaltung in Privatrechtsform*, cit., p. 110.

em *particulares*, entidades com origem na Sociedade e não no Estado[80] –
, o objectivo que nos move não consiste em delimitar uma figura que
reflicta a "integração" de particulares (da Sociedade) no seio da organização administrativa pública (do Estado), mas, antes, o de contribuir
para o estudo dos limites, dos termos de admissibilidade e das implicações do fenómeno da delegação de *poderes públicos de autoridade* em
entidades com *personalidade de direito privado*[81]. Ou seja, vamo-nos

---

[80] Cfr. STEINER, *Öffentliche*, cit., p. 206; BACKHERMS, *Das DIN Deutsches Institut
für Normung e.V. als Beliehener*, p. 28; STUIBLE-TREDER, *Der Beliehene im Verwaltungsrecht*, p. 38; EHLERS, *Verwaltung in Privatrechtsform*, cit., p. 110, e MAURER, *Allgemeines
Verwaltungsrecht*, p. 616.

Entre nós, cfr. Vital MOREIRA, *Administração Autónoma*, cit., pp. 288 e 545,
distinguindo a figura da "administração por particulares" da das "entidades administrativas de direito privado", porque ali há *particulares com poderes públicos* e aqui *não há
particulares nem poderes públicos*.

A explicação para a concepção restrita da dimensão subjectiva da "Beleihung"
resulta, além do mais, de a figura pretender representar uma tendência de osmose e de
interpenetração entre o Estado e a Sociedade; daí concluir-se que "só há uma «Beleihung» quando é privado o substrato" do destinatário e não apenas a forma em que ele se
apresenta: STEINER, "Öffentliche", *cit.*, p. 531. Como instituto específico da organização
administrativa, a "Beleihung" reflecte o facto de particulares exercerem uma função
pública estadual ("exercício privado de funções administrativas" ou "administração pública
por particulares"). Desse ponto de vista, em que está em causa a configuração da "Beleihung" como uma "delegação de funções públicas", percebe-se e aceita-se o sentido das
limitações de ordem subjectiva, já que, na verdade, são bem diferentes o *exercício de
funções públicas por particulares* e a *Administração em forma privada*.

O mesmo já não se dirá, se, em vez do critério da natureza das tarefas, a figura se
basear no critério da posição jurídica, pois, então, o que releva já não é o facto de um
privado exercer uma função pública, mas antes o de surgir investido de poderes públicos.
Ora, esta circunstância afigura-se tão anómala ou, pelo menos, tão especial, no caso das
entidades genuinamente privadas, como naquelas que são privadas apenas formalmente.
De resto, são mesmo os defensores da doutrina que limita o âmbito subjectivo da "Beleihung" a reconhecer a coerência da tese contrária, quando sustentada por quem defina o
âmbito objectivo da figura de acordo com o critério da posição jurídica; cfr. STEINER,
Öffentliche, cit., p. 208[35].

Assim, quem apresenta a "Beleihung" como uma *delegação de poderes públicos*
adopta, como nós, um conceito amplo de entidade privada, que abrange os particulares e
as entidades administrativas em forma privada: é esse, por ex., o caso de Peter Badura,
que entende existir uma "Beleihung" sempre que uma qualquer figura subjectiva de
direito privado exerce específicos poderes e competências de direito público: cfr. BADURA,
Das Verwaltungsmonopol, pp. 250 e 253; no mesmo sentido, cfr. BENZ, *Die Verfassungsrechtliche Zulässigkeit der Beleihung einer Aktiengesellschaft mit Dienstherrenbefugnissen*,
p. 79 e ss; FRENZ, *Die Staatshaftung in den Beleihungstatbeständen*, p. 34.

ocupar de um fenómeno que se cruza com a "Administração Pública delegada", mas também com a "Administração Pública em forma privada": tendo presentes as diferenças, uma investigação sobre a delegação de poderes públicos em entidades privadas abrange necessariamente as duas realidades.

Como é mais ou menos claro, a adopção de um conceito amplo de entidade privada introduz mais um factor de heterogeneidade no presente estudo, que, eventualmente, irá responder de forma diferente a questões que se colocam nos mesmos termos.

Ainda neste plano ou dimensão subjectiva, esclarece-se que nos ocuparemos apenas dos casos em que sujeitos privados exercem, *em nome próprio*, poderes públicos da função administrativa, apresentando--se, portanto, como *sujeitos de imputação final*. De fora ficam naturalmente os funcionários e trabalhadores da Administração Pública e os titulares de órgãos administrativos[82], mas também os particulares que, sem serem funcionários, incorporam órgãos administrativos na qualidade de particulares (esse é um caso de "particulares *na* Administração" e não de "administração *por* particulares"[83]), assim como, por fim, as entidades privadas que exerçam funções e poderes públicos na posição de *mandatárias* ou de *representantes* de uma pessoa pública.

4. Referência histórica

Embora de flagrante actualidade, o exercício de poderes públicos de autoridade por entidades privadas não representa um fenómeno exclusivo do nosso tempo.

---

[81] Todas as entidades de direito privado partilham a característica de, *em princípio*, só terem acesso aos instrumentos de acção do direito privado; a esse propósito, a doutrina fala de uma regra de *congruência entre forma jurídica de organização* e *forma jurídica de acção*: EHLERS, *Verwaltung in Privatrechtsform,* cit., p. 109.

[82] A doutrina alemã refere-se, a este respeito, a um *conceito negativo de particular,* como sendo todo aquele que não é funcionário nem profissional da Administração Pública – cfr. OSSENBÜHL, "Die Erfüllung", cit., p. 144; DAGTOGLOU, "Die Beteiligung Privater an Verwaltungsaufgaben", p. 534; HEIMBURG, *Verwaltungsaufgaben und Private,* p. 20; KRAUTZBERGER, *Die Erfüllung öffentlicher Aufgaben durch Private,* p. 59.

[83] Cfr. DAGTOGLOU, *Der Private in der Verwaltung als Fachmann und Interessenvertreter,* p. 26; MARTENS, Ob. cit., p. 124; JESTAEDT, *Demokratieprinzip und Kondominialverwaltung,* p. 62.

Com efeito, como observou Guido Zanobini, autor de um *maggistrale saggio*[84] sobre o exercício privado de funções públicas, "o sistema de utilização de particulares de empresas privadas na prossecução dos fins públicos é próprio de todos os tempos e de todos os ordenamentos"[85]. É por essa razão que, desde que identificou e iniciou a sistematização da figura que haveria de designar por *exercício privado de funções públicas e de serviços públicos*, a doutrina tem chamado a atenção para a circunstância de estar aí envolvido um fenómeno cujas raízes eram muito anteriores ao século XX[86].

Sem desconsiderar nem desvalorizar vastas diferenças[87], impõe-se reconhecer que o actual instituto da delegação de funções e de serviços públicos encontra uma correspondência em variadas fórmulas jurídicas de concessão e de delegação de tarefas públicas já utilizadas, pelo menos, desde a Grécia da antiguidade clássica[88].

Todavia, uma coisa é a entrega do exercício de funções públicas ou da gestão de serviços públicos a entidades privadas, outra, ainda que porventura com aquela relacionada, é a investidura das mesmas entidades do exercício de poderes públicos ou, usando uma expressão do gosto de Hauriou, do exercício de "droits de puissance publique"[89].

Apesar das diferenças entre eles – num caso, acentua-se a natureza pública da tarefa, no outro a capacidade jurídica conferida a uma enti-

---

[84] A expressão é de AZZENA, "Esercizio privato di pubbliche funzioni e di pubblici servizi", p. 166.

[85] Cfr. ZANOBINI, *Corso di diritto amministrativo*, III, p. 303; GAUSE, *Die öffentliche Indienststellung Privater als Rechtsinstitut der Staatsorganisation*, p. 5; WALINE, *Droit administratif*, p. 666; SANTAMARIA PASTOR, *Principios de derecho administrativo*, I, p. 464; Paulo OTERO, "Coordenadas jurídicas da privatização da Administração Pública", p. 32.

[86] Cfr. Paulo OTERO, *ibidem,* p. 35.

[87] Por causa dessas diferenças, há quem denuncie o reduzido préstimo do estudo dos antecedentes do "exercício privado de funções públicas" para a compreensão actual do fenómeno, no contexto de um Estado de direito; cfr. BROHM, *Strukturen der Wirtschaftsverwaltung*, p. 212; HUBER, "Beliehene", cit., p. 456.

[88] Cfr. Pedro GONÇALVES, *A Concessão de Serviços Públicos*, p. 45.

[89] Como alguns observam – por ex., BRAND, *Die Rechtsstellung des Beliehenen*, p. 7; WIEGAND, *Die Übertragung hoheitlicher Befugnisse auf Privatrechtssubjekte*, p. 16 –, a história do "exercício privado de poderes públicos" não se confunde com a do "exercício privado de tarefas públicas", pois nem sempre os particulares com tarefas públicas apareceram investidos de poderes públicos; a distinção é também clara para ZANOBINI, "L'esercizio privato delle funzioni e dei servizi pubblici", p. 424.

dade privada –, trata-se, em qualquer caso, de fenómenos que pressupõem uma separação entre tarefas públicas, integradas na esfera do Estado em sentido amplo, e tarefas privadas, da esfera da Sociedade. O exercício privado de poderes públicos pressupõe, pelo menos em regra, a execução privada de uma tarefa pública; particulariza-se porque a entidade privada aparece investida da capacidade de actuar com instrumentos jurídicos típicos ou próprios do agir público.

Fica portanto claro que o instituto de que nos ocupamos não reclama apenas uma separação entre governantes e governados, mas ainda a prévia institucionalização da função de gestão da coisa pública, mediante a criação de uma máquina administrativa – pelo menos, a criação de "centros de poder" ou de *imperium* – que assuma uma posição de supremacia relacionada com o bem da coisa pública.

As várias experiências históricas que ilustram o exercício de poderes públicos por entidades privadas baseiam-se pois numa dicotomia, entre, por um lado, a esfera do governo, da soberania, do poder, do *imperium*, em cujo âmbito há organizações e pessoas colocadas – pela lei, pela força ou pela propriedade – numa posição jurídica de supremacia, e, por outro lado, a esfera dos cidadãos ou dos particulares: de um lado, o Estado *cum imperio*, do outro, a Sociedade *sine imperio*[90].

Ter presente a referida dicotomia constitui certamente um factor essencial para se perceber uma figura cujo traço de identidade mais marcante reside justamente no cruzamento de elementos essenciais de uma das esferas (poder público) com um elemento essencial da outra (personalidade de direito privado). Numa comunidade que, num dado momento histórico, desconheça uma esfera, institucionalizada ou não, de gestão da coisa pública, cujos actos, ou pelo menos alguns deles, não possam por isso ser imputados a essa esfera, não pode falar-se de exercício de funções e poderes *públicos* por entidades privadas: é provável e até natural que haja *relações de autoridade* entre os seus membros, mas tratar-se-á sempre de *relações comunitárias entre iguais* e não de *relações de (direito e de) poder público*[91].

---

[90] Cfr. Baptista MACHADO, "A hipótese neocorporativa", p. 3.

[91] Cfr. DRUESNE, "Réflexions sur la notion de pouvoirs publics en droit français", p. 1158.

Como em relação a tantos outros institutos jurídicos, *Roma* parece também ter sido o berço do exercício privado de poderes públicos administrativos.

O direito romano conheceu a figura e utilizou-a com alguma largueza, sobretudo na área da administração fiscal: a cobrança de impostos numa área territorial tão extensa exigia uma complexa organização de que as instituições públicas romanas não estavam dotadas, circunstância que terá desempenhado um papel determinante na delegação desse serviço em particulares[92]. Assim, desde cedo, o serviço de cobrança de impostos aparece atribuído a particulares: os *publicani*, também designados *redemptores* ou *conductores vectigalium*[93], e as *societates publicanorum*[94].

Já na época republicana, a criação e a fixação do imposto (*tributum*, *stipendium*, *vectigal*) competiam ao Senado, que autorizava os censores a procederem à "concessão" (*locatio-conductio*) do serviço de cobrança. Mediante o recurso a esta *modalidade de gestão indirecta*[95] e *contratualizada*[96] do serviço de cobrança de impostos, pretendia o Estado obter a garantia de uma cobrança pontual e certa de receitas para o *aerarium*[97]. Titulares de um direito e de um interesse próprio no exercício das funções que lhes eram concedidas, mas não dispondo sempre do capital necessário para cobrir os riscos financeiros inerentes à actividade, os *publicani* acabaram por se associar em poderosas sociedades civis, as *societates publicanorum* ou *societates vectigalium*[98].

Não obstante a sua condição de entidades particulares, os *publicani* e as sociedades por eles formadas executavam *tarefas públicas* (administrativas), ficando por isso sujeitos a fiscalização do Estado[99]. Concreta-

---

[92] Cfr. CICCOTTI, "Lineamenti dell'evoluzione tributaria nel mondo antico", p. XCV; CASTAN PEREZ-GOMEZ, *Régimen jurídico de las concesiones administrativas en el derecho romano*, p. 116.

[93] Cfr. ZANOBINI, "L'esercizio", cit., p. 242; Marques GUEDES, *A Concessão*, p. 29.

[94] Sobre os sentidos do conceito de *publicanus*, cfr. ARIAS BONET, "Societas publicanorum", p. 218; CAGNAT, *Publicani*, p. 752; CASTAN PEREZ-GOMEZ, Ob. cit., p. 111.

[95] Cfr. BUJAN Y FERNANDEZ, *Derecho público romano*, p. 209.

[96] O contrato de *locatio* com os *publicani* (ou com as *societates publicanorum*) devia obedecer às chamadas *leges censoriae*, que fixavam as regras a observar no exercício da actividade contratada, desempenhando assim as funções dos actuais "cadernos de encargos": cfr. Marques GUEDES, Ob. cit., p. 28; ARIAS BONET, Ob. cit., p. 283.

[97] Cfr. ARIAS BONET, Ob. cit., p. 223; LUZZATTO, *Vectigalia*, p. 588.

[98] Cfr. CAGNAT, Ob. cit., p. 752; CICCOTTI, Ob. cit., p. XCVI.

[99] Cfr. ARIAS BONET, Ob. cit., p. 283.

mente, a investidura dos *publicani* no exercício de poderes de autoridade resultava da faculdade de recurso à *legis actio per pignoris capionem.* Este *meio especial* colocado ao dispor dos publicanos pelas *leges censoriae* conferia-lhes o poder de, extrajudicialmente, se apoderarem de coisas móveis pertencentes ao *obligatus,* quando este não cumprisse, em tempo, o seu dever de pagar o imposto liquidado[100]. A *pignoris capio ex lege censoria* distinguia-se das restantes *legis actiones* pelo facto de não pressupor a presença de um magistrado, assumindo-se, nessa medida, como um "procedimento executivo de carácter excepcional"; é sobretudo nesse âmbito do exercício dos designados *privilegia fisci* que faz todo o sentido falar-se de delegação de poderes públicos nos *publicani*[101]. Com efeito, entendia-se que, ao recorrerem à *legis actio,* os publicanos actuavam por delegação do Estado (da *civitas*)[102].

Com a desagregação de Roma, desfez-se a "ideia de *imperium,* que, como expressão do poder público do Estado, tão cara fôra aos juristas romanos"[103]. Na Idade Média, a *potestas* do príncipe passa a basear-se na ideia de *dominium*[104], constituindo a propriedade da terra a origem desse poder (superioridade territorial)[105]. O príncipe é, em plena época medieval, um *primus inter pares* com poder sobre as pessoas enquanto proprietário (*ius territoriale*)[106]. A conjugação dessa sua posição com a circunstância de se ocupar do bem da coisa pública faz com que gradualmente vá adquirindo um leque de direitos, prerrogativas e regalias, os chama-

---

[100] Cfr. Marques GUEDES, Ob. cit., p. 28.

[101] Em geral, sobre os *publicani* e a *pignoris capio,* cfr. D'ORS, *Derecho privado romano,* pp. 87 e 113; GUARINO, *Diritto privato romano,* p. 211; FUENTESECA, *Derecho privado romano,* p. 53.

[102] Cfr. A. Santos JUSTO, *Direito Privado Romano, I (Parte Geral),* p. 294 e ss. Trata-se, aliás, de uma consideração não despicienda, já que, salvo nas situações em que era outorgada aos *publicani,* a *pignoris capio* perfilava-se como um "resíduo da justiça privada". Ora, neste caso, entendia-se que o autor "não praticava um acto de justiça privada, mas utilizava excepcionalmente a seu favor, por privilégio especial, a *coercitio* que pertencia ao Estado para receber os seus créditos".

[103] Cfr. Rogério Ehrhardt SOARES, *Interesse Público, Legalidade e Mérito,* p. 48.

[104] Cfr. Rogério Ehrhardt SOARES, *ibidem.*

[105] Cfr. Rogério Ehrhardt SOARES, *ibidem,* p. 49; Marques GUEDES, Ob. cit., p. 31; GAUSE, Ob. cit., p. 5; sobre a "união dos direitos jurisdicionais aos de propriedade" e a sua relação com o regime feudal, cfr. Gama BARROS, *História da Administração Pública em Portugal nos Séculos XII a XIV,* p. 242.

[106] Cfr. KLEIN, *Die Übertragung von Hoheitsrechen,* p. 11.

[107] Cfr. KLEIN, *ibidem,* p. 12.

dos *iura regalia*, que são os antecedentes medievais dos poderes de soberania e de *imperium* do Estado moderno[107]. A devolução desses *direitos reais* a privados corresponde afinal às actuais formas de delegação de poderes públicos[108].

No período medieval, associado à transferência de poderes de autoridade apresenta-se o instituto da *imunidade*, privilégio atribuído a proprietários de terras, que implicava a proibição de qualquer funcionário do rei se introduzir no território imune para aí exercer funções de autoridade (cobrança de impostos, cunhagem de moeda ou *jurisdictio*): "proibição do intróito"[109]. O beneficiário da imunidade tinha o direito de se substituir aos funcionários na autoridade de prover ao governo e à disciplina interna do seu domínio, na exigência do pagamento de impostos e de encargos públicos aos seus dependentes, bem como no exercício da função jurisdicional[110].

Em Portugal, apesar de não ter existido um feudalismo perfeito, mas um regime senhorial[111], o sistema das terras imunes, vigente além-Pirinéus, teve expressão nos *coutos*, *honras* e *beetrias*, que, embora mais remotos, continuaram a ser instituídos nos séculos XII e XIII: em geral, tratava-se de terras em que "a autoridade imediata sobre os homens que nelas habitavam era exercida por um senhor, nobre (...) ou eclesiástico (...). Eram esses senhores quem directamente dispunha dos homens, cobrava as prestações de bens e de serviços e (...) presidia à administração da justiça"[112]. Estava pois aí uma evidente manifestação

---

[108] Em geral, a doutrina alemã vê na concessão dos *iura regalia* a génese da "Beleihung": cfr. W. JELLINEK, *Verwaltungsrecht*, p. 506; HUBER, "Beliehene", cit., p. 456; SCHWEIKERT, *Das beliehene öffentliche Unternehmen, insbesondere in seinem Verhältnis zum Staat und dessen Aufsichtsbefugnissen*, p. 27; WIEGAND, Ob. cit., p. 11; FRANTZEN, *Der beliehene Unternehmer nach geltendem Recht*, p. 9; THIEME, "Die Funktion der Regalien im Mittelalter", p. 66.

[109] Cfr. Marcello CAETANO, *História do Direito Português*, p. 226.

[110] Nas palavras de ZANOBINI, "L'esercizio", cit., p. 423, o sistema imunitário representou a extensão máxima do exercício de funções públicas por particulares.

[111] Sem prejuízo, desde logo, da situação especial que a própria concessão do território portucalense representa. Basta recordar que quer a teoria da tenência hereditária (Alexandre Herculano), quer a posição de Paulo Merêa, segundo a qual estaríamos diante de uma concessão a título de apanágio, quer o recurso à ideia de concessão de tipo feudal sublinham a existência de uma atribuição de poderes e direitos soberanos delegados por D. Afonso VI em D. Henrique e D. Teresa; cfr. Marcello CAETANO, *História*, cit., p. 136 e ss.

[112] Cfr. Marcello CAETANO, *História,* cit., p. 227.

do exercício de poderes públicos por particulares, que recebiam tais poderes por serem proprietários de terras[113]. Em virtude de abusos de vária índole, este sistema conheceria a decadência já a partir do século XIII (com as Inquirições de D. Afonso II – 1220), no âmbito do processo de centralização do poder real e da concomitante (de)limitação das áreas sob jurisdição senhorial.

De origem medieval é também o sistema da venalidade dos ofícios públicos, que vigorou em geral até ao fim do século XVIII, apesar de em Portugal ter sido definitivamente proscrito apenas em 1832[114]. Associado a uma concepção patrimonial da soberania, a venalidade dos ofícios representava a possibilidade de certos cargos públicos[115] serem objecto de negócios de alienação pelo rei a favor de particulares. O ofício atribuído integrava-se no património do beneficiário, que ficava com independência de acção e que, em certos termos, podia vender, arrendar, doar e penhorar o ofício, que era ainda transmissível *mortis causa*[116].

Durante a época moderna, a entrega a particulares de poderes de administração das colónias conquistadas pelas potências europeias representa, porventura, um dos mais significativos exemplos que a história nos legou do exercício de poderes públicos por particulares.

A administração indirecta das colónias através de *concessões coloniais*[117] atribuídas a pessoas ou a empresas foi, na verdade, um expediente

---

[113] "(...) as relações do senhor para com os moradores da terra envolviam indubitavelmente o exercício de atribuições correspondentes às de um poder público": Gama BARROS, Ob. cit., p. 262.

[114] Cfr. Marcello CAETANO, *Manual de Direito Administrativo*, p. 661.

[115] Sobre os ofícios públicos como "centros de competência funcional ou de decisão", cfr. Paulo OTERO, *O Poder de Substituição*, cit., p. 210.

[116] Cfr. FORGES, *Droit de la fonction publique*, p. 61 e ss; GIANNINI, *Diritto amministrativo*, I, p. 255; TOMÁS Y VALIENTE, "Origen bajomedieval de la patrimonialización y la enajenación de oficios públicos en Castilla", p. 125 e ss; GARCIA MARIN, *Teoria general del oficio público en Castilla durante da Baja Edad Media*, p. 9 e ss; em Portugal, com desenvolvimento, cfr. Paulo OTERO, *O Poder de Substituição*, cit., p. 210 e ss, e, do mesmo Autor, "Coordenadas", cit., p. 34.

[117] Sobre os conceitos de *colónias em regime de administração indirecta* e *concessões coloniais*, cfr. SANTI ROMANO, *Corso di diritto coloniale*, p. 161; ZANOBINI, "L'esercizio", cit., p. 557 e ss; QUADRI, *Diritto coloniale*, p. 24 e ss; Afonso QUEIRÓ, *Administração e Direito Colonial*, p. 101 e ss; Rogério Ehrhardt SOARES, *Administração e Direito Ultramarino*, p. 44 e ss.

administrativo de que as potências europeias se serviram para manterem o domínio sobre os territórios conquistados sem terem de criar a estrutura administrativa pública necessária para assegurar o governo efectivo. A fiscalização a que os concessionários ficavam submetidos era condição bastante para afirmar a soberania do Estado concedente nesses territórios.

Neste âmbito, exemplo da entrega de poderes públicos a particulares foi o sistema português das *capitanias* e das *donatarias* (utilizado no século XV, primeiramente, na Madeira e nos Açores e, depois, no Brasil e em algumas praças de Marrocos), que representava a transferência de poderes públicos administrativos e jurisdicionais para um senhor, o *capitão-donatário*[118]. Ao lado destas, as *cartas de doação* (de carácter hereditário) atribuíam a particulares poderes públicos no âmbito da administração da justiça, da cobrança de rendas e tributos e da concessão de terras em sesmaria[119]. A concessão de atributos da soberania a particulares traduzia-se afinal num prolongamento do regime feudal[120].

Todavia, em Portugal, como em todas as outras potências coloniais, as principais figuras da administração indirecta colonial vieram a ser as *companhias privilegiadas* ou *majestáticas*, empresas a que foram atribuídas concessões que tinham por objecto o exercício de poderes majestáticos[121]. Apareceram num tempo em que a concessão de poderes de *imperium* a particulares constituía um fenómeno normal e frequente: admitindo-se na época (séc. XIV) as concessões de soberania por parte do monarca aos senhores feudais no próprio território das metrópoles, por maioria de razão se aceitava que a metrópole pudesse conceder a administração das suas colónias a companhias comerciais[122/123]. As companhias constituem

---

[118] Numa primeira fase da colonização, Portugal privilegiou a delegação de poderes soberanos em pessoas físicas: cfr. Belfort de MATTOS, "As companhias gerais do comércio e a soberania delegada", p. 274; sobre o sistema português das capitanias, cfr. Rogério Ehrhardt SOARES, *Administração,* cit., p. 44 e ss.

[119] Cfr. Marcello CAETANO, "Resumo da história da administração colonial portuguesa", p. 455.

[120] Cfr. Marcello CAETANO, *História,* cit., p. 524, e "Resumo", cit., p. 455; Rogério Ehrhardt SOARES, *Administração,* cit., p. 46; ZANOBINI, "L'esercizio", cit., p. 559: "as concessões coloniais (...) são literalmente uma reprodução do feudalismo". Sobre a organização das capitanias no Brasil, cfr. Marcello CAETANO, "Resumo", cit., p. 464 e ss.

[121] Cfr. ZANOBINI, "L'esercizio", cit., p. 557.

[122] Cfr. SANTI ROMANO, *Corso di diritto coloniale,* cit., p. 163.

[123] A época moderna conhece outros casos de entrega de funções públicas a entidades privadas: assim sucedia com as funções atribuídas, no século XVIII, à *Companhia*

assim um exemplo de uma "verdadeira delegação de soberania" em entidades privadas[124].

No direito português, a atribuição de concessões coloniais às companhias apareceu nos séculos XVII e XVIII[125]: as concessões compreendiam a entrega de todos os poderes públicos a exercer nas colónias, desde a cobrança de impostos e a manutenção da ordem pública até à administração da justiça, à declaração de guerra e à conquista de novos territórios[126].

Até ao século XVIII, as companhias foram sobretudo um instrumento ao serviço de fins económicos e comerciais, desvalorizando-se as finalidades de natureza política[127]: a delegação de poderes de soberania articulava-se com a finalidade de dotar as companhias de meios de protecção das suas actividades comerciais[128], em perfeita consonância com os objectivos do despotismo esclarecido tendentes à afirmação do Estado no plano económico (recorde-se, por ex., toda a perspectiva mercantilista)[129]. No final do século XIX, as companhias majestáticas reaparecem – em Portugal, a *Companhia de Moçambique* (1891) e a *Companhia do Niassa* (1894) –, mas para serem colocadas ao serviço de fins essen-

---

Geral da Agricultura dos Vinhos do Alto Douro: "dotada de funções públicas de regulação, a Companhia era indubitavelmente uma expressão daquilo que mais tarde se veio a chamar exercício privado de tarefas administrativas, enquanto empresa beneficiária de poderes de autoridade pública"; cfr. Vital MOREIRA, *Auto-Regulação Profissional e Administração Autónoma*, p. 890.

[124] Cfr. Afonso QUEIRÓ, *Administração*, cit., p. 108.

[125] Sobre a evolução jurídica das companhias de comércio em Portugal, cfr. Rui M. de Figueiredo MARCOS, *As Companhias Pombalinas*, p. 111 e ss.

[126] Cfr. Afonso QUEIRÓ, *Administração*, cit., p. 108; sobre as *responsabilidades governativas* das companhias pombalinas, cfr. Belfort de MATTOS, Ob. cit., p. 283; Rui M. de Figueiredo MARCOS, Ob. cit., p. 351; sobre os poderes de império concedidos às companhias alemãs, cfr. W. JELLINEK, *Verwaltungsrecht*, p. 505; HUBER, *Wirtschaftsverwaltungsrecht*, p. 534

[127] Cfr. ZANOBINI, "L'esercizio", cit., p. 560; Afonso QUEIRÓ, *Administração*, cit., p. 111.

[128] Cfr. Rui Guerra da FONSECA, "As companhias majestáticas de colonização do final do século XIX", p. 674.

[129] Daí que Rui M. de Figueiredo MARCOS, "O «ius politiae» e o comércio. A idade publicista do direito comercial", p. 666 e ss, acentue que os privilégios conhecidos pelas companhias coloniais não constituíam "concessões graciosas", antes fazendo parte integrante da estratégia político-económica da época, "compensados" pela imposição de obrigações políticas, militares ou fiscais.

cialmente políticos[130], concretamente, o da realização do *princípio da ocupação efectiva* dos territórios ocupados pelos Estados europeus no continente africano[131]: a delegação de poderes de soberania ficava então associada à realização de funções e de incumbências assumidas pelo Estado.

Com excepção do sistema das concessões coloniais a companhias magestáticas, que se prolongou e entrou pelo século XX, inicia-se, a partir do século XIX e com a instauração do Estado de direito, um período de contenção da intervenção estadual, pelo que esse constitui também um tempo de contenção do uso do expediente da delegação de tarefas administrativas e de poderes públicos em particulares. De resto, a separação entre Estado e Sociedade, que esteve na base da construção política liberal[132], consolidou um princípio de monopólio da Administração Pública pelo Estado ("administrer doit être le fait d'un seul"[133]), o que também contribuiu para que a prossecução dos limitados fins administrativos – manutenção da ordem pública e preservação da paz jurídica, num clima de "pacífica indiferença perante o livre jogo das forças sociais"[134] – acabasse confiada em exclusivo ao aparelho administrativo público. A colaboração de particulares na prossecução das funções públicas típicas do Estado Liberal era claramente inadequada numa época em que surgia óbvia a pretensão de afirmar com nitidez a contraposição entre os domínios do público e do privado, entre as áreas de intervenção do Estado e dos cidadãos[135]. Por outro lado, muitas das manifestações históricas do exercício privado de funções públicas não podiam pura e simplesmente repetir-se, já que delas resultaria inevitavelmente a fragmentação ou até a abolição do Estado, consequência não pretendida, pois, apesar de constituir um *mal*, deveria ser o Estado, pelos seus meios,

---

[130] Sobre as companhias alemãs do século XIX, cfr. DECHARME, *Compagnies et sociétés coloniales allemandes*, Paris, 1903.

[131] Cfr. Rui Guerra da FONSECA, Ob. cit., p. 670 e ss.

[132] Cfr. Rogério Ehrhardt SOARES, *Direito Público e Sociedade Técnica*, p. 39 e ss.

[133] Frase atribuída a Pierre-Louis Roederer (conselheiro de Estado e activo colaborador de Napoleão) que exprimia o interesse em concentrar no Estado toda a actividade pública administrativa; cfr. MANNORI/SORDI, *Storia del diritto amministrativo*, p. 248.

[134] Cfr. Rogério Ehrhardt SOARES, "Administração pública, direito administrativo e sujeito privado", p. 122.

[135] Cfr. LEONDINI, *Associazioni private di interesse generale e libertà di associazione*, p. 70.

a garantir os direitos dos cidadãos, a propriedade, a ordem e a paz[136].
Embora não expressamente proibida, a entrega de poderes públicos de
autoridade a entidades particulares não poderia deixar de se apresentar
como uma realidade excepcional[137], só admitida em termos generosos no
caso particular das concessões coloniais.

O reduzido significado da figura durante a época liberal era, como
já se insinuou, o resultado de o Estado restringir a sua esfera de intervenção aos apertados limites da chamada actividade jurídica ou função
pública[138].

A situação viria a conhecer uma alteração profunda a partir do
momento em que, ainda em plena época liberal, os "progressos do indus-
trialismo" abriram caminho às políticas públicas de realização dos "melho-
ramentos materiais" (em Portugal, o *fontismo*), que levaram o Estado a
assumir uma actividade social ou de serviço público. Por não dispor dos
recursos financeiros exigidos pelas grandes obras de instalação dos
novos serviços públicos (caminhos de ferro, abastecimento de água, iluminação pública, etc.), o Estado, "figura de nobreza sem fortuna"[139], viu-se
na obrigação de solicitar a empresas privadas a realização dos investimentos requeridos a troco da concessão da gestão dos serviços instalados. Assim se iniciou a "época dourada das grandes concessões"[140].
O exercício privado de tarefas públicas, na construção de obras públicas
e na exploração de serviços públicos, passava a ser uma figura essencial
na Administração da época liberal.

Seria essa uma conclusão quase irrelevante para o nosso tema se
não se desse o caso de os concessionários aparecerem, com frequência,

---

[136] O Estado aparecia, pois, como um "mal necessário"; cfr. ISENSEE, *Subsidiaritätsprinzip und Verfassungsrecht*, p. 46.

[137] Algumas vozes mais radicais proclamavam até ser o exercício privado de funções públicas "uma forma híbrida e anormal, uma violência contra à ordem natural das
coisas": CIMBALI, *Le strade ferrate, apud* ZANOBINI, "L'esercizio", cit., p. 241[1].

[138] A *actividade jurídica* ou *função pública* era a designação que a doutrina italiana
dava à esfera de intervenção do Estado destinada a proteger a acção individual, relacionada portanto com a tutela dos direitos dos cidadãos, com a justiça e com a segurança;
trata-se de uma actividade ou função sobretudo manifestada através de poderes públicos
e de actos jurídicos; cfr. RANELLETTI, "Concetto e natura delle autorizzazioni e concessioni amministrative", p. 17; FORTI, "Natura giuridica delle concessioni amministrative", p. 365.

[139] Cfr. Magalhães COLLAÇO, *Concessões de Serviços Públicos*, p. 15.

[140] Cfr. Pedro GONÇALVES, *A Concessão*, cit., p. 102.

investidos do exercício de poderes de autoridade ou – usando uma formulação de Zanobini – de "verdadeiras funções públicas". Por razões de ordem sobretudo prática, a concessão de serviços públicos (por ex., do transporte ferroviário) ficava em regra associada à delegação de poderes públicos no concessionário (poderes de polícia, disciplinares e tributários)[141].

Depois da Primeira Grande Guerra, o fantástico alargamento das responsabilidades públicas poderia ter sido um bom pretexto para o crescimento dos modos de execução privada de tarefas públicas e para o reforço da figura da delegação de poderes públicos em entidades privadas. Todavia, não foi o que sucedeu: das ruínas da Guerra emergiu um poderoso *Estado Administrativo*, que, pelos seus próprios meios, se propôs cuidar da existência e do bem-estar dos cidadãos. Em todas as áreas da sua actuação, o Estado passava a assumir um número infindável de novas tarefas, mas executava-as em *régie*, por si mesmo, ou, indirectamente, por institutos ou por outras formas de direito público. Numa altura em que a separação entre Estado e Sociedade perdeu a força da época anterior, "a tendência para conferir a generalidade das tarefas públicas à administração do Estado (ou a entes de administração autónoma) não deixou grande margem para a ampliação da esfera da administração por particulares"[142]. Apesar de o espírito do tempo não favorecer o crescimento da figura, a verdade é que algumas situações herdadas mantêm-se (*v.g.*, poderes públicos de concessionários de obras e de serviços públicos), havendo mesmo outras que aparecem de novo (*v.g.*, na Alemanha, as associações privadas de fiscalização e de inspecção em domínios técnicos). Trata-se, de qualquer modo, de casos marginais no contexto de um espírito e de um sistema que tendiam a reservar, em geral, a execução de tarefas administrativas e, em particular, o exercício de poderes públicos a instâncias da máquina administrativa pública.

Aliás, essa tendência foi apoiada com empenho por alguma doutrina, que, quando não sentenciou a incompatibilidade do exercício privado de funções públicas com alguns princípios constitucionais[143], fez

---

[141] Cfr. ZANOBINI, "L'esercizio", cit., p. 424.
[142] Cfr. Vital MOREIRA, *Administração Autónoma,* cit., p. 543.
[143] É a tese defendida por alguma doutrina alemã: Rupp, Reuss, Krüger; cfr., *infra*, Parte IV, Cap. I.

tudo o que pôde para desacreditar a figura, não hesitando em qualificar como "anómalas" e até "imorais" algumas das suas raras manifestações[144].

A situação que acaba de ser descrita iria ser profundamente alterada no último quarto do século XX, período em que se inicia uma nítida "inversão de rota", no sentido de uma "contracção quantitativa" da intervenção pública[145].

A ideia de promover um "enxugamento da máquina estatal"[146] generaliza-se por razões que têm muito a ver com a ineficácia que o *Estado--Providência* foi acumulando ao longo do tempo. A realização do objectivo de "adelgaçamento", condensado no estribilho "quanto menos Estado, melhor"[147], passa por várias "técnicas de reversão do estatismo"[148].

Instrumento por excelência do processo de *government downsizing*[149] – que não se quer confundir com um eclipse do Estado[150] – veio a ser a privatização da Administração Pública.

Ora, o fenómeno multifário da privatização tem uma conexão óbvia com o nosso tema. Com efeito, se ele representou em muitos casos a pura devolução de tarefas públicas ao sector privado (privatização material), a verdade é que em muitos outros o que se verificou foi apenas a expansão das tradicionais formas de colaboração de particulares na execução de incumbências que, apesar de tudo, se mantiveram na titularidade do Estado. Os vários modelos ou esquemas de parcerias público--privadas – ao permitir a entrada do sector privado em esferas públicas paradigmáticas, como, por ex., a polícia ou a gestão de prisões –, o recurso constante a formas de delegação de funções públicas e a entrega da gestão de estabelecimentos públicos a entidades privadas deram curso e consolidaram uma "nova ideologia" que reconhece aos actores privados um papel crucial na prossecução dos interesses públicos e na execução de funções públicas.

---

[144] Cfr. GIANNINI, *Istituzioni di diritto amministrativo*, p. 71, e *Diritto,* cit., I, p. 258.

[145] Cfr. D'ALBERTI, "Poteri pubblici e autonomie private nel diritto dei mercati", p. 397.

[146] Cfr. GROTTI, "Teoria dos serviços públicos e sua transformação", p. 43.

[147] Cfr. HUBER, *Allgemeines Verwaltungsrecht*, p. 164

[148] Cfr. GROTTI, Ob. cit., p. 44.

[149] Cfr. FREEMAN, "The contracting state", cit., p. 155[2].

[150] Cfr. SCHUPPERT, "Rückzug des Staates?", p. 761 e ss.

Este novo contexto de solicitação mais ou menos sistemática da colaboração do sector privado para a execução das tarefas que não foram devolvidas ao mercado favorece naturalmente a delegação de poderes públicos em entidades privadas: no mínimo os poderes conexos ou até inerentes à execução daquelas tarefas. Com toda a pertinência, afirma-se que os processos de privatização se têm revelado como um factor que induz o exercício privado de funções públicas, o que, por sua vez, cria condições para o crescimento do exercício privado de poderes públicos[151].

Por outro lado, foi ainda nos últimos anos do século passado que se generalizou e acentuou a tendência para uma "empresarialização" da Administração, processo que viria a ter como consequência a criação de sociedades comerciais públicas e de outras entidades administrativas num formato de direito privado. Apesar do estatuto privado que detêm, tais entidades administrativas privadas aparecem, com frequência, investidas de poderes públicos de autoridade.

5. Exercício privado de poderes públicos de autoridade no direito estrangeiro

5.1. *Alemanha e Áustria*

No direito alemão, o exercício privado de funções e competências públicas está associado, há muito tempo, a uma figura jurídica específica da organização administrativa, o "Beliehene". De acordo com a doutrina corrente[152], o "Beliehene" é uma entidade particular incumbida de executar tarefas públicas, encontrando-se, para esse efeito, investido de poderes públicos: o acto que realiza essa investidura é a "Beleihung"[153/154].

---

[151] Cfr. STEINER, "Fragen", cit., p. 607. Chamando justamente a atenção para a vertente do processo de privatização que se traduz na delegação de poderes governamentais em entidades privadas, cfr. METZGER, Ob. cit., p. 1371.

[152] Cfr. WOLFF/BACHOF/STOBER, Ob. cit., 3, p. 509; BATTIS, *Allgemeines Verwaltungsrecht*, p. 40; MAURER, *Allgemeines*, cit., p. 616.

[153] Por haver na Alemanha várias doutrinas sobre a extensão da "Beleihung", este conceito não se revela de fácil tradução para a linguagem jurídica portuguesa (no mesmo

sentido no direito espanhol, cfr. SAINZ MORENO, "Ejercicio privado de funciones públicas", p. 1777); Vital MOREIRA, *Administração Autónoma*, cit., p. 544, inclina-se para o traduzir por "concessão", e *beliehene Verwaltung* por "administração concessionada".

O vocábulo – que representa a substantivação dos verbos *leihen* e *beleihen* (emprestar), assumidos com um significado próximo de *belehnen* (investir) ou de *verleihen* (conceder) – parece identificar uma delegação ou concessão, isto é, uma transferência não definitiva de direitos próprios do transmitente. Por sua vez, o substantivo "Beliehene" indica o beneficiário da "Beliehung", embora aquele vocábulo também seja por vezes usado como adjectivo, para qualificar a actividade delegada (falando-se, então, de "beliehene Unternehmer") ou para aludir a um sector de actividades administrativas gerido por entidades privadas ("beliehene Verwaltung"). Sobre as questões de terminologia, cfr. HEYEN, *Das staatstheoretische und rechtstheoretische Problem des Beliehenen*, p. 17 e ss; TERRAHE, *Die Beleihung als Rechtsinstitut der Staatsorganisation*, p. 49; MENNACHER, *Begriffsmerkmale und Rechtsstellung der mit öffentlicher Gewalt beliehenen Hoheitsträger des Privatrechts*, p. 3. Apesar das dificuldades, supomos que pode traduzir-se "Beleihung" por "concessão" ou "delegação de tarefas públicas" *ou* por "delegação de poderes públicos", consoante o critério de origem quanto à extensão objectiva da figura.

[154] Embora não o integrando numa figura jurídica específica, o fenómeno do exercício privado de poderes públicos – "exercício de direitos de soberania por particulares" – foi considerado por Georg JELLINEK, desde a primeira edição do *System der subjektiven öffentlichen Rechte* (publicada em 1895, escrita em 1892). O Autor enumerava várias situações em que o "Estado se abstém de instituir órgãos próprios e obriga, ou então autoriza, pessoas privadas, que com ele não mantêm qualquer relação de serviço, a desempenhar funções estaduais, a exercer *imperium*"; cfr. G. JELLINEK *Sistema dei diritti pubblici subbiettivi*, p. 270.

A origem da "Beleihung" é atribuída a Otto Mayer, que, curiosamente, não usou essa designação para identificar o acto de concessão de tarefas públicas a particulares, mas antes as de "Verleihung" e de "Konzession". Para Mayer, a "Verleihung öffentlicher Unternehmungen" é um acto (administrativo) que atribui a um particular (o "Beliehene") um *poder jurídico* sobre uma *parcela da Administração Pública*. O "Beliehene" exerce esse poder no seu próprio nome; cfr. MAYER, *Deutsches Verwaltungsrecht*, p. 243 e ss. A "Verleihung" representa, no fim de contas, a transposição para o direito alemão da *concession de service public*, sendo certo que são praticamente inexistentes as referências do Autor ao exercício de poderes públicos pelo concessionário. A teoria de Mayer viria a ser seguida de muito perto por FLEINER, *Institutionen der deutschen Verwaltungsrechts*, p. 317 e ss; e por W. JELLINEK, *Verwaltungsrecht*, p. 506 e ss, embora este último se refira já expressamente à delegação de competências públicas nos concessionários; o mesmo se diga de HATSCHEK, *Lehrbuch des deutschen und preussischen Verwaltungsrechts*, p. 353 e ss, que se referia à concessão de direitos públicos às empresas concessionárias (direito de expropriar, de cobrar taxas ou de exercer poderes de polícia).

Como já foi incidentalmente referido, há uma clivagem na doutrina alemã quanto ao critério de demarcação das fronteiras da "Beleihung".

No final dos anos 50 do século XX, Klaus Vogel, referindo-se ao assunto, bifurcava as teorias ou posições doutrinais: por um lado, a *teoria da natureza das tarefas*, segundo a qual aquele conceito se refere a um sujeito de direito privado a quem é confiada a execução de tarefas públicas estaduais, e, por outro lado, a *teoria da posição jurídica*, segundo a qual esse conceito se refere a uma entidade particular a quem o Estado delegou verdadeiros poderes públicos de autoridade[155/156].

---

[155] Cfr. VOGEL, *Öffentliche Wirtschaftseinheiten in privater Hand*, p. 46 e ss.

De acordo com a *teoria da natureza das tarefas* ("Aufgabentheorie"), determinante para a existência de uma "Beleihung" é a transferência para um particular de uma "tarefa própria da Administração Pública" (de uma "parcela da Administração pública"). A "Beleihung" não fica assim confinada às situações em que o particular é autorizado a exercer poderes jurídicos ou competências públicas; integra, além disso, todos e quaisquer actos que transferem actividades reservadas à Administração ("verdadeiras tarefas públicas"). Esta teoria baseia-se, pois, num critério de natureza material, em que a "Beleihung" representa a concessão ou delegação de uma tarefa pública, independentemente de o beneficiário ser investido de poderes jurídicos públicos conexos com a tarefa que lhe é confiada – sobre esta teoria, defendida por Jellinek, Fleiner, List e Nebinger, cfr. VOGEL, Ob. cit., p. 60 e ss; MENNACHER, Ob. cit., p. 13 e ss; KRAUTZBERGER, Ob. cit., p. 53; STUIBLE-TREDER, Ob. cit., p. 6.

A teoria da natureza das tarefas viria a ser revista por Udo Steiner, dando lugar a uma *teoria da natureza das tarefas modificada*: a "Beleihung" consigna agora um acto jurídico de direito público que opera a "transferência de uma concreta tarefa pública estadual enquanto tal" – cfr. STEINER, "Öffentliche", cit., p. 528. Para o Autor, a figura define-se essencialmente como o acto por cujo intermédio a execução de uma tarefa pública é transferida para um particular; porém, este executa-a, em seu nome e com autonomia, "como uma tarefa pública", ficando, portanto, sujeito ao direito público nos termos em que a Administração ficaria se a executasse; cfr. STEINER, *Öffentliche*, cit., p. 46, onde acrescenta que a delegação de poderes públicos não é uma característica da figura, constituindo apenas uma modalidade possível de "Beleihung".

Na formulação revista de Steiner e seus seguidores, a teoria da natureza das tarefas exclui da "Beleihung" todos os casos de execução de tarefas públicas "segundo uma base de direito privado". Por outro lado, também são excluídas as formas de colaboração em que os particulares, sem autonomia, apenas auxiliam a Administração na execução de actividades técnicas e materiais (essas modalidades de colaboração são integradas numa outra figura, a da *colaboração auxiliar técnico-executiva*).

À teoria da natureza das tarefas, na sua formulação originária ou revista, contrapõe-se a *teoria da posição jurídica* ("Rechtsstellungstheorie" ou "Befugnistheorie"). Na formulação originária, mais radical, a "Beleihung" representaria a transferência para um sujeito privado de competências públicas de *imperium*, de comando e de coacção – a

Além das duas teorias referidas, existe ainda uma outra, a designada *teoria mista ou combinada*, que apresenta a "Beleihung" como um acto que pressupõe a transferência para um particular de uma tarefa pública estadual (aspecto posto em destaque pela teoria da natureza das tarefas), a que acresce a transferência de competências de direito público (ligação por essa via à teoria da posição jurídica especial). Como dizia Steiner, que inicialmente (1969) parece ter sido adepto desta teoria mista, a execução de uma tarefa pública por um particular não é, por si só, suficiente para caracterizar a "Beleihung"[157]; a ideia fundamental da figura reside na delegação de verdadeiros poderes públicos, sendo a transferência destes que a justifica como figura jurídica autónoma. Nestes termos, acrescentava, a *teoria da posição jurídica* chama com razão a atenção para a posição especial do "Beliehene"[158].

---

diferença entre a teoria da natureza das tarefas e a da posição jurídica reside no facto de, para a primeira, ser determinante o *conteúdo da tarefa*, ao passo que, para a segunda, essencial é a *forma de execução da tarefa;* cfr. OSSENBÜHL, "Die Erfüllung", cit., p. 140². Traduzir-se-ia, pois, numa delegação de poderes públicos de imposição e de comando, operando exclusivamente no âmbito da administração agressiva (cfr. VOGEL, Ob. cit., p. 81 e ss).

Posteriormente, Klaus Vogel, um dos mais destacados defensores desta tese, acabaria por defender que a "Beleihung" deve abranger não apenas os casos em que o particular é investido de poderes públicos de cariz autoritário e impositivo, de natureza agressiva, mas ainda todos aqueles em que lhe sejam atribuídas competências de direito público cujo exercício implique o estabelecimento de relações jurídicas de direito público entre ele e terceiros – ver a sua intervenção em *VVDStRL*, n.º 29, (1971), p. 256.

[156] Nas teorias sobre a "Beleihung", um lugar à parte ocupa a tese de Herzog, desenvolvida na sua *Habilitationsschrift*, não publicada, e descrita em HERZOG/PIETZNER, "Beliehener Unternehmer", p. 170 e ss. Para Herzog, existe uma "Beleihung" apenas quando um particular se encontra colocado no exercício de uma função pública por um acto proveniente de uma instância com legitimidade democrática (povo ou funcionário democraticamente legitimado).

[157] Cfr. STEINER, "Der «beliehene» Unternehmer", p. 70. Um dos primeiros defensores da teoria mista terá sido HUBER, que, no seu *Wirtschaftsverwaltungsrecht*, se refere à "Beleihung" como uma delegação ("Delegation") de *tarefas* e de *competências* da Administração Pública (p. 533 e ss).

[158] Notam alguns Por ex., FRENZ, Ob. cit., p. 25. que a teoria mista ou combinada, reduzindo o âmbito da "Beleihung" proposto pela teoria da natureza das tarefas e fazendo da transferência de competências ou poderes públicos o critério decisivo, equivale, nos resultados, à *teoria da posição jurídica* – No mesmo sentido, cfr. o próprio STEINER, *Öffentliche, cit.*, p. 13. Considerando a teoria mista uma *teoria da posição jurídica modificada*, cfr. BENZ, Ob. cit., p. 33.

Convém, no entanto, considerar que, só por si, a teoria da posição jurídica acaba por incluir na "Beleihung" a delegação de poderes públicos desligada da execução de

Na formulação da teoria mista, acolhida pela doutrina maioritária[159], a extensão da "Beleihung" aproxima-se claramente do âmbito da figura de que nos ocupamos: ela aparece muitas vezes associada ao exercício de certas profissões (comandantes de navios e de aeronaves, notários, agentes de fiscalização da qualidade alimentar, engenheiros topógrafos, inspectores de materiais no âmbito do controlo da segurança de produtos), mas também pode estar ligada à gestão de infra-estruturas públicas por particulares (v.g., cobrança de taxas pelas empresas que gerem auto-estradas), ao controlo do acesso a certas profissões (v.g., instância que autoriza o acesso à profissão de verificador ambiental), à actividade de ensino (escolas privadas oficializadas), ao controlo das condições de segurança de veículos automóveis, ao exercício de poderes de regulação de relações de emprego público, etc.

Seja qual for a extensão que se lhe reconheça – sendo suposto que a delegação de poderes públicos é sempre abrangida –, o "Beliehene" adquiriu um estatuto autónomo no direito administrativo alemão, que nele reconhece uma figura jurídica sujeita a um regime especial, fundamentalmente marcado pela aplicação das regras de direito administrativo à execução das tarefas e das competências públicas que lhe estão confiadas e às relações jurídicas que, nesse domínio, estabelece com terceiros[160].

Por outro lado, um aspecto central do regime jurídico aplicável à "Beleihung" é o que decorre de ela só poder ser efectuada directamente por uma lei ou então por um acto da Administração (acto ou contrato), mas com base numa lei[161]. Sobre a questão da sua admissibilidade consti-

---

tarefas públicas: por ex., delegação do poder tributário às associações religiosas. Ora, a teoria mista vem excluir essas situações, ao exigir o preenchimento de dois requisitos para que possa falar-se de "Beleihung": exercício de *competências* ou de *poderes públicos* associados ao desempenho de *tarefas públicas*.

[159] Cfr. TERRAHE, Ob. cit., p. 82; MENNACHER, Ob. cit., p. 136; GAUSE, Ob. cit., p. 52 e ss; MARTENS, *Öffentliche,* cit., p. 133; BADURA, Ob. cit., p. 253[66]; MICHAELIS, *Der Beliehene,* p. 66; HEIMBURG, Ob. cit, p. 34; FRENZ, Ob. cit., p. 31; OSSENBÜHL, "Die Erfüllung", cit., p. 140[2], WOLFF/BACHOF/STOBER, Ob. cit., 3, p. 509; BATTIS, Ob. cit, p. 40; MAURER, *Allgemeines,* cit, p. 616; BURGI, "Der Beliehene", cit., p. 588.

[160] A sujeição ao direito administrativo é naturalmente circunscrita aos domínios em que o particular exerce tarefas públicas; quanto ao resto, a sua actuação rege-se pelo direito privado: cfr. BATTIS, Ob. cit., p. 40; WOLFF/BACHOF/STOBER, Ob. cit., 3, p. 522; RENGELING, *Erfüllung staatlicher Aufgaben durch Private,* p. 31.

[161] Cfr. WOLFF/BACHOF/STOBER, Ob. cit., 3, p. 520; MAURER, *Allgemeines,* cit., p. 617.

tucional, a doutrina maioritária entende que o artigo 33, IV, da *GG*, ao estabelecer que o exercício de competências públicas cabe, *em regra*, a funcionários dos serviços públicos, é suficiente para garantir a compatibilidade constitucional da delegação[162].

Quanto à posição que o "Beliehene" ocupa na organização administrativa, a doutrina, pondo em destaque a circunstância de ele exercer *em nome próprio* as funções de que é investido (o que significa que a ele vão imputados os efeitos dos actos públicos que pratica)[163], considera-o um sujeito (não um órgão[164]) da Administração Pública, membro da entidade pública delegante[165], com a qual estabelece uma *relação jurídica administrativa de delegação*[166]. Em sentido funcional, o "Beliehene" é, todavia, considerado um *órgão administrativo*, pelo que os actos de direito público que pratica ficam sujeitos à VwVfG[167].

Por fim e como resulta do que acaba de se dizer, entende-se que o "Beliehene" pode ser autorizado a praticar actos administrativos[168], bem como a celebrar contratos de direito público; com base na interpretação do artigo 80, I, da *GG*, recusa-se no entanto que se lhe possa confiar o poder de editar regulamentos administrativos.

O âmbito da "Beleihung", na formulação da doutrina maioritária, está muito próximo da figura de que nos ocupamos no presente trabalho.

---

[162] Sobre isso, cfr., por todos, BANSCH, Ob. cit., p. 57; apesar de ser largamente maioritária a doutrina que afirma a possibilidade constitucional da "Beleihung", há vozes dissonantes: é, por ex., o caso de REUSS, *Die Organisation der Wirtschaft*, cit., p. 128 e ss.

[163] Cfr. TERRAHE, Ob. cit., p. 87 e ss; WOLFF/BACHOF/STOBER, Ob. cit., 3, p. 516; MICHAELIS, Ob. cit., p. 129.

[164] Sendo "membro" da organização da entidade pública delegante, o "Beliehene" não é contudo objecto de incorporação orgânica ("Eingliederung") nessa entidade; cfr. TERRAHE, Ob. cit., p. 85.

[165] "Membro" é a tradução de "Glied", termo usado por WOLFF, *Verwaltungsrecht*, II, p. 39, para identificar os sujeitos jurídicos que integram a organização administrativa de uma entidade pública – o "Glied" pode ser *dependente*, se, em nome próprio, executa tarefas de uma outra entidade pública (*administração indirecta*), ou *autónomo*, se lhe estiver confiada a execução de tarefas próprias (*administração autónoma*).

[166] Cfr. WOLFF/BACHOF/STOBER, Ob. cit., 3, p. 520 e ss; MAURER, *Allgemeines*, cit., p. 617.

[167] Cfr. KOPP/RAMSAUER, *Verwaltungsverfahrensgesetz*, p. 84; STELKENS, "Die Stellung des Beliehenen innerhalb der Verwaltungsorganisation – dargestellt am Beispiel der Beleihung nach § 44 III BHO/LHO", p. 304 e ss.

[168] Observa STEINER, "Der «beliehene»", cit., p. 71[27], que o "Beliehene" pratica verdadeiros actos administrativos e não "medidas equiparadas a actos administrativos".

Resta, contudo, a diferença essencial, que decorre de aquela figura não abranger a delegação de poderes públicos em entidades administrativas privadas. Em rigor, a "Beleihung" representa, por conseguinte, uma "delegação de *funções administrativas* e de *poderes públicos* em *entidades particulares*". Diferentemente, a figura que aqui vamos analisar reconduz-se à "delegação de *poderes públicos* em *entidades privadas* com funções administrativas".

Muito próximo do enquadramento do exercício de poderes públicos por particulares no direito alemão é o do direito austríaco[169]. Também aqui, ocupa um lugar central a figura da "Beleihung", que representa uma das modalidades do fenómeno mais alargado da execução de tarefas públicas administrativas por particulares[170].

A "Beleihung", que configura uma forma de desconcentração[171] ou uma figura da administração estadual indirecta[172], indica a situação em que uma pessoa de direito privado é investida do poder de – em seu próprio nome, mas como órgão (em sentido funcional) da Administração[173] – praticar actos a que a ordem jurídica atribui uma eficácia igual à que dispensa aos actos do Estado, tanto podendo ser *actos* constitutivos (actos ou regulamentos administrativos) como actos certificativos (suportados em documentos aos quais se atribui a força jurídica dos "documentos autênticos"). Exemplos de "Beliehenen" são o Banco Nacional Austríaco – entidade no formato de direito privado (sociedade anónima), que pratica actos administrativos e edita regulamentos[174] –, a *Austro Control GmbH,* uma sociedade comercial de capitais maioritariamente públicos

---

[169] Essa é a conclusão a que chega STEINER, depois de comparar a "Beleihung" nos dois ordenamentos (cfr. "Fragen", cit., p. 603 e ss).

[170] Em geral, sobre o sistema austríaco de execução de tarefas administrativas por privados, cfr. ADAMOVICH/FUNK, *Allgemeines Verwaltungsrecht,* pp. 328 e ss e 355 e ss; KOJA, *Allgemeines Verwaltungsrecht,* p. 399 e ss; RASCHAUER, *Allgemeines Verwaltungsrecht,* p. 66 e ss, e *Grundriß des österreichischen Wirtschaftsrechts,* p. 362; SCHÄFFER, *Erfüllung von Verwaltungsaufgaben durch Private (Beleihung und Inpflichtnahme),* p. 58 e ss.

[171] Cfr. ADAMOVICH/FUNK, Ob. cit., p. 335.

[172] Cfr. KOJA, Ob. cit., p. 399.

[173] Cfr. RASCHAUER, *Allgemeines,* cit., p. 68.

[174] A possibilidade de a "Beleihung" abranger o poder de editar regulamentos é uma das diferenças entre o sistema austríaco e o alemão (nesse sentido, STEINER, "Fragen", cit., p. 604).

investida de funções de autoridade de aviação civil[175], os indivíduos ajuramentados para o exercício de actividades de polícia administrativa (guardas da caça e da pesca, trabalhadores de empresas de transportes), as entidades que realizam inspecções de automóveis, os notários e outros profissionais (*v.g.*, engenheiros, arquitectos) dotados de fé pública, bem como as escolas privadas que conferem habilitações oficiais. Numa decisão de 1996[176], o Tribunal Constitucional considerou a delegação de competências públicas de autoridade em entidades privadas compatível com a Constituição federal, desde que uma tal medida não ponha em causa as disposições constitucionais sobre a organização da Administração Pública, seja assegurada uma ingerência do Estado sobre a actuação da entidade privada e não estejam envolvidas competências integradas no núcleo duro da Administração[177].

5.2. *Itália*

Num estudo recente sobre o conceito de órgão indirecto, Francesco de Leonardis conclui que o exercício de funções e de poderes públicos por particulares é um tema constante na literatura juspublicista italiana desde o início do século XX: Autores como Orlando, Santi Romano, Ranelletti, Cammeo, Zanobini, Miele, Giannini – ou seja, quase todas as grandes personagens do direito administrativo italiano – dedicaram-se, de forma mais ou menos profunda, ao tema do exercício privado de funções e de serviços públicos[178].

Tentando fornecer uma visão de conjunto da doutrina jurídica italiana, pode dizer-se que se apresenta muito claro o esforço para explicar o fenómeno do exercício privado de funções e de serviços públicos em termos sobretudo organizativos.

---

[175] Cfr. BARRIGA, in *Droit administratif et subsidiarité*, p. 40.

[176] No contexto do processo de instituição da *Austro Control GmbH*.

[177] Cfr. BARRIGA, Ob. cit., p. 41.

[178] Cfr. LEONARDIS, "Il concetto di organo indiretto: verso nuove ipotesi di applicazione dell'esercizio privato di funzioni pubbliche", p. 347 e ss, e *Soggettività privata*, cit., p. 19 e ss.

As entidades privadas que exercem tais funções ou serviços são consideradas *órgãos impróprios*[179], *órgãos indirectos*[180], *substitutos*[181], titu-

---

[179] Logo na 1.ª edição dos *Principii di diritto amministrativo*, de 1901 (cfr. ZANO-BINI, "L'esercizio", cit., p. 255[1], e AZZENA, Ob. cit., p. 166), Santi Romano detectou no direito italiano vários institutos que, tendo natureza diferente uns dos outros, seriam todos abrangidos num conceito unitário de "esercizio privato di funzioni pubbliche", fenómeno que, segundo o Autor, descrevia a investidura de pessoas físicas ou jurídicas no exercício de "potestà amministrative". Essas pessoas, investidas por lei (capitães dos navios mercantes), por um especial acto de concessão (concessionários de cobrança de impostos), por um acto de parificação (docentes privados) ou por conexão com uma actividade profissional (notários), não seriam titulares de órgãos da Administração Pública, exercendo as funções públicas que lhes são confiadas *em nome próprio e mesmo para a cura de interesses próprios* (*v.g.*, de lucro). Porém, pelo facto de exercerem funções públicas, poderiam ser qualificadas *órgãos impróprios* do Estado; cfr. SANTI ROMANO, *Corso di diritto amministrativo (principii generali)*, p. 100 e ss, e *Il diritto pubblico italiano*, p. 212.

[180] O conceito de órgão indirecto é indissociável de ZANOBINI e da sua monografia publicada em 1920, dedicada ao tema do exercício privado de funções e de serviços públicos. Como se sabe, a monografia foi publicada no vol. II, parte III do *Trattato di diritto amministrativo* dirigido por V. E. Orlando; apesar de a edição mais divulgada do *Trattato* ser a de 1935, esta data é apenas a da reimpressão da obra; indicando 1920 como o ano do aparecimento da monografia, cfr. GIANNINI, "Vita e opere di Guido ZANOBINI", p. 4; ainda no ano de 1920, foi publicado um artigo de ZANOBINI, intitulado "*L'esercizio privato delle pubbliche funzioni e l'organizzazione degli enti pubblici*" (republicado in *Scritti vari di Diritto Pubblico*, Milano, 1955); porém, não obstante parecer tratar-se de textos diferentes, o artigo faz a mera reprodução do capítulo VIII (conclusões) da monografia; nas sucessivas edições do seu *Corso di Diritto Amministrativo*, ZANOBINI viria a revisitar o tema, aprofundando ou esclarecendo alguns pormenores das concepções expressas na monografia de 1920.

Tendo em conta as noções fornecidas pelo Autor, pode dizer-se que o nosso tema corresponde, em parte, àquilo que ele designou por "exercício privado de funções públicas": a *função pública*, ligada à prossecução de finalidades de natureza jurídica, representa, em sentido técnico e jurídico, a actuação de uma "potestà propria" do Estado ou de um outro ente público, em que está em causa uma actividade que não é pública apenas pelo fim que prossegue, mas também pela eficácia jurídica que possui (que pode compreender a emanação de regulamentos, de medidas de polícia, a emissão de actos de certeza que fazem fé pública, etc.); cfr. ZANOBINI, *Corso*, cit., p. 302.

Como ponto de partida, assinala que o exercício privado se enquadra na hierarquia dos meios humanos através dos quais se prosseguem os fins do Estado. Por actuarem em nome próprio (e não em nome do Estado), os particulares não são (titulares de) *órgãos do Estado*, no sentido de que "não são uma parte da personalidade do Estado, uma esfera particular da sua actividade". Todavia, segundo o Autor, não há nenhuma razão para circunscrever aí o conceito de órgão, que, por ser lógico e útil, poderá abranger aquelas "persone che conseguono fini pubblici, rimanendo fuori della personalità dello Stato". De resto,

lares de *ofícios em concessão* ou *munera*[182]. Em qualquer caso, trata-se de enquadrar a posição especial que as entidades privadas, com funções públicas ou gestores de serviços públicos, ocupam no sistema adminis-

---

essa extensão já havia sido feita pela doutrina a favor dos entes autárquicos, que, não obstante revestirem a natureza de sujeitos juridicamente autónomos, eram considerados *órgãos indirectos do Estado*. Se a ideia de órgão (indirecto) se pode aplicar aos entes autárquicos, não há nenhuma razão para excluir a sua aplicação ao exercício privado. Deste modo, ZANOBINI irá considerar as entidades privadas que exercem actividades públicas como *órgãos indirectos* do Estado. O Estado pode, portanto, servir-se de dois tipos de órgãos: os *directos* (as pessoas que o Estado coloca num determinado ofício, isto é, numa parte da sua própria pessoa, atribuindo-lhes uma competência própria, exercida em nome do Estado e usando meios por ele disponibilizados) e os *indirectos* (as pessoas encarrega-das pelo Estado de prosseguir os seus próprios fins, sem as assumir na sua personalidade, deixando-as agir em seu próprio nome e com meios próprios). Cfr. ZANOBINI, "L'esercizio", cit., p. 665.

Os particulares que, em seu próprio nome, exercem actividades públicas são, por-tanto, órgãos (indirectos), ficando, nessa qualidade, sujeitos aos "poderes de supremacia especial" do Estado (faculdades de dirigir as condutas, com ordens e instruções adminis-trativas, bem como de infligir penas disciplinares). "O Estado pode regular a conduta do particular com base nos mesmos poderes de que dispõe sobre os seus órgãos (directos)", uma vez que ele é o "sujeito do interesse" que o particular prossegue (ult. Ob. cit., p. 663).

[181] Para MIELE, "La distinzione fra ente pubblico e privato"*, especial. p. 523 e ss, a *substituição*, "conceito com múltiplas aplicações no campo do direito", seria a figura adequada para retratar o fenómeno jurídico implicado em todas as situações em que um particular exerce, *como tal*, funções ou serviços públicos. A *substituição* exprime o *exercício* por um sujeito de uma determinada actividade, atribuição ou competência, considerada pelo direito positivo como *pertencente* a um outro sujeito; o exercício pode ser legitimado por autorização legislativa geral ou por acto concreto do titular da activi-dade. O instituto apoia-se assim na distinção entre *titularidade* de uma determinada actividade e o seu mero *exercício*. Dois são portanto os sujeitos da actividade: o ente público, seu *titular*, e o particular, que a *exerce*.

[182] Não se limitando a expor os aspectos que reputa negativos nas teses do exercí-cio privado e da substituição, a importância da contribuição de GIANNINI para o estudo do problema que nos ocupa não resulta da identificação de um critério unitário que possa explicar todos os casos de exercício de actividades públicas por sujeitos de direito pri-vado. Sem seguir esse caminho, GIANNINI opta por *descrever* o regime de duas figuras ou institutos que, em conjunto, agrupam todas as situações de "exercício privado": o *ufficio in concessione* e o *munus publicum*.

Começando pela figura referida em primeiro lugar, que GIANNINI também designa por *concessione-ufficio*, trata-se de uma *concessão administrativa* (de funções públicas, serviços públicos ou mista) que atribui a um particular um *ufficio* (órgão) da Administra-ção. O particular, concessionário, *não é órgão*, mas *titular de um órgão da Administração*.

Entre o concessionário, titular de um órgão de um ente público, e o ente público, estabelece-se uma relação jurídica administrativa, desdobrada numa *relação de serviço* (regulação de aspectos remuneratórios) e numa *relação orgânica*, que, no entanto, é restrita à parte em que, *excepcionalmente*, o concessionário disponha de poderes para a prática de *atti amministrativi* ou, mais genericamente, para o exercício de uma *função pública*. A *concessione-ufficio* revela-se, portanto, susceptível de originar uma *imputação dissociada*: não sendo órgão da Administração, o concessionário suporta em geral os efeitos da actividade que exerce; porém, quando essa actividade se consubstanciar no exercício de uma função pública (*v.g.*, prática de actos de autoridade), é à Administração concedente que os respectivos efeitos vão imputados. Diferente deste regime de imputação formal (que o Autor reconhece encerrar algumas dificuldades de aplicação) é o que se verifica com a *imputação de resultados*, que cabe sempre à Administração, uma vez que ela conserva a responsabilidade político-administrativa que deriva da sua qualidade de titular da actividade concedida e dos poderes de autoridade de que dispõe, que lhe permitem, por ex., revogar a concessão ou punir o concessionário; sobre a *concessione--ufficio*, cfr. *Diritto,* cit., p. 254 e ss, e *Istituzioni,* cit., pp. 92 e ss e 547 e ss.

No sentido de que o exercício da função pública só pode fazer-se através de um *ufficio* (sendo o *ufficio* o elemento objectivo do órgão), pelo que, quando não derive directamente da lei (*v.g.*, comandantes de navio), o exercício privado de uma função pressupõe necessariamente um acto de «preposizione ad un *ufficio*», ou seja, um acto de *nomeação*, cfr. ALESSI, *Sistema istituzionale del diritto amministrativo italiano*, p. 168 e ss.

Quanto ao múnus, apresenta-o GIANNINI como um fenómeno com uma morfologia extremamente simples: "um sujeito que, nos termos de uma norma do ordenamento, recebe o encargo ou competência de curar de interesses alheios", os quais podem ser privados ("múnus privado") ou públicos ("múnus público"): o múnus público pode assim entender-se num sentido subjectivo, como o titular ou "dono" de uma incumbência pública, e num sentido objectivo, como a incumbência ou função pública a desempenhar.

O múnus (em sentido subjectivo) é um sujeito estranho à organização administrativa que substitui um órgão da Administração ("rapporto di sostituzione"): "não existe órgão da Administração, agindo o particular em vez dela, como oficial público para todos os efeitos, e com plena responsabilidade própria". A função compete ao substituto, que não auxilia a Administração Pública, nem exerce funções cuja titularidade pertença a esta, razão por que é ele que suporta integralmente os efeitos da actividade que desempenha. A aplicação do modelo tem lugar tanto em actividades episódicas (*v.g.*, comandante de aeronave no exercício da polícia de bordo) como em actividades profissionais (*v.g.*, notários); cfr. GIANNINI, *Diritto,* cit., p. 174, e *Istituzioni,* cit., p. 232.

Com o conceito de múnus, GIANNINI descreve o exercício de funções públicas por particulares em termos verdadeiramente inovadores, uma vez que, não obstante fazer uso do conceito de *substituição* – com um sentido diferente do que lhe havia dado Miele, dado que aquele entende que o substituto é titular da tarefa que exerce –, abre o caminho para um entendimento de que os particulares podem ser *titulares originários de funções públicas*; adoptando essa concepção, cfr. VALENTINI, "Precisazioni sul munus publicum", p. 969 e ss.

Alguma da doutrina que recorreu ao conceito de múnus para explicar o exercício de funções administrativas por sujeitos estranhos à organização administrativa acabaria

trativo e, portanto, de sublinhar as implicações do fenómeno no âmbito da doutrina geral da organização administrativa[183].

Em concreto e apesar de referências doutrinais expressas à figura da "concessão de poderes públicos"[184], o exercício de poderes públicos por entidades privadas não constitui objecto de um tratamento uniforme e isolado ou deslocado do contexto mais genérico do estudo do exercício privado de funções e de serviços públicos. Isso explica a ausência de uma dogmática sobre os termos de admissibilidade ou os limites da delegação de poderes públicos. Na esteira de Zanobini, a doutrina aceita a possibilidade de actos administrativos praticados por particulares[185], muito embora – por não se tratar de *actos subjectivamente administrativos* – viesse entendendo, até há pouco tempo, que o respectivo controlo não poderia ser atribuído à jurisdição administrativa, uma vez que o âmbito desta está delimitado *ratione personae* (controvérsias em que esteja implicada a Administração Pública) e não *ratione materiae*[186].

Mais recentemente e como consequência da expansão da técnica concessória, da criação de entidades administrativas privadas (desi-

---

por alargar o seu âmbito e, por essa via, elevar o múnus a critério unitário, susceptível de explicar todas as situações de exercício privado de funções administrativas: os concessionários de serviços públicos aparecem, então, como titulares de "munera convenzionali"; nesse sentido, cfr. IRELLI, *Corso di diritto amministrativo*, p. 64 e ss (67); referindo-se também a *munera convenzionali*, mas para abranger apenas concessionários de poderes públicos (não de serviços públicos), cfr. SCOCA, "La soggettività delle ammnistrazioni", p. 470.

[183] Nesse sentido, cfr. ZANOBINI, "L'esercizio", cit., p. 660 e ss.

[184] ZANOBINI, "L'esercizio", cit., p. 559, autonomizou a *concessão administrativa de funções públicas*, embora defendesse que essa concessão estaria quase sempre associada à concessão de um serviço público; a doutrina posterior continuaria a autonomizar as *concessioni di potestà pubbliche*, considerando-as actos administrativos de transmissão de poderes públicos (ex: concessões dos serviços de cobranças de impostos); cfr. VIRGA, *Il provvedimento amministrativo*, p. 75; GALLI, Ob. cit., p. 547.

[185] Por ex., FORTI, *Diritto amministrativo*, II, cit., p. 66; FRAGOLA, *Gli atti amministrativi*, p. 12; VIRGA, *Il provvedimento*, cit., p 165; CAPACCIOLI, Manuale di diritto amministrativo, p. 305.

[186] Cfr. ZANOBINI, "L'esercizio", cit., p. 673 e ss; na mesma linha, ALESSI, *Sistema,* cit., p. 291, e, de certo modo, GIANNINI, *Atto amministrativo*, p. 172, que, depois de afirmar que, em regra, os actos de privados que exercem funções ou serviços públicos são *actos de direito comum*, observa que, excepcionalmente, alguns deles poderão produzir efeitos parciais idênticos aos dos actos administrativos; porém, esclarece, esses não são verdadeiros actos administrativos, mas *actos de efeitos equiparados aos dos actos administrativos*, não impugnáveis na jurisdição administrativa.

gnadamente, sociedades comerciais) e também da influência do direito comunitário da contratação pública, o tema do acto administrativo praticado por entidades privadas ganhou um novo fôlego. Ainda assim e ao menos do ponto de vista da jurisprudência (sobretudo instada a apreciar actos praticados no procedimento de formação de contratos de empreitada[187]), a questão parece continuar centrada na qualificação das entidades privadas como órgãos indirectos do Estado, qualidade em que exercem funções públicas e poderão praticar actos jurídicos sujeitos à apreciação do juiz administrativo[188].

5.3. *França*

Em França, país de um direito administrativo essencialmente construído a partir das decisões judiciais do *Conseil d'Etat*[189], o exercício de poderes públicos administrativos por entidades privadas (essencialmente corporizado na prática de actos administrativos e na edição de regulamentos administrativos), reconhecido de forma inequívoca desde 1946 ("arrêt" *Morand*), nunca foi objecto de um qualquer esforço generalizado de sistematização dogmática que visasse a delimitação de um instituto ou de uma figura jurídica administrativa autónoma.

De facto, a doutrina francesa tem-se ocupado do tema que constitui objecto desta dissertação sempre a partir de *casos concretos* suscitados por recursos interpostos contra "actos" praticados por organismos de direito privado[190].

---

[187] Sobre essa jurisprudência, cfr. Pedro GONÇALVES, *A Concessão,* cit., p. 288.

[188] Contra esta atitude jurisprudencial e defendendo que os sujeitos privados podem praticar actos administrativos, não por se tratar de sujeitos integrados na categoria dos órgãos da Administração, mas em virtude da natureza (pública) dos poderes que exercem, cfr. LEONARDIS, "Il concetto", cit., p. 411.

[189] Há que referir ainda a importância de que se revestiram algumas decisões do *Tribunal des Conflits*, chamado algumas vezes a definir critérios de identificação da jurisdição competente para o julgamento de actos jurídicos praticados por organismos de direito privado: entre outras, são fundamentais as decisões que aquele Tribunal tomou nos casos *Peyrot* (1963) e *Barbier* (1968).

[190] Trata-se de uma consequência da típica abordagem francesa. Não obstante, tem de reconhecer-se que, também em França, alguns esforços foram feitos no sentido de construir uma figura autónoma ou, pelo menos, de subsumir uma categoria vasta de situações num instituto unitário, a *delegação de competências decisórias em sujeitos de*

Justamente por isso, no direito francês não se anda muito longe de identificar e misturar o exercício privado de poderes públicos administrativos com a prática de actos administrativos por organismos privados. Quer dizer, a prática de actos administrativos, que noutros ordenamentos aparece como uma consequência (não necessária) de a lei atribuir a entidades privadas o exercício de poderes públicos, constitui aqui o critério essencial para identificar a figura. Esse factor – isto é, a existência dos designados actos administrativos (concretos e normativos) "émanant d'organismes privés" – só não constitui critério único porque, também de forma casuística, os tribunais (e a doutrina) têm incluído no conceito de *prerrogativas exorbitantes do direito comum*, de que beneficiam certas entidades privadas, o poder expropriativo[191], a aplicação do regime das obras públicas (que investe o beneficiário no poder de ocupação temporária de prédios privados)[192], bem como o poder de celebrar contratos administrativos[193]. Além disso, não pode esquecer-se as figuras dos chamados *officiers ministériels* ou *officiers publics*[194], pessoas que, sem integrarem o quadro do pessoal da Administração Pública, são nomeadas, designadas ou autorizadas por uma autoridade pública a exercer uma tarefa pública, surgindo por vezes dotadas de prerrogativas de poder público (*v.g.*, força probatória especial dos seus actos)[195]: assim sucede, por ex., com os notários, os corretores de bolsa ou os agentes de execução ("huissiers de justice").

Distinguem-se dois tipos de prerrogativas de direito público de que os organismos privados podem beneficiar: por um lado, a competência

---

direito privado: uma significativa contribuição para tal foi dada por LAVIALLE, *L'évolution de la conception de la décision exécutoire en droit administratif français*, p. 195 e ss (sobre a tese do Autor, cfr. *infra*); por outro lado, não pode deixar de assinalar-se ainda a monografia de NEGRIN, *L'intervention,* cit., apesar de o respectivo âmbito ultrapassar em muito o tema do exercício de poderes públicos por pessoas de direito privado.

[191] Cfr. NEGRIN, *L'intervention,* cit. 162.

[192] Cfr. RICHER, "Remarques sur les entreprises privées de service public", p. 108.

[193] Cfr. SABIANI, "L'habilitation des personnes privées à gérer un service public", p. 20.

[194] Para este efeito, é mais rigorosa a designação *officier public* (titular de uma delegação de poder público) do que a de *officier ministériel* (ofício conferido pelo Estado) – cfr., sobre estas diferenças, RIOUFOL/RICO, *Le notariat français*, p. 101.

[195] Cfr. LAUBADERE/VENEZIA/GAUDEMET, *Traité de droit administratif,* II, p. 14, CHAPUS, *Droit administratif général*, II, p. 22; AUBY/AUBY, *Droit de la fonction publique*, p. 27.

para a tomada de decisões administrativas "qui s'imposent" e, por outro lado, o poder de fazer uso de certos procedimentos próprios da actuação administrativa de autoridade (prerrogativas de acção de natureza não decisória[196]). Embora aceitando que eles beneficiam em certos termos deste segundo tipo de prerrogativas, a jurisprudência e a doutrina referem-se sobretudo aos "actes unilatéraux émanant de personnes privées" como expressão essencial da "mise en oeuvre d'une prérogative de puissance publique".

A construção judicial do conceito de "actos administrativos editados por organismos privados"[197] iniciou-se em 1946[198], quando, no Acórdão *Morand*, o *Conseil d'Etat* afirmou de forma explícita que, no desempenho da missão de serviço público que lhe estava confiada, uma organização corporativa agrícola de direito privado podia editar verdadeiros actos administrativos. Essa terá sido pois a primeira decisão em

---

[196] Dividindo as prerrogativas de direito público em *prerrogativas de acção* (que permitem agir) e em *prerrogativas de protecção* (que protegem de acções externas), cfr. CHAPUS, *Droit*, I, cit., p. 351.

[197] Sobre a figura, em geral, cfr. LACHAUME, "Quelques remarques sur les critères de l'acte administratif exécutoire émanant d'organismes privés gérant un service public administratif ", p. 95 e ss.

[198] Omitimos no texto os Acórdãos *Monpeurt* (1942) – recurso contra um acto do *comité de organização das indústrias do vidro* (os "comités de organização" eram instituições de carácter corporativo encarregadas da organização de actividades económicas) – e *Bouguen* (1943) – recurso contra um acto da Ordem dos médicos. O facto de, nessas decisões, o Conselho de Estado não se ter pronunciado abertamente sobre a natureza jurídica dos comités de organização e das ordens profissionais é a razão por que elas não são consideradas as primeiras decisões judiciais a admitir a prática de actos administrativos por organismos de direito privado; cfr. LACHAUME, *Droit administratif – les grandes décisions de la jurisprudence*, p. 185.

Contudo, a importância daqueles dois Acórdãos não pode ser negligenciada, uma vez que nelas o *Conseil d'Etat* tornou claro que a natureza pública de uma entidade deixava de ser um critério suficiente para identificar o acto administrativo (critério orgânico), estendendo a qualificação administrativa aos actos praticados por entidades "encarregadas de participar na execução de um serviço público". Ainda assim, tentando manter intocado o critério orgânico, alguma doutrina entendeu o silêncio do *Conseil d'Etat* sobre a natureza jurídica dos comités de organização e das ordens profissionais como querendo significar a admissibilidade de um novo tipo de "personnes publiques" e não a aceitação implícita da existência de actos administrativos praticados por organismos privados. Foi essa a posição de EISENMANN, *L'arrêt Monpeurt, légende et réalité*, p. 221 e ss; sobre o "arrêt" *Monpeurt*, cfr. ainda MATHIOT, "L'intégration des comités d'organisation au droit positif français", p. 28 e ss.

que aquela instância pôs em crise, de forma aberta, o critério orgânico tradicional como factor exclusivamente determinante da administratividade de um acto jurídico[199]. O Acórdão *Morand* viria, quinze anos após a sua prolação, a ser confirmado, no Acórdão *Magnier*[200] – essas decisões referiam-se a *actos individuais e concretos*, mas, a partir do Acórdão *Barbier* (Tribunal dos Conflitos: 1968) foi também admitida a edição de *regulamentos administrativos* por entidades privadas[201].

A *extensão* da noção de acto administrativo[202] pretende, além do mais, garantir a recorribilidade contenciosa contra actuações de organismos de direito privado, sujeitando a actuação autoritária que eles desenvolvem no quadro da "mission de service public" às normas de direito público que regulam o exercício de poderes susceptíveis de comportar prejuízos para os direitos e as liberdades dos cidadãos[203].

---

[199] No sentido de que o "arrêt" *Morand* traz as "primeiras nuvens que ensombram o critério orgânico" do acto administrativo, cfr. SABOURIN, "Peut-on dresser le constat de décès du critère organique en droit administratif français?", p. 598. Porém, nem toda a doutrina concorda em considerar *Morand* o início da verificação "de décès" do critério orgânico; por ex., para LAVIALLE, Ob. cit., p. 221[65], o organismo corporativo agrícola recorrido era uma corporação pública.

[200] Cfr. WALINE, *RDP*, 1962, p. 728 e ss. O "arrêt" foi pronunciado num processo de recurso contra um acto de um organismo de direito privado (agrupamento local contra os inimigos das culturas) que fixava a quantia a pagar pela execução de um serviço (público) de tratamento anti-parasitário nos terrenos do senhor Magnier. Em causa estava a natureza jurídica do crédito do agrupamento e, consequentemente, a natureza jurídica do acto que fixava o valor desse crédito; sobre o assunto, o *Conseil d'Etat* viria a decidir que "nos casos em que os organismos de direito privado tomam decisões unilaterais que se impõem aos proprietários ou utentes interessados, essas decisões apresentam-se como actos administrativos".

Desde o Acórdão *Magnier*, o *Conseil d'Etat* considera-se competente para apreciar actos de organismos privados a quem esteja confiada uma *missão de serviço público*, desde que se trate de actos editados no uso de *prerrogativas de autoridade pública* – é o que se tem passado com: actos de organismos profissionais ou económicos (Acórdãos *Fédération nationale des huileries métropolitaines* e *Assotiation nationale de la meunerie*), de organismos sociais (*Association familiale rurale de circuit et de transports des élèves de la région de Meslay-du-Maine*), de federações desportivas (*Fédération des industries françaises d'articles de sport*), de associações de caça, do conselho das bolsas de valores, etc.; cfr. CHAPUS, *Droit* I, cit., p. 401.

[201] Sobre o Acórdão *Barbier*, cfr. WALINE, *RDP*, 1968, p. 893 e ss; LACHAUME, *Droit administratif*, cit., p. 103 e ss; AUBY, *AJDA*, 1968, p. 225 e ss.

[202] Neste sentido, cfr. DEBBASCH, *Institutions et Droit Administratifs*, p. 450.

[203] Cfr. LACHAUME, *Droit administratif*, cit., p. 186.

Além da jurisprudência (Conselho de Estado e Tribunal dos Conflitos), também a doutrina maioritária aceita a figura dos "actos administrativos editados por organismos de direito privado", desde que se trate de actos praticados no âmbito de uma "missão de serviço público" e no "exercício de uma prerrogativa de autoridade pública"[204].

Apesar de a posição maioritária se referir a uma extensão do âmbito do direito administrativo e da noção de acto administrativo – extensão associada ao enfraquecimento do critério subjectivo ou orgânico tradicional[205] –, um certo sector da doutrina francesa, que continua fiel a esse critério, recusa-se a admitir que os actos emitidos por organismos privados possam ser concebidos como "verdadeiros actos administrativos". Nesse sector misturam-se posições diferentes: desde os que entendem que tais actos se assumem apenas como "actos administrativos por assimilação"[206] aos que consideram que eles "não são actos formalmente

---

[204] Sobre a necessária junção das condições relativas à gestão de uma tarefa pública (serviço público) e ao uso de prerrogativas de autoridade pública e, por essa via, à realização da síntese dos dois factores de fractura doutrinal do direito administrativo francês, cfr. CHAPUS, *Droit,* I, cit., p. 400; com desenvolvimentos, WALINE, *RDP*, 1975, p. 1109 e ss; LAVIALLE, Ob. cit., p. 243 e ss; MODERNE, "Remarques sur le concept d'acte administratif dans ses relations avec les notions de personne privée et de service public à gestion privée", p. 4 e ss; LACHAUME, "Quelques remarques", cit., p. 97 e ss; LANG, *Juge judiciaire et droit administratif,* p. 118 e ss; CANEDO, *Le mandat administratif,* p. 694

A acumulação dos dois factores (serviço público e prerrogativa) como condição do conceito de actos administrativos de organismos privados estava de resto patente nas conclusões do comissário do governo (Fournier) que interveio no Acórdão Magnier, ao afirmar o seguinte: "para que a jurisdição administrativa seja competente em relação aos organismos privados, torna-se obviamente necessário que o acto impugnado respeite à execução de um serviço de carácter administrativo. Mas também é indispensável que esse acto seja um acto de autoridade, que seja uma das manifestações das prerrogativas de poder público conferidas ao organismo em causa"; cfr. LAVIALLE, Ob. cit., p. 243.

Faltando um desses requisitos, aplica-se a regra segundo a qual "les actes unilatéraux d'une personne morale de droit privé constituent des actes de droit privé"; cfr. LACHAUME, "Quelques remarques", cit., p. 105.

[205] Segundo as correntes maioritárias, o facto de um organismo privado praticar actos administrativos provoca um desvio ou uma excepção à nota orgânica do conceito de acto administrativo (que exige a autoria de uma pessoa de direito público). O acto administrativo de organismos privados é, pois, um acto administrativo segundo um critério material ou objectivo, mas não orgânico ou subjectivo. Todavia, nem todos pensam assim; cfr. LAVIALLE, Ob, cit., p. 195; CANEDO, Ob. cit., p. 715.

[206] Cfr. MOREAU, *Droit administratif,* p. 452.

administrativos"[207] e aos que tentam recuperar o "lien organique", atribuindo a uma instância pública a *autoria indirecta* do acto administrativo do organismo privado[208] ou considerando as entidades públicas as *exclusivas titulares das prerrogativas públicas* de que os actos administrativos emitidos por organismos privados são uma expressão[209]. Um outro sector (muito minoritário) da doutrina vai ainda mais longe e rejeita mesmo a possibilidade de atribuição de actos administrativos de entidades privadas[210].

---

[207] Cfr. LAUBADERE/VENEZIA/GAUDEMET, *Traité*, I, cit., p. 524.

[208] Nestes termos exactos, cfr. LANG, Ob. cit., p. 123.

[209] É esse o sentido da tese de LAVIALLE, que pretende, por essa via, mostrar a perenidade do critério orgânico do acto administrativo, ainda que considere necessária a sua renovação; isso leva-o a falar de um *critério orgânico afinado ou reformulado*, em face da existência de decisões administrativas da autoria de entidades privadas: Ob. cit., pp. 195 e 259. Para LAVIALLE, o conceito de *delegação de competências administrativas* assegura o "rattachement" das decisões administrativas tomadas por organismos privados à competência de uma pessoa pública, uma vez que, traduzindo as decisões uma manifestação de prerrogativa de autoridade pública, o ponto determinante para assegurar o critério orgânico não reside na natureza do *autor* das decisões, mas na natureza do *titular* das prerrogativas de que elas são expressão (p. 292). As prerrogativas públicas pertencem exclusivamente a pessoas públicas; a tomada de decisões no âmbito dessas competências é que pode ser *delegada* em pessoas privadas. Independentemente da entidade que o pratique, o acto administrativo põe sempre em movimento as prerrogativas de uma pessoa pública – conclui assim que "le critère de l'acte administratif demeure donc organique puisque la compétence est liée aux prérogatives d'une personne publique" (p. 297).

[210] Trata-se da tese de SABOURIN, *Recherches sur la notion d'autorité administrative en droit français*, que combate o processo da por ele designada "desnaturação da decisão administrativa". Para o Autor, essa desnaturação surge como consequência das concepções materiais que "réapparaissent toujours en cas de crise" (pp. 108 e 127); por isso, entende que os conceitos de *decisão administrativa, autoridade administrativa* (pessoa que representa uma pessoa moral de direito público) e *recurso contencioso* são indissociáveis (pp. 86 e 109), pelo que os tribunais administrativos, ao aceitarem o recurso contencioso contra actos de organismos privados, terão contribuído para a criação de "monstruosidades jurídicas" (expressao utilizada por Eisenmann na nota crítica ao Acórdão *Monpeurt*). Por essas razões, Sabourin propõe que os conceitos de *decisão administrativa* e de *recurso contencioso* sejam condicionados pelo de *autoridade administrativa* (referindo-se este às pessoas ou grupos de pessoas investidas por lei no poder de representar uma pessoa pública): por ausência do requisito orgânico, os actos de organismos ou entidades de direito privado não representam decisões administrativas, não sendo por isso susceptíveis de recurso contencioso (p. 131). Contra este tese, cfr. CANEDO, Ob. cit., p. 738 e ss, que entende que, no quadro do seu mandato para gerir um serviço público, uma pessoa privada pode apresentar a qualidade de autoridade administrativa.

Por fim e ainda a este propósito, uma referência é devida ao nome de Marguerite Canedo, Autora que, numa extensa obra sobre o mandato administrativo, defende que uma pessoa privada pratica "verdadeiros actos administrativos" (organicamente administrativos) quando, investida de prerrogativas públicas, gere um serviço público "aux lieu et place" e "pour le compte" de uma autoridade administrativa[211]. O fundamento da natureza administrativa dos actos que pratica decorre do facto de a entidade privada agir em vez e por conta de uma pessoa pública. O mandato assegura o "lien organique" entre a entidade privada e uma pessoa pública[212]. Por sua vez, a delegação de prerrogativas do poder público é o mais fiável indicador da existência de um mandato atribuído a uma entidade privada de actuar por conta de uma pessoa pública[213].

5.4. *Espanha*

No direito espanhol, o "ejercicio por particulares de funciones o servicios públicos" é também uma realidade que, pelo menos desde Gascón y Marín (1928)[214], não passa despercebida à doutrina. O mesmo não pode, contudo, dizer-se do exercício privado de poderes públicos de autoridade.

---

[211] Cfr. CANEDO, Ob. cit., pp. 715 e 725 e ss. Para a Autora, o facto de as decisões de privados poderem ser consideradas administrativas não representa qualquer fraqueza do critério orgânico do acto administrativo; tal qualificação não remete para uma noção material de acto administrativo, pois que, em tais actos, a presença do critério orgânico é assegurada pela circunstância de o particular agir ao abrigo do "mandato" de uma pessoa pública.

[212] Cfr. CANEDO, *ibidem*, p. 726.

[213] Cfr. CANEDO, *ibidem*, p. 714.

[214] No *Tratado de derecho administrativo* (1928), o Autor, influenciado por Santi Romano, referia-se ao cumprimento de fins públicos por pessoas jurídicas de direito privado, que "praticam actos, não como funcionários, nem como órgãos jurídicos de uma entidade pública, mas em nome próprio" (p. 176); Gascón y Marín identificou ainda as situações em que se verifica a realização por particulares de funções ou de serviços públicos: acção popular, assunção espontânea de um serviço público, exercício privado obrigatório de serviços públicos, a equiparação da actividade do particular à do funcionário público (cobrança de impostos, guardas particulares ajuramentados), o *referendum* e a concessão de serviços públicos.

Em obras gerais de direito administrativo, o exercício de funções públicas por particulares encontra algum eco no *Tratado de derecho administrativo* de García-Trevijano Fos, onde o Autor se limita praticamente a expor a tese de Zanobini sobre os órgãos indirectos[215].

Também Santamaría Pastor se ocupa do tema, no seu manual[216], conferindo-lhe um tratamento mais ou menos sistematizado, que, do mesmo modo, denuncia uma nítida inspiração italiana. Para o Autor, o exercício privado de funções públicas representa uma das três modalidades ou técnicas de associação de sujeitos privados à prossecução de funções públicas: as outras duas são a *auto-administração corporativa* (associações privadas com funções públicas, por ex., ordens profissionais, das câmaras de comércio, indústria e navegação e das federações desportivas) e a *incorporação em órgãos administrativos*, fenómeno ligado à representação de interesses privados em órgãos públicos (normalmente órgãos consultivos). Quanto ao *exercício privado de funções públicas* e, apesar da heterogeneidade de situações que a figura alberga, Santamaría encontra dois elementos comuns, que a delimitam: em primeiro lugar, o facto de a actividade que o privado exerce constituir uma função pública ou um serviço público, isto é, uma tarefa pública e não uma mera tarefa de interesse público; em segundo lugar, o facto de a pessoa privada desenvolver a função ou o serviço com meios próprios e em seu próprio nome, não existindo qualquer fenómeno de imputação à

---

[215] Cfr. GARCIA-TREVIJANO FOS, *Tratado de derecho administrativo*, tomo II, vol. I, p. 236 e ss. O Autor viria mais tarde a considerar impróprio designar "órgão indirecto" o privado que exerce funções administrativas; cfr. GARCIA-TREVIJANO FOS, *Los actos administrativos*, p. 121.

Antes, já Ballbé Prunés se havia referido ao fenómeno, que designava como exercício indirecto ou mediato de poderes administrativos por *vicarios* da Administração: a concessão representa uma das modalidades mais destacadas dessa forma de exercício indirecto. Segundo Ballbé, tal fenómeno deveria ser considerado excepcional, uma vez que a função administrativa é exercida quase sempre por órgãos públicos; cfr. BALLBE PRUNES, "Ejercicio de las potestades y derechos administrativos", p. 139.

Já nos anos 70, o *exercício privado de funções administrativas* voltaria a ser explicado como um exercício de funções por *vicarios administrativos*; cfr. LLISET BORREL, "La vicariedad en el ejercicio de la función administrativa", p. 203 e ss. Segundo o Autor, a figura dos *vicarios* (mais abrangente do que a de concessionários e mais correcta do que a de agente delegado ou descentralizado: p. 207) abrange corporações e associações administrativas de base privada (*v.g.*, ordens profissionais), bem como verdadeiros particulares.

[216] Cfr. SANTAMARIA PASTOR, *Fundamentos* I, cit., p. 953 e ss.

Administração. Além da concessão de serviços públicos, o exercício privado de funções públicas pode acompanhar certas profissões: por vezes, o objecto dessas profissões consiste no *desempenho de uma função pública* (*v.g.*, notários, pilotos de porto, corretores de bolsa), noutras, a função pública é exercida *em conexão* com uma profissão cujo objecto é o desempenho de uma actividade privada (*v.g.*, capitães de navio e comandantes de aeronave), e, finalmente, noutras, a função pública é associada *ocasionalmente* ao desempenho de uma profissão privada (*v.g.*, médicos, quanto à certificação do nascimento ou do óbito, e professores de centros privados de ensino, quanto às habilitações académicas).

Mais recentemente, o "ejercicio privado de funciones públicas" foi objecto de um estudo pormenorizado (com esse título) pela mão de Saínz Moreno[217], que analisou uma dimensão muito significativa do tema: o exercício de poderes públicos associado ao desempenho de actividades profissionais por particulares que não são funcionários públicos – são os "ejercentes privados de una función pública". Segundo o Autor, o direito espanhol conhece um conjunto significativo de profissões exercidas fora do funcionalismo público a que a lei atribui a natureza de função pública. É o que se verifica com o capitão de navio, o comandante de aeronave, os pilotos de portos e barras, os vigilantes ajuramentados para a prestação de serviços de segurança[218], os árbitros (membros de tribunais arbitrais), os notários e os corretores. Quanto à posição jurídica destes *ejercentes*, nas relações com a Administração Pública, encontram-se sujeitos à "disciplina pública" que regula a sua actividade; nas relações com os particulares, actuam, em princípio, segundo o direito privado, sem embargo de os actos que praticam no exercício da função pública estarem revestidos de fé pública e de, em certos casos, assumirem a natureza de actos administrativos.

Uma outra perspectiva de análise do exercício privado de funções públicas foi proposta por Tomás-Ramón Fernández, que o situa na designada "autoadministración", isto é, no exercício de funções públicas por *associações de base privada*. Embora, nesses casos, em regra, a função pública não se atribua directamente a pessoas privadas, mas a entidades de natureza corporativa a que elas estão associadas (corporações de direito público: ordens profissionais), a verdade é que, por vezes, as próprias

---

[217] Cfr. SAINZ MORENO, "Ejercicio privado de funciones públicas", cit., p. 1699 e ss.
[218] A lei que os equiparava a agentes de autoridade foi entretanto revogada.

corporações investidas no exercício de funções públicas têm natureza jurídica privada: é o que se passa com as federações desportivas[219].

No *Curso de Derecho Administrativo* em que o Autor participa (com García de Enterría), a auto-administração aparece incluída numa das formas de participação dos cidadãos na execução de funções públicas (a *participação orgânica*); as outras duas são a *participação funcional* e a *cooperação*. Qualquer dessas formas de participação deve, segundo os Autores, distinguir-se do exercício privado de funções públicas[220].

Independentemente da consideração do tema nos vários termos acabados de expor, alguma doutrina espanhola tem-lhe dedicado atenção a propósito dos *elementos subjectivos do acto administrativo*, colocando a questão de saber se só os órgãos das entidades integradas na Administração pública podem praticá-los. Trata-se de uma questão que tem sido equacionada sobretudo pelos autores (como Boquera Oliver ou González Navarro) que propugnam a aplicação do direito administrativo segundo um *critério material*, defendendo a necessidade de abandonar os critérios *subjectivos*, *personalistas* ou *estatutários*[221]. Para estas correntes, a distinção entre actos públicos e actos privados não deve fazer-se segundo o estatuto ou a natureza jurídica do respectivo autor, mas antes pela consideração do modo como o acto produz efeitos jurídicos (direitos e obrigações) – os actos jurídicos públicos criam, por si sós, situações jurídicas e aplicam-se sem necessidade do consentimento dos destinatários; pelo contrário, um acto jurídico privado só se impõe ao sujeito que o aceita[222]. Essencial para determinar a aplicação do direito administrativo não é o facto de uma entidade se denominar Administração Pública, mas a circunstância de, por sua própria vontade, poder modificar as situações jurídicas dos particulares. "O importante para o Direito não são os nomes das pessoas, mas as consequências jurídicas dos seus actos"[223]. Esta tese,

---

[219] Cfr. TOMAS-RAMON FERNANDEZ, *Derecho administrativo*, cit., p. 126; no mesmo sentido, cfr. BERMEJO VERA, *Derecho administrativo – parte especial*, p. 138.

[220] Cfr. GARCIA DE ENTERRIA/TOMAS-RAMON FERNANDEZ, *Curso de derecho administrativo.*, I, p. 44 e ss, e II, p. 86 e ss.

[221] Este sector da doutrina propõe a revisão da *concepção personalista da Administração*, que esteve na origem da construção do direito administrativo como um direito especial, procurando reconstruir as bases da sua especialidade sobre um conceito de administração em sentido material.

[222] Cfr. BOQUERA OLIVER, "Criterio conceptual del derecho administrativo", p. 126.

[223] Cfr. BOQUERA OLIVER, Ob. cit., p. 147.

que provoca uma fissura na concepção orgânica tradicional[224], assenta no princípio de que, em não poucos casos, os actos praticados por privados devem qualificar-se como actos administrativos, não obstante a inexistência de uma delegação de funções e de poderes públicos. A ausência de delegação rompe com a ideia de que o conceito de acto administrativo tem de ser caracterizado com base num elemento subjectivo público: "o essencial não é a presença de uma administração pública mas o exercício efectivo de funções administrativas de transcendência pública"[225]. Para esta corrente, as teses que tentam manter o conceito tradicional de acto administrativo são obrigadas a fazer verdadeiros malabarismos, ficcionando delegações para dizer que o autor do acto é ou actua como Administração Pública[226].

Ainda numa linha de apologia do critério material do direito administrativo e com interesse para o nosso tema, merece referência uma monografia de Rivero Ysern sobre as *relações jurídicas administrativas entre particulares*[227]. Segundo o Autor, trata-se de relações que se desenvolvem normalmente na área da denominada "administração material" e que aparecem reguladas pelo direito administrativo. No que respeita à titularidade de prerrogativas de autoridade, considera Rivero que as referidas relações se distinguem daquelas em que a Administração intervém porque, *em regra*, nenhum dos sujeitos goza de uma posição de supremacia jurídica. Certas relações jurídicas entre particulares (*v.g.*, concessionário de serviços públicos e utentes; beneficiário da expropriação e expropriado) surgem como um factor de aplicação do direito administrativo.

A aceitação da possibilidade de actos administrativos de entidades privadas não é exclusiva da doutrina que propõe o abandono do critério subjectivo ou orgânico. Outros autores, partindo do princípio geral de que as entidades privadas não podem praticar actos administrativos, admitem contudo algumas *excepções a essa regra geral*; mister é que exista uma "situação de especial dependência" da entidade privada em relação a uma entidade de direito público. Exemplos de actos públicos praticados por particulares serão os actos notariais, os certificados de saúde emitidos

[224] Cfr. GONZALEZ NAVARRO, *Derecho administrativo español*, I, p. 437.
[225] Cfr. GONZALEZ NAVARRO, *Ob. cit.*, p. 452.
[226] Cfr. BOQUERA OLIVER, *Estudios sobre el acto administrativo*, p. 62.
[227] Cfr. RIVERO YSERN, *El derecho administrativo y las relaciones entre particulares*, p. 123 e ss.

pelos médicos, a cobrança coerciva de créditos (*vía de apremio*), as medidas de polícia tomadas por agentes das empresas ferroviárias ou actos praticados em procedimentos expropriativos[228].

Concretamente, sobre a atribuição de poderes públicos de autoridade a entidades privadas, importa dizer ainda que o direito positivo parece oferecer algumas dificuldades: por um lado, a lei que aprova o regime jurídico das administrações públicas e do procedimento administrativo comum (1992) proíbe expressamente, no seu artigo 15.º/5, a "encomenda" a privados da gestão de actividades administrativas que, segundo a legislação vigente, tenham de realizar-se com sujeição ao direito administrativo. Por outro lado, a Lei de Contratos da Administração Pública (2000[229]) estabelece, no artigo 155.º/1, que "*em nenhum caso poderão ser prestados por gestão indirecta os serviços que impliquem o exercício da autoridade inerente aos poderes públicos*"[230], e, no artigo 196.º/4, que os contratos de consultoria e assistência "*não podem ter por objecto os serviços que impliquem exercício de autoridade inerente aos poderes públicos*". Por fim, quanto às sociedades comerciais públicas, a Lei de Organização e Funcionamento da Administração Geral do Estado (LOFAGE, de 1997) estipula que as "sociedades comerciais do Estado regem-se integralmente (...) pelo ordenamento jurídico privado (...). *Em caso algum poderão dispor de faculdades que impliquem o exercício da autoridade pública*"[231].

Acompanhando o espírito da legislação, uma parte importante da doutrina revela uma nítida desconfiança em relação ao exercício de poderes públicos por entidades privadas[232] e salienta que as referências legais citadas representam a positivação de uma regra de proibição decorrente dos princípios gerais do direito[233]; de acordo com este ponto de vista, as

---

[228] Cfr. GARCIA-TREVIJANO FOS, *Los actos,* cit., pp. 99 e 121 e ss.

[229] Cfr. Real Decreto Legislativo 2/2000, de 16 de Junho, que aprova o texto refundido da Ley de Contratos de las Administraciones Públicas.

[230] Disposição idêntica existia, desde 1985, na Lei de Bases do Regime Local (artigo 85.º/2). Por sua vez, a *Ley de Contratos del Estado,* aprovada em 1965, proibia a gestão indirecta de serviços públicos que implicassem o "exercício de poderes soberanos".

[231] Sobre o sentido das fórmulas "autoridade inerente aos poderes públicos" e "exercício da autoridade", cfr. Dolors CANALS I AMETLLER, Ob. cit., p. 242 e ss.

[232] Cfr. LOPEZ MENUDO, Ob. cit., p. 574: "parece claro que não há uma situação mais perigosa para a liberdade e para a segurança jurídica do que um sujeito privado dotado de prerrogativas públicas".

[233] Cfr. BERNARD-FRANK MACERA, *El deber industrial de respetar el medio ambiente*, p. 306 e ss.

referências constituem o mero reflexo normativo de uma regra de ordem geral, inscrita no ordenamento jurídico espanhol, segundo a qual se exige a forma pública da personalidade jurídica para o exercício de poderes públicos de autoridade[234].

Apesar das opções legislativas[235] e de um certo ambiente doutrinal pouco favorável à delegação de poderes públicos em entidades privadas, a Lei da Jurisdição Contenciosa Administrativa (1998) atribui à ordem jurisdicional administrativa competência para apreciar os "*actos administrativos de controlo ou fiscalização editados pela Administração concedente, em relação aos actos editados pelos concessionários de serviços públicos que impliquem o exercício de poderes administrativos que lhes tenham sido conferidos, assim como os actos dos próprios concessionários quando, de acordo com a legislação sectorial, puderem ser recorridos directamente nessa ordem jurisdicional*"[236]. Note-se que alguma doutrina já via um fundamento para a delegação de poderes públicos de autoridade em entidades privadas no artigo 28.º/4,*b)*, da Lei da Jurisdição Contenciosa Administrativa de 1958, onde se estabelecia que "não poderão interpor recursos contenciosos administrativos dos actos e disposições de uma entidade pública os particulares que actuem ao abrigo de uma delegação ou como meros agentes ou mandatários dela"[237]. Por outro lado, o Regulamento de Serviços das Corporações Locais, de 1995, também já estabelecia que "os actos dos concessionários realizados no exercício de funções delegadas serão recorríveis junto da entidade concedente, havendo lugar a recurso jurisdicional da resolução que esta vier a tomar".

A finalizar, observe-se que a doutrina espanhola mais recente tem chamado a atenção para a expansão do exercício privado de funções

---

[234] Cfr. RIVERO ORTEGA, *El Estado vigilante,* p. 155.

[235] Como alguns autores observam, trata-se de opções *legislativas* dirigidas à Administração, que não proíbem disposições legislativas especiais de sentido oposto; cfr. IZQUIERDO CARRASCO, *La seguridad de los productos industriales,* p. 396 e ss, e; *idem,* "Algunas cuestiones generales a propósito del ejercicio privado de funciones públicas en el ámbito de la seguridad industrial", p. 393.

[236] Sobre esta disposição da lei processual – artigo 2.º*d)* –, cfr. GONZALEZ PEREZ, *Comentarios a la Ley de la Jurisdicción contencioso-administrativa,* p. 118 e ss e 186 e ss; MARTIN REBOLLO, *Comentarios a la Ley de la Jurisdicción contencioso-administrativa de 1998,* p. 90 e ss; RUIZ RISUEÑO, *El proceso contencioso-administrativo,* p.114 e ss.

[237] Nestes termos, cfr. TOMAS-RAMON FERNANDEZ, *Derecho administrativo,* cit., p. 30.

públicas, processo de crescimento que aparece enquadrado nas tendências de privatização de tarefas públicas. Nuns casos, isso implica a *despublicatio* da tarefa (privatização material), mas, noutros, verifica-se uma mera privatização da gestão, que coloca organismos privados na execução de tarefas públicas de natureza essencialmente técnica, mas com componentes jurídicos claros: é o que se verifica, por ex., com as actividades de inspecção de veículos automóveis, de produtos industriais ou de metais preciosos[238].

5.5. *Suíça*

O exercício privado de poderes públicos tem, no direito suíço, uma extensão apreciável[239], designadamente nos domínios da administração económica da agricultura[240] e do controlo de instalações e de equipamentos técnicos[241]. Aceita-se pacificamente que as entidades privadas podem ser investidas de poderes para a tomada de decisões administrativas individuais, bem como para a edição de regulamentos administrativos[242], reconhecendo-se que a outorga desses poderes confere aos beneficiários "uma parcela da soberania"[243].

---

[238] Neste sentido, cfr. TRONCOSO REIGADA, *Privatización, empresa pública y costitución*, p. 274; RIVERO ORTEGA, *Administraciones públicas y derecho privado*, p. 140.

[239] No direito suíço menos recente, merece ser destacada a monografia de GIGER, *Die Mitwirkung privater Verbände bei der Durchführung öffentlicher Aufgaben* (1951), na qual o Autor faz uma descrição exaustiva de todas as situações de exercício privado de funções públicas estaduais.

[240] Como informa MOOR, *Droit Administratif,* III, p. 96, em regra, os mercados de produtos agrícolas são geridos por organismos de direito privado (agrupamentos sócio-profissionais): é assim com os mercados da carne (regulamentado por uma cooperativa de direito privado de que podem ser membros todos os agrupamentos de produtores, de comerciantes e de utilizadores que desempenham funções de aprovisionamento), do leite (cuja gestão é feita de acordo com as instruções gerais da União Central dos Produtores Suíços de Leite) e do queijo (cujo mercado é gerido pela União Suíça do Comércio de Queijo; sobre este organismo, cfr. BURNET, *L'exécution de tâches publiques par un organisme privé*, p. 32 e ss.

[241] Organismo de direito privado que intervém neste sector é, por ex., a Associação Suíça de Electricistas (encarregada de zelar pela segurança das instalações eléctricas); cfr. MOOR, Ob. cit., p. 97.

[242] Cfr. KNAPP, *Précis de droit administratif*, p. 563; FLEINER-GERSTER, *Grundzüge des allgemeinen und schweizerischen Verwaltungsrechts*, p. 497.

[243] Cfr. BURNET, Ob. cit., p. 115, que acrescenta constituir a atribuição de poderes públicos a figuras de direito privado uma manifestação de um movimento mais geral

Como noutros ordenamentos, a figura abrange apenas uma pequena parte do universo mais extenso da colaboração de particulares na execução de tarefas públicas[244]. Note-se que o artigo 178.º, n.º 3, da Constituição Federal da Confederação Suíça, de 1999, autoriza o legislador a confiar "tarefas administrativas a organismos e a pessoas de direito público ou de direito privado exteriores à administração federal". Para identificar e distinguir, dentro do fenómeno mais vasto de participação de particulares na execução de tarefas administrativas, a investidura de prerrogativas de autoridade pública em pessoas de direito privado, a doutrina suíça emprega o conceito de *delegação*[245].

A delegação ("délégation", "Delegation"), operada por lei, por regulamento ou por acto administrativo (com base na lei[246]), consiste, por conseguinte, num acto pelo qual uma autoridade pública outorga a organismos de direito privado (associações, sociedades anónimas, cooperativas) prerrogativas de autoridade pública para a tomada de decisões unilaterais ou para a emissão de normas regulamentares[247]. Na medida em que actue no exercício das competências delegadas, as decisões unilaterais e os regulamentos do delegatário são, para todos os efeitos, equiparados a decisões ou a regulamentos administrativos[248]. As relações que, nesse âmbito, se estabeleçam entre delegatário e terceiros são regidas pelo direito público[249].

---

conducente ao fim do "monolitismo administrativo" e à deslocação do poder do centro para a periferia.

[244] A sistematização das várias modalidades de colaboração de privados foi feita por KNAPP, "La collaboration des particuliers et de l'Etat à l'exécution des tâches d'intérêt général", especial., p. 375 e ss; sobre essa sistematização, cfr. ainda BURNET, Ob. cit., p. 108 e ss.

[245] Contra a tendência geral, alguma doutrina suíça refere-se aos particulares com poderes públicos como concessionários; cfr. HÄFELIN/MÜLLER, *Grundriß des Allgemeinen Verwaltungsrechts*, p. 260.

[246] Uma vez que a competência para tomar decisões ou para emitir normas administrativas está em princípio reservada às autoridades públicas, os privados não podem ser habilitados a fazê-lo se uma lei não fixar as condições em que a delegação pode ter lugar e, essencialmente, a sua extensão – cfr. MOOR, Ob. cit., p. 105, que se refere à exigência de uma "base legal formal"; sobre a necessidade de uma definição precisa dos "contornos" da delegação, cfr. BURNET, Ob. cit., p. 127.

[247] Segundo KNAPP, *Précis*, cit., p. 563, são ainda de considerar delegatários do Estado os oficiais públicos, como os notários (que lavram documentos autênticos).

[248] Cfr. FLEINER-GERSTER, Ob. cit., p. 497.

[249] Cfr. KNAPP, "La collaboration", cit., p. 396.

Por seu turno, entre a entidade pública, que pode ser local[250], e o delegatário cria-se uma "relação especial de direito público", que permite à primeira tomar todas as medidas que se revelem necessárias para a boa execução das tarefas delegadas.

5.6. *Estados Unidos da América*

A participação de particulares no desempenho de funções públicas investidos de poderes públicos é um tema com um "long pedigree" no direito norte-americano[251]. Há até quem, porventura com algum exagero, se refira aos particulares com funções e poderes de regulação como uma espécie de "quinto poder", ao lado do Congresso, do Presidente, dos tribunais e das agências[252].

Na prática, são confiadas a entidades privadas funções públicas tão relevantes como a gestão global de prisões, a elaboração de códigos e regras aplicáveis ao exercício de actividades económicas, a certificação e a acreditação de instituições (por ex., escolas privadas e hospitais), o licenciamento e a regulação de actividades. As entidades privadas a quem os poderes são confiados constituem verdadeiros privados e também entidades administrativas privadas (organismos, empresas e associações privadas em mão pública ou criadas por acto público)[253]. Por outro lado, o exercício privado de um "policymaking power" pode resultar de um acto legislativo de delegação, mas também se efectua por via da contratação (do *contracting out*) de entidades com funções de mera preparação das decisões públicas[254].

---

[250] Sobre a delegação de poderes públicos pelas colectividades locais, cfr. DEGIA-COMI, *Erfüllung kommunaler Aufgaben durch Private*, especial. p. 51 e ss, e 61 e ss.

[251] Cfr. FROOMKIN, "Wrong turn in Cyberspace: using ICANN to route around the APA and the Constitution", p. 146.

[252] Cfr. ABRAMSON, "A fifth branch of government: the private regulators and their constitutionality", p. 165 e ss.

[253] Cfr. FROOMKIN, "Reinventing", cit., p. 574 e ss. Exemplo de um organismo privado com funções públicas é o já referido *Public Company Accounting Oversight Board*.

[254] Uma análise dos problemas relacionados com o uso do *contracting out* como instrumento de deslocação de tarefas de preparação de decisões administrativas nos EUA, pode ver-se em PIETZCKER, *Der Staatsauftrag als Instrument des Verwaltungshandelns*, p. 201 e ss.

O exercício privado de poderes públicos é tratado nos EUA sobretudo no contexto da designada *nondelegation doctrine,* doutrina aplicada
às agências públicas[255]. Estabelecida em 1928[256], essa doutrina estipula
que a delegação legislativa de funções e de poderes públicos de regulação, de "lawmaking powers", não pode ter por objecto funções legislativas *essenciais* (*v.g.*, matérias fiscais) e apenas pode ter lugar quando a lei
estabeleça, de forma clara e precisa, através de "princípios de orientação
inteligíveis e inequívocos", os termos e as condições por que se devem
reger as agências na actuação dos poderes delegados. Naturalmente, a
doutrina não proíbe, nem limita a outorga às agências de poderes de
execução administrativa: visado é só o "power to make the laws", não o
"power to enforce the laws". Sem embargo, deve ter-se presente que o
"poder de ditar leis" é entendido em termos não formais, abrangendo por
isso todo o poder de decisão (geral ou concreta) que não envolva a mera
aplicação vinculada ou estrita de comandos normativos preestabelecidos.
Ou seja, o "power to make laws" abrange poderes que, para nós, são claramente administrativos, como o poder regulamentar ou o mero poder
administrativo discricionário. Por isso, alguns autores sublinham que a
doutrina se refere sobretudo à delegação no campo da regulação e não no
âmbito da gestão[257].

Ao contrário do que a sua designação parece sugerir, a "doutrina da
não delegação", ao menos na versão consistente da *Supreme Court*, não
proíbe exactamente a delegação de funções públicas nas agências: como

---

[255] Sobre as agências no direito norte-americano, cfr. STRAUSS, "The place of
agencies in government: separation of powers and fourth branch", p. 231 e ss; SCHLADE-
BACH/SCHÖNROCK, "Grundstrukturen des Verwaltungsrechts in den USA", p. 108 e ss.

[256] Caso *J. W. Hampton & Co. vs. United States,* 276 U.S. 394 (1928); a doutrina
dessa decisão foi confirmada sete anos mais tarde, no caso *Panama Refining Company
vs. Ryan,* 293 U.S. 388 (1935); v. CANN, *Administrative law,* p. 82 e ss.
Sobre a recente revitalização da doutrina da não-delegação, cfr. SCHOENBROD,
"Delegation and democracy: a reply to my critics", p. 731 (Schoenbrod, Autor de *Power
without responsability: how Congress abuses the people through delegation,* é um dos
mais destacados defensores da restrição dos poderes das agências independentes e da
aplicação da nondelegation doctrine); SUNSTEIN, "Nondelegation canons", p. 3; BRESS-
MAN, "Schechter Poultry at the millennium: a delegation doctrine for the administrative
state", p. 1399 e ss.

[257] Sobre essa distinção, cfr. LINDE, "Structures and terms of consent: delegation,
discretion, separation of powers, representation, participation and accountability", p. 828
e ss.

alguns autores afirmam, o problema da delegação, tal como colocado pela jurisprudência, nunca foi o de saber *se* o Congresso pode delegar o seu poder, mas sim o de saber *como* pode fazê-lo[258]. Essa afirmação, produzida a pensar nas delegações públicas, vale também para as delegações privadas.

A referência ao tema do exercício privado de poderes públicos – "private exercise of governmental power", na fórmula de Lawrence[259]; "law making by private groups", segundo Jaffe[260]; "delegation to private parties", para Liebmann[261] –, no âmbito ou no contexto do estudo da "doutrina da não delegação", esclarece-nos imediatamente sobre a perspectiva prioritária de análise da "delegação privada" na jurisprudência e na doutrina norte-americanas: a questão fundamental equacionada é claramente a da admissibilidade constitucional da delegação de poderes públicos de regulação e de decisão em entidades privadas.

Deve, aliás, observar-se que em dois dos mais famosos (e pouco numerosos) casos de invocação expressa da "doutrina da não delegação", como fundamento de declaração de inconstitucionalidade de leis de delegação, estavam envolvidas delegações em actores privados: foi assim nos casos *A.L.A. Schechter Poultry Corp. vs. United States*, de 1935[262], e *Carter vs. Carter Coal*, de 1936[263]. Nos dois casos[264], a *Supreme Court*

---

[258] Cfr. CANN, Ob. cit., p. 82.

[259] Cfr. LAWRENCE, Ob. cit. p. 647 e ss.

[260] Cfr. JAFFE, "Law making by private groups", p. 201 e ss.

[261] Cfr. LIEBMANN, "Delegation to private parties in American constitutional law", p. 650 e ss.

[262] *A.L.A. Schechter Poultry Corp. v. United States*, 295 U.S. 495 (1935).

[263] *Carter v. Carter Coal*, 298 U.S. 238 (1936).

[264] Antes desses dois casos, a *Supreme Court* tinha já tomado posição sobre delegações de poderes de regulação em actores privados: em dois casos, considerou as delegações inconstitucionais por força da ausência de regras ou de directivas sobre o exercício de poderes que atribuíam a certas pessoas o poder de dispor sobre o direito de propriedade de outras [casos *Eubank v. City of Richmond*, 226 U.S. 137 (1912), *Seattle Title Trust Co. v. Roberge*, 278 U.S. 116 (1928): cfr. JAFFE, Ob. cit., p. 227, e FROOMKIN, "Wrong turn", cit., p. 146]. Porém, antes disso, no caso *St. Louis, Iron Mt. & Southern Ry. Co. v. Talylor*, 210 U.S. 281 (1908), a *Supreme Court* não considerou inconstitucional a delegação numa associação privada do poder de estabelecer certas regras de segurança dos veículos de transporte de mercadorias; por outro lado, ainda no século XIX, o mesmo Tribunal havia entendido que estava fora de discussão a possibilidade de o Congresso atribuir a uma empresa privada um poder de expropriação: *Luxton v. North River Bridge Co.*, 153 U.S. 525 (1894).

considerou inconstitucionais leis que conferiam a entidades privadas
(associações de industriais e comerciantes) poderes para aprovar códigos
e regras de conduta de cumprimento obrigatório, para terceiros, não aderentes ou não participantes na respectiva elaboração. Tais delegações
foram consideradas "obnóxias", "intoleráveis" e "inconsistentes com as
prerrogativas e os deveres constitucionais do Congresso"[265]. Como tem
sido notado, apesar de as referidas decisões da *Supreme Court* serem por
vezes consideradas uma espécie de "doutrina da não delegação" específica para as "delegações privadas", a verdade é que elas não parecem
traduzir uma posição radical contra a possibilidade de delegação de
poderes de regulação em entidades privadas. Com efeito, o que estava
em causa era, em rigor, apenas a proibição de delegações que investiam
entidades "do poder de regular a actividade de outras entidades, especialmente de concorrentes"[266]. No fundo, a *Supreme Court* não proibia a
delegação em si mesma, mas apenas acautelava o óbvio perigo resultante
de o Estado entregar a *alguns* membros de uma indústria o poder de
estabelecer regras para *todos* os membros dessa indústria[267]. Assim, "a
mais obnóxia forma de delegação" a que a *Supreme Court* se referia não
era a delegação privada em si mesma, mas a delegação de funções públicas em entidades colocadas numa situação inequívoca de conflito de
interesses, o que punha abertamente em causa o princípio do "processo
devido"[268]. As duas decisões judiciais sobre a proibição de delegações
privadas deixavam claro que o objectivo da "doutrina da não delegação"
era, nesse caso específico, o de prevenir perigos de conflitos de interesses, comportamentos anti-concorrenciais e o exercício arbitrário das
funções e dos poderes públicos (por sua vez, em relação às delegação
públicas, a doutrina responde sobretudo à exigência de salvaguardar o
princípio da separação de poderes)[269]. Como se afirma na conclusão de
uma nota da *Harvard Law Review*, sobre a jurisprudência dos tribunais

---

[265] Cfr. FROOMKIN, "Wrong turn", cit., p. 149.

[266] Cfr. JAFFE, Ob. cit., p. 206.

[267] Em *Carter Coal*, a *Supreme Court* procura afastar que um particular possa
aparecer como regulador, especialmente quando está presente um possível conflito de
interesses; cfr. FROOMKIN, "Wrong turn", cit., p. 153.

[268] Cfr. FREEMAN, "The private role", cit., p. 585.

[269] Cfr. FROOMKIN, "Wrong turn", cit., p. 153.

estaduais, a propósito da delegação de autoridade pública em grupos privados, "a regra contra a delegação pode, antes de tudo, ser considerada uma extensão do princípio constitucional do *due process*"[270].

Confirma-se, também agora, que a "doutrina da não delegação" não visa exactamente proibir a delegação (privada), mas tão-somente definir condições e fixar limites à possibilidade de delegação de poderes de regulação nesse caso específico[271]. Interessa aliás observar que, desde as decisões *Schechter* e *Carter Coal*, dos anos 30 do século XX, a doutrina não foi jamais invocada pela *Supreme Court* para proibir delegações privadas, facto que leva alguns a concluir que o exercício privado de poderes delegados deixou de se assumir como um assunto relevante no âmbito federal[272]. Desde então, sublinha Lawrence, os tribunais federais vêm admitindo, com grande tolerância e sem comentários, a delegação de poderes públicos em actores privados[273]. O mesmo não se verifica contudo no âmbito dos tribunais estaduais que, ao que parece, reagem, por vezes "com choque", às delegações privadas[274] e invocam de forma entusiástica a doutrina da não delegação, nos termos em que ela foi acolhida pela decisão *Carter Coal*[275]. Apesar da maior popularidade da doutrina ao nível dos tribunais estaduais, nem por isso é possível extrair, mesmo nesse nível, uma "flat rule" contra as delegações privadas, pois que, em regra, também os tribunais estaduais acabam por aceitar as delegações que "façam sentido" e sejam "razoáveis"[276].

No ambiente gerado pela abertura da justiça federal e pelas reticências da justiça estadual em relação à delegação privada, os autores parecem inclinar-se de modo mais ou menos consistente para a conclusão de que "Carter Coal is still good law" e de que, não estando proibida em geral, a delegação de poderes públicos de regulação e de decisão em actores privados reclama cautelas específicas que previnam os perigos

---

[270] *Harvard Law Review*, vol. 67, (1954), p. 1398 e ss.

[271] Também quando aplicada às delegações privadas, a *doutrina da não delegação* tem portanto um nome enganador: FROOMKIN, "Wrong turn", cit., p. 153.

[272] Cfr. LAWRENCE, Ob. cit., p.649; FREEMAN, "The private role", cit., p. 581; LIEBMANN, Ob. cit., p. 653; ABRAMSON, Ob. cit., p. 193.

[273] Cfr. LAWRENCE, *ibidem*, p. 649.

[274] Cfr. LAWRENCE, *ibidem*, p. 650.

[275] Cfr. LIEBMANN, Ob. cit., p. 653.

[276] Cfr. LAWRENCE, Ob. cit., 650.

que lhe estão em geral associados (fragmentação do poder, défice de *accountability*, uso do poder público para satisfazer interesses privados, arbitrariedade, comprometimento do princípio democrático). Com algumas excepções[277] e apesar de divergências aparentes[278], os autores concordam nos postulados essenciais da doutrina da não delegação nos termos em que ela foi exposta nas decisões da *Supreme Court* dos anos 30 do século passado, bem como na afirmação segundo a qual as delegações privadas são mais problemáticas e suscitam ainda maiores preocupações do que as delegações públicas[279]. Ou seja, entende-se que não há um obstáculo de princípio à delegação de poderes públicos em actores privados, sendo que, por vezes, essa delegação se revela mesmo "necessária e desejável". Contudo, não podem deixar de ser considerados os riscos que a delegação privada envolve, pelo que, em qualquer caso, ela tem de ser submetida a um "teste de validade"[280] que responda em termos satisfatórios a algumas "key questions". Menos clara é a resposta para o problema de saber se há funções e poderes públicos insusceptíveis de delegação privada: os autores que tomam posição sobre o assunto sugerem a necessidade de se distinguir entre funções e poderes públicos *nucleares* ou *essencialmente públicos* e funções e poderes públicos *peri-*

---

[277] Cfr. FREEMAN ("The private role", cit., p. 592 e ss, e "Private parties", cit., p. 856 e ss) tem uma posição claramente mais liberal quanto à participação de privados na gestão de tarefas públicas; da Autora, cfr., por último e no mesmo sentido, "Extending public law norms", cit., p. 1285 e ss.

[278] As divergências doutrinais revelam-se, em grande medida, apenas aparentes, traduzindo pontos de partida e pressupostos diferentes que, contudo, acabam por gerar um consenso essencial quanto, por um lado, à possibilidade da delegação privada e, por outro, à exigência de se ter em conta limites e salvaguardas que acautelem os perigos que à figura andam associados. Assim, por ex., LIEBMANN, Ob. cit., p. 717-8, depois de tentar demonstrar que a doutrina da "nondelegation" é puro "nonsense", conclui que toda a delegação deve sujeitar-se a um teste de validade, em que, além do mais, se deve questionar se a actuação do privado está sujeita a controlo público ou se é manifesto que ele não tem um interesse próprio no exercício dos poderes públicos. Por sua vez, FROOMKIN, "Wrong turn", cit. p. 159, parte de uma posição de claro cepticismo quanto à delegação privada, acabando todavia por aceitar que a delegação é possível desde que sejam prevenidos os perigos que lhe estão associados.

[279] Acentuando este aspecto, cfr. FROOMKIN, "Wrong turn", cit., p. p. 154; FREEMAN, "Private role", cit., p. 583, e "Private parties", cit., p. 851; LINDE, Ob. cit., p. 829.

[280] Cfr. JAFFE, Ob. cit., p. 237 e ss.

féricos, para concluírem que a delegação privada em áreas muito próximas dos poderes nucleares deve decair em face da prevalência do interesse da unidade do executivo[281].

No capítulo das vinculações e do regime jurídico que disciplina a actuação das entidades privadas com funções e poderes públicos desempenha um decisivo papel a designada "state action doctrine", uma construção da *Supreme Court* que, em certos termos, estende às entidades privadas a aplicação de regras constitucionais que impõem limites e restrições à actuação dos órgãos do Estado ("state actors") nas relações com os cidadãos: assumidamente, o escopo da doutrina é o de limitar a "liberdade de acção" de certos actores privados, *equiparando-os*, para efeitos de *vinculação pela Constituição e pelos direitos constitucionais*, a "actores públicos"[282].

Sujeita a severas críticas[283] – designadamente por não resultar dos critérios usados na sua aplicação uma resposta compacta e segura quanto

---

[281] Nesse sentido, cfr. KRENT, "Fragmenting the unitary executive: congressional delegations of administrative authority outside the federal government", pp. 69[7] e 108[71]. Assim, por ex., a questão de saber se era viável a proposta de privatização dos sistemas de informação electrónica do FBI (a que esse departamento se opunha) decidiu-se em volta da definição do que é irredutivelmente público e que, por isso, não pode passar para as mãos de uma companhia privada: cfr. STARR, "The new life of liberal state: privatization and restructuring of state-society relations", p. 40.

[282] Em algumas das suas versões doutrinais, a "state action doctrine" visa alcançar resultados que andam muito próximos daquilo que a doutrina europeia designa como *vinculação de entidades privadas pelos direitos fundamentais*. Não é, todavia, concludente que seja esse o resultado a que conduz a aplicação mais contida da doutrina pela jurisprudência, designadamente ao limitar a vinculação apenas nos casos de verdadeiro *exercício privado de funções públicas*. Sobre a doutrina, cfr., entre outros, ABERNATHY, "Expansion of the state action concept under the fourteenth amendment", p. 375 e ss; ROTUNDA/NOWAK, *Treatise Constitutional Law*, II, p. 523 e ss; KAY, "The state action doctrine, the public-private distinction, and the independence of constitutional law", p. 329 e ss; GILMOUR/JENSEN, "Reinventing government accountability: public functions, privatization, and the meaning of «state action»", p. 247 e ss; BERMAN, "Cyberspace and the state action debate: the cultural value of applying constitutional norms to «private» regulation", p. 1263 e ss; METZGER, Ob. cit., p. 1410 e ss; BILBAO UBILLOS, *Los derechos fundamentales en la frontera entre lo público y lo privado*, p. 29 e ss; GIEGERICH, *Privatwirkung der Grundrechte in den USA*, especial., p. 218 e ss; LUCIANI, *"The State Action Doctrine*: la questione irrisolta della Corte Suprema degli Stati Uniti d'America", p. 2431 e ss.

[283] Grande parte das críticas decorre do facto de a "state action doctrine" se basear numa separação entre público e privado. Ora, entendem alguns ser ilusória a esperança de

à questão de saber em que circunstâncias pode o comportamento de um particular ser considerado uma "acção pública" para efeitos de vinculação à Constituição –, a "state action doctrine" tem sido aplicada, de forma consistente, pela *Supreme Court* sempre que se entende que um actor privado exerce uma função pública ("critério do exercício de funções públicas") [284]. Embora se trate de um critério de aplicação segura da doutrina, o exercício de funções públicas reclama a definição do conceito de função pública, tarefa que, como é reconhecido, está longe de ser simples[285].

Consciente das dificuldades, a *Supreme Court* adoptou um conceito rigoroso e estritamente formal de função pública, decidindo que como tal deve ser qualificada apenas a função "tradicionalmente reservada em exclusivo ao Estado"[286]. A função pública refere-se, por conseguinte, apenas a actividades tradicionalmente associadas ao Estado, à sua autoridade e ao seu poder, razão pela qual elas são em regra exclusivamente exercidas pelo Estado ou por entidades públicas. Um particular apenas pode exercer uma actividade dessa natureza ao abrigo de um acto de delegação[287]. O critério determinante para qualificar como pública a actividade exercida por particular reside, pois, na fonte do poder[288]. Por outro lado, se uma actividade comercial ou industrial também pode ser exercida pelo Estado, tal não identifica uma função pública, porquanto o que o leva a envolver-se nesse caso é a importância prática da actividade, mas não a relação dela com as suas funções tradicionais e exclusivas[289].

---

que é possível definir uma linha clara e coerente a separar o que é público do que é privado; cfr. BERMAN, Ob. cit., p. 1267. Por isso, entende esse sector da doutrina que o critério de vinculação pela Constituição não deve ser o do exercício da "acção pública", mas antes o que decorre de um "constitucionalismo constitutivo", que veja na Constituição um "código de valores sociais e culturais" e não apenas um código de conduta de disciplina e regulação da acção pública: além de Berman, cfr., nesse sentido, KAY, Ob. cit., p. 342 e ss.

[284] Sobre outros critérios que baseiam a aplicação da doutrina (*state nexus*, actividades privadas estimuladas e financiadas com recursos públicos), cfr. ROTUNDA/NOWAK, Ob. cit., p. 543 e ss., e LUCIANI, Ob. cit., p. 2436 e ss.

[285] Cfr. ROTUNDA/NOWAK, Ob. cit., p. 533.

[286] Cfr. GILMOUR/JENSEN, Ob. cit., p. 250.

[287] Cfr. ROTUNDA/NOWAK, Ob. cit., p. 534; LUCIANI, Ob. cit., p. 2435.

[288] Cfr. FREEMAN, "Private parties", cit., p. 853.

[289] É essa a doutrina da decisão *Jackson vs. Metropolitan Edison Co.*, 419 U.S. 345 (1974).

De acordo com a jurisprudência da *Supreme Court*, aquele conceito de função pública integra a *organização dos processos eleitorais pelos partidos políticos* (fase das eleições primárias): foi assim que decidiu no caso *Nixon vs. Condon*, em que estava em causa a questão de saber se a XIV Emenda (sobre proibição de discriminações raciais) se aplicava aos órgãos de direcção dos partidos políticos (que vedavam o voto aos negros); a *Supreme Court* decidiu que havia lugar a essa aplicação, uma vez que os órgãos dos partidos políticos exercem, por delegação, uma função *pública*, devendo, para efeitos da aplicação das restrições constitucionais, ser tratados como "agências do Estado"[290].

Além da organização dos processos eleitorais, a *Supreme Court* – no caso *Marsh vs. Alabama* – considerou exercício de uma "public function" a administração por privados de uma cidade (Chickasaw) construída nos terrenos de uma empresa privada. Entendeu-se que as decisões dos administradores da cidade são tomadas no exercício de uma função pública, ficando por isso sujeitas às vinculações constitucionais[291]. Essa doutrina viria depois a estender-se à gestão de outros espaços privados abertos ao público, como parques públicos[292] e centros comerciais[293].

Por fim, deve dizer-se que, além de poder estar vinculado pela Constituição, o actor privado que exerça funções e poderes públicos fica sujeito à aplicação das leis gerais do direito administrativo, como o *Administrative Procedure Act*[294] ou o *Freedom of Information Act*[295].

---

[290] *Nixon vs. Condon*, 286 U.S. 73 (1932).

[291] *Marsh vs. Alabama*, 326 U.S. 501 (1946).

[292] *Evans vs. Newton*, 382 U.S. 296 (1966).

[293] *Amalgamated Food Employees Union Local 590 vs. Logan Valley Plaza*, 391 U.S. 308 (1968); também em relação à gestão de centros comerciais, a *Supreme Court* viria a decidir em sentido oposto no caso *Lloyd Corp. vs. Tanner* 407 U.S. 551 (1972).

[294] Cfr. FREEMAN, "The private role", cit., p. 586.

[295] Sobre o direito de acesso a "documentos públicos" em posse de entidades privadas, cfr. FEISER, "Privatization and the Freedom of Information Act: an analysis of public access to private entities under federal law", p. 21 e ss, e, do mesmo Autor, "Protecting the public's right to know: the debate over privatization and acess to government information under state law", p. 825 e ss.

6. Exercício privado de poderes públicos de autoridade no direito comunitário

Pretendemos agora conhecer as eventuais incidências do exercício privado de poderes públicos de autoridade no âmbito do direito comunitário.

Assim e desde logo, coloca-se a questão de saber se há lugar a um exercício privado de poderes públicos comunitários. Por outro lado, e como é conhecido, o Tratado CE contém disposições – actuais artigos 45.º e 55.º – prevendo a não aplicação dos seus capítulos relativos ao direito de estabelecimento e à livre prestação de serviços "às actividades que, num Estado-membro, estejam ligadas, mesmo ocasionalmente, ao exercício de autoridade pública": essas disposições, que se referem ao "exercício da autoridade pública" por pessoas não inseridas nas administrações públicas, remetem de forma imediata para o nosso tema; apesar de aparecer menos evidente, subsiste também uma conexão do artigo 39.º/4 do Tratado CE com o tema de que nos ocupamos[296]: veremos, a este respeito, que o Tribunal de Justiça admite considerar "empregos na Administração Pública" actividades públicas desenvolvidas por trabalhadores ao serviço de entidades privadas.

Além das incidências assinaladas, interessa ainda directamente ao tema da presente investigação o designado "sistema comunitário de reconhecimento de organizações de vistoria, inspecção e certificação de navios": trata-se de um sistema que institui um inovador mecanismo de articulação e de cooperação entre as administrações dos Estados-membros e a Comissão Europeia quanto à delegação de funções públicas no âmbito da vistoria e da inspecção de navios.

6.1. *Delegação de poderes no âmbito da CE*

Até há poucos anos e se exceptuarmos o que se passava no contexto da CECA (cfr., *infra*, sobre a "doutrina Meroni"), a delegação de poderes administrativos constituía um fenómeno praticamente desconhecido e ignorado no âmbito do direito comunitário. Era esse o resultado de

---

[296] O artigo 39.º/4 acolhe uma *cláusula de reserva*, estipulando que os "empregos na Administração Pública" não se encontram abrangidos pelas outras disposições do mesmo artigo, que consagram o princípio da *livre circulação de trabalhadores*.

a execução das tarefas administrativas comunitárias estar confiada, em sistema de administração indirecta, aos próprios Estados-membros, no âmbito daquilo que se designava por "execução indirecta"[297]. Os Estados-membros apresentavam-se, pois, como as instâncias executivas ("executive branch") da governação comunitária[298].

Contudo, a situação tradicional alterou-se e, desde o Acto Único Europeu (1986), o Tratado CE passou a referir-se expressamente a competências de execução da Comissão (competências atribuídas pelo Conselho) – cfr. artigo 202.º. Essa alteração prenunciava, por um lado, o crescimento das tarefas de natureza administrativa das instâncias comunitárias e, por outro, a evolução no sentido do reforço dos sistemas de execução directa de tais tarefas[299]. Foi isso efectivamente o que veio a suceder. A CE tem vindo, de facto, a assumir missões de cariz tipicamente administrativo que, não raro, se situam em áreas tradicionais da intervenção administrativa estadual: é, por ex., o que se passa com o controlo da entrada no mercado de certos produtos (*v.g.*, alimentos[300] e medicamentos[301]) –, o qual está na génese de uma "europeização das autorizações administrativas"[302] –, com a execução das regras de con-

---

[297] SCHWARZE, *Droit administratif européen*, p. 40 e ss; ISAAC, *Droit communautaire général*, p. 213 e ss.

[298] Cfr. LENAERTS, "Regulating the regulatory process: «delegation of powers» in the European Community", p. 27.

[299] Sobre os poderes ou *competências de execução* da Comissão, cfr. BLUMANN, *Le pouvoir exécutif de la commission à la lumière del l'Acte unique européen*, p. 23 e ss; MARZONA, *Lo sviluppo delle funzioni esecutive dell'amministrazione comunitaria: un nuovo ruolo per la Commissione*, p. 1023 e ss. No sentido de que a execução das atribuições administrativas comunitárias se baseia actualmente num *modelo integrado* e de *cooperação entre a CE e os Estados-membros* ("joint action model"), cfr. FRANCHINI, "Nuovi modelli do azione comunitaria e tutela giurisdizionale", p. 81 e ss; DAVID, *Inspektionen im Europäischen Verwaltungsrecht*, p. 21 e ss, e 374 e ss,

[300] *Regulamento (CE) n.º 258/97 do Parlamento Europeu e do Conselho de 27 de Janeiro de 1997, relativo a novos alimentos e ingredientes alimentares* (JO L 43, de 14/02/97, p. 1); sobre este Regulamento, cfr., entre nós, João LOUREIRO, "Da sociedade técnica de massas à sociedade de risco: prevenção, precaução e tecnociência", especial. p. 885 e ss

[301] *Regulamento (CEE) n.º 2309/93 do Conselho, de 22 de Julho de 1993, que estabelece procedimentos comunitários de autorização e fiscalização de medicamentos de uso humano e veterinário e institui uma Agência Europeia de Avaliação dos Medicamentos*: JO L 214, de 24/08/93, p. 1.

[302] Neste sentido, a propósito do *Regulamento (CE) n.º 258/97,* cfr. WAHL/GROSS, "Die Europäisierung des Genehmigungsrechts am Beispiel der Novel Food-Verordnung", p. 2 e ss.

corrência estabelecidas nos artigos 81.º e 82.º do Tratado[303], com a certificação e a fiscalização da segurança no domínio da aviação civil[304] e, em geral, com actividades públicas de controlo e de inspecção[305].

O aumento das tarefas de natureza executiva e de administração activa trouxe novas exigências, dado que as estruturas criadas pelo Tratado não estavam preparadas para assumir as novas responsabilidades. O fenómeno desencadeou por isso a criação de uma "organização administrativa" e a instituição de organismos dotados de personalidade jurídica no âmbito de uma nova administração comunitária indirecta, onde se integram as chamadas "agências europeias"[306]. Tratou-se de um processo que encontrou alguns obstáculos e resistências.

As resistências à criação de agências europeias (organismos com personalidade de direito público) e, portanto, à delegação de poderes executivos da Comissão em organismos não previstos no Tratado, têm origem num Acórdão do Tribunal de Justiça de 13 de Junho de 1958[307] que, curiosamente, se referia a um caso de delegação de poderes num *organismo de direito privado*. O Acórdão está na génese da designada "doutrina da não-delegação".

6.1.1. *"Doutrina Meroni": criação das agências europeias e delegação de funções de gestão do domínio internet.eu num organismo privado*

O Acórdão *Meroni*, que tem por objecto uma decisão da Alta Autoridade da CECA, fundou a designada "doutrina Meroni" que, em certa medida, representa uma versão europeia da americana *nondelegation*

---

[303] Cfr. os poderes de inquérito e de inspecção atribuídos à Comissão pelo *Regulamento (CE) n.º 1/2003, do Conselho de 16 de Dezembro de 2002 relativo à execução das regras de concorrência estabelecidas nos artigos 81.º e 82.º do Tratado* (artigo 17.º e ss): JO L 1, de 4/1/2003, p. 1.

[304] *Regulamento (CE) n.º 1592/2002 do Parlamento Europeu e do Conselho, de 15 de Julho de 2002, relativo a regras comuns no domínio da aviação civil e que cria a Agência Europeia para a Segurança da Aviação*: JO L 240, de 7/9/2002, p. 1.

[305] Cfr. DAVID, Ob. cit., p. 23 e ss.

[306] Cfr. UERPMANN, "Mittelbare Gemeinschaftsverwaltung durch gemeinschaftsges-chaffene Personen des öffentlichen Rechts", p. 551 e ss; EHLERS, "Verwaltung und Verwaltungsrecht im demokratischen und sozialen Rechtsstaat", p. 107.

[307] Acórdão *Meroni*, de 13/06/58 (proc. n.º 9/56).

doctrine[308]. Ao contrário do que a designação sugere, o Acórdão não consagra qualquer proibição absoluta da participação de organismos de direito privado na execução de funções administrativas comunitárias. Aliás, o Tribunal aceita inclusivamente a existência de um "poder implícito de delegação"[309], embora exija que esta resulte de uma decisão explícita. Não proibindo a *delegação de poderes de execução* em organismos externos, não previstos nos Tratados, o Tribunal esclarece sem ambiguidade que uma tal delegação só é possível na medida em que tenha por objecto poderes ou competências de exercício vinculado e desde que fique garantido que a autoridade delegante preserva um controlo rigoroso sobre o exercício das competências delegadas. Do Acórdão *Meroni* não resulta, pois, uma proibição da intervenção de organismos privados na execução de funções comunitárias, embora fique explícito que uma tal participação só pode ter lugar no âmbito de funções de cariz executivo, técnico, operativo (o que pode todavia envolver a *preparação* de decisões públicas).

Aplicando-se a uma situação em que estava envolvida a delegação de poderes num organismo privado, a doutrina do Acórdão *Meroni* generalizou-se e viu-se convertida numa doutrina geral da não-delegação de poderes públicos comunitários em instâncias – privadas ou públicas – não previstas nos Tratados. De acordo com a doutrina, a delegação poria em causa o equilíbrio dos poderes entre as instituições, bem como a responsabilidade democrática.

Todavia, a "doutrina Meroni", considerada por muitos o "produto de uma época" que perdeu actualidade e que não responde aos desafios contemporâneos[310], não impediu a evolução do direito comunitário no sentido da possibilidade de delegação. No início da década de 90 do século XX começaram a ser criadas as chamadas "agências da segunda

---

[308] Sobre a "doutrina Meroni", cfr. LENAERTS, Ob. cit., p. 40; YATAGANAS, "Delegation of regulatory authority in the European Union, p. 32 e ss; MAJONE, "Ideas, interests and institutional change: the European Comission debates the delegation problem", p. 8; EVERSON/MAJONE, "Réforme institutionnelle: agences indépendantes, surveillance, coordination et contrôle procédural", p. 152 e ss. Sobre o Acórdão, cfr. ainda STEINDORFF, "Die Europäischen Gemeinschaften in der Rechtsprechung", p. 64; RUPP, *Privateigentum an Staatsfunktionen?,* cit., p. 28; BANSCH, Ob. cit., p. 62; STEINER, *Öffentliche,* cit., p. 5[13].

[309] Acentuando este aspecto, cfr. LENAERTS, Ob. cit., p. 40.

[310] Cfr. EVERSON/MAJONE, Ob. cit., p. 156.

geração"[311], instâncias que actuam sobretudo na coordenação de redes em que intervêm instituições nacionais[312], mas que nalguns casos estão dotadas de significativos poderes decisórios[313] ou têm intervenções essenciais em sede de preparação das decisões da Comissão[314]. Trata-se em geral de organismos criados *ex lege*, por regulamento comunitário que, em regra, lhes confere personalidade jurídica (de direito público comunitário).

Ainda nesta matéria, um outro passo foi dado mais recentemente com a publicação de um regulamento que define o estatuto daquelas que nos parecem ser as "agências europeias de terceira geração"[315], as chamadas "agências de execução". Ao contrário das anteriores, as novas agências de execução são criadas pela Comissão (após um procedimento de análise prévia de custos/benefícios). A criação das agências – "organismos comunitários investidos de uma missão de serviço público", dotados de personalidade de direito público comunitário – configura assim um processo de *delegação* e de *externalização de funções de gestão* originariamente confiadas à Comissão, deixando esta liberta para se concentrar prioritariamente nas suas atribuições institucionais. Nos termos do regulamento, o recurso a uma agência não isenta a Comissão das suas responsabilidades, o que explica que ela fique obrigada a enquadrar de perto a acção da agência, assim como a exercer um controlo efectivo sobre o seu funcionamento. Em princípio, podem ser delegadas quaisquer funções que não "impliquem uma margem de apreciação susceptível de traduzir opções políticas". Apesar da designação (agências *de execução*) e do limite acabado de referir, as funções e os poderes delegáveis nestas agências vão muito além das possibilidades da "doutrina Meroni", o que se atesta, por ex., pelo facto de elas poderem ser investidas de poderes para a prática de actos administrativos comunitários.

---

[311] Cfr. UERPMANN, Ob. cit., p. 555.

[312] Cfr. KREHER, "Agencies in the European Community –a step towards administrative integration in Europe", p. 225 e ss; DEHOUSSE, "Regulation by networks in the European Community: the role of european agencies", p. 246 e ss; MAJONE, "The new european agencies: regulation by information", p. 262 e ss.

[313] É, por ex., o caso da Agência Europeia para a Segurança da Aviação.

[314] Assim sucede, por ex., nos casos da Agência Europeia de Avaliação dos Medicamentos e da Autoridade Europeia para a Segurança dos Alimentos.

[315] *Regulamento (CE) n.º 58/2003 do Conselho de 19 de Dezembro de 2002 que define o estatuto das agências de execução encarregadas de determinadas funções de gestão de programas comunitários* (JO L 11, de 16/01/03, p. 1).

Tendo em consideração a evolução do direito comunitário, num sentido de admissibilidade da externalização e da atribuição de funções de gestão a organismos não previstos no Tratado CE, não seria de admirar que, num futuro próximo, assistíssemos à delegação de funções e de poderes públicos em pessoas e organismos privados. Aliás, pode até dizer-se que esse caminho já começou a ser percorrido pelo *Regulamento (CE) n.º 733/2002 do Parlamento Europeu e do Conselho de 22 de Abril de 2002, relativo à implementação do domínio de topo.eu* (JO L 113, de 30/04/02, p. 1). Este *Regulamento* autoriza a Comissão a delegar as funções de organização, de administração e de gestão do domínio.eu num *registo*, uma organização privada sem fins lucrativos constituída de acordo com o direito de um Estado-membro e com sede, administração central e principal local de actividade na Comunidade[316]. Além de lhe caber organizar, administrar e gerir o domínio de topo.eu, o *registo* é competente para proceder ao registo de nomes de domínio, impor taxas pelos serviços que presta, implementar uma política de resolução extrajudicial de litígios e definir procedimentos para este efeito.

6.1.2. *Participação de particulares na execução de funções comunitárias*

Apesar da "doutrina Meroni" – ou, de um outro ponto de vista, de acordo com ela –, não está excluída a participação de particulares na execução de funções públicas da CE. Contudo, estão envolvidas formas de participação que não representam nem estão próximas de um exercício privado de funções ou poderes públicos comunitários.

Os casos de participação ou de colaboração de particulares com as instâncias de execução do direito comunitário podem dividir-se em três grupos[317]:

a) Pessoas autorizadas ou mandatadas pela Comissão

---

[316] Sobre a actividade de gestão de "domínios internet", cfr. *infra*, 7

[317] Não incluímos em nenhum desses grupos aquilo que alguma doutrina designa por *controlos de privados* no domínio da fiscalização dos auxílios e das ajudas financeiras concedidas por Estados-membros; sobre o assunto, cfr. REUFELS, *Europaïsche Subventionskontrolle durch Private*, onde se esclarece que está aí em causa, não um controlo mandatado pelas instituições comunitárias, mas, em vez disso, um controlo espontâneo e inorganizado, efectuado pelas empresas concorrentes daquelas que obtêm auxílios ou ajudas.

Como já vimos, a Comissão tem sido investida de funções e poderes de inquérito, de inspecção e de investigação de actividades exercidas por empresas ou particulares nos Estados-membros. Tradicionalmente, tais funções e poderes eram exercidos, em sistema de administração indirecta, pelas autoridades públicas dos Estados-Membros. Contudo, mais recentemente, detecta-se uma tendência no sentido da administração directa, efectuada pela própria Comissão, através dos seus funcionários. Ora, é, neste contexto e em grande medida, por força do número limitado de funcionários comunitários, que aparecem as "pessoas autorizadas", os "agentes mandatados" ou "acompanhantes mandatados", indivíduos acreditados, autorizados, mandatados ou credenciados para, em nome da Comissão, exercerem determinadas tarefas de natureza técnica ou operativa situadas no contexto de uma relação tipicamente autoritária: assim, por ex., no âmbito das inspecções previstas no _Regulamento (CE) n.º 1/2003_, os funcionários e acompanhantes mandatados pela Comissão podem aceder a todas as instalações, terrenos e meios de transporte das empresas e associações de empresas, inspeccionar livros e outros registos relativos à empresa, tirar ou obter sob qualquer forma cópias ou extractos de documentos, etc. Quando deparem com uma oposição à inspecção ordenada, o Estado-membro em causa deverá prestar-lhes assistência necessária, solicitando, se for caso disso, a intervenção da força pública. As pessoas autorizadas actuam, na prática, na posição equivalente à de um funcionário da Comissão, pelo que não há aí lugar a qualquer forma de exercício privado de funções públicas.

_b)_ Entidades contratadas para a execução de funções técnicas e operativas

As entidades privadas também podem ser chamadas a colaborar com as instâncias comunitárias no desempenho de funções de execução técnica ou operativa. Nesse caso, e apesar de não estar envolvida uma "delegação de funções"[318], as entidades privadas actuam já _nessa qualidade_ na execução de funções públicas comunitárias. Este tipo de colaboração é possível, por ex., ao abrigo do _Regulamento (CE) n.º 1592/2002_, que autoriza a Agência Europeia para a Segurança Aérea a confiar a "entidades qualificadas" o exercício de tarefas de certificação e de investigação, sob o controlo e a responsabilidade da Agência

---

[318] A entidade privada actua no âmbito do direito privado; por outro lado, ela não actua como parte de uma relação jurídica estabelecida directamente com terceiros.

c) Organismos de normalização mandatados pela Comissão

Ainda no âmbito da participação ou colaboração de organismos de direito privado na execução das funções e das políticas comunitárias, há que referir os organismos privados que se dedicam à elaboração de *normas técnicas* [por ex., o *Comité Europeu de Normalização* (CEN) e o *Comité Europeu de Normalização Electrotécnica* (CENELEC)] que, por vezes, são mesmo explicitamente "mandatados" para o efeito pela Comissão[319].

A compreensão da natureza da colaboração oferecida por estes organismos reclama algumas explicações. Em causa está fundamentalmente a edição de normas técnicas que definem as "exigências essenciais de segurança e de protecção de saúde", que determinados produtos têm de observar para poderem circular livremente no mercado.

É óbvia a importância das normas técnicas na dinâmica de construção de um mercado de comércio livre. Na verdade e apesar da legalização da liberdade de comércio entre os Estados-membros, a circunstância de cada Estado poder definir, por si só, as condições de segurança técnica que certos produtos (*v.g.*, equipamentos de protecção individual, brinquedos, máquinas, materiais de construção) devem preencher para poderem ser homologados por uma autoridade administrativa, representa, ou pode representar, um obstáculo prático à institucionalização efectiva do livre comércio[320].

Com o objectivo de eliminar esse tipo de obstáculos, as instituições da CE começaram por tentar a via da *harmonização técnica integral*, através de directivas de harmonização legislativa tendentes a uniformizar as normas técnicas dos diversos Estados-membros e a obter, para cada produto, disciplinas técnicas homogéneas e obrigatórias em todo o espaço comunitário[321].

---

[319] Em geral sobre os modos de regulação na União Europeia e, em particular, sobre o espaço que aí vem ocupando a *auto-regulação privada* (por ex., acordos voluntários entre a Comissão e associações industriais), cfr. KNILL/LENSCHOW, "Modes of regulation in the governance of the European Union: towards a comprehensive evaluation", p. 3 e ss.

[320] Sobre as normas técnicas como obstáculos ao livre comércio no espaço comunitário, cfr. VIEWEG, "Technische Normen im EG-Binnenmarkt", p. 59 e ss; TÜNNESEN-HARMES, "Die CE-Kennzeichnung zum Abbau technischer Handelshemmnisse in der Europäischen Union", p. 1334 e ss; CAIA/ROVERSI-MONACO, "Amministrazione e privati nella normativa tecnica e nella certificazione dei prodotti industriali", p. 15 e ss.

[321] Sobre a "harmonização integral", cfr. TÜNNESEN-HARMES, Ob. cit., p. 1336.

Depois de percebidas as enormes dificuldades, a lentidão, os custos e a rigidez de que se reveste o processo de elaboração de normas técnicas comuns para cada produto[322], a CE abandonou a estratégia da harmonização integral e adoptou então um *new approach* em matéria de harmonização técnica e de normalização[323].

O ponto de partida da *nova abordagem* baseou-se no entendimento de que todos os Estados-membros prosseguem objectivos idênticos no que se refere a certos fins essenciais, como, por ex., a segurança e a protecção da saúde dos cidadãos ou a protecção do meio ambiente. As directivas da nova abordagem devem, portanto, exigir apenas o respeito de tais *requisitos* ou *exigências essenciais* de segurança e de saúde de âmbito geral (mais ou menos genericamente formulados), diminuindo assim a respectiva intensidade da regulação[324]. A vinculação jurídica termina aí. Porém, de modo a conferir aos interessados (*v.g.*, fabricantes e importadores) um meio de provar ou de facilitar a prova de conformidade com as exigências essenciais, partiu-se do princípio de que seria desejável dispor de "normas técnicas harmonizadas a nível europeu". Essas normas, de *cumprimento voluntário*[325], são elaboradas por organismos de direito privado – o *Comité Europeu de Normalização* (CEN) e o *Comité Europeu de Normalização Electrotécnica* (CENELEC)[326].

Apesar de o cumprimento do disposto nas "normas europeias harmonizadas" – adoptadas pelos referidos organismos, mediante mandato conferido pela Comissão – não ser obrigatório, os fabricantes têm contudo

---

[322] MALARET GARCIA, "Una aproximación jurídica al sistema español de normalización de productos industriales", p. 293.

[323] Resolução do Conselho, de 7 de Maio de 1985 (JO, n..º C 136, de 04/06/85, p. 1).

[324] SCHMIDT-PREUSS, "Verwaltung und Verwaltungsrecht", cit., p. 207.

[325] Nesse sentido, cfr. o considerando 17 da Directiva 98/37/CE do Parlamento Europeu e do Conselho de 22 de Junho de 1998 relativa à aproximação das legislações dos Estados-membros respeitantes às máquinas (JO L 207, de 23/07/98, p. 1).

[326] Sobre o *new approach*, cfr. TÜNNESEN-HARMES, Ob. cit. P. 1335; VIEWEG, Ob. cit., p. 64 e ss; ANSELMANN, "Die Bezugnahme auf harmonisierte technische Regeln im Rahmen der Rechtsangleichung", p. 101 e ss; ENSTHALER, *Zertifizierung, Akkreditierung und Normung für den Europäischen Binnenmarkt*, p.12 e ss; CAIA/ROVERSI-MONACO, Ob. cit., p. 16 e ss; VESPERINI, "Il controllo della sicurezza e della qualità dei prodotti industriali: due modelli a confronto", p. 144 e ss; CAGLI, "Organizzazione e procedure dell'attività amministrativa tecnica nel settore dei prodotti industriali", p. 175 e ss; ALVAREZ GARCIA, "Introducción a los problemas jurídicos de la normalización industrial: normalización industrial y sistema de fuentes", p. 331 e ss.

de respeitar e de provar que respeitam as exigências essenciais. Poderão fazer prova do cumprimento de tais exigências, mesmo que não fabriquem em conformidade com o que nelas se estabelece, mas, se optarem por fabricar os seus produtos em conformidade com as especificações técnicas contidas em normas europeias harmonizadas, beneficiam de uma *presunção de conformidade* com os requisitos essenciais impostos pela legislação comunitária[327].

Os dois referidos organismos de normalização, entidades privadas, encontram-se, assim, investidos pela Comissão de um papel decisivo na definição das condições técnicas de entrada no mercado de certos produtos. A "questão da delegação" nunca se colocou pelo facto de as normas técnicas que elaboram não serem de cumprimento obrigatório. Não obstante, há que reconhecer que a "nova abordagem" repartiu efectivamente certas funções de regulação entre as instituições comunitárias, que impõem o cumprimento das *exigências essenciais*, e os organismos privados que elaboram as normas cuja observância (facultativa) permite presumir o cumprimento daquelas exigências[328]. Se é verdade que o carácter facultativo das normas técnicas constitui, de certo modo, um aspecto central da lógica da nova abordagem, não pode, contudo, deixar de se sublinhar que, por força das remissões para elas efectuadas pelo direito comunitário, os Estados-membros acabam por ficar *vinculados* por uma regulação (técnica) que não provém das instituições comunitárias, mas de organismos de direito privado[329].

---

[327] Cfr. artigo 5.º da citada Directiva 98/37/CE e artigo 4.º do Decreto-Lei n.º 320/ /2001, de 12 de Dezembro.

[328] Cfr. ALVAREZ GARCIA, "Introducción", cit., p. 332.

[329] Apesar de facultativas (para os fabricantes), as normas acabam por ser obrigatórias para os Estados-membros, que, salvo se invocarem a *cláusula de salvaguarda*, não podem impedir o comércio de produtos declarados conformes com o que nelas se estabelece; cfr. ENSTHALER, Ob. cit., p. 12; no sentido de que não se admite uma "recepção controlada" das normas europeias harmonizadas, cfr. DI FABIO, *Produktharmonisierung durch Normung und Selbstüberwachung*, p. 102; SCHMIDT-PREUSS, "Verwaltung und Verwaltungsrecht", cit., p. 210.

6.2. Cláusulas de reserva relacionadas com o exercício da autoridade pública

Proclamando as liberdades de circulação de trabalhadores e de prestação de serviços e o direito de estabelecimento em conformidade com o princípio da proibição de discriminações em razão da nacionalidade, o Tratado CE prevê, contudo, casos de excepção no âmbito das designadas "cláusulas de reserva"[330]: trata-se de disposições que, em circunstâncias definidas, autorizam os Estados-membros a reservar *empregos* ou *actividades* para os seus nacionais.

6.2.1. Artigos 45.º e 55.º do Tratado CE: "actividades ligadas ao exercício da autoridade pública"

Nos termos do disposto nos artigos 45.º e (por remissão) 55.º do Tratado CE, as disposições sobre direito de estabelecimento e sobre liberdade de prestação de serviços "não são aplicáveis às actividades que, num Estado-membro, estejam ligadas, mesmo ocasionalmente, ao exercício da autoridade pública".

A conexão do disposto no artigo 45.º com o nosso tema assume, portanto, toda a nitidez: desde logo, há-de ser dentro dos limites impostos por essa norma que a lei nacional poderá reservar a cidadãos ou a entidades privadas nacionais o exercício de poderes públicos da função administrativa.

a) Interpretação jurisprudencial do artigo 45.º

O disposto no (actual) artigo 45.º do Tratado CE está na origem de algumas decisões por cujo intermédio o Tribunal de Justiça se pronunciou sobre leis dos Estados-membros que reservam a nacionais o exercício de certas actividades.

A primeira decisão na matéria foi tomada no célebre Acórdão *Reyners*[331], em que o Tribunal decidiu que o exercício da profissão de advogado, globalmente considerada, não se identifica com o exercício de autoridade pública: a excepção contemplada no Tratado apenas se aplica

---

[330] Cfr. BURGI, "Freier Personenverkehr in Europa und nationale Verwaltung", p. 958 e ss.

[331] Acórdão *Reyners*, de 21/6/74 (proc. 2/74).

às actividades que, por si mesmas consideradas, constituem uma participação directa e específica no exercício da autoridade pública, sendo que a extensão da excepção a uma profissão inteira só pode admitir-se nos casos em que as actividades em questão se encontrem associadas de tal maneira ao exercício da autoridade pública que a liberalização tenha por efeito impor aos Estados-membros o exercício, mesmo ocasional, da sua autoridade por não-nacionais.

Num outro Acórdão, o Tribunal pronunciou-se sobre uma lei grega que reservava a nacionais a criação de escolas privadas de ensino profissional ("frontistirion"): segundo o Governo grego, as actividades de ensino constituem, na Grécia, uma missão fundamental do Estado, pelo que as entidades privadas que as exercem o fazem na qualidade de depositárias de autoridade pública. Depois de sublinhar que a excepção do então artigo 55.º deve merecer uma interpretação que limite o seu alcance ao estritamente necessário para salvaguardar os interesses que a disposição permite aos Estados proteger, o Tribunal decidiu que a criação, por uma entidade privada, de uma escola como um "frontistirion" ou de uma escola de ensino profissional, não representa o exercício da autoridade pública, na acepção daquele artigo do Tratado[332].

Posteriormente, o Tribunal decidiu serem estranhas ao exercício da autoridade pública as actividades de concepção, exploração e gestão operacional de sistemas informáticos da Administração[333], bem como a automatização e exploração do jogo do loto na Itália[334]: nos dois casos, estavam envolvidas "actividades de natureza técnica, e, por conseguinte, estranhas ao exercício da autoridade pública"[335].

No Acórdão *Thijssen*[336], estava em causa a questão de saber se, no domínio da lei belga, relativa ao controlo das empresas de seguros, a profissão de *revisor oficial de contas aprovado* (revisor oficial de contas acreditado por um organismo público para efectuar a revisão de contas das empresas do sector dos seguros) implicava o exercício da autoridade pública, designadamente pelo facto de o revisor dispor do poder de vetar a execução das decisões das empresas por si controladas que constituíssem

---

[332] Acórdão *Comissão/Grécia*, de 15/03/88 (proc. 147/86).

[333] Acórdão *Comissão/Itália*, de 05/12/89 (proc. C-3/88).

[334] Acórdão *Comissão/Itália*, de 26/04/94 (proc. C-272/91).

[335] Sobre estes acórdãos, cfr. ARNOULD, "Les contrats de concession, de privatisation e de services «in house» au regard des règles communautaires", p. 19 e ss.

[336] Acórdão *Thijssen*, de 13/07/93 (proc. C-42/92).

infracção penal. O veto tinha o efeito de suspender a execução da decisão no prazo de oito dias, prazo dentro do qual um organismo público, entretanto notificado do veto, tomaria uma decisão definitiva. O Tribunal entendeu que o revisor oficial de contas aprovado tinha um *papel auxiliar e preparatório* da decisão do organismo público, que não estava de nenhuma forma vinculado pelo veto do revisor. Desvalorizando a relação entre o revisor e a empresa por ele controlada e centrando-se na relação entre o revisor e o organismo público, o Tribunal entendeu que o papel do revisor não poderia ser considerado como uma participação directa e específica no exercício da autoridade pública, na acepção do (então) artigo 55.º do Tratado.

Num outro caso – Acórdão *Van Schaik*[337] –, sobre a actividade de realização de inspecções em veículos automóveis, o Tribunal decidiu que o reconhecimento por um Estado-membro (onde um veículo está registado) de inspecções efectuadas por garagens estabelecidas noutros Estados-membros "diz respeito ao alargamento de uma prerrogativa do poder público para fora do território nacional e, por isso, não se enquadra dentro do âmbito de aplicação do artigo 59.º" (actual artigo 49.º). Apesar da aparência em contrário (que resulta da referência à "prerrogativa do poder público"), supomos que o Tribunal não toma uma posição clara sobre a questão de saber se, em si mesma, a actividade de realização de inspecções em veículos automóveis implica o exercício da autoridade pública[338].

Por fim, num grupo de três decisões, o Tribunal de Justiça toma posição sobre a natureza da actividade de segurança privada[339]: tais decisões pronunciaram-se sobre leis (de Espanha, da Bélgica e da Itália) que reservavam a nacionais (empresas e pessoal) o acesso à actividade de prestação de serviços de segurança privada[340]. Os Governos envolvidos

---

[337] Acórdão *Van Schaik*, de 05/10/94 (proc. C-55/93).

[338] Em sentido claramente negativo se havia pronunciado o *Advogado-Geral* F. G. Jacobs nas conclusões: "(...) em nossa opinião, não pode considerar-se a certificação da aptidão dos veículos para circular como actividade que implica o exercício da autoridade pública, na acepção do artigo 55º. O Tribunal de Justiça realçou que, enquanto derrogação às liberdades fundamentais, o artigo 55.º deve ser interpretado restritivamente".

[339] Acórdãos *Comissão/Espanha*, de 29/10/98 (proc. C-114/97), *Comissão/Bélgica*, de 09/03/2000 (proc. C-355/98), e *Comissão/Itália*, de 31/5/2001 (proc. C-283/99).

[340] Era o que se passava também em Portugal, na respectiva vigência, com o artigo 8.º/4 do Decreto-Lei n.º 267/93, de 10 de Agosto (alterado pelo Decreto-Lei n.º 134/98, de 23 de Maio), ao estabelecer que "ao pessoal de apoio técnico e de vigilância é sempre

defendiam a solução, afirmando que a actividade de segurança privada implica o exercício da autoridade pública, sobretudo na medida em que as empresas de segurança privada cumprem uma função complementar e de auxílio ao Estado na execução da tarefa de manutenção da segurança pública. No caso particular da Itália, o Governo esclarecia que os guardas particulares ajuramentados exerciam funções de polícia judiciária, tendo a faculdade legal de levantar autos de notícia com valor probatório, bem como o poder de deter em flagrante delito. O Tribunal decidiu (nos três casos) que a actividade de segurança privada não constitui uma participação directa e específica no exercício da autoridade pública, tratando-se de uma actividade exercida segundo o direito privado, com base em relações de direito privado; a simples contribuição para a manutenção da segurança pública, que todo e qualquer indivíduo pode ser chamado a dar, não integra o exercício da autoridade pública. Por outro lado, quando, em situações determinadas, as empresas de segurança privada são chamadas a auxiliar ou a assistir as forças de segurança pública, elas actuam no contexto de uma função apenas auxiliar, estando àquelas forças reservado o exercício de poderes de coerção e de autoridade pública. Por fim, ainda que a lei confira às empresas ou ao respectivo pessoal um poder especial (*v.g.*, um poder de detenção em caso de flagrante delito não grave), está em causa um poder que constitui um elemento destacável do conjunto da actividade profissional que não pode justificar que a profissão escape, no seu todo, ao respeito das disposições do Tratado relativas às liberdades.

b) Sentido e alcance da excepção consagrada no artigo 45.°

A jurisprudência do Tribunal de Justiça permite-nos chegar a algumas conclusões sobre o sentido e o alcance da excepção consagrada no actual artigo 45.° do Tratado CE. Antes de expormos tais conclusões, cumpre definir o âmbito de aplicação do disposto nessa norma.

Em primeiro lugar, a norma tem claramente em vista as formas de exercício *privado* de actividades (públicas) ligadas ao exercício da autoridade pública: fora do seu âmbito fica o acesso à função pública e aos empregos na Administração Pública, matéria regulada no artigo 39.°/4 do Tratado.

---

exigível a cidadania portuguesa" – sobre isso, cfr. AcTC n.° 255/02, que, todavia, não chegou a pronunciar-se sobre a conformidade constitucional da referida disposição, pelo facto de ter sido revogado o diploma que a continha.

Em segundo lugar, deve sublinhar-se que ela visa apenas estabelecer uma excepção ao *direito de estabelecimento* e (por remissão do artigo 55.º) à *livre prestação de serviços*, mas já não à *livre circulação de trabalhadores* (artigo 39.º). Quer dizer, a lei nacional não pode, com fundamento no artigo 45.º, reservar a nacionais o acesso a actividades ligadas ao exercício da autoridade pública quando exercidas por *trabalhadores* ao serviço de entidades privadas[341]. Saber se a instituição de uma reserva desta natureza é viável depende de outras cláusulas do Tratado (cfr., a seguir, o que se diz sobre o artigo 39.º/4).

O sentido da excepção do artigo 45.º é o de permitir aos Estados--membros reservar a nacionais seus o acesso a actividades associadas ao exercício de poderes através dos quais se manifesta a autoridade pública estadual e que, por isso, reclamam exigências particulares de legitimação, de confiança e de lealdade de quem as desempenha para com o Estado[342].

A definição do conceito de "autoridade pública" ocupa o lugar de questão central nesta matéria; sobre isso, há ainda que perguntar se o conceito deve ser interpretado em função do que estabelece o direito nacional ou, pelo contrário, por se tratar de uma noção comunitária, deverá interpretar-se segundo o direito comunitário.

Quanto a este último aspecto, de acordo com a jurisprudência comunitária, prevalece claramente o critério do direito comunitário, apesar de se aceitar que cabe a cada Estado-membro indicar quem executa as funções e as responsabilidades próprias de autoridade pública. Neste sentido, a jurisprudência, baseando-se na natureza excepcional do artigo 45.º, advoga uma interpretação restritiva, orientada por um método de salvaguarda prioritária do interesse comunitário da integração e destinada a evitar que unilateralmente os Estados-membros possam pôr em causa ou relativizar as liberdades consagradas no Tratado[343].

De acordo com esse método, o Tribunal de Justiça exige a demonstração da *necessidade* da derrogação[344], entendendo que "enquanto derro-

---

[341] Nesse sentido, cfr. Acórdão *Comissão/Itália*, de 31/5/2001 (proc. C-283/99).

[342] Cfr. SCHACHTSCHNEIDER, *Der Anspruch*, cit., p. 104.

[343] Cfr. GORJÃO-HENRIQUES, *Direito Comunitário*, p. 450; SCHACHTSCHNEIDER, *Der Anspruch*, cit., p. 105; OLESTI RAYO, *La libre circulación de los profesionales liberales en la C.E.E.*, p. 261; BORRMANN, *Der Schutz der Berufsfreiheit im deutschen Verfassungsrecht und im europäischen Gemeinschaftsrecht*, p. 218; GROEBEN/THIESING/EHLERMANN, *Handbuch des Europäischen Rechts*, p. 121.

[344] Cfr. BORRMANN, *ibidem*.

gação à regra fundamental da liberdade de estabelecimento, o artigo 45.º
do Tratado deve merecer uma interpretação que limite o seu alcance ao
estritamente necessário para salvaguardar os interesses que a mesma
disposição permite aos Estados-membros proteger"[345]. Além disso, a derrogação não poderá ter um alcance que ultrapasse o objectivo para o qual
foi prevista, pelo que terá de observar uma estrita exigência de *proporcionalidade*: não pode, por ex., ser invocada para limitar o acesso a uma
actividade globalmente considerada (*v.g.*, profissão de advogado), sempre que seja possível *destacar* dessa actividade a parcela especificamente
relativa ao exercício da autoridade pública[346].

No que respeita ao sentido material do conceito de "actividade ligada
ao exercício da autoridade pública", o entendimento (comunitário) parece
ser o de que, em geral, como tal deverá considerar-se apenas *a actividade que, para quem a exerce, implica a faculdade de utilizar prerrogativas exorbitantes do direito comum, privilégios próprios do poder
público, poderes de coerção de origem estadual que se impõem aos
cidadãos ou que interferem com a livre apreciação ou de decisão das
autoridades públicas*[347].

O disposto no artigo 45.º está, por conseguinte, limitado às actividades "que, por si sós consideradas (em si mesmas), envolvem uma ligação
directa e específica ao exercício da autoridade pública"[348]. De acordo

---

[345] Acórdão *Comissão/Grécia*, de 15/03/88 (proc. 147/86).

[346] Cfr. Acórdão *Reyners*, de 21/6/74 (proc. 2/74), que se decidiu pela impossibilidade da invocação do então artigo 55.º "quando, no quadro de uma profissão independente, as actividades de participação no exercício da autoridade pública constituem um
elemento destacável do conjunto da actividade profissional em causa" – sobre esta *teoria
do acto destacável*, cfr. COLIN, *Le notaire français et le notaire suisse face à l'Europe*,
p. 69 (em geral, sobre a questão da aplicação do actual artigo 45.º à profissão notarial,
cfr. JUNG, *Ausübung öffentlicher Gewalt durch den Notar*, p. 74 e ss; PICARD, *Le notariat et la CEE*, p. 51 e ss); em Portugal, cfr. Maria Luísa DUARTE, *A Liberdade de
Circulação de Pessoas e a Ordem Pública no Direito Comunitário*, p. 162 e ss, explicando que um Estado-membro não pode reservar o exercício da medicina aos nacionais
só pelo facto de a passagem de certidões de óbito implicar o exercício de um poder de
autoridade.

[347] Nas suas conclusões no processo *Reyners* (proc. 2/74), o Advogado-Geral
Mayras diz que autoridade pública "é a que resulta da soberania e da autoridade do
Estado; implica para quem a exerce a faculdade de utilizar prerrogativas alheias ao direito
comum, privilégios da autoridade pública e poderes de coerção sobre os cidadãos".

[348] Acórdão *Thijssen*, de 13/07/93 (proc. C-42/92); cfr. J. Mota de CAMPOS, *Manual
de Direito Comunitário*, p. 570.

com este critério restritivo, a excepção ali contemplada, além de não se aplicar a actividades globalmente consideradas (mas só aos segmentos destacáveis que consubstanciem aquela ligação directa e específica ao exercício da autoridade pública)[349], não é invocável quando em causa estejam actividades:

i) que, apesar de poderem envolver poderes de coerção e de controlo sobre pessoas, são susceptíveis de ser exercidas com base em *relações de direito privado*;

ii) de mera *preparação* de actividades ligadas ao exercício de autoridade pública, desde que a entidade investida da autoridade pública conserve um poder autónomo de decisão e não esteja, portanto, legalmente vinculada pelos resultados da actividade preparatória;

iii) de mero *auxílio* ou *assistência* em relação às entidades públicas no desempenho de missões que representam o exercício de autoridade pública, quando apenas a estas entidades caiba tomar decisões ou praticar actos de poder ou de autoridade pública;

iv) de *natureza técnica*, que devam ser exercidas em conformidade com critérios empíricos ou técnicos e não jurídicos ou normativos.

6.2.2. *Artigo 39.º/4 do Tratado CE: "empregos na Administração Pública"*

O artigo 39.º do Tratado CE assegura a livre circulação de trabalhadores dentro da Comunidade, o que pressupõe a abolição de toda e qualquer discriminação por razão da nacionalidade entre os trabalhadores dos Estados-membros. O n.º 4 estabelece, contudo, que as restantes disposições do mesmo artigo não são aplicáveis aos "empregos na Administração Pública".

Este conceito foi objecto de uma *interpretação restritiva* pelo Tribunal de Justiça, ao decidir que ali se abrangem apenas os "empregos que envolvam uma participação, directa ou indirecta, no exercício da autoridade pública e nas funções que têm por objecto a salvaguarda dos interesses gerais do Estado ou de outras colectividades públicas"[350].

Ainda na linha de uma interpretação com carácter restritivo, o Tribunal de Justiça vinha entendendo, até há pouco tempo, que "a noção de

---

[349] Cfr. NITZ, *Private und öffentliche Sicherheit*, p. 509.

[350] Acórdão *Comissão/Bélgica*, de 17/12/80 (proc. 149/79); cfr. GORJÃO-HENRIQUES, *Direito Comunitário*, p. 438; J. Mota de CAMPOS, *Direito Comunitário,* III, p. 329.

«empregos na administração pública» não engloba empregos ao serviço de um particular ou de uma pessoa colectiva de direito privado, sejam quais forem as tarefas que incumbem ao empregado"[351]. De acordo com esta orientação, os Estados-membros não poderiam reservar a nacionais o exercício de missões e prerrogativas de autoridade pública por trabalhadores de pessoas singulares ou colectivas de direito privado.

Em Setembro de 2003, houve uma inversão dessa orientação – pronunciando-se a título prejudicial sobre a conformidade comunitária de leis da Alemanha e da Espanha que reservavam a nacionais do Estado da bandeira o acesso aos empregos de capitães de navios de pesca e de comandantes de navios mercantes, decidiu que a circunstância de se tratar de empregados de uma pessoa singular ou colectiva de direito privado, não é, como tal, susceptível de afastar a aplicabilidade do artigo 39.º/4, desde que se demonstre que, para o cumprimento das missões públicas que lhes são atribuídas, aqueles empregados agem na qualidade de representantes da autoridade pública, ao serviço dos interesses gerais do Estado[352].

Original nesta nova jurisprudência é, naturalmente, o facto de se admitir que um *emprego privado* pode ser considerado emprego na Administração; a este propósito, o Tribunal precisou, todavia, que a derrogação consentida nos termos do artigo 39.º/4 não pode ser justificada pelo simples facto de serem atribuídas prerrogativas de autoridade pública pelo direito nacional ao trabalhador de uma entidade privada: "é ainda necessário que essas prerrogativas sem efectivamente exercidas de forma habitual pelos respectivos titulares e não representem uma parte muito reduzida das suas actividades"; não basta o exercício "de forma esporádica ou mesmo excepcional" tais prerrogativas.

Como resulta do que acaba de se expor, o Tribunal de Justiça entende e sublinha que nem todos os trabalhadores investidos de competências de autoridade pública poderão ser considerados como exercendo um emprego na Administração. Neste contexto, aparece, nos Acórdãos de 2003, uma alusão ao já referido Acórdão *Comissão/Itália*[353] e à situação, então exis-

---

[351] Nesse sentido, cfr. Acórdão *Comissão/Itália*, de 31/5/2001 (proc. C-283/99), em relação aos guardas particulares ajuramentados trabalhadores de empresas de segurança privada.

[352] Cfr. Acórdãos *Colegio de Oficiales de la Marina Mercante Española* e *Anker e outros*, de 30/09/2003 (procs. C-405/01 e C-47/02).

[353] Acórdão *Comissão/Itália*, de 31/5/2001 (proc. C-283/99).

tente no direito italiano, dos guardas particulares ajuramentados (trabalhadores de empresas de segurança privada[354]), esclarecendo-se que, ao contrário do que se passava neste caso, pode haver outros em que se justifica considerar "empregos na Administração" *certos* empregos privados.

Para orientar a distinção entre os vários casos possíveis, o Tribunal elegeu um critério que atende às circunstâncias, bem como à *ratio* da delegação de competências de autoridade: assim, o que distingue a situação dos comandantes dos navios é o facto de as prerrogativas de autoridade pública lhes serem conferidas no interesse geral do Estado, de modo que, na prática, acabam por "agir na qualidade de representantes da autoridade pública"[355].

Mas, note-se, o facto de a aplicação do artigo 39.º/4 não ser inviável pelo facto de estarem envolvidos "empregos privados", não significa ainda uma resposta sobre a sua aplicação no caso: torna-se necessário, para que isso seja possível, que o trabalhador *(i)* surja investido de prerrogativas de autoridade, *(ii)* que estas sejam efectivamente exercidas de "forma habitual" (e não apenas esporádica ou ocasionalmente) e *(iii)* que não representem uma "parte muito reduzida", um "lugar insignificante", no âmbito das actividades exercidas pelo trabalhador[356].

---

[354] Recorde-se que, nesse Acórdão, o Tribunal – considerando que "a noção de «empregos na administração pública» não engloba empregos ao serviço de um particular ou de uma pessoa colectiva de direito privado, sejam quais forem as tarefas que incumbem ao empregado" – considerou não serem viáveis *cláusulas de reserva* quanto aos empregos de guarda particular ajuramentado.

[355] Neste ponto, o Tribunal parece ter-se distanciado dos tópicos argumentativos que a Comissão alegava nos processos – nessas alegações, adiantava a Comissão que "um particular só exerce um emprego na Administração Pública, na acepção do artigo 39.º, n.º 4, se os órgãos da autoridade pública que se enquadram institucionalmente na Administração Pública não tiverem a possibilidade de intervir ou só dificilmente o puderem fazer. A mera atribuição de competências de autoridade pública não basta (...). Será necessário, além disso, que nenhum órgão de autoridade pública possa intervir para resolver um eventual conflito".

[356] Tendo isso em consideração, o Tribunal acabou por concluir que nos casos não estavam verificadas as condições para aplicar a restrição do artigo 39.º/4 do Tratado.

6.3. *Sistema comunitário de reconhecimento de organizações de vistoria, inspecção e certificação de navios*

De acordo com o estabelecido em várias convenções internacionais[357], os "Estados de pavilhão" têm a responsabilidade de realizar inspecções e vistorias e de certificar a conformidade dos navios com as normas internacionais de segurança marítima. As mesmas convenções prevêem que a execução dessas funções e poderes públicos podem ser confiadas a organizações técnicas (as designadas "sociedades de classificação"). A verificar-se uma situação com esse recorte, teremos então uma delegação de funções e poderes públicos em entidades privadas[358].

No desenvolvimento de uma resolução de 1993 sobre uma política comum de segurança marítima, foi aprovada a Directiva 94/57/CE do Conselho, de 22 de Novembro de 1994, relativa às regras comuns para as organizações de vistoria e inspecção dos navios e para as actividades relevantes das administrações marítimas (JO L/319, de 12/12/94, p. 20)[359]. Além do mais, a adopção da Directiva era baseada na percepção de que, actuando individualmente, os Estados-membros não estavam em condições de submeter as sociedades de classificação a uma aplicação adequada e, num nível aceitável, das normas internacionais de segurança. Afirmava-se que a realização desse objectivo seria mais facilmente realizável pela Comunidade. Não obstante, a Directiva não procedia ainda à criação de um sistema comunitário – centralizado – de reconhecimento das organizações de vistoria, inspecção e certificação de navios. Estabelecia uma distinção entre *reconhecimento* e *autorização*, actos a praticar, em qualquer caso, pelos Estados-membros. O reconhecimento seria uma espécie de acto prévio de qualificação ou de acreditação para o exercício de funções de inspecção, vistoria e certificação, que deveria ser notificado à Comissão. A autorização correspondia ao acto concreto de "delegação" daquelas funções. Para fomentar a livre prestação de serviços, a Directiva estabelecia que os Estados-membros não deveriam recusar-se a autorizar quaisquer organizações reconhecidas localizadas na Comunidade.

---

[357] Fundamentalmente, a *Convenção Internacional para a Salvaguarda da Vida Humana no Mar*, de 1974 (Convenção SOLAS 74).

[358] Neste sentido, cfr. Dolors CANALS I AMETLLER, Ob. cit., pp. 175 e ss, e 286 e ss.

[359] Essa Directiva foi transposta para o direito português pelo Decreto-Lei n.º 115/96, de 6 de Agosto (alterado pelo Decreto-Lei n.º 403/98, de 18 de Dezembro).

A Directiva de 1994 viria a ser alterada profundamente pela Directiva 2001/105/CE do Parlamento Europeu e do Conselho, de 19 de Dezembro de 2001 (JO L 19, de 22/01/2001, p. 9)[360]. As alterações traduziram-se essencialmente em reforçar os poderes da Comissão da CE, centralizando as funções de reconhecimento e estabelecendo a partilha da função de fiscalização e controlo das organizações entre a Comissão e os Estados--membros.

Assim, os Estados-membros só podem autorizar – "delegar" – organizações a exercer funções de inspecção, vistoria e certificação de navios reconhecidas pela Comissão. Quando desejem conceder uma autorização a uma organização ainda não reconhecida, os Estados terão de apresentar um pedido de reconhecimento à Comissão. Em conjunto com o Estado requerente, a Comissão efectuará as avaliações necessárias para verificar se as organizações satisfazem os requisitos referidos. O reconhecimento passa, portanto, a ser comunitário, mantendo-se a autorização nacional. Mantém-se o princípio, destinado a assegurar a livre prestação de serviços, segundo o qual os Estados não podem recusar-se a autorizar organizações reconhecidas. A fiscalização e a monitorização permanente *a posteriori* é "harmonizada" e partilhada entre o Estado que concedeu a autorização e a Comissão. Pode haver suspensão e cancelamento da autorização nacional e/ou do reconhecimento comunitário[361].

O sistema comunitário de reconhecimento que, de forma sumária, acaba de se expor representa uma solução original a vários títulos, sobretudo se tivermos em consideração que a vistoria, a inspecção e a certificação da segurança de navios são funções e poderes públicos (de autoridade) que as convenções internacionais confiam aos Estados.

Com efeito, o sistema condiciona abertamente o poder nacional de escolha das organizações às quais as funções podem ser delegadas: por um lado, a "autorização" só pode ser atribuída a organizações que beneficiem de reconhecimento oficial pela Comissão e, por outro, ela não pode, em princípio, deixar de ser conferida a qualquer organização localizada na Comunidade, desde que reconhecida pela Comissão. Quanto a este último aspecto, um efeito do novo regime traduz-se em afastar a invocação do disposto no artigo 45.º do Tratado CE, inviabilizando, assim,

---

[360] Entretanto, já havia sido alterada pela Directiva 97/58/CE, JO L 7/10/97, p. 8).

[361] Para mais desenvolvimentos sobre a actividade das organizações de vistoria, inspecção e certificação de navios, cfr. Parte III, Cap. I.

uma eventual pretensão nacional de vedar a estrangeiros o acesso às actividades públicas de vistoria, inspecção e certificação de navios que arvorem pavilhão português. Este traço do regime suscita a questão de saber se, ao favorecer o "objectivo da livre prestação de serviços" (cfr. artigo 1.º da Directiva), o novo sistema não acaba, afinal, por implicar a liberalização da actividade. Supomos que não. De facto, a regulamentação comunitária pressupõe claramente a natureza estadual e pública das funções de vistoria, inspecção e certificação de navios. Em rigor, essa regulamentação, pelo menos na parte relativa às organizações, só se aplica na medida em que os Estados decidam delegar as referidas funções [veja-se, nesse sentido, o disposto no artigo 3.º: "sempre que (...) um Estado-membro decida (...) autorizar"]. Do mesmo modo, atente-se numa afirmação do preâmbulo da Directiva: "considerando que o estabelecimento do mercado interno pressupõe a livre circulação de serviços (...), as organizações que obedeçam a um conjunto de critérios comuns (...) não podem ser impedidas de prestar os seus serviços na Comunidade, *desde que os Estados-membros tenham decidido delegar as suas atribuições legais na matéria*".

Concluindo, o sistema comunitário não institui a liberalização dos serviços de vistoria, inspecção e certificação, mas compatibiliza claramente a natureza pública dessa função com a regra de *proibição do tratamento discriminatório em razão da nacionalidade* (excluindo a eventual pretensão de aplicação, neste âmbito, do artigo 45.º do Tratado CE).

7. Exercício privado de funções e de poderes públicos na arena internacional: o caso da ICANN na governação global da internet

O complexo processo da *globalização* tem estado na origem da alteração de alguns paradigmas da regulação internacional: uma alteração muito significativa traduz-se no facto de relevantes tarefas de regulação e de governação de nítido alcance público internacional não serem assumidas por *instâncias públicas* (Estados e organizações internacionais), mas por *actores privados* que actuam, como "autoridades", embora na ausência de quaisquer procedimentos de investidura formal.

Organizações não governamentais, empresas multinacionais, associações, grupos e organizações de cidadãos, comunidades científicas, movimentos de libertação, são, entre outros, agentes empenhados na arena internacional e na condução do processo de globalização[362]. Definem as regras por que se pautam as suas actuações ("regulatory power"), intervêm nos processos decisórios com relevo internacional ("decisional power"), influenciam cultural e ideologicamente as relações internacionais, o discurso político e a vida das sociedades do nosso tempo ("discursive power")[363]. A literatura do direito internacional tem falado, a propósito, da emergência de uma *autoridade privada na governação global*[364], de uma *autoridade privada internacional*[365] e de um *poder privado de autoridade global*[366].

No campo da regulação, comercial, ambiental ou financeira, a autoridade privada tem-se mostrado particularmente activa e vem ocupando o espaço deixado por um "vazio regulatório" que advém, por um lado, do desinteresse, da apatia e da renúncia dos Estados e, por outro, da incapacidade operacional das organizações internacionais[367]. A fragmentação provocada pela falta de uma autoridade superior com soberania no plano internacional cria as condições ideais para a afirmação de autoridades e de poderes privados[368].

Esta regulação privada internacional emerge assim da cooperação entre empresas – que, em sistema de auto-regulação, editam regras e "impõem-nas" a empresas dependentes –, bem como do trabalho de impor-

---

[362] Cfr. KÖNIG, "Öffentliche Verwaltung und Globalisierung", p. 481; ARTS, "Non-state actors in global governance. Three faces of power", p. 5.

[363] Sobre as três faces do poder, cfr. ARTS, Ob. cit., p. 15 e ss; em especial sobre o *poder discursivo*, isto é, a capacidade para conformar o discurso político, definir a agenda política e criar uma opinião pública internacional, cfr. p. 22 e ss.

[364] *The emergence of private authority in global governance* é o título de um livro editado por R. B. Hall e e Th. J. Biersteker que divide em três as categorias de autoridades privadas internacionais: as "autoridades de mercado" (grandes empresas multinacionais), as "autoridades morais" (organizações não governamentais e movimentos transnacionais que promovem "grandes valores", como o direito, a liberdade e a equidade) e as "autoridades ilícitas" (máfias e mercenários ligados ao crime organizado internacional).

[365] Sobre esse conceito, aplicado à regulação do comércio global por actores privados (empresas e suas associações que regulam os seus interesses e as relações que entre si estabelecem no plano internacional), cfr. o livro *Private authority and international affairs*, editado por A. C. Cutler, V. Haufler e T. Porter;.

[366] Cfr. CUTLER, *Private power and global authority*, p. 1 e ss.

[367] Cfr. KNILL, "Private governance across multiple arenas: european interest associations as interface actors", p. 227; WOLF, "Private actors and the legitimacy of governance beyond the State", p. 1 e ss.

[368] Cfr. CASSESE, "Lo spazio giuridico globale", p. 327 e ss.

tantes organismos não governamentais, que formulam regras técnicas e códigos de conduta de adesão voluntária pelas empresas dos diversos países. Uma tal regulação privada alcança, por vezes, relevância pública, quer porque se abriga sob a protecção dos Estados, quer porque é mesmo objecto de incorporação nos ordenamentos jurídicos estaduais e convertida em regulação pública[369]: as duas coisas verificaram-se, por ex., com o "regime de ecogestão e auditoria ambiental", criado e desenvolvido por organismos privados, como a *International Organization for Standardization* (ISO)[370]. Deve notar-se, contudo, que a autoridade da regulação privada não depende da recepção estadual; sobrevive por si, fora do Estado; por isso mesmo é que é privada.

O fenómeno de "regulação ou governação por organizações privadas" está, segundo alguns, na génese de uma espécie de "governação global sem Governo"[371], fórmula que indicia claramente não estarmos aí perante um caso de exercício privado de funções e de poderes públicos, mas antes diante de um fenómeno que ocorre "na sombra do Estado". Trata-se de uma governação que provém de "non-state actors", mas que, além disso, é "non-state based"[372].

O conceito de *autoridade* privada identifica, portanto, empresas, grupos e organismos não governamentais que, no perímetro internacional, tomam decisões e editam regras de conduta consideradas legítimas por certos grupos de pessoas[373]. A autoridade que ostentam não deriva de um qualquer processo especial de investidura (não é uma autoridade *formal*), não tem origem no Estado (não é uma autoridade *pública*), nem "se impõe" por via do direito (não é uma autoridade *jurídica*). As decisões que tomam e as regras que editam impõem-se e são reconhecidas pelos destinatários como legítimas por força de uma autoridade substantiva – "being *an* authority" e não "being *in* authority" – que se baseia em factores como a credibilidade, a persuasão, a imparcialidade e a *expertise*[374].

---

[369] Cfr. ARTS, Ob. cit., p. 34.

[370] Cfr. MEIDINGER, "«Private» environmental regulation, human rights, and community", p. 232; sobre a fixação de *standards* técnicos (no domínio da contabilidade) por organismos privados que actuam na arena global, cfr. MATTLI/BÜTHE, "Global private governance: lessons from a national model of setting standards in accounting", p. 211 e ss.

[371] Cfr. WOLF, Ob. cit., p. 15.

[372] Cfr. HALL/BIERSTEKER, in *The emergence of private authority in global governance*, p. 5.

[373] Cfr. WOLF, Ob. cit., p. 16.

[374] Sobre a autoridade como a capacidade de tomar decisões que outros aceitam e reputam como legítimas, cfr. HALL/BIERSTEKER, p. 4.

Mais recentemente, alguma doutrina vem ensaiando construir a ideia de um "espaço administrativo global" no qual pode (e deve) exercer uma acção regulatória o designado *direito administrativo global,* apresentado como um *sistema de normas jurídicas, procedimentos e processos de controlo que governam o poder executivo (produção de regras e de decisões) de actores que actuam num espaço administrativo global* – alguns desses *actores administrativos* são "*private bodies*", autoridades privadas[375].

Nesta arena internacional, ocupa uma posição de destaque uma entidade privada investida de funções de *autoridade global* com fundamento explícito numa decisão do Governo dos EUA. Referimo-nos à ICANN – acrónimo de *Internet Corporation for Assigned Names and Numbers* –, organismo privado criado por impulso do Governo norte-americano e por este incumbido de efectuar a *administração ou gestão global da infra-estrutura da internet*[376].

A compreensão dos exactos contornos desse caso especial de exercício privado de poderes públicos com uma eficácia global reclama algumas explicações sobre o sentido e o conteúdo da actividade de gestão da internet.

a) Exigência de uma governação global e centralizada da internet

Enquanto *plataforma de comunicação*, a internet é uma *infra-estrutura* baseada numa complexa *arquitectura* ou *teia de redes* interligadas a

---

[375] Sobre o emergente *direito administrativo global*, cfr. KINGSBURY/KRISCH/ /STEWART, "The emergence of global administrative law", p. 7 e ss; STEWART, "U.S. Administrative law: a model for global administrative law?", p. 55 e ss; BATTINI, "International organisations and private subjects: a more toward a global administrative law?", p. 1 e ss. A doutrina explica que o *direito administrativo global* surge no contexto de um processo de ruptura com o paradigma segundo o qual não se concebe um *poder executivo* de actores internacionais a exercer directamente sobre indivíduos e empresas (a situação é outra na hipótese do *direito administrativo internacional,* o qual segue as características do direito internacional público, sendo produzido pelos Estados e accionável nas suas relações recíprocas). Hoje, a afirmação de um *poder executivo* no espaço global, exercido por organismos variados reclama a instituição de mecanismos de regulação e de controlo: essa é a missão do *direito administrativo global.*

[376] Apresentando a ICANN como exemplo de referência de um poder público corporativo no plano transnacional, cfr. DEDERER, Ob. cit., p. 517 e ss. Sobre a ICANN, cfr., da nossa autoria, "Regulação administrativa da internet", p. 177 e ss.

cujos pontos terminais estão conectados computadores aptos a "dialogar" entre si. Para que esse diálogo seja viável, impõe-se que cada computador possa ser identificado e identificar outros: a internet reclama, assim, a gestão centralizada de um sistema que assegure um processo de identificação dos computadores conectados à rede.

Reduzindo-a aos seus termos mais elementares, a gestão da internet baseia-se no designado *sistema comum de endereços*[377]: a gestão e o

---

[377] Durante algum tempo após a sua invenção, os computadores permaneceram objectos solitários: "um computador não podia falar com outro" (WEINBERG, "ICANN and the problem of legitimacy", p. 192). Mas, a partir de meados da década de 60 do séc. XX, começaram a realizar-se experiências de comunicação entre computadores sob os auspícios de uma unidade do Departamento de Defesa norte-americano (a DARPA); na sequência dessas experiências, a ligação de computadores de várias universidades deu origem a uma rede chamada ARPANET. Mais tarde, a conexão dessa rede com outras redes que vinham sendo desenvolvidas por diferentes departamentos da administração americana deu origem a uma *rede de redes* ("network of networks") que começou a ser designada internet (GÉCZY-SPARWASSER, *Die gesetzgebungsgeschichte des Internet*, p. 49 e ss). Em pouco tempo, a internet, que nasceu e cresceu como uma "american thing" (MAYER, "Europe and internet; the old world and the new medium", p. 149), ver-se-ia convertida numa plataforma de comunicação à escala global.

Suportada por um conjunto de redes interligadas, a internet só tem todavia interesse como infra-estrutura de comunicação e de transporte de informações quando, do ponto de vista do utilizador, ela se comporte como uma *rede única e coerente*, que assegure que uma mensagem remetida de um ponto da rede é recebida no ponto para que é enviada, ou que o pedido de visão de uma certa página se dirija à máquina certa. Tendo isso em conta, pode dizer-se que, na sua essência, a internet não configura mais do que "o uso que as pessoas fazem de uma infra-estrutura que assegura a comunicação entre computadores identificados" (MUELLER, "Technological and institutional innovation: internet domain names", p. 3). Neste sentido, mais do que a rede física que a suporta, a internet representa sobretudo, como infra-estrutura, um *sistema* ou um *protocolo* que permite localizar qualquer computador conectado à rede: sem esse *sistema*, o que existe é apenas um conjunto de redes que, ainda que interligadas, não permitem encaminhar a comunicação para um ponto determinado ou recebê-la no local desejado. Para que todo o sistema opere com utilidade e interesse, é imprescindível que cada computador ligado à rede tenha um endereço particular e único, posto que só assim ele se revela susceptível de ser localizado e identificado.

Essencial para o funcionamento coerente da internet é, assim, todo um complexo processo de definição de *standards* e de parâmetros técnicos que permitam a *interconectividade universal*, bem como um trabalho de registo, de coordenação e de controlo central de um sistema de *endereços*.

O sistema de endereçamento concebido consiste em associar a cada computador o designado "endereço do Protocolo Internet": um número (*v.g.*, 128.127.236.214) que permite a identificação segura de um computador com base em determinadas indicações sobre a sua colocação física – esse número, único para toda a internet, desempenha uma função equiparável à dos vulgares números de telefone.

Embora os endereços do Protocolo Internet permitam a localização segura de uma máquina, não é fácil, nem *human-friendly,* memorizar os números que representam tais endereços. Por essa razão, foi estudado um processo de reconhecimento e de identificação mais imediato e mais fácil. Esse *outro* processo de endereçamento consiste em associar ao número do Protocolo Internet uma sequência de caracteres (endereço alfanumérico) que formam palavras ou frases.

O endereço alfanumérico (por ex., www.uc.pt) é conhecido por *domínio* ou *nome de domínio.* A conversão dos endereços do Protocolo Internet em endereços alfanuméricos (ou a operação inversa) é realizada pelo designado Sistema de Nomes de Domínio (*Domain Name System:* DNS): conhecendo o nome de domínio de um computador localizado em qualquer parte do mundo, qualquer outro computador ligado à internet está em condições de encontrar o endereço numérico correspondente àquele e de "dialogar" com ele.

Os domínios ou nomes de domínio são, pois, os "endereços da internet": o correio electrónico é enviado e as *webpáginas* são encontradas mediante o uso de nomes de domínio. Considerando a sua estrutura interna, os nomes de domínio estão divididos segundo uma hierarquia, que, na estrutura mais simples, dita a distinção entre os *domínios de topo* ("top-level domains" – TLD) e os *domínios de segundo nível* ("second level domains" – SLD). Os domínios de topo são formados pelas sequências de dois a cinco caracteres que se situam mais à direita, ou seja, no fim do nome de domínio ou endereço; por sua vez, os domínios de segundo nível situam-se imediatamente antes (à esquerda) dos domínios de topo: no endereço www.uc.pt,.pt é o domínio de topo e.uc é o domínio de segundo nível.

Quanto aos conteúdos, os domínios de segundo nível dão em regra uma indicação sobre uma certa pessoa, organização, produto, serviço ou evento.

Diferentemente, os domínios de topo podem fornecer indicações diferentes, consoante sejam *domínios de topo genéricos* ou *globais* (gTLD) ou *domínios de topo com código de país* ou *nacionais* (ccTLD).

Os *domínios de topo com código de país*, formados por códigos com dois caracteres (por ex.,.pt,.uk ou.es), fornecem uma indicação sobre o país ou território no qual um determinado computador está ligado à internet – como já vimos, na Europa, haverá brevemente um domínio de topo suplementar (a ser delegado como domínio de topo com código de país), com o código alfanumérico.eu [cfr. *Regulamento (CE) n.º 733/2002 do Parlamento Europeu e do Conselho de 22 de Abril de 2002, relativo à implementação do domínio de topo.eu*].

Os *domínios de topo genéricos* são formados por códigos de três a cinco caracteres que fornecem uma indicação sobre o tipo de entidade ou organização titular do endereço ou as funções a que ela se dedica: assim, o domínio.com é usado por empresas industriais e comerciais;.net, por entidades envolvidas com a internet;.org, por organizações sem fins lucrativos;.edu, por instituições de ensino;.gov, por organizações e departamentos governamentais;.int, por organizações internacionais (outros gTLD criados são:.aero,.biz,.publ,.info,.name).

controlo desse sistema corporizam aquilo que aqui vai etiquetar-se de gestão ou administração da internet.

Ao contrário dos que pensam que a internet é um espaço anárquico[378], regido necessariamente por normas ou *standards* técnicos formulados de forma descentralizada, de "baixo para cima" ("bottom-up"), intrinsecamente incontrolável – por se tratar de "um mundo virtual, separado do mundo real"[379], que ultrapassa os limites territoriais da soberania estadual –, ao contrário dos que assim pensam, deve ter-se presente que a internet só existe como um *sistema coerente de comunicação* na exacta medida em que seja submetida a uma g*overnação ou gestão centralizada* e *com uma eficácia global*.

Com efeito, os endereços do Protocolo Internet (representados por números) e os correspondentes nomes de domínio introduzem elementos que reclamam a centralização da gestão do Sistema de Nomes de Domínio, que assegure um *registo central e global* dos domínios. A existência de uma *autoridade central*, com *poderes globais*, é, assim, uma condição essencial para o funcionamento coerente e útil da internet[380].

A administração ou gestão da infra-estrutura da internet, no que concerne ao sistema comum de endereços, tem, pois, de fazer-se no contexto de um sistema ou *modelo de administração de tipo centralista*, que opere de "cima para baixo" (*top-down*) e que actue com autoridade e com funções de coordenação ao nível de todo o "continente virtual", em termos verdadeiramente globais. A internet constitui, repetimos, um "objecto" que reclama uma *governação autoritária, global* e *centralizada*.

Contudo, o modelo organizativo de administração da internet – que tem como ponto de partida um sistema central, em que uma autoridade tem de se ocupar da gestão global do sistema comum de endereços, e que, entre outras coisas, é a primeira responsável pela atribuição do

---

[378] Cfr. KÖNIG, *Ob. cit*, p. 482.

[379] Cfr. ROBINSON, "Regulating the internet", p. 1.

[380] Cada domínio identifica o endereço de um computador, pelo que, para que o sistema funcione e seja operativo, não podem existir em todo o ciberespaço dois computadores identificados pelo mesmo nome ou pelo mesmo número; cfr. RADIN/WAGNER, "The myth of private ordering. Rediscovering legal realism in cyberspace", p. 1298. E, acrescente-se, essa exigência de um sistema de gestão central vale naturalmente para toda a internet, não sendo, por ex., possível uma "gestão independente", baseada em critérios geográficos ou de outra ordem.

endereço que viabiliza "a existência de uma pessoa ou organização na internet" – consente, apesar de tudo, elementos representativos de uma ideia de *desconcentração*.

Assim se explica que o modelo organizativo de gestão da internet possa adoptar o figurino dos sistemas baseados num *princípio de hierarquia*, em que o topo de uma cadeia vertical de organismos é ocupado por uma autoridade central – que detém um poder primário e geral em toda a organização – e, depois, em que, por um maior ou menor número de degraus abaixo desse topo, se vão encaixando outros organismos, que actuam ao abrigo de *poderes delegados* pela autoridade central.

Como se verá, o sistema de *organização administrativa da internet* está exactamente baseado num modelo centralizado e hierárquico (com eficácia global), com algumas notas de desconcentração, que pode ser *geográfica* (organismos nacionais *delegados* que gerem os domínios de topo com código de país) ou *temática* (organismos *acreditados* que gerem um ou alguns domínios de topo genéricos).

b) "Governação sem Governo"?

Existindo um organismo central de gestão de toda a internet, uma verdadeira "autoridade constitucional do ciberespaço" (cfr. *infra*), que gere o DNS e que, de forma autoritária, atribui ou regista os nomes de domínio ou que define quais nomes podem ou não ser usados, uma questão essencial que se coloca é a de saber qual a *fonte* das funções e dos poderes de autoridade nele investidos.

Embora se revele óbvio que a internet – designadamente, o sistema central de registo de nomes de domínio – constitui um *bem*, um "bem público global"[381], que tem de ser gerido ou administrado, a verdade é que, por razões de vária ordem, a sua gestão não é *abertamente* assumida por um Governo ou por qualquer autoridade política, nacional ou internacional. Esta ideia explica a afirmação, tanta vezes feita, de que a internet representa um exemplo expressivo da "governance without government".

No início, as razões para o alheamento das autoridades políticas encontram-se em grande medida nas origens da própria internet e do controlo do Sistema de Nomes de Domínio: o DNS começou por ser desenvolvido por um grupo de voluntários que colaboravam entre si naquilo que então eram apenas experiências científicas, tudo no âmbito de uma fundação americana, a *National Science Foundation*.

---

[381] Cfr. KNILL, "Private governance", cit., p. 234.

Contudo, à medida que o crescimento da internet se ia verificando, a Administração americana foi assumindo uma espécie de "controlo de facto" do DNS[382], enquanto "paymaster" dos organismos que ia contratando[383]. Sem se envolver directamente na gestão do sistema, a Administração americana acabou por assumir o controlo dele e confiou por contrato a referida gestão a uma entidade externa (a Network Solutions, Inc.). O sistema vigorou nestes termos, isto é, no contexto de uma espécie de *gestão indirecta, sob a responsabilidade última da Administração americana*, no período que decorreu entre os anos de 1992 e 1997.

Em 1997, o Departamento do Comércio elaborou um plano (um "livro branco") em que anunciava a vontade do Governo de "get out" integralmente o *negócio* de gestão e de controlo do DNS. Estabelecia-se que a transferência deveria fazer-se a favor de uma *associação privada sem fins lucrativos*. Iniciava-se então a era, que ainda se vive, de *privatização da administração e gestão da internet* e a operação era "legitimada" ou, pelo menos, enquadrada pela "retórica" da moda, que explicava o fenómeno a partir das ideias de "governação consensual" e de "autoregulação". Ou seja, pressupunha este discurso que a soberania da internet se exerceria no contexto de uma espécie de *auto-administração*, em que as funções e poderes da autoridade central seriam "delegadas" pela comunidade da internet. Teríamos então, uma vez mais, uma "governação sem Governo".

Não obstante tudo isso, avolumam-se as dúvidas acerca do problema da adequação da ideia de uma governação da internet sem Governo. Senão veja-se: a *legitimação originária* da organização encarregada de operar todo o sistema de controlo da internet provém claramente de uma posição atribuída, por via contratual, pelo Departamento do Comércio da Administração norte-americana; assim, a organização existe porque a sua criação foi induzida, ou reclamada, pelo Governo americano; além disso, e ainda que não se queira reconhecê-lo, ela actua "under the direction" do mesmo Governo.

Parece pois que, embora "mascarada" por uma rede de conceitos que remete para uma espécie de "legitimação democrática autónoma" (conferida pela comunidade de interessados), toda a autoridade da organização de controlo da internet resulta, no fim de contas, de ter sido

---

[382] Cfr. FULLER, "ICANN: the debate over governing internet", p. 2.
[383] Cfr. FROOMKIN, "Wrong turn", cit., p. 22.

investida no controlo do DNS pelo Governo americano. A ser assim e a confirmar-se que esse Governo mantém ainda a titularidade originária do "policy control over the root", tendo apenas cedido por via contratual o *management* do sistema e tendo-o feito a uma entidade que actua sob sua direcção, não pode então dizer-se que a governação da internet é "sem Governo". De resto, essa conclusão não causa verdadeira surpresa, posto que, constituindo a internet uma "american thing", seria até estranho que a sua gestão se tivesse transformado numa coisa diferente.

Tudo o que acaba de dizer-se explica, por ex., que, apesar da *privatização do controlo do DNS* – que, bem vistas as coisas, não se trata senão de uma *privatização da gestão* –, tenha sido submetido à apreciação do Congresso americano um projecto de lei a "impor à ICANN" a criação de um novo domínio de topo, delimitando uma zona da internet específica para crianças (.kids). Nenhum outro legislador nacional, nem tão-pouco a União Europeia, teriam "legitimidade" para impor à ICANN a adopção de uma conduta determinada.

Em conclusão, podemos dizer que, ao contrário do que seria de esperar quando se pensa que a internet é uma *plataforma global*, o poder da Administração da internet provém na realidade do Governo americano. Pelo menos até agora, parece não se ter alcançado o desejo de alguns de ver a internet regulada por um sistema de "bottom-up regulation", isto é, por uma gestão legitimada e ordenada por regras engendradas no seio da própria comunidade internet.

c) ICANN: autoridade constitucional do ciberespaço

Como dissemos, a organização encarregada do controlo do DNS pode ser considerada, sem grande exagero, uma espécie de "autoridade constitucional do ciberespaço"[384]: essa autoridade é, desde 1998, a ICANN.

aa) Criação e funções

A ICANN é uma associação privada sem fins lucrativos, instituída em 1998, segundo a lei americana, no Estado da Califórnia; dos estatutos consta que os seus fins se reconduzem à prossecução dos "objectivos públicos de diminuição dos encargos do governo, bem como de realização

---

[384] Cfr. NETANEL, "Cyberspace self-governance: a skeptical view from liberal democratic theory", p. 484.

do interesse público global na estabilidade operacional da internet"; a criação da ICANN com os referidos objectivos é tida por alguns como o "momento constitucional do ciberespaço"[385].

A ICANN entende-se a si mesma como *representante da comunidade da internet*, sendo os seus dirigentes designados por um sistema complexo que procura dar adequada representação aos vários grupos de interesse (dos seus dezanove membros, nove são indicados por três *organizações de apoio* e cinco são eleitos pelos utilizadores da internet, em votação global *online*), assim como aos Governos nacionais, que podem participar num órgão consultivo da ICANN, o *Governmental Advisory Committee* (GAC).

É muito nítido o propósito da ICANN de enquadrar a sua actuação no contexto dos vários canais de legitimação democrática substantiva, quer pela via do direito procedimental administrativo (com a adopção de procedimentos previstos no *Administrative Procedure Act*), quer através das técnicas de representação ou da adopção de modelos e processos "consensus-based". Sem embargo desses esforços, não são poucas, nem de pequena monta, as críticas de que a organização tem sido alvo, sendo acusada de secretismo, de favoritismo, de falta de representatividade e de défice de *accountability* e de democraticidade[386]. De um ponto de vista europeu, não americano, acresce àquelas a crítica que resulta de a ICANN constituir, afinal, uma organização "called to exist" pelo Governo americano e gerir um "bem global" sob a direcção daquele Governo[387].

Mas, independentemente dos méritos ou deméritos que mereça a sua acção e o modo como a organização está legitimada, todos concordam em sublinhar a natureza *única* e o carácter *sui generis* da ICANN. Na verdade, a ICANN, uma associação *americana*, de *direito privado*, acabou por assumir, de direito, o *controlo global do DNS*; ora, como diz Froomkin, "control over the DNS confers substantial power over the Internet"[388].

---

[385] Cfr. POST, "Governing cyberspace, or where is James Madison when we need him?", p. 2.

[386] Cfr. ZITTRAIN, "ICANN: between the public and the private comments before Congress", p. 8 e ss, FROOMKIN, "Wrong turn", p. 93 e ss, WEINBERG, Ob. cit., p. 212 e ss, e FULLER, Ob. cit., p. 5 e ss.

[387] Cfr. MUELLER, "Icann and internet governance", p. 498.

[388] Cfr. FROOMKIN, "Wrong turn", cit., p. 21.

No que concerne às funções de que a ICANN está investida, temos, de entre as mais relevantes, as seguintes: *i)* coordenação dos parâmetros técnicos que permitam manter a conectividade universal da internet; *ii)* decisões sobre a criação de domínios de topo genéricos (gTLD) e delegação de domínios de topo com código de país (ccTLD); *iii)* acreditação de organismos com funções de registo de nomes de domínio genéricos; *iv)* gestão de um sistema de resolução extrajudicial de conflitos sobre nomes de domínio.

bb) Débil legitimação da ICANN: uma autoridade investida de poderes globais pelo Governo norte-americano

Já acima se fez referência à circunstância de a ICANN acusar um défice de legitimação democrática[389], défice que existe, aliás, num duplo sentido.

Por um lado, é a própria doutrina norte-americana que destaca a debilidade do quadro legitimador da acção da ICANN. Trata-se, a esse nível, de uma questão de direito interno, criticando-se nesse contexto o facto de a transferência do poder de controlo do DNS para a ICANN se ter verificado sem autorização legislativa do Congresso, bem como a circunstância de a organização ter adoptado uma posição que está bem mais próxima de uma agência da Administração do que de uma instância privada de auto-regulação. Ora, nesse sentido e uma vez que se entende existir um princípio de *proibição de delegação de funções públicas em entidades privadas* que não ofereçam garantias suficientes de *accountability* e de actuação segundo os "processos devidos" ("nondelegation doctrine"), a "delegação" do controlo do DNS na ICANN vem-se considerando ilegal e inconstitucional à face do direito interno norte-americano.

Se a actuação da ICANN coloca problemas no direito interno, de um ponto de vista não americano a sua legitimação como autoridade constitucional da internet é ainda mais débil.

A ICANN não é uma organização internacional, não foi instituída ao abrigo de um tratado internacional, mas por via de um acto isolado de um Governo. Por isso mesmo e como tem sido assinalado, pensando no plano da regulação de assuntos internacionais, a ICANN desenha uma forma de *unilateralismo indirecto*[390]. Mas, note-se bem, a ICANN posi-

---

[389] Cfr. DEDERER, Ob. cit., p. 562.
[390] Cfr. MAYER, "Europe", cit., p. 18, GOLDSMITH, "Unilateral regulation of the internet: a modest defence", p. 135 e ss; BENKLER, "Internet regulation: a case study in the problem of unilateralism", p. 171 e ss.

ciona-se como *autoridade do ciberespaço* sem apresentar uma investidura válida para esse efeito: o contrato que a ICANN celebrou com o Governo americano para a operação do DNS não é de modo algum suficiente, posto que, como é por todos reconhecido, esse Governo não dispunha de uma *autoridade global* sobre aquele Sistema que pudesse delegar em terceiros.

Sem embargo dos óbvios défices que inquinam a sua legitimação e descontando também os poderes que o Governo americano detém sobre ela, a ICANN apresenta-se, *de facto*, como a autoridade constitucional da internet. Trata-se, portanto, da instância que se posiciona no topo da pirâmide da administração da infra-estrutura da internet. As funções e os poderes de toda a "administração desconcentrada" da internet provêm da ICANN, o verdadeiro *centro universal de gestão da internet*.

d) Natureza das funções desempenhadas pela ICANN
Muito do que se disse até aqui vai baseado na premissa de que a ICANN exerce uma *função pública*, actuando com *poderes de autoridade*: só assim se explica que juspublicitas americanos, como Froomkin e outros, invoquem a "nondelegation doctrine" para contestarem a delegação de poderes regulatórios na ICANN, considerada uma "private delegation", ou seja, uma delegação de funções e poderes públicos num organismo de direito privado.

E, na verdade, não é preciso muito engenho para se perceber que a actuação regulatória da ICANN está longe de poder explicar-se através do léxico do "consenso", da "autoridade consentida pelos administrados" ou da "auto-regulação pela comunidade da internet" (*self-ordering*). Como está demonstrado, a ICANN não foi investida nos poderes que detém pela comunidade da internet, mas sim pelo Governo americano. O seu modelo de actuação é hierárquico, vertical (*top-down*) e baseia-se no "command-and-control". Ainda que as relações que se estabelecem entre ela e o seu "público" sejam formalmente enquadradas por contratos, trata-se de relações jurídicas em que uma das partes – a ICANN ou os organismos desconcentrados – detém o poder de decidir sobre o interesse que uma pessoa manifesta de aceder a um *bem público global* ou, como dizem alguns, o poder de decidir sobre a *pretensão que alguém manifesta de existir na internet*.

Determinante para qualificar como públicas as funções da ICANN é, além da inequívoca nota autoritária que as caracteriza, a circunstância de elas lhe terem sido conferidas pela Administração americana, que as assumia como suas.

A esse propósito e para marcar agora o relevo jurídico dessas funções, acrescente-se ainda que se assume como falso o juízo de que a ICANN se encontra incumbida de uma tarefa de cariz apenas técnico (*standard-setting*), sem contornos ou recortes políticos ou regulatórios. Ora, sobre isso, vale a pena dizer que decisões sobre o *se* e o *quando* da criação de novos domínios de topo, sobre a acreditação de organismos de registo, sobre a fixação dos modelos de acção desses organismos, sobre a implementação de procedimentos de resolução de litígios ou sobre as medidas para evitar o "cybersquatting" são seguramente decisões que "in essential respects a policy issue, not a technical one" e que, além do mais, dizem respeito a direitos e a deveres dos utilizadores da internet[391].

Na execução das funções nela investidas, a ICANN comporta-se como um agente ou actor de *policymaking*, actuando portanto numa *esfera pública internacional*. A administração ou gestão da internet reveste a natureza de uma *tarefa pública (internacional)* de natureza administrativa; na execução dessa tarefa, a ICANN deve, para todos os efeitos, considerar-se uma entidade com funções públicas.

Constituindo a ICANN uma associação norte-americana, que se rege pelo direito americano, poderá dizer-se, de um ponto de vista europeu, que é pouco mais do que teórico o interesse em qualificar a natureza jurídica das tarefas de que ela se ocupa. Não é contudo assim: importa saber se a natureza das incumbências da ICANN se *comunica* aos organismos que, de forma desconcentrada, as executam. Por outro lado e ainda mais decisivo, há que ter em conta um *componente de política nacional* na gestão dos domínios de topo com código de país (componente que nos leva aliás a falar de uma *gestão nacional da infra-estrutura da internet*).

e) Delegação da gestão de domínios
Falámos já na existência de uma *administração desconcentrada da internet*. Ora, esse nível de gestão da infra-estrutura é ocupado por duas espécies de personagens: os organismos de registo dos nomes de domínio genéricos e os gestores nacionais de nomes de domínio com código de país.

Os primeiros representam um sistema de *desconcentração temática*: a ICANN, como autoridade suprema, detentora do monopólio de criação

---

[391] Cfr. WEINBERG, Ob. cit., p. 216, FROOMKIN, "Wrong turn", cit., p. 96; FULLER, Ob. cit., p. 3.

de domínios de topo genéricos, procede (só ela) à chamada *acreditação* dos organismos competentes para o *registo* dos endereços de internet que contenham domínios de topo genéricos (.net,.com ou.org). Apenas os organismos acreditados pela ICANN podem realizar tais registos.

Os segundos, que actuam num sistema de *desconcentração geográfica*, são os responsáveis nacionais pela gestão de um nome de domínio com código de país. Têm, no país em que operam, o exclusivo de atribuir ou de registar nomes de domínio cujo domínio de topo faça uma referência ao país (ou território) em que residem ou estão localizados os negócios dos utilizadores. O domínio de topo com código de país é, também ele, estabelecido pela ICANN – num procedimento em que se analisa a legitimidade do requerente, tendo sobretudo em conta a salvaguarda dos interesses e das políticas das autoridades e o Governo do país – e, depois, *delegado* num gestor nacional. Entre a ICANN e o gestor estabelece-se uma relação jurídica (de delegação) marcada por uma certa subordinação do segundo, que fica obrigado a observar "directivas" e "instruções" da primeira em tudo o que respeita ao registo de nomes de domínio e que pode inclusivamente ser "punido" com a revogação da delegação.

Em Portugal, a gestão do domínio de topo.pt cabe à FCCN, *Fundação para a Computação Científica Nacional*[392].

8. Exercício privado de poderes públicos de autoridade no direito português

8.1. *Referências na doutrina*

O tema do exercício de poderes públicos por entidades privadas não é naturalmente desconhecido em Portugal. Como veremos mais em pormenor, a legislação nacional tem, aliás, proporcionado boas razões para o estudo do fenómeno, já que, em termos europeus, era, até há pouco tempo, a única a prever a impugnação na jurisdição administrativa de actos e de regulamentos de entidades privadas. Além disso, mais recente-

---

[392] Cfr., *infra*, Parte III, Cap. I.

mente, a ordem jurídica portuguesa passou a conter, na CRP, uma referência expressa ao exercício de poderes públicos por entidades privadas.
Apesar de tudo isso e se exceptuarmos algumas obras mais recentes que,
com assinalável desenvolvimento, analisam o tema, não existem no
direito português estudos que proporcionem uma visão de conjunto do
fenómeno. Mas, importa notá-lo, a ausência de um estudo global e sistemático que contacte todas as dimensões e implicações que a figura comporta significa apenas isso, já que, se considerarmos isoladamente alguns
temas com esta relacionados – por ex., a questão do *acto administrativo
praticado por entidades privadas* –, não pode deixar de se sublinhar a
existência de alguns contributos muito valiosos no panorama da doutrina
jurídica nacional.

Como em tantas outras matérias, devem-se ao Prof. Marcello Caetano referências fundamentais ao exercício de poderes de autoridade por
pessoas colectivas de direito privado: no *Tratado Elementar de Direito
Administrativo* (1944), o Autor não se limitava a dar notícia de que, por
ex., as sociedades de interesse colectivo podiam ser sujeitos de relações
jurídicas em posição de autoridade, na medida em que para elas fossem
"transferidas temporàriamente *por concessão* os poderes de uma pessoa
colectiva de direito público" ou de que "também um simples indivíduo
pode ser concessionário" (pp. 126 e 137). Ao mesmo tempo, Marcello
Caetano sugeria que a prática de actos executórios e o exercício de
poderes de autoridade por privados deveriam ser explicados pelo instituto da *representação*: "as pessoas colectivas de direito privado exercem
poderes de autoridade quando concessionárias e, portanto, *em nome
alheio*, isto é, representando a pessoa pública concedente e por delegação
dela"; no mesmo sentido, afirmava que as empresas singulares concessionárias da Administração constituem casos em que o "indivíduo-concessionário representa a Administração nas suas relações com o público e na
medida em que exerce os poderes concedidos" (p. 156).

Em 1947, no *Manual de Direito Administrativo*, o exercício de
poderes públicos por entidades de direito privado surgia a propósito das
designadas "pessoas colectivas de direito privado e regime administrativo", conceito que incluía os *organismos corporativos facultativos*, as
pessoas colectivas de utilidade pública administrativa (sucessoras das
antigas corporações administrativas) e as *sociedades de interesse colectivo*.
Quanto às pessoas colectivas de utilidade pública administrativa – reguladas no Código Administrativo e consideradas parte integrante da

Administração pela Constituição de 1933 –, referia-se Marcello Caetano à *sujeição ao contencioso administrativo* das decisões e deliberações ilegais dos seus órgãos. Por sua vez, as sociedades de interesse colectivo, para as quais a Constituição de 1933 previa um "regime especial, no tocante aos seus direitos e deveres", abrangiam essencialmente sociedades concessionárias de serviços públicos ou da exploração de bens do domínio público. Segundo o Autor, essas duas categorias de pessoas privadas de regime administrativo poderiam beneficiar da outorga de poderes de autoridade[393], o que seria de admitir com base numa "concessão feita pela lei ou nos termos da lei, só e na medida em que o respectivo exercício [fosse] necessário para a prossecução dos interesses administrativos confiados"[394]. No *Manual*, Marcello Caetano parece abandonar a concepção segundo a qual o concessionário de poderes de autoridade é representante da Administração Pública, passando a entender que a empresa concessionária é uma pessoa jurídica dotada dos seus próprios órgãos, que se integra na Administração como entidade autónoma, segundo um processo de descentralização. Por só admitir órgãos nas pessoas colectivas, recusa considerar a empresa concessionária órgão da entidade concedente, assim se afastando da tese de Zanobini, que, nessa parte, tinha sido entretanto defendida no direito português por Marques Guedes. Porém, admitia que "um órgão da empresa concessionária, se receber a *delegação* de certos poderes do concedente para a prática de actos administrativos definitivos e executórios (que sejam, portanto, considerados actos da jurisdição do delegante) poderá então ser considerado órgão indirecto", acrescentando, no entanto, que tal situação "será raríssimo acontecer"[395].

Das linhas que o eminente administrativista dedicou ao exercício de poderes públicos por entidades privadas resulta: *a)* não contesta o fenómeno, referindo-se-lhe aliás como uma realidade em expansão; *b)* analisa-o

---

[393] Como observa Vital MOREIRA, *Administração Autónoma,* cit., p. 553, nenhuma referência equivalente era feita em relação aos organismos corporativos facultativos.

[394] Cfr. Marcello CAETANO, *Manual de Direito Administrativo* (1984), p. 195.

[395] Cfr. Marcello CAETANO, *Manual,* cit., p. 1101. Segundo o Autor são órgãos *directos* ou *imediatos* os instituídos pela lei ou pelos estatutos, recebendo destas normas constitucionais os poderes que lhes permitem exprimir a vontade imputável à pessoa colectiva; são *indirectos* ou *mediatos* os órgãos que recebem esses poderes mediante delegação dos órgãos directos, operada por acto concreto ou por regulamento autorizado por lei (*ibidem,* p. 206).

sobretudo a propósito da prática de actos administrativos; *c*) identifica as pessoas colectivas de utilidade pública administrativa e as empresas concessionárias como entidades privadas que praticam actos administrativos, ambas incluídas no conceito de pessoas colectivas de direito privado e regime administrativo; *d*) propõe uma explicação em termos organizativos restrita aos actos praticados por empresas concessionárias, primeiro, através do instituto da *representação*, qualificando-as como representantes da Administração, e, numa fase posterior, considerando os órgãos dessas empresas órgãos indirectos da pessoa colectiva pública a que pertence o órgão que efectuou a delegação de poderes de autoridade.

Na dissertação de doutoramento dedicada ao estudo da concessão, Marques Guedes considerava o concessionário a pessoa que, por sua conta e em seu nome, exerce, como *órgão indirecto, impróprio ou auxiliar* uma actividade própria (que pode incluir o exercício de poderes de autoridade) da entidade concedente. Ao contrário de Zanobini, que fez assentar aquele instituto na distinção entre, por um lado, titularidade e exercício de funções públicas, e, por outro, entre pessoas públicas e pessoas privadas, Marques Guedes recusa a ideia de que o concessionário seja mero detentor do *exercício* de poderes e deveres públicos, uma vez que, como órgão impróprio da pessoa colectiva, ele os exerce, nas relações com terceiros, como poderes e deveres na sua titularidade[396]; além disso, rejeita considerar que o concessionário realiza um exercício *privado*, pois, embora de origem e estrutura privada, ele é, enquanto titular de poderes e deveres de natureza pública, uma pessoa de direito público[397].

Embora sem tratar directamente o tema do exercício de poderes públicos por entidades privadas – aliás, segundo a sua concepção, essa possibilidade não existe, uma vez que o exercício de poderes públicos implica imediatamente a personalidade pública –, Marques Guedes propõe um original enquadramento da empresa privada concessionária na estrutura administrativa.

Num estudo de 1958, Nunes Barata analisou o fenómeno da devolução de poderes independentemente da natureza jurídica do beneficiário, pois, nas suas palavras, "há casos em que se opera a devolução e os entes

---

[396] Embora esses poderes pertençam à pessoa colectiva de que o concessionário é órgão, nas relações com terceiros ele exerce-os como sendo seus; cfr. Marques GUEDES, *A Concessão*, p. 146.

[397] Cfr. Marques GUEDES, *ibidem, passim*, pp. 138 e 147.

são pacìficamente considerados particulares"[398]. Assim, verificou o Autor que entes de natureza privada – empresas concessionárias, pessoas colectivas de utilidade pública administrativa (*v.g.*, misericórdias) e organismos corporativos facultativos (Grémio da Lavoura) – estavam investidos de *ius imperii* (poder regulamentar e a competência para a prática de actos administrativos definitivos e executórios), bem como de poderes certificativos. O aparelho administrativo português não poderia portanto ser descrito sem uma referência a essas categorias de sujeitos de direito privado, que, segundo Nunes Barata, ficavam abrangidos por um regime jurídico-administrativo semelhante ao que era aplicado às entidades de direito público.

Mais próximo dos nossos dias, Mário Esteves de Oliveira chamou a atenção para uma das principais implicações do fenómeno do exercício de poderes públicos por entidades privadas: a necessidade de revisão do conceito de acto administrativo na parte em que é exigida a sua imputação a um órgão da Administração Pública[399]. Advogou o alargamento do conceito, de modo a nele caberem, desde logo, os actos de entes privados que a lei apresentava já como actos administrativos (na altura, actos dos concessionários de exploração de serviços e de obras públicas e das pessoas colectivas de utilidade pública administrativa) – que por isso seriam verdadeiros actos administrativos, "inclusivamente do ponto de vista subjectivo ou orgânico". Além desses, incluía os actos de entes privados aos quais a lei atribui a responsabilidade pela gestão de um interesse público e confere prerrogativas de autoridade.

Segundo Esteves de Oliveira, decisivo para delimitar o conceito de acto administrativo seria "o facto de haver entes privados a quem a lei cometeu, em exclusivo ou em colaboração com a Administração, a prossecução de atribuições ou interesses explicitamente reconhecidos como públicos e de os ter dotado de prerrogativas de autoridade que lhes permitem actuar executoriamente no confronto de terceiros, quando está em causa a realização dos referidos interesses".

---

[398] Cfr. J. F. Nunes BARATA, "A devolução de poderes às instituições autónomas não territoriais", p. 73.

[399] Cfr. Mário Esteves de OLIVEIRA, *Direito Administrativo*, I, p. 382 e ss, e "Reflexão sobre o conceito de acto administrativo: apontamentos para o estudo do regime jurídico substantivo e contencioso dos actos materialmente administrativos praticados por órgãos políticos, parlamentares e jurisdicionais e por entes privados", p. 285 e ss.

Para além de, no contexto das designadas *pessoas colectivas de direito privado e regime administrativo*, se referir ao facto de as concessionárias de serviços públicos receberem temporariamente a capacidade de gozo de poderes de autoridade (incluindo a prática de actos administrativos definitivos e executórios), também Sérvulo Correia[400] salienta, a propósito do respectivo elemento subjectivo ou orgânico, que o acto administrativo não tem de ser obrigatoriamente praticado por um órgão de uma pessoa colectiva pública; na linha de Marcello Caetano, entende que a "Administração Pública é também integrada por pessoas colectivas de direito privado e regime administrativo", às quais, em certos termos, a lei reconhece a possibilidade da prática de actos administrativos[401].

Na parte dedicada às instituições particulares de interesse público, no I volume do seu *Curso de Direito Administrativo*, Diogo Freitas do Amaral entende existir um *exercício privado de funções públicas* nas situações em que a Administração, não podendo arcar com todas as tarefas que tem de desenvolver em prol da colectividade, faz apelo aos capitais particulares e encarrega empresas privadas de desempenharem uma função administrativa: eis o que se passa, exemplifica o Autor, com as *concessões de serviços ou de obras públicas*[402]. Em geral, as empresas concessionárias, enquanto sociedades de interesse colectivo, podem beneficiar de *prerrogativas* e de *privilégios* (isenções fiscais, direito de requerer a expropriação por utilidade pública, beneficiar do regime das empreitadas de obras públicas) e podem praticar actos administrativos, impugnáveis perante os tribunais administrativos. O mesmo pode verificar-se com outras sociedades de interesse colectivo.

Segundo o Autor, outra manifestação do exercício privado de funções públicas pode encontrar-se nas entidades criadas por iniciativa particular que vêm suprir uma omissão ou lacuna dos poderes públicos: é o que se verifica com as pessoas colectivas de utilidade pública administrativa, que são pessoas de direito privado.

No II volume do *Curso*, a propósito do conceito de acto administrativo, Freitas do Amaral explica que as referidas pessoas colectivas privadas (pessoas colectivas de utilidade pública e sociedades de interesse

---

[400] Cfr. J.M. Sérvulo CORREIA, *Noções de Direito Administrativo*, p. 160.
[401] Cfr. J.M. Sérvulo CORREIA, *ibidem*, p. 297.
[402] Cfr. Diogo Freitas do AMARAL *Curso*, I, cit., p. 550.

colectivo) podem receber da lei competência para a prática de actos administrativos que, por força dessa sua natureza, são sujeitos a impugnação contenciosa junto dos tribunais administrativos, bem como ao regime procedimental e substantivo delineado no CPA[403].

Adoptando uma sistematização muito semelhante à de Freitas do Amaral, também Marcelo Rebelo de Sousa se refere, nas suas *Lições*[404], ao exercício de poderes públicos por duas categorias de instituições particulares de interesse público. Por um lado, as *pessoas colectivas de utilidade pública administrativa*, que ocupam um lugar de destaque por estarem mais integradas na Administração Pública, substituindo entidades públicas; para o Autor, o regime jurídico-administrativo a que estão sujeitas envolve, nomeadamente, o poder regulamentar, o poder de praticar actos administrativos e de celebrar contratos administrativos. Por outro lado, de entre as sociedades de interesse colectivo, as *empresas concessionárias*, detentoras de "traços jus-administrativos" mais marcados, embora sejam pessoas colectivas privadas e não órgãos indirectos da Administração, "podem praticar regulamentos e actos administrativos", estando submetidas, "nessa medida e para esses actos", ao regime constante do Código do Procedimento Administrativo e sujeitas à fiscalização dos tribunais administrativos. Umas e outras estão inseridas na Administração Pública, uma vez que, segundo Marcelo Rebelo de Sousa, o critério que serve para definir a Administração Pública é o do exercício da função administrativa do Estado-colectividade.

Por fim, em duas dissertações de doutoramento da segunda metade dos anos 90 do século XX, o exercício de funções públicas e de poderes públicos por entidades privadas foi objecto de um estudo mais desenvolvido do que em qualquer outra obra do direito português.

Em primeiro lugar, a dissertação de Paulo Otero[405], obra em que o Autor, referindo-se *em geral* ao "exercício privado de funções públicas", viria a tecer um conjunto de considerações que vale também para o exercício privado de poderes públicos.

De interesse óbvio para o nosso tema são as pistas que Paulo Otero deixa sobre o enquadramento jurídico-constitucional do fenómeno (antes da revisão constitucional de 1997): neste particular, são importantes as

---

[403] Cfr. Diogo Freitas do AMARAL, *Curso* II, cit., p. 217.
[404] Cfr. Marcelo Rebelo de SOUSA, *Lições de Direito Administrativo*, p. 404 e ss.
[405] Cfr. Paulo OTERO, *O Poder de Substituição*, cit., p. 45 e ss.

referências ao exercício privado de funções públicas como uma manifestação do *princípio da subsidiariedade da organização administrativa* e do *princípio da participação dos particulares na gestão da estrutura da Administração*.

Segundo o Autor, o exercício privado de funções públicas (administrativas) não deve ser confundido com determinadas figuras próximas (cumprimento de deveres gerais dos cidadãos, deveres de colaboração cívica, actividades privadas sujeitos a controlo administrativo, associações públicas de entidades privadas, actividades privadas reconhecidas de interesse público ou de utilidade pública e partidos políticos). Quanto ao elenco das manifestações do fenómeno, que, repetimos, não é limitado ao exercício de poderes públicos, apresenta quatro grupos: *a)* funções públicas *transferidas por concessão* (de serviços, de empresas, de obras públicas e de exploração de bens do domínio público); *b)* funções públicas que constituem o *objecto normal ou exclusivo de uma profissão ou actividade* desenvolvida por entidades privadas (notários, associações de bolsa, sociedades corretoras e sociedades financeiras de corretagem, pessoas colectivas de utilidade pública administrativa); *c)* funções públicas *acessoriamente* confiadas a entidades privadas (comandantes de navio ou aeronave, médicos no exercício da actividade liberal, o substituto tributário); *d)* funções públicas *ocasionalmente* atribuídas a entidades privadas em razão do seu especial posicionamento circunstancial (detenção de agentes de crimes em situação de flagrante delito, propositura de uma acção popular supletiva, funcionário de facto).

Por fim, Vital Moreira, no tomo da sua dissertação de doutoramento dedicado às associações públicas, confere atenção especial à *administração por particulares, administração concessionada* ou *exercício privado de tarefas administrativas*[406], figura que comporta uma extensão simultaneamente maior e menor do que o fenómeno do exercício de poderes públicos por entidades privadas, pois inclui *todas* as manifestações de desempenho de tarefas administrativas por particulares, mas exclui as entidades formalmente privadas.

Partindo do princípio de que o formato institucional da administração autónoma não exige sempre um suporte organizativo de direito público (*associação pública* ou outro), entende Vital Moreira que a lei

---

[406] Cfr. Vital MOREIRA, *Administração Autónoma,* cit, especial., pp. 287 e ss, e 541 e ss.

pode confiar tarefas administrativas respeitantes a determinada colectividade a associações privadas. Será esse um caso de *exercício privado de tarefas administrativas*, fenómeno que contudo não ocorre apenas no domínio da administração autónoma. O exercício de funções administrativas por entidades privadas só é um caso de administração autónoma quando se trate de organismos associativos ou em geral representativos de certos agrupamentos ou colectividades (que por aí se auto-administram) que executam funções públicas a título próprio e sob responsabilidade própria.

Em geral, a administração por particulares, como expressão de administração autónoma ou não, não deve ser confundida, por um lado, com o exercício privado de "actividades de interesse público" (por não estar em causa uma tarefa estadual), nem, por outro, como o fenómeno da administração exercida por "entidades privadas administrativas" (que não são entidades natural ou genuinamente privadas).

Igualmente decisivas são as considerações de Vital Moreira sobre as origens do exercício privado de tarefas administrativas, distinguindo, quanto a isso, três possibilidades: *a*) a privatização do exercício de funções administrativas anteriormente confiadas às autoridades administrativas; *b*) a administrativização material de funções anteriormente confiadas à auto-regulação privada; *c*) a criação de tarefas administrativas e a sua simultânea atribuição a entidades privadas.

Conclui que a administração por particulares tanto pode ser expressão de "privatização" e de "desestadualização", como, ao invés, de "ampliação da esfera administrativa" e de "publicização" de espaços anteriormente livres do Estado.

No que respeita à legitimidade constitucional da figura, para além da referência ao artigo 267.º/6 da CRP e à "ausência de uma estrita regra de reserva do exercício de tarefas administrativas para a Administração do Estado e demais entidades públicas", o Autor chama a atenção para a circunstância de o princípio geral residir na ideia de que "só as pessoas colectivas públicas podem ser titulares de poderes administrativos". Assim, o exercício privado de tarefas administrativas deve representar uma "situação excepcional ou pelo menos quantitativamente menor no contexto global da administração pública".

Quanto ao regime jurídico aplicável, entende que a concessão de tarefas administrativas só pode ocorrer por efeito da lei ou por regulamento ou acto administrativo com base na lei; da concessão podem ser beneficiárias tanto pessoas físicas como quaisquer pessoas colectivas, que ficam obrigadas a exercer os poderes que lhes são concedidos, assim como ficam sujeitas a um "regime jurídico dualista", caindo sob a alçada do direito público os actos unilaterais individuais, os actos regulamentares, as sanções, as taxas parafiscais ou a admissão de membros, assim como o regime da responsabilidade civil pelos actos de autoridade que praticam.

Tendo presente o objecto da sua dissertação, compreende-se que o elenco que Vital Moreira apresenta de entidades privadas às quais a lei confia o exercício de funções administrativas se refira aos casos em que a figura é, para o Autor, uma expressão de administração autónoma: federações desportivas, casas do povo, câmaras de comércio e indústria, associações de bolsa, comissões vitivinícolas regionais e organismos profissionais no domínio agrícola[407].

Por causa do valor doutrinário que encerram, importa ainda fazer uma referência a dois Pareceres do Corpo Consultivo da PGR emitidos a propósito das tarefas exercidas pelas *federações desportivas*. No Parecer n.º 114/85, depois de qualificar as federações desportivas como pessoas colectivas de direito privado, a PGR conclui que os actos unilaterais por elas praticados no cumprimento de uma missão de serviço público e no exercício de prerrogativas de autoridade pública assumem a natureza de actos administrativos, devendo ser impugnados nos termos do artigo 51.º/1,*c)*, do ETAF/1984, isto é, como actos praticados por pessoas colectivas de utilidade pública administrativa. No Parecer n.º 101/88, retoma a conclusão do primeiro, acrescentando porém algo de importante sobre o enquadramento das federações na estrutura da Administração pública, na medida em que considerou expressamente que elas se inserem na "área da administração autónoma".

---

[407] O quadro de referências da doutrina portuguesa ao exercício privado de funções e de poderes públicos apresentado no texto não abrange todas as obras que, de forma mais ou menos desenvolvida, contêm expressas alusões à figura – desse quadro também fazem parte a *Constituição da República Portuguesa Anotada*, de J.J. Gomes CANOTI-LHO e Vital MOREIRA (a figura aparece ali referida a propósito do "exercício de poderes públicos" pelas escolas do ensino particular: p. 371; além disso, devem referir-se as alusões à *delegação de poderes regulamentares públicos* em entidades privadas: pp. 516, 985 e 989), e o *Código do Procedimento Administrativo Comentado* de Esteves de OLIVEIRA/Pedro GONÇALVES/ Pacheco de AMORIM (são de salientar aqui os contributos para a interpretação do conceito de "*actos* praticados por *entidades concessionárias*", utilizado no artigo 2.º/3 do CPA – p. 71 e ss –, assim como do conceito de "órgãos da Administração", que o mesmo CPA usa para definir acto administrativo; p. 558).

8.2. *Referências na jurisprudência*

O exercício de poderes públicos administrativos por entidades privadas encontra referências na jurisprudência portuguesa quer do Tribunal Constitucional quer dos tribunais administrativos. Nas alíneas que se seguem deixamos algumas notas genéricas a dar conta dessas referências.

a) Tribunal Constitucional
Na jurisprudência do Tribunal Constitucional são de destacar, em primeiro lugar, as decisões que se pronunciam no sentido da admissibilidade do controlo das *normas jurídicas editadas por entidades de direito privado*, quando se trate de normas emitidas no exercício de um *poder normativo público*. Baseando-se numa distinção entre "normas provenientes da autonomia privada" e "normas provenientes de um poder público normativo", o Tribunal declinou a sua competência para apreciar, por ex., normas estatutárias e regulamentares da Federação Portuguesa de Futebol, não por estarem em causa normas editadas por uma pessoa colectiva de direito privado – até porque "importa ter em atenção a possibilidade da *atribuição de poderes ou funções públicas a entidades privadas*", sendo certo que essa devolução de poderes públicos pode incluir a outorga de faculdades normativas, "*e, então, as correspondentes normas serão normas «públicas», porque justamente produzidas no exercício desse poder público devolvido ou delegado no ente privado*" –, mas pelo facto de se tratar de actos normativos emitidos na esfera privada (AcTC n.º 472/89). De resto, mais tarde, o mesmo Tribunal viria a considerar-se competente para conhecer de um pedido de declaração de inconstitucionalidade de uma norma do Regulamento Disciplinar da mesma Federação Portuguesa de Futebol, por entender que, ao abrigo da nova legislação reguladora das federações desportivas, aquele Regulamento era proveniente de um "poder normativo público", já que se revelava inequívoca a existência de um acto de poder público a operar directa e iniludivelmente uma devolução de competência normativa pública àquela entidade privada – AcTC n. 730/95[408].

---

[408] Noutras decisões, o Tribunal Constitucional referiu-se à edição de *normas jurídicas públicas* por entidades privadas investidas de poderes públicos, *v.g.*, para negar tal natureza às normas inseridas em convenções colectivas de trabalho (entre outros, cfr. AcTC n.º 172/93).

Por outro lado, importa referir um grupo de decisões do mesmo Tribunal a propósito da passagem de carteiras profissionais por sindicatos: trata-se de decisões que julgaram e declararam inconstitucionais normas legais e regulamentares que conferiam a sindicatos competência para a passagem de carteiras profissionais ou competências instrumentais no âmbito dos procedimentos administrativos de passagem das carteiras. Baseiam-se, por um lado, no facto de a atribuição aos sindicatos "do exercício de verdadeiros poderes ou prerrogativas de autoridade manifestamente contrários e estranhos àqueles que são próprios dos sindicatos e se inscrevem no âmbito das específicas finalidades" atingirem o princípio da independência e autonomia das associações sindicais, e, por outro, na circunstância de o exercício das competências referidas ser "susceptível de poder transformar-se em instrumento de coerção da liberdade sindical dos trabalhadores, limitando ou retirando-lhes a possibilidade de uma *livre escolha* no plano da sua filiação sindical" [409].

b) Tribunais administrativos

Nos tribunais da jurisdição administrativa, o tema do exercício privado de poderes públicos não é, em regra, considerado ou abordado expressamente. Não se trata, contudo, de um tema desconhecido, como o provam dois acórdãos, um de 1980 e outro de 1988 (proferido em processo de recurso jurisdicional do primeiro), em que ao STA foi dada a oportunidade para se pronunciar sobre a qualificação de uma deliberação da direcção do *Clube Português de Canicultura*, bem como sobre a própria natureza jurídica dessa associação (Ac'sSTA/1.ª, de 24/01/80 e de 14/07/88, proc. 13732). Evitando fazer as qualificações referidas e designadamente deixando em aberto a questão de saber se o *Clube* deveria qualificar-se como pessoa de direito privado ou de direito público – qualificação que, *in casu*, não era essencial para abrir o caminho às decisões tomadas (incompetência do STA), já que, de qualquer modo e uma vez que o Tribunal demonstrava que o *Clube* não era um serviço personalizado do Estado, a competência pertenceria sempre à Auditoria –, os dois acórdãos repetem uma mesma ideia fundamental: "a atribuição de poderes de autoridade pode ser feita a favor de pessoas colectivas de natureza

---

[409] Em geral ou em relação a certas profissões: ajudantes de farmácia, auxiliares de farmácia, jornalistas, empregados de banca nos casinos: cfr. Ac'sTC n.ºs 46/84, 91/85, 272/86, 445/93 e 197/2000.

claramente privada, para a prossecução de interesses públicos e a realização de interesses da comunidade política" (acórdão de 1980); "referir que são pessoas de direito público as que desfrutam de *ius imperium* (...) só é possível se não se admitir, como se hoje se admite, o exercício privado de funções públicas", escreveu-se no acórdão de 1988, concluindo que "não é pelo facto de deter poderes de autoridade que se tem de concluir [que uma entidade é de direito público], pois é bem sabido que muitas vezes se atribuem tais poderes a pessoas colectivas de direito privado".

Sem embargo, o que fundamentalmente se tem colocado à jurisprudência é, mais do que uma tomada de posição genérica sobre o tema, a exigência de decidir questões que, em regra, andam associadas ao exercício privado de poderes públicos: sucede assim, por ex., com a figura dos *actos administrativos de entidades privadas.* Ora, nesse domínio, a jurisprudência administrativa tem-se movido no contexto de um quadro legal relativamente generoso, dadas as tradicionais "aberturas legais" à competência dos tribunais administrativos para o conhecimento de "actos" ou de "actos administrativos" de "certas" entidades privadas: *pessoas colectivas de utilidade pública administrativa* e *concessionários.*

Assim e embora o interesse actual dessa jurisprudência haja desaparecido, são de referir as várias decisões sobre actos praticados por Misericórdias (que outrora integravam a categoria das pessoas colectivas de utilidade pública administrativa): medidas de aplicação de penas disciplinares ao respectivo pessoal (Ac´sSTA/1.ª, de 19/10/51, proc. 3764, e de 24/04/70, proc. 8037)[410]; uma deliberação que confiava a direcção de um serviço hospitalar a um médico (AcSTA/1.ª, de 21/11/69); actos de execução de uma sentença anulatória de uma deliberação anterior (AcSTA/1.ª, de 06/05/71, proc. 8330); actos (destacáveis) de execução de um contrato de empreitada de obras públicas (AcSTA/1.ª, de 21/05/65, proc. 6784); afirmação de que só as deliberações dos órgãos colegiais das pessoas colectivas de utilidade pública administrativa podiam ser impugnadas, e não, por ex., os actos do Provedor de uma Misericórdia (AcSTA/1.ª, de 13/05/71, proc. 8317).

---

[410] A natureza administrativa dessas medidas ficava a dever-se a uma norma legal que determinava a aplicação do regime disciplinar a que estavam sujeitos os funcionários dos corpos administrativos ao pessoal dos quadros das pessoas colectivas de utilidade pública administrativa (§ único do artigo 177.º do Decreto-Lei n.º 35 108, de 07/12/45).

Quanto às associações de bombeiros voluntários – também pessoas colectivas de utilidade pública administrativa –, a jurisprudência era, até há pouco tempo, menos variada do que em relação às Misericórdias, já que as pronúncias se referiam quase sempre a medidas de natureza disciplinar adoptadas por órgãos associativos (*v.g.*, Ac'sSTA/1.ª, de 15/12/83, proc. 18796, de 10/07/2001, proc. 46449, de 08/10/2002, proc. 1662/02, e de 09/03/2004, proc. 1509/02) ou por comandantes dos corpos de bombeiros (Ac'sSTA/1.ª, de 26/01/88, proc. 25068, e de 28/02/2002, proc. 133/02). A situação alterou-se mais recentemente: assim, em recurso jurisdicional, o AcSTA/1.ª, de 06/07/2000, proc. 46236, manteve uma decisão, da primeira instância, que havia anulado um processo eleitoral realizado numa associação de bombeiros voluntários na sequência de um recurso de contencioso eleitoral apresentado por um sócio; por Acórdão de 03/03/2005, proc. 341/04, o STA considerou-se competente para conhecer da deliberação de uma associação de bombeiros voluntários que recusou uma proposta de admissão de sócio. Por outro lado, em decisões proferidas em processos cautelares, o Tribunal Central Administrativo Sul pronunciou-se sobre actos praticados por comandantes de bombeiros (Acórdãos de 01/09/2004, proc. 225/94, e de 16/05/2005, proc. 801/05). Ainda no domínio da jurisprudência sobre bombeiros voluntários, merece referência o Acórdão do Tribunal Central Administrativo Norte, de 09/09/2004, proc. 65/04.6TA09423, que qualificou as associações de bombeiros como pessoas colectivas de utilidade pública administrativa, ou, do Supremo Tribunal Administrativo, os Acórdãos de 06/05/2003, proc. 47547, e de 23/09/2003, proc. 46 952, que consideraram existir uma relação de emprego público entre membros dos corpos de bombeiros e as associações respectivas.

Além das pessoas colectivas de utilidade pública administrativa, a lei processual estendia a jurisdição administrativa à apreciação de actos (e regulamentos) de concessionários. Apesar da indicação legal e da constante referência doutrinal à possibilidade de prática de actos administrativos por concessionários, a verdade é que a jurisprudência tem contactado com actos públicos de concessionários menos vezes do que seria de supor. Com efeito, para além de ter qualificado como *administrativo* um contrato celebrado entre a cessionária da concessionária BRISA e um terceiro – num acórdão em que admitiu expressamente que a cessionária, uma empresa de direito privado (PETROGAL, S.A.), gozava de "poderes com características de direito público, nomeadamente o poder de modificação unilateral da relação contratual" (AcSTA/1.ª, de 10/05/94, proc. 34135) –, o STA poucas vezes se referiu à prática de actos administrativos por empresas concessionárias. Num dos casos em que teve oportunidade de o fazer, estava em causa um despacho do Juiz do Tribunal Administrativo de Círculo do Porto que havia indeferido liminarmente um recurso apresentado contra "três actos administrativos" praticados pela BRISA. O STA viria a revogar esse despacho por entender que, tratando-se de empresa concessionária, os poderes de autoridade transferidos por efeito da concessão o são para a própria empresa e não para qualquer dos seus órgãos. Fixou então a seguinte doutrina: "nos recursos contenciosos de actos administrativos dos concessionários é o próprio concessionário, mesmo quando de uma pessoa colectiva se trate – e não o órgão autor do acto – que tem de estar em juízo"[411].

Embora a atribuição aos tribunais administrativos de competência para apreciar actos de entidades privadas se encontre tradicionalmente ligada apenas às pessoas colectivas de utilidade pública administrativa e aos concessionários, a jurisprudência administrativa não se considerou impedida de estender a sua competência a actos praticados por entidades privadas não integradas em nenhuma daquelas categorias.

As decisões que ao longo dos últimos anos o STA tem proferido sobre recursos contenciosos de actos praticados por federações desportivas constituem um bom exemplo dessa extensão[412]. A jurisprudência das federações desportivas fica claramente marcada por um consciente esforço desenvolvido pelo STA no sentido de justificar a submissão ao contencioso administrativo de actos provenientes de entidades privadas.

Num outro grupo de decisões – todas relativamente recentes – a jurisprudência administrativa parece já adoptar a tendência para uma "abordagem simplista" quanto à possibilidade de actos administrativos de entidades privadas.

Em decisão de 1997, o STA pronunciou-se sobre um pedido de suspensão de eficácia de uma decisão da comissão executiva da Comissão de Viticultura da Região dos Vinhos Verdes que procedia à suspensão (sancionatória), pelo período de um ano, dos direitos que para uma sociedade comercial decorriam da sua inscrição naquela Comissão (AcSTA/1.ª, de 13/03/97, proc. 41886). O facto de a Comissão constituir

---

[411] AcSTA/1.ª, de 19/12/89, proc. 27392; no mesmo sentido, cfr. Ac'sSTA/1.ª, de 18/03/97, proc. 39610, e de 05/12/02, proc. 48384.

[412] Sobre a jurisprudência das federações desportivas, cfr., *infra*, Parte III, Cap. I.

uma pessoa colectiva de direito privado não foi sequer questionado pelo STA para decidir o pedido de suspensão de eficácia daquele *acto administrativo*. Aliás, em 1996, o mesmo tribunal já se tinha pronunciado sobre aquela Comissão, tendo decidido que ela é "uma associação regional, pessoa colectiva de direito privado e utilidade pública, que (...) tem poderes disciplinares sobre os seus associados, aplicando-lhes as sanções disciplinares previstas nos artigos 46.º e seguintes do Decreto-Lei n.º 41 204, de 24/7/57" (AcSTA/1.ª, de 18/06/96, proc. 36234).

Ainda sobre o conceito de acto administrativo praticado por entidade de direito privado e, consequentemente, sobre o âmbito da jurisdição administrativa, importa referir mais dois acórdãos. Um, do STA, decidindo que as instituições particulares de solidariedade social são de considerar, para efeitos do RJEOP, "donas de obras públicas", pelo que os actos por elas praticadas no âmbito do procedimento de formação do contrato de empreitada são actos administrativos; por outro lado, o próprio contrato de empreitada por elas celebrado é qualificado como contrato administrativo (AcSTA/1.ª, de 08/10/2002, proc. 1308/02). Por outro lado, um acórdão, do TCA, que qualificou como "acto administrativo recorrível" o despacho do director de uma escola particular que indeferiu o pedido de revisão de uma classificação atribuída a um aluno (AcTCA/1.ª, de 06/06/2002, proc. 11 391)[413].

Efectuando directamente a qualificação pública de certos poderes conferidos a uma pessoa de direito privado – no caso, a Associação Marina do Funchal – merece referência o AcSTA/1.ª, de 04/03/2004 (proc. 1353/03): o Tribunal considerou que a operação de remoção de um barco, efectuada pela própria Associação concessionária da Marina de Funchal, é uma acção material que, ofendendo o princípio de que *nulla executio sine titulo* (artigo 151.º/1 do CPA), se apresenta como uma mera "via de facto".

---

[413] O primeiro dos dois acórdãos citados parece-nos estar imune à *abordagem simplista* que referimos no texto; de facto, há nele um claro esforço de interpretação e de argumentação no sentido de explicar a natureza pública dos actos praticados pelas IPSS no âmbito dos procedimentos contratuais. O mesmo já não podemos dizer do segundo, que se pronunciou sobre o despacho do director de uma escola particular.

8.3. *Referências na legislação*

Embora os Códigos anteriores contivessem disposições a atribuir aos auditores administrativos competência para o conhecimento de actos praticados por entidades de direito privado – as *corporações administrativas*[414] –, é, contudo, o Código Administrativo de 1936-40 a assumir de forma aberta que a natureza jurídica privada de certas entidades não impede a sujeição de alguns dos seus actos ao contencioso administrativo: estabelecia o artigo 820.° a competência do auditor para julgar (n.° 5) *"os recursos das decisões dos concessionários de exploração de obras ou serviços municipais que violem os regulamentos das obras ou serviços"*, bem como (n.° 6) *"os recursos das deliberações das mesas, direcções, gerências ou assembleias das pessoas colectivas de utilidade pública administrativa, quando arguidas de violação de lei, regulamento, compromisso ou estatutos"*[415].

A circunstância de a lei remeter para os tribunais administrativos o conhecimento das decisões e deliberações referidas pressupunha que os respectivos autores dispunham de poderes públicos para praticar *actos administrativos*. É certo que o Código não se referia expressamente a *actos administrativos* dos órgãos das pessoas colectivas de utilidade pública administrativa ou dos concessionários; porém, o mesmo se verificava em todas as outras alíneas, em que a lei fixava a competência do auditor para julgar decisões e deliberações de órgãos de entidades públicas.

Podendo aceitar-se que as decisões dos concessionários e as deliberações dos órgãos das pessoas colectivas de utilidade pública administrativa só eram impugnáveis no contencioso administrativo quando se revelassem susceptíveis de serem qualificadas como actos administrativos, a verdade é que, mesmo nesse caso, o Código fixava importantes limites quanto aos fundamentos invocáveis como causa de pedir nos recursos: em relação aos actos dos concessionários, apenas podia ser

---

[414] Cfr. artigo 327.°/5 do Código Administrativo de 1896, onde se consideraram corporações administrativas *"todas as corporações, associações e institutos de piedade e beneficência, sujeitas à inspecção do governador civil (...)"* – cfr. artigo 253.°, § único.

[415] Em relação a estas entidades, a sujeição ao contencioso administrativo não se ficava por aí: o artigo 820.°/11 atribuía ainda às auditorias competência para conhecer *"os recursos relativos às eleições (...) das mesas, direcções ou gerências das pessoas colectivas de utilidade pública administrativa"*.

invocada a *violação de regulamentos das obras ou dos serviços*; quanto aos actos dos órgãos das pessoas de utilidade pública apenas podia ser invocada a *violação de lei, de regulamento, de compromisso ou de estatutos.*

Por força da reforma do contencioso administrativo de 1984-85, o artigo 820.º do Código Administrativo foi revogado e substituído pelo artigo 51.º do ETAF/1984.

Essa norma viria a manter o princípio da atribuição à ordem jurisdicional administrativa da competência para conhecer de recursos de actos administrativos praticados por entidades privadas, tendo acabado por proceder a um considerável alargamento do contencioso administrativo suscitado por actuações administrativas de entidades privadas. Estabeleceu a competência dos tribunais administrativos para conhecer:

a) dos *recursos de actos administrativos dos concessionários* [artigo 51.º/1,*d*)] – comparada com a formulação da norma do Código Administrativo, são evidentes algumas diferenças: agora, a lei designa como actos administrativos as decisões dos concessionários sujeitas ao contencioso administrativo, arredando por isso qualquer tentação de construir um conceito de *decisões de concessionários* sujeitas a controlo da jurisdição administrativa, mas desligadas do conceito de acto administrativo; por outro lado, o contencioso administrativo deixa de ficar limitado aos actos administrativos dos concessionários de exploração de obras ou serviços municipais; por fim, a lei abandona o princípio da limitação à invocação de fundamentos das ilegalidades que afectem esses actos administrativos, aplicando-se, portanto, as regras gerais;

b) dos *recursos de actos administrativos das pessoas colectivas de utilidade pública administrativa* [artigo 51.º/1,*c*)] – também aqui a lei dei-xava de se referir a deliberações e passava a falar de actos administrativos, assim como abandonava a anterior limitação à invocação de fundamentos;

c) dos *recursos e dos pedidos de declaração de ilegalidade de normas regulamentares públicas (administrativas ou fiscais) emitidas pelas pessoas colectivas de utilidade pública administrativa e pelos concessionários* [artigo 51.º/1,*e*), e 62.º/1,*j*)] – tratava-se de uma novidade absoluta da lei, que, neste caso, como de resto em relação à previsão do recurso de actos administrativos, fornecia uma importante indicação sistemática de que no direito português os sujeitos de direito privado poderiam ser dotados de uma capacidade jurídica pública que os habilitasse a emitir regulamentos administrativos[416].

De natureza diferente das anteriores é a norma contida no artigo 2.º/3 do Código do Procedimento Administrativo, que estabelece que as suas disposições *"são (...) aplicáveis aos actos praticados por entidades concessionárias no exercício de poderes de autoridade"*. Dispensando qualquer outra disposição legal sobre o assunto, o CPA fixa assim o princípio da sujeição dos actos praticados por "entidades concessionárias" no exercício de poderes de autoridade à incidência das suas normas: trata-se obviamente de um princípio geral, pois, como se verá, não são poucas as disposições do Código que não devem (nem podem) ser aplicadas aos actos praticados por concessionários. Por outro lado, o sentido da norma não pode, naturalmente, deixar de valer para quaisquer outras entidades privadas com poderes de autoridade.

Considerando os dados constantes do direito positivo português, que, insiste-se, trilha uma via original em termos de direito comparado, verifica-se uma atenção crescente ao fenómeno do exercício de poderes públicos por entidades privadas: tendo começado por pressupor o fenómeno (ou uma parte dele) nas leis do contencioso administrativo, acabou por tratá-lo também ao nível da regulação substantiva do direito administrativo.

Esse percurso acabou por culminar, em 1997 (4.ª revisão da CRP), com a expressa referência constitucional ao exercício privado de poderes públicos: num artigo sobre a estrutura da Administração, a CRP passava a estabelecer que *"as entidades privadas que exerçam poderes públicos podem ser sujeitas, nos termos da lei, a fiscalização administrativa"* (artigo 267.º/6).

Por fim, a reforma do contencioso administrativo de 2002 confirmou em toda a linha a tradicional orientação da legislação processual, tendo-o de resto feito em termos mais abertos e flexíveis do que as leis antcriores.

Todas as disposições legais que acabam de se citar estabelecem regimes para a hipótese ou eventualidade de outras normas permitirem a

---

[416] Nesse sentido, cfr. J.M. Sérvulo CORREIA, *Legalidade e Autonomia Contratual nos Contratos Administrativos*, p. 414.

delegação de poderes públicos a entidades privadas. Existe, todavia, uma disposição legal com um alcance diferente: referimo-nos ao artigo 11.º do Decreto-Lei n.º 184/89, de 2 de Junho (sobre os princípios gerais em matéria de emprego público), que, sob a epígrafe "contratação de serviços com empresas", estabelece o seguinte: "a Administração pode contratar com empresas, nos termos da lei, a prestação de serviços com o objectivo de simplificar a gestão dos serviços e de racionalizar os recursos humanos e financeiros, para *funções que não se destinem* à satisfação directa do interesse geral ou *ao exercício de poderes de autoridade*"[417].

---

[417] Do nosso ponto de vista, a única interpretação que essa norma consente é a de que a *autorização genérica* que nela se confere à Administração, para a contratação de prestação de serviços, não abrange a contratação para funções que envolvam a transferência do exercício de poderes de autoridade.

PARTE I
Exercício de poderes públicos de autoridade por entidades privadas à luz de algumas coordenadas jurídicas da actualidade

Com contornos que o particularizam e que permitem apresentá-lo como um instituto autónomo, o exercício de poderes públicos de autoridade por entidades privadas não deixa, contudo, de se apresentar também como uma expressão de tendências e de coordenadas gerais que constituem a marca do direito administrativo contemporâneo e do novo papel do Estado e da Administração Pública. Neste contexto, ocupam um lugar de destaque os novos modelos de "gestão partilhada dos interesses públicos" entre Estado e actores privados e a acentuação das tendências de "privatização no âmbito da execução de tarefas públicas". Segundo alguma doutrina, tais modelos e tendências revelam um certo esbatimento das dicotomias tradicionais e provocam uma espécie de diluição das fronteiras entre público e privado. No entanto, em oposição a esse entendimento, procuraremos mostrar que, apesar de todas as transformações que têm aproximado Estado e particulares e as esferas do público e do privado, as dicotomias tradicionais mantêm plena actualidade.

CAPÍTULO I

Estado e entidades particulares: responsabilidades partilhadas

Num dos seus tópicos mais correntes e divulgados, a actual literatura do direito público apresenta-nos a satisfação dos interesses colectivos como uma empresa mista e partilhada, que envolve a interacção e a interdependência entre actores públicos e actores privados. Tal tópico faz-se acompanhar de uma semântica renovada que inclui fórmulas e conceitos-chave como os de "partilha de responsabilidades"[1], de "parceria público-privada" ou de "administração mista"[2].

A delegação de funções e de poderes públicos em particulares ou actores privados é, nitidamente, um afloramento da tendência dos sistemas administrativos para o incremento da participação dos actores privados na prossecução dos interesses públicos e para a partilha de responsabilidades entre o Estado e a Sociedade[3]. Mas este fenómeno conhece uma extensão bastante mais ampla, que fica longe de se circunscrever exclusiva ou mesmo primordialmente à entrega da execução de funções e de poderes públicos a particulares[4].

O presente capítulo é dedicado ao estudo do papel que os particulares são hoje chamadas a assumir na prossecução de interesses públicos. Procuraremos conhecer os contornos dessa intervenção, mas, como já sugerimos, ignorando por agora uma das facetas em que ela se apresenta: a da participação de particulares na execução de funções públicas.

---

[1] Cfr. TRUTE, "Verantwortungsteilung als Schlüsselbegriff eines sich verändernden Verhältnisses von öffentlichem und privatem Sektor", cit., p. 13 e ss; VOSSKUHLE, "Gesetzgeberische Regelungsstrategien der Verantwortungsteilung zwischen öffentlichem und privatem Sektor", p. 47 e ss.

[2] Cfr. ARONSON, "A public lawyer's responses to privatization and outsourcing", p. 52; FREEMAN, "The private role", cit., p. 548;

[3] Cfr. BURGI, "Der Beliehene", cit., p. 584.

[4] Sobre os vários modos ou modelos de partilha de responsabilidades, cfr. VOSSKUHLE, "Gesetzgeberische", cit., p. 78 e ss.

Só por si, o mero facto do reforço da responsabilidade dos particulares na realização do interesse público já nos imporia o contacto com o tema. Mas essa atenção torna-se mesmo inevitável, se tivermos em conta que a doutrina se questiona, com alguma frequência, sobre se, no exercício das novas tarefas que lhes são confiadas (*v.g.*, actividades de certificação e de inspecção), os particulares actuam, por delegação estadual, na execução de uma *função pública*, ou, antes, no âmbito de uma responsabilidade própria que o ordenamento jurídico lhes comete e, por conseguinte, no exercício de uma *actividade privada*.

1. Desestadualização da prossecução dos interesses públicos

Com origem no Estado absoluto[5], a dicotomia entre o Estado e a Sociedade passou para a época liberal, no século XIX, tendo atingido aí o seu zénite[6]. Nessa rígida dicotomia liberal, baseada numa lógica de confrontação e de exclusão[7], estava implícito o monopólio do espaço público pelo Estado[8] e, com aquele, a consagração da ideia de que a esfera de intervenção estadual, no mundo dos valores políticos e da autoridade, era sempre *actuação pública*, sendo ela somente *actuação de interesse público*. O outro termo da dicotomia, a Sociedade abandonada a si própria[9] e liberta de intromissões do poder[10], consistia no espaço da *actuação privada*, situado no mundo dos valores económicos e relativo a

---

[5] "O despotismo criou a experiência viva do Estado como uma poderosa máquina de constrangimento, e igualou os homens no denominador comum de membros duma sociedade que lhe sofre as consequências sem nela participar"; cfr. Rogério Ehrhardt SOARES, *Direito Público e Sociedade Técnica*, cit., p. 43; no sentido de que é na época medieval que começa a preparar-se a separação entre Estado e Sociedade, cfr. BÖCKEN-FÖRDE, "Die Bedeutung der Unterscheidung von Staat und Gesellschaft im demokratischen Sozialstaat der Gegenwart", p. 397.

[6] Cfr. PAREJO ALFONSO, "Público e privado en la administración pública", p. 4682. A doutrina liberal acabou, assim, por dar um insuspeitado impulso à separação entre Estado/Sociedade; cfr. Maria da Glória F. P. D. GARCIA, *Da Justiça Administrativa em Portugal*, p. 268.

[7] Cfr. ISENSEE, *Subsidiaritätsprinzip*, cit., p. 46.

[8] Que se afigura corresponder ao monopólio da "publicidade" pelo soberano da época das luzes; cfr. HAGEMEISTER, *Die Privatisierung öffentlicher Aufgaben*, p. 9.

[9] Cfr. ZIPPELIUS, *Teoria Geral do Estado*, p. 462.

[10] Cfr. Rogério Ehrhardt SOARES, "Princípio da legalidade e administração constitutiva", p. 170.

áreas ou sectores exclusivamente identificados com *actuações de interesse privado*[11]. Aos cidadãos, portadores por definição de interesses meramente privados (egoístas e individuais) e colocados na mesma posição formal de meros sujeitos passivos do poder do Estado[12], ficavam vedadas quaisquer actuações institucionalmente vocacionadas para a prossecução de interesses gerais da colectividade[13]. A clara demarcação entre as esferas de *actuação pública* (ou *de interesse público*), reservada ao Estado, e de *actuação privada* (ou *de interesse privado*), reservada aos cidadãos, revelava-se portanto muito nítida, considerando-se mesmo suspeita e ilegítima qualquer interferência entre as duas esferas[14/15].

Com o advento do Estado democrático e social, as fronteiras entre Estado e Sociedade esbatem-se; a lógica liberal de confrontação e de exclusão surge substituída (ou, pelo menos, complementada) por uma lógica de cooperação e de acção concertada, que se expressa através de complexos processos de integração, de osmose e de interpenetração. A acção política dos grupos[16], o aparecimento de instâncias de Adminis-

---

[11] "O Estado de direito em sentido formal concebe-se, antes de tudo, como unidade organizativa formal, e todas as necessidades de carácter colectivo, bem como todas as actividades tendentes à satisfação dessas necessidades, entram no monopólio dessa organização (...). O Estado de direito em sentido formal corresponde portanto ao monopólio organizativo do Estado e à correlativa negação da capacidade de qualquer outro sujeito político, económico e social de prosseguir finalidades colectivas"; cfr. BERTI, "Stato di diritto informale", p. 15.

[12] Numa situação de "isonomia de todos perante os serviços do Estado", cfr. A. M. Barbosa de MELO, *Introdução às Formas de Concertação Social*, p. 25.

[13] De acordo com a concepção liberal-burguesa, o cidadão não é titular de um papel institucional: cfr. LEONDINI, Ob. cit., p. 68 e ss; em sentido idêntico, cfr. CHEVALLIER, *L'association entre public et privé*, p. 891.

[14] Cfr. CHEVALLIER, Ob. cit., p. 893.

[15] O facto de, na época liberal, haver uma separação estanque entre a esfera pública e a esfera privada não significou a exclusão de formas de colaboração entre o Estado e o sector privado (*v.g.*, nas concessões de obras e de serviços públicos). Essas formas de colaboração, que sujeitavam as entidades privadas abrangidas a um regime jurídico especial, não traduziam porém o reconhecimento de um *autónomo papel* institucional de tais entidades na prossecução do interesse público; tratava-se apenas de admitir que elas poderiam colaborar na realização dos fins institucionais do Estado, actuando como órgãos estaduais indirectos ou impróprios; cfr. LEONDINI, Ob. cit., p. 84.

[16] Cfr. Rogério Ehrhardt SOARES, *Direito público,* cit., p. 114; OSSENBÜHL, "Die Erfüllung", cit., p. 150; em geral, sobre a participação e a influência dos *grupos* na execução das várias funções públicas estaduais, cfr. KIRBERGER, *Staatsentlastung durch private Verbände*, especial. p. 129 e ss.

tração partilhada com os interessados (administração partilhada e em condomínio[17]) e os vários sistemas de parceria e de divisão de trabalho entre Administração e particulares são apenas alguns dos sintomas de um novo modelo de relacionamento simbiótico entre Estado e Sociedade.

As alterações não se limitaram à instituição de um novo modelo de relacionamento entre esses dois pólos. Como se referiu, a dicotomia entre Estado e Sociedade estava associada a uma clara repartição das titularidades sobre as tarefas públicas e as tarefas privadas e a uma distinção clara entre as respectivas naturezas: as primeiras, confundidas com tarefas de interesse público, pertenciam ao Estado; as segundas, ligadas à satisfação de interesses privados, competiam à Sociedade e aos cidadãos. Ora, também essa dicotomia liberal entrou em crise, sendo indiscutível que o Estado perdeu o monopólio do "público"[18].

Por um lado, o incremento do fenómeno das administrações autónomas (territoriais ou funcionais) veio demonstrar que há um espaço ou uma esfera pública não estadual[19]. As entidades que integram a administração autónoma são entidades públicas, prosseguem interesses públicos (específicos) e executam, num âmbito determinado, missões públicas. A instituição de uma entidade pública de natureza corporativa pode assim constituir um meio de o legislador proceder à desestadualização de uma tarefa, confiando-a a uma colectividade de interessados em sistema de auto-administração: temos aí, portanto, *tarefas públicas não estaduais*, bem como a prossecução de interesses públicos por organismos (públicos) não estaduais[20]. O sector da administração autónoma, ainda dentro do aparelho da Administração Pública mas já fora do Estado, alarga o campo do público e estende-o para lá do Estado, que, claramente, perde o exclusivo da prossecução do interesse público. É por isso que, por si mesmo, o conceito de administração autónoma reclama uma nova categorização ou sistematização das tarefas e actividades ligadas à pros-

---

[17] Cfr. JESTAEDT, *Demokratieprinzip und Kondominialverwaltung*, cit., especial. p. 76 e ss.

[18] Cfr. Vital MOREIRA, *Administração Autónoma*, cit., p.89.

[19] Baptista MACHADO, Ob. cit., p. 11.

[20] Cfr. Diogo Freitas do AMARAL, *Curso*, II, cit., p. 393 e ss; Vital MOREIRA, *Administração Autónoma*, cit., p. 25 e ss. Ao contrário, no sentido de que as corporações públicas são, nos planos substancial e institucional, *entidades privadas* que executam *tarefas privadas* (de interesse público), cfr. SCHACHTSCHNEIDER, "Grundgesetzliche Aspeckte der freiberuflichen Selbstverwaltung", p. 144.

secução de interesses públicos. Deste modo, partindo de um conceito genérico de *tarefas de interesse público* – tarefas cuja execução interessa à *colectividade*, ao *público*, e que, por isso mesmo, têm a nota da "publicidade" (*Öffentlichkeit*)[21] –, nele devem incluir-se, além das *tarefas públicas estaduais* (que, em vista da prossecução do interesse público e do bem comum, são da responsabilidade da Administração estadual), ainda as *tarefas públicas não estaduais* (confiadas às administrações públicas autónomas)[22].

---

[21] A noção que propomos de *tarefas de interesse público* corresponde àquilo que, pelo menos desde PETERS, "Öffentliche und staatliche Aufgaben", p. 877 e ss, a doutrina alemã maioritária designa de "tarefas públicas": cfr., entre outros, MARTENS, *Öffentliche,* cit., p. 46; KRAUTZBERGER, Ob. cit., p. 106; HÄBERLE, *Öffentliches Interesse als juristische Problem*, pp. 49 e 214, e "Verfassungsstaatliche Staatsaufgabenlehre", p. 603; HEIM-BURG, Ob. cit., p. 13; GAENTZSCH, *Aufgaben der öffentlichen Verwaltung*, p. 17 e ss; WEISS, *Privatisierung und Staatsaufgaben*, p. 22. Contra a corrente maioritária, preferindo à de tarefas públicas a noção de tarefas de interesse público ou de utilidade pública, cfr. BULL, *Die Staatsaufgaben nach dem Grundgesetz*, p. 48 e ss; MÜLLER, *Rechtsformenwahl bei der Erfüllung öffentlicher Aufgaben*, p. 5 e ss

Do nosso ponto de vista, o conceito germânico de "tarefas públicas", que tem subjacente uma dualidade entre tarefas do Estado e tarefas públicas – sobre essa dualidade e a tricotomia *tarefas estaduais-tarefas públicas-tarefas privadas*, cfr., na bibliografia portuguesa, Vital MOREIRA, *Administração Autónoma*, cit., p. 89 –, pode prestar-se a algumas confusões, ao misturar num mesmo conceito tarefas da Administração Pública (autónoma) e tarefas da Sociedade (tarefas privadas de interesse público); sobre essa "obscura dualidade", cfr. DI FABIO, "Privatisierung und Staatsvorbehalt", especial. p. 586 e ss; PÜTTNER, *Verwaltungslehre*, p. 35 e ss.

O que acaba de afirmar-se explica a exigência de tomar algumas cautelas quanto ao que, por vezes, a doutrina designa de "execução de tarefas públicas por privados" (*Erfüllung öffentlicher Aufgaben durch Private*), uma vez que o conceito de "tarefa *pública*" ou de "função *pública*" pode conhecer aí apenas o sentido de *tarefa de interesse ou com relevo público*: é com esse sentido que a fórmula é usada por KRAUTZBERGER, Ob. cit., p. 15 e ss; MARTENS, Ob. cit., p. 124 e ss; HAGEMEISTER, Ob. cit., p. 23 e ss; KIRBERGER, Ob. cit., p. 56 e ss; HEIMBURG, Ob. cit., p. 61 e ss. Na doutrina portuguesa, o mesmo se verifica com Rogério Ehrhardt SOARES, *Direito Público,* cit. pp. 93 e 104, ao afirmar que os sindicatos desempenham funções "em grande parte públicas" ou ao referir-se à "entrega aos grupos de funções públicas", e com J.C. Vieira de ANDRADE, "Grupos de Interesse, Pluralismo e Unidade Política", p. 4, quando fala do exercício de "tarefas públicas por parte de grupos sociais".

[22] Como se explicará melhor (cfr., *infra*, Parte II, Cap. I), para nós, o termo tarefas públicas identifica apenas as missões que são objecto de "apropriação pública" (pelo Estado ou por uma outra entidade pública). Na medida em que esteja em causa a função de administrar, as missões públicas constituem as *tarefas administrativas* – nesse sentido, cfr. DI FABIO, "Privatisierung", cit., p. 587; PÜTTNER, Ob. cit., p. 35.

Por outro lado, é hoje muito claro que o interesse público não existe apenas nas tarefas públicas, confiadas à Administração Pública[23]. Com efeito, entendendo-se por interesses públicos (num sentido material[24]) os de uma pluralidade de pessoas – de um público[25] –, em relação a bens susceptíveis de satisfazer as necessidades comuns de todas elas[26], é inquestionável que os actores privados desenvolvem acções marcadas pelo objectivo primordial ou até exclusivo da satisfação de interesses dessa natureza. Tais acções, embora privadas, têm a nota da "publicidade" e apresentam-se, também elas, como acções de interesse público. São as *tarefas privadas de interesse público,* que se contrapõem às *tarefas de interesse privado* ("actividades de parte"[27] que, no exercício dos seus direitos e liberdades, os privados exercem, com o intuito de satisfazer as suas necessidades próprias e específicas, sem considerar os interesses e as necessidades colectivas[28]). O *interesse público* não constitui, portanto, um monopólio do Estado ou da Administração Pública[29], não podendo

---

[23] Ainda assim, deve dizer-se que o interesse público é *sempre* o fim da Administração Pública, o valor que justifica e dá fundamento à sua actividade: cfr. J. C. Vieira de ANDRADE, "Interesse público", p. 275; a exigência de que a actuação dos poderes públicos seja conforme ao interesse público não carece sequer de previsão explícita, devendo considerar-se imposta por um princípio constitucional não escrito: cfr. PIZZORUSSO, "Interesse pubblico e interessi pubblici", p. 79.

[24] Existe uma tendência para valorizar o interesse público sobretudo num aspecto *formal* e *subjectivo,* apresentando-se então como aquele interesse que de uma maneira específica é confiado por lei à cura de um órgão público: cfr. Rogério Ehrhardt SOARES, *Direito,* (1980), cit., p. 10; em sentido próximo, quanto à valorização do aspecto formal (interesse público como um "interesse qualificado a nível normativo superior"), mas admitindo já que há entidades privadas que se dedicam a "actividades que são consideradas de interesse público", cfr. J.C. Vieira de ANDRADE, "Interesse público", cit., p. 281.

[25] Cfr. J.C. Vieira de ANDRADE, "Interesse público", cit., p. 275.

[26] Cfr. Rogério Ehrhardt SOARES, *Interesse Público,* cit., p. 106.

[27] Sobre o conceito de "actividades de parte", cfr. PIZZORUSSO, Ob. cit., p. 79.

[28] Do facto de uma actividade ser de interesse privado não decorre contudo que ela não sirva o interesse público: a criação de emprego por uma empresa privada serve decerto o interesse público (WEISS, *Privatisierung,* cit., p. 23). Porém, nesse caso, a conexão dos fins da actividade privada com a satisfação do interesse público revela-se apenas mediata ou indirecta: cfr. Rogério Ehrhardt SOARES, *Interesse Público,* cit., p. 106. Nas tarefas privadas de interesse público, o particular predispõe-se a satisfazer primordialmente um interesse que a ordem jurídica reconhece como interesse público; cfr. LEONDINI, Ob. cit., p. 54 e ss.

[29] Cfr. VOGEL, *Öffentliche Wirtschaftseinheiten,* cit., p. 63; LEISNER, "Privatinteressen als öffentliches Interesse", p. 217 e ss; MICHAELIS, Ob. cit., p. 29; WOLFF/ /BACHOF/STOBER, *Verwaltungsrecht,* 1, p. 417; WEISS, *Privatisierung,* cit., p. 22.

sequer excluir-se a possibilidade de os interesses privados aparecerem entrelaçados e misturados com interesses públicos ou até valerem e serem assumidos como interesses dessa natureza[30].

A categorização das tarefas e a divisão delas por dois grupos fundamentais – *tarefas públicas* e *tarefas privadas* – apelam imediatamente para uma estruturação basicamente dicotómica ou dualista que, deliberadamente, aqui se subscreve. Mas, como se supõe ser já claro, disso não resulta necessário o entendimento de que cada um daqueles dois grupos é internamente homogéneo[31] : é aliás isso que explica a divisão das tarefas públicas e das tarefas privadas em dois subgrupos (tarefas estaduais e tarefas públicas não estaduais, por um lado, e tarefas privadas de interesse público e tarefas de interesse privado, por outro). A desestadualização da prossecução dos interesses públicos, de que trata o presente número, fica assim clara, se atendermos à extensão do conceito de *tarefas de interesse público*.

Uma vez que o instituto de que nos ocupamos se situa no contexto genérico da participação de particulares na prossecução de interesses públicos, a categoria das tarefas privadas de interesse público reclama necessariamente a nossa atenção.

Nesse sentido, sublinhe-se que o sector das tarefas de interesse público empreendidas por actores privados no espaço da Sociedade – e não do Estado ou da Administração Pública – recolhe tarefas e actividades muito diversas, que implicam níveis muito diferenciados de responsabilidade, de compromisso e de envolvimento público: ao lado de actividades que pertencem claramente à Sociedade e que, no plano jurídico-constitucional, devem exercer-se sem interferência e sem regulação administrativa pública, outras há que, sendo igualmente privadas, reclamam, ainda naquele foro, uma específica interferência e uma reforçada regulação do Estado e da Administração Pública.

Nas tarefas de interesse público incluem-se, desde logo, as que são assumidas pelos partidos políticos, pela imprensa, pelos grupos e associações religiosas, bem como pelos sindicatos. Em qualquer caso, trata-se

---

[30] Cfr. LEISNER, *ibidem*, p. 218; GALLWAS, "Die Erfüllung von Verwaltungsaufgaben durch Private", p. 224. Ainda no sentido de que a realização de interesses privados pode afirmar-se como processo de concretização e de realização de interesses públicos, cfr. BANFI, Il diritto privato dell'amministrazione pubblica", p. 687.

[31] Cfr. MEHDE, "Ausübung von Staatsgewalt und Public Private Partnership", p. 541.

de *entidades privadas* que exercem actividades da mais alta *relevância pública*, com indiscutíveis notas de "publicidade", mas que, apesar disso, não deixam de ser *actividades privadas*, que pertencem à esfera da Sociedade (dos direitos e das liberdades), e não à esfera do Estado[32/33].

Em relação às actividades específicas dessas entidades e grupos que, embora reguladas por um direito específico, actuam no âmbito do direito privado, não existe qualquer responsabilidade pública de garantia ou de resultado. O Estado tem aqui, como em geral, apenas ou sobretudo o dever de *respeitar* e de *proteger* os direitos e as liberdades fundamentais das entidades envolvidas (liberdade de imprensa, liberdade religiosa, etc.)[34].

Num outro grupo, integram-se os organismos do designado "terceiro sector" – "sector social", "sector privado-social", "economia social" ou "sector *nonprofit*" –, que se dedicam ao exercício de actividades (de interesse público e de utilidade colectiva) e à produção de bens e serviços, segundo modalidades diferentes das que são típicas do Estado e do mercado: por um lado, falta a finalidade do lucro (própria das empresas privadas), e, por outro, está ausente o vínculo público legalmente fixado[35].

---

[32] Na realização dos seus fins, as referidas entidades, privadas, movem-se no domínio privado. Todavia, como outras entidades privadas, elas podem ver-se investidas de verdadeiras funções públicas. Assim, por ex., nos Estados Unidos, a gestão de inúmeras prisões está confiada a associações e grupos ligados às igrejas – sobre as delegações de funções públicas inspiradas na doutrina das "soluções baseadas na fé para a resolução de problemas sociais", cfr. MINOW, Ob. cit., p.1234 e ss. No direito português, até há pouco tempo, certos sindicatos tinham funções públicas de regulação e de controlo do acesso a profissões (passagem de carteiras profissionais); sobre isto, cfr., *infra*, Parte III, Cap. I.

[33] Diferentemente, em relação aos sindicatos, propondo uma construção marcadamente publicista – quer quanto à natureza das organizações sindicais (qualificadas como "administrações públicas"), quer quanto às missões por elas desenvolvidas (qualificadas como funções administrativas) –, cfr. MATTARELLA, *Sindicati e poteri publlici*, especial., pp. 240 e ss. e 449 e ss.

[34] Observe-se, todavia, que, por vezes, a proximidade entre a acção dessas entidades e a esfera do Estado reclama uma regulação pública mais apertada, que pode tocar, por ex., aspectos relacionados com a organização e o funcionamento interno de certas instituições (é o que se passa com os partidos políticos: artigo 51.º/5 da CRP); sobre a actividade dos partidos políticos, cfr., *infra*, Parte II, Cap. II.

[35] Cfr. RIGANO, *La libertà assistita*, p. 72; FOÀ, "Aspetti giuridici del finanziamento alle associazioni private senza scopo di lucro", p. 666; sobre o terceiro sector, cfr. SOLDATI, "Le organizzazioni non profit: alcune esperienze straniere a confronto", p. 545 e ss; REICHARD, "Der Dritte Sektor", p. 363 e ss; ENGEL, "Institutionen zwischen Staat und Markt", p. 1 e ss.

Apesar dos fins de interesse público que levam a efeito, os organismos do terceiro sector não se encontram a meio caminho entre o Estado e a Sociedade[36], não constituem instituições híbridas[37], nem integram a incerta categoria da "administração social"[38]. Trata-se de entidades privadas que emergem da Sociedade, a qual, no nosso tempo, é aberta e plural: aí nascem e aí se expandem, dedicando-se *livremente*, no exercício da sua autonomia privada, à procura da satisfação de interesses colectivos[39]. São, em princípio, reguladas pelo direito privado geral e, naturalmente, é através das formas do direito privado que se relacionam com terceiros. Mas, por se dedicarem de forma desinteressada ao bem comum e ao desempenho de actividades que também se incluem no âmbito da responsabilidade do Estado, podem ser objecto de um reconhecimento oficial, como pessoas colectivas de utilidade pública[40]. Além disso, começa a ser normal e até frequente vê-las disciplinadas por um particular regime jurídico de controlo e de tutela pública[41]. Além da regulação e controlo público específicos a que estão sujeitos, os organismos privados sem fins lucrativos que se dediquem à realização de certos objectivos de solidariedade social beneficiam ainda do apoio do Estado: é o que prevê o artigo 63.º/5 da CRP[42].

Ao sector das actividades de interesse público ou com relevância pública pertence ainda o ensino privado; emergindo da Sociedade e actuando claramente no sector privado, no exercício de direitos e liberdades consagradas na Constituição, as escolas privadas oficializadas (que conferem habilitações e títulos académicos com valor público e oficial) são objecto de uma regulação pública particularmente intensa[43]. Trata-se,

---

[36] Cfr. REICHARD, Ob. cit., p. 383.

[37] Cfr. ENGEL, Ob. cit., p. 16 e ss.

[38] Segundo uma doutrina mais antiga, "administração social" seria a "administração proveniente da livre iniciativa das forças sociais"; cfr. FOÀ, Ob. cit., p. 667.

[39] Cfr. SCOTTI, *Il pubblico servizio (tra tradizione nazionale e prospettive europee)*, p. 107.

[40] Decreto-Lei n.º 460/77, de 7 de Novembro; sobre as pessoas colectivas de utilidade pública, cfr. Diogo Freitas do AMARAL, *Curso*, I, cit., p. 566 e ss; Marcelo Rebelo de SOUSA, *Lições*, cit., p. 412 e ss. Referindo-se à sujeição das entidades do "terceiro sector" a uma disciplina especial de tipo propulsivo, cujo núcleo central continua a ser a liberdade e a autonomia privada, cfr. SCOTTI, Ob. cit., p. 107.

[41] Neste sentido, cfr. LEONDINI, Ob. cit., p. 65.

[42] Em especial, sobre o subvencionamento do associativismo privado, cfr. RIGANO, Ob. cit., p. 221.

[43] Sobre o ensino privado e as escolas privadas, cfr., *infra*, Cap. II.

aqui como noutras áreas, de uma dimensão do *Estado regulador*, que não pode demitir-se da responsabilidade de regulamentar e de supervisionar o exercício de actividades privadas de prestação de serviços da maior relevância para os cidadãos e respectivos direitos.

Também por causa da óbvia relevância pública que revestem, certas profissões privadas estão sujeitas a específicos sistemas públicos de controlo (quanto ao acesso e ao exercício da profissão). É o que se verifica com certas *profissões privadas regulamentadas*, designadamente as profissões "ordenadas" ou "colegiadas em câmaras profissionais"[44], as quais, vivendo em sistema de auto-regulação pública[45], podem designar-se como *profissões liberais auto-reguladas*. Apesar da intensa regulação pública a que os seus titulares ficam sujeitos, imposta pelo facto de exercerem actividades de inequívoco interesse público, como a advocacia, a medicina ou a revisão de contas, trata-se de profissões privadas, da esfera da autonomia privada (regulada)[46]. Esses profissionais não são, pois, titulares de profissões públicas, no sentido em que, em si mesma e no seu núcleo distintivo, a profissão não corresponde ao exercício de uma função pública, mas antes ao desempenho de uma actividade privada (de interesse público), livre, não apropriada pelo Estado[47]. A situação já

---

[44] Trata-se das profissões que a doutrina alemã designa "profissões estadualmente vinculadas"; cfr. Vital MOREIRA, *Auto-Regulação, cit.*, p. 261; João Pacheco de AMORIM, *A Liberdade de Profissão*, p. 720.

O facto de o texto fazer referência a *certas* profissões privadas regulamentadas decorre de existir na lei portuguesa uma definição de profissão regulamentada (para efeitos de assegurar a livre circulação de pessoas na Comunidade Europeia) – "*a actividade profissional ou conjunto de actividades profissionais cujo acesso esteja subordinado à posse de um diploma ou cujo exercício se processe a coberto de um título profissional reservado a quem satisfaça certas condições de qualificação*" (Decreto-Lei n.º 289/91, de 10 de Agosto, alterado pelos Decretos-Leis n.º 396/99, e 71/2003, de 10 de Abril).

[45] Cfr. Vital MOREIRA, *Administração Autónoma, cit.*, especial. p. 403 e ss, e *Auto-Regulação, cit.*, especial., p. 257 e ss.

[46] O que vale também para certas profissões privadas que a lei apelida de "oficiais": cfr., *infra*, Parte II, Cap. I.

[47] A doutrina mais antiga (no início do século, TRIEPEL) considerava os titulares das profissões privadas regulamentadas como *semi-funcionários* ("Halbbeamte"), sugerindo-se que tais profissionais se situavam algures entre os *funcionários* e os *particulares* (cfr. ZANOBINI, "L'esercizio", *cit.*, p. 339). Mais tarde, RUPP, *Privateigentum, cit.*, p. 16[27], e LEISNER, "Öffentliches Amt und Berufsfreiheit", p. 197 e ss, defenderam que esses profissionais seriam titulares de ofícios públicos fora de uma relação de emprego público.

O facto de, como se defende no texto, as profissões liberais auto-reguladas deverem qualficar-se como profissões privadas não significa que, acessoriamente, os profissionais

apresenta outros contornos no caso das *profissões públicas independentes* (exercidas fora de uma relação de emprego público), como a profissão "liberal" de *notário*: a actividade profissional, como um todo ou pelo menos no seu núcleo caracterizador e distintivo, corresponde ao exercício de uma função pública, delegada em profissionais independentes[48].

Salvo o caso especial das profissões públicas independentes, é claro que, para nós, sem embargo da (auto-)regulação pública a que ficam sujeitas e de, em certas ordens jurídicas, o acesso à profissão se fazer por um *acto de nomeação* de uma instância administrativa (diferente da Ordem ou Câmara), as *profissões liberais auto-reguladas* não representam o exercício privado de uma função pública; os seus titulares exercem actividades de interesse público ou com relevância pública que o Estado *deixou* na Sociedade[49]. Não procede por isso a tese que advoga ser o titular dessas profissões uma espécie de concessionário de serviço público[50].

Os exemplos expostos ilustram com muita clareza o fenómeno da complexificação do tópico da prossecução de interesses públicos e demonstram que o Estado não tem um monopólio do interesse público[51]. O Estado e, em geral, a Administração Pública são os legítimos depositários do "intérêt général", mas, na verdade, não têm o exclusivo do seu exercício ou da sua satisfação[52].

---

não apareçam investidos de funções públicas conexas com o exercício das profissões respectivas: assim, por ex., os médicos estão investidos de funções públicas de certificação (de óbito); cfr. Paulo OTERO, *O Poder de Substituição*, cit., p. 61.

[48] Cfr. HOFFMANN, "Die Verstaatlichung von Berufen", p. 458; STEINER, *Öffentliche*, cit., p. 102 e ss – os dois Autores chamam a atenção para a diferença entre as *profissões privadas regulamentadas* e as *profissões públicas exercidas fora de uma relação de emprego público*, como é o caso da profissão de notário: embora profissional independente, o notário assume-se como *titular independente de um ofício público* e exerce portanto uma actividade apropriada pelo Estado; justamente por isso, toda a doutrina o integra na categoria "dos Beliehenen" (por todos, cfr. WOLFF/BACHOF/STOBER, Ob. cit., 3, p. 512): a profissão de notário não é apenas regulamentada como *profissão privada*; constitui uma verdadeira *profissão pública*. Na doutrina portuguesa, sobre as profissões consubstanciadoras de um exercício privado de funções públicas, cfr. João Pacheco de AMORIM, *A Liberdade,* cit., p. 719 e ss.

[49] Cfr. MICHAELIS, Ob. cit., p. 86; DAGTOGLOU, "Die Beteiligung", cit., p. 532; HEIMBURG, Ob. cit., p. 110.

[50] Sobre esse entendimento, cfr. Vital MOREIRA, *Auto-Regulação,* cit., p. 279; João Pacheco de AMORIM, Ob. cit., p., 723.

[51] "Der Staat hat kein Gemeinwohlmonopol"; cfr. WEISS, *Privatisierung*, cit., p. 22.

[52] Cfr. BROUSSOLLE, *apud* IZQUIERDO CARRASCO, "Algunas cuestiones", cit., p. 376.

Mais recentemente, as políticas de implementação de um certo "rolling back" e de emagrecimento do Estado Administrativo, no sentido da sua transformação num Estado essencialmente regulador e vigilante[53], vêm também contribuindo, de forma aliás decisiva, para o aumento da participação do sector privado no cumprimento de tarefas de interesse público. Além de algumas premissas ideológicas ("quanto menos Estado, melhor") e de uma fetichista glorificação da eficiência económica e dos valores do mercado, a percepção do potencial endógeno da Sociedade[54] – do potencial administrativo dos privados[55] – é uma explicação fundamental para certas vertentes do processo de privatização de responsabilidades (tradicionalmente) públicas. Nessa dinâmica de eferência ou de externalização dos fins estaduais[56], há sinais muito nítidos de um deliberado "aproveitamento"[57], "mobilização"[58] e activação[59] da auto-regulação privada e da capacidade dos particulares para a realização de objectivos e de fins públicos[60].

No novo cenário do *Estado activador*[61], o particular não é o mero *súbdito* do Estado-polícia, não é o *cidadão socialmente descomprometido* do Estado liberal e também já não é o simples *utente* dos serviços do Estado social; pelo contrário, ele assume ou é convocado a assumir um novo papel de *actor* que partilha com o Estado a missão de realizar o

---

[53] No sentido de que a privatização aumenta as tarefas de regulação, de controlo e de vigilância, cfr. RIVERO ORTEGA, *El Estado vigilante*, cit., p. 28 e ss.

[54] Cfr. VOSSKUHLE, "«Concetti chiave»", cit., p. 747, e "Gesetzgeberische", cit., p. 50.

[55] Cfr. OSSENBÜHL, "Die Erfüllung", cit., p. 148; SCHUPPERT, *Die Erfüllung öffentlicher Aufgaben durch verselbständigte Verwaltungseinheiten*, p. 138.

[56] Referindo-se à externalização dos fins estaduais e à deslocação para a esfera privada da responsabilidade pela prossecução de interesses públicos como processos de descarga do Estado, cfr. DI FABIO, "Verwaltung und Verwaltungsrecht zwischen gesellschaftlicher Selbstregulierung und staatlicher Steuerung", pp. 240 e 263.

[57] Cfr. TRUTE, "Die Verwaltung und das Verwaltungsrecht zwischen gesellschaftlicher Selbstregulierung und staatlicher Steuerung", p. 954.

[58] Cfr. BURGI, "Die Funktion des Verfahrenrechts in privatisierten Bereichen", p. 164

[59] Sobre esta ideia de "activação do potencial privado", cfr. OSSENBÜHL, "Die Erfüllung", cit. p. 148; VOSSKUHLE, "Concetti", cit., p. 746; SCHUPPERT, "Das Konzept der regulierten Selbstregulierung als Bestandteil einer als Regelungswissenschaft verstandenen Rechtswissenschaft", p. 248.

[60] Cfr. FREEMAN, "The private role", cit., p. 549.

[61] Cfr. VOSSKUHLE, "Concetti", cit., p. 707.

interesse público[62]. Está aqui suposto, sim, o particular no seu estatuto de cidadão comprometido, empenhado e socialmente responsável (o "citoyen" e não o "bourgeois"), que procura e aceita contribuir para a realização do bem comum[63].

2. Privatização de responsabilidades públicas e activação de responsabilidades privadas

Privatização e responsabilidade são noções essenciais do direito administrativo contemporâneo, que nos remetem para o complexo processo – que se iniciou nas duas últimas décadas do século XX – de reconfiguração do papel e da posição do Estado e da Administração Pública. A "partilha de responsabilidades entre Estado e actores privados", a que este capítulo se refere como uma das coordenadas jurídicas da actualidade, é uma directa implicação do que se designa por *processo de privatização*. Todavia, a importância actual do papel dos privados na prossecução de interesses públicos não resulta apenas do processo de privatização de responsabilidades e de tarefas públicas. De uma importância também decisiva reveste-se a designada "activação de responsabilidades privadas".

2.1. *Privatização*

Sem ser novo[64], o fenómeno de privatização iniciado nos últimos anos do século XX suscita, pela sua dimensão e pelo seu impacto na vida

---

[62] Sobre a relação entre os "tipos de Estado" e os "tipos de cidadãos", cfr. SCHUPPERT, "Das Konzept", cit., p. 202.

[63] Para a distinção entre o "citoyen" e o "bourgeois", cfr. J.J. Gomes CANOTILHO, *Direito Constitucional e Teoria da Constituição*, p. 226; BADURA, "Die parlamentarische Demokratie", p. 980; MÖSTL, *Die staatliche Garantie für die öffentliche Sicherheit und Ordnung*, p. 316

[64] Neste sentido, cfr. Paulo OTERO, "Coordenadas", cit., p. 2 e ss ("a privatização da Administração Pública é uma realidade muito anterior ao século XX ou mesmo ao liberalismo"); KÖNIG, "Entwicklung der Privatisierung in der Bundesrepublik Deutschland", p. 241 e ss, que situa as primeiras manifestações da privatização de tarefas públicas na passagem do Estado mercantilista para o Estado liberal, HAGEMEISTER, Ob. cit., p. 33 e ss; AKKERMANS, "Privatisation: a survey", p. 15 ("a privatização não é uma realidade recente, estando relacionada com o próprio conceito de Estado").

dos cidadãos, preocupações sociais e jurídicas que justificam plenamente o relevo que o debate político lhe tem dedicado[65] e que explicam o facto de o direito público continuar a fazer dele um "tema de moda"[66].

Como em geral se assinala, privatização é um termo que aponta para um conceito complexo, confuso, vago e indeterminado, um "fuzzy concept"[67]: o facto de se tratar de uma noção com um significado opaco[68] resulta em grande medida da variedade de aplicações e de significados que ela pode ter na linguagem jurídica e, mais ainda, fora dela[69]. Não obstante, há um significado genérico e corrente que vê a privatização como "transferência de um bem público ou de uma actividade pública para o sector privado"[70]. Nesse sentido – que na verdade se refere à "autêntica privatização"[71] –, a privatização apresenta-se, pois, como um fenómeno que se verifica no contexto de um processo iniciado, provocado ou promovido por um acto de uma entidade pública, tendo por objecto uma operação de deslocação, que é, no caso vertente, a da titularidade de um bem público ou de uma actividade pública do sector público para o sector privado[72]. Um tal processo pressupõe uma prévia *publicatio* do bem ou da actividade envolvida, metamorfoseando-se em *despublicatio*, mediante o acto oposto de privatização.

Desta acepção genérica resultam duas modalidades de privatização: a *privatização patrimonial* e a *privatização de tarefas*[73].

---

[65] Quanto à importância, ao significado e ao impacto político da privatização, cfr., além de KÖNIG, Ob. cit., p. 268; SCHOCH, "Privatisierung von Verwaltungsaufgaben", cit., p. 965 (que localiza o fenómeno entre a ideologia e as necessidades reais); BAUER, "Privatisierung von Verwaltungsaufgaben", p. 245 e ss; HENGSTSCHLÄGER, "Privatisierung von Verwaltungsaufgaben", p. 166 e ss; ARIÑO ORTIZ, *Principios de derecho público económico*, p. 439.

[66] Cfr. RONELLENFITSCH, "Staat und Markt: Rechtliche Grenzen einer Privatisierung kommunaler Aufgaben", p. 705.

[67] Cfr. STARR, "The meaning of privatization", p. 6.

[68] Cfr. WEISS, *Privatisierung*, cit., p. 28.

[69] Cfr. MINOW, Ob. cit., p. 1230.

[70] Para o conceito genérico de privatização, cfr. Paulo OTERO, "Coordenadas", cit., p. 8 ("privatizar" tem sempre o significado de tornar privado algo que antes o não era); MARTIN-RETORTILLO, "Sentido y formas de la privatización de la Administración Pública", cit., p. 20 e ss; RONELLENFITSCH, "Staat", cit., p. 708; FOIS, "Servizi e interessi tra privatizzazioni e regolazione pubblica", p. 24.

[71] Cfr. RONELLENFITSCH, "Staat", cit., p. 708; HENGSTSCHLÄGER, Ob. cit., p. 170[16].

[72] Cfr. BURGI, *Funktionale Privatisierung*, cit., p. 11.

[73] Sobre estas formas de *privatização*, cfr. Paulo OTERO, "Coordenadas", cit., p. 37 e ss; VITZTHUM, "Gemeinderechtliche Grenzen der Privatisierung kommunaler Wirtschafts-

A primeira identifica a transferência, por um negócio de alienação, de bens públicos ou de empresas públicas para entidades particulares[74]. Esta forma clássica de privatização[75] envolve, de acordo com uma expressão usada no Reino Unido, uma espécie de "venda das jóias da família"[76]. Passando o bem ou a empresa para o sector privado, pode dizer-se que há, nesse caso, uma *privatização patrimonial material* ou *autêntica*, ocorrência distinta da *privatização patrimonial apenas formal*, que sucede, por ex., quando um bem é desafectado do domínio público para ingressar no património privado da Administração ou quando se transforma uma entidade pública empresarial numa sociedade constituída nos termos da lei comercial[77].

Por seu lado, a privatização de tarefas indica o processo de deslocação de uma tarefa ou função pública para o sector privado; na fórmula anglo-saxónica, a privatização significa "to move public functions into private hands"[78]. A actividade envolvida, que antes se assumia como pública, passa, por força da medida de privatização, a pertencer ao domínio da Sociedade. Pode falar-se aqui de *despublicização*, de *desintervenção* ou de *renúncia* pública à titularidade da tarefa. A privatização pode ser *total*, nos casos em que o Estado abandona completamente a tarefa (foi o que se passou, por ex., com a abolição dos controlos preventivos da segurança técnica de produtos industriais e com muitos dos tradicionais serviços públicos), ou *parcial*, nos casos em que ela é atribuída à

---

unternehmen", p. 586 e ss; KÖNIG, "Die Übertragung öffentlicher Aufgaben: Eine europäische Sicht", p. 237; SCHOCH, "Privatisierung", cit., p. 962 e ss; BAUER, "Privatisierung", *cit.*, p. 251; OSTERLOH, *Privatisierung von Verwaltungsaufgaben*, pp. 210 e 223; SCHMIDT, "Die Privatisierung öffentlicher Aufgaben", p. 212, e "Der Übergang öffentlicher Aufgabenerfüllung in private Rechtsformen", p. 347; SCHUPPERT, "Die öffentliche Verwaltung im Kooperationsspektrum staatlicher und privater Aufgabenerfüllung: zum Denken in Verantwortungsstufen", p. 416 e ss; ARIÑO ORTIZ, Ob. cit., p. 440; MARTIN-RETORTILLO, "Sentido", cit., p. 20 e ss; TRONCOSO REIGADA, Ob. cit., p 42 e ss.

[74] Em especial, sobre a privatização de empresas públicas, cfr. CASSESE, "Le privatizzazioni in Italia", p. 32 e ss; DURUPTY, "Le privatizzazioni in Francia", p. 44 e ss; WRIGHT, "Le privatizzazioni in Gran Bretagna", p. 86 e ss.

[75] Cfr. SCHMIDT, "Die Privatisierung", cit., p. 212.

[76] Cfr. SCHUPPERT, "Die öffentliche Verwaltung", cit., p. 416.

[77] Cfr. Vital MOREIRA, *Administração Autónoma,* cit., p. 290; Paulo OTERO, "Coordenadas", cit., p. 14.

[78] Cfr. MINOW, Ob. cit., p. 1230.

iniciativa privada, embora se mantenha a obrigação de o Estado a executar também. Nessas hipóteses, em que está implicado um "take over"
da tarefa pelo sector privado[79], há portanto uma *privatização material de
tarefas (públicas)*.

Nas situações referidas e, sobretudo, na privatização material de
tarefas, há uma decisão pública que efectua a *despublicatio* da actividade,
a qual deixa de ser do Estado (ou apenas do Estado) e passa (ou passa
também) a pertencer aos privados.

Enquanto processo de deslocação de tarefas baseado numa decisão
pública expressa, a privatização material a que nos vimos referindo distingue-se da designada *privatização de facto, dissimulada* ou *implícita*[80].
Trata-se, agora, de uma privatização não baseada numa decisão pública
aberta e *frontal*[81] de abdicação, mas, em vez disso, num "processo silencioso" de desocupação pública, com a consequente ocupação por actores
privados[82]. Ou seja, sem realizar uma transferência expressa para o sector
privado, o Estado simplesmente renuncia, de forma mais ou menos silen-
ciosa, oculta e clandestina, à execução completa de certas missões, levando
os actores privados a ter de assumir responsabilidades próprias, por vezes
em áreas de "intervenção natural do Estado"[83]. A privatização implícita pode
ainda resultar, não do abandono, mas de uma "erosão da qualidade dos
serviços públicos"[84]: esta circunstância tem também o efeito de activar as
responsabilidades privadas e de favorecer o "mercado", ao criar a convicção
social de que o Estado não se encontra em condições de produzir, em quantidade e qualidade, certos serviços de que os cidadãos carecem[85].

---

[79] Cfr. SCHUPPERT, "Die öffentliche Verwaltung", cit., p. 417.

[80] Cfr. BUHCK, *Überwachungsgemeinschaften im Umweltrecht*, p. 211, que usa
esses conceitos para explicar a actuação de associações privadas oficialmente reconhecidas no domínio da fiscalização ambiental; falando, nesse caso, de uma "privatização
indirecta de tarefas", cfr. TRONCOSO REIGADA, Ob. cit., p. 44.

[81] Cfr. GONZALEZ-VARAS IBAÑEZ, "El desarollo de una idea de *colaboración* en el
derecho administrativo, con el ejemplo de la seguridad privada y otros", p. 208.

[82] Sobre este processo silencioso de desocupação (de "privatização de facto") e a
circunstância de ele criar as condições para o crescimento da intervenção da segurança
privada em espaços públicos, cfr. GUSY, "Polizei und private Sicherheitdienste im öffentlichen Raum", p. 353 e ss.

[83] Referindo-se à execução por particulares de tarefas *abandonadas* pelo Estado,
cfr. STEINER, *Öffentliche*, cit., p. 107 e ss.

[84] Cfr. CREVELD, Ob. cit., pp. 337 e 417.

[85] Assim, o défice da actuação do Estado na garantia da segurança pública promove
o crescimento da segurança privada; cfr. SCHOCH, "Polizei- und Ordnungsrecht", p. 128;

Outra forma ou modalidade de privatização ocorre *no âmbito da execução de tarefas públicas*. Trata-se de uma estratégia de privatização que apresenta um interesse directo para o presente trabalho, visto localizar-se exactamente nesse âmbito a figura jurídica do exercício privado de poderes públicos da função administrativa: ao contrário da privatização material e como o denuncia logo a própria locução, esta modalidade pressupõe a entrada de actores privados na execução de tarefas que permanecem *públicas*. Poderemos encontrar aí uma privatização *funcional* ou uma privatização *orgânica* (cfr. *infra*, Cap. III).

O – pouco – que acaba de dizer-se, sobre o complexo fenómeno da privatização, permite-nos já perceber que são bastante diferentes os problemas jurídicos que cada modalidade de privatização coloca, nomeadamente, quanto à própria possibilidade ou aos limites do âmbito do processo de deslocação. É, por isso, incorrecto fornecer uma resposta global e uniforme para problemas que se concebem substancialmente diversos e que reclamam ponderações jurídicas diferenciadas[86]. Assim, por ex., a privatização no domínio da execução de tarefas públicas pode aceitar-se no contexto da execução de tarefas (*v.g.*, verificação da velocidade a que circulam os veículos nas vias públicas para efeitos de aplicação de sanções) em que seria porventura impensável uma privatização material. Por conseguinte, há que ter alguns cuidados com o sentido atribuído ao conceito de privatização na afirmação, tantas vezes proferida, de que há funções e tarefas que, pela sua essencialidade para a ideia de Estado, não podem ser privatizadas[87]: teremos de concluir, porventura, que se trata de asserções que valem apenas para certas modalidades de privatização.

---

sobre a "Vakuum-These", cfr. Pitschas, "Verantwortungsteilung in der inneren Sicherheit", p. 137; Möstl, Ob. cit., p. 291.

[86] Neste sentido, a propósito das missões de fiscalização no sector do ambiente, considerando que a privatização material é impensável, embroa se afigurem viáveis formas de privatização funcional, cfr. Laskowski, "Die funktionelle Privatisierung staatlicher Überwachungsaufgaben – Überwachungsmodell zwischen unternehmerischer Eigenverantwortung und staatlicher Gewährleistungverantwortung", p. 320.

[87] Sobre a insusceptibilidade da privatização das tarefas estreitamente associadas ao conceito de Estado, cfr. Trute, "The after privatization", cit., p. 211.

2.1.1. *Privatização material de tarefas como processo*

A pensar sobretudo na privatização material de tarefas, a doutrina tem-se referido ao "processo de privatização" ou à ideia da "privatização como um processo", para acentuar o facto de a deslocação de tarefas públicas para o sector privado não se realizar por obra de um "acto isolado", mas, em vez disso, ocorrer no contexto de um fenómeno que se desenrola por fases ou etapas[88].

Um tal processo inicia-se por uma primeira fase de *preparação* ou de *planificação*, destinada a avaliar os benefícios e os custos e a considerar as possibilidades, os termos e os limites da privatização projectada. Do ponto de vista jurídico, são analisadas e ponderadas as *determinantes*[89] e as *directrizes*[90] da privatização, ou seja, os factores jurídicos e as indicações supra-legislativas, de natureza metaconstitucional, de direito constitucional positivo (*v.g.*, estrutura da Administração, princípio da legalidade, cláusulas constitucionais do Estado social, direitos fundamentais) e de direito comunitário. Dessas determinantes e directrizes pode resultar a proibição de privatização de determinadas tarefas (*v.g.*, em virtude do monopólio estadual do emprego legítimo da força) e, em sentido oposto, eventualmente, a imposição de privatização (*v.g.*, por força de um "princípio de privaticidade"[91/92] ou de regras de direito

---

[88] Cfr. BAUER, "Privatisierung", cit., p. 254; TRUTE, "The after privatization", cit., p. 218; KÄMMERER, "Verfassungsstaat auf Diät?", p. 1043, e *Privatisierung*, cit., p. 87 e ss.

[89] Cfr. KÄMMERER, *Privatisierung*, cit., p. 88 e ss.

[90] Cfr. SCHOCH, "Privatisierung", cit., p. 969 e ss; BAUER, "Privatisierung", cit., p. 259 e ss;, *Privatisierung und notwendige Staatsaufgaben*, p. 340 e ss.

[91] O conceito de "privaticidade", correspondendo ao vocábulo germânico "Privatheit", refere-se à esfera privada, ao domínio próprio dos cidadãos e à autonomia individual. Propomos essa tradução pelo facto de ao substantivo *privacidade*, eventualmente mais adequado em termos linguísticos, ser geralmente atribuído – de acordo com a sua origem (do inglês "privacy") – um significado (intimidade, vida íntima) que não capta correctamente o sentido de "Privatheit"; cfr., no entanto, J.C. Vieira de ANDRADE, *Os Direitos Fundamentais na Constituição Portuguesa de 1976*, p. 63, que fala de um "direito à privacidade" com o sentido de direito à intimidade. De resto, com o significado que lhe atribuímos, o conceito de privaticidade já não é desconhecido na bibliografia portuguesa; cfr. Baptista MACHADO, Ob. cit., p. 11: "(...) as organizações de direito privado emergem da sua pura privaticidade para cooperar na resolução de problemas que caem hoje no âmbito da esfera pública (...)".

[92] No sentido em que um "primado da privaticidade" – afinal um outro nome do *princípio da subsidiariedade* nas relações entre o Estado e a Sociedade – resulta de uma constituição que garante a propriedade privada e consagra as liberdades de profissão e de

comunitário[93]) ou simplesmente a expressa declaração da possibilidade de privatização. Por outro lado, o facto de a privatização se apresentar como um processo de resultado incerto exige que nesta fase de planificação se efectue um prognóstico sobre as suas previsíveis consequências, projectando-se, por isso, um regime que previna ou amorteça os efeitos negativos que a operação de privatização possa desencadear[94].

Num segundo momento ou fase, tem lugar a decisão ou medida de privatização, que será, em princípio, uma iniciativa de natureza legislativa. A tarefa envolvida é então confiada à esfera privada: os actores privados passam a *poder* exercê-la ou, nos casos de "privatização forçada" ou "imposta", passam a *dever* exercê-la.

Após a decisão, inicia-se a "fase subsequente" ou da pós-privatização ("after privatization"), fase de duração indeterminada durante a qual vão verificar-se os efeitos ou as consequências da medida de privatização.

---

associação, cfr. SCHACHTSCHNEIDER, "Der Anspruch auf materiale Privatisierung", cit., p. 62 e ss; cfr. ainda SODAN, "Vorrang der Privatheit als Prinzip der Wirtschaftsverfassung", p. 361 e ss; WEISS, *Privatisierung*, cit., p. 128 e ss.

[93] Apesar da ausência de uma referência normativa expressa ao fenómeno da privatização e da proclamada "neutralidade" em tudo o que se refere ao regime da propriedade nos Estados-membros (artigo 295.º do Tratado CE), reconhece-se actualmente que o direito comunitário tem desempenhado um papel decisivo no processo de privatização (*v.g.*, dos tradicionais "grandes serviços públicos" e de certas funções públicas de natureza autoritária). Não se tratou apenas de criar um "clima favorável à privatização", mas, em certos casos, as regras comunitárias foram mais longe, impndo mesmo a *desmonopolização*, a *liberalização* e a *devolução ao mercado* de funções e serviços públicos. Pode mesmo falar-se, nesses casos, de uma "obrigação de privatização" imposta pelo direito comunitário aos Estados-membros (foi, claramente, assim no sector das comunicações: cfr. Pedro GONÇALVES, *Direito das Telecomunicações*, cit., p. 37 e ss). Noutras situações, sem impor expressamente a privatização, o direito comunitário procedeu à liberalização de funções públicas: assim aconteceu, por ex., na liberalização da certificação técnica de produtos abrangidos pelas directivas da "nova abordagem". A criação de um mercado liberalizado da certificação favoreceu a retirada do Estado do sector das tradicionais homologações públicas. Em face desses dados (e outros poderiam ser acrescentados), diremos que é, no mínimo, ingénuo continuar a falar-se de neutralidade do direito comunitário em tudo o que se refere à delimitação da esfera de intervenção do Estado e à repartição de responsabilidades entre o Estado e a Sociedade. Sobre a influência do direito comunitário nos processos de privatização, cfr. Paulo OTERO, "Coordenadas", cit., p. 51; WEISS, *Privatisierung*, cit. p. 348 e ss, e "Europarecht und Privatisierung", p. 91 e ss; KÄMMERER, "Privatisierung", cit., p. 90 e ss, e "Verfassungsstaat", cit., p. 1045; BAUER, "Privatisierung", cit., p. 259 e ss.

[94] Cfr. KÄMMERER, *Privatisierung*, cit., p. 85.

Ora, ao contrário do que poderia supor-se, do facto de o Estado se des-
vincular da titularidade de uma certa tarefa, confiando-a à Sociedade e
ao mercado, não resulta – sempre – a sua indiferença em relação aos
resultados que essa mesma tarefa deve continuar a produzir. É por essa
razão que a terceira fase do processo de privatização pode estar na génese
da instituição de um "dever público estadual de gestão das consequências da privatização"[95] ou de uma específica "responsabilidade pública
consequente da privatização"[96].

2.1.2. Fase pós-privatização: "dever estadual de garantia"

Na fase pós-privatização, a tarefa que é objecto de deslocação passa
a ser executada por actores privados, no exercício de liberdades e de
direitos fundamentais (em princípio, o direito de iniciativa económica
privada) ou então no cumprimento de novos deveres legais; em qualquer
caso, a função é remetida para os privados, para a *auto-regulação privada* e, em princípio, executada no âmbito do direito e da regulação
privada, de natureza geral.

Como se sabe, o processo de privatização material significou a
transferência para o sector privado de tarefas de importância social assaz
diferente, revelando-se, em muitos casos, claro que estava aí envolvida
uma verdadeira *externalização de fins estaduais*, e não apenas uma devolução à Sociedade de tarefas intrinsecamente privadas, objecto de uma
publicatio decorrente de excessos socializantes[97]. Mais do que simplesmente "deixar" certas tarefas na esfera da Sociedade, a privatização
material foi em muitos casos – e ainda continua a ser – um expediente de
"descarga"[98] e de "substituição"[99] do Estado pelos privados na respon-

---

[95] Cfr. KÄMMERER, *ibidem*, p. 426 e ss.

[96] Cfr. BURGI, "Die Funktion", cit., p. 163.

[97] No sentido de que os actuais processos de privatização representam movimentos
contrários a certas formas históricas de publicização contingente, mas também o avanço
da intromissão de elementos privados em áreas administrativas clássicas, cfr. LEISNER,
Die undefinierbare Verwaltung, p. 132 e ss.

[98] A ideia de que as tarefas privadas de interesse público constituem o resultado de
uma descarga ou devolução do Estado é destacada por Rogério Ehrhardt SOARES, *Direito
Público*, cit., pp. 94, e 109; assim como, no direito alemão, por OSSENBÜHL, "Die Erfüllung",
cit., p. 149; HAGEMEISTER, Ob. cit., p. 25 (que se referem a actividades privadas devolvidas pelo Estado); KIRBERGER, Ob. cit., p. 51 e ss (que considera todas as tarefas de
interesse público um meio de provocar uma "Staatsentlastung"); DI FABIO, *Verwaltung*

sabilidade pela realização de objectivos e pela produção de bens públicos, que correspondem a missões públicas tradicionais (*v.g.*, serviços públicos económicos ligados às indústrias de rede), algumas delas normalmente executadas em contexto autoritário (*v.g.*, certificação de produtos, controlo preventivo da legalidade de operações urbanísticas e controlo da segurança em certos locais).

A privatização material estendeu-se pois para zonas claramente abrangidas por um "dever estadual de garantia": com esta fórmula, pretende-se representar *o dever ou a incumbência constitucionalmente imposta ao Estado de "garantir" ou de "assegurar" a realização de certos fins* (*v.g.*, defesa dos direitos dos cidadãos, promoção do bem-estar, segurança, fornecimento de serviços essenciais)[100].

Ora, o juízo segundo o qual o "dever estadual de garantia" não reclama, *em todos os casos,* uma responsabilidade do Estado no plano executivo só se tornou plausível após se concluir que, no "after privatization", o Estado ficaria em condições de continuar a assumir a sua indeclinável responsabilidade jurídico-constitucional pela realização dos fins e dos interesses protegidos pela garantia.

Por outras palavras, o processo de privatização não poderia acarretar a abolição dos compromissos essenciais do Estado nos capítulos da realização de interesses públicos de primeira ordem, da tutela dos direitos dos cidadãos ou do princípio do estado social[101]. Como observa Gomes Canotilho, a transferência de tarefas para os sujeitos privados não significou um abandono da responsabilidade estatal perante os com-

---

und Verwaltungsrecht, cit., p. 241 (segundo o qual certas formas de *auto-regulação privada* – autocontrolos, controlos de terceiros – são o resultado de um processo de externalização dos fins estaduais, que origina uma "Entlastung" da *execução administrativa*).

[99] A explicação das tarefas privadas de interesse público por meio de conceitos que também servem para explicar os processos de privatização da execução de tarefas públicas é por vezes levada tão longe que há quem entenda que os particulares se assumem, nos dois casos, como *substitutos da Administração*: neste sentido, cfr. HEIMBURG, Ob. cit., pp. 60 e 139; FRENZ, Ob. cit., p. 48 e ss.

Para esses autores, o conceito de substituição administrativa ("Verwaltungssubstitution") aplica-se ao exercício privado de *tarefas públicas* e, ainda, à execução privada de *tarefas de interesse público.*

[100] Sobre o conceito de garantia estadual (da segurança e ordem pública), cfr. MÖSTL, Ob. cit., pp. 118 e ss, e 318 e ss.

[101] WEISS, *Privatisierung,* cit., p. 204.

promissos com o interesse público inerente à realização do princípio da socialidade[102] e de outros fins constitucionais do Estado. Ou seja, o "dever estadual de garantia" – que alguns reconduzem ao dever público de protecção dos direitos fundamentais –, sem excluir a possibilidade de deslocação de tarefas públicas para o sector privado e o incentivo e a activação da auto-regulação privada, reclama, contudo, o envolvimento do Estado na fase pós-privatização, exigindo dele uma intervenção tanto mais empenhada quanto maior é o risco que o processo de privatização representa para a realização dos direitos fundamentais ou de outras finalidades e objectivos do Estado[103].

Em face do que acaba de ser dito, parece indiscutível que o processo de privatização reduziu as responsabilidades públicas, mas não eliminou o papel e as funções do Estado[104], que, no mínimo, passou a ter a missão de gerir as consequências da privatização[105]. Se é verdade que dele resultou a deslocação para o sector privado de muitas tarefas públicas tradicionais, revela-se também inquestionável que esse processo fica ainda associado ao aparecimento de novas tarefas públicas do Estado: regulação e supervisão das actuações privadas[106].

Para representar a essência do momento pós-privatização, nas áreas abrangidas pela garantia estadual, a doutrina tem lançado mão de uma profusa semântica – "cooperação", "articulação", "combinação", "conjugação de esforços", "parceria" e "acção concertada" –, que nos sugere a ideia de "divisão do trabalho" entre Estado e actores privados. Na nova gramática, um tópico ocupa um lugar de destaque: *partilha de responsabilidades entre Estado e actores privados.*

De facto, na medida em que a privatização material se expandiu para áreas abrangidas pela "garantia estadual" e correspondeu, portanto, a uma externalização de fins estaduais, os actores privados viram-se

---

[102] Cfr. J.J. Gomes CANOTILHO, *Direito Constitucional*, cit., p. 353.

[103] Cfr. SCHMIDT-PREUSS, "Verwaltung und Verwaltungsrecht zwischen gesellschaftlicher Selbstregulierung und staatlicher Steuerung", p. 172; no mesmo sentido, PAREJO ALFONSO, "El Estado social administrativo: algunas reflexiones sobre la «crisis» de las prestaciones y los servicios públicos", p. 221 e ss.

[104] Cfr. SCHUPPERT, "Rückzug des Staates?", cit., p. 766; HUBER, "Weniger Staat im Umweltschutz", p. 490; PAREJO ALFONSO, Ob. cit., p. 221.

[105] Sobre a regulação como gestão das consequências da privatização, cfr. KÄMMERER, *Privatisierung*, cit., p. 489; sobre as responsabilidades subsequentes à privatização, cfr. BAUER, "Privatisierung", cit., p. 279.

[106] Cfr. GRAMM, *Privatisierung*, cit., p. 179.

investidos de um papel decisivo (executivo) na concretização de interesses, na produção de bens e na realização de finalidades e objectivos que o Estado tem o dever constitucional de garantir. É, neste sentido, exacto reconhecer que a privatização material se apresentou também como uma estratégia de *partilha de responsabilidades entre o Estado e os actores* privados. Trata-se de uma "partilha" ou "divisão do trabalho" que confia aos actores privados "novas" tarefas e responsabilidades (privadas) e coloca o Estado numa posição de garante ("Garantenstellung"), investido de "novas" incumbências de regulação pública.

Dessa partilha ou divisão resultaram, então, as novas "tarefas executadas em cooperação"[107], conceito que mistura tarefas e responsabilidades públicas com tarefas e responsabilidades privadas ("Public-Private-Mix"). Como alguns autores afirmam, essa lógica de cooperação representa uma "nova forma de interacção entre Estado e Sociedade"[108], em que, por indução e sob a orientação e a fiscalização do Estado, os privados assumem a posição de actores no cenário da realização do interesse público[109].

2.2. *Activação e reforço das responsabilidades privadas*

Entre as estratégias de emagrecimento do Estado contam-se naturalmente formas variadas de fomento e de indução da auto-regulação privada para a prossecução de interesses públicos: explica-se assim que a doutrina fale de uma "auto-regulação privada provocada, activada ou induzida pelo Estado"[110]. Está aí bem presente o já referido interesse do Estado em aproveitar o "potencial endógeno da Sociedade" e a "capacidade dos actores privados para prosseguir fins públicos".

Ao contrário do que porventura pode aparentar, o crescimento das missões privadas de prossecução de interesses públicos não se apresenta

---

[107] Cfr. TRUTE, "Wechselseitige Verzahnungen von öffentlichem und privatem Recht", pp. 182 e 197.

[108] Cfr. SOUVIRON MORENILLA, "Sobre la administración pública y el derecho administrativo: en torno a la sustantividad del derecho administrativo y su vis expansiva", p. 137.

[109] Cfr. WEISS, "Beteiligung Privater", cit., p. 1172.

[110] Cfr. FRANZIUS, *Die Herausbildung der Instrumente indirekter Verhaltenssteuerung im Umweltrecht der Bundesrepublik Deutschland*, p.107.

sempre como o resultado de uma deslocação e privatização material de tarefas públicas. De facto, ele pode resultar simplesmente da activação e do reforço de uma responsabilidade própria dos privados, no âmbito da sua esfera de actuação: é o que se passa, por ex., com a instituição de deveres de autoprotecção[111] ou de deveres de contratar auditores internos, encarregados do controlo ambiental, ou com o estímulo à adesão das empresas a sistemas de garantia da qualidade. Os particulares são assim induzidos (ou obrigados) a assumir as "suas" responsabilidades próprias, quer na defesa dos seus direitos e interesses próprios, quer na protecção de interesses da colectividade[112]. Teoricamente, a acção que desenvolvem nesse âmbito não substitui a acção do Estado[113], sendo de supor que o resultado da estratégia da activação se reconduz a um efectivo *alargamento* das tarefas de protecção de interesses públicos (por ex., de protecção da segurança ou ambiente)[114]: numa palavra, não há um "jogo de soma zero", porquanto o espaço que os particulares ocupam não é, pelo menos formalmente, abandonado pelo Estado.

Na mera activação da responsabilidade dos privados, o Estado faz, portanto, apelo às capacidades privadas e aos instrumentos de acção do direito privado, quer através do estímulo ou mesmo da imposição do exercício de faculdades já integradas nos direitos dos cidadãos[115], quer através da concretização legislativa de deveres constitucionais (por ex., o dever de protecção do ambiente: artigo 66.º/1 da CRP)[116], quer por meio da criação de deveres legais novos.

---

[111] Cfr. MÖSTL, Ob. cit., p. 310. A "privatização de funções públicas de segurança" não se confunde com a "segurança privada de bens jurídicos", porquanto, neste caso, está envolvida a execução de uma tarefa que pertence à esfera dos particulares e que não resulta de uma transferência do Estado; nesse sentido, cfr. GUSY, "Rechtsgüterschutz als Staatsaufgabe", p. 582.

[112] Referindo-se à assunção, pelos cidadãos e empresas, de responsabilidades próprias de fiscalização como uma "perspectiva de futuro", cfr. LASKOWSKY, Ob. cit., p. 318 e ss.

[113] A activação pode mesmo verificar-se no domínio das tarefas públicas necessárias e irrenunciáveis: tarefas necessárias são todas as que o Estado tem de executar, mas não necessariamente sozinho; cfr. GRAMM, Ob. cit., pp. 29 e 340.

[114] Neste sentido, a propósito do dever de contratar auditores internos, cfr. RONELLEN-FITSCH, *Selbstverantwortung und Deregulierung im Ordnungs- und Umweltrecht*, p. 33.

[115] Este aspecto é muito claro nos casos de reforço da responsabilidade de autoprotecção em que os privados são chamados a exercer "direitos" de defesa dos seus direitos individuais: MÖSTL, Ob. cit., pp. 299 e 310.

[116] OSTERLOH, Ob. cit., p. 225; WEISS, *Privatisierung*, cit., p. 45.

A activação de novas responsabilidades privadas também pode resultar – neste caso, de forma relativamente anómala – da já referida *privatização implícita* ou *de facto*. A emergência de "espaços vazios", como consequência da inércia pública, representa uma oportunidade para a criação de novos "mercados" onde se vendem e compram serviços tradicionalmente produzidos apenas pelo Estado (*v.g.*, serviços de segurança de pessoas e bens[117]).

Na medida em que no processo de activação de responsabilidades privadas estão envolvidos interesses e objectivos incluídos no *dever estadual de garantia,* o Estado não pode deixar de assumir o dever de assegurar o cumprimento das responsabilidades privadas.

2.3. *Diversificação dos graus de responsabilidade pública*

De uso corrente e hoje até popularizado, o conceito de *responsabilidade pública*, com um valor e um significado inicial essencialmente descritivo ou heurístico[118], tem sido usado pela doutrina para indicar todo o espectro de tarefas públicas, bem como para explicar as diversas modalidades ou graus de intensidade da intervenção administrativa pública na vida social[119]. No contexto dessas novas "teorias da responsabilidade"[120], o conceito assume o significado de incumbência, competência, comportamento devido e imposto a um sujeito por um sistema de normas e de valores[121]. Mas, além disso, responsabilidade pública significa também que uma determinada entidade [o Estado] "é responsável" e, por isso,

---

[117] Sobre a "mercadorização" da segurança pública, cfr. HETZER, "Ökonomisierung der Inneren Sicherheit?", p. 20 e ss; NITZ, *Private und öffentliche Sicherheit*, cit., p. 99.

[118] Sobre as virtudes heurísticas do conceito de *responsabilidade* (designadamente, para a compreensão do conceito de *tarefas públicas*), cfr. SCHMIDT-ASSMANN, "Zur Reform des allgemeinen Verwaltungsrechts", p. 44; TRUTE, "Wechselseitige"*,* cit., p. 198; BURGI, *Funktionale Privatisierung,* cit., p. 64; apresentando-a como uma *noção fundamental* no debate sobre o processo de reforma da Administração e do seu direito, cfr. SCHMIDT, "Die Reform von Verwaltung und Verwaltungsrecht", p. 157 e ss.

[119] Cfr. SCHMIDT-ASSMANN, *Das allgemeine Verwaltungsrecht als Ordnungsidee,* p. 154.

[120] Cfr. KÄMMERER, *Privatisierung,* cit., p. 433.

[121] PITSCHAS, *Verwaltungsverantwortung und Verwaltungsverfahren*, p. 10; sobre os elementos do conceito de responsabilidade, cfr. VOSSKUHLE, "Gesetzgeberische", cit., p. 53 e ss.

"tem de responder" pelo dever que sobre ele pende de realizar certos resultados e de tutelar determinados interesses[122].

Como já dissemos, o processo de privatização teve como consequência uma redução das responsabilidades públicas. Porém, se se atender também ao que já referimos sobre o dever público de gerir a fase pós-privatização, talvez se conclua que a expressão mais rigorosa para caracterizar a transformação e a reconfiguração do papel do Estado é a que assinala, não tanto uma redução, mas, mais exactamente, uma "diversificação das responsabilidades públicas"[123].

Com efeito, na época liberal, o espaço social encontrava-se repartido por duas esferas: a *esfera pública*, correspondente à prossecução do interesse público, de intervenção exclusiva do Estado, e a *esfera privada*, de realização de meros interesses privados, na qual o Estado não intervinha senão para criar as condições legais para o livre exercício dos direitos e liberdades dos cidadãos. As responsabilidades públicas dividiam-se e esgotavam-se em dois pólos ou extremos: uma "responsabilidade de base e de enquadramento geral", exercida ao nível legislativo e concretizada na elaboração de uma estrutura regulatória (de direito privado e direito público sancionatório) de consagração dos direitos e das liberdades dos cidadãos e de previsão de processos de resolução de conflitos; uma "responsabilidade de execução", em cujo âmbito o Estado assumia, através dos seus órgãos e serviços (em *régie*) ou então por terceiros, a execução de determinadas actividades e tarefas, primeiro no âmbito da administração policial e, depois, no da administração de infra-estrutura e de serviço público[124]. O Estado social do século XX não alterou essa estrutura bipolarizada, limitando-se essencialmente a acentuar a responsabilidade de execução.

O processo de privatização iniciado nos últimos anos do século XX, ao abrir a porta à entrada de actores privados no cenário da realização dos fins estaduais e da prossecução de interesses públicos incluídos na

---

[122] Cfr. HÜBNER, *Die Eigenverantwortlichkeit von Unternehmen im US-amerikanischen Umweltrecht*, p. 31.

[123] Neste sentido, cfr. HUBER, "Weniger Staat", cit., p. 491 e ss.

[124] Sobre este sistema (clássico) de dupla responsabilidade, cfr. SCHMIDT-ASSMANN, "Zur Reform des allgemeinen Verwaltungsrechts", cit., p. 45 e ss, e *Das allgemeine Verwaltungsrecht,* cit, p. 154; HOFFMANN-RIEM, "Verfahrensprivatisierung als Modernisierung", p. 230; e "Tendenzen", cit., p. 440 e ss; SEIDEL, Ob. cit., p. 14; WALLERATH, Ob. cit., p. 216; WEISS, "Beteiligung Privater", cit., p. 1173.

"garantia estadual", implicou uma alteração significativa, criando as condições para a emergência de uma nova categoria de responsabilidade pública, situada entre os dois pólos ou extremos tradicionais: a "responsabilidade pública de garantia".

Além da "responsabilidade de base e de enquadramento geral" de todas as actividades privadas (regulação estadual e tutela da autonomia privada), o Estado assume, no sector dos interesses e fins abrangidos pelo "dever de garantia", ou uma "responsabilidade de execução" das tarefas (públicas) que prosseguem aqueles interesses e fins ou, enveredando pela via da privatização material, uma "responsabilidade de garantia".

2.3.1. Responsabilidade pública de execução

No cumprimento do "dever de garantia", o Estado pode ter a oportunidade de optar por atribuir na íntegra certas tarefas de realização de fins de interesse público a privados, mas também pode decidir executá--las por si mesmo: nesta eventualidade, ele assume então uma "responsabilidade pública de execução". De resto, em certos casos, o Estado não dispõe sequer desse poder de escolha, estando, portanto, obrigado a assumir directamente a execução de certas missões: é assim com as "tarefas públicas necessárias"[125].

Apesar de vivermos o tempo de um certo esbatimento do Estado, enquanto produtor e prestador de serviços, afigura-se todavia indiscutível que ele mantém ainda uma extensa responsabilidade de execução: estão aí envolvidas *tarefas públicas de natureza administrativa*, que pertencem (exclusivamente ou em concorrência com o sector privado) ao Estado e cujos sistemas de execução são por ele organizados.

O sector das responsabilidades públicas de execução corresponde pois à intervenção directa, executiva e operacional do Estado na realização do interesse público: a lei confia ao Estado e, em geral, à Administração Pública a cura directa e imediata do interesse público. Mas, note--se, daí não decorre a exclusão da contribuição dos particulares, havendo um espaço generoso para formas variadas de cooperação e de parceria entre público e privado, no contexto do que nós designamos como "privatização no domínio da execução de tarefas públicas".

---

[125] Sobre os conceitos de "tarefas públicas necessárias" e "exclusivas", cfr., *infra*, Cap. II.

Embora se trate de matéria a que vai regressar-se, esclarece-se desde já que a responsabilidade de execução deve ser desdobrada, no plano da sua estrutura interna, em três níveis ou patamares: acolhendo a sugestão de Martin Burgi, temos então *(i)* a gestão ou direcção global da tarefa, *(ii)* a sua preparação e *(iii)* a sua implementação ou execução material[126]. Em geral, em todos esses níveis ou patamares, podem intervir particulares, embora não seja despiciendo sublinhar que, se ela ocorrer no primeiro nível, a intervenção pressupõe a transferência da "gestão ou direcção global da tarefa pública". Neste caso, de *privatização orgânica* e de *delegação de tarefas públicas*, que constitui ainda um processo de partilha de responsabilidades, o Estado fica colocado numa "posição de garante", sendo remetido, nos termos que veremos, para uma "responsabilidade de garantia pela execução de uma tarefa pública" (distinta da responsabilidade pública de garantia a que nos referimos a seguir).

2.3.2. *Responsabilidade pública de garantia*

Como vimos acima, o processo de privatização material de tarefas deslocou para o sector privado actividades e incumbências claramente situadas na área do chamado "dever estadual de garantia": assim, por ex., a imposição legal de "deveres de autoprotecção" ou de "deveres de controlo" de entrada no mercado de produtos perigosos para a saúde ou para o ambiente representa a deslocação para os privados de tarefas e incumbências claramente associadas ao dever estadual de garantir a segurança e a ordem pública e de proteger a saúde e o ambiente. Apesar de estarem aí envolvidos assuntos e matérias claramente *associadas* a tarefas públicas "necessárias" ou "obrigatórias", assinala-se que o facto de não se tratar de tarefas "exclusivas" ou em monopólio do Estado[127] abre a porta à entrada de actores privados e ao reforço da respectiva responsabilidade[128]. A deslocação de partes ou fracções dessas tarefas para os pri-

---

[126] Cfr. Burgi, *Funktionale Privatisierung*, cit., p. 160.

[127] Assim, *v.g.*, no âmbito da segurança, a protecção dos bens jurídicos individuais é uma tarefa com *dois titulares originários*: os cidadãos, no exercício dos seus direitos fundamentais, e o Estado, na execução do seu dever de protecção dos direitos fundamentais; cfr. Möstl, Ob. cit., p. 306; em sentido próximo, cfr. Gramm, Ob. cit., p. 125. Em geral, sobre a *garantia da segurança* (como gestão de riscos nos domínios da técnica) enquanto tarefa partilhada pelo Estado e pela Sociedade, cfr. Stoll, *Sicherheit als Aufgabe von Staat und Gesellschaft*, p. 13 e ss.

[128] Cfr. Burgi, *Funktionale Privatisierung*, cit., p. 88.

vados pode, então, constituir ainda um meio de o Estado cumprir o seu "dever de garantia"[129].

Contudo, para que isso seja viável, impõe-se que o Estado assuma um grau de responsabilidade compatível com o seu dever institucional. Ora, isso implica um compromisso mais exigente e empenhado do que o pressuposto na mera responsabilidade de base e de enquadramento geral das actividades privadas. É neste contexto que se fala de "responsabilidade pública de garantia". Como a doutrina assinala, no âmbito do "dever estadual de garantia", a opção que pode ter lugar situa-se necessariamente entre os pólos da responsabilidade de execução e da responsabilidade de garantia[130].

Essa responsabilidade pressupõe, portanto, a privatização material de uma (ou de segmentos de uma) tarefa ou então a activação da responsabilidade própria dos privados em áreas relacionadas com o cumprimento de fins estaduais. Em qualquer caso, aos particulares, que actuam no "âmbito e com os instrumentos do direito privado", passa a caber – de forma voluntária ou imposta – a responsabilidade de executar tarefas de interesse público e de o fazerem em conformidade com parâmetros e objectivos prévia e legalmente fixados. A directa realização de fins públicos passa para os particulares sendo, por vezes, nos termos de uma "market-style competition"[131] que eles desenvolvem actividades de produção de bens e serviços que respondem a exigências essenciais da colectividade. E não se pense que estão aí envolvidas apenas actividades correspondentes aos tradicionais serviços públicos económicos. Actualmente, tarefas como a segurança de pessoas e bens são executadas, em larga medida, nos termos do direito privado, por empresas privadas (em busca do lucro)[132].

A entrega de tais incumbências e tarefas aos actores privados, que as cumprem e executam num contexto de auto-regulação, reclama, contudo, a intervenção concomitante do Estado, que, em vez de se despedir ou de "bater em retirada"[133], é chamado a ocupar uma posição institu-

---

[129] Cfr. MÖSTL, Ob. cit., p. 318.

[130] Cfr. WEISS, "Beteiligung", cit., p. 1175.

[131] Cfr. MINOW, Ob. cit., p. 1230.

[132] Diz-se, a esse respeito, que a segurança privada é, hoje, um componente essencial do sistema de segurança interna; cfr. PITSCHAS, "Gefahrenabwehr durch private Sicherheitsdienste?", p. 394 e ss.

[133] Cfr. SCHUPPERT, "Rückzug des Staates?", cit., p. 766.

cional de garante da prossecução do interesse público[134]. Apesar de se exonerar da incumbência de produzir – ou de produzir em exclusivo – determinados bens públicos e de, pelos seus próprios meios e sob a sua responsabilidade directa, alcançar certos resultados, o Estado não se demite do dever geral de *assegurar* ou *garantir* que os actores privados produzem aqueles bens e, em geral, cumprem as incumbências que lhes são cometidas para se alcançarem os resultados pretendidos: satisfação do interesse público e das necessidades da colectividade[135]. Pode, por isso, dizer-se que a responsabilidade de garantia equivale também a uma "responsabilidade pelos resultados da cooperação entre Estado e privados"[136].

Neste nível ou grau da responsabilidade[137], o papel do Estado não assume um carácter ou natureza executivos ou operativos, no sentido em que, em si mesma, a execução da tarefa (ou de parte dela) deixa de pertencer às suas missões[138]: não lhe cabe executar, mas apenas viabilizar a execução (*enabling* em vez de *providing*[139]). Daí não decorre, contudo, que, mesmo nesse contexto, o Estado não tenha de desempenhar

---

[134] O conceito de *posição de garante da prossecução do interesse público* foi usado inicialmente por GALLWAS, Ob. cit., pp. 211 e ss e 229 e ss: refere-se o Autor aos deveres de actuação que impendem sobre a Administração Pública de controlar as actividades privadas vinculadas à prossecução de interesses públicos. Pouco tempo depois, seria recuperado por TIEMANN, "Verfassungsrechtliche und Finanzwirtschaftliche Aspekte der Entstaatlichung öffentlicher Leistungen", p. 184, para indicar a garantia do Estado social no contexto do processo de desestadualização que então se iniciava. Hoje, o conceito de "posição de garante" (ou de "garantia pública") tem duas aplicações: por um lado, para representar as incumbências do Estado em relação às tarefas privadas de interesse público; por outro, para explicar as suas responsabilidades em relação às tarefas públicas cuja execução delega em entidades privadas; sobre isso, cfr. SEIDEL, Ob. cit., p. 54 e ss.

[135] Cfr. RIVERO ORTEGA, *El Estado vigilante*, cit., p. 28.

[136] Cfr. TRUTE, "Wechselseitige", cit., p. 199; referindo-se a uma responsabilidade de execução *ou* pelo resultado, cfr. HOFFMANN-RIEM, "Tendenzen", cit., p. 442.

[137] Na Alemanha, a ideia de *responsabilidade de garantia* foi mesmo objecto de consagração constitucional, pelo menos nos artigos 87–E, IV, e 87–F, I, onde a *GG* estabelece o dever de a Federação garantir certos resultados no sector dos transportes ferroviários e no dos correios e das telecomunicações – chamando a atenção para essa *posição de garante* concretizada constitucionalmente, cfr. KÄMMERER, "Verfassungsstaat", cit., p. 1048.

[138] Cfr. WEISS, *Privatisierung*, cit., p. 292.

[139] Cfr. SCHUPPERT, "Die öffentliche Verwaltung", cit., p. 424; HOFFMANN-RIEM, "Tendenzen", cit., p. 441.

também um papel executivo. De facto, e como já se percebeu, esta é uma zona mista, de partilha de responsabilidades, em que há tarefas privadas e tarefas públicas: "tarefas privadas de execução", por um lado, e "tarefas públicas de regulação", por outro.

A regulação – num sentido amplo, que abrange o estabelecimento de regras para um determinado sector de actividade ("regulação normativa"), a respectiva implementação ou aplicação, a vigilância ou fiscalização do acatamento delas pelos destinatários, bem como a punição dos infractores ("regulação administrativa")[140] – constitui, na verdade, o instrumento fundamental da responsabilidade de garantia e a expressão do compromisso social do *Estado regulador*, do "Estado social de regulação"[141].

No desempenho das suas incumbências de regulação pública, cabe ao Estado o dever de definir as regras, os *standards* e os padrões por que se devem reger as actuações privadas de interesse público, podendo, designadamente, incluir a prescrição de exigências no plano da organização interna das entidades privadas (imposição de "deveres de organização" que assegurem uma actuação imparcial) e a imposição de controlos internos ou externos. Essa regulação dirigida aos actores privados (*regulação de direito privado*) deverá aparecer, em muitos casos, inspirada por valores de direito público. Por outro lado, o Estado pode ser responsável pelo controlo do acesso ao mercado das entidades que vão prestar serviços de interesse público (*v.g.*, serviços de interesse económico geral, de certificação e de segurança), bem como pela fiscalização permanente e atenta da actuação de tais entidades (*v.g.*, submetendo a testes oficiais produtos que foram objecto de certificação privada[142] ou, em segunda linha, controlando os organismos privados que se dedicam a

---

[140] Cfr. Vital MOREIRA, *Auto-Regulação*, cit., p. 35 e ss; Pedro GONÇALVES, "Regulação das Telecomunicações", p. 9.

[141] Cfr. J.J. Gomes CANOTILHO, *Direito*, cit., p. 315; KÄMMERER, *Privatisierung*, cit., p. 479 e ss. O conceito de regulação que adoptamos inclui as duas variantes ou dimensões da responsabilidade pública de garantia a que a doutrina costuma referir-se: regulação e fiscalização; cfr. WEISS, *Privatisierung*, cit., p. 300 e ss; CANNIVÉ, *Infrastrukturgewährleistung in der Telekommunikation zwischen Staat und Markt*, p. 68 e ss; SCHUPPERT, "Die öffentliche Verwaltung", cit., p. 425 e ss.

[142] Sobre a necessidade de apurar os mecanismos de controlo estadual sobre as actividades (e as empresas) privatizadas, cfr. MORISON, "Privatisation and the new politics of control", p. 117 e ss; em geral, sobre a intervenção pública na fase do pós-privatização, cfr. TRUTE, "The after privatization", cit., p. 211 e ss.

tarefas de controlo externo de actividades privadas: "controlo do controlo"[143]. De um ponto de vista normativo ou regulamentar, a dita *regulação pública* surge formada por um misto de normas jurídicas estaduais (*hoc sensu*, públicas) de *direito privado* (normas dirigidas a particulares) e de *direito público administrativo* (normas dirigidas à Administração)[144].

Por fim, uma outra dimensão da posição de garante que o Estado vem a ocupar neste domínio é a que decorre de uma "responsabilidade subsidiária" ou "supletiva" que ele também tem de assumir[145]. Usando, como Schuppert[146], uma linguagem desportiva, este nível de responsabilidade refere-se a uma solução que só é activada depois de se verificar que os actores privados não dão a desejada resposta às exigências de interesse público (cumprimento defeituoso das responsabilidades privadas). Trata-se de uma responsabilidade de execução "em estado latente", associada a uma espécie de "opção de resgate", de "retrocesso"[147] ou de "desprivatização"[148] da tarefa, deslocando a incumbência de a executar do sector privado para o Estado[149].

3. Auto-regulação privada publicamente regulada

A partilha das incumbências de prossecução do interesse público entre o Estado e os privados, através da deslocação de tarefas públicas (no âmbito de processos de privatização material) e da activação e reforço da responsabilidade própria dos privados, apresenta benefícios assina-

---

[143] Sobre este "Kontrolle der Kontrolle", cfr. SCHMIDT-PREUSS, "Verwaltung und Verwaltungsrecht", cit., p. 173 e ss.

[144] A chamada de atenção para a dupla natureza jurídica das normas que compõem a *regulação pública* ou *estadual* pretende evitar o equívoco resultante da confusão entre *direito estadual* e *direito público*: as normas do *direito estadual* dirigidas aos particulares (a quaisquer particulares) que se encontrem nas circunstâncias nelas previstas são *normas estaduais (públicas) de direito privado*.

[145] Ao contrário do que é corrente numa parte da literatura alemã (cfr., por ex., SCHUPPERT, "Die öffentliche Verwaltung", cit., p. 423 e ss.), não autonomizamos a responsabilidade subsidiária em face da responsabilidade de garantia; no mesmo sentido, cfr. MÖSTL, Ob. cit., p. 328.

[146] Cfr. SCHUPPERT, "Die öffentliche Verwaltung", cit., p. 426.

[147] Cfr. SCHMIDT-PREUSS, "Verwaltung", cit., p. 174, fala a propósito de uma "Zugriffsoption".

[148] Cfr. KÄMMERER, *Privatisierung*, cit., p. 60.

[149] Cfr. HOFFMANN-RIEM, "Tendenzen", cit., p. 442.

láveis para o objectivo de redução do *Government overload*[150]. Todavia, e como já explicámos a propósito do dever estadual de garantia, o processo de redução da intervenção pública não significa exactamente um abandono ou uma indiferença do Estado pelos resultados obtidos no âmbito da auto-regulação privada. Para controlar tais resultados, o Estado desenvolve uma tarefa de supervisão e de regulação das actuações privadas.

Uma vez que é o próprio Estado a incentivar ou a activar as novas formas de actuação privada com fins de interesse público, compreende--se que o resultado do processo não se traduza no aparecimento de uma "acção privada desregulada": o conceito identifica uma esfera de acção em que os particulares actuam mais ou menos livremente, sob a incidência de uma regulação pública limitada e genérica, que, na prática, se limita a criar condições para o exercício dos direitos e das liberdades e a estabelecer restrições pontuais. Em vez disso, o que resulta do processo – e, acrescente-se, o que se deseja que dele resulte – é uma "auto-regulação privada publicamente regulada".

A "auto-regulação privada publicamente regulada" apresenta-se, pois, como um "conceito intermédio"[151], que procura identificar uma realidade situada entre os extremos da "acção privada desregulada" e da "direcção e planificação do Estado"[152]. A essência do conceito reside, portanto, na associação, na combinação ou na mistura entre a mera acção privada e a regulação pública ou estadual[153], remetendo-nos imediata-

---

[150] Cfr. STARR, "The meaning of privatization", cit., p. 27; DI FABIO, "Verwaltung", cit., p. 241.

[151] Cfr. SCHMIDT-ASSMANN, "Regulierte Selbstregulierung als Element verwaltungsrechtlicher Systembildung", p. 255.

[152] Cfr. SCHMIDT-PREUSS, "Verwaltung", cit., p. 162. Sobre o conceito de "auto--regulação regulada", cfr. ainda SCHMIDT-ASSMANN, "Regulierte", cit., p. 254 e ss; HOFFMANN-RIEM, "Ökologisch orientiertes Verwaltungsverfahrensrecht", p. 608; DI FABIO, "Verwaltung", cit., p. 238; BURGI, *Funktionale Privatisierung*, cit., p. 87 e ss; SEIDEL, Ob. cit., p. 21 e ss; VOSSKUHLE, "Gesetzgeberische", cit., p. 60 e ss; TRUTE, "Die Verwaltung", cit., p. 951 e ss; EHLERS, "Verwaltung und Verwaltungsrecht", cit., p. 28 e ss; FABER, *Gesellschaftliche Selbstregulierungssystem im Umweltrecht – unter besonderer Berücksichtigung der Selbstverpflichtungen*, p. 35 e ss; SCHMITZ, *Deregulierung und Privatisierung: Theoretische Steuerungskonzepte oder politische Schlagwörter?*, p. 15 e ss.

[153] Cfr. TRUTE, "Die Verwaltung", cit., p. 951; SCHMIDT-ASSMANN, "Regulierte", cit., p. 255; DI FABIO, "Verwaltung", cit., p. 238; em Portugal, referindo-se às "formas mistas de estruturas regulativas, nas quais a *auto-regulação privada* e a *intervenção pública regulativa* se combinam e ganham eficácia", cfr. J.J. Gomes CANOTILHO, *Direito*

mente para a ideia de Estado regulador[154]. Com Sérvulo Correia, pode afirmar-se que o "modelo misto" ou "combinado" de prossecução dos interesses públicos do "Estado orientador" decorre de terem sido "postas de lado as crenças nas virtualidades irrestritas tanto da «mão invisível» como da omnipotência estadual"[155].

O imperativo de regulação estadual prova estarem certos os que têm defendido que, apesar da privatização e de algumas metamorfoses inerentes, há uma *perpetuação* ou um *princípio de manutenção das tarefas públicas*[156]. O "regresso ao mercado" convive, tem de conviver, com a sobrevivência da atribuição indeclinável do Estado de garantir que as (novas) tarefas privadas de interesse público são executadas em certos termos e condições[157].

A fórmula auto-regulação privada publicamente regulada representa, assim, um fenómeno de associação ou de articulação entre a acção do Estado e a acção dos particulares em áreas ou sectores de actividade que interessam à colectividade e que participam da nota da "publicidade". A deslocação de tarefas tradicionalmente públicas para a Sociedade (privatização) e a activação do potencial privado para a realização de fins públicos não descomprometem o Estado, que mantém a responsabilidade de assegurar ou de garantir a realização daqueles fins, a prossecução do interesse público e a protecção dos direitos dos cidadãos.

O facto, verificável, de a auto-regulação privada regulada referenciar uma "zona intermédia" de partilha, de cooperação, de acção concertada e de conjugação de esforços do Estado e da Sociedade não significa, contudo, que ela represente uma "terceira esfera", que se caracterizaria por não ser pública, nem privada, mas "cinzenta" ou semi-pública e semi-privada, localizada algures entre as fronteiras do público e do privado[158]. Na nossa interpretação, as novas formas de auto-regulação

---

Constitucional, cit., p. 352. No direito espanhol, no mesmo sentido, cfr. ESTEVE PARDO, *Autorregulación (génesis e efectos)*, p. 158 e ss,

[154] Cfr. SCHUPPERT, "Das Konzept", cit., p. 221.

[155] Cfr. J.M. Sérvulo CORREIAT, "Acto administrativo e âmbito da jurisdição administrativa", p. 1161.

[156] Cfr. KÄMMERER, *Privatisierung*, cit., p. 409 e ss.

[157] Cfr. WEISS, *Privatisierung*, cit., p. 291.

[158] Sobre as "zone grigie", "rapporti di frontiera (…) al confine tra pubblico e privato", cfr. LEONARDIS, *Soggettività*, cit., p. 4; cfr. ainda, entre outros, TRUTE, "The after privatization", cit., p. 212.

privada regulada não reclamam a ruptura com a tradicional dicotomia entre público e privado, não estão na génese de uma nova "tricotomia"[159], nem identificam uma zona de concurso ou de "competência conjunta do Estado e da Sociedade"[160]. Ao contrário, a auto-regulação privada publicamente regulada pretende representar uma zona do espaço social caracterizada pela *complementaridade* e pela *cooperação* entre público e privado, cooperação, todavia, em que cada sector actua na sua esfera de responsabilidades, com funções próprias e diferenciadas: os actores públicos no exercício de funções públicas legislativas e administrativas (*regulação pública*), os actores privados na execução de actividades privadas e no exercício dos seus direitos e deveres (*auto-regulação privada*).

O que acabámos de explicitar acerca da distinção e da complementaridade dos papéis desempenhados por actores públicos e actores privados, no domínio das tarefas situadas na área da auto-regulação privada regulada, certificou-nos que esta não constitui uma "terceira esfera", situada entre os sectores público e privado, mas também já nos permite perceber que, do mesmo modo, não referencia uma área de "administração mista"[161], de "shared governance"[162], em que os particulares actuam quase como colaboradores do Estado, na realização dos fins institucionais deste (circunstância que justificaria e reclamaria a extensão da "província do direito administrativo" às actuações privadas reguladas[163]).

O que conduz a doutrina para esta "visão publicista" da auto-regulação privada publicamente regulada é sobretudo a percepção de um movimento de deslocação do sector público para o sector privado de matérias incluídas no núcleo duro e tradicional das atribuições estaduais (*v.g.*, manutenção da ordem e da segurança). Ora, sobre isso, cumpre recordar que a auto-regulação privada não tem crescido apenas à custa da privati-

---

[159] Cfr. ARONSON, Ob. cit., p. 69.

[160] A expressão é de Baptista MACHADO, Ob. cit., p. 12, que com ela pretende identificar a ideia de governação mediante discussão, negociação e compromisso.

[161] Cfr. ARONSON, Ob. cit., p. 52 ("a administração mista é a administração em que o Estado e os actores privados partilham papéis regulatórios"); FREEMAN, "Private role", cit., p. 546.

[162] Cfr. FREEMAN, "Private parties", cit., p. 817.

[163] Sobre a extensão da "província do direito administrativo", cfr., por todos, HUNT, Ob. cit., p. 27.

zação de tarefas: uma parte importante do espaço que ela ocupa representa o resultado de estratégias de activação das responsabilidades privadas.

Apesar disso, afigura-se contudo inquestionável o papel decisivo da privatização de tarefas na promoção da auto-regulação privada. Verifica-se, neste cenário, a efectiva deslocação de tarefas para a esfera dos particulares: o Estado não se limita a estimular ou a impor formas de auto-responsabilidade privada, vai mais longe e entrega aos particulares tarefas que vinham sendo por si executadas. Há aqui uma efectiva retracção do Estado[164], que promove a *substituição* da sua intervenção pela acção dos particulares. O "trânsito" ou "migração", que neste caso existe, da responsabilidade pela execução de tarefas que pertencem ao núcleo tradicional das tarefas públicas pode provocar algumas dúvidas sobre a verdadeira natureza do processo de privatização envolvido: é esse o sentido do debate que se tem colocado na Alemanha a propósito da identificação da verdadeira natureza do processo de privatização subsequente à abolição de controlos preventivos no domínio do urbanismo; segundo uma parte da doutrina, há, nesse caso, a mera privatização (funcional) da *execução* de uma tarefa pública (colaboração dos privados com a Administração), enquanto que, para outros, está aí envolvida a privatização material de incumbências de controlo. Independentemente dos contornos específicos do caso concreto, não nos parece que possam subsistir dúvidas sobre a qualificação do processo, sempre que seja claro que o Estado renuncia – ou abandona – à execução de uma concreta e determinada tarefa, deslocando a responsabilidade pela execução dela para os particulares e limitando-se a regulamentar e a fiscalizar a actuação destes: há aí uma privatização material e a consequente emergência de uma "auto--regulação privada publicamente regulada"[165].

Reforçando as responsabilidades dos particulares em zonas de intervenção tradicional dos poderes públicos, o movimento de eferência de fins estaduais que conduz à auto-regulação privada regulada não transforma os particulares em "órgãos auxiliares" do Estado, pelo que não há razão alguma para confundir os papéis dos vários actores ou a disciplina jurídica que regula as suas acções. Embora possa reconhecer-se que o facto de os particulares terem sido envolvidos na execução de tarefas

---

[164] Cfr. WEISS, *Privatisierung*, cit., p. 47.
[165] Cfr. SEIDEL, Ob. cit., p. 21; BURGI, "Der Beliehene", cit., p. 585.

tradicionalmente consideradas típica e irredutivelmente públicas pode diluir as fronteiras, outrora nítidas, entre público e privado[166], deve contudo sublinhar-se que, no âmbito da auto-regulação privada regulada, é pública apenas a regulação que disciplina e que se aplica à actuação dos particulares; a actividade que estes exercem pertence à esfera privada[167]. Remeter, nesse caso, a acção dos particulares para a esfera pública (e do direito público) traduz ainda o resultado de uma desactualizada visão dualista, segundo a qual onde há prossecução de interesses públicos, há necessariamente actuação pública, regulada pelo direito público.

Deste modo, cumpre chamar a atenção para a necessidade de evitar a referência à auto-regulação privada como uma nova forma de "auto--administração por particulares"[168], fórmula que se presta a evitáveis equívocos: a auto-administração representa uma categoria específica do direito público, da esfera pública, e o que aqui se tem em vista é a auto--regulação, no âmbito do direito privado e na esfera privada, da Sociedade (na fórmula sintética de Udo Di Fabio, "Selbstverwaltung ist Staat, Selbstregulierung bleibt Gesellschaft"[169])[170]. Os mesmos cuidados exige, quando utilizado neste âmbito, o conceito de "regulação administrativa privada"[171]: a auto-regulação privada regulada subentende a interacção e a conjugação entre uma auto-regulação *privada* e uma regulação *pública* (de direito privado e de direito público), mas não mistura nem funde os dois planos.

---

[166] Neste sentido, cfr. STARR, "The new life of liberal state", cit., p. 41.

[167] Cfr. WEISS, *Privatisierung*, cit., p. 45.

[168] Cfr. PASTORI, "Interesse pubblico e interessi privati fra procedimento, accordo e autoamministrazione", p. 1320: observa o Autor que a substituição dos controlos públicos por controlos privados é uma demonstração exemplar de como os fins públicos podem ser prosseguidos por particulares.

A auto-administração a que o texto se refere constitui uma forma de administração ou de regulação *privada*, não abrangida pelo conceito de *administração (pública) autónoma*, que é uma categoria jurídica de direito público, relacionada com tarefas públicas; cfr. HENDLER, "Das Prinzip Selbstverwaltung", p. 1145; Vital MOREIRA, *Administração Autónoma*, cit., p. 85; FABER, *Gesellschaftliche*, cit., p. 111 e ss.

[169] Cfr. DI FABIO, "Verwaltung", cit. p. 270.

[170] A tese aqui assumida – a administração autónoma como categoria específica de direito público – não é compartilhada pelos autores que alargam o conceito, de modo a abranger a auto-regulação privada: inclui-se nesta posição SCHUPPERT, "Selbstverwaltung als Beteiligung Privater an der Staatsverwaltung", p. 197 e ss (205).

[171] Cfr. José E. Figueiredo DIAS, "Que estratégia para o direito ambiental norte--americano do século XXI: o «cacete» ou a «cenoura»?", p. 337.

A auto-regulação privada publicamente regulada não é uma "mera auto-regulação privada" (espaço em que podem desenvolver-se formas independentes e auto-suficientes de regulação pelos interessados), mas também não é uma "auto-regulação pública delegada" (resultante de uma decisão política de descentralização da regulação pública).

Localizámos o fenómeno da auto-regulação privada publicamente regulada, mas ainda não conhecemos o conteúdo que esse invólucro esconde. Nas páginas que se seguem, procuraremos contactar com alguns desses conteúdos, dando natural destaque àqueles que estão mais próximos do tema sobre que esta dissertação versa. A exposição divide as novas formas de auto-regulação privada em dois grupos fundamentais: a auto-regulação privada desenvolvida por *impulso estadual* (onde se inclui a que é *imposta,* bem como a que é simplesmente *incentivada* pelo Estado) e a *auto-regulação privada organizada pelo Estado.*

3.1. *Auto-regulação privada desenvolvida por impulso estadual*

A auto-regulação privada pode ser o resultado de um processo determinado e induzido pelo Estado. Há, neste domínio, duas possibilidades: o direito estadual pode *impor* formas de auto-regulação privada ou apenas *estimular* ou *incentivar* os actores privados a desenvolverem actuações num certo sentido (adequado à realização de interesses públicos)[172].

3.1.1. *Auto-regulação privada imposta pelo Estado*

A contribuição dos particulares para a satisfação de interesses públicos pode ocorrer no desenvolvimento de uma actuação por eles desejada e organizada, fora de um qualquer incentivo ou estímulo exterior. No outro extremo estão os casos em que a contribuição resulta de uma imposição legislativa; nessa eventualidade, teremos então uma "contribuição privada forçada" para a realização de objectivos públicos[173],

---

[172] Sobre o *instrumentarium* de que o Estado se serve neste contexto, cfr. BURGI, "Die Funktion", cit., p. 165.
[173] Cfr. BURGI, *Funktionale Privatisierung*, cit., p. 90.

uma "privatização forçada"[174] ou "imposta"[175]. O instrumento público de que o Estado se serve neste contexto consiste na "imposição legal de deveres".

A imposição legal de deveres – configurada como estratégia incluída nas coordenadas jurídicas da actualidade – é um tema que nos interessa directamente por duas ordens de razões:

i) por um lado, pode apresentar-se como um instrumento a que o Estado recorre para activar as responsabilidades próprias dos particulares e para deslocar para o sector privado a execução de tarefas públicas (privatização material de tarefas); importa, contudo, notar que não se encontra excluída a possibilidade de o Estado impor deveres para obter dos particulares uma "colaboração forçada" com a Administração Pública (privatização *funcional* da execução de tarefas públicas);

ii) por outro lado, uma atenção especial tem de nos merecer a imposição de "deveres de autocontrolo" que colocam os interessados em exercer determinadas actividades (*v.g.*, na introdução de produtos no mercado ou na realização de operações urbanísticas) na situação de "terem de contratar" organismos privados para a prestação de serviços de controlo e de certificação – como veremos, contra o que tem defendido alguma doutrina, entendemos que esses organismos não estão investidos de funções públicas e de poderes públicos para a realização das acções de controlo e de certificação, actuando, sim, no âmbito do direito privado.

A conexão entre auto-regulação imposta e imposição de deveres jurídicos é óbvia; a exposição que se apresenta imediatamente a seguir pressupõe essa conexão.

Contudo, interessa não desconsiderar a utilização pelo Estado de técnicas de *imposição de facto* de actuações privadas que visam substituir ou, pelo menos, atenuar as incumbências públicas. Referimo-nos, mais uma vez, à chamada *privatização de facto* ou *implícita*, que, na verdade, pode colocar os particulares na situação fáctica de *terem de* cumprir certas missões de protecção de interesses (pessoais e de terceiros) em sectores em que o Estado tem claras responsabilidades de execução (e não apenas de garantia). É o que se verifica, por ex., no sector da segurança de bens e pessoas e manutenção da ordem pública.

---

[174] Cfr. BURGI, *Funktionale Privatisierung*, cit., p. 253.
[175] Cfr. GRAMM, *Privatisierung*, cit., p. 161.

Nesse sector, o Estado vem activando as responsabilidades privadas, através da *imposição de deveres jurídicos de autoprotecção* (cfr.
infra). Mas, além disso, pode acontecer que o Estado deixe a particulares
(de forma implícita e não frontal) o dever de protecção e de garantia da
segurança em certo locais de uso público. Caso paradigmático é o dos
grandes espaços comerciais de acesso livre ao público, que chegam a
incluir extensas zonas de circulação rodoviária. A "vigilância", o "policiamento" e até a regulação do trânsito são implicitamente "confiadas"
às empresas titulares ou gestoras desses espaços. A segurança dos clientes e do público que frequenta esses locais é garantida por empresas de
segurança privada, não por agentes públicos de autoridade. Como a doutrina explica, trata-se, nesse caso, de uma *deslocação fáctica* para particulares de funções públicas de segurança: o Estado não só abandona o
espaço, como não impõe abertamente às empresas que o gerem o dever
de garantir a segurança[176]. Pressupõe simplesmente que essas empresas
se encarregam de o fazer na qualidade de proprietárias e de interessadas
directas em oferecer segurança ao público[177].

3.1.1.1. Imposição legal de deveres

A imposição legal de deveres representa uma figura genérica do
direito público que a doutrina germânica tem tratado sobretudo no contexto dos sistemas de colaboração dos particulares com a Administração
Pública.

Autonomizada por H. P. Ipsen, a figura da imposição legal de deveres
começou por identificar uma espécie de requisição legal de particulares
para a execução de tarefas que traduzem a execução de uma função
pública[178]. Os particulares assumem, dessa forma, a posição de "órgãos

---

[176] Atente-se, todavia, ao disposto no artigo 4.º/5 da LSegPriv: "Os responsáveis
pelos espaços de acesso condicionado ao público que, pelas suas características, possam
ser considerados de elevado risco de segurança podem ser obrigados a adoptar um
sistema de segurança nos termos e condições a aprovar por despacho do Ministro da
Administração Interna".

[177] Sobre esta forma anómala de privatização das funções de segurança e de manutenção da ordem pública, cfr. KRÖLLS, "Privatisierung der öffentlichen Sicherheit in
Fußgängerzonen?", p. 233 e ss.

[178] Cfr. IPSEN, "Gesetzliche Bevorratungsverpflichtung Privater", especial. p. 417 e
ss. Os deveres a que a figura se refere são criados directamente por lei, não carecendo de
um acto de concretização para se tornarem efectivos; cfr. HEIMBURG, Ob. cit., p. 38.

auxiliares" da Administração Pública[179]. O que distingue essa específica modalidade de exercício privado da função pública[180] é a "requisição legal" e, portanto, "forçada" (e, em regra, gratuita), do particular para a execução de uma tarefa pública[181] por conta do Estado e da Administração[182].

Com algumas excepções e apesar de reconhecer a dificuldade de delimitar as fronteiras das "incumbências administrativas" envolvidas[183], a doutrina mais recente continua a aceitar a autonomia da figura da imposição legal de deveres com o fim de obter a contribuição dos particulares para a realização das funções do Estado[184]. Observa-se, contudo, que, mesmo nesse caso, a imposição se refere, não ao exercício privado de uma função pública, mas à imposição da execução de uma tarefa privada que visa contribuir directamente para a satisfação de um específico e concreto interesse do Estado e para a execução, por este, de uma função pública[185]. O caso mais óbvio é o do dever de efectuar a retenção na fonte de impostos e de outras contribuições públicas, situação que coloca os particulares na condição de "agentes auxiliares" e "forçados" do Estado no âmbito das funções públicas de arrecadação de receitas públicas e de cobrança de impostos[186]. Nessa hipótese, há, portanto, uma

---

Sobre a distinção entre deveres impostos directamente por lei e deveres impostos por acto administrativo com base na lei, cfr. FORSTHOFF, *Traité de droit administratif allemand*, p. 282 e ss.

[179] Cfr. IPSEN, Ob. cit., p. 418; FORSTHOFF, Ob. cit., p. 284.

[180] Defendem alguns que a imposição de deveres de colaboração integra, conjuntamente com a delegação de funções públicas em privados, um instituto jurídico autónomo ("öffentliche Indienststellung") que abrange todos os casos em que o Estado exerce as suas competências por intermédio de privados: cfr. GAUSE, Ob. cit., *passim*, especial. p. 52 e ss.

[181] Sobre estes deveres, cfr. Casalta NABAIS, *O Dever Fundamental de Pagar Impostos*, p. 85.

[182] Cfr. FORSTHOFF, Ob. cit., p. 285.

[183] Cfr. OSSENBÜHL, "Die Erfullung", cit., p. 155 e ss.

[184] Como dissemos, essa posição geral da doutrina conhece excepções. Assim, para WEISS, *Privatisierung*, cit., p. 45, a imposição de deveres representa sempre uma forma de *privatização material* e não um sistema de *privatização funcional de execução* de uma tarefa pública – segundo o Autor, a colaboração dos particulares com a Administração ocorre sempre no âmbito de um contrato, sendo, portanto, consentida.

[185] Sobre os "deveres constitucionais" (não legais) impostos no interesse do Estado, cfr. RUBIO LLORENTE, "Los deberes constitucionales", p. 17 e ss.

[186] Cfr. BURGI, *Funktionale Privatisierung*, cit., pp. 82 e ss, e 115 e ss.

"privatização imposta", mas uma privatização funcional, isto é, uma privatização no âmbito da execução de uma tarefa pública. A tarefa reveste natureza pública, mas os particulares auxiliam a Administração a executá-la com os instrumentos do direito privado e no desenrolar de relações de direito privado. Há, no caso, a "troca" de uma função pública por uma actividade privada[187]. A imposição do dever representa, pois, um processo de o Estado promover a sua substituição na execução de uma função por que é responsável.

A imposição de deveres de colaboração dos particulares com o Estado e a Administração Pública ("incumbências administrativas") não esgota todavia o instituto da imposição legal de deveres.

Sem contar com a *estranha* situação dos deveres impostos a particulares em benefício directo de outros particulares – como é o caso do dever imposto por lei às entidades empregadoras de procederem à dedução da *quota sindical* na retribuição dos trabalhadores e de efectuarem a respectiva entrega ao sindicato beneficiário (artigo 494.º do Código do Trabalho)[188] –, nem com certos *deveres de organização* (v.g., dever de uma entidade privada adoptar um certo formato organizativo, como no caso de certas associações privadas investidas de funções públicas), sem contar com essas hipóteses, dizíamos, a figura da imposição legal de deveres abrange os deveres impostos aos particulares por razões de interesse público geral, para a defesa de bens jurídicos colectivos ou públicos (v.g., defesa do ambiente[189]), assim como os deveres impostos para a defesa de bens jurídicos e de direitos do próprio onerado ou de terceiros (v.g., dever de adopção de um sistema de segurança e de vigilância).

Restringindo o seu âmbito aos *deveres de fazer* e excluindo dele os deveres impostos no interesse directo e imediato de organizações privadas (v.g., sindicatos), podemos distinguir, no instituto, três categorias fundamentais de deveres; assim, temos deveres que são impostos: *a)* com o fim de obter uma colaboração administrativa dos particulares; *b)* com o intuito de obter a protecção de interesses públicos gerais; *c)* com o objectivo de proteger os direitos e interesses do próprio onerado.

---

[187] Sobre a privatização funcional (no âmbito da execução de uma tarefa pública), cfr., *infra*, Cap. III.

[188] Que constitui um dever legal autónomo na hipótese de pedido expresso do trabalhador dirigido à entidade empregadora.

[189] Sobre o dever industrial de respeitar o ambiente, cfr. BERNARD-FRANK MACERA, *El deber*, cit., *passim*, especial. p. 110 e ss.

Tradicionalmente, a doutrina tem-se esforçado por estabelecer critérios que permitam distinguir os deveres de colaboração administrativa de todos os demais: no primeiro caso, teríamos "incumbências administrativas" e, portanto, uma participação (forçada) do particular na actividade administrativa; nos restantes, teríamos deveres de execução de tarefas privadas, por vezes designados meros "deveres administrativos"[190].

Compreende-se certamente a razão de ser desse esforço, pois, na imposição de deveres de colaboração, o particular é constrangido a colaborar com a Administração e a contribuir para a prossecução de específicos fins desta, situação que, sem dúvida, representa uma clara restrição de liberdades constitucionalmente consagradas[191]. Aliás, segundo alguns, quando não seja compensada financeiramente, uma tal imposição dificilmente passa o teste da conformidade constitucional[192].

Ora, aceitando-se aqui o relevo dessa distinção para certos efeitos (por ex., para delimitar a área da auto-regulação privada imposta em face da privatização funcional forçada), tem de se reconhecer todavia que, relativamente ao concreto problema da admissibilidade constitucional da imposição de deveres *enquanto restrição de direitos fundamentais*, a distinção essencial a efectuar-se é entre os deveres impostos por razões de interesse público [categorias *a)* e *b)*] e os que são impostos com o fim de obter a protecção de direitos e a realização de interesses do próprio onerado[193]. Só no primeiro caso poderá existir uma restrição que, como tal, haverá de respeitar os requisitos constitucionais da "restrição" dos direitos fundamentais[194]; já na segunda hipótese, estaremos, em princípio,

---

[190] Neste sentido, cfr. OSSENBÜHL, "Die Erfüllung", cit., p. 155 e ss; FORSTHOFF, Ob. cit., p. 284 e ss; STEINER, *Öffentliche,* cit., p. 198.

[191] Por todos, cfr. OSSENBÜHL, "Die Erfüllung", cit, p. 175 e ss; BURGI, *Funktionale Privatisierung,* cit., p. 256. Em Portugal, no mesmo sentido, cfr. Casalta NABAIS, *Direito Fiscal*, p. 341, afirmando que as tarefas de liquidação e cobrança de impostos exigidas às empresas "configuram verdadeiras restrições aos seus direitos fundamentais".

[192] Neste sentido, cfr. BURGI, *Funktionale Privatisierung,* cit., p. 260 e ss.

[193] Assim, cfr. OSTERLOH, Ob. cit., p. 224 e ss.

[194] Dizemos "poderá existir" por não ser de excluir a eventualidade de a imposição do dever representar a concretização de "limites imanentes" de direitos fundamentais: assim, por ex., o dever de proteger o ambiente (que, de resto, se encontra, como tal, expressamente formulado no texto constitucional) parece consistir num limite imanente da liberdade de profissão ou de iniciativa económica; neste sentido, considerando-o um "limite intrínseco" da liberdade de empresa, cfr. BERNARD-FRANK MACERA, *El deber*, cit., p. 111 e ss. Por outro lado, a imposição do dever pode também qualificar-se como

no domínio da "regulamentação" de direitos (exercício de profissão ou liberdade de empresa)[195].

Além dessa dimensão constitucional, que exige a articulação dos deveres legais com os direitos fundamentais enquanto *direitos de defesa*, há uma outra ainda relacionada com os direitos fundamentais, mas enquanto normas ou valores objectivos que estão na origem de *deveres de protecção estadual*[196]. Também deste ponto de vista, a imposição de deveres com o fim de obter a protecção de interesses públicos gerais [categoria *b)*], por ex. em domínios como a protecção da saúde ou da segurança pública, não pode deixar de se encontrar limitada. Estão aqui em causa, desde logo, tarefas estaduais necessárias e irrenunciáveis (*v.g.*, tarefas que envolvam o emprego da força para a defesa de direitos), das quais o Estado não pode dissociar-se. Por outro lado, mesmo aproveitando o espaço de privatização de tarefas ou de activação de responsabilidades privadas, o Estado não pode deixar de definir um regime jurídico que assegure o cumprimento do seu "dever de garantia" e de protecção dos direitos fundamentais de terceiros[197]. Isto mesmo vale para certos casos de imposição de deveres legais impostos para proteger os direitos e a realização de interesses do próprio onerado. Sobretudo quando o particular é investido do controlo preventivo da legalidade das suas actuações (*v.g.*, em domínios como a segurança de produtos), o Estado não pode, a seguir, demitir-se das suas responsabilidades de "controlo do controlo" dessas actuações. Do mesmo modo, o facto de liberalizar actividades de

---

"conformação" ou "modelação" do direito, resultante de um poder legislativo de conformação dos direitos; sobre as leis *conformadoras* ou *constitutivas* de direitos, cfr. J.C. Vieira de ANDRADE, *Os Direitos Fundamentais,* cit., p. 220 e ss. Assim, parece-nos não ser de qualificar como restrição do direito de iniciativa económica da empresa que exerce uma actividade perigosa a imposição de especiais deveres de autoprotecção e de monitorização e avaliação permanente dos riscos associados à laboração; sobre isso, mas em sentido diferente, cfr. KRÜGER, "Verfassungsrechtliche Aspekte einer gesetzlichen Pflicht zur Eigentumssicherung von Betrieben", p. 263 e ss; SCHILLER/DRETTMANN, "Probleme einer gesetzlichen Verpflichtung zur Eigensicherung gefährdeter Objekte", p. 956 e ss.

[195] Em sentido diferente, considerando que há nos dois casos uma agressão, cfr. MÖSTL, Ob. cit., p. 331 e ss. (cfr., no entanto, p. 298). No sentido do texto, cfr. Casalta NABAIS, *O Dever Fundamental,* cit., p. 85. Sobre a "regulamentação" de direitos, cfr. J.C. Vieira de ANDRADE, *Os Direitos Fundamentais,* cit., p. 215 e ss.

[196] Sobre esta dimensão dos direitos fundamentais, cfr. J.C. Vieira de ANDRADE, *ibidem*, p. 142 e ss, e 248 e ss.

[197] Cfr. REINHARDT, "Die Überwachung durch Private im Umwelt-und Technikrecht", p. 651.

fornecimento de serviços públicos essenciais não exime o Estado da responsabilidade de impor deveres de actuação às empresas prestadoras e de fiscalizar o cumprimento estrito desses deveres. Por isso se afirma, com inteira razão, que a privatização material e a activação das responsabilidades próprias dos particulares contribuíram para acentuar a dimensão objectiva dos direitos fundamentais e a respectiva compreensão como *deveres de protecção*, a assegurar pelo Estado[198]. A realização dos direitos, na medida em que continue a depender formalmente do Estado, tem, todavia, lugar no contexto de uma *relação triangular* em que intervêm, além do Estado, cidadãos adstritos ao dever de realizar prestações essenciais para aquela realização, por um lado, e os cidadãos titulares de direitos fundamentais, por outro[199].

Atentando, por agora, nos deveres impostos para a execução de tarefas privadas (em benefício de interesses públicos gerais ou de interesses e direitos do onerado), podemos dizer que a respectiva imposição se apresenta, não só como instrumento de activação das responsabilidades próprias dos particulares, mas também como estratégia de privatização material de tarefas (de deslocação de tradicionais responsabilidades públicas para os privados).

Deparar-nos-emos com uma situação de mera activação sempre que a imposição do dever pretende reforçar a "auto-responsabilidade"[200], em domínios que correspondem a atribuições e assuntos próprios dos particulares: a defesa dos direitos individuais, a protecção do ambiente, a prevenção de acidentes e o controlo da segurança técnica não constituem tarefas exclusivas do Estado, porquanto os cidadãos também são "titulares originários" de responsabilidades nessas matérias[201]. Entre outros, integram o conjunto dos deveres impostos para activar a "auto-responsa-

---

[198] Cfr. VOSSKUHLE, "Beteiligung Privater", cit., p. 318, acentuando que a protecção dos direitos de terceiros se apresenta como um dos elementos constitutivos fundamentais do moderno *direito administrativo de garantia*; sobre isso, cfr., *infra*, 4.

[199] Cfr. KÄMMERER, *Privatisierung*, cit., p. 449 e ss.

[200] Cfr. RONELLENFITSCH, *Selbstverantwortung*, cit., p. 26 e ss.

[201] Neste sentido, quanto ao controlo da segurança técnica, cfr. KIRCHHOF, "Kontrolle der Technik als staatliche und private Aufgabe", p. 97 e ss; STEINER, "Technische Kontrolle im privaten Bereich – insbesondere Eigenüberwachung und Betriebsbeauftragte", p. 1133 e ss; no domínio da protecção dos direitos individuais, cfr. MÖSTL, Ob. cit., p. 306; GUSY, "Rechtsgüterschutz", cit., p. 582; na protecção do ambiente, cfr. RONELLENFITSCH, *Selbstverantwortung*, cit., p. 32.

bilidade": os deveres de autoprotecção e de adopção de sistemas de segurança privada[202], os deveres de implementação de sistemas internos e credíveis de monitorização e auditoria ambiental (através de auditores internos independentes[203]), os deveres de adoptar sistemas que garantam a observância de certas regulamentações[204], os deveres de adoptar as medidas necessárias para evitar riscos em matéria de segurança e poluição[205], os deveres de adoptar certos comportamentos em matéria de prevenção de acidentes graves[206].

---

[202] Sobre a obrigatoriedade da adopção do sistema de segurança privada, cfr. artigo 4.º da LSegPriv; na doutrina, sobre a imposição de *deveres de autoprotecção*, cfr. BURGI, *Funktionale Privatisierung*, cit., p. 93; BRACHER, *Gefahrenabwehr durch Private*, p. 47 e ss; HUBER, *Wahrnehmung von Aufgaben im Bereich der Gefahrenabwehr durch das Sicherheits- und Bewachungsgewerbe*, p. 52 e ss. Como noutros, no sector da segurança, a imposição de deveres fomenta a criação de novos mercados (desenvolvendo-se, assim, um "mercado da segurança"); cfr. SCHOCH, "Polizei- und Ordnungsrecht", cit., p. 130; HETZER, Ob. cit., p. 20. Atente-se, neste contexto, ao facto de a imposição de deveres de autoprotecção e de contratação de empresas de segurança privada se situar, por vezes, em áreas em que estas actuam investidos de *poderes públicos*, no exercício de uma *tarefa de segurança pública*: é assim, por ex., com a figura dos assistentes desportivos, que, além do mais, podem efectuar revistas pessoais (sobre o assunto, cfr., *infra*, Parte III, Cap. I).

[203] Exemplo são, na Alemanha, os chamados "Betriebsbeauftragte", auditores independentes que as empresas que actuam em certos sectores estão obrigadas a contratar e, em certos casos, a integrar nos seus quadros, que se responsabilizam pelo controlo da actividade empresarial, por ex., em matéria de emissões nocivas para o ambiente.

A doutrina mais antiga chegou a integrar esses auditores internos na categoria dos particulares com funções genuinamente públicas (de controlo e prevenção de perigos). Mais recentemente, destaca-se a circunstância de o *controlo dos perigos das actividades industriais* não constituir um monopólio público (cfr. KIRCHHOF, "Kontrolle", cit. p. 97 e ss), pelo que a nomeação ou a contratação de auditores independentes pelas empresas é hoje considerada uma forma de implementação de um *autocontrolo privado* imposto por lei. Os auditores actuam no domínio da responsabilidade das empresas e não como *longa manus* do Estado; cfr., nesse sentido, TETTINGER, "Der Imissionsschutzbeauftragte – ein Beliehener?", p. 752 e ss; HEIMBURG, Ob. cit., p. 91; DI FABIO, "Verwaltung", cit., p. 246; SEIDEL, Ob. cit., p. 272; sobre o "Betriebsbeauftragte" para a protecção do ambiente, cfr., em especial, REINHARDT, Ob. cit., p. 635 e ss; KASTER, "Die Rechtsstellung der Betriebsbeauftragten für Umweltschutz", p. 129; MÖLLERS, *Rechtsgüterschutz im Umwelt- und Haftungsrecht*, p. 199; FABER, *Gesellschaftliche*, cit., p. 159.

[204] É o caso do "conselheiro de segurança para o transporte de mercadorias perigosas", que tem como função essencial recorrer a todos os meios e promover todas as acções, dentro do âmbito da actividade das empresas de transporte de mercadorias perigosas, para garantir o cumprimento da regulamentação aplicável; cfr. Decreto-Lei n.º 322/2000, de 19 de Dezembro.

[205] Artigo 4.º do Decreto-Lei n.º 69/2003, de 10 de Abril.

[206] Artigo 11.º do Decreto-Lei n.º 164/2001, de 23 de Maio.

A imposição de deveres apresenta-se já como estratégia de privatização material quando emerge como consequência de uma renúncia pública à realização de certas actividades de controlo preventivo e de transferência dessa responsabilidade para a esfera dos particulares. Ou seja, o Estado retira-se – reposiciona-se – e promove a substituição da sua intervenção, mas mantém a exigência de controlo, convertida agora numa exigência de autocontrolo ou de autofiscalização (estes deveres andam associados à entrada em cena de uma personagem nova, os organismos de controlo e certificação, que, segundo alguns, actuam investidos de funções e de poderes públicos; dedicamos, por isso, um número autónomo ao estudo da questão: cfr., *infra*, 3.1.1.2).

Relativamente à imposição de deveres, enquanto medida de activação ou privatização, deve distinguir-se a *imposição de deveres como consequência da privatização*: aqui se incluem os *deveres de organização* impostos a certas entidades (destinados a garantir a sua imparcialidade e independência) e, em geral, os *deveres de actuação* impostos às "public utilities", empresas que, em ambiente liberalizado, actuam em sectores correspondentes aos tradicionais serviços públicos económicos, como são os casos daqueles que resultam das "obrigações de serviço universal"[207] ou de "serviço público"[208].

3.1.1.2. Imposição legal de deveres: nota especial sobre os deveres de controlo

O instituto da imposição de deveres interessa-nos particularmente nos casos em que, por essa via, a lei confia aos particulares a responsabilidade pelo controlo ou fiscalização preventiva das suas próprias actuações. Tais deveres são em regra impostos no âmbito de um processo de retracção do Estado, que se manifesta em estratégias variadas de "abolição de controlos públicos preventivos" (controlos *ex ante*)[209], de "renúncia à

---

[207] Sobre o conceito de serviço universal (de telecomunicações), cfr. Pedro GONÇALVES *Direito das Telecomunicações*, pp. 72 e ss, e 100 e ss, e "Regulação", cit., p. 12. Em especial sobre a conformidade constitucional da imposição de obrigações de serviço universal no sector das telecomunicações, cfr. CANNIVÉ, Ob. cit., p. 153 e ss.

[208] Sobre as "actividades privadas com obrigações de serviço público" nos sectores dos transportes aéreos e da energia eléctrica, cfr. Pedro GONÇALVES, *A Concessão, cit.*, p. 16 e ss; para as empresas de gás natural, cfr. o artigo 3.º/3 do Decreto-Lei n.º 14/2001, de 27 de Janeiro.

[209] Cfr. SCHMIDT-PREUSS, "Verwaltung", cit., p. 194 e ss; GRAMM, *Privatisierung*, cit., pp. 167 e 169 e ss; SEIDEL, Ob. cit., p. 256 e ss.

decisão administrativa"[210], de "privatização material do procedimento administrativo"[211] e de simplificação administrativa[212]. O fenómeno está, portanto, associado à autêntica privatização de tarefas de controlo, de fiscalização e de inspecção: os "novos" controlos privados substituem os "antigos" controlos públicos.

A entrega de funções de controlo aos particulares constitui mais uma peça no processo de reconfiguração ou de redefinição do papel e das funções do Estado, ilustrando uma estratégia de substituição de tradicionais responsabilidades públicas de execução por novas responsabilidades públicas de garantia e de "controlo (público) do controlo (privado)"[213]. Sem se desligar do dever de garantir a realização dos fins públicos das actividades de controlo, o Estado renuncia, todavia, à concreta execução das missões de controlo preventivo (associadas a procedimentos públicos de autorização e de homologação), remetendo-se às incumbências de "controlo sucessivo", de "controlo de segundo grau" e, em geral, de "garantia do sistema de controlos privados"[214].

---

[210] Neste sentido e em relação à abolição de procedimentos de licenciamento de construção, cfr. PIETZCKER, "Verfahrensprivatisierung und staatliche Verfahrensverantwortung", p. 284; RITTER, "Bauordnungsrecht in der Deregulierung", p. 545.

[211] A privatização do procedimento administrativo (em sentido material) é apenas um outro nome para o fenómeno da abolição de controlos públicos preventivos: pretende representar ou sugerir a ideia de uma substituição do procedimento administrativo por um "procedimento privado" – cfr. SCHMIDT-PREUSS, "Verwaltung", cit., p. 168[20]; GRAMM, *Privatisierung*, cit., p. 165; RITTER, "Bauordnungsrecht", cit., p. 545 e ss. Contudo, o mesmo conceito também pode ser usado para representar uma operação de *privatização funcional*, indicando então o fenómeno da contribuição que privados podem ser chamados a oferecer na fase de instrução ou de preparação de uma decisão pública; sobre essa privatização funcional da instrução do procedimento administrativo, cfr. HOFFMANN-RIEM, "Verfahrensprivatisierung", cit., p. 225 e ss; PIETZCKER, "Verfahrensprivatisierung", cit., p. 285; PEINE, "Verfahrensprivatisierung in der Verkehrswegeplanung", p. 101.

[212] Sobre a simplificação administrativa, cfr., em geral, NATALINI, *Le semplificazioni amministrative*, especial. p. 121 e ss.

[213] "Controlo do controlo" é a designação que SCHMIDT-PREUSS, "Verwaltung", cit., p. 173, atribui ao controlo e inspecção que o Estado realiza sobre os organismos privados que, *no âmbito do direito privado*, prestam serviços de controlo a pessoas ou a empresas. O conceito traduz assim a dupla condição dos organismos privados que realizam tarefas de controlo: controlados e controladores (em sentido próximo, cfr. RIVERO ORTEGA, *El Estado vigilante*, p. 157).

[214] Resulta daí que o Estado não abandona as atribuições de controlo e de verificação da legalidade das acções privadas, apenas renuncia a certas competências que exercia no âmbito dessas atribuições.

Um dos tópicos essenciais para a compreensão da abolição dos controlos públicos e da consequente deslocação da responsabilidade para a esfera dos interessados reside na exigência que a estes é feita de se submeterem a controlos efectuados por organismos externos, independentes e imparciais, oficialmente acreditados, reconhecidos ou credenciados, para a realização de acções de controlo e de certificação (sistemas de "third party certification"[215]). Isto significa que a abolição dos controlos públicos e a entrega da responsabilidade pela sua realização aos interessados não significam a remissão para um puro sistema de auto-controlo (interno), a realizar pelo próprio interessado (sistema de autocertificação[216]). Em vez disso, este passou a "ter de" contratar um *terceiro* que, de forma *isenta* e *independente* e com a garantia de credibilidade, resultante da acreditação oficial, realiza as acções de controlo e de certificação que a lei exige (*sistema de certificação obrigatória*[217]). A abolição do controlo preventivo por órgãos públicos é apenas isso, não representando portanto a abolição da específica exigência de um controlo preventivo. Numa fórmula sintética, pode dizer-se, com Achim Seidel, que a exigência de submissão ao controlo de organismos privados independentes se destina exactamente a "compensar" a abolição dos sistemas públicos de autorização e de controlo[218].

O facto de o tema dos deveres de controlo que os interessados têm de cumprir, com o auxílio de organismos privados independentes, ser tratado num número dedicado à auto-regulação privada denuncia já o acolhimento da tese segundo a qual se deve entender que, *em princípio*, tais organismos desenvolvem actividades privadas (de interesse público) e relacionam-se com os interessados (os titulares dos deveres), através de contratos de direito privado. Encontramo-nos no domínio de "controlos privados" levados a efeito por organismos independentes que não actuam por delegação do Estado, na esfera de uma responsabilidade pública de execução, mas sim por atribuição do interessado, no âmbito de uma

---

[215] Cfr. SEIDEL, Ob. cit., p. 264; sobre esta "certificación por tercera parte", cfr. ALVAREZ GARCIA, "El proceso de privatización de la calidad y de la seguridad industrial y sus implicaciones desde el punto de vista de la competencia empresarial", p. 343[2].

[216] Cfr. ALVAREZ GARCIA, *ibidem*.

[217] Sobre os *sistemas de certificação voluntária*, cfr., *infra*, 3.1.2.

[218] Cfr. SEIDEL, Ob. cit., p. 256 e ss.

responsabilidade própria deste (que a lei lhe entregou), pelo controlo preventivo de certas actuações que pretende empreender[219].

Desempenhando funções jurídicas e técnicas de controlo e de certificação, em zonas e matérias da responsabilidade própria dos particulares interessados, os organismos oficialmente reconhecidos ou acreditados não são destinatários de um qualquer "traslado del ejercicio de funciones públicas"[220]: actuam num "espaço abandonado" pelo Estado, numa zona em que a anterior responsabilidade pública de execução foi transformada numa nova responsabilidade pública de garantia.

Como observa Esteve Pardo, a propósito deste tipo de "controlos privados", a "concessão" não constitui a técnica ou o instrumento adequado para identificar o título jurídico que habilita os organismos privados a exercer as funções de controlo e de certificação. Nesse ponto, o Autor tem inteira razão[221]. Já não o acompanhamos, todavia, quando observa que isso acontece porque a tradicional técnica da concessão (de serviços ou de funções públicas) não se apresenta idónea neste caso de investidura de particulares de verdadeiras funções públicas de autoridade[222]. Para nós, os organismos privados de certificação e de controlo

---

[219] Cfr. SEIDEL, Ob. cit., p. 263; WEISS, *Privatisierung*, cit., p. 46; GRAMM, *Privatisierung*, cit., pp. 165 e 171; BURGI, *Funktionale Privatisierung*, cit., p. 88 (do último Autor, cfr., contudo, "Der Beliehene", cit., p. 586, que tem uma opinião diferente no caso dos chamados "organismos notificados" para a certificação de produtos industriais: sobre estes, cfr. *infra*)

[220] Ao contrário do texto e no sentido de que há neste caso lugar ao "traslado" de funções públicas, cfr. ESTEVE PARDO, Ob. cit., p. 143. No sentido de que os organismos de controlo que actuam no âmbito da segurança industrial exercem uma função pública, cfr. IZQUIERDO CARRASCO, "Alguns cuestiones", cit., p. 379 e ss, Autor que adopta uma posição inesperada, ao considerar que, apesar de exercerem uma função pública, aqueles organismos não estão sujeitos ao direito administrativo (p. 393).

[221] Cfr. ESTEVE PARDO, Ob. cit., p. 143, esclarece que a "concessão" não é a técnica adequada, porque, além do mais, não existe uma declaração legal de serviço público que tenha por objecto as actividades de controlo e de certificação. No mesmo sentido, cfr. Dolors CANALS I AMETLLER, Ob. cit., p. 301.

[222] Segundo o Autor, o facto de os organismos exercerem funções e poderes de autoridade reclama a introdução no direito espanhol de uma figura jurídica que represente de forma específica e fidedigna o "trânsito" de funções públicas para particulares, uma figura equivalente à "Beleihung"; cfr. ESTEVE PARDO, Ob. cit., p. 147; em sentido próximo, cfr. IZQUIERDO CARRASCO, "Algunas cuestiones", cit., p. 401; Dolors CANALS I AMETLLER, Ob. cit., p. 295 e ss.

não são investidos de funções públicas: pelo contrário, e como já vimos, eles movem-se em sectores de actividade que foram devolvidos ao mercado.

Por diferentes razões, também nos parece de recusar a opinião que Francesco de Leonardis sustenta em relação aos organismos de certificação de produtos (instituídos por força da "nova abordagem" do direito comunitário: cfr. *infra*): como veremos melhor, entende o Autor que o facto de uma entidade privada ter o dever institucional (resultante da lei ou de outro acto com fundamento na lei) de agir no interesse geral é condição suficiente para considerar *objectivamente administrativa* a actividade que exerce no âmbito do cumprimento desse dever e, portanto, para a submeter ao direito administrativo[223]; assim, encontrando-se os organismos de certificação obrigados a agir no interesse geral, reveste carácter público a actividade de controlo e de certificação que exercem[224]. Para além de não ser imune a uma crítica de ordem mais geral, a aplicação da tese do Autor aos organismos de controlo e de certificação desconsidera factores que, do nosso ponto de vista, apontam inequivocamente para a natureza privada da actividade de controlo e de certificação: estamos a pensar, por ex., no facto de se tratar de uma actividade abrangida pelo princípio comunitário da livre prestação de serviços[225].

As posições doutrinárias que reconduzem as actividades de controlo à esfera pública estribam-se, em larga medida, na concepção, desactualizada, segundo a qual qualquer actividade de controlo se apresenta como "actividade pública por natureza", mesmo que não haja uma indicação legal no sentido da apropriação pública[226].

Do que acabámos de dizer sobre a natureza privada da actividade desenvolvida pelos organismos que prestam serviços de controlo e de certificação em áreas da responsabilidade própria dos particulares não se afigura legítimo inferir que tais organismos desempenham sempre e apenas tarefas de natureza privada.

---

[223] Cfr. LEONARDIS, *Soggettività*, cit., p. 313.

[224] Cfr. LEONARDIS, *ibidem*, p. 201 e ss.

[225] Há portanto um "mercado da certificação"; cfr. ALVAREZ GARCIA, "El proceso", cit., pp. 343 e ss. e 359 e ss; RODRIGUEZ-CAMPOS GONZALEZ, "Normalización industrial y derecho de la competencia", p. 209.

[226] Cfr. FERNANDEZ RAMOS, *La actividad administrativa de inspección*, p. 539.

Com efeito, pode suceder que, em certas matérias, eles actuem *por delegação pública*, na execução de funções de controlo preventivo expressamente assumidas pelo Estado, eventualidade que nos remete para o instituto do exercício de funções e de poderes públicos por entidades privadas. Em tal situação, não estamos já no tema da auto-regulação privada, na área das responsabilidades próprias dos particulares, mas no âmbito dos "sistemas oficiais de controlo e de certificação" (*v.g.*, inspecção técnica de veículos automóveis ou certificação e inspecção de navios), na esfera das responsabilidades públicas.

Por outro lado, mesmo nos casos em que o Estado não se apropria expressa ou explicitamente de uma específica função de controlo preventivo e entrega aos particulares interessados a responsabilidade de contratar terceiros para realizar as operações de controlo, somos levados a entender que as tarefas executadas por esses terceiros são públicas sempre que, nos termos da lei, actuem em regime de monopólio[227].

Do nosso ponto de vista, o facto de um organismo privado prestar serviços de controlo e de certificação no âmbito de uma responsabilidade própria dos particulares não basta, portanto, para considerar privada a actividade que exerce: para que isso suceda, é ainda essencial que a lei proceda à *liberalização* do acesso à prestação desses serviços.

Tendo presente essa exigência, entendemos incluídos na esfera da auto-regulação privada os controlos efectuados por organismos privados no âmbito da "nova abordagem" em matéria de controlo da segurança técnica dos produtos industriais, bem como o controlo da legalidade de certos projectos de especialidades no âmbito do procedimento de autorização ou de licenciamento urbanístico: trata-se aí de controlos privados externos.

Independentemente dos dados concretos fornecidos pelo direito português em vigor, os controlos preventivos a efectuar no domínio da responsabilidade própria dos particulares (no campo da auto-regulação privada) podem dividir-se em três categorias: *a)* controlos que substituem controlos públicos preventivos nos casos de abolição de procedimentos administrativos de autorização (certificação, homologação, aprovação); *b)* controlos que substituem controlos públicos

---

[227] Sobre o assunto, cfr. *infra*, Parte II, Cap. I.

preventivos nos casos de substituição de procedimentos administrativos de autorização por procedimentos de comunicação de início de actividade; *c)* controlos que substituem controlos públicos preventivos cujos resultados são relevantes num procedimento administrativo de autorização.

a) Controlos privados que substituem controlos públicos preventivos nos casos de abolição de procedimentos administrativos de autorização (certificação, homologação, aprovação)

Exemplo de privatização material de procedimento administrativo e de abolição de controlos públicos preventivos é hoje o modelo comunitário de certificação da conformidade de produtos industriais com normas técnicas de segurança e com requisitos ou especificações destinadas a preservar o ambiente ou a saúde dos consumidores. A desintervenção pública toca aqui um sector sensível, associado a tarefas *naturais* ou, pelo menos, *tradicionais* do Estado[228].

Num sistema de controlo público das condições segurança dos produtos industriais, a Administração Pública vê-se investida de poderes administrativos regulamentares (estabelecimento de *standards* e de regras técnicas de observância obrigatória pelos fabricantes[229] – "regulamentos técnicos"[230]) e de poderes administrativos concretos de tipo autorizativo: a denominação dos actos administrativos praticados em actuação desses poderes é muito variada – verificações, certificações, homologações técnicas, autorizações, aprovações –, mas trata-se sempre de actos praticados por órgãos da Administração Pública que, dando por verificada a conformidade dos produtos com as regras jurídicas e técnicas aplicáveis, permitem ou autorizam a respectiva colocação no mercado. Nesse sistema de controlo preventivo público, a divisão de tarefas entre os sectores

---

[228] Sobre a garantia da *segurança dos produtos* como tarefa partilhada entre Estado e Sociedade, cfr. STOLL, Ob. cit., p. 213 e ss.

[229] Trata-se, segundo GIANNINI, "Produzione", p. 1020, de actos jurídicos que se incluem no género das "medidas de disciplina da produção".

[230] "Regulamentos técnicos" são disposições normativas de natureza técnica editadas pela Administração no exercício do seu poder regulamentar; cfr. RODRIGUEZ-CAMPOS GONZALEZ, Ob. cit., p. 195[22]; ALVAREZ GARCIA, "La capacidad normativa de los sujetos privados", p. 348.

público e privado assume nitidez: o sector privado produz e o sector público controla a produção e responsabiliza-se por garantir preventivamente a segurança técnica dos produtos postos à venda no mercado[231].

Sucede que os processos estaduais de normalização e de certificação técnica revelam-se dificilmente conciliáveis com o interesse na realização plena de um mercado único, baseado no livre comércio de produtos e serviços. De facto, tais processos conferem aos Estados a oportunidade de, com base na exigência de observância de especificações técnicas unilateralmente fixadas, protegerem os produtores nacionais através da instituição de "obstáculos jurídicos" à entrada de produtos estrangeiros nos seus territórios[232]. Para prevenir tais *medidas de efeito equivalente a restrições ao livre comércio*, a CE adoptou, em 1985, a chamada "nova abordagem em matéria de harmonização técnica e de normalização". Nos seus traços essenciais, o "new approach" comunitário promovia a liberalização e a privatização das actividades de *normalização* e de *certificação*, confiando ao Estado a designada *função de acreditação*[233].

No que se refere à *normalização*[234] – estabelecimento de *normas técnicas* –, promove-se a abolição dos "regulamentos técnicos", que são

---

[231] Sobre o tradicional sistema de controlo preventivo de natureza pública, cfr. CAIA/ROVERSI-MONACO, Ob. cit., p. 17; VESPERINI, "Il controllo della sicurezza", cit., p. 132 e ss.

Nesse sistema, a intervenção de privados não se encontra naturalmente excluída. Em alguns ordenamentos jurídicos, ela existe mesmo: nuns casos, estes são contratados pela Administração, para efectuar verificações incluídas na fase de instrução dos procedimentos administrativos de autorização (laboratórios de ensaios, de certificação da conformidade de uma amostra representativa da produção com um modelo aprovado); noutros, os organismos privados estão incumbidos da responsabilidade por todo o procedimento de autorização, cabendo-lhes emitir a própria autorização, homologação ou certificação (sobre esta *pluralização* do sistema de controlo público, que não põe em causa a natureza pública da função implicada na certificação, cfr. VESPERINI, Ob. cit., pp. 140 e 147); nessa modalidade de intervenção de privados está envolvido o exercício privado de funções e de poderes públicos.

[232] Cfr. FERNANDEZ FARRERES, "La infraestructura organizativa para la calidad y la seguridad industrial y el fenómeno del ejercicio por particulares de funciones públicas de inspección y control", p. 2579.

[233] Em geral, sobre a *nova abordagem*, cfr. STOLL, Ob. cit., p. 218 e ss; IZQUIERDO CARRASCO, *La seguridad*, cit., p. 128 e ss.

[234] Sobre a edição de normas técnicas por entidades privadas, cfr., *infra*, Parte II, Cap. II.

normas públicas de carácter jurídico e obrigatório, e estabelece-se que os poderes públicos se devem limitar única e exclusivamente a fixar as "exigências essenciais" de segurança para a saúde, de protecção ambiental, etc. Por sua vez, o estabelecimento das "normas" e dos "detalhes técnicos" que os produtos devem observar para respeitar as exigências essenciais é confiado aos organismos europeus de normalização (entidades privadas), que adoptam as "normas europeias harmonizadas"[235]. Embora não revista carácter de obrigatoriedade, o cumprimento do disposto nessas normas (ou em normas nacionais de transposição) permite presumir a conformidade dos produtos industriais às exigências essenciais. Não satisfazendo os requisitos constantes dessas normas, que, repete-se, não são obrigatórias, os interessados (fabricantes) terão de provar o cumprimento das exigências essenciais que a legislação formula, emitindo uma *declaração de conformidade*, o que só podem fazer depois de submeterem a organização e/ou os produtos a procedimentos de avaliação da conformidade (com normas técnicas)[236]. Por qualquer dessas vias, ficam em condições de apor a *marcação CE* na embalagem do produto[237], constituindo essa *marcação* uma condição da entrada do produto no mercado. A prova do cumprimento do disposto em normas técnicas é, em qualquer caso, necessária: poderá tratar-se de normas técnicas europeias ou nacionais de transposição ou de normas que definem os procedimentos de avaliação da conformidade.

A actividade de *certificação* incide exactamente sobre o cumprimento das normas técnicas. Essa diligência, também privatizada, confia-se a organismos privados de controlo e de certificação oficialmente acreditados pelo Estado, os designados *organismos notificados*[238]. O sistema

---

[235] Cfr. STOLL, Ob. cit., p. 221.

[236] Sobre os vários procedimentos de avaliação da conformidade que as directivas podem exigir, cfr. Decisão 93/465/CEE, do Conselho, de 22 de Julho de 1993; na doutrina, cfr. MÖLLERS, Ob. cit., p. 205 e ss.

[237] A *marcação CE*, de que devem estar dotados todos os produtos industriais abrangidos pelas directivas, materializa ou certifica a conformidade de um produto com os requisitos essenciais de segurança fixados pelas directivas – note-se que, ao contrário do que por vezes se pensa, a *marcação CE* não constitui uma marca de qualidade, mas um símbolo que pretende garantir a segurança de produtos potencialmente perigosos; cfr. TÜNNESEN-HARMES, Ob. cit., p. 1334 e ss; COURET/IGALENS/PENAN, *La certification*, p. 111; MÖLLERS, Ob. cit., p. 204.

[238] Na lei portuguesa atribuem-se designações variadas a esses organismos: organismos *acreditados, aprovados, designados, qualificados*. A designação correcta é, no entanto, a de *organismos notificados*: a *ratio* desse "estranho nome" reside no facto de as

adoptado consiste, por conseguinte, na "certificação (obrigatória) por terceiro"[239].

Por fim, a *acreditação* consiste numa tarefa pública, desempenhada pelo Estado ou por uma entidade privada com funções públicas delegadas. A função acreditação constitui o procedimento através do qual se reconhece formalmente que uma entidade é competente para efectuar uma determinada função específica, de acordo com normas internacionais, europeias ou nacionais[240]. Concretamente, o acto jurídico de acreditação reveste a natureza de *acto administrativo constitutivo de um estatuto* (estatuto de entidade acreditada) pelo qual a autoridade pública[241] reconhece e "garante" que uma entidade tem competência para produzir serviços no âmbito da certificação[242]. A acreditação pública e oficial desempenha, assim, um papel decisivo na garantia da confiança e seriedade das entidades acreditadas[243].

---

directivas comunitárias imporem aos Estados-membros o *dever de notificar* à Comissão Europeia os organismos encarregados de, nos seus territórios, efectuarem os processos de controlo e de certificação da conformidade de produtos industriais. Objecto de notificação são apenas os *organismos de certificação acreditados* por um organismo oficial e que possam demonstrar a sua conformidade com as normas harmonizadas da série NE 45 000: não deve confundir-se a *acreditação* com a *notificação*, porquanto um Estado pode retirar a notificação, mas não cancelar a acreditação – cfr. ENSTHALER, Ob. cit., p. 18; SCHEEL, Ob. cit., p. 443.

[239] Cfr. IZQUIERDO CARRASCO, *La seguridad*, cit., p. 304 e ss.

[240] Sobre a função e o procedimento de acreditação, cfr. PEINE, *Gesetz über technische Arbeitsmittel* p. 218 e ss, ENSTHALER, Ob. cit., p. 19; FERNANDEZ FARRERES, Ob. cit., p. 2582.
Em termos legais, a acreditação é definida como "o procedimento através do qual o organismo nacional de acreditação (ONA) reconhece, formalmente, que uma entidade é competente tecnicamente para efectuar uma determinada função específica, de acordo com normas internacionais, europeias ou nacionais, baseando-se, complementarmente, nas orientações emitidas pelos organismos internacionais de acreditação de que Portugal faça parte"; cfr. artigo 4.º,*a)*, do Decreto-Lei n.º 125/2004, de 31 de Maio.

[241] Em Portugal, a função de *acreditação* é da competência do Organismo Nacional de Acreditação, que é o IPAC – Instituto Português de Acreditação; cfr. Decreto-Lei n.º 125/2004, de 31 de Maio, que não prevê qualquer intervenção de organismos privados. Se isso se verificasse, teríamos então uma manifestação do exercício privado de funções públicas: em Espanha, a função de acreditação cabe a *Entidad Nacional de Acreditación*, uma "associação privada de configuração legal": cfr. IZQUIERDO CARRASCO, "Algunas cuestiones", cit., p. 372; FERNANDEZ FARRERES, Ob. cit., p. 2582.

[242] A acreditação consiste no reconhecimento formal da competência técnica de uma entidade para certificar; cfr. IZQUIERDO CARRASCO, *La seguridad*, cit., p. 503.

[243] Salientando a "garantia da confiança" como o objectivo essencial dos procedimentos públicos de acreditação, cfr. FIORITTO, *La funzione di certezza pubblica*, p. 311.

A "nova abordagem" pressupõe, portanto, a organização de um sistema em que intervêm: *a)* CE e Estado, na fixação das "exigências essenciais"; *b)* organismos privados de normalização, na fixação das normas técnicas que os produtos devem observar para respeitar as exigências essenciais; *c)* Estado ou entidades privadas com funções públicas de acreditação e de fiscalização dos organismos de controlo e de certificação; *d)* organismos privados de controlo e de certificação, na realização de acções de controlo e de certificação técnica dos produtos. Como veremos melhor, já a seguir, o sistema comporta ainda uma outra personagem central: o fabricante (ou o importador).

O novo modelo de controlo e de certificação rompeu claramente com os tradicionais sistemas de controlo público oficial: o Estado abandonou os controlos preventivos, retirando-se, em certos termos, para a realização de controlos de tipo sucessivo[244]. O seu funcionamento está resumido e bem explicitado num considerando da primeira versão da designada "directiva-máquinas", uma das primeiras da "nova abordagem"[245], onde se diz ser "indicado deixar aos fabricantes a responsabilidade de atestar a conformidade das suas máquinas com as exigências essenciais". Reside precisamente aqui a pedra de toque do novo modelo de certificação: substituir o tradicional *controlo público oficial* por um novo conceito de *autocontrolo privado*, da responsabilidade dos próprios fabricantes (ou importadores). Passam a ser estes que devem declarar a conformidade dos produtos com as normas técnicas. O sistema baseia-se na desvinculação pelos Estados de qualquer responsabilidade directa no que concerne à execução dos controlos preventivos da segurança dos produtos industriais abrangidos, tarefa que foi assim objecto de um processo de *privatização material*. Deste modo, a nova abordagem não baniu os controlos prévios à entrada no mercado, nem sequer pode dizer-se que retirou às entidades do sector público competência para os efectuar. Mas tudo indica que a respectiva realização já não é uma tarefa

---

[244] Além disso, neste novo sistema, o Estado assume o dever de controlar os controladores – deve ser o Estado a reconhecer as qualificações dos organismos de controlo (num procedimento de *acreditação*), a impor-lhes o cumprimento de certas regras internas de organização destinadas a garantir a objectividade na sua actuação, e bem assim a fiscalizar essa actuação.

[245] Directiva n.º 89/392/CEE, de 14/06/89 – actualmente, a "directiva-máquinas" é a Directiva n.º 98/37/CE, do Parlamento Europeu e do Conselho; no direito português, cfr. Decreto-Lei n.º 320/2001, de 12 de Dezembro.

pública, da responsabilidade do Estado. Trata-se, ao invés, de uma *actividade privada*, da *responsabilidade dos fabricantes*, que ficam obrigados a contratar os chamados organismos de controlo e certificação. Tais organismos prestam serviços de controlo que o Estado deslocou para a esfera de responsabilidade do fabricante. Exercem uma actividade de acesso livre, abrangida pelo *princípio comunitário da liberdade de prestação de serviços*. Para poderem ser acreditados e notificados têm de demonstrar capacidade técnica, independência e isenção. Encontram-se, além disso, submetidos a controlos intensos do Estado. Actuam, portanto, no âmbito do direito privado, num contexto de auto-regulação privada publicamente regulada[246].

Apesar de acolher uma tese generalizadamente aceite[247], a última afirmação não é partilhada por alguma doutrina, que sustenta que os organismos notificados executam tarefas ou funções públicas. Na Alemanha, defende tal posição Kurt-Christian Scheel[248], Autor que entende equivaler a acreditação dos organismos notificados, quanto ao conteúdo, a uma delegação de funções públicas ("Beleihung")[249]. O seu argumento

---

[246] Neste sentido, cfr., por último, MERTEN, "Benannte Stellen: Private Vollzugs-instanzen eines Europaïschen Verwaltungsrechts", p. 1211 e ss.

[247] Cfr. GRAMM, *Privatisierung*, cit., p. 171; SEIDEL, Ob. cit., p. 266 e ss; PEINE, *Gesetz*, cit., p. 222; SCHMIDT-PREUSS, "Verwaltung und Verwaltungsrecht", cit., p. 167[18]; VESPERINI, Ob. cit., p. 147; MELE, "Aspetti giustiziali in materia di certificazioni di conformità", p. 121; ALVAREZ GARCIA, "El proceso", cit., p. 353.

[248] Seguido por BURGI, "Der Beliehene", cit., p. 586. Note-se, todavia, que este mesmo Autor parece ter outra opinião no seu texto "Die Funktion", cit., p. 167, onde trata dos organismos notificados no contexto das formas de auto-regulação privada. A opinião de K.-C. Scheel é, *em certa medida*, seguida também por VOSSKUHLE, "Strukturen und Bauformen ausgewählter neuer Verfahren", p. 312: segundo este Autor, os organismos notificados exercem uma actividade pública, mas não na qualidade de delegatários ou concessionários ("Beliehenen"); ficamos sem saber qual o estatuto deles.

[249] Cfr. SCHEEL, Ob. cit., p. 445. Sem pôr em causa, para já, o seu ponto de vista, há que notar que o Autor erra quanto a esse aspecto: a haver efectivamente aqui uma delegação de funções públicas, o acto que a efectuaria só poderia ser a *notificação*, não a *acreditação*. Na verdade, só através daquela o Estado reconhece que um organismo pode efectuar certificação da conformidade de produtos com relevância no sistema de controlo concebido pelas directivas comunitárias.

Além disso, deve dizer-se que o Autor parece desconhecer um exemplo da legislação alemã que poderia apoiar a tese de fundo que sustenta e ao mesmo tempo elucidá-lo sobre a distinção entre *acreditação* e *concessão*: referimo-nos ao artigo 62.º da *Lei Alemã das Telecomunicações*, que autoriza o Ministro dos Correios e das Telecomunicações a editar um regulamento administrativo sobre a "Beleihung" e a "Akkreditierung" dos

nuclear baseia-se naquilo que propugna ser uma premissa errada da posição contrária: segundo o Autor, esta posição parte do falso princípio de que a "nova abordagem'" teve como efeito a abolição do controlo preventivo da conformidade dos produtos. Na verdade, esclarece, a colocação no mercado de produtos abrangidos pelas directivas continua, na generalidade dos casos, a exigir a intervenção de um organismo que coloque o fabricante ou importador em posição de redigir a declaração de conformidade e de apor a *marcação CE*. Conclui então Scheel: assumindo-se a *marcação CE* como um requisito de acesso ao mercado e só podendo o fabricante (em certos casos) apor essa marcação depois de obter um certificado de um organismo notificado, então esse organismo exerce uma tarefa pública de permissão do exercício de um direito que foi condicionado por motivos de interesse público (segurança e outras exigências essenciais).

Também no direito espanhol, a maioria da doutrina vê na actuação dos organismos privados de controlo uma manifestação do exercício privado de funções públicas e um caso de colaboração de particulares com a Administração Pública; é essa a opinião de Esteve Pardo[250], de Izquierdo Carrasco[251], de Fernández Farreres[252] e de Dolors Canals[253].

Por fim, no direito italiano, Francesco de Leonardis sustenta igualmente que o controlo e a certificação a cargo dos organismos notificados constituem *tarefas (objectivamente) administrativas*, uma vez que está em causa a prossecução de interesses públicos em cumprimento de um

---

organismos privados que certificam a conformidade dos equipamentos terminais de telecomunicações com requisitos essenciais de segurança. Essa disposição legal baseia-se no pressuposto de que os organismos notificados desempenham uma função pública; cfr. GEPPERT/RUHLE/SCHUSTER, *Handbuch Recht und Praxis der Telekommunikation*, p. 459 e ss.

[250] Cfr. ESTEVE PARDO, Ob. cit., p. 138.

[251] Segundo o Autor, o facto de os organismos em causa terem competência para decidir se um produto pode, ou não, entrar no mercado é a demonstração evidente de que eles exercem uma função pública: IZQUIERDO CARRASCO, "Algunas cuestiones", cit., p. 383.

[252] O Autor desvaloriza o facto de a lei submeter o exercício daquelas actividades a autorização e não a concessão: ao contrário do que se verifica entre nós, os organismos de controlo são, em Espanha, *acreditados* (por uma entidade privada de acreditação), mas só podem certificar depois de *autorizados* pela Administração Pública; FERNANDEZ FARRERES, Ob. cit., p. 2586 e ss.

[253] Cfr. Dolors CANALS I AMETLLER, Ob. cit., p. 139 e ss.

dever institucional: trata-se, portanto, de actividades funcionalizadas, que visam a cura de interesses gerais e que, por isso mesmo, revestem natureza pública e administrativa.

Se fosse procedente a tese destes autores, teríamos então de aceitar a inclusão dos *organismos notificados* no conjunto de entidades privadas com funções administrativas e poderes públicos. Todavia, não nos parece que seja esse o caso, pois, do nosso ponto de vista, a "nova abordagem" constitui um exemplo de privatização material, de abolição de controlos públicos e de deslocação de responsabilidades para os particulares.

Na verdade, o que o novo sistema postula não é exactamente a abolição do controlo preventivo, mas apenas a abolição dos controlos preventivos *públicos*, a realizar, como actividades públicas, por organismos estaduais ou por organismos privados sob delegação e responsabilidade do Estado. Como alguns autores têm observado, para implementar este tipo de simplificação administrativa, a lei utiliza uma "técnica da eliminação", que conjuga a supressão de procedimentos públicos com a externalização de competências públicas[254].

O Estado deixou pois de ser responsável por executar o controlo preventivo dos produtos industriais (abrangidos pela "nova abordagem"), assumindo, no novo sistema, um papel que se reparte por três tipos de tarefas[255]: *i)* fixação, por via normativa, dos designados "requisitos essenciais de segurança", competência que, diga-se, não é já sequer estadual, posto que cumpre ao direito comunitário proceder a essa fixação; *ii)* acreditação, notificação, supervisão e controlo dos organismos que, contratados pelos fabricantes, vão efectuar os procedimentos técnicos de avaliação de conformidade e certificar a segurança dos produtos; *iii)* responsabilidade de efectuar controlos sucessivos (posteriores à entrada dos produtos no mercado)[256].

---

[254] Cfr. NATALINI, Ob. cit., pp. 122 e ss.
[255] Cfr. VESPERINI, Ob. cit., p. 146.
[256] A este propósito, as directivas prevêem cláusulas de salvaguarda: se um Estado-membro verificar que produtos munidos da *marcação CE* e utilizados de acordo com o fim para que se destinam se revelam susceptíveis de comprometer a segurança das pessoas, poderá tomar todas as medidas necessárias para retirar esses produtos do mercado, proibir a sua colocação ou restringir a sua livre circulação – dado que se trata de medidas contrárias ao livre comércio, as directivas prevêem um procedimento especial que os Estados devem observar; sobre essas cláusulas e o procedimento público que lhes está

As duas últimas tarefas – acreditação dos organismos notificados e controlo sucessivo[257] – são uma ilustração clara das formas de "controlo do controlo", de que fala Schmidt-Preuß (*controlo público das actividades de controlo privado*)[258].

Com efeito, neste novo sistema – que representa a passagem de um modelo de *homologação* (pública) para um modelo de *certificação* (privada)[259] –, os poderes públicos renunciam à realização das acções de controlo e de verificação e, consequentemente, à emissão de actos de tipo autorizativo ("renúncia à decisão administrativa"[260]), e limitam o âmbito da sua responsabilidade, que passa a abranger apenas o "controlo dos controladores". A assunção dessa incumbência de controlo *indirecto* ou de *segundo nível* exprime a ideia de "Estado garante" ou de "Estado vigilante" e traduz a reconfiguração do papel do Estado e a emergência das suas novas responsabilidades de garantia: como já vimos, a abolição dos controlos públicos teve de ser *compensada* por uma regulação pública forte, sendo isso que explica que o Estado tenha de se colocar em posição de assegurar a independência, a imparcialidade e a capacidade técnica dos organismos notificados[261], bem como de aumentar os controlos de tipo sucessivo[262].

Pela sua importância para a compreensão do novo sistema de controlo e do papel que nele desempenham os organismos notificados, não resistimos a transcrever o excerto de um texto de Vesperini sobre a comparação entre o novo e o antigo sistema de controlo dos produtos industriais: "(...) a «pluralização» no velho sistema não põe em causa os

---

associado, cfr. DI FABIO, *Produktharmonisierung durch Normung und Selbstüberwachung*, p. 102.

[257] Tarefas, essas sim, públicas cuja execução o Estado pode delegar em particulares.

[258] Cfr. SCHMIDT-PREUSS, "Verwaltung und Verwaltungsrecht", cit., p. 173[38].

[259] Cfr. ALVAREZ GARCIA, "La protección del medio ambiente mediante las técnicas de la normalización industrial y de la certificación", p. 73 e ss.

[260] Como observa PIETZCKER, Ob. cit., pp. 285 e 301, o que aqui se verifica é uma transferência de tarefas e de responsabilidades para o sector privado, por via da renúncia dos poderes públicos à competência para tomar decisões de controlo preventivo. A decisão dos privados (certificação) não representa o exercício de um poder público, mas a actuação de uma tarefa privada, regulada e controlada pelos poderes públicos.

[261] Cfr. SCHMIDT-PREUSS, "Verwaltung und Verwaltungsrecht", cit., p. 195.

[262] Referindo-se ao incremento da função pública de inspecção e controlo das actividades reconvertidas ou abandonadas como "compensação lógica" da liberalização, cfr. BERMEJO VERA, *La administración inspectora*, p. 42.

traços essenciais da função; trata-se de uma função que se desenvolve segundo coordenadas de tipo publicístico. Em particular, a intervenção dos privados presta-se a ser facilmente lida e enquadrada no âmbito da dogmática da transmissão (por lei ou por acto administrativo) do exercício de poderes públicos. Ao contrário, a articulação subjectiva no modelo actual constitui um aspecto essencial do diferente papel do poder público, que «renuncia» a exercer em via directa as atribuições que possuem uma mais imediata relevância técnica. Por outras palavras, a autoridade pública não se limita a uma «demissão» pontual do exercício de um poder que permanece seu; em vez disso, cria novas técnicas jurídicas de prossecução dos fins públicos"[263].

Em conclusão, o que impressionou Scheel, Izquierdo e outros AA, conduzindo-os a defender que há aqui um exercício privado de funções públicas – a exigência legal de uma certificação a efectuar por terceiros –, não altera a verdadeira natureza da actividade de controlo e de certificação exercida no âmbito da "nova abordagem". A certificação da conformidade dos produtos abrangidos pelas directivas da "nova abordagem" constitui uma missão do sector privado; os organismos notificados actuam no âmbito de uma responsabilidade do fabricante, não do Estado[264]. A actividade que exercem, liberalizada no espaço comunitário, não é pois *subjectivamente* pública. Mas também não assume a natureza de uma actividade *objectivamente* pública, pelo facto de esses organismos estarem abrangidos por um dever legal de curar de interesses públicos, porquanto a prossecução do interesse público também pode ter lugar no âmbito da auto-regulação privada.

---

[263] Cfr. VESPERINI, Ob. cit., p. 147.

[264] Outra questão, que já não se articula com a natureza dessa actividade, é a de saber se o novo sistema é eficaz e fiável e se, por conseguinte, está em condições de garantir a segurança dos produtos industriais. Sobre isso, tem interesse conhecer uma história passada no Reino Unido: uma entidade independente decidiu testar 12 brinquedos com a *marcação CE*. Concluiu que três estavam conformes, seis não – sem serem, contudo, perigosos –, e três eram perigosos. Conhecidos os resultados dos testes, a imprensa britânica logo decifrou o significado da marcação CE: **C**heck **E**verything (before buying) – cfr. COURET/IGALENS/PENAN, Ob. cit., p. 111.

b) Controlos privados que substituem controlos públicos preventivos nos casos de substituição de procedimentos administrativos de autorização por procedimentos de comunicação de início de actividade

Na situação analisada na alínea anterior, a lei erige uma solução alternativa ao procedimento administrativo e à autorização da Administração, promovendo uma opção de completa renúncia à decisão administrativa e de abolição de controlos públicos preventivos: desde que cumpra as obrigações de controlo por que é responsável, o fabricante fica em condições de colocar um produto no mercado, não carecendo de estabelecer qualquer contacto com a Administração. Os serviços públicos apenas intervêm sucessivamente, na realização de acções de controlo repressivo.

Agora, temos em vista uma situação com aspectos estruturais semelhantes, mas que apresenta alguns contornos diferentes: como na primeira situação, a lei também procede aqui à abolição de procedimentos administrativos de autorização – sistema de renúncia ou de abolição da decisão administrativa –, deslocando para a esfera dos cidadãos a responsabilidade pela realização das acções de controlo preventivo da legalidade de actividades que pretendam empreender. Porém, ao contrário daquela, os particulares não podem iniciar, nesta, as actividades sujeitas a controlo sem darem à Administração conhecimento desse facto e sem que, após a comunicação, decorra ainda um certo período de tempo. O anterior procedimento de autorização é, então, substituído por um *procedimento de comunicação de início de actividade*[265].

---

[265] Na Alemanha, o direito da construção constitui um dos sectores sobre que tem incidido mais fortemente uma política marcada por objectivos de desregulação e de liberalização, mediante a deslocação de tarefas de controlo da legalidade das operações urbanísticas para o sector privado: pela sua importância, o sistema instituído, que aparece enquadrado numa tendência de aceleração e de simplificação dos procedimentos administrativos e que se aplica a operações urbanísticas de reduzida dimensão, foi já considerado uma "pequena revolução no direito da construção"; cfr. KORIOTH, "Der Abschied von der Baugenehmigung nach § 67 BauO NW 1995", p. 666.

O novo sistema procede à abolição dos tradicionais procedimentos de licenciamento de edificação, substituindo-os por procedimentos de comunicação de início de actividade: em vez de requerer uma licença ou autorização, o dono da obra fica apenas obrigado a comunicar à autoridade administrativa competente o projecto da edificação e o início da construção, assumindo a responsabilidade de assegurar a conformidade desse projecto com as normas legais e técnicas aplicáveis; a certificação da conformidade do projecto é

A implementação legal destes novos modelos de procedimento administrativo, que não seguem o esquema clássico de faseamento ou de marcha procedimental (requerimento, instrução e decisão administrativa)[266], insere-se num contexto mais amplo de liberalização, simplificação e agilização do procedimento administrativo[267], tendências que, por sua vez,

feita por peritos ou organismos acreditados que o dono da obra contrata. Em geral, sobre este novo sistema de *edificação livre de autorização*, cfr., além de KORIOTH, Ob. cit., p. 665 e ss; RITTER, "Bauordnungsrecht", cit., p. 542 e ss; MAMPEL, "Ver(de)reguliert: Einige Überlegungen zum Baugenehmigungs-Freistellungsverfahren", p. 1160 e ss; ORTLOFF, "Abschied von der Baugenehmigung", p. 113 e ss; PRESCHEL, "Abbau der präventiven bauaufsichtlichen Prüfung uns Rechtsschutz", p. 45 e ss; KRUHL, "Nachbarschutz und Rechtssicherheit im baurechtlichen Anzeigeverfahren", especial., p. 71 e ss; GRAMM, *Privatisierung*, cit., p. 164 e ss; SEIDEL, Ob. cit., p. 256 e ss; WEISS, *Privatisierung*, cit., p. 46; SCHMITZ, *Deregulierung*, cit., p. 31 e ss; especialmente, sobre a intervenção de organismos e peritos acreditados e sobre o reforço da responsabilidade dos arquitectos, cfr. WERNER/REUBER, "Der staatliche anerkannte Sachverständige nach den neuen Bauordnung der Länder", p. 796 e ss; ORTLOFF/RAPP, "Genehmigungsfreies Bauen: Neue Haftungsrisiken für Bauherren und Architekten", p. 2346; SCHULTE, "Schlanker Staat: Privatisierung der Bauaufsicht durch Indienstnahme von Bauingenieuren und Architekten als staatliche anerkannte Sachverständige", p. 249 e ss.

Na Itália, onde o instituto se aplica também no direito da construção – cfr. BIANCHI, "La denuncia di inizio di attività in materia edilizia. Profili riconstrutivi dell'istituto con particolare riferimento alla tutela giurisdizionale del terzo", p. 165 e ss; ALBAMONTE, *Autorizzazione e denuncia di inizio di attività edilizia*, p. 13 e ss; GRAZIOSI, "Limite degli interventi edilizi in regime di asseverazione e tutela dei terzi", p. 95 e ss –, a lei do procedimento administrativo estabelece, desde 1993, que ficam abrangidas pelo procedimento de comunicação de início da actividade as actividades privadas (excluindo as que sejam excepcionalmente indicadas) dependentes de autorização cuja prática envolva exclusivamente a verificação de requisitos legais, sem necessidade de diligências ou avaliações técnicas ou discricionárias; cfr. SCHINAIA, "Notazioni sulla nuova legge sul procedimento amministrativo con riferimento alla deregulation delle attività soggette a provvedimenti autorizzatori ed all'inerzia dell'amministrazione", p. 185 e ss; PAJNO, "Gli articoli 19 e 20 della legge n. 241 prima e dopo la legge 24 dicembre 1993 n. 537: intrapresa della attività privata e silenzio dell'amministrazione", especial., p. 41 e ss; FALCON, "La regolazione delle attività private e l'art. 19 della legge n. 241 del 1990", p. 411 e ss; ACQUARONE, *La denuncia di inizio attività*, p. 9 e ss. Na doutrina portuguesa, sobre o assunto, cfr. Margarida CORTEZ, "A inactividade formal da Administração como causa extintiva do procedimento e as suas consequências", especial. p. 411 e ss; Marta PORTOCARRERO, *Modelos de Simplificação Administrativa*, p. 33 e ss.

[266] Cfr. SCHMITZ, "Moderner Staat – Modernes Verwaltungsverfahrensrecht", especial. p. 1239 e ss.

[267] Sobre a simplificação e a aceleração dos procedimentos administrativos, cfr. J.J. Gomes CANOTILHO, "Constituição e «tempo ambiental»", p. 9 e ss; Marta PORTOCARRERO,

resultam de políticas gerais de desregulamentação e de liberalização das actividades privadas[268].

Do ponto de vista estrutural, os procedimentos de comunicação de início da actividade caracterizam-se por desconhecerem um requerimento do interessado e por não criarem uma relação jurídica administrativa (procedimental) entre a autoridade administrativa e o particular: além do mais, este não tem o direito a uma decisão e aquela não tem o correlativo dever público de decidir[269]. Não desempenhando a função procedimental do requerimento, a apresentação da comunicação ao órgão competente não deve, todavia, confundir-se com o cumprimento de uma mera "obrigação de informar" uma ocorrência (que pode até ser o início de uma actividade): esta obrigação traduz uma diligência destinada a pôr a Administração ao corrente de um facto[270], sem pressupor uma específica actividade pública posterior de controlo e de verificação, razão por que a lei não estabelece, nesse caso, um prazo para garantir uma "reserva de reacção" da autoridade administrativa[271]. Ao contrário da mera obrigação de informar, a obrigação de comunicar o início de actividade põe em marcha um "procedimento silencioso" em que a autoridade administrativa

---

Ob. cit., p. 15 e ss; BULLINGER, "Procedimientos administrativos al ritmo de la economía y da la sociedad", p. 5 e ss; KRUHL, Ob. cit., p. 20 e ss; JACOBY, "Die Beschleunigung von Verwaltungsverfahren und das Verfassungsrecht", p. 3 e ss; CABALLERO SANCHEZ, "La *Beschleunigung* o aceleración del procedimiento administrativo y del proceso contencioso en Alemania", p. 423 e ss; NATALINI, Ob. cit., p. 139 e ss; SANDULLI, "La semplificazione", p. 757 e ss; VESPERINI, "La semplificazione dei procedimenti amministrativi", p. 655 e ss; FALCON, "La normativa sul procedimento amministrativo: semplificazione o aggravamento?", p. 119 e ss; TORNOS I MAS, "La simplificación procedimental en el ordenamiento español", p. 39 e ss; CIERCO SEIRA, "La simplificación de los procedimientos administrativos en Italia", p. 385 e ss; TORCHIA, "Tendenze recenti della semplificazione amministrativa", p. 385 e ss; MARTIN-RETORTILLO, "De la simplificación de la Administración pública", p. 7 e ss.

[268] Sobre a desregulamentação e a liberalização de actividades privadas como fenómeno de supressão de regras de direito público que condicionam ou limitam a iniciativa económica privada (*v.g.*, abolição de sistemas de autorização e controlo preventivo público), cfr. CORSO, "Attività economica privata e deregulation", p. 629 e ss; TRAVI, "La liberalizzazione", p. 645 e ss.

[269] Essas notas já bastam para se perceber que estamos diante de um procedimento atípico, sendo até pertinente colocar a questão de saber se pode falar-se nesse contexto de um procedimento administrativo; cfr., nesse sentido, ALBAMONTE, Ob. cit., p. 103.

[270] Cfr. KRUHL, Ob. cit., p. 48

[271] A fórmula "reserva de reacção" pertence a CASPAR, "Der fiktive Verwaltungsakt – Zur Systematisierung eines aktuellen verwaltungsrechtlichen Instituts", p. 135.

deve efectuar a verificação da legalidade da intenção do particular[272]. Repare-se, porém, que o decurso do prazo que medeia entre a apresentação da comunicação e o início do exercício da actividade não dá lugar a uma "autorização tácita" ou a uma "ficção de consentimento" da Administração[273]. Até ao fim desse prazo, a Administração deve verificar a legalidade da intenção do particular e deverá mesmo opor-se à realização dos seus intentos ("poder de veto"[274]), se entender que a actuação projectada é ilegal[275]. Nada fazendo, o procedimento conclui-se "con un silenzio"[276], mas com um silêncio que não tem o valor de um acto jurídico, pois que o particular não dirige qualquer pedido à Administração[277]. O silêncio da autoridade não equivale a um deferimento, não havendo portanto aí lugar à *ficção* da existência de um *acto administrativo*[278]. É exactamente por isso que o particular fica "por sua conta e risco"[279], privado de um acto de autoridade que titule a sua actuação[280]; por sua vez, os terceiros contra-interessados também ficam desprovidos do seu principal e típico meio de tutela, a impugnação de actos de autoridade (praticados ou ficcionados) na jurisdição administrativa[281]: estas conse-

---

[272] Cfr. PAJNO, Ob. cit., p. 42.

[273] Cfr. BIANCHI, Ob. cit., p. 165.

[274] Cfr. BIANCHI, Ob. cit., p. 174.

[275] Exemplo de um procedimento desse tipo é o *procedimento de comunicação prévia* previsto nos artigos 6.º/3 e 34.º a 36.º do RJUE. A lei (artigo 36.º) deixa claramente perceber que a Administração tem o dever de controlar a legalidade da pretensão privada, dispondo aliás de 30 dias para o efeito (prazo que começa a correr com a apresentação da comunicação e dentro do qual a obra não pode iniciar-se).

[276] Cfr. ACQUARONE, Ob. cit., p. 114.

[277] Cfr. BIANCHI, Ob. cit., p. 166. Sobre as diferenças entre os institutos do silêncio-deferimento e da comunicação de início de actividade, cfr. ACQUARONE, Ob. cit., p. 178 e ss.

[278] Haverá já um acto administrativo fictício se a lei estabelecer que o consentimento da Administração se considera conferido quando ela nada diga durante um prazo contado desde a apresentação da comunicação; há, nesse caso, uma *cláusula legal de equiparação* do silêncio da Administração a um acto administrativo; cfr. JACHMANN, *Die Fiktion im öffentlichen Recht*, especial. p. 234 e ss; CASPAR, Ob. cit., p. 131 e ss.

[279] Cfr. Margarida CORTEZ, Ob. cit., p. 412.

[280] Cfr. ACQUARONE, Ob. cit., p. 186. Sobre o efeito da degradação da protecção jurídica dos administrados como efeito da privatização do procedimento, cfr. SCHMITZ, *Deregulierung*, cit. p. 204 e ss.

[281] Sobre as implicações da simplificação procedimental no caso de renúncia à decisão administrativa, particularmente no que respeita aos direitos de terceiros, cfr. GRAZIOSI, Ob. cit., p. 95 e ss; ACQUARONE, Ob. cit., p. 230 e ss; BIANCHI, Ob. cit.,

quências da designada simplificação procedimental têm levado a doutrina a falar de "perturbações" e "complicações da simplificação"[282], provando assim que esta tem um custo[283].

A adopção de procedimentos de comunicação de início de actividade em substituição de procedimentos de autorização constitui uma estratégia de deslocação de responsabilidades públicas para os particulares, ficando estes, desse modo, incumbidos de controlar a legalidade das suas actuações. Diz-se por isso que o princípio da autoridade pública é, no caso, substituído ou, diríamos nós, complementado por um princípio de auto-responsabilidade do administrado[284]: em vez da autorização preventiva dos poderes públicos, passa a existir apenas um acto da

---

p. 163 e ss; BAMBERGER, "Die verwaltungsgerichtliche vorläufige Einstellung genehmigungsfreier Bauvorhaben", p. 983 e ss; PRESCHEL, Ob. cit., p. 45 e ss; OETER, "Baurechtsvereinbarung, Drittschutz und die Erfordernisse wirksamen Rechtsschutz", p. 191 e ss; entre nós, cfr. Margarida Cortez, Ob. cit., p. 413, que faz a "apologia da utilidade da ficção de deferimento".

Na Alemanha, a doutrina tem-se dividido sobre a questão de saber se, no contexto dos procedimentos de comunicação de início da construção, o promotor pode ser directamente accionado na justiça administrativa por terceiros lesados: em sentido afirmativo, cfr. ORTLOFF, "Verwaltungsrechtsschutz zwischen Privaten", p. 932 e ss; CALLIESS, "Öffentliches und privates Nachbarrecht als wechselseitige Auffangordnungen", especial. p. 200; embora considere fascinante e apelativa a tese de ORTLOFF, a doutrina maioritária recusa essa proposta: cfr., entre outros, MAMPEL, "Kein Verwaltungsrechtsschutz zwischen Privaten", p. 385 e ss; SACKSOFSKY, "Privatisierung des baurechtlichen Nachbarschutzes bei genehmigungsfreien Vorhaben?", especial. p. 951 e ss; MARTINI, "Baurechtsvereinfachung und Nachbarschutz", p. 1488 e ss (1490).

No direito italiano, alguns autores também admitem a possibilidade de "impugnação" do acto de comunicação na jurisdição administrativa: nesse sentido, cfr. BIANCHI, Ob. cit., p. 175; ACQUARONE, Ob. cit., pp. 236 e 240 (que considera tal solução um "mal menor"). Qualificando como *provvedimentale* (acto administrativo) o acto de comunicação de início de actividade, cfr. decisão do Tribunal Administrativo Regional de Veneto, anotada por MANFREDA, "La qualificazione giuridica della denuncia di inizio attività: provvedimento amministrativo o atto del privato?", p. 2914 e ss. Sobre a questão, cfr. ainda SEMERARO, "Denuncia di inizio attività e tutela dei terzi", p. 1925 e ss; CREPALDI, "La denuncia di inizio attività: natura giuridica e tutela del terzo", p. 3205 e ss.

[282] Cfr. FERRARA, "Le complicazioni della semplicazione amministrativa: verso un'amministrazione senza qualità?", p. 323 e ss, que se refere abertamente a um agravamento da situação dos administrados.

[283] Cfr. CASETTA, "La difficoltà di «semplificare»", p. 355; SCHMITZ, *Deregulierung*, cit., p. 175.

[284] Cfr. ALBAMONTE, Ob. cit., p. 5.

responsabilidade do próprio administrado[285]. Consoante as situações, o controlo será efectuado pelo próprio interessado (em sistema de autocontrolo puro) ou por peritos ou por organismos independentes oficialmente acreditados para a prestação de serviços de controlo e de certificação (sistema de certificação por terceiro)[286]. Como a doutrina destaca também neste caso, o fenómeno não consiste na abolição de controlos, mas antes na transferência de ónus procedimentais instrutórios para os particulares[287].

Uma questão que se tem formulado reside em saber se este modelo de deslocação de responsabilidades de controlo preventivo, que, ao contrário do que analisámos na alínea anterior, não dispensa o contacto com a Administração, deve ordenar-se como uma estratégia de privatização material ou de mera privatização funcional da execução de uma tarefa pública.

Na primeira hipótese, o controlo assume-se como uma tarefa materialmente privada, da responsabilidade dos particulares[288]. Os particulares onerados com a obrigação de comunicar devem, no âmbito do direito privado, certificar-se de que se encontram em condições de iniciar a actividade abrangida pela obrigação de comunicação: o acto de comunicação reveste a natureza de acto de direito privado[289]. A Administração deve efectuar o controlo da legalidade da intenção que lhe é comunicada, tratando-se ainda, nesta hipótese, de um controlo preventivo. É ainda responsável pela realização de controlos sucessivos, pelo que, no caso de a actividade exercida afectar ilegalmente terceiros, estes devem reagir perante ela. Por outro lado, o decurso do tempo (desde a apresentação da comunicação até ao início da actividade) não impede a adopção de medidas repressivas por parte da Administração, já que a comunicação é um acto de direito privado que não forma "caso decidido".

Na segunda hipótese, a execução do controlo, apesar de deslocada para os particulares, corresponde ainda a uma tarefa pública, da respon-

---

[285] Cfr. BIANCHI, Ob. cit., p. 166.

[286] É, em geral, este último o modelo adoptado nas legislações estaduais alemãs no âmbito do controlo da legalidade urbanística da responsabilidade do promotor da construção: cfr. SEIDEL, Ob. cit., p. 257.

[287] Cfr. BIANCHI, Ob. cit., p. 175.

[288] Nesse sentido, cfr. SEIDEL, Ob. cit, p. 262 e ss; WEISS, *Privatisierung*, cit., p. 46; GRAMM, *Privatisierung*, cit., p. 165; SACKSOFSKY, Ob. cit., p. 946 e ss.

[289] Trata-se de um "acto formalmente e subjectivamente não administrativo": a expressão, de origem jurisprudencial, é citada por ACQUARONE, Ob. cit., 185.

sabilidade do Estado[290]. Os particulares são responsáveis por efectuar ou por realizar as acções de controlo, mas o Estado não pode deixar de se responsabilizar pelos resultados do procedimento, exercendo um controlo sucessivo: em si mesma, a tarefa do controlo é pública, sendo apenas a sua execução transferida para particulares (privatização funcional do procedimento administrativo). Como consequência, o acto de comunicação do início de actividade assume aqui o valor e a natureza de um acto de direito público[291], praticado por um sujeito privado "estadualizado", uma espécie de "auxiliar administrativo independente" ou até um "delegatário (de funções públicas) em interesse próprio"[292]. O controlo público, que só pode ocorrer no período que medeia entre a comunicação e o início da actividade[293], é considerado um controlo sucessivo, pois que o controlo preventivo, embora público, foi deslocado para a esfera privada.

Para nós, a substituição de procedimentos de autorização por procedimentos de comunicação de início de actividade está associada a uma estratégia de privatização material e de reforço das responsabilidades dos particulares. De facto, a adopção daquelas medidas não equivale à transferência para os particulares do poder público de emitir a licença[294]: o Estado renuncia à decisão administrativa, mas não investe os particulares do poder (público) de tomar essa decisão. Por sua vez, o controlo público a realizar após a recepção da comunicação é ainda um controlo preventivo, que se realiza necessariamente antes de se iniciar a actividade e que incide sobre um acto de direito privado, não sobre um acto público em processo de estabilização jurídica: estamos aí no campo do "controlo (público) do controlo (privado)"[295].

---

[290] Cfr. HOFFMANN-RIEM, "Verfahrensprivatisierung", cit., p. 226; KORIOTH, Ob. cit., p. 671; KRUHL, Ob. cit., p. 73; CALLIESS, Ob. cit., p. 196.

[291] Referindo-se à transformação de um acto privado num título de habilitação, cfr. BIANCHI, Ob. cit., p. 173 e ss (acto que pode ser impugnado na jurisdição administrativa); adoptando esse ponto de vista, cfr. ACQUARONE, Ob. cit., p. 185; no sentido de que a comunicação reveste o "valor explícito de um acto autorizativo", praticado por um sujeito privado, cfr. SANDULLI, "La semplificazione", cit., p. 774.

[292] Cfr. CALLIESS, Ob. cit., p. 200.

[293] Após a expiração do prazo e desde que o particular proceda em conformidade com a comunicação que apresentou, já não pode haver adopção de medidas repressivas por parte da Administração: SANDULLI, "La semplificazione", cit., p. 774.

[294] Cfr. WEISS, *Privatisierung*, cit., p. 46.

[295] Ao contrário das "doutrinas privatistas", parece-nos ser de entender que o decurso do prazo que medeia entre a apresentação da comunicação e o início da actividade

Deve, por fim, dizer-se que a doutrina desenvolvida no estrangeiro vai, em grande medida, arrastada para a defesa de teses publicistas e estadualistas por força do imperativo da protecção dos interesses de terceiros lesados: a publicização do controlo e da comunicação, ao implicar a publicização das relações entre o onerado com o dever de controlo e terceiros, abre o caminho à resolução dos litígios entre eles pela via da jurisdição administrativa[296]. Ora, no direito português não é preciso fazer esse desvio para alcançar uma "justiça administrativa entre particulares" [cfr. artigos 37.º/3, 109.º/2 e 112.º/2,f), do CPTA][297].

   c) *Controlos privados que substituem controlos públicos preventivos*
   mas cujos resultados são relevantes num procedimento adminis-
   trativo de autorização
Além dos controlos sob responsabilidade privada que emergem na sequência da abolição de controlos públicos preventivos e da renúncia à decisão administrativa, há ainda um outro domínio em que a imposição de deveres constitui um processo de efectuar uma privatização material de tarefas. Referimo-nos agora à entrega aos particulares da responsabilidade pela execução de tarefas de controlo preventivo que aparecem "misturadas" ou "combinadas" com uma decisão administrativa, a qual não pode ser tomada sem que a Administração conheça os resultados do controlo. O fenómeno apresenta-se-nos como uma privatização material de partes da instrução de procedimentos administrativos e traduz, afinal, a transferência da incumbência de preencher certos pressupostos de decisões administrativas para a esfera dos particulares interessados na decisão.
   Dois exemplos colhidos no direito português ilustram esta modalidade de assunção por privados da responsabilidade pela definição de pressupostos de decisões públicas[298].

---

impede a Administração de vir a tomar medidas repressivas (*v.g.*, proibição do exercício da actividade), naturalmente nos casos em que o particular actua em conformidade com a comunicação que apresentou. Supomos que isso não significa reconhecer um qualquer efeito de "caso decidido" ao acto privado de comunicação, mas apenas considerar que, para afastar a *incerteza*, deve conceber-se estarmos diante de um prazo de caducidade do poder público relativo à aplicação de medidas repressivas – em sentido próximo, considerando aquele um prazo peremptório, cfr. ACQUARONE, Ob. cit., p. 120 e ss; SANDULLI, "La semplificazione", cit., p. 774.
   [296] Cfr. ORTLOFF, "Verwaltungsrechtsschutz", cit., p. 932 e ss; CALLIESS, Ob. cit., p. 201; BIANCHI, Ob. cit., p. 175; ACQUARONE, Ob. cit., p. 240.
   [297] Sobre esta matéria, cfr., *infra*, Parte II, Cap. II.
   [298] Sobre esse fenómeno, cfr. BURGI, *Funktionale Privatisierung*, cit., p. 91.

De acordo com o regime de instalação das infra-estruturas de tele-comunicações em edifícios e respectivas ligações às redes públicas de telecomunicações (Decreto-Lei n.º 59/2000, de 19 de Abril), os projectos técnicos de infra-estruturas a instalar em edifícios novos devem ser ins-truídos com uma declaração dos projectistas que ateste a observância das normas gerais e específicas constantes da lei e dos regulamentos aplicá-veis. Essa declaração reveste a natureza de um termo de responsabili-dade, que "dispensa a apreciação prévia dos projectos por parte dos serviços municipais" (cfr., no mesmo sentido, o artigo 20.º/8 do RJUE). Contudo, antes da emissão da licença (ou da autorização) de utilização do edifício, terá de haver uma *certificação obrigatória* da conformidade da instalação das infra-estruturas com as prescrições e especificações técnicas aplicáveis e com o projecto técnico, a efectuar por uma entidade certificadora (ou instalador-certificador), que o dono da obra escolhe[299]. Nos termos desse regime de instituição de um controlo privado, o inte-ressado (promotor da obra) assume, através de terceiro, o dever de garan-tir o cumprimento da lei, estabelecendo um pressuposto da decisão admi-nistrativa.

Igualmente relacionado com os procedimentos de licenciamento de edificações encontramos o sistema de controlo privado de projectos das instalações de gás em edifícios: de acordo com o disposto no Decreto--Lei n.º 521/99, de 10 de Dezembro, o interessado deve apresentar o projecto numa entidade inspectora de instalações de gás[300]; antes de esta verificar a conformidade do projecto com a legislação aplicável, "a licença de obras não pode ser concedida". Também neste caso a lei confia ao interessado a responsabilidade e o dever de efectuar controlos preven-tivos num domínio particularmente sensível de segurança técnica de ins-talações[301].

---

[299] Sobre o *registo* das entidades certificadoras, cfr. artigo 23.º do diploma citado no texto.

[300] Sobre o *estatuto das entidades inspectoras de instalações de gás* e o regime do respectivo *reconhecimento*, cfr. o Anexo II aprovado pela Portaria n.º 362/2000, de 20 de Junho.

[301] A este propósito, note-se, a legislação que regula a actividade das entidades inspectoras de instalações de gás acolhe algumas soluções que parecem sugerir a qualifi-cação pública das tarefas que elas executam: assim, "taxa" é o *nomen iuris* que a lei atribui à prestação que as referidas entidades podem cobrar como contrapartida dos serviços prestados (verificação da conformidade de projectos e emissão do certificado de inspecção, documento que viabiliza o abastecimento de gás da instalação); por outro

Embora próximo dos exemplos acabados de referir, deles deve distinguir-se o regime que resulta do disposto no artigo 20.º/8 do RJUE, onde se estabelece que as declarações de responsabilidade dos autores dos projectos das especialidades que estejam inscritos em associação pública constituem garantia bastante do cumprimento das normas legais e regulamentares aplicáveis aos projectos, excluindo a sua apreciação prévia pelos serviços municipais[302]. Trata-se aí de um caso de *privatização funcional da instrução do procedimento administrativo* (cfr., *infra*, Cap. III).

Além da instituição de controlos privados com carácter preventivo, a lei desloca também para o mercado e para a esfera dos particulares a responsabilidade pela realização de controlos sucessivos. Por vezes, estes controlos aparecem articulados com acções públicas de fiscalização. Um exemplo deste modelo de conjugação entre "inspecção privada e fiscalização pública" encontra-se no Decreto-Lei n.º 267/2002, de 26 de Novembro, que regula o licenciamento e a fiscalização de instalações de armazenamento de produtos de petróleo e de postos de abastecimento de combustíveis. Nos termos do diploma, a *fiscalização* das referidas instalações fica a cargo dos municípios ou da Administração do Estado (de acordo com a distribuição de competências de licenciamento). Mas, além dessa fiscalização pública, as instalações são ainda objecto de ins-

---

lado, estabelece a lei (artigo 12.º do Decreto-Lei n.º 512/99 e artigo 17.º do Anexo II da Portaria n.º 362/2000) que, dos actos praticados pelas entidades inspectoras no exercício das suas atribuições, cabe "reclamação" para a Direcção Regional do Ministério da Economia – sobre estes *falsos indícios*, que parecem apontar para a natureza pública das tarefas destas entidades, cfr., *infra*, Parte II, Cap. I.

[302] Nos termos do artigo 10.º do RJUE, o requerimento que inicia os procedimentos de licenciamento ou de autorização de operações urbanísticas deve ser sempre instruído com declaração dos autores dos projectos, da qual conste que foram observadas, na elaboração dos mesmos, as normas legais e regulamentares aplicáveis, designadamente as normas técnicas de construção em vigor. Dessa declaração deve ainda constar a referência à conformidade do projecto com os planos municipais de ordenamento do território aplicáveis. Os projectos podem ser subscritos por técnicos que se encontrem inscritos em associação pública e que façam prova da validade da sua inscrição, bem como por técnicos cuja actividade não esteja abrangida por associação pública, desde que possuam habilitação adequada, nos termos do disposto no regime da qualificação profissional exigível aos autores de projectos de obras ou em legislação especial relativa a organismo público oficialmente reconhecido.

pecções periódicas (quinquenais), destinadas a verificar a conformidade com as condições aprovadas no âmbito do licenciamento. As inspecções são efectuadas por *entidades acreditadas* no âmbito do Sistema Português da Qualidade, desde que *reconhecidas* pela Direcção-Geral de Energia[303]. Verificando a conformidade da instalação, a entidade inspectora emite um *certificado* que o responsável deverá apresentar às entidades públicas competentes. A não apresentação do certificado da inspecção constitui motivo para o encerramento temporário da instalação, até à apresentação do mesmo. Verificando inconformidades nas instalações, a entidade inspectora "determinará" as correcções exigidas ou, se for caso disso, a actualização do projecto; além disso, se estiver em risco a segurança de pessoas ou de bens, deve informar de imediato as autoridades competentes.

A actividade de inspecção constitui uma actividade privada[304]; as relações que se estabelecem entre o responsável pela instalação e a referida entidade são, por isso, relações de direito privado (contrato de prestação de serviços). A entidade inspectora actua na posição de terceiro imparcial, mas no âmbito de uma responsabilidade de controlo e de inspecção que a lei confiou aos titulares de instalações de armazenamento de produtos de petróleo e de postos de abastecimento de combustíveis. É, contudo, claro que o reforço da responsabilidade privada não exclui a responsabilidade de fiscalização da Administração Pública. Por isso, existe, nesta hipótese, um sistema que articula "inspecção privada com fiscalização pública".

3.1.2. *Auto-regulação privada incentivada ou induzida pelo Estado – "sistemas privados de certificação voluntária"*

Além da imposição de deveres, o Estado usa com frequência estratégias informais, de persuasão e de estímulo, com o objectivo de obter dos cidadãos uma contribuição (voluntária) para a realização de fins de interesse público: em vez de impor, como no caso de "auto-regulação privada imposta", ele estimula ou incentiva os cidadãos e as empresas a adoptarem certos comportamentos e a aderirem a "programas volun-

---

[303] O *Estatuto das entidades inspectoras de instalações de combustíveis derivados de petróleo* foi aprovado pela Portaria n.º 1211/2003, de 16 de Outubro.

[304] Nos termos do *Estatuto*, o acesso à actividade depende de *reconhecimento oficial*; este, que é válido por um período de cinco anos, depende de requisitos objectivamente estabelecidos.

tários"[305]. A designada auto-regulação incentivada ou induzida revela-se um importante instrumento de partilha de responsabilidades entre Estado e actores privados em matérias tão sensíveis como a protecção do ambiente ou a qualidade alimentar[306].

No extenso capítulo do fomento estadual da contribuição dos particulares para a realização de objectivos públicos ocupam lugar de destaque as várias modalidades de incentivo à adesão a *sistemas de certificação voluntária*.

A organização de sistemas de certificação voluntária é, em geral, um meio de que o Estado se serve para incutir nos particulares uma "cultura da qualidade e de exigência": tais sistemas, geralmente associados a campanhas públicas de promoção dos sinais que distinguem os aderentes, procuram criar nos consumidores um espírito que os leve a adquirir preferencialmente produtos e serviços certificados ou produzidos e prestados por empresas certificadas.

O facto de o Estado assumir as tarefas de organizar e de definir as regras de funcionamento dos sistemas de certificação voluntária e de garantir a credibilidade da certificação não significa, no entanto, que sejam públicas as actividades de certificação exercidas no âmbito dessa infra-estrutura regulatória pública[307]. Mas, por outro lado, do facto de se tratar de sistemas de adesão voluntária também não decorre que as actividades aí exercidas tenham de qualificar-se como privadas.

Há, portanto, dois tipos de sistemas de certificação voluntária: os *sistemas públicos*, organizados e geridos pelo Estado ou por outra entidade pública ou até por uma entidade privada investida da gestão do sistema, por um acto de delegação, e os *sistemas privados*, organizados e regulados pelo Estado, mas em cujo âmbito são prestados, livremente e numa lógica de mercado, serviços e actividades de certificação.

---

[305] Cfr. FABER, *Gesellschaftliche*, cit., p. 81 e ss.

[306] A adopção destas estratégias públicas de persuasão representa mais um sintoma da influência do direito norte-americano – sobre a auto-regulação privada e a cooperação entre Estado e particulares sustentada em "market-based incentives", cfr. HÜBNER, Ob. cit., p. 51 e ss; José E. Figueiredo DIAS, Ob. cit., p. 329. Referindo-se ao facto de o Estado usar "mecanismos psicológicos" para orientar as actuações privadas em vista da prossecução do interesse público, cfr. PILLER, *Verwaltungsmittlung Privater*, p. 52.

[307] Acentuando a vertente de garantia pública traduzida na intervenção do Estado na acreditação e na fiscalização dos organismos de certificação, cfr. SEIDEL, Ob. cit., p. 167 e ss.

No cenário dos sistemas públicos, a certificação é assumida pelo próprio Estado e reveste, por isso, a natureza de missão pública em cujo desempenho se exercem "poderes públicos de certificação" (havendo entrega dessa função a uma entidade privada, depararemos então com uma delegação de funções e de poderes públicos) – tem natureza pública, por ex., o "sistema comunitário de atribuição de rótulo ecológico" a que se refere o *Regulamento (CE) n.º 1980/2000 do Parlamento Europeu e do Conselho de 17 de Julho de 2000* (JO n.º L 237, de 21/09/2000)[308], que é gerido por "organismos competentes" designados por cada Estado--membro. A atribuição do rótulo ou etiqueta ecológica corresponde a uma missão pública de informação, que, *in casu,* se corporiza na recomendação e no incentivo dos consumidores à aquisição de determinados produtos ("amigos do ambiente")[309].

Ainda que organizados, regulados e geridos pelo Estado, pertencem já à esfera privada os sistemas de certificação em cujo âmbito actuam entidades oficialmente habilitadas – "reconhecidas" ou "acreditadas" – a prestar serviços de certificação a terceiros no contexto de um mercado livre e concorrencial. Apesar do ambiente regulatório público em que se movem e dos efeitos públicos associados aos actos que praticam ("efeitos públicos de actos privados"), as entidades que prestam serviços privados de certificação voluntária não exercem funções nem poderes públicos, mas antes actividades privadas que, por terem uma relevância pública, ficam submetidas a regulação estadual: aqui se incluem os serviços prestados por *organismos acreditados de certificação da qualidade* pelos *verificadores ambientais acreditados* e, no sector agrícola, pelos *organismos independentes de controlo.*

---

[308] O citado Regulamento revê o *Regulamento (CEE) n.º 880/92 do Conselho, de 23 de Março de 1992* – em geral, sobre o sistema comunitário de atribuição do rótulo ecológico (ao abrigo do Regulamento de 1992), cfr. MARTIN MATEO, *Nuevos instrumentos para la tutela ambiental*, p. 37 e ss; AUDIVERT ARAU, *Régimen jurídico de la etiqueta ecológica,* p. 103 e ss; BOY, "L'éco-lable communautaire, un exemple de droit post-moderne", p. 69 e ss; SANZ RUBIALES, "Sobre la naturaleza jurídica de la etiqueta ecológica", p. 3693 e ss; entre nós, cfr. João Zagalo LIMA, "Rótulo ecológico, situação europeia", p. 43 e ss.

[309] Sobre as *recomendações* como actos de direito público, cfr. Pedro GONÇALVES, "Advertências da Administração Pública", p. 742 e ss. Na Alemanha, a gestão do sistema de atribuição da etiqueta ecológica "anjo azul" está confiada, por delegação pública, a uma associação de direito privado; cfr. OSSENBÜHL, *Umweltpflege durch hoheitliche Produktkennzeichnung*, especial., p. 13 e ss; BERENDES, "Der «Blaue Engel» – ein Eingriff in Wettbewerbsfreiheit und Gewerbebetrieb?", p. 14 e ss.

a) *Sistemas de certificação da qualidade: organismos acreditados de certificação da qualidade*

No domínio da qualidade existe, em Portugal, o designado *Sistema Português da Qualidade* (SPQ), coordenado e gerido por um instituto público – *Instituto Português da Qualidade* (IPQ)[310].

Nos termos da lei, o SPQ organiza-se em três subsistemas; um deles é o *subsistema da qualificação*[311], que tem por objectivo o reconhecimento da competência técnica de entidades para actuarem no âmbito do SPQ, bem como a avaliação e a demonstração da conformidade das actividades, seus agentes e resultados (produtos e serviços) com requisitos pré-fixados; abrange e enquadra as actividades de acreditação, de certificação e outras de reconhecimento de competências e de avaliação da conformidade, no âmbito do SPQ.

O *subsistema da qualificação* é gerido pelo Instituto Português de Acreditação (IPAC), instituto público que se assume como *Organismo Nacional de Acreditação* (ONA). Nessa qualidade, cabe ao IPAC exercer a função pública de acreditação: os destinatários podem ser os *organismos de certificação* (que intervêm no domínio da qualidade, mas também os que intervêm noutros sectores, como, por ex., os organismos privados de controlo e de certificação que actuam no âmbito do sistema europeu de protecção das referências geográficas), os *organismos de inspecção* (*v.g.*, centros de inspecções de veículos automóveis), os *laboratórios de ensaio* e ainda os *verificadores ambientais,* que actuam no âmbito do sistema comunitário de ecogestão e auditoria (Decreto-Lei n.º 125/2004, de 31 de Maio).

A intervenção pública no sistema da certificação destina-se pois, em primeiro lugar, a acreditar ("garantia da confiança") e a fiscalizar as entidades que prestam, no mercado, os serviços de certificação: a função de certificação da qualidade consiste, por suas vez, num procedimento através do qual uma terceira parte *acreditada* garante que um produto, processo, serviço ou sistema se encontra em conformidade com requi_sitos especificados[312]. Pode ter por objecto:

---

[310] Cfr. Decreto-Lei n.º 140/2004, de 8 de Junho.

[311] Os outros dois são os subsistemas da *normalização* e da *metrologia*, estes geridos pelo IPQ.

[312] Cfr. SEIDEL, Ob. cit., p. 264. Sobre a certificação da qualidade, como actividade de criação de certezas públicas exercida por sujeitos privados, cfr. FIORITTO, Ob. cit., pp. 291 e ss, e 392

i) a *certificação de empresas*, também designada por *certificação de sistemas de qualidade*, destinada a assegurar que o sistema de qualidade de uma empresa está conforme com um modelo de normas técnicas;

ii) a *certificação de produtos*, que visa assegurar que um produto está conforme com uma norma ou especificação técnica de garantia de qualidade que lhe é aplicável;

iii) a *certificação de pessoas*, enquanto procedimento através do qual uma entidade demonstra, de um modo credível, de acordo com regras e através de uma avaliação adequada, que uma pessoa é competente para efectuar uma determinada actividade[313].

A certificação da qualidade não constitui uma actividade pública; trata-se, pelo contrário, de uma tarefa privada, exercida livremente num mercado concorrencial por entidades acreditadas por um organismo oficial com competências públicas de acreditação. De resto, a certificação não tem sequer de ser efectuada por organismos acreditados pelas autoridades dos Estados na área dos quais os organismos de certificação pretendem exercer a sua actividade: qualquer organismo acreditado pela Administração de um Estado-membro da CE pode legalmente exercer a actividade de certificação da qualidade em território comunitário (princípio da livre prestação de serviços de certificação)[314]. As normas técnicas desempenham nesta matéria um papel decisivo, uma vez que a acreditação pública dos organismos fica dependente de exigências uniformes em todo o território da CE (a conformidade com o disposto em normas técnicas determinadas). Note-se, contudo, que, em Portugal, se não estiver acreditado pelo IPAC, o organismo de certificação não pode (salvo autorização expressa) conferir às empresas certificadas o direito de utilização de símbolos e marcas do SPQ, pois trata-se de sinais que visam exactamente *distinguir* a certificação feita por organismos integrados nesse *Sistema*.

Como se disse, o sistema da certificação da qualidade baseia-se na adesão voluntária dos interessados. Contudo, deve observar-se que, apesar desse carácter voluntário do ponto de vista jurídico, a certificação tem-se tornado "obrigatória de facto": é o que resulta de as empresas

---

[313] Sobre estes vários tipos de certificação, cfr. COURET/IGALENS/PENAN, Ob. cit., p. 38 e ss.

[314] Assim, por ex., a APCER, *Associação Portuguesa de Certificação*, foi acreditada pelo organismo de acreditação espanhol, a *Entidad Nacional de Acreditación*.

pressentirem que o mercado exige a certificação e prefere produtos com marcas de conformidade[315].

Por outro lado, com frequência, a lei vem exigindo a certificação como requisito da verificação de certos efeitos jurídicos públicos[316]. Ainda assim, essa exigência, que remete para o tema dos "efeitos públicos de actos privados" e que converte a adesão voluntária dos interessados num "ónus de adesão", não contende com a natureza da certificação da qualidade, que é claramente uma actividade privada e liberalizada[317].

Apesar do carácter privado da certificação da qualidade, o Estado assume um papel decisivo (de *garante*), desde logo, na organização de um credível sistema nacional de garantia da qualidade: assim se explica que caiba à lei a definição das linhas gerais de organização do *subsistema da qualificação*, que a gestão desse sistema seja confiada a um organismo público e que, por acto de direito público, esse organismo acredite privados para o exercício da actividade de certificação e os submeta a uma apertada fiscalização. A criação de condições que garantam às empresas o acesso a um sistema oficialmente organizado que lhes permita obter a certificação da garantia da qualidade representa, de facto, o papel decisivo do Estado e dos poderes públicos, na dinamização e no

---

[315] Cfr. ALVAREZ GARCIA, "El proceso", cit., p. 345[6].

[316] Assim, por ex., o artigo 36º/1,*g)*, do Decreto-Lei n.º 197/99, de 8 de Junho (regime da contratação pública de bens e serviços), confere às entidades adjudicantes o poder de exigir aos concorrentes a apresentação de "certificado emitido por organismos independentes para a certificação da conformidade do prestador de serviços com determinadas normas de garantia de qualidade". A abertura legal para estas exigências é hoje comum em todo o direito europeu da contratação pública: cfr. RODRIGUEZ-CAMPOS GONZALEZ, Ob. cit., p. 202.

Em face do princípio da livre de prestação de serviços de certificação na CE, temos sérias dúvidas sobre a conformidade comunitária da exigência legal de certificação no âmbito do *Sistema Português da Qualidade* – fazem essa exigência a Portaria 362/2000, para o reconhecimento de entidades inspectoras de instalações de gás, e o artigo 26.º/6 do Decreto-Lei n.º 550/99, de 15 de Dezembro, para os organismos de inspecção de veículos automóveis. Sobre a aplicação das regras da concorrência ao mercado da certificação, cfr. ALVAREZ GARCIA, "El proceso", cit., p. 358 e ss, onde se faz referência a uma decisão do Tribunal de Primeira Instância da CE que se refere à "aceitação de garantias equivalentes de outros sistemas" como um dos critérios para que um sistema de certificação seja compatível com o direito comunitário.

[317] Cfr. SEIDEL, Ob. cit., p. 266.

incentivo de um mercado da certificação da qualidade[318] e na garantia da credibilidade dos serviços prestados nesse mercado[319].

b) Sistema de ecogestão e auditoria: verificadores ambientais acreditados

Pelo *Regulamento (CEE) n.º 1836/93, do Conselho, de 29 de Junho*, instituiu-se na Europa o designado sistema comunitário de ecogestão e auditoria: o ponto de partida dessa regulamentação comunitária – que hoje consta do *Regulamento (CE) n.º 761/2001 do Parlamento Europeu e do Conselho de 19 de Março de 2001, que permite a participação voluntária de organizações num sistema comunitário de ecogestão e auditoria (EMAS)*: JO n.º L 114/1, de 24/04/01 – baseia-se na consideração de que as empresas do sector industrial têm as suas próprias responsabilidades em matéria de gestão do impacto das suas actividades sobre o ambiente, devendo, por conseguinte, adoptar uma participação activa neste domínio[320].

---

[318] Em sentido próximo, cfr. ALVAREZ GARCIA, "Introducción", cit., p. 316 e ss.

[319] Cfr. SEIDEL, Ob. cit., pp. 123 e ss. e 167 e ss.

[320] Sobre o sistema de ecogestão e auditoria, cfr. SCHERER, "Umwelt-Audits: Instrument zur Durchsetzung des Umweltrechts im europäischen Binnenmarkt?", p. 11 e ss; SCHNEIDER, "Öko-Audit als Scharnier in einer ganzheitlichen Regulierungsstrategie", p. 361 e ss; LÜTKES, "Das Umweltauditgesetz", p. 232 e ss; KÖCK, "Umweltschutzsichernde Betriebsorganisation als Gegenstand des Umweltrechts: die EG-"Öko-Audit"-Verordnung", p. 643 e ss, e "Das Pflichten- und Kontrollsystem des Öko-Audit-Konzepts nach der Öko-Audit-Verordnung und dem Umweltauditgesetz", p. 644 e ss; LÜBBE--WOLFF, "Die EG-Verordnung zum Umwelt-Audit", p. 361 e ss; MÖLLERS, Ob. cit., p. 213 e ss; FALK, *Die EG-Umwelt-Audit-Verordnung und das deutsche Umwelthaftungsrecht*, especial. p. 33 e ss; FRANZIUS, Ob. cit., p. 208 e ss; MICHAEL, *Rechtsetzende Gewalt im kooperierenden Verfassungsstaat*, p. 153 e ss; SCHICKERT, *Der Umweltgutachter der EG-Umwelt-Audit Verordnung*, p. 32 e ss; SEIDEL, Ob. cit., p. 243 e ss; FABER, *Gesellschafltiche*, cit., p. 162 e ss; TARRES VIVES, "Los sujetos privados en la gestión y auditoría medioambiental comunitaria. Su desarollo en la Umweltauditgesetz alemana", p. 503 e ss; MARTIN MATEO, Ob. cit., p. 101 e ss; GATTA SANCHEZ/NEVADO MORENO, "Evaluación de los sistemas de ecogestión: la auditoría ambiental, análisis y régimen jurídico", p. 167 e ss; QUINTANA LOPEZ, "El sistema comunitario de ecoauditoría. Aproximación a su puesta en funcionamiento", p. 3501 e ss; ALVAREZ GARCIA, "La protección", cit., p. 62 e ss; NOGUEIRA LOPEZ, "Público e privado en el sistema comunitario de gestión y auditoría ambiental", p. 3921 e ss, e *Ecoauditorías, intervención pública ambiental y autocontrolo empresarial*, p. 7 e ss; Esteve Pardo, Ob. cit., p. 134 e ss; RODRIGUEZ--CAMPOS GONZALEZ, "El fomento de la ecoauditoría como estrategia interventora, p. 375

O modelo de auto-regulação privada no domínio da protecção ambiental[321] integra o espectro das estratégias públicas de incentivo e de estímulo ao mercado e às empresas no sentido de adoptarem mecanismos de autocontrolo, de auditoria e de monitorização que contribuam para o controlo e a redução dos impactos ambientais negativos decorrentes das suas actividades e operações. Do ponto de vista público, a "entrega" destas funções ao mercado e às empresas apresenta vantagens claras, ao "aliviar" a Administração Pública de uma parte dos onerosos encargos do controlo ambiental[322].

A adesão voluntária das empresas a essa exigência representa o elemento essencial do sistema[323], o que explica que a doutrina o considere um exemplo da nova orientação reguladora em matéria de política pública ambiental, caracterizada por substituir a intervenção autoritária do Estado ("command-and-control") pelo reforço da responsabilidade dos próprios agentes causadores dos factores de risco[324]: a natureza voluntária justifica que se fale, também a este propósito, de uma nova política estadual de estímulo à adopção de condutas em favor do interesse colectivo[325].

Integrado nos instrumentos públicos inspirados no mote "menos intervenção pública, mais responsabilidade privada"[326] e estimulando ou incentivando as empresas a assumir uma parte da responsabilidade por tarefas de controlo (autocontrolo) situadas nas áreas do "dever estadual de garantia", o sistema de ecogestão e auditoria cria condições para uma certa retracção da intervenção pública[327].

Do ponto de vista das empresas, a participação no sistema confere-lhes as vantagens e os benefícios que decorrem do valor acrescentado da sua imagem pública, da publicidade que podem fazer, em certos termos,

---

e ss; no direito português, cfr. A. P. ATAZ, "Ecogestão e Auditoria Ambiental no Direito Comunitário do Ambiente", p. 9 e ss.

[321] Sobre as auditorias ambientais no direito norte-americano, cfr. José E. Figueiredo DIAS, Ob. cit., p. 337.

[322] Cfr. Carla Amado GOMES, *A Prevenção à Prova no Direito do Ambiente*, p. 84.

[323] Cfr. SCHNEIDER, Ob. cit., p. 366; TARRES VIVES, Ob. cit., p. 508; MARTIN MATEO, Ob. cit., p. 117.

[324] Cfr. SCHNEIDER, Ob. cit., p. 361.

[325] Cfr. SCHMIDT-PREUSS, "Verwaltung", cit., p. 167[18].

[326] Cfr. NOGUEIRA LOPEZ, "Público", cit, p. 3930.

[327] Cfr. HOFFMANN-RIEM, "Ökologisch", cit., p. 610.

e do uso de um logotipo que assinala a participação[328], bem como da prevista facilitação do acesso a fundos de apoio e a concursos públicos[329].

Em termos operacionais, o sistema baseia-se na organização e gestão do *registo público das organizações* que aderem ao EMAS. O *registo* é gerido por um organismo público (em Portugal, o *Instituto do Ambiente*; cfr. artigo 2.º do Decreto-Lei n.º 142/2002, de 20 de Maio), que fica encarregado de controlar a admissão e a manutenção das organizações no registo.

Para a admissão da sua inscrição no registo, as organizações têm de estabelecer e manter um "sistema de gestão ambiental" (*Regulamento*: Anexo I) submetido a auditorias periódicas a efectuar por *auditores* – os auditores são pessoas ou equipas, pertencentes ou não aos quadros da organização, que dispõem, individual ou colectivamente, das competências nos sectores e áreas que são objecto de auditoria e de independência suficiente, em relação às actividades que inspeccionam para poderem formular um juízo objectivo e isento. Realizam *auditorias internas*, em nome do órgão superior de administração da organização, não sendo acreditados ou habilitados por qualquer instância pública para o exercício de actividades de auditoria ambiental[330]. Impondo a contratação ou nomeação de auditores, o *Regulamento* procura "personalizar" a responsabilidade da organização no contexto de um autocontrolo de natureza interna[331].

A implementação de um sistema de gestão ambiental e de auditorias internas assume-se como a "fase interna" do funcionamento do sistema: são os requisitos e procedimentos internos que a organização deve adoptar para poder participar.

A "fase externa" inicia-se com a redacção, pela organização, da chamada *declaração ambiental*, que é um instrumento de comunicação

---

[328] Sobre esses "mecanismos de indução", cfr. SCHICKERT, Ob. cit., p. 78 e ss.

[329] Quanto a este último aspecto, cfr. o artigo 11.º/2 do *Regulamento*, onde se estabelece que "com o objectivo de encorajar a participação de organizações no EMAS, a Comissão e outras instituições da Comunidade, bem como outros organismos públicos a nível nacional deverão estudar, sem prejuízo da legislação comunitária, o modo como o registo no EMAS poderá ser tido em conta ao adoptarem os critérios para as suas políticas de aprovisionamento".

[330] Cfr. ESTEVE PARDO, Ob. cit., p. 136; SEIDEL, Ob. cit., p. 276. Em geral, sobre as funções de auditoria que cabem ao auditor interno, cfr. SCHICKERT, Ob. cit., p. 118 e ss.

[331] Cfr. MICHAEL, Ob. cit., p. 156.

externa e de diálogo com o público e as outras partes interessadas no comportamento ambiental da organização[332]. A viabilidade da admissão da organização no registo depende da *validação da declaração ambiental* por um *verificador ambiental acreditado*.

O verificador ambiental é a pessoa ou o organismo independente e externo contratado pela organização sujeita a verificação[333] que, previamente acreditado por um organismo público de acreditação [entre nós, o IPAC, na qualidade de *Organismo Nacional de Acreditação*[334]], tem como função averiguar a conformidade do sistema de gestão ambiental e da declaração ambiental com todos os requisitos legais, bem como a fiabilidade, credibilidade e exactidão dos dados e informações constantes da declaração ambiental. Assegurando-se de que a organização satisfaz os requisitos legais, o verificador procede então à *validação da declaração ambiental*[335]. Uma vez validada a declaração ambiental, a organização está em condições de participar no EMAS, podendo solicitar a sua admissão no *registo*.

Ao invés do que tem defendido alguma doutrina (minoritária)[336], o verificador ambiental não exerce uma actividade pública: oficialmente acreditado para o exercício das suas funções e competências e contratado

---

[332] Cfr. SCHICKERT, Ob. cit., p. 358 e ss.

[333] Nos termos do direito privado; sobre a natureza privada desse contrato de prestação de serviços, cfr. KÖCK, "Das Pflichten-und Kontrollsystem", cit., p. 662; SEIDEL, Ob. cit., p. 276; FALK/FREY, "Die Prüftätigkeit des Umweltgutachters im Rahmen des EG-Öko-Audit-Systems", p. 58.

[334] Em regra, os Estados europeus confiam a função de acreditação a organizações privadas (exercício privado de funções públicas): cfr. TARRES VIVES, Ob. cit., p. 520. Na Alemanha, responsável pela acreditação e supervisão dos verificadores ambientais é uma empresa privada, a *Deutsche Akkreditierungs-und Zulassungsgesellschaft für Umweltgutachter mbH* (DAU), que opera ao abrigo de uma "Beleihung": cfr. KÖCK, "Das Pflichten-und Kontrollsystem", cit., p. 670; LÜTKES, Ob. cit., p. 232; LÜBBE-WOLFF, Ob. cit., p. 367; SCHNEIDER, Ob. cit., p. 369; SEIDEL, Ob. cit., p. 193 e ss; MICHAEL, Ob. cit., p. 158 e ss; SCHICKERT, Ob. cit., p. 239 e ss. Na Espanha, a acreditação dos verificadores ambientais está também a cargo de entidades privadas; cfr. RODRIGUEZ-CAMPOS GONZALEZ, "El fomento", cit., p. 387; NOGUEIRA LOPEZ, "Público", cit., p. 3934, e *Ecoauditorías*, cit., p. 216, considerando haver aí um caso de auto-administração corporativa, uma vez que as entidades de acreditação são associações formadas pelos próprios verificadores ambientais.

[335] Cfr. SCHICKERT, Ob. cit., p. 458 e ss.

[336] Cfr. ESTEVE PARDO, Ob. cit., p. 137; NOGUEIRA LOPEZ, "Público", cit., p. 3934, e *Ecoauditorías*, cit., p. 231 e ss.

pelas organizações interessadas, ele actua no âmbito do direito privado, exercendo uma actividade privada de certificação[337]. Trata-se, aliás, de uma actividade abrangida pelo "princípio comunitário da livre prestação de serviços": nos termos do artigo 4.º/5 do *Regulamento*, os verificadores ambientais acreditados num Estado-membro podem desenvolver actividades de certificação em qualquer outro Estado-membro, tendo apenas de notificar o início de actividade ao Estado em que a auditoria é efectuada, e ficando sujeitos à supervisão do sistema de acreditação e de supervisão desse Estado.

A *acreditação* dos verificadores ambientais constitui, também aqui, um acto administrativo constitutivo de um estatuto pelo qual uma autoridade pública (ou uma entidade privada no exercício de funções públicas) reconhece e garante que uma pessoa ou organização tem competência para exercer uma profissão ou prestar serviços de verificação e certificação ambiental. A acreditação não delega o exercício de qualquer função pública no verificador, que vai actuar no estrito âmbito das responsabilidades (neste caso, voluntariamente) assumidas por uma organização em matéria de protecção do ambiente e não no contexto de uma responsabilidade pública de execução. Como alguns dizem, o sistema de ecogestão e auditoria é um caso paradigmático da aplicação do *princípio da cooperação*, com uma nítida *partilha de responsabilidades* entre os sectores público e privado[338]: os privados participam na implementação e execução de acções de interesse público, o Estado supervisiona e garante a credibilidade e a isenção dos organismos e instâncias privadas de controlo ("controlo do controlo"). O sistema ocupa pois uma posição de charneira entre os extremos da auto-regulação privada e da direcção e planificação pública[339].

Embora não exerça uma actividade por delegação do Estado[340], o verificador ambiental está investido de "competências" de interesse público, sendo absolutamente inquestionável o relevo jurídico-público dos efeitos públicos da verificação ambiental[341]. A verificação da declaração ambiental é uma condição incontornável do registo público, na medida em que, apenas com base na *garantia* por ele oferecida de que a

---

[337] Cfr. TARRES VIVES, Ob. cit., p. 509; FALK/FREY, Ob. cit., p. 58.
[338] Cfr. HOFFMANN-RIEM, "Ökologisch", *cit.*, p. 611.
[339] Cfr. SCHNEIDER, Ob. cit., p. 365.
[340] Cfr. MICHAEL, Ob. cit., p. 158; TARRES VIVES, Ob. cit., p. 509.
[341] Cfr. TARRES VIVES, Ob. cit., p. 509; ESTEVE PARDO, p. 135.

organização verificada cumpre os requisitos legais, o organismo público admite essa organização no registo[342].

c) *Sistemas de certificação no sector agrícola: organismos privados de controlo e de certificação*

Ainda por impulso do direito comunitário, também no sector agrícola se têm multiplicado os sistemas privados de controlo e de certificação – assim sucede, pelo menos, com os sistemas de controlo dos produtos agrícolas, com referência a modos de produção biológica, dos géneros alimentícios derivados de produtos agrícolas obtidos através da prática da protecção integrada, bem como no âmbito dos regimes voluntários de rotulagem. Apesar de estarem aqui envolvidos controlos a executar por terceiros ("controlos externos"), trata-se, em qualquer caso, de controlos privados, efectuados na base de contratos privados celebrados entre aderentes e organismos de controlo reconhecidos e fiscalizados pelo Estado[343].

Comum a todos estes sistemas é o carácter voluntário: o Estado não impõe o controlo, cria os sistemas, eventualmente estimula a adesão dos interessados (os produtores), credencia, acredita ou reconhece os organismos de controlo e fiscaliza-os. Por seu lado, os interessados escolhem o organismo a cujo controlo vão ficar sujeitos – por vezes, eles próprios indicam a entidade que querem ver reconhecida como organismo de controlo.

Vejamos abreviadamente como funciona cada um dos sistemas citados:

aa) *Sistema de certificação e controlo dos produtos agrícolas com referências a modos de produção biológica* – segundo o *Regulamento (CEE) n.º 2092/91, de 24 de Junho* (JOCE n.º L 198/1), a rotulagem e a publicidade dos produtos agrícolas vegetais não transformados e dos produtos destinados à alimentação humana compostos essencialmente por um ou mais ingredientes de origem vegetal, na medida em que ostentem indicações referentes ao modo de produção biológico, só podem explicitar esse modo de produção desde que, entre outras exigências, o produto tenha sido obtido em conformidade com regras de produção que

---

[342] Sobre essa função de garantia do verificador, cfr. SCHICKERT, Ob. cit., p. 125 e ss.

[343] Sobre a actividade (pública) dos organismos privados de certificação e controlo no âmbito do sistema comunitário de protecção das referências geográficas de produtos agrícolas e dos géneros alimentícios, cfr. Parte III, Cap. I.

o Regulamento define e tenha sido produzido ou importado por um operador submetido a um sistema de controlo. O Regulamento define assim as condições de produção e de controlo indispensáveis para que os produtos por ele abrangidos possam ostentar a designação *produto biológico*. Sem essas condições verificadas, a referência biológica fica proibida. Por isso, qualquer operador que produza, prepare ou importe de um país terceiro produtos abrangidos com vista à sua comercialização deve submeter a sua exploração ao sistema de controlo que o Estados-membros fica obrigado a criar. O controlo é efectuado por uma ou várias autoridades de controlo designadas pelos Estados e/ou por *organismos privados aprovados*.

O Despacho Normativo n.º 47/97, de 11 de Agosto, atribui a gestão do sistema à Administração Pública e estabelece que o controlo dos produtos abrangidos pode efectuar-se através de organismos privados para o efeito devidamente reconhecidos e supervisionados[344]. Uma vez reconhecido, o organismo fica habilitado a prestar serviços (privados) de controlo a todos os produtores que pretendem incluir na rotulagem a menção ao modo de produção biológico. Os produtores celebram então um contrato com o organismo de certificação e controlo, ficando sujeitos às sanções que este venha a impor-lhes (*v.g.*, observações, pedidos de melhoramento, avisos, suspensões da certificação)[345].

bb) Sistema de controlo dos géneros alimentícios derivados de produtos agrícolas obtidos através da prática da protecção integrada – o Regulamento que disciplina este sistema, aprovado pela Portaria n.º 61/ /2001, de 30 de Janeiro, estabelece determinadas condições para que a rotulagem dos produtos abrangidos (*v.g.*, compotas, geleias, concentrados de sumo) possa fazer referência à prática da protecção integrada. Estabelece-se, além disso, que a transformação, a armazenagem e a comercialização dos géneros alimentícios abrangidos encontram-se sujeitas a acções de controlo a desenvolver por organismos privados de controlo e certificação para o efeito reconhecidos; as entidades que pretendam beneficiar do sistema deverão indicar à Administração Pública o organismo a quem pretendem confiar o controlo da fileira produtiva.

---

[344] Cfr. ainda a Portaria n.º 180/2002, de 28 de Fevereiro, que aprovou o *Regulamento para o Reconhecimento das Organizações de Agricultores em Modo de Produção Biológico e dos Técnicos em Modo de Produção Biológico*.

[345] Trata-se de sanções privadas, de natureza contratual.

cc) Sistemas voluntários de rotulagem – existem, pelo menos, dois sistemas desta natureza, regulados pelos Decretos-Leis n.ᵒˢ 71/98, de 26 de Março, e 323-F/2000, de 20 de Dezembro)[346]. Nos dois casos, os sistemas conferem aos produtores de carne a faculdade de incluir nos rótulos dos produtos menções sobre a origem, o local de abate, a alimentação e o maneio do animal. Os interessados deverão apresentar à Administração um caderno de especificações do qual constem, além do mais, as menções a incluir no rótulo, as medidas a tomar para assegurar a exactidão dessas menções e os controlos a efectuar por um organismo independente designado pelo produtor ou por uma organização de produtores. O organismo privado que exerce o controlo, uma vez reconhecido oficialmente, presta serviços de controlo destinados a verificar e a garantir o cumprimento dos cadernos de especificações.

3.2. *Auto-regulação privada organizada pelo Estado*

No ponto anterior, analisámos a auto-regulação privada promovida pelo Estado. Apesar de não haver separações cortantes nestas matérias, devemos distinguir de tais formas de auto-regulação promovidas pelo Estado (com o fim de aproveitar o potencial endógeno e a capacidade dos particulares para a realização de objectivos públicos) aquelas em que o direito estadual desempenha um papel (sobretudo procedimental) de enquadramento jurídico e de organização da auto-regulação privada.

A intervenção regulatória pública visa, neste caso, enquadrar e definir as condições jurídicas – materiais, formais e, por vezes, também organizativas – de desenvolvimento da auto-regulação privada. Trata-se de uma intervenção que resulta, em muitos casos, do imperativo de disciplinar relações jurídicas e actuações privadas por um regime inspirado em "valores de direito público": é o que se verifica, por ex., quando tais relações e actuações se desenrolam num contexto de "poder" e de "autoridade" entre actores privados. Além da definição dos termos de exercício desses "poderes privados", à regulação pública cabe o papel essencial de supervisionar, fiscalizar e, de certo modo, "credenciar" os sistemas auto-regulatórios de natureza privada (*v.g.*,

---

[346] Este diploma contém ainda um regime da rotulagem obrigatória.

por intermédio do controlo, prévio ou sucessivo, da legalidade de actos, concretos e normativos, praticados nesse âmbito). Ilustra esta modalidade de auto-regulação privada publicamente regulada a gestão de bolsas e de outros mercados regulamentados pelas sociedades gestoras de mercado regulamentado[347].

---

[347] Cfr., *infra*, Parte II, Cap. I.

CAPÍTULO II
Persistência das dicotomias tradicionais entre *público* e *privado*

Ao longo das páginas anteriores demos conta de alguns aspectos da actual transformação e da reconfiguração do papel e da posição do Estado e da Administração Pública e explicámos que esse processo está intimamente associado a um claro incremento e reforço do protagonismo dos particulares na prossecução dos interesses públicos. Conceitos como "partilha de responsabilidades", "tarefas executadas em cooperação" e "complementaridade entre Estado e actores privados" indiciam uma nova realidade, feita da interacção e da acção concertada entre dois pólos outrora estranhos e antagónicos. O fenómeno de aproximação, de interpenetração ou, como alguns dizem, de osmose entre Estado e Sociedade vai sendo tão visível que não falta quem denuncie abertamente a perda de sentido das tradicionais – e incómodas, segundo alguns[348] – dicotomias entre público e privado, denunciando-se, frequentemente a incoerência e o irrealismo da distinção entre público e privado[349].

Ora, apesar das novas dificuldades resultantes do que vem sendo designado como "governação partilhada entre actores públicos e privados" e de alguns movimentos, aparentemente contraditórios, de "privatização no espaço público" e de "publicização no espaço privado", defendemos que a continuação das dicotomias tradicionais entre público e privado permanece, também ela, como uma marca da actualidade. Com efeito, a evolução ocorrida não converteu o espaço social numa "área cinzenta" em que, ao mesmo tempo, "tudo é público e privado". Não é isso o que a realidade nos mostra nem o que a "intuição social" percep-

---

[348] Referindo-se às "incómodas dicotomias", cfr. ARONSON, Ob. cit., p. 51 e ss.

[349] Cfr. FREEMAN, "Private role", cit., p. 579, e "Private parties", p. 852 e ss; sobre a designada "crítica da incoerência", cfr. BERMAN, Ob. cit., p. 1278 e ss.

ciona[350]. Não obstante as inquestionáveis transformações, os variados sinais de aproximação e os múltiplos contactos entre público e privado, aquelas duas variáveis continuam a explicar uma estruturação basicamente dualista da ordem jurídica. Permanece, por conseguinte, um mapa dualista, que nos apresenta *tarefas públicas/tarefas privadas, entidades públicas/entidades privadas* e *direito público/direito privado*.

1. Tarefas públicas e tarefas privadas

1.1. *Crítica da dicotomia: tópicos fundamentais*

A separação entre uma esfera pública, a do Estado, e uma esfera privada, a da Sociedade, constitui um elemento essencial da ordenação jurídica clássica do Estado de direito: de um lado, o Estado e a autoridade, do outro, o cidadão e as liberdades[351]. Uma lógica de oposição e de confrontação entre os dois pólos permitiu estabelecer uma distinção linear e precisa entre Estado e Sociedade e, consequentemente, entre tarefas públicas e tarefas privadas. O aprofundamento da democracia representativa e a consagração constitucional do princípio segundo o qual "o poder político pertence ao povo" (artigo 108.º da CRP), bem como as múltiplas manifestações de participação dos cidadãos no Estado e na Administração Pública[352] criaram as condições para uma osmose e uma imbricação entre a esfera do Estado e a da Sociedade e para a "identidade entre governantes e governados"[353]. Em vez de dualismo, passou a falar-se de *unidade* ou de *identidade* entre Estado e Sociedade. Por outro lado, o protagonismo que os actores privados assumem na realização dos fins

---

[350] Cfr. BERMAN, Ob. cit., p. 1288. O Autor esclarece que a sobrevivência da distinção público/privado se explica sobretudo por uma fundamental "intuição social" ou "popular" que leva o cidadão a pensar que as "escolhas privadas", as de cada um, são muito diferentes das "escolhas públicas", feitas pelo Estado.

[351] Cfr. ISENSEE, Ob. cit., p. 46; KEMPEN, *Die Formenwahlfreiheit der Verwaltung*, p. 31.

[352] Provocando uma espécie de "societarização do Estado"; cfr. WEISS, *Privatisierung*, cit., p. 14.

[353] Cfr. KEMPEN, Ob. cit., p. 31; WEISS, *Privatisierung*, cit., p. 14.

públicos é tido como expressão da ideia de que, afinal, o Estado constitui apenas um "subsistema da sociedade", com papéis e responsabilidades partilhadas com outras organizações. Além disso, a vinculação das entidades privadas pelos direitos fundamentais e por princípios e valores tradicionais de direito público apresenta-se, de certo modo, como uma prova de que o Estado não é o espaço exclusivo da supra-ordenação.

A suposta dissolução da dicotomia entre Estado e Sociedade teve, naturalmente, repercussões no capítulo da distinção entre tarefas públicas e tarefas privadas. Refere-se, a propósito, que a possibilidade de traçar uma linha clara e coerente de distinção entre comportamentos públicos e privados não passa de uma ilusória esperança[354].

A crítica da distinção entre Estado e Sociedade aparece apoiada em três linhas fundamentais de argumentação.

Para uma primeira corrente – que se coloca num plano essencialmente normativo –, a distinção, na medida em que postula o que deve ser público, do Estado, e o que deve ser privado, da Sociedade, não faz sentido. Não há responsabilidades que o Estado desempenhe ou tenha desempenhado que os actores privados não possam assumir também[355]. Alguns autores destacam, nesse contexto, a natureza altamente duvidosa da caracterização de uma actividade como "essencialmente" pública, esclarecendo que todas as missões que o Estado desempenha actualmente foram, noutros momentos históricos, desenvolvidas por particulares[356]. Numa versão mais radical, "libertária"[357] e associada ao que alguns designam de "laissez-faireism"[358], entende-se que os actores privados podem sempre "antecipar-se ao Estado", criando uma regulação auto-suficiente, de estilo "bottom-up" e baseada em contratos e em normas consentidas, que torne inútil a regulação e a intervenção pública ("top-down")[359]. De acordo com este ponto de vista, a intervenção pública surge sempre

---

[354] Cfr. BERMAN, Ob. cit., p. 1267.

[355] Cfr. FREEMAN, "Private role", cit., p. 584.

[356] Cfr. FREEMAN, "Private parties", cit., p. 853.

[357] Há também quem a considere "anárquica"; cfr. RADIN/WAGNER, Ob. cit., p. 1297.

[358] Sobre a "ideologia do laissez-faire" ou "laissez-faireism", cfr. RADIN/WAGNER, Ob. cit., p. 1295; BERMAN, Ob. cit., p. 1282.

[359] Esta versão é inspirada na doutrina de Friederich Hayek, segundo a qual a regulação pública e hierárquica é má e a regulação privada, baseada em normas e decisões dos indivíduos, é boa; nesse sentido, cfr. RADIN/WAGNER, Ob. cit., p. 1296.

como contingente, não necessária nem essencial, podendo, então, ser substituída por uma generalizada "private ordering". Esta corrente doutrinária é ainda apoiada pelos autores que, na linha de Michel Foucault, destacam a circunstância de as relações de "poder" e de "supremacia jurídica" não se desenvolverem apenas no âmbito do Estado. O "poder" (*v.g.*, o poder disciplinar) não emana necessariamente do Estado, desenvolvendo-se de forma dispersa, nas múltiplas redes de relações da vida social: "power is present at all points in society"[360]; "not all power is public power"[361].

Uma segunda corrente doutrinal ("legalismo realista") critica, a partir de uma premissa oposta à anterior, a incoerência da distinção entre tarefas públicas e tarefas privadas. De acordo com esta linha, o Estado desempenha *sempre* um papel crucial nas relações jurídicas que se estabelecem entre os cidadãos. Mesmo as acções que estes desenvolvem no quadro das suas liberdades são o resultado de uma decisão pública do Estado, em concreto, da decisão de não as proibir. O "mercado livre" não poderia existir sem o Estado, no sentido em que resulta de uma decisão de não intervenção pública. As decisões individuais são sempre fortemente influenciadas pela regulação pública estadual. Deste modo, não se afigura fácil identificar uma tarefa puramente privada, que não sofra uma qualquer influência pública. Ideologicamente próximo deste "legalismo realista" encontra-se a "teoria da convergência estatista", que, a propósito da questão da eficácia horizontal dos direitos fundamentais, sustenta que a actuação dos particulares no exercício da autonomia privada é sempre produto de uma delegação estadual[362].

Por fim, uma terceira corrente enfatiza a insuficiência e o carácter redutor da dicotomia entre tarefas públicas e tarefas privadas. Uma visão dualista do espaço social não assegura uma correcta compreensão dos fenómenos da "administração mista" e da "partilha de responsabilidades entre actores públicos e actores privados". Em vez de uma dicotomia, com tarefas e responsabilidades separadas, a realidade apresenta-nos a realização dos fins públicos como uma empresa mista, partilhada[363].

---

[360] Cfr. BATEUP, Ob. cit., p. 89 e ss.

[361] Cfr. CRAIG, "Public law and control of private power", p. 204.

[362] Cfr. Paulo Mota PINTO, "O direito ao livre desenvolvimento da personalidade", p. 230.

[363] Cfr. ARONSON, Ob. cit., pp. 47 e 52; FREEMAN, "Private role", cit., p. 548, e "Private parties", cit., p. 817.

A lógica não é, portanto, a do dualismo, mas a da "interdependência" e da mistura entre público e privado. Avultam as "zonas cinzentas", que não são públicas nem privadas, mas as duas coisas ao mesmo tempo, ou, porventura, algo diferente e novo[364].

1.2. *Permanência da dicotomia*

Apesar das críticas e da denúncia da incoerência da distinção, misteriosamente, pensam alguns, a dicotomia persiste. Ela permanece, desde logo, no plano da pura "intuição social". Deste ponto de vista, tem razão P. Schiff Berman, ao afirmar que "a maioria de nós quer e gosta de acreditar que há esferas nas quais existimos sem intromissão do Estado"[365]. Além dessa dimensão, a apontar na direcção da privaticidade, é ainda a intuição social, servida pela cultura e por uma certa visão do mundo e da história, a indicar-nos que há tarefas que deve ser o Estado a assumir, missões que são *essencialmente públicas*, que correspondem à mais profunda razão de ser e da existência do próprio Estado.

Uma vez que a crítica da distinção entre tarefas públicas e tarefas privadas se apoia numa censura prévia à dicotomia entre Estado e Sociedade, devemos principiar exactamente pela demonstração de que também esta dicotomia se mantém.

Sendo indesmentível uma certa dimensão de unidade e de interpenetração entre Estado e Sociedade[366], associada ao princípio democrático e às várias formas de participação dos cidadãos e dos grupos sociais no Estado e na Administração Pública, não há, contudo, dúvidas de que os dois termos continuam a identificar esferas ou territórios qualitativamente diferentes e separados[367].

Desde logo, a própria existência de uma Constituição parece ser o melhor indício de que uma dada comunidade politicamente organizada na forma de Estado pressupõe a distinção entre este e a Sociedade. O catálogo de direitos fundamentais que essa Constituição consagre desenha

---

[364] Há, por isso, quem fale de uma *tricotomia*; cfr. ARONSON, Ob.cit., p. 47.

[365] Cfr. BERMAN, Ob. cit., p. 1268. Sobre a existência de "inherently private activities", cfr. CRAIG, Ob. cit., p. 205.

[366] Fala-se, por vezes, de uma *unidade dialéctica*, de *identidade* e de *diversidade*; cfr. ISENSEE, "Der Dualismus von Staat und Gesellschaft", p. 323.

[367] Cfr. NITZ, *Öffentliche und Private*, cit., p. 29.

uma opção essencial de reconhecimento de um espaço de livre auto-
-regulação social e de autonomia dos indivíduos perante o Estado[368].
Por outro lado, no caso português, a Constituição confia expressamente
determinadas missões ao Estado (por ex., artigos 9.º, 63.º, 64.º, 75.º e
81.º), confirmando, assim, a existência de uma esfera ou de um espaço
público, estadual. Além disso, se constitucionalmente se reconhece que o
povo detém a titularidade originária de todas as formas de poder político
("Poder Público"), o certo é que esse poder está *institucionalizado* e é
exercido pelo Estado, circunstância que, tantas vezes, coloca os dois
pólos numa relação de tensão e mesmo de antagonismo[369].

A dicotomia entre Estado e Sociedade articula-se, desde logo, com
a *dicotomia entre legitimação democrática* e *legitimação pelos direitos
fundamentais*[370] ou, noutra formulação, *entre exercício do Poder Público
e autonomia privada.*

Com efeito, a acção dos indivíduos desenvolve-se no exercício da
sua autonomia, de liberdades e de direitos fundamentais, não carece de
legitimidade democrática, nem está, em princípio, vinculada pela Constituição[371]. Sobre este último aspecto, não se ignora que os direitos, liberdades e garantias vinculam entidades privadas (indivíduos e entidades
verdadeiramente privadas). Mas essa vinculação não parece demonstrar a
ausência de fronteiras entre Estado e Sociedade[372]. Por um lado, como
veremos, a vinculação dos particulares pelos direitos, liberdades e garantias não se processa em termos idênticos aos da vinculação de entidades

---

[368] No mesmo sentido, para o direito alemão, cfr. KEMPEN, Ob. cit., p. 32; WEISS,
Privatisierung, cit., p. 15; GROSS, *Das Kollegialprinzip in der Verwaltungsorganisation*,
p. 26.

[369] Neste sentido, cfr. EHLERS, *Verwaltung in Privatrechtsform*, cit., p. 43, onde se
observa que os indivíduos que formam a Sociedade são os mesmos que, num processo
dinâmico de representação e de integração, constituem o Estado; porém, esclarece o
Autor, daí não decorre que Estado e Sociedade se identifiquem, pois aquele continua a
ser uma especial unidade de acção e de decisão, autónoma em sentido institucional e
funcional. Nos mesmos termos, cfr. PAREJO ALFONSO, Ob. cit., p. 4685; KEMPEN, Ob.
cit., p. 36; WEISS, *Privatisierung*, cit., p. 18.

[370] Cfr. HEINTZEN, Ob. cit., p. 235; sobre o "princípio da alternativa entre legitimação democrática e legitimação pelos direitos fundamentais", cfr. GERSDORF, *Öffentliche
Unternehmen im Spannungsfeld zwischen Demokratie- und Wirtschaftlichkeitsprinzip*,
p. 60 e ss.

[371] Cfr. KIRCHHOF, *Private Rechtsetzung*, p. 507.

[372] Em sentido diferente, cfr. J.C. Vieira de ANDRADE, "A fiscalização da constitucionalidade das «normas privadas» pelo Tribunal Constitucional", p. 361.

públicas[373]. Por outro lado e mais decisivo neste contexto, essa vinculação não pressupõe uma assimilação da Sociedade ao Estado; decorre simplesmente do facto de, no interior da Sociedade, se desenvolverem relações – sobretudo, *relações de poder* – que reclamam uma regulação jurídica inicialmente pensada para disciplinar a acção do Estado. Neste sentido, o princípio da vinculação dos particulares pelos direitos fundamentais baseia-se na ideia de que a "constituição dos direitos fundamentais" não se apresenta já como um código de conduta do Estado, mas sobretudo como um "código de valores sociais e culturais" que, em geral, tanto pode regular acções públicas como acções privadas[374]. Por outras palavras, está em causa compreender os direitos fundamentais como "princípios e valores constitucionais" que "não podem deixar de aplicar-se em *toda* a ordem jurídica"[375]. A eficácia dos direitos fundamentais nas relações entre particulares não pressupõe nem implica uma ruptura do dualismo entre Estado e Sociedade. Pelo contrário, os direitos fundamentais pressupõem esse dualismo, desempenhando, simultaneamente uma função de legitimação da acção privada e uma função de vinculação reforçada da acção pública[376].

Independentemente da questão de saber se certas pessoas públicas podem ser titulares de determinados direitos fundamentais[377], está fora de causa fundar a acção pública num *princípio de liberdade de acção*. Ao *princípio da liberdade*, segundo o qual "pode fazer-se tudo aquilo que a lei não proíbe" (princípio que vigora na esfera privada, nas relações entre particulares) contrapõe-se, na esfera pública, o *princípio da competência*, de acordo com o qual "apenas se pode fazer aquilo que a lei permite"[378]. Este princípio fundamental de ordenação remete-nos para a exigência de que a acção pública, *toda a acção pública*, apareça baseada numa autorização expressamente conferida pelo ordenamento jurídico. Por outro lado, da articulação do *princípio da legalidade ou da compe-*

---

[373] Cfr., *infra*, Parte IV, Cap. I.

[374] Neste sentido, cfr. KAY, Ob. cit., p. 342 e ss; BERMAN, Ob. cit., p. 1267. Sobre a dimensão objectiva dos direitos fundamentais como consequência da compreensão da Lei Fundamental enquanto "ordem de valores", cfr. João LOUREIRO, *O Procedimento Administrativo entre a Eficiência e a Garantia dos Particulares*, p. 183.

[375] Cfr. J.C. Vieira de ANDRADE, *Os Direitos Fundamentais*, cit., p. 241.

[376] Cfr. GERSDORF, Ob. cit., pp. 39 e ss e 60 e ss. Mesmo que

[377] Sobre isso, cfr. J.J. Gomes CANOTILHO, *Direito Constitucional*, cit., p. 422; J.C. Vieira de ANDRADE, *Os Direitos Fundamentais*, cit., p. 125.

[378] Cfr. Diogo Freitas do AMARAL, *Curso*, I, cit., p. 43; GERSDORF, Ob. cit., p. 39.

tência (Estado de direito) com o *princípio democrático* (artigo 2.º da CRP) resulta que toda a acção pública tem de se encontrar revestida de legitimidade democrática. Quer isto significar que as actuações do Estado e de toda a máquina pública exigem, sempre e sem excepções, uma legitimação pelo povo (ou, pelo menos, por uma "parte do povo"[379])[380]. O Estado, em sentido lato, cumpre as suas incumbências no exercício de um Poder Público[381], nunca no exercício de liberdades ou de direitos[382].

Assumindo, por outro lado, que o Estado não se apresenta como a omnipotente fonte do "poder"[383] e que este está presente, de forma dispersa, em toda a vida social[384], é, contudo, incorrecto pretender deduzir dessa difusão do "poder" e das "relações de poder" a perda da importância ou do relevo da dicotomia entre Estado e Sociedade. A existência de relações de poder na vida social, fora do Estado, deve levar-nos a concluir, isso sim, que há "poderes públicos" e "poderes privados". A consciencialização da existência destes poderes privados assume-se,

---

[379] Sobre o conceito de "parte do povo", cfr. DEDERER, Ob. cit., p. 198 e ss.

[380] Não há nenhum poder público legítimo "que não possa reclamar-se da *legitimação popular*"; cfr. J.J. Gomes CANOTILHO/Vital MOREIRA, Ob. cit., p. 490.

[381] Sobre o conceito constitucional de "poder político" (artigo 108.º), cfr. J.J. Gomes CANOTILHO/Vital MOREIRA, Ob. cit., p. 489. Esse conceito – que assumimos como sinónimo de Poder Público – corresponde ao termo "poder estadual" ("Staatsgewalt"), consagrado no artigo 20, I, da *GG*.

O Poder Público, enquanto *objecto* carecido de legitimação democrática, abrange, segundo a doutrina germânica maioritária, "toda a actividade" – autoritária, decisória, preparatória, consultiva, material, regulada pelo direito público ou pelo direito privado – exercida pelo Estado, por uma outra entidade pública, por uma entidade administrativa privada ou por uma entidade particular ao abrigo de uma delegação de funções públicas. Sobre este sentido do termo "Staatsgewalt", cfr. SCHMIDT-ASSMANN, "Verwaltungslegitimation als Rechtsbegriff", p. 338; UNRUH, "Demokratie und »Mitbestimmung« in der funktionalen Selbstverwaltung – am Beispiel der Emschergenossenschaft", p. 542; BÖCKENFÖRDE, "Demokratie als Verfassungsprinzip", p. 895; EMDE, *Die demokratische Legitimation der funktionalen Selbstverwaltung*, p. 214; BRITZ, "Die Mitwirkung Privater an der Wahrnehmung öffentlicher Aufgaben durch Einrichtungen des öffentlichen Rechts", p. 429; JESTAEDT, Ob. cit., p. 226 e ss. Alguns autores discordam desta concepção, assinalando que o "momento de poder" existe apenas ou, pelo menos, fundamentalmente nos actos de carácter decisório; sobre isso, cfr., *infra*, Parte II, Cap. I.

[382] Cfr. GERSDORF, Ob. cit., p. 113 e ss.

[383] Cfr. BATEUP, Ob. cit., p. 95

[384] O que, de facto, inviabiliza a crença numa separação entre Estado e Sociedade baseada na dicotomia entre Autoridade e Liberdade; cfr. WEISS, *Privatisierung*, cit., p. 19.

naturalmente, decisiva – por ex., para a introdução de "valores públicos" na regulação das relações de direito privado –, mas parece também imperioso sublinhar a especial natureza dos "poderes públicos" enquanto *instrumentos para a realização de fins públicos*. Ora, como vamos ver já a seguir, o que verdadeiramente distingue o Estado da Sociedade não são, em regra, os meios ou instrumentos de que aquele se serve para agir, mas os papéis e missões que tem de desempenhar para atingir os fins que lhe estão cometidos.

Naturalmente, o mapa dualista da realidade política não postula uma separação cortante entre Estado e Sociedade. Pelo contrário, Estado e Sociedade constituem duas entidades que, de forma dinâmica, contactam e estabelecem relações entre si[385]. Fazem-no, todavia, como entidades separadas ou contrapostas[386], que protagonizam papéis diferenciados e que se submetem a diferentes princípios internos de ordenação[387]. Relacionam-se entre si, mas não se fundem uma na outra por causa disso[388]. Representam, verdadeiramente, dois pólos distintos, que integram uma realidade unitária: a colectividade política constituída[389].

À distinção entre Estado e Sociedade associam-se naturalmente muitas implicações.

A primeira, conexa com a estrutura dualista da ordem jurídica, está relacionada com a delimitação da "província do direito público". Como iremos ver, apesar da defesa, por vezes apaixonada, de soluções diferentes, o direito público continua a apresentar-se como "direito do Estado" (e o direito administrativo como um direito da Administração Pública)[390] – um direito que não cumpre apenas a função de limitar, mas, mais do que isso, de legitimar e de autorizar a acção pública.

Por outro lado, essa distinção afigura-se essencial para identificar o espaço operativo da liberdade geral de acção (privada), contraposto ao espaço da acção (pública), que só se apresenta legítima se e nos termos em que for autorizada.

---

[385] Cfr. WEISS, *Privatisierung*, cit., p. 20.

[386] Cfr. HEINTZEN, Ob. cit., p. 235.

[387] Cfr. JESTAEDT, Ob. cit., p. 181.

[388] A este propósito, afirma POTOTSCHNIG, *apud* LEONDINI, Ob. cit., p. 133[178], que "a concepção personalista e solidarista do Estado (...) não desmente, nem renega a categoria do privado e do público, nem ignora as suas diferenças", mas "reconhece as duas esferas e mantém-nas separadas, sem as tornar estranhas uma à outra e sem fazer delas mundos separados, necessariamente hostis e antagonistas".

[389] BURGI, *Funktionale Privatisierung*, cit., p. 22; WEISS, *Privatisierung*, cit., p. 16.

[390] Cfr. HEINTZEN, Ob. cit., p. 237.

Articulada com o tema de que nos ocupamos neste número, uma das mais relevantes implicações da distinção postula a *separação e diferenciação das tarefas, papéis, funções e responsabilidades* entre o Estado e a Sociedade[391]. A dicotomia pressupõe, por conseguinte, uma distinção entre uma esfera pública, a das responsabilidades e das competências públicas ("Poder Público", "state action"), e uma esfera privada, a das actividades privadas, de desenvolvimento dos direitos dos cidadãos e dos poderes privados[392].

Como a doutrina tem assinalado, as distinções entre Estado e Sociedade e entre tarefas públicas e tarefas privadas estão presentes e pressupostas em todo o processo, que se vem desenvolvendo, de reconfiguração do Estado e, em particular, nas discussões sobre o que o Estado deve fazer e o que deve ser "deixado" na esfera da Sociedade ou explicitamente privatizado[393]. Esse tópico encontra-se bem patente, por exemplo, na Resolução do Conselho de Ministros que aprova as *Linhas de Orientação para a Reforma da Administração Pública*: um dos objectivos gerais dessas *Linhas* consiste exactamente em "delimitar as funções que o Estado deve assumir directamente daquelas que, com vantagem para o cidadão, podem ser prosseguidas de forma diferente".

A permanência do dualismo entre tarefas públicas e tarefas privadas coloca, assim, dois problemas jurídicos de natureza diferente: por um lado, num *plano normativo*, importa decidir o que deve ser público, quais são as funções que o Estado deve assegurar; por outro lado, já num *plano empírico*, interessa saber como se distinguem, em concreto, as

---

[391] Referindo-se ao Estado e à Sociedade como categorias que baseiam uma diferenciação de funções e de papéis, cfr. ZIPPELIUS, Ob. cit., p. 332 e ss; BÖCKENFÖRDE, "Die Bedeutung", cit., p. 416 e ss; RUPP, "Die Unterscheidung von Staat und Gesellschaft", p. 1203 e ss; WEISS, Ob. cit., p. 18.

[392] A contraposição entre Estado e Sociedade como categorias de diferenciação de papéis e de funções não é contestada pelos autores que associam o *"macroparadigma Estado democrático"'* (cfr. BENVENUTI, "Il ruolo dell'amministrazione nello Stato democratico contemporaneo", p. 281 e ss) à exigência de caracterizar a Administração como *função* – e não como *autoridade* – e à substituição do dualismo "poder/sujeição" pelo dualismo "função social/direitos da pessoa" (neste sentido, cfr. ALLEGRETTI, "Pubblica amministrazione e ordinamento democratico", p. 207 e ss). Com efeito, também essas correntes sublinham a especialidade das funções e dos papéis que deve assumir a Administração num Estado democrático; são justamente as funções (os deveres e as incumbências de acção) que caracterizam o Estado, não os meios de as exercer.

[393] Cfr. GRAMM, *Privatisierung*, cit., p. 107; WEISS, *Privatisierung*, cit., pp. 18 e 53.

tarefas públicas relativamente às tarefas privadas. Este último aspecto reclama, portanto, a definição de um critério que permita identificar a natureza pública de uma tarefa (sobre isso, cfr., *infra*, Parte II, Cap. I). Por seu lado, a primeira questão remete-nos para uma outra realidade, associada ao que pode ser designado como "teoria das responsabilidades públicas" (cfr., *infra*, 1.3.).

Para finalizar este ponto e recuperando uma ideia já aflorada, a dicotomia entre tarefas públicas e tarefas privadas assume-se aqui com uma outra implicação: a da rejeição de um sistema ternário, que inclua, além das tarefas públicas e privadas, as "tarefas mistas", "sociais" ou "públicas não estaduais" (as *öffentliche Aufgaben* da doutrina alemã). Os comportamentos adoptados numa colectividade politicamente organizada são públicos, quando provêm do Estado e do aparelho organizativo público, e privados, quando, no quadro das liberdades consagradas, provêm dos indivíduos e das organizações por eles criadas. Entre o exercício do *Poder Público*, do lado do Estado (em sentido amplo, que inclui a administração autónoma), e o exercício dos *direitos fundamentais*, do lado da Sociedade (dos indivíduos e dos grupos que a compõem), não há espaços intermédios, "terceiros sectores" e zonas sociais indefinidas[394]. Há, certamente, instituições e missões que não integram os "núcleos duros" da privaticidade e da estadualidade: pensamos em instituições e missões que, sendo privadas, se aproximam da esfera pública (*v.g.*, partidos políticos, associações sindicais), ou que, sendo públicas, se aproximam da esfera privada (*v.g.*, certas associações públicas). O que, em qualquer caso, permite ordená-las do lado do Estado ou do lado da Sociedade é a sua origem e, em concreto, o facto de se desenvolverem no exercício de um Poder Público ou, pelo contrário, no exercício de direitos e liberdades individuais ou colectivas[395].

---

[394] Cfr. KEMPEN, Ob. cit., p. 38; HEINTZEN, Ob. cit., p. 235. O facto de a CRP, no artigo 82.º, estabelecer uma tripartição da propriedade dos sectores de produção, autonomizando um sector cooperativo e social, não nos parece infirmar o que dizemos no texto. Com efeito, ainda que a ordem jurídica dispense um tratamento especial a certas actividades (*v.g.*, de cariz solidário), não vemos razão para questionar a ideia de que, *na sua essência* (mais do que no seu regime), todas as tarefas sociais se reconduzem a um dos sectores em que se bifurca a realidade social: Estado ou Sociedade.

[395] Neste sentido, a propósito das *organizações não governamentais*, cfr. HAFNER, "Aufgaben der NGOs: Staatsaufgaben oder private Aufgaben?", p. 13.

1.3. *Importância da dicotomia para a concepção de uma "teoria das responsabilidades públicas"*

A distinção entre uma esfera pública e uma esfera privada permanece como um dos elementos estruturantes das ordens jurídicas da Europa continental[396]. Dessa distinção, que remete para as categorias Estado e Sociedade, resulta imediatamente a exigência da salvaguarda e do respeito de uma *esfera de privaticidade* (dos direitos e das liberdades dos indivíduos), mas também o imperativo de delimitar uma *esfera de estadualidade*, que reclama a presença do Estado e da Administração Pública em vários sectores da vida social.

Dependendo dos objectivos que procura alcançar, a doutrina ensaia delimitar a esfera de estadualidade a partir de uma de duas vias: indicando *o espaço que o Estado "pode" ocupar*[397] ou – na fixação dos limites do processo de privatização – indicando *o espaço que o Estado "deve" ocupar*[398].

Embora as duas referidas vias de colocação do problema possam conduzir a resultados idênticos, elas baseiam-se em premissas diferentes: na primeira, parece estar implícita a aceitação de limites à intervenção do Estado; ao contrário, na segunda, parece estar pressuposto o reconhecimento da existência de limites à privatização[399].

No momento que vivemos, marcado por várias formas de regressão e mesmo de um relativo eclipse do Estado, uma "teoria das responsabilidades públicas" deve ser concebida, fundamentalmente, para definir o que o Estado deve fazer, que missões e tarefas tem ele de assumir (ainda que, porventura, em concorrência com a Sociedade). No "dever assumir" está decerto implícito o "poder assumir" e, nesse sentido, aceitamos que a teoria das responsabilidades públicas não pode prescindir de uma análise das possibilidades de assunção de tarefas pelo Estado.

A consideração desse tópico revela, aliás, um aspecto crítico de um conceito meramente formal de tarefas públicas, segundo o qual "tarefas públicas são todas as que o Estado ou as outras entidades públicas

---

[396] Cfr. GROSS, Ob. cit., p. 29.

[397] É essa a via que nos propõe WEISS, *Privatisierung*, cit, p. 53 e ss.

[398] Cfr. BULL, *Allgemeines*, cit., p. 21.

[399] Sobre a questão de saber "até onde pode ir a privatização da Administração Pública", cfr. Paulo OTERO, "Coordenadas", cit., p. 52 e ss, e *Legalidade e Administração Pública*, cit., p. 309.

assumem directamente"[400]. Uma "noção aberta" e "meramente formal" da esfera pública (ou da estadualidade em sentido amplo)[401] sugere a inexistência de limites à intervenção do Estado e das outras entidades públicas, que, teoricamente, podem tornar-se entidades "omnipresentes" na vida social[402].

Ora, parece-nos evidente que um sistema aberto de tarefas públicas não significa a total ausência de factores mínimos de identificação material que limitem a sua abertura[403]. Defende-se, nesse contexto, que a designada "competência das competências" é, ela própria, uma "competência limitada"[404]. O Estado (em sentido lato) não é, pois, livre de assumir a execução de quaisquer tarefas, enfatizando-se a existência de "limites constitucionais" à publicização[405]. Pode, por isso, falar-se de uma *proibição do excesso da estadualidade*[406], a impedir o Estado de desempenhar missões desprovidas de relevância pública ou social (que não prossigam um interesse público)[407] e que não tenham qualquer rela-

---

[400] Cfr. PETERS, "Öffentliche", cit., p. 878 e ss; MARTENS, *Öffentliche*, cit., p. 131; OSSENBÜHL, "Die Erfüllung", cit., p. 153; STEINER, *Öffentliche*, cit., p. 46 e ss; BULL, *Die Staatsaufgaben*, cit., p. 50; KIRBERGER, Ob. cit., p. 58; MÜLLER, Ob. cit., p. 7; HAGEMEISTER, Ob. cit., p. 7[13], BURGI, *Funktionale Privatisierung*, cit., p. 48 e ss; em termos críticos, cfr. GRAMM, *Privatisierung*, cit., p. 31;WEISS, *Privatisierung*, cit., p. 54.

[401] Cfr. OSSENBÜHL, "Die Erfüllung", cit., p. 153; HEIMBURG, Ob. cit., p. 15; STUIBLE-TREDER, Ob. cit., p. 27, SCHOCH, "Privatisierung", cit., p. 962.

[402] No sentido de que há uma liberdade (legislativa) de conformação do espaço de intervenção do Estado, cfr. OSSENBÜHL, "Die Erfüllung", cit., p. 154; SCHOCH, "Privatisierung", cit., p. 969.

[403] Cfr. HÄBERLE, "Verfassungsstaatliche Staatsaufgabenlehre", p. 604.

[404] Sobre esta *Kompetenz-Kompetenz* do Estado e os respectivos limites, cfr. KRAUTZBERGER, Ob. cit., p. 45; STEINER, *Öffentliche*, cit., pp. 52 e 96; BULL, *Die Staatsaufgaben*, cit., p. 90; HEIMBURG, Ob. cit., p. 14; Burgi, *Funktionale Privatisierung*, cit., p. 50 e ss.

[405] Cfr., nesse sentido, Vital MOREIRA, *Administração Autónoma*, cit., p. 89, que fala de uma liberdade de decisão do Estado, "dentro dos limites constitucionais" (note-se, porém, que o Autor se refere ao Estado em sentido estrito, distinguindo entre tarefas estaduais e tarefas públicas não estaduais); OSTERLOH, Ob. cit., p. 207; SCHACHTSCHNEIDER, *Der Anspruch*, cit., p. 35 (afirmando que a distribuição de tarefas entre Estado e privados é, de acordo com a Constituição, um "assunto político", embora deva respeitar o primado da privaticidade); HEIMBURG, Ob. cit., p. 158..

[406] Sobre as noções de "proibição do excesso" e de "proibição do defeito" como limites da "Kompetenz-Kompetenz" do Estado, cfr. LUDWIG, *Privatisierung staatlicher Aufgaben im Umweltschutz*, p. 44.

[407] Neste sentido, a propósito da iniciativa económica pública, cfr. Paulo OTERO, *Vinculação e Liberdade*, cit. p. 126 e ss. (que considera inválida a iniciativa económica

ção com os seus "fins constitucionais"[408]. A noção de "tarefa executada pelo Estado ou por outras entidades públicas" não é, neste sentido, suficiente para identificar "tarefa pública"[409]. Este conceito remete para uma ideia de *intervenção pública legítima*, de onde resulta que uma tarefa só deve considerar-se pública, "legitimamente pública", quando preenche certos requisitos de ordem formal (exigências de legalidade) e material (interesse público, realização de fins constitucionais e consideração das restrições e limites constitucionais expressos)[410].

A propósito do reconhecimento da existência de limites à intervenção pública, parece essencial acrescentar ainda que daí não decorre a aceitação de um princípio de "subsidiariedade da intervenção pública": o *princípio da privaticidade* – resultante de uma ordem jurídico-constitucional que garante a propriedade privada, a liberdade de associação e a liberdade de iniciativa económica[411] – só impede o Estado de intervir na vida social quando não é possível estabelecer uma relação entre a sua acção e os fins que constitucionalmente lhe estão confiados, ou seja, quando não existe um fundamento constitucional para a intervenção pública[412].

---

pública visando a simples obtenção do lucro); no mesmo sentido, cfr. WEISS, *Privatisierung*, cit., p. 225 e ss. (um *Estado fiscal* baseia a obtenção de receitas no sistema fiscal).

[408] O interesse público não basta para justificar a existência de uma tarefa pública, ou seja, para justificar a intervenção do Estado; cfr. WEISS, *Privatisierung*, cit., p. 97. Sobre o relevo dos "fins do Estado" para a determinação das tarefas públicas, cfr. SCHMIDT--ASSMANN, *Das allgemeine Verwaltungsrecht*, cit., p. 141.

[409] Para uma crítica da ideia segundo a qual "é tarefa pública (estadual) tudo o que o Estado faz", cfr. WEISS, *Privatisierung*, cit., p. 217. Essa crítica enfatiza a ausência de uma conexão necessária entre acção pública e acção legítima.

[410] Cfr. WEISS, *Privatisierung*, cit., p. 223, considerando esses requisitos a propósito da iniciativa económica pública.

[411] Ao contrário de alguma doutrina – SCHACHTSCHNEIDER, *Der Anspruch*, pp. 31 e 62; SODAN, Ob. cit., p. 361 e ss; WEISS, *Privatisierung*, cit., p. 128 e ss –, entendemos que a consagração constitucional da propriedade privada e das liberdades de associação e de iniciativa económica privada não está na génese de um *primado* da privaticidade ("Vorrang der Privatheit"), mas apenas de um *princípio* de privaticidade. Trata-se de um princípio que convive (pode conviver) com o *princípio da intervenção pública* (mesmo no domínio económico). Parece-nos, por isso, que "está fora de causa a ideia de *subsidiariedade horizontal ou social* referente a relações entre os poderes públicos e os privados" (J.J. Gomes CANOTILHO, *Direito Constitucional*, cit., p. 342); no mesmo sentido, cfr. J.M. Sérvulo CORREIA, in *Droit administratif et subsidiarité*, p. 235; contra, cfr. Paulo OTERO, *Vinculação*, cit., p. 31 e ss.

[412] Naturalmente, a possibilidade de intervenção do Estado encontra-se ainda afastada nos casos em que esteja constitucionalmente proibida, como, por ex., em matéria de

Como dissemos, a teoria das responsabilidades públicas reclama a definição de um conjunto de missões que o Estado *deve* desempenhar. E, neste domínio, insiste-se hoje num desejável "recuo" do Estado para o desempenho do "seu núcleo essencial de atribuições" e para o abandono de certas "funções acessórias" (que "podem ser prestadas por outras entidades"), bem como, em geral, de todas aquelas que "deixaram de ter sentido útil"[413].

O regresso do Estado às suas funções essenciais ("core competencies"[414], "Kernaufgaben"[415]) reclama, naturalmente, uma análise cuidada e ponderada do espectro de responsabilidades que um Estado moderno deve assumir. Admitindo que a colocação no terreno de uma "reforma de emagrecimento" se realiza dentro dos parâmetros constitucionais, supomos que, mais do que procurar o "núcleo essencial", interessa delimitar o "núcleo necessário" e "obrigatório" de atribuições do Estado. Num "Estado constitucional" que pauta a sua acção e faz as suas opções dentro do quadro previsto numa Constituição, a referência à "necessidade" e "obrigatoriedade" remete para o que o Estado "deve" fazer, não apenas por ser Estado, mas por se mover num plano normativo preestabelecido[416]. Pretende-se, pois, de uma teoria das responsabilidades públicas a resposta, referenciada num plano constitucional, para a questão de saber que incumbências deve o Estado assumir.

Como vimos no capítulo anterior, está hoje popularizada a chamada responsabilidade pública de garantia. Em geral, pode dizer-se que esta responsabilidade de garantia resulta de o designado "dever estadual de garantia"[417] se revelar compatível com a privatização de certas tarefas públicas e com a activação das responsabilidades privadas, desde que o Estado assuma uma "posição de garante".

Contudo, há tarefas de interesse público que o Estado tem de assumir directamente, não bastando a mera garantia da execução delas com

---

organização das comunidades religiosas (artigo 41.º/4 da CRP) ou de censura da liberdade de expressão (artigo 37.º/2 da CRP).

[413] Cfr. *Linhas de Orientação para a Reforma da Administração Pública.*

[414] Cfr. MOORE, "Privatizing public managment", p. 296

[415] Cfr. SCHUPPERT, "Rückzug", cit., p. 764.

[416] Chamando a atenção para as imposições constitucionais que limitam a discricionaridade legislativa no contexto de um sistema aberto de tarefas estaduais, cfr. J.J. Gomes CANOTILHO, "O direito constitucional passa", cit., p 716.

[417] Cfr., *supra*, Cap. I.

certos resultados. Referimo-nos, portanto, a missões e incumbências inseridas no âmbito de uma obrigatória *responsabilidade pública de execução*. As tarefas ou missões abrangidas constituem, então, *tarefas públicas obrigatórias*[418], *necessárias*[419] ou *irrenunciáveis*[420], que, por isso mesmo, não podem ser deslocadas, pelo menos integralmente, para a esfera privada (*proibição do défice da estadualidade*).

Na determinação da esfera das tarefas públicas necessárias, o legislador de um Estado de direito não dispõe, em princípio, de liberdade de conformação. Sem que isso signifique que esteja impedido de promover estratégias de privatização, a ideia de que existem tarefas públicas necessárias e obrigatórias representa uma limitação da "competência das competências" – uma limitação que resulta da Constituição, mas também de outras determinantes.

Entre as tarefas ou missões públicas *necessárias*, há, na nossa opinião[421], um número limitado delas que são "essenciais", "genuínas" ou "naturais" do Estado, que correspondem à sua mais profunda razão de ser[422] e que, nessa medida, apresentam mesmo uma natureza pré-constitucional[423]. Nesse núcleo de tarefas impostas por "normas e princípios

---

[418] Cfr. BURGI, *Funktionale Privatisierung*, cit., pp. 58 e 194.

[419] Cfr. GRAMM, *Privatisierung*, cit., p. 29.

[420] Cfr. WEISS, *Privatisierung*, cit., p. 339.

[421] Contra, cfr., entre outros, SCHMIDT-ASSMANN, *Das allgemeine Verwaltungsrecht*, cit., p. 139. Referindo-se à existência de tarefas "essenciais", "necessárias", "originárias", correspondentes a «interesses públicos absolutos», cfr. Vital MOREIRA, *Administração Autónoma*, cit., p. 89. Sobre as tarefas essenciais do Estado, cfr. KRAUTZBERGER, Ob. cit., p. 49 e ss; MRONZ, *Körperschaften und Zwangsmitgliedschaft*, p. 130 e ss.

[422] Referindo-se à existência de "actividades que correspondem à própria razão de ser do Estado", cfr. Rogério Ehrhardt SOARES, "A Ordem dos Advogados, uma corporação pública", p. 161.

[423] Cfr. WOLFF, *Ungeschriebenes Verfassungsrecht unter dem Grundgesetz*, pp. 320 e ss.

A referência à natureza pré-constitucional de certas missões do Estado pretende significar apenas que não se concebe a existência do Estado que não assegure certas tarefas. Mas isso não significa que as *tarefas naturais* se localizem fora da ordem jurídica e que decorram de uma espécie de supremacia natural do Estado sobre os cidadãos. Uma vez que a própria existência do Estado é um produto da ordem jurídico-constitucional, as tarefas naturais – enquanto *tarefas constitutivas da ideia de Estado* – representam, também elas, um produto dessa ordem jurídica. À "Constituição de um Estado" impõe-se adjudicar ao Estado as missões que correspondem à *razão de ser* deste. O conceito de tarefas naturais do Estado não remete, portanto, para uma fonte ou legitimidade do Poder Público localizada fora da ordem jurídico-constitucional. Como, a propósito do *emprego*

não escritos, mas constitutivos do Estado"[424], ocupam uma posição de destaque, além das funções típicas de soberania (defesa nacional; feitura de leis; justiça), as missões que implicam o emprego da força: repressão criminal, execução de decisões judiciais, gestão de prisões, manutenção da ordem e da segurança são tarefas que o Estado tem de assegurar directamente, ao menos na medida em que se associam ao emprego da força. É verdade que o "monopólio estadual do emprego legítimo da força" não se refere a tarefas específicas, mas, antes, aos *meios de execução* de tarefas[425]. Mas isso não invalida que um tal monopólio reclame a presença do Estado em todas as funções que potencialmente exigem o recurso à força e à coacção física. Se pode aceitar-se que a defesa das pessoas e dos seus bens não constitui uma tarefa pública exclusiva[426], parece já inquestionável que a responsabilidade de executar uma tal missão tem de ser assumida directamente pelo Estado, sempre que envolva ou reclame o emprego da força física[427]. O monopólio estadual do emprego legítimo da força conhece excepções (casos de emprego legítimo da força por particulares), mas, como se sabe, trata-se de "verdadeiras excepções" que, além do mais, só valem dentro de uma estrita *lógica de subsidiariedade* em relação à intervenção do Estado.

Além das essenciais ou genuínas, assumem-se como tarefas públicas necessárias todas as que a Constituição estabelece que o Estado tem de executar (*tarefas constitucionalmente obrigatórias*[428] ou *impostas por determinação constitucional*[429]). Neste capítulo, a CRP, sem enumerar ou apresentar um catálogo fechado de missões que o Estado deve assumir, contém numerosas indicações: segurança pública, serviço público de rádio

---

da força, diz WOLFF, *ibidem*, p. 331, a Constituição, ao constituir o Estado, não lhe concede esse poder, porque já pressupõe que o Estado o detém.

[424] Cfr. WOLFF, *ibidem*.

[425] Cfr. GRAMM, *Privatisierung*, cit., p. 38.

[426] Cfr. STOBER, "Staatliches Gewaltmonopol und privates Sicherheitsgewerbe", p. 892; PITSCHAS, "Gefahrenabwehr", cit., p. 398.

[427] Só excepcionalmente a ordem jurídica autoriza – de acordo com um princípio de "subsidiariedade em relação à intervenção pública" – o emprego da força nas relações entre particulares. Sobre o monopólio estadual do emprego da força e a regra da proibição do emprego da força entre particulares (*Gewaltverbot inter privatos*), cfr. MERTEN, *Rechtsstaat und Gewaltmonopol*, p. 56 e ss.

[428] Cfr. Vital MOREIRA, *Administração Autónoma*, cit., p. 289.

[429] Sobre os *serviços públicos por determinação constitucional* no direito brasileiro, cfr. Bandeira de MELLO, *Curso de Direito Administrativo*, p. 625 e ss.

e de televisão, segurança social, saúde, ensino, desporto são alguns dos sectores em que a CRP exige uma intervenção pública directa e, portanto, a assunção de uma responsabilidade pública de execução[430].

Por outro lado, integram ainda o leque das tarefas públicas necessárias as que a CE confia ao Estado. Apesar da tendência para a centralização de tarefas em instâncias da CE (Comissão e agências), o Estado continua a ocupar uma posição importante na execução (por via indirecta) do direito comunitário[431].

Todas as tarefas públicas não necessárias, mesmo que situadas no âmbito do "dever estadual de garantia" (*v.g.*, serviços públicos essenciais), podem ser privatizadas e deixadas ao cuidado de entidades privadas. Nesse âmbito, basta que o Estado assuma uma responsabilidade pública de garantia. Recorde-se, a propósito, que essa própria responsabilidade está na génese de tarefas públicas necessárias: supervisão e regulação das actividades privadas de interesse público[432].

Questão relevante neste cenário é a de saber se podem ser adoptadas *estratégias de privatização* na esfera das tarefas públicas necessárias.

Sobre isso, cumpre, desde logo, observar que as tarefas públicas obrigatórias ou necessárias não são sempre *exclusivas* (monopólio público), pois, com grande frequência, trata-se de tarefas *concorrentes* com actividades do sector privado[433]. Na última hipótese, a intervenção pública, embora necessária, convive, ou concorre, com um espaço de privaticidade e de livre iniciativa dos cidadãos. Saúde e ensino são áreas paradigmáticas dessa concorrência. Mas não são as únicas: como vimos já, em sectores "tão públicos", como a segurança e a defesa de direitos fundamentais, solicita-se aos particulares a assunção de responsabilidades próprias, de acordo com uma lógica de "partilha de responsabilidades" com o Estado e no contexto de uma cultura de reforço da "auto-responsabili-

---

[430] Cfr. Paulo OTERO, "Coordenadas", cit., p. 53.

[431] Incluindo no conceito de tarefa pública (estadual) as tarefas atribuídas ao Estado pelas instâncias comunitárias, cfr. MARTENS, *Öffentliche,* cit., p. 131; BULL, *Die Staatsaufgaben,* cit., p. 50; KIRBERGER, Ob. cit., p. 58.

[432] Por isso se diz que o processo de privatização não pôs em causa o princípio da continuidade das tarefas públicas; cfr. KÄMMERER, *Privatisierung,* cit., p. 409 e ss; WEISS, *Privatisierung,* cit., p. 291 e ss.

[433] Cfr. GRAMM, Ob. cit., pp. 29 e 35; WEINER, *Privatisierung von staatlichen Sicherheitsaufgaben,* p. 32. Diferentemente, equiparando tarefa obrigatória e exclusiva, cfr. WEISS, *Privatisierung,* cit., p. 339; RONELLENFITSCH, "Staat", cit., p. 708.

dade"[434]. É verdade que a intervenção privada nesses sectores nem sempre resulta de uma deslocação de tarefas públicas para o sector privado ("privatização"), emergindo, muitas vezes, de uma lógica de activação de responsabilidades privadas ou simplesmente do exercício dos direitos e liberdades dos cidadãos[435]. Não obstante – e para lá de, por vezes, estarem aí efectivamente envolvidas técnicas de privatização "implícita" e até "forçada" – demonstra-se que os actores privados actuam, no seu espaço (privado), em domínios coincidentes com uma intervenção pública necessária.

Nestes termos e a menos que a Constituição consagre expressamente o *exclusivo* da intervenção pública, o facto de uma tarefa se revelar como de execução obrigatória pelo Estado não exclui estratégias de activação das capacidades privadas e mesmo certas formas de privatização. Essencial, naturalmente, é que, por via de uma privatização completa ou integral, o Estado não renuncie a cumprir as injunções que lhe são dirigidas[436].

Por outro lado, na área das tarefas públicas necessárias – quer tenham de ser assumidas em exclusivo, quer possam ser executadas também por particulares –, há ainda outro campo para a possível implementação de estratégias de privatização: referimo-nos às variadas formas de *privatização no âmbito da execução de tarefas públicas*. Na verdade, o facto de uma tarefa ser erigida em tarefa pública não significa necessariamente que tenha de ser prosseguida, de forma directa, pela Administração Pública[437].

---

[434] Parece-nos, por isso, excessivo afirmar-se (Paulo OTERO, "Coordenadas", cit., p. 53) que há funções típicas de soberania, como a "segurança", insusceptíveis de serem objecto de qualquer fenómeno de privatização.

[435] Trata-se, em muitos casos, de "serviços que o Estado deve desempenhar, imprimindo-lhes regime de direito público, sem, entretanto, proscrever a livre iniciativa do ramo de actividades em que se inserem"; cfr. Bandeira de MELLO, Ob. cit., p. 626.

[436] As tarefas necessárias são insusceptíveis de uma completa deslocação para o espaço da Sociedade, de uma "privatização integral"; cfr. GRAMM, *Privatisierung*, cit., pp. 107, 341, 392; Paulo OTERO, "Coordenadas", cit., p. 53.

[437] Cfr. J.J. Gomes CANOTILHO, "O direito constitucional passa", cit., p. 717. Sobre a privatização no âmbito da execução de tarefas públicas, cfr., *infra*, Cap. III.

1.4. *Contactos e continuidades entre tarefas privadas e tarefas públicas*

A persistência da dicotomia entre tarefas públicas e tarefas privadas não significa que não haja contactos, conexões e continuidades entre umas e outras. Misturas e proximidades entre competências públicas e liberdades privadas existem de facto e ostentam, aliás, recortes muito variados.

A designada "auto-regulação publicamente regulada" apresenta-se como um primeiro bom exemplo de articulação e de conjugação entre responsabilidades públicas (regulação) e actividades privadas (produção e prestação de serviços). Recordando uma ideia que já aflorámos, o sector da regulação privada regulada pelo Estado não corresponde exactamente a uma "zona mista" ou "cinzenta" que desconheça uma rigorosa ordenação e distinção de papéis dos actores públicos e dos actores privados. Pelo contrário, ainda que tenha subjacente uma partilha de responsabilidades e uma articulada actuação de actores públicos e actores privados, a regulação privada publicamente regulada postula uma delimitação rigorosa da acção pública, que se desenvolve no âmbito da "garantia pública" e que se serve da "regulação pública" como instrumento. Por sua vez, a auto-regulação privada identifica uma actuação privada, que se desenvolve num contexto privado, regulada pelo direito privado[438].

Embora por vezes relacionados com o fenómeno da regulação privada regulada, mas de espectro mais alargado, encontramos os contactos entre tarefas públicas e privadas que resultam do que se designa como "efeitos públicos de actos privados". Estão aqui presentes categorias de actos e de tarefas privadas (por ex., em matéria de certificação voluntária) em cuja execução se produzem resultados que se destinam a ser considerados e recebidos pela Administração Pública; muitas vezes, tais actos privados condicionam o estabelecimento de relações jurídicas entre particulares e Administração, chegando mesmo a assumir-se como pressupostos de actos públicos[439]. Entre outros, ilustram esse fenómeno os actos (privados) de validação da declaração ambiental pelos verificadores

---

[438] Cfr. DI FABIO, "Verwaltung und Verwaltungsrecht", cit., p. 270; WEISS, *Privatisierung*, cit., p. 44 e ss.

[439] O conceito de "efeitos públicos de actos privados" não é, portanto, aqui usado no sentido de "actos privados com consequências públicas" (ARONSON, Ob. cit., p. 45); sobre o conceito, cfr. ESTEVE PARDO, *Técnica*, cit, p. 126.

ambientais, os quais constituem um pressuposto da inscrição da organização interessada num registo público[440]. Situação próxima dessa verifica-se com a exigência, que as entidades administrativas podem fazer, de que as empresas interessadas em participar num concurso sejam certificadas no âmbito do sistema da qualidade. Ilustram ainda o mesmo fenómeno os actos de certificação e de concessão de habilitações por escolas privadas: tais actos atribuem ao destinatário uma qualificação pública e oficializada, que pode usar nos mais diversos contextos, *v.g.*, para a inscrição numa escola pública. Em todos esses exemplos, o facto de a ordem jurídica reconhecer "efeitos públicos" a actos privados implica, para a instância pública competente, o dever de receber os resultados de tais actos, em princípio e salvo se outra coisa estiver estabelecida, sem possibilidade de efectuar uma "recepção controlada" ou "crítica". Essa "recepção plena" de resultados privados pelas instâncias públicas não suscita, em princípio, perplexidades ou dificuldades, se tivermos em consideração que os agentes privados responsáveis por tais resultados actuam no contexto de um sistema acreditado e supervisionado pela Administração Pública[441]. Trata-se, por conseguinte, de actos praticados (acreditações, reconhecimentos) e actuações (monitorização e fiscalização) desenvolvidas no âmbito de uma responsabilidade pública de garantia, a qual – espera-se – assegura a "qualidade", a "correcção" ou a "bondade material" de tais actos privados. Do mesmo modo, "efeitos públicos de actos privados" e "recepção pública de resultados privados" verificam-se nos casos de edição de normas por organismos privados (por ex., normas técnicas) cujo conteúdo é incorporado ou recebido em normas públicas[442].

Situação diferente da anterior, mas que, do mesmo modo, representa um contacto entre tarefas privadas e tarefas públicas ocorre quando a lei faz depender a eficácia jurídica ou a validade de actos privados de actos públicos de controlo (por ex., "aprovação" ou "registo" público de normas

---

[440] Cfr., *supra*, Cap. I.

[441] Podendo, além disso, aceitar-se que a lei promova uma espécie de "publicização desses actos privados", por via de uma "expansão dos valores do direito administrativo para o direito privado"; sobre isso, cfr., *infra*, 3.2.3.2.

[442] Todavia, neste caso, nem sempre há uma recepção não controlada dos resultados privados. O acto de *recepção* (por ex., por via da "extensão" do âmbito de eficácia subjectiva de uma norma privada) é, muitas vezes, casuístico e, nessa medida, permite, pelo menos formalmente, um controlo público prévio.

privadas)[443]. Tais actos públicos de controlo, que a doutrina germânica designa "actos públicos conformadores de relações de direito privado" e que a doutrina italiana inclui no âmbito da "administração pública do direito privado", tipificam uma espécie de interferência ou de ingerência do Estado no campo da autonomia privada[444].

Ao domínio dos contactos entre tarefas e actos privados e tarefas e actos públicos pertencem ainda certas situações de intervenção pública e administrativa sobre relações que se estabelecem originariamente entre actores privados. Assim, por ex., no âmbito da "actividade administrativa de resolução de litígios"[445], a Administração é, por vezes, chamada a resolver conflitos jurídicos originados pela prática (ou recusa da prática) de actos privados.

Por fim, embora já num plano diferente, representa ainda a ideia de conjugação e de articulação entre tarefas públicas e tarefas privadas a chamada *privatização funcional*: nesse âmbito – do designado *contracting out* administrativo –, uma entidade privada, actuando na (sua) esfera privada, contribui para o desempenho de uma tarefa pública, auxiliando a Administração, na fase de preparação e/ou de execução material dessa tarefa[446].

2. Entidades públicas e entidades privadas

A distinção entre entidades privadas e entidades públicas é um dos "temas capitais" do domínio jurídico que, pela sua importância, está estudado e tratado com abundância pela doutrina mais qualificada: quer sobre o interesse da distinção, quer sobre os critérios possíveis para a

---

[443] Sobre o fenómeno da "intervenção administrativa sobre fontes normativas de relações jurídicas privadas", cfr. Paulo OTERO, *Legalidade e Administração Pública*, cit., p. 803 e ss.

[444] Cfr. MANSSEN, *Privatrechtsgestaltung durch Hoheitsakt*, p. 101. Acto público conformador de relações de direito privado é, por ex., o reconhecimento de fundações: trata-se de uma intervenção pública no âmbito do direito fundamental de instituir de fundações (MANSSEN, *ibidem*, p. 217); sobre os limites dessa intervenção, cfr. J. M. Sérvulo CORREIA/Rui MEDEIROS, "Restrições aos poderes do Governo em matéria de reconhecimento e de alteração dos estatutos das fundações de direito privado", p. 347 e ss.

[445] Cfr., *infra*, Parte II, Cap. I.

[446] Cfr., *infra*, Cap. III.

efectuar, tudo já foi dito[447]. Ainda assim, não nos supomos dispensados do dever de expor algumas notas sobre o interesse actual da distinção, até porque é cada vez maior o número dos que a consideram ultrapassada ou irrelevante; por outro lado, julgamos que não seria de modo algum adequado analisar um instituto, em que o conceito de entidades privadas ocupa um lugar central e decisivo, sem deixar claro o nosso entendimento sobre o sentido desse mesmo conceito, que, em larga medida, se descobre por via do contraste com o de entidades públicas.

2.1. *Sintomas de desvalorização da distinção*

Tradicionalmente, a distinção entre a personalidade de direito público e a personalidade de direito privado apresenta-se como mais uma expressão da dicotomia entre público e privado, que separa as entidades e organismos do Estado, inseridos na Administração Pública e dedicados à execução de tarefas públicas e à prossecução de fins públicos, das entidades criadas no seio da sociedade e, nesse espaço, dedicadas à prossecução de tarefas e fins privados. A origem e a natureza das missões de que se incumbem explicam que as entidades públicas sejam objecto de uma disciplina jurídica específica (um "direito especial"), autónoma em relação ao regime jurídico aplicável às pessoas privadas (o "direito de todos").

A referida distinção linear tradicional tem sido posta em causa por factores de vária ordem, entre os quais se contam os seguintes: as pessoas públicas utilizam com frequência o direito privado, fugindo, por vezes iludindo-a, à aplicação da disciplina que lhes está especialmente dirigida; assiste-se, cada vez mais frequentemente, à criação pública de entidades privadas para a prossecução de tarefas públicas e realização de fins públicos; entidades genuinamente privadas são chamadas a assumir responsabilidades de execução de funções públicas; a justiça administrativa alarga-se à resolução de conflitos entre entidades privadas; a titularidade de direitos fundamentais deixa de estar reservada a pessoas privadas,

---

[447] Cfr. Marcello CAETANO, *Manual,* cit., p. 182 e ss; Diogo Freitas do AMARAL *Curso,* I, cit., p. 581 e ss; J.M. Sérvulo CORREIA, *Noções,* cit., p. 137 e ss; Marcelo Rebelo de SOUSA, *Lições,* cit., p. 142 e ss; Vital MOREIRA, *Administração Autónoma,* cit., p. 257 e ss.

reconhecendo-se que, em certas circunstâncias, pessoas de direito público podem também assumir a titularidade de (certos) direitos fundamentais; além disso, há casos de "personalidade pública formal" (atribuição de personalidade de direito público a colectividades e organizações compostas por particulares e que se dedicam a tarefas privadas, *v.g.*, associações religiosas)[448], bem como de "pessoas ficticiamente privadas", de véu privado, mas substrato público. Todos esses factores representam os sinais visíveis da quebra de um princípio de conexão e de continuidade lógica entre "personalidade pública – tarefa pública – direito público": há tarefas públicas executadas por pessoas privadas e tarefas privadas executadas por pessoas públicas; o direito privado regula a actuação de entidades públicas e, em certas circunstâncias, o direito público é chamado a regular a actuação de entidades privadas[449].

A personalidade de direito público deixou de ser o critério adequado para delimitar com precisão as fronteiras da província do direito público[450], já não constituindo, por outro lado, o único suporte de execução de tarefas públicas (e de exercício de poderes públicos).

Para a desvalorização da personalidade de direito público como critério de aplicação de um regime especial de direito público muito tem contribuído o direito comunitário, em especial, no capítulo da regulação dos procedimentos de contratação pública.

Como já foi observado, o direito comunitário da contratação pública adopta uma noção de entidades adjudicantes de "geometria variável"[451], que, para certos efeitos, pode abranger apenas o Estado e outras entidades públicas territoriais, mas, para outros, pode incluir também quaisquer organismos que preencham determinados requisitos, entre os quais se não conta a personalidade de direito público[452]. Entram assim no

---

[448] Sobre o conceito de corporações de direito público em sentido formal, cfr. MRONZ, Ob. cit., p. 165 e ss; SCHACHTSCHNEIDER, *Der Anspruch*, cit., p. 33 (o Autor compara a personalidade pública formal das associações públicas de entidades privadas com a personalidade privada formal de entidades pertencentes ao Estado).

[449] Sobre as debilidades do conceito de personalidade jurídica de direito público, cfr. Paulo OTERO, *Vinculação*, cit., p. 225 e ss.

[450] Sobre isso, cfr., *infra*.

[451] Cfr. LEONARDIS, *Soggettività*, cit., p. 9; MARRAMA, "Contributo sull'interpretazione della nozione di «organismo di diritto pubblico»", p. 605; CASSESE, "Tendenze", cit., p. 909.

[452] Cfr. CHITI, "El organismo de derecho público y el concepto comunitario de administración pública", p. 35 e ss.

conceito de entidades adjudicantes, para efeitos de aplicação dos vários regimes comunitários de contratação pública, os designados *organismos de direito público*: como tal são qualificadas as entidades ou organismos *a)* com personalidade jurídica *b)* criados com o objectivo específico de satisfazer necessidades de carácter geral, sem carácter industrial ou comercial[453], *c)* cuja actividade seja financiada maioritariamente pelo Estado, por autarquias locais ou por outros organismos de direito público *ou* cuja gestão esteja submetida a controlo ou tutela por parte de alguma dessas entidades *ou* que tenham órgãos de administração, de direcção ou de fiscalização cujos membros sejam designados, em mais de metade, por alguma daquelas entidades[454]. Ao adoptar essa noção[455], o direito comunitário substitui o conceito formal de pessoa de direito público por aquele que alguns dizem representar um conceito de "público substancial". Revela-se, nessa alteração, um "aspecto revolucionário"[456], que consiste no facto de sujeitos dotados de personalidade de *direito privado* ficarem enquadrados na categoria dos organismos de *direito público* e, portanto, sujeitos a procedimentos pré-contratuais de direito público (em cujo

---

[453] Sobre as dificuldades de interpretação do segmento negativo do requisito (actividades sem carácter comercial e industrial), cfr. FILIPPI, "La giurisdizione amministrativa sugli atti di soggetti privati alla luce dele d.lgs. 80/98", p. 604 e ss.

[454] Cfr. artigo 3.º do Decreto-Lei n.º 197/99, de 8 de Junho, e artigo 3.º/2 do RJEOP. Estas duas normas não adoptam a mesma definição de organismo de direito público: erradamente, na primeira, referem-se como tais as "pessoas colectivas sem natureza empresarial criadas com o objectivo específico de satisfazer necessidades de interesse geral" (nos termos da directiva comunitária transposta, o carácter empresarial – industrial ou comercial – não se refere à pessoa colectiva, mas à missão que ela desenvolve). Quer isto dizer que, nos termos do direito comunitário, a entidade que adopte um formato empresarial (*v.g.*, empresa pública municipal ou sociedade comercial) poderá ser qualificada como organismo de direito público; a isso não obsta a "natureza empresarial" da entidade. Propondo uma interpretação literal da citada disposição do diploma de 1999, considerando que ele está expressamente a afastar a sua aplicação às empresas públicas, cfr. AcSTA/1.ª, de 05/04/2005, proc. 266/05.

[455] Sobre ela, cfr. CHITI, Ob. cit., p. 33 e ss; MARRAMA, Ob. cit., p. 585 e ss; JAMBRENGHI, "L'organismo di diritto pubblico", p. 13 e ss; GRAZIANO, "I nuovi confini dell'ente pubblico e dell'appalto amministrativo: il caso degli appalti delle società in mano pubblica", p. 109 e ss; PERFETTI/CHIARA, "Organismo di diritto pubblico, società a capitale pubblico e rischio di impresa. Variazioni su Corte di Giustizia delle Comunità Europee, Sezione V, 22 maggio 2003, C-18-01", p. 135 e ss; KARPESCHIF, "Définition du pouvoir adjudicateur par la Cour de justice des Communautés européennes", p. 256 e ss.

[456] Cfr. MARRAMA, Ob. cit., p. 590.

desenvolvimento praticam, nos termos da lei portuguesa, actos "equiparados a actos administrativos": artigos 100.º/3 e 132.º/2 do CPTA): entidades tão privadas – tão "verdadeiramente privadas" –, como as IPSS, são "apanhadas" pela definição de "organismo de direito público" (sendo, por ex., consideradas "donas de obras públicas"[457])[458].

O que acabámos de ver – e, porventura, outros factores poderiam ser acrescentados aos indicados – permite explicar uma certa desvalorização da importância actual da distinção entre pessoas de direito público e pessoas de direito privado. Trata-se, porém, de uma distinção que perdeu alguma da sua força, mas *em situações pontuais* e *apenas para certos efeitos*. Não há, por isso, razões para pôr em causa a *validade geral* da distinção entre a personalidade de direito público e a personalidade de direito privado.

2.2. *Continuação da importância da distinção*

O facto de o direito público poder aplicar-se não só à actuação de pessoas públicas mas também à de pessoas privadas, bem como a circunstância de tanto umas como outras poderem executar tarefas públicas não devem precipitar a conclusão segundo a qual a distinção entre a personalidade de direito público e a personalidade de direito privado perdeu todo o relevo que outrora possuía. Não é de facto assim. A natu-

---

[457] Ac'sSTA/1.ª, de 08/10/2002, proc. 1308/02, e de 01/04/2003, proc. 483/03.

[458] Sobre a qualificação da Santa Casa da Misericórdia de Lisboa, uma "entidade privada", como "organismo de direito público", cfr. Rui M. Moura RAMOS, "A Santa Casa da Misericórdia de Lisboa e o âmbito pessoal de aplicação do Decreto-Lei n.º 55/95, de 29 de Março", p. 127 e ss (especial. p. 134).

Se a qualificação da Misericórdia de Lisboa como organismo de direito público não choca (trata-se, aliás, de uma entidade *administrativa* privada), o mesmo já não diremos das IPSS. Supomos, neste domínio, que uma interpretação um pouco mais distanciada da letra da lei poderia conduzir a melhores e mais justos resultados (*v.g.*, considerando as IPSS donas de obras públicas apenas na hipótese de obras publicamente financiadas).Veremos, aliás, que a legislação portuguesa sobre contratação pública vai ainda mais longe, aplicando-se entidades privadas que não são sequer "organismos de direito público"; é o que se passa com as "entidades de direito privado" a que se refere o artigo 2.º-A/1, al. *n*), do Decreto-Lei n.º 223/2001, de 9 de Agosto (redacção do Decreto-Lei n.º 234/2004, de 15 de Dezembro). Sobre isso, cfr., *infra*, o ponto 3.2.2. do presente capítulo.

reza, pública ou privada, da personalidade jurídica continua a estar claramente associada à estrutura dualista da ordem jurídica. A criação de uma entidade com personalidade de direito público implica a sua entrada automática na "esfera pública", no grupo das organizações que integram a "máquina" ou o "aparelho administrativo"[459] e implica também uma publicização das tarefas de que a entidade fica incumbida[460]. Por outro lado e como veremos melhor, a acção pública das pessoas públicas é, *em princípio*, regida pelo direito público administrativo: princípios gerais e regras de direito administrativo procedimental e substantivo, regime da responsabilidade civil específico e submissão à justiça administrativa. Ao contrário, a actuação (mesmo a pública) das pessoas privadas encontra-se, também *em princípio*, regida pelo direito privado[461] – os dois princípios são, afinal, a consequência do designado *princípio de congruência entre formas organizativas e direito aplicável*[462].

Entre os referidos e outros aspectos que a doutrina convoca para sublinhar a importância da distinção entre pessoas públicas e privadas[463], uma atenção especial deve ser dedicada, no âmbito da presente dissertação, à titularidade da *capacidade de direito público (em sentido formal)*.

Quando definida a *capacidade de direito público em sentido formal* como a "aptidão de uma pessoa para usar os instrumentos formais de acção de direito público", verificamos que as pessoas públicas são, em regra, titulares de uma capacidade *geral* de direito público, ao passo que as pessoas privadas apenas poderão assumir-se, em certas condições, como titulares de uma mera capacidade *parcial* de direito público.

Antes de se explicar o sentido da referida distinção entre capacidade geral e parcial de direito público, importa conhecer os contornos do próprio conceito de capacidade de direito público (em sentido formal).

---

[459] No direito português não há pessoas públicas em sentido apenas formal. Por essa razão, a criação de uma pessoa pública significa, em todos os casos, uma "publicização material", quer da organização (que passa a integrar a Administração Pública), quer das tarefas principais que lhe são confiadas.

[460] Cfr. GROSS, Ob. cit., p. 28.

[461] Cfr., *infra*, n.º 3. Chamando a atenção para esta implicação que resulta da qualificação de um certo ente como público ou privado, cfr. NAPOLITANO, "Soggetti privati «enti pubblici»?", p. 821.

[462] Sobre esse princípio, cfr. EHLERS, *Verwaltung in Privatrechtsform*, cit., p. 109

[463] Por todos, cfr. Vital MOREIRA, *Administração Autónoma*, cit., p. 261 e ss.

Essa representa, de resto, uma exigência premente, sobretudo se tivermos presente o princípio segundo o qual a capacidade de direito público,
mesmo a das pessoas públicas, é sempre uma capacidade parcial[464].
Aceitando-se esse postulado, terá de se reconhecer, afinal, não existir
uma diferença essencial entre a capacidade de direito público das pessoas
públicas e a das pessoas privadas, pois que em, qualquer caso, se trata
sempre de uma capacidade parcial.

Sucede contudo que a formulação daquele princípio está baseada
num conceito de capacidade de direito público *em sentido material*, pelo
que, portanto, a capacidade representa a "soma das competências dos
órgãos de uma pessoa pública"[465]. *Hoc sensu*, o carácter parcial da capacidade de direito público é indiscutível, pois que os direitos e as obrigações do âmbito do direito público só existem na exacta medida em que
uma lei os confira caso por caso – *princípio da enumeração das competências públicas* ou *princípio administrativo da competência*[466].

Em conformidade com esse conceito (*material*), há uma diferença
essencial entre a capacidade de direito privado e a capacidade de direito
público de uma pessoa pública: a primeira é uma capacidade total ou
geral, que decorre imediatamente da personalidade jurídica[467]. Ao atribuir (ou permitir a atribuição) de personalidade jurídica (pública) a um
organismo, a lei investe-o, quando criado, numa capacidade jurídica *privada* total ou geral – como Bachof explica, a capacidade jurídica total ou
geral não tem de incluir todos os direitos e deveres pensáveis; a fórmula
pretende significar tão-somente que a capacidade do sujeito não resulta
de uma atribuição específica e casuística de situações jurídicas subjectivas, mas antes da "atribuição genérica de um complexo de direitos e

---

[464] Cfr. BACHOF, "Teilrechtsfähige Verbände des öffentlichen Rechts", p. 268;
KEMPEN, Ob. cit., p. 69 ("ao contrário da capacidade de direito privado, a capacidade de
direito público nunca é total"); MAURER, *Allgemeines*, cit., p. 522 e ss; FORSTHOFF, Ob.
cit., p. 697.

[465] Sobre as implicações da fórmula [diferente da que usamos no texto] segundo a
qual a capacidade de direito público representa a soma das *atribuições* de uma pessoa
pública e das competências dos seus órgãos, cfr. J.M. Sérvulo CORREIA, *Legalidade e
Autonomia*, cit., p. 564.

[466] Cfr. J.M. Sérvulo CORREIA, *ibidem*, p. 562.

[467] Contra, cfr. KEMPEN, Ob. cit., p. 70 e ss, que entende que as pessoas públicas
não dispõem de uma capacidade jurídico-privada total, mas apenas parcial; segundo o
Autor, em regra, as pessoas públicas só podem usar o direito privado nos casos em que a
lei lhes atribua capacidade de exercício de direitos privados.

deveres". A capacidade jurídica geral ou total pode, portanto, ser limitada e, nessa medida, *relativa*, o que se verifica sempre que a respectiva extensão é determinada pela subtracção de certos direitos e deveres ao conjunto de direitos e deveres possíveis[468]. Nestes termos, a capacidade jurídica de todas as pessoas colectivas, incluindo as pessoas públicas, "abrange *todos os direitos e obrigações* necessários ou convenientes à prossecução dos seus fins", com excepção dos que sejam vedados por lei ou inseparáveis da personalidade singular (artigo 160.º do Código Civil)[469]. As pessoas colectivas públicas detêm, pois, uma *capacidade geral* – embora relativa – *de direito privado e uma capacidade parcial de direito público.*

No sentido em que a capacidade de direito público representa "a soma das competências dos órgãos de uma pessoa pública", concordamos inteiramente com o entendimento de que ela se apresenta sempre como uma capacidade parcial. Como se disse, isso resulta directamente do princípio da legalidade das competências públicas: a medida de quantidade das situações subjectivas públicas (activas e passivas) de uma pessoa – pública ou privada – é delimitada pelas competências que positivamente lhe estão atribuídas.

A capacidade de direito público a que acabámos de nos referir remete para o *conteúdo*, indicando *o* que uma pessoa pode fazer. Mas a capacidade de direito público também pode referir-se à *forma*, indicando o *como* pode agir uma entidade: neste sentido formal, o tópico da capacidade de direito público ilustra exactamente uma diferença essencial entre pessoas públicas e privadas.

Recordando, entende-se por capacidade de direito público em sentido formal a *aptidão de uma pessoa para usar os instrumentos e as formas de acção específicas do direito público*; por outras palavras, trata-se, em geral, da capacidade para praticar *actos administrativos* e para celebrar *contratos administrativos*[470].

---

[468] Cfr. BACHOF, "Teilrechtsfähige", cit., p. 264.

[469] Sobre o *princípio da especialidade do fim* e a capacidade de gozo de direitos privados pelas pessoas colectivas públicas (cujo âmbito se encontra delimitado pelo escopo estatutário), cfr. J.M. Sérvulo CORREIA, *Legalidade e Autonomia,* cit., p.522 e ss.

[470] Como se sabe, o regulamento administrativo constitui também uma *forma* específica de acção do direito público. Todavia, ele não integra o elenco dos actos públicos que representam o exercício de uma capacidade de direito público meramente formal, pois que, na verdade, a atribuição da "capacidade regulamentar" não se distingue do

Ora, a personalidade pública inclui a capacidade geral para a prática de actos administrativos[471]. As entidades públicas não carecem de autorização expressa para exercer as competências de que estão investidas pela forma do acto administrativo[472]. Qualquer acto de uma entidade pública que preencha os elementos constitutivos do conceito (cfr. artigo 120.º do CPA) apresenta-se, por conseguinte, como um acto administrativo. Poderá até ser nulo, por ex., por falta de atribuições da pessoa colectiva [artigo 133.º/2,*b*), do CPA], mas será um acto administrativo[473].

O mesmo não se verifica em relação às pessoas de direito privado. Mesmo admitindo que também elas não têm de ser investidas de uma *capacidade específica para o uso da forma do acto administrativo*[474], os seus actos só podem, contudo, receber a qualificação de administrativos se, preenchendo os elementos do conceito, forem praticados no estrito âmbito de uma norma legal que lhes confira poderes públicos de autoridade. Nenhum acto praticado por uma entidade privada deslocado do âmbito de uma norma dessa natureza deverá ser qualificado como "acto administrativo": assim, se uma empresa concessionária dirigir aos utentes do serviço público por si gerido uma ordem não baseada nas suas "competências de direito público", estaremos em princípio diante de um *acto de direito privado* (que será nulo se também não tiver fundamento na sua capacidade de direito privado)[475].

---

plano da competência para a edição de normas jurídicas *sobre certas matérias*. Percebe-se, por isso, que a admissibilidade da emissão de regulamentos administrativos dependa de a lei ou (para alguns) a Constituição atribuírem a faculdade regulamentar a uma pessoa colectiva ou a um órgão; sobre a questão de saber se a Constituição é credencial *suficiente* para a edição, pelo Governo, de regulamentos independentes [artigos 112.º/7 e 199.º,*g*)] e executivos [artigo 199.º,*c*)], ou para a edição de regulamentos autónomos pelas autarquias locais (artigo 241.º), cfr. Afonso QUEIRÓ, "Teoria dos regulamentos", (2.ª parte), p. 13 e ss; J.M. Sérvulo CORREIA, *Legalidade e Autonomia Contratual,* cit., pp. 198 e ss, e 251 e ss; Manuel Afonso VAZ, *Lei e Reserva de Lei,* p. 488 e ss; Vital MOREIRA, *Administração Autónoma,* cit., p. 186 e ss; Diogo Freitas do AMARAL, *Curso,* II, cit., pp. 155 e ss, 183 e ss.

[471] Cfr. MAURER, *Allgemeines,* cit., p. 240.

[472] Cfr. J.M. Sérvulo CORREIA, *Legalidade e Autonomia,* cit., p. 566.

[473] Sobre o poder de emprego da *forma* acto administrativo, cfr., *infra*, Parte II, Cap. I.

[474] Sobre o assunto, cfr., *infra*, Parte IV, Cap. II.

[475] O que se disse no texto permite perceber que a natureza pública dos actos provenientes de uma pessoa privada não é uma consequência da situação ou posição jurídica que ela ocupa (que se entende que ela ocupa) na organização administrativa: no

Por outro lado, a personalidade pública inclui por inerência uma capacidade geral para a celebração de contratos administrativos. Essa regra está aliás expressamente acolhida no artigo 179.º do CPA: os "órgãos administrativos, na prossecução das atribuições da pessoa colectiva que integram, podem celebrar quaisquer contratos administrativos, salvo se outra coisa resultar da lei ou da natureza das relações a estabelecer".

A situação é diferente no caso das pessoas privadas: como já defendemos noutro lugar, a capacidade das pessoas privadas para a celebração de contratos administrativos existe apenas nos casos em que elas estejam investidas de poderes públicos unilaterais (contrato em vez de acto administrativo) ou quando sejam legalmente autorizadas a celebrar contratos qualificados (ou que devam ser qualificados) como contratos administrativos[476/477].

---

direito italiano, alguma jurisprudência e uma parte da doutrina têm defendido que, por exercerem funções públicas, as empresas concessionárias são *órgãos indirectos* do Estado, pertencendo à Administração Pública e, *logo*, os actos que praticam no desempenho daquela função são actos administrativos: "a objectiva natureza administrativa do acto proveniente de um órgão indirecto leva a concluir que ele deve ser tido subjectivamente como um acto administrativo" (LIROSI, "Giurisdizione in materia di appalti indetti da società private concessionarie della costruzione di opere pubbliche", p. 112). Discordamos dessa doutrina: para que os actos de uma entidade privada possam receber a qualificação de actos administrativos não basta que ela exerça funções públicas ou que se entenda que integra a Administração Pública. Torna-se ainda necessário que esteja investida de poderes públicos.

[476] Cfr. Pedro GONÇALVES, *O Contrato Administrativo*, p. 82. Para mais desenvolvimentos, cfr., *infra*, Parte IV, Cap. II.

[477] A situação das pessoas privadas que acabámos de descrever assemelha-se àquela em que estão colocadas as pessoas públicas que, nos termos da lei, actuam em geral no regime da gestão privada: também estas detêm uma capacidade de direito público em sentido formal meramente parcial. É o que se passa, por ex., com as empresas públicas municipais (no formato da LEMIR), que actuam *em regra* segundo o direito privado: só detêm capacidade para actuar segundo o direito público na medida em que, como a lei permite, beneficiem de uma delegação de poderes respeitantes à prestação de serviços públicos (ou detenham ao seu serviço pessoal no regime da função pública: AcTC n.º 575/ /2000).

Sem uma delegação de poderes públicos, as pessoas públicas que actuam em geral segundo o direito privado não detêm, em princípio, capacidade de direito público: isso explica que, na Alemanha, alguma doutrina (minoritária) aceite serem os entes públicos destinatários possíveis de uma "Beleihung" (entendida como delegação de poderes públicos: STEINER, *Öffentliche*, cit., p. 205; FRENZ, Ob. cit., p. 35).

2.3. *Critérios jurídicos de distinção*

A importância actual da distinção entre entidades privadas e entidades públicas reclama a definição de um critério doutrinal que permita, em concreto, identificar a natureza jurídica de uma entidade. Mas o recurso a esse critério nem sempre é necessário: há pessoas que são por natureza privadas ou públicas e há outras que o legislador qualifica como revestindo uma ou outra natureza.

a) Entidades públicas por natureza e entidades privadas por natureza

Entidades privadas por natureza são os indivíduos: a personalidade das pessoas físicas ou humanas é sempre e apenas uma personalidade de direito privado.

Por sua vez, entidades públicas por natureza são as "entidades públicas primárias", ou seja, as pessoas colectivas territoriais de fins múltiplos: o Estado, as regiões autónomas, os municípios e as freguesias[478].

b) Indicação legal

Frequentemente, o legislador identifica a natureza jurídica de uma entidade. Uma tal indicação legal impõe-se ao intérprete[479], mesmo quando o regime jurídico desenhado não seja, num ou noutro ponto, inteiramente coerente com ela (salvo, nesta hipótese, se se tratar de manifesto lapso ou de uma opção puramente arbitrária)[480]. Concordamos pois com a afirmação, contida no Parecer da PGR n.º 11/95, segundo a qual "não é legítimo tomar (...) por meramente despiciendo o intuito do legislador", que uma exagerada hermenêutica tende hoje a negligenciar.

Entre os casos em que a questão da qualificação se resolve por via legal não se contam apenas aqueles em que a lei indica expressa e abertamente a natureza de uma entidade: além desses, parece-nos que há ainda uma indicação explícita e suficiente quando a lei qualifica uma entidade como *pessoa colectiva de utilidade pública administrativa* –

---

[478] Cfr. Vital MOREIRA, *Administração Autónoma,* cit., p. 265.

[479] Cfr. AUBY/AUBY, *Institutions administratives,* p. 19.

[480] A aludida falta incoerência entre o regime desenhado e a qualificação legal depende naturalmente da concepção de que se parte sobre a distinção entre personalidade pública e privada; o objectivo de "rectificar" a lei acaba, num grande número de casos, por ser expressão do desejo de impor uma *opinião,* porventura ainda mais controversa do que a qualificação legal.

que, como a doutrina actual vem entendendo, é uma entidade privada[481] – ou como *pessoa colectiva de utilidade pública* ou (*cooperativa*) *de interesse público*[482].

Por outro lado, uma indicação *implícita* poderá revelar-se suficiente: é o que sucede quando a lei cria uma entidade num formato exclusivo do direito privado, por ex. uma *sociedade anónima* (*v.g.*, Parque Expo 98, S.A.[483])[484]. Ainda que expressamente criada para a prossecução de inte-

---

[481] Nesse sentido, cfr. Marcelo Rebelo de SOUSA, "Os novos estatutos da Santa Casa da Misericórdia de Lisboa", p. 53; J. C. Vieira de ANDRADE, "Os novos estatutos da Santa Casa da Misericórdia de Lisboa", p. 100.

[482] No mesmo sentido, em relação aos "établissements d'utilité publique", cfr. NEGRIN, *L'intervention,* cit., p. 38 e ss; CHAPUS, Ob. cit., I, p. 123. Em sentido diferente, a propósito dos designados "agrupamentos de interesse público", cfr. ROHMER-BENOIT, "Les groupements d'intérêt public", especial. p. 670 e ss (que os considera pessoas públicas).

Apesar de a lei indicar que os centros tecnológicos são *pessoas colectivas de utilidade pública* (artigo 1.º/4 do Decreto-Lei n.º 249/86, de 25 de Agosto) e de falar de cooperativas de *interesse público*, grande parte da doutrina tem qualificado uns e outras como pessoas de direito público: cfr. Jorge MIRANDA, *As Associações Públicas no Direito Português*, p. 21; Diogo Freitas do AMARAL, *Curso,* I, cit. p. 405, Marcelo Rebelo de SOUSA, *Lições,* cit., p. 314; João Pacheco de AMORIM, *As Empresas públicas,* cit., p. 58[88]; contra, cfr. Vital MOREIRA, *Administração Autónoma,* cit., p. 301 e ss.

[483] A Parque Expo 98, S.A., foi constituída pelo Decreto-Lei n.º 88/93, de 23 de Março, como "*sociedade anónima de capitais exclusivamente públicos*"; não obstante, já foi entendido que essa sociedade comercial coexistia com "uma personalidade jurídica de direito público" (Jaime do VOLLE, "Algumas considerações sobre o regime e a natureza jurídica da Parque Expo 98, S.A.", p. 249 e ss; opinião semelhante é defendida por alguma doutrina estrangeira, pelo menos, em relação às sociedades comerciais de capitais exclusivamente públicos (cfr. nota seguinte).

[484] A qualificação privada impõe-se quando a instituição considerada reveste uma "forma privada"; cfr. CHAPUS, Ob. cit., I, p. 123. Pode falar-se, neste âmbito, de uma *regra de equivalência entre forma e natureza jurídica*.

Como resulta do nosso texto, entendemos que estão nessa situação as *sociedades comerciais* dominadas ou participadas pela Administração Pública (incluindo as criadas por lei: "sociedades legais"), afastando-nos, assim, daqueles que, na Itália, a propósito das sociedades por acções com participação pública, falam de uma "qualificação jurídica incerta" (CASETTA, *Manuale di diritto amministrativo,* pp. 98 e ss, e FRACCHIA, Anotação, in *Foro Italiano,* p. 803 e ss), bem como dos que entendem que a forma sociedade comercial não exclui a natureza pública (sobre essa tese, cfr. LEONARDIS, *Soggettività,* cit., p. 206 e ss). A natureza pública das sociedades comerciais participadas maioritariamente pelo sector público e instituídas por acto legislativo foi recentemente afirmada numa decisão do *Consiglio di Stato* – sobre essa decisão, cfr. PIZZA, "Società per azioni

resses públicos e mesmo que dotada de uma capacidade de direito público, a entidade que adopta um formato de direito privado deve ser considerada uma *entidade privada*[485]. Parece-nos, assim, de recusar algumas figuras doutrinais controversas – que individualizam uma espécie de *tertium genus* entre as pessoas públicas e as privadas –, como os "institutos públicos em forma de direito privado"[486]. Do mesmo modo, afigura-

---

di diritto singolare, enti pubblici e privatizzazioni: per una rilettura di un recente orientamento del Consiglio di Stato", p. 518 e ss; em termos críticos, cfr. NAPOLITANO, Ob. cit., p. 811 e ss. Também em Espanha, a respeito das sociedades de capitais exclusivamente públicos, alguns falam de uma "duvidosa natureza privada"; cfr. RIVERO ORTEGA, *Administraciones públicas*, cit., p. 101 e ss.

Reconhecendo que as "sociedades em mão pública" adoptam um formato privado, essas doutrinas parecem inclinar-se para as considerar substancialmente públicas, posição que fica em grande medida a dever-se ao facto de se encontrarem sujeitas a um *direito especial* cada vez mais distante do direito privado das sociedades comerciais (adjudicação de contratos segundo procedimentos públicos, sujeição a controlos públicos e a orientação pública ou ministerial, jurisdição administrativa nas controvérsias relacionadas com a gestão de serviços públicos, a que acresce o dever de as entidades públicas escolherem os sócios dessas sociedades por procedimentos públicos). Por vezes, o carácter derrogatório da disciplina a que ficam sujeitas essas entidades formalmente privadas conduz mesmo a doutrina (e a jurisprudência) a admitir que se trata de "entes públicos de estrutura societária"; cfr. PIZZA, Ob. cit., p. 526.

Por fim, diga-se que também na Alemanha se emprega o conceito de "sociedades comerciais de direito público" para identificar as sociedades de capitais mistos criadas para assumir a titularidade, ou esta e a direcção e a gestão de institutos públicos. Apesar da designação, a doutrina esclarece que se trata de entidades privadas que, por força da missão de que são investidas (titularidade e gestão de institutos públicos), entram na categoria das entidades privadas com funções públicas; cfr. WOLFERS/KAUFMANN, "Private als Anstaltsträger", p. 507 e ss; HECKER, "Privatisierung unternehmenstragender Anstalten öffentlichen Rechts", 261 e ss; BECKER, "Die landesrechtliche «Kapitalgesellschaft des öffentlichen Rechts» in der bundesstaatlichen Kompetenzordnung", p. 97 e ss.

[485] Em sentido crítico quanto a esse aspecto, cfr. AUBY/AUBY, Ob. cit., p. 232.

[486] "Instituto público em forma de direito privado" é a designação usada por HUBER (*Wirtschaftsverwaltungsrecht,* cit., p. 121 e ss) para identificar as entidades que, apesar de adoptarem uma forma de direito privado (*v.g.,* sociedade comercial), deveriam qualificar-se como *entidades de direito público por natureza* ("Kraft Wesens") pelo facto de serem instituídas com o fim exclusivo da prossecução de tarefas públicas. Esta tese foi objecto de crítica por toda a doutrina, que considerou existir uma incompatibilidade entre *forma jurídica privada* e *natureza jurídica pública*; cfr. VOGEL, Ob. cit., p. 101 (que fala mesmo de uma *contradictio in adjecto*); TERRAHE, Ob. cit., p. 103; BROHM, Ob. cit., p. 216; MICHAELIS, Ob. cit., p. 14. Sobre o conceito de "sujeitos públicos na forma de direito privado", cfr. LEONARDIS, *Soggettività,* cit., pp. 330[128], e 336.

-se-nos de recusar, em todos os casos de uso de formatos típicos de direito privado, qualquer eventual operação de "requalificação" realizada pelo intérprete[487].

c) O critério doutrinal da publicidade

Na ausência de uma indicação legal, explícita ou implícita, outro critério, agora de natureza doutrinal, terá de ser convocado. Baseando-nos numa noção *residual* de pessoa privada – que implica a qualificação privada de qualquer entidade não abrangida pela noção de pessoa pública[488] –, o ponto essencial reside em identificar um "critério da personalidade pública" ou "critério da publicidade"[489].

Para nós, deverá usar-se um *critério misto*, que conjugue os seguintes factores ou índices de publicidade:

aa) criação por iniciativa pública

Em primeiro lugar, a qualificação pública depende de a entidade ter sido criada por um acto de uma entidade pública ou, pelo menos, por um acto jurídico em cujo momento constitutivo uma entidade dessa natureza participe.

Se a entidade cuja natureza se procura determinar é criada por um acto da autoria e da livre iniciativa de particulares, a questão está resolvida: "a iniciativa privada não pode criar pessoas colectivas públicas"[490]. Mesmo que uma entidade criada por particulares possa vir a ser investida de um estatuto público (*v.g.*, na sequência de reconhecimento oficial), o factor da criação particular constitui elemento determinante da qualificação dela como pessoa de direito privado.

A questão ficaria resolvida se o contrário fosse verdadeiro. Mas não é: por iniciativa de uma entidade pública podem criar-se pessoas públicas, mas também pessoas privadas[491].

---

[487] No mesmo sentido, cfr. NAPOLITANO, Ob. cit., p. 811 e ss.

[488] Cfr. Marcello CAETANO, *Manual,* cit., p. 193.

[489] Cfr. Vital MOREIRA, *Administração Autónoma,* cit., p. 269.

[490] Cfr. Diogo Freitas do AMARAL, *Curso,* I, cit., p. 584; GROSS, Ob. cit., p. 28. Em sentido contrário, cfr. Parecer da PGR n.º 171/76: "nada obsta a que existam pessoas colectivas de direito público criadas por particulares" (p. 37).

[491] Cfr. OLIVER, "The frontiers of the State: public authorities and public functions under the Human Rights Act", p. 482.

bb) criação por lei ou por um acto público baseado numa lei

A criação de uma pessoa pública exige sempre a *iniciativa* de outra pessoa pública. Estando esse requisito preenchido, interessa determinar a seguir a natureza jurídica do acto instituidor, porquanto a pessoa pública tem de ser criada por um acto de direito público.

O acto de criação revestirá seguramente natureza jurídico-privada quando praticado no exercício da capacidade jurídica privada de uma pessoa pública. Pode ser um acto unilateral (criação de uma fundação ou de uma sociedade unipessoal) ou contratual (criação de uma associação). Uma vez que um acto de direito privado (do "direito de todos") não pode criar uma pessoa pública, a qualificação que se procura estará encontrada: personalidade jurídica privada.

A instituição de uma pessoa pública deverá basear-se num "acto organizativo de direito público"[492], que pode ser uma lei ou um outro acto praticado ao abrigo de uma norma especialmente dirigida à entidade pública enquanto titular de funções públicas. O "outro acto" pode ser um regulamento, um acto administrativo ou um contrato administrativo[493]. Se em relação às outras espécies não há dificuldades, a dúvida pode surgir em relação ao *contrato administrativo*[494]. Contudo, deve dizer-se que não há razão para excluir a qualificação pública da entidade cuja constituição a lei remete para um acordo entre pessoas públicas ou entre elas e particulares, contanto que dessa mesma lei resulte que a entidade preenche todos os outros requisitos da personalidade de direito público. O acordo que engendra esse efeito constitui um *contrato administrativo*[495].

---

[492] *Acto organizativo* é o acto praticado por um *titular do poder organizativo* que visa a criação (ou a extinção) de uma pessoa pública (ou de um órgão administrativo), a respectiva regulação interna e a sua dotação com meios pessoais e materiais. Abrange ainda todos os actos de entrega de tarefas ou de competências públicas a uma instância, pública ou privada; cfr. MAURER, *Allgemeines*, cit., p. 543; BURGI, "Verwaltungs-organisationsrecht", p. 814.

[493] Como já se disse, o princípio da legalidade da Administração aplica-se em matéria de organização administrativa (*reserva de lei institucional ou organizativa*): sobre a criação de pessoas colectivas por lei ou com fundamento na lei, cfr. Marcelo Rebelo de SOUSA, *Lições,* cit., p. 177.

[494] No sentido de que o contrato administrativo pode ser o acto fundador de uma corporação de direito público ou até de um instituto público, cfr. WOLFF/BACHOF/ /STOBER, Ob. cit., 3, pp. 340 e 376; no direito francês, sobre os agrupamentos de interesse público, cfr. ROHMER-BENOIT, Ob. cit., p. 670.

[495] Não excluímos sequer a possibilidade de o contrato ser *outorgado* apenas por pessoas de direito privado – era assim no caso das associações de beneficiários de obras

Importa não confundir o acto de criação de uma entidade – *acto fundador* – com a forma que o reveste (por ex., escritura pública), nem com os *actos que o antecedem*.

Assim, do facto de a lei exigir a forma de escritura pública não podem extrair-se imediatamente conclusões definitivas sobre a natureza do acto fundador: não há qualquer incompatibilidade entre natureza pública de um acto e exigência de escritura pública[496]. Diga-se, aliás, que o acto de criação de entidades públicas não está em regra sujeito a escritura pública porque, na generalidade dos casos, a sua forma já tem suficiente publicidade (*v.g.*, lei). Quando isso não sucede, percebe-se a exigência de escritura como requisito da constituição de um sujeito público – assim é, por ex., quanto à constituição de comunidades e associações intermunicipais (artigo 2.º/4 da Lei n.º 11/2003, de 13 de Maio) e de áreas metropolitanas (artigo 4.º/4 da Lei n.º 10/2003, de 13 Maio).

Por outro lado, o acto de constituição não se confunde com os actos que o antecedem. Mesmo quando está em causa a criação de uma entidade privada, a *decisão sobre a criação* é uma *decisão* pública, tomada num procedimento administrativo[497].

Constituindo o acto de instituição uma lei ou um acto praticado ao abrigo de uma lei especialmente dirigida a uma pessoa pública enquanto tal, impõe-se qualificá-lo como acto público. Porém, a natureza da pessoa por ele instituída ainda não pode ficar determinada, uma vez que por um acto dessa natureza (lei ou acto administrativo) também podem ser criadas pessoas de direito privado.

cc) sujeição da entidade a um regime de ingerência e controlo público

Além dos requisitos anteriores, a qualificação pública de uma entidade depende ainda da sua sujeição a um especial regime jurídico-público de ingerência ou controlo imposto por lei[498]. Não basta, portanto, o mero

---

de rega (antes de 1982, no sentido da sua natureza pública, pronunciavam-se Marcello CAETANO, *Manual,* cit., p. 394, bem como a PGR: Parecer n.º 171/96; sobre essas associações, hoje com qualificação legal, cfr. Vital MOREIRA, *Auto-Regulação,* cit., p. 355 e ss): note-se, contudo, que a Administração se assumia como responsável pelo procedimento em cujo âmbito o acordo era celebrado, tendo designadamente (só ela) legitimidade para o iniciar. O acordo não dependia pois apenas da vontade dos interessados.

[496] Por ex., o contrato administrativo tem muitas vezes de ser reduzido a escritura pública: Esteves de OLIVEIRA/Pedro GONÇALVES/Pacheco de AMORIM, Ob. cit., p. 844.

[497] Cfr. Paulo OTERO, *Vinculação,* cit., p. 258.

[498] Cfr. OLIVER, Ob. cit., p. 482.

"controlo interno" ou a "influência dominante" decorrente da detenção da maioria do capital social ou dos direitos de voto da entidade que se procura qualificar. Um tal controlo interno reveste, ou pode revestir, natureza privada, a exercer nos termos do direito privado.

Assim, uma entidade criada por iniciativa pública e por um acto de direito público deve qualificar-se como pessoa pública, desde que fique sujeita a um regime especial de ingerência ou, pelo menos, de controlo e tutela expressamente previsto e definido por lei.

dd) a questão da titularidade de poderes públicos de autoridade

A posição que adoptamos desvaloriza o critério da titularidade de prerrogativas públicas – que, por ex., Vital Moreira entende ser o "predicado fundamental das entidades públicas"[499] –, e considera suficiente a verificação dos requisitos expostos. Com efeito, não nos parece que deva qualificar-se como privada a "agência" criada por lei (com personalidade jurídica) para o desempenho de tarefas públicas atribuídas a um ministério e colocada sob a "dependência" e "orientação" de um ministro só porque não lhe são expressamente conferidos poderes públicos de autoridade ou outras prerrogativas públicas.

Além disso, o facto de se aceitar que, embora sem prerrogativas públicas, aquela constitui uma entidade pública esclarece, por ex., que a capacidade de direito público em sentido formal representa uma consequência da personalidade pública[500]. Mesmo sem poderes públicos de autoridade e a menos que a lei disponha de modo diferente, a pessoa pública tem capacidade de direito público, ficando por isso habilitada a usar as formas de conduta típicas do agir administrativo (*v.g.*, contratos administrativos).

Embora desvalorizando, em princípio, o factor da titularidade de prerrogativas públicas, supomos, contudo, que pode e deve admitir-se um desvio ao critério que propomos, sempre que uma entidade não expressamente sujeita a um regime público de ingerência e de controlo[501]

---

[499] Cfr. Vital MOREIRA, *Administração Autónoma, cit.*, p. 269.

[500] "Uma pessoa colectiva dispõe de certa capacidade jurídica ou encontra-se sujeita a um determinado regime jurídico por ser pública, não é pública por causa dessa capacidade ou desse regime jurídico"; cfr. Marcelo Rebelo de SOUSA, *Lições, cit.*, p. 145.

[501] Pode até suceder que, nos termos da lei, a entidade esteja inequivocamente isenta de um controlo desse tipo: é, como veremos, o que se passa em Portugal com as empresas de capitais maioritariamente públicos no formato da LEMIR.

cumpre os outros dois requisitos e, além disso, está (legalmente) investida de poderes públicos de autoridade.

Numa situação com esses contornos, parece-nos essencial avaliar o tipo de conexão ou associação entre os poderes públicos conferidos e a missão confiada à entidade.

Se se trata de poderes que, embora naturalmente associados à função confiada à entidade, podem, sem prejuízo do cumprimento daquela função principal (não autoritária), ser destacados e exercidos por um outro sujeito (*v.g.*, poderes de autoridade no âmbito da gestão de um serviço público económico), não há razão para a qualificação pública. Teremos uma entidade privada com poderes públicos de autoridade.

Mas a situação afigura-se diferente quando os poderes atribuídos legalmente a uma entidade são indissociáveis da missão que lhe está confiada: assim, por ex., a entidade responsável por uma função de homologação oficial e obrigatória de produtos pratica necessariamente actos públicos de autoridade (actos de homologação). O facto de a entidade exercer, a título principal, uma função pública de natureza autoritária faz com que o exercício de poderes públicos se apresente neste caso como regra. Cumprindo os demais requisitos, essa será por isso uma entidade pública (mesmo que não se encontre legalmente sujeita a um regime público de ingerência ou de controlo).

A proposta que aqui fazemos sobre os termos da distinção entre pessoas públicas e privadas não é nova. Pode comprovar-se isso mesmo pelo seguinte excerto de uma obra de Henrique Sayagués Laso sobre aquele problema: "se o direito positivo dá uma solução, o jurista não pode desconhecê-la. Se o problema não for resolvido dessa maneira, examinar-se-á o conjunto de disposições relativas à origem e ao funcionamento do organismo, nomeadamente as que respeitem à forma da sua criação, aos fins por ele prosseguidos, às prerrogativas de autoridade que lhe são atribuídas e à natureza do controlo a que está sujeito"[502].

d) Qualificação legal e critério (doutrinal) da personalidade pública

Do critério que propomos resulta que a entidade pública pode ser definida como a *pessoa colectiva criada por lei ou por um acto público com fundamento numa lei, expressamente sujeita a um específico regime*

---

[502] *Apud* Parecer PGR, n.º 171/76, p. 38[17].

jurídico público de ingerência ou de controlo ou investida de poderes públicos indissociáveis da função pública que lhe está confiada.

Como se sabe, pode suceder que a lei atribua personalidade pública a entidades que não satisfazem algum, alguns ou mesmo nenhum dos requisitos antes considerados: assim, por ex., na Alemanha, a *GG* manteve a personalidade pública das associações religiosas que já eram corporações de direito público e garantiu, em certas condições, a outorga desse estatuto a outras associações[503]. Uma entidade pode portanto deter uma personalidade pública apenas em sentido *formal*, o que sucederá se a lei a conceder a uma colectividade que se dedica à prossecução de tarefas claramente privadas. Por outro lado, no direito português, há empresas públicas que observam, ponto por ponto, os requisitos da personalidade pública: criadas, em alguns casos, por iniciativa pública, por acto de direito público (decreto-lei), sujeitas a controlo público e até com poderes públicos, são todavia pessoas privadas por determinação legal.

Do exposto resulta que a proposta definição doutrinal de entidade pública pode não abranger todas as pessoas públicas, assim como pode abranger pessoas privadas, desde que umas e outras como tais sejam qualificadas por lei. Por isso, a definição deve ser integrada nos seguintes termos: entidade pública é, *além da que como tal seja qualificada por lei*, a pessoa colectiva criada por lei ou por um acto público com fundamento numa lei, expressamente sujeita a um específico regime jurídico público de ingerência ou de controlo ou investida de poderes públicos indispensáveis à execução da função pública que lhe está confiada, *se uma lei a não qualificar como pessoa de direito privado*.

e) Aplicação do critério proposto

Uma vez que a LEMIR nada diz sobre a natureza das empresas que regula, vamos, com os dados que ela fornece, proceder à determinação da natureza jurídica das empresas municipais[504]. Nos termos da Lei, as

---

[503] Em relação às especificidades do direito alemão quanto à personalidade pública das comunidades religiosas, cfr. MUCKEL, *Religionsgemeinschaften als Körperschaften der öffentlichen Rechts*, p. 569 e ss. Em geral, sobre outras entidades com personalidade pública meramente formal (como a *Cruz Vermelha da Baviera*), cfr. MRONZ, Ob. cit., p. 170 e ss; GERSDORF, Ob. cit., p. 124 e ss.

[504] A LEMIR regula as condições em que os municípios, as associações de municípios e as regiões administrativas podem criar empresas dotadas de capitais próprios (artigo 1.º). Não tendo sido instituídas as regiões administrativas, o âmbito da LEMIR fica limitado à criação de *empresas municipais* e de *empresas intermunicipais*. O que no texto dizemos para as primeiras, vale, *mutatis mutandis*, para as segundas.

empresas municipais podem ser empresas públicas (aquelas em que os municípios detêm a totalidade do capital), empresas de capitais públicos (aquelas em que os municípios detêm participação de capital em associação com outras entidades públicas[505]) e empresas de capitais maioritariamente públicos (aquelas em que os municípios detêm a maioria do capital em associação com entidades privadas): as empresas públicas são entidades de tipo institucional, com substrato patrimonial; as empresas de capitais públicos e de capitais maioritariamente públicos são entidades de tipo associativo, com substrato patrimonial e pessoal.

Com base no critério proposto, passamos a identificar a natureza jurídica das empresas municipais.

aa) Quanto ao requisito da *criação por iniciativa pública* – Como vimos, poderá qualificar-se como pública a entidade que haja sido criada por um acto de uma entidade pública ou, pelo menos, por um acto jurídico em cujo momento constitutivo uma entidade pública participe. Ora, de acordo com a LEMIR, as empresas municipais são *constituídas* por escritura pública, acto solene em que o município está naturalmente representado como outorgante (artigo 5.º). O primeiro requisito está pois preenchido, e em relação a todas as empresas municipais criadas no âmbito da LEMIR.

bb) Quanto à *natureza do acto de criação* – Embora a Lei não seja clara a identificar concretamente o acto jurídico que opera a criação das empresas municipais[506], parece-nos defensável, com segurança, que ela se dirige "especialmente" aos municípios (enquanto entidades públicas), definindo as condições que eles têm de observar na criação de empresas municipais. A Lei desenha um procedimento de criação das empresas, que se apresenta como um "procedimento especial de direito público" e que, por isso mesmo, há-de naturalmente ser regulado por princípios e

---

[505] A Lei não esclarece, nesse caso, se os municípios devem deter a maioria do capital: o facto de se tratar de "empresas *municipais*" pareceria exigir essa condição. Note-se, todavia, que esse não é um entendimento necessário: veja-se, por ex., que a LSEE integra no sector empresarial do Estado empresas em que este não detém a maioria do capital social.

[506] Do artigo 4.º (com a epígrafe *criação*) parece resultar que as empresas *são criadas* por deliberação da assembleia municipal; todavia, o artigo 5.º estabelece que "as empresas *constituem-se* por escritura pública". Por sua vez, não está dotado de maior clareza o artigo 53º/2,*l)*, da LMunFreg, ao estabelecer que compete à assembleia municipal, sob proposta da câmara, "autorizar o município, nos termos da lei, a criar (...) empresas municipais (...)".

regras de direito público (nesse âmbito, não há lugar à aplicação subsi-diária do disposto noutras leis, *v.g*, nas "normas aplicáveis às sociedades comerciais"[507]). Assim, independentemente do entendimento que se sus-tente sobre qual seja o "acto constituinte" das empresas – deliberação da assembleia municipal ou escritura pública –, não parece haver qualquer dúvida de que o "procedimento constituinte" (que há-de incluir aquele acto) é um "procedimento de direito público" que se desenrola ao abrigo de uma lei que disciplina em termos especiais a criação ou constituição das empresas municipais. No caso das empresas públicas, o procedimento de constituição envolve apenas o município; quanto às empresas de capi-tais públicos e de capitais maioritariamente públicos, é ainda integrado por um "acordo" entre os detentores do capital social da empresa a criar. Trata-se, de qualquer modo, de um procedimento de direito público em cujo desenvolvimento se assiste à prática de actos de direito público. O segundo requisito do critério da personalidade pública está também preenchido.

cc) Quanto à submissão a um *regime público de ingerência e con-trolo* – A LEMIR contempla uma disposição com a epígrafe "poderes de superintendência" (artigo 16.º). Essa disposição atribui às câmaras muni-cipais amplos poderes de ingerência na vida das empresas abrangidas: emissão de directrizes e instruções no âmbito dos objectivos a prosse-guir; autorização de alterações estatutárias; aprovação de instrumentos de gestão previsional; aprovação do relatório do conselho de administra-ção, das contas de exercício, da proposta de aplicação de resultados, do parecer do fiscal único, de preços e de tarifas; autorização da celebração de empréstimos, etc.

Os poderes de superintendência referidos no artigo 16.º da LEMIR formam o corpo de um regime jurídico-público de ingerência e de con-trolo (preventivo). Uma vez que esse regime se aplica às empresas públi-cas e, com as devidas adaptações, às empresas de capitais públicos (artigo 23.º), concluímos que essas duas categorias de empresas municipais pre-enchem todos os requisitos da personalidade de direito público. Elas são pois entidades públicas.

---

[507] Cfr. artigo 3.º da LEMIR, que estabelece que "as empresas" (mas não os muni-cípios, no procedimento de criação) podem ser regidas subsidiariamente pelas normas aplicáveis às sociedades comerciais.

Outro tanto não pode dizer-se das empresas municipais de capitais maioritariamente públicos, que não se encontram legalmente submetidas a um regime público de ingerência ou de controlo do município. Por lhes faltar esse índice de publicidade e apesar de os outros dois requisitos estarem preenchidos, as empresas que associem municípios e entidades privadas devem qualificar-se de pessoas colectivas de direito privado[508].

A conclusão anterior só não se apresentaria como necessária se tais empresas pudessem ser investidas de funções públicas essencialmente autoritárias, caso em que o exercício de poderes públicos apareceria indissociável da função principal das empresas. Nessa matéria, importa ter em conta o disposto no artigo 6.º/2 da LEMIR, que dispõe que "as autarquias locais podem delegar poderes respeitantes à prestação de serviços públicos nas empresas por elas constituídas nos termos da presente lei, desde que tal conste expressamente dos estatutos". Sem ser inequívoca, a formulação dessa norma parece pressupor que, além de eventual, a "delegação de poderes" é marginal, acessória e dissociável da missão principal da empresa, que, nesse caso, deverá ser a prestação de um *serviço público* (e não apenas o desempenho de uma qualquer actividade que prossiga fins de reconhecido interesse público). Assim, o artigo 6.º/2 da LEMIR não habilita os municípios a confiarem às empresas a execução de funções públicas essencialmente autoritárias (*v.g.*, de atribuição de licenças ou de aplicação de sanções), pelo que os poderes que lhes são delegados ("respeitantes à prestação de serviços públicos") serão sempre acessórios da missão principal, que deverá consistir na gestão de um serviço público (económico, social ou cultural)[509].

---

[508] No sentido de que as empresas a que se refere a LEMIR são, todas elas, pessoas de direito público, cfr. João Pacheco de AMORIM, *As empresas públicas,* cit., p. 52 e ss. Sobre essas empresas, cfr. ainda J. M. Coutinho de ABREU, "Sobre as novas empresas públicas (notas a propósito do DL 558/99 e da L 58/98)", p. 565 e ss.

[509] A interpretação que fazemos é confortada pelo disposto no artigo 39.º da LEMIR: dos dois números desse artigo resulta que as empresas actuam, *em regra*, segundo o direito privado, pelo que aos tribunais judiciais compete julgar *todos* os litígios que as envolvam; só assim não se verifica – por excepção – em relação ao julgamento do contencioso de anulação dos actos praticados pelos órgãos das empresas (não apenas das *públicas!*), quando actuam no âmbito do direito público, bem como o julgamento das acções emergentes dos contratos administrativos que celebrem e das que se refiram à responsabilidade civil que a sua gestão pública provoque.

3. Direito público e direito privado

No texto que imediatamente se segue procura-se demonstrar que a dicotomia entre direito público e direito privado persiste no nosso actual ordenamento jurídico.

Por razões óbvias, o estudo focaliza-se numa particular disciplina do direito público – o *direito administrativo* –, que é, de resto, aquela cuja autonomia em face do direito privado tem sido questionada mais amplamente.

3.1. *Ruptura com o paradigma clássico da distinção*

O direito administrativo nasceu com uma área de intervenção bem demarcada e com objectivos muito claros: a área de intervenção era a Administração Pública liberal, com atribuições meramente ordenadoras e policiais, num contexto de poder e de autoridade; o objectivo que o direito administrativo perseguia era o de condicionar o desempenho daquelas atribuições e, desse modo, sujeitar o exercício do poder público a regras jurídicas[510]. A fundação do direito administrativo, que deve perceber-se "no contexto da «visão liberal do mundo»"[511], representa, portanto, uma manifestação do dualismo entre Estado e Sociedade, que aparece agora projectado em termos institucionais na lógica da submissão da Administração Pública (Estado) ao Parlamento (Sociedade)[512].

Vinculado ao Estado (à Administração Pública)[513], o direito administrativo fica associado à regulação de relações jurídicas marcadas pela equação poder/sujeição. Assumia recortes nítidos a autonomia do direito administrativo em face do direito privado, que era o "direito dos cidadãos", um direito de iguais que "rege as actividades desenvolvidas no corpo social"[514], no espaço da autonomia e da liberdade[515].

---

[510] Sobre aquilo que designa por "ilusão garantística da génese do direito administrativo", cfr. Paulo OTERO, *Legalidade e Administração Pública*, cit., p. 275 e ss.

[511] Cfr. Maria João ESTORNINHO, *A Fuga para o Direito Privado*, p. 31.

[512] O Parlamento é, no Estado Liberal, "o veículo de transmissão da vontade da sociedade"; cfr. Maria da Glória F. P. D. GARCIA, *Da Justiça*, cit., p. 296.

[513] Cfr. MANNORI/SORDI, Ob. cit., p. 288.

[514] Cfr. Maria da Glória F. P. D. GARCIA, *Da Justiça*, cit., p. 269.

[515] Cfr. MANSSEN, Ob. cit., p. 112 e ss; EHLERS, *Verwaltung in Privatrechtsform*, cit., p. 33 e ss.

Assim, no início, o direito privado e o direito público administrativo representam dois mundos separados e até em confronto, constituindo, de certo modo, "direitos especiais" ou "parciais": o primeiro, um direito dos cidadãos, das pessoas (esfera da Sociedade), o segundo, um direito da Administração Pública (esfera do Estado).

Todavia, o paradigma clássico da distinção taxativa e terminante entre direito público administrativo e direito privado – como dois mundos separados, segundo uma lógica de oposição – encontra-se, há muito tempo, claramente ultrapassado.

São vários os argumentos que explicam a exigência de uma certa ruptura com a compreensão tradicional: entre eles contam-se algumas razões associadas a três eixos de evolução que, no contexto do presente trabalho, interessa conhecer.

i) Consenso no direito público e autoridade no direito privado

Nascido como um direito da autoridade, regulador de relações de poder, o direito administrativo tem vindo a evoluir num sentido consensual, em que as notas do "poder" e da "autoridade" se apresentam mais esbatidas. Por seu lado, o direito privado apresenta-se, cada vez com maior frequência, como um direito regulador de relações de poder, que, em graus variados, limita e condiciona a autonomia dos cidadãos.

Vejamos melhor esta linha de evolução de dois sentidos, começando por analisar o fenómeno do "consenso no direito público".

Num texto de 1996, sobre as tendências de evolução da moderna Administração Pública, Hoffmann-Riem refere-se, a propósito das formas de actuação administrativa, à passagem de um modelo baseado nos modos de agir imperativos, autoritários e unilaterais para um modelo de interacção cooperativa e de consenso[516]. A mesma "linea di tendenza" havia sido detectada também na Itália, onde, já em 1975, Benvenuti clamava por um "direito administrativo paritário"[517]. Os últimos anos do século XX denotam, de facto, uma evolução dos sistemas de adminis-

---

[516] Cfr. HOFFMANN-RIEM, "Tendenzen", cit., p. 435. No mesmo sentido, cfr. SCHUPPERT, "Rückzug", cit., p. 763; BULL, *Allgemeines Verwaltungsrecht*, p. 19; RITTER, "Der Kooperative Staat", p. 391.

[517] Cfr. BENVENUTI, "Per un diritto amministrativo paritario", p. 807 e ss. Sobre a passagem "da Administração, expressão de supremacia geral (para) uma Administração substancialmente paritária", cfr. também BASSI, "Autorità e consenso", p. 749.

tração executiva europeus e de *Estado administrativo*[518] para o consenso e a procura de soluções concertadas: os modos unilaterais de actuação deixam de ser, como em regra até aí sucedia, os modos, não apenas típicos, mas exclusivos do agir administrativo na área da administração de autoridade. O agir imperativo e unilateral passa, por conseguinte, a conviver com outros modelos de interacção cooperativa, concertada e consensual[519]. Tais modelos novos, ora substituem a decisão unilateral na regulação das relações entre Administração Pública e particulares, ora aparecem integrados no próprio ciclo de formação da decisão, fixando o respectivo conteúdo ou estimulando a aceitação do que nela se estatui; além disso, o consenso é, com frequência, a via usada para evitar uma decisão unilateral provável ou para definir por antecipação o sentido de uma decisão futura. Todos os conteúdos acabados de descrever podem, em certos termos, figurar hoje nos designados "contratos administrativos sobre o exercício de poderes públicos"[520].

É novo o consenso na referida tendência de evolução, mas não é nova a introdução do consenso e da concertação no agir administrativo[521]. Como se sabe, o contrato, enquanto instrumento que enquadra e regula por consenso certos fenómenos de colaboração entre Administração Pública e particulares (*v.g.*, concessões de obras públicas e de serviços públicos), assumia a veste de figura com grande utilização no Estado Liberal. Além disso, já após a consolidação do direito administrativo como disciplina autónoma e centrada no acto unilateral, sempre se autonomizou um sector da actuação da Administração regulado pelo direito privado, no domínio da chamada "actividade de gestão" (negócios auxiliares e patrimoniais, onde, pela natureza das coisas, o consenso sempre

---

[518] Para PORTALURI, *Potere amministrativo e procedimenti consensuali*, p. 9, *Estado administrativo* é uma expressão elíptica, usada para caracterizar o "Estado de acto administrativo".

[519] Num tempo e num mundo caracterizados pelas trocas e pela reciprocidade, seria absurdo pensar numa Administração Pública colocada numa espécie de retiro ou de exílio monacal a guardar zelosamente o ícone do poder imperativo e do acto unilateral; cfr. BERTI, "Il principio contrattuale nell'attività amministrativa", p. 49.

[520] Cfr. Pedro GONÇALVES, *O Contrato*, cit., p. 76 e ss.

[521] Pode mesmo falar-se de uma longa tradição de cooperação e de concertação entre os sectores público e privado; cfr. SCHNEIDER, "Kooperative Verwaltungsverfahren", p. 38; SOMMERMANN, "Autorité et contrat dans l'administration moderne en Allemagne", p. 19.

se impôs[522]). Por outro lado, mesmo no capítulo da prossecução directa de tarefas administrativas e depois de, nos fins do século XIX, ter ocorrido a *dequotazione* do emprego do direito privado pela Administração (Giannini[523]), fala-se, pelo menos desde Fleiner (1928), de *fuga para o direito privado*, tendência que o crescimento da Administração de Serviço Público do século XX acabaria por acentuar.

O consenso e a contratualização não representam, assim, uma novidade nos esquemas da acção administrativa. Nova, própria do nosso tempo, apresenta-se a utilização dos modelos de actuação consensual e contratual nas áreas da *administração de autoridade*[524] e da *decisão unilateral*[525]. O significado dessa inovação para a compreensão do actual direito administrativo torna-se mais evidente se recordarmos que Otto Mayer, um dos "pais fundadores" do direito administrativo, afirmava, com toda a convicção, que "o Estado não negoceia" ("Der Staat paktiert nicht"[526]) e que o poder público não é um bem susceptível de hipoteca[527]. A exclusão do consenso aparecia imposta pela percepção de que a emancipação do direito administrativo postulava uma ruptura clara com a lógica e a ideia de contrato, a instituição basilar do direito privado.

---

[522] Cfr. SORDI, "Pubblica amministrazione, negozio, contrato: universi e categorie ottocentesche a confronto", p. 484.

[523] Cfr. GIANNINI, *Istituzioni,* cit., p. 459.
A marginalização do direito privado foi uma consequência da *grande publicização* que ocorreu a partir dos anos 80 do século XIX (cfr. D'ALBERTI, *Le concessioni amministrative*, p. 49 e ss). Antes dessa época, o contrato de direito privado era a forma de acção utilizada pela Administração Pública: cfr. D'ALBERTI, *ibidem*, p. 10 e ss (que se refere em especial às concessões, mas que alude também às relações de emprego com a Administração e mesmo às expropriações, explicadas pela jurisprudência segundo o esquema contratual da compra e venda); SORDI, Ob. cit., p. 487 e ss.

[524] Cfr. ALLEGRETTI, "Pubblica amministrazione", cit., p. 210; CASSESE, "Quattro paradossi sui rapporti tra poteri pubblici ed autonomie private", p. 390 e ss.

[525] Quando se fala da novidade representada pela intromissão do consenso na área da decisão unilateral, está a pensar-se na *negociação do conteúdo dessa decisão* e não no facto de o poder de emitir a decisão unilateral depender da vontade, do consentimento ou da adesão do particular interessado. Esta é uma situação há muito tempo reconhecida pela doutrina a propósito de muitos actos administrativos de conteúdo favorável para o destinatário [Otto Mayer: *acto administrativo de submissão*; W. Jellinek: *acto administrativo bilateral*; doutrina posterior: *acto administrativo carecido de colaboração* – sobre esta evolução, cfr. Rogério Ehrhardt SOARES, *Direito*, (1978), cit., p. 177 e ss].

[526] Cfr. WOLFF/BACHOF/STOBER, Verwaltungsrecht, 2, cit., p. 202; PAKEERUT, *Die Entwicklung der Dogmatik des verwaltungsrechtlichen Vertrages*, p. 27 e ss.

[527] WOLFF/BACHOF/STOBER, Ob. cit., 2, p. 202.

Ora, a actual aceitação do consenso na área da tradicional administração de autoridade acentua ainda mais a "crise do acto administrativo", que, depois de ter deixado de ser a figura central do direito administrativo (com o enterro da *perspectiva actocêntrica* de que fala Vasco Pereira da Silva[528]), parece estar em vias de perder a exclusividade no seu território de origem[529]. A crise do acto administrativo é, em termos formais, a expressão daquilo que se vem designando por "declínio da administração de autoridade"[530], apresentando-se, segundo alguns, como um reflexo da evolução do tradicional sistema de "administração de acto administrativo" para um sistema de "administração por contrato"[531] ou, numa visão

---

[528] Sobre a crise dessa perspectiva clássica, cfr. Vasco Pereira da SILVA, *Em Busca do Acto Administrativo Perdido*, p. 99 e ss.

[529] Deve, contudo, acentuar-se que a confirmação da tendência de expansão do consenso na área da administração de autoridade exige não só a previsão legal ou a aceitação da possibilidade do fenómeno, mas também a sua confirmação na *realidade administrativa*. Com efeito, não está excluído que possamos estar diante de uma emanação legislativa casual ou acidental, sem coerência lógica e, sobretudo, sem aderência à realidade – sobre tal suspeita, cfr. CIVITARESE, *Contributo allo studio del principio contrattuale nell'attività amministrativa*, p. 19, n. 48. Ainda a este respeito, é interessante o texto de GIACCHETTI, "Gli accordi dell'art. 11 della legge n. 241 del 1990 tra realità virtuale e realità reale", p. 514, no qual, a propósito dos acordos administrativos regulados na lei italiana desde 1990, afirmava, em 1997, que tais acordos ainda não haviam nascido, não por a sua possibilidade se revelar remota, mas por faltarem as condições jurídico-sociológicas para os fazer nascer; a dificuldade de os pôr em prática seria idêntica à dificuldade de fazer nascer um bloco de gelo na água a ferver!

Por outro lado, em dada altura, também no contexto germânico se fizeram ouvir vozes denunciando a "escassa utilidade" do contrato de direito público (foi assim com PÜTTNER, num artigo "contra o contrato de direito público entre Estado e cidadão" – *Wider den öffentlich-rechtlichen Vertrag zwischen Staat und Bürger*: sobre isso, cfr. HUERGO LORA, *Los contratos sobre los actos y las potestades administrativas*, p. 30[5]; LEDDA, "Dell'autorità e del consenso nel diritto dell'amministrazione pubblica", p. 1290.

Não obstante, a confirmar-se efectivamente a referida tendência de evolução, o acto administrativo, que já foi o "conceito central do direito administrativo" – assim era apresentado pela doutrina (cfr. KRAUSE, *Rechtsformen des Verwaltungshandelns*, p. 115; OSSENBÜHL, "Die Handlungsformen der Verwaltung", p. 683; MORBIDELLI/PERICU, "Premesse introdutive e principi costituzionali", p. 1178) –, perderá agora a posição que ocupava no contexto das *formas de actuação administrativa autoritária*, em virtude da passagem, também nesse caso, de uma *administração monodimensional* para uma *administração pluridimensional* (as expressões são de BERTI, "Il principio", cit., p. 55).

[530] Para a caracterização da administração autoritária de modelo liberal, cfr. BASSI, "Autorità", *cit.*, p. 745; ALLEGRETTI, *Amministrazione pubblica e costituzione*, p. 19 e ss.

[531] Sobre este novo modo de "administrar por módulos convencionais", cfr. GIANNINI, *Il pubblico potere*, p. 126; MASSERA, "I contratti", p. 1365.

mais realista, para um sistema marcado pela "diversificação das formas do agir administrativo"[532].

Na nossa interpretação, a utilização dos instrumentos de consenso e de concertação (de *regulatory negotiation*) entre a Administração e os particulares não substituem as formas de revelação da autoridade administrativa, limitando-se, mais modestamente, a desempenhar um papel ou

---

[532] Cfr. BULL, *Allgemeines,* cit., p. 228.

A intromissão do consenso e dos instrumentos de interacção concertada na área da tradicional administração de autoridade tem fascinado a doutrina europeia e já levou mesmo alguns a defender que a concepção de uma actividade administrativa desenvolvida sobretudo pelas formas do direito comum não comprometeria o papel da Administração Pública; nesse sentido, cfr. CIVITARESE, Ob. cit., p. 95; PERICU, "L'attività consensuale dell'amministrazione pubblica", p. 1580. Este entendimento baseia-se, em larga medida, na substituição do paradigma da "Administração-autoridade" pelo da "Administração--função" – a valorização do carácter funcional do agir administrativo proposta, desde 1952, por Benvenuti (desde o seu texto "Funzione amministrativa, procedimento e processo", onde o procedimento administrativo foi apresentado como "forma da função administrativa"), surge ancorado na ideia de que, num Estado democrático, o que essencialmente caracteriza a Administração Pública não é o poder ou a autoridade (que se expressa e concentra sobretudo no acto administrativo), mas antes o facto de ela constituir uma organização a quem está confiada uma actividade de realização de objectivos, isto é, uma "actividade de realização", "para um fim" ou "função"; cfr. ALLEGRETTI, "Pubblica amministrazione", cit., p. 207, e *Amministrazione pubblica,* cit., p. 105 e ss.

Todavia, a defesa da generalização do "consensualismo" na Administração, para além de ignorar as "patologias do consenso" (cfr. COGLIANESE, "Is consensus an appropriate basis for regulatory policy?", p. 93 e ss, e "Assessing consensus: the promise and performance of negotiated rulemaking", p. 1255 e ss), esquece que a amplitude das fórmulas consensuais "não anula a validade do esquema teórico da actividade autoritária", uma vez que se mantêm "sempre *fattispecie* nas quais o procedimento vai continuar autoritário, seja porque a natureza do acto não admite negociações, seja porque a Administração – ou o particular – não aceita negociações"; GIANNINI, *Istituzioni,* cit., p. 443. Tem, por isso, inteira razão Giandomenico Falcon ao reconhecer que não pode imaginar-se uma sociedade organizada na qual não existam autoridades em posição de *proibir* comportamentos nocivos, de *impor* comportamentos que devem ser adoptados, de *sancionar* comportamentos desviantes e, em geral, de produzir efeitos jurídicos contra a vontade dos cidadãos; cfr. FALCON, *Le convenzioni pubblicistiche,* p. 224 ; no mesmo sentido, cfr. SOMMERMANN, Ob. cit., p. 24 ("é uma utopia acreditar-se que é possível atingir uma situação em que o controlo social se baseie unicamente em procedimentos consensuais"); na literatura jurídica portuguesa, observando que "parece certamente excessivo falar de um paradigma paritário nas relações jurídicas entre a Administração e os particulares", cfr. Rui Chancerelle de MACHETE, "O Direito Administrativo Português no último quartel do século XX e nos primeiros anos do século XXI", p. 280.

função *complementar* do agir administrativo autoritário[533]. Apesar disso, concordamos que seria errado ignorarem-se as múltiplas marcas consensuais e paritárias do actual direito administrativo: como observa Sabino Cassese, a evolução para o consenso resulta de o sistema jurídico-administrativo se estruturar, em grande medida, a partir dos *direitos* (dos cidadãos) e, não tanto, como no passado, com exclusiva base no *poder* (da Administração)[534]. Ter presente esta lúcida observação do administrativista transalpino ajuda a compreender o sentido ideológico do *direito administrativo paritário* e a evitar o equívoco de etiquetar este como um fenómeno passageiro, com um significado marginal.

Por sua vez, o direito privado pode cada vez menos configurar-se como um sistema de regulação de relações marcadas pela ausência de poder e exclusivamente confirmativo da autonomia privada.

Com efeito, há muito tempo que a doutrina identificou áreas de poder no âmbito do direito privado ("poderes privados"): relações associativas ("poderes associativos"), relações de emprego ("poderes de comando" e "poderes disciplinares"), relações escolares ("autoridade escolar"), relações económicas ("poderes de regulação de mercados")[535] são, todas elas, "relações privadas de poder"[536] que confirmam a exigência de rejeitar a tese segundo a qual o Estado é a "omnipotente fonte de poder"[537]. Mais recentemente, a privatização dos "grandes serviços públicos" está na base do aparecimento de novos poderes privados de natureza económica: "poderes significativos" e "dominantes" em mercados de prestação de serviços essenciais para os cidadãos. Os novos actores privados que emergem deste processo (grandes empresas e grupos económicos) pautam os seus comportamentos por uma "racionalidade governamental" estranha à lógica de paridade com os seus clientes[538]. O direito privado, ainda que considerado, na sua raiz, um "direito dos cidadãos", regula, portanto, relações de poder e de autoridade, um vez que, como já foi observado, "power may be private as well as

---

[533] Cfr. HILL, "Das hoheitliche Moment im Verwaltungsrecht der Gegenwart", p. 327.

[534] Cfr. CASSESE, "Tendenze", cit., p. 911.

[535] Sobre estes "poderes privados", cfr., *infra*, Parte II, Cap. I.

[536] Cfr. J.C. Vieira de ANDRADE, *Os Direitos Fundamentais*, cit., p. 254.

[537] Cfr. BATEUP, Ob. cit., p. 95.

[538] Cfr. BATEUP, Ob. cit., p. 104.

public"[539]. A legislação das últimas décadas confirma, claramente, o aparecimento de um direito privado atento às relações de poder e de domínio entre particulares, que, de forma assumida, se afirma, cada vez mais intensamente, como direito *disciplinador, condicionador* e *limitador* da autonomia privada e da liberdade contratual[540].

ii) *Privatização do direito regulador da Administração e publicização do direito privado*

É sobejamente conhecido o fenómeno da aplicação do direito privado pela Administração Pública ("fuga para o direito privado")[541]. A privatização do direito aplicado pela Administração – quer quanto aos modos de actuação das entidades públicas, quer quanto à adopção de formas organizativas de direito privado – tem uma implicação do maior relevo na concepção do direito privado, que deixa de ser um mero "direito dos cidadãos" para se transformar, *pelo menos de um ponto de vista técnico*, num "direito de todos", dos cidadãos, mas também do Estado e de outras pessoas públicas[542].

Por sua vez, o fenómeno da publicização do direito privado está, desde logo, associado ao facto de as relações entre os cidadãos, entre particulares, poderem assumir contornos autoritários (no domínio dos "poderes privados"). Ao contrário do que alguns pretendem, disso não decorre uma exigência de expandir a província do direito público administrativo, mas, mais exactamente, o imperativo de transportar para a área do direito privado alguns valores fundamentais do direito público[543].

---

[539] Cfr. CRAIG, Ob. cit., p. 204.

[540] No sentido de que o direito privado conhece numerosas disposições pensadas para limitar a autonomia privada, cfr. WALL, *Die Anwendbarkeit privatrechtlicher Vorschriften im Verwaltungsrecht*, p. 30.

[541] Sobre o assunto, na doutrina portuguesa, cfr. Rogério Ehrhardt SOARES, *Direito Administrativo*, (1980), p. 57 e ss; Maria João ESTORNINHO, *A Fuga*, cit., p. 47 e ss; Paulo OTERO, "Coordenadas", cit., p. 38 e ss, *Vinculação*, cit., p. 77 e ss, e *Legalidade e Administração Pública*, cit., p. 310 e ss.

[542] Cfr. WOLFF/BACHOF/STOBER, *Verwaltungsrecht*, 1, cit., p. 263; EHLERS, "Verwaltung und Verwaltungsrecht", cit., p. 40. Quando, no texto, se alude à utilização do direito privado pela Administração sob um prisma técnico, pretendemos tão-só enfatizar que a Administração não goza de um "poder de dispor" nem de uma autonomia jurídica no sentido privatístico; neste mesmo sentido, Cfr. OPPO, "Diritto privato e interessi pubblici", p. 29.

[543] Cfr. TAGGART, Ob. cit., p. 3; ANDREANI, Ob. cit., p. 23.

Com origem no direito público, há hoje uma paleta de princípios e de valores que se expandiram para todo o jurídico e que, assim, se tornaram "valores comuns" ou "transcendentais": imparcialidade, objectividade, racionalidade decisória, exigência de fundamentação, "accountability", "fairness" constituem, em conjunto com os direitos fundamentais[544], alguns dos relevantes valores de direito público que o direito privado incorporou[545]. A "decisão privada", sobretudo quando pautada por uma "racionalidade governamental", tem, por conseguinte, de observar exigências dispostas para salvaguardar o interesse público (do público), e não já apenas o "interesse da empresa" ou dos seus accionistas[546]. Associando esta faceta da publicização do direito privado ao processo de privatização de tarefas – sobretudo no domínio das "public utilities" –, a doutrina fala da publicização como (mais) uma "consequência da privatização"[547]. Esta publicização do direito privado passa, em muitos casos, pela imposição legal da aplicação de regras do direito administrativo a actuações privadas (que, sem essa ingerência legal, seriam pautadas pelos princípios da autonomia privada): há, neste domínio, uma cópia variada de situações, que passam pela *vinculação de particulares pelo direito administrativo* e pelo *fenómeno da expansão de valores do direito administrativo para o âmbito das relações entre particulares*[548].

Uma vertente diferente da publicização do direito privado anda associada aos chamados "actos públicos conformadores de relações de direito privado"[549]: aí se incluem actos públicos de tipologia variada (aprovações, registos, certificações, homologações) através dos quais a Administração Pública exerce uma função pública de supervisão e de controlo sobre actividades privadas[550].

---

[544] Nos termos do artigo 18.º/1 da CRP, "os preceitos constitucionais respeitantes aos direitos, liberdades e garantias (...) vinculam as entidades públicas e privadas". O alargamento da eficácia dos direitos fundamentais às relações entre particulares (a dita "eficácia horizontal dos direitos fundamentais") representa uma das precípuas manifestações da publicização do direito privado. Cfr. WALL, Ob. cit., p. 34.

[545] Cfr. OLIVER, "The underlying values of public and private law", p. 217 e ss.

[546] Referindo-se à aplicação de princípios de direito administrativo a processos privados de "decision-making", cfr. MULLAN, Ob. cit., p. 134.

[547] Cfr. FREEMAN, "Extending public law norms", cit., p. 1285 e ss.

[548] Cfr., *infra*, 3.2.3.

[549] Sobre esta forma de "Publifizierung des Privatrechts", cfr. MANSSEN, Ob. cit., p. 100 e ss.

[550] Falando aqui de uma "administrativização do direito privado", cfr. Paulo OTERO, *Legalidade e Administração Pública*, cit., p. 803 e ss.

iii) Interconexões e misturas entre direito público e direito privado

O conceito, acabado de referir, de publicização do direito privado, ilustra o fenómeno da interconexão, sobreposição ou mistura de normas de direito público e normas de direito privado na regulação de relações jurídicas. Aos exemplos aí referidos podemos adicionar os que resultam da chamada "actividade administrativa de resolução de litígios entre particulares", que, do mesmo modo, ilustram o fenómeno da interconexão entre direito público e direito privado. Além disso, são relativamente numerosos os casos de "comunicação" e de "relação" entre direito administrativo e direito privado: é o que sucede, por ex., com normas de direito administrativo que efectuam reenvios para normas de direito privado [*v.g.*, artigo 185.º, n.ºs 2 e 3,*b*), do CPA] ou, ao invés, com normas de direito privado que efectuam reenvios para normas de direito administrativo[551]. Também representam formas de cruzamento e de aplicação sobreposta de direito público e de direito privado as situações relacionadas com a prática de actos públicos baseados em normas privadas (*v.g.*, aplicação de sanções públicas para punir infracções de convenções colectivas de trabalho[552]). Uma outra constelação de entrelaçamentos entre direito público e direito privado emergiu, mais recentemente, no contexto das formas de auto-regulação privada publicamente regulada: de facto, aí, a *regulação pública* apresenta-se como um composto de normas de *direito privado* (dirigidas aos particulares, impondo-lhes, por ex., deveres) e de normas de *direito público* (dirigidas à Administração, conferindo-lhe incumbências de fiscalização)[553]. Por fim, o designado "direito privado administrativo" representa também uma área de intersecção e de conjugação entre direito administrativo e direito privado[554].

---

[551] Sobre estas relações de comunicação entre regras de direito administrativo e de direito privado, cfr. WALL, Ob. cit., p. 37 e ss.

[552] Cfr. artigo 687.º do Código de Trabalho.

[553] Sobre as situações de interconexão e de sobreposição entre direito público e direito privado, cfr. HOFFMANN-RIEM, "Reform des allgemeinen Verwaltungsrechts: Vorüberlegungen", p. 1386; SCHMIDT-ASSMANN, "Öffentliches Recht und Privatrecht: ihre Funktionen als wechselseitige Auffangordnungen", p. 7 e ss; TRUTE, "Wechselseitige", cit., p. 172 e ss.

[554] Sobre o "direito privado administrativo", cfr. J.M. Sérvulo CORREIA, *Legalidade e Autonomia Contratual,* cit., p. 388[99]; Maria João ESTORNINHO, *A Fuga,* cit., p. 121 e ss; Paulo OTERO, *Legalidade e Administração Pública,* cit., p. 311; GONZALEZ-VARAS IBAÑEZ, *El derecho administrativo privado,* especial. p. 103 e ss; WOLFF/BACHOF/STOBER, Ob. cit., 1, p. 308 e ss; EHLERS, "Verwaltung und Verwaltungsrecht", cit., p. 61;

3.2. *Sobrevivência da dualidade*

Tendo presente a necessidade de abandonar muitas das premissas que, no início, explicavam os termos de uma distinção taxativa entre direito público e direito privado, acreditamos que persiste uma dualidade fundamental na ordem jurídica, dualidade essa que, *na sua essência e nas suas raízes*, não foi superada[555]. Para o que nos interessa imediatamente, subsiste, por um lado, um direito próprio da Administração Pública, o direito administrativo, e, por outro, um "direito de todos", o direito privado[556]. Esta dicotomia jurídica está, aliás, bem patente na ordem jurídica portuguesa, que, como é conhecido, dedica especialmente à Administração Pública um extenso e denso conjunto de princípios gerais e de regras de actuação, quer na Constituição, quer em códigos e em numerosa legislação avulsa. Mas, note-se, não se trata de aceitar uma dualidade meramente formal ou técnica, porquanto ao direito público administrativo continua a caber um específico papel fundante e legitimador do agir administrativo. Como esclarece Maria da Glória Garcia, a importância da separação das águas, entre direito público e direito privado, mantém-se inteiramente válida, porque "o que se procurou foi legitimar a acção do Estado. O que se procurou foi legitimar o poder do Estado. Ora, a legitimação do poder do Estado é, em si mesma, a razão de existir do direito público"[557]. Ao direito administrativo continua, de facto, a caber o

---

ZEZSCHWITZ, "Rechtsstaatliche und prozessuale Probleme des Verwaltungsprivatrechts", p. 1873 e ss; GUSY, "Die Bindung privatrechtlichen Verwaltungshandelns an das öffentliche Rechts", p. 878 e ss;

[555] No mesmo sentido, cfr. Carlos Alberto da Mota PINTO, *Teoria Geral do Direito Civil*, p.42 e ss.

[556] Como acima se sugeriu, o que nos conduz a afirmar que o direito privado se assume como um direito de todos é o facto de também se aplicar ao Estado, regulando relações entre instâncias estaduais e entre estas e os cidadãos. Mas, deve dizer-se, o direito privado é usado pelo Estado como *expediente técnico* e não exactamente como momento de afirmação de uma *autonomia jurídica* (de que, aliás, o Estado não dispõe); assim, o sentido mais radical do direito privado continua a residir na tutela dos interesses dos *homens em relação com outros homens* – cfr. Carlos Alberto da Mota PINTO, Ob. cit., p. 58.

[557] Cfr. Maria da Glória GARCIA, "As transformações do direito administrativo na utilização do direito privado pela Administração Pública – reflexões sobre o lugar do direito no Estado", p. 358.

referido e decisivo papel fundante, bem como a inalienável função de desenhar uma disciplina jurídica que garanta que a actuação de Poder Público se orienta exclusivamente por critérios de interesse público.

3.2.1. *Direito administrativo: "direito próprio da Administração Pública"*

Apesar de algumas excepções (cfr., *infra*, 3.2.2.), a aplicação do direito administrativo reclama a presença da Administração Pública. Neste sentido, afirma-se justamente que o direito administrativo constitui um "direito próprio da Administração Pública"[558]. A fórmula enfatiza a continuidade da matriz originária do direito administrativo, que o representa como disciplina especialmente destinada à Administração Pública, mas não pretende sugerir a existência de um qualquer monopólio de regulação da Administração Pública pelo direito administrativo[559]. Assim, a concepção do direito administrativo como um direito próprio da Administração não se mostra incompatível com a sua caracterização como um mero "direito *geral*" e, em certos cenários, até como um "direito *excepcional*" da Administração Pública" (cfr. *infra*, 3.2.1.2.).

A adesão a uma concepção subjectiva e estatutária do direito administrativo não significa, por outro lado, uma necessária ruptura com a doutrina que apresenta o direito administrativo como o "direito comum da função administrativa"[560]. De facto, na medida em que o conceito orgânico de Administração Pública seja delimitado de acordo com um *critério funcional* – que abrange todas as entidades com funções administrativas –, teremos, *em princípio*, uma correspondência entre função administrativa e Administração Pública[561].

A adopção de uma concepção subjectiva do direito administrativo postula, isso sim, a demarcação das teses que propugnam uma extensão

---

[558] Cfr. MAURER, *Allgemeines*, cit., p. 36.

[559] Cfr. Paulo OTERO, *Legalidade e Administração Pública,* cit., p. 810 e ss.

[560] Cfr. Diogo Freitas do AMARAL, *Curso*, I, cit., p. 143.

[561] Como veremos melhor, essa não é uma correspondência absoluta, porquanto a execução de funções materialmente administrativas também cabe a órgãos públicos não integrados na Administração Pública (por ex., processos de jurisdição voluntária). Sucede, todavia, que a concepção do direito administrativo como um "direito comum da função administrativa" não conduziria a um resultado diferente da concepção subjectiva, já que o direito administrativo não disciplina a execução daquelas funções.

da aplicação do direito administrativo ao exercício das designadas *funções públicas por natureza* ou *actividades objectivamente administrativas* exercidas por particulares. Nesse sentido, recusam-se aqui também as teses que propõem uma definição de figuras específicas do direito administrativo (por ex., acto administrativo) baseada essencialmente em notas de índole material e sem qualquer referência à imputação orgânica à Administração Pública.

3.2.1.1. Conceito de Administração Pública

Ao contrário do que poderia supor-se, a definição dos limites do conceito institucional, orgânico ou subjectivo de Administração Pública[562] não se apresenta uma tarefa fácil. Trata-se, aliás, de um campo de divergências na doutrina, podendo detectar-se, pelos menos, três orientações: ao lado dos autores que, numa perspectiva mais tradicional, continuam a exigir o critério da personalidade jurídica pública, há outros que, dispensando essa exigência, já integram na Administração as entidades formalmente privadas; finalmente, uma terceira corrente propõe uma delimitação do conceito de Administração que, além das pessoas públicas, inclui quaisquer entidades privadas investidas de funções públicas administrativas.

A nossa interpretação inclina-se para seguir a última orientação referenciada. Sem embargo, parece-nos essencial deixar clara a diferente natureza da integração das entidades particulares com funções públicas no conceito de Administração Pública. É este ponto que explica a apresentação do conceito orgânico de Administração Pública em dois sentidos: num sentido *estrito*, recortado segundo um critério material, e num sentido *funcional*, recortado segundo o critério do exercício de funções públicas administrativas[563].

---

[562] Que se contrapõe a um conceito material ou objectivo, segundo a qual *administração pública* é a actividade ou função pública que se traduz em administrar (sobre as características da função administrativa, cfr., *infra*, Parte II, Cap. I); cfr. Marcelo CAETANO, *Manual*, I, cit., p. 2 e ss; Rogério Ehrhardt SOARES, *Direito*, (1980), cit., p. 13; Diogo Freitas do AMARAL, *Curso*, I, cit., p. 39; Marcelo Rebelo de SOUSA, *Lições*, cit., p. 18; J.J. Gomes CANOTILHO, *Direito Constitucional*, cit., p. 646; Fernando Alves CORREIA, *Alguns Conceitos de Direito Administrativo*, p. 13 e ss; João CAUPERS, *Introdução*, cit., p. 36 e ss.

[563] Em sentido próximo, referindo-se a uma Administração em sentido estrito, para indicar as entidades que integram o núcleo da Administração ("Kernverwaltung"), cfr. BULL, "Über Formenwahl, Formwahrheit und Verantwortungsklarheit in der Verwaltungsorganisation", p. 562.

a) Administração Pública em sentido estrito

A imagem da Administração Pública como uma organização monolítica e unitária pertence ao passado. Uma das características mais marcantes da Administração dos nossos dias reside na pluralidade do sistema administrativo[564]. Uma das manifestações dessa pluralidade consiste na diversidade jurídico-formal. Neste sentido, o conceito orgânico ou institucional de Administração não pode hoje deixar de reflectir a circunstância de inúmeras entidades criadas por iniciativa pública adoptarem um formato de direito privado. Os modelos organizativos de direito privado tornaram-se, em muitos casos, verdadeiras "formas de substituição" dos modelos organizativos de direito público[565]. Existe, assim, uma "Administração paralela"[566], uma "Administração Pública em forma privada"[567] ou "organizada sob forma privada[568]", um conjunto de "instâncias administrativas em forma privada"[569] ou de "entidades administrativas privadas"[570], que um conceito orgânico ou institucional de Administração Pública não pode ignorar[571].

Revemo-nos, portanto, na doutrina que propõe a reformulação do conceito orgânico ou institucional de Administração Pública, sugerindo a necessidade da substituição do *critério formal*[572] por um outro de natureza *material*. De acordo com este critério, que tem subjacente uma distinção entre sector público e sector privado, no conceito subjectivo de Administração Pública entram as *entidades formalmente privadas*,

---

[564] Sobre a pluralização da Administração Pública, cfr., *infra*, Cap. III.

[565] Cfr. WOLFF/BACHOF/STOBER, Ob. cit., 3, p. 552.

[566] Cfr. Paulo OTERO, *Vinculação*, cit., p. 229, e *Legalidade e Administração Pública*, cit., p. 305; o Autor fala também de uma "Administração indirecta privada".

[567] Cfr. EHLERS, *Verwaltung in Privatrechtsform*, p. 6 e ss.

[568] Cfr. STOBER, "Die privatrechtlich organisierte öffentliche Verwaltung", p. 449 e ss.

[569] Cfr. BURGI, "Verwaltungsorganisationsrecht", p. 798.

[570] Cfr. Vital MOREIRA, *Administração Autónoma*, cit., p. 285.

[571] Cfr. Gross, Ob. cit., p. 33, que chama a atenção para o erro de se adoptar um conceito "formal" de Administração Pública, que exclua as formas organizativas de direito privado.

[572] De acordo com esse critério, baseado na *personalidade de direito público*, a Administração Pública é um "sistema de órgãos, serviços e agentes do Estado, bem como das demais pessoas colectivas públicas, que asseguram em nome da colectividade a satisfação regular e contínua das necessidades colectivas de segurança, cultura e bem--estar"; cfr. Diogo Freitas do AMARAL, *Curso*, I, cit., p. 34.

criadas pela Administração ou que, de qualquer modo, se encontram sob a sua influência dominante, como sucede, *v.g.*, com as empresas de capitais exclusiva ou maioritariamente públicos[573].

O recorte do conceito institucional de Administração segundo um critério material oferece-nos uma representação da Administração Pública como uma "organização integrada na esfera pública" (da estadualidade em sentido amplo) e, *hoc sensu*, demarcada da Sociedade e da esfera privada[574]. Nesses termos, aquele conceito indicia logo o sector do ordenamento jurídico que, independentemente do modo e da medida exacta, *há-de estar presente* na disciplina da acção de todas as entidades que integram a Administração.

Apesar da importância decisiva da reformulação (no sentido do alargamento) do conceito institucional de Administração, não parece de menosprezar o relevo do critério formal, baseado na personalidade jurídica pública. Por um lado, a personalidade pública constitui ainda um dos sinais mais óbvios da "integração automática" e da "permanência" de um organismo na Administração Pública[575]. Por outro lado, a personalidade pública está relacionada com o grau mais denso de sujeição ao direito administrativo – de resto, algumas das principais leis do direito administrativo português perfilham um conceito de Administração Pública baseado no critério da personalidade jurídica pública: assim é claramente o caso do CPA. Por fim, interessa sublinhar que, para o exercício de certas funções administrativas (que envolvam o desempenho normal e regular de poderes públicos de autoridade), o ordenamento jurídico prefere entidades dotadas de personalidade de direito público[576].

---

[573] Neste sentido, cfr. Vital MOREIRA, *Administração Autónoma*, cit., p. 286; Maria João ESTORNINHO, *A Fuga*, cit., p. 327; Paulo OTERO, *Vinculação*, cit., p. 222 e ss, e *Legalidade e Administração Pública*, cit., p. 305; GROSS, Ob. cit., p. 33; BURGI, "Verwaltungsorganisationsrecht", cit., pp. 798 e 854.

A situação será já outra no caso das *empresas públicas de capitais maioritariamente privados*, que, do nosso ponto de vista, não pertencem à Administração Pública em sentido estrito; sobre o conceito, cfr., *infra*, cap. III.

[574] Cfr. Gross, Ob. cit., p. 28.

[575] Cfr. BURGI, "Verwaltungsorganisationsrecht", cit. p. 797; GROSS, Ob. cit., p. 28.

[576] Cfr. Paulo OTERO, *Vinculação*, cit., p. 237, "Coordenadas", cit., p. 55, e *Legalidade e Administração Pública*, cit., p. 825. Para um desenvolvimento desse tópico, cfr., *infra*, Parte IV, Cap. I.

Reformulado e alargado, o conceito que acabámos de propor apresenta-nos, todavia, a *Administração Pública em sentido estrito*. O critério em que ele se baseia tem uma natureza material, no sentido de que, embora abstraindo de uma nota jurídico-formal, abrange *apenas* entidades que "pertençam" ao Estado (em sentido lato), que integrem a esfera pública e o sector público.

b) Administração Pública em sentido funcional[577]

O conceito institucional de Administração Pública recortado segundo um critério de material deixa de fora todas as *entidades particulares* (entidades privadas "verdadeiras", "genuínas" ou "reais") que participam directamente e em nome próprio na execução da função administrativa[578]. Ele não assegura, pois, uma correspondência exacta entre a administração pública em sentido material e a Administração Pública em sentido orgânico[579].

O interesse em assegurar essa correspondência explica que uma parte da doutrina se incline para apresentar a Administração Pública, de acordo com um critério funcional, como o "sistema de organizações especificamente encarregadas da execução da função administrativa". Encontram-se aqui abrangidas todas as instâncias, incluindo as *entidades particulares*, que se dedicam à execução da função administrativa[580].

O conceito institucional de Administração Pública neste sentido funcional parece, aliás, revelar-se o mais operativo em termos constitucionais[581], visto que as disposições da CRP sobre os princípios fundamentais de acção da Administração não podem deixar de se aplicar a

---

[577] Estamos a delimitar o âmbito do conceito orgânico ou institucional de Administração Público, pelo que a referência ao "sentido funcional" nada tem a ver com o conceito de "administração em sentido funcional" de que fala Rogério Ehrhardt SOARES, *Direito*, (1980), cit., p. 13

[578] De acordo com Diogo Freitas do AMARAL, *Curso*, I, cit., p. 565, se uma entidade pertence ao sector privado e não ao sector público, não pode, por definição, fazer parte da Administração Pública.

[579] A propósito das entidades particulares com funções públicas, diz Vital MOREIRA, *Administração Autónoma*, cit., p. 563: "sem pertencerem à Administração Pública em sentido orgânico, elas exercem administração em sentido material".

[580] Neste sentido, cfr. J.M. Sérvulo CORREIA, *Noções*, cit., p. 32; Marcelo Rebelo de SOUSA, *Lições*, cit., pp. 18 e 404; J.J. Gomes CANOTILHO, *Direito Constitucional*, cit., p. 646; João CAUPERS, *Introdução*, cit., p. 32.

[581] Cfr. J.J. Gomes CANOTILHO, *Direito Constitucional*, cit., p. 646.

qualquer entidade – seja qual for a sua natureza jurídica ou origem – responsável pela execução de funções administrativas. A execução de tarefas administrativas (objecto de apropriação pública) assume-se, na verdade, como a base mais lógica para a construção de um conceito coerente e, sobretudo, completo de Administração Pública[582]. Na medida em que é "chamado" a executar uma tarefa administrativa, o particular passa a constituir um *instrumento*, um *elemento*, uma *peça* da máquina administrativa do Estado ou de outra entidade pública. Por outras palavras, ele assume a posição de "membro da Administração Pública", em concreto, de "membro da Administração delegante". Nessa qualidade, a sua acção *há-de ter de ficar*, numa certa medida, submetida ao direito administrativo.

A concepção segundo a qual uma entidade particular, porque e na exacta medida em que exerce funções públicas administrativas, é um membro da Administração Pública não provoca, naturalmente, qualquer *alargamento real* das fronteiras da Administração, nem contraria as tendências no sentido da redução do Estado e da Administração[583]. Com efeito, está aqui só em causa a tentativa de fornecer um enquadramento

---

[582] No direito alemão, a doutrina sustenta que o "Beliehene", sujeito privado com funções administrativas, é membro ("Glied") da entidade pública delegante, fazendo parte da *administração indirecta* desta. Está, portanto, *funcionalmente* integrado na Administração Pública; cfr. BROHM, *Strukturen*, cit., p. 133 e ss; HUBER, *Wirtschaftsverwaltungsrecht*, cit., p. 541; TERRAHE, Ob. cit., p. 83 e ss; WOLFF/BACHOF/STOBER, Ob. cit., 3, p. 514; MAURER, *Allgemeines*, cit., p. 617. Curiosamente, alguns dos autores que consideram o *particular* com funções públicas funcionalmente integrado na Administração Pública não aceitam o mesmo para as entidades privadas da Administração – assim, por ex., WOLFF/BACHOF/STOBER, Ob. cit., 1, p. 48.

Como vimos, na Itália, é tradicional a qualificação dos concessionários como "órgãos indirectos da Administração"; sobre isso, mas em sentido crítico, cfr. LEONARDIS, "Il concetto di organo indiretto", cit., p. 347 e ss.

Em Espanha, propondo também que um conceito de Administração Pública que abrange os particulares que actuam por delegação ou como meros agentes ou mandatários da Administração, cfr. GARCIA DE ENTERRIA/TOMAS-RAMON FERNANDEZ, Ob. cit., I, p. 46.

[583] Em sentido contrário, cfr. Maria João ESTORNINHO, *A Fuga*, cit., p. 327. Referindo-se às sociedades de interesse colectivo, diz a Autora: "na minha opinião, não faz sentido, nas circunstâncias actuais, defender a integração de todas estas entidades na Administração Pública. Devido à sua proliferação, isso significaria alargar desmesuradamente as fronteiras da Administração Pública. Por outro lado, pode dizer-se que uma tal solução contraria a tendência no sentido da redução do Estado e da Administração".

doutrinal para um fenómeno (execução de funções administrativas por particulares) que existe independentemente da *teoria* que se sustente sobre a sua exacta localização ou arrumação.

Apesar de se reconhecer o óbvio interesse e as vantagens de um conceito institucional de Administração concebido segundo um critério funcional, convém, todavia, ter presentes alguns contornos específicos que resultam da "entrada de particulares no conceito de Administração Pública".

Assim, desde logo, o facto de uma entidade particular integrar funcionalmente a Administração não tem de determinar a aplicação de conceitos próprios do direito da organização administrativa (como, por ex., órgão administrativo), nem a necessária integração dela numa categoria específica (por ex., concessionário, pessoa colectiva de utilidade pública administrativa), assim como não tem de implicar a "invenção" de fórmulas que exprimam uma ideia de integração orgânica na Administração (por ex., "órgão indirecto"). Na medida em que detenha funções administrativas, a entidade particular poderá ser simplesmente considerada "membro da Administração Pública", conceito, descritivo, que pretende apenas representar o facto de ela se apresentar como um instrumento de que a Administração delegante se serve para cumprir uma responsabilidade que lhe está cometida.

Por outro lado, deve recordar-se a *situação contraditória*[584] em que se encontram os particulares com funções administrativas: pode aceitar--se que eles integram funcionalmente a Administração, mas não deve perder-se de vista que não pertencem à esfera pública, ao Estado. Deste modo, os particulares, na medida em que exercem funções administrativas, são simultaneamente Administração (em sentido funcional) e Sociedade (em sentido material): *integram a Administração enquanto particulares*, mas, de outro ângulo, são *particulares que colaboram com a Administração* ou *que substituem a Administração*[585].

---

[584] Cfr. Introdução, onde falámos da situação de "contradição institucional" em que estão colocados os particulares com funções administrativas.

[585] A integração dos particulares na Administração, insistimos, é apenas funcional, só se verifica porque e na medida em que eles estão investidos de funções administrativas; nesse sentido, concordamos com Diogo Freitas do AMARAL, *Curso*, I, cit., p. 565, quando, a propósito das sociedades de interesse colectivo, afirma que elas "são elementos exteriores à Administração, que com ela cooperam".

Por fim, importa ainda chamar a atenção para o facto de se propor a integração na Administração Pública das entidades privadas *com funções públicas administrativas*. Exige-se, neste domínio, uma cuidadosa delimitação do âmbito subjectivo do "exercício privado da função administrativa". Embora se trate de assunto a desenvolver (cfr. *infra*, Parte II, Cap. I), deve sublinhar-se, desde já, que só existe um exercício privado da função administrativa quando uma entidade privada for investida da execução de uma tarefa objecto de *publicatio*. Na interpretação que adoptamos, uma actividade não reveste natureza "pública" apenas pelo facto de se destinar à satisfação de necessidades colectivas[586] ou à satisfação de interesses da colectividade[587]. Como se explicará, a publicidade de uma tarefa não resulta de considerações de natureza material – *v.g.*, prossecução do interesse público ou satisfação de necessidades básicas –, mas essencialmente de um factor de natureza formal.

A destrinça, que se propõe, entre um sentido estrito e um sentido funcional do conceito de Administração Pública procura, portanto, exprimir a situação específica das entidades particulares com funções administrativas: estando *materialmente* fora da Administração, elas apresentam-se perante terceiros, na execução de funções administrativas, na *posição de membros da Administração*[588].

3.2.1.2. Direito administrativo: graus de sujeição da Administração Pública

A referência ao direito administrativo como "direito próprio da Administração Pública" não pretende sugerir a sua aplicação integral a todas as instâncias da Administração.

Como acabámos de ver, o conceito de Administração Pública abrange entidades muito diversas: entidades públicas e entidades administrativas privadas (sentido estrito), bem como entidades particulares (sentido funcional).

---

[586] Contra, cfr. João CAUPERS, *Introdução*, cit., p. 33.

[587] Contra, cfr. Paulo OTERO, *O Poder de Substituição*, cit., p. 59[160].

[588] Entre outras coisas, o facto de o particular agir, perante terceiros, na *posição de membro da Administração* explica que se considere "natural" o facto de ele assumir a posição de demandado num processo administrativo; cfr., nesse sentido, FOLLIERI, "Il privato parte resistente nel processo amministrativo nelle materie di cui agli artt. 33 e 34 del decreto legislativo 31 marzo 1998 n. 80", p. 644.

Para efeitos de definição do grau ou da medida de sujeição ao direito administrativo, a destrinça fundamental não é a que separa as entidades que integram a Administração Pública em sentido estrito (entidades públicas e entidades administrativas privadas) daquelas que a integram apenas num sentido funcional (entidades particulares). Em vez dessa, apresenta-se determinante a distinção baseada no critério da natureza da personalidade jurídica: entidades públicas e entidades privadas. O direito administrativo assume-se como um direito geral das primeiras e um direito excepcional das segundas[589].

a) Direito administrativo: *direito geral* das entidades públicas
A personalidade pública determina a aplicação automática de regras constitucionais dedicadas às "entidades públicas" (artigos 3.º/3, 18.º/1, 22.º, 269.º; 271.º), às "pessoas colectivas públicas" [artigo 199.º,*e)*], aos "poderes públicos" (artigo 23.º/1), à "Administração Pública" (artigos 23.º/4, 266.º/1, 267.º, 268.º) e aos "órgãos administrativos" (artigo 266.º/2). Com a excepção das "entidades administrativas independentes" (cfr. artigo 267.º/3), todas as entidades públicas estão sujeitas a uma "influência" do Governo, enquanto "órgão superior da Administração Pública" (artigo 182.º)[590].
Além disso e salvo indicação normativa em contrário[591], as entidades públicas, sempre que actuam, *como é regra*, ao abrigo de normas jurídicas que se lhes dirigem especialmente, investindo-as de competências, de poderes ou impondo-lhes deveres *enquanto titulares de funções públicas*, estão, em princípio, integralmente submetidas ao direito administrativo[592]; como já o havia detectado Federico Cammeo, "o direito

---

[589] Propondo uma distinção próxima, mas com base na separação entre *entidades do sector público administrativo* e *entidades do sector público empresarial*, cfr. Paulo OTERO, *Legalidade e Administração Pública*, cit., p. 793 e ss.

[590] Como se sabe, a "influência governamental" varia consoante a integração da entidade pública na administração indirecta ("superintendência") ou na administração autónoma ("tutela"); cfr. artigo 199.º,*d)*, da CRP.

[591] Como acontece para as entidades empresariais públicas; cfr. artigos 23.º/1 e 7.º/1 da LSEE.

[592] O afastamento da sujeição ao direito administrativo só ocorre no âmbito em que, ainda ao abrigo de princípios de direito administrativo, as entidades pública sejam autorizadas a exercer a sua capacidade de direito privado.
A propósito da submissão da Administração a um direito privativo, observe-se que, em Itália, existe um projecto de lei (que já vai na terceira versão) que contempla uma

público (administrativo) é o direito comum, ordinário para as relações entre o indivíduo e o Estado"[593].

De acordo com esse princípio de sujeição geral ao direito administrativo, estabelece o CPA a sua aplicação a "todos os órgãos da Administração Pública", sendo certo que o conceito de Administração Pública que adopta se baseia no critério da personalidade de direito público (cfr. artigo 2.º/2). Por seu lado, o ETAF, em conformidade com o artigo 212.º/3 da CRP, entrega à jurisdição administrativa a competência para apreciar os litígios emergentes de relações jurídicas administrativas (artigo 1.º/1). Concretizando esse princípio, entrega *directamente* e *em geral* à jurisdição administrativa a apreciação de litígios que tenham por objecto a "fiscalização da legalidade das normas e demais actos jurídicos emanados por *pessoas colectivas de direito público* ao abrigo de disposições de direito administrativo" [artigo 4.º/1,*b*)], a "responsabilidade civil extracontratual das *pessoas colectivas de direito público*" (al. *g*)), as "relações jurídicas entre *pessoas colectivas de direito público*" (al. *j*)) e o "contencioso eleitoral relativo a órgãos de *pessoas colectivas de direito público*" (al. *m*)). Em suma, a acção das pessoas colectivas de direito público desenvolvida no âmbito do direito administrativo (e, em certos casos, até no âmbito do direito privado) fica, *em regra*, abrangida pela jurisdição administrativa. Por fim, a LADA estabelece, no artigo 3.º, que são *documentos da Administração* "os que têm origem ou são detidos por órgãos do Estado e das Regiões Autónomas que exerçam funções administrativas, órgãos dos institutos públicos e das associações públicas e órgãos das autarquias locais, suas associações e federações (…)".

Em conclusão, o facto de uma entidade deter personalidade jurídica pública sujeita-a, em regra – e salvo indicação ou permissão legal em sentido contrário – ao "regime do direito administrativo". Quer dizer, o direito administrativo apresenta-se como o *direito geral das entidades públicas*[594].

---

norma com a seguinte formulação: "*salvo se uma lei dispuser de outro modo, as administrações públicas actuam segundo o direito privado*". Trata-se, portanto, de uma solução legal que, como regra, submete a actuação administrativa para à disciplina do direito privado; sobre essa tendência, cfr. BANFI, Ob. cit., p. 661 e ss; MATTEUCCI, "Regime giuridico dell'attività amministrativa e diritto privato", p. 405 e ss; LIGUORI, "Amministrazioni pubbliche e diritto privato nel disegno di legge sull'azione amministrativa", p. 1825 e ss.

[593] Cfr. LIGUORI, *ibidem*.

[594] Vigora, neste caso, um «princípio geral de actuação segundo o Direito Administrativo, enquanto Direito "natural" da actuação administrativa das entidades públicas»; cfr. Paulo OTERO, *Legalidade e Administração Pública*, cit., p. 795.

b) Direito administrativo: *direito excepcional* das entidades privadas que integram a Administração Pública

De acordo com o conceito institucional de Administração Pública recortado segundo um critério funcional, "entidades privadas que integram a Administração Pública" são as *entidades administrativas privadas* e as *entidades particulares com funções públicas.*

A circunstância de uma entidade estar encarregada de executar a função administrativa há-de implicar *necessariamente* uma certa presença de princípios e de valores de direito administrativo na sua acção. Contudo, essa exigência tem de conviver com uma outra, sempre que a entidade em causa detiver personalidade de direito privado: neste caso, de acordo com um *princípio de congruência entre formas organizativas e direito aplicável*, a actuação daquela pauta-se, em regra, pelo direito privado, e isso independentemente de se tratar de uma entidade particular ou de uma entidade administrativa privada[595].

A articulação das duas referidas exigências vai efectuar-se mediante a conjugação da aplicação do direito privado pelas entidades privadas que integram a Administração com a sua sujeição aos princípios constitucionais dirigidos à Administração Pública (artigo 266.º da CRP) – ou, em certos casos, à legislação que concretize e desenvolva tais princípios – e a vinculação daquelas mesmas entidades pelos direitos fundamentais em termos semelhantes às entidades públicas[596]. Resultado desta conjugação entre actuação segundo o direito privado e vinculações de direito público, o designado "direito privado administrativo" vale, portanto, para as entidades privadas criadas por iniciativa pública e, por identidade de razão, para as entidades particulares publicamente investidas de funções administrativas[597]. Podemos dizer, por conseguinte, que as entidades privadas, no exercício de funções públicas, se encontram *sempre* vinculadas pelo direito privado administrativo.

---

[595] No sentido de que as pessoas de direito privado actuam, em regra, segundo o direito privado, cfr. Paulo OTERO, *Legalidade e Administração Pública*, cit., pp. 307 e 797; EHLERS, *Verwaltung in Privatrechtsform,* cit., p. 109; ERBGUTH/STOLLMANN, "Erfüllung öffentlicher Aufgaben durch private Rechtssubjekte?", p. 799; BURGI, "Verwaltungsorganisationsrecht", cit., p. 854.

[596] Sobre a vinculação pelos direitos fundamentais das entidades privadas com funções administrativas, cfr., *infra*, Parte IV, Cap. II.

[597] Neste sentido, cfr. UNRUH, "Kritik des privatrechtlichen Verwaltungshandelns", p. 662; WOLFF/ BACHOF/STOBER, Ob. cit., 1, p. 309.

As entidades administrativas privadas e as entidades particulares com funções públicas actuam segundo o direito privado, mas no respeito pelos princípios constitucionais dirigidos à *Administração Pública* e vinculadas pelos direitos fundamentais nos mesmos termos das entidades públicas[598]. Por isso, a actuação delas não se apresenta, *em regra*, específica e autonomamente disciplinada pelo direito administrativo, mas, insiste-se, *apenas pelo direito privado administrativo*.

A regra acabada de referir conhece, porém, *excepções*: casos há em que o direito administrativo se aplica *autonomamente* às entidades privadas integradas na Administração. Enquanto *excepcionais*, os casos de vinculação dessas entidades pelo direito administrativo são, têm de ser, determinados por lei ou com fundamento explícito na lei (não cabendo ao intérprete, nem, em princípio, à própria entidade privada eleger o ordenamento jurídico que vai regular a sua intervenção)[599].

As excepções a que se aludiu repartem-se por três sectores.

aa) *Relações (externas) da entidade privada com terceiros* – Neste plano, a aplicação autónoma do direito administrativo resulta, desde logo, do facto de a entidade privada surgir como destinatária de normas jurídicas que se lhe dirigem enquanto titular de funções públicas, bem como, em especial, da investidura de poderes públicos de autoridade; por outro lado, a atribuição de capacidade para a celebração de contratos administrativos ou do estatuto de entidade expropriante, assim como a celebração de "contratos públicos" representam outros tantos factores determinantes da sujeição de entidades privadas ao direito administrativo.

i) Actuações desenvolvidas ao abrigo de normas que se dirigem à entidade privada na sua qualidade de *titular de funções públicas* – Ordenam-se no direito público as normas jurídicas que se dirigem a uma entidade privada enquanto membro da Administração e, portanto, titular

---

[598] As relações que estabelecem com terceiros são, portanto, *relações jurídicas privadas*. Os litígios que ocorram, nesses domínios, são apreciados pelos tribunais judiciais, os quais devem ter presente a exigência de a actuação privada se processar no respeito pelos direitos fundamentais, bem como pelos princípios constitucionais da actividade administrativa.

[599] Discordamos por isso da decisão tomada no AcSTA/1.ª, de 13/11/2003 (proc. 1534/03), onde se remeteu para o direito administrativo a disciplina de um procedimento pré-contratual pelo *mero facto* de a entidade privada organizadora do procedimento (Administração dos Portos de Setúbal e Sesimbra, S.A.) ter indicado nos documentos concursais a aplicação do Decreto-Lei n.º 197/99, de 8 de Junho.

de funções públicas: para que se possa remeter a acção de uma entidade privada para o regime de direito administrativo parece-nos ainda essencial que a lei se dirija a essa entidade *na sua qualidade de membro da Administração Pública e por causa disso*; na medida em que, *por causa disso*, a lei imponha a uma entidade privada (*v.g.*, concessionária de um serviço público), por ex., a observância de deveres especiais com projecção no plano da actuação externa (*ad extra*), deve entender-se que, no cumprimento de tais deveres, ela actua ao abrigo de normas de direito público; a sua acção deve, por isso, ser regulada pelo direito administrativo. Do mesmo modo, das normas que outorgam poderes públicos de autoridade a uma entidade privada com funções públicas resulta a aplicação do direito administrativo à acção que ela desenvolve nesse âmbito.

O CPA determina a aplicação das suas disposições aos "actos praticados por entidades concessionárias no exercício de poderes de autoridade" (artigo 2.º/3). Ao referir-se a *entidades concessionárias*, o CPA não tem em vista apenas os casos em que o exercício de poderes públicos de autoridade por particulares assenta num título denominado "concessão"[600]: abrangidos pelas disposições do CPA ficam, deve entender-se, quaisquer particulares, bem como todas as entidades administrativas privadas, desde que investidas de poderes públicos de autoridade.

A solução que acabou de se preconizar para o CPA foi, aliás, adoptada pela LADA, que regula o acesso a documentos que têm origem ou são detidos por entidades públicas (as mesmas a que se refere o artigo 2.º/2 do CPA), bem como por "outras entidades no exercício de poderes de autoridade". Sem embargo de outras interpretações que têm sido dadas a essa norma da LADA[601], o seu teor literal não deixa margens para dúvidas: a lei só quer assegurar o direito de acesso aos documentos que

---

[600] Cfr. Esteves de OLIVEIRA/Pedro GONÇALVES/Pacheco de AMORIM, Ob. cit., p. 72.

[601] Ao abrigo de uma interpretação menos exigente, a *Comissão de Acesso aos Documentos Administrativos* (CADA) considerou, por ex., existir um direito de acesso a documentos pertencentes à Misericórdia de Oliveira de Frades (parecer n.º 21/2003); por outro lado, a CADA reconheceu também existir um direito de acesso aos documentos de sociedades de capitais maioritariamente públicos, que, prosseguindo fins de interesse público, constituem um exemplo de entidades que exercem poderes de autoridade (parecer n.º 215/2002). Essa interpretação da CADA já foi abalizada pelo TCA: cfr. AcTCA/1.ª, de 13/10/2002 (proc. 6257/02), decidindo que as sociedades anónimas de capitais maioritariamente públicos constituem um exemplo de "entidades que exercem poderes de autoridade, ou seja, que têm competências administrativas".

tenham origem ou sejam detidos por entidades privadas no contexto do exercício de *poderes de autoridade*.

Confirmando a aplicação do direito administrativo à actuação de entidades privadas com poderes públicos administrativos, o ETAF atribui à jurisdição administrativa competência para fiscalizar a legalidade das "normas e demais actos praticados por sujeitos privados, designadamente concessionários, *no exercício de poderes administrativos*" [artigo 4.º/1,*d*)][602].

ii) Capacidade para a celebração de contratos administrativos – Além dos casos em que o contrato administrativo pode ser celebrado como alternativa ao acto administrativo e, por conseguinte, no exercício de poderes públicos, as entidades privadas que integram a Administração podem estar autorizadas a celebrar contratos qualificados legalmente (ou que devam qualificar-se) como contratos administrativos; nesta eventualidade, há-de ser o direito administrativo a regular o contrato, bem como a relação jurídica administrativa a que ele dá vida.

iii) Estatuto de entidade expropriante – Mantendo-se fiel à tradição do direito português, o actual Código das Expropriações (aprovado pela Lei n.º 168/99, de 18 de Setembro) distingue entre o titular da *potestas expropriandi* e a *entidade expropriante*, isto é, a entidade, pública ou privada, que, em regra, beneficia da expropriação. Esta, a entidade expropriante, que pode ser uma entidade privada com funções administrativas[603], não detém, em regra, o poder expropriativo, mas tem a responsabilidade de conduzir o procedimento administrativo de expropriação e, nessa medida, a sua actuação é regida por princípios de direito administrativo (cfr. artigo 2.º do Código das Expropriações), bem como, naturalmente, pelas normas (de direito administrativo) do Código das

---

[602] O artigo 4.º/1,*i*), estabelece ainda que cabe à jurisdição administrativa conhecer os litígios que tenham por objecto a "responsabilidade civil extracontratual dos *sujeitos privados*, aos quais seja aplicável o regime específico da responsabilidade civil do Estado e demais pessoas colectivas de direito público". Na falta de disposições de direito substantivo que prevejam a aplicação do regime específico da responsabilidade do Estado e demais entidades públicas a entidades privadas, a previsão do ETAF permanece sem alcance prático; cfr. Diogo Freitas do AMARAL/Mário Aroso de ALMEIDA, *Grandes Linhas da Reforma do Contencioso Administrativo*, p. 34. Sobre esta matéria, cfr., *infra*, Parte IV, Cap. II.

[603] Como veremos, há entidades particulares sem funções administrativas que também beneficiam do estatuto de entidade expropriante.

Expropriações. A relação que, no desenrolar do procedimento, essa entidade estabelece com o expropriando reveste carácter jurídico-administrativo[604].

iv) Formação de "contratos públicos" – Algumas entidades privadas que integram a Administração (organismos de direito público, empresas públicas e concessionárias de serviço público) ficam vinculadas pelas regras do direito administrativo aplicáveis à formação de certos "contratos públicos"[605], nos termos do RJEOP, do Decreto-Lei n.º 197/99, de 8 de Junho, e do Decreto-Lei n.º 223/2001, de 9 de Agosto[606]. O contencioso de tais contratos encontra-se confiado à jurisdição administrativa [artigo 4.º/1,*e)* do ETAF] e os actos dirigidos à respectiva celebração aparecem, nesta hipótese, "equiparados a actos administrativos", para efeitos de sujeição à jurisdição administrativa (cfr. artigos 100.º/3 e 132.º/2 do CPTA)[607].

bb) *Relações (internas) com a entidade pública fiscalizadora* – Cabe ao direito administrativo regular as relações jurídicas que se processam entre as entidades privadas que integram a Administração Pública e as instâncias públicas encarregadas de as fiscalizar e, eventualmente, orientar:

---

[604] Para mais desenvolvimentos, cfr., *infra*, Parte II, Cap. II.

[605] Sobre o conceito de contrato público, cfr. Pedro GONÇALVES, *O Contrato*, cit., p. 53.

[606] O diploma referido por último – alterado pelo Decreto-Lei n.º 234/2004, de 15 de Dezembro – regula a contratação pública nos chamados *sectores especiais* (água, energia, transportes e telecomunicações); entretanto, a Directiva 2004/17/CE, do Parlamento Europeu e do Conselho, de 31 de Março de 2004, exclui dos sectores especiais (e das regras sobre os procedimento de contratação pública) o sector das telecomunicações e inclui os serviços postais.

[607] No âmbito da legislação processual de 1984-85, a jurisprudência administrativa mostrava-se oscilante quanto à afirmação da sua própria competência para apreciar os actos pré-contratuais de "empresas públicas" abrangidas pela disciplina de formação de "contratos públicos"; cfr. Ac'sSTA/1.ª, de 03/04/2001 (proc. 47 374), a declinar a competência, e de 08/01/2003 (proc. 1986/02), a afirmá-la.

Observando que o CPTA tornou claro que o contencioso administrativo pré-contratual é também aplicável aos *sujeitos privados*, quando, por força das directivas comunitárias, se encontrem subordinados a um procedimento pré-contratual público, cfr. C. A. Fernandes CADILHA, "Legitimidade processual", p. 23.

No direito espanhol, para uma crítica da legislação que submete os actos pré-contratuais de empresas públicas à jurisdição administrativa, cfr. BERNARD-FRANK MACERA, "La sujeción a control contencioso-administrativo del *«fieri»* de los contratos celebrados por ciertas sociedades mercantiles públicas: un remedio improcedente a una tendência privatizadora ilegítima", p. 406 e ss.

assim sucede no caso das entidades administrativas privadas, no âmbito das relações que estabelecem com a entidade pública que as criou ou que sobre elas tem uma *influência dominante*[608], bem como no caso das entidades particulares, no âmbito das relações que estabelecem com a entidade pública delegante. Com efeito, apesar da formulação pouco clara do artigo 267.º/6 da CRP – "*as entidades privadas que exerçam poderes públicos podem ser sujeitas, nos termos da lei, a fiscalização administrativa*" –, todas as entidades privadas com "funções públicas" *devem* ou *têm de* se encontrar sujeitas a fiscalização administrativa[609].

cc) *Configuração organizativa específica e especialização do fim* – A circunstância de uma entidade privada estar investida de funções públicas administrativas pode legitimar certas formas de ingerência pública ao nível da sua organização interna. Assim, a lei administrativa poderá exigir que os estatutos de uma associação privada investida de funções públicas observem exigências específicas (garantia de democracia interna, proibição de recusa de filiação de interessados): no direito espanhol, na sequência de uma decisão do Tribunal Constitucional sobre as federações desportivas, fala-se, nesses casos, de "associações de configuração legal". É ainda relativamente frequente a exigência legal de criação de entidades privadas num certo formato para o exercício exclusivo de actividades públicas: assim, por ex., as empresas concessionárias são, por vezes, criadas com o objecto exclusivo de gestão da actividade concessionada ("sociedades de propósito específico").

3.2.2. *Excepções à conexão entre Administração Pública e direito administrativo*

A tese, aqui defendida, segundo a qual o direito administrativo é um direito próprio da Administração – composto pelo *conjunto de normas que se dirige a uma entidade enquanto titular de funções públicas administrativas*[610] – defronta o obstáculo que resulta de a lei portuguesa esta-

---

[608] A regulação de tais relações pode não caber em exclusivo ao direito administrativo. O texto deve ser lido no sentido de reclamar, nesse campo, uma intervenção do direito administrativo. Neste domínio, sobre o designado "direito societário administrativo", cfr., *infra*, Cap. III.

[609] Sobre a interpretação do artigo 267.º/6, cfr. *infra*, Parte IV, Cap. I.

[610] Segundo a proposta da *teoria dos sujeitos modificada*; sobre ela, cfr., J.M. Sérvulo CORREIA, *Legalidade e Autonomia*, cit., p. 395[109]; Maria João ESTORNINHO, *A Fuga*, cit., p. 147 e ss.

belecer excepções a uma "regra de conexão" entre Administração Pública e direito administrativo. Trata-se, portanto, de hipóteses em que o direito administrativo regula actuações de entidades, públicas ou privadas, que não integram a Administração (nem mesmo em sentido funcional).

Encontramos previstas na lei dois grupos de excepções: as normas do direito administrativo são chamadas expressamente a disciplinar, por um lado, o exercício de funções materialmente administrativas de *órgãos públicos* não integrados na Administração Pública, e, por outro lado, o desempenho de certas actuações de *entidades particulares desligadas da Administração Pública*.

a) Regulação pelo direito administrativo das "funções materialmente administrativas" de órgãos públicos não integrados na Administração Pública

Estabelece o artigo 2.º/1 do CPA que as suas disposições se aplicam aos actos em matéria administrativa praticados pelos órgãos do Estado que, embora não integrados na Administração Pública, desenvolvam funções materialmente administrativas[611]. Por seu lado, o artigo 4.º/1,*c)*, do ETAF atribui à jurisdição administrativa competência para a fiscalização da legalidade de actos materialmente administrativos, praticados por quaisquer órgãos do Estado ou das Regiões Autónomas, ainda que não pertençam à Administração Pública[612].

As disposições referidas abrangem actividades materialmente administrativas, *inter alia*, dos seguintes órgãos: Presidente da República, Assembleia da República e seu Presidente, Tribunal Constitucional e seu Presidente, Tribunal de Contas e seu Presidente, Procurador-Geral da República, tribunais judiciais, etc.[613].

Afigura-se inquestionável que os órgãos investidos das funções política, legislativa e judicial exercem actividades de administração, tarefas de natureza administrativa: assim se passa, paradigmaticamente, nos

---

[611] Sobre o âmbito de aplicação dessa norma e, designadamente, sobre a necessidade de atender a particularidades orgânicas e formais, cfr. Esteves de OLIVEIRA/Pedro GONÇALVES/Pacheco de AMORIM, Ob. cit., p. 69.

[612] Cfr., no entanto, o artigo 4.º/3, als. *b)* e *c)*, que excluem do âmbito da jurisdição administrativa a fiscalização dos actos materialmente administrativos praticados pelo Presidente do Supremo Tribunal de Justiça, pelo Conselho Superior da Magistratura e pelo seu Presidente.

[613] Alguns destes órgãos estão referidos no artigo 24.º/1,*a)*, do ETAF.

domínios da gestão de recursos (*v.g.*, em face do pessoal de apoio), mas
também em matéria de organização e de funcionamento[614]. No exercício
de tais funções ou "tarefas domésticas"[615], os referidos órgãos assumem
uma natureza de "órgãos administrativos", na medida em que são responsáveis por uma missão de "administrar"[616]. Essa missão, embora indispensável, situa-se, todavia, num plano claramente secundário em relação
às suas "funções próprias", isto é, às funções que os caracterizam e que
permitem defini-los como órgãos políticos, legislativos e judiciais.

A sujeição do desempenho das tarefas administrativas de órgãos
não integrados na Administração Pública às regras do direito administrativo (e, em especial, à jurisdição administrativa)[617] resultou, historicamente, da necessidade de afastar um tradicional "princípio geral de
autodiceia" ou de "justiça doméstica" dos órgãos do vértice da organização do Estado. A exigência tornou-se sobretudo patente nos casos que
envolviam a presença de direitos subjectivos e interesses legalmente protegidos perante actuações de órgãos públicos no domínio da gestão de
recursos e da sua organização e funcionamento[618].

---

[614] Cfr. ZANOBINI, "Gli atti amministrativi delle autorità non amministrative e la
competenza della IV Sezione del Consiglio di Stato", p. 233.

[615] Cfr. Esteves de OLIVEIRA/Pedro GONÇALVES/Pacheco de AMORIM, Ob. cit., p. 69

[616] Quanto às actividades de administração dos tribunais, cfr. o Decreto-Lei n.º 177/
/2000, de 9 de Agosto (regime jurídico da gestão administrativa dos tribunais superiores)
e o Decreto-Lei n.º 176/2000, de 9 de Agosto, que aprova o estatuto jurídico do *administrador do tribunal* (trata-se de um funcionário "que coadjuva o presidente do tribunal no
exercício das suas competências em matéria administrativa, apoiando-o em todas as tarefas em que tal lhe seja solicitado, agindo nesse âmbito sob a sua orientação e direcção").

[617] A aplicação do direito administrativo – procedimental e processual – às actividades materialmente administrativas de órgãos não integrados na Administração Pública
é um dos temas que mais tem agitado a doutrina da vizinha Espanha, na problemática da
crítica ou da defesa da definição do direito administrativo segundo um critério subjectivo.
Entre a extensa bibliografia sobre o assunto, cfr. GARCIA DE ENTERRIA/TOMAS-RAMON
FERNANDEZ, Ob. cit., I, p. 44; GONZALEZ NAVARRO, *Derecho administrativo español*, II,
p. 437 e ss; GONZALEZ SALINAS, "Personalidad y definición del derecho administrativo",
p. 909 e ss; Mercedes LAFUENTE BENACHES, "Las nociones de administración pública y
de personalidad jurídica en el derecho administrativo, p. 956 e ss.

[618] Cfr. GARRONE, *Contributo allo studio del provvedimento impugnabile*, pp. 102
e 111.

O princípio de "justiça doméstica" justificava-se com base na ideia de separação de
poderes, no contexto de uma concepção dos tribunais administrativos como órgãos da
Administração. A submissão aos tribunais administrativos representaria, por isso, a suje-
ção de órgãos de outros Poderes ao Poder Executivo; cfr. Mário Esteves de OLIVEIRA,

Contudo, o que em tais situações verdadeiramente se verifica é apenas uma espécie de "aplicação analógica" do direito administrativo, imposta pelo facto de se estar em presença de actuações que, por razões ligadas à protecção judicial de direitos, não podem ser reguladas pela disciplina que governa os actos praticados no exercício da função principal dos órgãos que as praticam[619]. Isto significa que o direito administrativo se apresenta aqui como um ordenamento especial que, enquanto regulador da actividade dos organismos responsáveis pela função administrativa (Administração Pública), se revela particularmente idóneo para regular o exercício de funções análogas àquela. De certo modo sensível à ideia de que não há mais do que uma extensão analógica do direito administrativo, a lei usa o conceito de "acto em matéria administrativa", mantendo assim intacta a "pureza" do conceito orgânico de "acto administrativo" (que continua a referenciar apenas um acto da Administração Pública).

A dita "aplicação analógica" do direito administrativo só se estende, em rigor, às funções dos órgãos não integrados na Administração Pública que lhes estejam confiadas enquanto instâncias encarregadas de realizar uma actividade típica de administração. Embora não pertençam à Administração, tais órgãos, na medida em que executem essa actividade, surgem *equiparados a órgãos administrativos*[620].

b) Regulação pelo direito administrativo de actuações de entidades particulares

Num segundo grupo de excepções a uma regra de conexão natural entre direito administrativo e Administração Pública incluem-se os casos seguintes:

i) Regulação de actuações privadas

No grupo anterior, estava em causa a *actuação pública de um órgão público*; agora, estamos perante a hipótese de o direito administrativo ser chamado a regular a *actuação privada de uma entidade particular*.

"Reflexão", cit., p. 287 e ss; Diogo Freitas do AMARAL, *Curso*, II, cit., p. 219; SANDULLI, "Spunti problematici in tema di autonomia degli organi costituzionali e di giustizia domestica nei confronti del loro personale", p. 1831 e ss.

[619] Neste sentido, cfr. PAREJO ALFONSO, *apud* GONZALEZ SALINAS, Ob. cit., p. 943; referindo-se também a uma extensão analógica do direito administrativo, cfr. GARCIA DE ENTERRIA/ TOMAS-RAMON FERNANDEZ, Ob. cit., I, p. 44

[620] Cfr. GARRONE, Ob. cit., p. 24.

Para tornar mais claro o âmbito da excepção, importa observar que se têm em vista exclusivamente os casos em que a *lei*[621] – concretamente, uma *lei administrativa* – impõe a sua aplicação a actividades de particulares e, simultaneamente, existem outras indicações normativas que, de forma taxativa, impõem a sujeição dos particulares abrangidos ao regime do direito administrativo. Desconhecendo-se no, direito português, qualquer situação deste tipo, podemos, contudo, considerar próximos dela os casos em que a aplicação de uma regulamentação administrativa a particulares surge conjugada com indicações normativas que conduzem o intérprete a concluir que aquela aplicação determina a sujeição da actuação privada envolvida a um regime de direito administrativo.

Exemplo paradigmático de um caso com este último recorte pode encontrar-se no domínio da aplicação das regras que disciplinam os procedimentos de formação de "contratos públicos".

O conceito comunitário de "organismo de direito público" abrange entidades tão particulares como as IPSS; por outro lado, o Decreto-Lei n.º 223/2001, de 9 de Agosto, aplica-se, entre outras, às entidades de direito privado que, "no âmbito das respectivas atribuições, possam recorrer a processos de expropriação por utilidade pública ou à constituição de servidões administrativas para fins de interesse público ou que sejam titulares de direitos de utilização de bens do domínio público ou do uso dos solos, subsolos ou do espaço aéreo das vias públicas e de outros espaços públicos"[622]. Embora se trate, nos dois casos, de entidades par-

---

[621] Na verdade, o fenómeno da vinculação de particulares pelo direito administrativo só representa uma excepção juridicamente relevante à conexão entre direito administrativo e Administração Pública quando seja a lei a impô-la, e já não nos casos em que os particulares se submetem livremente a um regime do direito administrativo. Em sentido contrário, cfr. Paulo OTERO, *Legalidade e Administração Pública*, cit., p. 827 e ss.

[622] Essa disposição – que resulta da transposição de uma directiva comunitária – pressupõe que os direitos em causa constituem *direitos ou poderes especiais* das empresas de rede, representando posições de vantagem substancial na concorrência. Ora, como o TJCE já decidiu, a existência de direitos especiais para o estabelecimento de redes (de telecomunicações) não pode ser caracterizada pela possibilidade de os organismos autorizados beneficiarem de determinadas prerrogativas, designadamente o direito de adquirir terrenos por expropriação, entrar em terrenos para efeitos de exploração, instalar equipamentos de rede em cima ou por baixo das vias públicas. Tais prerrogativas, que se destinam simplesmente a facilitar o estabelecimento das redes pelos operadores em causa e que são ou podem ser atribuídas a todos esses operadores, não conferem aos titulares uma vantagem substancial em relação aos seus potenciais concorrentes; cfr. Acórdão *British Telecom*, de 12/11/96 (proc. C-302/94).

ticulares (sem funções públicas), que desenvolvem actuações pré-contratuais de natureza obviamente privada, elas surgem submetidas – por
imposição do direito comunitário – às regras que disciplinam os procedimentos públicos de escolha de contratantes. Mas, além disso e o que se
afigura agora mais relevante, os actos pré-contratuais que praticam são,
nos termos da lei, impugnáveis nos tribunais da jurisdição administrativa
(cfr. artigo 100.º/3 do CPTA[623]), o mesmo parecendo valer para os contratos que celebrem no espaço de incidência daquelas regras. Ora, indicações normativas como esta (mesmo que de cariz processual) poderão ser
interpretadas como um indício ou até como uma exigência de sujeição da
actuação particular em causa a um regime de direito administrativo[624].

ii) Regulação de procedimentos de expropriação por utilidade
pública iniciados por entidades particulares com estatuto de
entidade expropriante

A atribuição do estatuto de entidade expropriante a uma entidade
administrativa privada ou a uma entidade particular com funções administrativas remete-a, no caso de iniciar um procedimento expropriativo,
para a disciplina do direito administrativo.

Além de o fazer a essas entidades, por vezes, a lei atribui o estatuto
de entidade expropriante a *particulares sem funções administrativas* e
que, portanto, não pertencem à Administração Pública (nem em sentido
funcional): assim sucede, por ex., com as empresas que actuam no sector
das "indústrias de rede" (*v.g.*, telecomunicações). A actuação que desenvolvam enquanto entidades expropriantes é regulada pelo direito administrativo (pelos princípios gerais a que se refere o artigo 2.º do Código
das Expropriações, bem como pelo conjunto de normas deste Código).

---

[623] Observe-se que a exigência que decorre do direito comunitário consiste apenas
no cumprimento pelas "entidades adjudicantes" de determinadas regras. É indiferente que
os actos de tais entidades se impugnem na jurisdição administrativa ou, como actos
privados, nos tribunais judiciais. Deve, aliás, a este propósito salientar-se a improcedên-
cia do argumento segundo o qual a sujeição de tais actos à jurisdição administrativa
aumenta a tutela jurisdicional dos interessados; é que, na verdade, a respectiva configuração como "actos privados procedimentalizados", praticados no contexto de uma autonomia privada regulada e limitada por lei, garantiria a *tutela adequada* nos tribunais
judiciais; nesse sentido, cfr. LOLLI, *L'atto amministrativo nell'ordinamento democratico*,
p. 253 e ss.

[624] Para mais desenvolvimentos, cfr. *infra*, 3.2.3.2.

Ao contrário do que se passava na alínea anterior, o direito administrativo regula, neste caso, uma actuação de particulares que se desenvolve no âmbito de uma relação jurídica administrativa (relação jurídica de expropriação). Embora represente uma excepção à conexão entre direito administrativo e Administração Pública, a intervenção do direito administrativo encontra plena justificação no facto de estar em jogo a actuação de um particular, é certo, mas desenvolvida ao abrigo de uma "prerrogativa" ou "posição especial de direito público"[625].

iii) Regulação de relações de emprego que se desenrolam entre entidades particulares e funcionários públicos colocados sob direcção daquelas

Embora não se trate de uma situação frequente, acontece por vezes o fenómeno da mobilização de pessoal vinculado ao regime da função pública para o desempenho de actividades profissionais sob a direcção de entidades privadas. A lei poderá mesmo admitir essa mobilização (processada nos termos do direito público) em benefício de entidades particulares que se dedicam a meras actividades de interesse público (e não funções administrativas). Numa situação com esses contornos, o indivíduo mobilizado, embora colocado na dependência da entidade particular, mantém o seu estatuto de funcionário público. Nesse contexto, algumas dimensões da relação jurídica administrativa de emprego público passam a estar presentes na relação (transitória) que se estabelece entre a entidade particular (sem funções administrativas) e o funcionário público. Esta relação apresenta-se, pois, com um carácter jurídico-administrativo[626].

Apesar destas excepções, mantemos a premissa de que o direito administrativo se apresenta como direito próprio da Administração Pública. O facto de, aqui e ali, ser chamado a regular actuações públicas ou privadas de instâncias não integradas na Administração não o descaracteriza como disciplina jurídica que, *em geral* e *por princípio*, se aplica *apenas* à Administração Pública. As excepções representam meros desvios pontuais a uma *conexão natural* entre direito administrativo e Administração Pública.

---

[625] Cfr., *infra*, Parte II, Cap. II.
[626] Sobre esta matéria, cfr., *infra*, Parte II, Cap. II.

3.2.3. *Vinculação de particulares pelo direito administrativo*

No estudo apresentado nas linhas precedentes concluímos que, excepcionalmente, o direito administrativo pode ser chamado a regular actuações de meros particulares. Pois bem, na medida em que uma tal incidência se projecta na regulação das relações desses particulares com outros, poderemos falar, logo aí, de um *direito administrativo entre particulares*[627]. É exactamente neste contexto, da aplicação de normas do direito administrativo a relações que se processam entre particulares, que se nos afigura fazer sentido invocar uma ideia de *vinculação de particulares pelo direito administrativo*.

Antes de dedicarmos algumas linhas ao fenómeno, deixamos umas breves notas sobre uma outra dimensão das incidências do direito administrativo sobre particulares.

3.2.3.1. Vinculação pelo direito administrativo e vínculos jurídico-administrativos sobre meros particulares

Como se antecipou já, a fórmula vinculação de particulares pelo direito administrativo remete para uma aplicação do direito administrativo a relações que se desenvolvem entre o particular destinatário da vinculação e terceiros. Ora, deste ponto de vista, revestem-se de uma outra natureza os vínculos jurídico-administrativos – decorrentes da lei, de regulamentos, de contratos ou de actos administrativos – do particular em face da Administração Pública: aqui, a vinculação opera no plano das relações *ad intra*, ao passo que, na primeira hipótese, aquela estende-se a um plano *ad extra*.

Como a doutrina tem esclarecido, a afirmação segundo a qual o direito administrativo constitui um direito próprio da Administração não significa que os particulares não possam ser destinatários de normas de direito administrativo. Aliás, uma grande parte das regras administrativas visa até regular relações entre Administração e particulares, conferindo a estes direitos ou impondo-lhes deveres[628]. Mas, neste sentido

---

[627] Cfr. PESTALOZZA, "Privatverwaltungsrecht: Verwaltungsrecht unter Privaten", p 50 e ss.
[628] Cfr. EHLERS, "Verwaltung und Verwaltungsrecht", cit., p. 33; MAURER, *Allgemeines*, cit., p. 36.

geral, para que os particulares possam ser destinatários dessas regras, é essencial que eles *estejam em relação com a Administração Pública*[629].

Assim, na medida em que os particulares sejam onerados ou assumam *deveres em face da Administração*, em virtude de uma norma ou de um acto de direito público, podemos, de certo modo, falar de vinculação de particulares pelo direito administrativo. O mesmo pode ainda dizer-se do dever geral de respeito e de observância de normas legais cuja fiscalização cabe à Administração: também a exigência de respeito pelo disposto nestas normas legais ("normas de direito administrativo"[630]) representa uma espécie de vinculação de particulares pelo direito administrativo. Nas duas hipóteses, sobre o particular impendem "vínculos jurídico-administrativos", isto é, *vínculos que decorrem de normas de direito administrativo ou de actos ou contratos que o obrigam em face da Administração*.

Trata-se, portanto, de vínculos jurídicos localizados no contexto de uma relação com a Administração. É a presença da Administração Pública nessa relação, na qualidade de "credora" – titular do *direito ao cumprimento* ou do *poder de prevenir ou de reprimir o incumprimento* do particular – que permite considerá-la uma *relação jurídica administrativa*.

Esta forma específica de vinculação pelo direito administrativo pode, no entanto, ter uma projecção no plano das relações com outros particulares. Trata-se, neste caso, de uma projecção sobre *relações jurídicas privadas* (nisto se distinguindo da vinculação pelo direito administrativo como processo que está na base do *direito administrativo entre particulares*)

Com efeito, a violação de vínculos jurídico-administrativos em face da Administração pode representar, simultaneamente, uma ofensa de direitos ou de interesses protegidos de outros particulares: pense-se no particular que desrespeita deveres que decorrem de um acto administrativo de autorização, de um contrato de concessão ou de uma lei que proíbe certas actividades privadas (e, ao mesmo tempo, atribui à Administração com-

---

[629] Cfr. EHLERS, *ibidem*; MAURER, *ibidem*. Discordamos, neste aspecto, de Mário Aroso de ALMEIDA, *O Novo Regime,* cit, p. 53, quando afirma que, "hoje em dia, as normas de direito administrativo têm, em grande medida, particulares por destinatários". O Autor concretiza nessa afirmação a ideia de uma *generalização* da aplicação *directa* do direito administrativo aos particulares.

[630] Desde que tais normas se dirijam à Administração, incumbindo-a, pelo menos, de fiscalizar o que nelas se estabelece, trata-se de "normas de direito administrativo".

petência para fiscalizar o respectivo cumprimento e punir o incumprimento); suponha-se que essa violação provoca lesões na esfera jurídica de terceiros (por ex., nos direitos dos vizinhos). A situação também se ilustra com a acção de estudantes, vedando o acesso aos edifícios de uma universidade pública: a violação da obrigação jurídico-administrativa de não perturbação do funcionamento de um serviço público provoca, simultaneamente, uma ofensa do direito ao trabalho dos professores, bem como do direito ao ensino de outros estudantes. A relação litigiosa que, nesse caso, pode emergir entre ofensores e ofendidos é uma *relação jurídica privada*, *entre meros particulares* que, entre si, não são titulares de direitos nem de deveres administrativos. Quer dizer, o dever administrativo que o ofensor deixou de cumprir não corresponde a um direito subjectivo público ao cumprimento de que o ofendido seja titular[631].

Pelo facto de um dos particulares envolvidos (alegado ofensor) infringir vínculos que o obrigam perante a Administração, uma relação jurídica que, na sua aparência mais imediata, se processa entre dois meros particulares (*relação bipolar*), pode, para certos efeitos, surgir enquadrada no âmbito de uma *relação triangular*, a envolver também a Administração. Em rigor, em vez de relação triangular, talvez se deva falar de uma dupla relação bipolar: por um lado, a relação entre os dois particulares (infractor e ofendido) e, por outro, a relação entre o infractor e a Administração Pública. Ora, só esta última se configura como relação de direito administrativo; a primeira assume-se como uma relação de direito privado.

O que acaba de se dizer deveria conduzir-nos a concluir que o ofendido (ou previsível ofendido) não tem acesso aos *tribunais administrativos* para reagir contra um particular que desrespeitou vínculos jurídico-administrativos. Sublinha, a propósito, a doutrina estrangeira que

---

[631] Assim, sobre as ditas relações jurídicas *administrativas* multipolares, cfr. SCHMIDT-PREUSS, *Kollidierende Privatinteressen im Verwaltungsrecht*, p. 134.

A propósito da questão de saber se, no contexto dos procedimentos de comunicação de início da construção, o promotor pode ser directamente accionado na justiça administrativa pelos terceiros ofendidos, a opinião que aqui defendemos é também a de MAMPEL, Ob. cit., p. 385; SACKSOFSKY, Ob. cit., p. 952; MARTINI, Ob. cit., p. 1490. Em sentido diferente, considerando que, nesse caso, os terceiros ofendidos têm um direito subjectivo público em face do ofensor, cfr. ORTLOFF, "Verwaltungsrechtsschutz zwischen Privaten", cit., p. 932 e ss; CALLIESS, Ob. cit., p. 200.

entre meros particulares não há espaço para uma tutela jurisdicional administrativa ("Kein Verwaltungsrechtsschutz zwischen Privaten"[632]). Por si só, um mero particular não pode ser *parte resistente* num processo administrativo[633], porquanto "não se concebe um processo dessa natureza em que a Administração Pública não seja parte"[634].

O particular ofendido poderá, eventualmente, assumir a titularidade de um *direito subjectivo público* em face da Administração (direito ao exercício das competências de fiscalização ou de reacção), mas não diante do ofensor[635]. Em face deste, aquele poderá ser apenas titular de direitos ou pretensões de natureza privada, obviamente tuteláveis nos tribunais judiciais.

Todas as considerações anteriores parece estarem em aberta oposição ao disposto no artigo 37.º/3 do CPTA[636]. Esta disposição, inserida num artigo sobre o objecto da *acção administrativa comum*, estabelece que "*quando, sem fundamento em acto administrativo impugnável, particulares, nomeadamente concessionários, violem vínculos jurídico-administrativos decorrentes de normas, actos administrativos ou contratos, ou haja fundado receio de que os possam violar, sem que, solicitadas a fazê-lo, as autoridades competentes tenham adoptado as medidas adequadas, qualquer pessoa ou entidade cujos direitos ou interesses sejam directamente ofendidos pode pedir ao tribunal que condene os mesmos a adoptarem ou a absterem-se de certo comportamento, por forma a assegurar o cumprimento dos vínculos em causa*".

---

[632] Cfr. MAMPEL, Ob. cit., p. 385.

[633] Cfr. FOLLIERI, Ob. cit., p. 634 e ss.

[634] Cfr. GONZALEZ PEREZ, *Comentarios*, cit., p. 118.

[635] Cfr. SCHMIDT-PREUSS, *Kollidierende Privatinteressen*, cit., p. 135.

[636] Cfr. ainda o artigo 109.º/2 do CPTA. Embora de forma mais limitada, o processo de *intimação para um comportamento*, regulado no artigo 86.º e ss da LPTA, já configurava uma abertura a uma "justiça administrativa entre meros particulares"; cfr. Mário Aroso de ALMEIDA, *O Novo Regime*, cit., p. 121; C.A. Fernandes CADILHA, "Intimações", p. 64; Pedro GONÇALVES, *O Contrato*, cit., p. 159. No CPTA, a intimação para a adopção ou abstenção de uma conduta, por parte (da Administração ou) de um particular, designadamente um concessionário, por alegada violação ou fundado receio de violação de normas de direito administrativo, está expressamente prevista como *providência cautelar*: artigo 112.º/2,f) – sobre esta disposição, cfr. Mário Aroso de ALMEIDA/ C.A. Fernandes CADILHA, *Comentários ao Código de Processo nos Tribunais Administrativos*, p. 567e ss.

Verificados os pressupostos previstos na disposição transcrita[637], um mero particular (sem funções administrativas e sem assumir as vestes de colaborador da Administração) pode ser accionado num tribunal administrativo por outro particular. Teremos, então, um *processo jurisdicional administrativo entre meros particulares.*

Apesar disso, a solução legislativa só *aparentemente* infirma o que referimos acima sobre o facto de a relação litigiosa não constituir uma relação jurídica administrativa, bem como sobre a circunstância de o particular ofendido (autor) não se apresentar como titular de um direito subjectivo público em face do ofensor (demandado). Com efeito, a solução terá sido ditada essencialmente por razões de ordem prática e não com base em qualquer juízo substantivo sobre a natureza jurídica da relação litigiosa; o objectivo que a lei persegue reside na exigência de desmontar o "castelo kafkiano" com que se defrontaria o particular ofendido ou potencial ofendido ("denúncia" à Administração; espera pela resposta; reacção jurisdicional contra resposta negativa ou inércia)[638]. Trata-se, contudo, ainda de uma forma de reagir contra uma situação de

---

[637] A este respeito, deve chamar-se a atenção para o pressuposto relativo à violação ocorrer "sem fundamento em *acto administrativo impugnável*". O CPTA pretende esclarecer, desse modo, que a violação deve imputar-se a uma actuação "não abrigada" por acto administrativo. Se, apesar de ilegal, a actuação do particular se encontra coberta por um acto administrativo, os interessados terão então de reagir, se estiverem em tempo de o fazer, contra o próprio acto administrativo (e a Administração) – cfr. Pedro GONÇALVES, *O Contrato*, cit., p. 160; M. Esteves de OLIVEIRA/R. Esteves de OLIVEIRA, *Código de Processo nos Tribunais Administrativos*, p. 276.

Esclareça-se, neste contexto, que o artigo 112.º/2,*f*), do CPTA – ao contrário do artigo 37.º/3 – não articula o pedido de intimação com o facto de a violação não se encontrar fundada em acto administrativo. Todavia, nesse caso, o pedido de intimação não deve proceder quando a alegada violação ou fundado receio de violação de normas de direito administrativo for imputada a um acto administrativo que autoriza a acção do particular: tem de verificar-se, também aqui, o pressuposto do artigo 37.º/3 ("sem fundamento em acto administrativo impugnável").

Outra é a questão de saber se o pedido de decretamento de uma providência cautelar contra particulares, nos termos do artigo 112.º/2,*f*), do CPTA, deve ser precedido da solicitação das autoridades administrativas, como, no domínio da acção principal, o exige o artigo 37.º/3; em sentido negativo, cfr. Acórdão do Tribunal Administrativo e Fiscal de Lisboa, de 15/07/2004, cujo sumário foi publicado no n.º 48 dos *Cadernos de Justiça Administrativa* (p. 71).

[638] Cfr. BIANCHI, Ob. cit., p. 173.

"tolerância activa" ou "consciente" da Administração[639]. Isso resulta justamente do facto de a acção contra o ofensor não poder ser proposta *"sem que, solicitadas a fazê-lo, as autoridades competentes tenham adoptado as medidas adequadas"*. Ao definir este pressuposto, o CPTA esclarece que, em princípio, a defesa dos interesses do ofendido decorre do accionamento das competências da Administração em face do particular que violou vínculos jurídico-administrativos. O autor não é, portanto, parte da *relação jurídica administrativa controvertida* (relação entre a Administração e o ofendido). Trata-se, em rigor, de um *terceiro* a quem a lei confere legitimidade para pedir ao tribunal administrativo que *substitua a Administração* no exercício das suas competências de reacção (na hipótese de a Administração, sendo "credora", não deter competências próprias de reacção, o particular ofendido apresenta-se, então, como um *substituto da Administração* no exercício do direito de acção[640])[641].

Somente a tese que acaba de se defender – segundo a qual a relação controvertida que chega ao tribunal por via do artigo 37.º/3 é a que subsiste entre a Administração e o particular que violou vínculos jurídico-administrativos – permite explicar por que motivo o autor só pode pedir ao tribunal *"que condene (os infractores) a adoptarem ou a absterem-se de certo comportamento, por forma a assegurar o cumprimento dos vínculos em causa"*: isso é exactamente o que a Administração poderia fazer directamente ou, então, o que, ela própria, poderia pedir ao tribunal. Fora de discussão na acção proposta contra particulares ao abrigo do artigo 37.º/3, estão, por ex., eventuais pedidos de indemnização por danos sofridos pelos ofendidos: uma condenação desta natureza só pode ser obtida nos tribunais judiciais. Ora, isso (também) prova que a referida disposição processual não pretende tutelar o direito (privado) do ofendido. Ainda que com base no pedido de um particular, a relação

---

[639] A tolerância activa ou consciente refere-se à omissão de um comportamento que à Administração é devido e para cuja observância ela é expressamente alertada; cfr. BULL, *Allgemeines*, cit., p. 225.

[640] As entidades administrativas podem propor acções contra particulares, nos termos do artigo 37.º/2,*c)*, do CPTA; cfr. Mário Aroso de ALMEIDA, *O Novo Regime*, cit., pp. 53 e 123; J.C. Vieira de ANDRADE, *A Justiça Administrativa*, p. 183.

[641] A situação não era diferente no processo de intimação para um comportamento (artigo 86.º da LPTA); como afirma Ricardo Leite PINTO, *Intimação Para um Comportamento*, p. 52, "em rigor, através da intimação o Tribunal pode substituir-se à Administração, obrigando o particular ou concessionário que lese normas de direito administrativo, a ter certo comportamento".

controvertida submetida à apreciação do tribunal é a *relação jurídica administrativa* entre a Administração Pública e o particular que viola vínculos jurídico-administrativos e não a *relação jurídica privada* entre este e o autor.

Em conclusão, o facto de o CPTA admitir, no artigo 37.º/3, um processo jurisdicional entre meros particulares não pressupõe a administratividade da relação litigiosa que eclode entre eles, mas apenas a existência de uma vinculação jurídico-administrativa de (um dos) particulares nas suas relações com a Administração Pública[642/643]. Apesar da solução processual, os casos ali abrangidos não consubstanciam a aplicação do direito administrativo nas relações entre particulares. A vinculação jurídico-administrativa encontra-se limitada ao âmbito das relações do particular com a Administração Pública.

3.2.3.2. Casos de vinculação de particulares pelo direito administrativo: o *direito administrativo entre particulares*

Com contornos diferentes do anterior, considera-se agora o cenário da vinculação imposta por uma lei de direito administrativo, que pretende, desse modo, regular directamente a acção externa de particulares e as relações que ele estabelece com outros particulares. No espaço abrangido pela vinculação, o particular fica submetido aos princípios e às regras do direito administrativo cuja aplicação se justifique no caso.

---

[642] Não obstante a formulação menos clara da letra da lei, supomos que o artigo 109.º/2 do CPTA não conduz a resultados diferentes. De acordo com essa disposição (no âmbito do *processo urgente de intimação para protecção de direitos, liberdades e garantias*), a intimação pode ser dirigida contra particulares, nomeadamente (?) para suprir a omissão, por parte da Administração, das providências adequadas a prevenir ou a reprimir condutas lesivas dos direitos, liberdades e garantias do interessado.

[643] Com contornos diferentes da situação que acaba de analisar-se (no contexto da aplicação do artigo 37.º/3 do CPTA) apresenta-se a que resulta das relações litigiosas que eclodem entre particulares na sequência de um deles violar vínculos jurídico-administrativos que decorrem de *contratos com a Administração*, quando tais vínculos constem de cláusulas contratuais que tenham sido *estabelecidas em benefício de terceiros*. Nessa hipótese e por força da *eficácia regulamentar* dessas cláusulas (cfr. Pedro GONÇALVES, *A Concessão*, cit., pp. 202 e 373), o ofendido pelo incumprimento do vínculo é, aqui, sim, titular de um *direito subjectivo público* face ao contratante. Por isso, sem dependência de qualquer solicitação prévia à Administração e, mesmo sem demandar a Administração contratante (defendemos que, nesta hipótese, não há *litisconsórcio necessário passivo*, em *O Contrato*, cit., p. 151), o ofendido tem legitimidade para deduzir um pedido relativo à execução do contrato: artigo 40.º/2,*b)*, do CPTA.

Em abstracto, podem distinguir-se dois grupos de casos de vinculação: o direito administrativo pode aplicar-se directamente à actuação de
particulares pelo facto de estes se encontrarem investidos de funções
públicas ou de posições de direito público ou por força de outros factores.

a) Vinculação no contexto do exercício de funções públicas administrativas ou da titularidade de posições especiais de direito
público

Os particulares investidos de funções públicas integram a Administração Pública (em sentido funcional). Uma consequência fundamental
desse processo de integração consiste na predisposição para a sujeição ao
direito administrativo. Essa sujeição, além de se projectar no plano das
relações internas com a entidade pública delegante, inclui, em todos os
casos, o dever de observar os princípios constitucionais que conformam
a actuação da Administração Pública. Num outro patamar, a aplicação do
direito administrativo generaliza-se e repercute-se nas relações que o
particular estabelece quando se encontre investido de poderes públicos,
dotado de uma capacidade de celebrar contratos administrativos ou em
actuação do estatuto de entidade expropriante.

Neste exemplo de vinculação pelo direito administrativo estão envolvidas actuações que representam o exercício de uma função pública. Os particulares actuam como "membros da Administração Pública". Há, neste
cenário, uma vinculação do particular que se posiciona na "área de influência natural do direito administrativo".

Naturalmente, o que acabámos de referir sobre o facto de o exercício da função pública administrativa se apresentar como um fundamento
legítimo para a imposição da aplicação do direito administrativo pressupõe um conceito rigorosamente delimitado de função pública administrativa[644]. Se se confundir o conceito com a mera prossecução de fins de
interesse público ou de interesse geral[645] ou se o mesmo puder ser "mani-
pulado" de acordo com aquilo que, com fundamento na intuição, o intér-

---

[644] Cfr., *infra*, Parte II, Cap. I.
[645] É esse o ponto de vista de LEONARDIS, *Soggettività*, cit., p. 186 e ss, que
entende que a circunstância de uma entidade privada ter o *dever institucional* (resultante
da lei ou de outro acto com fundamento na lei) de agir no interesse geral constitui
condição suficiente para considerar *objectivamente administrativa* a actividade que exerce
no âmbito do cumprimento desse dever e, portanto, para a submeter ao direito administrativo.

prete entende ser função pública, teremos então a porta aberta para a extensão (ilegítima) da vinculação de particulares pelo direito administrativo[646].

Próxima dessas situações está aquela em que *meros particulares* – agora, sem funções públicas – beneficiam do estatuto de entidade expropriante. Aqui, o particular, sem pertencer à Administração, actua perante o expropriando no contexto de uma relação jurídica administrativa (relação disciplinada pelas normas de direito administrativo do Código das Expropriações). O mesmo se diga das hipóteses de mobilização de funcionários públicos para actuarem na dependência profissional de entidades particulares. Nos dois casos, uma norma legal investe particulares (sem funções públicas) numa posição específica de direito público.

Em todas as situações acabadas de referir, está envolvida a aplicação de normas de direito administrativo no domínio de uma *relação jurídica administrativa*. Há aí um "direito administrativo nas relações entre particulares" – mas, note-se, trata-se de particulares colocados numa situação jurídica especial, de proximidade e de conexão com a esfera do Estado[647].

b) Outros casos de vinculação

Importa agora considerar as hipóteses em que a vinculação de particulares pelo direito administrativo opera fora do contexto do exercício de

---

[646] Trata-se de uma extensão ilegítima, desde logo por não ser imposta por lei. A questão da demarcação dos limites da província do direito administrativo tem estado na ordem do dia na literatura anglo-saxónica. Numa posição generalizada – de que, com uma excepção, a jurisprudência se tem demarcado claramente –, entende essa doutrina que o critério que comanda a aplicação do direito administrativo reside no "exercício da função pública". Todavia, o conceito de função pública não é definido em função do critério formal da *fonte do poder* ("source of power") exercido pelo particulares, mas, sim, em função da "natureza" desse poder ("nature of the power"). Surge, assim, a ideia de que há "funções públicas por natureza", conceito que abrange, por ex., funções exercidas por particulares, fora de um qualquer enquadramento legal ("non-statutory powers") e, manifestamente, fora do contexto de uma delegação efectuada por acto público (lei ou outro acto). Sobre esta extensão da "província do direito administrativo", cfr. WADE/ FORSYTH, *Administrative Law*, p. 626; HUNT, Ob. cit., p. 27 e ss; MULLAN, Ob. cit., p. 134 e ss; CRAIG, Ob. cit., p. 197 e ss; BATEUP, Ob. cit., p. 105 e ss.

[647] No sentido de que o direito administrativo se aplica a relações entre particulares quando entre eles e o Estado existe uma relação de proximidade e de conexão, cfr. PESTALOZZA, Ob. cit., p. 52 e ss; no sentido de que o direito administrativo regula relações entre sujeitos privados sempre que um deles actua como se fosse a própria Administração Pública, cfr. BERMEJO VERA, *Derecho administrativo básico*, p. 197.

funções administrativas. Apesar da ausência de uma investidura de funções públicas, a lei poderá impor a particulares uma vinculação pelo direito administrativo, afastando a aplicação do direito privado.

Na área abrangida, o particular ficará obrigado a respeitar princípios e regras de direito administrativo, como se de um "membro da Administração" se tratasse. Como consequência disso, o legislador entregará à jurisdição administrativa a competência para apreciar os actos (privados) que o particular pratique na área em que a sua acção se encontra regulada por normas de direito administrativo.

Tendo em consideração o que acaba de se sugerir, percebe-se que só deva falar-se de vinculação pelo direito administrativo quando uma norma do ordenamento administrativo inclui particulares (sem funções públicas) no grupo dos seus destinatários e, *simultaneamente*, há outras indicações taxativas desse mesmo ordenamento de que os actos e a actuação de tais particulares devem, em geral, observar o direito administrativo e ser submetidos à apreciação dos tribunais administrativos. Quer dizer, a vinculação pelo direito administrativo não decorre do mero facto de uma norma de direito administrativo se dirigir também a particulares; requer ainda indicações normativas suplementares, que, de forma taxativa ou inequívoca, imponham a submissão a um regime de direito administrativo[648].

Na nossa perspectiva, a vinculação de particulares (sem funções públicas) pelo direito administrativo, nos termos que acabam de ser enunciados, constitui, em princípio, uma *opção legislativa incorrecta*: susceptível de provocar sérias perturbações na identificação da medida exacta de aplicação do direito administrativo, consubstancia, além disso, uma medida inútil.

Desde logo, surgem dificuldades de identificação da medida exacta de aplicação do direito administrativo: assim, poderá questionar-se se, por ex., uma vinculação pelo regime disciplinar da função pública inclui a aplicação do regime da informação procedimental, das disposições sobre impedimentos e suspeições ou pelas das sobre a revogação de actos administrativos. Por outro lado, a opção legal pela vinculação revela-se uma medida inútil: o legislador tem, em geral, técnicas menos

---

[648] Se uma norma, em geral aplicável apenas à Administração, inclui no círculo dos seus destinatários meros particulares, dirigindo-se-lhes sem ser na qualidade de titulares de funções públicas, o cenário não é necessariamente o da vinculação de particulares pelo direito administrativo.

problemáticas de impor a particulares a observância dos conteúdos de regras do direito administrativo[649].

No nosso juízo, insistimos, a vinculação de particulares (sem funções públicas) pelo direito administrativo configura uma *opção legislativa incorrecta*.

Mas mais incorrecta ainda apresenta-se a vinculação imposta pelo próprio julgador, sobretudo quando não associada a um esforço argumentativo que explique a *ratio* de um tal caminho[650]. Pense-se, por ex., nos casos em que o juiz administrativo se considera competente para apreciar actos de entidades privadas que a lei não submete à jurisdição administrativa e que não são sequer qualificados pelo próprio juiz como actos praticados por particulares investidos de *funções públicas* ou no *exercício de poderes públicos*. Encontramos um caso exemplar destes no julgado pelo Tribunal Central Administrativo no âmbito de um processo de suspensão de eficácia de um acto praticado pelo presidente do conselho executivo de uma escola privada[651]. O Tribunal considerou competente a jurisdição administrativa, com base na afirmação da ideia, descabida, de que "no caso concreto a actuação [da escola privada] só é possível porque autorizada pelo Estado, [pelo que] a competência em razão da matéria pertence à jurisdição administrativa (…) e não à jurisdição comum".

Em situações como esta, o intérprete deixa-se seduzir pela lógica da vinculação pelo direito administrativo, apesar de, na verdade, não existir qualquer indicação legislativa em que possa filiar a sua intuição.

Cenário diferente deste último – mas que também não se reconduz à vinculação em sentido próprio, enquanto resultado imposto taxativa ou claramente por uma lei – verifica-se quando a imposição da aplicação de uma regulamentação administrativa à actuação de particulares surge conjugada com outras indicações normativas que, pelo seu teor, podem conduzir o intérprete a concluir que aquela aplicação determina a sujeição da actuação privada envolvida a um regime geral de direito administrativo. Como acima já referimos, ilustra esta hipótese a sujeição de certas entidades particulares às regras procedimentais da contratação pública

---

[649] Cfr., *infra*, 3.2.4.

[650] No mesmo sentido, mas a propósito da extensão da aplicação do direito administrativo a entidades privadas por via da respectiva requalificação como entidades públicas, cfr. NAPOLITANO, Ob. cit., p. 811 e ss.

[651] AcTCA/1.ª, de 06/06/2002 (proc. 11 391).

conjugada com a norma que remete para a jurisdição administrativa a apreciação dos actos pré-contratuais por elas praticados (cfr. artigo 100.º/3 do CPTA).

Em geral, parece poder dizer-se que a conjugação de duas indicações legais que, de certo modo, se completam, indicia uma vinculação geral pelo direito administrativo: por um lado, uma lei administrativa afirma-se aplicável um certo sujeito e, por outro, a lei processual indica pertencer aos tribunais administrativos a competência para apreciar os actos praticados por aquele mesmo sujeito. Desta conjugação inferir-se-á que a actuação do particular se pauta pelo direito administrativo: praticará actos administrativos (os quais poderá anular, nos termos gerais), os seus contratos poderão ser qualificados como administrativos, ficará sujeito aos regimes da informação procedimental e dos impedimentos, etc.. Ainda que assim se pudesse, eventualmente, interpretar em geral, cremos não ser essa a doutrina a aplicar às actuações pré-contratuais de entidades particulares abrangidas pelas leis da contratação pública.

Com efeito, o legislador processual, remeteu de facto para os tribunais administrativos a apreciação daqueles actos pré-contratuais, mas referiu-se-lhes como "equiparados a actos administrativos" (cfr. artigos 100.º/3 e 132.º/2 do CPTA). Quer dizer, a indicação normativa a conjugar com as leis administrativas que incluem particulares na sua esfera de aplicação está longe de ser inequívoca quanto à imposição de uma vinculação pelo direito administrativo. Pelo contrário, o que se deduz dessa indicação é que a entidade não se move no plano do direito administrativo, nem pratica actos administrativos: embora sujeita à incidência de leis que qualificam como acto administrativo a adjudicação, os seus actos de adjudicação são só "equiparados a actos administrativos"; acrescentamos nós que se trata de actos *privados* equiparados a actos administrativos, para efeitos processuais[652]. A ser assim, então não estará aí envolvido um caso de vinculação pelo direito administrativo: sucede "apenas" que certas actuações privadas (processos de escolha de contratantes) ficam sujeitas ao regime jurídico que regula actuações públicas da mesma natureza e que os actos praticados nesse domínio são equiparados a actos administrativos, para efeitos processuais.

---

[652] Sublinhando que não se trata de actos administrativos, cfr. Mário Aroso de ALMEIDA, *O Novo Regime do Processo nos Tribunais Administrativos*, p. 260.

Quanto ao mais, o direito administrativo não se aplica à acção da entidade particular: os contratos que celebra não deverão qualificar-se como administrativos[653]; uma vez que os seus actos pré-contratuais não são administrativos, não detém, por ex., a competência pública para os anular; não está submetida às regras gerais de procedimento que vigoram, em geral, para as entidades públicas ou para entidades privadas com poderes de autoridade. Quer tudo isto dizer que, apesar de tudo, não há aqui um caso de vinculação pelo direito administrativo.

3.2.4. *Expansão de valores do direito administrativo para o direito privado*

A vinculação dos particulares pelo direito administrativo constitui um fenómeno que tem todo o sentido e razão de ser nos casos em que os particulares estão investidos de funções públicas administrativas, actuam como entidades expropriantes ou, de forma transitória, actuam como entidades com "poderes patronais" sobre funcionários públicos. Mas, em bom rigor, a vinculação só se justifica nessas hipóteses. De facto, fora dessas áreas, de "influência natural do direito administrativo", a vinculação não se afigura já aceitável, parecendo-nos de recusar liminarmente qualquer generalização do tópico da *aplicação do direito administrativo a relações entre meros particulares*[654]. De resto e como já anunciámos, há expedientes menos problemáticos de alcançar os resultados substantivos que a vinculação pretende obter.

---

[653] Desde logo, tais entidades não estão investidas de funções públicas; além disso, deve ainda ter-se em consideração a ausência de uma lei que invista aquelas entidades de uma capacidade de direito público nesse domínio. Aliás, se a lei recusa qualificar como actos administrativos os actos pré-contratuais que elas praticam, não se entende como pode aceitar-se qualificar os seus contratos como administrativos.

Apesar do que acaba se afirmar, reconhece-se que a situação pode revelar-se complexa, nos casos em que a mesma lei que coloca a entidade particular sob a sua incidência qualifica o contrato a celebrar como administrativo: assim sucede no RJEOP, quanto aos "contratos de empreitadas de obras públicas". Neste domínio, cfr. AcSTA/1.ª de 08/10/2002 (proc. 2308/02), que qualificou como administrativo um contrato de empreitada celebrado por uma instituição particular de solidariedade social abrangida pelo RJEOP e aí considerada "dona de obras públicas".

[654] No nosso juízo, a única justificação aceitável para a aplicação do *direito administrativo entre particulares* há-de estar articulada com a ideia do direito administrativo como *direito estatutário*. É por essa razão que, por ex., recusamos qualificar como administrativos os contratos pelos quais particulares, autorizados por lei, dispõem de *direitos subjectivos públicos*; sobre isso, cfr., *infra*, Parte IV, Cap. II.

A referência a esses expedientes ou técnicas remete-nos para o tema da expansão ou da comunicação dos valores e da ética do direito administrativo para o direito privado e para o domínio das relações entre particulares.

a) Recorte do conceito de "expansão de valores do direito administrativo"

Expansão de valores do direito administrativo é o conceito que aqui se emprega para identificar o processo de irradiação para a esfera do direito privado de uma ética e de um espírito tradicionalmente associados às regras do direito administrativo: regulamentação e condicionamento do exercício da autoridade, consideração da multipolaridade relacional[655], garantia da objectividade na tomada de decisões, fundamentação, publicidade e transparência de processos decisórios constituem, porventura, alguns dos sinais mais nítidos desse espírito da regulação do direito administrativo.

O movimento de privatização de tarefas públicas reconduziu para a esfera do direito privado a regulação de relações jurídicas que reclamam a continuidade de uma certa ética de direito público. Nesse contexto, já o vimos, a doutrina tem falado de uma necessária publicização do direito privado, destacando-se a exigência de conceber o direito privado em torno de alguns valores que, embora associados apenas ao direito público, devem considerar-se verdadeiros "valores comuns" ou "transcendentes". No contexto desta renovação do direito privado faz, por conseguinte, sentido a referência a uma comunicação dos valores do direito administrativo.

O fenómeno apresenta alguns pontos de contacto com o instituto da *vinculação dos particulares pelos direitos fundamentais*. Em certos segmentos, ele representa uma espécie de "concretização", num plano legislativo, daquela directriz ou exigência constitucional. Todavia, a comunicação de valores do direito administrativo vai mais longe do que a vinculação pelos direitos fundamentais, passando pela fixação de exigências e de restrições concretas à esfera de acção dos particulares – exigências e restrições que, em muitos casos (*v.g.*, deveres de actuação imparcial e imposição explícita de fundamentação de decisões), não

---

[655] A consideração da multipolaridade e da complexidade das relações jurídicas é, tradicionalmente, uma marca do direito público; cfr. MATTEUCCI, Ob. cit., p. 410.

seria de todo possível extrair da directriz constitucional da vinculação de entidades privadas pelos direitos fundamentais.

A expansão dos valores do direito administrativo para a esfera do direito privado representa, assim, a resposta necessária de um sistema que enveredou, em certas áreas, por um certo esbatimento do Estado e por uma deslocação do eixo das suas responsabilidades para a ideia de *garantia*. Justamente, a responsabilidade de garantia exige que o Estado se coloque em posição de assegurar a obtenção de certos resultados e a realização de certos fins por via da auto-regulação privada. Ora, isso implica, além de uma fiscalização presente e atenta, a definição de parâmetros e regras de actuação que, uma vez cumpridas, garantam a obtenção de certos resultados. Assim se explica, por ex., que a lei exija a objectividade e a imparcialidade dos organismos privados de certificação e controlo ou que imponha a independência dos verificadores ambientais ou dos revisores oficiais de contas face às entidades que os contratam. Neste sentido, o processo de comunicação serve os objectivos fundamentais do "direito administrativo de garantia" ou da "cooperação".

Por outro lado, esse processo constitui ainda uma resposta natural (e necessária) para regular e condicionar o exercício de certos *poderes privados*: quer se trate de poderes exercidos em contexto associativo, escolar ou outro (*v.g.*, gestão de mercados), os "momentos de poder" presentes em certas relações de direito privado reclamam uma disciplina rigorosa, qualificada e detalhada. Nas normas de direito administrativo poderá existir a resposta adequada para essa exigência[656].

O mesmo pode dizer-se em geral sempre que aos actores privados é conferido o poder de praticar actos com efeitos públicos ("efeitos públicos de actos privados"). A circunstância de se tratar de actos destinados a

---

[656] A existência de relações (jurídicas privadas) de poder e de domínio entre particulares explica o disposto no artigo 2.º/2 do Estatuto do Provedor de Justiça (Lei n.º 9/91, de 9 de Abril, alterada pela Lei n.º 30/96, de 14 de Agosto): "o âmbito de actuação do Provedor de Justiça pode (…) incidir em relações entre particulares que impliquem uma especial relação de domínio, no âmbito da protecção de direitos, liberdades e garantias". Apesar de a CRP estabelecer que a actuação do Provedor de Justiça visa "acções ou omissões dos *poderes públicos*", a legislação alarga, portanto, o âmbito dessa actuação, colocando entidades claramente particulares e não investidas de funções públicas sob a esfera de actuação daquele órgão. No desempenho das suas competências, verificando situações ilegais ou injustas, o Provedor de Justiça poderá, se for o caso, dirigir recomendações aos órgãos públicos competentes para fiscalizar as entidades particulares infractoras (*v.g.*, escolas privadas, sociedades gestoras de mercados).

produzir efeitos publicamente reconhecidos (*v.g.*, habilitações oficiais no sistema de ensino) ou que determinam certas opções públicas (*v.g.*, certificação da qualidade como requisito para a contratação com a Administração) explica também a exigência de uma regulação inspirada em valores de direito público.

Para o mesmo resultado conduz, por fim, a aplicação de dinheiros públicos. O facto de o Estado subsidiar certas entidades exige a adopção de soluções legais que imponham o respeito de valores públicos no modo de aplicação desses dinheiros (por ex., por via da exigência de processos transparentes de escolha de contratantes)[657].

Como irá perceber-se melhor após a exposição das técnicas ou dos meios de a realizar, não deve confundir-se "expansão de valores do direito administrativo" com "extensão da província do direito administrativo". Na verdade, estamos a aludir a uma expansão dos valores do direito administrativo para efeitos da respectiva incorporação no direito privado. Não está aí envolvida qualquer alteração dos limites geográficos do regime do direito administrativo que, *qua tale*, deve vigorar apenas para a Administração Pública. Trata-se, apenas, de fazer corresponder a expansão dos valores do direito público administrativo a uma recepção desses mesmos valores na esfera do direito privado.

b) Meios de realizar a expansão dos valores de direito administrativo

Além da *incorporação* (reprodução do conteúdo de normas administrativas em normas privadas), o legislador pode servir-se de duas técnicas fundamentais para promover a expansão dos valores de direito administrativo.

i) Auto-extensão das regras de direito administrativo – O processo de auto-extensão verifica-se sempre que uma norma de direito administrativo inclui nos seus destinatários entidades particulares (sem funções públicas)[658]. Na medida em que também se aplica a particulares, a norma

---

[657] A expansão ou comunicação de valores públicos para a área do direito privado nasce de exigências intrínsecas à própria esfera privada, não significando a anulação das diferenças entre as funções e os objectivos de actores privados e de actores públicos; cfr. ANDREANI, Ob. cit., p. 24.

[658] Cfr., por ex., o artigo 3.º/4 do *Estatuto do Aluno do Ensino não Superior* (Lei n.º 30/2002, de 20 de Dezembro), que, numa fórmula aliás enigmática, estabelece que "os princípios que enformam o Estatuto aplicam-se aos estabelecimentos de ensino das redes privada e cooperativa, que deverão adaptar os respectivos regulamentos internos aos mesmos".

assume uma *dupla natureza*, devendo ser considerada de direito público, enquanto se dirige à Administração, e de direito privado, se dirigida a particulares (sem funções públicas). O fenómeno pode ser reconduzido a uma espécie de *privatização de regras de direito administrativo*. Pretende esta fórmula traduzir a ideia de que uma regra fundamentalmente disposta para regular a acção da Administração – criada e pensada como regra de direito administrativo – é "aproveitada" pelo legislador estadual para regular também a acção de particulares e, *nesse contexto*, convertida numa regra de direito privado.

ii) Recepção de regras de direito administrativo por normas de direito privado – Integram-se aqui as situações em que as próprias normas de direito privado (que regulam actividades privadas) determinam que certos actos de particulares se regulam por regras de direito administrativo (*reenvio*). Assim, uma norma reguladora de uma actividade privada pode chamar a aplicação do direito administrativo, facto que implica, também aqui, a *privatização* do direito recebido. Ainda que devam respeitar o disposto em leis administrativas, os actos em causa deverão ser qualificados como *actos de direito privado*, regulados por normas de direito privado (que acolheram, por reenvio, o conteúdo de regras de direito administrativo).

Dependendo da natureza da norma que determina a aplicação de regras de direito administrativo no âmbito do direito privado, teremos uma situação de "auto-extensão" (se se trata de uma norma de direito administrativo, que se dirige à Administração) ou de "recepção" (norma de direito privado, que se dirige a particulares). Assim, por ex., se, concretizando o disposto no artigo 2.º/4 do CPA, uma lei mandar aplicar os preceitos do CPA à actuação dos órgãos de instituições particulares de solidariedade social, poderemos ter um fenómeno de "auto-extensão" ou de "recepção".

As duas figuras agora identificadas representam um fenómeno de aplicação de regras de direito administrativo no âmbito das relações entre particulares. Tais regras são, no entanto, aplicadas *como regras de direito privado*. Por isso, as situações abrangidas não representam excepções ao princípio de conexão natural entre Administração e direito administrativo.

c) Limites da expansão de valores do direito administrativo
Como vimos, a expansão ou comunicação dos valores do direito administrativo para a esfera do direito privado constitui um fenómeno

não só aceitável como necessário. Mas isso não significa que não conheça limites. Na verdade, importa não esquecer que, com o sentido que aqui lhe foi atribuído, a expansão representa, em princípio, uma limitação da autonomia privada entendida "como possibilidade de os sujeitos jurídico-privados livremente governarem a sua esfera jurídica"[659]. Ora, nessa medida, ela há-de impor-se como uma solução racional para uma "imperfeição" ou "insuficiência" do direito privado num contexto bem definido. Não preenche esse requisito, por ex., uma regra que imponha uma limitação tão drástica como a de obrigar empresas privadas, de capitais privados e que actuam em sectores liberalizados, a escolher os seus contratantes por um procedimento de direito público (é o que se verifica com as "empresas de rede" que beneficiem do estatuto de entidade expropriante ou que tenham direitos de uso de solos públicos). Não descortinamos qualquer fundamento para essa restrição da garantia constitucional da autonomia privada e da liberdade contratual.

Mas, importa observar, os limites referenciados não são, em rigor, específicos dos meios técnicos de expansão. De facto, estes representam apenas meios ou instrumentos técnico-jurídicos para a produção de um resultado: incorporar no direito privado certos conteúdos. O que pode revelar-se questionável – de um ponto de vista jurídico-constitucional – não é tanto a "forma" de que o Estado se serve para limitar a autonomia privada, mas, em si mesmo, o "conteúdo" da limitação.

---

[659] Sobre a autonomia privada como garantia fundamental resultante da consagração do direito ao livre desenvolvimento da personalidade, cfr. Paulo Mota PINTO, Ob. cit., p. 213 e ss.

CAPÍTULO III
Privatização no âmbito da execução de tarefas públicas

Nos capítulos precedentes, contactámos já com o fenómeno da privatização. Apresentámo-lo como um processo de cedência, total ou parcial, de tarefas públicas a agentes privados. Esclarecemos também que, apesar do movimento de nítida retracção, o Estado continua a manter um extenso leque de responsabilidades de execução, no domínio das designadas *tarefas públicas necessárias*. Mesmo no contexto do mero *dever de garantia*, o Estado tem de assumir responsabilidades de execução (supervisão e regulação). Com razão, alguma doutrina enfatiza a circunstância de o processo de privatização de responsabilidades não pôr em causa um "princípio da continuação das tarefas públicas"[660].

No presente capítulo, pretendemos exactamente estudar as "estratégias de privatização" de que o Estado também se serve no domínio da execução das tarefas de que continua a estar incumbido. De entre as coordenadas jurídicas que elegemos, a *privatização no âmbito da execução de tarefas públicas* configura, decerto, a que revela pontos de contacto mais óbvios com o tema de que nos ocupamos na presente investigação.

1. Noção de privatização no âmbito da execução de tarefas públicas

A reconhecida complexidade do conceito de privatização reclama que se inicie por fixar o sentido da fórmula "privatização no âmbito da execução de tarefas públicas", apresentando as suas especificidades no espectro das estratégias de privatização, dando a conhecer os seus pressupostos e limites e relacionando-a com outros conceitos e fenómenos.

---

[660] Cfr. KÄMMERER, *Privatisierung*, cit., p. 409.

1.1. *Estratégia de privatização*

A privatização no âmbito da execução de tarefas públicas começa por se apresentar como uma estratégia de privatização. Trata-se de uma modalidade distinta da referida *privatização de tarefas* ou *privatização material de tarefas*. Esta "autêntica privatização" representa um processo de metamorfose da natureza jurídica de uma tarefa, envolvendo a *despublicatio*[661]. Por essa via, há um efeito de renúncia à execução de uma missão que antes havia sido objecto de uma *publicatio*, assumida, portanto, como missão própria do Estado.

A situação é outra na hipótese de privatização no âmbito da execução de tarefas públicas. Agora, não ocorre qualquer metamorfose da natureza jurídica e da titularidade da tarefa. Ou seja, a medida de privatização não põe em causa a *publicatio*, projectando-se no exclusivo plano ou âmbito da execução de uma missão que continua a ser pública[662]. Trata-se, pois, de implementar uma operação situada no âmbito *da execução* de uma tarefa pública: em certas situações, de *privatização orgânica*, privatizada é a responsabilidade de execução da tarefa; noutras, de *privatização funcional*, nem sequer essa responsabilidade de execução da tarefa constitui objecto de privatização[663]. Em qualquer caso, a fórmula referencia um fenómeno que se consubstancia na *participação* de uma *entidade privada* no domínio da execução de uma *tarefa pública*.

A destrinça entre privatização de tarefas públicas e privatização no âmbito da execução de tarefas públicas assume uma importância fundamental para a compreensão mais apurada do fenómeno genérico da privatização. Por outro lado, revela-se essencial para evitar o risco de misturar ou confundir o significado de conceitos que, embora próximos, representam realidades assaz diferentes. No caso de privatização de tarefas, insiste-se, o Estado renuncia a uma missão, confiando-a ao sector

---

[661] Cfr. Troncoso Reigada, Ob. cit., p. 43.

[662] É isso que explica que alguns autores se refiram, para todas as formas de privatização no âmbito da execução de tarefas públicas de "privatização formal". Ao contrário da "privatização material", aquela não pressupõe uma retracção das responsabilidades do Estado; cfr. Weiss, *Privatisierung*, cit., p. 29 e ss.

[663] Sobre a distinção entre "privatização de tarefas públicas" e "privatização *na execução* de tarefas públicas", cfr. Burgi, "Verwaltungsorganisationsrecht", cit., p. 852 e ss; Steiner, *Öffentliche*, cit., p. 263; Peine, "Grenzen der Privatisierung – verwaltungsrechtliche Aspecte", p. 354; Schuppert, "Die öffentliche Verwaltung", cit., p. 415 e ss; Troncoso Reigada, Ob. cit., p. 42 e ss.

privado, à Sociedade. Vimos que o Estado pode, e nalguns casos deve, assumir uma responsabilidade pública de garantia. Todavia, em si mesma, a tarefa (por ex., fornecimento de serviços essenciais; serviços de certificação e de controlo) é privada e, como tal, pode exercer-se no contexto da liberdade de empresa. Ao invés, na privatização no domínio da execução de tarefas públicas, estão envolvidas tarefas públicas, missões por cuja execução o Estado se responsabiliza[664]. O Estado não tem aqui apenas o *dever de garantir* a obtenção de certos resultados ou a realização de certos fins, mas, verdadeiramente, recai sobre ele um *dever de executar* ou, talvez melhor, *de assumir uma responsabilidade de execução.* Daí decorre que, no plano jurídico e de acordo com o princípio democrático, é o próprio Estado que tem de responder perante o povo pelo modo como desempenha ou como organiza o modo de execução da tarefa que assumiu ("responsabilidade última pela execução da tarefa"[665]): assim sucede em todos os casos de privatização no âmbito da execução de tarefas públicas.

Além disso, a destrinça entre as duas referidas modalidades de privatização assume relevo decisivo na identificação do espaço possível de privatização. Vimos acima que da circunstância de uma tarefa pública ser *necessária* não decorre a exclusão de certas estratégias de privatização. A privatização material de tarefas aparece, mesmo aí, como uma possibilidade, pelo menos nos casos em que não esteja envolvida uma tarefa *privativa* ou *exclusiva* do Estado. De qualquer modo, o Estado não pode proceder a uma privatização integral, estando, por isso, obrigado a assumir uma responsabilidade de execução. Todavia, isso não exclui que, mesmo nesse âmbito em que está impedido de privatizar a tarefa, ele não possa adoptar outras estratégias de privatização no domínio da execução[666].

Em conclusão, pode dizer-se que a privatização material de tarefas ocorre no contexto da deslocação de uma incumbência do Estado para a Sociedade; por sua vez, a privatização no âmbito da execução de tarefas públicas processa-se no espaço exclusivamente público, não pressupondo qualquer trânsito ou deslocação da tarefa em si mesma[667].

---

[664] Sublinhando com rigor as diferenças entre as duas formas de privatização, desde logo no plano das implicações constitucionais, cfr. METZGER, Ob. cit., p. 1370.

[665] Cfr. SEIDEL, Ob. cit., p. 39 e ss.

[666] Cfr. BURGI, *Funktionale Privatisierung,* cit., p. 61; SEIDEL, Ob. cit., p. 67; WEISS, *Privatisierung*, cit., p. 342; GRAMM, *Privatisierung*, cit., p. 340.

[667] Cfr. GRAMM, Privatisierung, cit., p. 107.

Em qualquer das modalidades em que se apresenta, a privatização no âmbito da execução de tarefas tem sido politicamente assumida como um expediente de modernização da Administração Pública e de implementação de métodos mais eficientes na gestão administrativa.

1.2. *Pressupostos e limites*

Pressuposto fundamental de todas as formas de privatização no âmbito de execução de tarefas pública é naturalmente a existência de uma *tarefa pública*. Sem apropriação pública de uma missão ou incumbência (publicização), não há privatização. Não tendo, naturalmente, de tratar-se de uma missão pública necessária, não pode dispensar-se, todavia, a exigência de um requisito formal de apropriação pública.

Como sabemos, esta modalidade de privatização não se encontra associada a uma qualquer deslocação da tarefa para o sector privado. Numa fórmula susceptível de se aplicar a todas as suas facetas, poderemos dizer que aquela postula sempre a *participação de uma entidade de direito privado* no domínio da execução de uma missão que pertence à esfera pública.

Por se desdobrar em várias formas, não é possível determinar, em geral, os limites da privatização no âmbito da execução de tarefas públicas. Não há, na verdade, uma resposta geral para a questão de saber *até onde pode ir* esta privatização, porquanto a equação do problema reclama ponderações que dependem totalmente da concreta forma de privatização envolvida: assim, está excluída a *privatização orgânica material* se há uma directriz constitucional a indicar que a tarefa envolvida é uma *tarefa de obrigatória gestão pública*; mas, ainda nessa hipótese, não estão necessariamente excluídas formas de *privatização funcional*. Por outras palavras, a análise dos limites quantitativos da privatização no domínio da execução de tarefas públicas só pode efectuar-se em face de cada específica forma de privatização. Sobre esse problema e em termos gerais, apenas é possível afirmar que deve ter-se em consideração a existência de limites quantitativos, designadamente os que decorrem de determinantes e directrizes constitucionais[668].

---

[668] Referindo-se a directrizes constitucionais sobre as modalidades de execução tarefas públicas, cfr. GRAMM, *Privatisierung*, cit., p. 340 e ss.

Todavia, o discurso já se apresenta com outros contornos se se analisar a questão dos limites numa dimensão ou perspectiva qualitativa. Assim e mesmo que, por mero exercício teórico, se admita que *todas as tarefas públicas* podem ser objecto de *todas as formas de privatização no âmbito da respectiva execução*, tem de se reconhecer que há factores que condicionam – *hoc sensu,* limitam – a implementação da privatização. Temos agora em mente os limites que decorrem do facto de o Estado ter de assumir a já referida "responsabilidade última pela execução de tarefas públicas". Com efeito, apesar da abertura à participação de entidades privadas no âmbito da respectiva execução, a tarefa permanece pública e, nessa medida, o Estado terá de responder quer pelos resultados que se propõe alcançar, quer pelas opções que toma quanto aos modos concretos de a executar. Esta privatização, apesar de poder promover um efeito de *pluralização* do sistema administrativo (por força da atenuação dos poderes de direcção governamental[669]), revela-se incompatível com a desresponsabilização estadual e com o "abandono" da missão pelo Estado. Por isso, salvo nos casos em que, apesar da participação privada, o Estado detém nitidamente a gestão global da tarefa, a privatização reclama a adopção de medidas que compensem o esbatimento e a atenuação dos poderes de direcção pública. Dentre tais medidas de compensação, ocupam um lugar de destaque as que se traduzem na previsão e no desempenho efectivo de poderes de ingerência e de fiscalização sobre a entidade privada que participa na execução de tarefas públicas[670]. O tópico da *responsabilidade de garantia* explica, também aqui, a injunção, dirigida ao Estado, de assumir, pelo menos, um controlo empenhado e efectivo sobre o modo de execução de missões que permanecem na sua esfera e pelas quais, por isso, mesmo continua a responder perante o povo[671].

1.3. *Relação com outros conceitos e fenómenos*

A privatização no domínio da execução de tarefas públicas apresenta-se como uma figura heterogénea, com facetas múltiplas. Contudo,

---

[669] Efeitos associados à introdução na Administração de estruturas com poderes de "auto-orientação" no âmbito da execução de tarefas públicas; cfr. GROSS, Ob. cit., p. 130 e ss.

[670] Cfr. SEIDEL, Ob. cit., p. 51.

[671] Cfr. SEIDEL, Ob. cit., p. 54.

o facto de indicar a participação de entidades privadas no domínio da execução de tarefas públicas basta, por si só, para confrontar essa modalidade de privatização com outros conceitos e fenómenos.

1.3.1. *Privatização do financiamento*

Não sendo de desprezar os factores ideológicos, bem como as pressões de grupos económicos privados, a privatização baseia-se, fundamentalmente, em argumentos e razões de índole prática[672]. A escassez de meios financeiros públicos representa um incentivo para a adopção de estratégias de atracção de entidades privadas para a execução de tarefas públicas, sobretudo quando se trate de missões associadas à instalação de pesadas infra-estruturas. O sistema das concessões de obras e de serviços públicos, tradicional no direito administrativo latino[673], constitui o exemplo clássico deste tipo de privatização de financiamento, que, nesse caso, aparece entrelaçado com a privatização da execução de tarefas públicas: a entidade privada suporta os custos do investimento público e recebe, em contrapartida, o direito de explorar a infra-estrutura[674] instalada durante o período de tempo que se prevê necessário e suficiente para garantir a reversão do capital investido, acrescido de um lucro[675]. Sobretudo no contexto anglo-saxónico, os modelos de privatização do financiamento da construção de instalações públicas têm sido aplicados noutras áreas, como, por ex., a construção de escolas, hospitais e prisões: conceitos como PFI ("private finance initiative"), BOT ("build, operate and transfer"),

---

[672] Sobre os argumentos pragmáticos em favor da privatização, cfr. FREEMAN, "Extending public law norms", cit., p. 1295.

[673] Na Alemanha, o conceito de *privatização do financiamento* apareceu na sequência de uma lei de 1994 sobre o financiamento privado da construção de auto-estradas; sobre essa lei e o sistema por ela instituído, cfr. STEINER, "Straßenbau durch Private", p. 3150 e ss; REIDT, "Verfassungsrechtliche Aspekte der Mautfinanzierung von Fernstraßen", p. 1156 e ss; PABST, *Verfassungsrechtliche Grenzen der Privatisierung im Fernstraßenbau*, especial., p. 82 e ss; SCHMITT, *Bau, Erhaltung, Betrieb und Finanzierung von Bundesfernstraßen durch Private nach dem FstrPrivFinG*, especial., p. 79 e ss.

[674] Mediante preços a pagar pelos utilizadores (taxas; "portagens reais") ou pelo próprio Estado, mas em função da utilização feita da infra-estrutura ("portagens virtuais"); cfr. LINOTTE/CANTIER, "«Shadow Tolls»: le droit public français à l'épreuve des concessions à péages virtuels", p. 863 e ss.

[675] Cfr. AZOFRA VEGAS, "La financiación privada de infraestructuras públicas", p. 543 e ss; GONZALEZ VARAS-IBAÑEZ, "Privatización de las infraestructuras", p. 217 e ss.

BOOT ("build, own, operate and transfer") e DBFO ("design, build, finance and operate"), associadas a complexos e sofisticados esquemas de *project finance*, tornaram-se de uso corrente e popular no domínio da contratação pública[676]. Representam, em qualquer caso, processos de financiamento privado de infra-estruturas do sector público.

Nas hipóteses acabadas de referir, a privatização do financiamento vai associada à entrega da gestão de infra-estruturas ao sector privado (em geral, a consórcios formados por empresas construtoras, prestadoras de serviços e instituições de crédito). Mas há outras constelações de privatização do financiamento desligadas da gestão privada de instalações públicas. Destacam-se, entre outras[677], as que se referem à transferência para determinados grupos de particulares do encargo de suportar os custos de tarefas públicas executadas pela Administração. Na Alemanha, na sequência de uma decisão do Tribunal Constitucional Federal (1995), a doutrina tem discutido a questão de saber em que termos se podem transferir para determinados grupos de pessoas os custos decorrentes do desempenho de actividades policiais de manutenção da ordem e de prevenção de perigos. Baseando-se no facto de a segurança pública ser um *bem público* que interessa a todos, a doutrina em referência entende que o financiamento desse bem constitui um encargo da comunidade, não podendo ser suportado por grupos determinados. Aceita, todavia, algumas excepções a esse princípio, admitindo que pode haver financiamento privado da segurança pública quando os onerados com os *tributos especiais* sejam os causadores dos riscos ou dos perigos, ou então quando seja inquestionável que a actividade pública de segurança beneficia exclusivamente certos grupos de pessoas[678].

1.3.2. *Parcerias público-privadas*

Como outros já referidos, também o conceito de *parcerias público-privadas* (PPP: "Public-Private Partnership") se converteu num conceito

---

[676] Sobre o *project finance*, cfr. Diogo Freitas do AMARAL, *Curso*, II, cit., p. 534 e ss.

[677] Cfr. TETTINGER, "Die rechtliche Ausgestaltung von Public Private Partnership", p. 766.

[678] Cfr. GUSY, "Polizeikostenüberwälzung auf Dritte", p. 722 e ss; SCHOLZ, "Staatliche Sicherheitsverantwortung zu Lasten Privater", especial, p. 445 e ss.

de uso corrente[679], inclusivamente ao nível da legislação[680]: no direito português, apareceu no diploma que regula as chamadas "parcerias em saúde" (Decreto-Lei n.º 185/2002, de 20 de Agosto) e, depois disso, num diploma que tem por objecto a regulação das parcerias público-privadas com intervenção do Estado. Nas "Linhas de Orientação para a Reforma da Administração Pública", estabelece-se que a avaliação das funções do Estado deve ter presente que a "colaboração da sociedade civil, nomeadamente através de parcerias", é cada vez mais um factor de progresso e de melhoria de qualidade dos serviços.

Independentemente dos seus específicos contornos legais, a noção de parceria público-privada refere-se a uma qualquer forma de cooperação entre actores públicos e actores privados para a realização de determinados objectivos[681]. A cooperação pode ter subjacente uma complementaridade de fins entre a intervenção pública e privada ("parcerias em rede") ou uma divergência de finalidades e objectivos a alcançar por via da parceria: o parceiro público participa para cumprir as suas missões de interesse público e o parceiro privado para obter lucros ("parcerias contratuais" e "associativas")[682]. Quanto à sua génese, a parceria poderá resultar de uma cooperação informal, mas, na maior parte dos casos, é formalizada, num contrato de sociedade (parcerias associativas ou institucionais) ou de cooperação (parcerias contratuais)[683].

Na grande maioria das suas manifestações, é óbvia a conexão entre as parcerias e a privatização do financiamento. A concretização da parceria passa, nesses casos, por instrumentos de cooperação entre entes públicos e entes privados, em que estes suportam uma parte ou a totali-

---

[679] Trata-se de um conceito que "está na moda"; cfr. KÄMMERER, *Privatisierung*, cit., p. 56.

[680] No âmbito do direito comunitário, cfr. o *Livro Verde da Comissão, Sobre as Parcerias Público-Privadas e o Direito Comunitário em Matéria de Contratos Públicos e Concessões*, de 30/04/2004, COM(2004) 327 final.

[681] Cfr. TETTINGER, "Die rechtliche Ausgestaltung", cit., p. 764; BECKER, "Rechtsrahmen für Public Private Partnership", p. 304 e ss; BUDÄUS/GRÜNING,"Public Private Partnership – Konzeption und Probleme eines Instruments in die aktuelle Verwaltungsreform aus Sicht der Public Choice-Theorie", p. 48 e ss.

[682] Cfr. BECKER, Ob. cit., p. 304 e ss; BUDÄUS/GRÜNING, Ob. cit., p. 51.

[683] Sobre os contratos públicos de cooperação como formas de estabelecimento de parcerias, cfr. SCHUPPERT, "Die öffentliche Verwaltung im Kooperationsspektrum staatlicher und privater Aufgabenerfüllung – Erscheinungsformen von Public Private Partnership als Herausforderung an Verwaltungsrecht und Verwaltungswissenschaft", p. 119 e ss.

dade dos encargos inerentes à realização de um investimento público e, mais do que isso, o "risco do negócio". Na verdade, a parceria pressupõe, no mínimo, uma "partilha de riscos" entre os parceiros. Sem assunção de risco por parte do parceiro privado, não há parceria ou cooperação, mas apenas um fenómeno de simples colaboração (que não justifica a "engenharia jurídica" associada à montagem da equação financeira da parceria).

A falta de rigor – imputável aos "calendários eleitorais" à negligência e, por vezes, à pura falta de bom senso – dos responsáveis públicos nas operações de montagem de parcerias (sem riscos para os parceiros privados ou disciplinadas por contratos que propiciam lucros maiores em caso de modificação do que em caso de execução) justifica plenamente as soluções acolhidas no já citado Decreto-Lei n.º 86/2003, de 26 de Abril.

O diploma regula a intervenção do Estado (que abrange as "entidades públicas estaduais", as empresas públicas do sector empresarial do Estado e as entidades por estas constituídas) no processo de definição, concepção, preparação, concurso, adjudicação, alteração, fiscalização e acompanhamento global das parcerias público-privadas.

A parceria público-privada encontra-se aí definida como "o contrato ou a união de contratos, por via dos quais entidades privadas, designadas por parceiros privados, se obrigam, de forma duradoura, perante um parceiro público, a assegurar o desenvolvimento de uma actividade tendente à satisfação de uma necessidade colectiva, e em que o financiamento e a responsabilidade pelo investimento e pela exploração incumbem, no todo ou em parte, ao parceiro privado". Como característica essencial das parcerias, aparece a ideia de "repartição de responsabilidades", em cujos termos cabe ao parceiro público "o acompanhamento e o controlo da execução do objecto da parceria, por fim a garantir que são alcançados os fins de interesse público subjacentes, e ao parceiro privado cabe o financiamento e o exercício e a gestão da actividade contratada". Trata-se de um processo de repartição de responsabilidades baseado no princípio de que o parceiro público fiscaliza e o parceiro privado financia e gere.

De um modo particular, quanto aos limites e às condições de montagem da parceria, o diploma define um extenso conjunto de pressupostos que devem estar preenchidos na fase de lançamento ou de contratação das parcerias. Entre eles salientam-se os que se referem aos princípios: i) *da subsidiariedade das parcerias* (estas devem apresentar vantagens relativamente a outras formas de alcançar os mesmos fins);

ii) *da prévia adequação das parcerias às normas aplicáveis* (de modo a permitir que o risco seja transferido); iii) *da proibição de regimes indemnizatórios que bloqueiem a capacidade de decisão do parceiro público durante a vigência da parceria*; iv) *da identificação clara da partilha de riscos e da efectiva transferência de risco para o parceiro privado.*

1.3.3. Contratação pública

No início de um importante texto sobre a contratação pública, diz Jody Freeman que o moderno Estado administrativo se apresenta como um "contracting state", isto é, um Estado que interiorizou a "cultura do contrato" como um instrumento ao serviço da realização dos seus fins institucionais[684]. Isso assume particular notoriedade perante a importância que o contrato adquiriu no domínio do estabelecimento de formas de cooperação e de colaboração entre Estado e actores privados na gestão de serviços públicos e na execução de funções públicas. Mas o mesmo deve ainda dizer-se acerca dos chamados "contratos regulatórios"[685], que, em alguns sectores, tendem a substituir as tradicionais regulações unilaterais e autoritárias por uma ideia de "contractual governance"[686].

Embora se apresente com um espectro mais alargado, a contratação pública detém actualmente um relevo decisivo na reconfiguração do papel do Estado e no estabelecimento de pontes de cooperação com as entidades privadas. Neste sentido, o contrato representa um instrumento fundamental ao serviço das medidas de privatização no domínio da execução de tarefas públicas. Além dos clássicos contratos de concessão de obras e de serviços públicos, o Estado recorre a outros modelos de *contracting out*[687] e de *outsourcing*[688], por via dos quais confia a entidades

---

[684] Cfr. FREEMAN, "The contracting state", cit., p. 155 e ss. A expressão "contracting state" corresponde ao título de uma monografia, de 1992, de Ian Harden (cfr. TAGGART, Ob. cit., p. 2; ARONSON, Ob. cit., p. 55) sobre a importância do aumento da contratação pública: "contracting out" e "outsourcing".

[685] Cfr. FREEMAN, *ibidem*, p. 189 e ss; SEIDENFELD, "An apology for administrative law in *the contracting state*", p. 217 e ss.

[686] Sobre estes aspectos, cfr. VINCENT-JONES, "Contractual governance: institutional and organizational analysis", p. 317 e ss.

[687] "Contracting out" é a fórmula genericamente usada para identificar todos os contratos públicos que confiam a entidades exteriores à Administração Pública o desempenho de missões públicas (de natureza económica ou não); cfr. FREEMAN, "The contracting state", cit., p. 156; PIETZCKER, *Der Staatsauftrag*, cit., p. 201. Associando o

privadas a gestão de missões públicas ou a realização de trabalhos essenciais para o desempenho das tarefas públicas pelo próprio Estado.

Como se sabe, no direito português, o contrato de direito público administrativo é um instrumento utilizado há muito tempo na regulação de relações de colaboração entre a Administração e os particulares[689]. Neste sentido, há uma conexão mais ou menos directa entre os fenómenos da contratação pública e da privatização na execução de tarefas públicas.

1.3.4. *Privatização do procedimento administrativo*

Na época que vivemos, de transformação do direito administrativo e de reconfiguração do papel do Estado, o procedimento administrativo tem estado, de certo modo, no centro do debate sobre a modernização administrativa e dos conceitos de direito administrativo[690]. É neste contexto que a doutrina vem estudando os impactos das várias formas de privatização sobre o procedimento administrativo. Interessa agora assinalar que o procedimento administrativo pode ser, ele próprio, o objecto da privatização.

"contracting out" ao estabelecimento de parcerias público-privadas, cfr. VINCENT-JONES, Ob. cit., p. 341; BECKER, Ob. cit., p. 304.

[688] Contratos de *outsourcing* ("externalização") são contratos pelos quais uma organização confia a entidades externas o desenvolvimento de serviços e de incumbências próprias, servindo-se, portanto, de recursos organizativos e empresariais de estranhos. No caso da Administração, a ideia de "outsourcing" aplica-se essencialmente no contexto da contratação de empresas que se encarregam de desenvolver aplicações informáticas e de tratar a informação administrativa; cfr. TRIMARCHI, "Sistema gestionali e forme contrattuali dell'*«outsourcing»* nella pubblica amministrazione", p. 1 e ss; BÜLLESBACH/RIESS, "Outsourcing in der öffentlichen Verwaltung", p. 444 e ss; ZUNDEL, "Outsourcing in der öffentlichen Verwaltung", p. 763 e ss. Sobre a externalização de missõess públicas, no contexto daquilo que designa por "«outsourcing» à la française", cfr. DREYFUS, "L'externalisation, éléments de droit public", p. 1214 e ss.

[689] Sistemas jurídicos com outra tradição, como o germânico, só recentemente começaram a dar os primeiros passos na definição de um modelo de "contrato de cooperação". Há mesmo propostas no sentido de alteração da VwVfG, incluindo nela um título novo, sobre a "cooperação com entidades particulares" e, dentro deste, um parágrafo sobre os "contratos de cooperação"; cfr. BECKER, Ob. cit., p. 307 e ss; HOFFMANN-RIEM, "Verwaltungsverfahren und Verwaltungsverfahrensgesetz – Perspektiven der Systembildung", p. 436.

[690] Cfr. VOSSKUHLE, "Strukturen", cit., p. 282.

Já acima nos referimos ao conceito de "privatização do procedimento administrativo". Na hipótese analisada, tratava-se fundamentalmente de uma *privatização material*, que representava a transformação de um procedimento administrativo num procedimento privado. Nessa eventualidade, o interessado em exercer uma determinada actividade deixa de se dirigir à Administração a solicitar uma autorização e passa, por ex., a dever contratar uma empresa de certificação (*v.g.*, certificação de projectos de construção)[691].

O conceito de privatização do procedimento administrativo[692] vem ocasionando algumas divergências doutrinais[693], detectando-se, pelo menos, três tendências: para alguns autores, o conceito só se aplica nos casos, já analisados, de "renúncia à decisão administrativa" e de substituição de um procedimento público por um equivalente privado[694]; para outros, o mesmo conceito identifica apenas o fenómeno da participação de entidades privadas com funções de preparação de decisões públicas[695]; numa terceira corrente, integram-se os autores que defendem que as duas situações referidas ilustram modalidades (diversas) de privatização do procedimento administrativo[696].

Para nós, a correcta compreensão do conceito exige que se assinale, em primeiro lugar, que a privatização do procedimento administrativo não se apresenta como uma modalidade autónoma de privatização[697]. O conceito visa apenas identificar o *objecto* sobre que podem incidir medidas de privatização.

O procedimento administrativo pode, por conseguinte, ser objecto de medidas de privatização de natureza diversa. A divisão essencial faz-se entre as medidas que provocam uma *privatização material* e as que,

---

[691] Cfr. GRAMM, *Privatisierung*, cit., p. 164 e ss; RITTER, "Bauordnungsrecht", cit., p. 545.

[692] Criado por HOFFMANN-RIEM, "Verfahrensprivatisierung", cit., p. 225 e ss.

[693] Cfr. WEISS, *Privatisierung*, cit., p. 43.

[694] Cfr. GRAMM, *Privatisierung*, cit., p. 164 e ss.

[695] Cfr. PEINE, "Verfahrensprivatisierung", cit., p. 101; PIETZCKER, "Verfahrensprivatisierung", cit., p. 285 e ss.

[696] Cfr. HOFFMANN-RIEM, "Verfahrensprivatisierung", cit., p. 226; WEISS, *Privatisierung*, cit., p 44. BURGI, "Verwaltungsorganisationsrecht", cit., p. 864[87]; SEIDEL, Ob. cit., p. 23 e ss.

[697] Em sentido contrário, cfr. SCHUPPERT, "Die öffentliche", cit., p. 417; SCHMIDT-PREUSS, "Verwaltung", cit., p. 168[20].

mantendo o procedimento administrativo como uma tarefa ou "competência pública", se assumem como formas de *privatização no âmbito da execução de responsabilidades procedimentais da Administração*.

Privatização material do procedimento administrativo – Um caso paradigmático de forma de privatização material resulta de a lei substituir um procedimento administrativo por um procedimento privado equivalente (renúncia a controlos públicos seguida de imposição de controlos privados). Há, nessa eventualidade, uma privatização material total. É possível, contudo, existir uma *privatização material parcial*, limitada a partes ou componentes da instrução do procedimento. É o que se verifica, por ex., quando a lei desloca para a esfera de responsabilidade do interessado ("requerente") a incumbência de obter no mercado a certificação de um projecto ou de uma instalação[698]. Neste caso, a lei confia ao particular a realização, no âmbito do direito privado, de um encargo instrutório que antes estava cometido à Administração.

Privatização do procedimento no domínio das responsabilidades procedimentais da Administração – O procedimento administrativo assume-se ainda susceptível de ser objecto de medidas de privatização localizadas no domínio da execução das competências procedimentais da Administração (execução e controlo do procedimento decisório público[699]). A privatização do procedimento representa agora fundamentalmente a colaboração de entidades privadas na execução de tarefas públicas de preparação de decisões públicas. Trata-se, portanto, de uma privatização que atinge a fase de instrução do procedimento.

Ou seja, o procedimento é, todo ele, público, serve a tomada de uma decisão pública (*v.g.*, licenciamento administrativo de uma actividade industrial), mas na fase de instrução (por ex., na verificação da conformidade do projecto industrial com a legislação aplicável) compreende a intervenção de entidades privadas: é isto exactamente que sucede com as designadas *entidades acreditadas no âmbito do processo de licenciamento industrial*, cujo estatuto foi aprovado pelo Decreto-Lei n.º 152/2004, de 30 de Junho.

Limitada, como se disse, à *instrução* do procedimento, a medida da privatização tem um alcance variável: nuns casos, abrange apenas *dili-*

---

[698] Sobre os controlos privados cujos resultados são relevantes num procedimento administrativo de autorização, cfr., supra, Cap. I, 3.1.1.2.

[699] Sobre o controlo do procedimento como competência pública, cfr. SEIDEL, Ob. cit., p. 108.

gências instrutórias específicas (*v.g*., realização de um exame ou de um ensaio laboratorial), noutros, estende-se à própria *direcção da instrução*, isto é, à organização, coordenação e gestão global de toda uma parte ou mesmo de toda a instrução de um procedimento administrativo[700]. Em qualquer caso, só há privatização na instrução do procedimento se a responsabilidade pela decisão final continuar a pertencer a uma autoridade pública[701]. Neste ponto, há, porém, que ter em consideração que essa autoridade nem sempre estará colocada em posição de actuar como "senhora do procedimento"[702], quer porque a lei pode atribui um valor decisivo (vinculativo) ao acto preparatório, na sua relação com a decisão final, quer porque, independentemente disso, a mesma autoridade não está muitas vezes em condições de efectuar uma recepção controlada ou crítica dos resultados que lhe são apresentados. Em qualquer caso, a decisão pública pode vir a ser *prejudicada* pelos actos praticados na preparação do procedimento, por efeito de "infecção" ou de "contaminação" pelas irregularidades (materiais e formais) imputáveis à instrução do procedimento[703].

1.3.5. *Empresarialização da Administração Pública*

Um dos tópicos da *modernização administrativa* e de *reforma da Administração* anda associado às ideias do "New Public Management" e à necessidade de rever o modelo de organização burocrática e hierárquica, de alterar os padrões de comportamento dos agentes da Administração e de incrementar a eficácia e a eficiência das estruturas públicas. A proposta passa pela ruptura com o modelos tradicionais e, entre outras

---

[700] Distinguindo entre a "responsabilidade de preparação de decisões" e a "responsabilidade pelo procedimento", que se refere à coordenação global do procedimento, cfr. VOSSKUHLE, "Gesetzgeberische", cit., p. 72. Sobre o *management* dos procedimentos administrativos por entidades privadas, cfr. LUDWIG, Ob. cit., p. 198 e ss; BÖCKEL, "Projektmanagement in Verwaltungsverfahren", p. 102 e ss. A gestão do procedimento pode envolver a "mediação de conflitos"; cfr. BURGI, *Funktionale Privatisierung*, cit., p. 138.

[701] Cfr. PIETZCKER, "Verfahrensprivatisierung", cit., p. 286.

[702] Sobre o conceito de "senhorio ou domínio do procedimento", cfr. SEIDEL, Ob. cit., pp. 50 e 109 e ss.

[703] Sobre a contaminação das decisões públicos pelas irregularidades cometidas na respectiva preparação, cfr. BURGI, "Verwaltungsorganisationsrecht", cit., p. 865; SCHMIDT-PREUSS, "Verwaltung", cit., p. 183 e ss.

coisas, pela empresarialização da Administração Pública. Em termos simples, esta fórmula representa a sujeição da Administração às formas e aos métodos de gestão do sector privado ("run public organizations in business-like ways")[704]. A obtenção da eficiência, a melhoria do desempenho, a autonomia de gestão dos serviços, a gestão por objectivos e orientada para os resultados e a consideração dos cidadãos como clientes são alguns dos itens que se associam a uma concepção da Administração como uma "grande empresa de serviços", empenhada na qualidade do seu desempenho e avaliada pelos resultados que produz, pelos meios que empenha e pelos custos que suporta[705].

Consequência de uma cultura de "marketization"[706], que tende a penetrar em todas as estruturas administrativas, a empresarialização não se confunde com a privatização no domínio da execução de tarefas públicas. Naquele fenómeno, há, podemos dizer, uma mera "privatização cultural" ou "managerial", que se quer introduzir no modo de funcionamento da máquina administrativa[707].

Todavia, uma leitura mais atenta conduz-nos a duas conclusões importantes: por um lado, a de que a empresarialização induz a privatização e, por outro, a de que a privatização pode constituir um meio de concretização do processo de empresarialização.

Assim, desde logo, um dos primeiros objectivos da empresarialização consiste no aumento da eficiência da acção pública: "melhor acção pública a custos mais baixos". Ora, a procura da eficiência pode exigir que se faça menos e compre mais ("make less and buy more"). Neste sentido, a empresarialização cria condições para o aumento do *contracting out* da Administração.

Por outro lado, a empresarialização não passa apenas pelos procedimentos, formas e métodos de gestão privada; concretiza-se também pela utilização de modelos organizativos de direito privado. Pode, pois, e em síntese, dizer-se que a empresarialização promove a chamada privatização formal da Administração Pública, por via da transformação de

---

[704] Cfr. MOORE, Ob. cit., p. 296 e ss; AMAN Jr., Ob. cit., pp. 103 e 112;

[705] WOLFF/BACHOF/STOBER, Ob. cit., 1, p. 49; BURGI, "Verwaltungsorganisationsrecht", cit., p. 851; SCHÄFFER, "Modernização da Administração como desafio à legislação. Ideias novas sobre a Nova Administração Pública na Áustria", p. 5 e ss.

[706] MOORE, Ob. cit., p. 296.

[707] A euforia do processo de empresarialização não nos deve fazer esquecer "a verdade simples de que o *Estado não é um empresário*"; cfr. SHÄFFER, Ob. cit., p. 10.

muitas estruturas subjectivas públicas em entidades empresariais em formato de direito privado. *Hoc sensu*, empresarialização e privatização podem considerar-se a mesma coisa[708].

1.3.6. *Pluralização da Administração Pública*

A ideia de "unidade da Administração" representou, durante muito tempo, a exigência de um sistema monolítico, burocrático, centralizado e organizado de acordo com um rígido princípio de hierarquia. Um tal sistema traduzia a sujeição de toda a Administração à direcção e ao controlo governamentais[709]. A Administração Pública era sempre directa e imediata, uma vez que todas as instâncias que a integravam estavam dependentes do Governo[710].

O modelo de direcção governamental de toda a Administração Pública aparecia como o corolário de uma exigência da *democracia representativa*: o controlo parlamentar do Governo equivalia ao controlo sobre os actos dos ministros, impondo-se, por isso, que toda a actividade administrativa "fosse colocada na *dependência directa e imediata* do Governo"[711]. A unidade da Administração representava uma consequência necessária do princípio democrático[712].

---

[708] No preâmbulo dos diplomas que transformaram os hospitais públicos em sociedades anónimas dizia-se que o "que se pretende alterar é apenas e tão-só o modelo de gestão, mantendo-se intacta a responsabilidade do Estado pela prestação de cuidados de saúde (…). Por isso, não deve confundir-se a empresarialização da gestão dos serviços públicos (…) com a privatização dos mesmos serviços" – cfr., por ex., o preâmbulo do Decreto-lei n.º 239/2002, de 11 de Dezembro. Percebia-se o que o legislador pretendia dizer, mas, no caso, a empresarialização confundia-se mesmo com uma privatização *formal* dos hospitais. Note-se que o Decreto-Lei n.º 93/2005, de 7 de Junho, enquadrou o processo de transformação dos hospitais sociedades anónimas em entidades públicas empresariais.

[709] Cfr. HAVERKATE, "Die Einheit der Verwaltung als Rechtsproblem" p. 218.

[710] A construção inicial (liberal) da unidade administrativa levou a considerar todos os sujeitos com funções administrativas órgãos de uma mesma pessoa jurídica: o Estado; cfr. MANNORI/SORDI, Ob. cit., p. 354.

[711] Cfr. A. M. Barbosa de MELO, *Introdução às Formas*, cit., p. 21; acrescenta o Autor: "a subordinação hierárquica e a centralização administrativa viram-se, pois, convertidas em instrumentos de democracia".

[712] Cfr. HAVERKATE, Ob. cit., p. 223.

Contudo, nesse sentido originário, a unidade da Administração – enquanto administração *exclusivamente* ministerial – já não existe[713]. Com efeito, o sistema administrativo está agora marcado pela *diferenciação* e pela *pluralização*, enquanto efeitos visíveis de uma *operação de distanciamento* de certas esferas administrativas em relação ao controlo governamental[714].

Isso verifica-se no contexto dos *processos de descentralização administrativa* com as *administrações autónomas* (territoriais e funcionais) que, baseadas numa legitimidade democrática própria e autónoma em relação à legitimidade parlamentar, ficam apenas submetidas a fiscalização governamental.

Outras formas de pluralização projectam-se para o interior de certos órgãos públicos, abertos à participação institucional de representantes de interessados ("co-administração"[715] ou "administração partilhada com os interessados"), de especialistas e de peritos externos[716], bem como de representantes de interesses particulares ("administração em condomínio"[717]).

Ao lado desses expedientes de uma *pluralização sociológica*, aumentam também as formas de *pluralização técnica* (realizada por força de exigências de ordem prática)[718]. Nos últimos tempos, esta tem vindo a assumir uma dimensão nova, no contexto da *administração independente*, ainda mais imune à ingerência governamental do que a administração autónoma[719]. Embora de forma mais limitada, o modelo da administração

---

[713] Cfr. NIGRO, "Amministrazione pubblica", p. 4. A Administração Pública já não se assume como uma categoria compacta e homogénea, "sino más bien un complejo de piezas de lógica distinta"; cfr. PAREJO ALFONSO, "El Estado", cit., p. 236. A Administração do Estado é, hoje, apenas "uma" das muitas Administrações que actuam no território de um Estado; cfr. ANDREANI, Ob. cit., p. 51.

[714] Cfr. Vital MOREIRA, *Administração Autónoma,* cit., pp. 16 e ss, e 31 e ss; Paulo OTERO, *O Poder de Substituição,* cit., p. 742 e ss.

[715] Cfr. Vital MOREIRA, *Administração Autónoma*, cit., pp. 72 e ss, e 162 e ss.

[716] Cfr. TRUTE, "Verantwortungsteilung", cit., p. 29.

[717] Cfr. JESTAEDT, Ob. cit., p. 120; SCHMIDT-ASSMANN, *Das allgemeine Verwaltungsrecht*, p. 226.

[718] Distinguindo entre a pluralização como *desconcentração* e pluralização como *autonomia*, cfr. NIGRO, "Amministrazione", cit., p. 3.

[719] Sobre o facto de a administração independente (ainda que no contexto de uma "independência com limites") significar uma ruptura com o princípio democrático e a subordinação da Administração estadual ao Governo, cfr. Pedro GONÇALVES, "Regulação", cit., pp. 40 e ss e 59 e ss.

unitária é também abalado pelo *processo de mediatização* da execução
de tarefas públicas, com a entrega da respectiva execução a instâncias
públicas da administração indirecta (institutos públicos).

Do mesmo modo, a entrega da execução de tarefas administrativas
a entidades privadas (verdadeiras ou fictícias) constitui uma atenuação
da *Staatsleitung* e, neste sentido, também contribui para a pluralização
do sistema administrativo[720]. Há, de resto, casos em que aquele fenómeno
apresenta contornos que o aproximam da *pluralização sociológica*, designadamente às formas de participação de interessados na administração
dos seus interesses.

A privatização da execução de tarefas públicas (processos de delegação de funções públicas em entidades particulares e "Administração
Pública em forma privada") assume-se, assim, como mais uma das muitas manifestações de pluralização da Administração.

Uma análise mais apurada das razões e do regime jurídico da pluralização revela-nos um conjunto de elementos e de factores que estão
igualmente envolvidos nos processos de privatização da execução de
tarefas públicas.

Motivos de pluralização – Os motivos de pluralização da Administração apresentam feições muitos diversas[721]. De um modo geral e como
já foi assinalado por Maria da Glória Garcia, a quebra da homogeneidade
organizativa constitui uma consequência directa da ruptura da homogeneidade funcional de uma Administração cujo papel no momento actual
(mesmo que de privatização e de retracção pública) se revela infinita-
mente mais complexo do que aquele que ela assumia na época liberal[722].

Nalguns casos, a pluralização passou mesmo a constituir uma *imposição* constitucional: assim sucede com a imposição da *autonomia das
autarquias locais* (CRP: artigo 235.º/1) ou da *autonomia das universidades* (artigo 72.º/2). Ainda ao nível constitucional, pode falar-se de um
impulso no sentido da pluralização, que parece resultar da proclamação
dos princípios da descentralização democrática (artigo 6.º/1) e da participação dos interessados na gestão efectiva da Administração Pública

---

[720] Cfr. DREIER, *Hierarchische Verwaltung im demokratischen Staat*, p. 248.
[721] Cfr. DREIER, *ibidem*, p. 270 e ss; SCHMIDT-ASSMANN, *Das allgemeine Verwaltungsrecht,* cit., p. 223.
[722] Cfr. Maria da Glória F. P. D. GARCIA, "Organização administrativa", p. 241.

(artigo 267.º/2). Nestes casos, a atenuação do modelo de administração unitária representa o resultado da abertura a formas de legitimação democrática alternativas à legitimação parlamentar e da pretensão de partilhar com os *interessados* a gestão da Administração ("princípio da clientela")[723].

A pluralização apresenta-se também como o efeito de uma *exigência de distanciamento* de certas esferas da Administração em relação ao Governo: é o que se passa com os bancos centrais e com as autoridades reguladoras de sectores da economia em que o Estado ainda detém empresas ou participações[724], bem como, em geral, com as autoridades administrativas independentes (algumas das quais têm a missão de fiscalizar a actuação de serviços dependentes do Governo)[725].

Há ainda *exigências de racionalidade* e *princípios organizativos* que podem favorecer a pluralização: a complexidade e a extrema diversidade de tarefas administrativas recomendam uma especialização e a criação de uma cultura específica, que, ao mesmo tempo, afeiçoe a organização ao tipo de tarefa que executa e torne mais flexível e ágil a Administração Pública. Por outro lado, as necessidades de cooperação com instâncias sociais, económicas e científicas aconselham a criação de organismos autónomos (centros, institutos) que funcionem como suportes institucionais (associativos) da cooperação. Por fim e directamente relacionado com o nosso tema, a pluralização pode ser explicada por razões técnicas e práticas: a delegação de responsabilidades executivas serve, em muitos casos, o interesse do aproveitamento do "potencial administrativo" dos particulares (o que se verifica quando os particulares estão em melhor posição do que o Estado para executar tarefas estaduais: possuem os meios financeiros, técnicos, o "saber-fazer" e a eficácia de que aquele carece e não dispõe). Por seu lado, a criação pública de entidades privadas para a execução de funções públicas é, em geral, motivada pelas percepcionadas vantagens da gestão privada (eficácia, flexibilidade, aligeiramento de controlos burocráticos).

---

[723] SCHMIDT-ASSMANN, *Das allgemeine Verwaltungsrecht,* cit., p. 226; SCHUPPERT, "Die Einheit der Verwaltung als Rechtsproblem", p. 758; DREIER, Ob. cit., p. 277 e ss.

[724] O distanciamento das autoridades reguladoras é, de resto, imposto pela exigência comunitária da *separação entre regulação e exploração* – sobre esse princípio no sector das telecomunicações, cfr. Pedro GONÇALVES, *Direito das telecomunicações,* cit., p. 102.

[725] Sobre esta função de distanciamento, cfr. DREIER, Ob. cit., p. 280; SCHMIDT--ASSMANN, *Das allgemeine Verwaltungsrecht,* cit., p. 223.

Regime da pluralização – Embora persista uma "ideia unitária de Administração"[726], parece indiscutível que a Administração Pública de hoje se caracteriza pela diferenciação e pela pluralidade, apresentando-se como um *macro-sistema organizativo*, um complexo que congrega múltiplas organizações juridicamente autónomas[727 /728].

Apesar das profundas alterações que, sumariamente, referimos, o modelo de administração ministerial persiste como o modelo preferencial[729] ou regra[730] de organização administrativa, constituindo o referencial fundamental de legitimação democrática da Administração Pública[731]. Embora em medidas diferentes, as formas de pluralização representam, em qualquer caso, desvios em relação ao "modelo clássico de legitimação parlamentar", baseado no princípio da hierarquia[732].

Mas, note-se, disso não decorre que a pluralização deva ser considerada incompatível com a unidade da Administração. Com efeito, a ideia de unidade não postula uma representação necessária de um sistema monolítico, exclusivamente centrado na administração directamente dependente do Governo (unidade orgânica). A unidade deverá representar, antes, a imagem de um sistema que se preocupa em assegurar, em relação a toda a Administração Pública, a realização prática dos imperativos de coordenação, de orientação e de tutela governamental, de prossecução do interesse público e de legalidade[733]. Quer dizer, a unidade

---

[726] Cfr. PASTORI, "Pluralità e unità dell'amministrazione", p. 99.

[727] Cfr. MAYNTZ, *Sociología de la Administración Pública*, p. 94 e ss.

[728] A pluralidade da Administração não está necessariamente associada à personalidade jurídica das entidades que a compõem. Por um lado, há entes personalizados sujeitos a uma intensa ingerência ministerial e, pelo contrário, há organismos sem personalidade jurídica imunes a essa ingerência; cfr. KREBS, "Verwaltungsorganisation", p. 579; JESTAEDT, Ob. cit., p. 93. O conceito que tipifica a autonomia de um organismo no interior da Administração parece ser o de "organismo administrativo autonomizado"; cfr. Vital MOREIRA, *Administração autónoma,* cit., p. 260. Por outro lado, como escrevemos noutra oportunidade, há, por vezes, um *pluralismo no interior das pessoas colectivas públicas*; cfr. Pedro GONÇALVES, "A justiciabilidade dos litígios entre órgãos da mesma pessoa colectiva pública", p. 10 e ss.

[729] Cfr. Paulo OTERO, *Vinculação,* cit., p. 366, e *O Poder de Substituição,* cit., p. 721.

[730] Cfr. Vital MOREIRA, *Administração Autónoma,* cit., p. 253; Paulo OTERO, *Conceito e Fundamento da Hierarquia Administrativa,* p. 359 e ss; KLUTH, *Funktionale Selbstverwaltung,* p. 361; EMDE, Ob. cit., p. 337; MRONZ, Ob. cit., p. 157.

[731] Cfr. DREIER, *Grundgesetz. Kommentar,* II, p. 69.

[732] Cfr. SCHMIDT-ASSMANN, "Verwaltungslegitimation", cit., p. 357.

[733] Cfr. SCHUPPERT, "Die Einheit", cit., p. 761 e ss.

da Administração não exige uma unidade orgânica, sendo possível a complementaridade e a harmonia entre um modelo pluralista de organização administrativa e o princípio da unidade da Administração.

Em qualquer caso, a garantia de unidade na acção administrativa apresenta-se como uma dimensão essencial do sistema administrativo[734]. Há, de facto, uma inegável exigência de coerência da vida administrativa[735]. E se o pluralismo administrativo pode conviver com essa dimensão, não deve, todavia, esquecer-se que o modelo de administração ministerial ainda é o modelo regra ou preferencial. Por outro lado, as vantagens e os impulsos a favor do pluralismo têm de ser ponderados em face dos perigos e dos efeitos negativos que podem estar-lhe associados: desmembramento, atomização ou fragmentação da Administração[736], tendência para a deslocação de tarefas públicas imposta por forças centrífugas que promovem a emancipação da Administração em relação ao interesse público e a colocam ao serviço de interesses particulares, corporativos e parciais ("Estado de grupos")[737], perda do sentido da publicidade, como consequência da motivação privada da acção pública[738], são apenas alguns dos perigos de uma pluralização sistemática e não ponderada. Tudo isso explica a exigência de um específico "regime jurídico da pluralização", a delinear com base nas premissas de que há limites à pluralização e de que as medidas que a realizam devem constituir objecto de cuidadosa ponderação.

O regime jurídico da pluralização é composto por três pilares fundamentais:

i) Legalidade – A relevância jurídica dos "factos organizativos"[739] no Estado de direito democrático determina a ampliação da área de reserva de lei, não se aceitando que a organização da Administração seja concebida como uma espécie de "actividade não jurídica", um assunto do foro doméstico da Administração ("Hausgut der Executive"[740]).

---

[734] Cfr. SACHS, "Die Einheit der Verwaltung als Rechtsproblem", p. 2342.

[735] Cfr. NIGRO, "Amministrazione", cit., p. 4.

[736] Cfr. Vital MOREIRA, *Administração Autónoma,* cit., p. 16; DREIER, Ob. cit., p. 283.

[737] Cfr. SCHMIDT-ASSMANN, *Das allgemeine Verwaltungsrecht,* cit., p. 227.

[738] Cfr. STEINER, *Öffentliche,* cit., p. 263.

[739] Cfr. J.J. Gomes CANOTILHO/Vital MOREIRA, Ob. cit., p. 926.

[740] Sobre o "poder organizativo", cfr. BÖCKENFÖRDE, *Die Organisationsgewalt im Bereich der Regierung;* BURGI, "Verwaltungsorganisationsrecht", cit., p. 813 e ss; MAURER, *Allgemeines,* cit., p. 543 e ss; NIGRO, *Studi sulla funzione organizzatrice della pubblica amministrazione;* Paulo Otero, *Vinculação,* cit., p. 231; RIVERO YSERN, "Potestad organizatoria y actividad organizativa", p. 7 e ss.

Assim, ao lado da *reserva de lei geral* – associada à dimensão externa do agir administrativo e às relações entre a Administração e os particulares –, há também uma *reserva de lei em sentido institucional*, que abrange todos os "factos organizativos" dos quais possa resultar o efeito da pluralização do sistema administrativo e, por isso, a subtracção de certas esferas da Administração à direcção da administração governamental. De acordo com esse princípio de reserva de lei institucional, a criação de entidades ou organismos subtraídos ao princípio da hierarquia terá de caber à lei ou, pelo menos, a uma decisão pública baseada numa lei (*acto organizativo*)[741]. Por outro lado, terá de ser uma lei a definir ou a especificar as tarefas e as competências objecto de desconcentração ou de descentralização. Por fim, deve ser ainda a lei a indicar o tipo de relação funcional que se constitui entre a entidade criada e o Governo[742].

No direito português, não vigora uma reserva geral de lei parlamentar em matéria de organização administrativa, designadamente no domínio da criação de instâncias públicas[743], mas a exigência de um *suporte legislativo* está claramente assumida na CRP[744]: segundo o artigo 267.º/2,

---

[741] Segundo a doutrina alemã, a reserva de lei tem duas dimensões ou variantes fundamentais. Por um lado, deverá ser uma lei a estabelecer as competências agressivas da Administração (*reserva de lei geral*, decorrente do princípio do Estado de direito) e, por outro lado, deverá ainda reservar-se à lei a instituição (ou, pelo menos, a autorização da instituição) de instâncias com tarefas públicas situadas fora do sistema de administração ministerial, bem como a delegação de tarefas públicas em entidades privadas. Assinala-se, neste último caso, que a delegação numa entidade privada de novas (até então inexistentes) competências de autoridade está ainda sob a reserva de lei geral; quando se trate da delegação de competências de autoridade já existentes ou quando a entidade privada não seja investida de competências de autoridade (mas, por ex., apenas da gestão de um serviço público económico), a intervenção legislativa necessária decorre de uma *reserva de lei institucional*. Sobre a dupla vertente da reserva de lei, cfr. BÖCKENFÖRDE, *Die Organisationsgewalt*, cit., p. 89 e ss; KREBS, Ob. cit., p. 603; SEIDEL, Ob. cit., p. 115 e ss; BURMEISTER, *Herkunft, Inhalt und Stellung des institutionellen Gesetzesvorbehalts*, p. 47 e ss; RENGELING, Ob. cit., p. 28; OSSENBÜHL, "Die Erfüllung", cit., p. 169 e ss. Sobre o papel da lei no âmbito do "poder organizativo", cfr. BURGI, "Verwaltungsorganisationsrecht", cit., p. 814 e ss; SCHMIDT-ASSMANN, *Das allgemeine Verwaltungsrecht*, cit., p. 218 e ss.

[742] Sobre o *âmbito mínimo da regulação legal*, cfr. BURMEISTER, Ob. cit., p. 323 e ss.

[743] Cfr., no entanto, artigos 164.º,*n*) (autarquias locais), 165.º/1,*s*), (associações públicas) e 165.º/1,*u*) (bases gerais das empresas públicas e das fundações públicas) da CRP.

[744] Não é necessário fazer derivar uma tal exigência da ideia de essencialidade; em termos diferentes, para o direito alemão (a propósito da entrega de tarefas públicas a entidades privadas da Administração), cfr. OSSENBÜHL, "Die Erfüllung", cit., p. 172.

"a *lei* estabelecerá adequadas formas de desconcentração e descentralização administrativas"[745], podendo concluir-se que vigora, no direito português, um *princípio de reserva de lei em sentido institucional* imposto pela própria CRP[746].

ii) Limites à liberdade legislativa de escolha de formas organizativas – A criação de instâncias públicas não directamente dependentes da administração ministerial, por efeito de desconcentração (administração indirecta e independente) ou de descentralização (administração autónoma), não repousa numa liberdade incondicional do legislador: existem limites a essa criação[747].

Desde logo, a pluralização orgânica *tem de ser possível*: há tarefas cuja execução só pode competir à administração directa, que não podem ser confiadas a instâncias não dependentes hierarquicamente do Governo[748].

Sendo possível, a pluralização reclama uma *justificação*[749], além de dever revelar-se *adequada* para a realização dos fins pretendidos e de não poder prejudicar a eficácia e a unidade de acção da Administração (artigo 267.º/2 da CRP). É assim em geral para todas as formas de pluralização. Porém, quando está em causa um processo de desconcentração (através da criação de entidades públicas ou organismos subtraídos à direcção ministerial), parece que da Constituição resulta ainda uma exigência de *necessidade de mediatização*. Com efeito, ao contrário do que se verifica nos casos de descentralização, ligados às várias formas de administração autónoma e baseados em valores jurídicos inscritos em princípios organizativos genericamente acolhidos na Constituição (participação dos interessados na gestão efectiva da Administração Pública através de formas de representação democrática: artigo 267.º/1; subsidiariedade e autonomia das autarquias locais: artigo 6.º/1), os processos de desconcentração não se baseiam em valores plasmados em princípios constitucionais (salvo o princípio da eficácia, que, no entanto, aparece

---

[745] Da letra do artigo ("*a lei estabelecerá*") não se deduz que a criação de organismos desconcentrados ou descentralizados tenha de se efectuar *através de lei*, bastando que uma lei defina os termos em que é possível criá-la.

[746] O *princípio da reserva de lei em sentido institucional* também encontra afloramentos no artigo 111.º/2 da CRP; sobre este aspecto, cfr., infra, Parte IV, Cap. I.

[747] Cfr. Diogo Freitas do AMARAL, *Curso*, I, cit., p. 729.

[748] No sentido de que as tarefas que têm de ser executadas directamente pelo Estado representam um limite à *liberdade de escolha de formas organizativas*, cfr. BURMEISTER, Ob. cit., p. 232.

[749] Cfr. SCHMIDT-ASSMANN, *Das allgemeine Verwaltungsrecht,* cit., p. 227.

como limite à pluralização). Deduz-se daí uma exigência de respeito de um princípio de *necessidade* e de *subsidiariedade* da administração indirecta em relação à administração directa do Estado.

iii) Orientação ou tutela governamental – Por fim, a pluralização não pode prejudicar os poderes de orientação e de tutela do Governo (o artigo 267.º/2 da CRP refere-se ainda a poderes de direcção, mas estes são específicos da administração directa: onde há poderes de direcção, não há pluralização[750]). Como órgão superior da Administração Pública, o Governo tem, pois, o dever de orientar e de fiscalizar a administração estadual indirecta, bem como o de fiscalizar a administração autónoma. A responsabilidade de orientação só não existe – sendo substituída pela tutela – nas hipóteses de legitimação autónoma (auto-administração, territorial ou funcional, e administração partilhada com representantes de interessados). Por sua vez no caso, excepcional, da *administração independente* (cfr. artigo 267.º/3 da CRP), dispensa-se a orientação e a fiscalização governamentais.

Este regime da pluralização vale, na íntegra, para todas as formas de privatização no âmbito da execução de tarefas públicas com projecção no plano organizativo: "privatização orgânica".

1.3.7. *Publicização*

O neologismo "publicização" parece representar o oposto de privatização[751]. Todavia, não é assim. Quando referida, em termos objectivos, a uma tarefa[752], a publicização significa o acto ou o efeito de apropriação pública. Mas desse efeito não decorre que a tarefa deixe de ser também privada: a publicização não implica necessariamente uma "desprivatização".

Não se tratando de realidades opostas, a publicização e a privatização podem até ser simultâneas. Pode haver, com efeito, ao mesmo tempo

---

[750] Do artigo 199.º,*d)*, resulta que a *direcção* do Governo está relacionada com a *administração directa* do Estado, a *superintendência* e a *tutela* com a *administração indirecta* (desconcentração) e a *tutela* com a *administração autónoma* (descentralização); sobre a letra do artigo 267.º/2 (na versão anterior à revisão de 1997, quando a figura da tutela era omitida), cfr. J.J. Gomes CANOTILHO/Vital MOREIRA, Ob. cit., p. 928 e ss; Diogo Freitas do AMARAL, *Curso,* I cit., p. 730.

[751] Neste sentido, sobre os neologismos "Publisierung" ou "Publifizierung", cfr. KÄMMERER, *Privatisierung*, cit., p. 58 e ss.

[752] A publicização pode também referir-se a entidades; cfr. Vital MOREIRA, *Administração Autónoma,* cit., p. 289, que fala de "publicização de entes privados".

e em relação à mesma tarefa ou actividade, uma publicização e uma privatização. Vital Moreira identifica o fenómeno, ao indicar que uma das origens do exercício de funções administrativas por entidades particulares pode consistir na "criação de tarefas administrativas e a sua simultânca atribuição a entidades privadas"[753]. A doutrina estrangeira fala aqui de uma "delegação originária" de funções públicas[754] e de um processo ("absurdo") de "estadualização formal"[755]. Outros autores consideram que uma solução desse tipo poderá ser ditada pela existência de dificuldades num imediato "full government take over" da tarefa envolvida: a delegação apresenta-se como uma solução que pode vigorar numa fase transitória[756]. Embora possa aceitar-se essa explicação, para certos casos, supomos que, na maioria deles, a opção pela delegação originária não apresenta um carácter necessariamente transitório. Como veremos melhor, estes fenómenos de *publicização simultânea da privatização da execução* podem representar "soluções intermédias", que permitem articular o interesse da apropriação pública de uma tarefa com a entrega ao sector privado do encargo de montar e organizar a infra-estrutura que a suporta e, noutros casos, conciliar a ingerência do Estado com a sobrevivência ou até com o fomento de sistemas de regulação pelos interessados (auto-regulação).

2. Formas de privatização no âmbito da execução de tarefas públicas

Focando agora o nosso estudo nas formas de privatização no âmbito da execução de tarefas públicas, deve começar-se por esclarecer que esse conceito não constitui sempre uma hipótese de "privatização *da execução* da tarefa". Em rigor, essa é apenas uma das formas de privatização *no âmbito da execução* de tarefas públicas.

São muito variadas as propostas de categorização das formas ou modalidades de privatização no âmbito da execução de tarefas públicas.

Segundo uma orientação, deve considerar-se uma bifurcação entre uma *privatização funcional* e uma *privatização orgânica*, consoante a entidade que é chamada a participar no âmbito da execução de uma

---

[753] Cfr. Vital MOREIRA, *ibidem*, pp. 45 e 289.
[754] Cfr. STEINER, *Öffentliche,* cit., p. 51.
[755] Cfr. SCHACHTSCHNEIDER, *Der Anspruch*, cit., p. 296.
[756] Cfr. LAWRENCE, Ob. cit., p. 656.

tarefa pública se apresente como uma entidade privada verdadeira ou apenas como uma entidade formalmente privada[757]. Trata-se de um critério que considera primordialmente a natureza da entidade privada que participa na gestão de missões públicas, para acentuar que a privatização funcional consubstancia uma espécie de "privatização parcial de tarefas", ao passo que a privatização orgânica ou *meramente formal* representa um mero processo *in house*, que ocorre no interior da Administração Pública[758].

Uma outra orientação, propugnada por Wolfgang Weiß, propõe igualmente uma bifurcação, mas entre uma *privatização formal* e uma *privatização funcional*: de acordo com este critério, a distinção essencial efectua-se entre os casos que representam uma participação de entidades privadas como responsáveis pela gestão de uma tarefa pública e os que se referem a situações em que elas assumem uma função auxiliar da Administração, colaborando com esta, sem autonomia, num plano técnico--executivo. A privatização formal pode, por sua vez, ser apenas orgânica, quando a gestão da tarefa é confiada a entidades administrativas privadas[759].

Contornos distintos assume a posição de Kämmerer que, de acordo com um critério relativo ao *sujeito*, distingue entre a *privatização popular* e a *privatização orgânica*, conforme a medida de privatização se consubstancie em permitir o acesso à execução de uma tarefa pública a qualquer entidade genuinamente privada (*quivis ex populo*) ou antes em confiá-la a uma entidade apenas formalmente privada[760].

Por fim, Martin Burgi defende – só aparentemente como a orientação que referimos em primeiro lugar – uma divisão entre *privatização funcional* e *privatização orgânica*. Situando o tema da privatização relacionada com a execução de tarefas públicas no domínio dos tipos ou degraus de responsabilidade pública, o Autor propõe uma distinção no

---

[757] Cfr. SCHOCH, "Privatisierung", cit., p. 962; HENGSTSCHLÄGER, Ob. cit., p. 170; OSTERLOH, Ob. cit., p. 215; BAUER, "Privatisierung", cit., p. 251; SCHUPPERT, "Die öffentliche", cit., p. 416; BULL, *Allgemeines*, cit., p. 23; HUBER, *Allgemeines*, cit., p. 165 e ss.

[758] Cfr. HAGEMEISTER, Ob. cit., p. 44. Alguns autores consideram esta privatização formal uma "falsa privatização"; cfr. GRAMM, *Privatisierung*, cit., p. 110.

[759] Cfr. WEISS, *Privatisierung*, cit., pp. 29 e ss e 36 e ss.

[760] Cfr. KÄMMERER, "Verfassungsstaat", cit., p. 1044, e *Privatisierung*, cit., p. 36 e ss. O Autor distingue ainda as formas de privatização (em geral), consoante o critério do *objecto*: privatização do património e privatização relacionada com tarefas.

interior da *responsabilidade pública de execução*. Com efeito, esta forma de responsabilidade pode ser desdobrada em três níveis, que indicam outras tantas incumbências da organização a quem ela fica confiada. Estando implicada uma *tarefa pública*, a organização incumbida da execução tem a responsabilidade: *(i) de gestão e de direcção*; *(ii) de preparação* (actividades preparatórias que fixam os pressupostos das decisões a tomar); *(iii) de implementação ou de execução material* (actividades técnico-executivas, de realização prática)[761].

Com base na referida divisão interna, Burgi apresenta a privatização funcional como uma ocorrência situada ao nível da preparação ou da implementação de uma tarefa, que não afecta, por isso, a responsabilidade pública de gestão e direcção. Diferentemente, a privatização orgânica pressupõe a transferência da gestão e da direcção da tarefa: investe-se, pois, a entidade privada da integral responsabilidade de execução. A entidade que beneficia da medida de privatização orgânica pode ser um particular ou uma entidade formalmente privada.

Concretizando, no caso de privatização funcional, a Administração recorre à colaboração de entidades privadas para a auxiliarem na prossecução das suas incumbências, sem, contudo, as investir de uma função pública. As entidades privadas vão, assim, *contribuir* para o desempenho, pela própria Administração, de missões que lhe estão cometidas. Mas, note-se, elas vão oferecer essa contribuição utilizando competências e capacidades que, por si mesmas, já detêm. O *auxílio* pode traduzir-se no exercício de actividades e na prestação de serviços que *preparam* o desempenho de uma tarefa pública ("contribuição auxiliar preparatória") ou no exercício de actividades materiais ou de prestação de serviços técnico-executivos que contribuem para a *implementação* de uma tarefa pública ("contribuição auxiliar executiva").

A situação revela-se já diferente no caso de privatização orgânica. Agora, a entidade privada (material ou apenas formalmente) é investida de uma competência de que não dispõe por si mesma. Por força da medida de privatização, ela responsabiliza-se por executar uma tarefa pública. A sua intervenção dispensa a presença da Administração, pelo menos ao nível da direcção, preparação e execução da tarefa. Dado que há uma verdadeira transferência de responsabilidades públicas, a privatização orgânica tem implicações no âmbito da organização administrativa

---

[761] Cfr. BURGI, *Funktionale Privatisierung*, cit., p. 160.

(por força da criação de um novo centro autónomo de competências e, portanto, do aprofundamento da pluralização administrativa), bem como no foro da própria responsabilidade por eventuais danos (que passa a caber à própria entidade privada, ao assumir a direcção efectiva da tarefa que lhe é confiada). Essas implicações reclamam um regime jurídico particularmente exigente que, em princípio, a privatização funcional dispensa.

2.1. *Privatização funcional e privatização orgânica*

a) Critério de distinção

A tese que adoptamos reflecte uma influência decisiva da proposta de Burgi[762].

Com efeito, o critério eleito para discernir as duas formas primárias de privatização no âmbito da execução de tarefas públicas baseia-se na distinção essencial entre a mera "contribuição auxiliar" e a "transferência de responsabilidade de execução".

Na primeira situação (privatização funcional), a entidade privada limita-se a contribuir com as suas capacidades e competências próprias (privadas) para a execução de uma função pública pela própria Administração, quer seja no âmbito da *responsabilidade de preparação*, quer seja no da *responsabilidade de implementação* da tarefa[763]. A entidade privada não assume a responsabilidade de executar uma tarefa administrativa, comprometendo-se a exercer uma actividade no domínio das suas competências próprias e do seu *know-how* e, nesse contexto, a produzir um resultado que interessa *directamente* à Administração enquanto responsável por uma certa tarefa. Aquela entidade auxilia ou coadjuva técnica e materialmente uma instância pública na produção de um efeito ou de um resultado que esta instância assume como seu (que lhe é imputável).

---

[762] A nossa adesão à tese de Burgi não é total. Para além de outros pormenores, afastamo-nos do Autor na parte em que, sem distinguir, mistura, no conceito de privatização orgânica, a outorga da responsabilidade pela direcção ou gestão de uma tarefa quer a particulares, quer a entidades administrativas privadas. Como se explicará melhor, supomos que há razões para distinguir entre uma privatização orgânica *formal* e uma privatização orgânica *material*.

[763] Distinguindo entre responsabilidade de preparação e responsabilidade de implementação, cfr. VOSSKUHLE, "Gesetzgeberische", cit., p. 70 e ss.

Actua como um *instrumento* que presta serviços ou exerce as suas competências técnicas em benefício da Administração, fazendo-o sem autonomia no plano das relações externas. A entidade privada presta um serviço que a Administração teria de produzir, realiza uma diligência que esta teria de efectuar, mas desenvolve a actuação solicitada no âmbito do direito privado. A Administração é, do ponto de vista dessa entidade, um *cliente* interessado em beneficiar dos serviços que presta. Ao disponibilizar tais serviços, ela não exerce uma função pública, limitando-se a desenvolver uma actividade privada que produz resultados que contribuem para a execução de uma função pública pela própria Administração.

Ao contrário, na hipótese de privatização orgânica, a entidade privada é investida de uma função pública. Está, portanto, envolvido um processo de pluralização da Administração Pública. A entidade privada constitui-se, agora, como a depositária da responsabilidade da execução de uma tarefa que a lei confiou à Administração: assume a gestão ou a direcção global da tarefa, actuando na *posição de Administração* nas relações externas que estabelece no cumprimento da missão que lhe foi confiada.

Um aspecto que importa destacar nesta construção reside no facto de a privatização orgânica estar implicada em todas as situações de criação, por iniciativa pública ou em parceria público-privada, de entidades formalmente privadas (com influência dominante da Administração Pública), mas também em todos os casos de delegação de funções públicas em particulares[764]. O factor decisivo da privatização orgânica não reside na natureza formalmente privada da entidade envolvida, mas antes no facto de um (qualquer) *sujeito de direito privado* assumir a *responsabilidade de execução de uma tarefa pública*.

Na terminologia da jurisprudência e da doutrina francesas, diremos que, no caso de privatização orgânica, a entidade privada – seja ela qual for – fica investida "de l'exécution même du service public", ao passo que, no caso de privatização funcional, os colaboradores auxiliares "contribuent à la bonne exécution du service public" pela própria Administração[765].

---

[764] Usando o conceito de "privatização orgânica" para traduzir a transferência de funções públicas "para mãos particulares" (fenómeno que também designa por "privatização da gestão de funções públicas"), cfr. Vital MOREIRA, *Administração Autónoma,* cit., p. 45.

[765] Distinguindo níveis ou degraus de participação de particulares na execução dos "serviços públicos", cfr. RAYMUNDIE, *Gestion déléguée des services publics en France et en Europe*, p. 76 e ss.

b) Corolários da distinção

A distinção entre privatização orgânica e privatização funcional afigura-se essencial no contexto do presente trabalho. Desde logo, o exercício privado de poderes públicos administrativos está obviamente associado à privatização orgânica. Na hipótese de privatização funcional, a entidade privada actua, em princípio, segundo o direito privado, no exercício de uma actividade privada. Não existe aí "exercício privado da função pública".

Além disso, a distinção tem ainda implicações em quatro planos diferentes: quanto às exigências de legalidade das medidas de privatização, quanto à vinculação da entidade privada pelo direito administrativo, quanto ao controlo público e quanto à responsabilidade civil decorrente de actos praticados pela entidade privada.

aa) Exigências de legalidade – O poder de contratação de auxiliares é inerente à titularidade da tarefa, apresentando-se, portanto, como um poder próprio da Administração. Dado que esta não desloca a sua responsabilidade de gestão, a decisão de contratar colaboradores auxiliares está desprovida de uma incidência ou de uma qualquer projecção especificamente organizativa[766]. Ao contrário, a privatização orgânica tem implicações no plano organizativo, apresentando-se como um facto que provoca uma pluralização da Administração. Neste caso, uma entidade privada assume a responsabilidade pela gestão de uma tarefa pública, passando a ser um titular do "poder público" ou "poder político". A medida de privatização (delegação de funções públicas ou criação de uma entidade formalmente privada) fica, portanto, sob *reserva de lei institucional*: terá de ser adoptada por uma lei ou por um outro acto com base numa lei.

bb) Vinculação pelo direito administrativo – O colaborador auxiliar da Administração actua no âmbito das suas competências e, em princípio, segundo o direito privado. A sua submissão ao direito administrativo é apenas eventual e, quando existe, não é directa (legal), mas contratual: nos casos em que o colaborador tem de respeitar o direito administrativo, esta obrigação decorre do contrato que o liga à Administração e não da lei. A inicial vinculação pelo direito administrativo recai sobre a Administração, que, mediante o recurso a colaboradores, não pode institucio-

---

[766] Cfr. Burgi, *Funktionale Privatisierung*, cit., p. 285.

nalizar a inobservância de normas que a vinculam[767]. Sempre que a vinculação seja necessária, à Administração cumpre impor contratualmente ao seu colaborador o dever de respeitar o direito administrativo. Assim, por ex., no contrato celebrado com um colaborador para gerir o procedimento de escolha de um sítio para a localização de um aterro sanitário, a Administração deve incluir no contrato a obrigação de cumprimento das exigências procedimentais que a lei prevê.

A situação reveste-se de outra fisionomia no cenário de privatização orgânica. Agora a entidade privada actua com autonomia, como sujeito juridicamente autónomo na execução de uma função pública. A vinculação pelo direito administrativo (na medida que já conhecemos) e pelo direito privado administrativo opera, neste caso, de forma imediata. O desrespeito pela vinculação projecta-se na ilegalidade das suas próprias actuações.

cc) Controlo público – O colaborador apresenta-se, em regra, como um contratante da Administração. A fiscalização que a Administração exerça é contratual, faz-se nos termos que o contrato prevê. O eventual défice de fiscalização pode colocar problemas e dificuldades, mas no sentido em que uma actuação descontrolada do colaborador pode gerar resultados nefastos que a Administração tem de suportar (e, publicamente, assumir como resultados por si mesma produzidos). Ao contrário, a entidade privada que actua na esfera pública na sequência de um processo de privatização orgânica é depositária de uma responsabilidade pública de execução. Assume-se como um "membro da Administração". O controlo a que ela fica submetida apresenta-se, nesta hipótese, como uma peça essencial na concretização do dever público de assunção da responsabilidade última pela execução da tarefa organicamente privatizada. Sem esse controlo público, a entidade privada torna-se *independente* na execução de uma tarefa que, em nome do povo, o Estado assumiu. Numa palavra, o controlo público é inerente à privatização orgânica.

dd) Responsabilidade civil por actos praticados pelas entidades privadas – No caso de colaboração auxiliar, a actuação da entidade privada é, em regra, imputada à Administração Pública (*teoria da imputação*). Salvo se outro regime estiver previsto em lei especial, as entidades públicas deverão, pois, responder em primeira linha pelas acções ou

---

[767] Cfr. HOPPE, "Rechtsprobleme bei Standortauswahlverfahren für Abfallentsorgungsanlagen durch private Auftragnehmer", p. 261.

omissões das entidades que contratam (no âmbito da execução contratada)[768]. Do ponto de vista das relações com terceiros, a actuação dos colaboradores auxiliares, apesar de consubstanciar, em si mesma, uma actividade exercida segundo o direito privado, terá de qualificar-se nos mesmos termos em que seria qualificada se fosse exercida pelos serviços da Administração[769]. Como explica Dirk Ehlers, a remoção de um veículo estacionado em infracção não deixa de constituir uma actividade pública, da Administração, pelo facto de ser exercida por uma empresa privada[770]. Mesmo que a letra da lei sobre a responsabilidade civil da Administração possa não favorecer o entendimento que aqui se propõe, não vemos outra alternativa razoável, afigurando-se-nos incoerente e perigosa a desresponsabilização da Administração pelas actuações de particulares por ela livremente contratados com a função de a auxiliarem como *instrumentos* ou *meios* de realização, *por si mesma*, de uma função pública[771 /772].

A situação altera-se no horizonte de privatização orgânica: aqui, é a entidade privada que deve responder pelos danos que provoca na execução da função pública. A Administração assumirá, então, uma mera *responsabilidade subsidiária* (em coerência, de resto, com a responsabilidade última que assume em todo o contexto da privatização orgânica).

c) Dificuldades práticas de distinção

O critério de distinção entre privatização funcional e orgânica está definido: mera contribuição funcional para a execução de uma tarefa

---

[768] Cfr. EHLERS, *Verwaltung in Privatrechtsform,* cit., p. 505; WOLFF/BACHOF/ STOBER, Ob. cit., 2, p. 529 e ss.

[769] O facto de o colaborador auxiliar actuar segundo o *direito privado* não impede o accionamento da responsabilidade da Administração pelo *exercício da função pública.* Com efeito, embora com os meios do direito privado, o colaborador auxiliar actua ao serviço da Administração, como um *instrumento* de que ela se serve para executar uma tarefa administrativa. Portanto, tudo se deverá passar como se fosse a própria Administração a agir. Cfr. BURGI, *Funktionale Privatisierung,* cit., p. 390 e ss.

[770] Cfr. EHLERS, *Verwaltung in Privatrechtsform,* cit., p. 505.

[771] Cfr. OSSENBÜHL, *Staatshaftungsrecht,* p. 22.

[772] Mesmo que tenha uma dimensão externa (designadamente nos casos de privatização da execução material), a relação entre a Administração e o seu colaborador não altera a situação jurídica de terceiros. Obviamente, estamos a pensar apenas nas relações externas. Satisfazendo o dever de indemnizar os lesados, cabe, depois, apurar os termos da distribuição das responsabilidades no plano das relações internas, entre a Administração e o colaborador auxiliar.

pública pela própria Administração, no primeiro caso, e responsabilidade de execução e de gestão de uma tarefa administrativa, no segundo.

Podem contudo surgir dúvidas e dificuldades na aplicação prática do referido critério. Em concreto, pode colocar-se exactamente a dúvida sobre se uma entidade privada contratada se limita a contribuir para a execução de uma tarefa pública pela Administração ou se, pelo contrário, assume a responsabilidade de a executar por si mesma.

A dúvida pode surgir em situações em que a contratação está especificamente prevista por lei: a interpretação desta será, nesse caso, a chave da solução. Mas pode também surgir associada a contratos que a Administração celebra sem base legal específica. Nesta eventualidade, a correcta qualificação e interpretação do contrato revela-se essencial para tomar posição perante a questão de saber se há, *in casu*, uma mera contratação (legal) de colaboradores ou uma delegação (ilegal) de funções públicas.

Para resolver o problema, o intérprete terá de se socorrer das indicações legais ou contratuais. Na operação de qualificação, deverá ter em conta alguns dos factores que a seguir se indicam.

Um indício que conduz à interpretação a favor da existência da delegação de uma responsabilidade de gestão na entidade privada representa a assunção por esta do *risco* ligado à exploração da tarefa ou serviço. É este o critério das concessões (de serviços públicos) em direito comunitário, tal como resulta da jurisprudência do TJCE, bem como da *Comunicação Interpretativa da Comissão sobre as Concessões em Direito Comunitário*[773]: afirma-se nesta que a concessão de serviços, caracterizada "por uma transferência de responsabilidade de exploração", existe "quando o operador suporta os riscos ligados ao serviço em causa (estabelecimento do serviço e sua exploração), sendo remunerado pelo utente, nomeadamente através da cobrança de taxas, sob qualquer forma que seja. O modo de remuneração do operador é (...) um elemento que permite determinar a assunção do risco de exploração". A especificidade da concessão assenta, nesta perspectiva, na assunção dos imprevistos inerentes à montagem financeira da operação, o "risco económico", que depende estritamente dos rendimentos que o concessionário possa obter

---

[773] Sobre essa comunicação, cfr. ARNOULD, "Le texte définitif de la communication interprétative de la Comission européenne sur les concessions en droit communautaire", p. 1015 e ss; BARONE/BASSI, "La comunicazione interpretativa sulle concessioni nel diritto comunitario: spunti ricostrutivi", p. 389 e ss.

da frequentação. Como se esclarece, apesar de determinante, o critério da remuneração em função da frequentação não exige, todavia, que seja o utente a suportar o custo e a remunerar o concessionário: a remuneração deste pode caber ao Estado; essencial é que a remuneração esteja, mesmo nesse caso, dependente da frequentação (como acontece, por ex., nas concessões de auto-estradas em regime de portagem virtual[774]).

A assunção do risco económico indica que a entidade privada se encontra investida da responsabilidade própria de gestão de uma tarefa pública. Mas, fora do específico contexto de exigências do direito comunitário, não há nenhuma razão para limitar o âmbito da concessão (mesmo a de serviço público) às situações em que o particular assume um risco económico[775]; de resto, e desligando-nos do contexto das concessões de serviços públicos, a actividade contratada pode até não se traduzir na prestação externa de um serviço a utentes. Tudo aconselha, por isso, a considerar outros factores.

Assim, a investidura de *poderes públicos* será decerto outro indício de uma delegação da responsabilidade de gestão de uma tarefa pública. Com efeito, o colaborador auxiliar actua pela via do direito privado, com os meios acessíveis a qualquer pessoa: exerce, como vimos, uma actividade privada. Ora, a entrega de poderes públicos a um colaborador é uma indicação clara de que se pretende conferir-lhe um estatuto de direito público que o mero colaborador auxiliar não pode ter.

Além disso, para determinar se há delegação de responsabilidade, deve ter-se em conta a *extensão das incumbências transferidas*. Neste domínio, é esclarecedor o "caso dos radares" na Alemanha: desde meados dos anos 90, as autoridades administrativas com atribuições na fiscalização do trânsito rodoviário vinham contratando empresas para instalar aparelhos de medição automática da velocidade dos veículos que circulam nas estradas. Perante tais contratos, os tribunais administrativos definiram que apenas o mero facto da instalação de radares poderia ser tido como colaboração auxiliar. O que está para além disso, a verificação e a medição da velocidade, bem como a documentação das infracções

---

[774] Cfr. ARNOULD, *ibidem*, p. 1017; LINOTTE/CANTIER, Ob. cit., p. 866.

[775] Como escrevemos em *A concessão,* cit., p. 141, em relação à concessão de serviços públicos, desde que o acto em causa efectue a "concessão" de um "serviço público", aquela qualificação, não só se recomenda, como se impõe, mesmo que a remuneração do concessionário consista *exclusivamente* numa retribuição a pagar pela Administração.

(operação do sistema) deveriam já considerar-se uma delegação de responsabilidade ("Beleihung")[776]. Criticando, em certa medida, a linha "restritiva" da jurisprudência, Christoph Gramm defende a tese que nos parece correcta: saber se, no caso[777], está envolvida a mera colaboração auxiliar ou uma delegação de responsabilidade depende da extensão da incumbência confiada às empresas. Assim, quando não lhes caiba definir nem o "local", nem o "momento", nem a "duração" do controlo, haverá mera colaboração auxiliar. A incumbência da mera medição, aliás feita pela máquina, não constitui delegação de uma tarefa pública[778]. Idêntico raciocínio aplica-se à operação de um sistema de semáforos urbanos: a contratação de uma empresa para testar, pôr em funcionamento e reparar avarias nos semáforos é um caso de colaboração auxiliar. Mas se a mesma empresa fica incumbida do planeamento e da gestão do sistema de semáforos já haverá a delegação de uma tarefa pública. Do mesmo modo, a contratação de uma empresa privada para preparar e implementar um sistema informático não ultrapassará os limites da colaboração auxiliar, desde que a Administração mantenha a gestão efectiva do sistema; mas já há delegação de uma responsabilidade (e, porventura, delegação de poderes públicos) se for transferida para a empresa a competência para a gestão do sistema ou para a elaboração de um programa informático que defina as premissas de actos administrativos que o computador vai praticar[779].

Um outro factor relevante relaciona-se com a autonomia de execução ou, de um ângulo inverso, com o grau de programação administra-

---

[776] Sobre o assunto, cfr. SCHOLZ, "Verkehrsüberwachung durch Private?", p. 14 e ss; STEEGMANN, "Verkehrsüberwachung durch Private", p. 2157 e ss; HUBER, *Wahrnehmung von Aufgaben*, cit., p. 87 e ss.

[777] Pressupõe-se que se trata de um caso que envolve a fiscalização do trânsito (em concreto, das regras que fixam limites de velocidade) por aparelhos electrónicos, e não por fiscalização ou verificação pessoal.

[778] Cfr. GRAMM, "Schranken der Personalprivatisierung bei der inneren Sicherheit", p. 348 e ss; no mesmo sentido, cfr. WEINER, Ob. cit., p. 232. Os dois Autores aplicam essa mesma doutrina à hipótese de fiscalização pessoal (*v.g.*, fiscalização do estacionamento na via pública ou em parques); no nosso juízo, este constitui já um outro cenário, que julgamos conexo com uma delegação de responsabilidade pública de verificação e documentação de infracções.

[779] Cfr. Pedro GONÇALVES, "O acto administrativo informático", p. 47 e ss (em especial, sobre a questão referida no texto, cfr. p. 66); ainda sobre a contratação administrativa de particulares no âmbito da gestão e da implementação de sistemas e de redes de informação, cfr. BÜLLESBACH/RIESS, Ob. cit., p. 444 e ss; ZUNDEL, Ob. cit., p. 763 e ss.

tiva da acção do colaborador. Quando se trate de actividades de execução ou materiais (operações materiais), o facto de a Administração ter a "entière maîtrise" da função exercida, programando minuciosamente a actividade da entidade contratada revela um caso de mera colaboração auxiliar, pelo que não haverá aí delegação de responsabilidade. Uma situação nítida de colaboração auxiliar é a contratação de empresas privadas no contexto da execução coactiva subsidiária de prestação de facto fungível (artigo 157.º/2 do CPA). O contratado pela Administração actua, na verdade, como mero colaborador auxiliar, sem estabelecer qualquer relação jurídica com o executado. A letra da citada disposição legal é clara nesse sentido: "se o obrigado não cumprir dentro do prazo fixado, a Administração optará por realizar a execução directamente ou *por intermédio de terceiro* (...)". Assim sucede em regra. Contudo, se apenas ao abrigo daquela norma ou de uma outra de teor idêntico, a Administração investir o seu "colaborador" num poder de tomar decisões relevantes sobre a forma de executar o acto, o momento de o fazer ou os meios a empregar, estaremos, então, perante uma verdadeira delegação (de facto) de funções e de poderes públicos[780].

Acrescente-se ainda que o factor da programação ou definição prévia rigorosa dos termos da execução da tarefa confiada ao contratante só deve interpretar-se como indicação no sentido da mera privatização funcional quando, como dissemos, estejam em causa actividades públicas de execução material (operações materiais). Se o contratante da Administração for investido de um poder de tomar decisões externas (com relevo na esfera jurídica de terceiros), a programação e a antecipação rigorosa dos critérios de decisão não podem ser interpretados como um factor a apontar no sentido da privatização funcional. Com efeito, sempre que uma entidade privada está autorizada a tomar decisões externas no contexto da execução de uma tarefa que lhe foi confiada pela Administração, estamos diante de um caso de privatização orgânica[781].

---

[780] Para mais desenvolvimentos sobre isso, cfr., *infra*, 2.2.2.

[781] Um caso exemplar de tomada de decisões externas por "colaboradores" da Administração verifica-se no domínio da contratação de agentes privados de segurança com funções de efectuar o controlo da entrada em edifícios públicos; cfr., *infra*, 2.2.2.

2.2. *Privatização funcional: contribuição privada no domínio da preparação ou da implementação de tarefas públicas*

A privatização funcional refere um fenómeno de participação ou de colaboração de entidades privadas numa área de execução material de tarefas próprias da Administração. A intervenção privada não se associa a qualquer privatização material, pelo que as tarefas envolvidas no âmbito da contribuição prestada pelo *colaborador auxiliar* continuam a ser tarefas públicas, na titularidade da Administração[782]. Mas, além disso, a Administração não transfere para o colaborador as suas responsabilidades próprias no capítulo da execução da tarefa[783]. Usando uma terminologia corrente no direito brasileiro, pode dizer-se que há, neste caso, uma *terceirização*[784], o recurso aos serviços e aos meios de um terceiro numa área que se mantém sob responsabilidade pública[785].

A privatização funcional representa, assim, como que uma "substituição" ou "troca" de uma actuação pública por uma actuação privada: a entidade privada não é chamada a executar uma tarefa pública, mas apenas a contribuir, com os meios do direito privado que em geral estão ao seu alcance, para a execução de uma tarefa daquela natureza[786].

---

[782] Nesse sentido, cfr. SCHOCH, "Privatisierung", cit., p. 963; OSTERLOH, Ob. cit., p. 223, HOFFMANN-RIEM, "Verfahrensprivatisierung", cit., p. 226, PEINE, "Verfahrensprivatisierung", cit., p. 98, SCHUPPERT, "Die öffentliche", cit., p. 417; HUBER, *Allgemeines*, cit., p. 166.

[783] A doutrina tende, justamente, a considerar que o colaborador auxiliar é uma entidade privada que, sob ordens e instruções da Administração (isto é, sem autonomia), executa tarefas administrativas.

[784] Cfr. Marcos J. Villela SOUTO, *Desestatização*, pp. 31 e 371 e ss.

[785] Na Espanha, a *Ley de Contratos de las Administraciones Públicas*, regula os contratos de consultoria e assistência e os contratos de serviços (artigo 196.º e ss). É através de contratos desse tipo – que têm por objecto a elaboração de estudos, planos, ante-projectos, projectos de carácter técnico, económico ou social ou a prestação de serviços complementares para o funcionamento da Administração, de manutenção, conservação, limpeza e reparação de bens, equipamentos e instalações – que a Administração promove a privatização funcional. Estabelece o n.º 4 daquele artigo que não poderão ser objecto de tais contratos "os serviços que impliquem o exercício da autoridade inerente aos poderes públicos".

[786] Uma das diferenças da tese de Burgi em relação a alguma doutrina que o antecedeu tem justamente a ver com o facto de este Autor entender que o colaborador, no caso de privatização funcional, actua segundo o direito privado.
A "publicização" da actividade dos colaboradores auxiliares da Administração Pública foi a resposta da doutrina alemã face a uma orientação jurisprudencial tradicional

Daí decorre um limite essencial à possibilidade de privatização funcional, a qual só pode ocorrer enquanto a contribuição privada puder ser oferecida no contexto do direito privado e, portanto, sem participação directa no exercício da função pública. A privatização funcional indica, pois, o recurso a uma entidade privada, mas ao mesmo tempo o recurso à tarefa privada que ela é chamada a desenvolver.

No processo de privatização funcional está presente uma "verdadeira privatização", porquanto a Administração – *no âmbito de actuações que tem de desenvolver* ou de *diligências que tem de efectuar* – prescinde de usar os seus meios (públicos) e prefere recorrer a meios externos (privados). Estes são postos ao serviço dela *contribuindo directamente para a execução de uma tarefa pública*. As medidas de privatização funcional promovem, por conseguinte, a substituição de uma actuação pública por uma actuação privada. A entidade privada aparece solicitada a "produzir" um resultado que interessa à Administração, podendo também falar-se, neste contexto, de uma "privatização da produção" de uma tarefa pública[787].

Por fim, esclarece-se que a privatização funcional pode ser promovida directamente por lei (*privatização funcional forçada ou imposta*[788])

---

que vinha sustentando que a Administração não devia, em regra, responder pelos danos provocados por auxiliares: de acordo com essa orientação, os colaboradores actuam segundo o direito privado, pelo que não estaria preenchido um pressuposto para a efectivação da responsabilidade civil da Administração ("exercício de uma função pública"); todavia, a mesma orientação admitia a responsabilidade da Administração quando, *excepcionalmente*, a autoridade administrativa pudesse influenciar ou determinar a actuação do auxiliar; sobre esta *teoria da ingerência* ou do *particular como instrumento da Administração*, cfr. OSSENBÜHL, *Staatshaftungsrecht*, cit., p. 21; WINDTHORST, *Staatshaftungsrecht*, p. 794.

Por entender que a *teoria da ingerência* limitava a responsabilidade da Administração, a doutrina (e também a jurisprudência) viria a defender que a natureza pública de uma tarefa não se perde pelo facto de ser confiada a um particular. Assim, mesmo que não exista uma capacidade de influência ou de ingerência da Administração sobre a actuação técnico-executiva do privado (*v.g.*, construção de estradas por empreiteiros), é ela que deve responder pelos danos por este provocados, uma vez que a referida actuação deve considerar-se como pública e, como tal, *imputada à Administração*; além da doutrina citada, cfr. EHLERS, *Verwaltung in Privatrechtsform*, cit., p. 504 e ss; para uma crítica desta "estatização", cfr. BURGI, *Funktionale Privatisierung*, cit., p. 158.

[787] Cfr. VITZTHUM, "Gemeinderechtliche Grenzen", cit., p. 591; SCHMITT, *Bau, Erhaltung*, cit., p. 44.

[788] Sobre isso, cfr., *supra*, Cap. I, 3.1.1.1.

ou, o que sucede mais frequentemente, pela própria Administração (*contracting out*[789]): nesta hipótese, a relação de colaboração é regulada por um contrato.

Os meios privados vão, assim, produzir resultados no âmbito da *preparação* ou da *implementação de uma tarefa pública*. Apesar de a destrinça entre privatização funcional e privatização orgânica se apresentar nítida em termos teóricos, há situações práticas de qualificação difícil. Torna-se, por isso, necessária uma análise mais cuidada das duas faces da privatização funcional, sobretudo naquelas situações que podem resvalar para esquemas (ilegais) de "delegação fáctica" de funções e de poderes públicos. Por outro lado, interessa ainda mostrar que, independentemente dessas dificuldades, a contratação de particulares com funções de contribuição auxiliar ocorre, com frequência, em zonas e sectores correspondentes à esfera da administração de autoridade. A contribuição privada pode aproximar-se (por vezes, perigosamente) do exercício de poderes públicos. Justifica-se, por essas razões, um estudo mais desenvolvido do tema.

2.2.1. *Privatização funcional na preparação de tarefas públicas*

A contratação de particulares com funções de mera contribuição para a preparação de uma tarefa pública pressupõe que a Administração Pública conserva na sua esfera a responsabilidade de execução e, portanto, a *direcção da tarefa*. Por não estar associada a uma qualquer "alienação" ou "perda do controlo público", a privatização funcional é considerada inócua, do ponto de vista das responsabilidades públicas. Isso explica a dispensa de uma lei a prever a contratação de particulares com meras funções auxiliares. Destarte, a contratação de particulares com funções auxiliares constitui um *poder próprio da Administração*.

Todavia, como tem sido sublinhado, na hipótese de contratação de particulares para auxiliar na preparação de decisões públicas, há o perigo de se produzir uma espécie de "delegação fáctica" do poder público decisório ou de "despublicização fáctica de procedimentos públicos"[790].

---

[789] Sobre a relação entre o *contracting out* e a privatização funcional, cfr. OSTERLOH, Ob. cit., p. 223[69]; HUBER, *Allgemeines,* cit., p. 166; LUDWIG, Ob. cit., p. 136; PIETZCKER, *Der Staatsauftrag*, cit., p. 201.

[790] Cfr. REMMERT, *Private Dienstleistungen in staatlichen Verwaltungsverfahren*, p. 181 e ss.

De acordo com essa perspectiva, a privatização funcional pode envolver uma verdadeira delegação de poderes públicos. Quer dizer, aquilo que aparenta constituir uma mera contratação de particulares com funções auxiliares poderá representar, afinal, uma efectiva e real transferência de responsabilidades e de poderes. A situação assume particular gravidade porque todo o processo se desenrola na pressuposição de que a Administração mantém o "senhorio" e o "controlo" da tarefa. Além disso, pressupõe-se que o particular actua no exercício das suas competências próprias e não investido de funções públicas, facto que explica a desnecessidade da vinculação pelo direito administrativo.

O que acaba de se dizer mostra a óbvia conexão do tema da contratação de particulares para colaborar na preparação de tarefas públicas com a chamada *privatização do procedimento administrativo no domínio das responsabilidades procedimentais da Administração*[791].

Como a doutrina tem assinalado, o poder da Administração de contratar colaboradores para a auxiliarem não pode deixar de conhecer limites, desde logo no cenário da preparação de decisões públicas. Por agora, estão em causa, note-se bem, os limites do *poder próprio* da Administração de contratar colaboradores. Como veremos, a Administração pode, por ex., estar legalmente autorizada a "delegar" a instrução (ou partes da instrução) do procedimento administrativo em particulares; nessa eventualidade, está envolvida uma forma autorizada de delegação de poderes de instrução e, portanto, de *privatização orgânica da instrução do procedimento administrativo*[792]. Além disso, a Administração pode também estar expressamente autorizada por lei a encomendar a terceiros a realização de trabalhos de vária ordem (estudos, relatórios, pareceres, projectos de planos) substitutivos de específicas diligências procedimentais que ela teria de efectuar.

O conceito de "delegação fáctica de poderes públicos" reflecte e pretende determinar a existência de limites às formas de privatização funcional e de contratação de colaboradores para coadjuvar a Administração no trabalho de preparação de decisões públicas. Com efeito, um

---

[791] Cfr. BURGI, "Die Funktion", cit., p. 163; REMMERT, Ob. cit., p. 193.

[792] Há, na hipótese de delegação da instrução (ou de partes da instrução), uma situação de "distribuição das responsabilidades públicas procedimentais", no sentido em que toda – ou parte dela – a fase de preparação de uma decisão está confiada a uma entidade diferente daquela que tem a responsabilidade de decidir. Na medida em que essa é uma entidade privada, temos um exemplo de *privatização orgânica "da" instrução do procedimento administrativo*.

tal conceito insinua imediatamente uma patologia, que resulta da possibilidade de, num aparente processo de privatização funcional, estar envolvida uma verdadeira *delegação de competências públicas sem a necessária habilitação legal*[793].

A fase da instrução do procedimento administrativo apresenta-se como uma sede de individualização, valoração e comparação dos vários interesses envolvidos na concreta acção administrativa; ela desempenha a função essencial de colocar o órgão decisor perante os factos e os interesses de que a decisão depende[794].

Nos termos da lei geral, a direcção da instrução dos procedimentos administrativos cabe ao órgão competente para decidir. Este apenas se encontra autorizado a delegar essa competência em subordinado seu. No entanto, mesmo essa delegação na figura autónoma do *instrutor* está excluída sempre que a lei imponha ao órgão decisor a direcção pessoal da instrução (artigo 86.º do CPA). A opção da lei é clara: quem decide tem de efectuar o trabalho de preparação da decisão; a delegação desta responsabilidade em entidades externas encontra-se, em regra, excluída. Assume-se, portanto, o princípio de que a *responsabilidade pública para decidir* inclui a *responsabilidade pela preparação da decisão*[795]. A separação dessas responsabilidades só pode ser feita por lei.

De facto, o artigo 86.º do CPA fixa apenas uma regra geral. Uma lei especial pode autorizar a Administração a delegar a instrução (ou parte da instrução) do procedimento em entidades privadas. Mas, sublinhe-se, sem autorização legal expressa, a *direcção da instrução* – organização, coordenação e gestão – não pode ser confiada a terceiros, visto que isso corresponderia a uma ostensiva "delegação de facto" de funções públicas, claramente ilegal. Não resta, pois, espaço para uma privatização funcional da instrução do procedimento administrativo, uma vez que, em si mesma, a participação na direcção da instrução de um procedimento representa a participação directa na execução de uma função pública[796].

---

[793] Sobre a "delegação fáctica" ("faktische Beleihung"), cfr. SEIDEL, Ob. cit., pp. 32 e ss e 89 e ss; STEINER, "Fragen", cit., p. 609; BURGI, "Der Beliehene", cit., p. 586.

[794] Cfr. Esteves de OLIVEIRA/Pedro GONÇALVES/Pacheco de AMORIM, Ob. cit., p. 413.

[795] Pode falar-se aqui de uma *responsabilidade total de decisão*; cfr. SEIDEL, Ob. cit., p. 113 e ss.

[796] Não é possível "trocar" a função pública de direcção da instrução do procedimento por uma actividade privada.

Sucede, todavia, que, sem delegar a instrução do procedimento, o órgão público dela encarregado pode, nessa qualidade, pretender obter de entidades privadas contributos específicos que o auxiliem no trabalho de instrução.

Em princípio, essa pretensão não esbarra com qualquer obstáculo de ordem geral, uma vez que o órgão que dirige a instrução não está, em regra, obrigado a adoptar um catálogo de medidas instrutórias predeterminadas. A instrução do procedimento administrativo é marcada pela *informalidade* e pela *discricionaridade procedimental*, razão por que o responsável por essa fase do procedimento pode efectuar as diligências que entenda oportunas para se colocar em posição de decidir (ou de propor uma decisão, no caso do *instrutor*)[797]. Neste contexto, o órgão público responsável pela instrução pode decidir obter o concurso de entidades externas para o auxiliar na realização de diligências instrutórias específicas (pareceres, estudos, planos, anteprojectos, projectos de carácter técnico, ensaios laboratoriais, vistorias a locais). Haverá até situações em que a Administração não dispõe das capacidades técnicas para, sem o concurso de terceiros, realizar o trabalho instrutório que lhe é exigido: o recurso a peritos, especialistas, laboratórios especializados, etc., apresenta-se, então, como um imperativo decorrente do *dever de boa administração*, quando não das próprias exigências de legalidade administrativa.

O risco associado a essas contribuições privadas funcionalmente conexas com a preparação de decisões públicas afigura-se evidente[798]: a Administração recorre a organismos externos por não deter competências técnicas nem recursos e, naturalmente, não vai encontrar-se em condições de efectuar a recepção crítica dos resultados que aqueles apresentam, para os corrigir, se for caso disso[799]. Dito de outro modo, a

---

[797] "O dever de adoptar uma decisão legal postula, necessariamente, a admissão de uma relativa liberdade no que respeita à actividade cognoscitiva destinada a encontrar os pressupostos daquela decisão"; cfr. Esteves de OLIVEIRA/Pedro GONÇALVES/Pacheco de AMORIM, Ob. cit., p. 416.

[798] Sobre isso, cfr. DI FABIO, "Verwaltungsentscheidung durch externen Sachverstand", especial. p. 216 e ss (apesar de este Autor se referir a um caso de "particulares na Administração Pública", concretamente a intervenção de comissões de peritos nos procedimentos de autorização da comercialização de medicamentos); BURGI, "Privat vorbereitete Verwaltungsentscheidungen und staatliche Strukturschaffungspflicht", especial. p. 192 e ss; VOSSKUHLE, "Gesetzgeberische", cit., p. 71; SEIDEL, Ob. cit., p. 117 e ss.

[799] Cfr. DI FABIO, *Produktharmonisierung*, cit., p. 56; VOSSKUHLE, "Beteiligung Privater", cit., p. 295.

Administração perde o "controlo do procedimento"[800], fica numa situação de "vinculação de facto"[801], sendo manifesto o risco de degenerescência do seu poder de decidir num ritual de cariz notarial, consubstanciado numa espécie de ratificação de propostas, estudos, projectos ou relatórios privados[802]. O recurso a colaboradores pode provocar, assim, a efectiva *externalização*[803] e, neste caso, a *privatização de facto do poder público de decisão*, posto que as bases materiais da decisão ficam, na prática, nas mãos de entidades privadas, que actuam segundo o direito privado e, é claro, de acordo com motivações privadas[804].

A contratação de colaboradores com funções de auxílio na preparação de decisões públicas poderá efectivamente representar um risco para o Estado de direito e para a democracia administrativa, na medida em que, *materialmente*, a decisão pública, pode, afinal, não provir do órgão a quem foi conferido o mandato democrático para decidir e que, para esse efeito, deveria assumir o *senhorio* ou *domínio total do procedimento* que serve as decisões que toma[805]. O facto de se tratar de uma intervenção na fase da preparação de uma decisão, e não na tomada da decisão, não diminui as exigências de controlo democrático[806].

Para prevenir os perigos e os riscos associados às formas de privatização funcional a que nos estamos a referir, a doutrina propõe a substituição da delegação de facto por uma delegação de direito, ou seja, uma delegação autorizada por lei[807].

Embora a falta de base legal seja o princípio do problema, supomos que a essência dele se mantém mesmo nos casos em que a lei autoriza expressamente a Administração a recorrer àquelas formas de contratação. Com efeito, ainda que autorizada a contratar colaboradores para

---

[800] Cfr. BURGI, "Privat vorbereitete Verwaltungsentscheidungen", cit., p. 194.

[801] Cfr. DI FABIO, "Verwaltungsentscheidung", p. 217.

[802] Cfr. BURGI, "Privat vorbereitete Verwaltungsentscheidungen", cit., p. 194; VOS-SHULE, "Gesetzgeberische", cit., p. 71; WEISS, *Privatisierung*, cit., p. 321.

[803] Cfr. DI FABIO, "Verwaltungsentscheidung", p. 216.

[804] Por último, cfr. NUSSBERGER, "Sachverständigenwissen als Determinante verwaltungsrechtlicher Einselentscheidungen", p. 283 e ss.

[805] Sobre as *competências administrativas* e o mandato de decisão conferido à Administração como garantias do princípio democrático, cfr. SCHMIDT-PREUSS, "Verwaltung", cit., p. 175 e ss.

[806] Em certa medida, desvalorizando os problemas decorrentes da participação procedimental de particulares, cfr. HEINTZEN, Ob. cit., p. 252.

[807] Nesses termos, cfr. de SEIDEL, Ob. cit., p. 115 e ss.

a auxiliarem na fase de instrução de procedimentos, a Administração pode ver-se colocada numa situação de *vinculação de facto*, pelo que os eventuais riscos substanciais da designada *delegação de facto* se mantêm.

A doutrina que reclama, neste caso, uma base legal não o faz, contudo, por supor que, por essa via, o problema fica resolvido. A proposta de sujeição à lei tem na sua base a suposição de que o "colaborador privado" não deve ser tratado como um mero colaborador (privatização funcional), mas antes como um "delegatário de funções e de poderes públicos" (privatização orgânica). Nessa qualidade, entende-se que ele actua investido de funções públicas, ficando, então, vinculado pelo direito administrativo. A situação deixa de poder ser tematizada no contexto da vinculação de facto e passa a dever sê-lo no domínio de uma vinculação jurídica da autoridade decisora, em face de um acto de outro membro da Administração Pública.

Compreendemos o sentido dessa proposta, mas não ficamos convencidos.

Por um lado, dela resulta, na prática, a proibição de a Administração contratar colaboradores na fase de preparação de decisões públicas. Com efeito, o juízo segundo o qual a contratação de colaboradores envolve uma delegação sempre que a Administração está tecnicamente impedida de controlar os resultados determina que só possa haver contratação nos casos previstos na lei. Na ausência de previsão legal, a contratação resulta ilegal.

Ora, quer-nos parecer que a complexidade dos problemas com que a Administração se defronta inviabiliza uma solução rígida como essa: exigência de uma autorização legal expressa para toda a contratação de colaboradores. Acresce, como já vimos, que subjacente a essa exigência de autorização legal se encontra a suposição de que o contratado com funções de auxílio da Administração actua investido de funções e de poderes públicos. Assim sendo, a tese que reclama a "legalização" acaba por ter o efeito de generalizar as situações de "desconcentração do procedimento" e de desresponsabilizar a autoridade pública com poderes de decisão.

Independentemente disso, não nos convence o argumento de que há, necessariamente, uma delegação (de facto) de funções e poderes públicos, sempre que a Administração não está em condições de controlar a substância dos resultados apresentados pelas entidades que contrata. Sem recusarmos que tal possa suceder efectivamente, parece-nos, contudo que, apesar de não dispor da massa crítica que foi procurar fora de portas, a Administração pode não perder o *controlo jurídico do procedimento*. O facto de estar tecnicamente impedida de efectuar a *recepção crítica* não significa que ela se encontre impedida de realizar uma *recepção juridicamente controlada* ou *orientada* dos resultados que lhe são oferecidos[808]. No nosso juízo, a realização efectiva de uma recepção controlada afasta a ideia de que a delegação (de facto) constitui uma consequência inevitável da situação de vinculação de facto em que a Administração se encontra.

Como acaba de se insinuar, a posição que aqui se defende não significa um qualquer fechar de olhos ao problema de fundo tratado sob a designação de delegação fáctica. Os riscos que acima foram referidos existem mesmo, são reais. Urge, por isso, combatê-los e erradicá-los. Todavia, na nossa perspectiva, a única opção realista que serve esse resultado passa, em geral, pelo enquadramento do fenómeno da contratação de auxiliares por um regime jurídico – legal e contratual – que imponha a esses contratantes da Administração uma directa vinculação pelo direito administrativo ou que os submeta a deveres inspirados na ética do direito administrativo: a imposição, por via contratual, do respeito de princípios e de regras do direito administrativo parece-nos ser a melhor forma de colocar a Administração em posição de efectuar uma recepção (não crítica, mas) orientada ou controlada dos resultados que lhe são apresentados.

Por outras palavras, a Administração não tem condições para controlar a substância, mas tem seguramente a responsabilidade de escolher contratantes tecnicamente competentes e que ofereçam garantias de idoneidade, assim como tem o dever de controlar o modo como os resultados foram produzidos (por ex., a objectividade e a imparcialidade na realização de um ensaio; a consideração num projecto de plano de todos os interesses afectados por uma decisão a tomar). A imposição (contratual e legal) de deveres de organização e funcionamento[809] ou da vinculação pelo direito administrativo (nas relações com a Administração)

---

[808] Sobre os conceitos de "recepção controlada" e "orientada", usados no contexto da recepção de normas técnicas pelo direito estadual, cfr. SCHMIDT-PREUSS, "Verwaltung", cit., p. 203 e ss; DI FABIO, *Produktharmonisierung*, cit., p. 56.

[809] Veja-se, por ex., o regime legal de organização e funcionamento das entidades acreditadas no âmbito do processo de licenciamento industrial; cfr. artigo 10.º e ss. do Decreto-Lei n.º 152/2004, de 30 de Junho.

assegura a observância dos princípios e regras que um delegatário de funções públicas teria de observar, sem investir o contratante auxiliar de um poder de vinculação jurídica da autoridade competente para decidir[810].

Nos casos referidos – contratação de colaboradores que prestam serviços técnicos, de consultoria e de assistência que contribuem para a realização da instrução do procedimento pela própria Administração –, o poder de contratação é inerente ao poder de direcção da instrução: trata-se, por conseguinte, de um *poder próprio da Administração*.

A situação assume já contornos distintos se em causa estiver uma transferência de faculdades de direcção da instrução do procedimento: há, então, uma privatização orgânica "da" instrução do procedimento e, por conseguinte, uma delegação de funções públicas (que não dispensa a autorização legal).

Por outro lado, poderá haver ainda uma privatização orgânica "na" instrução do procedimento, quando a lei realize ou permita que se realize uma "desconcentração do procedimento" (por ex., através de uma "deslocação ou segmentação do poder decisório"[811]), atribuindo a uma entidade privada a competência para emitir uma pronúncia com força vinculativa sobre a decisão do procedimento (desde que essa pronúncia se apresente como um "acto procedimental"[812] e corresponda a uma diligência instrutória de desconcentração do trabalho procedimental e não a uma mera intervenção de cariz participativo, de defesa ou de representação de interesses particulares[813]).

---

[810] Em certos casos, a lei pode até responsabilizar criminalmente os colaboradores da Administração pelas informações que prestem ou pelas declarações que apresentem. Aliás, esse modelo encontra-se adoptado no esquema de privatização funcional (e legal) no âmbito dos procedimentos de autorização da edificação. Nos termos do RJUE, o requerimento inicial é sempre instruído com declaração dos autores dos projectos da qual conste que foram observadas na elaboração dos mesmos as normas legais e regulamentares aplicáveis (artigo 10.º/1). Por sua vez, o artigo 20.º/8 estabelece que as declarações de responsabilidade dos autores dos *projectos das especialidades* que estejam inscritos em associação pública constituem garantia bastante do cumprimento das normas legais e regulamentares aplicáveis, excluindo a sua apreciação prévia pelos serviços municipais. As "falsas declarações dos autores dos projecto no termos de responsabilidade" constituem contra-ordenação e crime [cfr., respectivamente, artigos 98.º/1,*e*), e 100.º/2 do RJUE].

[811] Sobre estes fenómenos, associados aos pareceres vinculativos, cfr. Pedro GONÇALVES, "Apontamento sobre a função e a natureza dos pareceres vinculantes", p. 3 e ss.

[812] E não um mero "pressuposto do procedimento".

[813] Se for este o caso, não estaremos perante um acto público procedimental, mas perante um acto privado, praticado ao abrigo de um direito subjectivo público de participação ou de intervenção no procedimento administrativo.

2.2.2. *Privatização funcional na implementação de tarefas públicas*

No número anterior, contactámos com a privatização funcional no âmbito da *preparação* de decisões públicas. Agora, vamos considerar a privatização que decorre da contratação de entidades privadas com funções de auxílio técnico-executivo, na *implementação* de tarefas públicas (em regra, realização de *operações materiais*).

Nesta forma de privatização funcional abrangem-se situações que resultam da contratação de particulares para auxiliar a Administração na "execução de decisões públicas", mas também outras que, possuindo um manifesto carácter executivo, não apresentam qualquer conexão directa e imediata com uma decisão pública.

Observe-se ainda que a divisão que fazemos entre este e o número anterior sugere uma distinção taxativa entre preparação e execução de tarefas públicas. Ora, a verdade é que essa destrinça nem sempre se revela com clareza, havendo até situações mistas.

Corresponde a um exemplo de situação mista a contratação de empresas para o desempenho de acções de fiscalização (carácter executivo) em cuja execução podem ser detectadas infracções e anomalias que dão lugar à aplicação de sanções (carácter preparatório)[814]. Não obstante um carácter preparatório, emerge também com evidência a dimensão técnico--executiva e de concretização material de uma tarefa. Ainda assim, por razões de vária ordem, a dimensão preparatória não pode ser negligenciada.

Com efeito, a primeira questão a colocar prende-se com a imprescindibilidade em averiguar se a autoridade pública responsável pela fiscalização de determinada actividade dispõe de um poder próprio de contratar colaboradores para a auxiliarem na realização das acções de fiscalização[815]. A questão coloca-se em termos de saber se é possível a privatização funcional no domínio da contribuição para a execução de tarefas públicas de fiscalização, o que implica saber se se afigura viável substituir essas tarefas públicas por tarefas privadas da mesma natureza.

---

[814] Usando um conceito corrente no direito espanhol, pode dizer-se que a inspecção e a fiscalização são "actividades de trâmite", quer dizer, actividades que são interlocutórias, que conduzem à tomada de decisões administrativas; cfr. BERMEJO VERA, "La administración inspectora", cit., p. 43; BERNARD-FRANK MACERA, "La problemática de la asunción de la inspección administrativa por entidades privadas", p. 1619.

[815] Embora seja óbvio, observa-se que a dúvida referida só subsiste na medida em que não esteja envolvida a entrega aos contratantes de poderes públicos no âmbito das relações de inspecção ou de fiscalização; sobre estes, cfr. *infra*, Parte II, Cap. II.

Em jeito de resposta, diremos que não há, em princípio, obstáculo à contratação de uma empresa para a realização de uma ou outra diligência de fiscalização ou inspecção, desde que seja claro que, em si mesma, a direcção da tarefa de fiscalização, continua a pertencer à Administração (e, insistimos, desde que não envolva a subordinação do fiscalizado ou inspeccionado). Já nos parece, contudo, fora de causa a possibilidade de a Administração – sem base legal – entregar a um terceiro, em bloco, a execução técnica das suas competências de fiscalização num certo sector. Com efeito, um contrato desse género tem por objecto uma delegação de funções públicas de fiscalização, pelo que só com base legal pode ser celebrado. Além da autonomia executiva na direcção das acções de fiscalização que envolve, um tal contrato confia, ao mesmo tempo, a uma entidade privada a *direcção da instrução* de procedimentos de aplicação de sanções (que punem as anomalias detectadas nas acções de fiscalização)[816].

Consideramos, assim, ilegais os contratos através dos quais a Administração, sem para tal estar habilitada, entrega a entidades privadas poderes de vigilância e de fiscalização da actuação de contratantes seus (por ex., de empreiteiros de obras públicas)[817]. Ainda que se admita aqui uma tácita aceitação contratual da entidade fiscalizada (empreiteiro), o contrato com a entidade privada encarregada de fiscalização envolve a delegação de funções e – no caso – de poderes públicos que a lei entrega à Administração (ao dono da obra pública). Na falta de base legal, a celebração de um contrato com esse objecto representa uma "delegação ilegal de funções e de poderes públicos de autoridade".

O veredicto não é naturalmente diferente em relação aos contratos que investem uma entidade privada de competências de verificação do

---

[816] No sentido de que um contrato dessa natureza envolve a encomenda a entidades privadas de uma actividade material ou instrumental em si mesma invasora e conducente à adopção de actos administrativos através dos quais se exercem poderes públicos da maior transcendência, cfr. BERNARD-FRANK MACERA, "La problemática", cit., p. 1619. Sobre a autoridade inerente ao exercício de funções de inspecção, cfr. Dolors CANALS I AMETLLER, Ob. cit., p. 226 e ss.

[817] Sobre a fiscalização da execução de empreitadas, cfr. artigo 178.º e ss do RJEOP; em particular, sobre os vastos poderes incluídos na função de fiscalização, cfr. artigos 180.º e 182.º. No sentido de que o contrato pelo qual um município confia a um prestador de serviços a fiscalização de empreitadas de obras públicas é um contrato administrativo pelo qual a Administração atribui ao co-contratante particular poderes de autoridade, cfr. AcSTA/1.ª, de 13/10/99 (proc. 43 284).

cumprimento das regras de trânsito, por ex., na fiscalização do estacionamento nas vias públicas[818]. Não há aí, portanto, espaço para formas de privatização funcional, porquanto essa forma de colaboração privada – a ser possível, nos termos da lei – implica a *participação directa na execução de uma função pública*. O princípio de proibição de privatização funcional nestas áreas estende-se, de resto, a todos os contratos e negócios que confiem a entidades privadas a fiscalização do cumprimento de regras cuja inobservância dê lugar à aplicação de sanções públicas (*v.g.*, regras de utilização de transportes colectivos pelos respectivos utentes).

O núcleo mais típico da privatização funcional no âmbito da implementação de tarefas reside nos casos de privatização funcional de "execução de decisões públicas" (no âmbito da chamada "responsabilidade de implementação"[819]). Mas também pode haver privatização funcional e contratação de colaboradores para auxiliar a Administração em tarefas sem qualquer conexão directa e imediata com decisões públicas.

A situação referida em primeiro lugar vai interessar-nos sobretudo na medida em que esteja em causa a colaboração privada em sede de *execução coactiva de decisões públicas*. Já na segunda situação que referimos, fora do contexto da execução de uma decisão, esta forma de privatização interessa-nos ainda no domínio da contratação, pela Administração Pública, de *empresas de segurança privada*. Nos dois casos, o contributo privado desenvolve-se em "áreas nucleares da autoridade pública", colocando-se, também aqui, a dúvida sobre se os contratantes da Administração actuam como meros colaboradores auxiliares, no âmbito do direito privado, ou como agentes investidos (legalmente ou de facto) de funções públicas e verdadeiros poderes públicos de autoridade.

---

[818] Nesses termos, para o direito alemão, cfr. HUBER, *Wahrnehmung*, cit., p. 87 e ss; SCHOCH, "Polizei- und Ordnungsrecht", p. 130; SCHOLZ, "Verkehrsüberwachung", cit., p. 14 e ss. Como vimos acima, há autores que admitem a possibilidade de uma privatização funcional no domínio das actividades de fiscalização do trânsito, sempre que seja a Administração a indicar o "local", o "momento" e a "duração" das acções de fiscalização: cfr. GRAMM, "Schranken", cit., p. 348 e ss; WEINER, Ob. cit., p. 232. Concordamos com essa orientação nos casos de fiscalização por aparelhos electrónicos de controlo da velocidade. Mas já se nos afigura irrealista aplicar essa mesma tese nos casos de fiscalização pessoal. Mesmo que a ingerência pública na actividade do colaborador inclua a indicação do local, do momento e da duração, sempre restaria a possibilidade de estar com os olhos abertos ou fechados nas acções de fiscalização.

[819] Cfr. VOSSKUHLE, "Gesetzgeberische", cit., p. 73.

Começando pela privatização funcional no domínio da execução coerciva de decisões públicas, deve salientar-se que, como em geral, também neste caso a privatização funcional só é possível na medida em que o colaborador actue no âmbito do direito privado e, portanto, sem participar directamente no poder público de execução coerciva. Haverá uma participação directa no exercício do poder público nos casos em que a execução envolva, pela sua natureza, um *contacto* ou uma *relação* entre o agente encarregado de proceder à execução e o particular que tem de a suportar. Nessa hipótese, o agente cumpre a sua missão *no exercício de um poder público de execução coerciva* e, por isso, necessariamente, no contexto de uma delegação de funções e poderes públicos[820]. O mesmo já se não verifica quando, como já vimos a propósito do artigo 157.º/2 do CPA, a entidade contratada se limita, *com os meios de direito privado*, a prestar um serviço à Administração, consistindo em executar um acto administrativo não acatado que impôs uma prestação de facto fungível (*v.g.*, ordem de demolição de um edifício ou de remoção de um veículo). A entidade contratada limita-se, nessa eventualidade, a cumprir um contrato de colaboração com a Administração que não a investe de qualquer poder público. No cumprimento do contrato, ela não estabelece qualquer relação jurídica com o particular que tem de suportar a execução[821]. A sua relação é contratual e apenas com a Administração[822]. Por sua vez, o par-ticular que tem de suportar a execução também se relaciona apenas com a Administração, no contexto de uma relação moldada pelo acto administrativo impositivo: não deve obediência aos agentes da empresa executante, que não podem dar-lhe ordens. Tem de suportar a operação de execução, não por causa dos (inexistentes) poderes públicos da empresa e dos seus agentes, mas por causa do *poder de execução coerciva de actos administrativos* que pertence à Administração e que se revelou através da *decisão* ou *ordem de execução*[823 /824].

---

[820] Cfr. VOSSKUHLE, "Gesetzgeberische", cit., p. 73.

[821] Cfr. MAURER, *Allgemeines*, cit., p. 511.

[822] Cumpre à Administração retribui-lo, apesar de as despesas ficarem por conta do obrigado. Para o caso de o obrigado não proceder ao pagamento voluntário, cfr. artigo 155.º/1 do CPA.

[823] Por vezes, a lei prevê a protecção pelas autoridades policiais dos trabalhadores da empresa encarregada de proceder à execução (por ex., Decreto-Lei n.º 105/98, de 24 de Abril, sobre a remoção de publicidade na proximidade de estradas): a protecção

A situação que acabámos de descrever pressupõe que a entidade contratada para prestar serviços (privados) que substituem acções públicas em sede de execução de actos administrativos actua no âmbito do direito privado e, portanto, sem qualquer poder de decisão juridicamente relevante sobre o modo de execução ou sobre os meios a empregar na actividade de execução. De outro modo, a não actuar de forma totalmente programada no plano jurídico, terá de se admitir que a empresa exerce poderes públicos no domínio da execução coactiva, caso em que teremos uma delegação de funções e poderes públicos (que terá de ser autorizada por lei).

A privatização funcional pode desenvolver-se em domínios que não possuem qualquer relação com a execução de decisões públicas; já o dissemos. Assim é, por ex., nos casos em que a Administração contrata empresas de segurança privada com funções de vigilância e de controlo

---

policial impõe-se, nesse caso, como consequência da autoridade do acto exequendo e não da natureza da actividade de execução.

Sobre o procedimento de execução de actos administrativos, cfr. Diogo Freitas do AMARAL, *Curso*, II, cit., p. 477 e ss; Rogério Ehrhardt SOARES, *Direito,* (1978), cit., p. 191 e ss; Rui MACHETE, "A execução do acto administrativo", p. 65 e ss, e "Privilégio da execução prévia", p. 448 e ss; Maria da Glória F.P.D. GARCIA, "Breve Reflexão Sobre a Execução Coactiva dos Actos Administrativos", p. 265 e ss; Maria Lúcia A. AMARAL, "A execução dos actos administrativos no Projecto de Código de Processo Administrativo Gracioso", p. 153 e ss; Paulo OTERO, *A execução do acto administrativo no Código do Procedimento Administrativo*, p. 207 e ss; Carla Amado GOMES, *Contributo para o Estudo das Operações Materiais da Administração Pública e do seu Controlo Jurisdicional*, p. 110 e ss; Fernando Alves CORREIA, *Alguns Conceitos*, cit., p. 40 e ss; Esteves de OLIVEIRA/Pedro GONÇALVES/Pacheco de AMORIM, Ob. cit., p. 698 e ss.

[824] A doutrina alemã defende, em geral, que, na hipótese de execução subrogatória por terceiro, estão envolvidas duas relações jurídicas de natureza diferente: uma *relação de direito público*, entre a Administração e o destinatário do acto, e uma *relação de direito privado*, entre a Administração e o terceiro contratado. Reagindo contra essa "construção dualista", BURMEISTER, "Die Ersatzvornahme im Polizei- und Verwaltungsvollstreckungsrecht", p. 256 e ss., enquadrou as relações entre a Administração e o terceiro no âmbito do direito público. Fê-lo, por entender que haveria uma *Beleihung*, porquanto deveria ser imputada ao terceiro contratado a actuação agressiva que a execução constitui: para executar, o terceiro teria de estar investido de poderes públicos de autoridade sobre o executado, encontrando-se este obrigado perante ele a abster-se. A relação jurídica de direito público entre a empresa e a Administração seria regulada por um acto público (um *acto administrativo dependente de consentimento*) não por um contrato (de direito privado). Sobre esta tese, cfr. Carla Amado GOMES, *Contributo*, cit., p. 141[353].

das entradas em edifícios públicos ou para desempenharem funções de segurança em locais, recintos e espaços públicos abertos, de livre acesso e circulação.

A contratação de empresas de segurança privada pela Administração Pública suscita problemas complexos que derivam, desde logo, das dificuldades na delimitação rigorosa do território da *segurança privada* em face do da *segurança pública*[825].

Por se tratar de um tema de tão intrincadas dificuldades, que exige desenvolvimentos analíticos mais profundos, a exposição subsequente será dividida em três alíneas.

a) Contratação de empresas de segurança privada pela Administração Pública

A *segurança privada* constitui uma actividade de natureza privada, fundamentalmente desenvolvida por *empresas de segurança privada* publicamente autorizadas, no cumprimento de contratos de prestação de serviços com os interessados em beneficiar dos seus serviços[826]. Trata-se de uma actividade levada a cabo de acordo com o objectivo do *lucro*, no designado *mercado da segurança*[827/828]. Como se vem reconhecendo um pouco por toda a parte, a actividade de segurança privada representa hoje um componente indispensável do sistema de segurança interna[829].

Além do mais, os serviços de segurança privada compreendem a vigilância de bens móveis e imóveis, o controlo da entrada, saída e presença de pessoas, bem como a prevenção de entrada de armas, subs-

---

[825] Sobre o tradicional "modelo de separação" entre *segurança privada* (defesa de bens jurídicos privados) e *segurança pública* (defesa de bens jurídicos públicos) e os entrecruzamentos entre esses dois territórios, cfr. NITZ, *Private und öffentliche Sicherheit*, cit., p. 44 e ss; GUSY, *Polizeirecht*, p. 83.

[826] Dizemos que a actividade de segurança privada é *fundamentalmente* desenvolvida por empresas de segurança privada porque ela também pode ser exercida por serviços de auto-protecção.

[827] A segurança aparece, neste contexto, como uma mercadoria; cfr. HETZER, Ob. cit., p. 20; NITZ, Ob. cit., p. 99; para uma análise económica do mercado da segurança privada ao nível internacional, cfr. NOGALA, "Le marché de la sécurité privée: analyse d'une évolution internationale", especial p. 130 e ss.

[828] A actividade de segurança privada é analisada na Parte II, Cap. I.

[829] Cfr. PITSCHAS, "Gefahrenabwehr", cit., p. 395.

tâncias, engenhos e objectos de uso e porte legalmente proibidos em edifícios e recintos de acesso vedado ou condicionado ao público (cfr. artigo 2.º da LSegPriv).

Na prestação dos serviços de segurança privada, as empresas actuam no âmbito do direito privado, exercendo direitos e "poderes privados". Tendo em consideração o sector em que se inserem essas empresas e o tipo de serviços que prestam, adquire particular relevo o tema do uso da força e da coacção física pelos agentes de segurança privada. Actuando no âmbito do direito privado, tais agentes podem, como qualquer pessoa, exercer os poderes de uso da força pertencentes a todos ("direitos de todos"; *Jedermannrechte*[830])[831], por ex., no contexto da legítima defesa[832] ou da detenção em flagrante delito[833]. Além dos poderes próprios, os agentes de segurança privada podem ainda ser autorizados a exercer os designados "poderes derivados" (que pertencem às entidades que os contratam): aqui se contam as faculdades de "acção directa" para defesa do direito de propriedade ou da posse[834], bem como o poder de decidir sobre quem pode entrar e permanecer num local (*Hausrecht*[835]).

---

[830] Sobre estes "direitos de todos" como direitos que conferem ao seu titular o poder de usar a coacção para defender bem jurídicos individuais, de terceiros ou mesmo bens jurídicos públicos ou colectivos, cfr. BRACHER, Ob. cit., p. 40 e ss; HUBER, *Wahrnehmung*, cit., p. 63; MAHLBERG, *Gefahrenabwehr durch gewerbliche Sicherheitsunternehmen*, p. 97; NITZ, Ob. cit., p. 126 e ss; GONZALEZ-VARAS IBAÑEZ, *Derecho administrativo privado*, cit., p. 182 e ss.

[831] Sobre um "resto" do uso legítimo da força nas relações entre particulares (GÖTZ, "Innere Sicherheit", p. 1027), que representa uma excepção ao monopólio estadual do emprego legítimo da força, cfr., *infra*, Parte II, Cap. I.

[832] Artigos 337.º do Código Civil e 32.º do Código Penal.

[833] Artigo 255.º/1,*b)*, do Código do Processo Penal.

[834] Artigos 336.º, 1277.º e 1314.º do Código Civil.

[835] *Hausrecht* é a designação com que a doutrina germânica condensa o conjunto de faculdades de que uma pessoa dispõe num espaço definido sobre o qual tem uma posição soberana e de domínio, faculdades essas que incluem o direito de decidir livremente quem entra nesse espaço, quem nele pode permanecer e por quanto tempo. Dessa definição abstracta de *Hausrecht* decorrem poderes e competências concretas para o respectivo titular. Entre essas competências concretas contam-se a "proibição de entrada" e a "ordem de expulsão". O *Hausrecht* não confere ao titular o poder de execução coactiva, apesar de não estar afastada a possibilidade do emprego da força, no contexto da acção directa ou da legítima defesa. Cfr. HUBER, *Wahrnehmung*, cit., p. 73; MAHLBERG, Ob. cit., p. 162.

Como faculdade disponível, o *Hausrecht* pode ser contratualmente transferido pelo respectivo titular para um terceiro (por ex., para uma empresa de segurança privada);

No desempenho das suas funções, as empresas de segurança privada ou, melhor, os seus agentes e trabalhadores podem, por conseguinte, usar a força e até armas de defesa em face de agressões de terceiros, quer no âmbito dos direitos próprios de legítima defesa (própria e de terceiro), quer no âmbito da defesa de direitos dominiais das entidades contratantes. Podem ainda tomar decisões sobre a entrada de pessoas em certos locais. Mas, insiste-se, tudo isso se processa na esfera do direito privado, com poderes privados e dentro dos respectivos limites.

O tema da contratação de empresas de segurança privada pela Administração Pública está relacionado com a privatização funcional, na medida em que pressupõe que o serviço adquirido pela parte pública se consubstancia no exercício de uma actividade privada, numa "actividade de segurança privada". Como em todas as situações de privatização funcional, essa contratação vai provocar a "troca" ou substituição de uma actuação pública (de vigilância e controlo) por uma actividade privada com o mesmo conteúdo. Tratando-se de serviços oferecidos no mercado, a Administração pode, portanto, estar interessada em adquiri-los[836].

A Administração Pública é, de resto, senão o principal, pelo menos um dos principais adquirentes de serviços de segurança privada[837]. Entre

---

nesse sentido e além dos autores citados, cfr. DUBISCHAR, "Inhalt und Schutzbereich von Bewachungsverträgen", p. 3243.

[836] Sobre a aplicação das regras procedimentais da contratação pública no caso da contratação de serviços de segurança privada, cfr. BURGI, "Vergaberechtliche Fragen bei der Privatisierungsvorgängen: das Beispiel Zusammenarbeit mit dem Sicherheitsgewerbe", p. 217 e ss.

[837] O Estado é, de facto, o principal adquirente de serviços de segurança privada.

Nos EUA, o Governo entrega a empresas de segurança a vigilância de edifícios e instalações dos tribunais e da Administração, incluindo, por ex., instalações da NASA e do Departamento da Defesa; cfr. NEMETH, *Private Security and Law*, p. 11; NITZ, "Private policing" in den Vereinigten Staaten", p. 309.

Na Alemanha, estimava-se, já em 1988, que 50% dos serviços prestados pela segurança privada eram adquiridos pelo sector público; cfr. MAHLBERG, Ob. cit., p. 34; JEAND'HEUR, "Von der Gefahrenabwehr als staatlicher Angelegenheit zum Einsatz privater Sicherheitskräfte", p. 108. As empresas de segurança privada chegam a ser contratadas para proteger e guardar edifícios da polícia; cfr. PEILERT, "Police Private Partnership", p. 285).

Para qualificar a situação, em Espanha, fala-se do uso e abuso da segurança privada pela Administração, que confia a empresas a segurança de ministérios, correios, centros e estabelecimentos militares, tribunais, museus e universidades; cfr. AGIRREAZKUENAGA ZIGORRAGA, "Perfiles e problemática de la seguridad privada en el ordenamiento jurídico

as razões que explicam a expansão do "contracting out" administrativo em matéria de vigilância e segurança conta-se a tendência geral para a compra, em vez da produção própria ("make less and buy more"), e a percepção de que a segurança requer formação e qualificação técnica de que os sistemas "in-house", montados pela própria Administração, não dispõem[838].

A contratação pública de serviços de segurança privada configura, assim, mais uma técnica de retracção pública no contexto da execução de tarefas de segurança e de natureza policial. Como sabemos, além da *privatização de facto* (prestação deficitária de serviços de segurança pública) o Estado usa, neste domínio, técnicas de *activação de responsabilidades privadas* (imposição de deveres de auto-protecção). Em qualquer caso, os particulares ficam colocados na situação de terem de se proteger e de proteger os seus bens: o *ambiente* em que se situam esses fenómenos é, em geral, o de uma *privatização material das tarefas de segurança*[839].

Além dessas, outras estratégias de retracção do Estado situam-se já no plano de uma *privatização no âmbito da execução de tarefas públicas*: pode, então, pensar-se em formas de *privatização orgânica* e de delegação de funções públicas de polícia em entidades privadas, mas também em formas de *privatização funcional*[840]. Nestas duas hipóteses, a participação de entidades privadas na prestação de serviços (públicos ou privados) de segurança desenvolve-se no cenário de missões públicas em matéria policial e de segurança[841].

---

español, p. 132 e ss; GONZALEZ-VARAS-IBAÑEZ, "El desarollo de una idea de *colaboración*", cit., p. 209.

Desconhecendo embora estatísticas sobre a matéria, supomos que, em Portugal, a situação não é diferente daquela que se referiu noutros países.

[838] Cfr. OCQUETEAU, "How private security sector is winning its legitimacy in France?", p. 111.

[839] Referimo-nos a um ambiente de privatização material, porque, como sabemos, o fenómeno que aí está implicado não consiste exactamente numa deslocação de tarefas do sector público para o sector privado, mas numa activação de responsabilidades privadas; cfr., *supra*, Cap. I.

[840] Cfr. JEAND'HEUR, Ob. cit., p. 109, aludindo a uma tendência de privatização da tarefa de segurança que se manifesta pelo recuo do Estado, que, além de tolerar a segurança privada nas relações entre privados, recorre, ele próprio, a empresas privadas para desempenhar tarefas de segurança, transferindo, ou não, o exercício de poderes públicos.

[841] Sobre a distinção entre a contratação (pelo Estado) de serviços privados de segurança e a delegação da execução de funções públicas de segurança ("Beleihung"),

O que está em causa neste momento é a questão de saber se a Administração pode (e em que termos pode) incumbir uma empresa privada da execução de tarefas de segurança e de vigilância *nas formas do direito privado*[842]. Em particular, interessa questionar a possibilidade de as empresas de segurança privada *colaborarem* com entidades da Administração na protecção e defesa de bens de que são proprietárias e no exercício de acções de vigilância de espaços de acesso livre ao público. Como se depreendeu já, o problema mais delicado que se suscita prende-se com o tema do exercício pelos agentes de segurança privada de *poderes privados de emprego da força no desempenho de uma missão confiada pela Administração Pública*. Não falta quem denuncie o perigo associado a esta específica forma de privatização funcional, que consiste numa espécie de "produção privada da segurança pública", e se refira, conexamente, a uma nefasta instrumentalização de poderes privados para a prossecução de objectivos públicos ("fuga para o direito privado"[843]).

Por colocarem questões diferentes, devem distinguir-se os casos de contratação de empresas de segurança privada para a protecção de edifícios ou instalações públicas daqueles que têm por objecto a contratação para a realização de operações de vigilância de locais ou espaços públicos abertos e de livre circulação.

b) Segurança privada em edifícios ou instalações públicas

Nos termos da LSegPriv, os serviços de segurança privada compreendem, entre muitos outros, a "vigilância de bens móveis e imóveis".

Todas as entidades públicas têm naturalmente o dever de proteger os bens imóveis – edifícios e instalações – de que são proprietárias ou que lhes estão afectados. Podem cumprir esse dever através de serviços e

---

cfr. BRACHER, Ob. cit., pp. 62 e ss e 137 e ss; STOBER, "Staatliches Gewaltmonopol", cit., p 895 e "Police-Private-Partnership aus juristischer Sicht", p. 267; PEILERT, Ob. cit., p. 283; JEAND'HEUR, Ob. cit., p. 109. Sobre o tema da delegação de funções públicas de segurança em entidades privadas, cfr. Parte IV, Cap. I.

[842] Cfr. BRACHER, Ob. cit., pp. 62 e ss, 122 e ss e 137 e ss, distingue entre as seguintes formas de participação de empresas privadas na execução de tarefas de segurança: *actuação segundo o direito público*, ao abrigo de delegação estadual; *actuação segundo o direito privado*, que pode resultar de uma incumbência contratual confiada pelo Estado ou por um particular. O cenário da privatização funcional corresponde, pois, a uma actuação segundo o direito privado contratada pelo Estado.

[843] Cfr. SCHULTE, "Gefahrenabwehr durch private Sicherheitskräfte im Lichte des staatlichen Gewaltmonopols", p. 135.

meios próprios, mas, pelas razões que já vimos, recorrem, cada vez mais, aos serviços de empresas de segurança privada. Assiste-se, então, à troca ou substituição de uma tarefa *pública* de vigilância por uma tarefa *privada* de conteúdo semelhante.

Interessa analisar os termos em que essa privatização (funcional) é possível. A questão dos limites da privatização funcional coloca-se, recorde-se, em termos de saber até onde pode ir a possibilidade de substituir uma tarefa pública por uma tarefa privada.

A resposta ao problema reclama a fixação prévia de algumas precisões.

Antes de mais, interessa esclarecer o conceito de edifícios ou instalações públicas. Para os efeitos aqui relevantes, o conceito identifica um espaço, composto de elementos edificados ou implantados no solo, onde estão instalados departamentos e serviços da Administração (secretaria de uma câmara municipal), onde se desempenham quaisquer tarefas administrativas de prestação (*v.g.*, edifício de uma universidade, museu, biblioteca, hospital) ou onde estão instalados meios indispensáveis ao desempenho de tarefas administrativas (*v.g.*, central de produção de energia eléctrica).

O acesso ao edifício ou às instalações públicas pode ser *livre, condicionado* (sujeito a autorização), *limitado* (por ex., aos utentes inscritos numa biblioteca) ou *vedado ao público*. Pode, contudo, dar-se o caso de o mesmo edifício ter zonas de acesso livre ou condicionado e outras de acesso limitado e vedado.

Tendo em consideração a definição proposta, devemos autonomizar os edifícios ou instalações com acesso totalmente vedado ao público (onde podem estar instalados serviços burocráticos que não pressupõem um contacto com o público); note-se que, mesmo os edifícios abertos ao público, têm, em regra, um horário de funcionamento, pelo que, fora desse horário, também funcionam como "edifícios fechados ao público".

Na medida em que esteja em causa a protecção de edifícios fechados ao público, a contratação pública de empresas de segurança privada não parece oferecer dificuldades. Com efeito, a entidade pública responsável pelo edifício tem o dever de o proteger, como qualquer outro particular em relação a um bem imóvel de que seja proprietário[844]. Além disso,

---

[844] Nestes termos, mas apenas quanto aos bens de uso exclusivo pela Administração, cfr. GREIFELD, "Öffentliches Sachherrschaft und Polizeimonopol", p. 910. Aceitando o

uma vez que não se trata de um edifício afecto à utilização pública, está excluída qualquer pretensão (eventualmente) legítima de entrada. Assim, porque nenhum cidadão é titular de um direito subjectivo de contactar com o serviço instalado nesse edifício, não se coloca, neste caso, qualquer específico problema de direito público no que concerne ao controlo de entradas ou à tomada de decisões nesse âmbito. Em relação a edifícios fechados ao público, as tarefas confiadas às empresas de segurança privada são, em princípio, de mera vigilância[845]. Contudo, a qualquer momento, os agentes de segurança podem ver-se confrontados com intrusões de estranhos no edifício que estão incumbidos de vigiar ou com ameaças ou ofensas à sua integridade física. Em face desses factos, poderão adoptar "medidas activas": solicitar a intervenção imediata das forças de segurança pública[846] ou, estando reunidos os respectivos pressupostos, exercer os "direitos de todos" (detenção em flagrante delito e legítima defesa).

Concluindo, não parece haver obstáculos às formas de privatização funcional que decorrem da contratação de empresas de segurança privada para a realização de operações de vigilância em edifícios fechados ao público (aos quais se equiparam os edifícios abertos ao público fora do horário de funcionamento).

A situação apresenta diferenças significativas quanto está em causa a contratação de empresas de segurança privada para a realização de operações de controlo da entrada, saída e presença de pessoas em *edifícios abertos ao público*. O problema, deve dizer-se, não se coloca, neste caso, por causa da simples presença de agentes de segurança privada nas entradas ou dentro de edifícios públicos. Mais: diremos até que os agentes de segurança podem ser encarregados de realizar certas operações de controlo, como, por ex., solicitar a identificação do cidadão que pretende entrar num local público de acesso restrito ou a apresentação do documento que comprova que um determinado indivíduo reúne os requisitos

---

emprego da segurança privada em edifícios não afectados ao uso público, cfr. HAMMER, "Private Sicherheitsdienste, staatliches Gewaltmonopol, Rechtsstaatsprinzip und «schlanker Staat»", p. 620. Cfr. ainda GUSY, *Polizeirecht*, cit., p. 83, que observa estar em causa a defesa de direitos próprios (privados) de uma pessoa pública sobre um bem.

[845] Nem mesmo os mais renitentes quanto às possibilidades de contratação pública de empresas de segurança privada questionam a contratação com funções de mera vigilância; cfr. BRACHER, Ob. cit., p. 146 e ss.

[846] Cfr. BRACHER, Ob. cit., p. 149.

para aceder a um local de acesso reservado (a quem esteja inscrito). Nessas operações de controlo, há já dimensões de um *Hausrecht* específico da autoridade pública contratante, mas, na medida em que as "competências" confiadas aos agentes de segurança se limitem a essas actuações mais ou menos mecânicas e rotineiras, não parece que a contratação implique riscos especiais.

O problema fundamental está em saber se, no exercício dessas tarefas rotineiras, os agentes de segurança podem adoptar "medidas activas" e tomar decisões quando confrontados com "situações atípicas". Tais situações podem ter um recorte muito variado: pense-se no cidadão que, aparentando embriaguês, provoca distúrbios num edifício público de acesso livre; no indivíduo que se recusa a apresentar a identificação que lhe é solicitada, mas pretende "exercer o seu direito de entrar"; no turista que pretende entrar num local de acesso restrito para tirar uma fotografia; no cidadão que quer entrar no interior do hospital acompanhando o familiar doente. Situações deste género reclamam a tomada de decisões imediatas, que, consoante os casos, serão de *expulsão* ou de *proibição da entrada*. Tais decisões envolvem o exercício de competências ou faculdades concretas integradas no já referido *Hausrecht*.

Saber se os agentes de segurança privada podem ser autorizados a tomar aquelas decisões depende da natureza do *Hausrecht* em relação aos edifícios abertos ao público e, consequentemente, da natureza jurídica das próprias decisões.

Como explicámos, *Hausrecht* significa, nos termos assinalados pela doutrina germânica, o *direito de uma pessoa decidir livremente quem pode entrar e permanecer num espaço definido sobre o qual tenha uma posição soberana e de domínio*[847]. Em geral, esse direito é inerente ao senhorio ou domínio de uma pessoa num espaço delimitado. Assim sucede quando esse poder se apresenta como um poder de direito privado: as faculdades que o integram e os actos no exercício delas praticados possuem natureza privada. Todavia, quando está em causa o acesso a edifícios públicos, a doutrina refere-se a um *Hausrecht* específico de direito público.

De facto, no direito público e, concretamente, quanto aos edifícios abertos ao público, o *Hausrecht* começa logo por não se configurar como um poder livre e arbitrário do seu titular.

---

[847] Cfr. HUBER, *Wahrnehmung*, cit., p. 77; MAHLBERG, Ob. cit., p. 173.

Trata-se, por outro lado e numa dimensão que mais nos importa, de um poder, que, ao contrário do seu similar no direito privado, está desligado da pura dimensão de defesa e protecção do direito de propriedade. Como se vem observando, no caso da Administração, o *Hausrecht* não decorre de um direito sobre um espaço ou local, mas do imperativo de assegurar as condições necessárias ao exercício da função pública que a Administração desempenha nesse espaço. O fundamento desse poder não reside, por conseguinte, no direito sobre um local, mas sim no poder que assiste à Administração de velar pela preservação da sua *capacidade funcional para desempenhar as tarefas públicas de que está incumbida*[848].

O *Hausrecht* da Administração em relação a "edifícios abertos ao público" – apenas nesse caso e na medida em que estejam em horário de abertura ao público – constitui um *poder de direito público;* pode definir-se como o *poder de manutenção da ordem e da disciplina num espaço definido e fechado adstrito ao exercício de funções públicas*[849]. Trata-se

---

[848] Cfr. EHLERS, "Verwaltung und Verwaltungsrecht", *cit.,* p. 58; MAHLBERG, Ob. cit., p. 175; BERG, "Das Hausrecht des Landgerichtspräsidenten", p. 260.

Sobre o *Hausrecht* como específica categoria jurídico-pública, cfr., além dos autores citados, KNOKE, "Betriebliche Ordnungsgewalt in Räumlichkeiten des Verwaltungsvermögens", p. 388 e ss; RONELLENFITSCH, "Das Hausrecht der Behörden", p. 465 e ss; MAHLBERG, Ob. cit., p. 175; HUBER, *Wahrnehmung*, cit., p. 78 e ss; HONIGL, "Tätigwerden von Privaten auf dem Gebiet der öffentliche Sicherheit", p. 71 e ss.

Contra a tese maioritária, cfr. STÜRNER, in *JZ*, 1971, p. 98 e ss, e *JZ*, 1977, p. 312 e ss. Segundo o Autor, esse poder da Administração tem uma natureza privada, não se assumindo, portanto, como categoria específica do direito público. Discutindo a natureza do *Hausrecht* com base na posição que a Administração detém sobre os edifícios de uso administrativo abertos ao público, cfr. BRÜNING, "Von öffentlichen Zwecken und privaten Rechten", p. 389 e ss.

[849] O *Hausrecht* distingue-se de dois poderes de direito público mais ou menos próximos:

i) o poder de disciplina sobre o público que assiste a uma reunião pública ("Sitzungspolizei"): assim, por ex., os presidentes dos órgãos colegiais das autarquias locais podem, "em caso de quebra da disciplina ou da ordem, mandar sair do local da reunião" o cidadão que, sob qualquer pretexto, se intrometa nas discussões, aplauda ou reprove as opiniões emitidas, as votações feitas e as deliberações tomadas (cfr. artigo 84.º/4 da LMunFreg). A execução dessa decisão cabe aos serviços de segurança pública que actuam por solicitação do presidente do órgão;

ii) o poder de polícia dentro de um edifício público ("Polizeigewalt"): é o que se verifica com o poder reconhecido ao Presidente da Assembleia da República de manter a ordem e a disciplina, bem como a segurança da Assembleia, podendo para isso requisitar os meios necessários e tomar as medidas que entender convenientes [artigo 17.º/1,*l)*, do

de um poder de direito público pela finalidade que o caracteriza, mas também pelo facto de investir a Administração de competências para a adopção de medidas que podem inviabilizar o exercício de direitos subjectivos públicos (recusa da entrada de um cidadão num local onde se dirigiu para apresentar um requerimento ou fazer uma denúncia).

Aparentemente, contra a natureza jurídico-pública do *Hausrecht* poderia invocar-se a ausência de um fundamento legal expresso[850]. De facto, nenhuma lei atribui, pelo menos em geral, às autoridades administrativas um tal poder. Sucede, todavia, que, neste caso particular, a falta de base legal expressa não se afigura determinante. A doutrina "contorna" esse aparente obstáculo por uma de três vias: *i)* a base legal não é necessária, uma vez que está em causa uma actividade pública de prestação e não de agressão[851]; *ii)* o fundamento jurídico do poder não provém de uma lei, mas do costume[852]; *iii)* não há um fundamento legal expresso, uma vez que se trata de um poder "anexo" às competências de que uma autoridade é investida[853].

No nosso juízo, o poder de manutenção da ordem e da disciplina num espaço adstrito ao exercício da função administrativa é *inerente*, está *implícito, faz parte* das competências confiadas à autoridade e que ela tem o poder-dever de exercer naquele espaço. O *Hausrecht* destina-se a preservar a capacidade funcional da Administração e a assegurar as condições necessárias ao exercício regular das suas competências. Há, por conseguinte, uma conexão óbvia entre esse poder e as competências públicas confiadas a uma autoridade[854].

Regimento da Assembleia da República]; como "autoridade de polícia", aquele órgão exerce autoridade sobre as forças de segurança postas ao serviço da Assembleia (artigo 13.º/1). Na Alemanha, é a própria *GG* que atribui ao Presidente do "Bundestag", além do *Hausrecht*, este "Polizeigewalt" (artigo 40, II).

Sobre as diferenças entre o *Hausrecht* e estes dois poderes, cfr. LEINIUS, "Zum Verhältnis von Sitzungspolizei, Hausrecht, Polizeigewalt, Amts-und Vollzugshilfe", p. 449; BERG, Ob. cit., p. 260.

[850] Esse é um argumento esgrimido por STÜRNER (Ob. cit.) para excluir a autonomia de um *Hausrecht* específico de direito público.

[851] Cfr. RONELLENFITSCH, "Das Hausrecht", cit., p. 477.

[852] Cfr. HONIGL, Ob. cit., p. 73.

[853] Cfr. KNOKE, Ob. cit., p. 401; MAHLBERG, Ob. cit., p. 177; WOLFF/BACHOF/STOBER, Ob. cit., 1, p. 270.

[854] Cfr. KNOKE, *ibidem*.

As medidas concretas pelas quais o *Hausrecht* se revela são, fundamentalmente, de dois tipos: a recusa ou proibição de entrada (*Hausver-
bot*) e a imposição ou ordem de expulsão (*Hausverweis*).

A natureza jurídica destas medidas aparece, naturalmente, condicionada pela natureza pública do *Hausrecht*, poder a cujo abrigo elas são
adoptadas: trata-se, por conseguinte, de *medidas ou actos de direito
público*. Mesmo aceitando este resultado, a doutrina não apresenta uma
resposta unânime quanto à qualificação concreta de tais medidas de
direito público.

Para uma tese mais antiga, elas poderiam configurar-se como actos
administrativos sempre que o destinatário pretendesse penetrar ou tivesse
penetrado num edifício público no exercício de um direito subjectivo
público e para tratar de assuntos públicos (*v.g.*, apresentação de um
requerimento para a obtenção de uma licença); revestiriam a natureza de
actos de direito privado quando o seu interesse não fosse o de tratar de
assuntos relacionados com a função administrativa, mas antes o de tratar
de assuntos privados (*v.g.*, entrada num edifício público para tirar foto-
grafias ou para adquirir material de escritório)[855]. Segundo outra tese, as
medidas de recusa de entrada e de ordem de expulsão de um edifício
público não constituiriam actos administrativos, mas meras "declarações
de vontade jurídico-administrativas"[856] ou "actos autorizados da Administração"[857]. Actualmente, a corrente dominante na Alemanha sustenta
que, estando em causa edifícios e espaços onde são exercidas funções
administrativas, as medidas de actuação do *Hausrecht* consubstanciam
actos administrativos, sejam quais forem as razões que levam o cidadão

---

[855] Segundo esta orientação, a natureza jurídica das medidas de actuação do *Haus-
recht* seria determinada pela natureza jurídica do *acto principal*, isto é, do acto que o
particular pretende praticar no interior do edifício público. Sobre ela, cfr. KRAUSE,
Rechtsformen des Verwaltungshandelns, p. 42; BRÜNING, Ob. cit., p. 390; RONELLEN-
FITSCH, Ob. cit., p. 471; EHLERS, "Verwaltung und Verwaltungsrecht", cit., p. 58 e ss;
WALLERATH, *Allgemeines*, cit., p. 343.

[856] Cfr. WOLFF/BACHOF/STOBER, Ob. cit., 3, p. 383. Criticando essa curiosa qualificação, cfr. MAHLBERG, Ob. cit., p. 180.

[857] Nesse sentido, cfr. DRUSCHEL, *Die Verwaltungsaktbefugnis*, p. 184. A proposta
de Druschel resulta do entendimento de que o uso da forma acto administrativo está sob
reserva de lei. Assim, admitindo que existe um específico *Hausrecht* de direito público
sem fundamento legal, considera que os actos pelos quais esse poder é manifestado não
devem ser qualificados como actos administrativos.

a pretender entrar num edifício público[858]. De facto, parece-nos estarem preenchidos todos os requisitos necessários para qualificar como *actos administrativos* as medidas de actuação daquele poder, quer se trate de ordens de expulsão, quer de recusas de entrada e independentemente das razões que podem levar o destinatário delas a pretender contactar com os serviços da Administração.

Chegados aqui, estamos em condições de apresentar uma conclusão: ao contrário do que se passa com os edifícios fechados ao público, o *Hausrecht* em relação a edifícios abertos ao público não pode ser funcionalmente "privatizado". Isto é, as decisões a estabelecer que um indivíduo não pode entrar ou que um outro deve retirar-se de um edifício aberto ao público são decisões de direito público, assumem-se como actos administrativos. Ora, como vimos acima, o espaço da privatização funcional está delimitado pela possibilidade de ocorrer uma "troca" de uma actuação pública por uma actuação privada. Para que isso suceda, torna-se necessário que a actuação privada se limite a contribuir para a execução, pela própria Administração, de uma tarefa pública. Não está preenchido esse requisito, sempre que o colaborador da Administração esteja contratualmente investido (de forma explícita ou implícita) do poder de tomar decisões com relevo (externo) na esfera jurídica de terceiros. Só a Administração ou uma entidade privada investida de funções públicas (privatização orgânica) pode assumir essa responsabilidade. E, recorde-se, a situação não se altera pelo facto de a Administração definir rigorosa e taxativamente os critérios das decisões a tomar pelos seus colaboradores. Mesmo nessa eventualidade, no caso que estamos a analisar, a decisão concreta, que é a prática do acto administrativo, caberia ao colaborador da Administração[859].

---

[858] Cfr. MAURER, Ob. cit., p. 54; MAHLBERG, Ob. cit., p. 176; HUBER, *Wahrnehmung*, cit., p. 80.

[859] Cfr. MAHLBERG, Ob. cit., pp. 177 e 180; HUBER, Wahrnehmung, cit., p. 80 e ss; GREIFELD, Ob. cit., p. 910 e ss. Todos estes autores salientam que, por estar associada ao exercício de poderes de autoridade e à prática de actos administrativos, a execução do *Hausrecht* de direito público só pode ser confiada a entidades particulares por meio de uma "Beleihung". Em sentido contrário, cfr. HONIGL, Ob. cit., p. 73. Entende este Autor que a falta de um fundamento legal do *Hausrecht* explica a desnecessidade de um fundamento legal para a sua transferência para entidades privadas: a delegação depende apenas da vontade da Administração.

Tendo em consideração o que acabámos de expor, podemos afirmar o seguinte sobre o tema da contratação pública de empresas de segurança privada para actuar em edifícios e instalações públicas:

i) A Administração pode recorrer ao *mercado da segurança privada* para confiar a empresas devidamente autorizadas a mera vigilância de edifícios fechados ao público; nesse âmbito, os agentes da segurança privada podem exercer os *seus* direitos de legítima defesa e de detenção em flagrante delito (desde que, é claro, estejam reunidos os pressupostos legais do emprego legítimo da força);

ii) Além disso, a Administração também pode, no âmbito de uma privatização funcional, contratar empresas de segurança privada para colocarem agentes seus no interior dos edifícios abertos ao público; tratando--se de edifícios de acesso condicionado ou parcialmente vedado, os agentes podem até ser incumbidos da realização de operações rotineiras de controlo da entrada. Embora o controlo de acesso se assuma, nesse caso, como actividade pública, parece não haver obstáculo à troca dessa actividade pública por uma actividade privada de conteúdo similar. Contudo, no âmbito da mera privatização funcional, aqueles mesmos agentes já não podem ser autorizados a tomar decisões de recusa de entrada ou de imposição da saída de pessoas de edifícios abertos ao público. Nos dois casos, trata-se de decisões de direito público, que representam o exercício de um poder público (o *Hausrecht* específico de direito público). Como tais, terão de ser tomadas por uma instância dotada de legitimidade pública: essa instância será o dirigente do serviço instalado no edifício; poderá, eventualmente, ser uma empresa privada, se a lei autorizar a Administração a efectuar uma privatização orgânica neste sector.

O que se vem referindo, sobre a possibilidade da delegação de poderes para a tomada de decisões públicas no exercício do *Hausrecht*, conduz-nos ao problema de saber se, no direito português, a lei habilita a Administração a efectuar uma tal delegação. Sobre isso, a resposta é muito simples: não existe habilitação legal para esse efeito. Como é óbvio, a LSegPriv, estabelecendo que os serviços de segurança compreendem a vigilância e o controlo de acesso a edifícios, pressupõe esse controlo de acesso como uma actividade privada, de exercício de competências privadas. Ora, vimos que o controlo de acesso em edifícios públicos abertos ao público consubstancia uma actividade pública, pelo que as decisões externas adoptadas no exercício dessa actividade são decisões públicas, de direito público. Deste modo, o agente de segurança privada encarregado de "estar presente" ou de realizar operações rotineiras de controlo de acesso quando confrontado com "situações atípicas", como as que descrevemos acima, não poderá deixar de solicitar a presença de um responsável pelo serviço[860]. Só este pode tomar uma decisão de recusa de acesso ou de expulsão. No caso de incumprimento por parte do destinatário, o responsável pelo serviço terá, então, de solicitar a intervenção das forças de segurança pública[861].

Diferente das operações de vigilância e do *Hausrecht* apresenta-se o exercício de *poderes de revista de pessoas* por parte dos agentes de segurança privada encarregados da vigilância de certos locais públicos de acesso vedado ou condicionado (*v.g.*, zonas de *check-in* nos aeroportos). Neste cenário, os agentes de segurança privada surgem investidos de *poderes públicos de autoridade*, actuando no âmbito de uma *actividade de segurança pública*[862].

c) Segurança privada na vigilância de locais públicos de utilização comum[863]

De acordo com a lógica implícita no "modelo da separação"[864] ou na designada "teoria das esferas"[865], a segurança pública ocupa-se da pro-

---

[860] Poderá, com certeza, "convencer" ou "fazer ver" à pessoa que não vai poder entrar ou que deve sair. Mas esse será sempre apenas um meio informal e "amigável" de persuasão, mas não uma decisão.

[861] Note-se, contudo, que a execução coactiva está excluída neste caso – distinguindo entre "competência de ordenação" e "medidas de execução" das decisões de *Hausrecht* e no sentido de que estas não podem ser executadas coactivamente pela Administração, cfr. MAHLBERG, Ob. cit., p. 177 e ss; HUBER, *Wahrnehmung*, cit., p. 78. O princípio de impossibilidade de execução coactiva pela própria Administração decorre, no direito português, do artigo 157.º/3 do CPA. Assim, a intervenção das forças de segurança pública não visa a "execução" das decisões de recusa de entrada ou de expulsão, mas apenas assegurar a tranquilidade e repor a ordem pública eventualmente perturbada.

[862] Sobre esta possibilidade, prevista no artigo 6.º, n.ºˢ 5 e 6, da LSegPriv, cfr., *infra*, Parte III, Cap. I.

[863] O conceito de "locais públicos de utilização comum" é utilizado na Lei n.º 1/2005, de 10 de Janeiro, que regula a utilização de vídeo pelas forças e serviços de segurança em tais locais.

[864] Cfr. NITZ, *Private und öffentliche Sicherheit*, cit.. p. 44 e ss.

[865] Cfr. GUSY, "Polizei und private Sicherheitsdienste im öffentlichen Raum", cit., p. 344 e ss.

tecção de bens jurídicos públicos e actua em espaços públicos, enquanto a segurança privada se ocupa da protecção de bens jurídicos privados, actuando em espaços privados.

Por razões de vária ordem, o modelo de separação baseado na natureza pública ou privada do território de actuação está em crise. O espaço público apresenta-se, em grande medida, como uma *zona de actuação mista*, distribuída pelas forças de segurança pública e as empresas de segurança privada.

Desde logo, a segurança privada move-se em espaços públicos para proteger bens jurídicos privados, quer no transporte de valores e de coisas, quer na protecção e no acompanhamento de pessoas[866]. O crescimento ou avanço desta visível ocupação do espaço público pela segurança privada decorre, em larga medida, da "sensação de insegurança" do nosso tempo e da progressiva "desocupação" fáctica daquele espaço pelas forças de segurança pública.

Além disso, a segurança privada actua também naquilo que Christoph Gusy designa como "espaços semi-públicos": trata-se de espaços – como ruas, praças, zonas comerciais, estações de caminhos-de-ferro, terminais e *interfaces* de transporte – de utilização pela generalidade das pessoas (*hoc sensu*, públicos), mas que pertencem a entidades particulares e estão, por conseguinte, abrangidos pelo regime da propriedade privada. Neste caso, a intensificação da segurança privada deriva da transformação das estruturas do comércio e da generalização das mega-superfícies comerciais, mas também da privatização de tarefas (e de patrimónios associados) nos sectores das infra-estruturas de rede (por ex., privatizações no sector ferroviário). Os espaços semi-públicos representam, na actualidade, uma zona de confluência da segurança privada e pública. Dado que se trata de espaços pertencentes a entidades particulares, os serviços de segurança privada são contratados por estas e não por entidades da Administração.

Por fim – e é este o aspecto que, por ora, nos interessa especialmente –, também a Administração contrata empresas de segurança privada para actuarem em espaços públicos.

---

[866] Cfr. GUSY, *ibidem*, p. 345; HONIGL, Ob. cit., p. 82; GONZALEZ VARAS-IBAÑEZ, "El desarollo", cit., p. 208 e ss, afirmando que a segurança privada se infiltrou, *de facto*, nas vias públicas.

Independentemente da questão de saber se e em que termos se afigura possível a delegação de *funções públicas de segurança*, importa agora averiguar se a Administração pode garantir a segurança de espaços públicos abertos e de livre circulação através de empresas que prestam *serviços privados de segurança*. A questão continua, por conseguinte, a consistir na viabilidade jurídica da troca ou da substituição de uma actuação pública em matéria de segurança de bens e pessoas por uma actuação privada (privatização funcional).

Os casos mais óbvios de ocupação de espaços públicos pela segurança privada contratada por entidades da Administração Pública são as áreas públicas dos aeroportos, das estações ferroviárias e dos terminais de transportes. Quando pertençam e sejam geridos por entidades da Administração (inclusivamente empresas concessionárias), tais espaços são públicos[867]. As dúvidas sobre a possibilidade de privatização funcional colocam-se justamente por este motivo. Mas, note-se, trata-se, em regra, de espaços públicos, de utilização colectiva e de livre circulação por todos, embora com "fronteiras definidas". As empresas de segurança privada são, em regra, contratadas pela Administração para actuar dentro do perímetro desses espaços, não para prestar serviços de segurança nas ruas ou nas avenidas das cidades.

No que concretamente se refere à possibilidade de contratação pública de serviços privados de segurança para a *mera operação de vigilância* e *presença* nos locais que referimos, a doutrina, salientando o reduzido relevo do problema, não coloca obstáculos[868].

As entidades públicas com poderes de jurisdição sobre espaços delimitados podem contratar empresas de segurança para vigiar e circular por esses espaços. Como tem sido observado, essa possibilidade abre a porta a formas de colaboração e de parceria entre a Administração e as empresas de segurança privada: estas vigiam e actuam informalmente em espaços públicos e aquela toma decisões e actua formalmente em face dos factos concretos que possam afectar a segurança[869].

---

[867] Como vimos acima, convertem-se em semi-públicos se forem geridos por entidades particulares.

[868] Cfr. GREIFELD, Ob. cit., p. 912; BRACHER, Ob. cit., p. 146 e ss: MAHLBERG, Ob. cit., p. 163; HAMMER, Ob. cit., p. 619.

[869] Cfr. GONZALEZ VARAS-IBAÑEZ, "El desarollo", cit., p. 211; STOBER, "Staatliches Gewaltmonopol", cit., p. 895; PEILERT, Ob. cit., p. 285.

Sucede, todavia, que, também neste caso, os agentes de segurança privada podem ver-se confrontados com situações de desordem e de desacato, de agressão e de violência criadas pelos utilizadores dos espaços que vigiam. Trata-se de situações de facto que reclamam a adopção de medidas activas, de intervenção actuante. Um dos problemas centrais que aqui se tem colocado consiste em saber se os agentes de segurança privada podem reagir diante de situações como as descritas, exercendo os "direitos de todos", designadamente a legítima defesa de terceiro e a detenção em flagrante delito.

Ora, se o contrato celebrado entre a entidade da Administração e a empresa de segurança privada não estabelece expressamente que os agentes só podem "vigiar", "estar presentes" e "solicitar a intervenção das autoridades públicas se verificarem perturbação", admite-se que a Administração "aceita" as competências privadas de legítima defesa. Mais: pode até dizer-se que a entidade pública contratante "conta com isso", esperando uma intervenção activa dos agentes de segurança privada, sempre que estejam reunidos os pressupostos da legítima defesa (de terceiro), da acção directa para a defesa de bens ou da detenção em flagrante delito.

É exactamente porque a Administração aceita antecipadamente beneficiar do exercício dos "direitos de todos" pelos agentes de segurança privada que uma parte da doutrina germânica se refere, em termos severamente críticos, a uma *instrumentalização dos direitos privados para a realização de fins de segurança pública*[870]. Haverá, nesse caso, um "abuso dos direitos privados"[871], uma inaceitável e perigosa fuga para o direito privado[872] e uma privatização inconstitucional das tarefas de polícia e de segurança[873]. Particularmente quanto a este último aspecto, salienta-se que a contratação pública de empresas de segurança privada adultera a lógica da *subsidiariedade* do emprego da força entre particulares e metamorfoseia, de modo particularmente ostensivo, o instituto da legítima defesa. O contexto normativo, cultural e social da legítima defesa está associado à exigência de uma reacção imediata, ocasional e, sobretudo, desorganizada. Na hipótese que estamos a considerar, transformar-se-á

---

[870] Cfr. BRACHER, Ob. cit., p. 150; SCHULTE, Ob. cit., p. 135; HUBER, *Wahrnehmung*, cit., p. 146; GREIFELD, Ob. cit., p. 912; KRÖLLS, Ob. cit., p. 234.

[871] Cfr. BRACHER, Ob. cit., p. 150.

[872] Cfr. SCHULTE, Ob. cit., p. 135.

[873] Cfr. HUBER, *Wahrnehmung*, cit., p. 144 e ss.

num "meio normal" de defesa, exercido no contexto de uma actuação planeada e organizada ("defesa profissional") e, além de tudo isso, ao serviço da Administração Pública. Por outro lado, há limites específicos do emprego da força pelos serviços de segurança pública que não se aplicam no caso da legítima defesa[874].

Esta visão crítica suscita reflexões importantes[875]. Os argumentos em que tal crítica se estriba revelam uma consistência indiscutível. Todavia, parece-nos essencial distinguir um nível de crítica de ordem geral, que abrange todo o sistema e toda a filosofia da segurança privada, e um outro, situado no plano específico da contratação pública. Uma tal distinção torna-se, na verdade, decisiva, porquanto o que, neste momento, interessa discutir é apenas a questão de saber se há *dificuldades específicas* da contratação pública que estamos a analisar. Verdadeiramente, está em causa aferir da possibilidade da "legítima defesa profissional" empregada por empresas contratadas pela Administração[876].

Aceitando, portanto – pelo menos por agora –, que os agentes de segurança privada podem exercer os "seus" direitos de legítima defesa e de detenção em flagrante delito quando contratados por particulares (não havendo, portanto, obstáculos intransponíveis à "legítima defesa profissional"[877]), coloca-se a questão de saber se uma entidade da Administração pode beneficiar dos "direitos de todos" exercidos por agentes pertencentes a empresas de segurança privada contratadas.

A contratação pública da segurança privada para actuar em espaços públicos traz, de facto, uma questão específica: o recurso a formas de direito privado para a prossecução de objectivos públicos de segurança. De facto, a Administração parece substituir "competências e poderes públicos de polícia" por "direitos privados". Estes direitos privados,

---

[874] Cfr. BRACHER, Ob. cit., p. 150 e ss; HUBER, *ibidem*.

[875] Recorde-se que a visão é crítica na medida em que está em causa a contratação de empresas que prestam serviços *privados* (privatização funcional). Pelo menos alguns dos críticos admitem, em certas condições, a delegação de funções públicas de polícia em particulares (por ex., actuação em espaços delimitados); cfr. HUBER, *Wahrnehmung*, cit., p. 149; BRACHER, Ob. cit., p. 156 e ss; HAMMER, Ob. cit., p. 619; GUSY, "Polizei und private Sicherheitsdienste", cit., p. 357. Contra, cfr. GREIFELD, Ob. cit., p. 912. Sobre este assunto, cfr., *infra*, Parte IV, Cap. I.

[876] É claro que quem não aceita a legítima defesa profissional no puro âmbito do direito privado (por empresas de segurança privada contratadas por particulares), vai certamente recusá-la no âmbito da contratação pública.

[877] Sobre a questão, cfr., *infra*, Parte IV, Cap. I.

excepcionais e de exercício ocasional, convertem-se em competências normais e formas organizadas de garantir a segurança em espaços públicos. Tudo isso parece conduzir a uma conclusão inevitável: a proibição da privatização funcional da vigilância de espaços públicos, salvo se estiver estabelecido no contrato de prestação de serviços de segurança privada que os agentes apenas podem desempenhar missões de mera vigilância.

A conclusão que acaba de ser exposta não é partilhada por Martin Burgi. O Autor introduz um argumento novo; no seu juízo, a privatização funcional da vigilância de espaços públicos (delimitados) não está excluída. Mais: os agentes de segurança privada podem exercer aí os direitos de todos, nos termos gerais. Essa possibilidade existirá sempre que a entidade da Administração que os contrata não disponha de competências públicas de polícia[878].

Para nós, o argumento de Burgi afigura-se decisivo. De facto, não parece haver uma "privatização de funções e poderes de polícia" quando a própria entidade pública que contrata empresas de segurança privada não se encontra investida de funções e competências públicas de polícia.

Diremos, pois, que uma entidade da Administração (entidade pública, entidade administrativa privada ou empresa concessionária) com poderes de jurisdição e responsável pela gestão de um espaço público delimitado pode confiar a empresas de segurança privada a vigilância desse espaço; os agentes dessa empresa podem, nesse espaço, exercer os "direitos de todos", de legítima defesa, própria ou de terceiro, e de detenção em flagrante delito. Essencial para que tudo isso seja viável é que a própria entidade não disponha de competências públicas de polícia e segurança daquele espaço. Estando especificamente investida dessas competências, a contratação de empresas de segurança privada poderá ter por objecto a mera vigilância. Neste caso, a contratação não há-de conhecer como efeito a privatização da função pública de segurança. Resumidamente, só pode existir aí uma contribuição privada para a execução, pela própria Administração, daquela função pública.

---

[878] Cfr. BURGI, *Funktionale Privatisierung*, cit., pp. 126 e 191.

2.3. *Privatização orgânica: execução de tarefas públicas por entidades privadas*

Na hipótese de privatização funcional, uma entidade privada auxilia e colabora com a Administração, colocando os seus meios e as suas competências ao serviço da preparação ou da implementação de uma tarefa pública. Essa entidade não exerce uma função pública, limita-se a contribuir, a partir da esfera privado, para o exercício, inerente à Administração, de uma função pública.

A situação apresenta outra fisionomia na privatização orgânica, que se baseia num acto com relevo no plano organizativo. Neste domínio, uma entidade privada vê-se investida da responsabilidade da execução de uma tarefa pública, cabendo-lhe assumir, com autonomia, a gestão ou direcção da tarefa de que fica incumbida. A privatização orgânica tem, portanto, subjacente um *processo de transferência de responsabilidades públicas*. A entidade privada a quem se dirige a medida de privatização passa a ser uma instância de exercício do "poder público". Trata-se, por isso mesmo e como já se disse, de um fenómeno com repercussões no plano institucional, provocando ou acentuando a dinâmica de pluralização da Administração Pública. A circunstância de estar implicada, nesse processo, uma *transferência de responsabilidades* explica a exigência de um regime jurídico especialmente rigoroso: assim, por ex., o processo está sob *reserva de lei* (em sentido institucional), não existindo, naturalmente, um poder originário da Administração de delegar em terceiros as funções que lhe estão confiadas. Por outro lado, a actuação da entidade privada representa o exercício de uma função pública, impondo-se, assim, a vinculação pelo direito privado administrativo, bem como a fiscalização pública.

As medidas de privatização orgânica podem revestir duas modalidades: delegação de funções públicas em entidades particulares e criação, por iniciativa pública ou em parceria público-privada, de entidades formalmente privadas.

Embora distinta da privatização funcional, a privatização orgânica constitui, como aquela, uma modalidade de privatização no âmbito da execução de tarefas públicas, distinguindo-se, por isso, da privatização de tarefas. Estamos, assim, diante do cenário da participação de uma entidade privada na execução de uma tarefa que não passou para o sector privado, que se mantém na esfera pública e que continua a ser da "responsabilidade última do Estado".

O que acaba de se expor permite-nos explicar o sentido da aplicação, no quadro da privatização orgânica, de uma ideia com que contactámos ao analisar certas medidas de privatização material. Referimo-nos ao conceito de "partilha de responsabilidades".

De facto, o processo de privatização orgânica provoca uma *desgraduação* da responsabilidade pública do Estado, o qual renuncia à execução da tarefa mediante os seus próprios órgãos e serviços. Todavia, uma vez que permanece como o titular da tarefa, mantém-se responsável pelo modo como ela é executada (e pelos sistemas de execução que elege). Não pode haver, neste caso, a retirada do Estado, uma vez que está em causa "tão-somente a escolha de uma forma outras de prossecução de tarefas públicas"[879]. Aqui, de certo modo, ainda com mais propriedade do que no caso de privatização material, o Estado tem de assumir uma "posição institucional de garante" e assegurar permanentemente que a tarefa é executada em certos termos e com respeito dos princípios e da ética do direito público[880]. O Estado fica obrigado a empenhar-se na definição do quadro regulatório de actuação da entidade privada (impondo a vinculação pelo direito administrativo) e na sua fiscalização permanente. Não o fazendo, pode correr-se o risco da fragmentação desagregadora da unidade administrativa e, nalgumas formas de privatização orgânica, da intromissão de motivos privados no exercício de funções públicas.

Como já dissemos, a distinção aqui efectuada entre privatização funcional e orgânica baseia-se, em larga medida, na proposta de Martin Burgi. Contudo, afastamo-nos da posição desse Autor num ponto que, para nós, se afigura decisivo. Referindo expressamente que a privatização orgânica abrange todas as hipóteses de utilização de formas privadas para a execução de funções públicas – delegação de funções públicas em particulares ("Beleihung") e criação de entidades formalmente privadas –, Burgi não aprofunda, contudo, as diferenças entre a "Administração delegada" e a "Administração em forma privada"[881]. Se concordamos com o Autor na parte em que recusa integrar no conceito de privatização funcional todas as formas de participação de *particulares* na execução de

---

[879] Cfr. J.J. Gomes CANOTILHO, "O direito constitucional passa", cit., p. 717.

[880] Cfr. SEIDEL, Ob. cit., p. 54.

[881] Cfr. BURGI, *Funktionale Privatisierung*, cit., p. 76 e ss, e "Verwaltungsorganisationsrecht", cit., p. 854 e ss.

funções públicas[882], parece-nos, todavia, que a sua tese "esquece" ou não confere o relevo devido a algumas diferenças essenciais entre a outorga de funções públicas a particulares e a criação de entidades privadas fictícias, detidas ou internamente controladas pela Administração.

Ao não dar relevo a essas diferenças, a construção de Burgi aproxima-se, assim, da dos autores que, contrapondo as modalidades de privatização material e formal, sustentam que a delegação em particulares e a criação de entidades formalmente privadas são processos formais de privatização, com relevo num plano meramente institucional ou organizativo[883]. Nos dois casos, processa-se apenas a "entrada" de uma *entidade privada* na organização administrativa (a sua "estadualização"), fenómeno que provoca os mesmos problemas jurídicos e reclama respostas iguais para tais problemas[884]: como as entidades administrativas privadas, os particulares investidos de funções públicas integram a Administração Pública (em sentido funcional), submetem-se à fiscalização pública, ficam vinculados pelos direitos fundamentais (nos mesmos termos das entidades públicas) e pelo direito privado administrativo. O destaque conferido a estas implicações da dimensão organizativa do processo de delegação de funções públicas em particulares afasta, em termos claros, teses, como a de Jody Freeman, que propõem a ruptura com as respostas tradicionais de tratar o particular com funções públicas como um membro da Administração, vinculado pelo direito público[885].

---

[882] Quanto a este específico aspecto, a tese de Burgi não é completamente inovadora, porquanto, antes dele, já outros autores tinham considerado que a delegação de funções públicas em particulares representa uma forma de privatização orgânica; nesse sentido, cfr. STEINER, *Öffentliche,* cit., p. 263; HAGEMEISTER, Ob. cit., p. 70; PEINE, "Grenzen der Privatisierung", cit., p. 961.

[883] Cfr. WEISS, *Privatisierung*, cit., p. 29 e ss.

[884] Cfr. WEISS, *ibidem*, p. 41.

[885] A Autora propõe uma solução alternativa, que designa de "informal accountability" e de "aggregate accountability". Do seu ponto de vista, as respostas tradicionais, que implicam a sujeição do particular com funções públicas ao direito administrativo, neutralizam os efeitos benéficos da participação de particulares no exercício de funções públicas: inovação, eficiência, qualidade. Para Freeman, a *legitimidade* de uma decisão pode resultar da *legalidade*, embora esta não seja a única fonte daquela. A legitimidade significa *aceitabilidade pública* das decisões de uma pessoa. Ora, essa aceitabilidade pública pode constituir o resultado da respeitabilidade adquirida pelo decisor, por ex., por se submeter a controlos independentes e a regras de procedimento estabelecidas por organismos externos ou por responder de forma apropriada às pressões do mercado. Os mecanismos informais de controlo (pelo mercado) podem desempenhar, assim, um papel decisivo e

Ora, insistindo na identidade estrutural de todas as formas de privatização orgânica (transferência de uma responsabilidade de execução de uma tarefa pública para um sujeito privado, que passa a ser membro da Administração), afigura-se-nos de recusar a compreensão da delegação de funções públicas em particulares como um processo com relevo num plano apenas institucional ou organizativo.

Ao enfatizar uma dimensão exclusivamente organizativa da delegação, a doutrina procura esclarecer que o fenómeno não representa tanto a "saída" de uma tarefa pública para o sector privado, mas, ao invés, a "entrada" de um actor privado na Administração e na esfera pública[886]. Assim, a privatização orgânica apresenta-se, na sua essência, sobretudo como um processo de publicização ou de estatização de uma entidade particular. A partir deste modo de compreensão do fenómeno e do facto de a delegação não representar a renúncia do Estado à sua responsabilidade sobre a tarefa[887], alguns autores descobrem inesperados "potenciais de privatização", desvalorizando ou negligenciando obstáculos (aparentemente intransponíveis) à delegação de funções públicas em áreas nucleares da intervenção do Estado[888].

Reconhecendo-se aqui uma óbvia dimensão organizativa do cenário da delegação de funções públicas em particulares, sublinha-se, no entanto, que está nesse processo envolvida a entrega de funções públicas a *entidades particulares*: oferecem a sua colaboração, o seu saber, as suas competências, mas não deixam simultaneamente de ser particulares, de agir segundo "motivações privadas" de variada ordem. Têm o corpo no

---

legitimador da acção do particular com funções públicas; cfr. FREEMAN, "Private role", cit., p. 664 e ss, e "Private parties", cit., pp. 818[14] e 840 e ss.

[886] Sublinhando que os particulares com funções públicas permanecem como particulares, mas, na medida em que estão investidos de funções públicas, integram, funcionalmente, a esfera do Estado, apresentando-se como elementos da administração indirecta, cfr. STEINER, *Öffentliche*, cit., p. 58; MAURER, Ob. cit., p. 616; RENGELING, Ob. cit., p. 26.

[887] A delegação envolve apenas uma renúncia do Estado à execução de uma tarefa pelos seus próprios órgãos, cfr. STEINER, *Öffentliche*, cit., p. 57.

[888] Assim, por ex., no domínio da gestão global de prisões; cfr. LANGE, "Privatisierungspotentiale im Strafvollzuge", p. 903. No sentido de que a delegação de funções públicas não se apresenta como *forma problemática de privatização* porque o delegatário passa a fazer parte da Administração, cfr. SCHOCH, "Polizei- und Ordnungsrecht", cit., p. 130; SCHOLZ, "Verkehrsüberwachung", cit., p. 16, e "Staatliche Sicherheitsverantwortung", cit., p. 447; STOBER, "Police-Private-Partnership" cit., p. 268.

Estado, mas o seu espírito pertence à Sociedade. O *estatuto duplo*, a *contradição institucional* ou *tensão interna* inerente à figura do particular com funções públicas impede uma construção exclusivamente organizativa do processo de delegação[889].

A *contradição institucional* que caracteriza o particular com funções públicas não tem qualquer paralelo nas entidades privadas do sector público, pelo menos naquelas que são integralmente detidas por entidades públicas. Não existe, neste caso, a situação ostensiva de "conflito de interesses" que caracteriza os particulares com funções públicas[890].

Assim se explica a distinção, que se propõe, entre uma privatização orgânica *material* e uma privatização orgânica *formal*.

Chama-se, contudo, a atenção para o facto de haver formas de *privatização orgânica mista*[891]. É o que se verifica nos casos de entrega de funções públicas a entidades privadas que associam participações do sector público e do sector privado: na medida em que se trate ainda de entidades *administrativas* privadas[892], já não está envolvida uma mera privatização orgânica meramente formal (por causa da participação privada), mas, por outro lado, a situação também não pode ser qualificada como de privatização orgânica material (por causa da influência pública dominante).

Por fim, recordando uma observação que já foi feita, a privatização orgânica dá lugar ao "exercício privado de funções públicas"[893]. Uma vez que a figura que estudamos no presente trabalho representa exactamente o exercício privado de uma função pública, pode dizer-se que todos os casos que a ilustram assumem como consequência de medidas de privatização orgânica.

---

[889] Neste sentido, cfr. SEIDEL, Ob. cit., p. 25; STEINER, *Öffentliche*, cit., p. 263 e ss, sublinhando que a "Beleihung" não constitui apenas um acto organizativo de transferência de competências públicas para um particular; o "Beliehene" tem o exercício de competências públicas, mas, ao mesmo tempo, é particular; cfr., ainda, BURMEISTER, *Herkunft*, cit., p. 230, que se refere, no caso de delegação, a uma renúncia, num sentido institucional ou orgânico, do Estado à execução de uma tarefa pública.

[890] Cfr. WOLFF/BACHOF/STOBER, Ob. cit., 3, p. 581.

[891] Cfr. TETTINGER, "Die rechtliche Ausgestaltung", cit., p. 766.

[892] Cfr., *infra*, Parte II, Cap. I.

[893] Há, neste caso, uma "privatização do exercício de funções administrativas"; cfr. Vital MOREIRA, *Administração Autónoma*, cit., p. 288.

Como vimos acima, fala-se de privatização orgânica material, na hipótese de delegação de funções públicas em entidades particulares ("Administração Pública delegada"), e de privatização orgânica formal na hipótese de criação pública de entidades privadas ("Administração Pública em forma privada").

2.3.1. *Privatização orgânica material: "Administração Pública delegada"*

A privatização orgânica material representa a outorga da responsabilidade pela execução de funções públicas a entidades particulares. O acto de entrega assume a natureza de "concessão"[894] ou "delegação". Pode tratar-se de uma concessão ou delegação *legal* ou *administrativa*. Uma vez que a entidade particular com funções públicas integra a Administração Pública (em sentido funcional), podemos falar, neste domínio, de uma A*dministração Pública concessionada ou delegada* ("Beliehenenverwaltung"[895]). Como teremos oportunidade de referir, o particular investido de funções públicas pode colaborar com a Administração (em sentido estrito) ou até substitui-la, apresentando-se o sistema da delegação, neste caso, como uma alternativa à gestão da tarefa pela própria Administração.

Como outros factos organizativos que provocam a pluralização da Administração, a delegação de funções públicas está sob *reserva de lei*. Por outro lado, e uma vez que o Estado não renuncia à tarefa delegada – abdicando apenas de a executar pelos seus próprios meios[896] –, é essencial que ele assuma uma *responsabilidade de garantia*, a qual postula, além do mais, a fiscalização contínua do exercício da actividade delegada[897].

2.3.2. *Privatização orgânica formal: "Administração Pública em forma privada"*

Além da delegação de funções públicas em particulares, outra medida de privatização orgânica consiste na criação de entidades apenas formal-

---

[894] Sobre a concessão administrativa, cfr. Pedro GONÇALVES, *A Concessão*, cit., p. 45 e ss.

[895] Cfr. Vital MOREIRA, *Administração autónoma,* cit., p. 544; J.J. Gomes CANOTILHO, *Direito Constitucional*, cit., p. 646; EMDE, Ob. cit., p. 361.

[896] Cfr. HAGEMEISTER, Ob. cit., p. 70.

[897] Cfr. SEIDEL, Ob. cit., p. 54.

mente privadas. Pode tratar-se de entidades criadas por acto de exclusiva iniciativa pública (fundação ou sociedade de capitais exclusivamente públicos) ou entidades criadas por parceria público-privada (sociedade de capitais mistos, públicos e particulares; associação com associados públicos e particulares). De qualquer modo, só pode falar-se de "Administração Pública em sentido formal" nos casos em que uma entidade privada se encontra sob a *influência dominante* de entidades públicas, tratando-se, pois, de uma *entidade administrativa privada*[898]: a influência dominante (interna) provém, em regra, da "maioria dos votos", mas, como se verá a seguir, não estão excluídos outros factores que, nos termos da lei, possam revelá-la.

As entidades administrativas privadas podem resultar de um processo de conversão que transforma anteriores entidades de direito público em entidades de direito privado (assim se passou, por ex., com a transformação de hospitais em sociedades anónimas), mas também podem ser criadas *ex novo*, com um originário estatuto de direito privado.

Por outro lado, podem ser criadas para a prossecução de tarefas públicas previamente assumidas e geridas por uma entidade pública (*v.g.*, como modalidade de gestão de serviços públicos) ou para o desempenho de novas tarefas, anteriormente não assumidas por qualquer entidade pública.

a) Entidades administrativas privadas: "entidades privadas sob influência dominante de entidades públicas"

Se uma entidade tem personalidade de direito privado, importa, para saber se ela se apresenta como entidade administrativa (privada), averiguar se é *dominada* por uma ou várias entidades públicas.

A identificação do *domínio* ou da *influência dominante* decorre do eventual critério que o legislador defina para esse efeito: como se sabe, existem, no direito português, disposições legais a definir influência dominante quando se trate de participação do Estado e de entidades públicas estaduais em entidades de natureza empresarial.

---

[898] Afastamo-nos, assim, daqueles que estabelecem uma correspondência entre *Administração em forma privada* e *utilização de formas organizativas de direito privado pela Administração*. De acordo com este ponto de vista, integram a Administração em forma privada, além das entidades privadas sob influência dominante pública (entidades privadas publicizadas), as entidades privadas sob influência externa da Administração (por ex., por via do financiamento público); nesse sentido, cfr. EHLERS, *Verwaltung in Privatrechtsform*, cit., p. 7 e ss.

Na ausência de indicação legal, o critério mais adequado para concretizar a ideia de influência dominante baseia-se na *participação* do sector público nos órgãos de direcção da entidade privada, que deverá consistir numa "participação dominante"[899]: a maioria dos votos na assembleia geral de uma associação[900] ou de uma cooperativa[901] ou o direito estatutário de designação da maioria dos membros da administração de uma fundação constituem expressões da influência dominante que um ente público ou um conjunto de entes públicos podem exercer sobre entidades de direito privado. Determinante, contudo, parece ser o *poder interno de influência* sobre a entidade privada[902]. Factores de outra natureza como, por ex., o financiamento, não serão, em princípio, suficientes para qualificar como administrativa (dominada pela Administração) uma entidade privada, mesmo que se revele nítido que uma entidade pública se coloca em posição de exercer uma influência decisiva sobre ela, podendo orientar e até dirigir a sua actuação (poder de ingerência)[903]. Trata-se de uma influência baseada num factor externo, que, no caso de mero financiamento, poderá ser até uma mera *influência de facto* e não jurídica[904].

Já dissemos que o primeiro critério a ter em conta para determinar o domínio ou a influência dominante é naturalmente aquele que a própria lei estabelece.

---

[899] Cfr. Vital MOREIRA, *Administração autónoma*, cit. p. 288.

[900] Caso em que pode falar-se de "associação administrativa"; cfr. NeGRIN, "Les associations administratives", p. 129; Vital MOREIRA, *ibidem*, p. 285 e ss.

[901] Assim, por ex., as *cooperativas de interesse público*, como a que foi criada na sequência da Resolução do Conselho de Ministros n.º 24/2000 (DR de 9.5.2000).

[902] Cfr. PUCK, "Erfüllung von Verwaltungsaufgaben durch juristische Personen des Privatrechts, die von der öffentlichen Hand Beherrscht werden", p. 12.

[903] No sentido de que a *influência externa* do sector público em privados pode ser uma forma de domínio relevante para efeitos de delimitação da "Administração Pública em forma privada", cfr. WOLFF/BACHOF/STOBER, Ob. cit., 3, p. 548; EHLERS, *Verwaltung in Privatrechtsform*, cit., p. 11 e ss; DREIER, *Hierarchische Verwaltung*, cit., p. 253.

[904] Outra, e pertinente, é a questão de saber se se deve exigir um controlo jurídico-público da *actuação* dessas entidades externamente influenciadas: efectivamente, o financiamento público pode ser, por ex., um expediente de instrumentalização da entidade privada para a prossecução de fins públicos, uma espécie de "concessão encoberta". Ora, esse facto pode determinar a qualificação da entidade privada como uma espécie de concessionária da Administração, investida de funções públicas. Sobre a possível natureza pública da informação produzida por entidades privadas financiadas pela Administração, cfr. Pedro GONÇALVES, "Advertências", cit., p. 738 e ss.

No caso das empresas públicas do Estado (ou outras entidades públicas estaduais), um tal critério está definido no artigo 3.º da LSEE. Aqui se estabelece que são empresas públicas as *"sociedades constituídas nos termos da lei comercial, nas quais o Estado ou outras entidades públicas estaduais possam exercer, isolada ou conjuntamente, de forma directa ou indirecta, uma influência dominante em virtude de alguma das seguintes circunstâncias: a) detenção da maioria do capital ou dos direitos de voto; b) direito de designar ou de destituir a maioria dos membros dos órgãos de administração ou de fiscalização"*[905].

Como se sabe, a definição de *empresa pública* da LSEE foi inspirada no direito comunitário. Mas, como Fausto de Quadros assinala[906], não há uma correspondência exacta entre os conceitos português e europeu de empresa pública: nos termos do artigo 2.º/1,*b)*, da Directiva 80/723/CEE (na numeração da Directiva 2000/52/CE, da Comissão[907]), *"empresa pública é qualquer empresa em que os poderes públicos possam exercer, directa ou indirectamente, uma influência dominante em consequência da propriedade, da participação financeira ou das regras que a disciplinam"*. Por sua vez, o artigo 2.º/2 estabelece: *"presume-se a existência de influência dominante quando os poderes públicos, directa ou indirectamente, relativamente à empresa: a) detenham a maioria do*

---

[905] Apesar de a fórmula *sociedades constituídas nos termos da lei comercial* (decerto inspirada no artigo 48.º do Decreto-Lei n.º 260/76 e transposta por lapso) sugerir coisa diferente, supomos que a LSEE também se aplica às *sociedades comerciais criadas por lei* ou "sociedades legais", como lhes chama a doutrina italiana; cfr. IBBA, "Società legali e società legificate", p. 1 e ss. Tais sociedades devem qualificar-se como *empresas públicas* (também) para efeitos desse diploma; de outro modo, teria de se concluir que elas se encontram fora do *sector empresarial do Estado* (artigo 2.º/1 da LSEE), hipótese obviamente absurda; neste sentido, cfr. também J.M. Coutinho de ABREU, "Sobre as novas empresas públicas (notas a propósito do DL 558/99 e da L 58/98)", p. 556.

Acrescente-se ainda que uma sociedade comercial pode ser criada nos termos da lei comercial (por contrato), mas ver os seus estatutos aprovados por acto legislativo: IBBA, *ibidem*, designa estas "società legificate"; para uma distinção entre sociedades de capitais públicos constituídas por contrato e por acto legislativo, cfr. J. M. Coutinho de ABREU, *Da Empresarialidade*, pp. 134 e ss e 154 e ss.

Esclareça-se, por outro lado, que o conceito legal de empresa pública é mais amplo do que o conjunto formado pelas *sociedades de capitais públicos*, que inclui as sociedades de capitais *exclusivamente* públicos e as de capitais *maioritariamente* públicos; cfr. Diogo Freitas do AMARAL, *Curso,* I, cit., p. 560[1].

[906] Cfr. Fausto de QUADROS, "Serviço público e direito comunitário", p. 296 e ss.

[907] JO n.º L 193/75, de 29/07/2000.

capital subscrito da empresa, b) disponham da maioria de votos atribuí-dos às partes sociais emitidas pela empresa, ou, c) possam designar mais de metade dos membros do órgão de administração, de direcção ou de fiscalização da empresa". A noção comunitária de empresa pública surge assim definida por duas notas básicas: uma de carácter subjectivo (existência de influência dominante por parte dos poderes públicos), outra de carácter objectivo (através dessa organização o Estado não actua como poder público, com funções de autoridade)[908].

Comparando os conceitos comunitário e nacional, pode verificar-se:

i) Na LSEE, a empresa pública é definida em função da sua relação com o *Estado ou outras entidades públicas estaduais*; na Directiva, a empresa pública é definida em função da sua relação com os *poderes públicos*, que são todas as autoridades públicas, o que inclui o Estado (e entidades públicas estaduais), mas também as autoridades regionais e locais e todas as outras pessoas colectivas de carácter territorial. Trata-se de uma diferença compreensível, tendo em conta o âmbito da LSEE; contudo, para efeitos de aplicação do direito comunitário, também podem qualificar-se como públicas as empresas sobre as quais *outros poderes públicos* (autarquias locais) detenham uma influência dominante;

ii) Na LSEE explicita-se em que consiste a influência dominante: definem-se as *circunstâncias* que correspondem a "elementos essenciais" do preenchimento do requisito da influência dominante[909]; na definição comunitária, o conceito aparece delimitado em função de critérios mais ou menos abertos, indicando contudo algumas circunstâncias que permitem *presumir* (presunção *iuris tantum*) a existência de influência dominante: essas presunções de influência dominante consubstanciam, na LSEE, "elementos essenciais" do conceito de influência dominante[910].

Uma vez que a LSEE não o esclarece, põe-se a questão de saber se as circunstâncias enunciadas no transcrito artigo 3.º só podem ser consideradas para efeitos de definir a influência dominante quando haja uma expressa disposição legal ou estatutária nesse sentido ou se basta, por ex., uma participação (maioritária) acidental, que não corresponda a uma

---

[908] Cfr. SOUVIRON MORENILLA, *La actividad de la administración*, cit., p. 262.

[909] Cfr. Fausto de QUADROS, Ob. cit., p. 296.

[910] Sobre a noção comunitária de empresa pública, cfr. Fausto de QUADROS, Ob. cit., p. 295; Mota de CAMPOS, *Direito Comunitário*, cit., p. 576; BELLAMY/CHILD, *Derecho de la competencia en el mercado comun*, p. 730 e ss; MONTOYA MARTIN, *Las empresas públicas*, cit., p. 168 e ss.

exigência legal ou estatutária. Sobre a questão e em relação à circunstância referida na alínea *b)* – "direito de designar ou de destituir a maioria dos membros dos órgãos de administração ou de fiscalização" –, afigura--se correcta a primeira doutrina: a influência dominante exige que a lei ou os estatutos atribuam ao Estado esse "direito"[911]. O mesmo já não diremos da circunstância relacionada com a detenção da maioria do capital social ou dos direitos de voto: essa poderá constituir uma circunstância de facto, não tendo de existir uma disposição legal ou estatutária que reserve ao Estado uma participação maioritária. Isto deduz-se precisamente da parte final do artigo 2.º/2 da mesma LSEE, ao estabelecer que uma empresa só é participada "desde que o conjunto das participações públicas não origine qualquer das situações previstas no n.º 1 do artigo 3.º". A qualificação de uma empresa como pública (ou como meramente participada) fica, nessa situação, dependente de algum acaso ou, como diz Froomkin em contexto semelhante, de uma "contingência esotérica"[912]. Contudo, esta afigura-se a solução mais conforme com a letra da lei.

Sobre as empresas públicas, importa ainda deixar uma nota mais: como se viu, o conceito legal – influenciado pelo direito comunitário – abrange empresas nas quais o sector público não tem participação maioritária (*empresas públicas de capitais maioritariamente privados*). Tendo isto em consideração e pensando na exigência de definição de regimes de ingerência e de controlo públicos, deve ter-se presente que há dois tipos diferentes de empresas públicas: as que são exclusiva ou maioritariamente participadas pelo sector público e as outras. Ora, esta circunstância deve ser tida em conta, pois que, por ex., há directrizes e orientações que o Estado pode dirigir às empresas do primeiro tipo, mas não às outras (*v.g.*, em matéria de remunerações de administradores). Por outro lado, a ideia, que aqui se defende, de que deve considerar-se *acção pública* aquela que é desenvolvida por entidades administrativas privadas[913], também não se aplica, pelo menos directamente, às *empresas públicas de capitais maio-*

---

[911] A lei quis considerar *sob influência dominante* empresas em que o sector público estadual não detém a maioria do capital social ou dos direitos de voto; ora, se o direito da alínea *b)* do artigo 3º/1 não resulta dessa circunstância, ele terá de ser consagrado na lei ou nos estatutos da empresa.

[912] Cfr. FROOMKIN, "Reinventing the government corporation", cit., p. 573.

[913] Para mais desenvolvimentos dessa ideia, cfr., *infra*, Parte II, cap. I, sobre o conceito de tarefa pública,

ritariamente privados. De modo idêntico e pela mesma razão, tais empresas não integram o conceito orgânico de Administração Pública em sentido estrito[914]. As *empresas públicas de capitais maioritariamente privados* são (materialmente) entidades particulares e – arriscamos dizer – como tal devem ser consideradas, salvo para efeitos de aplicação da LSEE e de regras nacionais de transposição de disposições de direito comunitário dirigidas a empresas públicas,

b) Legalidade na criação de entidades administrativas privadas

Uma questão habitualmente agitada no contexto do tema da Administração em forma privada prende-se com os requisitos legais exigidos para a criação, por iniciativa pública, de entidades privadas.

Segundo alguns autores, a exigência de base legal está resolvida num plano geral, uma vez que decorre directamente da ausência de uma capacidade jurídica privada geral das pessoas públicas. As pessoas públicas não só não podem servir-se do direito privado nos mesmos termos em que o fazem os particulares[915], como a ele apenas podem recorrer quando habilitadas por lei (*capacidade jurídica privada parcial das pessoas públicas*)[916].

Ainda que se não aceitem essas teses, mais radicais, e se admita que as pessoas públicas gozam da *capacidade civil* das pessoas colectivas (nos termos do artigo 160.º do Código Civil[917]), sempre terá de se reconhecer que, especificamente, a criação de entidades privadas para a prossecução de tarefas públicas não consubstancia um instrumento de que

---

[914] Cfr., *supra*, Cap. II, 3.2.1.1.

[915] É interpretação pacífica que as pessoas colectivas públicas não podem usar o direito privado nos termos em que o fazem os particulares – para as pessoas públicas, a *lex privata* não constitui um espaço de autodeterminação, mas apenas um complexo normativo a que elas podem recorrer, como expediente técnico, para a consecução dos seus fins; cfr. EHLERS, *Verwaltung in Privatrechtsform*, cit., p. 87; nesta linha e sobre a tese de MARZUOLI, que distingue entre a *capacidade privada* e a *autonomia privada*, cfr. J.M. Sérvulo CORREIA, *Legalidade e Autonomia*, cit., p. 508 e ss; também este Autor se refere às virtualidades técnico-jurídicas dos institutos de direito privado, que podem "ser postas ao serviço das atribuições da pessoa colectiva pública".

[916] Defensor da tese a que o texto se refere é KEMPEN, Ob. cit., especial. p. 70 e ss, e 122 e ss, que entende que o Estado e as outras pessoas públicas só gozam dos direitos privados *concretamente* atribuídos por lei.

[917] Nestes termos, cfr. J.M. Sérvulo CORREIA, *Legalidade e Autonomia*, cit., p. 522 e ss.

uma pessoa pública possa livremente lançar mão[918]. Esclarecendo melhor, a recusa daquelas primeiras teses não nos reenvia necessariamente para a afirmação de uma *liberdade administrativa de escolha das formas de organização para o exercício de tarefas públicas* ("Formenwahlfreiheit")[919].

Acompanhando um entendimento que tende a generalizar-se, afigura--se-nos que, independentemente da sua extensão, o poder de auto-organização da Administração Pública não inclui o poder próprio de decisão ou escolha sobre as formas, públicas ou privadas, de execução das tarefas públicas. "Decidir se se adopta uma forma pública ou privada de organização traduz sempre o exercício de uma competência de direito público", que tem de resultar de um acto legislativo[920]. Por outro lado, uma vez que a adopção de uma forma jurídica privada determina a aplicação do direito privado e, portanto uma "renúncia ao direito administrativo" e ao regime jurídico especificamente pensado para regular a execução das funções públicas, não pode deixar de se entender, agora por essa razão particular, que só esse sistema normativo tem a "llave de paso del Derecho privado": terá, por conseguinte, de ser uma norma de direito público administrativo a habilitar a Administração Pública a sujeitar-se a outros cosmos normativos[921].

Como a melhor doutrina sublinha há já muito tempo, a sujeição do poder organizativo à lei tem uma especial e acrescida razão de ser no

---

[918] Em sentido contrário, cfr. Fernando Alves CORREIA, "Formas jurídicas de cooperação intermunicipal", p. 69 e ss: entende o Autor que a *liberdade de utilização das formas de direito privado* (das autarquias locais) resulta da capacidade de gozo de direitos privados.

[919] Sobre o assunto, cfr. Maria João ESTORNINHO, *A Fuga*, cit., p. 190; Paulo OTERO, *Vinculação*, cit., p. 230 e ss. No sentido de que existe uma liberdade administrativa de escolha de formas de organização (tese tradicional no direito alemão), cfr. ERBGUTH/STOLLMANN, Ob. cit., p. 799; SCHOCH, "Privatisierung", cit., p. 970. Para a crítica (do *dogma*) da liberdade de escolha de formas, cfr. KEMPEN, Ob. cit., p. 98 e ss; UNRUH, "Kritik des privatrechtlichen Verwaltungshandelns", p. 658 e ss.

[920] Cfr. Paulo OTERO, *Vinculação*, cit., p. 254, que, depois de equacionar a possibilidade de se fundar em regulamento do Governo a decisão concreta de adopção de uma forma privada de organização, conclui pela "inequívoca preferência" pela determinação por via legislativa dos critérios gerais do exercício da liberdade de escolha da forma pública ou privada.

[921] Cfr. LAGUNA DE PAZ, "La renuncia de la Administración pública al derecho administrativo", p. 219.

cenário da criação de entidades privadas com funções públicas previamente exercidas por entidades públicas. A instituição dessa "administração pública indirecta paraconstitucional" representa um fenómeno politicamente grave de pluralização do sistema administrativo[922], que afecta de forma relevante o modelo hierárquico da organização administrativa[923] e que provoca uma alteração na estrutura da responsabilidade pública[924].

Mas, bem vistas as coisas, a situação não é muito diferente quando as entidades privadas são criadas para se dedicarem a tarefas não previamente assumidas por uma entidade pública. Também nesse caso, parece de reconhecer que a intervenção legislativa se afigura necessária, porquanto está aí em causa uma definição – necessariamente política – do que a Administração pode fazer, que tarefas pode ela executar e em que esferas de actividade social é legítima a sua intervenção. Essa representa uma responsabilidade típica do legislador.

Nestes termos, a criação de entidades privadas para a execução de tarefas públicas constitui um processo ou um expediente técnico de desconcentração e de mediatização – de instituição de um sistema de *gestão indirecta*[925] –, que só pode resultar da *lei ou de uma decisão baseada na lei*: constitui esta uma expressão da dimensão ou vertente organizativa do princípio da legalidade administrativa (*reserva de lei institucional*)[926].

---

[922] Cfr. OSSENBÜHL, "Die Erfüllung", cit., p. 173.

[923] Cfr. KREBS, Ob. cit., p. 621.

[924] Cfr. SCHMIDT-ASSMANN, *Das allgemeine Verwaltungsrecht*, cit., p. 219.

[925] Em sentido contrário, considerando, por ex., que a criação de sociedades públicas para construir obras públicas ainda cabe dentro da *gestão directa*, cfr. MARTINEZ LOPEZ-MUÑIZ, "Sociedades públicas para construir y contratar obras públicas?", p. 49 e ss. Sobre este aspecto, cfr., *infra*, sobre o conceito de externalização e de factos e actos organizativos *in house*. Acrescenta-se, aqui, que o facto de se qualificar este como um sistema de *gestão indirecta* não significa necessariamente que se processe "fora de casa".

[926] Actualmente, a tendência é claramente no sentido de estender a reserva de lei (em sentido institucional), de modo a abranger a criação de entidades privadas para a execução de tarefas públicas, questionando-se abertamente o dogma da liberdade administrativa de escolha de formas de organização: cfr. OSSENBÜHL, "Die Erfüllung", cit., p. 172; STOBER, "Die privatrechtlich organisierte öffentliche Verwaltung", cit., p. 453; WOLFF/BACHOF/STOBER, Ob. cit., 3, p. 582; ACHTERBERG, "Privatrechtsförmige Verwaltung", p. 507; GROSS, Ob. cit., p. 697; KREBS, Ob. cit., p. 621; DREIER, *Hierarchische Verwaltung*, cit., p. 285[303]; SCHMIDT-ASSMANN, *Das allgemeine Verwaltungsrecht*, cit., p. 219. No direito espanhol, reconhecendo que o poder organizativo da Administração se

Essa lei, não tendo de ser *especial* para cada caso[927], também não pode ser tão *geral*, que se limite a cumprir a exigência meramente formal de habilitar entes públicos a criar – ou a concorrer para a criação – de entidades de direito privado[928]. Ela deverá, *pelo menos*, definir o *tipo de tarefas* susceptíveis de serem confiadas às entidades criadas, delinear os traços de um *procedimento administrativo de criação da entidade privada*[929] e fixar um *regime jurídico que assegure a prossecução do interesse público e viabilize a ingerência pública*: trata-se, parece-nos, da *regulação mínima ou essencial* que tem de exigir-se[930/931].

---

manifesta geralmente através de um *poder administrativo de auto-organização*, alguma doutrina vem chamando a atenção para a necessidade de recuperar o papel do legislador neste domínio; cfr. RIVERO ORTEGA, *Administraciones públicas*, cit, especial, p. 50 e ss; TRONCOSO REIGADA, Ob. cit., p. 135; LAGUNA DE PAZ, Ob. cit., p. 217 e ss.

No Brasil, é a própria Constituição Federal a estabelecer que "somente por lei específica poderão ser criadas empresa pública, sociedade de economia mista, autarquia ou fundação pública"; sobre a criação de empresas estatais no direito brasileiro, cfr. Lúcia Valle FIGUEIREDO, *Curso de Direito Administrativo*, p. 113 e ss.

[927] No sentido de que uma *lei especial* só é necessária em certos casos, por ex., quando a entidade privada é investida de poderes de autoridade, cfr. EHLERS, *Verwaltung in Privatrechtsform,* cit., p. 157.

[928] Como é, por ex., o caso de uma lei espanhola, de 1994 (*Ley de Fundaciones*), ao estabelecer que "as pessoas públicas têm capacidade para constituir fundações, salvo se as normas que as regulam estabelecerem o contrário".

[929] Parece-nos, na verdade, que a legislação deveria estabelecer condições e requisitos necessários para viabilizar a criação pública de uma entidade privada. Uma condição deveria concretiza-se na imposição de "uma análise prévia de custos/benefícios" (que deveria ter consideração a adequação do formato privado para a execução da tarefa, bem como a avaliação ponderada dos benefícios e dos custos da opção por esse formato). Um procedimento dessa natureza está previsto no artigo 3.º do *Regulamento (CE) n.º 58/2003 do Conselho de 19 de Dezembro de 2002 que define o estatuto das agências de execução encarregadas de determinadas funções de gestão de programas comunitários* (JO L 11, de 16/01/03, p. 1).

[930] Sobre a necessidade de ser a lei a delinear os pressupostos gerais do recurso a formas privadas, cfr. EHLERS, *ibidem*, p. 156; GROSS, Ob. cit., p. 275. No mesmo sentido, da exigência de uma lei que defina os critérios gerais da decisão pública de adopção de uma forma organizativa privada, cfr. Paulo OTERO, *Vinculação*, cit., p. 256.

[931] Sobre esta matéria, tenha-se presente o disposto no artigo 3.º/4 da Lei n.º3/2004, de 15 de Janeiro (lei quadro dos institutos públicos), de onde resulta que a criação, pelo Estado, Regiões Autónomas ou autarquias locais, de sociedades e associações ou fundações de direito privado tem de "*ser sempre autorizado por diploma legal*". Ficou assim consagrado de forma inequívoca o *princípio da legalidade* quanto à criação de entidades administrativas privadas.

Da recusa de uma liberdade administrativa de escolha das formas de organização, com a consequente exigência de base legal para esse tipo de decisões organizativas, não resulta que, não existindo na esfera administrativa, uma tal liberdade exista para o legislador.

De facto, a livre escolha de formas organizativas de direito privado não existe como poder administrativo *praeter legem*, mas, por seu lado, o legislador também não dispõe de liberdade incondicionada na matéria, porquanto, além de tarefas que não podem ser exercidas por força da *proibição do excesso da estadualidade*[932], há outras que *têm de ser executadas por pessoas públicas* e que, por isso, não podem ser confiadas a entidades de direito privado[933]. Tratando-se de um assunto a que voltaremos, notamos, por agora, que nos parece só dever admitir-se a criação de entidades em forma privada para a execução de actividades que se acomodem aos princípios de uma gestão privada. Deverá, pois, tratar-se de actividades (por ex., serviços públicos económicos[934]), que não envolvam, nem a título principal nem necessário, o exercício de funções e poderes de autoridade[935], ou que, embora próximas, conexas e até associadas ao exercício de poderes de autoridade, revistam carácter essencial ou predominantemente técnico (tarefas de verificação e de certificação)[936]. No nosso juízo, a criação de uma entidade privada para o exercício a título exclusivo ou principal de funções públicas de natureza autoritária representará um *abuso ou uma perversão das formas organizativas do direito privado*[937]. Trata-se, aliás, de um abuso sem qualquer

---

[932] Cfr., *supra*, Cap. II, 1.3.

[933] Cfr. Troncoso Reigada, Ob. cit., pp. 136 e ss, e pp. 270 e ss.

[934] No domínio da intervenção económica pública (que inclui, além da intervenção no mercado, a gestão de serviços públicos económicos), pode falar-se até de uma preferência pelas formas jurídico-privadas de organização: cfr. Paulo Otero, *Vinculação, cit.,* p. 235 e ss; Laguna de Paz, Ob. cit., p. 224 e ss; Rivero Ortega, Ob. cit., p. 133 e ss; Troncoso Reigada, Ob. cit., p. 147 e ss.

[935] Neste sentido, cfr. Peine, "Grenzen", cit., p. 363; Ehlers, *Verwaltung in Privatrechtsform,* cit., p. 121.

[936] Em sentido próximo, cfr. Bull, "Über Formenwahl", cit., p. 557 e ss.

[937] O figurino do direito privado mostra-se totalmente inadequado para o exercício de funções de autoridade; cfr. Fernando Alves Correia, "Formas Jurídicas", cit., p. 73; para Paulo Otero, *Vinculação,* cit., p. 240, "o objecto social de uma entidade organizada sob forma jurídico-privada que constitua uma actividade que envolve o exercício normal de poderes de autoridade ou de uma actividade típica e nuclear da função administrativa deve considerar-se contrário à ordem pública". No mesmo sentido, cfr. Laguna de Paz, Ob. cit., p. 225.

justificação e, além disso, sem qualquer benefício, posto que uma opção dessas teria como consequência a sujeição de toda a actuação da entidade privada a um regime de direito administrativo[938].

Na lei portuguesa, ao nível da Administração estadual, não existe um regime jurídico geral que discipline o processo de criação de entidades privadas[939].

Apesar da inexistência de uma disciplina legal genérica, deve, contudo, observar-se que a LSEE assume o carácter de lei específica para a criação ou a participação de entidades públicas estaduais em *sociedades comerciais* (empresas públicas e empresas participadas).

No domínio autárquico, a LEMIR regula a criação das empresas que podem ser investidas da gestão de serviços públicos locais. Neste contexto, em que se procura identificar a disciplina reguladora da criação de *entidades privadas*, a importância da LEMIR limita-se às *empresas de capitais maioritariamente públicos*, as únicas com personalidade privada. Nos termos previstos nessa lei, os municípios podem associar-se com particulares em empresas (privadas) encarregadas da exploração de actividades que prossigam fins de reconhecido interesse público cujo objecto se contenha no âmbito das respectivas atribuições.

Fora da incidência da LEMIR, parece-nos ter razão João Pacheco de Amorim[940], quando afirma não poderem hoje os municípios constituir sociedades comerciais de capitais exclusiva ou maioritariamente municipais. De facto, isso mesmo parece resultar do artigo 1.º da LEMIR, ao estabelecer que o propósito dessa lei é o de regular "as condições em que os municípios (…) podem criar empresas dotadas de capitais próprios". A referência no artigo 40.º da LEMIR à participação dos municípios em

---

[938] Verificando-se assim uma necessária *republicização*: tem razão MARTINEZ LO-PEZ-MUÑIZ, Ob. cit., p. 64 e ss, quando considera contraditória e perturbadora a opção pública de criar uma empresa de direito privado que, no núcleo essencial da sua actividade, fica sujeita ao direito público administrativo.

[939] Recorde-se, todavia, que o artigo 3.º/4 da Lei n.º3/2004, de 15 de Janeiro, consagra o princípio da legalidade da criação, pelas entidades públicas territoriais, de *sociedades, associações* e *fundações* de direito privado.

[940] Cfr. João Pacheco de AMORIM, *As Empresas*, cit., p. 83 e ss, especial. p. 92.

empresas privadas significará que aqueles podem tomar participações apenas minoritárias em sociedades comerciais, constituídas nos termos da lei geral[941].

Nos termos da LMunFreg, os municípios podem ainda criar fundações, bem como participar em associações com outras entidades, públicas ou privadas. Obviamente, terá de se tratar de entidades que se dedicam à prossecução de interesses públicos que se contenham dentro das atribuições municipais.

c) Condições jurídicas do processo de instituição ou de participação pública

Outra questão que neste contexto se coloca relaciona-se com as condições jurídicas que rodeiam o processo de criação de entidades administrativas privadas ou de adesão (de entidades públicas) a entidades privadas previamente constituídas.

O tema suscita uma abordagem diferenciada, consoante esteja em causa a criação de uma entidade privada exclusivamente participada pelo sector público ou a constituição de (ou adesão a) uma entidade participada, em parceria, pelos sectores público e privado.

Na primeira situação enunciada – pressupondo-se que existe base legal –, não há quaisquer condições específicas que devam ser observadas, *v.g.*, em matéria de adjudicações públicas. Com efeito, a criação, por iniciativa pública, de uma entidade privada, por ex., para a gestão de um serviço público, não configura um processo de contratação com terceiros, para efeitos de aplicação das regras e dos princípios comunitários relativos aos procedimentos de contratação pública[942]; *hoc sensu* e neste âmbito, o sistema de mediatização pela via da criação de entidades privadas exclusivamente participadas pelo sector público não representa uma forma de *externalização*: para este efeito, a ideia de externalização anda associada ao recurso a terceiros (que estão "fora de casa"); no caso da Administração, a ideia sugere um "recurso ao mercado". Exactamente porque uma entidade privada criada e exclusivamente detida por uma

---

[941] Atente-se, contudo, ao disposto no artigo 53.º/2,*m)*, da LMunFreg, que confere à assembleia municipal competência para a autorizar o município a *"criar* ou *participar em empresas privadas de âmbito municipal"*.

[942] Neste sentido, cfr. Ferla, "Diritto nazionale dei servizi pubblici e diritto comunitario della concorrenza. Argomenti di riflessione su un equilibrio non ancora definito: il caso delle società a capitale misto pubblico/privato", p. 13.

entidade pública não se pode considerar um terceiro em relação a esta última entidade, propendemos para, *em princípio*, qualificar como *in house* os contratos celebrados entre aquelas duas entidades[943].

Outros contornos apresenta já a participação do sector público em entidades mistas, que, em parceria, juntam sócios ou associados públicos e privados. Afigura-se agora óbvio um momento de *externalização*, pelo menos na medida da participação privada (mesmo que pouco significativa). Exactamente por isso, o(s) "partner(s)" da entidade pública deverá(ão) ser escolhido(s) por um processo público, aberto à concorrência[944]. Subli-

---

[943] No contexto da problemática do *in house providing* – adjudicação de contratos públicos a entidades e organizações controladas por entidades adjudicantes em termos tais que as primeiras podem não se considerar das segundas no plano decisório e juridicamente substantivo –, a jurisprudência do TJCE vem-se desenvolvendo num sentido claramente restritivo, limitando as situações em que se afigura legítimo considerar que uma entidade juridicamente autónoma "faz parte da casa" de uma entidade pública.

No Acórdão *Teckal*, de 18/11/99 (proc. C-107/98), o TJCE exigiu para qualificar uma relação como *in house* que: *i)* a entidade pública exercesse sobre a entidade em causa um controlo análogo ao exercido sobre os seus próprios serviços; *ii)* a entidade em causa realizasse o essencial da sua actividade para a entidade pública que a controla. De acordo com esta jurisprudência, não seria *in house* a relação existente entre uma entidade pública e qualquer outra entidade juridicamente distinta dela, no plano formal, e autónoma, no plano decisório. Sobre este acórdão e a aplicação das regras da concorrência na adjudicação de contratos públicos a empresas privadas dominadas pela Administração, cfr. FABER, "Öffentliche Aufträge an kommunalbeherrschte Unternehmen – in-house-Geschäfte oder Vergabe im Wettbewerb?", p. 248 e ss; ARNOULD, "Les contrats de concession", cit., p. 2 e ss; DEODATO, "Le societá pubbliche", p. 5 e ss.

Reconhecendo que a letra do Acórdão não favorece a nossa interpretação, defendemos, ainda assim, que o facto de um organismo privado ser *totalmente* detido por uma entidade pública (ou por várias) deve ser visto como indício de que, ao efectuar-lhe uma adjudicação, a entidade adjudicante não está a recorrer ao mercado. Admitimos, todavia, que o indício tenha um valor mais sóbrio (ou até nulo) quando a entidade privada actua no mercado, em concorrência (a esta conclusão pode conduzir o facto de ela não desenvolver o essencial da sua actividade para a entidade pública adjudicante).

[944] Entre nós, a resposta para a questão de saber como devem ser escolhidos os sócios privados de empresas públicas tem oscilado entre dois entendimentos opostos: segundo uma corrente, deve entender-se que a Administração dispõe de uma liberdade de escolha dos sócios; uma outra tese defende que não há nenhuma razão para se não adoptarem, também neste caso, procedimentos públicos de publicidade e de concorrência – cfr. João Pacheco de AMORIM, *As empresas,* cit., pp. 21 e 77 e ss, defendendo soluções diferentes consoante o problema da escolha dos sócios se coloque a propósito das empresas públicas estaduais (concurso) ou das empresas a que se refere a LEMIR (sem concurso).

Parecendo-nos que a razão está inequivocamente do lado da doutrina que defende a tese referida por último, importa, antes de mais, dizer que este modelo de associação se baseia num contrato ("la società è contratto") que não pode deixar de ser considerado um "contrato (de sociedade) publicizado".

Como em relação a qualquer outro caso de escolha pública de parceiros contratuais, também aqui estão presentes as exigências de tutela da imparcialidade e de neutralidade no agir público, bem como a necessidade de defender os interesses dos aspirantes à posição jurídica de vantagem que representa o acesso ao contrato. O *intuitus personae* – refúgio em que se acantona a explicação para a atribuição directa, sem concurso, sem regras e sem publicidade de contratos administrativos – constitui decerto um factor relevante no contrato de sociedade. O que está por explicar é que o carácter pessoal da relação contratual tenha o relevo que alguns pretendem atribuir-lhe em sede de escolha do contraente. Por isso mesmo, muito bem andou o legislador italiano, que, depois de exigir o respeito dos procedimentos de "evidenza pubblica", sujeitou à jurisdição exclusiva do juiz administrativo os conflitos relativos à escolha de sócios pelas administrações públicas.

No direito português, a falta de uma disposição legal, de natureza genérica, a impor a escolha dos sócios de empresas do Estado e de empresas municipais por um procedimento público, transparente, aberto a todos os interessados, tem sido entendida como uma abertura à escolha directa, sem regras e sem critérios predefinidos. Ora, a exigência de concorrência e de publicidade decorre directa e imediatamente de princípios constitucionais de direito administrativo (prossecução do interesse público e imparcialidade), bem como de princípios do direito comunitário, afigurando-se totalmente inaceitável remeter a escolha de sócios privados para um "ghettto" imune à observância de princípios fundamentais do direito público

No que concerne à escolha dos sócios das empresas municipais, a Lei do Orçamento de Estado para 2002 (Lei n.º109-B/2001, de 27 de Dezembro) autorizava o Governo a alterar a LEMIR, no sentido, entre outros propósitos, de *"tornar mais transparentes as opções efectuadas, em especial no que respeita à escolha de parceiros"*. Nenhum diploma governamental viria a ser aprovado ao abrigo de tal autorização.

Por influência do direito comunitário, alguma legislação específica vem apontando no sentido correcto – assim sucede com o Decreto-Lei n.º 103/2003, de 23 de Maio, que altera o regime da gestão de sistemas multimunicipais de captação, tratamento e distribuição de água para consumo público, de recolha, tratamento e rejeição de efluentes e de recolha e tratamento de resíduos sólidos (Decreto-Lei n.º 379/93, de 5 de Novembro), que, sobre a gestão dos sistemas multimunicipais, estabelece o seguinte: "a participação de entidades privadas, em posição obrigatoriamente minoritária, no capital social de entidades gestoras de sistemas multimunicipais será precedida de procedimentos compatíveis com os princípios gerais do direito comunitário".

De entre a abundante bibliografia italiana sobre o tema, cfr. VALLERGA, "Società miste per la gestione dei pubblici servizi: «certezze» e prospettive di riforma", p. 643; ACQUARONE, "La scelta del socio privato di minoranza nelle società miste di gestione dei servizi pubblici locali", p. 1259; FABRI, "L'ambito della materia dei servizi pubblici nella giurisdizione esclusiva del giudice amministrativo", p. 1012 e ss; RUSCIGNO, "Le proce-

nhando, nesta hipótese, o tópico da externalização, o TJCE, no Acórdão *Stadt Halle*, decidiu que não se reconduz a um fenómeno de *in house providing* a adjudicação de um contrato por parte de uma entidade pública em benefício de uma *sociedade mista* participada pela entidade adjudicante e, em minoria, por uma ou mais empresas privadas[945].

d) Privatização, ainda que apenas formal

Pretende-se agora demonstrar que a instituição de uma entidade administrativa num formato de direito privado representa um expediente de privatização, que, apesar de formal, conhece implicações específicas enquanto processo de privatização.

Esta precisão articula-se directamente com a questão de saber se a criação de uma entidade administrativa privada representará de facto, como alguns pretendem, uma forma "falsa", "fictícia" ou "não autêntica" de privatização. Um tal ponto de vista baseia-se na premissa segundo a qual o sector público tem, de qualquer modo, o controlo e a influência dominante sobre as entidades por si criadas ou participadas, pelo que, em bom rigor, estas não podem configurar-se como entidades estranhas ou externas.

Essa tese – de que alguns autores se demarcam[946] –, de desvalorização da relevância jurídica, no plano organizativo, dos processos de privatização orgânica formal, não resiste em face de alguns argumentos, pelo menos no direito português.

---

dure di scelta del partner privato nelle società di trasformazione urbana tra prassi amministrativa e più recenti orientamenti giurisprudenziali", p. 118 e ss.; FERLA, Ob. cit.,

p. 13; FRACCHIA, "La costituzione delle società pubbliche e i modelli societari", p. 603.

[945] Cfr. Acórdão *Stadt Halle*, de 11 de Janeiro de 2005, (proc. C-2603); sobre o assunto, cfr. URSI, "Una svolta nella gestione dei servizi pubblici locali: non c'è «casa» per le società a capitale misto", p. 136 e ss; ROLIN, "Note", p. 899 e ss. O Acórdão desconsidera o conceito comunitário de "empresa associada à entidade adjudicante" que (hoje) consta do artigo 23.º da Directiva 2004/17/CE, de 31 de Março de 2004: é verdade que a Directiva não se aplicava no caso, mas não deixa de ser curioso verificar que uma sociedade mista pode preencher os requisitos de "empresa associada" à qual, em certas circunstâncias, não se aplicam as regras de escolha de contratantes. Pois bem, resulta da decisão *Stadt Halle* que o facto de uma empresa se configurar – em conformidade com um *critério geral* – como associada da entidade adjudicante não autoriza a derrogação das regras de escolha de contratantes.

[946] Cfr. KÄMMERER, Privatisierung, cit., p. 35.

Desde logo, a criação de uma entidade administrativa privada representa sempre um processo de pluralização da Administração Pública.
Do mesmo modo que a criação de um instituto público, também a criação de uma entidade privada para a prossecução de fins públicos significa uma ruptura com o sistema hierárquico e de dependência dirigista
de uma entidade pública[947]. De facto, em medidas variáveis, a entidade
privada disporá sempre de uma autonomia na concretização dos fins que
lhe são confiados[948].

Mas, além disso, a criação pública de uma entidade privada apresenta *problemas específicos* exactamente pelo facto de se tratar de uma
entidade privada[949]. Com efeito, ocorre nesse caso uma "fuga para o
direito privado" que não se projecta só nas relações que essa entidade vai
estabelecer com terceiros, mas que vai também reflectir-se nas relações
que a entidade pública que a criou vai com ela manter. Como já vimos,
tratando-se de um sistema de privatização formal, supõe-se que a pessoa
pública exerce uma influência dominante sobre a figura que criou, mas
trata-se de uma *influência dominante nos termos do direito privado*
(direito comercial, para as sociedades comerciais; direito civil, para
as associações). Ora, nos termos do direito privado, a criação de uma
pessoa jurídica significa, sempre, a autonomização de um círculo de
interesses próprios dessa pessoa[950]. Assim sucede, é claro, com as entidades exclusivamente pertencentes ao sector público e, por maioria de
razão, com as entidades mistas, participadas pelo sector privado. Para a
realização dos seus interesses próprios (sociais ou estatutários), actuarão
tais entidades segundo as opções, mais ou menos autónomas, dos respectivos dirigentes (os quais, exercendo *em nome próprio* os cargos de
direcção em que são investidos, se encontram, em *primeira linha*, adstritos
a cumprir o interesse social ou estatutário da entidade que dirigem)[951].

---

[947] Sublinhando este aspecto, cfr. GROSS, Ob. cit., p. 143.

[948] Cfr. GROSS, *ibidem*; POMMER, *Bahnreform und Enteignung*, p. 157.

[949] Cfr. MONTOYA MARTIN, *Las empresas públicas sometidas al derecho privado*,
p. 101.

[950] Acentuando a autonomia jurídica das empresas criadas pelo sector público e
considerando-as até titulares de direitos fundamentais, cfr. POMMER, Ob. cit., p. 158 e ss.
No sentido da titularidade de direitos fundamentais por empresas mistas (participadas
pelo sector privado), cfr. HEINTZEN, Ob. cit., p. 248.

[951] Cfr. POMMER, *ibidem*, p. 157. Sobre a situação jurídica dos membros dos órgãos
de empresas públicas, cfr., *infra*, Parte II, Cap. II.

Salvo se uma lei excluir esse efeito, a criação de uma entidade num formato de direito privada produz, em todos os casos, a instituição de uma nova "instância administrativa", mais ou menos *distanciada* da entidade pública mãe[952]. E, note-se, trata-se de um distanciamento que não tem paralelo com o que resulta da criação de entidades públicas de administração indirecta, as quais são instituídas num contorno de direito administrativo, encontrando-se submetidas a um regime jurídico público de orientação e de controlo (*superintendência*).

Independentemente do sentido e do alcance de eventuais soluções legais (inspiradas na lógica e nos princípios do direito público da organização administrativa), os argumentos apresentados provam a incorrecção essencial do entendimento segundo o qual a criação de entidades administrativas privadas, nos termos do direito privado (e, portanto, fora de um regime jurídico-administrativo particular), representa um facto organizativo com projecção simplesmente interna, um fenómeno *interna corporis* destituído de relevo nos planos da condução e do controlo público da execução de tarefas públicas.

e) Exigência de submissão a um regime público de ingerência e de controlo

Salvo se outra coisa resultar expressamente da lei, a criação, por iniciativa pública, de uma entidade num formato de direito privado (sociedade comercial, associação ou fundação) irá naturalmente remeter para a esfera do *direito privado* a missão de regular o processo de relacionamento jurídico que se desenvolve entre essa entidade privada e a entidade pública detentora do controlo ou de influência dominante sobre ela: no silêncio da lei, o controlo e a influência assumem-se e efectivam-se nos termos (de direito privado) previstos no Código das Sociedades Comerciais ou no Código Civil.

Ora, as observações efectuadas na alínea anterior são bastantes para se perceber que o fenómeno da *Administração Pública em forma privada* reclama uma resposta específica de direito administrativo, disciplina que

---

[952] Não há, naturalmente, qualquer contradição entre esta asserção e a ideia, acima explicada, de que a criação de uma entidade privada totalmente detida pelo sector público não consubstancia um processo de externalização: como então se explicou, externalização reveste ali o sentido de recurso a um *terceiro*, mas a um terceiro que, perante a entidade pública, se situa no sector privado, no mercado.

deverá oferecer um quadro de regulação – complementar ou suplementar – que situe no circuito jurídico-público as relações que se desenvolvem entre as entidades públicas e as entidades privadas participadas.

Vimos que as entidades administrativas privadas podem ser criadas para a prossecução de tarefas públicas previamente assumidas por entidades públicas, mas também para o desempenho de tarefas anteriormente não assumidas publicamente. Na primeira situação, em que é evidente a "transferência" da gestão de uma tarefa pública, a entidade privada que a recebe actua, muitas vezes, como *concessionária*, no âmbito de um *contrato de concessão* que celebra com a entidade pública titular da tarefa.

Contudo, nem sempre existe um contrato (de concessão) a regular as relações entre a entidade pública e a participada. Não existe normalmente quando a entidade privada é criada para explorar uma actividade (por ex., de natureza comercial) que não era anteriormente assumida pelo sector público, o mesmo sucedendo ainda em casos em que há uma efectiva "transferência" da gestão de um serviço ou tarefa antes executada em *régie* ou por um qualquer outro sistema de gestão pública.

Ora, a ausência de um contrato – de *concessão*, de *delegação* ou simplesmente de *regulação* – que discipline as relações entre entidade pública e entidades privadas participadas pode ter efeitos perniciosos e estar mesmo na génese de um défice de controlo e de orientação democrática da actuação das entidades administrativas privadas.

Justamente, um dos problemas mais sensíveis que se coloca a propósito da adopção de formas organizativas de direito privado para a execução de tarefas públicas reside no regime que disciplina as relações entre a entidade privada e a instância pública responsável pela tarefa deslocada. O facto de esta entidade deter uma *influência dominante interna* não basta para assegurar o controlo que o interesse público e o princípio democrático reclamam. De resto, na nossa perspectiva, a mera influência interna revela-se mesmo insuficiente de um ponto de vista jurídico-constitucional. Com efeito, a CRP estabelece, no artigo 267.º/2, que as formas de desconcentração não poderão pôr em causa a unidade de acção da Administração, nem os poderes de *superintendência* e *tutela* dos órgãos competentes[953]. Independentemente da medida concreta da influência dominante interna (que se desenvolverá sempre pela via do

---

[953] Apesar da redacção pouco feliz da norma, isso resulta da conjugação do que nela se estabelece com o artigo 199.º,*d*).

direito privado), as entidades públicas terão de dispor de um poder de ingerência, de controlo e de *influência externa*, com uma natureza pública administrativa. Esta exigência aparece, de certo modo, enquadrada no contexto de um desejável "retorno do direito administrativo"[954], neste caso, um seu regresso à disciplina de *relações entre entidades administrativas* (públicas e privadas).

Destacando exactamente a necessidade de assegurar uma capacidade de influência externa – de carácter público – das entidades públicas sobre as "suas" entidades privadas de natureza empresarial ou societária, a doutrina alemã tem-se referido à exigência da construção de um *direito societário administrativo*[955]: pressupondo a intersecção entre direito societário e direito administrativo, surge como o resultado do processo de resolução de um "conflito" e do estabelecimento de uma "concordância prática" entre a afirmação da *primazia do direito societário* – que enquadra exclusivamente no âmbito do direito societário o relacionamento jurídico entre as sociedades em mão pública e os seus sócios públicos – e a consideração das determinantes, de direito público, que reclamam a submissão das sociedades em mão pública a um regime especial de orientação, ingerência e controlo externo[956].

---

[954] A expressão pertence a NAPOLITANO, Ob. cit., p. 802.

[955] O conceito foi usado pela primeira vez em 1982 por E. Thomas KRAFT; cfr. DANWITZ, "Vom Verwaltungsprivat- zum Verwaltungsgesellschaftsrecht, p. 622. Como resulta do título do texto deste último Autor, a fórmula recorda imediatamente o "direito privado administrativo"; notando isso mesmo, cfr. OSSENBÜLH, "Mitbestimmung in Eigengesellschaften der öffentlichen Hand", p. 514.

[956] O *direito societário administrativo* apresenta-se, portanto, como um direito das sociedades modificado e integrado por exigências de direito público; sobre os seus elementos, cfr. DANWITZ, Ob. cit., especial. p. 622 e ss; BRENNER, "Gesellschaftsrechtliche Ingerenzmöglichkeiten von Kommunen auf privatrechtliche ausgestaltete kommunale Unternehmen", especial. p. 234 e ss.

Apesar de tudo, uma parte importante da doutrina defende a tese da *primazia do direito societário*, sustentando que é possível, no contexto deste ordenamento, assegurar (sobretudo por via do contrato de sociedade) a influência pública e a vinculação da empresa pelo interesse público; cfr. EHLERS, *Verwaltung in Privatrechtsform,* cit., p. 132 e ss; PÜTTNER, *Die öffentlichen Unternehmen,* p. 234; HABERSACK, "Private Public Partnership: Gemeinschaftsunternehmen zwischen Privaten und der öffentliche Hand", p. 555 e ss; SPANNOWSKY, "Der Einfluß öffentlich-rechtlicher Zielsetzungen auf das Statut privatrechtlicher Eigengesellschaften in öffentlicher Hand", p. 421 e ss; MANN, "Kritik am Konzept des Verwaltungsgesellschaftsrechts", p. 463 e ss.; GRZIWOTZ, *Vertragsgestaltung im öffentlichen Recht,* p. 258.

Por seu lado, no direito italiano, já há muito tempo que, no código civil, existem regras específicas sobre as relações entre sócios públicos e sociedades participadas[957]. Recentemente (2003), a reforma da lei civil conduziu à possibilidade de aplicação da disciplina jurídica dos "grupos de sociedades" às relações entre sócios públicos e sociedades em mão pública: por esta via, os sócios públicos ficam investidos de um poder de *direcção unitária*, que se consubstancia nas faculdades de direcção e de coordenação da actividade societária[958].

No direito português, não existe uma lei a definir um regime público de influência e de controlo sobre o sector da *administração indirecta privada*[959]. Como já adiantámos, a CRP *exige* a submissão desse nível de Administração a um regime público de superintendência e tutela (artigo 267.º/2), além de autorizar o legislador a sujeitar as entidades privadas com poderes públicos (funções públicas) a fiscalização administrativa (artigo 267.º/6).

Apesar de não existir uma lei reguladora de toda a administração indirecta privada, há, todavia, que assinalar a existência de uma disciplina jurídica específica para a *administração em forma privada de carácter empresarial*: no caso do sector empresarial do Estado, essa disciplina consta da LSEE e, no caso dos municípios, da LEMIR. Estas duas leis representam a consagração legal de um incipiente *direito societário administrativo* (cfr. *infra*).

Além dos dois diplomas referidos, por vezes, há ainda regimes específicos de controlo e de influência pública aplicados a determinadas empresas ou outras entidades administrativas privadas, e que consta dos actos legislativos que as criam: estamos a pensar, por ex., nos casos em que o diploma legal que cria uma certa empresa (*v.g.*, de capitais exclusivamente públicos) aprova e define um regime contratual de concessão para enquadrar, em termos de direito público, as relações que vai estabelecer com a entidade pública que nela participa.

---

[957] Aí se incluem, por ex., disposições que atribuem aos entes públicos sócios poderes de nomeação e de destituição de administradores das sociedades comerciais participadas. Cfr. URSI, "Riflessioni sulla governance delle società in mano pubblica, especial. p. 755 e ss; FRACCHIA, "La costituzione delle società pubbliche", cit., p. 607; OPPO, Ob. cit., p. 36.

[958] Cfr. URSI, *ibidem*; FRACCHIA, *ibidem*.

[959] Esta fórmula, já o vimos, pertence a Paulo OTERO, *Vinculação*, cit., p. 229, e *Legalidade e Administração Pública*, cit., p. 305.

Quanto às entidades administrativas privadas sem carácter societário ou empresarial e, por isso, não abrangidas por uma qualquer disciplina legislativa particular, entendemos que a garantia da capacidade de influência e de controlo público de natureza administrativa pode, e deve, passar por um *contrato administrativo* que regule as relações entre a entidade pública e a entidade privada por si criada ou participada maioritariamente. Tratar-se-á de um contrato de concessão ou de mera regulação das relações de colaboração entre as partes; o *nomen iuris* não é decerto o mais relevante; essencial é que, por via dele, se assegure à parte pública a faculdade de desenvolver uma intervenção "par des moyens tirés du droit public"[960].

A definição de um regime jurídico que garanta, em termos específicos, o controlo e a influência das entidades públicas sobre as entidades privadas participadas e às quais estão confiadas missões públicas apresenta-se como um imperativo essencial do Estado de direito democrático. Um tal regime deverá contribuir para atenuar os vários efeitos indesejáveis da faceta organizativa da "fuga para o direito privado".

f) Traços essenciais do *direito societário administrativo* na lei portuguesa

Antes de finalizar este ponto, afigura-se útil sublinhar algumas notas sobre o regime legal do direito societário administrativo – como observação prévia, de carácter genérico, deve dizer-se que o facto de existir entre nós um direito societário administrativo, formulado por lei, nada diz sobre a bondade ou a suficiência das soluções acolhidas.

Como se sabe, são dois os diplomas fundamentais nesta matéria: LSEE e LEMIR.

A LSEE estabelece o regime jurídico que integra o *direito societário administrativo* a que se submetem as empresas do sector empresarial

---

[960] No sentido de que, nestes casos, o contrato pode ser um meio de salvaguardar o interesse geral, cfr. MEYLAN, "L'accomplissement par des organismes de droit privé de tâches d'intérêt général et la sauvegarde de l'intérêt général", especial. p. 440 e ss. Sobre o contrato como um mecanismo de "accountability", por via do qual a entidade pública pode impor exigências de interesse público a uma entidade privada, cfr. FREEMAN, "The contracting state", cit., p. 201 e ss. Em França, a lei relativa às "sociedades locais de economia mista" estabelece que as relações entre as colectividades territoriais e as sociedades são definidas por uma convenção que, sob pena de nulidade, deverá prever, além do mais, o objecto do contrato, a duração, as condições de renovação, de resgate e de rescisão unilateral, bem como as obrigações de cada uma das partes.

do Estado (que abrange empresas de capital privado maioritário). Assim, as empresas públicas: *i*) devem acatar as *orientações estratégicas* definidas em Conselho de Ministros (sob proposta do Ministro das Finanças e do ministro do sector); tais orientações, cuja observância constitui objecto de fiscalização, podem envolver metas quantificadas e contemplar a celebração de contratos entre o Estado e as empresas; no caso de as orientações não serem observadas, as entidades competentes para fiscalizar poderão emitir recomendações para a sua prossecução; *ii*) ficam sujeitas a controlo financeiro destinado a averiguar da legalidade, economia, eficiência e eficácia da sua gestão – tal controlo, que não prejudica aquele que é efectuado pelo Tribunal de Contas, fica a cargo da Inspecção-Geral de Finanças; *iii*) têm deveres especiais de informação perante o Ministro das Finanças e o ministro do sector.

Por outro lado, estabelece-se que as *empresas encarregadas da gestão de serviços de interesse económico geral*[961] actuam, em princípio, ao abrigo de um *contrato (de concessão*: artigo 19.º/2) que define os termos em que a gestão é atribuída e deve ser exercida: esse contrato é uma peça, aliás essencial, do regime jurídico público a que elas ficam sujeitas. Por fim, estas mesmas empresas têm de prosseguir as missões que lhes estão confiadas de acordo com determinados *princípios orientadores* que a LSEE fixa: trata-se, em geral, de princípios relacionados com obrigações (de serviço público ou de serviço universal) integradas no regime jurídico da prestação dos serviços de interesse económico geral (cfr. artigo 20.º).

Quanto à LEMIR, diríamos, em traços gerais, que acolhe um regime jurídico com um componente público mais intenso do que o exigido pelo direito societário administrativo. O regime delineado para as empresas municipais é *essencialmente* público ou administrativo: nos termos do artigo 3.º, as empresas regem-se pela LEMIR, pelos respectivos estatutos e, subsidiariamente, pelo regime das empresas públicas; as normas aplicáveis às sociedades comerciais só são convocadas para o que não estiver regulado nesses regimes. A *primazia do direito público* assume, pois, toda a evidência, o que, aliás, está de acordo com a qualificação de algumas dessas empresas como *pessoas de direito público*. Nesta lógica

---

[961] Embora utilizando uma fórmula infeliz, uma vez que, pelo menos na parte em que se refere à atribuição da gestão por contrato de concessão, o conceito de serviços de interesse económico geral só pode ser interpretado com o sentido de "serviços públicos".

faz todo o sentido o disposto no artigo 16.º, sobre os *poderes de superintendência* das câmaras municipais. Mas, inexplicavelmente, o artigo 23.º limita a aplicação do disposto naquela disposição às empresas de capitais públicos, deixando de fora as empresas de capitais maioritariamente públicos. Quer dizer, foi exactamente em relação às empresas que reclamam de forma mais óbvia um regime de superintendência municipal[962] que a LEMIR o dispensou. Neste caso – e para suprir o erro da lei –, supomos que o município deve salvaguardar poderes de influência externa: através de contratos de concessão (no caso de estar em causa a gestão de serviços públicos municipais e, claro, se houver delegação dos poderes a que se refere o artigo 6.º/2 da LEMIR) ou de contratos reguladores da relação de colaboração entre o município e a empresa.

Como nota final, cumpre esclarecer que no texto anterior nos referimos à exigência de um regime público de influência e controlo sobre as entidades administrativas privadas. Mas, acrescenta-se agora, este regime deve ser complementado por um outro, que discipline a *relação jurídica (de confiança)* que se estabelece entre os titulares dos órgãos da entidade pública e os indivíduos nomeados ou designados para a "representar" na entidade privada participada – sobre isto, cfr. Parte II, Cap. II.

---

[962] Trata-se de empresas que associam o município (sempre em maioria) e entidades privadas. Ora, a situação potencial de *conflito entre os objectivos privados e os fins públicos* (os sócios privados procuram o lucro ou outros benefícios; o município procura realizar interesses públicos) só existe nestas empresas e não nas outras que a LEMIR prevê.

PARTE II
Exercício de poderes públicos de autoridade por entidades privadas com funções administrativas: elementos constitutivos e delimitação

A análise do fenómeno do exercício de poderes públicos de autoridade por entidades privadas com funções administrativas reclama necessariamente um esclarecimento sobre o significado atribuído a cada um dos seus três elementos constitutivos: "entidades privadas", "função administrativa" e "poderes públicos de autoridade". Apesar de, em qualquer caso, estarmos diante de conceitos clássicos da dogmática jurídica, nem por isso nos consideramos dispensados de tecer algumas considerações sobre eles. Respondendo à exigência, que sempre se nos colocaria, de expor a nossa compreensão própria sobre o âmbito, subjectivo e objectivo, do instituto de que estudamos, a análise desses conceitos clássicos reveste-se, além disso, de um indiscutível interesse. Ao contrário do que porventura pode supor-se, a tarefa de que nos iremos ocupar está longe de consistir na mera remissão para uma espécie de "doutrina segura e definitiva" sobre o sentido e o alcance de conceitos tão centrais na teoria jurídica, como os de função administrativa ou de poderes públicos de autoridade.

O estudo de cada um dos seus elementos constitutivos permite delimitar as fronteiras do exercício privado de poderes públicos, excluindo tarefas sem conexão com a função pública administrativa, bem como as que representam um envolvimento privado na execução de outras funções públicas. Este primeiro trabalho de delimitação (capítulo I), apesar de essencial, não assegura ainda uma definição precisa da extensão do instituto, porquanto não nos fornece uma visão conjunta e articulada dos seus três elementos constitutivos. Torna-se, portanto, imperioso definir os critérios ou factores de identificação concreta do exercício de poderes públicos de autoridade por entidades privadas: essa é a tarefa que nos propomos levar a cabo no capítulo II desta segunda parte. Contactaremos, então, com a "delegação de poderes públicos em entidades privadas" e procuraremos definir os critérios e factores que permitem conhecer as manifestações concretas dessa figura.

CAPÍTULO I
Elementos constitutivos

Os três números do presente capítulo são dedicados à exposição do nosso entendimento sobre os três factores ou elementos constitutivos referidos: "poderes públicos de autoridade", "função administrativa" e "entidades privadas".
Iniciamos o percurso pelo elemento que delimita o âmbito subjectivo da figura.

1. Entidades privadas

1.1. *Categorias de entidades privadas*

Já esclarecemos o sentido da nossa opção, no âmbito do presente estudo, por um *conceito amplo* de entidades privadas[1]. Para efeitos da delimitação subjectiva do exercício privado de poderes públicos administrativos, é indiferente o *substrato* da entidade privada. Essencial é que se trate de uma entidade com *personalidade de direito privado*. Ora, quanto a esse aspecto, os *particulares* e as *entidades administrativas privadas* encontram-se na mesma situação[2].

1.1.1. *Particulares*

Particulares, entidades particulares ou genuinamente privadas são os actores privados, as verdadeiras entidades privadas, *que não integram*

---

[1] Cfr., *supra*, Introdução.
[2] Cfr. BADURA, *Das Verwaltungsmonopol,* cit., pp. 250 e 253; FRENZ, Ob. cit., p. 34; BENZ, Ob. cit., p. 81.

nem pertencem ao Estado, actuando no espaço da Sociedade, no exercício de direitos e liberdades[3].

O conceito proposto, apresentado de forma negativa, subentende portanto a dicotomia entre Estado (em sentido amplo) e Sociedade: particular ou genuinamente privada é toda a entidade da Sociedade, situada fora do Estado, que não é Estado, nem pertence ao Estado: "Privat ist das, was nicht staatlich ist"[4]. Abrangidas por esse conceito estão as *pessoas singulares*, os cidadãos, e as *pessoas colectivas* que os cidadãos criam[5].

a) Pessoas singulares

As pessoas singulares ou físicas são os indivíduos enquanto cidadãos. Quando, na sua "qualidade de particulares", os indivíduos executam funções administrativas investidos de poderes públicos, verificam-se os elementos constitutivos do instituto de que nos ocupamos[6].

A referência feita à "qualidade de particulares" pretende sublinhar que não estão naturalmente reunidos os elementos constitutivos do exercício de poderes públicos por *entidades privadas* nos casos em que as pessoas singulares actuam enquanto *trabalhadores*, *funcionários*, *agentes* ou *titulares de órgãos públicos*[7]. Nesta eventualidade, elas aparecem "integradas" no Estado ou noutro ente público, pelo que não se comportam como particulares, mas antes a coberto do estatuto funcional de "membros de uma entidade da Administração"[8]. Independentemente do título de investidura – eleição, nomeação, contrato de provimento ou contrato de trabalho –, esses indivíduos, agindo como membros da Administração e em nome de uma entidade pública, não são *particulares*[9]. Desenvolvem uma actividade profissional, exercem um mandato,

---

[3] Cfr. HEINTZEN, Ob. cit., p. 231.

[4] Cfr. SCHACHTSCHNEIDER, "Grundgesetzliche", cit., p. 140.

[5] Cfr. OSSENBÜHL, "Die Erfüllung", cit., p. 144; KRAUTZBERGER, Ob. cit., p. 59; HEIMBURG, Ob. cit., p. 20; DAGTOGLOU, "Die Beteiligung", cit., p. 533.

[6] Sobre os exemplos que, no direito português, ilustram o exercício de poderes públicos administrativos por pessoas físicas, cfr. Parte III, Cap. I.

[7] Sobre os conceitos de funcionários e agentes administrativos, bem como sobre os de agentes trabalhadores e agentes não trabalhadores (pessoal dirigente), cfr. Fernando Alves CORREIA, *Alguns Conceitos*, cit., p. 45 e ss; Ana Fernanda NEVES, *Relação Jurídica de Emprego Público*, pp. 198-228.

[8] Cfr. OSSENBÜHL, "Die Erfüllung", cit., p. 144; DAGTOGLOU, "Die Beteiligung", cit., p. 533.

[9] Cfr. DAGTOGLOU, *Der Private in der Verwaltung*, cit., p. 22; STEINER, *Öffentliche*, cit., p. 215.

por eleição ou por nomeação, em qualquer caso, com uma legitimação democrática ou na dependência de pessoas com legitimação democrática[10].

Neste contexto, uma dificuldade com que nos deparamos diz respeito à situação dos trabalhadores de entidades administrativas privadas (*v.g.*, trabalhadores de empresas públicas). A questão não pode ser aqui ignorada, porquanto há efectivamente casos de atribuição legal de funções públicas *directamente* a trabalhadores de empresas públicas. Ora, interessa saber se, nesses casos, está envolvida uma atribuição de funções e de poderes públicos a *particulares*.

No direito português, há, pelo menos, duas situações em que a lei atribui directamente ou prevê expressamente a possibilidade de atribuição de poderes públicos a trabalhadores de empresas públicas: *i)* trabalhadores da empresa titular da concessão intermunicipal do serviço público de gestão urbana de uma área compreendida nos limites da zona de intervenção da Exposição Mundial de Lisboa (Expo 98)[11]; *ii)* trabalhadores das empresas municipais de capitais maioritariamente públicos[12/13].

---

[10] Cfr. FRENZ, Ob. cit., p. 33.

[11] O Decreto-Lei n.º 165/2001, de 23 de Maio, aprovou as *Bases da Concessão Intermunicipal do Serviço Público de Gestão Urbana de uma área compreendida nos limites da zona de intervenção da Exposição Mundial de Lisboa (Expo 98)*. Nos termos das *Bases*, a concessionária, uma sociedade anónima constituída pelos Municípios de Lisboa e de Loures, fica investida da competência para a disciplina e fiscalização do estacionamento de duração limitada, dentro dos limites da área da concessão.

No exercício das funções de fiscalização, o pessoal da concessionária "é equiparado a agente de autoridade administrativa" e tem competência para "exercer os poderes previstos no Decreto-Lei n.º 327/98". Os referidos trabalhadores estão, assim, habilitados a levantar autos de notícia, nos termos do disposto no artigo 151.º do Código da Estrada (os autos fazem fé em juízo até prova em contrário) e a proceder às intimações e notificações previstas nos artigos 152.º e 155.º do mesmo diploma.

[12] Cfr. artigo 6.º/3 da LEMIR, estabelecendo, para o caso de delegação de poderes de autoridade pela autarquia nas empresas, que os estatutos destas "definirão as prerrogativas do pessoal (...) que exerça funções de autoridade".

Por outro lado, nos termos do artigo 7.º do Decreto-Lei n.º 2/98, de 3 de Janeiro, a fiscalização do cumprimento das disposições do Código da Estrada passou a caber também às *câmaras municipais* (nas vias públicas sob a respectiva jurisdição). Essa competência pode ser exercida por polícias municipais, quando existam, mas também por empresas municipais, incluindo, do nosso ponto de vista, as empresas de capitais maioritariamente públicos (sobre isso, cfr., *infra*, Parte III, Cap. II). Ora, nos termos do Decreto-Lei n.º 327/98, de 2 de Novembro, "*é equiparado a agente de autoridade administrativa para o exercício das suas funções de fiscalização o pessoal das entidades a que, no âmbito autárquico, incumbe ou venha a incumbir a fiscalização do estacionamento de duração limitada na via pública*".

Na nossa interpretação, os trabalhadores das empresas públicas (e de outras entidades administrativas privadas) não devem ser considerados particulares enquanto actuem no âmbito da relação laboral que mantêm com a empresa pública e se encontrem, portanto, sob a orientação e a direcção desta. Com efeito, tais indivíduos encontram-se sob a dependência de uma entidade dirigida por pessoas com legitimidade democrática, pelo que na dicotomia entre Estado e Sociedade, eles pertencem ao primeiro pólo. Diremos, por isso, que os actos que os investem de poderes públicos *pelo facto de serem* trabalhadores de empresas públicas não configuram delegações de poderes públicos em *particulares*[14].

Esclareça-se, contudo, que o facto de não se qualificar essa como uma delegação de funções públicas em *particulares* não significa desconhecer-se que está aí de facto envolvida uma *delegação* em trabalhadores de *entidades formalmente privadas*. Com a chamada de atenção para a natureza especial desta proposta, entendemos que, para efeitos de definição do regime jurídico aplicável, há razões para *assimilar* a atribuição directa de poderes públicos a trabalhadores de empresas públicas à delegação de poderes públicos em *entidades administrativas privadas*. Naturalmente, a assimilação só faz sentido nos casos em que os poderes são atribuídos directamente aos trabalhadores por causa deste seu vínculo profissional e, além disso, por causa das funções que desempenham

---

[13] A atribuição legal directa ou a previsão legal da atribuição de poderes públicos a trabalhadores de entidades da Administração não existe apenas em relação a trabalhadores de entidades com estatuto de direito privado. Assim, o que se disse na nota anterior sobre as empresas municipais de capitais maioritariamente públicos também vale para as empresas públicas e as empresas de capitais públicos previstas na LEMIR, que revestem a natureza de pessoas de direito público.

Um outro exemplo é o dos agentes de fiscalização, guarda e vigilância dos caminhos de ferro explorados pela CP. Nos termos do artigo 54.º do Regulamento de Exploração e Polícia dos Caminhos de Ferro (aprovado pelo Decreto-Lei n.º 39 780, de 21 de Agosto de 1954), a guarda e a vigilância dos caminhos de ferro pertencem tanto aos agentes de autoridade pública como aos agentes da empresa (CP). Estes, quando ajuramentados – "*o juramento de exercer com probidade e fidelidade a competência que lhes é atribuída será prestado perante o governador civil do distrito onde se situe a sede de trabalho do agente*" (Decreto Regulamentar n.º 6/82, de 19 de Fevereiro) –, têm competência para lavrar autos de notícia e "são, para todos os efeitos, considerados agentes da autoridade pública". Os autos de notícia fazem fé até prova em contrário, nos termos do regime geral das contravenções.

[14] No mesmo sentido, cfr. STEINER, *Öffentliche*, cit., p. 220[90].

ao serviço da empresa. Mas, quando estas condições se verifiquem, o regime que disciplina a entrega de poderes públicos a trabalhadores de empresas públicas deve ter em conta que: *i)* está presente uma delegação de poderes; *ii)* em indivíduos que actuam na dependência de uma entidade dirigida por pessoas com legitimação democrática, *iii)* embora se trate de uma *entidade de direito privado* (que, também ela, só exerce poderes públicos ao abrigo de delegação).

Em síntese, no exercício de poderes públicos no âmbito da relação funcional que as liga a uma entidade da Administração Pública, as pessoas singulares não actuam enquanto particulares, mas na qualidade de membros da Administração.

O mesmo pode dizer-se dos designados "particulares na Administração" ("Privaten in der Verwaltung")[15]. A compreensão desta figura exige, porém, alguns esclarecimentos.

Em regra, as pessoas singulares, os indivíduos, integram a Administração Pública na posição de funcionários, agentes e trabalhadores de entidades administrativas ou na de titulares (políticos) de órgãos públicos: são os meios humanos de que a Administração carece para cumprir as missões que lhe estão atribuídas. Essas pessoas não são estranhas à organização administrativa, estão nela integradas ou incorporadas como seus membros e com o objectivo de prosseguirem os interesses que lhe estão confiados. Numa palavra: *elas não participam na Administração; são a Administração*.

Os titulares de órgãos públicos, os funcionários e os agentes públicos, assim como os trabalhadores de entidades administrativas, que actuam nessa posição e qualidade funcional, além de não serem particulares, não são também "particulares na Administração".

A expressão "particulares na Administração" indica, por conseguinte, os *cidadãos* – *hoc sensu*, as pessoas "estranhas" à Administração, que não pertencem ao pessoal político, nem são funcionários, nem agentes públicos[16] – que, *enquanto tais*, isto é, na sua *qualidade de cidadãos*, incorporam ou integram a Administração Pública[17]. Há, neste caso, uma "participação de particulares na Administração", uma *participação orgânica*, que se efectiva através da aquisição da qualidade de membro

---

[15] Cfr., em especial, Dagtoglou, *Der Private in der Verwaltung,* cit., p. 21 e ss.
[16] Cfr. Garcia de Enterria/Tomas-Ramon Fernandez, Ob. cit., II, pp. 84 e 86.
[17] Cfr. Dagtoglou, *Der Private in der Verwaltung,* cit., p. 21.

de um órgão público[18]. Embora não necessariamente, o "particular na Administração" é, muitas vezes, um *interessado* ou um *representante dos interessados* na actividade administrativa exercida pela instância participada. Como se compreende, o instituto dos "particulares na Administração" reveste-se de grande interesse para a presente investigação, na medida em que, apesar dos seus contornos específicos, ele representa efectivamente um meio de envolver particulares no exercício de poderes públicos[19]. Todavia, o que interessa esclarecer desde já é que os "particulares na Administração" não estão investidos de funções públicas enquanto particulares. Participam no exercício das funções e competências de órgãos públicos, mas na qualidade de titulares ou de membros de tais órgãos.

O conceito de particulares, insiste-se, referencia os *indivíduos que não fazem parte da Administração*, os sujeitos que não se posicionam como membros da Administração Pública, quer enquanto titulares de órgãos ou funcionários, quer enquanto trabalhadores.

A proposta delimitação negativa abrange naturalmente quaisquer indivíduos, com independência da actividade que exerçam, e quer a exerçam enquanto profissionais independentes (médicos, médicos veterinários, notários), quer enquanto trabalhadores dependentes. Como teremos oportunidade de ver melhor, sucede, por vezes, que os indivíduos investidos de funções e de poderes públicos trabalham por conta de outrem, ocorrendo a referida investidura exactamente no contexto da actividade que exercem como trabalhadores dependentes, ao serviço de uma entidade particular. É, por ex., o que se passa com os *portageiros* de empresas concessionárias de auto-estradas, que estão legalmente investidos de poderes de autuação de infracções ou com os comandantes de navios mercantes. Apesar de receberem tais poderes *por serem trabalhadores* de uma dada empresa ou organização e de só poderem exercê-los enquanto actuem nessa qualidade[20], são eles mesmos – e não a empresa

---

[18] A *participação* indica o facto de um *estranho* a uma dada organização "tomar parte" nessa organização ou num assunto a resolver por ela: cfr. NIGRO, "Il nodo", cit., p. 226.

[19] Sobre o assunto, cfr., *infra*, 1.2.1.1.

[20] A atribuição de poderes públicos a trabalhadores por conta de outrem explica-se, em regra, pela natureza das funções confiadas à entidade patronal (*v.g.*, funções de inspecção ou de fiscalização) ou pela natureza de certas prerrogativas que lhe são

ou organização de que dependem – os destinatários da delegação. Embora no contexto de uma relação de trabalho dependente, tais indivíduos exercem os poderes públicos de autoridade que lhes são delegados em seu nome e com imputação pessoal[21]/[22]. A investidura de funções e poderes públicos em indivíduos que dependem profissionalmente de outras entidades particulares origina, em muitos casos, uma complexa situação de "dupla dependência": além da relação de emprego com a entidade patronal[23], passam a estar enquadrados numa relação de delegação com a entidade pública delegante. Questão interessante que se coloca a este propósito é a de saber como se articula a relação laboral com a paralela relação de delegação (que exige uma actuação independente, neutra e imparcial do delegatário em face dos interesses de terceiros).

Os indivíduos sem qualquer ligação à Administração Pública são seguramente particulares. Desde que investidos de poderes públicos, assumem-se como *particulares com poderes públicos*, quer sejam profissionais independentes ou trabalhadores de uma entidade particular.

A situação das pessoas acabada de referir não suscita dificuldades. No entanto, os *indivíduos que fazem parte ou são membros da Administração* não deixam, por isso, de se assumir como cidadãos. A integração de um particular na Administração Pública, como titular de um órgão, funcionário ou agente, não dissolve a sua condição de particular[24]. Deste modo e salvo situação de incompatibilidade ou impedimento, a pessoa singular, apesar da sua condição profissional (ou outra) que a liga a uma

---

concedidas (*v.g.*, aplicação do regime das contravenções no caso de não pagamento dos serviços por ela prestados). Mas pode suceder que os poderes delegados em trabalhadores não tenham qualquer ligação directa com a actividade da respectiva entidade patronal: é, por ex., o que se passa com os *poderes de bordo* dos comandantes de aeronaves.

[21] Sobre o exercício de funções públicas por pessoas que desempenham uma actividade profissional em dependência directa de outras entidades, cfr. ZANOBINI, "L'esercizio", cit., p. 408 e ss; STEINER, *Öffentliche,* cit., p. 219[90]; FRENZ, Ob. cit., p. 44.

[22] É claro que a situação agora referida não se confunde com a dos indivíduos que exercem funções e poderes públicos delegados em pessoas colectivas privadas, mas enquanto titulares dos órgãos destas; cfr. ZANOBINI, "L'esercizio", cit., p. 531.

[23] Em regra, esta entidade é beneficiária directa da delegação de poderes públicos nos seus trabalhadores.

[24] Nunca há uma identificação plena entre os funcionários e a Administração, pois que aqueles continuam sempre a dispor da sua esfera privada: LEONDINI, Ob. cit., p. 82.

entidade pública, pode surgir investida de funções e de poderes públicos *na sua qualidade de particular*. Essa eventualidade revela-se, porém, susceptível de colocar algumas dificuldades, porquanto haverá situações em que não se afigura fácil perceber se a pessoa aparece investida de funções públicas *por ser* membro da Administração ou se ela é investida de tais funções como particular, *não obstante* ou *independentemente* de ser membro da Administração. Haverá porventura casos óbvios (*v.g.*, funcionário público que é comandante de um corpo de bombeiros voluntários), mas nem sempre será assim.

Para as situações duvidosas, parece ser de seguir o critério proposto por Udo Steiner, de acordo com o qual um funcionário ou agente de uma entidade pública é investido de funções públicas *enquanto particular* se estiverem verificadas três condições: (*a*) ser uma entidade pública diferente daquela a que ele pertence a confiar-lhe *directamente* a execução de funções que *acrescem* às que ele já executa; (*b*) o motivo determinante da atribuição das funções não residir na situação funcional do indivíduo e no facto de ele estar integrado numa entidade pública, mas sim nas suas competências pessoais e habilitações, no seu "saber-fazer" específico; (*c*) não ser a nova função que lhe é confiada próxima ou conexa com a que ele executa como funcionário ou agente administrativo. A essas três condições, acrescentamos uma quarta: o funcionário será considerado um particular com funções públicos se, além do mais, for claro que ele não actua, no âmbito da função delegada, sob o poder de direcção da entidade pública a que pertence. Estando estas quatro condições reunidas, o funcionário ou agente da Administração deve também ser considerado um *particular* com funções públicas[25].

Por fim, acrescente-se ainda uma nota para assinalar que os funcionários ou agentes da Administração Pública podem ser *mobilizados* para executar tarefas sob a direcção de uma entidade particular. Deixando de estar na dependência hierárquica da Administração e na medida em que passam a actuar como subalternos de uma entidade privada (ficando colocados à disposição dela), devem ser considerados particulares e não funcionários[26/27].

---

[25] Cfr. STEINER, *Öffentliche,* cit., p. 217. Adoptando essa tese, cfr. STUIBLE-TREDER, Ob. cit., p. 34; FRENZ, Ob. cit., p. 33; BENZ, Ob. cit., p. 60.

[26] Cfr. AUBY, "La gestion par une personne privée du stationnement payant sur la voie publique", p. 1825 e ss. O Autor refere-se a uma decisão em que o *Conseil d'Etat*

Resumindo as situações que acabámos de expor e tendo em consideração o objectivo de delimitar subjectivamente o exercício privado de poderes públicos, diremos que:

a) Não são considerados particulares os titulares de órgãos, funcionários, agentes e trabalhadores da Administração (incluindo entidades administrativas privadas) enquanto actuem nessas qualidades funcionais, mesmo que estejam incorporados na Administração enquanto "particulares;

b) São considerados particulares: *i)* os indivíduos sem qualquer ligação à Administração; *ii)* os titulares de órgãos, funcionários, agentes e trabalhadores da Administração na sua qualidade de cidadãos; *iii)* os funcionários e agentes da Administração mobilizados para a execução de tarefas sob a direcção de uma entidade particular.

b) Pessoas colectivas

Entidades particulares ou genuinamente privadas são também as pessoas colectivas "criadas livremente por particulares, segundo os formatos típicos do direito privado (*v.g.*, associação, fundação, cooperativa, sociedades civis e comerciais)"[28].

Em regra, as entidades colectivas privadas são criadas pelos particulares, no exercício de direitos privados e no âmbito da autonomia privada. Mas nem sempre assim acontece. Com efeito, uma entidade criada pelo Estado e por ele inicialmente dominada pode metamorfosear-se numa entidade particular. Assim, por ex., na sequência de processos de

---

julgou ilegal aquilo que entendeu constituir uma delegação municipal de poderes de polícia do estacionamento na via pública (poderes de autuação de infracções) numa empresa privada. Todavia, em rigor – como notou Auby –, não estava, no caso, envolvida qualquer delegação na empresa privada concessionária do serviço de estacionamento, uma vez que os poderes de polícia teriam de ser exercidos por agentes municipais. Acontecia, porém, que, por efeito do contrato de concessão, esses mesmos agentes passavam para a dependência da empresa concessionária, pelo que o problema tinha a ver com a possibilidade de entregar a missão de autuar infracções a agentes públicos que deixaram de estar colocados na dependência hierárquica dos órgãos municipais e passaram a estar dependentes de uma empresa privada. Sobre o mesmo assunto, cfr. DREIFUSS/BOMPARD, "La gestion du service public de stationnement payant saisie par le juge", p. 285 e ss; DREIFUSS, "Service de stationnement payant et délégation de service public", p. 129 e ss.

[27] A mobilização de funcionários públicos para executar tarefas sob a direcção de uma entidade particular tem repercussões no plano da disciplina da relação de emprego público; sobre isso, cfr., *infra*, Parte II, Cap. II.

[28] Cfr. Vital MOREIRA, *Administração Autónoma,* cit., p. 269.

privatização patrimonial (de alienação de participações públicas), as antigas "empresas públicas" são hoje, quase todas, empresas particulares,
dominadas por particulares. Por outro lado, pode até suceder que uma
entidade privada seja criada por lei e, apesar disso, deva qualificar-
-se como entidade particular. Preenchia esta hipótese a *Câmara dos
Revisores Oficiais de Contas*, na configuração do Decreto-Lei n.º 519-
-L2/79, de 29 de Dezembro: este diploma criou-a como "pessoa colectiva de direito privado e utilidade pública"; tratava-se pois de uma associação privada criada por lei, que agrupava os revisores e as sociedades
de revisores oficiais de contas[29].

A qualidade genuinamente privada de uma entidade também não é
posta em causa pelo facto de a lei impor um regime especial quanto à sua
constituição e organização interna, como acontece, por ex., com as associações que a doutrina espanhola designa de *associações de configuração legal*[30]. No direito português, detectamos dois modelos de associações
privadas de configuração legal: as investidas de funções públicas desde a
respectiva criação e como efeito automático desta (comissões vitivinícolas) e as livremente criadas por particulares que, depois, têm de se
afeiçoar a um regime jurídico especial pelo facto de ficarem investidas
de funções públicas (federações desportivas).

Por fim, diga-se ainda que à qualidade genuinamente privada de
uma entidade não obsta o facto de o seu substrato ser *misto*, envolvendo
a participação de entidades públicas; essencial é que a parte pública não
tenha uma participação dominante[31]: assim, por ex., são genuinamente
privadas as "empresas participadas pelo Estado" (desde que a participação dominante caiba a entidades privadas)[32].

1.1.2. *Entidades administrativas privadas*

Vimos que os cidadãos e as entidades por eles criadas ou dominadas são as entidades particulares, isto é, as entidades privadas autênticas ou genuínas[33].

---

[29] Sobre a inconstitucionalidade desse regime legal, cfr. Vital MOREIRA, *ibidem*, p. 559.

[30] Trata-se de um conceito com origem numa decisão, de 1985, do Tribunal Constitucional espanhol sobre as federações desportivas: cfr. BERMEJO VERA, "La dimensión
constitucional del derecho de asociación", p. 4257; IZQUIERDO CARRASCO, "Algunas
cuestiones", cit., p. 372.

[31] Cfr. Vital MOREIRA, *Administração Autónoma*, p. 288.

[32] Sobre esse conceito, cfr. artigo 2.º, n.ºs 2, 3 e 4, da LSEE.

[33] Cfr. NÉGRIN, *L'intervention*, cit., p. 16.

O conceito de entidades privadas inclui ainda as "entidades privadas em sentido jurídico-formal"[34] – organismos dotados de personalidade de direito privado, mas *dominados* por uma ou várias entidades públicas. Notámos já que integram a Administração Pública ("Administração indirecta privada") todas as entidades em forma jurídica privada mas sob influência dominante de entidades públicas[35]. A doutrina emprega conceitos muito variados para as identificar: "entidades privadas publicizadas"[36], "instâncias administrativas em forma privada"[37], "entidades administrativas privadas"[38], entre outros.

Os formatos jurídicos adoptados por essas entidades são todos os que o direito privado conhece[39]: podem tratar-se de entidades de substrato essencialmente pessoal (associações, cooperativas e sociedades) ou fundamentalmente patrimonial (fundações públicas de direito privado).

Além dos formatos próprios de direito privado, a lei pode atribuir natureza jurídico-privada a entidades que apresentam desvios mais ou menos importantes em relação àqueles formatos: assim sucede, por ex., com a Santa Casa da Misericórdia de Lisboa.

1.1.3. *Conceito de entidades privadas: observações complementares*

As entidades particulares e as entidades administrativas privadas são, todas elas, destinatárias possíveis de funções e poderes públicos. O emprego do conceito de "entidades privadas" para efeitos de delimitação subjectiva do instituto do exercício privado de poderes públicos sugere, desde logo, que se considera *qualquer entidade privada*, independentemente do seu estatuto jurídico ou do nome do título que lhe confere o exercício de funções e de poderes públicos. Não há, por conseguinte, qualquer espécie de conexão natural entre entidades privadas com poderes públicos e, por ex., entidades concessionárias (de serviços públicos, de obras públicas, etc.), quer porque há inúmeras entidades concessionárias sem poderes públicos, quer porque há entidades privadas com poderes públicos que, naquele sentido, não são entidades concessio-

---

[34] Cfr. OSSENBÜHL, "Die Erfüllung", cit., p. 144.
[35] Sobre isso, cfr., *supra*, Parte I, cap. III, 2.3.2.
[36] Cfr. EHLERS, *Verwaltung in Privatrechtsform*, cit., p. 9.
[37] Cfr. BURGI, "Verwaltungsorganisationsrecht", cit., p. 798.
[38] Cfr. Vital MOREIRA, *ibidem*, p. 285.
[39] Cfr. WOLFF/BACHOF/STOBER, Ob. cit., 3, p. 560.

nárias. De resto, a nova legislação do processo administrativo, em conformidade com o artigo 267.º/6 da CRP, rompe com a tradição legislativa de associação entre o exercício de poderes públicos ou a prática de actos administrativos e (apenas) certas entidades privadas, portadoras de um estatuto específico: as "pessoas colectivas de utilidade pública administrativa" [artigo 51.º/1,*c*), do ETAF/1984] e os "concessionários" ou "entidades concessionárias" [artigos 51.º/1,*d*), do ETAF/1984, e 2.º/3 do CPA]. Embora sem uma semântica uniforme, a nova legislação processual *pressupõe* que *qualquer entidade privada* poderá vir a encontrar-se em condições de editar normas ou de praticar actos "no exercício de poderes administrativos": artigo 4.º/1,*d*), do CPTA.

O conceito de entidades privadas delimita, no plano subjectivo, o exercício privado de poderes públicos da função administrativa. Sobre isso, importa sublinhar duas notas: por um lado, a de que a entidade privada com poderes públicos vai aqui ser considerada "como entidade privada", e, por outro, a de que essa entidade exerce as funções administrativas e os poderes públicos de que está investida em "nome próprio".

Vejamos mais atentamente o significado dessas duas notas.

Partimos da premissa de que a entidade privada com funções e poderes públicos não perde, pelo facto de estar investida de tais funções e poderes, a sua natureza privada. Recusa-se, assim, a tese segundo a qual a delegação ou concessão de funções e de poderes públicos converte a entidade privada numa pessoa pública. Foi essa a opinião defendida, no direito português, por Marques Guedes, a propósito da natureza jurídica das empresas concessionárias. Para o Autor, uma mesma pessoa pode *simultaneamente* revestir natureza pública e privada; mesmo as pessoas físicas podem deter personalidade pública: "ponto é que sejam susceptíveis, e positivamente disponham, de poderes e deveres dessa natureza"[40]. Razões semelhantes levam-nos a discordar dos que entendem que a fórmula "organismo privado que exerce poderes públicos é um contra-senso". Segundo esta concepção, o ente que, ao mesmo tempo, detém uma capacidade privada e uma capacidade pública não constitui uma pessoa pública, nem tão-pouco uma pessoa privada: é simplesmente um sujeito, uma pessoa com capacidade pública *e* privada[41].

Na recusa dessas teses está subjacente a clara distinção, que aqui se pretende considerar, entre os conceitos de *personalidade jurídica* e de

---

[40] Cfr. Marques Guedes, Ob. cit., p. 139.
[41] Cfr. Boquera Oliver, *Estudios*, cit., p. 33.

capacidade jurídica: em regra, ninguém nega que as pessoas públicas detêm uma capacidade jurídica de direito privado, sendo certo que daí não decorre que elas tenham uma dupla natureza[42]. Apesar de se tratar de uma situação diferente, não há também razão para se questionar a natureza jurídica privada de uma entidade pelo facto de lhe estar atribuída uma capacidade jurídica de direito público. Diremos pois que, apesar de investida de capacidade de direito público, uma entidade privada não deixa, por essa razão, de ser privada. O facto de uma entidade privada estar habilitada por um acto jurídico público a exercer poderes públicos de autoridade não a transforma, nem total nem parcialmente, numa pessoa pública. Sucede simplesmente que a pessoa privada passa a ter uma dualidade de capacidade jurídica: uma capacidade total ou geral de direito privado e uma capacidade parcial de direito público.

Ainda sobre a consideração da entidade privada com poderes públicos como "entidade privada", cumpre sublinhar que se rejeitam aqui as teses – frequentes no direito italiano – que se propõem explicar a situação jurídica da entidade privada através de conceitos e fórmulas próprias do direito dos órgãos administrativos. Nestes termos, não identificamos aquela entidade como um *órgão indirecto*[43], como *titular de um órgão público*[44] ou como o elemento subjectivo de um *ufficio* da Administração[45]. Trata-se, em qualquer caso, de construções e arranjos teóricos que procuram estabelecer uma conexão jurídica entre a actuação pública da entidade privada – que seria "sujeito de imputação imediata, mas transitória" de poderes e de funções públicos – e uma entidade pública – que seria o "sujeito da imputação final". Para nós, a entidade privada exerce os poderes públicos que lhe estão confiados como "sujeito de imputação final". Os efeitos dos actos que pratica são-lhe juridicamente imputados em termos definitivos. A relação entre essa entidade e o Estado ou a entidade pública titular originária das funções e dos poderes públicos delegados é uma relação entre *duas pessoas, dois sujeitos de direito*[46].

---

[42] Fala-se, isso sim, de uma "dualidade de capacidade jurídica", de direito público e de direito privado, das pessoas colectivas de direito público: cfr. Maria João ESTORNINHO, *A Fuga,* cit., p. 201.

[43] Cfr. ZANOBINI, "L'esercizio", cit., p. 665 e ss.

[44] Cfr. GIANNINI, *Diritto,* cit., p. 254 e ss, e *Istituzioni,* cit., pp. 92 e ss e 547 e ss.

[45] Cfr. ALESSI, *Sistema*, cit., p. 168 e ss.

[46] Cfr. TERRAHE, Ob. cit., p. 87.

Mas, note-se, isso já não significa que o Estado ou outra entidade pública não assuma a *responsabilidade última pelos resultados* da acção da entidade privada delegatária. Esta responsabilidade pública existe e decorre: *i)* da opção político-administrativa de delegar funções e poderes públicos; *ii)* da titularidade das funções e dos poderes exercidos pelas entidades privadas; *iii)* dos deveres de fiscalizar a actuação das entidades privadas com funções públicas; *iv)* do dever público de garantia que assume em todo o processo[47].

Em síntese sobre esta primeira nota, diremos que a entidade privada com poderes e funções públicas pode (e deve) ser tratada, para muitos efeitos, "como" entidade pública, mas isso significa que ela se veja convertida numa instituição com personalidade pública[48].

Quanto à segunda nota acima identificada e sem prejuízo dos desenvolvimentos que sobre o assunto faremos no Cap. II sobre o "mandato administrativo", esclarece-se desde já que, no presente trabalho, se consideram as entidades privadas que exercem funções administrativas e poderes públicos "em nome próprio". Independentemente da contestação que possa merecer a opção de não se incluir o exercício de poderes públicos por mandatários ou representantes, a premissa, que é aqui ponto de partida, de que as entidades privadas exercem os poderes públicos de que estão investidas em nome próprio, constitui, ela própria, fonte de possíveis críticas. Assim acontecerá, pelo menos, para quem entenda que, no exercício de poderes públicos, as entidades privadas agem "em nome da Administração Pública, nunca em nome próprio"[49].

A opção que fazemos baseia-se no pressuposto de que os poderes públicos são ou podem ser exercidos por entidades privadas em nome próprio, *com imputação pessoal*: no direito português, a lei já há muito tempo reconhece isso mesmo, por ex., ao prever a impugnação contenciosa de actos e de normas administrativas de concessionários e de pessoas colectivas de utilidade pública administrativa.

---

[47] Sobre a responsabilidade última e de garantia do Estado no cenário do exercício privado de funções públicas, cfr. SEIDEL, Ob. cit., p. 39 e ss.

[48] No mesmo sentido, cfr. NAPOLITANO, "Soggetti privati", cit., p. 827.

[49] Cfr. Diogo Freitas do AMARAL, *Curso*, I, cit., p. 586.

1.2. *Entidades privadas e Administração Pública*

Sabemos já que não há uma necessária dicotomia ou contradição entre *entidades privadas* e *Administração Pública*. As entidades administrativas privadas estão até integradas na Administração Pública, como "elementos" ou "peças" da complexa máquina que os Poderes Públicos instituem e colocam ao serviço da realização de fins públicos. Nestes termos, o exercício de funções e de poderes públicos por entidades privadas não representa, em todas as suas manifestações, a intromissão de "corpos estranhos" na execução de missões públicas. O fenómeno pode, portanto, assemelhar-se ao de uma mera mudança das vestes com que a Administração Pública se apresenta.

Além disso, aceitando-se que o conceito orgânico de Administração Pública pode ser recortado segundo um critério funcional, verifica-se que há entidades privadas que, embora originariamente não pertencentes à Administração Pública (trata-se de entidades particulares), passam a integrá-la (de um ponto de vista funcional) pelo facto de ficarem investidas de funções públicas administrativas.

1.2.1. *Particulares e Administração Pública*

Apesar de se localizarem em esferas distintas, Administração Pública e particulares estabelecem, entre si, contactos numerosos e de desenho muito variado. Sem considerar as inúmeras e diversificadas relações que se estabelecem entre a Administração e os particulares "administrados" (destinatários da acção administrativa, utentes de serviços, etc.) ou as que resultam da integração orgânica de particulares na Administração na qualidade de "funcionários e agentes" administrativos, sem considerar essas relações e visando apenas as que se situam no plano do *envolvimento de particulares enquanto tais na execução de tarefas ou funções da Administração*, são, ainda assim, múltiplos os contactos e relações que se desenrolam entre os dois pólos.

Podemos detectar nesse plano, pelo menos, quatro modelos de relacionamento entre entidades particulares e Administração Pública: *participação orgânica, associação, cooperação* e *colaboração*. Já fora do estrito quadro de relacionamento entre os dois pólos, mas ainda no domínio da contribuição privada para a prossecução de fins específicos da Administração, temos a *substituição originária da Administração Públi-*

ca por particulares[50]. Como esclareceremos oportunamente, a colaboração, no caso de privatização orgânica, e a substituição originária constituem as duas formas de "exercício da função administrativa por particulares" (Administração Pública delegada).

Esclareça-se ainda que nas páginas seguintes estará subjacente a ideia de que Administração Pública e particulares representam dois pólos distintos. É, na verdade, assim e isso permite-nos falar, por ex., de colaboração de particulares com a Administração ou de substituição da Administração por particulares. Mas, repita-se, tais considerações em nada contradizem o princípio segundo o qual os particulares com funções públicas são membros da Administração. Recorde-se, a propósito, o que se observou sobre a situação ambivalente ou dupla em que se encontram os particulares com funções públicas. Eles, enquanto exercem funções públicas, são membros da Administração em sentido funcional, mas mantêm o seu estatuto de particulares.

1.2.1.1. Participação orgânica de particulares na Administração Pública

Já acima nos referimos ao fenómeno da participação de particulares na (ou dentro da) Administração ("Privaten in der Verwaltung"). Essa fórmula pretende indicar a ocupação de instâncias administrativas pelos *particulares enquanto tais*, portanto, sem ser na qualidade de funcionários ou agentes da Administração e sem pertencerem ao pessoal político que, em representação dos eleitores, ocupa os órgãos das várias Administrações Públicas. Ao contrário desse conjunto de pessoas – que forma o "pessoal da Administração" –, o particular na Administração é um "estranho", um indivíduo que, em certas circunstâncias, ocupa um órgão público, mas que, apesar disso, não passa a pertencer à Administração. Reconduz-se esta "forma de participação de particulares na Administração Pública" a uma *participação orgânica* ou *institucional*[51], a uma *participação por meio de incorporação orgânica*.

---

[50] Uma original sistematização das formas de participação de particulares na execução de tarefas públicas é proposta por HEINTZEN, Ob. cit., p. 239 e ss. O Autor enumera (i) a participação de particulares investidos de poderes de direito público, (ii) a participação orgânica, (iii) a participação ao nível do procedimental e (iv) a participação ao nível da execução de tarefas.

[51] Cfr. D'ALBERTI, "La visione e la voce: le garanzie di partecipazione ai proce dimenti amministrativi", p. 1; na doutrina portuguesa, cfr. Paulo OTERO, *Conceito e*

a) Participação orgânica, participação procedimental e administração autónoma

A figura dos particulares na Administração ou da participação orgânica distingue-se da *participação procedimental*, da *administração autónoma* e, naturalmente, do *exercício da função administrativa por particulares*.

A participação orgânica consiste numa forma de participação *interna*: os particulares são integrados ou incorporados num órgão público, do qual passam a ser membros. Por essa via, ficam colocados em posição de intervir no efectivo exercício do Poder Público, facto que assume maior notoriedade quando se trate de um órgão decisório (não apenas consultivo)[52].

Por sua vez, a participação procedimental – que se apresenta *externa* – refere-se sobretudo à participação dos particulares na formação das decisões ou deliberações que lhes dizem respeito (artigo 267.º/5 da CRP), mas sem que tal signifique a partilha do poder decisório entre eles e os órgãos competentes. Com efeito, não há, nesse caso, uma participação de particulares no poder público de decisão, no exercício do "Verwaltungsmacht"[53].

A participação procedimental encontra-se regulada fundamentalmente no CPA. Nos termos do artigo 8.º, os beneficiários da participação são os particulares (*participação procedimental individual*) e as associações que tenham por objecto a defesa dos interesses de particulares (*participação procedimental colectiva*). Em todos os casos de *mera iniciativa e acompanhamento procedimental e de audição e consulta*, o poder de decisão administrativa pertence exclusivamente à Administração.

Fundamento, cit., p. 264 (falando neste caso de *participação ao nível da organização dos serviços*); Vital MOREIRA, *Administração Autónoma*, cit., p. 42.

[52] Mesmo quando se aceita que o Poder Público (enquanto "*objecto* carecido de legitimação democrática") se refere a qualquer acto ou actividade (mesmo material) do Estado ou da Administração Pública (SCHMIDT-ASSMANN, "Verwaltungslegitimation", p. 342), sublinha-se que o momento *decisivo* ou *característico* do Poder Público ("o momento de poder") reside na tomada de decisões, na prática de actos, internos ou externos, com *carácter decisório*; cfr. EMDE, Ob. cit., p. 214; MEHDE, Ob. cit., p. 551; BRITZ, Ob. cit., p. 428; KLUTH, Ob. cit., p. 355. Sobre o conceito (amplo) de decisão neste contexto, cfr. JESTAEDT, Ob. cit., p. 257 e ss. Por isso, a participação de particulares em órgãos com poderes decisórios comporta implicações que não existem no caso da participação em órgãos consultivos.

[53] Cfr. BREUER, "Selbstverwaltung und Mitverwaltung Beteiligter im Widerstreit verfassungsrechtlicher Postulate", p. 5.

Igualmente situado num plano de participação procedimental – não orgânica –, mas na fase constitutiva ou decisória, e já não na mera preparação de uma decisão pública unilateral, apresenta-se a figura do *contrato administrativo celebrado no exercício de poderes públicos*. A importância deste tipo de contrato para delimitar o exercício privado de poderes públicos reclama desenvolvimentos que introduziremos noutro momento (cfr., *infra*, Cap. II).

Mais próxima da participação orgânica de particulares na Administração apresenta-se a figura da administração autónoma funcional[54]. De facto, como a participação orgânica, a administração autónoma constitui uma modalidade de participação dos particulares na Administração Pública. Como em certos casos de participação orgânica, na administração autónoma, os "administrados" – *hoc sensu*, os destinatários da acção administrativa – são também titulares ou membros da Administração.

Há, porém, diferenças profundas entre os dois fenómenos.

A administração pública autónoma constitui uma "administração realizada por interessados" num suporte institucional especificamente criado para os agrupar. Não se apresentando como o produto da espontânea auto-organização da sociedade[55], a administração autónoma encontra o seu fundamento no Estado, resulta de uma criação estadual (legislativa), mas pressupõe uma "deslocação" ou "transferência de atribuições" ou, pelo menos, um reconhecimento estadual da natureza pública das atribuições que são confiadas a uma entidade[56]. Na medida em que se referem a "interesses públicos específicos" ou "particulares" de um dado grupo ou colectividade, as atribuições confiadas às entidades autónomas são consideradas próprias delas. A administração autónoma está, assim, ligada à ideia de que os interessados numa determinada tarefa se vêem investidos da titularidade dela e do poder de a administrarem eles mesmos[57]. Participando no exercício do Poder Público, as entidades autóno-

---

[54] Sobre a distinção entre *administração autónoma funcional* e *administração autónoma territorial*, cfr. Vital MOREIRA, *Administração Autónoma*, cit. p. 138 e ss.

[55] Cfr. KLUTH, Ob. cit., p. 369.

[56] Cfr. Vital MOREIRA, *ibidem*, p. 81.

[57] A Administração autónoma é uma expressão de autarquia, quer dizer, "quella amministrazione di alcuni interessi pubblici ad opera degli interessati medesimi"; cfr. TREVES, *Autarchia, autogoverno, autonomia*, p. 277. No sentido de que a "administração

mas respeitam as exigências do princípio democrático, na medida em que baseiem a sua legitimação nos próprios administrados – numa espécie de "micro-democracia"[58] –, num sistema de "legitimação autónoma" (legitimação pelos interessados)[59].

Diferentemente, na participação orgânica de "interessados" em órgãos com poderes decisórios[60], os particulares são inseridos num órgão público não especialmente instituído ou vocacionado para prosseguir os respectivos interesses específicos. Embora possa tratar-se de particulares com interesse na acção administrativa desenvolvida pelo órgão ou instância participada – *hoc sensu*, trata-se de interessados –, esse órgão ou instância está colocado ao serviço do interesse geral, "de todo o povo", não exercendo tarefas ou competências públicas relacionadas com categorias específicas de pessoas. Em suma, a instância participada exerce uma actividade que não tem destinatários definidos, ao contrário do que, manifestamente, se verifica no caso das instâncias de administração autónoma funcional em relação às funções que assumem como próprias.

---

autónoma significa a tomada de decisões pelos próprios destinatários ou por órgãos por eles escolhidos e perante eles responsáveis", cfr. EMDE, Ob. cit., p. 387.

[58] Cfr. GROSS, "Selbstverwaltung angesichts von Europäisierung und Ökonomisierung", p. 1192.

[59] O modelo tradicional de legitimação da Administração Pública reside na "legitimação popular" (ou parlamentar), a qual resulta do princípio de que o povo é o titular do Poder Público; sobre o *princípio da soberania popular*, cfr. J.J. Gomes CANOTILHO, *Direito Constitucional*, cit., p. 292. Em termos de componente *pessoal*, a legitimação de cada concreto titular de uma instância pública com poderes decisórios pressupõe, portanto, que a sua designação cabe ao povo (eleição) ou a alguém legitimado pelo povo (no caso de nomeação). Entre o concreto titular ou co-titular do Poder Público e o povo tem de existir, assim, uma "contínua cadeia de legitimação".

Actualmente, entende-se que a legitimação democrática da Administração não reside apenas na legitimação popular. Além dela, há a "legitimação autónoma", associada à "administração pelos próprios interessados". A legitimação democrática dos titulares de órgãos que exercem o Poder Público provém aqui directamente dos administrados. Existe, assim, uma *dupla fonte da legitimidade democrática da Administração*: o "povo" – ou uma "parte do povo", no caso da administração autónoma territorial – e os "interessados". Sobre o assunto, cfr. SCHMIDT-ASSMANN, *Das allgemeine Verwaltungsrecht*, cit., p. 80 e ss; GROSS, *Das Kollegialprinzip*, cit., pp.163 e ss, e 197 e ss; BÖCKENFÖRDE, "Demokratie", p. 903 e ss; EMDE, Ob. cit., p. 381 e ss; JESTAEDT, Ob. cit., p. 329 e ss; DREIER, *Grundgesetz. Kommentar*, II, p. 65 e ss; BRITZ, Ob. cit., p. 430.

[60] Só na medida em que se trate de uma participação de "interessados" em "órgãos decisórios" há pontos de contacto óbvios entre a participação orgânica e a administração autónoma.

Por fim, deve esclarecer-se que a participação de particulares na Administração Pública representa um fenómeno próximo, mas distinto do exercício de funções administrativas por particulares[61]: ali, temos "particulares *na* Administração"; aqui, temos "administração *por* particulares"[62]. No primeiro caso, o particular exerce funções e competências públicas, mas enquanto titular ou membro de um órgão da Administração; no segundo, exerce funções públicas no estatuto de particular, como entidade ou sujeito de direito privado[63].

b) Formas de participação orgânica

Já vimos que a participação orgânica se concretiza na incorporação de particulares em *órgãos* da Administração Pública do Estado[64]. Os particulares, leigos[65], estranhos à Administração[66], passam a "fazer parte" da estrutura administrativa[67]. Adquirem, enquanto particulares, a posição de titulares ou de membros de órgãos administrativos[68]. Trata-se de formas peculiares de pluralização da Administração Pública que se projectam para o interior dos órgãos e instâncias da própria Administração do Estado.

Algumas das manifestações da figura estão associadas à *representação* e *participação de interessados* na Administração. Abrangida é ainda a participação de entidades que representam interesses particulares e

---

[61] A proximidade entre os dois institutos é óbvia, sobretudo quando visam a integração de interesses privados organizados no processo de realização de funções públicas; isso explica que, por ex., DEDERER, Ob. cit., p. 45 e ss, coloque a *Beleihung* ao lado de formas de participação e de representação orgânica de particulares como ilustrações do "poder público corporativo".

[62] Cfr. DAGTOGLOU, *Der Private*, cit., p. 26; STEINER, *Öffentliche,* cit., p. 2[6]; JESTAEDT, Ob. cit., p. 62.

[63] Cfr. MARTENS, *Öffentliche*, cit., p. 124; BANSCH, Ob. cit., p. 41.

[64] Sobre a participação orgânica, cfr. GARCIA DE ENTERRIA/TOMAS-RAMON FERNANDEZ, Ob. cit., II, p. 87 e ss; SANTAMARIA PASTOR, Ob. cit., I, p. 466; DAGTOGLOU, *Der Private,* cit., p. 26 e ss; JESTAEDT, Ob. cit., especial., p. 120 e ss.

[65] Uma vez incorporados, os particulares são por vezes designados funcionários leigos; cfr. DAGTOGLOU, *Der Private,* cit., p. 22[8]; GARCIA DE ENTERRIA/TOMAS-RAMON FERNANDEZ, Ob. cit., II, p. 88.

[66] Cfr. BACHELET, "Incarichi di studi speciali e incarichi professionali conferiti ad estranei all'amministrazione", p. 507.

[67] Cfr. D'ALBERTI, "La visione", cit., p. 2.

[68] O fenómeno distingue-se, assim, das formas externas de pressão dos grupos sobre as instâncias públicas; cfr. MEHDE, Ob. cit., p. 551.

específicos, bem como a que é ditada por razões de ordem técnica, económica ou de conveniência administrativa[69]. Por outro lado, importa ainda observar que a participação orgânica pode ter lugar em órgãos *consultivos* ou *decisórios*.

aa) Incorporação de representantes de interessados

A CRP distingue, de forma clara e linear, Administração e particulares, prevendo a participação destes, enquanto *interessados*, na gestão daquela. Estabelece o seu artigo 267.º/1 que "a *Administração Pública* será estruturada de modo (...) a assegurar a *participação dos interessados* na sua gestão efectiva, designadamente por intermédio das associações públicas, organizações de moradores e *outras formas de representação democrática*".

A participação dos interessados na estrutura da Administração radica numa concepção de *organização administrativa* segundo a qual a democracia não se esgota na fórmula liberal de participação (designação electiva dos titulares dos órgãos do topo do sistema)[70], devendo estender-se à participação dos administrados na própria orientação da Administração, bem como na definição concreta dos objectivos e das prioridades da acção administrativa.

Do teor da acima transcrita norma constitucional resulta que a participação dos particulares na Administração não passa apenas pelas associações públicas (e pelas organizações de moradores). Por outro lado, a referência à *gestão efectiva* deixa supor que se admite a participação de interessados em órgãos decisórios e não apenas consultivos. A CRP parece, por conseguinte, admitir a instituição de órgãos administrativos de composição mista – Administração e representantes de interesses[71] –, órgãos de "co-administração"[72] ou de "administração partilhada com os interessados". Note-se que a referência a interessados não significa que o órgão se dedique à administração de interesses especificamente atinentes a determinadas categorias de pessoas; o conceito de interessados identi-

---

[69] Apesar das diferenças, a incorporação de peritos e de representantes de interesses tem o mesmo resultado: a entrada de estranhos na Administração Pública; cfr. BACHELET, Ob. cit., p. 510.

[70] Sobre esta participação (tipicamente liberal), cfr. Paulo OTERO, *Conceito*, cit., p. 263.

[71] Cfr. Diogo Freitas do AMARAL, *Curso*, I, cit., p. 727; Vital MOREIRA, *Administração Autónoma*, cit., pp. 72 e ss, e 162 e ss.

[72] Cfr. Vital MOREIRA, *ibidem*, p. 162 e ss.

fica, nesse contexto, as pessoas às quais a actividade da instância pública se dirige (por ex., os utentes de um serviço público), bem como àquelas que aí desenvolvem uma actividade profissional.

Apesar de o artigo 267.º/1 da CRP poder interpretar-se em termos de justificar a instituição legal de órgãos de administração partilhada, supomos, ainda assim, que tem toda a razão de ser a discussão sobre os limites dessa possibilidade legal.

Quando estejam em causa órgãos com efectivos "poderes de decisão", que, nessa medida, participam no momento mais característico do Poder Público, a intervenção de meros interessados, não designados segundo os canais comuns de legitimação democrática, parece infringir abertamente o princípio segundo o qual "todo o decisor público deve estar democraticamente legitimado"[73]. Tendo em consideração a dupla fonte de legitimação democrática, verifica-se que não há, *in casu*, nem legitimação popular (pelo povo), nem autónoma (pelos interessados[74])[75].

Sobre a matéria, encontramos, na doutrina portuguesa, quem entenda que "a designação (eleição) dos titulares dos órgãos da administração directa ou indirecta do Estado pelos respectivos «interessados» há-de ter um carácter excepcional e limitado: ela só será de admitir naqueles casos em que o princípio constitucional da participação o exija"[76].

Diferente desse é o entendimento de Vital Moreira, que vê a co--administração como "um instrumento natural da realização do princípio participativo, pelo menos nos casos de serviços públicos prestacionais ou daqueles que interessem a categorias particulares de pessoas"[77].

---

[73] Cfr. OEBBECKE, "Demokratische Legitimation nicht-kommunaler Selbstverwaltung", p. 369; HAVERKATE, Ob. cit., p. 235.

[74] Lembre-se que estamos a referir-nos a órgãos da administração estadual (não da administração autónoma) que visam prosseguir interesses gerais e não interesses relativos às organizações ou indivíduos que podem ser especialmente "tocados" pela acção administrativa.

[75] Estamos obviamente a pensar apenas nos casos em que a designação (ou a proposta vinculativa de designação) de interessados cabe à colectividade representada. Note--se, todavia, que há quem entenda que o mero facto de a lei exigir que a Administração designe indivíduos pertencentes a certos grupos representa uma restrição inconstitucional do poder do Estado escolher os titulares dos seus órgãos; sobre esse entendimento no direito norte-americano, cfr. LIEBMANN, Ob. cit., p. 705. Em sentido contrário, cfr. JESTAEDT, Ob. cit., p. 383 e ss.

[76] Cfr. Casalta NABAIS, *A Autonomia Local*, p. 32[50]; em sentido também restritivo, cfr., na doutrina alemã, BÖCKENFÖRDE, "Demokratie", cit., p. 899 e ss.

[77] Cfr. Vital MOREIRA, *Administração Autónoma,* cit., p. 165.

Para nós, o facto de a CRP consagrar, no artigo 267.º/1, o princípio da participação dos interessados na gestão da Administração por "outras formas de representação democrática" parece, de facto, significar uma abertura a formas de legitimação dos titulares da Administração Pública alternativas à referida "dupla legitimação". Mas afigura-se-nos ao mesmo tempo que essas "outras formas de representação democrática" não podem deixar de estar, elas próprias, previstas na própria CRP. Uma "derrogação" do princípio constitucional segundo qual o "poder político pertence ao povo" (artigo 108.º) só deve admitir-se *nos casos e nos termos* em que a própria CRP prevê "outras formas de representação democrática".

Diremos, pois, que, em princípio, fora dos casos que a própria CRP consagra expressamente[78], a participação de interessados na gestão efectiva da Administração (em órgãos de administração partilhada) não é possível. Em princípio, a falta de legitimidade democrática da Administração não pode ser *compensada*; podendo apenas ser *justificada* por uma norma constitucional[79/80]. Quer dizer, o obstáculo que resulta da inexis-

---

[78] Cfr. Artigos 63.º/2 (participação de associações representativas de beneficiários na gestão do sistema de segurança social) e 77.º/1 (participação de professores e alunos na gestão democrática das escolas). Vital MOREIRA, *ibidem*, p. 164 e ss, refere-se ainda ao artigo 64.º/4, que proclama que "o serviço nacional de saúde tem gestão descentralizada e participada".

[79] Cfr. JESTAEDT, Ob. cit., p. 404 e ss.

[80] Contra o que acaba de afirmar-se, alguma doutrina alemã tem proposto soluções de *compensação* ou até de *justificação* de sistemas de legitimação alternativos à legitimação pelo povo.

Assim sucede, desde logo, com as teses da chamada "dupla maioria". Considerando excessivamente rígida a exigência de legitimação de todos os membros dos órgãos colegiais, alguns autores defendem que a legitimidade democrática dos órgãos está assegurada se: *i)* a maioria dos respectivos membros for designada segundo os canais da legitimação popular; *ii)* os membros com legitimação tiverem a maioria dos votos que viabilizam a adopção de cada concreta deliberação do órgão. Cfr. TETTINGER/MANN, "Zur demokratischen Legitimation in sondergesetzlichen Wasserverbände", p. 15; MEHDE, Ob. cit., p. 552.

Diferente é a proposta baseada na concepção de uma "legitimação pessoal colectiva" – trata-se de uma proposta da autoria de KLUTH, Ob. cit., p. 376 e ss, a pensar na legitimação da administração autónoma funcional (em vez da "legitimação autónoma", que, sublinha o Autor, não é uma legitimação popular); seguindo essa tese, cfr. UNRUH, "Demokratie", cit., p. 551. A "legitimação pessoal colectiva" consiste na legitimação democrática (popular) que tem como fonte a própria lei. Isto é, o facto de o legislador indicar que um grupo ou organização participa no exercício do Poder Público – quer seja numa instância de administração autónoma ou numa instância estadual partilhada –

cumpre a exigência da legitimação democrática. Esse grupo recebe do povo (da lei) a legitimação para participar no exercício do Poder Público. A tese de Kluth desvaloriza ou negligencia a exigência de legitimação pessoal individual. Trata-se de uma concepção *abstracta* da legitimação democrática que não satisfaz as exigências do princípio democrático e de *accountability* de todos os titulares do poder público. Tais exigências não dispensam, em regra, uma legitimação democrática *concreta* e *pessoal*. Para nós, a ideia de legitimação pessoal colectiva é viável, mas apenas quando resulte de uma norma constitucional.

Por fim, uma terceira via de justificação foi proposta por BRITZ, Ob. cit., p. 418 e ss. Trata-se, neste caso, de uma tese que nos interessa particularmente, porquanto se baseia na aplicação da "ideia" da delegação de funções em particulares ao instituto da participação de particulares na Administração

O raciocínio da Autora é este: desde que observe a tripla exigência da delegação de tarefas e de poderes públicos em particulares – "base legal", "enumeração das competências" e "submissão a controlo público de legalidade" –, a incorporação de particulares na Administração não padece de inconstitucionalidade, pois não há uma diferença substancial entre a entrada de particulares em órgãos públicos com poderes decisórios e a transferência de poderes decisórios para particulares. Destacando a circunstância de, nos dois casos, haver uma intervenção de particulares na execução de tarefas públicas, Britz defende que a "ideia da *Beleihung*" pode legitimar a incorporação de meros particulares em órgãos públicos: o preenchimento dos três requisitos assinalados assegura a conformidade constitucional da incorporação. Basta, pois, que a lei preveja a incorporação, que confira competências enumeradas aos órgãos participados e que sujeite esses órgãos a controlo público (que, aliás, pode ser de mera legalidade).

O erro fundamental da tese em referência está justamente na transposição para o caso de incorporação do princípio da *tripla exigência da delegação*. Concedendo, por agora, que essa tripla exigência basta para assegurar a legitimidade da delegação, importa salientar que se trata da definição de um quadro de exigências e requisitos de um *acto concreto de delegação*, figura sem equivalente na incorporação: o preenchimento dessas exigências, e muito especialmente a que se refere à *base legal*, poderá revelar-se suficiente para que um *órgão público*, através do seu titular democraticamente legitimado, pratique um acto de delegação, investindo um particular no exercício de funções e de poderes públicos. Mas, note-se, o particular "recebe a sua legitimação pessoal" de um órgão público; cfr. BANSCH, Ob. cit., p. 91; STEINER, *Öffentliche,* cit., pp. 253 e 269; em geral, sobre a importância do acto público de nomeação ou de designação como factor de legitimação pessoal, cfr. SCHMIDT-ASSMANN, *Verwaltungslegitimation,* cit., p. 360; JESTAEDT, Ob. cit., p. 381 e ss; BÖCKENFÖRDE, "Demokratie", cit., p. 897.

Ora, o quadro descrito não subsiste manifestamente na hipótese de incorporação: nenhum órgão democraticamente legitimado é incumbido de proceder à designação dos particulares que vão integrar os órgãos participados, o que, por si só, basta para se perceber que a base legal não pode cumprir aqui a função que desempenha na administração por particulares.

Há, todavia, um argumento que Britz não usa, mas que pode baralhar os termos do problema. Como veremos, a delegação de funções e de poderes públicos não constitui

tência de uma legitimação popular ou autónoma só pode ser ultrapassado por uma "legitimação constitucional directa".

Como se assinalou, o que acaba de ser dito vale *em princípio*. Com efeito, pode admitir-se, para um conjunto delimitado e definido de situações, uma espécie de "conjugação da legitimação pelo povo com a legitimação autónoma". Na medida em que as competências dos órgãos administrativos respeitam *específica* e *primordialmente* a interesses de grupos determinados, seria possível que o legislador os tivesse criado como órgãos de auto-administração dos interessados (com legitimação democrática autónoma). Numa situação com esses contornos, a criação de um órgão de administração partilhada afigura-se-nos uma opção legítima[81].

---

sempre um *acto concreto*, de legitimação pessoal, havendo casos em que uma pessoa é investida como delegatário pelo facto de pertencer a uma determinada categoria ou por estar numa determinada situação (*v.g.*, laboral). Situações dessa natureza – de *delegação legal* (não apenas em *forma legal*) – parecem de facto próximas das de incorporação. Com efeito, a própria lei apresenta-se nesse caso como factor de atribuição de um poder público a particulares, dispensado qualquer *acto suplementar de legitimação pessoal* (referindo-se à situação, cfr. DREIER, *Grundgesetz Kommentar*, II, p. 70). Todavia, nem mesmo assim supomos poder aplicar-se a "ideia da *Beleihung* (legal)" à incorporação de particulares. Efectivamente, como veremos, as situações de delegação legal, justamente por causa das exigências do princípio democrático, se puderem ser admitidas, tal só acontecerá em termos *excepcionais*, devendo justificar-se por *razões funcionais de praticabilidade*, que não podem ser transpostas para o fenómeno da incorporação de particulares na Administração Pública.

[81] Pode revelar-se complexo saber se a instância ou órgão participado por particulares se dedica a tarefas que digam respeito exclusiva ou primordialmente aos interesses particulares dos representados ou a tarefas de interesse geral. Com esse concreto problema foi defrontado o Supremo Tribunal Administrativo Federal alemão. Em duas decisões de 1997 (uma deles pode ser vista em *NVwZ*, 1999, p. 870 e ss), o BVerwG pronunciou-se pela inconstitucionalidade de uma lei que atribui às *associações de usuários de águas* competências para regular a utilização das águas. Essas associações estão qualificadas por lei como corporações de direito público cujos membros são autarquias e, em maioria, particulares, designadamente proprietários agrícolas (sobre estas associações, como expressão da administração autónoma, cfr. Vital MOREIRA, *Auto-regulação,* cit., p. 351 e ss; KLUTH, Ob. cit., p. 168). Segundo o BVerwG, a regulação do uso das águas públicas constitui uma tarefa que interessa a toda uma região e não apenas aos membros das associações (proprietários). Por essa razão, não pode falar-se, nesse caso de "legitimação autónoma": uma tal fonte de legitimação para o exercício do Poder Público pode, de facto, compensar a falta de *legitimação democrática pelo povo*, mas é exigível que estejam em causa *interesses específicos* dos membros da entidade autónoma e tarefas que lhes digam apenas respeito a eles. Se isso não se verifica, não há uma participação de

Dois exemplos ilustram a situação agora referida: o *júri* que decide a atribuição do direito ao uso do certificado de autenticidade para a ourivesaria tradicional portuguesa, composto por representantes das associações de industriais de ourivesaria e por representantes de várias instâncias públicas[82], e a *Comissão Nacional para a Promoção dos Ofícios*, órgão competente para proceder à acreditação de artesãos e de unidades produtivas artesanais, composto por representantes de vários ministérios e representantes do movimento associativo do sector, indicados pelas associações de artesãos[83].

bb) Incorporação de representantes de interesses "particulares" e "parciais"

Na situação que vimos analisando, contactámos com os fenómenos da participação de *interessados* em órgãos públicos e dos "órgãos de administração partilhada". Agora, está em causa aquilo que alguma doutrina designa de "administração em condomínio".

O conceito de "administração em condomínio" refere-se à incorporação, em órgãos públicos, de indivíduos estranhos à Administração que representam *interesses particulares específicos* e que são designados ou propostos (proposta vinculativa) pelas entidades portadoras de tais interesses. Tal como a doutrina o tem definido, o *órgão administrativo em condomínio é decisório* (não consultivo), de *composição mista* (membros designados ou oriundos da Administração Pública e membros designados ou propostos por entidades privadas), imune aos poderes hierárquicos da administração governamental, que não se dedica à prossecução de interesses específicos dos grupos representados, mas à prossecução de interesses gerais. Trata-se, por conseguinte, de um órgão da administração estadual, vocacionado para a prossecução de interesses "públicos"

---

interessados, mas apenas uma *participação de particulares numa instituição de direito público*, participação essa que será inconstitucional, pelo menos quando a maioria dos membros dos órgãos da instituição não tem uma legitimação democrática conferida pelo povo. Sobre estas decisões, cfr. BRITZ, Ob. cit., p. 430 e ss; TETTINGER/MANN, Ob. cit., 3 e ss; UNRUH, "Demokratie", cit., p. 531 e ss.

[82] Cfr. Decreto-Lei n.º 204/96, de 25 de Outubro.

[83] Cfr. Resolução do Conselho de Ministros n.º 136/97, de 14 de Agosto, alterada pela Resolução do Conselho de Ministros n.º 4/2000, de 1 de Fevereiro; sobre as competências da *Comissão* no domínio da acreditação, cfr. Decreto-Lei n.º 41/2001, de 9 de Fevereiro.

e "gerais", mas institucionalmente participado e influenciado por grupos portadores de interesses "particulares" e "parciais" (*v.g.*, interesses profissionais, económicos, culturais).

O problema desta administração em condomínio, que incorpora no interior do Estado interesses particulares, reside na ausência de legitimação democrática dos membros de órgãos públicos designados ou propostos por entidades privadas. Mesmo aceitando que, além da dupla legitimação democrática (parlamentar e autónoma), pode haver uma "legitimação constitucional directa", a administração em condomínio parece não resistir ao veredicto da inconstitucionalidade[84].

cc) Incorporação de peritos ou especialistas

A intervenção de peritos ou especialistas externos em assuntos da esfera administrativa tem em regra lugar no domínio da privatização funcional e da contratação pública de serviços. Todavia, a lei prevê, por vezes, a *nomeação* de particulares ("jurista de reconhecido mérito"; "pessoa de reconhecida competência na gestão de empresas"), que, nessa qualidade e sem um vínculo profissional, passam a incorporar um órgão administrativo[85].

A incorporação de peritos surge com frequência em órgãos consultivos e em órgãos criados especificamente para o estudo de assuntos particulares (comissões *ad hoc*). O recurso a especialistas estranhos é o corolário da rigidez da burocracia administrativa e da necessidade de a Administração usufruir das competências privadas[86]. Em regra, o órgão a incorporar é colegial, mas não está excluído que possa ser singular[87]. O perito ou especialista é nomeado pela Administração, razão por que, em princípio, não se colocam aqui os problemas de legitimação que vimos existirem em certos casos de incorporação de representantes de interesses[88].

---

[84] Neste sentido, cfr. JESTAEDT, Ob. cit., pp. 381 e ss.

[85] Em geral, sobre a incorporação de peritos, cfr., BACHELET, Ob. cit., p. 515 e ss; GARCIA DE ENTERRIA/TOMAS-RAMON FERNANDEZ, Ob. cit., II, p. 88; SANTAMARÍA PASTOR, Ob. cit., I, p. 466; DAGTOGLOU, *Der Private,* cit., p. 59 e ss.

[86] Cfr. BACHELET, Ob. cit., p. 508.

[87] Cfr. DAGTOGLOU, *Der Private,* cit., p. 69.

[88] O problema de legitimação pode, de facto, não se colocar, o que não significa que se não levantem outros, como os da *independência, imparcialidade* e *neutralidade* dos peritos incorporados: efectivamente, pode dar-se o caso de os peritos estarem dependentes de redes de interesses, não devendo excluir-se o risco de o exercício do poder

Relacionando esta incorporação de peritos com a incorporação de representantes de interesses, importa ter presente que há situações em que se revela difícil estabelecer uma distinção, pois que o especialista ou perito pode ser também um representante de interesses[89]. Por outro lado, mesmo quando não aparece recrutado na dupla qualidade de perito e de representante de interesses, mas apenas na primeira, pode suceder que o perito esteja objectivamente ligado a redes de interesses (*v.g.*, de natureza económica ou empresarial), não podendo, também nesse caso, excluir-se o risco da perda de neutralidade no exercício do poder público administrativo.

dd) Incorporação de colaboradores auxiliares

Embora menos referidos do que os anteriores, encontramos ainda os casos de incorporação em órgãos públicos de particulares que, não representando interesses, também não são recrutados por causa da sua especial competência técnica. Está portanto agora em causa uma especial forma de colaboração de particulares, *enquanto tais*, colaboração por eles espontaneamente oferecida, mas que também pode ser solicitada ou até imposta por órgãos públicos.

Apesar de estranho à Administração, o particular fica integrado num órgão público, passando a exercer competências abstractamente individualizadas e pré-atribuídas a uma dada instância do aparelho administrativo. O particular actua, nesta hipótese, como um *colaborador integrado* na estrutura administrativa e no contexto de uma relação orgânica[90].

A diferença entre esta incorporação de colaboradores externos e o exercício privado de funções administrativas ou outras formas de colaboração externa surge agora menos evidente[91].

Para distinguir as duas situações, é essencial determinar se a lei cria um centro institucional de competências como elemento da estrutura de organização. Se esse centro está pré-constituído, do que se trata a seguir

---

administrativo ser infectado por essa via; cfr. DI FABIO, "Verwaltungsentscheidung durch externen Sachverstand", cit., especial., p. 210 e ss.

[89] Cfr. DAGTOGLOU, *Der Private,* cit., p. 59 e ss.

[90] Sobre estes "integrierten Verwaltungshelfern", cfr. STEINER, *Öffentliche,* cit., p. 233 e ss. De acordo com a *teoria da integração,* constitui-se uma especial relação (orgânica) entre o particular e a Administração Pública. No sentido de que os particulares actuam, neste contexto, como titulares de um "ofício público atípico", cfr. HEINTZEN, Ob. cit., p. 254.

[91] Cfr. STEINER, *ibidem,* p. 240.

é de designar a pessoa que vai actuar as competências que a lei confia àquela figura abstracta (através de um acto que a doutrina italiana designa "preposizione ad un ufficio"[92]); a pessoa designada fica incorporada na instituição ou órgão e vai exercer as competências que a ordem jurídica confia à instituição ou órgão. Na hipótese de exercício privado, o particular não é chamado a incorporar um órgão, mas antes a exercer, como particular e em seu nome, funções e competências *em vez de* um órgão público[93].

Uma situação que ilustra esta "integração de colaboradores" ocorre no âmbito do cumprimento do *dever de colaboração com a administração eleitoral,* o qual consubstancia um dever fundamental (artigo 113.º/4 da CRP). Os cidadãos, em regra indicados pelos partidos políticos, são incorporados num órgão da administração eleitoral, a mesa eleitoral[94]. Nesta hipótese, o particular é incorporado enquanto tal, na qualidade de cidadão (*uti cives*)[95].

Uma outra figura de incorporação de particulares na Administração é a do *funcionário de facto*[96]. Na perspectiva aqui adoptada, por funcio-

---

[92] Cfr. ZANOBINI, "L'esercizio", cit., p. 368.

[93] No direito alemão, o problema da distinção entre a *integração de colaboradores* e a "Beleihung" foi muito discutido a propósito da posição jurídica dos alunos encarregados das funções de manutenção da ordem nas salas de aula (na ausência de professores) ou da função de acompanhamento dos colegas mais novos fora da escola, no trajecto para as suas casas.

O problema suscitou-se a partir de decisões judiciais que imputaram às escolas a responsabilidade por danos causados *no exercício de uma função pública* confiada aos alunos (num caso, o aluno acompanhante não evitou o atropelamento de um colega; num outro, o aluno encarregado pelo professor de manter a ordem agrediu um colega com um canivete). Segundo MARTENS, "Übertragung von Hoheitsgewalt auf Schüler", p. 1029 e ss, não havia no caso actos praticados no exercício da função pública, uma vez que não existia base legal para transferir competências de autoridade para os alunos. Segundo ZULEEG, "Beleihung mit Hoheitsgewalt, Verwaltungshilfe und privatrechtliches Handeln bei Schülern", p. 627 e ss, os referidos alunos deveriam ser considerados delegatários de funções públicas, actuando portanto em nome próprio. Para STEINER, *Öffentliche,* cit., p. 246 e ss, os alunos deveriam conceber-se como titulares de órgãos da escola, uma vez que as funções de acompanhamento e de manutenção da ordem nas salas de aula estavam autonomizadas e institucionalizadas nos regulamentos internos.

[94] Sobre o desempenho desta actividade honorífica, cfr. STOBER, *Der Ehrenbeamte in Verfassung und Verwaltung,* p. 22.

[95] Cfr. EHLERS, "Verwaltung und Verwaltungsrecht", cit., p. 17.

[96] Em geral, sobre o funcionário de facto, cfr. Rogério Ehrhardt SOARES, *Direito,* (1978), cit., p. 26 e ss; Paulo OTERO, *O Poder de Substituição,* cit., p. 62 e ss; JEZE,

nário de facto entende-se o particular que, sem qualquer vínculo formal à Administração, assume, _sua sponte_ e com um espírito benévolo de colaboração[97], o exercício de funções que institucionalmente cabem à estrutura administrativa[98].

Em _tempos de normalidade_, o exercício das funções próprias da Administração por particulares não investidos (que se arroguem, expressa ou tacitamente, a qualidade de funcionários investidos), constitui uma conduta incriminada[99]. Mas, em circunstâncias excepcionais, de estado de necessidade (como guerras ou calamidades), quando a estrutura administrativa não está em condições de responder às solicitações[100] e se torna necessário a mobilização de "todas as forças"[101], entende-se que o exercício de funções públicas (mesmo de autoridade[102]) por particulares sem

Essai d'une théorie générale des fonctionnaires de fait, p. 48 e ss; VITTA, "Il funzionario di fatto", p. 473 e ss; TERRANOVA, "Funzionario", especial. p. 285 e ss; SATTA, "Esercizio di fatto di pubbliche funzioni", p. 1 e ss; VASIRCA, "Funzionario", p. 1 e ss; LUBRANO, "Funzionario di fatto", p. 41 e ss; NEGRIN, _L'intervention_, cit., p. 54 e ss; SABIANI, "L'habilitation des personnes privées à gérer un service public", p. 16 e ss; CASETTA, _Manuale di diritto amministrativo_, p. 147; CAPACCIOLI, Ob. cit., p. 385.

[97] Cfr. NEGRIN, Ob. cit., p. 54.

[98] Fora da figura fica o _funcionário putativo_ (funcionário irregularmente investido). Frequentemente, a doutrina fala de funcionário de facto também nesta hipótese; adoptamos uma concepção mais restrita, seguindo Rogério Ehrhardt SOARES, _Direito_, (1978), cit., p. 28.

[99] Cfr. artigos 320.º (_usurpação de autoridade pública portuguesa_) e 358.º (_usurpação de funções_) do Código Penal.

[100] A ideia de omnipresença da Administração ("l'administration n'est nulle part absente") pertence ao foro da mitologia – nesse sentido, VELA, "Gestione di affari", p. 2.

[101] STEINER, _Öffentliche_, cit., p. 255.

[102] Além do funcionário putativo, fica fora da figura do funcionário de facto a do _voluntário na Administração Pública_ (_v.g._, nos serviços de protecção civil), indivíduo que é objecto de uma incorporação estável e duradoura (e não apenas esporádica ou casual) e que presta regularmente serviço como membro de uma organização pública – sobre essa figura, cfr. BALOCCHI, "Volontariato e pubblica amministrazione", p. 189 e ss.

Por outro lado, o funcionário de facto actua em domínios essencialmente jurídicos e de autoridade (actos jurídicos – _v.g._, casamento e actos de registo civil – e medidas de polícia); por isso, deve distinguir-se essa figura da _gestão de negócios por particulares no âmbito do direito público_. A doutrina tem entendido que, em situações de estado de necessidade, os particulares podem agir a título de gestão de negócios na esfera administrativa; todavia, a figura só deveria admitir-se no âmbito da actividade privada das entidades públicas: cfr. Rogério Ehrhardt SOARES, _Direito_, (1978), cit., p. 29; Paulo OTERO, _O Poder de Substituição_, cit., p. 63[179]; em geral e de acordo com essa orientação,

investidura formal não preenche nenhum tipo de ilícito. Além disso, desde que as funções exercidas sejam essenciais e inadiáveis, os actos praticados por particulares podem até ser imputados à Administração, "como se fossem exercidos por um agente titulado"[103]. Embora não haja, neste caso, um acto formal de incorporação orgânica, entende-se que a própria situação de facto (estado de necessidade) constitui a fonte da investidura – uma *investidura de facto* (Négrin). A função exercida pelo particular representa, assim, o exercício de uma função pública por *funcionário (de facto)*. O funcionário de facto é, por conseguinte, um *particular na Administração Pública*[104].

1.2.1.2. Associação de particulares com a Administração Pública

Particulares e Administração podem tornar-se parceiros ou sócios de uma entidade de composição mista, pública e privada. Esta entidade, em regra de direito privado, poderá estar sob influência dominante da Administração (será, então, uma entidade administrativa privada) ou não (estaremos, então, diante de uma entidade privada com participação pública)[105]. A associação entre particulares e a Administração constitui um

---

cfr. VELA, Ob. cit., p. 1 e ss; RAGGI, "Sull'ammissibilità della «negotiorum gestio» in favore degli enti pubblici", p. 523 e ss.

Todavia, noutros ordenamentos, tem-se defendido – e bem, na nossa opinião – que as razões que explicam a gestão de negócios no sector da actividade administrativa privada justificam a aceitação da figura no quadro da *actividade administrativa pública* de cariz material ou executivo (reparação de infra-estruturas públicas: redes viárias, abastecimento de água, etc.); sobre a *gestão de negócios por particulares no âmbito do direito público*, cfr. KNAPP, *Geschäftsführung ohne Auftrag bei Beteiligung von Trägern öffentlicher Verwaltung*, especial. p. 115 e ss; FREUND, "Zur Rechtsproblematik einer Geschäftsführung ohne Auftrag im öffentlichen Recht", p. 513 e ss; MENGER, "Zu den Voraussetzungen des Aufwendungsersatzanspruchs eines privaten Geschäftsführers aus öffentlich-rechtlicher Geschäftsführung ohne Auftrag", p. 397 e ss;

[103] Cfr. Rogério Ehrhardt SOARES, *Direito*, (1978), cit. p. 27; SATTA, Ob. cit., p. 2; CAPACCIOLI, Ob. cit., p. 385; CASETTA, *Manuale*, cit., p. 148; contra, recusando a imputação, mas sem considerar ilícito o desempenho de facto de funções públicas, cfr. VITTA, Ob. cit., p. 515; TERRANOVA, Ob. cit., p. 288.

[104] Cfr. DAGTOGLOU, "Die Beteiligung Privater", cit., p. 533; HEIMBURG, Ob. cit., p. 20.

[105] No caso da participação pública em sociedades comerciais, distingue-se, por vezes, entre *sociedades públicas mistas* e *sociedades privadas mistas*, consoante a participação pública seja ou não maioritária; cfr. STOBER, "Die privatrechtlich organisierte öffentliche Verwaltung", cit., p. 452.

dos modelos de parcerias público-privadas, que, já o dissemos, pode designar-se como "parcerias associativas"[106] ou "parcerias institucionalizadas"[107].

Um dos exemplos mais difundidos deste modelo de parceria é a *empresa de capitais mistos* (que, quando sujeita a influência dominante pública, aparece como *empresa pública*, para efeitos da LSEE). No direito autárquico, além da sociedade de capitais mistos criada nos termos da lei comercial (com participação autárquica minoritária), há ainda as empresas de capitais maioritariamente públicos reguladas na LEMIR[108].

1.2.1.3. Cooperação entre particulares e Administração Pública

Um dos traços que caracteriza o sistema administrativo da nossa época é a *cooperação* e a *acção concertada* entre a Administração Pública e os particulares.

A cooperação, em sentido estrito, representa a actuação sinérgica, coordenada e concertada de vários agentes em vista da realização de objectivos determinados. Os agentes envolvidos actuam na esfera dos seus fins institucionais próprios. Apesar de as relações de cooperação poderem metamorfosear-se num fenómeno de colaboração de particulares na execução de tarefas públicas, importa não confundir os dois planos: na hipótese de colaboração, os particulares são solicitados a contribuir para a realização de fins institucionais da Administração; poderão ter interesse (privado) em oferecer essa colaboração, mas a tarefa envolvida reveste carácter público. Na cooperação, os particulares actuam livre e espontaneamente na sua esfera privada, no exercício de direitos e liberdades. Mas, uma vez que os fins que eles se propõem realizar podem coincidir com aqueles que a lei comete aos sujeitos públicos – havendo por isso uma *coincidência das tarefas* ou *dos fins* a alcançar através delas –, o Estado pode, no mínimo, *reconhecer* essa circunstância, atri-

---

[106] Cfr. HABERSACK, "Private Public Partnership: Gemeinschaftsunternehmen zwischen Privaten und der öffentliche Hand", p. 544 e ss; BECKER, Ob. cit., p. 304; TETTINGER, Ob. cit., p. 766.

[107] Cfr. *Livro Verde da Comissão Sobre as Parcerias Público-Privadas*, cit., p. 19 e ss.

[108] Sobre os procedimentos de escolha dos sócios privados, cfr., *supra*, Parte I, Cap. III, 2.3.2.

buindo ao sujeito privado um estatuto que o distingue dos demais particulares: assim, por ex., o *reconhecimento da utilidade pública* de uma associação ou de uma fundação[109].

Em certas situações, já mais próximas de uma relação de colaboração, a cooperação pode surgir formalizada num contrato que disciplina os termos da acção concertada entre os particulares e a Administração ou que regula o exercício de uma actividade privada de acordo com critérios e exigências públicos cuja observância condiciona a concessão de apoios e de financiamentos públicos: assim sucede, por ex., com alguns acordos de cooperação entre instituições públicas e instituições particulares de solidariedade social[110], bem como com certos contratos no sector do ensino[111] e da saúde[112]. Alguns desses casos mostram que a cooperação pode revelar-se um meio de o Estado aproveitar o "potencial privado" e de se integrar no mote – da ideologia da "Nova Gestão Pública" – segundo o qual é "melhor comprar do que produzir". Assim acontece, por ex., no sector de ensino, com o modelo de financiamento de escolas privadas que recebem "alunos públicos".

Como se disse, a relação de cooperação pode evoluir para uma relação de colaboração: é o que sucede quando os particulares que cooperam com a Administração são chamados a auxiliá-la na execução de tarefas ou de programas públicos.

1.2.1.4. Colaboração de particulares com a Administração Pública

Uma outra forma de relacionamento entre particulares e Administração Pública consiste na colaboração externa. As entidades particulares

---

[109] Cfr. Decreto-Lei n.º 460/77, de 7 de Novembro; o regime de regalias e isenções fiscais que *podem ser concedidos* às pessoas colectivas de utilidade pública foi actualizado pela Lei n.º 151/99, de 14 de Setembro.

[110] Os acordos de cooperação entre a Administração Pública e as IPSS podem também ser instrumentos de delegação de serviços públicos. Distinguindo dois tipos de acordos – aqueles em que a Administração delega a execução de programas públicos e aqueles cuja causa-função é o financiamento –, cfr. F. Licínio Lopes MARTINS, *As Instituições Particulares de Solidariedade Social*, p. 304 e ss.

[111] Sobre os contratos entre o Estado e as escolas particulares que se enquadrem nos objectivos do sistema educativo, cfr. artigo 12.º e ss do Decreto-Lei n.º 553/80, de 21 de Novembro (*Estatuto do Ensino Particular e Cooperativo*). Quanto ao financiamento do ensino superior não público (por contrato), cfr. artigo 32.º da Lei n.º 37/2003, de 22 de Agosto.

[112] Sobre a articulação do Serviço Nacional de Saúde com actividades particulares de saúde ("medicina privada convencionada"), cfr. artigo 37º do Decreto-Lei n.º 11/93, de 15 de Janeiro.

são, neste caso, chamadas (ou obrigadas[113]) a contribuir para a execução de funções administrativas e, portanto, a auxiliar a Administração. Colaboram com a Administração, no seu estatuto de entidades particulares.

As entidades particulares podem assumir o encargo de auxiliar a Administração Pública a executar, por ela própria, uma determinada tarefa. Neste, já nosso conhecido, cenário de colaboração externa – de *privatização funcional* –, a responsabilidade de execução e gestão da tarefa permanece nas mãos da Administração Pública; a entidade particular contribui, nas formas de direito privado, para a *preparação* ou a *execução* daquela tarefa.

Noutras situações, os particulares que colaboram com a Administração podem ser incumbidos da gestão de tarefas públicas administrativas. Nessa eventualidade – de *privatização orgânica* – estamos perante o fenómeno do "exercício da função administrativa por particulares". A responsabilidade de execução e gestão da tarefa passa, então, para a esfera da entidade particular.

Em regra, a colaboração apresenta-se como relação formalizada num contrato (*v.g.*, de prestação de serviços, de concessão de serviço público, de gestão de um estabelecimento público) que articula a entidade privada, que oferece a colaboração, e a entidade pública, que dela beneficia.

Em síntese, nesta situação temos, por conseguinte, uma entidade particular a colaborar com a Administração Pública, em concreto, com uma entidade administrativa determinada; pode dizer-se que aquela entidade particular *substitui* esta entidade administrativa.

1.2.1.5. Substituição originária da Administração Pública por particulares

Como se sabe, o termo "substituição" comporta diversas acepções ao nível estrito do direito administrativo[114]. Na medida em que envolve o agir de entidades privadas *em vez* da Administração Pública, o exercício de funções públicas por particulares pode genericamente apresentar-se como situação susceptível de ser reconduzida ao conceito de substituição[115].

---

[113] Nos casos de privatização *forçada* ou *imposta*; cfr., *supra*, Parte I, Cap. I, 3.1.1.

[114] Cfr. Paulo OTERO, *O Poder de Substituição*, cit., p. 23.

[115] Cfr. Paulo OTERO, *ibidem*, p. 48 e ss. Sobre a substituição administrativa ("Verwaltungssubstitution") como um dos processos de desempenho de funções públicas

Sem pormos em causa essa acepção genérica, descritiva, do conceito de substituição, vamos, no entanto, *dentro desse conceito*, autonomizar a noção de "substituição originária". Procuramos, desse modo, identificar uma situação específica em que se encontram, por vezes, as entidades particulares com funções administrativas.

Nos casos mais típicos e tradicionais, a figura do exercício de funções públicas por particulares remete para uma relação de colaboração que se estabelece entre uma instância pública determinada e uma entidade particular. O caso paradigmático é o da relação de concessão de serviços públicos que se estabelece entre o *concedente* e o *concessionário*. Em situações desse tipo, a lei entrega uma tarefa a uma instância pública, permitindo, contudo, que esta confie a responsabilidade de executar a tarefa a um terceiro. Como consequência da transferência da responsabilidade de execução, a instância pública assume um papel de garantia e de fiscalização ("o concessionário gere, a Administração controla"[116]). A responsabilidade de execução da tarefa envolvida suporta ou é objecto de dois movimentos claros: um primeiro, *legal*, que se traduz na entrega da tarefa a uma entidade pública; um segundo, *administrativo*, polarizado na entrega da tarefa à entidade privada colaboradora. O tópico da *substituição* retrata perfeitamente a situação descrita, uma vez que a entidade privada aparece a exercer funções públicas *em vez* de uma concreta entidade pública[117].

Próximas desta última situação, temos aquelas em que a lei parece apresentar a execução de funções públicas por entidades particulares como o sistema normal e preferencial de execução dessas funções, mas, ao mesmo tempo, esclarece que se trata de funções de uma determinada instância pública[118] ou então indica uma instância pública encarregada de executar essas mesmas funções (na falta de particulares interessados)[119].

---

por privadas (ao lado da "Beleihung"), cfr. HEIMBURG, Ob. cit., p. 139; FRENZ, Ob. cit., p. 51. Como já vimos, para MIELE, "La distinzione"*, especial. p. 523 e ss, a substituição seria a figura adequada para retratar o fenómeno jurídico implicado em todas as situações em que um particular exerce, *como tal*, funções ou serviços públicos; cfr. supra, *Introdução*, 3.1.2.

[116] Cfr. Pedro GONÇALVES, *A Concessão*, cit., p. 246.

[117] Cfr. MIELE, "La distinzione", cit., p. 528; SANDULLI, *Manuale*, I, cit., p. 567.

[118] Assim sucede, por ex., no caso das inspecções de veículos de automóveis, que, nos termos da lei, é uma competência da DGV; cfr., *infra*, Parte III, Cap. I.

[119] É assim, por ex., no caso da certificação de vinhos: se não houver CVR, a competência para certificar VQPRD cabe ao Instituto do Vinho e da Vinha; cfr., *infra*, Parte III, Cap. I.

Aparentemente diferentes desses são os casos em que a lei, directamente, confere o exercício de uma função pública (e até de poderes públicos) a entidades particulares. Nas situações com esse recorte, o facto de estar envolvida a atribuição legal de funções públicas a particulares representa uma alteração sensível em relação às hipóteses que acabámos de descrever.

Sem negar a óbvia especificidade desta situação, de "atribuição legal directa", importa precisar que não estamos, necessariamente, ainda no âmbito da figura que aqui designamos de substituição originária. Com efeito, apesar da atribuição legal directa de uma função pública a entidades particulares (*v.g.*, portageiros das auto-estradas com função de certificação de certas infracções rodoviárias), pode suceder que, simultaneamente, a lei atribua essa mesma função a instâncias da Administração Pública. Na linguagem tecnicamente elaborada da doutrina italiana, dir-se-á que, num caso desses, existe, dentro do aparelho administrativo, o "elemento objectivo" de um ofício, isto é, a função pública ou a competência que a lei *também* confia a entidades particulares. As entidades particulares aparecem como elementos subjectivos de um "ofício", como responsáveis pelo exercício de uma função ou competência confiada à Administração[120]. Quer dizer, a atribuição legal de funções a particulares não exclui a aplicação da ideia tradicional da substituição, porquanto, no exercício da função pública, a entidade particular vai, também aqui, actuar *em vez* de uma instância ou de um agente da Administração Pública. Assim, por ex., ao confiar o exercício de competências públicas aos portageiros de auto-estradas ou aos comandantes de aeronaves, a lei procura apenas aumentar o número de servidores das funções e das competências públicas da Administração. Na medida em que estejam reunidos os pressupostos de que a lei faz depender o exercício da função por esses particulares, a *substituição* opera-se (*ex lege*, portanto)[121]. Embora em termos genéricos, neste caso, a entidade particular ainda *colabora* com a Administração Pública, no exercício de funções públicas.

Nas situações analisadas, as entidades particulares *substituem* a Administração no exercício de funções e de competências públicas que pertencem a esta. A ideia de substituição indica aí que a entidade privada vai actuar no âmbito de uma responsabilidade de execução da Administração Pública.

---

[120] Cfr. VALENTINI, Ob. cit., p. 981.
[121] Cfr. VALENTINI, Ob. cit., p. 978.

Mas nem todos os casos de exercício de funções públicas por entidades particulares podem ser explicados por essa faceta da substituição[122]. A figura pode, de facto, resultar de uma *substituição originária da Administração Pública por particulares*[123]. O conceito de substituição originária pretende identificar as situações em que, entre os pólos "Administração Pública" (em sentido estrito) e "particulares", a lei opta por entregar a execução de uma função administrativa a particulares, sem a confiar ao mesmo tempo à Administração e sem sequer desenhar uma solução ("subsidiária") para a hipótese de não haver particulares interessados em assumir a função. Agora, a lei não cria, dentro do aparelho administrativo público, o elemento objectivo de um ofício público, não atribuindo a qualquer instância desse aparelho as funções e competências que confia a particulares. A Administração Pública – que, em princípio ou em regra, assume a responsabilidade originária de execução de tarefas públicas – é, neste caso, "originariamente substituída" por particulares para assumir a execução de uma determinada função pública. A criação da função pública *coincide*, pois, com a sua atribuição a particulares[124].

---

[122] A divisão do instituto do exercício de funções administrativas por particulares em duas espécies é frequente na doutrina italiana. Cfr. GIANNINI, *Diritto,* cit., pp. 174 e 254 e ss, e *Istituzioni,* cit., pp. 92 e ss, 232 e ss, e 547 e ss, sobre o *ufficio in concessione* e o *munus publicum*; VALENTINI, Ob. cit., p. 978, apresentando a figura do múnus como uma espécie autónoma de exercício privado de funções públicas; SANDULLI, *Manuale,* cit., p. 567, distinguindo a "substituição" e a *"attribuzione in proprio* de funções públicas".

[123] De entre a doutrina referida no número anterior, só Giannini fala, neste caso, de *substituição*; a figura implicada é, segundo o Autor, a do múnus: "não existe órgão da Administração, agindo o particular em vez dela, como oficial público para todos os efeitos, e com plena responsabilidade própria"; cfr. GIANNINI, *Diritto,* cit., p. 174, e *Istituzioni,* cit., p. 232.

Explicando através da figura do "múnus público" a situação do particular investido por lei de funções públicas não atribuídas à Administração, cfr. VALENTINI, Ob. cit., p. 981 (que rejeita falar, neste contexto, de substituição).

Referindo-se neste caso a uma "attribuzione in proprio" de funções públicas, distinta da substituição, cfr. SANDULLI, Ob. cit., p. 567. Aplicando essa mesma ideia à função notarial, cfr. NIGRO, "Il notaio nel diritto pubblico", p. 443, afirmando que a função pública notarial é *originária* e *exclusivamente* confiada ao notário.

[124] Cfr. Vital MOREIRA, *Administração Autónoma, cit.,* p. 288: "a *criação* de tarefas administrativas e a sua *simultânea atribuição* a entidades privadas" é uma das origens do exercício de funções administrativas por entidades particulares (itálicos nossos). Sobre a coincidência entre os momentos de "estadualização" e de "delegação", cfr. Schweikert, Ob. cit., p. 23; STEINER, "Der Beliehene", cit., p. 71, e *Öffentliche,* cit., p. 51.

Esta especial forma de substituição pressupõe, por conseguinte, a renúncia do Estado à montagem de organizações específicas para o desempenho de funções públicas, aproveitando-se da iniciativa social, das estruturas e das organizações privadas já existentes ou fomentando a criação de novas estruturas por entidades particulares[125].

O fenómeno da substituição originária pode ser *imediato*, se os particulares forem investidos de funções públicas directamente por lei ("atribuição legal directa" ou "delegação legal"). Na situação mais frequente, a substituição originária é apenas *mediata*, porquanto a lei não dispensa a intervenção de um órgão da Administração Pública com a função de praticar o acto concreto que opera o efeito de investidura da função pública e de poderes públicos (*v.g.*, concessão do estatuto de utilidade pública desportiva a uma federação).

Este tópico da substituição originária não anda muito longe da figura que Udo Steiner identificou sob a designação de "delegação originária": trata-se de uma delegação (em particulares) de funções públicas não confiadas à Administração Pública[126]. Para além das especificidades relacionadas com a matéria da fiscalização do delegatário[127], a delegação originária suscita, por vezes, dificuldades quanto à qualificação pública da tarefa envolvida. Veremos, a propósito, que uma parte da doutrina entende que pode estar aí presente um processo "absurdo" – e, em certas dimensões, até inconstitucional – de uma mera *publicização formal*[128].

Por outro lado, o facto de não existir uma instância pública concretamente identificada como titular da função pode encarar-se como um obstáculo à aceitação da regra de que o particular apenas *exerce* a função pública. Em grande medida, esse é o sentido da figura do "múnus público", introduzida por M. S. Giannini, bem como da ideia de Aldo Sandulli, segundo a qual haveria, nestes casos, a atribuição da própria titularidade da função pública ao particular[129]. No nosso parecer, essa conclusão da

---

[125] Neste sentido, a propósito das federações desportivas, cfr. BERMEJO VERA, *Derecho administrativo – parte especial*, cit., p. 229.

[126] STEINER, *Öffentliche*, cit., p. 51.

[127] Por não existir um órgão administrativo com uma responsabilidade originária na tarefa delegada no particular, o legislador deverá identificar expressamente um órgão competente para fiscalizar a actuação daquele. Neste sentido, cfr. STEINER, *ibidem*.

[128] Cfr., *infra*, n.º 2.5.2.

[129] Para um crítica dessas teses, na parte em que destacam a impossibilidade de individualizar uma instância pública titular da função, cfr. SANTAGATA, "L'ausiliarietà ai poteri statali o pubblici da parte di privati professionisti", p. 561. A propósito da função

doutrina italiana está longe de se apresentar como necessária. Com efeito, a circunstância de a lei não estabelecer um suporte organizativo público específico para o exercício de uma função pública significa tão-somente que o Estado (legislador) optou por confiar a particulares o exercício de uma função *que assumiu como sua*[130]. Ao atribuir a execução dessa mesma função aos particulares, o Estado não abdica da respectiva titularidade.

1.2.2. *Entidades administrativas privadas e Administração Pública*

No que concerne à situação institucional das entidades administrativas privadas na relação com a Administração Pública já foi dito o essencial: fazem parte da Administração Pública em sentido estrito (Parte I, Cap. I) e estão sob orientação e fiscalização dos órgãos da entidade pública que as domina (Parte I, Cap. III); as tarefas de que são incumbidas revestem a natureza de tarefas públicas. Não existindo, no direito português, uma proibição genérica da delegação, as entidades administrativas privadas podem, em princípio, ser investidas de poderes públicos. Naturalmente, essa investidura obedece a certas condições, mas, desse ponto de vista, a situação destas entidades nada tem de singular. A delegação de poderes públicos em entidades privadas tem, em todos os casos, de cumprir condições e requisitos, de ordem formal e substancial. Isso vale também para as entidades administrativas privadas.

2. Função administrativa

Como o título da presente investigação esclarece, ocupamo-nos do exercício privado de poderes públicos de autoridade *enquanto* ou *na medida em que* representa também um desempenho de funções administrativas por entidades privadas. Sem ignorarmos as discussões sobre a admissibilidade do "exercício de poderes públicos relativos a outras fun-

---

pública certificativa, Santagata afirma, com razão, que a função pública não pode ser imanente e inata a uma pessoa física. O particular com funções públicas terá, pelo menos, de considerar-se como um elemento (órgão ou funcionário) indiferenciado de uma organização pública.

[130] Como já se sugeriu, outra é a questão de saber se, em certos casos, tal forma de publicização (que alguns consideram apenas *formal*) é legítima. Mas, insiste-se, essa é uma questão diferente.

ções públicas"[131], ou do "exercício de poderes públicos para a prossecução de fins privados"[132], o objecto central da nossa atenção é o *exercício de poderes públicos de autoridade por entidades de direito privado incumbidas do desempenho de funções administrativas*. A participação de uma entidade privada no desempenho da função administrativa assume-se, assim, como um factor decisivo – um verdadeiro "elemento constitutivo" – da figura que nos propusemos analisar.

O conceito de função administrativa referencia uma específica "Kompetenz" do Estado, materialmente distinta de outras funções, competências ou poderes estaduais. Contudo, em si mesma e enquanto competência especificamente confiada a um certo aparelho público, a função administrativa não constitui uma *tarefa pública*. Ela constitui antes um "modo de execução de uma tarefa pública", que pressupõe, então, a prévia *publicatio* de uma certa missão, incumbência ou tarefa[133]. A compreensão do sentido exacto do conceito de função administrativa reclama, assim, um contacto prévio com a noção de tarefas públicas e, nesse contexto, a delimitação dessa noção em face da de tarefas privadas.

Por outro lado, como "função pública", a função administrativa apresenta certas notas caracterizadoras que permitem distingui-la de outros modos de execução de tarefas públicas, de outras funções públicas do Estado. A indicação dessas notas revela-se também essencial para delimitar o âmbito da figura de que nos ocupamos, que, como já dissemos e veremos melhor, se apresenta como uma manifestação particular do fenómeno do exercício privado da função administrativa.

Depois de identificada e delimitada a extensão da função administrativa, indicaremos os seus protagonistas ou titulares. O presente número contempla, no final, uma referência breve ao tema do exercício privado de outras funções públicas estaduais.

---

[131] Cfr., *infra*, Cap. II.

[132] Cfr., *infra*, Parte IV, Cap. I.

[133] Nestes termos, cfr. KRAUTZBERGER, Ob. cit., p. 45; BURGI, *Funktionale Privatisierung*, cit., p. 30; WEISS, *Privatisierung*, cit., pp. 97 e 139.

2.1. Função administrativa: "modo de execução de uma tarefa pública"

A função administrativa constitui, antes do mais, um "modo de execução de uma tarefa pública". Precisamente para assinalar a especificidade das injunções públicas executadas no âmbito da sua função administrativa, a doutrina fala de "tarefas administrativas". Estas constituem, por conseguinte, uma categoria particular de tarefas públicas[134], executadas por "meios administrativos"[135].

Pressupondo a noção de função administrativa – "execução de tarefas administrativas" – a natureza pública de uma certa actividade ou missão, o primeiro desafio que se coloca para compreender aquela noção reside na identificação dos factores que caracterizam e revelam a natureza pública de uma actividade.

2.1.1. Tarefa pública: traços caracterizadores

A identificação dos factores que qualificam a natureza pública de uma actividade assume, naturalmente, uma complexidade particular quando estão em presença actuante entidades particulares. Na verdade, se assim não suceder e estando, portanto, envolvidas intervenções directas do Estado ou de outras entidades públicas, teremos então uma "state action", uma acção pública.

É exactamente com esse sentido que se fala de um conceito *formal* e *aberto* de tarefas públicas: "todas as que o Estado ou as outras entidades públicas assumem directamente"[136]. Tivemos já oportunidade de analisar o ponto crítico desta noção formal de tarefas públicas, que aponta para a inexistência de limites à intervenção do Estado e do sector público e para a conexão automática entre acção pública e acção legítima[137].

---

[134] Cfr. OSTERLOH, Ob. cit., pp. 207 e 222.

[135] SCHMIDT-ASSMANN, *Das allgemeine Verwaltungsrecht*, cit., p. 139.

[136] Cfr. PETERS, "Öffentliche", cit., p. 878 e ss; MARTENS, *Öffentliche*, cit., p. 131; OSSENBÜHL, "Die Erfüllung", cit., p. 153; STEINER, *Öffentliche*, cit., p. 46 e ss; BULL, *Die Staatsaufgaben*, cit., p. 50; KIRBERGER, Ob. cit., p. 58; MÜLLER, Ob. cit., p. 7; HAGEMEISTER, Ob. cit., p. 7[13]; BURGI, *Funktionale Privatisierung*, cit., p. 48 e ss; em termos críticos, cfr. GRAMM, *Privatisierung*, cit., p. 31; JESTAEDT, Ob. cit., p. 248; WEISS, *Privatisierung*, cit., p. 54.

[137] Cfr., *supra*, Parte I, Cap. II, 1.3.

Como explicámos, o Estado não é livre de assumir a execução de quaisquer tarefas, devendo reconhecer-se a existência de "limites constitucionais" à publicização. Assim, as entidades do sector público estão impedidas de desempenhar missões desprovidas de relevância pública ou social, que não prossigam interesses públicos e que não tenham qualquer relação com os "fins constitucionais" do Estado. O conceito de tarefa pública subentende, portanto, uma ideia de *intervenção pública legítima*, pelo que, num sentido rigoroso, deve considerar-se pública, *legitimamente pública*, apenas a missão que não só preenche requisitos de ordem formal (exigências de legalidade), mas também condições de índole material (interesse público, realização de fins constitucionais e consideração das restrições e limites constitucionais expressos).

Esta proposta de uma noção mais exigente de tarefa pública, como "intervenção que tem de ser legítima", autonomiza a exigência de legitimidade e afasta a ideia – implícita na noção meramente formal acima referida – segundo a qual é público e "automaticamente legítimo" tudo o que o Estado faz[138]. Importa, todavia, esclarecer que essa mesma proposta não afasta a qualificação pública de todas as acções do Estado (em sentido lato): haverá, assim, "acções públicas ilegítimas", correspondentes a áreas em que os poderes públicos ocupam, apesar de nelas estarem impedidos de intervir[139].

Assim, mesmo que ilegítima (*v.g.*, intervenção no mercado com o objectivo exclusivo do lucro), a "acção pública é sempre acção pública". A qualificação de todas as acções do Estado como públicas implica, por conseguinte, a recusa da ideia de que o Estado desenvolve, em certos termos, actividades privadas. Por vezes, alude-se mesmo a um "exercício *público* de funções *privadas*" em oposição ao "exercício *privado* de funções *públicas*"[140]. Ora, de acordo com a tese que subscrevemos, a intervenção de uma entidade pública representa, *em todos os casos*, uma "state action", uma tarefa pública[141]. A participação de entidades do sec-

---

[138] Cfr. WEISS, *Privatisierung*, cit., p. 217.

[139] Referindo-se a tarefas estaduais (públicas) proibidas; cfr. GUSY, "Rechtsgüterschutz", cit., p. 574.

[140] Referindo-se aqui a uma "imagem reflexa", cfr. STEINER, "Öffentliche", cit., p. 532. Sobre o "exercício público de funções privadas", cfr. Paulo OTERO, *O Poder de Substituição*, cit., p. 64 e ss.

[141] "Todas as organizações estatais desenvolvem acção governamental", diz, com razão, Carlos Ari SUNFELD, "A participação privada nas empresas estatais", p. 264.

tor público em actividades de mercado, numa lógica de concorrência, não foge a essa regra. Sublinhar que está aí presente uma tarefa pública permite imediatamente perceber que tem de se tratar de uma *intervenção pública legítima*, no sentido acima referido. Além disso, a nota da publicidade da tarefa que o Estado (em sentido amplo) desenvolve nesse contexto deixa claro que não está presente a actuação de uma liberdade fundamental (de iniciativa económica ou outra), mas sim, sempre, o exercício de um Poder Público, o qual reclama uma legitimação democrática[142]. Assim, por ex., as empresas públicas, mesmo quando criadas para exercer actividades abertas à iniciativa económica privada, posicionam-se no mercado no exercício de uma missão pública. Actuando no mercado, elas não são mercado, mas Estado. Embora possam ver a sua actuação regulada pelo direito privado, há-de ser o direito público a autorizar a intervenção, a regular as relações entre elas e o Estado e a exigir a "accountability" pública dos seus dirigentes. Tudo isso porque, na verdade, tais empresas desenvolvem uma actividade pública, caracterizada por fins de natureza pública (interesse público).

Neste domínio e sem desconsiderar as exigências materiais que o conceito postula, diremos que constituem tarefas públicas todas as que, legitimamente – de um ponto de vista formal e material – são asseguradas pelo *Estado*, por *entidades públicas*, bem como por *entidades administrativas privadas*.

Não há, aqui, dúvidas, na parte em que se refere ao *Estado*.

O mesmo se pode dizer da referência feita às *entidades públicas*. De facto, no direito português, não há entidades dotadas de personalidade jurídica pública apenas formal (como na Alemanha, por ex., as associações religiosas). Por outro lado, também não parece procedente a tese defendida por K. A. Schachtschneider, segundo a qual as associações públicas de entidades particulares (*v.g.*, ordens profissionais) são, materialmente, instituições privadas que, com personalidade de direito público formal, prosseguem tarefas privadas[143]. Diremos, por conse-

---

[142] De acordo com o "princípio da alternativa entre legitimação democrática e legitimação pelos direitos fundamentais", a acção pública – toda ela, mesmo que através de entidades administrativas privadas – está abrangida pelo princípio da legitimação democrática; cfr. GERSDORF, Ob. cit., p. 47 e ss.

[143] Cfr. SCHACHTSCHNEIDER, *Der Anspruch*, cit., p. 33, e "Grundgesetzliche", cit., p. 142 e ss.

guinte, que, no direito português, a atribuição da personalidade pública a uma entidade acarreta, como efeito automático, a publicização das tarefas que ela desenvolve[144].

A afirmação conclusiva acima proferida pode suscitar maiores perplexidades na parte em que abrange também as tarefas de *entidades administrativas privadas*. Cremos, contudo, que o facto de o Estado ou uma outra entidade pública criar ou, de qualquer modo, assumir uma posição dominante numa entidade privada só pode querer significar que pretende fazer dessa mesma entidade um instrumento para intervir no espaço social. Ora, para nós, essa intervenção indirecta representa uma *intervenção pública*. As actividades das entidades administrativas privadas assumem-se, por isso, como tarefas públicas[145]; só não será assim no caso das *empresas públicas de capitais maioritariamente privados*[146].

Em conclusão, podemos dizer que *são tarefas públicas todas as que a Administração Pública (em sentido institucional estrito) executa.*

As tarefas aqui referidas revestem, pois, natureza pública. A função administrativa representa um modo de execução dessas tarefas.

A questão fundamental que cumpre neste momento resolver reconduz-se a saber se constituem tarefas públicas apenas as que são assumidas e executadas pela Administração Pública (Estado, outras entidades públicas e entidades administrativas privadas).

A resposta negativa é, todavia, óbvia. Com efeito, já vimos, as entidades particulares participam também na execução de tarefas públicas. Aliás, essa circunstância justifica mesmo a proposta de um conceito mais alargado de Administração Pública, que abranja todas as entidades responsáveis pela execução de tarefas públicas: a Administração Pública em sentido estrito e as entidades particulares com funções públicas. O carácter óbvio do sentido da resposta esconde, porém, uma dificuldade, que pode ser assim enunciada: em que circunstâncias se pode dizer que uma entidade particular executa tarefas públicas?

Vamos tentar obter uma resposta de imediato.

---

[144] Neste sentido, cfr. BURGI, "Verwaltungsorganisationsrecht", cit., p. 797.

[145] Neste sentido, a propósito das empresas públicas e das intervenções públicas no mercado, cfr. GERSDORF, Ob. cit., p. 134 e ss.

[146] Sobre este conceito, cfr., *supra*, Parte I, Cap. III, 2.3.2.

2.1.2. Factores marcantes da natureza pública de tarefas executadas por particulares: nota especial

A qualificação das acções da Administração Pública afigura-se simples: são *acções públicas*; quanto às acções dos particulares, em princípio, são *acções privadas*.

Até uma leitura menos atenta destas asserções identifica esta diferença essencial: as acções da Administração Pública são, *sempre*, acções públicas; as acções dos particulares são, *em princípio*, acções privadas. Quer dizer, há casos – excepcionais – em que as acções dos particulares podem ser acções públicas.

O processo de identificação dos casos excepcionais pode basear-se, fundamentalmente, num de dois critérios: um *critério material*, que visa "descobrir" uma caracterização abstracta de tarefa pública, ou um *critério formal*, que admite qualificar como pública apenas as tarefas originariamente assumidas pelo Estado ou por uma outra entidade pública.

Antes de expormos o sentido da nossa opção sobre o critério que nos parece mais adequado, convém sublinhar que a identificação dos casos de execução de tarefas públicas por particulares contribui imediatamente para a demarcação das fronteiras da figura jurídica do exercício privado da função pública administrativa (na parte em que se abrange também o exercício da função administrativa por entidades particulares). Ora, temos já consciência das importantes repercussões que decorrem do facto de uma entidade (privada) estar investida de funções públicas (por ex., "vinculação pelo direito privado administrativo"[147]). Só por si, essa circunstância alerta para as implicações da qualificação de uma tarefa executada por uma entidade particular. Por outro lado, importa dizer que a qualificação pública de uma tarefa executada por particulares representa uma excepção a um princípio geral: os particulares, os cidadãos e as instituições por eles criadas actuam na esfera livre, da Sociedade, no exercício de "poderes privados". Essa *regra da privaticidade* das tarefas dos particulares apresenta-se, aliás, como uma *regra essencial* de um Estado de direito democrático. Os cidadãos de uma democracia não são "concessionários do Estado", mas pessoas livres que actuam segundo princípio e regras de liberdade, de auto-determinação e de autonomia. Quanto a este aspecto, é certo que pode contra-argumentar-se, invocando

---

[147] Cfr. *supra*, Parte, Cap. II., 3.2.1.2.

a ideia segundo a qual a qualificação pública de uma tarefa de particulares não significa considerá-los concessionários do Estado. Poderá, de facto, dizer-se que os particulares desempenham tarefas públicas na própria esfera privada, tarefas que assumem carácter público, mas que são deles, não do Estado. Mesmo que aceitássemos a procedência do argumento, sempre poderíamos dizer que, nas suas premissas, está implicado o interesse em obter o mesmo resultado: submeter a acção dos particulares aos princípios e às regras do direito público. Ora, como vimos, a submissão de certas acções de particulares aos princípios e aos valores do direito público representa, de facto, uma exigência do direito contemporâneo. Temos, contudo, as mais sérias dúvidas de que o caminho certo para alcançar o objectivo de uma certa publicização das relações entre particulares passe por confiar ao julgador e à sua sensibilidade e intuição um trabalho que consistiria, afinal, em descobrir, caso a caso, tarefas *naturalmente* públicas (embora exercidas por particulares).

Em todo este contexto, a nossa opção apresenta-se transparente: as tarefas executadas por particulares só podem qualificar-se como públicas quando sejam objecto de "apropriação pública" (apropriação da tarefa pelo Estado ou por outra entidade pública).

Fora desses casos, podemos estar diante de acções da maior relevância para o interesse público, de tarefas funcionalmente conexas com obrigações claramente públicas, mas se não for *segura* e *inequívoca* a "apropriação pública", não resta outro caminho lógico e consequente senão o de aplicar a regra ou o princípio da privaticidade.

Diríamos, neste domínio, que as exigências de segurança e de certeza jurídicas que a matéria reclama impõem o *critério formal* de apropriação como único critério fiável. Na verdade, como é reconhecido pelos seus defensores, os critérios materiais têm, desde logo, um preço elevado: incerteza[148].

Apesar disso, esses critérios estão muito divulgados, mesmo entre a doutrina que representa o direito administrativo como um "direito da Administração Pública".

Trata-se, por um lado, de uma abordagem cada vez mais frequente no espaço anglo-saxónico, onde, de forma consistente e sustentada, se

---

[148] Cfr. CRAIG, Ob. cit., p. 199, que conclui: "it is the price to be paid for moving away from formalistic tests".

propõe a deslocação do critério de aplicação do direito administrativo da Administração Pública para a "função pública". Função pública, segundo esta tese, é qualquer actividade de "relevo público", "com efeitos públicos", "com consequências públicas" ou que contenha "public elements". A ideia é, pois, de construir os conceitos de tarefa pública e de poder público a partir da *natureza do poder* ("nature of power") e não da respectiva *fonte* ("source of power")[149]. A natureza do poder constitui a verdadeira chave da aplicação dos mecanismos do direito administrativo[150]. Apesar do entusiasmo doutrinal, a teoria não tem obtido acolhimento na jurisprudência, que continua fiel à visão tradicional, afirmando que "falar de decisões de direito público ou de decisões com consequências de direito público implica algo mais do que a simples demonstração de que se trata de decisões de grande importância para o público ou com consequências para o público"[151]. Não poderíamos estar mais de acordo com tal raciocínio.

Ainda nesta linha, embora adepto de um critério formal mitigado, merece referência a tese de Francesco de Leonardis. Defende o Autor que são "objectivamente administrativas" (públicas) as tarefas de interesse público executadas por particulares, desde que a prossecução do interesse público decorra de um dever imposto por lei[152]. Propõe a passagem de um direito administrativo institucional para um direito funcional, que continuará a regular muitas actividades objecto de medidas de privatização material[153]. Para evitar o paradoxo que resultaria da sujeição integral de uma actividade privatizada ao direito público, defende que a entidade privada dispõe de uma autonomia de meios. O direito administrativo concentrar-se-ia na garantia da realização dos resultados (satisfação do interesse público)[154].

---

[149] Defendendo esta tese, cfr. HUNT, Ob. cit., p. 27 e ss; CRAIG, Ob. cit., p. 195 e ss; BATEUP, Ob. cit., p.105; MULLAN, Ob. cit., p. 134 e ss. Invocando reservas de vária ordem e chamando a atenção para o facto de o direito público ser, por essa via, chamado a operar em territórios estranhos ao seu âmbito natural, cfr. WADE/FORSYTH, Ob. cit., p. 627; OLIVER, "The frontiers", cit., p. 492.

[150] Cfr. BATEUP, Ob. cit., p. 105.

[151] Referindo-se a essa "relutante" jurisprudência, cfr. HUNT, Ob. cit., p. 31; BATEUP, Ob. cit., p. 112.

[152] Cfr. LEONARDIS, *Soggettività*, cit., pp. 185 e ss, e 308 e ss.

[153] Cfr. LEONARDIS, *ibidem*, p. 7.

[154] Cfr. LEONARDIS, *ibidem*, p. 314 e ss.

A proposta de Leonardis está imune à crítica da incerteza que referimos acima, porquanto introduz um factor de segurança na demarcação
das fronteiras do direito administrativo, que decorre do facto de o dever
de agir no interesse geral ter de ser imposto por uma lei. Todavia, a sua
tese não resiste a uma outra crítica. A preocupação de Leonardis reside
em ver assegurada a realização do interesse público por entidades
privadas que têm esse dever legal. Contudo, na indicação das entidades
privadas que integram a categoria, inclui as "sociedades legais" e outras
entidades administrativas privadas que, como vimos, constituem instrumentos de que o Estado se serve para executar missões públicas. Isto
significa que não se trata, nesse caso, de particulares, mas de Administração em forma privada. A aplicação do direito administrativo é, portanto, natural, uma vez que se trata de entidades com tarefas públicas.
Por outro lado, Leonardis inclui as federações desportivas, que uma
grande parte da doutrina italiana qualifica como entidades privadas com
funções públicas (em sentido formal). Só restam os organismos privados com funções de controlo e de certificação da segurança de produtos.
Ora, esses organismos aparecem na sequência de um processo de privatização material, para agirem no âmbito do direito privado, em mercados
novos. O cenário em que eles se movem é o da economia e do mercado.
Embora tenha de actuar segundo normas pensadas para realizar o interesse público, é à Administração Pública e ao Estado que cabe *garantir*
esse resultado. Por isso, o facto de estarem legalmente obrigados a agir
para a realização do interesse geral não reclama a publicização do que
fazem. Reclama, sim, a sujeição deles a fiscalização e a controlo
permanente do Estado.

Menos atraente, nesta matéria, surge a posição que alguma doutrina
espanhola defende a propósito da natureza de certas actividades de
entidades particulares. Sem uma construção sistemática elaborada,
propugnam alguns autores que os organismos privados de controlo e de
certificação da segurança exercem funções públicas de autoridade. Afir-
mam-no, sublinhando que se trata de actividades que não constituem
objecto de uma formal *publicatio*[155]. Referem-se à natureza evidente da
função pública que esses organismos desempenham, sem explicar quais
os sinais dessa evidência.

---

[155] Cfr. ESTEVE PARDO, Ob. cit., p. 143; Dolors CANALS I AMETLLER, Ob. cit.,
p. 301; IZQUIERDO CARRASCO, "Algunas cuestiones", cit., p. 383.

A doutrina portuguesa também é, por vezes, "arrastada" para critérios de natureza material. Assim, a propósito das antigas associações prestadoras de serviços especializados, diz Paulo Otero: *"atendendo ao facto de terem como objecto exclusivo de actividade a satisfação de interesses da colectividade (...), exercem funções públicas"*[156]. Também João Caupers fala de *"actividades, claramente de natureza pública, por se destinarem à satisfação de necessidades colectivas"*[157]. Na mesma linha se movimenta Carla Amado Gomes, quando associa o desempenho de missões de interesse público (por escolas privadas) à prática de actos de natureza administrativa[158].

Em clara ruptura com estes critérios materiais ou por superação deles, defendemos que uma actividade exercida por um particular só pode ser qualificada como pública se se manifestar claramente que se trata de uma actividade objecto de *publicatio*, isto é, "apropriada por uma entidade pública". Estamos, por conseguinte, plenamente de acordo com Vital Moreira, quando afirma que "só existe exercício privado de funções administrativas quando estas são confiadas, *enquanto tais*, a uma entidade privada. Isso implica ou uma expressa qualificação legal, ou a existência de elementos que nesse sentido seguramente apontem (*v.g.*, a entrega de parte de uma tarefa que cabe integralmente ao Estado, a utilização de poderes de autoridade administrativa). Em caso de dúvida, deve presumir-se que se está perante uma tarefa privada e não perante uma tarefa pública a cargo de particulares"[159].

Recordando o relevo decisivo de inúmeras actividades de entidades particulares para o "interesse público" e para a "satisfação de necessidades colectivas básicas"[160], recusamos, todavia, liminarmente, atribuir a factores tão imprecisos como estes o valor ou a força para definir ou delimitar o perímetro das "tarefas públicas" e, por consequência, para demarcar as fronteiras da província do direito administrativo[161].

---

[156] Cfr. Paulo OTERO, *O Poder de Substituição*, cit., p. 59[160]

[157] Cfr. João CAUPERS, *Introdução*, cit., p. 33.

[158] Cfr. Carla Amado GOMES, "Algumas cautelas são excessivas no contencioso administrativo", p. 49.

[159] Cfr. Vital MOREIRA, *Administração Autónoma,* cit., p. 289.

[160] Sobre isso, cfr., *supra*, Parte I, Cap. I.

[161] A propósito do critério de delimitação da "Beleihung" é essa a única posição que conhecemos na doutrina alemã. Tanto quanto sabemos, nenhum autor propõe a demarcação do território ocupado pela figura com base no interesse público ou na utili-

É agora chegado o momento de expor, em concreto, os sinais que revelam e os factores que caracterizam o carácter público de uma tarefa executada por entidades particulares. Tendo em consideração as observações que já formulámos, trata-se, por conseguinte, de identificar factores que caracterizem e sinais que denotem a "apropriação pública". Recorrendo, neste contexto, a uma fórmula corrente no direito francês, diremos que os elementos que a seguir se referem indicam um "rattachement organique" ao Estado ou a uma entidade pública de uma actividade exercida por particulares. Como explica Marguerite Canedo, "a actividade assegurada por um organismo privado não pode ser qualificada como serviço público, salvo se, apresentando um carácter de interesse geral, puder ser organicamente atribuída à autoridade pública que a criou e que, no fim de contas, é a única e verdadeira responsável"[162]. Na fórmula sintética e expressiva de René Chapus, poderá dizer-se que "faute de rattachement organique, l'activité ne peut être qu'une activité privée"[163]. Torna-se, assim, necessário demonstrar que a actividade exercida pela entidade particular foi nela *delegada* por uma entidade pública.

Ora, apesar de estarmos longe da incerteza dos critérios materiais, não se pense que a identificação de uma tarefa pública de acordo com um critério formal representa um trabalho fácil, servido por um trajecto seguro. Haverá casos em que a qualificação não apresenta, de facto, dificuldades assináláveis. Mas nem sempre assim sucede, já que existem tarefas de particulares que, por razões que explicaremos, devem qualificar-se como públicas, embora não haja uma declaração explícita nesse sentido. É claro que a "caça aos indícios"[164] ou a identificação dos elementos que apontem no sentido da natureza pública da tarefa tem de conduzir a uma resposta *segura* e *inequívoca*. Uma vez mais, na dúvida, não resta outro caminho que não seja o de concluir que se está perante uma tarefa privada e não perante uma tarefa pública a cargo de particulares[165].

---

dade pública da actividade exercida por um particular; nesse sentido e por todos, cfr. STUIBLE-TREDER, Ob. cit., p. 31; STEINER, *Öffentliche*, cit., p. 46 e ss.

[162] Cfr. CANEDO, Ob. cit., p. 760. Sobre a exigência de "rattachement organique", cfr. CHAPUS, Ob. cit., I, p. 432.

[163] Cfr. CHAPUS, *ibidem*, p. 433.

[164] Cfr. CHAPUS, *ibidem*.

[165] Cfr. Vital MOREIRA, *Administração Autónoma,* cit., p. 289.

Antes de passarmos à exposição dos factores que caracterizam a "apropriação pública", importa fazer um esclarecimento. O conceito de "apropriação pública" representa a exigência, que aqui se pressupõe, de que a qualificação pública atribuída a uma tarefa reclama uma prévia assunção da responsabilidade de a executar pelo Estado ou por outra entidade pública. Nestes termos, deve entender-se que uma actividade exercida por particulares só pode ser considerada pública se e quando tiver sido institucionalmente assumida por uma organização da esfera pública. Por conseguinte, as entidades particulares executam tarefas públicas sempre ao abrigo de uma concessão ou delegação, isto é, no contexto de um acto e de uma relação que assinalam o "carácter derivado" do título para a execução da tarefa.

A ideia de prévia (ou simultânea) "apropriação pública" da tarefa confiada ao particular já denuncia suficientemente o referido carácter derivado. Não obstante, parece-nos oportuno insistir e sublinhar essa nota, tornando assim mais clara a rejeição das propostas que sustentam a possibilidade de uma "publicização" de tarefas de entidades particulares – figura autónoma em relação à "delegação" – sem apropriação pública[166].

2.1.2.1. Apropriação pública explícita com atribuição da tarefa à Administração

A natureza pública da tarefa executada por particulares é óbvia nos casos em que a lei atribui a uma entidade da Administração a responsabilidade pela execução daquela tarefa. A atribuição originária à Administração representa a "apropriação institucional", a "prise en charge"[167] da missão pelo aparelho administrativo público[168]. Nesta hipótese, a entidade particular actua na posição formal de "concessionário" ou de "delegatário" da entidade da Administração originariamente responsável.

O facto de a tarefa ser objecto de "dois movimentos" (primeiro, atribuição à Administração e, depois, entrega ao particular) afasta todas as dúvidas de qualificação. Deve, contudo, esclarecer-se que a *letra da lei* pode constituir fonte de alguns equívocos. Pode haver "falsas con-

---

[166] Sobre *publicização de tarefas* como figura jurídica autónoma, que não pressupõe a prévia apropriação pública das tarefas envolvidas, cfr. Alexandra PESSANHA, *As Federações Desportivas*, p. 101 e ss; José Manuel MEIRIM, *A Federação Desportiva como Sujeito Público do Sistema Desportivo*, p. 598 e ss.

[167] Cfr. NEGRIN, *L'intervention*, cit., p. 92.

[168] Em sentido idêntico, cfr. CHAPUS, *Droit*, I, p. 432.

cessões" (actos que, apesar da designação, atribuem ao particular direitos sobre actividades privadas), assim como "falsas autorizações" (actos que investem um particular no exercício de uma actividade pública). Assim, por ex., apesar de enquadrada por um acto de *autorização*, a actividade de inspecção de veículos automóveis consubstancia uma actividade pública, que a lei confia expressamente à Direcção-Geral de Viação[169].

Por outro lado, há muitas missões que a lei confia à Administração, mas que podem ser desempenhadas, na esfera privada, por entidades particulares. Referimos já que ensino e saúde representam áreas paradigmáticas desta convivência entre intervenções públicas e privadas. Nestes termos, o facto de uma tarefa estar confiada à Administração não significa que, sendo também confiada a particulares, estes a executem como tarefa pública. Numa situação com esse recorte, também só pode afirmar-se a natureza pública de uma tarefa exercida por particulares quando a "apropriação pública" seja explícita: a equiparação de um particular aos agentes de autoridade, para efeitos de autuação de infracções públicas, será decerto uma consequência imediata da natureza pública da tarefa de fiscalização envolvida.

2.1.2.2. Apropriação pública explícita sem atribuição da tarefa à Administração

Na situação analisada no número anterior, a tarefa pública executada por particulares está confiada à Administração Pública. O momento de "apropriação pública" é evidente. Agora, temos em vista a hipótese de execução por particulares de actividades não confiadas à Administração. Em princípio e de acordo com a *regra da privaticidade*, o facto de a actividade não surgir confiada à Administração deverá indiciar a qualificação daquela como actividade privada. Uma tarefa deixada nas mãos dos particulares deve, em princípio ou em regra, qualificar-se como tarefa privada.

Sendo em regra assim, pode haver, como já se explicou, casos de *substituição originária* da Administração Pública por entidades particulares. Quer dizer, uma tarefa pública pode estar originariamente confiada a particulares sem que, ao mesmo tempo, seja confiada ao aparelho administrativo público[170]. Obviamente, a qualificação pública reclama,

---

[169] Cfr., *infra*, Parte III, Cap. I.
[170] Cfr. Vital MOREIRA, *Administração Autónoma*, cit., p. 288.

em casos desses, cautelas especiais. Estamos aqui a admitir apenas a hipótese de se verificar a "apropriação pública explícita" da tarefa envolvida. A lei terá, pois, de declarar expressamente a natureza pública da missão ou deixar indicações explícitas de que se trata de uma missão assumida pelo Estado[171].

Essa exigência está plenamente satisfeita na lei alemã que regula a profissão notarial, em cujo § 1.º se estabelece expressamente que os notários são "titulares independentes de uma função pública"[172]. A lei portuguesa, que transformou o notário num titular de uma *profissão pública independente*, é também clara neste ponto, ao sublinhar a natureza pública da função notarial, bem como ao qualificar o notário como um oficial público, delegatário de fé pública[173].

Ainda no direito português, conduz-nos a uma conclusão segura sobre a natureza pública de uma tarefa o disposto no artigo 8.º do Decreto-Lei n.º 144/93, de 26 de Abril (regime jurídico das federações desportivas). Nessa disposição, estabelece-se que têm natureza pública os poderes exercidos pelas federações desportivas no âmbito da regulamentação e disciplina das competições desportivas, conferidos pela lei para a realização obrigatória de "finalidades compreendidas nas atribuições do Estado". A referência às "atribuições do Estado" constitui uma indicação clara da "apropriação pública" de certas funções exercidas pelas federações desportivas.

Referimos já que alguma doutrina combate abertamente o expediente de apropriação pública de uma tarefa que é imediatamente seguida da atribuição a particulares: a coincidência dos dois momentos (a apropriação pública e, *uno actu*, a entrega a particulares) denuncia o "carácter fictício" de todo o processo de apropriação pública[174]. Se o Estado entrega a execução de uma tarefa a particulares, então esta deve considerar-se privada (se antes já era pública, tratar-se-á de uma medida de privatização material)[175]. O princípio da privaticidade conduzirá necessariamente a esse resultado. Quer isto dizer que a mera declaração de que

---

[171] Nesse sentido, cfr. FRANTZEN, Ob. cit., p. 13; OSSENBÜHL, "Die Erfüllung", cit., p. 155[81]; STEINER, "Der Beliehene", cit., p. 71[21], e *Öffentliche*, cit., p. 51.

[172] Cfr. STERN, "Das Notariat in der Verfassungsordnung", p. 370.

[173] Cfr., *infra*, 2.5.5.

[174] Cfr. SCHACHTSCHNEIDER, *Der Anspruch*, cit., p. 296.

[175] Cfr. SCHACHTSCHNEIDER, *ibidem*, p. 245.

uma tarefa reveste natureza pública não basta para produzir o resultado
da apropriação pública: quando o Estado não assume formalmente a
obrigação de executar a tarefa por si mesmo, através do seu aparelho
administrativo, não se pode falar de "transferência" ou de "delegação" da
tarefa para e em particulares, pois que o fenómeno é, na realidade, de
cedência ou de abdicação de execução de uma tarefa por meios públicos[176]. O referido processo, suportado por uma "construção absurda",
conduzirá a uma "apropriação pública" em sentido apenas formal,
resultado que deverá considerar-se inconstitucional[177].

Com toda a pertinência, esta linha crítica chama a atenção para o
risco que comporta a admissibilidade teórica da delegação originária e,
portanto, a apropriação pública coincidente com a delegação de tarefas
em particulares. Existe, de facto, o risco de a "delegação" acabar transformada num instrumento de publicização generalizada, convertida num
"veículo do Estado total"[178]. A situação pode assumir contornos particularmente complexos quando os tópicos da apropriação pública e da
delegação forem invocados pelo Estado para legitimar a sujeição de
actividades económicas e, sobretudo, de profissões a uma disciplina
especialmente restritiva. Numa palavra, a "delegação originária" pode
representar um perigo para os direitos e as liberdades dos cidadãos,
provocando o aniquilamento de certos segmentos da autonomia individual.

As observações formuladas reclamam uma tomada de posição sobre
esta modalidade de apropriação pública (estadual) de tarefas a desempenhar (apenas) por entidades particulares.

Sobre o assunto, diremos, em primeiro lugar, que os argumentos
que a doutrina referida invoca não procedem nos casos em que a missão
objecto de apropriação é, *uno actu*, confiada a uma associação privada
que represente os interessados. Independentemente da posição teórica
que se sustente sobre a delegação de funções públicas em associações de
interessados[179], supomos, quanto à específica matéria em discussão, que
a "delegação originária" não suscita aqui os problemas e as dificuldades
que, em geral, se lhe imputam. Ao contrário, pode até dizer-se que ela

---

[176] Cfr. OSTERLOH, Ob. cit., p. 225[77].
[177] Cfr. SCHACHTSCHNEIDER, *Der Anspruch*, cit., p. 296.
[178] Cfr. KÖTTGEN, *apud* STEINER, "Öffentliche", cit., p. 528.
[179] Dizemos, de passagem, que essa delegação não nos entusiasma particularmente;
cfr., *infra*, Parte IV, Cap. I.

corresponde, neste caso, à "vontade" e ao "anseio" dos próprios interessados. Será difícil considerar essa delegação um acto agressivo para os direitos do delegatário (salvo, claro está, se se tratar de uma "delegação imposta por lei"[180]). O mesmo já não pode, contudo, dizer-se, em princípio, a respeito do fenómeno designável de "publicização de profissões". Temos em vista as chamadas *profissões públicas independentes*, que se apresentam como "profissões públicas exercidas fora de uma relação de emprego público"[181]. Como, em geral, a doutrina explica, trata-se de profissões cujo objecto principal ou nuclear consiste no exercício de uma função pública[182]. Na doutrina portuguesa, João Pacheco de Amorim denomina-as "profissões consubstanciadoras de um exercício privado de funções públicas"[183].

Os titulares de uma profissão pública independente estão situados a meio caminho entre os funcionários públicos e os titulares de profissões privadas: como os primeiros, exercem uma função pública; como os segundos, exercem a "sua" profissão em nome próprio, fazendo-o num quadro "independente" e "liberal", fora do contexto de uma relação de emprego com a Administração Pública[184].

A publicização de uma profissão pressupõe, por conseguinte, que o particular exerce uma actividade profissional que se traduz no exercício de uma função pública, portanto, de uma função que o Estado assume como sua. Daí que o profissional seja considerado um "delegatário" ou "concessionário" do Estado[185]. Na situação de "dono da função", o Estado supõe-se legitimado a estabelecer uma regulação particularmente intensa, por ex., definindo, requisitos exigentes quanto ao acesso à profissão

---

[180] Aliás, foi (também) com base no carácter agressivo da delegação que o Tribunal Constitucional declarou a inconstitucionalidade de normas legais que atribuíam a sindicatos competência para a passagem de carteiras profissionais. De acordo com o Tribunal, um tal regime legal atentava contra a liberdade de acção e a independência dos sindicatos, pondo em causa a autonomia jurídica dos sindicatos em face do Estado; cfr., *infra*, Parte III, Cap. I.

[181] Sobre essas profissões, cfr. STEINER, *Öffentliche*, cit., p. 102 e ss; LEISNER, "Öffentliches Amt", cit., especial. p. 181 e ss; HOFFMANN, "Die Verstaatlichung von Berufen", cit., p. 458; SAINZ MORENO, "El ejercicio", cit., p. 1699 e ss. No direito português, cfr. João Pacheco de AMORIM, *A Liberdade*, cit., especial., p. 106 e ss.

[182] Cfr. STEINER, *Öffentliche*, cit., p. 102.

[183] Cfr. João Pacheco de AMORIM, *A Liberdade*, cit., p. 106.

[184] Cfr. SAINZ MORENO, Ob. cit., p. 1777.

[185] Cfr. LEISNER, "Öffentliches Amt", cit., p. 192.

(*v.g.*, fazendo depender o acesso de um procedimento de iniciativa oficiosa), estabelecendo regras de contingentação (*numerus clausus*) ou fixando longos catálogos de impedimentos e de incompatibilidades.

Toda essa apertada regulação pressupõe que se exclui a invocação da liberdade de escolha de profissão. A profissão pública refere-se a uma tarefa pública e, por isso, o direito envolvido quanto à pretensão de a exercer é, com adaptações, o direito de acesso à função pública. Destacando essa circunstância, a linha crítica acima referida conclui que a apropriação pública formal se revela um instrumento de agressão à liberdade de profissão. Quer dizer, o Estado ficciona uma apropriação pública para legitimar um atentado à liberdade privada[186].

Compreendendo a inquietação dos críticos, não concordamos integralmente com o argumento de fundo que invocam, quando afirmam que o facto de uma tarefa ser destinada a particulares significa que o Estado não a considera verdadeiramente pública, limitando-se a ficcionar a apropriação. Com efeito, em termos teóricos, não vemos obstáculo a qualificar como verdadeiramente pública uma tarefa apropriada pelo Estado, ainda que, *ab initio*, não executada pelo seu aparelho administrativo.

Efectivamente, a relevância pública e a conexão de certas actividades com atribuições típicas e tradicionais do Estado (como, por ex., a de conferir fé pública a documentos) podem justificar uma "verdadeira" (não apenas formal) apropriação pública. Neste contexto, e mesmo admitindo teoricamente outra possibilidade, reputamos, por ex., legítima a publicização da profissão notarial. Neste caso específico, diremos até que a disciplina jurídica particularmente restritiva prevista na lei[187] não é uma consequência da publicização da profissão, mas antes uma implicação da *auctoritas* que normalmente se associa ao notário. Na tradição jurídica partilhada pelo direito português seria difícil (e arriscado) conceber a profissão notarial como uma profissão livre e desregulada; desde logo, a importância social da actividade notarial reclama uma especial credibilidade do notário. Mesmo que não nos encontremos diante da única via pensável, a ligação do notário ao Estado, por força da publicização da profissão (e do controlo do acesso, bem como da fiscalização pública), constitui, aos nossos olhos, um meio legítimo de realização do interesse público: especificamente, o interesse de atribuir à função notarial a seriedade e credibilidade de que ela carece.

---

[186] Cfr. SCHACHTSCHNEIDER, *Der Anspruch*, cit., *passim*, pp. 73 e ss e 295 e ss.
[187] Cfr., *infra*, Parte III, Cap. I.

As referências agora feitas à actividade notarial são suficientes para abalar a generalidade do argumento de fundo apresentado pelos críticos da delegação originária de tarefas públicas em particulares. Mas daí já não decorre que se possa negligenciar essa linha crítica. Na verdade, pensando na publicização de profissões, há-de entender-se que a "apropriação pública" configura uma "neutralização" da liberdade de profissão constitucionalmente garantida. Desse ponto de vista, a publicização de uma profissão deve ser considerada como uma medida restritiva de um direito abrangido pelo regime dos direitos, liberdades e garantias, impondo-se, por isso, a observância dos requisitos constitucionais previstos para essa eventualidade[188].

2.1.2.3. Apropriação pública implícita

Nas hipóteses estudadas nos números anteriores estava envolvida uma "apropriação pública explícita". A qualificação pública da tarefa desenvolvida pelo particular apresenta-se segura quando este colabora com uma entidade administrativa, bem como quando, apesar de a tarefa não estar confiada à Administração, a lei fornece indicações explícitas no sentido da apropriação Estado.

A situação que procuramos agora analisar apresenta outros contornos. Pretende-se saber se o facto de a lei não indicar explicitamente a apropriação pública da tarefa desenvolvida pelo particular inviabiliza a qualificação pública. A hipótese a considerar aqui é, portanto, a de uma *actividade exercida por particulares não qualificada explicitamente como pública*.

Obviamente, a questão da natureza jurídica de uma actividade exercida por particulares só se coloca quando essa seja uma *actividade regulada por lei*. Na verdade, a actividade que os particulares exercem fora de um enquadramento legal específico – ainda que com base em direitos e liberdades gerais de acção consagrados em lei, *v.g.*, direito de associação, direito de iniciativa económica, direito de propriedade – não pode deixar de se considerar uma actividade privada. A dúvida pode surgir apenas para actividades reguladas por lei, não podendo, neste contexto, esquecer-se que, *em princípio*, as actividades exercidas por particulares são privadas.

---

[188] Em sentido próximo, cfr. STEINER, *Öffentliche, cit.*, p. 104; LEISNER, "Öffentliches Amt", cit., p. 190.

Respeitando e sublinhando a força normativa do *princípio da privaticidade* neste contexto, não vemos, contudo, obstáculos que, liminarmente, excluam a possibilidade de se qualificar como pública uma actividade confiada a particulares e não expressamente assumida como pública. Uma tal posição não significa qualquer aproximação das correntes que baseiam a qualificação pública em critérios materiais ("interesse público"; "relevância pública"; "efeitos públicos"), já que não se exclui a exigência de "apropriação pública" da tarefa. Limitamo-nos a admitir, no puro plano teorético, que a apropriação pública (em princípio, pelo Estado) de uma tarefa pode não resultar de uma declaração explícita da lei, mas, antes, de factores ou de indícios que conduzam o intérprete à conclusão – segura e inequívoca – de que uma determinada missão foi objecto de "apropriação pública implícita"[189].

As considerações expostas esclarecem, nesta matéria, que decisivos não são os fins ou a relevância de uma actividade para a satisfação das necessidades colectivas. Uma actividade com essas características pode assumir-se como privada, integrar a esfera da Sociedade, e ser exercida pelos particulares no exercício dos seus direitos e liberdades. Não procuramos, portanto, indícios que revelem uma espécie de "actividades públicas por natureza"; pretendemos encontrar, isso sim, factores ou indícios que revelem a "apropriação pública" e que, por conseguinte, permitam concluir que, apesar de confiada a particulares, uma determinada actividade reveste natureza pública, representando a participação desses mesmos particulares no exercício do Poder Público.

Vamos, a seguir, analisar alguns factores que, *num contexto determinado*, podem ter o alcance de indiciar com suficiente clareza a apropriação pública de uma tarefa desenvolvida por particulares.

a) Conexão inseparável da tarefa em causa com uma tarefa claramente pública

A circunstância de uma determinada actividade se apresentar intrinsecamente conexa com uma tarefa claramente pública pode ser um factor e um indício da natureza pública[190].

---

[189] Sobre a possibilidade de se considerar indícios de publicização nos casos em que não há uma declaração inequívoca nesse sentido, cfr. OSSENBÜHL, "Die Erfüllung", cit., p. 155 e ss.

[190] Neste sentido, cfr. OSSENBÜHL, "Die Erfüllung", cit., p. 158.

Trata-se, contudo, de um factor que deve ser analisado com todas as cautelas, designadamente em face dos numerosos contactos e continuidades entre tarefas privadas e tarefas públicas[191]: "efeitos públicos de actos privados" e "privatização material parcial de procedimentos administrativos"[192] constituem conceitos associados à execução de tarefas privadas e à prática de actos privados cujos resultados podem ter de ser considerados e recebidos pela Administração, constituindo pressupostos da prática de actos públicos.

Diremos, por isso, que, para representar um indício seguro da natureza pública de uma tarefa, o tópico da conexão inseparável reclama que seja inequívoco que a lei confie ao particular uma "parte", um "segmento" de uma tarefa unitária de natureza pública. Quer dizer, a tarefa do particular terá de constituir uma "parte não autónoma de uma tarefa global". Com base neste critério, deve, por ex., considerar-se pública a tarefa que um particular exerce de autuação de infracções que dão lugar à aplicação de sanções públicas[193]. A situação pode, aliás, generalizar-se a todos os casos em que ao particular cabe a organização e a direcção da instrução de procedimentos administrativos (assim, por ex., a condução do procedimento de expropriação pela entidade expropriante).

Do mesmo modo, parece-nos de considerar pública a tarefa atribuída a um particular de, nos termos da lei, emitir uma pronúncia com força vinculativa sobre uma decisão pública. Todavia, neste caso, tal pronúncia tem de se traduzir num acto inserido na tramitação do procedimento (não um mero pressuposto do exercício das competências da Administração) e terá de corresponder a uma situação inequívoca de desconcentração dos encargos da instrução de um procedimento administrativo[194].

---

[191] Cfr., *supra*, Parte I, Cap. II, 1.4.

[192] Cfr., *supra*, Parte I, cap. III, 1.3.4.

[193] No sentido de que a autuação e a documentação de infracções públicas representam uma parte de uma competência da Administração, cfr. GRAMM, "Schranken", cit., p. 349.

[194] Em sentido próximo, cfr. STEINER, *Öffentliche,* cit., p. 128 e ss, e "Rechtsfragen", cit., p. 609; HEIMBURG, Ob. cit., pp. 113 e 126 e ss, a propósito da designada *"Beleihung interna"*.

b) Exercício de poderes de autoridade na execução da tarefa

A utilização de poderes de autoridade é geralmente apontada como um dos indícios mais nítidos do carácter público de uma tarefa[195]. Mas, note-se, trata-se apenas de um indício. Com efeito, a conexão entre poderes de autoridade e tarefas públicas não existe sempre. Por um lado, o direito privado conhece poderes de autoridade e relações de subordinação jurídica, circunstância que explica a afirmação de que "os poderes públicos não são sempre evidentes"[196]. Não obstante, poderá sempre dizer-se, sobre isso, que os poderes privados de autoridade se projectam, geralmente, em relações baseadas no consenso[197]. Esta "explicação consensual" permite considerar públicos os "poderes de autoridade exorbitantes", isto é, os poderes de autoridade sem raiz consensual. Sendo efectivamente assim, sempre resta, contudo, saber se a confirmação pública de um poder implica a natureza pública da tarefa em cuja execução ele é actuado. Isto porque, pelo menos em princípio, não podemos dar por excluída a possibilidade da chamada "delegação isolada de poderes públicos", que mais não configura do que uma delegação de poderes públicos para a prossecução de fins privados. Concluímos, por isso, que o valor dos "poderes de autoridade exorbitantes", como indício da natureza pública de uma tarefa, depende em certa medida da questão de saber se é possível a chamada delegação isolada de poderes públicos[198].

Ainda sobre o indício resultante dos poderes de autoridade, deve esclarecer-se que, em muitas situações, o processo de identificação opera em sentido inverso; ou seja, é a prévia determinação da natureza pública de uma tarefa que permite qualificar um determinado poder como público. Há, na verdade, poderes que se apresentam *neutros*, que existem tanto no direito privado como no direito público e que, por isso, podem abstractamente ser qualificados como públicos ou privados (*v.g.*, poder de autorizar, de certificar, de punir). Neste contexto, decisivo para determinar a sua natureza pode ser a própria natureza da tarefa em cujo âmbito ele se destina a ser exercido.

---

[195] Assinalando isso mesmo em relação aos *poderes de autoridade administrativa*, cfr. Vital MOREIRA, *Administração Autónoma*, cit., p. 289.

[196] Nesse sentido, cfr. STEINER, *Öffentliche,* cit., p. 68; BACKHERMS, Ob. cit., p. 19.

[197] Sobre os "poderes privados", cfr., *infra*, 3.

[198] Sobre esta matéria, cfr., *infra*, Parte IV.

c) Tarefas essenciais à realização de direitos de exercício condicionado por lei ou ao cumprimento de deveres legalmente impostos aos cidadãos

Estamos agora perante um factor de natureza diferente dos dois anteriores, porquanto estão em causa a própria natureza e o regime legal desenhado para uma actividade.

Inicia-se a exposição deste tópico pela enunciação de uma hipótese. Suponha-se, então, que a lei faz depender o acesso a uma dada profissão de um acto de inscrição ou da emissão de uma carteira profissional ou que exige a certificação como condição da comercialização de um dado produto com indicação da origem geográfica. Nos dois casos, os interessados são confrontados com uma norma jurídica que condiciona a satisfação do interesse (privado) de exercer uma profissão ou uma actividade económica ou de indicar a origem geográfica de um produto.

Em situações dessa natureza, o Estado, ao mesmo tempo que afasta a possibilidade de um livre e desregulado exercício de direitos que ele próprio reconhece, não pode deixar de assumir, pelo menos, a responsabilidade de organizar o sistema de execução da actividade que descondiciona o exercício desses direitos[199]. O condicionamento legal está, por conseguinte, na origem de um direito subjectivo público de exigir do Estado a criação de uma adequada estrutura organizativa de protecção do direito condicionado, a qual, além do mais, assegurará a possibilidade do seu exercício.

Ora, na generalidade dos casos, a lei entrega a referida responsabilidade a uma instância pública da administração estadual ou de administração autónoma.

No entanto, pode suceder que, em vez disso, a lei a confie directamente a entidades particulares. Então, passam a ser essas entidades particulares – "autorizadas", "acreditadas", "reconhecidas", etc. – que se responsabilizam pela tarefa em cujo âmbito são praticados os actos que descondicionam o exercício de direitos subjectivos conferidos por lei.

O facto de o Estado confiar a referida tarefa a entidades particulares pode, em certas condições, interpretar-se como a adopção de uma

---

[199] Se o Estado não assumisse essa responsabilidade, os titulares dos direitos ver--se-iam confrontados com a impossibilidade de os exercer, razão por que o condicionamento (*reserva de autorização ou de inscrição*) traduzir-se-ia, afinal, numa proibição definitiva do exercício dos direitos. Por outras palavras, não teríamos aí condicionamento, mas degradação ou eliminação de direitos.

estratégia de *substituição originária* da Administração por particulares. De facto, dando por boa a premissa segundo a qual o condicionamento legal de um direito subjectivo implica, para o Estado, a responsabilidade pública de criar uma estrutura de protecção e de descondicionamento do direito, segue-se a conclusão, de que, em si mesma, a tarefa de descondicionamento do direito é, implicitamente, apropriada pelo Estado.

Embora admitindo a conclusão, cumpre explicar que esta não se assume inevitável, enquanto universal, válida para todas as hipóteses. Vejamos, então, as hipóteses em que, no nosso parecer, o facto de a responsabilidade de executar tarefas de controlo (preventivo e sucessivo) do exercício de direitos subjectivos estar confiada a entidades particulares não indicia uma apropriação pública.

Com efeito, pode suceder – e sucede cada vez mais – que a lei proceda claramente à privatização das próprias actividades de controlo. Recorde-se, por ex., o que se passa com a certificação da segurança técnica de certos produtos industriais. O Estado impõe a exigência de certificação – condicionando o direito de introduzir o produto no mercado –, mas, ao mesmo tempo, responsabiliza o fabricante por obtê-la através de um dos vários organismos privados oficialmente reconhecidos ou acreditados que prestam serviços (privados) de certificação[200]. Em situações deste tipo, o Estado "privatiza", confia ao próprio mercado as tarefas que provocam o descondicionamento do exercício de direitos. Não há aí apropriação pública, mas, pelo contrário, privatização material de tarefas. As relações que se estabelecem entre prestadores e adquirentes de serviços são relações de direito privado, que se desenrolam num contexto típico de mercado.

Dir-se-á, portanto, que o cenário que estamos a analisar apenas pode indiciar uma apropriação pública nos casos em que a actividade de descondicionamento e de controlo de direitos não é legalmente privatizada e liberalizada. Assim, haverá, neste caso específico, um "princípio de apropriação pública", sempre que a actividade for exercida por uma única entidade particular (indicada pelo Estado), em posição de monopólio ou de exclusivo publicamente enquadrado e regulado. O facto de a lei atribuir a uma única entidade particular, por ex., as actividades de certificação de produtos (*v.g.*, vinho, queijo) ou de passagem de carteiras profissionais constitui, para nós, um indício inequívoco de "apropriação pública".

---

[200] Sobre este sistema, cfr., *supra*, Parte I, Cap. I, 3.1.1.2.

As considerações que acabam de se expor a propósito dos casos de condicionamento de direitos valem para certas formas de imposição pública de deveres aos cidadãos: se uma lei impõe o dever de sujeição de um estabelecimento ou de uma máquina (*v.g.*, elevador) a inspecções periódicas a efectuar por um terceiro sem simultaneamente liberalizar o acesso às actividades de inspecção, entendemos, do mesmo modo, que tais tarefas são objecto de um processo de "apropriação pública"[201]. A única entidade particular que as exerce actua na esfera de uma responsabilidade pública assumida pelo Estado no momento em que impôs o dever. O facto de entregar a tarefa a uma única entidade não significa a privatização material da tarefa, mas a adopção de uma estratégia de substituição originária para a execução de uma tarefa pública[202].

Idêntico raciocínio aplica-se nos casos em que a lei confia a uma entidade privada tarefas de certificação de adesão voluntária, associadas à atribuição de direito de uso de marcas e sinais distintivos criados por acto público.

Só por si, a circunstância de a criação desses sistemas de certificação pertencer à iniciativa pública faz deles sistemas públicos. Mas, como se viu em relação à certificação da qualidade ou à verificação ambiental, o facto de ser o Estado a criar um sistema de certificação, bem como os sinais que lhe estão associados, não basta para se concluir que, em si mesma, é pública a actividade de certificação. Na verdade, verifica-se, nesse caso, apenas a participação do Estado num sector aberto à iniciativa económica privada (à escala europeia), em cujo âmbito actuam, num sistema de concorrência, vários organismo de certificação acreditados: nesse caso, a certificação concedida a um interessado por um organismo

---

[201] Em sentido contrário, cfr. STEINER, *Öffentliche,* cit., p. 124, e *Staatliche Gefahrenvorsorge und Technische Überwachung*, p. 26. Entende o Autor que o facto de uma lei impor aos cidadãos deveres cujo cumprimento exige o auxílio de um terceiro, com um exclusivo territorial, não implica a natureza pública da actividade que este exerce: tratar-se-á de um "Privatmonopol" (o dever considerado é o de proceder à limpeza de lareiras e de sistemas de aquecimento a lenha que os proprietários têm de cumprir através de um terceiro, oficialmente acreditado).

[202] Não concordamos com FERNANDEZ RAMOS, Ob. cit., p. 521, quando sugere que as actividades de inspecção se apresentam como públicas ou privadas, consoante o sujeito passivo tenha o dever negativo de suportar a inspecção ou o dever positivo de, periodicamente, se submeter a inspecção. Não é, de facto, assim. Veja-se, por ex., a actividade de inspecção de veículos automóveis, que, nos termos da lei, é uma actividade pública claramente associada a um dever positivo.

acreditado pelo sistema público do Estado não tem um valor diferente da que é concedida por um qualquer outro organismo (acreditado por outro Estado), pois são as mesmas as normas (técnicas) cuja observância se afere[203].

Contudo, se a lei cria um sistema exclusivo de certificação (de adesão voluntária) em termos de os agentes económicos interessados não poderem obtê-la num mercado liberalizado, deve entender-se então que o Estado assume como sua a própria actividade de certificação, pelo que, se for esse o caso, a entidade privada a quem ela vier a ser confiada executa uma tarefa pública: entre nós, constitui uma actividade pública de certificação a que cabe à *Comissão Regional da Cristalaria*, que actua na *Região do Vidro da Marinha Grande*[204/205].

Ainda neste domínio, em que estão causa tarefas de entidades particulares em cuja execução são praticados actos relacionados com direitos subjectivos de terceiros, uma consideração especial suscita a actividade de gestão de mercados de valores mobiliários. A ela nos referiremos em termos mais desenvolvidos (cfr., *infra*, 3.1.2.4.).

d) Outros factores

Nas condições que referimos, os três factores expostos podem indiciar a apropriação pública de uma tarefa executada por entidades particulares.

Mas deve discutir-se ainda a eventual relevância de outras indicações legais.

Assim, por ex., o facto de a lei chamar "taxa" à contraprestação do serviço prestado por uma entidade particular. Uma vez que, num sentido técnico-jurídico, a taxa consiste num tributo que pode ser exigido como contrapartida da prestação concreta de um serviço público (cfr. artigo

---

[203] Assim, o facto de a certificação obtida no sistema público nacional conferir o direito ao uso de marcas e sinais especiais (*v.g.*, "Acreditação" e "Marca Produto Certificado", símbolos que são propriedade do *Instituto Português da Qualidade*) não representa qualquer mais-valia em relação à certificação obtida fora desse sistema por um organismo de certificação acreditado de outro Estado da União Europeia.

[204] Cfr. *infra*, Parte III, Cap. II.

[205] No direito alemão, também se entende que é pública a actividade de certificação ligada à concessão de uma *etiqueta ecológica* (o "Anjo Azul"); cfr. OSSENBÜHL, *Umweltpflege*, cit., p. 14 e ss; BERENDES, Ob. cit., p. 14 e ss.

3.º/2 da LGT), poderia supor-se que o facto de a lei estabelecer que a contrapartida da prestação de um serviço constitui uma "taxa" bastaria para considerar público o serviço prestado[206]. Sucede, no entanto, que o legislador usa, com frequência, o conceito de taxa num sentido impróprio[207], para indicar, não a designação de um tributo, mas, por ex., o "preço fixado por uma norma de direito público"[208]. Assim acontece no diploma que fixa o regime das entidades inspectoras de instalações de gás (Decreto--Lei n.º 521/99, de 10 de Dezembro) em cujo artigo 18.º/3 se diz que "as taxas devidas pela comprovação da conformidade dos projectos e pela realização das inspecções periódicas, incluindo a sua forma de cálculo, a determinação do valor e a forma do pagamento, são estabelecidas por portaria do Ministro das Finanças"[209]. Apesar da referida designação, resulta claro que a inspecção de instalações eléctricas constitui hoje uma actividade privada, que pode ser exercida por qualquer entidade reconhecida e inscrita em cadastro próprio. A mera referência legal ao conceito de taxa não consubstancia, portanto, um critério seguro para qualificar como pública a actividade exercida por um particular. Na ausência de outros factores, a designação legal só deve ser tomada como elemento que indicia a natureza pública da *contraprestação* quando for seguro que a "taxa" apresenta o carácter de um tributo. É o que nos parece verificar--se nos seguintes casos: *i)* sempre que a lei estipula que o prestador do serviço, e beneficiário da taxa, tem, na hipótese de incumprimento, o direito de a cobrar coercivamente pela via do processo das execuções fiscais (ex: taxa de certificação cobrada pelas entidades certificadoras de vinhos regionais, nos termos do artigo 12.º/3 do Decreto-Lei n.º 119/97, de 15 de Maio); *ii)* quando a lei determina que o não pagamento de uma

---

[206] Sobre o conceito de taxa, cfr. Teixeira RIBEIRO, "Noção jurídica de taxa", p. 289 e ss; ALBERTO XAVIER, *Manual de Direito Fiscal*, I, p. 42 e ss; Casalta NABAIS, *Direito Fiscal*, p. 19 e ss.

[207] Observando que, nesta matéria, a "terminologia legal não merece confiança", cfr. Teixeira RIBEIRO, "Noção", cit., p. 291.

[208] A expressão "preço fixado por uma norma de direito público" não significa que se trate de um "preço público" (prestação patrimonial de carácter público); pode na verdade entender-se que a fixação administrativa de um preço não altera a sua natureza privada; sobre o assunto, embora com um entendimento diverso, cfr. VILLAR ROJAS, *Tarifas, tasas, peajes y precios administrativos*, p. 65 e ss (especial, p. 66[75]); no sentido de que o "preço público" é o nome da contraprestação que obtém um *ente público*, cfr. MARTIN FERNANDEZ, *Tasas y precios públicos en el derecho español*, p. 155 e ss.

[209] Cfr. Portaria n.º 625/2000, de 22 de Agosto.

taxa constitui uma contravenção ou uma contra-ordenação, deixando assim claro que está em causa um ilícito público (ex: taxas de portagem cobradas por empresas concessionárias de auto-estradas); *iii)* quando o contexto em que aparece a referência ao conceito de taxa deixa perceber claramente que a lei pretende investir a entidade privada de um poder especial (assim, por ex., se a lei estabelecer que "a entidade X fica *autorizada* a cobrar taxas pelos serviços que presta"). Em tais casos, desvanece-se a dúvida sobre a natureza tributária da contraprestação a que a lei chama taxa. Mas deve dizer-se que dessa qualificação não resulta automaticamente uma certeza sobre a natureza pública da tarefa envolvida, porquanto não é de excluir (pelo menos, liminarmente) a eventualidade de estar presente uma delegação isolada de poderes públicos (aparecendo, então, o poder de cobrar taxas articulado com uma actividade privada)[210].

Por outro lado, o facto de a lei prever a impugnação administrativa de actos de entidades particulares pode ser também relevante. Na verdade, a submissão de actos de particulares à jurisdição administrativa deverá, em princípio, interpretar-se como a confirmação da natureza pública da tarefa executada. Contudo, também neste domínio, se impõem cautelas. Basta recordar, a propósito, o que se disse já sobre a vinculação de particulares (sem funções públicas) pelo direito administrativo ou sobre os actos privados equiparados a actos administrativos[211].

O mesmo se diga das situações em que a lei admite o "recurso" de actos de entidades particulares para a Administração Pública. Se, em geral, podemos aceitar que a previsão de um recurso administrativo parece pressupor a natureza pública do acto praticado, importa não excluir imediatamente a hipótese de esse ser um instrumento para conferir à Administração o "poder de controlar a legalidade de actos privados" (poder público exercido no contexto de uma responsabilidade de garantia) ou mesmo o "poder de resolver conflitos entre particulares"[212].

Por fim, refira-se os contornos muito particulares da apropriação pública implícita da tarefa de gestão nacional da internet[213].

---

[210] Admitindo expressamente esta eventualidade, cfr. SCHMITT, *Bau, Erhaltung,* cit., p. 168 e ss.

[211] Cfr., *supra*, Parte I, Cap. II, 3.2.2. e 3.2.3.1.1.

[212] Sobre a actividade administrativa de resolução de conflitos, cfr., *infra*, 2.2.

[213] Sobre o assunto, cfr., *infra*, Parte III, Cap. I.

2.1.3. *Estudo de quatro casos controversos*

Uma vez que o conceito de actividades privadas remete para uma categoria negativa ou residual[214], está naturalmente fora de causa apresentar um qualquer catálogo de indícios da privaticidade de uma tarefa. Nesta matéria, a dúvida que eventualmente pode colocar-se é a de saber se uma concreta tarefa ou actividade apresenta indícios suficientes de publicização. Ora, quanto a esse aspecto, identificamos quatro casos que se revelam controversos, quer porque a doutrina se divide quanto à concreta qualificação da actividade envolvida, quer porque a letra da lei não se afigura completamente esclarecedora. Nas páginas que se seguem, procuraremos demonstrar a natureza privada do ensino privado oficializado, das tarefas executadas por pessoas colectivas de utilidade pública administrativa e por associações de bombeiros voluntários, das actividades exercidas no âmbito de certas profissões legalmente designadas como oficiais, bem como da actividade de gestão de mercados de valores mobiliários.

2.1.3.1. Ensino privado oficializado

Claramente contra uma tese corrente, sobretudo na doutrina estrangeira, mas também defendida no direito português, entendemos que as escolas privadas integradas no sistema educativo – "escolas oficializadas", que conferem títulos e habilitações com valor oficial – não exercem funções administrativas, nem se encontram investidas de poderes públicos[215]. Da leitura que fazemos da CRP resulta que o Estado não detém o monopólio do ensino, nem da concessão de títulos com valor de habilitação oficial. Quando realizam actividades educativas e de ensino ou quando efectuam avaliações e conferem títulos com validade oficial, as escolas privadas não exercem, "por delegação", um poder público, mas, sim, um "poder próprio" que o Estado "reconhece". Quer dizer, não há aqui a delegação de uma *competência da esfera pública*, mas antes o *reconhecimento público de um direito da esfera privada*.

---

[214] São privadas todas as actividades, missões e tarefas que não sejam objecto de uma publicização.

[215] Referindo-se ao "exercício de poderes públicos" pelas escolas oficializadas, cfr. J.J. Gomes CANOTILHO/Vital MOREIRA, Ob. cit., p. 371. Essa é a doutrina corrente na Alemanha em relação às escolas particulares reconhecidas: cfr. SCHMITT-KAMMLER, in *Grundgesetz*, (SACHS), p. 437; GRÖSCHNER, in *Grundgesetz Kommentar*, (DREIER), I, p. 578; MICHAELIS, Ob. cit., p. 122 e ss; SCHWEIKERT, Ob. cit., p. 43 e ss.

A explicação da tese enunciada exige alguns esclarecimentos de natureza genérica sobre as relações entre o Estado e o sistema de ensino, bem como sobre o ensino privado e a sua posição jurídico-
-constitucional.

2.1.3.1.1. Modelos de organização do sistema de ensino

Segundo a doutrina, há quatro modelos fundamentais de organização do sistema de ensino[216]:

i) Modelo do *monopólio estadual* – Segundo este modelo, todo o sistema de ensino constitui uma tarefa estadual e uma "coisa do Estado", que, só ele pode criar e gerir escolas. O ensino privado e as escolas privadas são proibidos.

ii) Modelo da *escola pública delegada* – O sistema de ensino continua a ser uma "coisa do Estado", mas o ordenamento jurídico admite a delegação em entidades particulares da tarefa estadual de criação ou de gestão de escolas, bem como o exercício da autoridade escolar ("Schulbeleihung")[217]. As entidades particulares podem, portanto, assumir um papel no sistema de ensino, embora no contexto, *administrativizado*, de uma relação de colaboração com o Estado na gestão do serviço público de ensino[218].

---

[216] Cfr. PLÜMER, *Verfassungsrechtliche Grundlagen und Rechtsnatur der Privatschulverhältnisse*, p. 58 e ss; MICHAELIS, Ob. cit., p. 122. Na doutrina portuguesa, embora num sentido diferente, cfr. Paulo Pulido ADRAGÃO, *A Liberdade de Aprender e a Liberdade das Escolas Particulares*, p. 86.

[217] Teríamos, assim, *escolas públicas em gestão privada*; cfr. SCHWEIKERT, Ob. cit., p. 43, e MENNACHER, Ob. cit., p. 137.

[218] Em Espanha, em face da norma da *Ley General de Educación*, de 1970, que estabelecia que *"para todos os efeitos, a educação será considerada um serviço público fundamental"*, a doutrina colocou o problema de saber se essa declaração legal não implicava a *publicatio* de todo o sistema de ensino, em termos de os centros privados de ensino deverem considerar-se "concessionários do Estado" – a resposta dada foi, em geral, negativa, entendendo-se que a declaração de serviço público não implicava a estatização de todo o ensino, embora pudesse basear uma ingerência profunda do Estado no ensino privado; cfr. GOMEZ-FERRER MORANT, "El régimen general de los centros privados de enseñanza", p. 7 e ss. Nesse mesmo sistema, entendia VILLAR EZCURRA, "El derecho a la educación como servicio público", p. 184, que a *publicatio* não atingia o estabelecimento de centros privados de docência, mas os títulos que eles conferem; neste sentido, existiria "um «monopólio» da Administração na medida em que a eficácia dos títulos conferidos por centros privados depende da sua homologação".

iii) Modelo da *escola privada autorizada* – Ao contrário dos modelos anteriores, agora a ordem jurídica admite expressamente a criação de escolas privadas e, portanto, um ensino privado concorrente com o ensino público. A criação de escolas consubstancia um direito dos particulares, embora o exercício desse direito dependa de um acto público de controlo preventivo, de uma autorização administrativa, que deve ser conferida desde que estejam verificadas condições legalmente previstas ("direito sob reserva de autorização").

iv) Modelo da *escola privada de criação livre* – Admite-se o ensino privado e, mais do que isso, não está dependente de qualquer controlo preventivo público. A criação da escola constitui um direito subjectivo dos particulares, mas um "direito de exercício livre".

Os modelos expostos têm subjacente uma distinção essencial: nos dois primeiros, a ordem jurídica só admite o ensino público; nos outros, admite a convivência do ensino público com o ensino privado. Para nós, o critério decisivo de separação entre modelos reside na exclusão ("modelo totalitário") ou na admissibilidade de ensino privado e de escolas privadas ("modelo pluralista" ou da "liberdade escolar"[219]). Cada um desses "modelos de base" será mais ou menos radical: o modelo totalitário poderá excluir ou admitir a participação de entidades particulares no sistema de ensino público; o modelo pluralista pode surgir mais ou menos exigente quanto à criação de escolas particulares ou quanto à definição dos requisitos de criação de escolas habilitadas a conferir graus e títulos com valor oficial.

Como se supõe ser óbvio, o modelo pluralista, em qualquer das suas versões, há-de contemplar a "possibilidade" – como *direito próprio* ou como *poder delegado*[220] – de as escolas privadas realizarem avaliações e conferirem graus e títulos com valor oficial: sem isso, poderão até existir "escolas privadas", pertencentes a entidades particulares, mas não haverá um efectivo e real sistema plural de ensino. O ensino privado realizado por tais escolas surgiria *incompleto*, porque dependente, para se tornar válido e oficial, do Estado e do seu próprio sistema de ensino. Mas, note-se, isto não significa que, no modelo pluralista, todas as escolas privadas estejam necessariamente autorizadas a conferir graus e títulos com valor

[219] Cfr. Paulo Pulido ADRAGÃO, Ob. cit., p. 87.
[220] Sobre isso, cfr., *infra*, 2.1.4.1.5.

oficial; o ponto essencial reside, já vimos, no facto de o sistema contemplar a "possibilidade" de criação de escolas com uma tal competência. Podemos chamar a estas "escolas privadas oficializadas"[221].

As "escolas privadas oficializadas" são, por conseguinte, as escolas criadas por entidades particulares e, nos termos da lei, competentes para prestar aos respectivos alunos um "serviço de ensino completo": preparar, formar, educar, transmitir conhecimentos, disciplinar, avaliar, conferir graus e títulos científicos. A qualificação "oficial" está associada aos aspectos relacionados com o automático reconhecimento legal – para todos os efeitos – dos actos de avaliação, dos graus e dos títulos conferidos pelas escolas, bem como dos documentos que atestam ou certificam a situação escolar de cada aluno.

No direito português, a opção constitucional é muito clara no sentido da recusa de qualquer modelo que pressuponha o monopólio da escola pública. De facto, a criação de escolas constitui um *direito fundamental* inequivocamente consagrado no artigo 43.º/4 – "é garantido o direito de criação de escolas particulares e cooperativas" –, disposição introduzida na revisão constitucional de 1982 e que constitui a *magna carta* do sistema de ensino privado (de todos os graus)[222].

O direito de criação de escolas identifica a consagração de um princípio de *pluralismo institucional* próprio de um Estado que não im-

---

[221] Seguindo a sugestão de J.J. Gomes CANOTILHO/Vital MOREIRA, Ob. cit., p. 371, que consideram oficializada a escola "habilitada a ministrar ensino nos mesmos termos e com os mesmos efeitos das escolas públicas (conceder graus, formar professores, etc.)". Referindo-se ao carácter "oficial" do ensino ministrado nas escolas não públicas, cfr. Jorge MIRANDA/Rui MEDEIROS, *Constituição Portuguesa Anotada*, p. 737.

[222] O teor da norma é praticamente igual ao do artigo 7, IV, da *GG* ("Das Recht zur Errichtung von privaten Schulen wird gewährleistet"); é essa disposição que PLÜMER, Ob. cit., p. 62, considera a "*magna charta*" do sistema de ensino privado. Como assinalámos no texto, a liberdade de criação de escolas, consagrada no artigo 43.º/4 da CRP, abrange escolas "de todos os graus". Diferentemente, no direito alemão, está generalizado o entendimento segundo o qual o artigo 7, IV, da *GG* não inclui o direito de criação de universidades e escolas superiores; cfr. STEINKEMPER, *Die verfassungsrechtliche Stellung der Privathochschule und ihre staatliche Förderung*, p. 92 e ss; BECKER, "Rechtsfragen zu Gründung und Betrieb privater Universitäten", p. 94; GRÖSCHNER, Ob. cit., p. 573; LUTHE, *Bildungsrecht*, p. 139 (onde se esclarecer que aquela disposição constitucional não protege apenas a escola privada como instituição; consagra ainda um direito subjectivo público à *criação* e à *gestão* de escolas privadas).

põe aos cidadãos a sua concepção do mundo[223]: a natureza democrática e tolerante do Estado implica a exclusão de um qualquer sistema de *monopólio público do ensino* e a afirmação clara de um princípio de *ensino plural e livre*[224]. Por isso, o direito de criação de escolas é um direito fundamental clássico ou liberal, um *direito contra o Estado*[225].

Mesmo que não estivesse expressamente consagrado, o direito de criação de escolas teria de ser assumido como uma dimensão específica da liberdade de ensino ou de educação ("liberdade de aprender e de ensinar": artigo 43.º/1)[226], porquanto representa uma projecção dessa mesma liberdade num plano organizativo ou institucional[227]. Além disso, o direito de criação de escolas poderia ainda resultar da liberdade de iniciativa económica privada (artigo 61.º/1 da CRP)[228].

Das observações expostas resulta que, para nós, o direito fundamental de criação de escolas abrange imediatamente o direito a conferir graus e títulos com valor oficial[229]. Sem prejuízo dos desenvolvimentos argumentativos que a matéria reclama, diremos, por agora, que uma interpretação contrária significa admitir que a consagração do direito fundamental de criação de escolas visa exclusivamente impedir o legis-

---

[223] Cfr. CALCERANO/CABRERA, "Scuola", p. 863; SCHMITT-KAMMLER, Ob. cit., p. 437; BLAU, "Bedeutung und Probleme der Privatschulfreiheit", p. 464.

[224] Cfr. PETERS, "Elternrecht, Erziehung, Bildung und Schule", p. 428; OPPERMANN, "Bildung", p. 636.

[225] Cfr. GRÖSCHNER, Ob. cit., p. 574. No mesmo sentido, cfr. CARRO, "Libertad de enseñanza y escuela privada", p. 217 e ss.

[226] Cfr. J.J. Gomes CANOTILHO/Vital MOREIRA, Ob. cit., p. 248; Jorge MIRANDA, *Manual de Direito Constitucional*, IV, p. 382; Mário PINTO, "Liberdades de aprender e de ensinar: escola privada e escola pública". Nos mesmos termos, para o direito espanhol, cfr. EMBID IRUJO, "La enseñanza privada en España: consideraciones sobre su problemática actual en el marco de la política europea sobre educación", p. 85.

[227] Daí que possa dizer-se que a CRP garante a escola privada como "instituição"; nesse sentido, cfr. SCHMITT-KAMMLER, Ob. cit., p. 434.

[228] Referindo-se à liberdade de iniciativa económica das entidades privadas que gerem escolas particulares, cfr. Carla Amado GOMES, "Rebeldes com causas", p. 112. Sobre a relevância da liberdade de iniciativa económica como fundamento constitucional do direito de criação de universidades, cfr. STEINKEMPER, Ob. cit., pp. 98 e ss. e 117 e ss; BECKER, "Rechtsfragen", cit., p. 94.

[229] Contra, cfr. J.J. Gomes CANOTILHO/Vital MOREIRA, Ob. cit., p. 250. A posição que estes autores defendem no direito português corresponde à que é protagonizada, no contexto do artigo 7, IV, da *GG*, pela maioria da doutrina alemã; cfr., infra, 2.1.4.1.5.

lador de proibir ou de limitar administrativamente o ensino privado não oficializado. Com o devido respeito por quem defende essa interpretação, parece-nos que a consagração constitucional de um direito de criação de escolas traduz uma decisão fundamental de acolhimento, com todas as implicações, de um real modelo pluralista de ensino.

Mas desse nosso entendimento já não decorre que a lei não possa fazer depender o exercício do direito fundamental de criação de escolas (independentemente de conferirem ou não títulos e graus com valor oficial) de uma autorização administrativa[230]. Veremos até que a exigência

---

[230] Terá de se tratar de uma *autorização*, quer dizer, de um acto administrativo que descondiciona o exercício de um direito existente, depois de verificar o preenchimento de certos requisitos legalmente estabelecidos (requisitos legais que terão de ser *subjectivos*, no sentido de que o respectivo preenchimento depende do interessado e não de factores que este não domina). No sentido de que a *autorização* é necessária, mas defendendo que "terá de ser sempre vinculada", cfr. Jorge MIRANDA/Rui MEDEIROS, Ob. cit., p. 460.

No actual direito italiano, com a *Lei da Paridade Escolar*, de 2000, o reconhecimento da paridade – que integra a escola privada no "sistema nacional de educação" – constitui, segundo a doutrina, um acto de verificação constitutiva; cfr. DANIELE, "La parità scolastica", p. 367; RENNA, "Le scuole paritarie nel sistema nazional di istruzione", p. 668. Antes dessa lei, a *Corte Costituzionale* declarou inconstitucional uma lei que sujeitava a abertura de escolas privadas a uma autorização administrativa que conferia uma "discricionaridade ilimitada" à Administração; cfr. DANIELE, "L'Ordinamento scolastico italiano", p. 123; VIDAL PRADO, "Stato sociale, parità scolastica e sussidiarietà".

No direito português, o Decreto-Lei n.º 553/80, de 21 de Novembro (*Estatuto do Ensino Particular e Cooperativo*) sujeita a *homologação ministerial* a criação dos estabelecimentos de ensino particular e cooperativo em que se ministre ensino colectivo a mais de cinco alunos ou em que se desenvolvam actividades regulares de carácter educativo. O *Estatuto* exige ainda uma *autorização de funcionamento*: as escolas, de qualquer natureza, que não possuam essa autorização são consideradas clandestinas e ficam sujeitas às sanções previstas na lei; quanto às sanções aplicáveis, cfr. Portaria n.º 207/98, de 28 de Março. No sentido de que a exigência de homologação e de autorização de funcionamento não viola o direito de criação de escolas privadas, cfr. AcSTA/1.ª, de 11/03/86: "a actividade do Governo (...) não vai além de homologar a sua criação e a poder recusar autorização para o seu funcionamento com fundamento na inadequação de condições materiais e pedagógicas (...), actividade esta que se inscreve no domínio da fiscalização que a Constituição lhe comete".

Por seu lado, o *Estatuto do Ensino Superior Particular e Cooperativo* (Decreto-Lei n.º 16/94, de 22 de Janeiro, alterado pela Lei n.º 37/94, de 11 de Novembro, e pelo Decreto-Lei n.º 94/99, de 23 de Março), exige o reconhecimento de interesse público dos estabelecimentos onde se pretenda ministrar cursos que confiram graus académicos (bacharel, licenciado, mestre ou doutor). A exigência aparece reiterada no artigo 9.º do *Regime Jurídico do Desenvolvimento e Qualidade do Ensino Superior* (aprovado pela Lei n.º 1/2003, de 6 de Janeiro).

de autorização e, genericamente, de controlo público do ensino privado é a expressão de uma específica responsabilidade do Estado no sector do ensino.

2.1.3.1.2. Estado e sistema de ensino

Ao nível constitucional, uma norma essencial sobre as relações entre o Estado e o sistema de ensino consta do artigo 75.º/1, onde se prescreve que *"o Estado criará uma rede de estabelecimentos públicos de ensino que cubra as necessidades de toda a população"*[231]. A CRP não deixa, assim, margem para uma abdicação das responsabilidades do Estado em matéria de ensino e de criação de escolas. A prestação do serviço de ensino constitui, nos termos constitucionais, uma "tarefa pública necessária", não podendo o Estado limitar-se à assunção de simples funções reguladoras no sector. Não se afigura possível invocar, neste âmbito, qualquer princípio de subsidiariedade da intervenção ou da iniciativa pública. "Toda a necessidade de ensino há-de ter uma resposta no ensino público"[232]. Não há uma primazia do ensino privado sobre o ensino público, sendo por isso inteiramente válida, no direito português, a fórmula que Egon Plümer usa para caracterizar o sistema germânico de ensino: "keine Subsidiarität im Schulwesen"[233]. As obrigações do Estado neste domínio situam-se, pois, no plano de uma *responsabilidade pública de execução* e, consequentemente, da prestação, pelos seus próprios meios, de um "serviço público de ensino", universal e geral[234].

Mas a responsabilidade que o Estado assume de gerir um serviço público de ensino não é obviamente incompatível com o modelo pluralista de ensino que a CRP claramente acolhe. Uma tal responsabilidade convive com a obrigação de criar condições efectivas para a realização de um ensino plural, o que passa pelo estabelecimento de condições legais que viabilizem a realização efectiva e tendencialmente neutra do *direito de escolha da escola* (que integra, também ele, um aspecto da liberdade de aprender no contexto de um sistema de ensino marcado pela

---

[231] Cfr. artigo 1.º,*b)*, do *Regime Jurídico do Desenvolvimento e Qualidade do Ensino Superior*, onde se repete a fórmula constitucional para o domínio do ensino superior.

[232] Cfr. J.J. Gomes CANOTILHO/Vital MOREIRA, Ob. cit., p. 370.

[233] Cfr. PLÜMER, Ob. cit., p. 106. Referindo-se ao sistema italiano nos mesmos termos, cfr. VIDAL PRADO, Ob. cit., p. 73.

[234] Cfr. J.J. Gomes CANOTILHO/Vital MOREIRA, Ob. cit., p. 370.

pluralidade)[235]. Neste âmbito, compreende-se que, no plano legal, o Estado tenha assumido o encargo de *conceder subsídios às escolas privadas*, como, de resto, se estabelece no artigo 6.º, n.º 2, al. *d)*, da Lei n.º 9/79 (*Lei de Bases do Ensino Particular e Cooperativo*).

Por outro lado, as missões do Estado no sector de ensino não se limitam à prestação de um serviço público e à criação de condições para o exercício dos direitos fundamentais de fundação de escolas e de escolha de escola. Na verdade, o Estado tem responsabilidades em "todo o sistema de ensino"[236]: trata-se, certamente, de incumbências diferentes consoante esteja em causa o ensino público ou o ensino privado, mas é indiscutível que ao Estado cabe a função decisiva de *coordenar* o sistema no seu todo, tendo o dever de garantir que todos os estabelecimentos existentes – públicos ou privados – satisfaçam critérios mínimos de qualidade, de conteúdos e até de métodos[237].

O facto de as escolas privadas participarem no sistema de ensino e contribuírem, desse modo, para a realização de um direito fundamental (contra o Estado) dos cidadãos ("direito ao ensino": artigo 74.º/1 CRP) impõe, necessariamente, a assunção pelo Estado de uma *responsabilidade de garantia*[238]. Na verdade, o Estado tem o dever indeclinável de garantir um "princípio de paridade", de "equiparação" ou de "equivalência substancial"[239] entre o ensino público e o ensino privado. O cumprimento deste dever de garantia passa pela necessária qualificação do ensino privado como "actividade privada publicamente regulada" e pela sua sujeição a intensa regulação e a profunda e minuciosa fiscalização pública[240]. As ideias com que contactámos na Parte I (Cap. I), sobre a

---

[235] Sobre o *direito de escolha da escola*, cfr. Jorge MIRANDA, *Manual*, IV, cit., p. 382 e ss; sobre as várias dimensões das obrigações do Estado no campo do ensino, cfr. Mário PINTO, Ob. cit., p. 753 e ss.

[236] Uma concepção globalizante do ensino – público e privado – reveste toda a nitidez na *GG*: o seu artigo 7, I, estabelece que "todo o sistema escolar está sob fiscalização do Estado". Como a doutrina salienta, o *sistema escolar*, cuja célula fundamental é a escola, abrange todas as escolas (públicas e privadas); cfr. GRÖSCHNER, Ob. cit., p. 550; PÜTTNER, "Schulrecht", p. 774.

[237] Neste sentido, cfr. VIDAL PRADO, Ob. cit., p. 76.

[238] Cfr. STEINKEMPER, Ob. cit., p. 200.

[239] Cfr. RENNA, Ob. cit., p. 669.

[240] No mesmo sentido, cfr. LUTHE, Ob. cit., p. 139, quando salienta que a escola privada, embora protegida constitucionalmente, não pode ficar livre de controlo e de intervenção pública (*Schulaufsicht*).

partilha de responsabilidades entre o Estado e os particulares e sobre a responsabilidade pública pelos resultados decorrentes da regulação privada, aplicam-se com toda a propriedade neste caso. Na verdade, cabe ao Estado assumir um papel indeclinável e decisivo na garantia da credibilidade de todo o sistema de ensino.

Mas, note-se, dizer que o Estado tem responsabilidade em todo o sistema de ensino está longe de querer significar uma qualquer homogeneização de ensino privado e público. Recordando o que afirmámos sobre as responsabilidades públicas nos domínios da auto-regulação privada publicamente regulada, deve enfatizar-se que as escolas privadas actuam no sector privado, no exercício de actividades privadas. O campo de acção delas é a Sociedade e são os direitos fundamentais. Quer no ensino, quer na concessão de títulos e graus oficiais, as escolas privadas prestam um "serviço privado" (não um "serviço público"); não actuam em *colaboração* com o Estado[241], nem constituem uma "espécie de Administração indirecta do Estado"[242]. As referências legais ao facto de as escolas privadas integrarem a "rede escolar"[243] significam apenas que se trata de "escolas integradas no sistema de ensino", que não sobrevivem à margem dele, parecendo-nos ilegítimo interpretar tais referências no sentido de integração das escolas privadas no sistema de ensino público[244].

---

[241] Contra, referindo-se a uma relação de colaboração das escolas privadas com o Estado e sugerindo mesmo a conexão com a problemática do "exercício privado de funções públicas", cfr. Carla Amado GOMES, "Algumas cautelas", cit., p. 49; cfr., ainda da Autora, "Apontamentos sobre o direito ao recurso das decisões de avaliação de conhecimentos no ensino superior", p. 39[65], onde parece aceitar a referência à prestação educativa (em geral) como um serviço público.

O conceito de "serviço público" parece, de facto, estar muito vinculado ao ensino em sentido global. Como prova disso mesmo, veja-se, em Itália, a *Lei da Paridade Escolar* (Lei n.º 62, de 10 Março de 2000), que estabelece que as escolas paritárias "desenvolvem um serviço público", quando o sentido da Lei é exactamente o de afirmar com clareza a natureza privada do ensino das escolas paritárias privadas.

[242] No sentido de que os estabelecimentos particulares de ensino "colaboram com o Estado na prossecução de fins de relevância de interesse público", constituindo "uma espécie de Administração indirecta do Estado por entidades privadas", cfr. Paulo OTERO, *Legalidade e Administração*, cit., p. 829.

[243] Cfr. artigos 55.º/1 da *Lei de Bases do Sistema Educativo* (Lei n.º 46/86, de 14 de Outubro) e 2.º/1 do Decreto-Lei n.º 108/88, de 31 de Março.

[244] A ideia de *integração* na rede escolar ou no sistema educativo indica ainda que a escola, privada ou pública, está habilitada a conferir habilitações, títulos e graus com

Sem margem para dúvidas, o direito português acolheu um modelo pluralista de ensino. Daí resulta uma repartição do sistema de ensino em duas esferas: a do ensino público, *responsabilidade pública* e *tarefa necessária do Estado*, a do ensino privado, *direito fundamental* e *tarefa da Sociedade*.

2.1.3.1.3. Sistema dual de ensino: ensino público e ensino privado

A frase com que terminámos o ponto anterior explica o sentido da referência, que se faz agora, ao ensino como um *sistema dual*[245].

Apesar de adoptar uma "consideração globalizante do ensino"[246], a consagração constitucional do direito de criação de escolas tem um significado preciso: o ensino ministrado nessas escolas é um *ensino privado*. Parece-nos, por isso, que a afirmação da "natureza intrinsecamente pública do ensino geral"[247] só poderá ser entendida com o sentido equivalente àquele com que a doutrina germânica se refere às tarefas públicas ("öffentliche Aufgaben") ou, então, como uma fórmula para enfatizar a relevância ou a vocação pública das actividades de educação e do ensino em geral[248].

A referência a um sistema dual de ensino defronta, contudo, um obstáculo.

Com efeito, a CRP aparenta distinguir *três* sistemas de ensino: o *ensino público*, o *ensino particular* e o *ensino cooperativo*[249]. O sistema de ensino que, na sua globalidade, "compreende todas as escolas de todos os graus"[250] surgirá, assim, composto pelas *escolas públicas*, pelas *escolas particulares* e pelas *escolas cooperativas*[251].

---

valor oficial, não se encontrando, por isso, "à margem do sistema de ensino" (escolas privadas não integradas no sistema); nesse sentido, cfr. DIAZ LEMA, *El régimen de las autorizaciones de los centros privados de enseñanza no universitaria,* p. 447.

[245] Referindo-se a um sistema universitário dual no direito alemão, cfr. STEINKEMPER, Ob. cit., *passim,* p. 122.

[246] Cfr. Jorge MIRANDA, *Manual,* IV, cit., p. 387, e "Parecer sobre o ensino superior particular e cooperativo", p. 628.

[247] Cfr. J.J. Gomes CANOTILHO/Vital MOREIRA, Ob. cit., p. 370.

[248] Cfr. VIDAL PRADO, Ob. cit., p. 73.

[249] Cfr. J.J. Gomes CANOTILHO/Vital MOREIRA, Ob. cit., p. 369.

[250] Cfr. Jorge MIRANDA, *Manual,* IV, cit. p. 387.

[251] Nos termos do artigo 3.º da Lei n.º 9/79, de 19 de Março, *escolas públicas* são as que funcionam sob responsabilidade exclusiva do Estado, das regiões autónomas, das autarquias locais ou de outras pessoas colectivas de direito público; *escolas particulares*

Sucede, porém, que desse modelo, aparentemente tripartido, não resultam, na verdade, três diferentes regimes jurídicos. Ainda com fundamento na própria CRP, que, nos artigos 43.º/4 e 75.º/2, se refere de forma homogénea às escolas particulares *e* cooperativas e ao ensino particular *e* cooperativo, a legislação acabou por tratar unitária e globalmente o *ensino particular e cooperativo*. E, parece-nos, justifica-se plenamente tal opção legislativa, não só porque constitucionalmente os ensinos particular e cooperativo são referidos conjuntamente, mas sobretudo porque, tanto do ângulo da garantia da liberdade de criação de escolas e da exclusão do "Schulmonopol" do Estado, como quanto à disciplina jurídica aplicável, essencial é distinguir entre *ensino público* e *ensino privado* ou entre *escolas públicas* e *escolas privadas*[252].

Tendo em consideração estas observações, distinguimos, a partir da CRP, não três, mas apenas dois sistemas de ensino: o *sistema de ensino público*, realizado pelas *escolas públicas*, instituídas por *pessoas colectivas de direito público*[253], e o *sistema de ensino privado*, realizado por *escolas privadas*, pertencentes a *pessoas singulares* ou a *pessoas colectivas privadas* (associações, fundações, sociedades e cooperativas)[254].

---

são aquelas cuja criação e funcionamento é da responsabilidade de pessoas singulares ou colectivas de natureza privada; as *escolas cooperativas* são aquelas cuja criação e funcionamento é da responsabilidade de cooperativas (quanto às últimas, a definição é nossa e não da lei, uma vez que esta se limita a dizer que são escolas cooperativas aquelas que forem constituídas de acordo com as disposições legais respectivas).

[252] Sobre a incorrecção técnica da expressão "direito de criação de escolas particulares e cooperativas", por opor o termo *particulares*, que designa um tipo de ensino, ao termo *cooperativas*, que indica uma forma de propriedade, cfr. Paulo Pulido ADRAGÃO, Ob. cit., p. 200.

[253] O elemento definidor de escola pública reside na natureza jurídica do titular: tratando-se de uma entidade de direito público, a escola é pública – cfr. J.J. Gomes CANOTILHO/Vital MOREIRA, Ob. cit., p. 369, que se referem a *qualquer* entidade pública; do mesmo modo, a Lei n.º 9/79, define escolas públicas como aquelas cujo funcionamento seja da responsabilidade do Estado, das regiões autónomas, das autarquias locais *ou de outra pessoa de direito público*; para o direito alemão, no mesmo sentido, cfr. GRÖSCHNER, *idem*, p. 572.

No direito português, não existem portanto *escolas privadas de entes públicos* (sobre essa possibilidade no direito alemão, cfr. WOLFF/BACHOF/STOBER, Ob. cit., 3, p. 470: escolas privadas das autarquias).

[254] O mapa dualista do sistema de ensino, que se projecta em todos os graus, coloca, em relação ao ensino superior, o problema da ordenação do ensino ministrado

pela *Universidade Católica Portuguesa* (UCP); o Decreto-Lei n.º 128/90, de 17 de Abril, reconhece à UCP o direito de criar faculdades, institutos superiores, centros de investigação, bem como o direito de "livremente atribuir (nas condições dos respectivos estatutos, regulamentos e demais direito aplicável), os graus de bacharel, licenciado, mestre e doutor e o título de agregado, tendo os seus diplomas e títulos o mesmo valor e efeitos que os conferidos pelas universidades públicas".

Revogando a Lei n.º 26/2000, de 23 de Agosto, a Lei n.º 1/2003, de 6 de Janeiro (*Regime Jurídico do Desenvolvimento e Qualidade do Ensino Superior*), veio, de novo, colocar a UCP numa posição especial. Ao indicar os estabelecimentos que integram a "rede de estabelecimentos do ensino superior", refere os estabelecimentos de ensino superior público, a UCP e os estabelecimentos de ensino superior particular e cooperativo (artigo 12.º).

Como se sabe, a situação particular da UCP encontrava a sua razão de ser na sua especificidade concordatária, no facto de ter sido erigida por uma instituição internacional (Santa Sé) e no quadro de um tratado internacional – cfr. artigo XX da Concordata de 1940, nos termos do qual "*as associações e organizações da Igreja podem livremente estabelecer e manter escolas particulares paralelas às do Estado, ficando sujeitas, nos termos do direito comum, à fiscalização deste e podendo, nos mesmos termos, ser subsidiadas e oficializadas*", e, agora, o artigo 21.º/3 da Concordata de 2004, que já se refere expressamente à Universidade Católica Portuguesa, embora para explicitar que ela "*desenvolve a sua actividade de acordo com o direito português*".

Apesar das expressas remissões concordatárias para os *termos do direito comum* ou para o *direito português*, designadamente quanto à oficialização (cfr. referência do n.º 3 do artigo 21.º da Concordata de 2004 aos "termos dos números anteriores"), alguma doutrina tem entendido que o ensino ministrado pela UCP não é, em rigor, nem público, nem privado; cfr. Jorge MIRANDA, *Manual, IV,* cit., p. 388; Jorge MIRANDA/Rui MEDEIROS, Ob. cit., p. 737. Trata-se, aliás, de uma tese partilhada pela PGR, na parte em que destaca a especificidade concordatária da UCP, quanto à liberdade de criação e de manutenção de escolas superiores paralelas às do Estado (cfr. Parecer n.º 65/95 da PGR, onde se conclui que a UCP "é um *tertium genus* que tem de exclusivo e característico o regime definido pela Concordata"). Opinião diferente sustentam J.J. Gomes CANOTILHO/ /Vital MOREIRA, Ob. cit., p. 369, ao salientarem que o critério constitucional de tripartição do ensino (público, privado e cooperativo) "não se compagina com qualquer estatuto atípico privilegiador de algumas escolas privadas".

Em Espanha, o Conselho de Estado entendeu que as universidades católicas constituem um *tertium genus* em face das categorias universidade pública e privada (cfr. POLO SABAU, "El régimen jurídico de las universidades privadas", p. 207): o que estava em causa nesse parecer não era a natureza das universidades existentes, mas a questão de saber se a criação de uma nova universidade católica estaria ou não sujeita à aplicação das regras gerais sobre a criação de universidades privadas. O Conselho de Estado entendeu que não, por considerar que o Acordo de 1979 entre o Estado Espanhol e a

2.1.3.1.4. Intersecções entre os dois subsistemas de ensino

A distinção entre um sistema de ensino público e um sistema de ensino privado equivale, em rigor, a admitir a existência de dois subsistemas independentes, submetidos a regimes jurídicos específicos.

O subsistema de ensino privado não integra o subsistema público; representa algo de *alternativo*, que *concorre* com o último.

Os dois subsistemas não constituem, no entanto, compartimentos estanques, sem comunicação recíproca. Pelo contrário. A concepção globalizante do ensino explica que os "alunos privados" possam ser admitidos em escolas públicas e vice-versa. Por outro lado, o trajecto educativo individual vai conhecendo, cada vez mais, contactos entre o ensino privado e o ensino público.

Além disso, a lei admite mesmo uma relação de *complementaridade* entre os dois subsistemas. Na verdade, apesar da incumbência que a CRP comete ao Estado, tem-se entendido em geral que o sistema de ensino privado pode ser *complementar* do sistema de ensino público[255].

Na prática, o legislador tem mesmo admitido uma verdadeira *substituição* da escola pública pela escola privada: assim sucede desde a Lei n.º 9/79, que estabeleceu alguns princípios gerais sobre a contratação

---

Santa Sé atribuía à Igreja Católica capacidade para criar universidades (contra, cfr. POLO SABAU, *ibidem*). Na Alemanha, as escolas criadas por igrejas são "escolas privadas", apesar de as associações religiosas poderem estar dotadas de personalidade de direito público; cfr. OPPERMANN, Ob. cit., p. 623, WOLFF/BACHOF/STOBER, Ob. cit., 3, pp. 429 e 472; GRÖSCHNER, Ob. cit., p. 550. Sobre o estatuto especial das "escolas privadas das igrejas", em consequência de estas não disporem apenas do direito à criação de escolas, mas também do reconhecimento oficial de que o ensino constitui uma das suas tarefas específicas, cfr. FROWEIN, *Zur verfassungsrechtlichen Lage der Privatschulen (unter besonderer Berücksichtigung der kirchlichen Schulen)*, p. 30 e ss.

Seja ou não constitucionalmente legítima a legislação portuguesa que dispensa um tratamento especial à UCP no contexto do ensino não público, parece-nos fora de discussão que, *quanto à sua natureza jurídica*, essa instituição terá de se qualificar como *pessoa de direito privado* (criada pela Santa Sé), pelo que, de acordo com o critério em que se baseia a distinção entre ensino público e privado – a natureza do titular do estabelecimento –, o ensino ministrado pela UCP deverá qualificar-se como ensino privado (no sentido de que as múltiplas entidades criadas pela Igreja Católica "são pessoas colectivas privadas, mesmo quando instituídas à luz da Concordata de 1940 e marcadas por traços de regime jurídico-administrativo", cfr. Marcelo Rebelo de SOUSA, *Lições,* cit., p. 311).

[255] Cfr. J.J. Gomes CANOTILHO/Vital MOREIRA, Ob. cit., p. 370.

entre o Estado e as escolas particulares e cooperativas, considerando expressamente a celebração de contratos com as escolas localizadas em *áreas carenciadas de rede escolar pública* [cfr. artigo 8.º/2,*a*)][256]. Depois, o Decreto-Lei n.º 553/80, de 21 de Novembro, numa secção relativa aos *contratos*, autonomizou os *contratos de associação*, definindo-os como os que "são celebrados com escolas particulares situadas em zonas carecidas de escolas públicas (...)". Tais contratos visam possibilitar a frequência "nas mesmas condições de gratuitidade do ensino público", razão por que as escolas, recebendo "um subsídio por aluno igual ao custo de manutenção e funcionamento por aluno das escolas públicas de grau e nível equivalente", ficam sujeitas a importantes vinculações jurídico-públicas (obrigam-se a garantir a gratuitidade do ensino e a matrícula dos interessados, bem como a aceitar, a título condicional, as matrículas que ultrapassem a sua capacidade, mediante comunicação à Administração Escolar). Como outras escolas que celebram contratos com o Estado, as escolas associadas ficam sujeitas a inspecções administrativas e financeiras dos serviços do Ministério da Educação.

Já acima, no contexto das formas de *cooperação* entre particulares e Administração, nos referimos aos aludidos contratos de associação. Para nós, as escolas com contratos de associação não se configuram como concessionárias do serviço público de educação; elas actuam na esfera privada, prestando um serviço de ensino a quem as procure. O Estado assume-se, nesse domínio, como um "cliente da escola", contratando com esta a prestação de um serviço que ela está já autorizada a oferecer no âmbito do direito privado[257]. Pretendendo-se enquadrar os contratos de associação no domínio das formas de colaboração de particulares com o Estado, diremos, então, que eles remetem, em rigor, para um esquema

---

[256] Sobre essa Lei, cfr. o parecer n.º 4/79 da Comissão Constitucional (in *Pareceres*, vol. VII, p. 235 e ss). Aí se discutiu a constitucionalidade da norma que previa a celebração, pelo Estado, de contratos com escolas particulares e cooperativas localizadas em «áreas suficientemente equipadas de estabelecimentos públicos». A questão tinha alguma razão de ser em face do que então se dispunha no artigo 75º/2 da CRP: "o Estado fiscaliza o ensino particular *supletivo* do ensino público".

[257] Em vez de contratar com a escola, o Estado poderia emitir um "cheque escolar" em benefício de cada aluno. O contrato com a escola é, essencialmente, o instrumento que define as condições de pagamento do serviço que o Estado adquire à escola.

de mera privatização funcional, tipificada na aquisição de um *serviço privado* que substitui a prestação de um serviço público ("troca" de uma actividade pública por uma privada)[258].

---

[258] Na nossa interpretação, o contrato de associação entre o Estado e as escolas privadas configura-se como **(i)** um contrato administrativo de colaboração, **(ii)** do tipo prestação de serviços, **(iii)** com uma clara dimensão trilateral.

i) *Contrato administrativo de colaboração* – Quando interpretadas de forma mais ou menos ligeira, as disposições normativas relativas a contratos entre o Estado e as escolas privadas parecem reconduzir todo o fenómeno dessa contratação a um modo de o Estado apoiar e estimular o ensino privado: segundo este modo de compreender as opções legislativas, dir-se-ia que, *em todos os casos*, os contratos se assumem como o instrumento jurídico (pelo menos um deles) de que o Estado se serve para desempenhar a sua responsabilidade ou atribuição legal de "conceder subsídios (...) para o funcionamento de escolas particulares e cooperativas". Nesta configuração, os contratos com as escolas assumir-se-iam sempre como *contratos de atribuição*, ou seja, como contratos que "têm por causa-função atribuir uma certa vantagem ao co-contratante da Administração" (cfr. J. M. SÉRVULO CORREIA, *Legalidade e Autonomia*, cit., p. 421).

Ainda que suportada por uma leitura literal da lei (que, de forma generalizada, associe contratos e subsídios), supõe-se, todavia, que essa não se assume como uma interpretação correcta. Na verdade, e como aliás já se antecipou em páginas anteriores, o que conduz o Estado à celebração de contratos de associação não é a atribuição de vantagens ou apoios financeiros às escolas privadas, mas, em vez disso, a necessidade de se *socorrer* dessas escolas para realizar a sua incumbência constitucional de prestar um serviço de ensino a todos os cidadãos Nos termos da alínea *f)* do artigo 9.º da Constituição, uma das tarefas fundamentais do Estado consiste justamente em assegurar o ensino. Por seu lado, a alínea *a)* do n.º 2 do artigo 74.º da Lei Fundamental estabelece que, na realização da política de ensino, incumbe ao Estado assegurar o ensino básico, universal e gratuito. Manifestamente, as escolas privadas, aparecem, nesta hipótese particular, a prestar uma colaboração ao Estado, o qual, através de tais contratos, cumpre, embora de forma especial, a imposição constitucional constante do artigo 75.º, n.º 1 – *de forma especial*, na medida em que o Estado "assegura" (como *obrigação de fim*) as necessidades de toda a população, ainda que não, como a Constituição exige, através de uma rede de estabelecimentos públicos (*obrigação de meios*). Para o que nos interessa imediatamente, cumpre então salientar que os contratos de associação se integram na categoria dos tipos contratuais marcados pela causa-função de disciplinar uma relação em que, mediante remuneração, o contratante particular proporciona à parte pública a sua colaboração no desempenho de atribuições administrativos. Como observa Sérvulo Correia, entre muitos outros, integram essa categoria – dos *contratos de colaboração* – os *contratos de associação entre o Estado e escolas particulares e cooperativas*; cfr. J. M. SÉRVULO CORREIA, *ibidem*, p. 420.

A identificação da respectiva causa-função e, por consequência, a sua qualificação como contratos de colaboração, apresenta-se essencial para compreender a natureza da prestação pecuniária a que o Estado se obriga nestes contratos de associação. A despeito da letra da lei, salta à vista que se trata de um *preço*, enquanto correspectivo pecuniário

outorgado pelo Estado à escola particular em resultado da colaboração por esta desenvolvida mediante o regular funcionamento como instituição de ensino gratuito aberto (até
ao limite da sua lotação) a todos quantos a procurarem.

Não representa um óbice a esta posição a circunstância de o artigo 15.º do Decreto-
-Lei n.º 553/80 designar a prestação pecuniária atribuída à escola particular como um
"subsídio". Com efeito, uma tal designação explica-se por razões históricas, surgindo no
contexto de uma legislação através da qual o Estado assumia, pela primeira vez, a sua
responsabilidade de apoiar e de auxiliar financeiramente o ensino privado. Terá sido por
esta razão que o conceito de "subsídio" perpassa essa legislação, mesmo quando, manifestamente, já não está em causa o auxílio ou apoio público ao ensino privado, mas, de
facto, uma "compra", pelo Estado, de serviços prestados pelas escolas do ensino privado.

Além disso e como se sabe, determinante para a averiguação da natureza da
prestação em causa não é o *nomen iuris* legalmente previsto, mas o respectivo sentido no
contexto do contrato. Cremos que não existirão grandes dúvidas de que a atribuição de
uma contraprestação pecuniária em resultado do desempenho de uma actividade de uma
entidade privada consubstanciada em colaborar com o Estado, na realização dos fins e
interesses deste, não se compadece com uma qualificação como "subsídio" ou "apoio
financeiro". Diferentemente do que sucede na hipótese em análise, estes são conferidos
sem dependência de uma qualquer prestação do subsidiado dirigida ao responsável pela
atribuição do subsídio; por definição, o subsídio caracteriza-se como um *auxílio*, uma
ajuda, uma *subvenção* ou um *apoio* conferido pelo Estado a uma entidade, e não como
um correspectivo do desempenho de uma actividade de cujos resultados o Estado procura
beneficiar directamente.

Também não constitui argumento decisivo contra a natureza de preço da prestação
pecuniária o facto de o mesmo poder não cobrir, de um ponto de vista económico, todas
as despesas efectuadas pelo estabelecimento de ensino em consequência da prestação do
serviço A lei estabelece um critério jurídico de fixação do *preço*, que deverá ser igual ao
custo de manutenção e funcionamento por aluno das escolas públicas de nível e grau
equivalente. Essencial ao carácter oneroso da prestação de serviços não é a equivalência
entre as atribuições patrimoniais, mas a avaliação das partes, que estão de acordo em
considerar as duas atribuições patrimoniais como correspectivo uma da outra.

ii) *Contrato de prestação de serviços* – Qualificado como contrato de colaboração,
o contrato de associação deve, a seguir, ser considerado um *contrato de prestação de
serviços*. Trata-se agora de uma qualificação que, embora genérica, visa excluir a tentação de reconduzir o tipo contratual em análise à figura especial do *contrato de concessão de serviço público* (sobre a concessão de serviços públicos como um contrato
especial, ainda que integrado na categoria genérica dos contratos de prestação de serviços, cfr. PEDRO GONÇALVES, *A Concessão*, cit. p. 160). Embora celebrados com o fim de
promover uma espécie de *substituição* da escola pública pela escola privada (como
acontece, em geral, nas concessões, em que se pretende substituir a intervenção de uma
entidade pública pelo agir de uma entidade privada), a verdade é que, por via dos contratos de associação, o Estado não concede às escolas privadas qualquer poder ou direito

2.1.3.1.5. Avaliações e atribuição de títulos oficialmente válidos

Na exposição que acaba de se apresentar sobre a posição do Estado e a situação do subsistema de ensino privado pressupôs-se sempre as escolas privadas enquanto instâncias habilitadas a realizar avaliações e a conferir títulos e graus com validade oficial. Como se explicou, é exactamente esse o sentido da expressão *escola privada oficializada*. Apesar de se ter defendido explícita e abertamente a natureza privada do ensino privado realizado por essas escolas, não pode, por essa espécie de via implícita, dar-se por resolvida a questão da natureza da "competência" para realizar avaliações com validade legal a atribuição de títulos e graus oficiais. Sobre o assunto e ao contrário do que poderá pensar-se, a afirmação inequívoca da natureza privada do ensino não resolve, por si só, a questão da natureza da actividade desenvolvida no exercício daquela "competência".

---

de que elas já não disponham na sua esfera jurídica. Estabelece a lei que "os contratos de associação têm por fim possibilitar a frequência das escolas particulares nas mesmas condições de gratuitidade do ensino público" (artigo 14.º, n.º 2, do Decreto-Lei n.º 553/80); trata-se de uma fórmula que, na sua literalidade, aponta para a ideia correcta: as escolas privadas com contratos de associação não são chamadas a prestar um serviço público, mas, nos termos contratuais, a prestar o serviço (de ensino) para que já se encontram habilitadas, "nas mesmas condições de gratuitidade do ensino público", até ao limite da lotação convencionada. Quer isto dizer que o fenómeno envolvido na hipótese dos contratos de associação remete para o âmbito da designada *privatização funcional*, tipificada na aquisição de um *serviço privado* que substitui um *serviço público* ("troca" de uma actividade pública por uma privada).

A escola titular de um contrato de associação não se afigura como concessionária do Estado, mas antes como entidade prestadora de um serviço que aquele adquire por um determinado preço. *Hoc sensu*, o tipo contratual em análise configura-se como momento de articulação entre, por um lado, *tarefas e responsabilidades públicas* e, por outro, *tarefas privadas e direitos fundamentais*: de facto, o Estado contrata para cumprir as suas responsabilidades públicas e até constitucionais; as escolas contratam para desenvolver as suas tarefas privadas e no exercício de direitos fundamentais (em particular, neste caso específico, o direito de iniciativa económica privada).

iii) *Contrato com uma dimensão trilateral* – Qualificado como de prestação de serviços, o contrato de associação ostenta, todavia, uma clara dimensão *ad extra*, no sentido de que as obrigações assumidas pelo contratante particular perante a outra parte se traduzem, em grande medida, no desenvolvimento de uma actividade para terceiros (alunos), que, assim, são os beneficiários das prestações contratuais. Neste aspecto, está presente no contrato uma dimensão trilateral, visível por exemplo no facto de a execução contratual poder ser exigida pelo Estado, enquanto parte do contrato, mas também pelos alunos, enquanto "pessoas portadoras (...) de direitos subjectivos (...) em função dos quais as cláusulas contratuais tenham sido estabelecidas" [cfr. artigo 40.º, n.º 2, al. *b*), do CPTA].

Mas, se é efectivamente assim, deve também afirmar-se que o sentido da resposta a dar sobre a natureza da competência para conferir títulos e graus de valor oficial não condiciona, não confirma, nem infirma nada do que até aqui escrevemos sobre a natureza do ensino privado. Faz-se esta advertência para evitar a tentação de se supor que a existência de uma eventual delegação de poderes públicos em matéria de atribuição de graus com valor oficial implica a publicização generalizada de *toda* a actividade de ensino que as escolas exercem, transformando a escola privada, em toda a sua actividade, numa concessionária do Estado. Ora, como demonstra, de forma concludente, a doutrina germânica, a delegação (a existir) visa apenas atribuir à escola o "direito público" de conferir títulos e graus com valor oficial, mas não a converte numa entidade colaboradora do serviço público de educação[259].

Tendo presente esta advertência essencial, importa discutir agora a questão de saber se a concessão de títulos com valor oficial representa o exercício de um poder público delegado nas escolas ou antes de um direito próprio delas.

Começamos por expor as teses que têm sido defendidas e terminamos este número com a apresentação da nossa posição sobre o assunto.

aa) "Poder público delegado"

De acordo com a posição defendida pela maioria da doutrina alemã, num contexto jurídico-constitucional mais ou menos próximo do nosso neste ponto, a atribuição, por escolas privadas, de títulos e graus com valor oficial, equiparados para todos os efeitos aos das escolas públicas, representa um caso de exercício de poderes públicos por particulares.

Esta orientação doutrinal baseia-se na distinção fundamental entre o *sistema de ensino* ("Schulwesen") e o *sistema de habilitações* ("Berechtigungswesen"). O primeiro, corporizado na prestação do serviço de ensino, enquanto actividade de leccionação e de transmissão de conhecimentos, pode pertencer à esfera privada. O segundo, relacionado com o preenchimento de requisitos exigidos para o desempenho de uma profissão ou de uma actividade[260], não pode deixar de estar sob o domínio

---

[259] Segundo essa orientação, a delegação só abrange o exercício de poderes públicos relacionados com a atribuição de títulos e graus; cfr. BECKER, "Rechtsfragen", cit., p. 96.

[260] Cfr. STUIBLE-TREDER, Ob. cit., p. 46; ZANOBINI, "L'esercizio", cit., p. 362.

do Estado[261]: a atribuição de títulos e de graus com valor oficial e público, a realização das avaliações que os condicionam e a certificação – emissão de diplomas e de certificados de habilitações – fazem parte do sistema de habilitações e não do sistema de ensino.

Para esta corrente, o sistema oficial de habilitações apresenta-se, no seu todo[262], como um "domínio", uma "coisa do Estado", uma "tarefa natural do Estado". Assim, todo e qualquer acto que conduza à obtenção de uma habilitação oficial consubstancia um acto de direito público, pois que não pode deixar de participar da natureza do efeito jurídico final que ajuda a engendrar[263]. Ao contrário do sistema de ensino, que inclui um subsistema público e um subsistema privado, o sistema de habilitações apresenta-se, no seu todo, como um "monopólio público"[264]. Entre os dois sistemas pode haver uma conexão natural, normal e mesmo lógica, uma vez que, em geral, o sistema de ensino é a fonte das habilitações oficiais; todavia, não há, entre eles, uma unidade ou conexão necessária: uma escola pode funcionar, prestar um serviço de ensino e, apesar disso, não conferir graus ou títulos com valor de habilitação pública e oficial.

Da distinção entre sistema de ensino e sistema de habilitações resulta que o direito de criação de escolas privadas não inclui a conferência de títulos, graus e habilitações com validade oficial. Aquele direito reporta-se a uma actividade privada, mas a outorga de títulos com valor oficial é uma coisa do Estado. O direito de criação de escolas pode ser livre ou estar dependente de uma autorização. A outorga de títulos com valor oficial exige uma concessão ou uma delegação de poderes públicos.

Assim, no direito alemão, com apoio na distinção que a lei ordinária faz entre mera *autorização* e *reconhecimento* das escolas privadas, a doutrina maioritária[265], bem como a jurisprudência constitucional[266] e

---

[261] Cfr. FUSS, "Verwaltung und Schule", p. 220.

[262] Que inclui a definição legal dos requisitos pessoais exigidos para o exercício de uma profissão ou actividade.

[263] Cfr. PLÜMER, *Verfassungsrechtliche,* cit., p. 150 e ss, e "Zum Anspruch der Privatschulen auf staatliche Anerkennung", p. 541.

[264] Cfr. MÜLLER/KROMER, "Zur verfassungsmässigkeit staatlicher Prüfungsordnungen für anerkannte Ersatzschulen", p. 77; PLÜMER, *Verfassungsrechtliche,* cit., p. 155.

[265] Entre outros, cfr. SCHWEIKERT, Ob. cit., p. 43; MENNACHER, Ob. cit., p. 138; OPPERMANN, Ob. cit., p. 636; PLÜMER, *Verfassungsrechtliche,* cit., p. 134 e ss; STUIBLE-TREDER, Ob. cit., p. 40; MICHAELIS, Ob. cit., p. 126; HEIMBURG, Ob. cit., p. 124; BENZ, Ob. cit., p. 64; EVERS, "Verwaltung und Schule", p. 187; FUSS, Ob. cit., p. 221; MAURER, *Allgemeines,* cit., p. 616, WOLFF/BACHOF/STOBER, Ob. cit., 3, pp. 472 e 512;

administrativa[267] entendem que a atribuição, por aquelas escolas, de graus equiparados aos das escolas públicas ilustra uma das situações de delegação de poderes públicos em particulares.

A _autorização_, que descondiciona o direito fundamental de criação de escolas, é um _acto administrativo vinculado_[268]. Uma vez autorizada, a escola privada pode funcionar legalmente, mas os exames que ela eventualmente realize não têm validade oficial: os alunos terão de se submeter a exames nas escolas públicas.

O acto de _reconhecimento_[269] assume-se como uma delegação de poderes públicos, uma "Beleihung". Através dele, o Estado confere à escola privada "direitos públicos" que lhe permitem realizar avaliações e atribuir títulos académicos com valor de habilitação oficial. Na medida em que passa a exercer "direitos públicos", que pertencem à esfera natural do Estado, a escola desempenha, nesse âmbito, uma função pública. Para esta doutrina, o direito à criação de escolas consagrado na _GG_ não inclui um _direito ao reconhecimento_. A obtenção deste pode assim depender de um acto mais ou menos livre da Administração Pública[270].

Na medida em que intervém no sistema de habilitações, a escola exerce uma função pública e pratica actos públicos[271].

PÜTTNER, Ob. cit., p. 812; GRÖSCHNER, Ob. cit., p. 577; STEINKEMPER, Ob. cit., p. 124 e ss; BECKER, "Rechtsfragen", cit., p. 96.

[266] Veja-se a decisão do _BVerfG_ in NJW, 1970, p. 275 e ss, que distingue a _autorização_, exigida pelo artigo 7, IV, da _GG_, do _reconhecimento_, exigido pela lei ordinária. Admitiu o Tribunal um direito à autorização para a criação de uma escola privada substituta de uma escola pública, mas não um direito ao reconhecimento, que coloca a escola em situação de exercer uma "tarefa natural do Estado".

[267] Veja-se, por ex., as decisões do _BVerwG_ publicadas in _NJW_, 1964, p. 358 e ss, e _DÖV_, 1984, p. 384 e ss.

[268] A exigência de autorização das _escolas substitutas_ está prevista na própria _GG_, que fixa os requisitos de que depende a sua obtenção: sobre a distinção entre escolas substitutas e escolas complementares, cfr. VOGEL, "Ersatz- und Ergänzungsschule", p. 505 e ss.

[269] Considerando-o um acto administrativo _suplementar_ em relação à autorização, cfr. PÜTTNER, "Schulrecht", p. 812.

[270] Resumindo essa tese, diz GRÖSCHNER, Ob. cit., p. 577, que o artigo 7, IV, da _GG_, cria apenas um direito à autorização, mas não um direito ao reconhecimento ("Keinen Anspruch auf Anerkennung").

[271] Entende esta doutrina que possuem natureza pública todos os actos das escolas privadas integrados na execução das tarefas relacionadas com o sistema de habilitações. Mas só esses actos revestem natureza pública; todos os outros são actos privados; cfr.

A clara separação entre o direito de criação de escolas e a concessão de títulos e graus com valor oficial existe noutros sistemas jurídicos.

Até há pouco tempo, na Itália, distinguia-se entre escolas privadas *autorizadas*, *equiparadas* e *reconhecidas*. Esclarecia a doutrina que "o cidadão tem o direito de abrir escolas privadas, mas não o direito de gerir escolas reconhecidas, isto é, habilitadas a conferir títulos legalmente válidos". Acrescentava-se que o "acto de reconhecimento é tecnicamente um acto de concessão, que não tem por objecto a actividade de ensino, que é livre, mas a atribuição de títulos legais de habilitações, que é uma função reservada ao Estado"[272]. Por seu lado, a jurisprudência conside-

---

EVERS, "Verwaltungsrechtsweg und Aufnahme in eine anerkannte Privatschule", p. 258; PÜTTNER, "Schulrecht", cit., p. 812; WOLFF/BACHOF/STOBER, Ob. cit., 3, p. 513.

Algumas dificuldades persistem quanto à identificação dos actos das escolas privadas que, por estarem integrados no sistema de habilitações, devem considerar-se como actos de direito público. Em geral, todos concordam em aí incluir os actos de avaliação (provas, exames, decisões de avaliação contínua, decisões de passagem de ano ou de ciclo), uma vez que é manifesta a sua natureza preparatória (em sentido lato) em relação ao efeito jurídico final da atribuição do grau ou do título. Pela mesma razão, não se afigura questionável a natureza pública dos actos que certificam os títulos e as habilitações oficiais conferidas (*diplomas*) ou que atestam a situação escolar dos alunos (*certificados*). Em qualquer caso, entende-se que são actos *inequivocamente conexos* com a habilitação oficial que a escola pode conferir: qualquer um deles constitui exercício de uma autoridade escolar de natureza pública ("hoheitlich Schulgewalt"); cfr. STUIBLE--TREDER, Ob. cit., p. 44.

A natureza pública dos actos referidos não pode deixar de relevar para todos os efeitos: tratar-se-á de *actos administrativos*, se as notas que caracterizam a figura estiverem preenchidas; cfr. KULLMANN, "Sind Privatschulen «Behörden» und ihre schulischen Entscheidungen Verwaltungsakte?", p. 569. Aplica-se-lhes o regime dos actos administrativos, inclusivamente para efeitos contenciosos; cfr. NIEHUES, *Prüfungsrecht*, p. 4; EVERS, "Verwaltung", cit., p. 187; MICHAELIS, Ob. cit., p. 191 e ss; HEIMBURG, Ob. cit., p. 124; STUIBLE-TREDER, Ob. cit., p. 45; PÜTTNER, "Schulrecht", cit, p. 812.

Salvo quanto aos que ficaram referidos, a doutrina que defende que as escolas privadas exercem poderes públicos não se entende quanto à questão de saber se os actos públicos são apenas esses (neste sentido orienta-se a posição de EVERS, "Verwaltungsrechtsweg", cit., p. 260; PÜTTNER, "Schulrecht", cit., p. 812) ou se, na esteira de uma decisão do *BverwG*, são ainda de direito público os *actos e os procedimentos de admissão* (assim, cfr. WOLFF/BACHOF/STOBER, Ob. cit., 3, pp. 472 e 513). A esses actos, alguns autores acrescentam ainda as *medidas disciplinares*; cfr. PLÜMER, *Verfassungsrechtliche*, cit., p. 211.

[272] Cfr. DANIELE, "L'ordinamento", cit., p. 127; e forma idêntica, cfr. CALCERANO/ /CABRERA, Ob. cit., p. 863; CRISAFULLI, "La scuola nella Costituzione", p. 89. Em relação ao ensino privado universitário, o direito italiano conhecia uma situação peculiar, uma

rava que pertencia à jurisdição administrativa a competência para apreciar actos praticados por escolas privadas enquanto titulares de uma concessão administrativa (*v.g.*, actos de expulsão de alunos[273]). Veremos a seguir que, na Itália, o modelo de organização do ensino privado sofreu recentemente profundas alterações.

Em Espanha, a *Ley de Ordenación General del Sistema Educativo*, de 1990, estabelece que todos os centros privados de ensino autorizados, de qualquer nível, gozam de "plenas faculdades académicas", o que, para alguma doutrina, quer dizer que a autorização administrativa "se vincula automáticamente la concesión de facultades académicas", havendo portanto uma "delegação *ope legis* de funções públicas"[274].

bb) "Poder público delegado" e "direito fundamental à delegação"

No grupo dos que entendem que a concessão de títulos e graus com valor oficial exige uma delegação de poderes públicos nas escolas estão também os que, como Udo Steiner, falam de uma *delegação isolada de poderes públicos* ou os que se referem abertamente a um *direito ao reconhecimento ou à delegação de poderes públicos*. Trata-se de uma corrente que aceita um dos postulados essenciais da tese anterior: a atribuição de habilitações, títulos e graus com validade oficial corresponde ao exercício de um poder público, do Estado. Mas, e ao contrário da corrente maioritária, entendem estes autores que o direito fundamental de criação de escolas não pode ser desligado do exercício daquela função. O direito à criação de escolas inclui, pois, o direito à delegação de funções e de poderes públicos, isto é, o "direito ao acto administrativo de reconhecimento"[275].

---

vez que só estavam habilitadas a atribuir títulos académicos com valor oficial as instituições que assumissem a denominação de "Università libera", a qual dependia de um reconhecimento atributivo da *personalidade jurídica de direito público* (cfr. DANIELE, *ibidem*, p. 132; como a esse propósito, diz SANDULLI, *Manuale,* cit., II, p. 939, tratava-se de um dos raros casos em que o exercício de uma liberdade não podia ter lugar "se non assumendo e accetando la posizione di ente pubblico").

[273] Nesse sentido, veja-se a sentença, de 1992, da *Corte di Cassazione* – in *Foro Italiano*, 1993, I, p. 2328 e ss; cfr. ainda LEONARDIS, *Soggettività,* cit., p. 267 e ss.

[274] Cfr. DIAZ LEMA, *Los conciertos educativos en el contexto de nuestro derecho nacional y el derecho comparado*, p. 92, e *"El régimen"*, cit., p. 457.

[275] Cfr. STEINER, *Öffentliche*, cit., p. 78 e ss. Na mesma linha situam-se ainda CAMPENHAUSEN, *apud* LORENZ, Ob. cit., p. 110[37]); SÄCKER, "Zum Anspruch der Privatschulen auf staatlicher Anerkennung", p. 537 e ss; BANSCH, Ob. cit., p. 140; STUIBLE-TREDER, Ob. cit., p. 94.

De acordo com esta tese, o exercício de poderes públicos pelas escolas privadas apresenta dois desvios no âmbito da teoria geral da *Beleihung*: por um lado, trata-se de uma delegação de poderes públicos associada a uma tarefa privada e à prossecução de fins privados[276]; por outro lado, o interessado aparece, excepcionalmente, investido de um "direito (fundamental) à delegação"[277].

cc) "Direito próprio das escolas privadas"

Para um sector minoritário da doutrina alemã, o direito de criação de escolas inclui imediatamente o direito de conferir habilitações oficiais como um *direito próprio* da escola autorizada. Nestes termos, considerando o regime de dupla intervenção administrativa prevista na lei (autorização e reconhecimento), entende este sector da doutrina que o reconhecimento não pode ser senão o acto conclusivo do procedimento de autorização[278]. Não há, portanto, uma distinção essencial entre a *autorização* prevista na *GG* e o *reconhecimento* que a lei ordinária venha a exigir[279].

Como a tese que defende a existência de um *direito à delegação de poderes públicos*, esta corrente faz derivar do direito fundamental de criação de escolas o direito à outorga de títulos com valor oficial. Este é um direito das escolas e já não uma *coisa do Estado* que este delegue ou "empreste" às escolas privadas. A opção constitucional de excluir o monopólio público do sistema de ensino implica aceitar que a concessão de títulos e graus com valor de habilitação oficial constitui uma tarefa privada.

---

[276] Aspecto posto em destaque por STEINER, *Öffentliche,* cit., p. 81, que fala, para este caso, da "Beleihung" como um verdadeiro "empréstimo" de um poder público.

[277] Cfr. STUIBLE-TREDER, Ob. cit., p. 94; BANSCH, Ob. cit., p. 140.

[278] Como sublinha PETERS (citado numa decisão do *BVerfG*: NJW, 1970, p. 275 e ss), uma autorização que não atribua à escola "direitos públicos" é uma simples folha de papel.

[279] Posição defendida, entre outros, por OSSENBÜHL, "Die Erfüllung", cit., p. 187 e ss; LORENZ, Ob. cit., p. 110; LINK, in *JZ*, 1971, p. 551 e ss; HECKEL, "Entwicklungslinien im Privatschulrecht", p. 597. Menos clara parece a posição de PETERS, "Elternrecht", *cit.,* p. 437: sendo indubitável que o Autor sustenta a existência de um direito ao reconhecimento (e não apenas à autorização), fica por esclarecer se considera o reconhecimento oficial um acto de delegação de poderes públicos (como Udo Steiner) ou de permissão do exercício de uma competência privada directamente fundada na *GG* (como Fritz Ossenbühl).

A tese segundo a qual a concessão de habilitações e a outorga de títulos com validade legal constituem direitos próprios das escolas foi consagrada, na Itália, na já citada _Lei da Paridade Escolar_ (Lei n.º 62, de 10 de Março de 2000). No sistema anterior (de 1942), vigorava na Itália um modelo de reconhecimento e de equiparação em cujo âmbito o Estado concedia às escolas o direito, _que lhe pertencia em exclusivo_, de conferir títulos e graus académicos. A Constituição, no entanto, falava em paridade requerida pelas escolas não estaduais. Agora, muitos anos após a entrada em vigor da Constituição, a lei fixou taxativamente os requisitos de que depende a paridade, ficando claro que o reconhecimento da paridade não se apresenta como um acto de delegação ou de concessão, mas como um acto de _verificação constitutiva_[280].

_dd)_ Posição adoptada

Já expressámos a nossa opinião no sentido de que o direito fundamental de criação de escolas privadas abrange imediatamente os direitos de realizar avaliações e de conferir graus e títulos com valor oficial[281]. A decisão constitucional de consagrar expressamente a garantia da liberdade de criação de escolas privadas manifesta, inevitavelmente, uma opção de fundo por um sistema de ensino plural, composto de dois pilares fundamentais: o ensino público e o ensino privado. Ora, afigura-se-nos que só pode falar-se de pluralidade no sistema de ensino, se as entidades particulares tiverem a possibilidade de nele participar nos mesmos termos e com as "mesmas armas" do Estado. Aos nossos olhos, não se compreenderia uma norma constitucional cujo conteúdo se traduzisse em conferir aos cidadãos o direito de criar escolas para prestarem um serviço de ensino desprovido de qualquer valor jurídico, que pudesse aparecer legalmente colocado na dependência absoluta do subsistema de ensino público.

Todavia, como o demonstra a tese de Udo Steiner, o facto de se reconhecer que o direito fundamental de criação de escolas abrange o direito à concessão de títulos e graus oficiais não exclui liminarmente a tese da delegação de poderes públicos. Na verdade, pode entender-se que

---

[280] Cfr. RENNA, Ob. cit., p. 668; DANIELE, "La parità scolastica", p. 367; VIDAL PRADO, Ob. cit., p. 85.

[281] Contra, cfr. J.J. Gomes CANOTILHO/Vital MOREIRA, Ob. cit., p. 250. Em sentido contrário à posição que se sustenta no texto, cfr. ainda o AcSTA/1ª, de 30/11/93, e o Parecer PGR, n.º 11/85.

o direito consagrado no artigo 43.º/4 da CRP não impede o legislador de definir um regime jurídico que contemple a exigência de uma delegação de poderes públicos para as escolas que pretendam ver-se oficializadas. A decisão sobre o pedido de delegação não poderia ser livre, mas, de todo o modo, tratar-se-ia de um acto de delegação (ou, talvez melhor, de "empréstimo") de poderes públicos. A escola privada prestaria o serviço de ensino, em parte, no exercício de um direito, e, noutra parte, no exercício de "poderes públicos *emprestados*" pelo Estado.

Por outro lado, também importa esclarecer que a circunstância de se defender que a escola privada não actua por delegação do Estado – mas no exercício de direitos próprios – não pretende legitimar um "acesso descondicionado" ao sistema, nem tem de significar a "desregulação pública" do ensino privado. Como inúmeras actividades claramente privadas de outra natureza, a prestação de um serviço de ensino pelas escolas privadas tem de ser – não pode deixar de ser – uma *actividade publicamente regulada*. A regulação pública do acesso e do exercício da actividade das escolas não é mais legítima nem tem de ser mais exigente por se entender que as escolas exercem "direitos públicos". Uma vez mais, a tese de Udo Steiner demonstra que a ideia de delegação pode conviver com uma visão liberal do ensino privado. De certo modo numa mesma rota de conjugação de tendências aparentemente opostas, defendemos a convivência da natureza privada do ensino com uma profunda, empenhada e activa regulação – e fiscalização – pública.

Por fim e ainda antes de expormos a nossa posição sobre a questão analisada neste número, cumpre referir uma nota sobre a distinção germânica entre o sistema de ensino e o sistema de habilitações. Compreende--se a distinção, que, aliás, parece fazer todo o sentido. Na verdade, não é ao sistema de ensino (nem às escolas, públicas ou privadas) que cabe definir as habilitações exigidas para o desempenho de uma profissão ou desenvolvimento de uma actividade. A responsabilidade dessa definição pertence ao Estado enquanto legislador e, portanto, no âmbito da função pública de regular as condições de acesso a uma profissão, privada ou pública (solicitador, médico, docente universitário, agente de segurança privada), ou de exercício de uma certa actividade (condução de veículos automóveis). A definição de tais exigências não faz parte do sistema de ensino, podendo concordar-se com a afirmação de que o sistema de habilitações constitui "coisa do Estado". Já nos parece, todavia, questionável considerar a atribuição dos títulos e graus que comprovam a posse das habilitações legalmente requeridas como um elemento de sistema de habilitações. Pertence ao sistema de ensino "atestar" que um indivíduo completou a escolaridade obrigatória ou possui uma licenciatura em arquitectura. Por seu lado, ao sistema de habilitações, do Estado, cabe definir que só pode conduzir um veículo automóvel um indivíduo com escolaridade obrigatória ou que só pode inscrever-se na Ordem dos Arquitectos um indivíduo com uma licenciatura em arquitectura.

Vejamos agora as razões que nos conduzem a defender que, ao realizar avaliações e ao conferir títulos com valor de habilitação oficial, a escola privada exerce direitos próprios e não "direitos delegados" ou "emprestados" pelo Estado.

A posição que adoptamos resulta da leitura conjugada dos artigos 43.º/4 e 75.º/2 da CRP. Esta última disposição estabelece: "*o Estado reconhece e fiscaliza o ensino particular e cooperativo, nos termos da lei*".

Independentemente do sentido e do alcance desse preceito, sobretudo na parte em que proclama que *o Estado reconhece* o ensino particular e cooperativo, é seguro que está aí em causa algo que não se consubstancia, decerto, na proclamação de um vago dever de respeitar, de aceitar ou de consentir o ensino privado[282]. No texto de uma Lei Fundamental, a uma afirmação desse tipo não pode deixar de se atribuir um preciso significado e um específico valor ou relevância jurídico-normativa, pelo que o intérprete terá de ver nela a expressão de uma opção política fundamental, de natureza constitucional. É sabido que a opção fundamental acolhida naquela disposição não diz directamente respeito ao modelo de organização plural do sistema de ensino, porquanto nessa matéria vale sobretudo o artigo 43.º/4 e a garantia nele consagrada da liberdade de criação de escolas privadas. Não estando isso em causa, a fórmula do artigo 75.º/2 só nos parece poder ser interpretada como a expressão de *outra decisão política fundamental em matéria de ensino privado*. Para nós, a opção que essa norma revela refere-se exactamente à natureza da tarefa e dos poderes de conferir habilitações e graus. O Estado, titular da "competência das competências" – em cujo exercício

---

[282] Para J.J. Gomes CANOTILHO/Vital MOREIRA, *Ob. cit.*, p. 368, o preceito salienta que "o ensino particular e cooperativo é *reconhecido* pelo Estado, e não simplesmente consentido".

poderia ter feito exclusivamente seu o direito de conferir habilitações com valor oficial, que seria então uma "coisa do Estado" –, optou por considerar a realização de avaliações académicas com validade geral e a outorga de graus e títulos com valor oficial tarefas que também podem ser exercidas por entidades privadas, no sistema de ensino privado. Deixou claro o sentido dessa sua opção ao proclamar que reconhece o ensino privado, o que quer significar que *reconhece o valor do ensino privado*[283] ou, talvez melhor, que *reconhece os resultados do ensino privado* enquanto subsistema integrado no sistema de ensino[284]. Quer dizer, o artigo 75.º/2 esclarece que o Estado reconhece nas avaliações, nos graus e nos títulos conferidos por escolas privadas o valor que atribui aos mesmos actos das escolas públicas (*paralelismo* ou *equiparação*)[285]. O sentido da norma não é o de permitir a concessão ou delegação de direitos públicos, mas o de esclarecer que o Estado vê na concessão de títulos e graus com plena validade oficial um *poder próprio das escolas privadas*.

É verdade que esse mesmo artigo 75.º/2 proclama que o Estado reconhece (e fiscaliza) o ensino particular e cooperativo, *nos termos da lei*. Como nos parece evidente, a remissão para a lei ordinária da definição dos termos do reconhecimento não poder alterar a essência da opção constitucional: a CRP entrega ao legislador o encargo de *regulamentar*, de definir os termos da opção constitucional de reconhecimento do ensino privado. O legislador não pode transformar numa delegação de poderes públicos o exercício de poderes e faculdades que a CRP *reconhece* como próprias das escolas privadas.

Representando a realização de avaliações com valor legal e a concessão de graus e de títulos com valor oficial direitos próprios das escolas privadas, segue-se que toda a actividade por elas exercida pertence à

---

[283] O artigo 54.º/1 da *Lei de Bases do Sistema Educativo* diz que "é reconhecido pelo Estado o valor do ensino particular e cooperativo (...)".

[284] Neste sentido, veja-se o preâmbulo do diploma que aprova o *Estatuto do Ensino Superior Particular e Cooperativo*: "o reconhecimento do ensino particular e cooperativo manifesta-se de modo inequívoco no valor normativo conferido pelo Estado aos graus atribuídos por estes estabelecimentos de ensino, ou seja, no paralelismo de regimes com o ensino superior público".

[285] Daí que se diga que o ensino privado "se torna também oficial": Jorge MIRANDA, *Manual*, IV, cit., p. 387; cfr. ainda Jorge MIRANDA/Rui MEDEIROS, Ob. cit., p. 737.

esfera do direito privado. As relações das escolas privadas com os seus professores e alunos, as avaliações e provas que realizam, os diplomas e os certificados que emitem assumem-se, todos e sem excepção, como *actos de direito privado*[286]. Nessa qualidade, são, naturalmente, objecto de uma regulação de direito privado[287]. Trata-se, contudo, de "actos privados com efeitos públicos"[288]. Esta situação, já o vimos[289], pode implicar, para o Estado, o dever de realizar a "recepção plena" do que em tais actos se dispõe. Ora, essa circunstância, conjugada com o valor intrínseco dos referidos actos, justifica e reclama que o direito estadual dirigido às escolas privadas (direito privado, naturalmente) incorpore valores e regras do direito público e contemple um regime que, sem tergiversações, assegure a "equivalência substancial" ou "efectiva" entre o ensino privado e o ensino público.

2.1.3.2. Missões das pessoas colectivas de utilidade pública administrativa e das associações de bombeiros voluntários

Concebida por Marcello Caetano, com acolhimento legal no Código Administrativo de 1936-40 e expressamente integrada na Administração Pública pela Constituição de 1933[290], a pessoa colectiva de utilidade pública administrativa viria a tornar-se uma figura polémica, suscitando, a vários títulos, divergências doutrinais: primeiro, foi a questão da sua natureza jurídica, sobre a qual se pronunciavam, de modo diferente, Marcello Caetano (pessoas de direito privado) e Afonso Queiró (pessoas de direito público)[291]; depois, a doutrina dividiu-se entre os que enten-

---

[286] Contra, cfr. o já citado AcTCA, de 06/06/2002 (proc. 11 391), bem como, na doutrina, Carla Amado GOMES, "Algumas cautelas", cit., p. 49, e "Apontamentos", cit., p. 39[65].

[287] Em sentido diferente, cfr. Paulo OTERO, *Legalidade e Administração Pública*, cit. p. 829[309], defendendo, além do mais, que "a força jurídica de tais actos se encontra «moldada» nos termos emergentes do regime jurídico a que se encontram sujeitos os actos administrativos".

[288] Cfr., *supra*, Parte I, Cap. II, 1.4.

[289] Cfr., *supra*, Parte I, Cap. II, 3.2.3.2.

[290] No seu artigo 109.º/4 estabelecia a competência do Governo para "superintender no conjunto da Administração Pública (...), fiscalizando superiormente os actos (...) das pessoas colectivas de utilidade pública administrativa".

[291] Sobre isso, cfr. Diogo Freitas do AMARAL, *Curso*, I, cit., p. 574 e ss; Marcelo Rebelo de SOUSA, "Os novos estatutos da Santa Casa da Misericórdia de Lisboa", cit., p. 53.

diam que a figura tinha deixado de existir (entre outros, Jorge Miranda e Sérvulo Correia[292]) e os que sustentavam opinião oposta (Freitas do Amaral)[293].

Actualmente, está claramente generalizado o entendimento de que as pessoas colectivas de utilidade pública administrativa *existem* como uma categoria jurídica autónoma (integradas no conceito mais vasto de pessoas colectivas de utilidade pública), com *personalidade jurídica de direito privado*. É assim ao nível da doutrina[294], da jurisprudência[295], bem como da legislação[296].

A referência a uma categoria autónoma de entidades privadas com a designação de pessoas colectivas de utilidade pública administrativa remete para a figura definida no artigo 416.º do Código Administrativo, onde se estabelece o seguinte: "consideram-se pessoas colectivas de utilidade pública administrativa as associações beneficentes ou humanitárias e os institutos de assistência ou educação, tais como hospitais, hospícios, asilos, casas pias, creches, lactários, albergues, dispensários sanatórios, bibliotecas e estabelecimentos análogos, fundados por particulares, desde que umas e outros aproveitem em especial aos habitantes de determinada circunscrição e não sejam administrados pelo Estado ou

---

[292] Cfr. Jorge MIRANDA, *As Associações Públicas,* cit., p. 12; J.M. Sérvulo COR-REIA, *Noções,* cit., p. 156; A. da Silva LEAL, "Os grupos e as organizações na Constituição de 1976 – a rotura com o corporativismo", p. 345 e ss.

[293] Cfr. Diogo Freitas do AMARAL, *Curso,* I, cit., p. 553 e ss.

[294] Cfr. Marcelo Rebelo de SOUSA, *Lições,* cit., p. 414; Paulo OTERO, *O Poder de Substituição,* cit., p. 59; Vital MOREIRA, *Administração autónoma,* cit., p. 297 e ss.

[295] Cfr. AcSTA/1ª, de 15/12/83 ("as associações de bombeiros voluntários mantêm a sua qualificação de pessoas colectivas de utilidade pública administrativa que lhes é atribuída pelo artigo 158.º do Código Administrativo"); e AcSTA/1ª, 05/07/88 ("a categoria das pessoas colectivas de utilidade pública administrativa não foi banida do nosso ordenamento jurídico").

[296] Artigos 1.º/2 e 14.º/2 do Decreto-Lei n.º 460/77, de 7 de Novembro (*estatuto das colectividades de utilidade pública*); artigo 51º/1,*c*), e *e*), do ETAF/1984; artigo 2.º/1,*b*), do Decreto-Lei n.º 74/99, de 16 de Março (*estatuto do mecenato*); artigo 2.º/1,*b*), do Decreto-Lei n.º 389/99, de 30 de Setembro (*enquadramento jurídico do voluntariado*); artigo 2.º,*b*), do Decreto-Lei n.º 264/2002, de 25 de Novembro. Cfr. ainda a Lei n.º 23/2004, de 22 de Junho (*contrato individual de trabalho na Administração Pública*), que, certamente por equívoco, acolheu uma referência – inútil e despropositada – às *pessoas colectivas de utilidade pública administrativa* ao dispor que não se lhes aplicava (nos termos do seu artigo 1.º/1, o diploma define o regime jurídico do contrato de trabalho nas *pessoas colectivas públicas*).

por um corpo administrativo". Tendo em consideração o disposto nesta norma, conclui Freitas do Amaral que a autonomização das instituições particulares de solidariedade social arrancou muitas espécies à categoria das pessoas colectivas de utilidade pública administrativa, mas não esvaziou esta de conteúdo útil[297]. Assim, por ex., integram a categoria das pessoas colectivas de utilidade pública administrativa as *associações de bombeiros voluntários*, as quais já eram assim expressamente consideradas pelo Código Administrativo (artigos 158.º e 441.º e ss) e não foram abrangidas pelo diploma que regula as IPSS.

Considerando o regime jurídico das colectividades de utilidade pública constante do Decreto-Lei n.º 460/77, de 7 de Novembro, concluímos que podem continuar a ver-se reconhecidas e declaradas como de utilidade pública administrativa pessoas colectivas (associações e fundações) *de índole local* – "desde que (...) aproveitem em especial aos habitantes de determinada circunscrição" –, *criadas e geridas por entidades particulares* para se dedicarem a algum dos fins previstos no artigo 416.º do Código Administrativo.

Da conclusão apresentada resultam algumas consequências importantes.

Assim, em primeiro lugar, recusa-se a *qualificação doutrinal* de uma entidade como pessoa colectiva de utilidade pública administrativa (por analogia com as entidades assim qualificadas no Código Administrativo). Esta consubstancia uma designação *oficial*, que não pode resultar da vontade exclusiva dos particulares interessados, nem de uma ilação que o intérprete se proponha retirar do regime jurídico especialmente traçado para uma entidade. A declaração de utilidade pública administrativa[298] tem de resultar de um acto administrativo praticado no seio de um específico procedimento administrativo, regulado no Decreto-Lei n.º 460/77[299]. Discordamos, assim, das conclusões de alguns Pareceres do Conselho Consultivo da Procuradoria-Geral da República, que consideram pessoas colectivas de utilidade pública administrativa determinadas entidades pelo facto de estas se dedicarem a prosseguir os fins

---

[297] Cfr. Diogo Freitas do AMARAL, *Curso,* I, p. 555.

[298] Como, de resto, a (mera) utilidade pública.

[299] Nesse procedimento, as câmaras municipais são chamadas a emitir parecer, nos termos do artigo 2.º,*b)*, do Decreto-Lei n.º 264/2002, de 25 de Novembro.

previstos no artigo 416.º do Código Administrativo, estando sujeitas a um regime de ingerência pública ou assumindo nos respectivos estatutos aquela qualificação[300].

Por outro lado, entendemos que não é possível o reconhecimento ou a declaração da utilidade pública administrativa de entidades que não preenchem todo os requisitos previstos no artigo 416.º do Código Administrativo, agora por *falta de base legal*. Assim, não constitui fundamento suficiente para atribuição daquele estatuto a simples coincidência entre os fins estatutários de uma entidade privada (associação ou fundação) e os fins prosseguidos pela Administração Pública. Torna-se indispensável que os fins prosseguidos sejam os que a lei considerou como fundamento da atribuição do estatuto de utilidade pública administrativa. Entendimento diferente desse encontramos sustentado no AcSTA/1ª, de 05/07/88: trata-se de uma decisão proferida no âmbito de um recurso contencioso de um acto do Primeiro-Ministro que indeferira um pedido de declaração de utilidade pública administrativa apresentado pela *Associação Portuguesa para a Defesa do Consumidor* (DECO). Entendeu o STA que o acto que efectua aquela declaração é "praticado no exercício de um poder vinculado, isto é, definido o conceito de pessoa colectiva de utilidade pública administrativa, resta a Administração apurar, pela análise dos estatutos, se a interessada nessa qualificação preenche os requisitos que, de acordo com tal conceito, se apresentam como essenciais". Podendo concordar-se com essa doutrina, já não acompanhamos o STA, na parte em que afirma que o conceito de pessoa colectiva de utilidade pública administrativa se basta com a coincidência entre os fins prosseguidos por entidades privadas e as atribuições da Administração Pública,

---

[300] Cfr. Pareceres n.º 17/84 (*Cruz Vermelha Portuguesa*), 11/95 e 145/2001 (*Serviços de Utilização Comum dos Hospitais*). No sentido, que criticamos, de que "às pessoas colectivas de utilidade pública administrativa de âmbito local – as previstas no Código Administrativo –, devem equiparar-se outras espécies de entidades de direito privado, de âmbito nacional, de utilidade pública qualificada e submetidas a um regime jurídico com traços administrativos muito semelhantes", cfr. Vital MOREIRA, *Administração Autónoma*, cit., p. 298. Aparentemente no mesmo sentido pronunciava-se Marcello CAETANO, *Manual*, cit., p. 402, quando, sobre as associações e fundações com fins de assistência que estendam a sua acção para além da área de um distrito, afirmava que elas devam ser consideradas de utilidade pública administrativa geral. Porém, se vemos bem, a sua sugestão dirigia-se aos Poderes Públicos e não ao intérprete. Assim se compreende que, logo a seguir à sugestão, afirmasse que "tal qualificação tem sido atribuída pelos diplomas especiais de reconhecimento da personalidade de várias fundações".

acrescentando que "com fundamento nessa coincidência, podem estas requerer ao Governo a declaração de utilidade pública administrativa".

a) Pessoas colectivas de utilidade pública administrativa previstas no Código Administrativo

O tema em discussão neste número está, assim, definido: procura-se tomar posição perante a questão de saber se as pessoas colectivas de utilidade pública administrativa a que se refere o Código Administrativo participam no exercício da função pública administrativa. Como se sabe, é essa a tese defendida pela doutrina dominante[301].

Circunscrito dentro desses limites, fica claro que não nos vamos ocupar, neste número, das entidades com o *estatuto legal ou normativo* de pessoas colectivas de utilidade pública administrativa: integram esta hipótese os casos da *Santa Casa da Misericórdia de Lisboa* (artigo 1.º/1 dos seus Estatutos, aprovados pelo Decreto-Lei n.º 322/91, de 26 de Agosto), da *Cruz Vermelha Portuguesa* (artigo 1.º/2 do Decreto-Lei n.º 164/91, de 7 de Maio) e da *Liga dos Combatentes* (artigo 1.º/1 do seu Estatuto, aprovado pela Portaria n.º 119/99, de 10 de Fevereiro)[302].

Trata-se, em todos esses casos, de pessoas colectivas de utilidade pública administrativa "especiais", que, além do mais, extravasam claramente do âmbito local das entidades assim designadas no Código Administrativo. A qualificação das entidades referidas resulta de uma opção legal ou normativa para casos particulares. A existência delas não confirma (nem desmente) a subsistência, no direito português, da categoria específica de pessoas colectivas de utilidade pública administrativa a que se refere o Código Administrativo. Trata-se, insistimos, de uma qualificação pública de carácter normativo, eventualmente inspirada nas "tradicionais" ou "históricas" pessoas colectivas de utilidade administrativa e na ideia que imediatamente esta qualificação sugere, quer quanto aos fins prosseguidos pelas entidades assim qualificadas, quer quanto ao re-

---

[301] Cfr. Diogo Freitas do AMARAL, *Curso*, I, cit., p. 569; Marcelo Rebelo de SOUSA, *Lições*, cit., p. 414; Paulo OTERO, *O Poder de Substituição*, cit., p. 59

[302] Afirma-se no AcTC n.º 143/02, que a "Liga dos Combatentes é uma instituição *sui generis*: trata-se, sem dúvida de uma associação de inscrição voluntária (…), mas verdadeiramente erigida pelo Estado, sujeita à tutela do Governo (…), mantendo uma específica ligação orgânica às supremas autoridades públicas no domínio das Forças Armadas (…) – tudo, naturalmente, em razão do interesse público (ou mesmo da natureza pública) dos fins que prossegue".

gime de ingerência pública a que ficam submetidas. O regime das pesso-as colectivas de utilidade pública administrativa "especiais" é, além do que as leis gerais estabelecem para todas as entidades dessa categoria[303], aquele que, especialmente, lhes for dedicado. Os escopos a que se dedi-cam são indicados no acto normativo que as institui ou que lhes reconhe-ce utilidade pública administrativa. Por isso mesmo, saber se executam tarefas públicas, ou não, constitui algo que só o estudo de cada uma delas permite concluir. Veremos, sobre isso, que a *Santa Casa da Misericórdia de Lisboa* se assume como "entidade administrativa privada", pelo que, de acordo com a concepção que defendemos, a actividade que exerce deve considerar-se "actividade pública"[304].

Em rigor, a questão com que nos defrontamos reside, pois, em saber se a declaração ou o reconhecimento da utilidade pública administrativa de uma pessoa colectiva, nos termos do artigo 416.º do Código Adminis-trativo, significa ou implica a publicização (implícita) das tarefas a que essa pessoa colectiva se dedica. O facto de o Estado reconhecer a utili-dade pública *administrativa* de uma entidade criada por particulares – que se dedique ao socorro de feridos, de doentes ou de náufragos, à extinção de incêndios ou, em geral a qualquer actividade de protecção desinte-ressada de vidas humanas e bens – implicará, como efeito automático, a publicização dessas missões?

A resposta, positiva, de Freitas do Amaral e de Marcelo Rebelo de Sousa, baseia-se, fundamentalmente, no facto de tais entidades, criadas por iniciativa particular, virem suprir uma omissão, lacuna ou insuficiên-cia dos poderes públicos[305], substituindo entidades públicas na prosse-cução das suas atribuições[306].

Diferente era a tese defendida por Marcello Caetano, que explica o conceito de utilidade pública administrativa pelo facto de certas entida-des criadas por particulares se dedicarem a fins de interesse social que

---

[303] Apesar de se tratar de pessoas colectivas de utilidade pública administrativa "especiais", o regime que a lei estabeleça, genericamente, para essa categoria de enti-dades (*v.g.*, regalias e isenções fiscais) não pode deixar de se lhes aplicar. Sobre esse regime, cfr. Diogo Freitas do AMARAL, *Curso*, I, cit., p. 570 e ss; Marcelo Rebelo de SOUSA, "Os novos estatutos", cit., p. 52.

[304] Cfr., *infra*, Parte III, Cap. II.

[305] Cfr. Diogo Freitas do AMARAL, *Curso*, I, cit., p. 569.

[306] Cfr. Marcelo Rebelo de SOUSA, *Lições*, cit., p. 414.

coincidem com atribuições da Administração Pública. Na "coincidência ou concorrência se acha o fundamento da qualificação da utilidade pública *administrativa*"[307].

Para nós, é, de facto, uma situação de coincidência, de concorrência e de cooperação entre o Estado e a Sociedade a que está envolvida no reconhecimento da utilidade pública administrativa de uma entidade. Os fins a que se refere o artigo 416.º do Código Administrativo (os quais – alguns deles – justificam aquele reconhecimento) não se referem a atribuições exclusivas do Estado. O socorro de feridos, por ex., assume-se hoje como uma actividade privada, por vezes também exercida em ambiente de mercado. Para nós, o reconhecimento da utilidade pública administrativa constitui uma resposta do ordenamento jurídico que se traduz naquilo que Fritz Ossenbühl designou de aproveitamento do "potencial administrativo dos particulares"[308]. Embora seja nítida a existência de uma "lacuna", de uma "omissão", bem como o facto de as pessoas com utilidade pública administrativa substituírem o Estado, tudo isso nasce de uma "vontade privada" de cunho desinteressado e altruísta. É o espírito de voluntariado, de auxílio e de assistência aos outros que o Estado fomenta e aproveita.

Assim, o reconhecimento da utilidade pública administrativa não significa a publicização da actividade exercida pela entidade beneficiária.

Essa conclusão não surge infirmada pelos traços de marcada ingerência que caracterizam o regime jurídico a que o Código Administrativo submete as pessoas colectivas de utilidade pública administrativa. Com efeito, na sua grande parte, o regime de ingerência pública ali previsto é inconstitucional, como, aliás, toda a doutrina reconhece. Diremos, hoje, que o regime de ingerência a que estão submetidas essas entidades é *fundamentalmente* o mesmo que se aplica a todas as pessoas colectivas de mera utilidade pública. Por outro lado, uma das últimas referências legislativas específicas às pessoas colectivas de utilidade pública administrativa acaba também de desaparecer: o novo ETAF deixou – e bem – de atribuir à jurisdição administrativa competência para apreciar actos administrativos praticados por aquelas entidades (isto apesar de o conceito de "pessoa colectiva de utilidade pública" aparecer no artigo 20.º/1

---

[307] Cfr. Marcello CAETANO, *Manual*, cit., p. 399.
[308] Cfr. OSSENBÜHL, "Die Erfüllung", cit., p. 148.

do CPTA). A solução da nova legislação processual merece todo o aplauso, porquanto enterra definitivamente a ideia de que a prática de actos administrativos por estas entidades reveste o carácter de uma ocorrência normal, vulgar ou generalizada[309]. Obviamente sem impor a sujeição de tais actos ao contencioso administrativo, a lei de 1984 remetia para um "mundo virtual", sugerindo que, por si só, o estatuto da utilidade pública administrativa poderia implicar ou envolver a prática de actos administrativos[310]. Ainda que pudesse ter sido assim no passado (lembre-se que ao pessoal das pessoas colectivas de utilidade pública administrativa se aplicava o regime da função pública) não o era já, manifestamente, em 1984. De certo modo, a demonstração do irrealismo da indicação legislativa é atestada pelo número limitado de pronúncias jurisdicionais sobre actos submetidos à jurisdição administrativa e qualificados como administrativos *pelo facto* de provirem de uma pessoa colectiva de utilidade pública administrativa[311]. O eclipse das pessoas colectivas de utilidade pública administrativa da nova legislação processual administrativa é ainda positivo porque vai, com certeza, contribuir para que não se repitam equívocos graves, como o que está patente no AcSTA 1.ª de 06/07/2000 (proc. n.º 49 236): sem discutir a competência da jurisdição administrativa para o efeito, o STA pronunciou-se, em segunda instância, sobre um recurso eleitoral proposto por um associado contra a Associação Humanitária de Bombeiros Voluntários de Ílhavo. Sem se perceber como, o STA considerou estar diante de um caso de "contencioso eleitoral administrativo".

Reiteramos, portanto, o sentido da tese aqui defendida: o reconhecimento da utilidade pública administrativa de uma pessoa colectiva não significa a publicização das tarefas a que ela se dedique. Trata-se de uma

---

[309] A doutrina enfatizava este aspecto do "regime" das pessoas colectivas de utilidade pública administrativa; cfr. Diogo Freitas do AMARAL, Curso, I, cit., p. 573; Vital MOREIRA, *Administração Autónoma,* cit., p. 300; Marcelo Rebelo de SOUSA, "Os novos estatutos", cit., p. 60.

[310] A dado passo, escreve-se no AcSTA/1ª, de 31/01/89 (proc. n.º 26 270), que os actos das pessoas colectivas de utilidade pública administrativa são sindicáveis pelos tribunais administrativos, "se tiverem, evidentemente, a natureza de actos administrativos".

[311] Um caso paradigmático em que isso se verificou ocorreu ainda antes da entrada em vigor do ETAF/1984. Referimo-nos AcSTA/1.ª, de 15/12/83 (proc. n.º 18 796), em que se concluiu pela competência da jurisdição administrativa para conhecer de um acto praticado pelo corpo directivo de uma associação de bombeiros voluntários, por se considerar esta uma pessoa colectiva de utilidade pública administrativa.

entidade privada, que se dedica à prossecução de actividades e de fins coincidentes com actividades e fins do Estado. Por causa do carácter desinteressado e altruísta da sua acção, pode requerer ao Estado o reconhecimento da utilidade pública administrativa.

b) Associações de bombeiros voluntários

Já dissemos que o artigo 158.° do Código Administrativo considera as *associações de bombeiros voluntários*, com estatutos devidamente aprovados, pessoas colectivas de utilidade pública administrativa. Ao contrário do que parece decorrer da leitura dessa disposição legal, a qualificação de utilidade pública administrativa de uma associação de bombeiros não decorre imediatamente da lei. Com efeito, aquela norma traduzia uma qualificação legal, mas num contexto normativo em que a própria constituição da associação dependia de autorização do governador civil (artigo 442.° do Código Administrativo). Ora, não havendo hoje controlo administrativo sobre a constituição de associações, parece não fazer sentido admitir que o simples facto da constituição de uma associação de bombeiros comporte imediatamente o reconhecimento da utilidade pública administrativa. Cremos, por isso, que, neste caso, continua a ser necessário requerer ao órgão competente o reconhecimento da utilidade pública administrativa da associação constituída.

Neste contexto, a qualificação das tarefas de que se incumbem as associações de bombeiros afigura-se, de certo modo, independente de tudo quanto se afirmou sobre as pessoas colectivas de utilidade pública administrativa. Isso explica que a legislação agora envolvida seja a que se refere especificamente às associações de bombeiros voluntários.

A questão que interessa então equacionar consiste em averiguar se as associações de bombeiros voluntários exercem funções públicas administrativas.

Antecipando o sentido da resposta, diremos já que, hoje, o papel das associações de bombeiros voluntários se reconduz, fundamentalmente, à *criação* e, em certa medida, ao *suporte financeiro* e *logístico* de um "corpo de bombeiros". A peça essencial no sistema de protecção civil e socorro é exactamente o corpo de bombeiros, não a associação que o criou e à qual ele pertence. O corpo de bombeiros consubstancia uma "unidade" que, para o desempenho das suas missões, se *autonomiza* da associação, assumindo-se, simultaneamente, como uma unidade "externa" da estrutura do sistema nacional de protecção e socorro. Quer isto dizer que os próprios corpos de bombeiros voluntários são instâncias criadas por entidades particulares com funções públicas de protecção e socorro.

Por seu lado, as associações de bombeiros voluntários constituem as entidades particulares que, na esfera privada e da Sociedade[312], assumem livremente a incumbência de criar e, em certos termos, de fazer funcionar os corpos de bombeiros instituídos sob a sua égide[313].

Segundo o *Regulamento Geral dos Corpos de Bombeiros*[314], o corpo de bombeiros é a unidade operacional, organizada de acordo com um princípio de unidade de comando, tecnicamente preparada e equipada para o cabal exercício de missões de protecção e socorro, como, por ex., o combate a incêndios, o socorro às populações em caso de incêndios, inundações, desabamentos, abalroamentos, acidentes, catástrofes e calamidades, o socorro a náufragos e o socorro e o transporte de sinistrados e doentes. Os corpos de bombeiros podem ser criados por iniciativa de associações de bombeiros voluntários, cabendo actualmente ao *Serviço Nacional de Bombeiros e Protecção Civil* (SNBPC) a homologação da criação desses (e de quaisquer outros) corpos de bombeiros[315]. O SNBPC

---

[312] Tratando-se obviamente de associações de direito privado, não se percebe que acaso terá levado o Tribunal Administrativo Central Norte, a considerar explicitamente que uma associação de bombeiros voluntários tem a natureza de *pessoa colectiva de direito público* (cfr. Acórdão de 09/09/2004, proc. 65/04.TA09423). Igualmente incompreensível afigura-se o sentido do AcSTA/1.ª, de 03/03/2005, (proc. 341/04), em que o Supremo Tribunal Administrativo se considerou competente para apreciar a legalidade estatutária da deliberação de uma associação de bombeiros voluntários de recusa de admissão de um sócio. Estando em causa uma associação de direito privado (que nem sequer congrega os *interessados* nos resultados da sua acção), não se percebe que justificação poderá haver para considerar de direito administrativo a relação que intercede entre os pretendentes a sócios e a associação.

[313] Ao assumirem essa incumbência (de natureza logística), as associações de bombeiros voluntários não estão, em rigor, a substituir o Estado, mas os municípios. Na verdade, o sistema de protecção civil, ao nível dos bombeiros, parece estar delineado segundo o princípio de que a responsabilidade *pública* pela criação de corpos de bombeiros cabe aos municípios: é o que decorre do artigo 25.º da Lei n.º 159/99, de 14 de Setembro, onde, além do mais, se estabelece que aos municípios cabe a realização de investimentos na criação de corpos de bombeiros municipais.

[314] Aprovado pelo Decreto-Lei n.º 295/2000, de 17 de Novembro, com as alterações introduzidas pelo Decreto-Lei n.º 209/2001, de 28 de Julho.

[315] A Lei Orgânica do SNBCP foi aprovada pelo Decreto-Lei n.º 49/2003, de 25 de Março. Nos termos do *Regulamento Geral dos Corpos de Bombeiros*, há três espécies fundamentais de corpos de bombeiros: *sapadores*, *municipais* (ambos criados na dependência de uma câmara municipal) e *voluntários*.

Existem ainda os *corpos de bombeiros privativos*, criados por iniciativa de pessoas colectivas de direito público ou privado: a respectiva área de actuação é circunscrita ao

atribui aos vários corpos uma área de actuação que, em regra, corresponde à área do município; se num município houver vários corpos de bombeiros, será definida a área geográfica de cada um deles dentro do município.

Nos termos do *Regulamento*, os corpos de bombeiros, uma vez criados, ficam sujeitos à "acção tutelar" do SNBPC. Além do mais, cabe a este instituto público "orientar, coordenar e fiscalizar as actividades exercidas pelos corpos de bombeiros" e, particularmente, exercer a acção inspectiva e prestar-lhes o apoio necessário ao desenvolvimento das respectivas actividades.

Os comandantes dos corpos de bombeiros são *nomeados* pela associação, cabendo ao SNBPC *homologar* a nomeação.

Em termos disciplinares, o pessoal dos corpos de bombeiros voluntários encontra-se sujeito ao regime disciplinar dos funcionários públicos, salvaguardadas algumas particularidades que constam do *Regulamento*. Em conformidade com este *Regulamento*, a aplicação de penas disciplinares de advertência e de repreensão escrita é da competência de todos os graduados em relação aos bombeiros que lhes estejam subordinados. Por sua vez, a competência para a aplicação de penas de suspensão e de demissão pertence ao comandante do corpo de bombeiros. Por fim, a aplicação de penas aos comandantes cabe ao coordenador distrital do SNBPC.

O regime sumariamente descrito permite-nos perceber que os corpos de bombeiros voluntários constituem estruturas autónomas, no plano *técnico* e *operativo*, em relação à associação a que pertencem[316]. Uma vez criados e oficialmente homologados, "ganham vida própria" e passam a constituir elementos ou unidades da estrutura operativa do sistema nacional de protecção civil e de socorro, externas ao SNBPC. Surgem então como uma espécie de *estruturas desconcentradas* deste Serviço do Estado. A lei é clara ao estabelecer, por ex., que os órgãos distritais do SNBPC têm a incumbência de "assegurar a coordenação das operações de socorro realizadas pelos corpos de bombeiros" [artigo 30.º/

---

domínio privado de que seja titular a entidade a que pertencem e ao domínio público que lhe esteja afecto; podem actuar em locais exteriores à sua área de actuação, "por requisição e sob a direcção do SNBPC", o qual suportará os encargos inerentes.

[316] Observa-se, bem, no Acórdão do TCA-N, de 9/9/2004, (proc. 65/04.TA09423), que o corpo de bombeiros é uma entidade criada e mantida por uma associação de bombeiros, mas não constitui um órgão da associação.

/1,g), do Decreto-Lei n.º 49/2003]. No desempenho das suas missões específicas, os corpos de bombeiros actuam segundo "um princípio de unidade de comando" (artigo 4.º do *Regulamento*), ficando os respectivos membros integrados numa cadeia hierárquica que os submete técnica e juridicamente ao SNBPC.

Dos dados legais resulta claro que as associações de bombeiros voluntários não têm qualquer participação directa na execução, na orientação ou na fiscalização das missões específicas dos corpos de bombeiros que lhes pertencem. Limitam-se a criá-los, a nomear os comandantes (mas, mesmo isso, sujeito a homologação pública) e a proporcionar-lhes certos meios materiais e logísticos[317]. Entre os comandantes e quaisquer outros membros dos corpos de bombeiros, por um lado, e as associações respectivas, por outro, não existe qualquer relação de emprego público[318]. Pode, eventualmente, existir uma *relação de emprego privado*, se a associação se dispuser a afectar trabalhadores seus aos corpos de bombeiros.

A caracterização dos corpos de bombeiros voluntários como unidades externas e desconcentradas do SNBPC, sob a orientação e a coordenação deste instituto público, surge especialmente adequada para se compreender o regime disciplinar a acima se aludiu. Uma vez que não tem de existir entre a associação e os membros dos corpos de bombeiros qualquer relação jurídica de emprego, de prestação de serviços ou de qualquer outra natureza, o *Regulamento* adjudica as competências disciplinares aos próprios membros (graduados) dos corpos de bombeiros, bem como aos comandantes. Em nenhum caso, a lei prevê a intervenção disciplinar específica da associação[319]. As competências disciplinares em

---

[317] Quanto aos aspectos logísticos, deve ter-se em conta as responsabilidades dos municípios: nos termos do artigo 25.º da Lei n.º 159/99, de 14 de Setembro, é da competência dos municípios a realização de investimentos na construção e a manutenção de quartéis, bem como o apoio à aquisição de equipamentos para bombeiros voluntários.

[318] Neste sentido, cfr. AcSTA/1.ª, de 29/09/99, proc. n.º 44 282. Expressamente contra, no sentido de que existe uma relação de emprego público entre os comandantes de corpos de bombeiros e as associações respectivas, cfr. AcSTA/1.ª, de 06/05/2003, (proc. 47 547); na mesma linha, cfr. AcSTA/1.ª, de 23/09/2003, (proc. 46 952).

[319] Observe-se, todavia, que a associação parece deter um *poder regulamentar* para fixar os direitos e deveres dos corpos de bombeiros (cfr. artigo 24.º do *Regulamento*, sobre os "regulamentos internos dos corpos de bombeiros"). Trata-se, contudo, de um *poder normativo privado*, apesar de a inobservância do que nele se estabelece ser susceptível de originar um ilícito público. Com efeito, verificada e comunicada a infracção aos órgãos competentes, estes podem aplicar penas disciplinares aos corpos de bombeiros.

causa são, efectivamente, *competências públicas* que a lei atribui aos membros dos corpos de bombeiros, realizando, assim, uma espécie de *desconcentração* do poder disciplinar do SNBPC. Neste sentido, os membros dos corpos de bombeiros e os comandantes, ao exercerem tais competências, actuam como entidades particulares com poderes públicos[320]. Note-se, todavia, que a delegação (legal) de competências públicas disciplinares não decorre directamente da natureza pública das funções dos corpos de bombeiros, mas exclusivamente da articulação entre os princípios da unidade de comando e da hierarquia com o princípio da submissão dos graduados superiores (os comandantes) ao poder disciplinar público do SNBPC. Como se disse, o sistema delineado efectua uma espécie de desconcentração do poder disciplinar público que, teoricamente, poderia estar integralmente atribuído ao SNBPC.

As observações feitas permitem perceber que as associações de bombeiros não intervêm, por elas mesmas, no sistema nacional de protecção e socorro. Representam, porventura, um elemento imprescindível desse sistema, na medida em que assumem o encargo de suportar uma parte dos custos que ele comporta. Mas a intervenção delas passa mesmo só por essa "participação indirecta". A participação activa e *integrada* no exercício de funções públicas compreendidas no âmbito do referido sistema cabe exclusivamente aos corpos de bombeiros que elas criam, mas que delas se autonomizam, no plano técnico e operativo.

A concepção que aqui se defende apresenta-se contudo pouco afeiçoada a um traço do regime legal: nos termos do *Regulamento Geral dos Corpos de Bombeiros*, estando em causa a aplicação de penas disciplinares (de advertência e de repreensão escrita) por graduados que não sejam comandantes, as decisões punitivas são objecto de *recurso hierárquico necessário* para o conselho disciplinar da entidade detentora do corpo de bombeiros, constituído pelos presidentes da respectiva direcção, assembleia geral e conselho fiscal[321].

Na nossa interpretação, a atribuição deste poder à associação de bombeiros voluntários – cujo exercício dá lugar a um acto impugnável nos tribunais administrativos, nos termos do artigo 37.º/3 do *Regulamento* – afigura-se pouco coerente com a arquitectura geral do sistema.

---

[320] Cfr., *infra*, Parte III, Cap. I.
[321] Diferentemente, das decisões disciplinares dos comandantes cabe recurso hierárquico necessário para o presidente do SNBPC.

De facto, a associação encontra-se, inequivocamente, deslocada da cadeia de comando que liga os corpos de bombeiros ao SNBPC; por outro lado, não existe qualquer relação (de direito público) entre a associação e os membros dos corpos de bombeiros. Não descortinamos, assim, um título que possa legitimar a intervenção da associação num contexto disciplinar: só nos ocorre a suposição de que, querendo manter a tradição[322], o legislador pretendeu colocar a associação no papel de *árbitro* de um conflito[323].

2.1.3.3. Profissões legalmente designadas como "oficiais"

Só por si, a circunstância de a lei incluir o vocábulo *oficial* no nome que atribui a uma dada profissão pode considerar-se um indício de que o legislador está a pretender fazer dela uma *profissão pública independente*, isto é, uma profissão pública exercida no nome próprio do titular, fora do contexto de uma relação de emprego público.

A dúvida pode, por conseguinte, colocar-se a propósito das profissões de *revisor oficial de contas*, de *técnico oficial de contas* e de *despachante oficial*. Independentemente dos motivos que explicam essas qualificações, a verdade é que, como vai ver-se, nenhuma delas se assume como uma profissão pública. Trata-se, em todos esses casos, de *profissões privadas*, em cujo desempenho são exercidas funções ou actividades privadas (eventualmente qualificadas de *interesse público*) que não prosseguem fins do Estado. Com essa ordenação, não se pretende, com certeza, questionar a *relevância pública* de tais profissões, factor que pode, de resto, conduzir o legislador a regulá-las mais intensamente do que outras. Diga-se, a propósito, que todas elas são profissões auto--reguladas, por câmaras ou ordens profissionais, de modo que a essas organizações de direito público cabe disciplinar o acesso e o exercício profissional, sem qualquer intervenção de outra instância da Administração Pública.

Vejamos o regime jurídico das profissões em cuja designação a lei portuguesa continua a incluir uma referência ao carácter "oficial".

---

[322] A intervenção para decidir recursos já constava do regulamento dos corpos de bombeiros de 1951.

[323] Decidindo recursos contenciosos de deliberações de conselhos disciplinares de associações de bombeiros voluntários, cfr. Ac´sSTA/1.ª, de 15/12/83, (proc. 18796), de 10/07/2001, (proc. 46449), de 08/10/2002, (proc. 1662/02), e de 09/03/2004, (proc. 1509/02).

a) Revisores oficiais de contas

O acesso à profissão de revisor oficial de contas depende de *inscrição* na Ordem dos Revisores Oficiais de Contas (o Estatuto desta foi aprovado pelo Decreto-Lei n.º 487/99, de 16 de Novembro)[324]. A inscrição só pode ter lugar, além do mais, quando o candidato tiver realizado, com aproveitamento, um exame de admissão à Ordem e um estágio (de três anos). O revisor, que exerce as suas funções mediante contrato de prestação de serviços, actua em regime de completa independência funcional ou hierárquica em relação às empresas ou outras entidades a quem presta serviços[325]. Pode exercer a actividade a título individual, como sócio de uma sociedade de revisores oficiais de contas ou sob contrato de prestação de serviços celebrado com um revisor a título individual ou com uma sociedade de revisores.

Mantendo uma terminologia já tradicional, o actual Estatuto da Ordem dos Revisores Oficiais de Contas divide as funções dos revisores em *funções de interesse público* e *outras funções*.

No domínio das funções de interesse público – o preâmbulo do diploma refere-se à "crescente relevância que vem sendo reconhecida ao papel do revisor oficial de contas na defesa do interesse público, subjacente à credibilidade do exame às contas de empresas e outras enti-

---

[324] A profissão de revisor oficial de contas é administrada pelos próprios profissionais no âmbito de uma associação pública profissional (actualmente, a *Ordem dos Revisores Oficiais de Contas*).

A auto-regulação pública da profissão existe também no direito alemão (onde, como entre nós, ela é feita por uma ordem profissional, a "Wirtschaftsprüferkammer"; mas, nesse sistema, o exercício da profissão requer uma intervenção estadual; cfr. KLUTH, *Funktionale,* cit., p. 102 e ss; SEIDEL, Ob. cit., p. 174.

Configuração diferente reveste o sistema espanhol, onde a regulação da profissão é efectuada pelo *Instituto de Contabilidad y Auditoría de Cuentas,* um organismo público dependente do Ministério da Economia; sobre a organização da profissão em Espanha (e também noutros países da Europa), cfr. Carmen FERNANDEZ RODRÍGUEZ, *El auditor de cuentas,* pp. 68 e 104 e ss.

Nos Estados Unidos, na sequência do escândalo ENRON, foi instituído por lei, em 2002, o *Public Company Accounting Oversight Board,* um organismo privado com funções de supervisão, de registo e de regulação das empresas de auditoria (Sarbanes-Oxley Act of 2002: Pub. L. No. 107-2, H.R.3763).

[325] Uma vez designados, os revisores são inamovíveis antes de terminado o mandato ou, na falta de indicação deste ou de disposição contratual, por períodos de quatro anos.

dades"[326] –, os revisores têm competências exclusivas, designadamente quanto à *revisão legal das contas* e à *auditoria às contas* de empresas ou outras entidades[327]. Como seria de esperar, a lei confere uma particular atenção à revisão legal das contas

Nas empresas ou outras entidades onde exista órgão de fiscalização, a revisão processa-se mediante a inclusão dos revisores nesse órgão ou, quando for o caso, pelo exercício das funções de fiscal único ou do revisor oficial de contas, nos termos das disposições legais aplicáveis. Não existindo órgão interno de fiscalização, a revisão processa-se de acordo com a legislação em vigor. Acrescenta o Estatuto que, nas empresas ou outras entidades sujeitas à revisão legal de contas, assume carácter obrigatório a *certificação legal das contas*, a emitir exclusivamente pelos revisores oficiais de contas que exerçam aquelas funções.

A sujeição das empresas e de outras entidades ao processo de revisão legal das contas visa garantir a imagem fiel dos documentos contabilísticos e, por essa via, proteger os interesses de terceiros (accionistas, credores, trabalhadores) que mantêm relações com as entidades sujeitas a revisão, bem como o próprio interesse público[328]. De resto, a *necessidade pública* de proteger esses interesses[329] constituiu mesmo o factor que, nalguns sistemas, acabou por legitimar uma inicial *intervenção administrativa* na verificação dos documentos contabilísticos das empresas[330].

---

[326] Já o preâmbulo do Decreto-Lei n.º 1/72 se referia à "manifesta importância de que se reveste a fiscalização (das sociedades anónimas), quer para as sociedades e para o interesse dos seus sócios e credores, quer para o interesse público"; do mesmo modo, o diploma que, em 1979, aprovou o Estatuto da Câmara (Decreto-lei n.º 519-L2/79, de 29 de Dezembro) também se aludia à "atribuição aos revisores oficiais de contas de funções de interesse público no âmbito da fiscalização das contas e da gestão de sociedades".

[327] Ficam sujeitas à intervenção de revisor oficial de contas as empresas ou outras entidades quando tal resulte de disposição legal, estatutária ou contratual, ou quando possuam ou devam possuir contabilidade organizada e preencham determinados requisitos previstos no Código das Sociedades Comerciais.

[328] O interesse público na revisão oficial de contas surge logo visível pela circunstância de ser o próprio Estado que, por lei, impõe às empresas o dever de sujeitarem as suas contas a um exame efectuado por terceiros; cfr. STEINER, *Öffentliche*, cit., p. 138.

[329] Cfr. FERNÁNDEZ RODRÍGUEZ, *El auditor*, cit. p. 35; COURET/IGALENS/PENAN, Ob. cit., p. 25; VIDAL, *Le comissaire aux comptes dans la société anonyme*, p. 21; SEIDEL, Ob. cit., p. 269.

[330] No direito espanhol, o primeiro verificador das contas das empresas foi o Governador Civil da Província (1848). Só muito mais tarde se veio a verificar a profissionalização dos revisores oficiais de contas; cfr. FERNANDEZ RODRIGUEZ, *El auditor*, cit., p. 38.

Contudo, no direito português, a actividade está hoje (e desde 1993) completamente desligada da Administração Pública, tendo a lei confiado à associação pública profissional todas as competências de regulação da profissão. Não procedem, assim, na nossa ordem jurídica, os argumentos usados em Espanha por Carmen Fernández Rodríguez, quando sugere que os "auditores de cuentas" realizam, em nome próprio, um controlo administrativo e público de que originariamente continua a estar encarregado o organismo estadual que autoriza o acesso à profissão. Por isso, entende a mesma Autora, a profissão de auditor está próxima de um "exercício privado de funções públicas"[331].

No nosso juízo, é indiscutível a "relevância pública" das *funções de interesse público* desempenhadas pelos revisores oficiais de contas[332]. Essa relevância justifica, aliás, os especiais requisitos de que a lei faz depender o acesso à profissão, bem como a regulação a que a mesma fica sujeita. Exclui-se, contudo, a ideia de que tal profissão consiste no exercício de uma função pública: o revisor oficial de contas, no desempenho das suas funções de interesse público, exerce uma *profissão privada*, de resto, sem qualquer contacto com a Administração Pública (com excepção da relação que mantém com a associação pública profissional)[333].

A revisão oficial de contas consubstancia uma tarefa de controlo ou de supervisão que ocupa uma posição entre um mero auto-controlo (a efectuar pela própria empresa) e um controlo externo público. O Estado exige o controlo, mas deixa essa responsabilidade nas empresas (*controlo privado*). Para garantir a objectividade e outros interesses, impõe que a empresa contrate um terceiro a quem o controlo fica confiado

---

[331] Cfr. FERNANDEZ RODRIGUEZ, *El auditor*, p. 179. Sem embargo, a autora acaba por concluir que não é assim, uma vez que a lei não reconhece explicitamente a natureza pública das funções exercidas pelo auditor. Entende por isso, de acordo aliás com uma decisão do Tribunal Constitucional, que as funções do auditor têm "relevância pública", uma vez que a actividade de auditoria transcende os puros interesses particulares dos que auditam e dos que são auditados – essa qualificação da actividade foi suficiente para que o Tribunal tivesse considerado justificado o especial regime de controlo administrativo a que profissão de auditor de contas está sujeita.

[332] Sobre a protecção do interesse público da disciplina contabilística (e da *imagem fiel* que daí advém), cfr. BISBAL, "El interés público protegido mediante la disciplina de la contabilidad", p. 272.

[333] Cfr. STEINER, *Öffentliche,* cit., p. 139; SEIDEL, Ob. cit., p. 268 e ss.

(*controlo externo*). Nenhuma responsabilidade estadual é delegada nos revisores. Há aqui apenas um controlo privado exercido por particulares, na base de relações de direito privado[334].

Apesar de não consistir no exercício de uma função pública, a lei (artigo 44.°/6 do Estatuto da Ordem) estabelece que "a certificação legal de contas, em qualquer das suas modalidades, bem como a declaração de impossibilidade de certificação legal, *são dotadas de fé pública, só podendo ser impugnadas por via judicial quando arguidas de falsidade*"[335]. O legislador português atribui, assim, às declarações do revisor oficial de contas a *força probatória material* que reconhece nos *documentos autênticos*, exarados por autoridades públicas, por notários ou outros oficiais providos de fé pública (artigo 363.°/1 do Código Civil)[336]. Poderia, por isso, pensar-se que na força probatória do documento que contém a certificação legal ou a impossibilidade de certificação legal se encontra a prova de que o revisor oficial de contas é, afinal, um *oficial público*, que actua no desempenho de uma função pública.

Sem questionarmos a "estranha" opção legal de conferir fé pública à certificação[337], recusamos, contudo, qualificar o revisor como oficial

---

[334] Cfr. STEINER, *ibidem;* SEIDEL, *ibidem*; MÖSBAUER, *Staatsaufsicht über die Wirtschaft*, p. 712.

[335] Embora a lei espanhola não contenha uma disposição tão inequívoca como a portuguesa, entende FERNANDEZ RODRIGUEZ, *El auditor*, cit., p. 180, que a actividade de auditoria de contas do auditor "se equipara à função pública de fé pública", referindo-se à implicação nessa actividade de uma tarefa estadual de atribuição de fé pública às contas das empresas.

[336] O *Estatuto* regula ainda especialmente a propositura das acções judiciais destinadas a arguir a falsidade da certificação legal das contas ou da declaração de impossibilidade de certificação (artigo 44.°/7).

[337] Trata-se, na verdade, de uma opção estranha: a força probatória plena é, neste caso, atribuída a um *juízo opinativo*; em geral, os documentos autênticos só fazem prova plena dos factos que referem como *praticados* pela autoridade ou dos que neles são atestados com base nas *percepções* dessa autoridade. Os "meros juízos pessoais do documentador só valem como elementos sujeitos à livre apreciação do julgador"; artigo 371.°/1 do Código Civil.

Com efeito, a *certificação legal das contas* – um dos mais antigos e mais evoluídos processos de certificação: COURET/IGALENS/PENAN, Ob. cit., p. 25 –, bem como a *declaração de impossibilidade de certificação legal* consistem na expressão da *opinião do revisor*. Como explica VIDAL, Ob. cit., p. 238, "a opinião do revisor de contas é um conceito jurídico de natureza psicológica". Trata-se da expressão de uma "íntima con-

público (que actua no exercício de uma função pública). Com efeito, *oficial público provido de fé pública* (cfr. artigo 363.º/2 do Código Civil) há-se de ser um sujeito que, integrado ou não nos quadros da Administração, exerce uma função pública e que está, no domínio do exercício dessa função ("dentro do círculo de actividade que lhe é atribuído", segundo o Código Civil), autorizado por lei a atribuir fé pública aos documentos que exara. A qualidade de oficial público não existe apenas porque uma lei autoriza um indivíduo a atribuir fé pública; a par disso, impõe-se ainda que ele esteja investido de uma função pública e seja no exercício dela que confere fé pública.

Nestes termos, supomos afigurar-se ilegítimo fazer derivar a natureza pública da certificação efectuada pelos revisores do facto de a lei atribuir fé pública à *opinião* que eles exprimem. Ainda que não seja frequente e normal – não se conhece nenhuma situação paralela –, parece-nos que, no caso, o legislador atribuiu fé pública a declarações particulares, emitidas no desempenho de actividade privadas.

De resto, no sentido de que o revisor oficial de contas não exerce uma função pública nem poderes públicos, recorde-se que, com a excepção da tese espanhola que referimos (que, mesmo essa, acaba por destacar apenas a relevância pública da certificação), tal opinião não aparece sustentada na doutrina estrangeira, circunstância que se torna tanto mais relevante quanto as funções do revisor são praticamente as mesmas nos vários sistemas jurídicos europeus.

b) Técnicos oficiais de contas

Os *técnicos oficiais de contas*, inscritos na respectiva Câmara (inscrição obrigatória), ficam autorizados a exercer as actividades de planificação, de organização e de coordenação da execução da contabilidade

---

vicção". Mais do que a afirmação de uma probabilidade, o revisor manifesta a sua convicção sobre a fiabilidade global das contas apreciadas. No sentido de que a certificação constitui a "certificação de uma probabilidade", cfr. COURET/IGALENS/PENAN, Ob. cit., p. 32. Trata-se da opinião de que a contabilidade representa, ou não, de forma verdadeira e apropriada, a posição financeira da empresa ou de outra entidade (a sua *imagem fiel*). A *certificação* concluirá exprimindo uma opinião com ou sem reservas, uma escusa de opinião, uma opinião adversa, e, com ou sem ênfases, de acordo com as modalidades definidas nas normas técnicas aprovadas e reconhecidas pela Ordem; se verificar inexistência, significativa insuficiência ou ocultação de matéria de apreciação, o revisor emitirá *declaração de impossibilidade de certificação legal*.

de certas entidades (sujeitas a tributação que possuam ou devam possuir contabilidade regularmente organizada) e assumem a responsabilidade pela regularidade técnica, nas áreas contabilística e fiscal, dessas entidades, assinando as respectivas declarações fiscais (cfr. Decreto-Lei n.º 452/99, de 5 de Novembro[338]). Podem desempenhar essas actividades como profissionais independentes, como sócios, gerentes ou administradores de sociedades de profissionais, como funcionários públicos ou como trabalhadores dependentes.

Apesar da designação que a lei atribui à profissão, os técnicos oficiais de contas não exercem qualquer actividade oficial ou função pública[339], limitando-se a prestar, profissionalmente, um serviço, assumindo, perante a Administração Pública, a responsabilidade das declarações que assinam. Contra a qualificação desta como *profissão privada*[340] não procede o argumento derivado da existência do dever de participação de crimes públicos de que os técnicos oficiais de contas tenham conhecimento no exercício da profissão (artigo 58.º dos *Estatutos*): trata-se de um *dever jurídico público de fonte legal* cuja imposição não basta, naturalmente, para alterar a natureza da profissão globalmente considerada.

c) Despachantes oficiais

O *despachante oficial* é o profissional que intervém como declarante, em nome e por conta de outrem, nos actos e formalidades previstos na legislação aduaneira. Trata-se de uma profissão cujos titulares – que no passado se denominavam "tratadores de mercadorias" – eram inicialmente nomeados e dependentes das câmaras municipais. Posteriormente (leis da Reforma Aduaneira, de 1941 e de 1965), esses profissionais

---

[338] Diploma que aprovou os *Estatutos da Câmara dos Técnicos Oficiais de Contas* e que alterou a designação dessa associação profissional (antiga Associação dos Técnicos Oficiais de Contas).

[339] Erradamente, o preâmbulo do Estatuto de 1995 falava do "carácter público da função" dos técnicos oficiais de contas.

[340] No direito alemão, as profissões de *consultor fiscal* ou de *mandatário para assuntos fiscais* constituem *profissões liberais* (que podem ser exercidas no quadro de sociedades de profissionais), disciplinadas por uma ordem profissional. O acesso à profissão faz-se por via de um exame público a realizar perante uma comissão designada por uma autoridade administrativa estadual; no caso de aprovação, o interessado fica na posse de uma *habilitação pública*, podendo obter a inscrição na ordem profissional; cfr. LANDMANN/ ROHMER, *Gewerbeordnung (Kommentar)*, I, § 6, p. 25.

passaram a ser *nomeados*, por concurso público, pelos directores das alfândegas ou pelo Director-Geral das Alfândegas, e ocupavam um quadro orgânico fixo (*numerus clausus*). Em 1992, tal situação alterou--se: eliminaram-se os quadros orgânicos e, em matéria de acesso e controlo da profissão, atribuíram-se competências exclusivas à *Câmara dos Despachantes Oficiais*. São ainda esses os traços fundamentais do regime actualmente em vigor[341], que mantém a designação tradicional de despachante *oficial*, apesar de se tratar de uma profissão privada. Como os técnicos oficiais de contas, também os despachantes oficiais têm o dever de participar os crimes detectados no exercício das respectivas profissões (crimes públicos), facto que, evidentemente, não altera a qualificação da profissão de despachante oficial como profissão privada.

2.1.3.4. Gestão de mercados de valores mobiliários

Nas suas dissertações de doutoramento, Paulo Otero e Vital Moreira defenderam que as *associações de bolsa* (nos termos do regime dos mercados de valores mobiliários de 1991) deveriam ser consideradas entidades privadas com funções públicas. Destacavam os "poderes exorbitantes de direito público"[342], as "funções administrativas"[343] ou os "poderes manifestamente públicos"[344] que a lei conferia a tais associações.

Conhecendo-se essas interpretações, estranhar-se-á decerto a inclusão da gestão de mercados de valores mobiliários num número dedicado ao estudo de "casos controversos". Com efeito, a doutrina que, até hoje, se pronunciou sobre o assunto abordou-o, praticamente, nos mesmos termos.

Cumpre, no entanto, esclarecer que o regime jurídico actual da gestão de mercados de valores não é o mesmo que vigorava à data em que aquelas teses foram defendidas, apesar de a lei continuar a confiar a gestão de mercados a entidades particulares – as *sociedades gestoras de mercado regulamentado* – com competências idênticas às das extintas

---

[341] O *Estatuto dos Despachantes Oficiais* foi aprovado pelo Decreto-lei n.º 445/99, de 3 de Novembro, e o *Estatuto da Câmara dos Despachantes Oficiais* pelo Decreto-Lei n.º 173/98, de 26 de Junho; os dois diplomas foram alterados pelo Decreto-Lei n.º 73/2001, de 26 de Fevereiro.

[342] Cfr. Paulo OTERO, *O Poder de Substituição,* cit., p 59[159].

[343] Cfr. Paulo OTERO, "Alguns problemas do direito administrativo do mercado dos valores mobiliários", p. 260.

[344] Cfr. Vital MOREIRA, *Auto-Regulação Profissional*, cit., pp. 87 e 346.

associações de bolsa. Acrescente-se, aliás, que as posições doutrinais referidas eram assumidas no contexto de um regime legal que não fazia qualquer referência à aplicação de normas de direito público administrativo, situação alterada pelo novo regime, que determina a aplicação do CPA à prática de certos actos das sociedades, além de fazer uma referência expressa a um recurso para os tribunais administrativos. Dir-se-á, pois, que o regime actual reforça as teses defendidas por Paulo Otero e Vital Moreira.

Contudo, apesar de as indicações claras da mais autorizada doutrina e de alguns indícios legais apontarem no sentido de se considerar pública a actividade de gestão dos mercados de bolsas e de outros mercados regulamentados, permitimo-nos subscrever aqui uma tese diferente: no nosso juízo, desde 1991, a gestão dos mercados de valores mobiliários a cargo de sociedades gestoras constitui, *em geral*, uma *actividade privada regulada* – aliás, intensamente regulada, supervisionada e fiscalizada por uma autoridade pública, a *Comissão do Mercado de Valores Mobiliários* (CMVM).

Concretizando a designada "autonomia dos mercados de valores mobiliários", o Código do Mercado de Valores Mobiliários de 1991 adoptou, como princípios estruturadores desse sector, a *desestatização*, a *desgovernamentalização* e a *liberalização*[345]. As bolsas de valores, até então e desde 1974[346], institutos públicos detidos e geridos pelo Estado, passavam a ser estabelecimentos financeiros administrados e mantidos por "associações de direito privado sem fins lucrativos", as designadas *associações de bolsa*. Nesse quadro normativo, a doutrina portuguesa já citada defendeu que a gestão das bolsas, posta a cargo de entidades privadas (as associações de bolsa), constituía um exemplo de exercício de funções públicas e de poderes públicos por particulares.

Sobre o assunto, são claras as palavras de Vital Moreira: "as associações de bolsa têm poderes manifestamente públicos: poderes regulamentares, admissão de sócios, admissão e exclusão de negócios em bolsa, poderes sancionatórios e disciplinares, poderes parajurisdicionais".

---

[345] Preâmbulo do Decreto-Lei n.º 442-A/91, de 10 de Abril.

[346] Sobre o regime jurídico das bolsas até 1991, cfr. Vital , *Auto-Regulação Profissional,* cit., p. 343 e ss.

Concluía o mesmo Autor, "sem margem para dúvidas", estar aí impli-cada "a situação de uma associação de direito privado investida em tarefas administrativas e munida de poderes públicos (...)"[347].

Por seu lado, Paulo Otero incluía as associações de bolsa no grupo das entidades privadas cujo *objecto normal ou exclusivo* consiste no exercício de funções públicas[348].

No último trimestre de 1999, a legislação de 1991 foi revista, tendo então sido publicados dois diplomas: o Decreto-Lei n.º 394/99, de 13 de Outubro, que aprovou o novo regime jurídico das entidades gestoras de mercados de valores mobiliários regulamentados e não regulamentados, bem como das entidades que prestam serviços relacionados com a gestão desses mercados[349]; um mês depois, o Decreto-Lei n.º 486/99, de 13 de Novembro, que aprovava o novo *Código dos Valores Mobiliários* (CVM).

Os mercados de valores mobiliários passavam a ser geridos por sociedades anónimas, as *sociedades gestoras de mercado regulamen-tado*. Como já se disse, as competências dessas sociedades são pratica-mente as mesmas que a reforma de 1991 entregou às associações de bolsa; assim sucede, designadamente, quanto às competências que a dou-trina considerava públicas.

Ao abandonar o formato da associação privada sem fins lucrativos, substituindo-o pelo da sociedade anónima, o legislador português adop-tava um suporte institucional para a gestão dos mercados de valores idên-tico aos de Espanha (1988), de Itália (1994) e de França (1996). A gestão dos mercados (o *day-to-day-management*) estava, nesses países, confiada a sociedades anónimas, respectivamente as "sociedades rectoras de bolsa"[350], as "entreprises de marché"[351] e as "società di gestione"[352/353].

---

[347] Cfr. Vital MOREIRA, *ibidem.*, p. 346.

[348] Cfr. Paulo OTERO, *O Poder de Substituição,* cit., p. 58.

[349] O diploma foi, entretanto, alterado pelo Decreto-Lei n.º 8-D/2002, de 15 de Janeiro.

[350] Cfr. SANCHEZ ANDRES, "A modo de prontuario sobre una reforma polémica: la Ley 24/1988 del mercado de valores", p. 277. Apesar das afinidades semânticas, convém notar que as "sociedades rectoras de bolsa" não têm as competências das sociedades gestoras portuguesas.

Por essa razão, entende-se, *pacificamente*, que as referidas sociedades não são "ejercientes privados de funciones públicas". Dirigir e administrar bolsas deixou de ter tal qualificação, sobretudo porque as sociedades não herdaram das antigas Juntas Sindicais os poderes normativos nem os de admissão à negociação, de suspensão ou de exclusão de valores; cfr. JIMENEZ-BLANCO, *Derecho público del mercado de valores*, p. 164; referindo-se ao facto de as ditas sociedades não disporem de poderes regulamentares nem de decisão unilateral, cfr. SANCHEZ ANDRES, Ob. cit., p. 277. Os poderes regulamentares, bem como os poderes de admissão, suspensão e exclusão da negociação pertencem à autoridade pública de regulação do mercado: cfr. MERCEDES FUERTES, *La Comisión Nacional del Mercado de Valores*, pp. 122 e ss, e 240 e ss.

[351] Nos termos da Lei n.º 96-597 de 2 de Julho de 1996 (sobre a modernização das actividades financeiras), as "entreprises de marché" são sociedades comerciais que têm por objecto principal assegurar o funcionamento de um mercado regulamentado de instrumentos financeiros (artigo 40.º): decidem sobre a admissão, suspensão e exclusão de valores mobiliários, bem como sobre a admissão de membros dos mercados.

Antes de 1996, a gestão das bolsas cabia ao *Conselho das Bolsas de Valores*, um organismo profissional criado por lei (segundo a doutrina de natureza jurídica privada embora gerindo um serviço público administrativo e com prerrogativas de poder público), com vastos poderes regulamentares (regras sobre organização e funcionamento do mercado, sobre autorização de sociedades de bolsas, sobre a admissão e a suspensão da negociação) e de decisão individual (*v.g.*, admissão à negociação e poderes disciplinares); sobre esse regime, cfr. VAUPLANE/BORNET, *Droit de la bourse*, p. 29 e ss.

Com a nova lei, a regulação dos mercados continuou a caber à *Comissão das Operações de Bolsa* (que viu os seus poderes reforçados), bem como ao novo *Conselho dos Mercados Financeiros*, organismo profissional (que substituiu o *Conselho das Bolsas de Valores*) cuja natureza não está clara na lei, mas que a doutrina e a jurisprudência se inclinam para qualificar como instituição de direito privado; cfr. CHAPUS, *Droit*, cit., I, p. 179; LAFORTUNE, "L'application de la convention européenne des droits de l'homme aux procédures de sanctions administratives", p. 218.

[352] Cfr. FRANCARIO, "Sulla riforma del sistema di vigilanza sul mercato dei valori mobiliari", p. 143 e ss.

[353] Na Alemanha, as bolsas constituem, após a alteração de 1994 da *Börsengesetz*, entidades com personalidade jurídica pertencentes a câmaras de comércio e indústria, a associações privadas ou a sociedades anónimas. Revela-se controversa a natureza das bolsas, havendo argumentos a favor da tese privada, mas também a favor da tese pública. As bolsas são geridas por órgãos próprios de carácter interno (*Börsenorgane*) sendo os titulares designados pelos respectivos membros; cfr. CLAUSSEN, "Bank- und Börsenrecht", especialmente p. 278 e ss. Para a caracterização do regime anterior a 1994, fase em que as bolsas constituíam estabelecimentos sem personalidade jurídica, cfr. HUBER, *Wirtschaftsverwaltungsrecht,* cit., p. 631 e ss, que considerava os órgãos das bolsas instâncias concessionárias de poderes públicos; ZAHN, "Selbstverwaltung und Staatsgewalt im Börsengeschehen", p. 1 e ss, vendo as bolsas como organismos públicos sem personalidade jurídica.

Na Áustria, cada bolsa aparece gerida por um instituto público (*Börsekammer*) cujos órgãos são ocupados por representantes dos membros da bolsa, razão por que a

Para efeitos do presente trabalho, interessa sublinhar o facto de a lei atribuir a gestão do mercado a *entidades particulares*: não há, na verdade, dúvidas quanto à natureza jurídica das sociedades, que têm um formato exclusivo do direito privado (sociedade anónima), nem quanto a serem detidas e dominadas por entidades particulares[354].

Ora, como vimos, quando uma actividade é confiada a entidades particulares, não pode deixar de se partir do princípio de que essa constitui uma actividade material ou substancialmente privada. Trata-se, admitimo-lo, de um princípio que pode sofrer infirmação, mas que só pode sê-lo quando haja indícios claros que viabilizem com segurança outra qualificação; indícios que demonstrem que, apesar de confiada a particulares, a tarefa deve considerar-se pública. Ao contrário do que defendem outras correntes, não nos parece absurda nem pura ficção a tese da "delegação originária". Aceitamos, por isso, que uma tarefa pode ser publicamente apropriada e, *uno actu*, delegada em entidades particulares. Mas, para que uma missão dessas possa considerar-se pública, exige-se ou uma apropriação pública explícita, ou, no mínimo, uma apropriação implícita, baseada em indícios claros, fiáveis e seguros. Ora, em rigor, não vemos no regime legislativo que disciplina as sociedades gestoras de mercados indícios que permitam concluir *com segurança* que elas estão, *em geral*, investidas de funções públicas.

A novidade que o novo regime introduziu em relação à disciplina de 1991 traduziu-se, já o dissemos, na sujeição de determinados actos das sociedades ao regime do Código do Procedimento Administrativo. Além disso, como veremos, esses actos são impugnáveis junto da CMVM e a decisão que esta venha a tomar é, por sua vez, impugnável nos tribunais administrativos.

Ao estabelecer essa disciplina para certas categorias definidas de actos das sociedades gestoras, o diploma de 1999 dá imediatamente um sinal da maior relevância: a gestão dos mercados a cargo das sociedades não é, *globalmente considerada*, uma tarefa pública. Com efeito, o facto de o legislador impor uma disciplina que parece indiciar a natureza pú-

---

doutrina o considera um suporte de auto-administração; cfr. OPPITZ, *Die Börse im System des öffentlichen Rechts*, pp. 72 e 92 e ss.

[354] A constituição das sociedades está, contudo, sujeita a autorização administrativa, a conceder pelo Ministro das Finanças (artigo 15.º e ss do Decreto-Lei n.º 349/99, de 15 de Janeiro. Por sua vez, o mercado que elas gerem só pode funcionar depois de registado na CMVM (artigos 199.º/2 do CVM, e 21.º do Decreto-Lei n.º 349/99).

blica de uma certa categoria delimitada de actos, deixando de fora todos os outros que as sociedades gestoras praticam, representa um sinal nítido de que estes outros actos não se assumem como revestindo natureza pública. E, note-se, os "outros actos" podem ter por objecto a interrupção da sessão de bolsa, a suspensão da realização de operações, a exclusão de ofertas do sistema de negociação[355], a aplicação das sanções disciplinares aos membros dos mercados (sanções previstas num código deontológico aprovado pela sociedade)[356]. Apesar do conteúdo autoritário das actuações referidas, insistimos na ideia de que a expressa não sujeição delas a um regime de direito público significa que se pautam pela legislação especial aplicável às sociedades e, quanto ao que não estiver previsto, pelas regras do direito privado. São actuações privadas, exercidas no contexto de uma "auto-regulação privada organizada pelo Estado"[357]. O facto de exprimirem poderes de autoridade não conduz a conclusão diferente, uma vez que a submissão das sociedades à supervisão apertada de uma instância pública (CMVM) incorpora no sistema o espírito e os valores de direito público que a situação reclama[358].

A qualificação da gestão de mercados como actividade privada está, aliás, conforme com outras indicações.

Já se disse que não se pode passar por cima do facto de a lei confiar a gestão às sociedades, que são entidades particulares. Mas, além disso, o legislador teve a clara intenção de consagrar uma solução *não estadual*, de *liberalização* e de *privatização*: assim sucedia em 1991 e a situação não se alterou em 1999. De resto, em 1999, o preâmbulo do CVM, na referência à "moderada auto-regulação por outras entidades que actuam no mercado", opôs claramente essa *auto-regulação* à *regulação administrativa* (cfr. referência do n.º 4 do preâmbulo do CMV). Mais do que isso: no ponto 20 do mesmo preâmbulo, esclarece-se que "a regulação dos mercados não constitui exclusivo das entidades públicas. Para pôr em evidência esta ideia, dedica-se um preceito à auto-regulação (...)". E um pouco à frente, fornece uma explicação decisiva: "(...) teve-se em conta que, neste domínio, toda a intervenção legislativa e regulamentar do Estado, de carácter imperativo, se traduz numa restrição dos princípios

---

[355] Cfr. artigo 13.º/3 do Decreto-Lei n.º 349/99.

[356] Cfr. artigos 29.º e 31.º/1 do Decreto-Lei n.º 349/99, de 15 de Janeiro.

[357] Cfr., *supra*, Parte I, Cap. I, 3.2.

[358] No artigo 359.º do CVM, as entidades gestoras de mercados aparecem em primeiro lugar na lista das entidades sujeitas à supervisão da CMVM.

da autonomia privada e da livre iniciativa em que assenta o sistema jurídico-económico português. Daí que se tivessem consagrado diversos níveis de autonomia e de participação dos intervenientes nos mercados".

Tendo perfeita consciência de que as notas preambulares ou exposições de motivos dos actos legislativos não se revelam decisivas, nem vinculam o intérprete, a verdade é que, para o efeito que aqui se tem em vista, o que neles se diz não pode deixar de ser tido em conta: com efeito, em causa está justamente a determinação do sentido da *opção do legislador*. E, sobre isso, o mínimo a dizer é que pareceria estranho que a lei estivesse marcada por uma intenção publicista que não transparecesse de forma mais ou menos nítida na sua longa exposição de motivos. E, de facto, não há lá nada que permita supor uma publicização da gestão dos mercados. Pelo contrário, a referência que aí aparece feita é à "autonomia privada" e à "liberdade de iniciativa".

As considerações expostas contribuem para, *de um modo geral*, se considerar privadas as "competências" de gestão de mercados atribuídas às sociedades. Reiteramos, pois, a ideia de que a gestão de mercados configura, em geral, uma actividade privada regulada.

A conclusão anterior tem, no entanto, de se defrontar com o obstáculo, já aqui aludido, que resulta de certos actos das sociedades gestoras serem regulados pelo CPA e sujeitos a recurso para a CMVM "e desta para os tribunais administrativos" (artigo 14.º do Decreto-Lei n.º 349/99).

Há duas explicações possíveis para esse aspecto do regime legal: *i)* considerar que o diploma efectua uma recepção de regras de direito administrativo, o que significaria qualificar os actos em causa como actos de direito privado[359]; *ii)* considerar que se trata de actos públicos, praticados, portanto, no exercício de uma função pública.

A primeira tese tem contra si um argumento poderoso: o diploma não se limita a efectuar o reenvio para uma disciplina pública; estabelece ainda que de tais actos "cabe recurso para a CMVM e desta para os tribunais administrativos". A fórmula legislativa parece casar mal com a ideia de reenvio, que pressupõe a natureza privada das actuações reguladas pela disciplina pública recebida por normas de direito privado. Diremos, por isso, que o caso é de "vinculação de particulares pelo direito administrativo"[360].

---

[359] Nos termos analisados *supra*, Parte I, Cap. II, 3.2.3.2.
[360] Cfr., *supra*, Parte I, Cap. II, 3.2.3.1.

Em face dos obstáculos referidos, parece mais afeiçoada à letra da lei a qualificação pública. É a tese que aqui se subscreve: os actos a que se refere o artigo 14.º/1 do Decreto-Lei n.º 349/99 – mas só esses – constituem actos administrativos. A sustentação dessa tese parece, todavia, conduzir ao resultado pouco ortodoxo de qualificar a gestão de mercados de valores mobiliários como uma tarefa de natureza mista (em parte, privada e, noutra parte, pública).

Trata-se, como se sugeriu, de uma aparência. Na verdade, se em vez de *gestão*, se pensar em termos de *regulação dos mercados*, concluir-se-á que esta tarefa de regulação se apresenta, de facto, em parte como *tarefa pública* (atribuída em geral à CMVM[361]) e em parte como *tarefa privada* (atribuída, em sistema de auto-regulação, às sociedades gestoras[362]).

Dito de outro modo, a regulação dos mercados assume-se, em parte, como uma regulação pública e, em parte, como uma regulação privada. Os actos a que se refere o artigo 14.º/1 do Decreto-Lei n.º 349/99 pertencem à esfera da regulação pública. Em vez de confiar toda a regulação pública dos mercados ao "regulador público" (a CMVM), o legislador optou, assim, por delegar uma parte bem delimitada dessa regulação aos "reguladores privados" dos mercados (as sociedades gestoras). Nessa medida, as sociedades gestoras estão investidas de funções públicas em cujo desempenho exercem poderes públicos[363].

2.2. *Função administrativa: função pública*

Já referimos que a função administrativa se apresenta como um "modo de execução de uma tarefa pública". Acrescentamos agora que ela representa um dos modos possíveis de execução de tarefas públicas. Outros modos são, por ex., a legislação e a jurisdição. Nas linhas que se seguem, procuraremos sublinhar as notas que caracterizam a função administrativa "enquanto função pública" e que permitem distingui-la ou afirmar a sua autonomia em face de outras funções públicas do Estado.

Apesar de reconhecer que a *caracterização definitória* de função administrativa[364] se apresenta como um resultado dificilmente alcan-

---

[361] Cfr. artigo 353.º/1,*a)*, do CVM.

[362] Cfr. artigos 201.º e 372.º do CVM.

[363] Cfr., *infra*, Parte III, Cap. I.

[364] Sobre o tema, cfr., na doutrina nacional, Marcello CAETANO, *Manual,* cit., p. 7 e ss; Afonso QUEIRÓ, "A função administrativa", p. 1 e ss; Rogério Ehrhardt SOARES,

çável[365] e de sublinhar que essa será sempre uma *noção aberta*[366], a doutrina tem procurado identificar as *características marcantes*[367] ou os *momentos típicos*[368] dessa específica função estadual, não se satisfazendo portanto com uma mera *Negativ-Definition*[369].

Adoptando uma caracterização tipológica, a função administrativa apresenta as características fundamentais que a seguir se indicam.

a) Função vinculada à realização de fins externamente predeterminados – Os fins prosseguidos pelas instâncias encarregadas da função administrativa, "os interesses públicos" (gerais ou especiais), não são definidos nem escolhidos, com autonomia, pela Administração Pública. Encontram-se antes indicados por normas constitucionais[370], normas de direito comunitário[371] e normas legislativas, que programam, em termos condicionais ou finais, a função administrativa; neste sentido, acentua-se que esta constitui uma *actividade funcionalizada*, ao serviço de um interesse alheio[372]. A função administrativa é, portanto, determinada e con-

---

Direito, (1980), cit., p. 35 e ss; Diogo Freitas do AMARAL, *Curso*, I, cit., p. 45 e ss; Jorge MIRANDA, *Funções, Órgãos e Actos do Estado*, p. 19 e ss; J.J. Gomes CANOTILHO, *Direito Constitucional*, cit., p. 646; J.M. Sérvulo CORREIA, *Noções*, cit., p. 17 e ss; A.M. Barbosa de MELO, *Notas de Contencioso Comunitário*, p. 1 e ss; Marcelo Rebelo de SOUSA, *Lições*, cit., p. 9 e ss; João CAUPERS, *Introdução*, cit., p. 36 e ss.

[365] Cfr. Rogério Ehrhardt SOARES, *Direito*, (1980), cit, p. 41, ao concluir "que não é possível encontrar um critério preciso para a separação das funções do Estado".

[366] Cfr. PITSCHAS, *Verwaltungsverantwortung*, cit., p. 4.

[367] Cfr. A. M. Barbosa de MELO, *Notas*, cit., p. 1.

[368] Cfr. J.C. Vieira de ANDRADE, "O ordenamento jurídico administrativo português", p. 33.

[369] Numa definição negativa – de Mayer e de W. Jellinek –, a administração pública é a actividade do Estado que não se traduz na legislação nem na jurisdição; cfr. WOLFF/ BACHOF/STOBER, Ob. cit., 1, p. 37; EHLERS, "Verwaltung und Verwaltungsrecht", cit., p. 6; WALLERATH, *Allgemeines Verwaltungsrecht*, p. 1.

[370] Em certos termos, o fundamento *imediato* da actividade administrativa pode ser a Constituição; cfr. Paulo OTERO, *O Poder de Substituição*, cit., pp. 571 e 612 e ss, e *Legalidade*, cit., p. 734 e ss; Pedro GONÇALVES, "Advertências", cit., p. 774[144], e "Regulação", cit., p. 53.

[371] Cfr. Paulo OTERO, *Legalidade e Administração Pública*, cit., p. 743; sobre os regulamentos comunitários como habilitação directa para o exercício da actividade administrativa, cfr. Pedro GONÇALVES, "Regulação", cit., p. 53.

[372] Cfr. Rogério Ehrhardt SOARES, *Interesse público*, cit., p. 179: "(...) toda a actividade administrativa se esgota no exercício de poderes jurídicos, de manifestações de um *posse* para a cura de um interesse alheio ao sujeito: o interesse público"; no mesmo sentido, GIANNINI, *Diritto*, I, cit., p. 440; IRELLI, Ob. cit., p. 36 (a actividade administrativa aparece aí qualificada como uma "attività svolta nell'interesse altrui").

dicionada por factores externos e serve interesses externos à Administração Pública[373].

b) Função essencialmente volitiva, de concretização e de realização – Embora uma dimensão teorética não esteja ausente (desde logo, nos momentos de vinculação que comportam os actos jurídicos que a exteriorizam), a actividade materialmente administrativa possui uma natureza fundamentalmente volitiva, de acção, que se pauta por um escopo de concretização e de realização de fins de interesse público.

c) Caracterizada pela heterogeneidade dos seus conteúdos – Um dos traços mais marcantes da função administrativa, que salta à vista, reside na grande diversidade das matérias e dos domínios tocados pelas tarefas administrativas. De facto, a noção objectiva de administração pública remete imediatamente para um copioso número de actividades, cuja classificação ou tipificação é, por isso, reconhecidamente difícil e complexa[374]. Sem preocupações de exaustão, podemos propor a categorização seguinte[375]:

– actividades de comando e de controlo, com um cariz policial e ordenador, baseadas em actos e decisões de natureza jurídica, que prosseguem o interesse público mediante a prevenção da ocorrência de situações e de factos que possam pô-lo em perigo, bem como através da punição dos responsáveis pela ocorrência de situações e de factos dessa natureza (*administração de ordenação e sancionadora*);

– actividades dirigidas à garantia pública de direitos privados e à constituição, modificação e extinção de relações jurídicas privadas (*administração pública do direito privado*[376]);

---

[373] Cfr. WOLFF/BACHOF/STOBER, Ob. cit., 1, p. 44.

[374] Cfr. SANTAMARIA PASTOR, Ob. cit., p. 247; MAURER, *Allgemeines,* cit., p. 6.

[375] Cfr., em geral, SANTAMARIA PASTOR, Ob. cit., p. 253 e ss; WOLFF/BACHOF/STOBER, Ob. cit., 1, p. 54 e ss; MAURER, *Allgemeines*, cit., p. 7 e ss; SCHMIDT-ASSMANN, *Das allgemeine Verwaltungsrecht,* cit., p. 148 e ss.

[376] No exercício destas actividades, são praticados actos de registo, de atestação, de certificação e mesmo actos administrativos de natureza constitutiva; cfr. ZANOBINI, "L´amministrazione pubblica del diritto privato, p. 19 e ss; Afonso QUEIRÓ, in *RLJ*, n.º 3286, p. 13 e ss, e 3679, p. 350 e ss; Mário Esteves de OLIVEIRA, "A publicidade, o notariado e o registo *públicos* de direitos *privados*", especial., p. 477 e ss. Para NIGRO, "Il notaio nel diritto pubblico", p. 446, trata-se de uma actividade "muito curiosa (...), uma vez que a sua nota característica é a de ser dirigida, não à cura de interesses próprios da Administração (...), mas à clarificação de situações e à formação de relações que, por definição, lhe são estranhas". Sobre os "actos públicos conformadores de relações de direito privado", cfr. MANSSEN, Ob. cit., especial. p. 19 e ss.

– actividades de prestação, de produção de bens e serviços económicos, culturais e sociais, com uma natureza sobretudo material ou técnica, que prosseguem o interesse público mediante a criação de certas condições materiais necessárias para a realização de uma sociedade mais justa e mais equilibrada e para a melhoria da qualidade de vida dos cidadãos (*administração de serviço público*);

– actividades de planificação e de infra-estrutura, de natureza mista, jurídica e técnica, que prosseguem o interesse público por meio da criação das condições indispensáveis, para um racional e organizado desenvolvimento económico, social e cultural, e pela colocação ao dispor da comunidade de infra-estruturas fundamentais da civilização técnica e industrial (*administração de planeamento e de infra-estrutura*);

– actividades de regulação económica e social no âmbito da responsabilidade pública de garantia, em que o interesse público é prosseguido mediante a edição, a implementação e a fiscalização de regras destinadas a assegurar que a exploração, em ambiente liberalizado, de certos serviços de interesse geral ocorra no estrito respeito de condições e objectivos públicos (*actividade administrativa de regulação*);

– actividades de fomento e de estímulo, que procuram incentivar a auto-regulação privada dirigida para a satisfação de interesses gerais (*administração de incentivo*);

– actividades de resolução de conflitos jurídicos (de "questões de direito") entre particulares ou entre particulares e a Administração, quando esteja envolvida a realização de um específico interesse público administrativo (*actividade administrativa de resolução de conflitos*)[377].

---

[377] A actividade administrativa de resolução de conflitos está decerto próxima da função jurisdicional. Com efeito, na lição de Afonso Queiró (que a jurisprudência portuguesa adopta sem reservas), "o *quid specificum* do acto jurisdicional reside em que ele não apenas pressupõe mas é necessariamente praticado para resolver uma «questão de direito». Se, ao tomar-se uma decisão, a partir de uma situação-de-facto traduzida numa «questão de direito» (...), se actua, por força da lei, para conseguir um resultado prático diferente da paz jurídica decorrente da resolução dessa «questão de direito», então não estaremos perante um acto jurisdicional; estaremos perante um acto administrativo"; cfr. Afonso QUEIRÓ, "A função", cit., p. 31.

A atribuição à Administração de competências para a resolução de conflitos suscita, por isso, a interrogação sobre se não haverá, nesse caso, uma violação da *reserva constitucional dos tribunais quanto ao exercício da função jurisdicional* (*reserva de juiz ou reserva de jurisdição*) – sobre o mesmo assunto no direito espanhol, cfr. SANTAMARIA

PASTOR, Ob. cit., pp. 293 e 295; HUERGO LORA, *La resolución extrajudicial de conflictos en el derecho administrativo*, p. 266 e ss.

Ao contrário do que poderia pensar-se, a resposta para a questão não depende do critério que se adopte para delimitar o domínio da *reserva de juiz*.

Sobre o assunto, conhecem-se duas teses.

Para a jurisprudência e a doutrina maioritária, a CRP, no artigo 202.º, reserva *em absoluto* aos tribunais o exercício da função jurisdicional. Escreveu-se, a propósito, no AcTC n.º 179/92: "é aceite pela generalidade da doutrina (...) que a indicação constitucional de que compete aos tribunais administrar a justiça em nome do povo reporta-se a uma determinação segundo a qual *só* a tais órgãos cabe administrar a justiça, não podendo, em consequência, serem essas funções atribuídas a quaisquer outros órgãos que não a eles". De acordo com esta orientação, viola a Constituição a lei que, apesar de respeitar a garantia do recurso a juízo, confia a "órgãos administrativos funções que substancialmente são jurisdicionais"; cfr. Oliveira ASCENSÃO, "A reserva constitucional da jurisdição", p. 472. O critério usado por essa tese para delimitar o domínio material dessa reserva coincide, na prática, com a noção de função jurisdicional proposta por Afonso Queiró. Os órgãos da Administração não estão impedidos de resolver conflitos de interesse e questões jurídicas: essencial é que essa actividade caiba dentro dos limites da função administrativa, exigência que reclama a presença de um específico interesse público administrativo.

Contornos diversos assume a tese sustentada por J.C. Vieira de ANDRADE, "A reserva do juiz e a intervenção ministerial em matéria de fixação das indemnizações por nacionalizações", p. 221 e ss: segundo o Autor, a reserva do juiz quanto ao exercício da função jurisdicional não se assume em todos os casos como uma *reserva absoluta*; fora do "núcleo duro" da função jurisdicional, em "zonas de contacto" dessa função com outras actividades, designadamente a administrativa, valerá apenas uma *reserva relativa*, pelo que pode admitir-se, "embora excepcionalmente, que os órgãos administrativos pratiquem em primeira instância actos que representam o exercício (material) da função jurisdicional". O Autor admite, portanto, o exercício de actividades materialmente jurisdicionais por órgãos administrativos (fora do "núcleo duro" da função jurisdicional). Exige, contudo, nos casos excepcionais em que tal hipótese é pensável, que a actividade "esteja *directamente relacionada* com a realização de interesses administrativos". Essa precisão coloca-nos, porém, perante a dúvida de saber se subsistem razões para falar de uma *reserva relativa de jurisdição*, nas chamadas "zonas de contacto" entre as funções administrativa e jurisdicional. Se nessas "zonas" está ainda pressuposta a realização de um interesse administrativo, a actividade poderá – quanto a nós, deverá – ser qualificada como administrativa, com todas as consequências, designadamente quanto à jurisdição competente (bem como quanto aos meios processuais de reacção).

Ora, apesar das diferenças, as duas teses aceitam que as competências (administrativas ou jurisdicionais) de conflitos confiadas a órgãos da Administração Pública não perturbam a *reserva de juiz*, conquanto esteja presente um específico interesse público de natureza administrativa que justifique a intervenção da Administração. Quando assim

d) E ainda caracterizada pela diversidade de formas jurídicas de exteriorização – A actividade administrativa exterioriza-se por actos jurídicos típicos, aos quais corresponde uma forma jurídica preestabelecida (actos, contratos e regulamentos administrativos), mas também por actos declarativos que não se subsumem numa forma ou num modelo abstracto, previamente formatado e regulado (por ex., actos declarativos com eficácia de facto, como advertências e recomendações), bem como por meio de operações materiais; numa outra perspectiva, importa assinalar que a administração é, em princípio, efectuada segundo formas ou instrumentos de acção de direito público, mas também pode sê-lo por formas e instrumentos do direito privado (por ex., contratos).

2.3. *Titulares da função administrativa*

A execução da função pública administrativa, cuja caracterização material acabámos de fazer, está fundamentalmente confiada ao complexo sistema de instituições e de organizações que constituem o *corpus* da Administração Pública. Mas, como se sabe, a execução de funções administrativas pode também caber a entidades originariamente não integradas na Administração Pública (entidades particulares) e até a órgãos pertencentes a outros poderes do Estado.

---

acontece, os órgãos administrativos resolvem o conflito através dos designados *actos administrativos de resolução de conflitos*: trata-se de actos administrativos de natureza verificativa por cujo intermédio um órgão administrativo decide um conflito jurídico entre terceiros; sobre estes actos, cfr. WOLFF/BACHOF/STOBER, Ob. cit., 1, p. 232, e 2, p. 53.

A actividade administrativa (pública) de resolução de conflitos entre particulares não deve confundir-se com a *actividade arbitral da Administração*: trata-se, nesta última vertente, dos casos em que uma instância da Administração adquire a condição de instituição arbitral e é chamada pelos interessados a resolver conflitos nos termos da disciplina que regula a *arbitragem voluntária* (por meio de um acto livre de submissão das partes e com recurso para os tribunais judiciais). Apesar de não estar envolvido qualquer interesse público administrativo na resolução do conflito – há, portanto, aí o desempenho de uma função jurisdicional –, a *reserva de jurisdição* não é perturbada, pois que a Administração não exerce, *in casu*, a função jurisdicional *estadual*; sobre a actividade administrativa arbitral, cfr. PARADA VAZQUEZ, *Derecho administrativo*, I, p. 580 e ss; MATEO TEJEDOR, *La actividad arbitral de la administración en el transporte terrestre*, especial., p. 35 e ss; SANTAMARIA PASTOR, Ob. cit., p. 292; HUERGO LORA, *La resolución*, cit., pp. 241 e ss, e 251 e ss.

2.3.1. *Administração Pública em sentido estrito*

Recortado segundo um critério substancial ou material, o conceito orgânico ou institucional de Administração Pública em sentido estrito apresenta-nos esta como o conjunto de *entidades com personalidade de direito público* e *entidades administrativas privadas* dedicadas à prossecução de actividades materialmente administrativas. Criadas por lei ou por outro acto com base na lei, esses sujeitos apresentam-se como os "actores principais da função administrativa". Nascem ou são posteriormente convertidos em sujeitos exclusivamente dedicados ao desempenho de missões de Poder Público.

2.3.2. *Entidades particulares*

As entidades particulares – pessoas singulares e pessoas colectivas – podem também ser protagonistas da função administrativa. Nessa eventualidade e *na medida em que actuam no desempenho da função administrativa*, elas assumem a posição de membros da Administração, integrando, portanto, a Administração Pública em sentido funcional. Sabemos já que as entidades particulares podem tornar-se responsáveis pela execução da função administrativa no âmbito de uma relação de *colaboração* com a Administração: esse é, pode dizer-se, o caso típico e tradicional de participação privada na função pública. Todavia, surgem com frequência as situações de *substituição originária* da Administração por entidades particulares. Nos dois casos, a entrega de funções públicas a entidades particulares dá lugar àquilo que se vem designando como *Administração Pública delegada* ou *concessionada*.

2.3.3. *Órgãos públicos não integrados na Administração Pública*

Tivemos já oportunidade de explicitar que os órgãos investidos das funções política, legislativa e judicial também exercem actividades típicas de administração, tarefas de natureza administrativa, nos domínios da gestão de recursos e em matéria de organização e de funcionamento. No desempenho de tais "tarefas domésticas", correspondentes a uma missão de "administrar", tais órgãos assumem a natureza de "órgãos administrativos" e a função que exercem apresenta-se como função administrativa[378].

---

[378] Sobre isso, cfr., *supra*, Parte I, Cap. II, 3.

2.4. *Exercício privado da função administrativa: remissão*

A função administrativa, sabemo-lo, pode ser exercida directamente por *entidades particulares*; além disso, as *entidades administrativas privadas* – membros da Administração – também são entidades privadas. Nas duas situações, está, por conseguinte, presente o fenómeno do "exercício privado da função administrativa" ou, o que significa o mesmo, o fenómeno da "execução da função administrativa por entidades privadas"[379].

2.5. *Exercício privado de outras funções públicas estaduais*

O perímetro da figura de que nos ocupamos está circunscrito ao exercício (privado) da função administrativa. Fica assim claro que nela não se integram os casos, eventuais, de exercício de poderes relativos a outras funções públicas.

Apesar disso, parece-nos que, pela sua relevância, a questão de saber se há ou não lugar ao exercício privado de funções públicas não administrativas não pode nem deve ser ignorada no presente trabalho. Para além do relevo intrínseco do problema, interessa indagar se o exercício de poderes públicos por particulares constitui uma ocorrência necessariamente associada ao desempenho de uma função pública administrativa.

A questão da possibilidade do exercício privado de funções públicas não administrativas[380] é, em geral, equacionada apenas a propósito das duas outras funções da *trias* politica: funções legislativa e jurisdicional. Todavia, vamos ainda considerar a função política, já que também em relação a ela se fala, por vezes, de exercício privado de funções públicas. Por outro lado, contactaremos com formas de exercício privado de funções públicas que se não reconduzem a nenhuma das funções públicas acabadas de referenciar: assim sucede, na nossa perspectiva,

---

[379] Sobre o assunto, cfr., *infra*, Cap. II.

[380] Sobre o exercício privado de funções públicas não administrativas, a doutrina divide-se entre os que recusam essa possibilidade (cfr. MICHAELIS, Ob. cit., pp. 53 e 60; STUIBLE-TREDER, Ob. cit., p. 28 e ss; WOLFF/BACHOF/STOBER, Ob. cit., 3, p. 514) e os que a admitem (HUBER *Wirtschaftsverwaltungsrecht,* cit., p. 538; BENZ, Ob. cit., p. 104; TERRAHE, Ob. cit., p. 107; ZANOBINI, "L'esercizio", cit., p. 244).

com o exercício privado da função notarial, bem como com o exercício privado de certas funções públicas da responsabilidade dos tribunais (funções judiciárias de carácter não jurisdicional).

2.5.1. *Função política*

No domínio da *função política* – definida como a acção de órgãos constitucionais que, com fundamento directo na Constituição, se materializa na tomada de decisões primárias sobre os fins a prosseguir pelos poderes públicos[381] –, a doutrina tem-se questionado sobre a natureza do papel desempenhado pelos *partidos políticos*.

Como em outras paragens, também em Portugal se entende que os partidos políticos "têm a natureza de pessoas colectivas de direito privado e exercem funções públicas"[382] ou que são "associações privadas com funções constitucionais"[383], "associações privadas de fins constitucionais"[384] ou "associações de natureza privada de *interesse constitucional*"[385].

Tendo em consideração as indicações constitucionais, é inquestionável que os partidos políticos não são entidades públicas[386], nem tão-pouco se configuram como órgãos estaduais ou constitucionais[387].

---

[381] Sobre a função política, cfr. Afonso QUEIRÓ, "Teoria dos actos de governo", p. 505 e ss, *Lições (1976)*, cit., p. 74 e ss, e "A função", cit., p. 41 e ss; Marcelo Rebelo de SOUSA, *Lições*, cit., p. 10 e ss; J.J. Gomes CANOTILHO/Vital MOREIRA, Ob. cit., p. 731; Cristina QUEIROZ, *Os Actos Políticos no Estado de Direito*, especial. p. 107 e ss.

[382] Cfr. Paulo OTERO, *O Poder de Substituição,* cit., p. 56: "os partidos políticos têm a natureza de pessoas colectivas de direito privado e exercem funções públicas": p. 55).

[383] Cfr. J.J. Gomes CANOTILHO, *Direito Constitucional*, cit., p. 315; J.J. Gomes CANOTILHO/ Vital MOREIRA, Ob. cit., p. 275.

[384] Cfr. Marcelo Rebelo de SOUSA, *Os Partidos Políticos no Direito Constitucional Português*, p. 548.

[385] Cfr. AcTC n.º 304/2003.

[386] Cfr. Marcelo Rebelo de SOUSA, *Os Partidos,* cit., p. 543; J.J. Gomes CANOTILHO, *Direito Constitucional*, cit., p. 316; J.J. Gomes CANOTILHO/Vital MOREIRA, Ob. cit., p. 275. No sentido de que os "partidos políticos são instituições públicas (...), independentemente da sua qualificação como entidades públicas ou privadas para outros efeitos, cfr. J.C. Vieira de ANDRADE, *Os Direitos Fundamentais,* cit., p. 88.

[387] A propósito das relações entre o Estado e os partidos, a doutrina refere-se, desde Triepel, a um processo evolutivo que se desenvolveu ao longo de quatro fases: a) *oposição*; b) *indiferença*; c) *legitimação*; d) *incorporação* – cfr. CHIMENTI, "I Partiti Politici", p. 286; RIDOLA, "Partiti Politici", p. 66.

A *incorporação* – que a doutrina portuguesa também usa para caracterizar a posição constitucional dos partidos; Marcelo Rebelo de SOUSA, *Os Partidos,* cit., p. 85;

Pelo contrário, constituem entidades privadas, "*associações de direito privado* às quais se reconhecem direitos fundamentais"[388]. Trata-se, contudo, de associações de direito privado com um estatuto especial[389], justificando-se essa especificidade pelo tipo de funções que exercem, que fazem dos partidos um "instrumento de comunicação entre o Estado e a Sociedade"[390]. Apesar do entendimento generalizado sobre a natureza *pri-*

J.J. Gomes Canotilho/Vital Moreira, Ob. cit., p. 275 – representa o fenómeno da inserção dos partidos nos ordenamentos constitucionais ou, por outras palavras, significa a respectiva *relevância constitucional*. Esse mesmo conceito foi, no entanto, adoptado por certas correntes para referir a *inserção dos partidos na organização do Estado*: foi o que sucedeu, no direito alemão, com juristas prestigiados da República de Weimar, como Radbruch e Leibholz, que qualificaram os partidos como *órgãos de designação* ("Kreationsorgane"); na Itália, cfr. Virga, *Il partito politico nell'ordinamento giuridico*, p. 89 e ss.

Em importantes decisões do *BVerfG*, os partidos surgiram qualificados como *órgãos constitucionais* ou *instituições com dignidade constitucional*. Com essas controversas designações – explica Maurer, "Die Rechtsstellung der politischen Parteien", p. 888, que não há órgãos constitucionais que não sejam órgãos do Estado –, o BVerfG justificava a legitimidade dos partidos políticos para serem parte em processos jurisdicionais de conflitos entre órgãos constitucionais; cfr. Giese, "Parteien als Staatsorgane", p. 377 e ss; em geral, sobre a jurisprudência alemã a propósito dos partidos políticos, cfr. Maestrelli, *Il partito nella giurisprudenza del Tribunale Costituzionale Federale Tedesco*.

[388] Cfr. J.J. Gomes Canotilho, *Direito Constitucional*, cit., p. 316.

[389] Cfr. Marcelo Rebelo de Sousa, *Os Partidos,* cit., p. 522 e ss. No sentido de que os partidos políticos "são um *tertium genus* quanto às demais associações genericamente previstas no actual sistema jurídico", cfr. AcTC n.º 304/2003.

A concepção do partido político como uma *pessoa de direito privado dotada de um regime especial* (de direito público) confirma a correcção da construção de Hesse, "Die verfassungsrechtliche Stellung der politischen Parteien", p. 11 e ss (especial. p. 39 e ss), que, procurando romper com as categorias tradicionais do direito privado (partidos políticos como "normais" associações de direito privado) e do direito público (partidos como associações de direito público ou como órgãos estaduais), define-os como entidades com um *estatuto jurídico-público singular*, titulares de um *status* de publicidade. Como consequência, entende Konrad Hesse que, por ex., os estatutos dos partidos não têm natureza jurídica privada; por outro lado, os acordos entre partidos, embora não sejam "acordos de direito constitucional" (era essa a opinião de Liermann, "Über die rechtliche Natur der Vereinbarungen politischer Parteien untereinander", p. 411), também não constituem contratos de direito privado: eles pertencem a uma especial zona de direito público.

[390] Cfr. Nigro, "Il nodo", cit., p. 236. No sentido de que os partidos ocupam um espaço intermédio entre o Estado e a Sociedade, cfr. Henke, "Parteien zwischen Staat und Gesellschaft", especial., p. 387 e ss; Böckenförde, "Die Bedeutung", cit., p. 415.

vada dos partidos políticos, a Lei Orgânica n.º 2/2003, de 22 de Agosto –
ao contrário da anterior Lei dos Partidos, o Decreto-Lei
n.º 595/74, de 7 de Novembro –, "evita" qualquer referência à natureza
da personalidade jurídica dos partidos (cfr. artigo 3.º). Ao silêncio legislativo não parece ser de atribuir outro significado que não o de deixar aos
outros operadores jurídicos a incumbência de esclarecer a natureza jurídica dos partidos políticos.

Tratando-se de associações de direito privado, importa então saber
se as tarefas que lhes estão cometidas, e que eles desempenham de forma
imediata, correspondem a funções públicas estaduais cujo exercício,
nestas, esteja descentralizado[391].

O modo como o problema ficou colocado permite-nos logo excluir
as funções que os partidos políticos desempenham apenas de forma
mediata. Neste domínio, o exercício de funções públicas não cabe aos
partidos, mas sim a pessoas singulares titulares de órgãos públicos: está
aqui em causa aquilo que Marcelo Rebelo de Sousa designa por função
de titularidade e exercício do poder político (cfr. artigo 114.º da CRP)[392].

Apesar de os partidos políticos não serem os titulares dos órgãos
públicos que exercem a função política, não pode, só por isso, concluir-
-se que eles "não exercem de forma imediata qualquer das funções do
Estado"[393] ou que "não são formas de exercício do poder político, nem
são titulares dele"[394].

Efectivamente, além da função de titularidade e exercício do poder
político – onde têm uma intervenção apenas mediata –, os partidos
desempenham ainda uma função representativa, que, na sua essência,
"consiste na apresentação de candidaturas às eleições dos titulares dos
órgãos do poder político e do poder local"[395]: cfr. artigos 151.º/1 e 239.º/4

---

[391] Referindo-se ao exercício de certas funções dos partidos como um caso de "des-
centralización del ordinamiento jurídico", cfr. BASTIDA FREIJEDO, "Derecho de participación através de representantes y función constitucional de los partidos políticos", p. 210.

[392] Cfr. Marcelo Rebelo de SOUSA, *Os Partidos,* cit., pp. 105 e ss, 473 e ss e 544 e
ss. No sentido de que os partidos "participam *mediatamente* no exercício de certas
funções jurídicas do Estado" (itálicos nossos), cfr. ainda Paulo OTERO, *O Poder de
Substituição,* cit., p. 56.

[393] Cfr. Marcelo Rebelo de SOUSA, *Os Partidos,* cit., p. 546.

[394] Nesse sentido, cfr. J.J. Gomes CANOTILHO/Vital MOREIRA, Ob. cit., p. 98.

[395] Cfr. Marcelo Rebelo de SOUSA, *Os Partidos,* cit., p. 96 (cfr., ainda, p. 449 e ss).
O Autor entende aliás que as funções referidas no texto são as funções dos partidos
políticos "mais directamente relacionadas com a própria essência da democracia".

da CRP, 2.º,*d)*, e 10.º/1,*a)*, da Lei Orgânica n.º 2/2003. Embora não exclusivamente, é sobretudo em matéria de apresentação de candidaturas ou, em geral, de preparação dos actos eleitorais que se tem falado de um exercício de funções públicas (políticas) pelos partidos políticos.

Sobre a natureza da função que os partidos exercem no âmbito do procedimento eleitoral há duas correntes fundamentais: por um lado, a dos que entendem que se trata de uma função pública[396], de uma tarefa estadual[397] ou de uma competência jurídico-pública[398], e, por outro, a dos

---

[396] Na Itália, é frequente a referência às *funzione pubbliche* ou aos *compiti pubblici* dos partidos políticos, mesmo pela doutrina que os considera pessoas de direito privado: assim, por ex., além de RIDOLA, Ob. cit., p. 122, também ROSSANO, "Partiti politici", p. 2, para criticar as teorias orgânicas, entende que o exercício de uma função pública não basta para conferir a natureza de órgão público ao sujeito que a exerce. Além destes, na doutrina mais antiga, era também esse o entendimento de VIRGA, Ob. cit., p. 121 e ss, que qualificava mesmo o acto de apresentação de listas como um acto jurídico de direito público (*designação*). Em sentido próximo, GALEOTTI, *apud* RIDOLA, Ob. cit., p. 122, n. 366, defendia que a apresentação das listas de candidatos, "enquanto exercício de um poder público (...)", formaria, em conjunto com o acto de eleição, um *acto complexo*. Considerando que a apresentação e a selecção dos candidatos e que o controlo do acto eleitoral são funções públicas exercidas pelos partidos (associações privadas), cfr. BAS-TIDA FREIJEDO, Ob. cit., p. 210 e ss.

Como já vimos, também no (diferente) contexto do direito norte-americano, entende a *Supreme Court* (desde 1932: caso *Nixon v. Condon*) que as eleições primárias, organizadas pelos partidos políticos, constituem uma fase da operação do sistema eleitoral na qual os partidos exercem, por delegação, uma *função pública*. A selecção dos candidatos não constitui um *poder inerente* aos partidos, mas um *poder público* que lhes é *transferido* pela lei estadual. Na medida em que exercem, nesse domínio, uma *state action* ou uma *public function*, os partidos, embora organizações privadas, ficam sujeitos às restrições constitucionais aplicáveis aos poderes públicos, designadamente as que constam de normas que consagram direitos fundamentais (no caso dos partidos, esteve sempre em causa a infracção de disposições constitucionais proibitivas de discriminações raciais, razão aliás por que o grupo de casos judiciais ficou conhecido por *white primary cases*) – cfr. ROTUNDA/NOWAK, Ob. cit., p. 533 e ss; GIEGERICH, Ob. cit., p. 224 e ss; BILBAO UBILLOS, Ob. cit., p. 40 e ss; LUCIANI, Ob. cit., p., 2433 e ss.

[397] É a opinião defendida por KRAUTZBERGER, Ob. cit., p. 24, que entende que, enquanto organizações com funções de preparar eleições, os partidos políticos exercem, sem dúvida, *tarefas estaduais*, e não meras *tarefas públicas* (cfr., ainda, pp. 66 e 117); em sentido próximo, cfr. MAURER, "Die Rechtsstellung", cit., p. 889.

[398] Cfr. MENGER, "Zur verfassungsrechtlichen Stellung der deutschen politischen Parteien", p. 161; segundo o Autor, os partidos políticos exercem funções públicas que lhes são constitucionalmente confiadas: constituem, por isso, "Beliehenen".

que consideram que se trata de uma tarefa com relevância pública (com notas de publicidade), mas não de uma função pública estadual[399].

Colocando-nos do lado da última corrente, diremos, também nós, que se afigura inquestionável a relevância pública da função representativa dos partidos políticos. É, aliás, a relevância pública das funções dos partidos que explica a existência de uma "constituição dos partidos" e a necessária intervenção constitutiva de um órgão público na sua criação, bem como o regime tributário especial, o financiamento público, as exigências constitucionais e legais de "democracia interna" (artigo 51.º/5 da CRP)[400] ou a atribuição ao Tribunal Constitucional de competência para julgar as acções de impugnação de eleições e deliberações dos seus órgãos [cfr. artigo 223.º/2,*h)* da CRP][401]. Além disso, de acordo com Gomes Canotilho, os *estatutos e regulamentos de partidos políticos* devem ser considerados actos normativos sujeitos ao controlo do Tribunal Constitucional[402].

Contudo, a função representativa não se assume como uma tarefa estadual cujo exercício esteja "delegado" ou "descentralizado" nos partidos políticos. Pelo contrário, trata-se de uma função que primária e originariamente lhes é conferida por uma norma de direito constitucional e que traduz uma expressão da função mais geral que os partidos desempenham no contexto de um *Parteienstaat*: a "mediação entre eleitores e eleitos"[403]. Parece-nos, por conseguinte, que a função representativa re-

---

[399] Cfr. MARTENS, *Öffentlich,* cit., p. 153, para quem a função exercida pelos partidos políticos no procedimento de preparação do acto eleitoral não se pode conceber como o exercício, por delegação, de uma tarefa estadual ("Beleihung"); segundo o Autor, trata-se pois de uma *tarefa ou actividade pública, mas não estadual*; BULL, *Die Staatsaufgaben,* cit., p. 396. Ainda no sentido de que os partidos não exercem qualquer "competência estadual", em oposição expressa à tese de MENGER, cfr. TERRAHE, Ob. cit., p. 108.

[400] Cfr. J.J. Gomes CANOTILHO, *Direito Constitucional,* cit., p. 289, fala, a este propósito, de uma extensão do princípio democrático aos partidos políticos.

[401] Sobre o regime jurídico especial aplicável aos partidos, cfr. a síntese de Marcelo Rebelo de SOUSA, Os *Partidos,* cit., p. 548. Sobre as limitações ao direito de organização interna dos partidos políticos, designadamente quanto à imposição do sufrágio pessoal e secreto, cfr. AcTC n.º 304/2003.

[402] Cfr. J.J. Gomes CANOTILHO, *Direito,* cit., p. 931. Nesse sentido, cfr. HESSE, Ob. cit., p. 39.

[403] No sentido de que todas as funções dos partidos são manifestações de uma função "de mediação entre eleitores e eleitos", cfr. CHIMENTI, Ob. cit., p. 284.

servada aos partidos políticos, lhes pertence, é própria deles[404]; não há aqui por isso exercício privado de funções públicas[405].

2.5.2. Função legislativa

Ocupamo-nos agora do problema relativo ao eventual exercício privado da função legislativa em sentido formal, isto é, da função do Estado que se traduz na emissão de actos com o valor formal de actos legislativos[406]. Trata-se, portanto, dos actos visados pelo artigo 112.º/1 da CRP: leis, decretos-lei e decretos legislativos regionais[407]. Neste sentido formal, a função legislativa não se confunde com a emissão de normas jurídicas públicas (lei em sentido material)[408], nem, muito menos ainda, com o que a doutrina norte-americana designa por "power to make laws".

---

[404] Considerando o "direito de apresentação de candidaturas" um dos *direitos políticos* de que os partidos são titulares, cfr. J.J. Gomes CANOTILHO/Vital MOREIRA, Ob. cit., p. 275.

[405] Cfr. KEMPEN, Ob. cit., p. 37.

[406] Como assinala BASSI, *La norma interna*, p. 81, a função legislativa do Estado manifesta-se por intermédio de *actos normativos com forma reservada* (ou *exclusiva*), razão por que a designação *acto legislativo* ou *lei (em sentido amplo)* deve ser reservada para as normas editadas por órgãos a que a Constituição confere competências para a emissão de actos legislativos.

[407] De acordo com a teoria da lei como fonte de direito, temos aqui em vista apenas a *lei propriamente dita* ou *lei em sentido formal*, ou seja, o acto normativo que Cabral de MONCADA, *Lições de Direito Civil*, p. 76, definia nos seguintes termos: "lei é a forma que reveste a norma jurídica, quando é estabelecida e decretada duma maneira solene pela autoridade de um órgão expressamente competente para esse efeito, por ser o órgão legislativo".

[408] Ao aludir aos possíveis objectos da "Beleihung", a doutrina alemã refere-se à *função pública de edição de normas jurídicas*, aí abrangendo a emissão de actos formalmente legislativos, bem como de quaisquer outras normas jurídicas públicas – neste sentido, cfr. HUBER, *Wirtschaftsverwaltungsrecht*, cit., p. 538; MENNACHER, Ob. cit., p. 93 e ss; MICHAELIS, Ob. cit., p. 36. Observa OSSENBÜHL, "Gesetz und Recht", p. 286, que, tendo em conta o conteúdo, *lei é toda a regra jurídica*: lei, regra jurídica e norma jurídica aparecem, portanto, como sinónimos.

Ainda a este propósito, note-se que o conceito de lei acolhido no artigo 1.º/2 do Código Civil português identifica-se exactamente com esse conceito *material* (e não *formal*): nele se estabelece que *leis são todas as disposições genéricas provindas dos órgãos estaduais competentes* (para esse efeito, lei é todo o "Akt staatlicher Autorität": cfr. MEYER-CORDING, *Die Rechtsnormen*, p. 36); "órgãos estaduais" tem, naquela norma do Código Civil, o sentido de *órgãos de entes públicos*, abrangendo portanto os actos normativos do Estado e de todos os outros entes públicos dotados de poderes normativos (cfr., no entanto, Vital MOREIRA, *Administração Autónoma*, cit., p. 184[260]).

Apesar da resposta óbvia, o problema colocado não perde toda a sua razão de ser. A equação dele constitui, aliás, um bom pretexto para sublinhar a distinção entre a produção de normas jurídicas e a função legislativa.

Com efeito, além dos actos legislativos, consubstanciam também normas públicas as editadas por órgãos administrativos – os regulamentos administrativos –, sendo certo que, nesse domínio, há entidades privadas com poderes públicos de editar normas jurídicas.

Por outro lado, já fora da esfera pública, deve ter-se em consideração a designada *normação privada*, isto é, as normas jurídicas emitidas no desempenho de um poder normativo privado. A subsistência de um tal poder na esfera privada[409] constitui, aliás, a prova da ausência de um monopólio público de criação de normas jurídicas[410]. Ainda que, a propósito da normação privada, se fale por vezes de privatização das regras ou do direito objectivo, não há, nesse caso, a *transferência* para os particulares de um poder público de criar normas jurídicas. Como veremos melhor, trata-se sim de reconhecer que o poder de criar normas jurídicas não é apenas público, mas também privado. Contudo, a normação privada pode assumir-se como uma efectiva alternativa à legislação, podendo mesmo haver uma expressa remissão legal da produção de tais normas para entidades particulares; noutros casos, apesar de não haver qualquer remissão, o mero facto do vazio da "regulação pública" pode criar as condições para o aparecimento de uma regulação privada[411]: *hoc sensu*, poderá falar-se de uma privatização implícita da função de normação jurídica da vida social[412].

Considerando, por agora, a função legislativa em sentido formal, enquanto função pública que se manifesta através da produção dos *actos*

---

[409] A existência de normas jurídicas privadas, enquanto fonte de direito dotada da "*heteronomia normativa* própria da legislação" (a expressão é de Castanheira NEVES, "Fontes do direito", p. 80), parece em contradição com a concepção estadualista de lei em sentido material acolhida no artigo 1.º/2 do Código Civil; sobre o *poder normativo privado*, cfr., *infra*, cap. II, 2.3.1.1.1.

[410] Cfr. KIRCHHOF, *Private Rechtsetzung*, cit., p. 114.

[411] Cfr. Vital MOREIRA, *Auto-Regulação Profissional*, cit., p. 77.

[412] Sobre a privatização da normação, cfr. PÜTTNER, "La privatisation des règles", p. 159 e ss; BORRAJO INIESTA, "The privatization of legal rules", p. 145 e ss; TRUTE, "The after privatization", cit., p. 215; Paulo OTERO, "Coordenadas", cit., p. 10 e ss.

legislativos, é sabido que não há aí espaço para qualquer forma de delegação de poderes em particulares[413].

Contudo, o monopólio público da função legislativa está longe de eliminar a participação de entidades particulares. Essa participação existe, quer ao nível do procedimento legislativo, quer por força de reenvios efectuados pelo legislador para normas e regras não jurídicas de origem privada.

Ao nível do procedimento legislativo[414], a CRP e a lei ordinária instituem vários canais de participação dos cidadãos, quer na fase de iniciativa, quer na de instrução.

Não contando com o *direito de petição* – "apresentação de um pedido ou de uma proposta a um órgão de soberania no sentido de que tome, adopte ou proponha determinadas medidas"[415] –, que, sem determinar juridicamente o início de um procedimento legislativo, pode ser exercido com esse intuito[416], os cidadãos podem, em certas condições, pôr em marcha um procedimento legislativo, no âmbito da chamada "iniciativa legislativa dos cidadãos": artigo 167.º, n.ºs 1 e 8, da CRP e Lei n.º 17/2003, de 4 de Junho. A iniciativa legislativa dos cidadãos coloca o órgão legislativo na obrigação de dar sequência ao procedimento (instrução e preparação de uma decisão de fundo), já que, no exercício das suas funções institucionais[417], tem de tomar posição perante a proposta que lhe é apresentada, rejeitando-a ou aprovando-a (ou apro-

---

[413] Cfr. MENNACHER, Ob. cit., p. 94.

[414] Entende-se por procedimento legislativo a *sucessão ordenada de actos jurídicos tendentes à produção de uma norma legislativa*. O grau de formalização do procedimento legislativo não é sempre o mesmo: assim, o procedimento que serve a emissão de leis parlamentares é, em princípio, mais formalizado do que o procedimento que serve a emissão dos actos legislativos do Governo – sobre o procedimento legislativo, cfr. J.J. Gomes CANOTILHO, *Direito Constitucional,* cit., p. 865 e ss; GALEOTTI, *Contributo alla teoria del procedimento legislativo.*

[415] O regime do direito de petição consta da Lei n.º 43/90, de 10 de Agosto, alterada pelas Leis n.ºs 6/93, de 1 de Março, e 15/2003, de 4 de Junho.

[416] No sentido de que o direito de petição pode desempenhar uma função de estímulo da produção de normas jurídicas, cfr. CARETTI/SERVIO, *Istituzioni di diritto pubblico,* p. 163; incluindo esse direito entre os instrumentos de democracia directa, cfr. BERRETA, "I poteri di democrazia diretta", p. 315 e ss.

[417] Como afirma GALEOTTI, Ob. cit., p. 244 e ss, a propósito da *iniciativa legislativa*, esta, além de situar o órgão legislativo num dever de proceder, obriga-o a "exercer a sua própria função em ordem à proposta".

vando-a com alterações)[418]. A "popularização" da iniciativa legislativa constitui um modo de formalizar, no procedimento legislativo, manifestações espontâneas de exigências sociais que reclamam uma regulação legal[419].

A participação de particulares no procedimento legislativo pode ainda ter lugar na fase de instrução, ou seja, no momento destinado a individualizar e a fixar o conteúdo da norma a aprovar. Por força da Constituição e da lei, os cidadãos ou, por vezes, apenas certas entidades portadoras e defensoras de interesses implicados nas leis em preparação, têm, em muitos casos, o direito de participar e de ser ouvidos pelos órgãos legislativos[420]. Essa participação, que tanto pode traduzir-se no reconhecimento de um direito à espontânea introdução de interesses no procedimento, como na formalização de um dever de audição de interessados, constitui por isso uma forma de participação de particulares na formação da vontade política dos órgãos legislativos[421]. Ilustram esta forma de intervenção procedimental o direito das comissões de trabalhadores, das associações sindicais e, mais recentemente, das associações patronais de participar na elaboração da legislação do trabalho[422], o direito das associações de consumidores de representar os consumidores no processo de consulta e audição públicas a realizar no decurso da tomada de decisões susceptíveis de afectar os direitos e interesses daqueles[423], bem

---

[418] Segundo alguns autores, os actos de iniciativa procedimental apresentam-se como uma manifestação do poder que é exercido através do acto principal do procedimento ("a iniciativa relativa ao exercício de um poder é um modo de participar no exercício desse mesmo poder"); para uma crítica da opinião que considera esgotado o exercício do poder no acto deliberativo do procedimento e que classifica todos os outros actos procedimentais em relação, não ao poder, mas à função que desempenham no procedimento, cfr. AMATO, "Nuove tendenze nella formazione degli atti governativi di indirizzo", sobretudo, p. 113 e ss.

[419] Cfr. GALEOTTI, Ob. cit., p. 416.

[420] Sobre a metodologia da audição, pelo Governo, de sujeitos ou de órgãos, públicos ou privados, representativos de quaisquer interesses colectivos, no quadro do processo legislativo, cfr. Decreto-Lei n.º 185/94, de 5 de Julho.

[421] Neste sentido, cfr. KIRBERGER, Ob. cit., p. 130 e ss; sobre a audição de associações nos procedimentos normativos como uma forma de participação no exercício de tarefas públicas, cfr. GIGER, Ob. cit., p. 145 e ss.

[422] Artigos 54.º/4,*d)*, e 56.º/2,*a)*, da CRP; quanto às associações patronais, cfr. artigo 510.º/1,*c)*, do Código do Trabalho.

[423] Artigo 18.º/1,*c)*, da Lei n.º 24/96, de 31 de Julho.

como o direito de consulta das organizações representativas dos utentes de serviços públicos essenciais quanto aos actos legislativos de definição do enquadramento jurídico dos serviços públicos[424].

Por outro lado, nesta sede, ainda mais relevante do que a intervenção de entidades particulares nos procedimentos legislativos afigura-se o expediente dos designados *reenvios dinâmicos* para normas (técnicas ou de outra natureza) editadas por organismos privados. Na medida em que, com base nesse expediente, entidades particulares acabam por ter uma palavra decisiva sobre o conteúdo de normas legislativas, o reenvio pode, de facto, operar como uma forma indirecta de "delegação de um poder quase-legislativo"[425].

2.5.3. *Função jurisdicional*

Passemos à função pública jurisdicional, à função do Estado que se traduz em julgar, em "dizer imparcial ou objectivamente o direito nos conflitos concretos, resolvendo-os definitivamente e restaurando, assim, a paz social perturbada"[426].

Consideramos exclusivamente o desempenho da *iurisdictio*. De fora ficam outras tarefas que as leis conferem aos tribunais, mas que, revelando-se susceptíveis de serem atribuídas a outras autoridades, podem constituir objecto de medidas de privatização[427].

Por outro lado, deve observar-se que não representam o desempenho de uma função jurisdicional por particulares as situações de auxílio aos tribunais por *peritos* e *testemunhas*: a esses particulares não está de facto entregue um poder decisório, mas apenas o encargo de coadjuvar ou auxiliar as autoridades judiciais no exercício da sua função de dizer o direito. Trata-se de expressões do dever legal de colaboração dos

---

[424] Artigo 2.º/1 da Lei n.º 22/96, de 26 de Julho.

[425] Sobre os reenvios de normas públicas para normas de origem privada, cfr., *infra*, cap. II.

[426] Cfr. A. M. Barbosa de MELO, *Notas,* cit., p. 6.

[427] Quanto à privatização dessas outras tarefas, cfr. HOFFMANN-RIEM, "Justizdienstleistungen im kooperativen Staat", p. 421 e ss; GRAMM, *Privatisierung,* cit., p. 359; LIN-DEMANN, "Schlanker Staat und Justiz", p. 200 e ss; sobre a privatização de tarefas auxi-liares da administração da justiça (tratamento electrónico de documentação), cfr. BERKEMANN, "Juris als öffentlich-rechtlich »beliehener Unternehmer«", p. 362 e ss.

cidadãos na administração da justiça[428]. Embora conexas com o exercício da função jurisdicional, as tarefas dos auxiliares ou colaboradores não são jurisdicionais[429].

Diferente assume-se já a situação dos *jurados*, que, em conjunto com o tribunal colectivo, compõem o tribunal do júri (artigos 207.º/1 da CRP e 110.º da Lei n.º 3/99, de 13 de Janeiro, e Decreto-Lei n.º 387-A/87, de 29 de Dezembro), bem como dos *juízes sociais*, que integram os tribunais colectivos que julgam certas questões laborais, questões de arrendamento rural e relativas a menores (cfr. artigos 207.º/2 da CRP e 84.º/2, 88.º e 112.º da Lei n.º 3/99): uns e outros colaboram na administração da justiça exercendo a *iurisdictio* ("juízes leigos"). A esses, há que acrescentar os *juízes de paz* – os julgados de paz são tribunais constitucionalmente facultativos (artigo 209.º/2 da CRP), cuja organização, competência e funcionamento constam da Lei n.º 78/2001, de 13 de Julho[430]. Por analogia com o instituto dos "particulares na Administração", pode dizer-se que os "juízes leigos" são "particulares nos tribunais": sendo particulares, exercem a função jurisdicional na posição de titulares de órgãos públicos[431].

Reservando aos tribunais o desempenho da função jurisdicional (reserva de juiz ou reserva de jurisdição aos tribunais), o artigo 202.º/1 da CRP – "os tribunais são os órgãos de soberania com competência para administrar a justiça em nome do povo" – esclarece que, enquanto órgãos públicos, integrados na organização do Estado, só os tribunais podem desempenhar a função jurisdicional. Infringe este princípio uma lei que confie funções substancialmente jurisdicionais a quaisquer autoridades públicas que não sejam tribunais, mesmo que fique respeitada a garantia do recurso a juízo[432].

---

[428] Cfr. Casalta NABAIS, *O Dever*, cit., pp. 94 e 179.

[429] Cfr. ZANOBINI, "L'esercizio", cit., p. 671.

[430] Embora na linha da figura do juiz eleito pelos *homens bons* de uma freguesia ("faiseur de paix") – que, entre nós, apareceu nos primeiros tempos da nacionalidade e que, nas sociedades arcaicas, contribuía em geral para atenuar a regra geral da *vendetta privada* –, o juiz de paz é, no regime actual, um cidadão (licenciado em Direito) nomeado (por um período de três anos) por um "conselho de acompanhamento": cfr. artigos 25.º e 65.º da Lei n.º 78/2001.

[431] Sobre os *jurados*, os *juízes populares* e os *juízes técnicos* como cidadãos titulares (honorários) de um *ufficio pubblico*, cfr. GIANNINI, *Diritto, I*, cit., p. 175.

[432] Cfr. J.J. Gomes CANOTILHO/Vital MOREIRA, Ob. cit., p. 792; Oliveira ASCENSÃO, "A reserva", cit., p. 472; na jurisprudência, cfr. Ac'sTC n.ºs 443/91, 179/92 e

A finalidade primeira da norma constitucional inscrita no artigo 202.º/1 consiste, pois, em consagrar uma reserva de jurisdição no âmbito das relações internas entre os vários poderes do Estado[433]: o desempenho da jurisdição, *enquanto função do Estado*, encontra-se reservado a órgãos públicos que preencham os requisitos tidos como necessários para poderem ser qualificados como tribunais[434]. A reserva de jurisdição aos tribunais refere-se, portanto, à jurisdição enquanto função do Estado, à jurisdição estadual[435].

Além disso, o teor do mesmo preceito permite ainda dizer que a jurisdição – enquanto função por cujo desempenho o Estado é responsável e que, além do mais, o obriga a criar tribunais[436] – não pode ficar confiada ou entregue a instâncias não estaduais: é o que decorre da referência aos tribunais como "órgãos de soberania", conceito que pressupõe e exige a natureza estadual dos tribunais. Ao contrário do que sucedeu durante certas fases da Idade Média (senhores feudais), bem

---

963/96. Em sentido divergente, referindo-se à "relativa ambiguidade" e à "abertura normativa" do artigo 202.º da CRP, cfr. J.C. Vieira de ANDRADE, "A reserva", cit., p. 222; sobre o papel do texto constitucional na aproximação ao conceito de reserva de jurisdição, cfr. P. Castro RANGEL, Ob. cit., p. 257 e ss.

[433] Sobre o artigo 92, I, da *GG* ("o poder judicial é confiado aos juízes"), diz BETTERMANN, "Die Rechtsprenchende Gewalt", p. 810, que o monopólio jurisdicional dos juízes diz respeito às relações internas entre os vários poderes do Estado, mas já não às relações externas, entre o Estado e a sociedade; cfr. STERN, *Das Staatsrecht der Bundesrepublik Deutschland*, p. 898; STOBER, "Staatsgerichtsbarkeit und Schiedsgerichtsbarkeit", p. 2004; JARASS/PIEROTH, *Grundgesetz für die Bundesrepublik Deutschland*, p. 845, onde se diz que aquela disposição da *GG* vale apenas para o poder jurisdicional do Estado, não para a jurisdição privada.

[434] Sobre a noção de «tribunal» na jurisprudência do Tribunal Constitucional, cfr. P. Castro RANGEL, Ob. cit., p. 28 e ss.

[435] Essa é uma precisão essencial, desde logo, para se perceber que a actuação de órgãos administrativos na condição de árbitros, nos termos da arbitragem voluntária, não perturba a reserva de jurisdição, nem o princípio da separação de poderes.

[436] No artigo 20.º/1, a CRP assegura o acesso ao direito e aos *tribunais*.
Em face dessa *garantia da via judiciária* (J.J. Gomes CANOTILHO/Vital MOREIRA, Ob. cit., p. 164) põe-se a questão de saber se a CRP cria um *direito de acesso aos tribunais* enquanto "órgãos de soberania" – para essa tese, deveria compreender-se o conceito de "tribunais" do artigo 20.º/1 no sentido do artigo 202.º/1, que não abrange os *tribunais arbitrais* (Ob. cit., p. 791) – ou a *quaisquer tribunais constitucionalmente possíveis*, incluindo os *tribunais arbitrais*, expressamente previstos no artigo 209.º/2; sobre isso, cfr. *infra*.

como na Época Moderna (companhias de navegação), hoje não pode haver uma delegação de funções jurisdicionais em particulares[437].

Do artigo 202.º/1 resulta, por conseguinte, que, na organização do Estado, só os tribunais podem exercer a função jurisdicional estadual. Mas da mesma disposição resulta também que a função jurisdicional estadual só pode ser exercida por tribunais estaduais, posto que só esses são "órgãos de soberania": aqui reside o alcance da reserva de jurisdição aos tribunais, a qual, em rigor, constituirá "apenas" uma reserva de jurisdição estadual aos tribunais estaduais.

A conclusão segundo a qual o artigo 202.º/1 estabelece uma reserva ou monopólio dos tribunais estaduais apenas quanto ao desempenho da função jurisdicional estadual deixa perceber que o sentido da norma não é o de consagrar o "monopólio estadual da função jurisdicional" ou um sistema de "exclusividade da justiça pública"[438]. Assume, por isso, validade também entre nós a asserção da doutrina alemã segundo a qual a jurisdição não é apenas a função estadual reservada aos órgãos estaduais do terceiro poder[439]. Ao invés, função jurisdicional ou jurisdição apresenta-se como uma "Oberbegriff", que, além da estadual, inclui a jurisdição não estadual e, muito particularmente, a jurisdição privada.

Como já se disse a respeito da produção de normas jurídicas, também a aceitação de uma jurisdição não estadual se baseia na recusa de

---

[437] Cfr. MICHAELIS, Ob. cit., p. 54; MENNACHER, Ob. cit., p. 104 e ss; STUIBLE--TREDER, Ob. cit., p. 29; STOBER, "Staatsgerichtsbarkeit", cit., p. 2004; WOLFF/BACHOF/STOBER, Ob. cit., 3, p. 514.

Apesar de a doutrina maioritária se pronunciar no sentido que acabámos de ver, alguns autores, a propósito da arbitragem, falam de exercício privado da função jurisdicional estadual (cfr. *infra*).

Outros, embora sublinhando a impossibilidade da delegação de funções jurisdicionais em particulares, admitem que certas "estratégias de privatização" não estão excluídas no âmbito da função jurisdicional: uma dessas estratégias redunda na imposição legal de formas de composição não jurisdicional de conflitos (cfr. GRAMM, *Privatisierung,* cit., p. 355 e ss). Há até quem vá mais longe, e fale abertamente de privatização da função jurisdicional quando a lei admite a arbitragem para a resolução de conflitos que não são susceptíveis de transacção ou acordo entre as partes; cfr. VOIT, "Privatisierung der Gerichtsbarkeit", p. 120 e ss.

[438] Ac'sTC n.os 32/87 e 86/87; cfr. Jorge MIRANDA, *Manual,* cit., IV, pp. 262-263; P. Castro RANGEL, Ob. cit., p. 292.

[439] Cfr. RAMM, "Schiedsgerichtsbarkeit, Schlichtung und Rechtsprechungslehre", p. 136; HEYEN, Ob. cit., p. 47.

uma concepção exclusivamente estatista do direito e da justiça e no princípio de que a resolução de (certos) conflitos jurídicos, através de instrumentos ou formas de heterocomposição, pode ser "deixada" no domínio da autonomia privada, num "espaço social" e não estadual[440/441].

2.5.3.1. Arbitragem: os tribunais arbitrais na esfera da autonomia privada

Os conceitos de jurisdição não estadual, de jurisdição privada ou de função jurisdicional exercida por particulares no quadro da autonomia privada remetem-nos, todas eles, para uma realidade bem conhecida: os *tribunais arbitrais*[442].

Desde a sua primeira revisão (1982), a CRP admite expressamente a existência de tribunais arbitrais (actual artigo 209.º/2), revelando-se assim indiscutível a possibilidade de tribunais arbitrais voluntários. Aliás, mesmo na falta de uma previsão constitucional expressa, não haveria dúvidas quanto à possibilidade dessa categoria de tribunais[443]: representando decerto uma "excepção à jurisdição estadual"[444] ou um "meio alternativo da justiça judicial"[445], a instituição de tribunais arbitrais voluntários é uma mera "excepção aparente" à reserva de jurisdição[446]. Com efeito, a jurisdição arbitral, como jurisdição "inteiramente «privada» e «consensual»"[447],

---

[440] Cfr. PUNZI, "Arbitrato", p. 2.

[441] Ao afirmar-se que a resolução de conflitos é "deixada" no âmbito da autonomia privada pretende-se esclarecer que não há uma transferência de funções ou de poderes da esfera pública para a esfera privada ("Übertragung" – "Beleihung"). Em vez disso, verifica-se uma espécie de abdicação, renúncia ou abandono ("Überlassung" – "Belassung") pelo Estado de um "resto" de tarefas que, em regra, decide assumir em exclusivo; cfr. MENNA-CHER, Ob. cit., p. 84 e ss; OSSENBÜHL, "Die Erfüllung", cit., p. 186. O facto de o Estado "deixar" poderes jurisdicionais na esfera privada não significa que a lei não tenha de reconhecer uma força jurídica especial aos actos (privados) praticados ao abrigo desses poderes. É nesse sentido que alguma doutrina se refere, também a este respeito, a uma "autonomia privada concedida pelo Estado"; cfr. WOLFF/ BACHOF/STOBER, Ob. cit., 3, p. 514.

[442] Cfr. RAMM, Ob. cit., p. 138; referindo-se à arbitragem como "jurisdição privada" ou como "jurisdição extra-estadual", cfr. STOBER, "Staatsgerichtsbarkeit", cit., p. 2004; STERN, *Das Staatsrecht*, cit., p. 920; KRAUTZBERGER, Ob. cit., p. 35.

[443] Ac'sTC n.os 32/87 e 86/87.

[444] Cfr. BAUR, "Betriebsjustiz", p. 164.

[445] Preâmbulo do Decreto-Lei n.º 425/86, de 27 de Dezembro, sobre a criação de centros institucionais de arbitragem voluntária.

[446] Cfr. STUIBLE-TREDER, Ob. cit., p. 29.

[447] AcTC n.º 86/87.

não infringe os preceitos constitucionais sobre a reserva de jurisdição – que, insiste-se, traduz uma "reserva de jurisdição *estadual*" –, nem os que consagram a garantia de acesso aos tribunais (conquanto seja livre e voluntário o acesso à justiça arbitral). Sem violar nenhum desses preceitos, a instituição de tribunais arbitrais encontra, por outro lado, um fundamento constitucional nas normas que consagram, directa ou indirectamente, a autonomia privada e a liberdade contratual[448].

Numa caracterização breve, devem ser sublinhados os seguintes traços dos tribunais arbitrais (voluntários[449]):

a) *São tribunais* – Como se observa num Acórdão do Tribunal Constitucional (n.º 230/86), o "tribunal arbitral voluntário, mesmo em doutrina pura, é tido e considerado como real e verdadeiro tribunal. É um tribunal que cabe na definição genérica dada por Marcello Caetano, segundo a qual «tribunal é o órgão singular ou colegial que a requerimento de alguém, e procedendo com imparcialidade e independência segundo as fórmulas pré-estabelecidas, possui autoridade para fixar a versão autêntica dos factos incertos ou controversos de um caso concreto a fim de determinar o direito aplicável a esse caso com força obrigatória para os interessados»". Tratando-se de verdadeiros tribunais, as suas decisões têm força de caso julgado[450]. Os tribunais arbitrais não são contudo tribunais iguais aos do Estado[451]: não estão integrados na organização estadual, o Estado não é responsável pelo seu funcionamento, os seus juízes não são juízes de carreira, nem estão sujeitos ao estatuto

---

[448] Cfr. STOBER, "Staatsgerichtsbarkeit", cit., p. 2001 e ss; SONNAUER, *Die Kontrolle der Schiedsgerichte durch die staatlichen Gerichte*, p. 21 e ss; P. Castro RANGEL, Ob. cit., p. 294.

[449] Lei de Arbitragem Voluntária: Lei n.º 31/86, de 29 de Agosto.

[450] Ac'sTC n.ºs 250/96 e 506/96: nestes Acórdãos, afirma-se que a instituição de tribunais arbitrais voluntários não restringe o acesso aos tribunais (CRP: artigo 20.º). Sendo isso óbvio, discordamos contudo da ideia neles expressa segundo a qual "a existência de tribunais arbitrais voluntários é, ela própria, uma concretização do direito de acesso aos tribunais, uma vez que, para a Constituição, não há apenas tribunais estatais". Do nosso ponto de vista, a garantia do artigo 20.º/1 é a do direito de acesso a *tribunais estaduais*, não tendo sentido dizer-se que ali se garante o *acesso* a tribunais a constituir por iniciativa dos interessados. O que a instituição de tribunais arbitrais voluntários representa, ou pode representar, é a *voluntária renúncia* ao direito de acesso aos tribunais do Estado; cfr. LINDEMANN, Ob. cit., p. 203.

[451] "Os tribunais arbitrais *não são tribunais como os outros*": Ac'sTC n.ºs 230/86 e 757/95.

constitucional destes, além de não serem nomeados pelo Estado. Por não estarem integrados na organização estadual, é inquestionável que os tribunais arbitrais não constituem "órgãos de soberania"[452], verificando-se, por essa razão, um desfasamento entre a definição de tribunais do artigo 202.º e a categorização dos tribunais do artigo 209.º[453].

b) *Podem ser instituídos "ad hoc" ou com carácter permanente* – Os tribunais arbitrais podem ser instituídos para a resolução de um litígio determinado, mas também podem ser tribunais institucionalizados e permanentes (sobre os últimos, cfr. artigo 38.º da LAV, Decreto-Lei n.º 425/86, de 27 de Dezembro, e Portaria n.º 81/2001, de 8 de Fevereiro).

c) *São constituídos por juízes leigos, os árbitros* – Uma característica dos tribunais arbitrais reside em serem constituídos por juízes leigos, por indivíduos que não são juízes de carreira e que, por isso mesmo, não estão sujeitos ao estatuto, constitucional e legal, dos juízes-funcionários[454]. Não sendo juízes de carreira, o seu poder extingue-se com a decisão do litígio que foram incumbidos de compor ("cessante causa, cessat effectus"[455]).

d) *São as partes do litígio que, por sua iniciativa e vontade, se submetem ao poder jurisdicional dos tribunais arbitrais e assim legitimam o exercício desse poder no caso concreto* – O fundamento imediato da *potestas* dos árbitros para resolver um *caso específico* reside sempre num acto jurídico, de carácter negocial, pelo qual as partes manifestam a vontade comum de se submeterem ao tribunal arbitral[456]. Esse acto pode ser uma convenção de arbitragem[457], mas também a livre adesão a uma entidade autorizada a criar centros de arbitragem (desde que a vontade de

---

[452] Ac'sTC n.os 230/86 e 757/95. No sentido de que os tribunais arbitrais não são órgãos de soberania ("patentemente"), cfr. P. Castro RANGEL, Ob. cit., p. 294 (cfr., contudo, p. 298, onde o Autor parece mais hesitante: "parecem não se dever ter por «órgãos de soberania»").

[453] AcTC n.º 230/86.

[454] Há, aliás, quem entenda que, por não serem *funcionários*, os árbitros não devem qualificar-se como "juízes"; assim, por ex., para MUSSO, "Giudice", p. 933, juízes, em sentido estrito, são apenas os órgãos que fazem parte do Estado, que integram a organização judiciária.

[455] Cfr. A. M. Barbosa de MELO, *Notas,* cit., p. 14.

[456] A competência decisória dos árbitros provém da vontade dos litigantes e não directamente de uma norma imperativa; cfr. A. M. Barbosa de MELO, *ibidem*, p. 16.

[457] Sobre ela, cfr. Raul VENTURA, "Convenção de arbitragem", p. 289 e ss.

sujeição ao tribunal arbitral seja inequivocamente afirmada). O poder dos árbitros para resolver o concreto litígio que lhes é apresentado tem, portanto, a sua fonte imediata na vontade das partes, radica na autonomia privada[458]. Estando sempre na base da arbitragem[459] – na exacta medida em que a faculdade de ser árbitro e de, nesse âmbito, exercer um poder jurisdicional, é reconhecida legalmente a "qualquer pessoa (singular e plenamente capaz)" –, a lei não se assume como a fonte imediata do *poder concreto* de resolver um litígio e de impor a resolução aos litigantes[460]. A lei limita-se a estabelecer que "qualquer pessoa singular e plenamente capaz" pode ser árbitro, o que, na nossa interpretação, significa o reconhecimento de uma capacidade "de todos os cidadãos" para exercitar um "poder jurisdicional concreto": *hoc sensu*, poderá ver-se no reconhecimento dessa capacidade jurídica a atribuição de um abstracto *poder jurisdicional*, que, pertencendo "a todos", terá sempre de ser concebido como um *poder privado*. Sendo isto assim, o certo é que a autoridade específica de todas e de cada uma das decisões arbitrais, materialmente igual à das sentenças dos tribunais estaduais, não deriva imediatamente do Estado, mas da *autonomia da vontade* legalmente enquadrada e expressa no acordo entre os (actuais ou eventuais) litigantes[461]. Ao submeterem o litígio a um tribunal arbitral, as partes não

---

[458] Neste sentido, cfr. Francisco CORTEZ, "A arbitragem voluntária em Portugal: dos ricos homens aos tribunais privados", p. 551.

Uma situação curiosa surgiu na Alemanha, por força de um projecto de alteração da lei processual civil (§ 1030). Resultava do projecto que, em certo tipo de causas, as partes poderiam convencionar o recurso à arbitragem, mesmo que não tivessem o poder de, entre si, estabelecer um acordo de transacção. Como nota VOIT, Ob. cit., p. 124, os árbitros passariam a exercer um poder não integrado na esfera de disponibilidade das partes. Em tal hipótese, entende o Autor, o poder dos árbitros deixaria de poder ser concebido como expressão da autonomia privada.

[459] Cfr. JARROSSON, *La notion d'arbitrage*, p. 14.

[460] Cfr. MENNACHER, Ob. cit., p. 109; STUIBLE-TREDER, Ob. cit., p. 29; MICHAELIS, *Ob. cit.*, p. 56.

Em sentido diferente, ao acentuar que os poderes dos árbitros "derivam também, e principalmente, da lei", cfr. Henrique MESQUITA, "Arbitragem: competência do tribunal arbitral e responsabilidade civil do árbitro", p. 1391.

[461] Cfr. STOBER, "Staatsgerichtsbarkeit", cit., p. 2004.

Alguns autores – por ex., HUBER, *Wirtschaftsverwaltungsrecht*, cit., p. 538; ZANOBINI, "L'esercizio", cit., p. 245; SAINZ MORENO, Ob. cit., p. 1715 e ss; BIAMONTI, "Arbitrato", p. 901 – consideram a arbitragem uma forma de exercício privado da função jurisdicional estadual: segundo esse ponto de vista, de que discordamos, o poder dos

transferem, nem delegam, um poder jurisdicional próprio; limitam-se a autorizar – a legitimar – os árbitros a exercer *em relação a elas* um poder jurisdicional ou uma capacidade de resolver litígios com força de caso julgado que a lei confere a todos os cidadãos.

O facto de o poder arbitral ter origem na autonomia privada explica que nem todos os conflitos possam ser resolvidos por árbitros: excluída fica toda a litigância respeitante a "direitos indisponíveis", área da jurisdição em que pode falar-se, aí sim, de uma exclusividade da jurisdição estadual; a *indisponbilidade de direitos* é o critério de que o legislador se serve para retirar aos particulares o direito de submeterem a resolução de litígios a árbitros.

e) *Os tribunais arbitrais exercem uma função materialmente jurisdicional* – Embora com fundamento na vontade das partes, por elas legitimados, os árbitros exercem a função jurisdicional[462]. A decisão arbitral não é uma composição negocial entre as partes, mas um acto jurisdicional[463]; a arbitragem é, na verdade, um meio de resolução de conflitos "convencional pela sua origem, mas jurisdicional pela sua função"[464]. Assim, nada tem de estranho a referência, na LAV, ao "poder jurisdicional dos árbitros" (artigo 25.°). Os árbitros, como os juízes do Estado, "dizem o direito", declaram a resposta que o direito fornece para o caso[465]. Mesmo quando são autorizados a julgar segundo a equidade, fazem-no com a mesma força declarativa (a decisão arbitral faz caso julgado), bem como com a mesma força executiva da sentença de um tribunal estadual (artigos 26.° da LAV e 48.° do Código de Processo

---

árbitros deriva da lei, de modo que os tribunais arbitrais seriam instituições de direito privado com poderes jurisdicionais de natureza pública.

[462] Cfr. Henrique MESQUITA, Ob. cit., p. 1391: "(...) o árbitro exerce, tal como os juízes ordinários, uma função de natureza jurisdicional"; LORENZ, Ob. cit., p. 209; KRAUTZBERGER, Ob. cit., p. 34. Em sentido diferente, cfr. Luís Guilherme CATARINO, *A responsabilidade do Estado pela administração da justiça*, p. 206[589].

[463] Cfr. Sérvulo CORREIA, *Direito do Contencioso*, cit., p. 685.

[464] Cfr. JARROSSON, Ob. cit., pp. 4 e 101.

Mesmo autores, como Biamonti, que, na esteira de Chiovenda e de outros processualistas, negam carácter jurisdicional à arbitragem (Chiovenda considerava "profundamente errada" essa tese), aceitam que, "sob o aspecto da lógica silogística, que constitui a base da pronúncia dos árbitros, e tendo presente a nota da executividade (...), a sentença arbitral actua uma função análoga àquela que é própria do juiz: uma válida e eficaz resolução da controvérsia"; cfr. BIAMONTI, Ob. cit., p. 901.

[465] Cfr. RAMM, Ob. cit., p. 136.

Civil). Não restam pois dúvidas de que "as decisões tomadas por árbitros são jurisdicionais" (AcTC n.° 33/96)[466]. Deve notar-se, contudo, que os árbitros só exercem a *iurisdictio*, só lhes cabe declarar o direito ou, então, resolver a questão segundo a equidade: a execução das decisões que tomam já não lhes compete, existindo um *monopólio estadual da execução*, entendido como uma expressão do monopólio estadual do emprego legítimo da força ("Gewaltmonopol")[467].

f) *A função jurisdicional dos tribunais arbitrais tem natureza privada* – Os tribunais arbitrais desempenham uma função jurisdicional[468]; contudo, diferentemente do que já se afirmou num Acórdão do Tribunal Constitucional, supomos ser de negar o carácter público da função que desempenham, bem como a ideia de que eles exercem poderes soberanos[469]. O poder dos árbitros, repete-se, não deriva de um acto de delegação do Estado; o fundamento imediato da *potestas* de que são investidos radica na liberdade contratual e na autonomia privada, não na lei. Os árbitros exercem, pois, uma função jurisdicional de génese e natu-reza privada. A arbitragem não se apresenta como um caso de exercício privado da função pública jurisdicional[470]; para nós, a

---

[466] Fora da arbitragem ficam as "formas de composição não jurisdicional de conflitos" (artigo 202.°/4 da CRP), legalmente previstas, por exemplo, no domínio dos conflitos de consumo (cfr. Decreto-Lei n.° 149/99, de 4 de Maio).

Na Alemanha, desde 1999, o diploma de introdução à ZPO (lei processual civil) autoriza a legislação dos estados a *impor* aos litigantes uma tentativa de composição não jurisdicional para certas categorias de conflitos. Trata-se de uma "estratégia de descarga" da justiça estadual (GRAMM, *Privatisierung,* cit., p. 358), que não suscita dúvidas no plano constitucional, posto que o direito de acesso aos tribunais estaduais não é infringido, mas apenas condicionado; cfr. STADLER, "Außergerichtliche obligatorische Streitschlichtung – Chance oder Illusion?", p. 479 e ss; WAGNER, "Obligatorische Streitschlichtung im Zivilprozeß: Kosten, Nutzen, Alternativen", p. 836 e ss.

[467] Cfr. Henrique MESQUITA, Ob. cit., p. 1382; BETTERMANN, Ob. cit., p. 811; SONNAUER, Ob. cit., p. 47.

[468] Cfr. Vital MOREIRA, *Administração Autónoma,* cit., p. 287[55].

[469] Cfr. AcTC n.° 150/86: apesar de o acórdão ter subjacente um caso em que estava envolvido um *tribunal arbitral necessário*, a afirmação segundo a qual "os tribunais arbitrais exercem poderes soberanos, tal como os restantes tribunais, não sendo legítimo, por isso, negar o carácter público da função que desempenham", está aí produzida em termos genéricos, parecendo valer para todos os tribunais arbitrais.

[470] Para Afonso QUEIRÓ, *Lições,* cit., p. 41, as decisões dos árbitros seriam casos de "exercício privado da função jurisdicional ou de participação nela"; trata-se de uma formulação um tanto obscura, que não esclarece se a arbitragem é uma forma de exercício *privado* da função jurisdicional *estadual*.

arbitragem referencia uma actividade jurisdicional que se processa no âmbito do direito privado[471].

2.5.3.2. Arbitragem imposta por lei: os tribunais arbitrais necessários

As considerações tecida no número anterior valem para a designada *arbitragem voluntária*. O discurso terá de ser diferente perante a *arbitragem necessária*, isto é, nos casos em que a lei impõe aos litigantes a jurisdição arbitral[472].

Com efeito, na "figura «híbrida»"[473] dos *tribunais arbitrais necessários*, a decisão de recorrer à jurisdição arbitral não se baseia na autonomia privada, posto que os litigantes têm de entregar a resolução do litígio a um tribunal arbitral, não lhes assistindo o direito de aceder à jurisdição estadual (ao menos, num primeiro momento). Porém, mesmo aqui, em que já se descortina uma certa estratégia de privatização no domínio da função jurisdicional estadual, continua a não existir uma delegação pública nos árbitros: sendo escolhidos pelos litigantes, é destes que eles recebem o poder de, com a força de caso julgado, dizer o direito aplicável no caso concreto. A *potestas* dos árbitros continua, pois, a basear-se num acto privado e não num acto público de delegação: embora por imposição legal, são as partes que confiam aos árbitros o poder que detêm de resolver o litígio[474].

O que se vem referindo sobre a origem do poder dos árbitros dos tribunais arbitrais necessários só vale naturalmente para os casos em que a lei reconhece às partes o direito de designar aqueles. Sucede, porém, que, em rigor, só em tais casos pode falar-se de tribunais arbitrais: de

---

[471] A interpretação aqui defendida, afirmando a natureza privada da arbitragem, não se situa em nenhum dos pólos em que alguma doutrina divide as teorias sobre a natureza da arbitragem: referimo-nos, concretamente, à divisão, por vezes feita, entre teorias contratualistas (privadas) e teorias jurisdicionais (públicas); cfr. CAIVANO, *Arbitraje*, p. 89 e ss.

[472] Segundo alguma doutrina, a arbitragem necessária representa uma contradição nos termos, dada a natureza essencialmente voluntária que caracteriza o instituto da arbitragem; cfr. CAIVANO, Ob. cit., p. 81.

[473] Cfr. P. Castro RANGEL, Ob. cit., p. 296.

[474] Só não será assim se a lei impuser a arbitragem necessária para a resolução de litígios sobre direitos de que as partes não podem dispor ("matérias insusceptíveis de transacção": artigo 1249.º do Código Civil). Nessa eventualidade, os árbitros são investidos pelas partes de um poder de que elas não dispõem; sobre esta situação, cfr. VOIT, Ob. cit., p. 124.

facto, seja qual for a sua designação legal, o tribunal deslocado da organização hierárquica dos "tribunais comuns" e composto por pessoas não nomeadas pelas partes não parece dever qualificar-se como tribunal arbitral. Por outras palavras, embora se aceite que o tribunal imposto legalmente às partes se revela susceptível de suportar a qualificação de tribunal arbitral – desde que elas tenham o poder de designação dos árbitros[475] –, parece já de recusar que a noção de arbitragem contemple ainda a resolução de conflitos por um tribunal que, além de imposto às partes, seja composto por pessoas que lhes são estranhas. No mínimo, a ideia de arbitragem reclama a composição do tribunal por *árbitros*, isto é, por "sujeitos designados pelas partes para resolver um conflito"[476]. Esta exigência encontra-se, de resto, pressuposta nas regras gerais do Código de Processo Civil sobre tribunais arbitrais necessários (artigo 1525.º e ss). Os tribunais *ad hoc* impostos às partes e compostos por pessoas por elas não designadas são *tribunais estaduais especiais*[477]. Podem admitir-se para certas categorias de conflitos[478], posto que, para tal, haja razões especiais, expressamente previstas em lei geral e abstracta[479]: como exemplo de solução de conflitos, através de tribunal especial constituído em nome do Estado, apresenta-se a "arbitragem" prevista no Código das Expropriações (artigo 42.º e ss)[480].

---

[475] E essa não é uma questão pacífica. Não falta quem entenda que a *natureza convencional constitui a essência da arbitragem*: no sentido de que "l'arbitrage forcé n'a pas sa place dans le concept d'arbitrage", uma vez que nela está ausente o elemento "volonté", cfr. JARROSSON, Ob. cit., p. 13 e ss.

[476] Cfr. JARROSSON, Ob. cit., p. 5.

[477] No sentido de que os tribunais impostos às partes não são tribunais arbitrais, mas *jurisdições de excepção* ou *tribunais especiais,* cfr. JARROSSON, Ob. cit., p. 13. Por entender que os tribunais arbitrais necessários são *jurisdições especiais*, a *Corte Costituzionale* italiana declarou inconstitucional uma lei que impunha o recurso a tribunais arbitrais (sentença n.º 127 de 1977, in *Giurisprudenza Italiana*, 1978, I, p. 1809 e ss) – segundo a *Corte*, tal lei infringia o disposto no artigo 102.º da *Costituzione*, que proíbe a instituição de juízos extraordinários ou especiais, bem como o seu artigo 24.º, 1.ª frase, que garante que todos podem "agir em juízo para a tutela dos seus direitos e interesses legítimos" (esse direito, entendeu a *Corte*, deve poder exercer-se diante dos órgãos judiciários ordinários); sobre essa decisão, cfr. SCOZZAFAVA, "Il problema della legittimità costituzionale dell'arbitrato obbligatorio", p. 1809 e ss.

[478] Por ex., conflitos que envolvem a apreciação de *questões de facto* de grande complexidade técnica; nesse sentido, cfr. CAIVANO, Ob. cit., p. 81.

[479] Sobre o *direito ao juiz natural* e a *proibição do desaforamento,* cfr. A. M. Barbosa de MELO, *Notas,* cit., p. 17.

[480] Sugerindo essa qualificação, cfr. A. M. Barbosa de MELO, *Direito,* cit., p. 93.

Assim, se um tribunal instituído *ad hoc* não é arbitral, assumir-se-á, então, como tribunal especial e estadual: não há aí qualquer delegação de poderes da função jurisdicional estadual em particulares; estes são publicamente designados para assumir a titularidade de um órgão público.

Mas se o tribunal, embora imposto, é composto por juízes designados pelas partes, estaremos então perante um tribunal arbitral necessário, e a fonte do poder concreto dos árbitros reside no acto (privado) de designação. Apesar de constituir um "instituto distinto, pela sua origem, do tribunal arbitral voluntário", que "surge em virtude de acto legislativo, e não como resultado de negócio jurídico privado", afigura-se precipitado concluir, como no AcTC n.º 52/92, pelo "carácter tipicamente publicístico" do tribunal arbitral necessário. O tribunal arbitral necessário assume-se ainda como uma expressão de jurisdição privada, que se caracteriza, nesse caso, por ser imposta pelo Estado. Esta natureza imperativa permite justamente falar a este propósito de uma "estratégia de privatização", não para sugerir uma transferência para particulares da função jurisdicional estadual, mas para indicar a retracção do Estado no exercício dessa função: se a locução não soasse estranha, diríamos existir neste caso uma "privatização implícita forçada". Na verdade, a obrigatoriedade do tribunal arbitral resulta de o Estado abdicar de julgar, através da sua organização, certas categorias de conflitos. Pelo lado do Estado, não está envolvida uma transferência ou delegação, mas simplesmente uma expressa renúncia ao exercício da função (pública) jurisdicional[481].

Tudo isto pode revelar-se determinante para responder ao problema da possibilidade constitucional dos tribunais arbitrais necessários.

O Tribunal Constitucional tem entendido que tais tribunais são legítimos e mesmo intencionalmente previstos: entende-se que a expressa referência a tribunais arbitrais no texto constitucional (desde 1982) só se

---

Afastamo-nos portanto da jurisprudência do Tribunal Constitucional, que considera caber na noção de tribunais arbitrais quaisquer tribunais instituídos *ad hoc*, não compostos por juízes de carreira (ilustram essa tendência os Ac'sTC n.os 52/92, 757/95 e 262/98, os dois últimos sobre a "arbitragem" no Código das Expropriações). Note-se, porém, que os Ac'sTC n.os 443/91 e 179/92, recusam a qualificação da comissão liquidatária de estabelecimentos bancários como tribunal arbitral necessário, "tendo em atenção a forma como os vogais da comissão são designados".

[481] No sentido de que a prescrição de tribunais arbitrais necessários envolve uma subtracção da jurisdição dos tribunais do Estado, cfr. Jorge MIRANDA, *Manual*, IV, cit., p. 263[2].

justifica, "em boa verdade, para dissipar quaisquer dúvidas acerca da admissibilidade de tais instâncias na sua modalidade «necessária»" (AcTC n.º 86/87).

Contra este entendimento, parece-nos que o facto de a CRP incluir os tribunais arbitrais nas categorias de tribunais não assegura a constitucionalidade dos tribunais arbitrais necessários em todos os casos: só é pensável admitir a imposição da composição arbitral quando não se encontre vedado o acesso aos tribunais estaduais, hipótese que só se verifica se não estiver excluída a possibilidade de recurso da decisão arbitral para aqueles tribunais. O parâmetro constitucional relevante nesta matéria não é a norma contida no artigo 202.º/1 – os tribunais arbitrais, mesmo os necessários, não infringem a reserva de jurisdição aí consagrada –, mas a do artigo 20.º/1, na parte em que assegura o acesso aos tribunais: está em causa um direito fundamental que opera no âmbito das relações entre cidadãos e Estado, de modo que os tribunais a que a disposição se refere não podem deixar de ser apenas os que se enquadram na organização do Estado[482].

2.5.3.3. Arbitragem no direito administrativo

Nas linhas anteriores, analisámos fundamentalmente a posição e o poder dos árbitros no domínio da "arbitragem de direito privado": a arbitragem apresenta-se, nesse caso, como um "processo jurisdicional de resolução de litígios entre particulares"; aí, o fundamento do poder jurisdicional dos árbitros é *imediatamente* a autonomia privada e os direitos de disposição dos litigantes. *Provindo imediatamente das partes que os designam* – não da lei ou, em geral, do Estado –, o poder dos árbitros não se situa na esfera pública; trata-se, por isso, de um *poder privado*, de *proveniência privada*.

A questão a equacionar agora reside em saber se é essa mesma, ou outra, a situação dos árbitros designados para resolver questões de direito administrativo[483].

---

[482] Apesar de a *GG* não conter uma disposição com o alcance genérico do artigo 20.º da CRP (o artigo 19, IV, da *GG* consagra o direito de recurso à via judicial apenas quando estão em causa actos de autoridade pública), a doutrina refere-se a uma genérica *garantia de acesso à justiça dos tribunais estaduais* para a resolução de conflitos (mesmo no âmbito do direito privado), baseada no princípio do Estado de Direito e consagrada no artigo 6.º/1 da *Convenção Europeia dos Direitos do Homem*; cfr. GRAMM, *Privatisierung,* cit., p. 355 e ss; JARASS/PIEROTH, Ob. cit., p. 459; STADLER, Ob. cit., p. 248.

[483] Especificamente sobre o tema da arbitragem no campo do direito administrativo, cfr., na doutrina portuguesa: A. M. Marques GUEDES, "Tribunais arbitrais admi-

Não sendo propósito do presente trabalho desenvolver um estudo sobre as múltiplas e relevantes dimensões da arbitragem no direito administrativo, há, todavia, algumas notas de carácter geral que interessa reter.

a) Competência legal e não uma faculdade própria da Administração – Como desde os alvores do direito administrativo, a submissão a árbitros continua a ser, para o Estado e as demais entidades públicas, uma *competência legal* e não uma faculdade própria, que exista à margem de expressa autorização legislativa. Numa disposição que se aplica a todas as questões que exorbitam da aplicação do direito privado, estabelece o artigo 1.º/4 da LAV que o Estado e outras pessoas colectivas públicas podem celebrar convenções de arbitragem, *se para tanto forem autorizados por lei especial*. Compreende-se, neste âmbito, o sentido da exigência de fundamento legal expresso: sabemos que o fundamento da arbitragem reside, em geral, na *autonomia privada* e na faculdade, *reconhecida aos cidadãos*, de disporem de alguns dos seus direitos. Ora, mesmo quando apenas estão em causa *interesses patrimoniais*, não seria viável reconduzir às bases da autonomia privada a arbitragem desencadeada por entidades da Administração, desde logo porque a competência – de ordem pública – dos tribunais administrativos só pode ser ser afastada com autorização de uma lei[484].

b) Âmbito da arbitragem no direito administrativo até 2004 – Até à entrada em vigor do CPTA, a lei aplicável desde 1985 (artigo 2.º/2 ETAF e depois artigo 188.º do CPA) traçava um regime de arbitragem no direito administrativo que pressupunha a divisão clara entre duas esferas de regulação do agir da Administração: *regulação paritária* (direito privado e direito administrativo paritário: contratos e responsabilidade civil, no âmbito do "contencioso administrativo por atribuição") e *regulação do direito administrativo de autoridade* (correspondente ao desi-

---

nistrativos", p. 141 ss; J. M. Sérvulo CORREIA, "A arbitragem voluntária no domínio dos contratos administrativos", p. 230 ss, e *Direito do Contencioso Administrativo*, I, p. 676 e ss; Diogo Freitas do AMARAL, *Curso*, cit., vol. II, p. 654 ss; J. C. Vieira de ANDRADE, *A Justiça Administrativa*, pp. 93 ss, e 147 ss; José Luís ESQUÍVEL, *Os Contratos Administrativos e a Arbitragem*, p. 75 ss; João CAUPERS, "A arbitragem nos litígios entre a administração pública e os particulares", p. 3 e ss; *idem*, "A arbitragem na nova justiça administrativa, p. 65 ss; João Martins CLARO, "A arbitragem no Projecto do Código de Processo nos Tribunais Administrativos"; Mário Aroso de ALMEIDA, "A arbitragem no direito administrativo português", p. 95 ss.

[484] Cfr. Sérvulo CORREIA, *Direito do Contencioso*, cit., p. 676.

gnado "contencioso administrativo por natureza"). Os litígios suscitados na esfera do direito administrativo de autoridade encontravam-se, por definição, fora da área de disponibilidade da Administração Pública: entendia-se que esta não tinha poderes de dispor sobre o conteúdo dos actos administrativos, nem sobre a respectiva fiscalização jurisdicional da legalidade. O AcSTA, de 14 de Maio de 1998 (proc. n.º 42938) confirmava esta doutrina, ao decidir que "o Estado pode celebrar convenções de arbitragem para julgamento de litígios respeitantes a relações de direito privado e ainda nas questões meramente contratuais dos contratos administrativos e no contencioso da responsabilidade por actos de gestão pública. Porém, não é legalmente possível o recurso à arbitragem para apreciação da legalidade dos actos definitivos e executórios na execução de contratos administrativos"[485].

c) Âmbito da arbitragem no direito administrativo depois de 2004 – O artigo 180.º do CPTA (que é hoje a *lei especial* a que se refere o artigo 1.º/4 da LAV) define a extensão possível da arbitragem no direito administrativo português da actualidade. Claramente, o traço mais inovador introduzido por aquela norma residiu na abertura à possibilidade de criação de tribunais arbitrais para o julgamento de questões relativas a "certos actos administrativos"; deste modo, a arbitragem entrou no território, novo, do direito administrativo de autoridade.

Tendo presentes as observações anteriores, é agora o momento de tentar responder à questão colocada, de saber se os árbitros designados pela Administração exercem um poder jurisdicional *público* ou *privado*. Na nossa interpretação, que procura ter presentes os actuais dados do direito português, a resposta correcta reclama a distinção entre, por um lado, os casos em que os tribunais arbitrais são chamados a julgar questões relativas a contratos e no âmbito da responsabilidade civil extracontratual e, por outro, aqueles em que lhes é dado julgar questões relativas a actos administrativos.

No primeiro cenário – contratos e responsabilidade civil –, correspondente ao âmbito tradicional da arbitragem no direito administrativo, diremos que a situação dos árbitros não se apresenta substancialmente

---

[485] Na vigência desse sistema, admitíamos que pudesse ser deferida a tribunais arbitrais a apreciação de certos actos administrativos; cfr. Pedro GONÇALVES, *A Concessão*, cit., p. 368 e ss.

diferente daquela em que se colocam, em geral, os árbitros que actuam na esfera do direito privado. Como estes, os "árbitros administrativos" também não são investidos, pelas partes, de poder jurisdicional; o facto de ser uma entidade pública a designar um árbitro não altera o dado, essencial, de que o poder arbitral não é público nem provém das partes. Como os particulares, no domínio da arbitragem privada, a convenção de arbitragem subscrita pela Administração apenas autoriza ou legitima os árbitros a exercer, em concreto, um *poder ou capacidade* que existe na *esfera do direito privado*, pois que, nos termos da lei, pertence a "qualquer pessoa"

A circunstância de uma entidade da Administração estar envolvida não altera a regra segundo a qual os árbitros exercem um poder jurisdicional que, em concreto, lhes é conferido *a partir* das partes do litígio. Mas, insiste-se, não há, neste domínio, qualquer fenómeno de delegação ou de transferência; poderá apenas falar-se de *legitimação* ou de *autorização* conferida para que, em concreto e em relação às partes, os árbitros exerçam um poder ou capacidade de que são titulares enquanto cidadãos capazes.

Quanto a este aspecto, a situação da Administração é exactamente igual à dos particulares. É certo que, agora, a base, o fundamento, da intervenção administrativa não radica na autonomia privada, mas, em qualquer caso, é ainda à "vontade da Administração" de exercitar a faculdade – que a lei lhe conferiu – de se submeter ao julgamento de árbitros que deve reconduzir-se o poder destes e dos tribunais arbitrais instituídos para resolver questões de direito administrativo paritário.

Contornos diferentes parece oferecer-nos o CPTA, pelo menos em certos casos de atribuição a árbitros do poder de julgar questões relativas a *actos administrativos*.

Para o que importa agora, cumpre destacar que o CPTA efectua uma distinção entre dois tipos de questões arbitráveis: "questões respeitantes (...) à apreciação de actos administrativos relativos à execução de contratos", por um lado, e "questões relativas a actos administrativos que possam ser revogados sem fundamento na sua invalidade, nos termos da lei substantiva", por outro, – cfr. alíneas *a)* e *c)* do artigo 180.º.

Na primeira hipótese, – que logo na sua formulação ("questões *respeitantes à apreciação* ...") se compreende melhor do que a segunda ("questões *relativas a actos* ...") –, a lei foi sensível à natureza e às circunstâncias particulares dos actos relativos à execução de contratos, autorizando a Administração a entregar a tribunais arbitrais o julgamento de "todos os litígios" que possam eclodir no desenrolar de relações contratuais (mesmo que a origem deles possa relacionar-se com declarações do contratante público com natureza de acto administrativo). Como se depreende da lógica que há-de decerto estar presente no funcionamento de um tribunal (arbitral) administrativo, os árbitros surgem aqui incumbidos de proceder à *apreciação da legalidade* de tais actos administrativos. Tendo isto presente, supomos que, também neste caso, continua a não haver razões para considerar em termos diferentes o *poder jurisdicional* dos árbitros: trata-se, nos termos da lei geral, de um poder de "qualquer pessoa" cujo exercício se torna possível e se releva legítimo em concreto porque a Administração está autorizada pelo CPTA a submeter esse tipo de litígios a arbitragem e, com acordo da contraparte, entendeu exercitar essa faculdade.

O critério legal da arbitrabilidade dos actos administrativos relativos à execução de contratos compreende-se. Embora a lei o não diga expressamente, é evidente que, em relação a eles, a questão a submeter a tribunal é a da *apreciação da legalidade*.

O caso já parece ser outro em relação à generalidade dos actos administrativos: estabelece-se no CPTA que pode ser constituído tribunal arbitral para o julgamento de "questões relativas a actos administrativos que possam ser revogados sem fundamento na sua invalidade, nos termos da lei substantiva". Na interpretação que dela fazemos, esta disposição permite delegar em árbitros – não um poder jurisdicional – mas, em boa verdade, um poder público de natureza administrativa. A ser assim, conclui-se: *i)* neste caso como em geral, os tribunais arbitrais não desempenham uma função jurisdicional pública; *ii)* ao contrário do que sucede em todos os outros casos, os tribunais arbitrais não exercem agora um poder jurisdicional, de declarar o direito aplicável à situação em litígio; *iii)* o modo como a lei identifica os actos administrativos arbitráveis conduz-nos a concluir que (decerto, sem o pretender) a lei permite que a Administração entregue a árbitros o exercício de competências e poderes administrativos.

Expliquemos então o caminho que nos conduz a esta última conclusão.

Identificando os actos administrativos arbitráveis como os *que podem ser revogados por razões de conveniência ou de oportunidade* (categoria que inclui os actos desfavoráveis, os actos favoráveis precários e os actos favoráveis constitutivos de direitos disponíveis), a lei baseia-se no seguinte critério: *poder de revogação administrativa*. Quer dizer, a existência de um *poder administrativo de disposição sobre a vida do acto administrativo* surge como factor essencial, no exacto sentido em que se esse poder tem de existir para a arbitragem ser viável – à percepcionada analogia do poder administrativo de revogação com a figura dos direitos disponíveis deve-se, com certeza, a solução legal. Laborando a partir desta analogia (falsa!) e incorrendo no erro de convocar o *poder de dispor* de um acto como critério para submeter esse acto a tribunais arbitrais, a lei deixa perceber que o poder a exercer por estes é exactamente o *poder de dispor*, ou seja, um *poder administrativo*[486] – de resto, a solução legal permite até que se pergunte se o tribunal arbitral poderá *anular* um "acto arbitrável". Tudo seria certamente diferente se a lei estabelecesse que as *questões relativas à legalidade de actos administrativos* podem ser submetidas à apreciação de tribunais arbitrais: ainda que a solução fosse eventualmente criticável, ficaria claro que, neste domínio da justiça administrativa, os tribunais arbitrais se pronunciariam, como tribunais, no exercício da função jurisdicional (já agora, nos mesmos termos em que se pronunciam os tribunais administrativos do Estado).

2.5.4. *Funções públicas judiciárias de carácter não jurisdicional*

Como se sabe, os tribunais não desempenham apenas a função jurisdicional. Desde logo, exercem actividades de carácter dministrativo, por ex., na gestão do pessoal colocado ao seu serviço. Mas, além destas, desempenham ainda funções de outra natureza, que, não correspondendo à *iurisdictio*, a doutrina vem qualificando como actividades materialmente administrativas dos tribunais: assim sucede, *v.g.*, com as actividades desenvolvidas nos processos de jurisdição voluntária[487].

---

[486] Sobre a necessidade de se não confundir disposição de competências (que não pode ser um efeito da convenção de arbitragem) e disposição sobre o tipo de formação de julgamento (que viabiliza a arbitragem), cfr. Sérvulo CORREIA, *Direito do Contencioso*, cit., p. 685 e ss.

[487] No sentido da natureza materialmente administrativa da actividade dos tribunais nos processos de jurisdição voluntária, cfr. Afonso QUEIRÓ, "A Função", cit., p. 26; Diogo Freitas do AMARAL, *Curso, I*, cit., p. 49. Referindo-se à especificidade das actividades materialmente administrativas dos tribunais, cfr. GARRONE, Ob. cit., p. 25; ZANOBINI, "Gli atti amministrativi delle autorità non amministrative e la competenza della IV Sezione del Consiglio di Stato", p. 232 e ss.

Sem questionarmos a natureza materialmente administrativa de todas as actividades públicas dos tribunais que não correspondem à função
jurisdicional, supomos, contudo, que há razões para distinguir, naquele
campo, actividades *tipicamente* administrativas, relacionadas com a gestão e a organização interna do tribunal, e actividades de prossecução de
interesse público, mas que estão atribuídas aos tribunais como *funções
próprias*. Neste grupo incluem-se exactamente as actividades de jurisdição voluntária, que, apesar de substancialmente administrativas, estão
configuradas como actividades próprias dos tribunais, reguladas pelo direito judiciário e não pelo direito administrativo. Parece-nos que, em
casos como esse, se processa como que uma *judicialização* da actividade
envolvida. Quer dizer, não se trata apenas de aceitar que os tribunais
podem assumir, em casos definidos, a função de "órgãos administrativos", mas, mais do que isso, de lhes entregar uma função que eles
executam *enquanto tribunais*. Embora se trate de tarefas que, por não
revestirem natureza jurisdicional, poderiam até ser atribuídas à Administração, elas estão confiadas aos tribunais, os quais, na respectiva execução,
se pautam por princípios e regras de direito judiciário e processual e não
por um regime de direito administrativo[488].

Esta categorização das funções não jurisdicionais dos tribunais
revela-se decisiva para qualificar a intervenção judiciária na penhora de
bens e na administração de bens penhorados. Em qualquer caso, trata-se
de *funções públicas de carácter não jurisdicional*, desempenhadas pelos
tribunais como funções próprias ou sob seu controlo, no âmbito de processos de natureza judicial. A participação de particulares no exercício
de tais funções não nos parece dever ser qualificada como exercício
privado da função administrativa, mas antes como desempenho de
funções públicas próprias dos tribunais (funções judiciárias sem carácter
jurisdicional).

A figura, recentemente criada, de *solicitador de execução*[489] ilustra,
em rigor, a situação que acaba de se recortar: trata-se de um particular
incumbido do exercício, em nome próprio, de uma função pública própria dos tribunais.

---

[488] Separando as funções não jurisdicionais dos tribunais em dois campos – a
administração judicial, que tem por objecto a gestão do tribunal enquanto organização, e
a *Rechtspflege*, termo que indica outras funções públicas dos tribunais sem carácter
jurisdicional –, cfr. STERN, *Das Staatsrecht,* II, cit., p. 900 e ss.

[489] Cfr. *infra*, Parte III, Cap. I.

A reforma do Código de Processo Civil promovida pelo Decreto-
-Lei n.º 38/2003, de 8 de Março, instituiu a figura do designado "agente
de execução". Na opção entre um modelo de "desjudicialização" ou de
"desjurisdicionalização" do processo de execução como estratégia para
eliminar alguns factores de bloqueio do processo executivo – libertando
o juiz de tarefas processuais que não envolvem o exercício de uma
função jurisdicional –, o regime instituído optou, ainda que de forma
matizada, pelo segundo[490].

Na versão resultante daquele diploma de 2003, estabelece o artigo
808.º/1 do Código de Processo Civil que *"cabe ao agente de execução,
salvo quando a lei determine diversamente, efectuar todas as diligências
do processo de execução, incluindo citações, notificações e publicações,
sob controlo do juiz"*.

Sob o controlo e dependência funcional do juiz, passa a competir ao
agente de execução efectuar todas as diligências do processo executivo
não reservadas ao tribunal ou aos funcionários judiciais. Entre outras
diligências, compete-lhe: efectuar citações (artigo 864.º e ss); antes de
proceder à penhora, consultar o registo informático de execuções e realizar todas as diligências úteis à identificação ou localização de bens
penhoráveis, quando necessário através da consulta das bases de dados
da segurança social, das conservatórias do registo e de outros registos ou
arquivos semelhantes (artigo 833.º)[491]; realizar a penhora, tomando posse
efectiva dos bens penhorados, como depositário (artigos 838.º e ss, 848.º
e ss, 856.º e ss)[492]; administrar os bens penhorados e, nesse âmbito,
decidir – a pedido do exequente e depois de ouvido o executado – sobre
a consignação de rendimentos em benefício do exequente (artigo 879.º);
decidir sobre a venda dos bens, determinando a modalidade da venda e o
valor base dos bens (artigo 886.º-A).

A actividade do agente de execução desenvolve-se, toda ela, sob a
supervisão e o controlo do juiz de execução. Além do *poder geral de
controlo do processo de execução*, a lei reserva ao juiz todas as compe-

---

[490] Referindo-se, neste contexto, à opção por um modelo de "desjurisdicionalização
relativa", cfr. José Lebre de FREITAS, "Agente de execução e poder jurisdicional", p. 24.

[491] A consulta de declarações e outros elementos protegidos pelo sigilo fiscal, bem
como de outros dados sujeitos a regime de confidencialidade depende de autorização
judicial: artigo 833.º/3.

[492] Nos termos dos artigos 840.º e 850.º, quando haja obstáculos à realização da
penhora e à tomada de posse dos bens, o agente de execução requer ao juiz que determine a requisição do auxílio da força pública.

tências de *iurisdictio* a exercer no âmbito do processo: nos termos do artigo 809.°, cabe-lhe julgar a oposição à execução e à penhora (artigo 813.° e ss), a reclamação de acto do agente de execução, bem como, em geral, decidir outras questões suscitadas pelo agente de execução, pelas partes ou por terceiros intervenientes (*v.g.*, decisão sobre a requisição do auxílio da força pública a pedido do agente de execução). Ao juiz de execução cabe ainda proferir despacho liminar, quando deva ter lugar [cfr. artigos 809.°,*a)*, 812.° e 812.°-A, n.° 2][493]. Com ressalva de algumas diferenças importantes (desde logo, quanto à competência para a instauração do processo), o legislador processual civil adoptou um critério de repartição de competências entre o juiz e o agente de execução similar ao critério de repartição de competências entre o órgão de execução fiscal e o tribunal tributário, no âmbito do processo de execução fiscal[494].

Não possuindo um carácter jurisdicional, afigura-se, todavia, inquestionável o carácter público – e *judicial* – das funções e das competências do agente de execução. Com efeito, o processo de execução constitui o instrumento que serve os interesses fundamentais do Estado de realização da justiça, de eficácia da ordem jurídica e de protecção dos direitos dos cidadãos. Por outro lado, trata-se de funções que envolvem uma clara dimensão coerciva, facto que nos conduz a supor que está presente o *monopólio estadual do uso legítimo da força* (que, *in casu*, representa um *monopólio da execução coerciva*[495]). A execução não consubstancia,

---

[493] Nos casos previstos no artigo 812.°-A, n.° 1 (cfr., contudo, o n.° 3), o processo de execução pode iniciar-se sem intervenção do juiz. Basta, para esse efeito, que tenha lugar a recepção do *requerimento executivo* pela secretaria do tribunal.

[494] Sobre a competência dos tribunais tributários, cfr. artigo 151.° do CPPT. Apesar das similitudes quanto à intervenção do juiz, supomos que se revestem de natureza diferente as funções do agente de execução no processo executivo civil e as da administração fiscal no processo de execução fiscal. Com efeito, neste último cenário, afigura-se-nos estar presente o desempenho de uma *função materialmente administrativa* (tributária) configurável como uma espécie de prolongamento das funções próprias da administração fiscal. Numa interpretação oposta àquela que resulta do artigo 103.° da LGT ("o processo de execução fiscal tem natureza judicial, sem prejuízo da participação dos órgãos da administração fiscal nos actos que não tenham natureza jurisdicional"), diríamos que o *processo de execução fiscal tem natureza materialmente administrativa, sem prejuízo da intervenção do juiz sempre que esteja em causa a prática de actos de natureza jurisdicional.*

[495] É a existência desse monopólio que explica a limitação da arbitragem à *iurisdictio*, com a exclusão da execução de decisões arbitrais (a qual, nos termos do

no nosso tempo, uma actividade susceptível de ser privatizada, quer porque o Estado tem de assegurar a realização integral da justiça – neste sentido, o interessado (exequente) é titular de um "direito subjectivo público a um processo executivo" –, quer porque o cumprimento desse dever implica a prática de actos executivos e o emprego de poderes de autoridade[496] e de coerção, que, em regra, só o próprio Estado, ou alguém por sua *delegação*, pode legitimamente empregar[497]. Tudo isso explica que a lei atribua ao juiz de execução não só poderes especificamente jurisdicionais (por ex., de julgar oposições), mas, além desses, um "poder geral de controlo do processo". A consagração desse "poder geral" esclarece, sem margem para dúvidas, que todas as diligências de execução continuam a efectuar-se no âmbito de um "processo público", "judicial", regulado por normas de direito público. Independentemente do seu estatuto pessoal, o agente de execução exerce funções e poderes dos tribunais; quer dizer, participa no exercício de uma função judicial, própria dos tribunais[498]. Pode pois concluir-se que a figura do agente de execução "constitui exemplo de um exercício privado de funções públicas"[499].

As funções de agente de execução são desempenhadas por solicitador de execução ou – na falta de solicitadores inscritos em comarca do círculo judicial a que pertence o tribunal de execução – por oficial de justiça (artigo 808.º/2).

---

artigo 30.º da Lei n.º 31/86, de 29 de Agosto, corre no tribunal de 1.ª instância, nos termos da lei de processo civil).

[496] Cfr. José Lebre de FREITAS, Ob. cit., p. 26.

[497] Em tempos mais recuados da história do direito, a execução das sentenças e, de um modo geral, a execução de dívidas, esteve confiada ao credor. Assim, na época da Lei das XII Tábuas, o credor tinha inclusivamente a faculdade de se apoderar da pessoa do devedor, através da *manus iniectio* (mas, mesmo aí, esta era autorizada ou decretada por um magistrado); cfr. Sebastião CRUZ, *Direito Romano*, p. 188 e ss. Mais tarde, numa outra época da evolução do direito romano, a responsabilidade pela execução estava já confiada a oficiais públicos, dependentes de magistrados, os *apparitores* e os *executores*; cfr. A. Santos JUSTO, Ob. cit., p. 413. Sobre a execução de sentenças no direito português medieval, por *mordomos* e *porteiros*, cfr. Marcello CAETANO, *História*, cit., p. 395 e ss.

[498] Empregando, em termos adaptados a este caso – e de forma mais coerente com o regime legal –, a caracterização que a LGT propõe para o processo de execução fiscal, poderíamos afirmar que o *processo executivo civil tem natureza judicial, sem prejuízo da intervenção do solicitador de execução nos actos que não tenham natureza jurisdicional*.

[499] Neste sentido, cfr. Miguel Teixeira de SOUSA, *A Reforma da Acção Executiva*, p. 58, acrescentando que as funções de agente de execução, "embora não podendo ser consideradas jurisdicionais, possuem um carácter público".

O solicitador de execução é designado pelo exequente, no requerimento executivo[500], ou pela secretaria do tribunal[501], de entre os inscritos na comarca ou em comarca limítrofe, ou, na sua falta, de entre os inscritos em outra comarca do mesmo círculo.

Uma vez designado, o solicitador de execução só pode ser destituído por decisão do juiz de execução, oficiosamente ou a requerimento do exequente[502], com fundamento em actuação processual dolosa ou negligente ou em violação grave de dever que lhe seja imposto pelo respectivo estatuto[503]. Quando designado pelo exequente, a designação fica sem efeito se o solicitador de execução não declarar que a aceita, no próprio requerimento executivo ou em requerimento avulso a apresentar no prazo de cinco dias.

A instituição da figura de solicitador de execução representa a criação de uma "nova profissão"[504]. Enquanto profissão liberal (exercida fora de uma relação de emprego público), a profissão de solicitador de execução representa, de certo modo, uma "importação" do modelo francês do "huissier de justice"[505].

Nos termos do Estatuto da Câmara dos Solicitadores, o acesso à profissão – reservado a solicitadores – depende do preenchimento de certos requisitos, entre os quais se conta a aprovação em exames finais de um curso de formação de solicitadores de execução. Preenchidos os requisitos legais, o solicitador de execução poderá iniciar funções, mas apenas após a prestação de juramento solene em que, perante o presidente do tribunal da relação e o presidente regional da Câmara dos Solicitadores, assume o compromisso de cumprir as funções de solicitador de execução nos termos da lei.

---

[500] Artigos 808.º/2 e 810.º/1,*e)*, do Código de Processo Civil.

[501] Artigos 808.º/2 e 811.º-A, do Código de Processo Civil.

[502] No sentido de que o facto de o exequente não deter o poder de denunciar o contrato de prestação de serviços que celebrou com o solicitador de execução descaracteriza tal contrato como figura de direito privado, cfr. José Lebre de FREITAS, Ob. cit., p. 26.

[503] A decisão judicial que determine a destituição judicial do solicitador de execução é imediatamente comunicada à Câmara dos Solicitadores, implicando obrigatoriamente a instauração de processo disciplinar; cfr. artigo 130.º do Estatuto da Câmara dos Solicitadores (Decreto-Lei n.º 88/2003, de 26 de Abril).

[504] Cfr., nesse sentido exacto, o preâmbulo do diploma que aprova o Estatuto da Câmara dos Solicitadores.

[505] O "huissier de justice" constitui, nos termos da lei, um *oficial público*, que, entre outras missões, está encarregado de proceder à execução das decisões judiciais.

O exercício de funções de solicitador de execução está sujeito a um regime legal de incompatibilidades e impedimentos (artigo 120.º e ss. do Estatuto). O solicitador de execução fica sujeito a um extenso catálogo de deveres, de entre os quais se destacam os de: praticar diligentemente os actos processuais de que seja incumbido, com observância escrupulosa dos prazos e dos deveres deontológicos; submeter a decisão do juiz os actos que dependam de despacho ou autorização judicial e cumpri-los nos precisos termos fixados; prestar ao tribunal os esclarecimentos que lhe forem solicitados sobre o andamento das diligências de que seja incumbido; não exercer actividades não forenses no seu escritório; contratar e manter seguro de responsabilidade civil profissional.

Pode delegar a execução de determinados actos noutro solicitador de execução, com quem partilha a responsabilidade (artigo 128.º). Além disso, pode, sob sua responsabilidade, promover a realização de diligências que não constituam acto de penhora, venda, pagamento ou outro de natureza executiva, por empregado ao seu serviço, credenciado pela Câmara dos Solicitadores (artigo 808.º/6 do Código de Processo Civil). Pelos serviços prestados, tem de aplicar as tarifas aprovadas por portaria do Ministro da Justiça.

O solicitador de execução exerce as suas funções na dependência funcional do juiz da causa e, em geral, sob a fiscalização da Câmara dos Solicitadores (cfr. artigo 116.º do Estatuto da Câmara dos Solicitadores). A fiscalização, que deve ocorrer pelo menos bienalmente, cabe a uma comissão composta por um máximo de três solicitadores de execução, designada pela secção regional da Câmara (artigo 131.º).

Dos actos processuais praticados pelo solicitador de execução cabe *reclamação* para o juiz da causa [artigo 809.º/1,*c*), do Código de Processo Civil].

O estatuto profissional e as competências do solicitador de execução permitem concluir que a sua actuação não se desenvolve no sentido da defesa dos interesses pessoais do exequente, mas antes com o objectivo da prossecução do interesse na realização da justiça: isso afigura-se bem visível na articulação entre a sua independência em relação ao exequente com a sua subordinação funcional ao juiz de execução[506].

---

[506] Os contornos do estatuto profissional do solicitador de execução ajudam a compreender as diferenças entre a sua intervenção no processo executivo e a intervenção da administração fiscal no processo de execução fiscal; neste caso, afigura-se manifesta a

2.5.5. *Função notarial e funções afins*

A função notarial consiste em conferir fé pública e autenticidade a documentos elaborados por uma pessoa – o notário – investida de um poder de autoridade para esse efeito. Os documentos redigidos por notário são documentos *autênticos*, fazendo prova plena dos factos que referem como praticados pelo próprio notário, assim como dos factos neles atestados com base nas suas percepções (cfr. artigo 371.º/1 do Código Civil). O notário desempenha, assim, uma função essencial, historicamente assumida pelo Estado, de criar a certeza legal ou pública da prática de factos, contribuindo, desse modo, para a realização do interesse público da segurança jurídica. Por força do *imperium* de que está investido e da natureza da função que desempenha[507], quando não se configura como funcionário do Estado, o notário aparece como titular de uma *profissão pública independente* e como *oficial público*. As duas fórmulas destacam a circunstância de a função notarial preencher, neste caso, os requisitos do "exercício privado de funções públicas"[508].

Sendo inequívoco que o notário exerce uma função pública[509], a questão que se coloca é a de saber, então, a natureza da função pública notarial. De acordo com uma parte da doutrina, trata-se de uma função

---

prossecução de um interesse próprio do exequente. Isso conduz-nos a defender que o processo de execução fiscal apresenta uma natureza administrativa (ao contrário do processo executivo civil).

[507] Ou seja, por surgir como delegatário de fé pública, o notário participa no exercício do *imperium*, enquanto característica decisiva de uma função pública, cfr. JUNG, Ob. cit., p. 42.

[508] No direito alemão, o notário é legalmente qualificado como "titular independente de uma função pública", cfr. SCHIPPEL, *Bundesnotarordnung*, p. 45 e ss; considerando-o um *Beliehene*, cfr., por todos, HEIMBURG, Ob. cit., p. 122; MICHAELIS, Ob. cit., p. 116. No direito austríaco, cfr. JUNG, Ob. cit., p. 39 e ss. No direito italiano, com algumas excepções, a doutrina assinala que o notário é uma ilustração do exercício privado de funções públicas e um *oficial público*: cfr. FABIO, "Notaio", p. 571; VELLANI, "Notaio e notariato", p. 170. A situação repete-se no direito espanhol: cfr. SAINZ MORENO, Ob. cit., p. 1717 e ss; TOMAS-RAMON FERNANDEZ/SAINZ MORENO, *El notario, la función notarial y las garantias constitucionales*, p. 89 e ss, e 154 e ss; MARTÍNEZ JIMÉNEZ, *La función certificante del Estado*, p. 39. No direito francês, onde o notário é considerado um *officier public*, delegatário de autoridade pública, cfr. RIOUFOL/RICO, Ob. cit., p. 101. Sobre a profissão notarial nesses e noutros ordenamentos jurídicos, cfr. João CAUPERS, "Notário", p. 157 e ss.

[509] Cfr. SCHIPPEL, Ob. cit., p. 47

materialmente administrativa (*administração pública do direito privado*)[510]. No caso português, até há pouco tempo, esta caracterização casava bem com a circunstância de a função notarial estar confiada a serviços da Administração Pública, de acordo com o designado modelo do "notário--funcionário"[511]. Mas, agora que o direito português se encaminha para a estruturação do notariado "de acordo com os princípios do notariado latino"[512], a identificação da natureza da função notarial revela-se essencial para se perceber se a nova *profissão pública* configura uma situação de exercício privado da função administrativa ou uma outra situação[513]. Sobre o assunto, parece-nos ter razão Mario Nigro, ao contestar, por um lado, a ideia de que todas as actuações do Estado têm de ser encaixadas numa das três funções ou poderes tradicionais e, por outro, o entendimento de que a função administrativa se define pela negativa, a ela devendo reconduzir-se todas as missões e poderes do Estado que não possam receber a qualificação de legislativas ou judiciais[514]. Posto que esse está, de facto, longe de ser um entendimento necessário e não se descortinando nenhuma razão substancial para se aceitar que a *produção de documentos autênticos, dotados de fé pública* e a *segurança das relações jurídicas* representam o exercício de uma função tipicamente administrativa, sustentamos que a função notarial se apresenta como *função pública autónoma*[515], com características particulares. Essa constitui, aliás,

---

[510] Cfr. ZANOBINI, "L'amministrazione", cit., p. 19 e ss; MARTINEZ JIMÉNEZ, Ob. cit, especial. p. 20 e ss; entre nós, cfr. Mário Esteves de OLIVEIRA, "A publicidade, o notariado", cit., p. 482.

[511] Cfr. João CAUPERS, "Notário", cit., p. 162.

[512] Artigo 2.º,*a)*, da Lei n.º 49/93, que autoriza o Governo a aprovar o novo regime jurídico do notariado e a criar a Ordem dos Notários.

[513] No regime anterior, havia já uma ilustração do exercício privado da função notarial. Referimo-nos aos *notários privativos da Caixa Geral de Depósitos*, os quais, nos termos do artigo 3.º/1,*b*, do Código do Notariado, desempenhavam já funções notariais. O artigo 45.º/1 do Decreto-Lei n.º 48 953, de 5 de Abril de 1969 (mantido expressamente em vigor pelo artigo 9.º/2 do Decreto-Lei n.º 287/93, de 20 de Agosto), esclarece que os notários privativos são competentes para lavrar actos e contratos em que intervenha a instituição.

[514] Cfr. NIGRO, "Il notaio", cit., p. 447; MELEGARI, "Notaio e notariato", p. 3.

[515] Que, sem perturbação da separação de poderes, também poderia ser exercida pelos tribunais. Não há, de facto, nada na função notarial que revele a ideia de *administrar*, de gerir, de forma activa, a prossecução do interesse público. Há, aliás, quem aproxime a função notarial de uma função de natureza judiciária (embora não jurisdicional); nesse sentido, cfr. JUNG, Ob. cit., p. 41; SCHIPPEL, Ob. cit., p. 46.

a solução mais coerente com certos traços do regime da profissão notarial, como, por ex., aquele que assinala o princípio da autonomia funcional, ou seja, a independência do notário, no exercício das suas funções como delegatário da fé pública, em relação ao Estado[516]. O facto de o notário, enquanto profissional liberal, ficar submetido à fiscalização e à acção disciplinar do Ministério da Justiça[517] não desfavorece a tese que aqui se sustenta: a incumbência de fiscalização constitui, decerto, uma função pública administrativa; mas isso nada nos diz sobre a intrínseca natureza da actividade fiscalizada.

Como já se observou, de acordo como o novo modelo, o notário passa a assumir-se como um profissional liberal, titular de um profissão pública independente. Quer dizer, na pessoa do notário reúnem-se duas posições: a de *profissional liberal* e a de *titular de um ofício público*[518]. Como profissional liberal, actua com autonomia e independência, quer em relação ao Estado, quer em relação aos particulares a quem presta serviços[519].

Fora da função notarial, mas análogas, apresentam-se certas funções de certificação e de emissão de documentos com força probatória reforçada. Na medida em que a lei associe um efeito de fé pública ou de certeza legal a tais documentos, poderá considerar-se estar envolvida uma função pública (de certificação). O direito português conhece exemplos de exercício dessa função por entidades de direito privado, isto é, situações de exercício privado de função públicas de certificação, mais ou menos próximas da função pública notarial:

i) Advogados e solicitadores em relação à atestação da veracidade do mandato que lhes é conferido: afirma-se no preâmbulo do Decreto-Lei n.º 267/92, de 28 de Novembro, que "a fé de que gozam os actos praticados por advogados" justifica que "se consagre que os advogados a quem é conferido o mandato atestem a veracidade do mesmo e a extensão dos poderes que lhes são conferidos". Por isso, o artigo único desse diploma estabelece que as procurações passadas a advogado para a práti-

---

[516] Com efeito, a independência do notário representa um indício inequívoco contra a qualificação do notário como "órgão administrativo", cfr. JUNG, Ob. cit., p. 42.

[517] A Lei n.º 49/93 fala da sujeição do notário à "regulação" (?) do Ministério da Justiça.

[518] Cfr. JUNG, Ob. cit., p. 39 e ss.

[519] Sobre a independência do notário, cfr. SCHIPPEL, Ob. cit., p. 51 e ss.

ca de actos que envolvam o exercício do patrocínio judiciário, ainda que com poderes especiais, *não carecem de intervenção notarial*, devendo o advogado certificar-se da existência, por parte do ou dos mandantes, dos necessários poderes para o acto. Tal regime, também aplicável aos solicitadores (Decreto-Lei n.º 168/95, de 15 de Julho), vem atribuir aos beneficiários um limitado poder público de certificação (cfr. ainda *item* seguinte);

ii) CTT, Correios de Portugal, S.A., câmaras de comércio e indústria, advogados e solicitadores em relação à certificação da conformidade de fotocópias com os documentos originais: pelo Decreto-Lei n.º 28/2000, de 13 de Março, as entidades referidas exercem um poder público de certificação, colocando em circulação documentos fotocopiados que se devem assumir como conformes com os originais (*certificação de conformidade*[520]);

iii) Santa Casa da Misericórdia de Lisboa e Misericórdias: o artigo 39.º dos Estatutos da SCML atribui-lhe *funções de oficial público*: "reconhecimentos por semelhança e presencial da autoria de letra e assinatura, ou só de assinatura, de representantes da instituição nesta qualidade"; está ainda autorizada a expedir "certificados, certidões, públicas-formas e outros documentos análogos relativos a registos e documentos arquivados na instituição"; em geral, em relação às Misericórdias, cfr. artigo 436.º do Código Administrativo: "as certidões extraídas dos livros e documentos existentes nas secretarias e arquivos das Misericórdias, subscritas pelos secretários e autenticadas com o respectivo selo branco, fazem prova pleno em juízo"[521].

---

[520] Sobre esta certificação de conformidade, cfr. STOPPANI, "Certificazione", p. 799.

[521] Neste contexto, interessa dedicar umas breves notas aos chamados *atestados médicos*.

A doutrina portuguesa que já teve oportunidade de se pronunciar sobre essa matéria tem defendido que a passagem de atestados médicos consubstancia uma hipótese de "exercício privado de funções públicas"; cfr. Afonso QUEIRÓ, "Atestado", cit., p. 585; Paulo OTERO, *O Poder de Substituição, cit.*, p. 61. A situação não é diferente nalguma doutrina estrangeira: na Itália, fala-se de um *poder público certificativo* exercido pelos médicos, embora sem identificar com clareza quais as suas manifestações: assim sucede, por ex., com VIRGA, *Il provvedimento, cit.*, p. 98, que considera que os médicos estão investidos da função pública de atestar as condições sanitárias dos doentes; com SANDULLI, *Manuale, cit.*, p. 566, que se refere a "certas" actividades de certificação dos médicos como uma ilustração do exercício de poderes públicos por particulares; com

VALENTINI, Ob. cit., p. 978[26], que fala de uma "actividade certificativa qualificada" dos médicos; em Espanha, cfr. SAINZ MORENO, Ob. cit.,, p. 1702.

Ainda que a justificação não apareça sempre assumida, as teses referidas baseiam-se na suposição de que os atestados médicos constituem *actos de certeza pública*, integrando uma função certificativa de natureza pública. Ora, temos as maiores dúvidas de que seja esse o entendimento correcto, pelo menos quanto aos atestados que *qualquer médico* pode passar e que os interessados usam para os mais diversos fins (por ex., para justificar faltas de comparência).

Com efeito, nesse tipo de atestados, o médico emite um *juízo pessoal*. Trata-se, aliás, de um juízo "extremamente falível"; cfr. Bernardo G. Lobo XAVIER, "Anotação", p. 231. Pressupondo uma *apreciação crítica* e não uma *constatação*, o atestado médico constitui menos uma *verificação* do que uma *avaliação*, já que nele sobressai, antes de mais, uma declaração de ciência autorizada baseada numa apreciação sobre o diagnóstico de uma doença – incluindo o *atestado* na categoria das verificações, Rogério Ehrhardt SOARES, *Direito*, (1978), cit., p. 134, chama a atenção para o facto de se tratar de um acto que repousa sobre juízos de carácter técnico ou valorativo "pelo que não constitui senão parcialmente uma verificação e fica já paredes meias com a categoria das avaliações"; em sentido idêntico, cfr. SPALLANZANI/PIOLETTI, "Certificati ed attestati", p. 129.

O facto de o atestado se basear numa avaliação exclui, por si só, a possibilidade de o considerar um acto de certeza jurídica, dotado de força probatória privilegiada. A jurisprudência administrativa portuguesa é, aliás, clara sobre o assunto: "o atestado médico, como documento particular que é, não faz prova plena quanto aos factos a que respeita" (AcSTA/1.ª, de 17/03/88, proc. 25 277); constitui um elemento de prova que pode ser examinado conjuntamente com outras provas; cfr. Ac'sSTA/1.ª, de 06/12/94 (proc. 31 609), de 04/06/96 (proc. 32 435) e de 11/06/96 (proc. 39 025). Ainda sobre o valor probatório, registe-se que o Código Penal incrimina a conduta do médico "que passar atestado ou certificado que sabe não corresponder à verdade, sobre o estado do corpo ou da saúde física ou mental, o nascimento ou a morte de uma pessoa, destinado a fazer fé perante autoridade pública ou a prejudicar interesses de outra pessoa" (artigo 260.º/1). Contudo, a referência ao facto de o atestado se destinar a *fazer fé perante autoridade pública* não pretende sugerir que os *atestados* médicos tenham uma força probatória privilegiada – veja-se, aliás, que, a propósito da justificação da falta de comparência de pessoa regularmente notificada, o Código de Processo Penal contém uma disposição a estabelecer que "o valor probatório do atestado médico pode (...) ser abalado ou contrariado por qualquer outro meio de prova admissível" (artigo 117.º/3),

A atestação da saúde ou da doença feita por médico, no exercício da sua profissão, não representa o exercício de uma função pública; essa atestação não pertence à categoria dos actos públicos; não introduzindo qualquer certeza jurídica em circulação, vale como "simples indício"; cfr. Bernardo G. Lobo XAVIER, Ob. cit., p. 233. O valor social e os efeitos jurídicos dos atestados médicos não resultam de serem emitidos no exercício de uma função pública, mas antes da competência e da autoridade profissional do médico; cfr. GIACCHETTI, "Certificazione", p. 3.

Estas observações, sobre os atestados médicos em geral, valem para outros atestados, exigidos para fins específicos, que, nos termos da lei, *qualquer médico pode*

3. Poderes públicos de autoridade

Passamos agora ao estudo do terceiro elemento constitutivo do exercício privado de poderes públicos da função administrativa: os "poderes públicos de autoridade".

Por se tratar de elementos constitutivos, são todos eles decisivos e essenciais para a delimitação de um instituto. Mas, como ficou logo claro nas primeiras páginas do presente texto, o conceito de poderes públicos de autoridade representa, nitidamente, o *quid specificum* da figura de que nos ocupamos. Com efeito, interessa-nos a participação de entidades privadas na execução da função administrativa *quando* e *na medida em que*, nesse âmbito, *estejam investidas de poderes públicos de autoridade*. Esta especificidade da abordagem transfere-nos para a consideração da "posição jurídica", do *instrumentarium*, da "capacidade" e das "competências" próprias de direito público outorgadas a uma entidade privada com funções administrativas.

Em larga medida, é o enfoque na posição jurídica, nos poderes públicos e na autoridade que nos conduz ao estudo global de constelações de fenómenos tão diversos entre si. Assim, por ex., seria difícil encontrar entre as formas de Administração Pública delegada (entidades particulares com funções administrativas) e as de Administração Pública em forma privada (entidades administrativas privadas) pontos de contacto que justificassem um estudo simultâneo dos dois fenómenos.

A figura dos "poderes públicos de autoridade" apresenta-se, portanto, decisiva; a importância de tal conceito para a presente investigação assume ainda maior nitidez se recordarmos que um dos objectivos que nos propusemos alcançar residiu justamente em analisar, dar a co-

---

passar: é o que se verifica, por ex., com os *atestados de robustez física e psíquica*, necessários para o exercício profissional de funções públicas; a emissão de tais atestados, tradicionalmente confiada aos serviços da Administração Pública da saúde, foi entregue, aos médicos no exercício da sua profissão (Decreto-Lei n.º 319/99, de 11 de Agosto). O mesmo se diga dos atestados (que qualquer médico pode passar) destinados a comprovar a aptidão física e mental dos candidatos à obtenção ou à revalidação da carta ou licença de condução; cfr. artigo 5.º do Regulamento da Habilitação Legal para Conduzir, aprovado pelo Decreto-Lei n.º 209/98, de 15 de Julho, alterado pela Lei n.º 21/99, de 21 de Abril e pelos Decretos-Leis n.ᵒˢ 315/99, de 25 de Junho, e 570/99, de 11 de Agosto [nos termos do Código da Estrada, a atestação dessa aptidão constitui um requisito para a obtenção de título de condução: cfr. artigo 126.º/1,*b*)].

nhecer, em todos os seus perfis, a "delegação de poderes públicos em entidades privadas".

3.1. *Poder e autoridade*

O termo "poder", pelo facto de ter uma enorme cópia de aplicações, constitui, porventura, um dos mais difíceis e ambíguos da ciência jurídica. A sua ambiguidade fica bem patente depois de um contacto breve com os diversos sentidos que ao termo têm sido atribuídos.

Assim, quando se diz "quem pode agir tem poder" ("Wer handeln kann, hat Gewalt"), o poder como que se confunde com a *liberdade* ou a *possibilidade* de acção[522]. Neste sentido, o poder, que pertence a todas as pessoas, traduz-se, no âmbito jurídico, no desenvolvimento de actividades livres, admitidas e reconhecidas pela ordem jurídica; corresponde, por isso, a uma *faculdade* ou a uma *possibilidade*, a um *Dürfen* ou a um *licere*[523].

O termo "poder" – *potestà* – é susceptível de significar também uma "força activa conferida pela ordem jurídica a um sujeito"[524]. Nesse caso, em que se refere a um *Können* ou a um *posse*, o poder corresponde a uma faculdade de "originar uma alteração no mundo jurídico" e decorre de uma livre criação e atribuição da ordem jurídica (*concessão*)[525].

Numa acepção diferente, o "poder" indica já uma específica posição jurídica de um sujeito, apresentando marcas que permitem distingui--lo do "direito subjectivo". O elemento caracterizador do poder repousa, então, no facto de um sujeito estar investido, por qualquer título, de uma prerrogativa que, para proteger interesses alheios, lhe permite agir sobre a esfera jurídica de um terceiro. O poder apresenta-se, nesta versão,

---

[522] Cfr. SCHACHTSCHNEIDER, *Der Anspruch*, cit., p. 289, especificando, no entanto, que o poder de cada pessoa não é especificamente uma *liberdade*, mas uma *possibilidade* – jurídica ou fáctica – de acção.

[523] Cfr. Rogério Ehrhardt SOARES, *Interesse Público*, cit., p. 7 e ss. No sentido de que o poder representa a "potencialidade abstracta de adoptar um comportamento", cfr. CASETTA, *Manuale*, cit., p. 284.

[524] Cfr. MIELE, "Potere, diritto soggettivo e interesse", p. 116.

[525] Cfr. Rogério Ehrhardt SOARES, *Interesse Público*, cit., p. 10; Santi ROMANO, *Fragmentos de un diccionario jurídico*, p. 339 e ss; FROSINI, "Potere", p. 440; CERRI, "Potere e potestà", p. 2; ROMANO, "I soggetti e le situazioni giuridiche soggettive del diritto amministrativo", p. 265 e ss; GARBAGNATI, "Diritto subiettivo e potere giuridico", p. 551.

como uma prerrogativa sobre pessoas ou coisas ao serviço de interesses estranhos ao respectivo titular. Distingue-se do direito subjectivo porque, neste, a prerrogativa de agir é reconhecida pela ordem jurídica para proteger interesses do titular[526].

De acordo com uma outra orientação, o poder – *potestas* – referencia uma posição jurídica subjectiva associada à capacidade ("energia capaz") conferida a um sujeito de produzir modificações na esfera jurídica de outro sujeito, contra ou independentemente da vontade deste[527]. Neste contexto, o poder identifica uma "posição particularmente «forte»" de um sujeito[528], comportando uma dimensão de *supremacia* que coloca o titular da posição passiva num *estado de sujeição*[529].

Na linha desta última acepção, o conceito de poder é, por vezes, apresentado com um sentido mais específico de "poder de comando" (*potestà di comandare* ou *potestas imperandi*)[530]. O poder manifesta-se, neste caso, através de actos imperativos, de comando, ou seja, de enunciações unilaterais de programas de acção traçados por um sujeito colocado, face ao destinatário, numa posição de supremacia e de império[531].

Por fim e já num contexto diferente, o termo poder – *Gewalt* – reveste-se do sentido de prerrogativa de mando ou de *imperium*, mas também do sentido de *vis* (força, coacção, violência). Assim, quando se alude ao "monopólio do poder pelo Estado" (*Gewaltmonopol*), poder tem o sentido de *vis*, mas quando se diz que o poder público provém do povo, o conceito já é assumido com o sentido de *potestas*[532].

A ambiguidade do termo poder não se desvanece ao introduzirmos o adjectivo público. A expressão "poder público" apresenta também diversos sentidos.

O conceito de "poder público" é, por vezes, usado numa *acepção subjectiva*, para designar entidades e organismos pertencentes à esfera do

---

[526] Cfr. ROUBIER, "Les prérogatives juridiques", pp. 79 e 117; GAILLARD, *Le pouvoir en droit privé*, especialmente, p. 95 e ss.

[527] Cfr. GALATERIA/STIPO, Ob. cit., p. 77.

[528] Cfr. CERRI, Ob. cit., p. 6.

[529] Cfr. FROSINI, Ob. cit., p. 440.

[530] Cfr. INVREA, "Diritti e potestà", p. 146.

[531] Cfr. REDENTI, "Variazioni sul tema del verbo comandare", p. 778.

[532] Cfr. ISENSEE, "Staat und Verfassung", p. 621.

Estado ou da Administração Pública: diz-se, por ex., que os "cidadãos podem apresentar queixas por acções ou omissões dos *poderes públicos*" (artigo 23.º/1 da CRP).

Numa *acepção material ou objectiva*, o poder público assume, em certos contextos, um significado equivalente ao de poder político (artigo 108.º da CRP): é o que ocorre quando se diz que esta ou aquela entidade participa no exercício do poder público. O Poder Público, refere-se, nesse sentido, a "toda a actividade" – autoritária, decisória, preparatória, consultiva, material, regulada pelo direito público ou pelo direito privado – exercida pelo Estado, por uma outra entidade pública, por uma entidade administrativa privada ou por uma entidade particular ao abrigo de uma delegação de funções públicas[533]. O conceito indica, nesta hipótese, as tarefas públicas, o domínio da intervenção pública (do Estado em sentido lato). Associando-o às exigências implicadas no princípio democrático, diz-se que o exercício do Poder Público representa um fenómeno que carece de legitimação democrática (pelo povo).

Num sentido já ligeiramente diferente deste, também se emprega o conceito de poder público para indicar as competências, as incumbências ou as responsabilidades atribuídas a uma entidade. Os poderes públicos são, por conseguinte, todos os poderes de agir conferidos por lei a uma entidade para a prossecução de interesses públicos"[534]. Embora referindo-se apenas a poderes (sem adjectivação), nesse sentido orienta-se a norma constitucional que estabelece que "nenhum órgão de soberania, de região autónoma ou de poder local pode delegar os seus *poderes* noutros órgãos, a não ser nos casos e nos termos expressamente previstos na Constituição e na lei" (artigo 111.º/2).

Ainda num sentido genérico e muito próximo do que acaba de se referir, o poder público abrange, por vezes, um sector de intervenção pública definido e especialmente regulado pelo direito público. Mencionando o poder público nestes termos, a doutrina e a jurisprudência distinguem a actividade administrativa de gestão pública ("no exercício de um poder público") relativamente à actividade administrativa de gestão privada ("despida do poder público")[535]. Agora, poder público signi-

---

[533] Cfr. SCHMIDT-ASSMANN, "Verwaltungslegitimation", cit., p. 338; JESTAEDT, Ob. cit., p. 226 e ss.

[534] Cfr. J.M. Sérvulo CORREIA, *Noções*, cit., p. 172.

[535] Cfr. Diogo Freitas do AMARAL, *Curso,* cit., I, p. 139. Na jurisprudência, cfr. o AcSTA/1.ª, de 12/04/94, proc. 32 906), definindo actos de gestão pública como os que

fica competência pública, isto é, competência especificamente atribuída por lei à Administração. Supõe-se ser esse o sentido a atribuir ao conceito no âmbito do artigo 267.º/6 da CRP: "as entidades privadas que exerçam *poderes públicos* podem ser sujeitas, nos termos da lei, a fiscalização administrativa".

Dentro do genérico conceito de poderes públicos que acaba de se indicar, a doutrina autonomiza a noção de *poder público de autoridade*. Referindo-se à capacidade de direito público, afirma Freitas do Amaral que "as pessoas colectivas públicas são titulares de poderes (...) públicos. Entre eles, assumem especial relevância os *poderes de autoridade*, aqueles que denotam supremacia das pessoas colectivas públicas sobre os particulares e, nomeadamente, consistem no direito que essas pessoas têm de definir a sua própria conduta ou a conduta alheia em termos obrigatórios para terceiros, independentemente da vontade destes, o que naturalmente não acontece com as pessoas colectivas privadas. Exemplos de poderes públicos de autoridade: o poder regulamentar, o poder tributário, o poder de expropriar, o privilégio da execução prévia, etc.". Os "poderes públicos de autoridade" constituem, *hoc sensu*, uma espécie de poderes públicos (*lato sensu*), que se particulariza pela qualificação ou nota "autoritária"[536]. A referência a "poderes públicos de autoridade" ou a "poderes de autoridade" é relativamente comum no direito português: assim, a CRP refere-se à delegação de tarefas administrativas que "não envolvam o exercício de poderes de autoridade" (artigo 248.º); por seu lado, o CPA determina a aplicação das suas disposições aos "actos praticados por entidades concessionárias no exercício de poderes de autoridade" (artigo 2.º/3) e a LADA regula o acesso a documentos que têm origem ou são detidos por entidades públicas, bem como por "outras entidades no exercício de poderes de autoridade". Mais recentemente, o ETAF veio atribuir à jurisdição administrativa competência para fiscalizar a legalidade das "normas e demais actos praticados por sujeitos privados, designadamente concessionários, *no exercício de poderes administrativos*" [artigo 4.º/1,*d)*]. Tendo em consideração o contexto normativo,

---

são "praticados por órgãos ou agentes da Administração Pública no exercício de um poder público, isto é, no desempenho de uma função pública, sob o domínio de normas de direito público, ainda que não envolvam o uso de meios de coerção".

[536] O exercício de poderes públicos (em sentido lato) pode colocar uma pessoa colectiva pública em diferentes classes de situações jurídicas subjectivas; cfr. J.M. Sérvulo CORREIA, *Noções*, cit., p. 172.

a referência aos poderes administrativos remete para o conceito, que acaba de se referir, de poderes públicos de autoridade[537]. Diremos, pois, que os poderes administrativos constituem, portanto, *poderes (públicos) de autoridade exercidos no desempenho da função administrativa.*

Depois deste breve excurso sobre os conceitos de "poder" e de "poder público", encontramo-nos em condições de expor o sentido que aqui se atribui à noção de poderes públicos de autoridade.

Ao contrário do que pode parecer, a consideração do poder público como um poder de autoridade não esclarece imediatamente o sentido do conceito.

Pretendendo revelar-se esclarecedora, a referência ao tópico da autoridade pode, aliás, provocar ainda maiores dificuldades e trazer novas ambiguidades. Assim acontecerá sobretudo se ao termo autoridade se atribuir o sentido – originário e afeiçoado à etimologia – de *auctoritas*[538]. Com esse sentido, a autoridade não configura, na verdade, a qualificação de um poder, mas, em rigor, algo de distinto deste. O poder, a *potestas*, referencia uma "faculdade de mando", um "poder imperativo"; por seu lado, a autoridade, a *auctoritas*, indica a especial legitimação de um certo sujeito, o *auctor*, para produzir um resultado ou para tomar uma decisão. A acção do detentor de *auctoritas* é "socialmente reconhecida e consentida" por provir de alguém que goza de uma legitimação especial para emitir uma certa pronúncia, legitimação essa que pode ser jurídica, mas também científica, técnica, moral ou tradicional. Quer dizer, os actos do *auctor* "impõem-se", influenciam as decisões e as acções de terceiros, não por causa de uma qualquer faculdade de mando ou de imposição que o direito lhe reconheça, mas por força do

---

[537] O ETAF refere-se nesse caso (sujeitos de direito privado) a normas e actos "praticados (...) *no exercício de poderes administrativos*" e, no caso das pessoas colectivas públicas, a normas e actos "emanados (...) *ao abrigo de disposições de direito administrativo*" [artigo 4.º/1,*b*)]. Da contraposição entre as expressões "ao abrigo de disposições de direito administrativo" e "no exercício de poderes administrativos" resulta que, no primeiro caso, está envolvida *qualquer competência* regulada pelo direito administrativo, ao passo que, no segundo, estão em causa apenas competências (reguladas pelo direito administrativo) que possam ser especialmente qualificadas como "poderes administrativos".

[538] Sobre as origens (no direito romano) do conceito de autoridade (*auctoritas*), cfr. DOMINGO, *Auctoritas*, p. 13 e ss; PRETEROSSI, *Autorità*, p. 15 e ss.

reconhecimento social da sua específica qualificação ou legitimação[539]: o prestígio, a honra, o conhecimento, o saber ou a tradição podem ser fundamento da autoridade de uma pessoa, conduzindo a reconhecer nela uma capacidade superior de formular um determinado juízo[540].

As indicações etimológicas sobre os sentidos dos conceitos de poder e de autoridade conduzem a considerá-los representações de realidades diferenciadas: pode existir uma autoridade sem poder ("autoridade substancial e não formal"[541]) e, inversamente, um poder sem autoridade ("poder de mando ilegítimo").

Sem se ignorarem as considerações expostas, afigura-se, todavia, indiscutível que, em concreto, a articulação dos conceitos de autoridade e de poder pretende, em geral, sublinhar ou enfatizar a dimensão de *potestas* incrustada num poder específico. Por outras palavras, a caracterização de um poder determinado como poder de autoridade sugere que não está em causa um mero "poder de agir" de um sujeito, mas, mais do que isso, um "poder particularmente forte", um "poder *de autoridade*". Neste contexto, a ideia de autoridade acaba por qualificar uma situação subjectiva de poder, contribuindo para reforçar ou tornar mais nítida a "posição de supremacia jurídica de um sujeito" que, por si só, a noção de poder não contém, nem consegue transmitir na íntegra. É isso que pode explicar a representação do poder público de autoridade como uma categoria que se particulariza dentro do conceito lato de poder público. Este conceito amplo poderá significar qualquer competência pública, *qualquer acção* que uma instância *pode* desenvolver. A conexão com a nota de autoridade indica que se trata de uma *acção de autoridade* que essa instância *pode* desenvolver, numa *situação de superioridade ou de supremacia jurídica sobre outrem*.

A autoridade que nos interessa não é, por conseguinte, a mera *auctoritas*, desligada da *potestas*, mas a autoridade enquanto qualificação de um especial poder ou competência que a ordem jurídica atribui a um sujeito. O poder público de autoridade resulta, pois, de uma específica atribuição jurídica (legal) e não da mera *auctoritas* de um sujeito.

---

[539] Cfr. Preterossi, *ibidem*, p. 17.

[540] Cfr. Preterossi, *ibidem*; Domingo, *ibidem*, p. 50 e ss; Dolors Canals i Ametller, Ob. cit., p. 107 e ss; Hall/Biersteker, Ob. cit., p. 4; Wolf, Ob. cit., p. 15.

[541] É, sobretudo, no sentido de autoridade substancial que se fala hoje de uma "autoridade privada" na arena internacional; cfr. Hall/Biersteker, *ibidem*; Arts, Ob. cit., p. 34.

A designação do detentor de poderes públicos como autoridade ("autoridade pública", "agente de autoridade") constitui apenas uma indicação de que se trata de uma instância investida por lei (ou por um outro acto fundamentado na lei) de concretos poderes públicos de autoridade. Autoridade, *hoc sensu*, indica, por conseguinte, que um sujeito tem poderes de autoridade.

Aceitando a bondade e até a superioridade dogmática de outras explicações sobre as relações entre os conceitos de autoridade e de poder[542], devemos dizer que os objectivos que perseguimos neste ponto específico não se situam no plano da construção teórica mais fina, mas, em rigor, num nível que não se pretende muito distante daquele em que se posiciona a generalidade dos operadores jurídicos. A ideia proporcionada pelo "senso comum jurídico" sobre as noções de poder e de autoridade é, em larga medida, a que interessa à presente investigação, na qual se procura conhecer a utilização, por entidades de direito privado, de instrumentos jurídicos que em geral são, correctamente, reconduzidos à lógica da acção do Estado ou de outras entidades públicas.

3.2. *Autoridade dos poderes públicos*

A conjugação das noções de poder público e de autoridade insinua imediatamente a natureza particular e especial dos "poderes públicos de autoridade". A referência à autoridade sugere imediatamente uma posição jurídica de supremacia ou de supra-ordenação do titular dos poderes públicos. Ao assinalar a particular força de um poder conferido a um sujeito, a autoridade subentende, desde logo, uma dimensão unilateral: só existe poder de autoridade se a criação de um determinado efeito jurídico depende exclusivamente do titular do poder; a nota da autoridade pressupõe, por outro lado, que aquele efeito jurídico, embora unilateralmente produzido, vai ter uma projecção na esfera jurídica de um terceiro.

Feito este esclarecimento, parece-nos, contudo, essencial insistir na ideia segundo a qual a autoridade não representa uma característica inerente das competências públicas da Administração. Ela representa uma

---

[542] Cfr., com desenvolvimento, DOMINGO, *ibidem*, p. 89 e ss.

característica exclusiva de *certas competências públicas.* Mas, por outro lado, a nota de autoridade não existe *apenas* nas competências de agredir, de impor ou de proibir.

Estas observações contribuem para tornar clara a nossa recusa de duas orientações opostas que têm sido defendidas sobre o âmbito ou o espaço que a autoridade ocupa na acção pública: segundo uma, toda a acção pública constitui uma manifestação de autoridade; para outra, a autoridade só é visível em determinados actos com uma feição marcadamente agressiva, cujo conteúdo se traduza no sacrifício ou na limitação de direitos subjectivos.

a) Acção pública como acção de autoridade: caracterização

O sentido mais radical da doutrina que reconduz toda a acção pública ao tópico da autoridade está muito nítido na expressiva – e só aparentemente tautológica – afirmação de F. Massimo Nicosia segundo a qual um "atto è autoritativo perché promana da un sogetto che di autorità è dotato"[543]. Uma asserção como essa, quando referida aos actos públicos, significa, afinal, aceitar uma espécie de "supremacia sociológica da Administração"[544]. O Autor baseia a sua tese na pré-compreensão ideológica segundo a qual a Administração está colocada, de um ponto de vista jurídico-constitucional, numa "situação de efectiva supremacia", gozando de uma espécie de poder originário ou natural ("pura energia") susceptível de se exprimir através de actos de "poder". O papel das normas jurídicas, do sistema normativo, é o de exercer uma eficácia limitadora ("frenante") de um tal poder originário. O poder *jurídico* "não é criado" pela norma jurídica, é antes o produto que resulta de uma norma jurídica limitar o poder originário (o "poder") da Administração (pj=p-n). Nesta ordem de ideias, conclui Nicosia que, quando o sistema normativo não impede nem limita a intervenção administrativa, não existe neutralização do poder (p>n), razão por que a intervenção administrativa representa, também nesse caso, o exercício de um poder, natural e originário, de supremacia ou de autoridade[545].

---

[543] Cfr. NICOSIA, *Potere ed eccesso di potere nell'attività amministrativa "non discrezionale"*, p. 41[72]. Não anda muito longe desse entendimento Giannini, quando afirma que "tutti gli atti degli organi pubblici (...) hanno una lora autorità"; cfr. GIANNINI, *Istituzioni*, cit., p. 316.

[544] Nesses termos, cfr. NICOSIA, Ob. cit., especial. p. 80.

[545] Cfr. NICOSIA, *ibidem*, p. 26 e ss.

Embora com alguns pontos de interesse, a tese de Nicosia não convence, porquanto, num Estado de direito, a situação de supremacia da Administração não é natural, nem originária, mas normativa e jurídica. Quer dizer, a Administração só se apresenta em posição de autoridade perante os cidadãos na estrita medida em que a ordem jurídica a investe de poderes com uma nota de autoridade[546]. Fora desse domínio, não se afigura viável qualificar como de autoridade uma acção que apenas apresenta a característica de ser desenvolvida pela Administração[547]. Nesta parte, partilhamos a opinião de Domenico Sorace, ao afirmar que reconduzir toda a acção pública à ideia de autoridade resulta de uma concepção do Estado que qualifica como autoritária a sua própria existência[548].

Embora baseado em premissas muito diferentes das de Nicosia, a tese defendida por Alessandro Lolli acaba também por se integrar numa doutrina que apresenta toda a acção pública como acção de autoridade. Do ponto de vista de Lolli, o "poder administrativo é sempre imperativo", pelo facto de a acção pública incidir, em todas as suas manifestações, sobre os interesses de um terceiro (a colectividade) que não presta o seu consentimento no momento do exercício do poder[549]. Suportada na ideia de que a Administração representa a colectividade, esta tese configura toda a acção pública como acção de autoridade, porquanto "representar significa incidir sobre a esfera dos representados"[550]. De acordo com esta visão, não há poderes públicos não autoritários, já que, mesmo quando não incide sobre a esfera jurídica de um cidadão, a acção pública incide sempre sobre os interesses da colectividade. O que, decisivamente, marca o carácter imperativo, autoritário ou público de um poder ou de uma competência é a sua articulação com o interesse público e a vontade dos cidadãos.

No nosso parecer, a versão de Alessandro Lolli, embora mais elaborada do que a de Nicosia, sobretudo por se procurar legitimar por via da referência explícita à ideia de representação democrática, acaba por

---

[546] A Constituição e a lei não constituem um limite de uma espécie de Poder Público pré-jurídico; pelo contrário, a ordem jurídica assume-se como *fonte* e *legitimação* de todo o Poder Público; cfr. GERSDORF, Ob. cit., p. 39.

[547] Cfr. Mário Aroso de ALMEIDA, *Anulação de Actos Administrativos e Relações Jurídicas Emergentes*, p. 90 e ss.

[548] Cfr. SORACE, "Promemoria per una nova voce «atto amministrativo»", p. 752.

[549] Cfr. LOLLI, Ob. cit., p. 210.

[550] Cfr. LOLLI, *ibidem*, p. 211.

generalizar as notas da autoridade e da imperatividade a todos os actos da Administração praticados no exercício de competências de direito público. A noção específica de autoridade que apresenta – tal noção está já pressuposta na tese de M. S. Giannini sobre a autoridade dos actos de concessão – confunde *autoridade* com *exercício do Poder Público* (todas as actuações da Administração representam a actuação de um Poder Público, exercido em representação da colectividade). Esta confusão e a generalização do conceito de autoridade introduzem o efeito pernicioso de reconduzir à figura do acto administrativo (de autoridade) toda e qualquer acção administrativa de interesse público[551].

Assumindo uma posição crítica desta doutrina, reiteramos o sentido fundamental de uma afirmação proferida no ponto anterior: a acção da Administração Pública apresenta-se como acção de autoridade apenas na estrita medida em que se desenrole no exercício de poderes públicos de autoridade conferidos pela ordem jurídica[552].

b) Autoridade como agressividade, sacrifício e restrição de direitos

A linha teórica que nos propomos analisar agora funda-se na ideia de desvalorizar a autoridade da acção dos poderes públicos, reclamando a bondade de uma visão paritária, consensual e contratualizada das relações jurídicas administrativas[553]. O objectivo que esta linha persegue passa pela alteração da visão (tradicional) do "poder público" e do "acto administrativo" como categorias jurídicas articuladas com a nota de autoridade. O seu ponto de partida formula-se em termos simples: a visão tradicional reconduz à figura do acto administrativo (de autoridade) actos que não apresentam qualquer conteúdo agressivo para o destinatário. Ora, defende este novo ponto de vista, uma vez que tais actos não são praticados no exercício de uma "capacidade de impor sacrifícios nos direitos de terceiros", não devem ser considerados actos de autorida-

---

[551] Haverá um acto administrativo (de autoridade) sempre que a Administração exerce um poder imperativo, por conseguinte, sempre que aquela exerce um poder "raccordato alla volontà dei cittadini"; cfr. LOLLI, Ob. cit., p. 223.

[552] Neste sentido, cfr. HILL, Ob. cit., p. 327.

[553] Sobre o fenómeno do consenso no direito público, cfr., *supra*, Parte I, Cap. II, 3.1. Em particular, acentuando as notas da paridade e do consenso no direito administrativo, cfr. BENVENUTI, "Per un diritto amministrativo paritario", cit., p. 807 e ss; BASSI, "Autorità e consenso", cit., p. 749.

de. O mesmo sucede, naturalmente, com o poder de os praticar, o qual há-de considerar-se um "poder não autoritário"[554].

A noção de poder público aparece, portanto, reconstruída a partir da redefinição do conceito de acto administrativo. O fundamento desta redefinição reside na suposição de que só constituem actos administrativos, com a nota da autoridade, as decisões da Administração que comportem a incrustação de efeitos jurídicos desfavoráveis na esfera do destinatário: autoridade equivale, pois, a incisão negativa ou agressão aos direitos dos indivíduos.

Olhando menos para o *poder* do que para o *acto* – perspectiva que, no nosso juízo, infecta todo o raciocínio subsequente –, estas teses defendem que a autoridade não deve representar uma nota necessária do conceito de acto administrativo. Serão praticados no exercício de um poder público não autoritário todos os actos consentidos e desejados pelos respectivos destinatários[555]. A reformulação do conceito de acto administrativo passa, assim, por se admitir que nele se incluem actos de autoridade (que provocam uma incisão negativa na esfera jurídica de outrem), mas também actos que se entende serem não autoritários: os que dependem de pedido ou de aceitação, bem como, em geral, todos os que produzem efeitos vantajosos para o destinatário[556].

Esta concepção doutrinal aparece iniciada já há alguns anos pelos autores que, estudando o auxílio financeiro do Estado a particulares, puseram em causa a ideia que considerava autoritários os actos administrativos de subvenção: tais actos caracterizar-se-iam por uma "autoridade menor ou reflexa", dado que, movendo-se no direito público e agindo unilateralmente sobre a esfera jurídica de terceiros, não representam vínculos inderrogáveis, directos ou indirectos, mas comportamentos desejados.

A abertura do acto administrativo a actos unilaterais da Administração que não provocam qualquer incisão ou agressão implicaria uma revisão do conceito tradicional, que, segundo estas correntes, teria sido concebido como acto de *imperium*, agressivo e negativo para o destinatário.

---

[554] Nestes termos, cfr. GUARINO, *Atti e poteri amministrativi*, p. 266. Na mesma linha, cfr., entre outros, FALCON, *Le convenzioni*, cit., p. 231 e ss; LIBERATI, Ob. cit., p. 87 e ss; CIVITARESE, Ob. cit., p. 78 e ss; CAPACCIOLI, *Manuale di diritto amministrativo*, p. 279 e ss; SORACE, "Promemoria", cit., p. 751 e ss; SORACE/MARZUOLI, "Concessioni amministrative", p. 290; MATTEUCCI, Ob. cit., p. 413.

[555] Cfr. GUARINO, *ibidem*, p. 268.

[556] Cfr. FALCON, *ibidem*, p. 232.

Numa linha próxima, também M. Severo Giannini, sem o referir abertamente, tinha experimentado já algumas dificuldades para provar o carácter autoritário dos actos unilaterais de concessão[557]: tendo considerado o acto administrativo um momento de autoridade, entendida como o "poder de suprimir ou comprimir a liberdade dos administrados", acabou por defender que ela era ainda um atributo dos actos de concessão, uma vez que a "atribuição a um particular de um benefício comporta uma incisão na liberdade dos outros". Quer dizer, os actos de concessão configurar-se-iam, também eles, como uma expressão de "rapporti autorità-libertà"[558]. Por esta via, Giannini encontrava uma forma de "salvar" a autoridade dos actos favoráveis e dependentes do consentimento do destinatário. Contudo, nesses actos, a autoridade deixava de se assumir como uma dimensão das relações entre Administração e destinatário[559], para passar a conceber-se como uma dimensão das relações entre ela e terceiros. O acto emanado pela Administração a pedido do destinatário não poderia ser considerado acto de autoridade em relação a este mesmo sujeito: mais tarde, dir-se-á que essa passou a assumir-se como uma conclusão "universalmente admitida"[560].

Embora "salvando" a autoridade das concessões, actos favoráveis para o destinatário, Giannini – que viria a abandonar essa construção[561] –, mantém-se, afinal, fiel à concepção segundo a qual a autoridade de um acto e, logo, também do poder de o praticar consiste na sua idoneidade para suprimir ou comprimir a esfera jurídica de outrem: o seu contributo foi o de indicar, no caso da concessão, pessoas cuja esfera jurídica sofria essa incisão negativa.

Esse entendimento de Giannini viria criar as condições para a crítica que a doutrina posterior acabou por dirigir à sua construção sobre a

---

[557] Como diz MAMELI, *Servizio pubblico e concessione*, p. 590[50], o acto de concessão constitui um "ponto de crise da noção de acto administrativo".

[558] Cfr. GIANNINI, "Atto amministrativo", cit., p. 164, e *Diritto,* cit., II, p. 674.

[559] Nesta lógica, observaria mais tarde SORACE, "Promemoria", cit., p. 751, que a outorga da concessão não poderia ser considerada acto de autoridade na perspectiva do destinatário, uma vez que o ordenamento jurídico desconhece a hipótese de um sujeito se tornar concessionário da Administração sem o seu consentimento.

[560] Cfr. SCOCA, "La teoria del provvedimento dalla sua formulazione alla legge sul procedimento", p. 24.

[561] Cfr. GIANNINI, *Istituzioni,* cit., p. 340, afirmando que os procedimentos concessórios não apresentam as características dos procedimentos administrativos autoritários.

autoridade dos actos de concessão[562]. Demonstrando com relativa facilidade que a outorga de concessões não representa sempre a subtracção de uma *utilitas* a terceiros, os críticos ficam em condições de concluir que, pelo menos em certos casos, os actos unilaterais de concessão não são actos de autoridade.

A doutrina das concessões viria depois a ser extrapolada para outros actos da Administração que não representam uma incisão na esfera dos administrados (destinatário e terceiros), não faltando mesmo quem não a reconheça nos actos de autorização ou, numa versão menos radical, nos actos de autorização quando vinculados.

A contestação da dimensão de autoridade de certos actos administrativos (e, por consequência, do poder de os praticar) parte do princípio de que, por ter nascido no contexto de uma administração agressiva, a figura tradicional de acto administrativo de autoridade não se revela idónea para abranger actos que produzem efeitos procurados pelo destinatário.

Todavia, essa doutrina está equivocada quando entende que, no início, o acto administrativo foi pensado só para a administração agressiva. De facto, os "pais fundadores" do direito administrativo perceberam que a autonomia da nova disciplina pressupunha um enquadramento conceptual próprio, emancipado das categorias do direito civil, que deveria representar o carácter funcionalizado e vinculado da acção administrativa e a posição especial da Administração enquanto curadora do interesse geral[563]. Para se emancipar das formas do direito civil, o acto administrativo não podia ser considerado uma espécie de "negócio jurídico unilateral" de exercício de uma liberdade numa esfera de autonomia, mas, antes, um acto praticado no âmbito de um poder funcional, entregue para a prossecução de um fim específico e previamente definido[564]. O carácter funcionalizado do poder público e o princípio da legalidade contribuíam,

---

[562] Nem toda a doutrina adoptou essa posição crítica: alguns mantiveram-se fiéis à tese inicial de Giannini, tendo-a aliás desenvolvido e explicitado; cfr. SCOCA, "La teoria del provvedimento", cit., p. 25 e ss, e "La concessione come strumento di gestione dei servizi pubblici", p. 29; BATTAGLINI, "Attività vincolata e situazioni soggettive", p. 52.

[563] Cfr. RANELLETTI, Ob. cit., p. 62.

[564] O poder administrativo e o acto administrativo ficavam para o direito administrativo como o poder negocial e o contrato estavam para o direito civil; cfr. FALCON, *Le convenzioni*, cit., p. 206.

sem dúvida, para confirmar a autonomia do acto administrativo em face do negócio de direito privado[565].

Mas, além da autonomia pelo lado dos fins e da vinculação, impunha-se ainda provar a autonomia do acto administrativo pelo lado do conteúdo, o que conduziu a doutrina a acentuar os factores de autoridade, de comando e de *imperium* que nele estariam implicados. Também por essa razão, ou sobretudo por causa dela, o acto administrativo não poderia ser objecto de explicação segundo os cânones do direito civil[566].

Num tempo em que todos os esforços teóricos se mobilizavam para a afirmação da autonomia do direito administrativo, é compreensível que a doutrina pusesse toda a ênfase no factor que ilustrava de forma mais cristalina a "exigência de construir um direito especificamente público, desvinculado dos conteúdos tradicionais do direito privado, que dominavam desde a época do Estado-polícia"[567]. Esse factor era, como já se percebeu, o comando ("Befehl"), que, mais do qualquer outro, exprimia a *desigualdade jurídica* entre Estado e cidadão: daí que se considere que o direito administrativo e, com ele, o acto administrativo tivessem começado por se conceber segundo postulados autoritários e de comando[568]. De outro modo, podemos dizê-lo hoje, o direito administrativo não se teria afirmado como disciplina autónoma, pois, segundo alguns contemporâneos de Hauriou e de Mayer, tratar-se-ia de uma ciência sem objecto[569].

Seria, contudo, profundamente errado supor que a autonomia do direito administrativo se fez só à custa do poder de comando e do acto administrativo de comando. A enorme importância do legado de Hauriou, Ranelletti e Otto Mayer reside, além do mais, na demonstração do erro

---

[565] Cfr. CASETTA, "Provvedimento e atto amministrativo", p. 245.

[566] É isto que explica que a doutrina apresentasse como unilaterais e de autoridade actos e relações jurídicas desenvolvidas num contexto que, na realidade, era mais ou menos consensual e contratualizado, como, por ex., as relações contratuais e as relações de emprego público; cfr. HAURIOU, *Précis de droit administratif et de droit public*, pp. 578 e 590 e ss.

[567] Cfr. FIORAVANTI, "Otto Mayer e la scienza del diritto amministrativo", p. 606; HUERGO LORA, Ob. cit., p. 128[15].

[568] A afirmação da "especialidade" do direito administrativo reclamava a acentuação dos factores que tornavam mais óbvia a não recondução das relações por ele reguladas aos esquemas do "direito comum"; cfr. FERRARA, "La pubblica amministrazione fra autorità e consenso: dalla «specialità» amministrativa a un diritto amministrativo di garanzia?", p. 229.

[569] Cfr. FIORAVANTI, Ob. cit., p. 613.

em que incorriam aqueles (como Laband) que, ainda influenciados pelas teorias que vigoravam no Estado-polícia, entendiam que, na actividade do Estado, o único momento verdadeiramente autoritário residia no poder de comando: tudo o resto, diziam, poderia ser explicado segundo os esquemas do direito privado. Desde logo, Otto Mayer demonstra que há direito administrativo para lá do comando e, ao contrário do que se diz muitas vezes, o "seu" acto administrativo explica relações em que o Estado não se apresenta como detentor de poderes de comando perante o administrado[570]: como exemplo disso mesmo encontramos, por ex., o acto administrativo consentido, destinado a disciplinar relações que outros consideravam contratuais (actos de constituição de relações de emprego público, concessões de serviços públicos)[571]; ao acto adminis-trativo são, por conseguinte, reconduzidas relações jurídicas de natureza consensual que se processam entre o Estado e o administrado[572].

Segundo Otto Mayer não existia, portanto, uma conexão necessária entre acto administrativo e comando, imposição ou ablação, mas apenas entre acto administrativo e poder ou autoridade (na definição do direito); o acto administrativo pode conferir vantagens aos administrados e reco-nhecer-lhe até direitos em face da Administração[573]. O acto administra-tivo de Mayer nasceu, portanto, sob o signo da autoridade, mas não da autoridade como agressão, comando ou proibição. O acto não é autori-tário por agredir o administrado ou por lhe impor um resultado indese-jado, mas apenas porque "impõe", "com autoridade", a definição do direito aplicável a um caso concreto no contexto de uma relação de subordinação entre Estado e administrados[574]. E isto foi exactamente

---

[570] Cfr. MAYER, *Deutsches,* cit., I, p. 135, esclarecendo que, além do comando, há "outras formas de execução autoritária".

[571] Ainda que configurasse em moldes autoritários tais actos, Mayer partia do prin-cípio de que a produção deles pressupunha o consentimento do particular; cfr. MAYER, "Zur Lehre von öffentlichrechtlichen Vertrage", cit., p. 45. O consentimento do destina-tário poderia mesmo substituir a base legal do acto administrativo (*volenti non fit iniuria*); sobre isso, cfr. SCHMIDT-DE CALUWE, *Der Verwaltungsakt in der Lehre Otto Mayers,* p. 138 e ss.

[572] Cfr. SORDI, Ob. cit., p. 506.

[573] Cfr. MAYER, *Deutsches,* cit., I, p. 97.

[574] A afirmação de que o acto administrativo constitui um instrumento operativo em *relações de subordinação,* como as que, segundo Mayer, existem entre o Estado e os súbditos, não significa que a autoridade do acto resulte de uma subordinação não deseja-da ou contrária à vontade e aos interesses do administrado. O factor *subordinação* não

assim porque a *ratio* da construção do acto administrativo como acto de autoridade residia só na exigência de fazer prevalecer o interesse geral sobre os interesses particulares[575].

Não é muito diferente do de Otto Mayer o percurso efectuado no direito italiano por Oreste Ranelletti: também este entendia que a subtracção do "provvedimento" ao direito civil era evidentemente mais fácil em relação a *actos imperativos*, de comando, uma vez que estes representam sempre algo de anómalo naquele sistema. Mas, quando se tratou de qualificar certos actos da Administração que não impõem, antes concedem ou autorizam, Ranelletti, sem artifícios[576], não hesitou em considerá-los *actos de imperium*, pois, explicava, o *imperium* não está apenas nos poderes de comando, mas em toda as situações em que o poder executivo se manifesta *como autoridade* na sua qualidade de "curador dos interesses sociais". Concluindo, afirmava Ranelletti que apresentar as concessões como actos de *imperium* não surpreende, porquanto o *imperium* não se revela apenas no comandar, mas também no *declarar* e no *permitir*[577].

Confirma-se, assim, que a nota da autoridade nunca foi um sinónimo de imposição, proibição ou comando. É esse um equívoco fundamental das teses que, ultimamente, têm contestado que a autoridade consubstancia uma dimensão necessária do acto administrativo. O acto administrativo como acto de autoridade "conta", desde o início, com os actos favoráveis, que dependem do consentimento do particular e que produzem efeitos desejados. Como diz Vieira de Andrade, "o acto administrativo é um instrumento perfeitamente apto a produzir *situações de vantagem* para os particulares"[578].

---

pretende indicar o tipo concreto de relação que o acto administrativo constitui; o que se procura deixar claro é que entre Estado e súbdito não há uma situação jurídica de igualdade: por isso, independentemente do seu conteúdo, o acto praticado no domínio dessas relações estará sempre marcado por aquele factor.

[575] Analisando e justificando a ideia de exorbitância do acto administrativo, explica SEILLER, "L'exorbitance du droit dês actes administratifs unilatéraux", p. 483, que, "para levarem a bom termo a sua função de promoção do interesse geral, as autoridades administrativas devem dispor de meios jurídicos que lhes permitam vencer a resistência dos interesses privados".

[576] Criticando a doutrina que usa artifícios argumentativos para manter os actos de concessão dentro do conceito de acto administrativo (autoritário), cfr. SORDI, Ob. cit., p. 509.

[577] Cfr. RANELLETTI, Ob. cit., p. 62.

[578] Cfr. J.C. Vieira de ANDRADE, "Algumas reflexões a propósito da sobrevivência do conceito de «acto administrativo» no nosso tempo", p. 1198.

A distinção entre actos administrativos autoritários e não autoritários tem subjacente um vício inicial que afecta todo o percurso. O vício reside essencialmente na consideração exclusiva dos efeitos do *acto* e não (antes de tudo) do *poder* de os constituir ou declarar. Com efeito, apresentando-se a autoridade como a qualidade do *acto* que agride, será difícil vê-la representada no acto integralmente favorável às pretensões do destinatário[579].

A consideração da autoridade como qualidade do acto administrativo está, de facto, na génese de uma sucessão de equívocos que conduz ao desfecho conhecido: se um acto tem de ser consentido pelo destinatário, não é autoritário nem imperativo, já que a Administração não pode impô-lo; se o acto não é autoritário, então o poder unilateral de o praticar também não será; assim, os poderes jurídicos da Administração (para praticar actos administrativos) não serão sempre poderes de autoridade[580].

A compreensão correcta do conceito de autoridade postula uma referência, não directamente aos actos praticados pelo Administração, mas ao poder de os praticar[581]. Hão-de ser os específicos contornos dos poderes que a lei confere à Administração Pública a determinar a natureza dos actos que ela pratica.

c) Noção de poder público de autoridade: posição adoptada

As considerações expostas esclareceram que, na nossa interpretação, a autoridade, não sendo inerente à Administração, nem estando presente em todos os poderes ou competências que a lei lhe confere, também não reside apenas no poder público de impor o sacrifício de posições jurídicas dos cidadãos: a autoridade é *menos* do que propõe a primeira doutrina e *mais* do que defende a segunda.

---

[579] Concebendo-se a autoridade como a qualidade do acto que incidir unilateralmente nas situações jurídicas dos interessados, terá de se reconhecer que essa não constitui, de facto, uma qualidade de todos os actos administrativos. Nos actos favoráveis para o destinatário, a vontade da Administração não se impõe contra a vontade dos particulares, mas vai ao encontro dela; neste sentido, cfr. MATTARELLA, "Il provvedimento", p. 726.

[580] Cfr. FALCON, *Le convenzioni,* cit., p. 231 e ss; GUARINO, *Atti,* cit., p. 266; LIBERATI, Ob. cit., p. 87.

[581] Propondo ou pressupondo a referência da autoridade ao poder (e não imediatamente ao acto), cfr. SCOCA, "La teoria del provvedimento", cit., p. 49; MATTARELLA, "Il provvedimento", cit., p. 727; FRACCHIA, *L'accordo sostitutivo,* p. 164; CASETTA, *Manuale,* cit., p. 474 e ss; VILLATA, "L'atto amministrativo", p. 1409 e ss; CAVALLO, *Provvedimenti e atti amministrativi,* p. 18 e ss.

Nestes termos, apresentamos o poder público administrativo de autoridade como o *poder abstracto – estabelecido por uma norma de direito público – conferido a um sujeito para, por acto unilateral praticado no desempenho da função administrativa, editar regras jurídicas, provocar a produção de efeitos com repercussão imediata na esfera jurídica de terceiros, produzir declarações às quais a ordem jurídica reconhece uma força especial ou ainda empregar meios de coacção sobre pessoas ou coisas.*

A compreensão desse enunciado reclama alguns desenvolvimentos.

aa) Poder conferido por uma norma de direito público a um sujeito que desempenha a função administrativa – Trata-se de uma nota essencial, porquanto no domínio do direito privado há poderes (*poderes privados*) que preenchem, ponto por ponto, as notas caracterizadoras dos poderes públicos. Embora possa não se revelar suficiente para estabelecer a distinção entre poderes públicos e poderes privados, o facto de um poder estar confiado a um sujeito por uma norma jurídica que se lhe dirige como titular da função administrativa pode ajudar a resolver algumas situações duvidosas.

A referência à origem do poder público de autoridade e a interligação com a função administrativa esclarecem, por outro lado, que está em causa um *poder funcionalizado*[582], confiado a um sujeito em vista da realização de um interesse que lhe é exterior: como se saber, o poder público não resulta de uma natural posição de supremacia do Estado sobre os particulares, mas exclusivamente da prevalência ou supremacia do interesse público sobre os interesses particulares[583]. Do mesmo modo, aquela referência torna claro que o poder público de autoridade resulta da lei e não do consentimento do sujeito passivo, isso apesar de o poder se revelar susceptível de exteriorização no desenrolar de relações jurídicas de génese consensual. A origem normativa explica ainda a articulação do poder público com a ideia de unilateralidade: o poder público

---

[582] No sentido de que a autoridade administrativa não comporta apenas a dimensão de *poder público*, potencialmente agressivo, mas também a de *dever público*, cfr. J.C. Vieira de ANDRADE, "Algumas Reflexões", cit, p. 1198.

[583] Cfr., nesse sentido, J.C. Vieira de ANDRADE, "Algumas Reflexões", cit, p. 1199; CASETTA, *Manuale,* cit., p. 287; MATTARELLA, "Il provvedimento", cit., p. 727; SEILLER, "L'exorbitance", cit., p. 483.

de autoridade é um poder jurídico unilateral[584]. Isto não exclui, contudo, que o poder se revele por actos consensuais (*v.g.*, por meio de contrato administrativo substitutivo de acto administrativo).

bb) Posição jurídica de natureza abstracta – O poder público constitui uma *posição jurídica activa*, embora de natureza "abstracta", posto que não consiste numa *pretensão específica* que opere no quadro de uma relação jurídica concreta[585]. Como alguma doutrina tem observado quanto aos poderes privados (para os distinguir dos direitos potestativos), a posição jurídica de poder (público) caracteriza-se pela "reiteração" [586]: consistindo não tanto numa concreta ou isolada faculdade de adoptar um comportamento incidente sobre a esfera jurídica de um terceiro, mas num consistente *poder de supremacia jurídica de um sujeito*, uma das marcas decisivas do poder público reside no facto de o exercício não implicar a sua extinção.

cc) Poder de editar regras jurídicas – Ao contrário dos conceitos de poder público correntes e mais divulgados (propostos a pensar sobretudo na articulação entre poder e acto administrativo), a noção aqui proposta inclui uma referência expressa à edição de regras jurídicas. Na verdade, a edição de regras de conduta a observar obrigatoriamente constitui um vector essencial do poder público de autoridade.

dd) Poder de provocar a produção de efeitos que vão ter uma repercussão imediata na esfera jurídica de terceiros – O poder público de autoridade que aqui se apresenta não está limitado aos tópicos da agressão e do sacrifício de posições subjectivas[587]. Na verdade, o que verdadeiramente revela a autoridade de um poder é a circunstância de a ordem jurídica confiar a um agente a competência para, por si só, produzir um resultado que tem uma imediata repercussão na esfera jurídica de um

---

[584] Referindo-se à autoridade – do acto administrativo – como significando "poder unilateral de decisão", cfr. J.C. Vieira de ANDRADE, "Algumas reflexões", cit., p. 1196. Associando as dimensões da *unilateralidade* e da *autoridade* do poder administrativo, cfr. CASETTA, *Manuale,* cit., p. 474; SCOCA, "La teoria del provvedimento", p. 50. Aliás, há mesmo quem reconduza a autoridade à unilateralidade: cfr FRACCHIA, Ob. cit., p. 167.

[585] Cfr. GALATERIA/STIPO, Ob. cit., p. 80. Dado tratar-se de uma posição abstracta, o poder público não é consumido nem se extingue pelo exercício: cfr. CAPACCIOLI, *Ob. cit.,* p. 249.

[586] Cfr. DELL'UTRI, "Poteri privati e situazioni giuridiche soggettive", p. 311; SIGISMONDI, "La tutela nei confronti del potere pubblico e dei poteri privati: prospettive comuni e aspetti problematici", p. 477[4].

[587] Cfr. J.C. Vieira de ANDRADE, *Os Direitos Fundamentais,* cit., p. 230[82].

terceiro. O resultado produzido pode até ser querido pelo interessado, uma vez que o marco decisivo reside no facto de a respectiva produção estar *exclusivamente* confiada àquele agente[588]. O poder e a autoridade não desaparecem pelo facto de o seu exercício estar dependente de um acto do destinatário. Em muitos casos, o *exercício do poder* depende da participação do destinatário (na iniciativa do procedimento ou na aceitação do acto) porque a exigência de tutela do interesse público só aparece depois de o interessado manifestar a vontade de realizar uma pretensão determinada que, nos termos da lei, é susceptível de colidir com o interesse público. Mas a autoridade do poder continua muito nítida, porquanto a Administração detém a faculdade de, *por si só*, verificar a compatibilidade da pretensão com o interesse que ela tutela[589] e de permitir a realização do interesse particular[590].

A Administração está, portanto, investida de um poder de autoridade sempre que um particular esteja exposto aos resultados do exercício desse poder, tendo de suportar, se for caso disso, o sacrifício de uma posição jurídica de vantagem ou a incrustação de uma posição jurídica desvantajosa (*estado de sujeição*):

i) Em face do poder de produzir efeitos desfavoráveis (por ex., acto impositivo ou de proibição), a sujeição consiste em ter de suportar a eventual incrustação de uma posição desvantajosa (*v.g.*, dever de fazer, de se abster ou de suportar) ou o eventual sacrifício de uma posição jurídica de vantagem (*v.g.*, limitação ou ablação de um direito); o sacrifício resulta do mero facto do exercício do poder[591]; o poder manifesta-se através de um acto dotado de *executividade*, o qual, em caso de não acatamento, pode ser imediatamente executado, "sem dependência de qualquer outra pronúncia"[592];

---

[588] Em sentido coincidente com esse, cfr. Casetta, "Provvedimento", cit., p. 250.

[589] É portanto indiferente que o exercício do poder esteja dependente de solicitação ou de aquiescência do administrado: essencial é que a produção de um efeito jurídico, *legitimamente* esperada por um particular, esteja dependente de um acto unilateral da Administração. Uma vez produzido, esse efeito jurídico atribui-se exclusivamente ao poder público; cfr. Casetta, "Provvedimento", cit., p. 250; Fracchia, Ob, cit., p. 164.

[590] Cfr. Romano, "I soggetti", cit., p. 299.

[591] Alguns autores falam de *estado de sujeição* apenas quando está em causa o exercício deste tipo de poderes, já que neles a autoridade "se manifesta de forma particularmente intensa" – nesse sentido, cfr. Irelli, Ob. cit., p. 352.

[592] Cfr. Rogério Ehrhardt Soares, *Direito*, (1978), cit., p. 199.

ii) Em face do poder de produzir efeitos favoráveis (*v.g.*, poder de autorizar ou de conceder), quando não sejam *actos vinculados*, a sujeição consiste em o interessado ter de suportar o eventual sacrifício de um interesse no exercício de um direito condicionado (*v.g.*, recusa de uma autorização permissiva) ou de um interesse legalmente protegido (*v.g.*, recusa de uma subvenção[593]); o sacrifício resulta aqui de o poder ser exercido num determinado sentido.

Salvo o caso particular dos *poderes de exercício vinculado que tenham por objecto a criação de efeitos favoráveis*, o exercício legítimo do poder é susceptível de implicar uma incisão na esfera do destinatário ou envolver, a título definitivo, o sacrifício de um interesse particular. Isso é o bastante para poder afirmar-se que, perante o poder, o destinatário se encontra em *estado de sujeição*: com Capaccioli, diremos que o interessado não goza de uma "garantia do resultado", encontrando-se, portanto, em situação de ter de suportar o eventual desfecho negativo do procedimento, quando legítimo[594].

ee) Poder de produzir declarações às quais a ordem jurídica reconhece uma força especial – Embora se afigure óbvia uma conexão os poderes públicos administrativos e a figura do acto administrativo (que é sempre praticado ao abrigo de um poder público de autoridade), deve, contudo, notar-se que o poder público e a autoridade se manifestam também ainda por meio de actos de natureza diferente, como é o caso de certos actos declarativos dotados de força probatória especial (*v.g.*, autos de infracção redigidos por agentes de autoridade) ou de declarações de ciência às quais a ordem jurídica reconhece um especial valor certificativo por serem emitidas num contorno público e oficial (*v.g.*, certificação de que um automóvel oferece condições de segurança na sequência de uma inspecção efectuada por certas pessoas e em conformidade com certas regras).

ff) Poder de emprego de meios coactivos sobre pessoas e coisas – Quer no contexto da *execução coerciva de decisões administrativas*, quer no domínio da *coacção directa*, o uso de meios coactivos e o emprego da

---

[593] O erro dos que entendem que a concessão de uma subvenção pública não é uma manifestação de autoridade está em desconsiderarem a existência do *poder* de atribuir a subvenção ou em olharem só para a sua manifestação positiva, esquecendo a possibilidade do eventual exercício desse poder num sentido desfavorável.

[594] Cfr. CAPACCIOLI, Ob. cit., p. 258.

força sobre pessoas e coisas representa um autónomo poder público de autoridade. Está, nesta hipótese, envolvida a "máxima afirmação de «potestas» da Administração"[595].

3.3. *Poderes públicos e poderes privados*

Em 1898, a propósito do poder disciplinar nas relações entre particulares, afirmava Santi Romano que "o princípio da igualdade em que se inspira toda a moderna legislação de direito privado não permite que uma pessoa, física ou jurídica, à excepção do Estado e dos outros entes públicos, possa exercer um poder de autoridade sobre uma outra pessoa"[596]. Algumas décadas mais tarde, Enrico Rasponi observava que aquela afirmação estava baseada num apriorismo, que dava por demonstrado algo que carecia de ser demonstrado; o próprio Rasponi revelaria o infundado da tese de Santi Romano, concluindo, a partir da análise da lei, que, também no direito privado, há "poteri di supremazia nascenti *ex lege*"[597].

Hoje, é genericamente reconhecido o facto de o direito privado conhecer poderes de autoridade, poderes "di imporre giuridicamente ad altri le proprie decisioni"[598]. Trata-se dos "poderes privados" enquanto poderes de "supremacia jurídica"[599] – que se distinguem dos direitos potestativos por força da característica da "reiteração". O poder de autoridade e o acto jurídico unilateral não se apresentam, de facto, como fenómenos exclusivos do direito público[600], sendo certo que não há sequer diferenças essenciais entre poderes privados e poderes públicos[601].

---

[595] Referindo-se nesses termos ao poder de execução coerciva de actos administrativos, cfr. Rui Chancerelle de MACHETE, "Privilégio", cit., p. 459.

[596] Cfr. SANTI ROMANO, "I poteri disciplinari delle pubbliche amministrazioni", p. 241.

[597] Cfr. RASPONI, *Il potere disciplinare*, p. 222 e ss.

[598] Cfr. BIANCA, *Le autorità private*, p. 4.

[599] Consideramos os poderes privados apenas enquanto "poderes de supremacia conferidos pela ordem jurídica". Excluídos ficam os "poderes de facto", de natureza económica, social ou outra; distinguindo entre poderes jurídicos e poderes de facto nas relações privadas de poder, cfr. J.C. Vieira de ANDRADE, *Os Direitos Fundamentais*, cit., p. 255.

[600] Cfr. VENEZIA, "Puissance publique, puissance privée", p. 369; DUPUIS, "Définition de l´acte unilatéral", p. 209; SEILLER, "L'exorbitance", cit. p. 481 e ss.

[601] Cfr. Vasco Pereira da SILVA, *Em Busca*, cit., p. 559. Propondo uma "reconstrução unitária" dos poderes públicos e privados, cfr. SIGISMONDI, Ob. cit., p. 504 e ss. Segundo o Autor, o fundamento dessa unidade reside, por um lado, na situação subjectiva de poder em si mesma (que se consubstancia em um sujeito deter a faculdade de

Os poderes privados (de autoridade) exteriorizam-se através de actos individuais e concretos (ordens, proibições, punições), mas também através da edição de actos normativos (*poder normativo privado*[602]).

No contexto das *relações escolares* (poderes das instituições privadas de ensino e dos respectivos professores sobre os estudantes)[603], *associativas e similares* (poderes dos grupos organizados sobre os respectivos membros)[604], bem como das relações *laborais* (poderes dos emprega-

---

determinar unilateralmente um efeito que toca a esfera jurídica de outro sujeito), e, por outro, na circunstância de o titular do poder estar obrigado a considerar os interesses do sujeito que, do lado passivo, sofre a incrustação dos efeitos da sua actuação.

[602] Sobre este, cfr., *infra*, cap. II.

[603] No âmbito das relações jurídicas existentes entre os alunos e as escolas privadas há manifestações de supremacia jurídica dos órgãos da escola e dos respectivos professores: é o que se verifica, além do mais, com as *medidas disciplinares*, cfr. CRISAFULLI, "La scuola", cit., p. 94. Recorde-se que os princípios que enformam o *Estatuto do Aluno do Ensino não Superior* são aplicáveis às escolas privadas (artigo 3.º/4 da Lei n.º 30/2002, de 20 de Dezembro); no direito italiano, sobre o direito disciplinar nas escolas privadas, cfr. CALVERI, *Il sistema delle punizioni disciplinari nel diritto scolastico*, p. 81.

[604] A doutrina divide-se quanto ao fundamento dos poderes associativos.

Para alguns autores, os poderes associativos (*v.g.*, aplicação de sanções) baseiam-se "no consentimento dos associados, prestado no acto de constituição da associação ou – tratando-se de pessoas que ingressam posteriormente – ao aderirem a ela"; cfr. Pinto MONTEIRO, *Cláusula Penal e Indemnização*, p. 144. A autoridade ou supremacia jurídica da associação teria portanto um fundamento contratual e, por ex., as sanções endo-associativas não seriam sanções de natureza disciplinar mas antes a manifestação de um direito de resolver o contrato (no caso de expulsão) ou de um direito de accionar uma cláusula penal (no caso de sanções pecuniárias e até de sanções sem conteúdo patrimonial, como a advertência ou a censura): neste sentido, cfr. SANTI ROMANO, "I poteri disciplinari", cit., p. 243; REDENTI, Ob. cit., p. 784; MOSCATI, "Pena", p. 776; PONZANELLI, "Pena privata", p. 3. Na doutrina portuguesa, cfr. A. Pinto MONTEIRO, Ob. cit., p. 150 e ss, rejeitando a identidade entre sanção disciplinar e cláusula penal (recusando assim o argumento central dos contratualistas) e referindo-se a um "poder disciplinar, definido e actuado por órgãos próprios da associação", parece, contudo, aderir à conclusão das teses contratualistas, quando afirma que a previsão de sanções disciplinares nos estatutos "lhes confere um fundamento negocial" (p. 151).

Para outros autores, que em geral entendem que os estatutos das associações possuem um carácter normativo ou regulamentar e não contratual, a adesão à associação é um *pressuposto*, mas *não o fundamento da autoridade associativa*: o fundamento desta reside na lei, que confere ao grupo, enquanto tal, uma posição de supremacia sobre os seus membros, por via do reconhecimento da *autonomia associativa*. Segundo esta tese, as decisões do grupo vinculam os membros sem necessidade do respectivo consentimento; por outro lado, entendem que o momento do acordo (*v.g.*, adesão ao grupo) não pode encarar-se como a expressão de uma vontade de aceitar as futuras determinações do

dores sobre os trabalhadores)[605], surgem com relativa frequência as posições subjectivas caracterizadas por uma nota de autoridade. A existência de situações de poder no âmbito dessas relações de direito privado põe abertamente em crise a ideia, por vezes sugerida, segundo a qual a autoridade do poder público – com as notas da unilateralidade e da determinação de efeitos que se impõem na esfera jurídica de terceiros sem o consentimento actual destes – representa uma _exorbitância_ do direito público em relação ao direito privado[606]. Mas, ainda que essa ideia não se afigure totalmente correcta, importa, apesar de tudo, observar que continua a haver poderes exorbitantes, isto é, _poderes que só existem no campo do direito público_. Por outro lado, o facto de se reconhecer que o direito privado conhece situações de autoridade e de poder não nos deve levar a supor que tais situações representam uma realidade generalizada no campo do direito privado. Na verdade, não sucede assim: o poder e autoridade, generalizados nas relações de direito público[607], representam fenómenos pontuais na área das relações de direito privado[608].

---

grupo: neste sentido, cfr. BIANCA, Ob. cit., p. 17; PRATO, _I regolamenti privati_, p. 33; MEYER-CORDING, _Die Vereinsstrafe_ p. 88 e ss).

Fora do quadro associativo em sentido estrito, uma situação de supremacia jurídica é a que detém, por ex., a _assembleia dos condóminos_ de um edifício em propriedade horizontal que, sem consentimento de alguns, pode aprovar deliberações que a todos obrigam (cfr. artigo 1420.º e ss do Código Civil). O mesmo se diga dos poderes, designadamente disciplinares, das _entidades responsáveis pelo funcionamento dos mercados abastecedores_ (Decreto-lei n.º 258/95, de 30 de Setembro) ou das _feiras e mercados grossistas_ (Decreto--Lei n.º 259/95, de 30 de Setembro) em relação aos respectivos utentes.

[605] Nas relações jurídicas emergentes de contratos de trabalho, uma das partes, o empregador, fica colocada numa inequívoca _posição de autoridade_ a que corresponde um _dever genérico de obediência_ do trabalhador. Essa posição, que tem na lei o seu fundamento, manifesta-se por intermédio de três instrumentos fundamentais: o _poder directivo_ (poder de comando sobre a execução do trabalho), o _poder regulamentar_ (edição de regras de conduta a observar pelos trabalhadores) e o _poder disciplinar_ (punição das faltas cometidas pelos trabalhadores com penas disciplinares); sobre estes poderes, cfr. Bernardo XAVIER, "A Determinação Qualitativa da Prestação de Trabalho", p. 10; J. Coutinho de ALMEIDA, "Os Poderes da Entidade Patronal no Direito Português", p. 301; Monteiro FERNANDES, "Sobre o Fundamento do Poder Disciplinar", p. 60 e ss; Maria do Rosário Palma RAMALHO, _Do Fundamento do Poder Disciplinar Laboral_, especial. p. 155 e ss.

[606] Cfr. SEILLER, "L'exorbitance", cit., p. 485 e ss.

[607] Cfr. Rui Chancerelle de MACHETE, "Privilégio", cit., p. 452.

[608] Cfr. Mário Aroso de ALMEIDA, _Anulação de Actos Administrativos_, cit., p. 92. Mesmo autores como SEILLER, "L'exorbitance", cit., p. 485 e ss, que pretendem comba-

Quanto à designada exorbitância do poder público, deve dizer-se que, apesar de não identificar uma categoria materialmente diferenciada, o conceito de poder público exorbitante referencia uma situação jurídica real. Assim, por ex., qualificam-se como exorbitantes os poderes actuados em relações jurídicas não fundadas no consenso ou na adesão voluntária da parte subordinada[609] ou os poderes de defesa da propriedade pública. Uma extensa cópia de poderes públicos, mesmo que engendrem efeitos desejados, dá lugar a actos praticados sem o consentimento e independentemente do sentido da vontade do destinatário. Quando exista, a exorbitância do poder – que resulta mais do *contexto* ou do *ambiente normativo* de actuação do poder do que do seu conteúdo concreto (ordenar, punir, etc.) – assume, naturalmente, um papel decisivo em sede de qualificação da respectiva natureza jurídica.

Todavia, deve dizer-se, há inúmeros poderes públicos que pressupõem uma relação de base consensual (*v.g.*, poder de rescisão de um contrato administrativo ou de demissão de um funcionário). Nessas hipóteses, só uma análise das indicações que a lei fornece quanto à natureza jurídica da relação subjacente permite obter uma segura definição da natureza jurídica do poder actuado[610].

Quanto à diferença do espaço que as situações de poder ocupam no direito privado e no direito público, supomos que há dois tópicos fundamentais a ter em consideração.

i) Em primeiro lugar, os princípios da igualdade e da autonomia privada impõem uma regra da criação consensual ou consentida de efeitos jurídicos[611]. No caso dos poderes privados, dispensa-se o consenso actual do particular em situação de subordinação, mas, pelo menos em

---

ter o mito da exorbitância, acabam por concluir que o acto unilateral é um instrumento jurídico comum ao direito administrativo e, apesar de tudo, excepcional no direito privado.

[609] Não é naturalmente fundada no consenso a relação iniciada pelo pedido que um particular dirige à Administração para obter o descondicionamento do exercício de um direito. A situação em que o particular está colocado traduz-se, na prática, como *obrigação*, uma vez que não pode legalmente exercer o direito de que é titular sem uma pronúncia favorável da Administração. Sobre a questão de saber se a "filiação obrigatória" numa associação constitui uma obrigação ou um ónus, cfr. Vital MOREIRA, *Administração Autónoma*, cit., p. 448[305].

[610] Nesse sentido, cfr. LOLLI, Ob. cit., p. 223.

[611] A autonomia privada significa que, sem o seu assentimento, ninguém pode ser obrigado perante outrem; cfr. ADOMEIT, "Heteronome Gestaltungen im Zivilrecht?", p. 9.

princípio, não se aceita a subordinação não consentida. A justificação da desigualdade jurídica há-de residir ainda na *autonomia privada*. Daqui decorre que a situação de desigualdade só pode ser instituída no âmbito de relações jurídicas constituídas voluntariamente, no desenvolvimento da capacidade de autodeterminação dos indivíduos. Em regra, a sujeição ao poder privado de autoridade deverá, portanto, resultar de um "acto voluntário de adesão" ou de um "livre contacto" entre as partes da relação de supremacia. Mesmo que a adesão ou a ligação ao titular do poder se apresente como um *imperativo de facto*[612], afigura-se essencial que não exista uma obrigação jurídica de submissão: esta deverá resultar de um *acto juridicamente livre*[613].

A liberdade jurídica de submissão ao poder privado, manifestação do direito à autodeterminação individual, representa, portanto, um limite geral à criação legal de situações de supremacia jurídica privada, no sentido de que a lei, sob pena de violação da *dignidade da pessoa humana* (artigo 1.º da CRP) ou da *liberdade geral de acção humana* (artigos 26.º/1 e 27.º/1 da CRP)[614], não pode constituir a fonte de uma relação privada de autoridade cuja origem não resida num acto livre.

A exigência da livre submissão não deve, contudo, confundir-se com uma espécie de aceitação contratual da actuação autoritária, já que isso excluiria a *heteronomia* inerente ao acto por cujo intermédio a

---

[612] Neste sentido, cfr. Rogério Ehrhardt SOARES, *Direito Público*, cit., p. 107, quando, a propósito da adesão aos grupos como o resultado de um acto de vontade, afirma que "para uma boa parte dos casos, essa adesão é fruto de uma necessidade de facto e não fica outra alternativa ao particular se quiser sobreviver"; em sentido idêntico, cfr. BIANCA, Ob. cit., p. 17, quando, sobre a "faculdade de afastamento", explica que nem sempre essa faculdade pode ser exercida livremente e sem comprometer o interesse prosseguido mediante a adesão ao grupo.

[613] À mesma conclusão chega também ADOMEIT, Ob. cit., p. 11 e ss, quando, a propósito da existência de situações de heteronomia no direito privado, pôs a questão da respectiva compatibilidade com a *autonomia privada*, já que aqui vigora, segundo o Autor, o princípio de que "ninguém pode ser obrigado por outrem sem consentimento". Sem pôr em causa a realidade (*v.g.*, o poder das associações sobre os sócios ou do empregador sobre os trabalhadores), que atesta a existência efectiva de poderes privados unilaterais de conformação e de imposição, o Autor destaca no entanto que tais poderes não existem por si mesmos, mas apenas na medida em que resultam de actos jurídicos autónomos (*autonome Rechtsakte*). Em sentido idêntico, cfr. PRATO, Ob. cit., p. 273, a propósito dos poderes disciplinares das associações.

[614] Sobre a ligação entre o direito ao desenvolvimento da personalidade (artigo 26.º/1) e o direito à liberdade (artigo 27.º/1), cfr. Paulo Mota PINTO, Ob. cit., p. 198 e ss.

autoridade se manifesta. Um acto só se assume como autoritário, na medida em que um contrato ou um acto voluntário de submissão não seja a origem ou o *fundamento directo* do poder que ele manifesta[615]. A livre submissão não constitui, portanto, o *fundamento*, mas apenas a *condição* ou o *pressuposto* do poder privado. Além do mais, isso há-de significar que, no desenvolvimento da relação de supremacia, a autoridade não é actuada apenas nos termos em que apareça regulada pelo contrato eventualmente existente, que pode, aliás, revelar-se omisso sobre a matéria: assim, por ex., entre empregador e trabalhador pode nem sequer existir um documento escrito que formalize e defina o regime do contrato de trabalho, que atribua ao primeiro o poder de direcção e ao segundo o dever de obediência. Não é, no entanto, por isso que deixa de emergir desse contrato uma relação de supremacia, em cujo âmbito o empregador dispõe de um vasto leque de poderes de autoridade: um tal contrato, livremente celebrado, surge como o *pressuposto*, mas *não a fonte* da autoridade do empregador; a fonte dessa autoridade é a própria lei[616].

Ao contrário, no âmbito do direito público, há poderes de autoridade que não pressupõem a livre submissão ou o livre contacto do cidadão com o Estado. Como observa Alessandro Lolli, a dispensa desse momento consensual justifica-se por força da natureza democrática do poder público, isto é, porque, no exercício do poder, a Administração está legitimada pela colectividade a impor um determinado resultado, mesmo contra a vontade de um particular que não aceita, nem aceitou, submeter-se ao poder administrativo[617]. Neste sentido, o poder público exercido fora do contexto de uma relação de génese voluntária apresenta-se, em princípio, como um poder exorbitante[618]: assim, *v.g.*, os poderes de autorizar o exercício de um direito subjectivo, de regular uma actividade económica ou de aplicar uma coima por infracção à legislação rodoviária.

---

[615] Em sentido contrário, qualificando como poderes privados (de incisão na esfera jurídica de outrem) aqueles que normalmente pertencem às partes de uma relação obrigacional, cfr. MATTARELLA, "L'attività", cit., p. 652.

[616] E, como se prova, a lei não se assume, nesse caso, como uma fonte remota da subordinação privada – como, entre muitos outros, entende REDENTI, Ob. cit., p. 784 –, mas a sua fonte directa e imediata.

[617] Cfr. LOLLI, Ob. cit., pp. 209 e 222.

[618] Dizemos, em princípio, porque, ainda assim, há poderes privados que dispensam completamente o consenso dos que lhes estão submetidos: assim acontece com o poder paternal. Trata-se, todavia, de uma situação excepcional.

ii) Uma outra explicação para o número limitado de situações de poder no direito privado decorre de não estar aqui generalizada a figura do interesse pretensivo juridicamente protegido (*interesse legítimo pretensivo*)[619]. Esta circunstância determina que, em geral, não se concebam poderes privados de autoridade susceptíveis de se manifestarem através de actos favoráveis para o destinatário. Os actos privados de conteúdo favorável resultam, em regra, de um *poder livre*[620] e não de um *poder funcionalizado* de composição de interesses. Assim se explica que, ao contrário do que se passa no direito público, o poder de autoridade no direito privado ande exclusivamente associado às ideias de comando, de incisão e de imposição de efeitos na esfera jurídica de um sujeito (contra a sua vontade)[621]. Ao contrário, no direito público, nos "contactos" com a Administração, os particulares (quando requerem uma autorização, uma concessão ou uma subvenção) actuam, em regra, no âmbito de uma norma que protege especificamente o interesse que manifestam, circunstância que implica conceber o poder da Administração de se pronunciar sobre o pedido que lhe é apresentado como um poder funcionalizado e não como um poder livre[622].

---

[619] Ao contrário do interesse legítimo com carácter opositivo, pois que, este, já existe com maior frequência no direito privado, enquanto posição jurídica protagonizada por aquele que se encontra sujeito ao poder de autoridade. Cfr. SIGISMONDI, Ob. cit., p. 505.

[620] Às vezes sucede que um poder "originariamente" livre se transforma num poder vinculado; é o que se verifica nos concursos unilaterais e, em geral, nas vinculações unilaterais; cfr., sobre estas vinculações no âmbito do direito privado, António Menezes CORDEIRO, "Da abertura de concurso para a celebração de um contrato no direito privado", especial. p. 60 e ss.

[621] Sabemos que o direito privado conhece a figura do interesse juridicamente protegido; embora com um carácter pontual, isso já é há muito tempo reconhecido pela doutrina: cfr. ZANOBINI, "Interessi legittimi nel diritto privato", p. 345 e ss. Parece-nos, além disso, que o processo de privatização e as novas formas de auto-regulação privada reclamam, em muitos casos, a *procedimentalização de actividades privadas* (*v.g.*, actividades de certificação), justamente para tornar clara a exigência de considerar e tutelar interesses legítimos nas relações entre particulares. Sobre o interesse legítimo no direito privado, cfr. SIGISMONDI, Ob. cit., p. 476 e ss (com indicações bibliográficas); DELL'UTRI, Ob. cit., p. 311, e "Poteri privati, interessi legitimi e forme di tutela", p. 47 e ss

[622] Alguns autores falam, do nosso ponto de vista sem razão, do "evidente paradoxo" que consiste em considerar-se autoritário o acto da Administração que dispõe de um bem, diante do qual os terceiros têm uma ampla possibilidade de tutela, e, com o mesmo conteúdo, paritário um acto de um privado, diante do qual os terceiros estão colocados num estado de total sujeição; cfr. SORACE/MARZUOLI, Ob. cit., p. 290.

3.4. *Categorias de poderes públicos de autoridade*

Os poderes públicos envolvidos na figura de que nos ocupamos são, já o explicámos, poderes de autoridade exercidos no desempenho da função administrativa.

Recordando a noção acima proposta, estão em causa *poderes – estabelecido por normas de direito público – conferidos a um sujeito para, por acto unilateral praticado no desempenho da função administrativa, editar regras jurídicas, provocar a produção de efeitos com repercussão imediata na esfera jurídica de terceiros, produzir declarações às quais a ordem jurídica reconhece uma força especial ou ainda empregar meios de coacção sobre pessoas ou coisas.*

Nas páginas que se seguem, procuraremos desenvolver algumas notas sobre cada um dos tipos ou categorias de poderes susceptíveis de serem abrangidos por essa noção. Depois disso, exporemos as formas de revelação desses poderes.

Os poderes públicos administrativos podem assumir diversas feições. Distinguimos cinco tipos ou categorias fundamentais: poder normativo, poder de configuração de efeitos jurídicos inovadores, poder de declaração de efeitos jurídicos obrigatórios, poder de emissão de declarações com força probatória especial e poder de emprego da coacção sobre pessoas ou coisas.

Nesta linha, exclui-se o carácter autoritário dos actos por cujo intermédio a Administração recusa atribuir concessões de utilização privativa de bens públicos, bem como daqueles que ela pratica nos procedimentos administrativos de escolha de contratantes. A propósito dos primeiros, explica Sorace: não são actos de autoridade, pois "não se vê como eles podem distinguir-se da recusa de um qualquer sujeito perante o pedido da cessão de um qualquer bem"; cfr. SORACE, Ob. cit., p. 752. Sobre os segundos, diz Guido Greco: "do ponto de vista do conteúdo, esses actos não são diferentes daqueles que qualquer cidadão pode adoptar"; cfr. GRECO, *I contratti dell'amministrazione tra diritto pubblico e privato*, p. 89. Para nós, estas interpretações "esquecem" um dado crucial: a recusa administrativa de uma concessão de utilização de um bem consubstancia uma decisão sobre interesses juridicamente protegidos do requerente, que se colocou sob a incidência de uma norma que protege espcificamente a sua pretensão. Ao contrário, a recusa privada de utilização de um prédio constitui, em princípio, um *acto livre e arbitrário*, posto que a ordem jurídica não protege o interesse de quem pretende aceder à utilização do prédio. O "evidente paradoxo" acima referido não é nem evidente nem representa, para nós, um paradoxo.

3.4.1. *Poder normativo*

O poder de editar regras jurídicas, a observar por terceiros, representa uma das manifestações precípuas do poder público de autoridade. A afirmação vale naturalmente também para a emissão de normas jurídicas administrativas[623]. Apesar de consubstanciar um "poder de constituir efeitos jurídicos inovadores" (cfr. *infra*), o poder público administrativo de produção de normas jurídicas apresenta particularidades que reclamam uma referência autónoma. Veremos que este poder aparece, por vezes, delegado em entidades privadas[624].

3.4.2. *Poderes de "configuração" e de "determinação" da produção de efeitos jurídicos inovadores*

Pensando apenas nos actos concretos e individuais, o poder público de autoridade revela-se susceptível de se traduzir na constituição (modificação ou extinção) de efeitos que alteram a situação jurídica do destinatário. Pode tratar-se de efeitos jurídicos favoráveis ou desfavoráveis, positivos ou negativos; é, por outro lado, indiferente que o procedimento tendente ao exercício do poder seja posto em marcha pela Administração ou pelo interessado. Determinante assume-se o facto de a lei confiar à Administração Pública a responsabilidade da produção de um certo resultado que vai implicar uma alteração da situação jurídica de um particular.

A afirmação do poder de constituição de efeitos jurídicos inovadores como um poder de autoridade não parece suscitar dúvidas quando está envolvido um poder unilateral "de escolher", de "configurar" ou de "desenhar" o concreto conteúdo de um acto que vai fixar a situação jurídica do destinatário[625]. Se uma lei confere à Administração a competência para definir os contornos do conteúdo de uma decisão dirigida a um particular, a situação jurídica deste fica efectivamente dependente do sentido e do conteúdo da intervenção administrativa. É visível, neste

---

[623] No sentido de que o "poder regulamentar é um poder *público*", cfr. Afonso QUEIRÓ, "Teoria dos regulamentos", (2.ª parte), p. 11.

[624] Cfr., *infra*, Cap. II.

[625] Sobre estes conceitos, inspirados na distinção que Sandulli estabelece entre *poder* ou *força determinante* e *poder* ou *força constitutiva*, cfr. SCOCA, "La teoria del provvedimento", cit., p. 33.

caso, um inequívoco "momento de poder administrativo". Poderá falar-se, no âmbito destes "poderes discricionários", de um *poder público de configuração de efeitos jurídicos inovadores*. Em relação a um poder desta natureza, ninguém hesita em atribuir-lhe a qualificação de *poder público de autoridade*.

Sublinhando exactamente o momento de poder e de autoridade que se afirma patente nos poderes discricionários, uma parte muito significativa da doutrina (sobretudo italiana) vem entendendo que só nessa hipótese se pode falar de um poder público de autoridade. Por outras palavras, não haverá poder de autoridade sem discricionaridade administrativa: "solo l'atto discrezionale è atto di autorità"[626]. A autoridade assume-se, portanto, como atributo exclusivo dos actos praticados no exercício de poderes discricionários. Os actos praticados em actuação de competências vinculadas constituem "apenas a aplicação de uma disciplina externa, já que, por si mesmos, eles não impõem nada"[627]; nos actos vinculados, o momento de poder foi como que absorvido pelo legislador[628]. Na qualidade de titular de um interesse cuja realização está condicionada por uma norma que confere à Administração um poder vinculada, o interessado não se encontra em *estado de sujeição*, pois que a sua situação não é a de *ter de suportar* o sacrifício do interesse de que é titular. Preenchendo os requisitos de que a lei faz depender a realização do seu interesse, o titular da competência não pode deixar de *declarar* o efeito jurídico favorável que, por si mesma, a lei criou. Logo, se o titular da competência "tem de praticar o acto num determinado sentido", essa sua posição, que se diria "de obrigação", não é susceptível de se considerar uma "posição de poder"[629]: onde há obrigação não pode falar-se de poder[630].

---

[626] Neste sentido, cfr. CAPACCIOLI, Ob. cit., p. 248; GUARINO, *Atti,* cit., p. 101 e ss; BATTAGLINI, "Attività vincolata", cit., p. 36 e ss, e "Autorizzazione", p. 70 e ss; LEDDA, *apud* SCOCA, "La teoria del provvedimento", cit., p. 29[68]); sobre essas teses, cfr. LOLLI, Ob. cit., p. 101 e ss. Contra, admitindo expressamente a existência de *"poderes* não discricionários" ou de exercício vinculado, cfr. IRELLI, Ob. cit., p. 370; CAVALLO, Ob. cit., pp. 18, 28 e 71; SCOCA, "La teoria del provvedimento", cit., p. 33 e ss; VILLATA, Ob. cit., p. 1409; CASETTA, "Provvedimento", cit., p. 251; LOLLI, Ob. cit., p. 250 e ss.

[627] Cfr. BATTAGLINI, "Attività vincolata", cit., p. 49.

[628] Cfr. MATTEUCCI, Ob. cit., p. 414[19].

[629] Cfr. BERGONZINI, *L'attività del privato nel procedimento amministrativo,* p. 108[18].

[630] Cfr. MATTEUCCI, Ob. cit., p. 414[19].

De acordo com este ponto de vista, as notas da autoridade e do poder devem ter um significado limitado, que indique não tanto a genérica aptidão de um acto para produzir unilateralmente modificações jurídicas, mas antes a possibilidade de as produzir em termos definitivos quanto ao mérito[631] e no desenrolar de um processo de *ponderação* entre vários interesses envolvidos[632]. Poder significará, por conseguinte, "disponibilidade dos efeitos"[633]. Só neste caso, o exercício de uma competência dá lugar a actos de efeitos constitutivos. Se a competência é vinculada, os efeitos dos actos se que venham a revelar necessários para legitimar a actuação material do particular são meramente *recognitivos* ou *declarativos*, não trazem nada de novo em relação à ponderação entre interesses feita por lei e, e, por essa razão, não consubstanciam actos de autoridade[634].

As teses que interligam, com carácter de exclusividade, poder autoritário e discricionaridade põem em causa a interpretação, que aqui se propõe, de que o poder de autoridade se pode traduzir através de actos que "se limitam" a *promover* ou a *determinar* a operatividade de efeitos jurídicos previstos em lei. Nesta linha, e ao invés do sentido para que apontam aquelas teses, defendemos que podem ser ainda integrados na noção de acto administrativo (de autoridade) os designados *actos administrativos devidos ou vinculados quanto ao conteúdo* (que reconduzimos à figura dos *actos administrativos declarativos*).

a) Actos administrativos devidos ou vinculados quanto ao conteúdo
Afirma a doutrina aqui criticada que falar de *poder* quando se trata de referenciar a competência da Administração para a prática de actos vinculados se traduz, no fim de contas, na criação de uma "zona cinzenta" em que a palavra poder assume um sentido meramente formal, não correspondente à situação real em que a Administração se encontra[635].

---

[631] Cfr. BATTAGLINI, "Autorizzazione", cit., p. 71.

[632] Cfr. MATTEUCCI, Ob. cit., p. 415.

[633] A adopção deste entendimento implicaria mais uma limitação ao conceito de acto administrativo enquanto acto autoritário; assim, além dos actos que não incidem sobre a esfera jurídica do destinatário, os actos vinculados também não ficariam abrangidos por esse conceito; cfr. ROMANO-TASSONE, "Legge sul procedimento e motivazione del provvedimento amministrativo (prime osservazioni)", p. 1595[17].

[634] Cfr. BATTAGLINI, "Autorizzazione", cit., p. 71.

[635] Cfr. LIGUORI, Ob. cit., p. 1831.

Recentemente, esta corrente de ideias foi reforçada com os argumentos introduzidos por Leonardo Ferrara, que, na linha de A. Orsi Battaglini, tenta demonstrar que existe uma correlação entre actividade vinculada e direito subjectivo perante a Administração Pública. Segundo Ferrara, quando uma norma regula integralmente a relação intersubjectiva entre o titular da competência e o interessado, o primeiro não dispõe de um poder de autoridade, uma vez que a posição do segundo não é de (mero) interesse legítimo, mas de direito subjectivo: o interessado assume a titularidade de um "direito ao acto" e o titular da competência vinculada tem a "obrigação de o praticar". Por sua vez, o direito (de crédito) ao acto é a consequência de um direito ("discendente della legge") de exercer uma actividade, configurando-se como uma espécie de "direito potestativo dependente de exercício administrativo"[636]. Os efeitos a que tende a produção desse direito potestativo produzem-se no momento em que o interessado apresenta o requerimento que vai gerar a obrigação de praticar o acto (que passa assim a ser um "mero facto" integrador dos efeitos imputados ao requerimento)[637]. Por outro lado, procurando desmontar o argumento da exclusividade da competência administrativa envolvida, Ferrara defende a possível (e, do seu ponto de vista, desejável) substituição da Administração pelo juiz na prática do acto vinculado: no juízo do Autor, esta possibilidade coloca definitivamente em crise a tentativa de conceber a actividade vinculada em termos autoritários[638].

Independentemente dos desenvolvimentos críticos que se seguem, importa começar por sublinhar liminarmente que a defesa de correspondência entre competência vinculada e inexistência de poder autoritário não vale para um conjunto significativo de competências vinculadas: em concreto, todas as que podem dar origem a actos impositivos ou de, qualquer modo, restritivos da esfera jurídica dos particulares. Não sofre contestação a autoridade do poder público impositivo, mesmo quando de exercício vinculado (quanto ao *se* ou quanto ao *conteúdo*)[639].

---

[636] Cfr. FERRARA, *Diritti soggettivi ad accertamento amministrativo*, p. 85 e ss, referindo-se mesmo a um *estado de sujeição* da Administração Pública.

[637] Cfr. FERRARA, *Diritti*, cit., pp. 20 e ss, 41, 70, 77 e 82 e ss.

[638] Cfr. FERRARA, *ibidem*, p. 87 e ss.

[639] Cfr. SCOCA, "La teoria del provvedimento", cit., p. 36; NICOSIA, Ob. cit., p. 118 e ss.

Tendo presente esta última observação, procuramos nas linhas seguintes rebater os três argumentos fundamentais em que se estriba a tese
de Orsi Battaglini e seus seguidores quanto aos actos vinculados: a incompatibilidade entre um direito subjectivo ao acto e poder de autoridade, a produção de efeitos meramente declarativos daqueles actos e
a possível substituição da Administração pelo juiz na prática do acto
vinculado.

Começamos pela questão do *direito subjectivo à prática de um acto
com um certo conteúdo.*

Embora com ligeiras variações, os defensores da tese em apreciação
sustentam que a norma que fixa uma competência vinculada cujo exercício comporte uma vantagem material para o particular institui, a favor
deste, um direito subjectivo à obtenção da vantagem. Da norma que fixa
uma competência de exercício vinculado resulta um *direito* do interessado e a este direito corresponde uma *obrigação* do titular da competência[640].

Ora, se se admitir que o interessado na actuação de uma competência vinculada tem, efectivamente, o poder de exigir a prática de um
acto com um certo conteúdo – e isso pode, naturalmente, suceder –, terá
de se aceitar a dificuldade em reconduzir a uma posição de poder a
situação de quem *tem de praticar tal acto*: haverá, então, uma *obrigação
e não um poder*. Neste sentido, *poder público da Administração e direito
subjectivo do particular* são termos inconciliáveis[641]: as normas que atribuem aos particulares *poderes de exigir* condutas determinadas da Administração criam *obrigações públicas*, não poderes públicos[642]. Essas nor-

---

[640] Cfr. BATTAGLINI, "Attività vincolata", cit., p. 12 e ss; FERRARA, *ibidem*, p. 81 e ss.

[641] Cfr. CASETTA, *Manuale*, cit., p. 285; ROMANO, "I soggetti", cit., p. 296.

[642] Já noutra ordem de ideias, deve sublinhar-se que este princípio de incompatibilidade entre poder público e direito subjectivo não põe em causa a existência do direito do
particular a um acto conclusivo do procedimento e da correlativa obrigação de praticar
esse mesmo acto (obrigação legal de decidir); sobre o dever legal de decidir, cfr. MELON-
CELLI, "L'iniziativa amministrativa", p. 281 e ss; Esteves de OLIVEIRA/ Pedro GONÇAL-
VES/Pacheco de AMORIM, Ob. cit., especial., p. 125 e ss. Nesse domínio, pode até falar-se
de uma relação creditícia entre interessado (credor) e titular do poder (devedor); mas tal
direito formal fica satisfeito com a prática do acto conclusivo do pro-cedimento, seja qual
for o seu conteúdo; cfr. CLARICH, *Termine del procedimento e potere amministrativo*,
p. 31 e ss; SCOCA, "Considerazioni sull'inerzia amministrativa", p. 494.

mas enquadram relações jurídicas de natureza creditícia, colocando a Administração em posição de devedora e os particulares em posição de credores (*v.g.*, direito de indemnização em caso de expropriação, pedido de informação). Nestas hipóteses, a Administração Pública não está investida de um *poder* de constituir ou de declarar efeitos, mas sim na *obrigação* de agir num certo sentido (cumprindo uma obrigação)[643]. O incumprimento dessa obrigação legal representa uma "mera recusa", conceito que procura assinalar o facto de não estar envolvido um "acto administrativo de recusa" (o qual pressuporia a atribuição à Administração de um poder de constituição ou de declaração de efeitos jurídicos)[644].

Destas considerações resulta claro que o ponto decisivo da nossa discordância em relação à doutrina em apreciação reside, desde logo, no facto de esta deduzir da norma que fixa uma competência vinculada da Administração a automática criação, para o particular, de um poder de exigir (um *direito potestativo*, segundo Ferrara) a prática do acto favorável. Quer dizer, a norma jurídica que atribui à Administração uma competência vinculada para autorizar o exercício de uma actividade pressupõe que o particular tem o *direito subjectivo de exercer a actividade* e também o *direito de exigir a autorização* (se este último direito não existe, então terá de se aceitar o mesmo em relação ao direito de exercer a actividade; ou seja, se o particular não pode exigir a autorização, então a sua posição jurídica substantiva não pode configurar-se como direito subjectivo, mas exclusivamente apenas como interesse legalmente protegido (*interesse legítimo*)[645].

---

[643] O cumprimento da obrigação poderá traduzir-se numa operação material (*v.g.*, entrega de uma quantia ou fornecimento dos documentos solicitados). Mas não está excluído que o cumprimento exija da Administração a emissão de uma declaração com a natureza de "acto paritário" – a doutrina italiana designa como *atti paritetici* os actos por cujo intermédio a Administração declara a existência de uma obrigação (que sobre si impende) e do direito de exigir o respectivo cumprimento; sobre a distinção desses actos em relação aos "actos autoritários", cfr. CASSARINO, "Il processo amministrativo", p. 998 e ss; SANDULLI, *Manuale*, cit., p. 632. Na doutrina portuguesa, cfr. A. M. Barbosa de MELO, "Responsabilidade civil extracontratual do Estado – não cobrança de derrama pelo Estado", p. 39; Rui Chancerelle de MACHETE, "A execução do acto administrativo", p. 80; Mário Aroso de ALMEIDA, *Anulação de Actos Administrativos*, cit., p. 98.

[644] Sobre a distinção entre "meras recusas" e "actos administrativos de recusa", cfr. DRUSCHEL, Ob. cit., p. 224 e ss. Entre nós, cfr. Mário Aroso de ALMEIDA, *Anulação de Actos Administrativos*, cit., p. 106.

[645] É essa a posição corrente no direito italiano.

De acordo com esta orientação, um direito subjectivo existe apenas quando o interesse particular num determinado bem é protegido por uma norma jurídica que assegura ao titular o poder de exigir de terceiros condutas conformes com esse seu interesse[646]. Daqui decorre que, mesmo que uma norma proteja um interesse particular em primeira linha, o facto de a satisfação dele ficar condicionada pelo interesse público exige a sua qualificação como interesse legítimo, não como um direito subjectivo. A norma jurídica condicionante degrada ou enfraquece o direito subjectivo, convertendo-o em interesse legítimo.

Ora, este "conceito estritíssimo de direito subjectivo"[647] deixa de fora da categoria os *direitos condicionados* (desde logo os *direitos comprimidos*), que seriam tratados como interesses legítimos, mesmo quando fosse evidente e de primeira linha a intenção normativa de protecção do interesse particular[648]. Por nos parecer também que a intenção normativa de protecção se revela essencial, incluímos os direitos comprimidos no elenco dos direitos subjectivos. Assim, segundo a doutrina aqui adoptada, o direito subjectivo não se resolve necessariamente num poder de exigir a adopção de uma conduta, bastando para a existência de uma posição jurídica dessa natureza que uma norma jurídica proteja em primeira linha o interesse de um particular[649].

Uma norma jurídica que, para proteger o interesse público, comprime um direito subjectivo, fazendo depender o respectivo exercício ou actuação de uma intervenção administrativa não converte aquele direito num interesse legítimo; limita-se a condicionar o seu exercício por motivos de interesse público. Neste sentido, não haverá incompatibilidade entre *poder da Administração* e *direito subjectivo* do particular. O facto de a realização de um interesse protegido por uma dada norma como direito ficar condicionada redunda numa eventualidade que resulta de *outra norma*, a qual *pode ser* atributiva de um poder público[650].

---

[646] Sobre essa noção de direito subjectivo, cfr. J. C. Vieira de ANDRADE, *O Dever da Fundamentação*, cit., p. 99; Esteves de OLIVEIRA/Pedro GONÇALVES/Pacheco de AMORIM, Ob. cit., p. 276.

[647] Cfr. J.C. Vieira de ANDRADE, *A Justiça*, cit., p.72.

[648] Cfr. J.C. Vieira de ANDRADE, *ibidem*, p. 75.

[649] Criticando a teoria da degradação ou do enfraquecimento dos direitos subjectivos (no caso, por efeito de actos administrativos ablativos), cfr. POTOTSCHNIG, "Atti amministrativi e «affievolimento» di diritti soggettivi", p. 221 e ss.

[650] *Pode ser*, já que essa norma é susceptível de condicionar o exercício de um direito, mas sem exigir qualquer intervenção administrativa de natureza constitutiva: é o

A norma jurídica que condiciona a realização de um interesse particular por razões que decorrem da exigência de demonstrar que a realização desse interesse não colide com o interesse público pode ser *atributiva de um poder público* à instância competente para se pronunciar[651]. Trata-se de uma *norma que protege em primeira linha o interesse público*; por sua vez, o *interesse no exercício do direito* (a "pretensão de fazer valer o direito", como lhe chama Rogério Soares[652]) surge por ela também protegido, mas em segunda linha, como *interesse legítimo* ou *legalmente protegido*.

A referida *norma de acção* institui o poder público e, ao mesmo tempo, mas em segunda linha, protege o interesse do particular no exercício de um direito, mas enquanto *interesse legítimo*. Em si mesmo, o direito do particular – conferido por outra norma – não se converte (nem degrada) em interesse legítimo; o interesse em alcançar o bem ou a utilidade a que esse direito se reporta continua a constituir *objecto de protecção primária* por uma norma jurídica. O que se passa é que a norma jurídica condicionante, que estabelece o poder de descondicionar o exercício do direito, apenas protege em segunda linha, não o interesse material e abstracto em alcançar o bem ou utilidade da vida, mas o interesse concreto em exercer o direito.

O que acabámos de dizer não se altera em função dos termos como a lei regula o exercício do poder público: trata-se, já o vimos, de uma *norma de acção* (não uma *norma de relação* ou *intersubjectiva*), que não cria poderes nem direitos, apenas regula o exercício de uma posição jurídica[653].

O equívoco dos autores que falam da correspondência biunívoca entre competência vinculada, por um lado, e direito subjectivo ao acto positivo e obrigação de o praticar, por outro, reside no facto de considerarem que este direito e a correspondente obrigação são, os dois, frutos de uma mesma norma, em concreto, da norma que regula o exercício de uma competência administrativa[654].

---

que se verifica, por ex., com as normas que fazem depender o exercício de *direitos de um acto de comunicação a uma instância administrativa* ou de *mero registo*.

[651] Trata-se de uma *norma de acção* no sentido proposto por Guicciardi, *La giustizia amministrativa*, pp. 7 e ss, e 33 e ss.

[652] Cfr. Rogério Ehrhardt Soares, *Direito,* (1978), cit., p. 118.

[653] Cfr. Guicciardi, Ob. cit., p. 33 e ss; em sentido diferente, cfr. Battaglini, "Attività vincolata", cit., p. 48.

[654] No sentido que aqui se critica, cfr. Matteucci, Ob. cit., p. 414[19], referindo-se a uma relação de "direito/obrigação" que deriva da "norma de relação" atributiva do poder

Com Scoca, entendemos que "a norma que qualifica como devido o comportamento de um sujeito, não cria, por esse facto, a favor de um outro sujeito o direito a obter esse comportamento: trata-se de duas situações logicamente separadas (comportamento devido e direito ao comportamento) que dizem respeito a sujeitos diversos e que pressupõem factos constitutivos próprios. As duas situações podem estar associadas (e pode até aceitar-se que isso sucede muitas vezes), mas não o estão necessariamente; se estão, o comportamento é obrigatório; se não, o comportamento é devido"[655].

Quer dizer, a norma que impõe à Administração o dever de praticar um acto com um conteúdo determinado (acto devido) *cria um dever* correlacionado com o interesse público, *não uma obrigação* diante do administrado[656].

Nestes termos, repetimo-lo, também nós defendemos que "direito a um acto" e poder público constituem posições jurídicas inconciliáveis. Todavia, da norma que regula a acção administrativa não deriva um "direito a um acto", mesmo que a acção administrativa seja devida. O objectivo dela não reside em criar direitos, nem em disciplinar relações jurídicas intersubjectivas, mas sim e apenas em *regular o exercício de uma competência*[657].

A orientação aqui criticada reforça o sentido da sua doutrina, ao defender que o facto de a Administração ter de praticar um acto com certo conteúdo significa que os respectivos efeitos estão contemplados, em termos finais e definitivos, na lei: à Administração apenas cabe, "all'esterno della sfera autoritativa", *reconhecer* ou *declarar* esses

---

vinculado. Como esclarecemos no texto, a norma que regula o exercício de competências administrativas para emitir um certo acto apresenta-se como norma de acção e não de relação. O sentido dela não é o de estabelecer o quadro específico de relacionamento entre Administração e particular, mas, em primeira linha, o de definir em que termos – mais ou menos vinculados ou mais ou menos discricionários – se processa uma intervenção administrativa.

[655] Cfr. SCOCA, "La teoria del provvedimento", cit., p. 32.

[656] Cfr. RICHTER, "L'aspettativa del provvedimento", p. 37. Como se sabe, "obrigação é o vínculo jurídico por virtude do qual uma pessoa fica adstrita para com outra à realização de uma prestação" (artigo 397.º do Código Civil).

[657] Entendendo que, pelo facto de a Administração não dispor de poderes discricionários, o interessado não tem um *direito* a obter da Administração o bem que pretende, cfr. IRELLI, *Corso*, cit., p. 371.

efeitos[658]. O acto vinculado está, por conseguinte, desprovido de *efeitos constitutivos*; a competência para o praticar – ainda que seja uma *competência exclusiva* da Administração[659] – apresenta-se como um *quid* diferente de uma situação subjectiva de poder de autoridade, posto que esta pressupõe sempre uma faculdade de constituição, de escolha e de definição dos efeitos, que manifestamente não existe na competência de exercício vinculado.

Trata-se, agora, de argumentos que se reconduzem directamente à ideia segundo a qual a autoridade não está presente em actos meramente declarativos da Administração; os actos declarativos, por provirem da Administração, consubstanciam "atti amministrativi", mas não se configuram como verdadeiros "provvedimenti", por não comportarem uma definição inovadora.

Sem prejuízo das referências que se farão sobre a figura dos actos administrativos declarativos (cfr. *infra*), diremos, por agora, que a prática de um acto que, limitando-se a verificar requisitos taxativamente fixados na lei, autoriza o exercício de um direito subjectivo pode constituir uma *conditio sine qua non* do exercício legítimo desse direito[660]. Se é assim, enquanto a Administração não se pronunciar ("almeno in prima battuta"[661]) em sentido favorável, o interessado não se encontra em condições de exercer legitimamente o seu direito. Isto deixa claro que o sentido do acto não é simplesmente o de reconhecer ou verificar a ocorrência de um efeito que a lei produz por si mesma. Pelo contrário, um tal acto comporta um *momento de autoridade* que se traduz exactamente em o particular *ter de se dirigir à Administração* para que esta verifique e declare estarem preenchidos os requisitos de que a lei faz depender o exercício do seu direito. A realização do interesse particular está, pois, condicionada por um acto da Administração cujo efeito se traduz exactamente em *declarar* que o direito pode ser exercido[662].

---

[658] Cfr. Liguori, Ob. cit., p. 1834[37].

[659] Cfr. CAPACCIOLI, Ob. cit., pp. 249 e 349.

[660] Cfr. NICOSIA, Ob. cit., p. 129; o próprio BATTAGLINI, "Autorizzazione", cit., p. 72, aceita esse efeito constitutivo (da licitude de um comportamento).

[661] Cfr. CAPACCIOLI, Ob. cit., p. 349.

[662] A exposição apresentada conduz a supor que o facto de, para obter um certo efeito jurídico, o particular se poder dirigir imediatamente ao tribunal – ignorando a Administração – é um sinal de que a eventual pronúncia administrativa na matéria não releva da autoridade pública; estando o juiz está habilitado a definir uma situação jurídica em primeira mão, a acção administrativa, *mesmo que possível*, não é necessária e, por

Por fim, o argumento baseado na possível substituição da Administração pelo juiz na prática do acto que provoca o efeito (para nós constitutivo) de descondicionamento.

Ao defender a *sentença em lugar do acto da Administração* e, portanto, a satisfação imediata da pretensão do particular pelo juiz, Leonardo Ferrara pensa dar o golpe fatal na tese que critica.

A reserva ou exclusividade da competência vinculada[663] representa, reconhece-o o Autor, um forte argumento a favor da autoridade do poder vinculado[664]. Para o combater, Ferrara tenta demonstrar que, no exercício de competências vinculadas, pode haver uma substituição da Administração pelo juiz[665].

Concordando em linhas gerais com as razões em que se funda para admitir essa substituição[666], discordamos contudo da conclusão a que Ferrara chega: com efeito, o facto de o juiz se substituir à Administração não afasta a competência nem a necessidade de intervenção administrativa, que continua a mostrar-se indispensável; além disso, o que ele propõe, no fim de contas, é que o juiz exerça o poder da Administração (que se substitua a ela), possibilidade que, em bom rigor, nada diz sobre a autoridade (ou não) desse poder.

---

isso, não poderá dizer-se que cabe à Administração um poder dotado de *força constitutiva própria*. Concordamos com esta leitura. Porém, importa ter presente que, em situações, excepcionais, a possibilidade de o particular se dirigir imediatamente ao tribunal para obter um certo efeito jurídico convive com o poder *próprio e de exercício oficioso* da Administração para pôr em marcha esse mesmo efeito – é o que se verifica, por ex., com o poder público de proceder à delimitação de bens dominiais; sobre o assunto, cfr. Ana Raquel Gonçalves MONIZ, *O Domínio Público – O Critério e o Regime Jurídico da Dominialidade*, p. 532 e ss.

[663] Cfr. SCOCA, "La teoria del provvedimento", cit., p. 34 (referindo-se a uma "riserva di attività" a favor da Administração) CAPACCIOLI, Ob. cit., p. 349 (falando da "exclusividade da competência da Administração").

[664] Cfr. FERRARA, *Diritti*, cit., p. 75

[665] No direito português, a possibilidade de o juiz se substituir à Administração na prática de *actos administrativos de conteúdo estritamente vinculado* está prevista, com carácter geral, apenas no domínio do processo executivo – artigos 3.º/3, 164.º/4,c), 167.º/6 e 179.º/5 do CPTA. Excepcionalmente, o artigo 109.º/3 do CPTA também admite a substituição, no âmbito do processo (declarativo) de *intimação para protecção de direitos, liberdades e garantias*. O tribunal emite, neste caso, uma sentença constitutiva (acaba afinal por não intimar a Administração!), produzindo, em sede declarativa e fora do contexto de um título executivo, o acto administrativo estritamente vinculado que a Administração se recusou a praticar.

[666] Cfr. FERRARA, *ibidem*, p. 88 e ss.

Em tese geral, pode de facto aceitar-se que o princípio da separação de poderes – em concreto, o *princípio do respeito das competências da Administração* – não é infringido, senão ligeiramente, pelo facto de o juiz se substituir àquela no exercício de competências estritamente vinculadas[667]. Mas já se nos afigura errado ou infundado o raciocínio segundo o qual a possibilidade de substituição existe porque a prática do acto estritamente vinculado não envolve o exercício de um poder de autoridade. Na nossa interpretação, a possibilidade de uma sentença substitutiva significa apenas que a prática do acto vinculado é susceptível de deixar de ser um poder administrativo *exclusivo* da Administração. Por isso mesmo, em certas condições, o juiz não estará impedido de exercer esse mesmo poder administrativo[668]; todavia, além de o poder exercer apenas "in seconda (eventuale) battuta"[669], fá-lo, de qualquer modo, como estando a exercitar um "poder administrativo", em *substituição* da Administração[670].

Retomando as considerações sobre a inexistência de uma diferença essencial entre as competências discricionárias e as vinculadas – quanto ao facto de, nos dois casos, estar envolvida uma *intervenção administrativa necessária que representa a actuação de um poder* –, diremos que, seja como for ordenada a competência administrativa, a norma que faz depender a satisfação imediata de um interesse particular de uma intervenção administrativa confere à Administração Pública o poder de verificar a compatibilidade dessa pretensão com o interesse público. A regulação, em concreto, das *modalidades de exercício desse poder* ("in modo più o meno esaustivo") constitui uma tarefa das normas que disciplinam a acção administrativa[671]. Se, ao regular o exercício do poder em termos exaustivos, o sistema de normas de acção não dá à Administração a faculdade de compor conflitos entre interesses públicos e

---

[667] Referindo-se, neste contexto, a uma "restrição ligeira" do princípio do respeito das competências da Administração, cfr. Sérvulo CORREIA, *Direito do Contencioso*, cit., 762 e ss.

[668] Cfr. LOLLI, Ob. cit., p. 252.

[669] Cfr. FERRARA, *ibidem*, p. 91.

[670] Parece-nos que vale, neste âmbito, a conclusão de Afonso QUEIRÓ (*RLJ*, n.º 3286, p. 15), a propósito da intervenção dos tribunais judiciais em matéria de direitos de propriedade industrial: o tribunal é chamado a "pronunciar uma decisão que é, materialmente falando, um acto administrativo de «declaração constitutiva»".

[671] Cfr. CASETTA, "Provvedimento", cit., 251; VILLATA, Ob. cit., p. 1409.

privados[672], a verdade é que, em tal hipótese, ela intervém com o fim de evitar conflitos dessa natureza. Por isso mesmo, a lei reclama a acção administrativa, atribuindo à Administração o poder de constituir um efeito jurídico indispensável para que o direito de um particular possa ser actuado.

Apesar de, pelas razões que já enunciámos, não concordarmos com os fundamentos ideológicos da construção de Nicosia[673], parece-nos que o Autor não anda longe da verdade quando afirma que "a atribuição a um dado sujeito do encargo institucional de «interpretar» a norma, com o fim de a aplicar, não é senão a atribuição de um *poder*, ou, pelo menos, de uma «função» pública"[674].

b) Actos vinculados ou devidos como *actos administrativos declarativos*

Na alínea precedente procurámos desmontar os argumentos fundamentais em que se filia a doutrina que reconduz a uma relação de "direito/obrigação" a situação jurídica criada pelas normas que atribuem à Administração competências de exercício vinculado ligadas à prática de actos que produzem vantagens para particulares.

Pretendemos agora demonstrar que, apesar de produzirem efeitos apenas declarativos ou recognitivos, os actos praticados no exercício de competências vinculadas são – podem ser – verdadeiros actos administrativos. De facto, através de actos dessa natureza, a Administração está, em muitos casos, a exercer um *poder próprio* consistente em "determinar" ou "promover" a produção de efeitos jurídicos inovadores.

Não se afigura tarefa fácil traçar a linha de fronteira que separa os actos com efeitos constitutivos dos actos com efeitos meramente declarativos[675]. Ainda assim, parece possível afirmar que um acto engendra efeitos apenas declarativos quando, de um ângulo funcional, se limita simplesmente a *declarar*, *verificar* ou *constatar* uma situação ou um facto que existe na realidade, fora e independentemente dele.

---

[672] Cfr. BATTAGLINI, "Attività vincolata", cit., p. 39.

[673] Cfr., *supra*, 3.2.

[674] Cfr. NICOSIA, Ob. cit., p. 88.

[675] Cfr. DRUSCHEL, Ob. cit., p. 187; FILIPEK, "Die deklaratorischen und die konstitutiven Verwaltungsakte", p. 533 e ss; Esteves de OLIVEIRA/Pedro GONÇALVES/Pacheco de AMORIM, Ob. cit., p. 554.

Para um certo ponto de vista doutrinal, a prática de actos meramente declarativos não envolve, em caso algum, o exercício de um poder de autoridade: tais actos não se revelam capazes de produzir efeitos jurídicos inovadores que lhes sejam exclusivamente atribuíveis, não se apresentando, por isso, susceptíveis de se qualificarem como actos administrativos: serão actos declarativos, mas não actos *administrativos* declarativos[676].

Ora, concordamos com essa doutrina, se o conceito de acto declarativo significar qualquer declaração proveniente da Administração Pública não imprescindível ou sem idoneidade para produzir um efeito jurídico que *altere* uma situação. Uma declaração administrativa não determinante da produção de um qualquer efeito jurídico inovador – de um efeito que provoque a alteração da situação jurídica de uma pessoa ou de uma coisa – não configura um acto administrativo. A Administração pode até deter uma competência legal para emitir uma declaração dessa natureza, mas, se o efeito jurídico a que ela se reporta resulta, na sua integralidade, da lei, parece, na verdade, difícil assumir aí a presença de um acto administrativo. É verdade que uma declaração produzida na sequência da mera verificação de um facto pode introduzir o efeito da *certeza pública*. Um tal efeito, de certificação oficial e pública, representará até o exercício de um poder público, mas, para nós, não é suficiente para qualificar como acto administrativo a declaração que o engendra.

Um acto declarativo – acto que, funcionalmente, se limita a declarar que uma situação existe – só pode assumir-se como um acto administrativo se e quando for determinante da produção de efeitos jurídicos inovadores[677]. Não podendo imputar-se a uma declaração da Administração a *produção*, o "pôr em marcha", o "venire in essere" de um efeito jurídico inovador – que altere a situação jurídica de uma pessoa ou de uma coisa –, não se está diante de um acto administrativo. Quer dizer, o acto que se limita a verificar a ocorrência de uma situação (*v.g.*, a constatação de determinados requisitos objectivamente fixados ou a verificação de um evento determinado), para se assumir como acto administrativo, tem, por conseguinte, de se revelar imprescindível ou decisivo para a actuação de uma disciplina legalmente prevista: a *necessidade* do

---

[676] Cfr. GOTTI, *Gli atti amministrativi dichiarativi*, p. 253 e ss; IRELLI, *Corso*, cit., p. 371.

[677] Cfr. TONOLETTI, *L'accertamento amministrativo*, p. 220 e ss.

acto esclarece que a lei não confia aos interessados a decisão sobre a actuação de efeitos e consequências legais predeterminadas, nem prescinde de uma pronúncia primária da Administração que declare estarem verificadas certas condições legais; por vezes, o acto não é necessário (imprescindível para que um efeito se produza): então a *possibilidade* de a Administração, por si mesma, *ex officio*, produzir o efeito jurídico inovador bastará para se considerar envolvido um acto administrativo. Em qualquer caso, há-de revelar-se clara a pretensão do legislador no sentido de que, unilateralmente, a Administração cabe uma *palavra decisiva* sobre a actuação de uma disciplina legal, *v.g.*, verificando se estão preenchidos os pressupostos para a actuação dessa disciplina[678].

O acto administrativo declarativo há-de, portanto, ter uma *força constitutiva própria*, entendida esta como o poder de tornar actuais e operativos efeitos jurídicos previamente desenhados[679] ou de concretizar uma disciplina normativa preestabelecida[680]. Contudo, note-se bem, dizer isto não significa admitir que os actos declarativos são, afinal, constitutivos. Na verdade, o acto declarativo não cria, *por si mesmo*, efeitos jurídicos novos: o direito aplicável à situação encontra-se predeterminado em termos finais pelo legislador; falta apenas a imprescindível pronúncia declarativa da Administração para que esse direito possa aplicar-se na situação concreta.

A autoridade dos actos administrativos declarativos reside, desde logo, na sua imprescindibilidade para a produção de consequências jurídicas, posto que, sem tais actos, a norma legal não produz efeitos numa situação concreta. Por outro lado, a autoridade está ainda bem patente no carácter vinculativo, que advém de os actos declarativos introduzirem o efeito (inovador) de tornar *incontroversa* a existência de um determinado facto e de terem um *efeito preclusivo substancial*, na medida em que o que neles se declara vincula juridicamente os destinatários, bem como a própria Administração. Como "verdadeiros" actos administrativos, alcançam o *efeito de estabilidade*, se não forem tempestivamente impugnados[681].

---

[678] Cfr. TONOLETTI, *ibidem*, pp. 212 e 220.

[679] Cfr. SCOCA, "La teoria del provvedimento", cit., p. 33 e ss.

[680] Cfr. TONOLETTI, *ibidem*, pp. 219.

[681] Cfr. TONOLETTI, Ob. cit., p. 241 e ss. Sobre a força jurídica, a imperatividade e a vinculatividade dos actos administrativos declarativos, cfr. KRAUSE, Ob. cit., p. 193;, WOLFF/BACHOF/STOBER, Ob. cit., 2, p. 52; HUBER, *Allgemeines,* cit., p. 176.

Os actos meramente declarativos devem distinguir-se "dos actos declarativos com efeitos constitutivos" (*verificações constitutivas*), os quais, como os primeiros, consistem na *verificação* ou *constatação* de uma determinada situação ou de um facto, mas que daqueles se distinguem porque, por si mesmos, produzem ainda um efeito jurídico inovador: assim sucede com os actos que, limitando-se a verificar certas qualidades ou características, conferem uma *qualificação* a uma pessoa ou a uma coisa (qualificação essa que representa um necessário pressuposto da produção de efeitos jurídicos posteriores). Por si mesmo, o acto provoca, agora, a constituição de um efeito jurídico inovador, requerido como condição de aplicação de uma norma jurídica[682].

c) Consideração da norma de competência: *norma de acção* ou *norma de relação*

A defesa da tese segundo a qual as normas que fixam competências de exercício vinculado podem dar lugar à prática de *actos administrativos vinculados quanto ao conteúdo*, os quais apresentam uma estrutura essencialmente declarativa ou recognitiva, não significa, naturalmente, que haja uma correspondência exacta entre norma de competência de exercício vinculado, poder público e acto administrativo devido ou vinculado. Com efeito, em muitos casos, a norma administrativa de competência institui mesmo *obrigações*, correspectivas de *direitos* do particular. Neste cenário, a norma de competência apresenta-se como *norma de relação*, sendo seu escopo o de disciplinar uma acção administrativa paritária, que se situa ao nível do cumprimento de uma obrigação e não do exercício de um poder.

O que agora se procura enfatizar é apenas o facto de que, numa imensa cópia de casos, não se revela simples a tarefa de determinar se a norma entrega à Administração um poder público (a exprimir-se por via de acto administrativo) ou se a onera com a obrigação de dar satisfação à pretensão de um particular.

A resposta pode e deve passar pela consideração da natureza e função da norma de competência: se dessa norma não resulta nítida a instituição de um direito de exigir a acção administrativa num certo sentido, torna-se difícil qualificá-la como *norma de relação*, cuja função

---

[682] Sobre os actos declarativos e as verificações constitutivas, embora em sentido não coincidente com o que acaba de se propor, cfr. J.M. Sérvulo CORREIA, *Noções,* cit., p. 300; Mário Aroso de ALMEIDA, *Anulação de Actos Administrativos,* cit., p. 101 e ss.

seja a de disciplinar uma relação – de crédito – em que ao particular assiste o direito de exigir e à Administração a obrigação de cumprir. Não sendo perceptível na norma uma dimensão creditícia, oferecer-se-á, porventura inevitavelmente, a conclusão de que o escopo normativo se situa, em primeira linha, na protecção do interesse público (qualidade típica das "*normas de acção* administrativa"): tenderíamos, neste quadro, a considerar que a acção a desenvolver pela Administração em actuação dessa competência se apresenta como acção pública de autoridade.

d) Breve referência de direito positivo

As considerações antecedentes sobre o poder público de exercício vinculado e os actos administrativos vinculados quanto ao conteúdo (actos administrativos declarativos) e, nessa linha, a recusa das teses que advogam uma correspondência entre vinculação legal e direito subjectivo a um acto, encontram expressão na legislação portuguesa do contencioso administrativo. O acolhimento no âmbito da *acção administrativa especial* dos pedidos de condenação à prática de acto devido (artigo 66.º e ss. do CPTA) é a prova acabada de que o legislador configurou como manifestação de poder público de autoridade a prática de actos administrativos devidos. De outro modo – e porque nos actos de conteúdo vinculado o juiz se encontra armado, mesmo na acção especial, com poderes de condenação que se estendem ao conteúdo do acto –, teria remetido tais pedidos para a acção administrativa comum.

A finalizar este ponto, esclarece-se ainda que a consideração da estrutura da norma de competência (norma de acção ou norma de relação) pode revelar-se decisiva para definir em que termos reage um particular perante uma omissão ou recusa administrativa, por ex., no sentido de reconhecer uma qualidade ou uma situação jurídica: será a acção especial, se aquela se qualificar como norma de acção, e acção comum, no caso de o escopo da norma consistir, em primeira linha, em proteger o interesse do particular na pronúncia favorável da Administração (conferindo-lhe assim um direito de exigir um comportamento público).

3.4.3. *Poderes de emissão de declarações que produzem um efeito de certeza pública ou que estão dotadas de uma força probatória especial ou de um especial valor certificativo*

Nas situações anteriores o exercício de poderes públicos de autoridade manifesta-se mediante a prática de actos que provocam a constituição de efeitos jurídicos inovadores ou que declaram, com força vinculativa, a produção de um determinado efeito jurídico.

Agora, temos em vista poderes de natureza diferente, que têm por objecto a emissão de declarações que produzem um efeito jurídico de *certeza pública* ou às quais a ordem jurídica reconhece uma *força probatória especial*.

Ao primeiro grupo pertencem os poderes que a lei atribui a instâncias públicas de *certificar* ou de *atestar* com absoluta segurança dados relativos a pessoas, a factos e a coisas[683]. Trata-se, em regra, de dados e informações de que a Administração Pública dispõe (em registos) ou que está incumbida de recolher e verificar. Os actos que certificam e atestam esses dados são praticados no exercício de um poder de autoridade, retirado da esfera privada, justamente para garantir, de forma incontestável, a *certeza pública* de que os dados a que eles se reportam são autênticos[684]. A certeza pública provém, em princípio, do Estado, estando associada ao exercício de uma função desempenhada por serviços da Administração Pública (*v.g.*, serviços de registo). É, de resto, essa articulação com a logística administrativa que conduz a doutrina a qualificar as actividades públicas de certificação como actividades materialmente administrativas. Como já explicámos, temos dúvidas de que essa se revele a qualificação mais adequada, por ex., no caso da função notarial. Mas disso já não deve deduzir-se que, no concreto desempenho das suas funções de administrar, de gerir a coisa pública, a Administração não desenvolva actividades de certificação e de garantia de certeza pública: assim se passa, indiscutivelmente, com a certificação de factos praticados por agentes ou órgãos públicos no desempenho das suas funções (*v.g.*, certidão da acta de uma reunião de um órgão colegial).

No segundo grupo, incluímos os poderes conferidos a uma pessoa para, no exercício de uma função pública, redigir documentos com força probatória especial. Essa força pode consistir em os factos por ela

---

[683] Cfr. FIORITTO, Ob. cit., p. 383, que define *certezas públicas* como "actos ou comportamentos juridicamente relevantes, fixados em documentos ou normas escritas, praticados por sujeitos prevalentemente públicos e destinados a produzir uma confiança pública em relação a pessoas, factos ou objectos no âmbito dos grupos ou dos ordenamentos em que operam".

[684] Cfr. GIANNINI, "Certezza pubblica", p. 769 e ss; GIACCHETTI, Certificazione, p. 1 e ss; SALA, "Certificati e attestati", p. 536 e ss; SPALLANZANI/PIOLETTI, "Certificati ed attestati", cit., p. 129 e ss; STOPPANI, "Certificazione", cit., p. 703 e ss.

presenciados ou verificados e devidamente documentados se terem por verdadeiros (*presunção legal de veracidade*). O documento em que esses factos estão registados *faz fé em juízo, até prova em contrário*[685]. É no exercício de um poder desta natureza que são lavrados *autos de notícia* de factos que constituem *contravenção*, bem como, em determinados casos, de factos que constituem *contra-ordenação*[686].

Deste modo, nos termos do artigo 6.º do Decreto-Lei n.º 17/91, de 10 de Janeiro (processamento e julgamento das contravenções e transgressões), o "auto de notícia (...) faz fé em juízo, até prova em contrário"[687]. Apesar de quase desaparecido do nosso direito o ilícito contravencional, ainda surgem punidos como contravenções (e, em regra, punidos com *multa*) alguns factos: é o que se passa, pelo menos, com a utilização de transportes colectivos sem título de transporte válido e com a falta de pagamento de taxas de portagem.

Além do valor probatório que a lei lhe reconhece, o auto de notícia de factos que constituam contravenção dá *início oficioso* ao processo respectivo: uma vez emitido o auto, o infractor poderá efectuar o pagamento voluntário da multa (se for essa a única pena prevista: assim sucede nos casos que referimos), hipótese em que o processo é arquivado; não havendo pagamento voluntário, proceder-se-á ao envio do auto para tribunal, equivalendo então a *acusação* (artigos 4.º e 7.º).

Diferentemente desse, o regime geral das contra-ordenações[688] não faz qualquer referência ao auto de notícia. O documento em que as

---

[685] O facto de *fazer fé até prova em contrário* significa que o documento não produz uma certeza só susceptível de ser ilidida com base na falsidade – no direito italiano, sobre o valor de "acto público" e a eficácia de prova plena dos autos de notícia de infracções administrativas, cfr. TRAVI, "I verbali amministrativi come mezzo di prova nei giudizi civili di opposizione a sanzione pecuniaria", p. 2226 e ss; BELLÉ, *Il sistema sanzionatorio amministrativo del codice della strada*, p. 46 e ss. Contudo, o documento que faz fé até prova em contrário comporta, ainda assim, um valor probatório especial, porquanto, para o neutralizar como elemento de prova, não basta a *contraprova*; torna-se ainda necessária *a prova do contrário*. Sobre estes conceitos, cfr. Antunes VARELA/ Miguel BEZERRA/Sampaio e NORA, *Manual de Processo Civil*, p. 472.

[686] Sobre os *autos* policiais como factos certificativos incluídos na categoria dos actos instrumentais de verificação, cfr. Rogério Ehrhardt SOARES, *Direito*, (1978), cit., p. 135.

[687] Sobre o processamento do auto de notícia, cfr. artigo 3.º.

[688] Decreto-Lei n.º 433/82, de 27 de Outubro, alterado pelos Decretos-Leis n.os 356/ /89, de 17 de Outubro, e 244/95, de 14 de Setembro.

autoridades registam os eventos susceptíveis de implicarem responsabilidade por contra-ordenação designa-se, neste caso, *participação* (artigo 48.º/3). Apesar da letra pouco clara do artigo 54.º, a participação não configura um acto de iniciativa do procedimento (este é iniciado oficiosamente pela autoridade competente para tomar a decisão de aplicação da coima ou de arquivamento). Por outro lado, o regime geral não faz qualquer referência ao valor probatório da participação[689].

Esse é o regime geral. Contudo, há regimes especiais, que apresentam desvios mais ou menos importantes em relação ao regime geral. Assim sucede, por ex., com as infracções ao Código da Estrada com a natureza de contra-ordenações. Neste caso, já se prevê a figura do *auto de notícia*, a levantar pelo agente de autoridade que presenciar a contra-ordenação. O auto de notícia faz fé sobre os factos presenciados pelo autuante, até prova em contrário (artigo 151.º). O auto assume-se, agora, como um acto de iniciativa oficiosa do processo de contra-ordenação: se o infractor não proceder ao pagamento voluntário da coima ou se, ainda que efectuado o pagamento voluntário, o processo tiver de seguir (para aplicação da pena de inibição de conduzir), o auto equivale a acusação.

Nos processos de contravenção, o auto "faz fé *em juízo*, até prova em contrário"; diferentemente, nos processos de contra-ordenação por infracções ao Código da Estrada, a lei estabelece apenas que o auto "faz fé, até prova em contrário". Compreende-se o sentido da diferença destas formulações: o processo de contravenção é judicial, desenrola-se num tribunal; ao contrário, o processo de contra-ordenação corre, *em regra*, perante uma autoridade administrativa. Não obstante, supomos que a lei pretendeu atribuir ao auto de infracções ao Código da Estrada a força de fazer fé até prova em contrário mesmo nos casos em que haja um processo judicial (o que sucede quando há lugar ao recurso da decisão de aplicação de coima, bem como nos casos em que o mesmo facto

---

[689] Não pretendemos sugerir que a participação oficial de uma contra-ordenação deva ser equiparada à mera denúncia particular. Na verdade, a participação das autoridades policiais ou fiscalizadoras constitui um acto praticado no exercício de uma *competência* que impende sobre essas autoridades de tomarem conta "de todos os eventos ou circunstâncias susceptíveis de implicar responsabilidade por contra-ordenação" (artigo 48.º/1). A participação da infracção configura um acto de direito público que assume uma força particular não só no desencadear, mas também no desenrolar do procedimento de contra-ordenação. Sobre a qualificação do poder de participar contra-ordenações confiado a entidades privadas, cfr., *infra*, Cap. II.

constitua simultaneamente crime e contra-ordenação, sendo certo que, nestas hipóteses, o auto só goza de força probatória especial quanto à contra-ordenação). A circunstância de o auto fazer fé até prova em contrário faz dele um elemento qualificado de prova, o que, na nossa interpretação, demonstra a natureza autoritária do poder de lavrar autos de notícia. Isso explica que a lei equipare a agentes de autoridade os particulares ou os funcionários de certas entidades investidos de poderes para lavrar autos de notícia de infracções.

Nesta categoria de poderes públicos de autoridade, incluímos ainda certas declarações de ciência às quais a ordem jurídica reconhece um especial valor certificativo pelo facto de serem emitidas num contexto público e oficial. A nota da autoridade está presente neste tipo de actos, pelo menos nos casos em que a declaração ou a certificação é obrigatória (sem ela, o particular fica exposto à aplicação de sanções públicas) e em que o sistema que produz a certificação não se encontra liberalizado (o interessado só pode obter a certificação dentro do sistema público). A certificação das condições de segurança na sequência de inspecções periódicas obrigatórias (automóveis, elevadores, embarcações) em sistemas de certificação pública exclusiva é um dos sectores em que se assiste ao exercício deste tipo particular de poderes públicos. A autoridade destes actos é, naturalmente, "mais débil" do que a dos actos administrativos declarativos: os actos de certificação a que nos referimos aqui não conhecem, por ex., um *efeito preclusivo substancial* nem alcançam o *efeito de estabilidade* dos actos administrativos – a qualquer momento, é possível ordenar a realização de novos ensaios ou inspecções, que podem infirmar o resultado expressa na certificação. Mais do que no valor ou força vinculativa, a autoridade reside aqui no facto de a lei impor a certificação e exigir que ela se efectue por certas pessoas e organizações que actuam no âmbito de um sistema criado e regulado para produzir resultados fiáveis. Só à certificação obtida nesse sistema é reconhecida idoneidade suficiente para satisfazer a exigência legal.

3.4.4. *Poder de criação de títulos executivos*

A marca ou característica da executividade – aptidão de uma declaração para fundar imediatamente um processo de execução, administrativo ou judicial – surge, em regra, articulada com o poder unilateral de produzir um determinado efeito jurídico. Assim, por ex., o poder público unilateral de determinar o pagamento de uma quantia à Administração dá lugar à prática de actos concretos com a característica da executividade. Todavia, configuram-se situações em que o poder de criar títulos executivos aparece de forma autónoma, desligado de um concreto poder unilateral de natureza substantiva (*v.g.*, poder de imposição ou de proibição). Quando isso suceda, poderá falar-se de um autónomo *poder unilateral de criação de títulos executivos*.

Exemplo de um poder com essa configuração apresenta-se o poder de *certificação de dívidas* exercido unilateralmente por entidades públicas, sem que o devedor assuma a responsabilidade pelo débito e sem que haja qualquer decisão prévia a declarar essa responsabilidade. O poder de certificação consubstancia-se, nesta eventualidade, na constituição de um *título executivo*. A propósito do processo da cobrança de dívidas hospitalares, o Tribunal Constitucional entendeu que um tal poder de certificação de dívidas não releva do exercício da função jurisdicional, representando apenas a atribuição de fé pública a uma declaração de crédito[690].

3.4.5. *Poderes de execução coerciva e de coacção directa*

De acordo com uma distinção que remonta a Otto Mayer, o uso, pela Administração, da força e da coacção sobre coisas e pessoas ordena-se em dois grupos: de um lado, no âmbito dos *procedimentos administrativos de execução de actos impositivos* (não acatados) ou de *actos que imponham limitações de qualquer natureza*; de um outro, no contexto da designada *coacção directa ou imediata*, expressão que indica a utilização da força não precedida de título executivo e em "directa execução da lei"[691].

Nos procedimentos executivos, o emprego da coacção representa o exercício de um poder autónomo em relação ao poder (de autotutela declarativa) accionado na prática do acto exequendo[692]: trata-se do *poder*

---

[690] Cfr. Ac'sTC n.os 760/95 e 761/95, não julgando inconstitucional o artigo 2.º do Decreto-Lei n.º 194/92, de 8 de Setembro.

[691] Sobre a distinção entre execução coerciva de actos administrativos e coacção directa (ou execução directa das leis), cfr. Afonso QUEIRÓ, "Coacção", p. 443; Maria da Glória F. P. D. GARCIA, "Breve Reflexão", cit., p. 535; Rui Chancerelle de MACHETE, "A execução", cit. especial. p. 73 e ss, e "Privilégio", cit., p. 465; Esteves de OLIVEIRA/ Pedro GONÇALVES/Pacheco de AMORIM, Ob. cit., p. 705; Carla Amado GOMES, *Contributo,* cit., especial. pp. 74 e ss e 163 e ss.

[692] Referindo-se ao *poder de autotutela executiva* como um *"outro* poder da Administração, poder esse diferente daquele que presidiu à feitura do acto declarativo do

de execução coerciva, que, como já foi observado, "é o poder administrativo na sua máxima pujança"[693], que representa a máxima afirmação de «potestas» da Administração[694].

Na *coacção directa ou imediata*, o poder público manifesta-se através da prática imediata de "actos materiais que podem envolver o emprego da força sobre pessoas e coisas" ou da prática de ordens de execução que concretizem (verbalizem) um imperativo que decorre directamente da lei[695].

3.5. *Formas de manifestação dos poderes públicos de autoridade*

Em regra, os poderes públicos de autoridade revelam-se através da produção de actos jurídicos formais, isto é, de actos que se subsumem numa das três formas jurídicas preestabelecidas e abstractamente reguladas do agir administrativo: *regulamentos administrativos, actos administrativos* e *contratos administrativos*. Contudo, tal não sucede sempre assim. O poder público pode, de facto, manifestar-se através de operações materiais e de declarações públicas que não se reconduzem a nenhuma daquelas três formas do agir administrativo (por ex., pareceres vinculativos ou autos de notícia de infracções).

Mas, por agora, interessa sobretudo explicar a articulação entre poder público, acto administrativo e contrato administrativo.

Começando pelo acto administrativo, a primeira nota a sublinhar é a de que ele representa uma "estatuição autoritária"[696], uma "decisão"[697]

Direito", cfr. Paulo OTERO, "A execução", cit., p. 234. No mesmo sentido, cfr. Carla Amado GOMES, *Contributo*, cit., p. 103.

O artigo 149.º/2 do CPA optou por dar à Administração um poder geral de execução de actos administrativos, "mesmo que tal não esteja expressamente previsto, desde que siga ou adopte um dos figurinos ou medidas executivas previstas genericamente na lei para tal efeito"; cfr. Esteves de OLIVEIRA/Pedro GONÇALVES/Pacheco de AMORIM, Ob. cit., p. 710. Sobre a solução *intermédia* acolhida naquela disposição do CPA, cfr. Diogo Freitas do AMARAL, *Curso*, II, cit., p. 479.

[693] Cfr. Diogo Freitas do AMARAL, *Curso*, II, cit., p. 27.

[694] Cfr. Rui Chancerelle de MACHETE, "Privilégio", cit., p. 459.

[695] Cfr. Carla Amado Gomes, *Contributo*, cit., p. 164 e ss.

[696] Cfr. Rogério Ehrhardt SOARES, *Direito*, (1978), cit., p. 76.

[697] Cfr. Diogo Freitas do AMARAL, *Curso*, II, cit., p. 222; Esteves de OLIVEIRA/ Pedro GONÇALVES/ Pacheco de AMORIM, Ob. cit., p. 550.

tratando-se, por conseguinte, de um acto praticado no exercício de um poder administrativo[698] ou de um poder público de autoridade[699].

A correspondência entre acto administrativo e poder público de autoridade não tem, contudo, uma natureza biunívoca, porquanto o poder público não se exprime exclusivamente por intermédio de actos administrativos. Na verdade, um acto só se encontra em condições de se qualificar como acto administrativo quando, sendo praticado no exercício de um poder público de autoridade, preenche os demais elementos do conceito[700].

Perante um acto praticado no exercício de um poder público administrativo que reúna os elementos constitutivos do conceito, teremos, então, um *acto administrativo*[701].

A conclusão anterior resolve num certo sentido a questão – que tem estado presente sobretudo na doutrina germânica – relacionada com a aplicação do princípio da legalidade da Administração quanto ao emprego da *forma* acto administrativo.

Para se perceber a natureza e o alcance da questão, não resistimos a transcrever dois excertos retirados das dissertações de doutoramento de Sérvulo Correia e de Mário Aroso de Almeida.

Distinguindo os planos da legalidade formal e da legalidade material nos contratos administrativos, afirma Sérvulo Correia: "(...) não é de esperar que a lei preveja em abstracto a capacidade de uma pessoa colectiva pública para emitir actos administrativos. Desde que a natureza dos efeitos jurídicos a produzir seja compatível com o tipo de conduta, a

---

[698] Cfr. Diogo Freitas do AMARAL, *Curso*, II, cit., p. 214.

[699] Cfr. J.C. Vieira de ANDRADE, "Algumas reflexões", cit., p. 1198. Para caracterizar a autoridade do acto administrativo, Mário Aroso de ALMEIDA, *Anulação de Actos Administrativos*, cit., p. 89 e ss, recorre a uma terminologia assaz variada ("poderes de autoridade", "manifestações de autoridade", "manifestações de poder", "poderes de definição jurídica unilateral", "poder público", "poderes típicos de regulação", "poder administrativo").

[700] Cfr. artigo 120.º do CPA. Na doutrina, cfr. Rogério Ehrhardt SOARES, *Direito*, (1978), cit., p. 76 e ss; Diogo Freitas do AMARAL, *Curso*, II, cit., p. 211 e ss; Esteves de OLIVEIRA/Pedro GONÇALVES/ Pacheco de AMORIM, Ob. cit., p. 546 e ss.

[701] Cfr., *supra*, Parte I, Cap. II, 2.2. onde afirmámos que as entidades públicas não carecem de autorização expressa para exercer as competências de que estão investidas pela forma do acto administrativo. Qualquer acto de uma entidade pública que preencha os elementos do conceito (cfr. artigo 120.º do CPA) apresenta-se, por conseguinte, como um acto administrativo. Poderá até padecer de nulidade, por ex., por falta de atribuições da pessoa colectiva [artigo 133.º/2,*b)*, do CPA], mas será um acto administrativo.

escolha entre acto administrativo e contrato administrativo é em regra livre: uma vez que um princípio geral faculta ambas as formas de actuação à Administração Pública, a decisão de usar uma qualquer delas não é objecto de uma reserva específica de norma jurídica; esta respeita directamente ao conteúdo do acto, isto é, à natureza dos efeitos de direito a produzir" [702].

Por sua vez, Mário Aroso de Almeida afirma, a dado passo: "(...) deve entender-se que cada manifestação da Administração só existe como acto administrativo se e na medida em que a ordem jurídica a qualifica como tal e lhe confere o respectivo valor" [703]. Embora o Autor associe o sentido da sua afirmação aos princípios da *tipicidade* e da *nominatividade* dos actos administrativos [704], deve sublinhar-se que da letra do seu texto decorre, claramente, a defesa de um princípio de *taxatividade* quanto à própria *forma* acto administrativo. De facto, está lá dito que um acto *"só existe como acto administrativo se e na medida em que a ordem jurídica [o] qualifica como tal"* (itálicos nossos).

Interpretando as afirmações transcritas rigorosamente à letra, infere-se que a primeira limita o alcance do princípio da legalidade do acto administrativo a uma exigência de *legalidade material*, ao passo que a segunda reclama, além dessa, uma suplementar exigência de *legalidade formal*.

Na Alemanha, a doutrina está dividida nesta matéria: alguns autores entendem que a autorização legal conferida à Administração para actuar no âmbito do direito público, ao abrigo de poderes públicos, a investe automaticamente do poder ou da capacidade de praticar actos administrativos [705], enquanto outros se inclinam para a tese de que o emprego da forma acto administrativo requer uma autorização legislativa expressa, pelo menos para os actos (constitutivos, declarativos ou negativos) de conteúdo desfavorável para o destinatário [706].

---

[702] Cfr. J.M. Sérvulo CORREIA, *Legalidade e Autonomia*, cit., pp. 566-567.

[703] Cfr. Mário Aroso de ALMEIDA, *Anulação de Actos Administrativos*, cit., p. 93.

[704] Sobre estes princípios, que reclamam a predeterminação legal do conteúdo (dos efeitos) dos actos administrativos, cfr. SANDULLI, *Manuale*, cit., p. 616; CASETTA, "Provvedimento", cit., p. 251 e ss; BASSI, *Principio di legalità e potere amministrativi impliciti*, p. 382 e ss.

[705] Cfr. MAURER, *Allgemeines*, cit., p. 240. Admitindo a exigência de uma reserva de lei quanto à forma, mas apenas em casos duvidosos, cfr. WOLFF/BACHOF/STOBER, Ob. cit., 2, p. 18 e ss.

[706] Cfr. OSTERLOH, "Erfordernis gesetzlicher Ermächtigung für Verwaltungshandeln in der Form des Verwaltungsakts?", p. 280 e ss; DRUSCHEL, Ob. cit., p. 19 e ss; KOPP/RAMSAUER, Ob. cit., p. 587.

A questão reside, por conseguinte, em saber se o poder de praticar actos jurídicos na *forma* do acto administrativo – o "potere provvedimentale", no dizer de Nicola Bassi[707] – se apresenta como um *outro* poder, um poder de natureza formal, autónomo em relação ao poder público que autoriza a Administração a tomar uma decisão ao abrigo de normas de direito público, definindo o direito aplicável a uma dada situação jurídica.

Ora, deve dizer-se que a colocação da questão tem todo o sentido.

Desde logo, tem de se considerar que o poder de determinar a produção de um efeito jurídico remete directamente para um *conteúdo* e não para uma *forma*. Assim, a norma que atribua a um órgão administrativo o poder de vedar a entrada a uma pessoa num certo local, de emitir uma autorização, de rescindir um contrato ou de impor a demissão de um funcionário pode ser considerada simplesmente uma norma atributiva de um poder público de autoridade de natureza decisória. A norma investe a Administração de um efectivo poder de decisão. Em qualquer caso, o acto que a Administração venha a praticar nesse contexto pode, e deve, ser qualificado como *acto público de autoridade*. Mas a questão é a de saber se pode ser qualificado como acto administrativo.

Se, como é corrente, a norma que atribui o poder público nada acrescenta sobre a natureza *formal* dos actos que a Administração Pública vier a praticar na actuação desse mesmo poder, parece fazer todo o sentido questionar a natureza formal de tais actos. Trata-se, decerto, de *actos públicos*, praticados no exercício de um *poder público de autoridade*, que produzem *efeitos típicos de direito público* – mas serão *actos administrativos* ou *declarações de autoridade de natureza pública* sem a forma de acto administrativo[708]?

O sentido da questão colocada percebe-se integralmente se se tiver em consideração que a qualificação formal de um acto público como acto administrativo não constitui uma mera "etiqueta", que vise apenas representar ou enfatizar o respectivo carácter público (e não privado); uma tal qualificação tem, na verdade, relevantes implicações não só em termos processuais, como também do ponto de vista material[709].

---

[707] Cfr. BASSI, *Principio*, cit., pp. 362 e 410.

[708] Equacionado esse problema a propósito dos actos respeitantes à execução de contratos administrativos, praticados ao abrigo dos poderes públicos inscritos no artigo 180.º do CPA, cfr. Pedro GONÇALVES, *O Contrato*, cit., p. 113 e ss.

[709] Cfr. SCHENKE, "Formeller oder materieller Verwaltungsaktsbegriff?", p. 1009; HILL, Ob. cit., p. 323.

Com efeito, por si mesma, a forma do acto administrativo introduz um "factor suplementar ou aditivo de poder", que, em rigor, acresce ao poder que já resulta da própria competência pública de constituição ou de declaração de efeitos jurídicos. O suplemento ou adição de um poder que não está implícito ou não é inerente ao poder público de produzir os efeitos que o acto acolhe resulta do regime jurídico estabelecido em geral para o acto administrativo: há certos poderes e efeitos de autoridade que são *inerentes* ao poder de praticar actos administrativos; trata--se, contudo, de poderes que ainda resultam da lei e não de poderes implícitos[710].

Assim, tratando-se de um *acto exequível*[711], o acto administrativo ostenta, por si, a característica da *executividade*, referindo-se, neste domínio, a doutrina a uma *função tituladora do acto administrativo*[712]. Independentemente do concreto conteúdo do poder público accionado, o facto de o seu exercício dar lugar a um acto administrativo investe a Administração de um *título executivo*, podendo, por conseguinte, passar à execução do acto, através dos tribunais ou até prescindindo da intervenção destes. *Hoc sensu*, podemos dizer que o poder de praticar actos administrativos se reconduz também a um *poder de criar títulos executivos*. Embora não decorra da característica da executividade, inúmeros actos podem ser executados coactivamente pela própria Administração Pública pelo facto de se qualificarem como actos administrativos (cfr. artigo 149.º/2 do CPA). Por outro lado, os actos da Administração, mesmo ilegais – desde que não nulos – adquirem *por serem actos administrativos*, a força e a estabilidade de caso decidido, se não forem tempestivamente impugnados pelos interessados[713]. Além disso, mesmo que se trate

---

[710] Ao contrário de BASSI, *Principio*, cit., pp. 362 e 408 e ss, não associamos efeitos ou poderes inerentes ao "potere provvedimentale" e *poderes implícitos da Administração*. Os poderes inerentes que a seguir indicamos são *conferidos por lei*, em articulação necessária e automática com o poder de praticar actos administrativos.

[711] Sobre o conceito de *exequibilidade*, cfr. Rogério Ehrhardt SOARES, *Direito*, (1978), cit., p. 196; no sentido de que a executividade se apresenta como um atributo exclusivo dos actos exequíveis, cfr. Fernando Alves CORREIA, *Alguns Conceitos*, cit., p. 40.

[712] Sobre a função tituladora do acto administrativo, cfr. J.C. Vieira de ANDRADE, "Algumas reflexões", cit., pp. 1196 e 1220; KOPP/RAMSAUER, Ob. cit., p. 585; LÖWER, "Funktion und Begriff des Verwaltungsakts", p. 806; Esteves de OLIVEIRA/Pedro GONÇALVES/Pacheco de AMORIM, Ob. cit., p. 541.

[713] É sobretudo este ónus de impugnação ("Anfechtungslast") que conduz DRUSCHEL, Ob. cit., p. 54 e ss, a considerar que a forma acto administrativo (nos actos

de actos de conteúdo favorável, a qualificação deles como actos administrativos investe a Administração do poder unilateral de anulação e, em certos termos, também de revogação.

Todos os aspectos acabados de referir, decorrendo de um regime jurídico desenhado em função da forma acto administrativo, "reforçam" ou "qualificam" o poder público da Administração Pública. Pode por isso dizer-se que a forma acto administrativo, articulada com outras indicações do ordenamento jurídico, está na génese de "novos" poderes da Administração (execução coerciva, anulação, etc.)[714]. E, insistimos, trata-se de dimensões que estão fora e para além do poder público de autoridade enquanto poder de tomar uma decisão, de emitir um acto imperativo, com força obrigatória e produtor de efeitos jurídicos imediatos[715]. A forma acto administrativo representa, assim, algo de "exorbitante" em relação ao próprio poder público de autoridade e ao acto que ao abrigo dele poderia ser praticado. Essa exorbitância, insiste-se, resulta do regime jurídico que a lei define para o acto administrativo, qualquer que seja o seu conteúdo[716].

Exposto o alcance do problema, é chegado momento de repetir uma ideia já aflorada, que se compreende agora como uma tomada de posição teórica. Para nós, as entidades com personalidade de direito público estão *automaticamente* investidas da capacidade para o emprego da forma acto administrativo. Quer dizer, qualquer acto de uma entidade pública praticado ao abrigo de um poder público de autoridade que reúna os elementos constitutivos do conceito apresenta-se como acto administrativo; o emprego da forma acto administrativo não se encontra, por conseguinte, sob reserva de lei.

Essa tomada de posição vai alicerçada, desde logo, nas referências constitucionais (artigo 268.º, n.ᵒˢ 3 e 4) ao *acto administrativo*, que, na

---

desfavoráveis) representa uma autónoma agressão aos direitos dos particulares (que, como tal, deve estar sob *reserva de lei*).

[714] A forma acto administrativo está na génese de "poderes", mas também de "deveres", como são, em geral, os deveres impostos no contexto do procedimento de formação do acto, bem como o dever constitucional de fundamentação.

[715] A imperatividade e a operatividade imediata constituem atributos do poder (público) e não da forma acto administrativo. Como se sabe, os poderes privados também podem conhecer essas características e gerar *ónus de impugnação*: v.g., poderes de despedimento por facto imputável ao trabalhador e de suspensão preventiva do trabalhador (artigos 411.º e ss, 417.º e 435.º do Código do Trabalho).

[716] Em sentido não coincidente, cfr. SEILLER, "L'exorbitance", cit., p. 481 e ss.

nossa interpretação, apontam para a manutenção de um sistema que configura tradicionalmente o acto administrativo como acto central do agir autoritário da Administração. O acto administrativo surge como "conatural" ao sistema de administração executiva, podendo mesmo dizer-se que ele "resume as características próprias" desse sistema[717]. A figura do acto administrativo, enquanto forma que revestem os actos públicos de natureza decisória provenientes da Administração, apresenta-se como um elemento fundamental e constitutivo do modelo administrativo que resulta da CRP: a referência constitucional à figura não pode deixar de ser interpretada em conformidade com a noção geral e pré-constitucional de acto administrativo, como "todo o acto" de proveniência administrativa que cumpra determinados requisitos entre os quais se não incluiu nunca a base legal formal. Por sua vez, o CPA confirma plenamente esta ideia, acolhendo um conceito de acto administrativo que se propõe abranger todas as decisões de órgãos da Administração dotadas de certas notas caracterizadoras[718]. Sem negarmos a "exorbitância" da forma acto administrativo, concluímos, contudo, no sentido de que os órgãos da Administração"[719] estão investidas do poder de empregar essa *forma*. Por conseguinte, são actos administrativos todos os actos por eles praticados que cumpram os restantes requisitos do conceito.

A última afirmação esclarece que não é acto administrativo qualquer acto de um órgão da Administração. Só apresentam tal natureza os actos que, além do mais, sejam praticados no exercício de um poder público de autoridade. Não se encontrando a Administração investida de um poder dessa natureza, o acto que pratica (*v.g.*, recusa do acesso a uma informação solicitada) não se assume como um acto administrativo, mas, eventualmente, como um "acto paritário", uma "simples declaração administrativa".

As considerações expostas para a forma do acto administrativo valem, em certos termos, para a forma do contrato administrativo. A livre utilização da forma contrato administrativo está expressamente consagrada no artigo 179.º/1 do CPA. Ao exercer a sua capacidade de livre utilização do contrato administrativo, a Administração pode acabar por

---

[717] Cfr. J.C. Vieira de ANDRADE, *O Dever de Fundamentação*, cit., p. 18.

[718] Apesar de considerar que a forma acto administrativo (quando articulada com um conteúdo agressivo) está sob reserva de lei, DRUSCHEL, Ob. cit., p. 257 e ss, conclui que os §§ 35 e 43 da VwVfG representam o fundamento legal exigido.

[719] Sobre o conceito de "órgãos da Administração Pública", cfr. artigo 2.º/2 do CPA.

ficar investida dos poderes públicos a que se refere o artigo 180.º do CPA[720]. Ora, neste sentido, o emprego da forma contrato administrativo também coloca a Administração numa posição exorbitante (em relação à posição em que ela se encontraria se o contrato fosse de direito privado). Neste momento, não é contudo esse o aspecto que nos interessa analisar[721]. No presente número estudamos as formas de manifestação dos poderes públicos. Ora, quanto a isso, deve dizer-se que o contrato administrativo pode constituir um instrumento formal de manifestação de um poder público de autoridade outorgado à Administração. Estamos, naturalmente, a pensar nos designados *contratos administrativos sobre o exercício de poderes públicos*, celebrados, pelo lado da Administração Pública, no exercício de um poder público de autoridade. Como observa Huergo Lora, "a Administração, que pode actuar unilateralmente exercendo os seus poderes, prefere em certos casos pô-los em jogo numa negociação com os cidadãos e celebrar com estes acordos que, *more contractuale*, regulam relações jurídicas e permitem modelar o exercício dos poderes"[722]. Estes contratos provam, assim, que se afigura possível uma correlação entre poder de autoridade e contrato[723] ou, o que é o mesmo, entre poder unilateral e negócio bilateral[724].

A articulação entre contrato administrativo e poderes de autoridade não é desconhecida na legislação portuguesa: o artigo 18.º da LSEE equipara as empresas públicas a entidades administrativas para efeitos da determinação dos tribunais competentes para o julgamento dos litígios respeitantes a "actos praticados e a *contratos celebrados no exercício de poderes de autoridade*".

---

[720] Cfr. Pedro GONÇALVES, *O Contrato*, cit., p. 93.

[721] Cuidaremos desse aspecto noutro momento (cfr., *infra*, Cap. II), porquanto dele resulta que, por si só, a capacidade de utilização do contrato administrativo investe a parte que está na posição da Administração do exercício de poderes públicos.

[722] Cfr. HUERGO LORA, *Los contratos*, cit., p. 32.

[723] Cfr. PUGLIESE, "Il procedimento amministrativo tra autorità e «contrattazione»", p. 1489.

[724] Cfr. FRACCHIA, Ob. cit., p. 166.

CAPÍTULO II

Exercício privado da função administrativa e exercício privado de poderes públicos de autoridade

Independentemente das eventuais excepções ao "princípio da conexão necessária entre função pública e poder público"[725], a figura de que nos ocupamos representa uma participação de entidades privadas no desempenho da função pública administrativa. Pressupõe-se, por conseguinte, que a entidade privada aparece investida de poderes públicos administrativos *pelo facto de estar* incumbida da responsabilidade de executar a função administrativa e se assumir, portanto, como membro da Administração Pública (em sentido funcional).

Depois de, no capítulo anterior, termos contactado com cada um dos três elementos constitutivos do exercício privado de poderes públicos administrativos de autoridade, importa agora ensaiar a perspectiva de uma visão unitária do fenómeno, apresentando critérios que viabilizem a identificação das suas manifestações concretas.

1. Exercício privado da função administrativa

Nos termos em que o concebemos aqui, o exercício privado de poderes públicos de autoridade ocupa um espaço dentro de um território mais vasto, correspondente ao instituto do exercício privado da função administrativa: o privado investido de poderes públicos executa tarefas administrativas. Uma referência, breve, ao fenómeno do exercício privado da função administrativa apresenta-se como um imperativo pelos motivos enunciados, mas ainda porque a conclusão de que um privado se

---

[725] Sobre a conexão entre poder público e função pública e a questão da designada "delegação isolada de poderes públicos", cfr., *infra*, Parte IV, Cap. I.

encontra investido da execução de funções administrativas pode ser essencial ou, pelo menos, relevante para se qualificarem como públicos os poderes de autoridade que lhe estejam atribuídos.

1.1. *Delimitação*

O exercício privado da função administrativa implica, como sabemos, a "participação directa" de um ente de direito privado na execução de uma *tarefa pública*, de uma missão ou actividade objecto de *publicatio*. A conjugação dos conceitos de pessoa privada e de tarefa pública, acima delimitados, representa uma verdadeira *conditio sine qua non* do "exercício privado da função administrativa"[726].

Com razão, observa Udo Steiner que se afigura difícil excluir completamente o risco de uma qualificação incorrecta nesta matéria[727]. Não é aliás de afastar a hipótese de a própria entidade privada que a exerce desconhecer ou não ter consciência de que está incumbida da execução de uma função administrativa[728].

Na linha da tese que vimos defendendo, quando o operador jurídico não verificar a presença de elementos que indiquem com segurança a natureza pública da tarefa executada por uma entidade particular, não pode (nem deve) deixar de presumir a natureza privada dessa tarefa. Poderá tratar-se de uma actividade da mais alta relevância para o interesse público ou para a satisfação das necessidades colectivas básicas ou essenciais, mas, se não foi objecto de *apropriação pública*, terá de se tratar como *actividade privada, regida pelo direito privado*.

Confirmada a apropriação pública da tarefa envolvida, o exercício privado da função administrativa reclama ainda a *participação directa* de uma entidade privada na respectiva execução; pressupõe, portanto, a

---

[726] Mantém-se, pois, inteiramente válida a asserção de ZANOBINI, *Corso*, cit., p. 302, segundo a qual, no exercício privado de funções públicas, tem de estar envolvida uma actividade que represente o exercício de um poder próprio do Estado ou de um outro ente público; nesta linha, cfr. IZQUIERDO CARRASCO, *La seguridad*, cit., p. 386 e ss.

[727] Cfr. STEINER, *Öffentliche*, cit., p. 265. Em sentido idêntico, sobre as dificuldades do conceito de "public function" no direito norte americano, cfr. GILMOUR/JENSEN, Ob. cit., p. 250; ROTUNDA/ NOWAK, Ob. cit., p. 533 e ss.

[728] Cfr. STEINER, *ibidem*. No mesmo sentido, sobre as situações duvidosas de "Beleihung", cfr. Maurer, *Allgemeines*, cit., p. 616.

assunção da *responsabilidade de execução* ou *operativa* de uma missão pública, não bastando a mera contribuição para o desempenho de uma missão dessa natureza pela própria Administração: "só existe exercício privado de funções administrativas quando estas são confiadas, *enquanto tais*, a uma entidade privada"[729]. Concordamos, neste ponto, com Dolors Canals, quando afirma que o exercício privado de funções públicas demonstra, em definitivo, a dissolução da correlação necessária entre órgãos públicos e funções públicas. Discordamos, todavia, da Autora, quando acrescenta que a figura traduz o irrealismo da separação radical entre a "vida administrativa" e a "vida privada"[730]. Ao contrário do que a asserção sugere, na figura do exercício privado de funções administrativas não se mistura "vida administrativa" com "vida privada"; ela reflecte apenas a participação de entidades privadas na vida administrativa, na execução de funções públicas administrativas.

O exercício privado da função administrativa existe não só nos casos de Administração Pública delegada em particulares, como também no cenário da Administração Pública em forma privada, desenvolvida por entidades administrativas privadas. Não desconhecendo as relevantes diferenças entre os dois casos, em ambos a responsabilidade de execução da tarefa pública está confiada a uma *entidade de direito privado*: trata--se de um exercício *privado* da função administrativa. Diremos, portanto, que o instituto pode ter origem numa decisão de *delegar* uma tarefa pública num particular ou numa decisão de *criar* ou de *participar* numa entidade administrativa privada.

Por outro lado e agora em relação à entidade particular, o exercício privado pode dar lugar a uma relação de *colaboração* com uma entidade pública ou a uma situação de *substituição originária* da Administração Pública.

Além disso, deve dizer-se que o exercício privado da função administrativa postula que a entidade privada assuma a responsabilidade de execução *em seu nome* e como *sujeito de imputação final* das operações materiais que realiza e dos actos jurídicos que pratica no desempenho da

---

[729] Cfr. Vital MOREIRA, *Administração Autónoma*, cit., p. 289. Sublinhando que no exercício privado de funções públicas tem de estar implicada a transferência de uma tarefa concretamente qualificada como função pública (estadual), cfr. STEINER, "Öffentliche", cit., p. 528, e *Öffentliche*, cit., p. 46.

[730] Cfr. Dolors CANALS I AMETLLER, Ob. cit., p. 277-8.

função administrativa[731]. A entidade privada que, no plano externo, actua *por conta e em nome de uma entidade pública* não assume a responsabilidade de execução de uma função administrativa; mas desenvolve a sua acção no âmbito de uma relação de "mandato administrativo" (que determina a imputação directa dos actos praticados pelo mandatário ao mandante).

1.2. Confronto com outras figuras do direito da organização administrativa

Apesar de abranger situações marcadas por uma clara heterogeneidade, o "exercício privado da função administrativa" ostenta características e elementos típicos suficientes para poder ser apresentado e estudado como um instituto autónomo e uma categoria particular do direito administrativo ou da organização administrativa[732]. Por essa razão, a figura poderá ser também globalmente confrontada com outros institutos e figuras do direito administrativo organizativo, como a participação orgânica de particulares na Administração Pública, a mera colaboração auxiliar, o mandato administrativo e a administração autónoma. Procuraremos, em seguida, aludir às diferenças e às relações que, porventura, existam entre cada uma desses institutos e o exercício privado da função administrativa.

1.2.1. Participação orgânica de particulares na Administração Pública

Os fenómenos da participação de particulares na Administração Pública, bem como o exercício de funções e poderes públicos por particulares constituem expressões de uma mesma realidade: o envolvimento de particulares na execução de actividades públicas administrativas e no exercício de poderes públicos. Nos dois casos – *dentro* ou *fora* da Administração Pública – os particulares acabam assumindo o exercício de poderes públicos[733]. Todavia, as diferenças entre os dois institutos afi-

---

[731] Cfr. MENNACHER, *Ob. cit.*, p. 69.

[732] Em sentido diferente, cfr. Dolors CANALS I AMETLLER, Ob. cit., p. 272 e ss.

[733] A participação orgânica representa uma participação de particulares no exercício do Poder Público; cfr. MEHDE, Ob. cit., p. 551; BRITZ, Ob. cit., p. 428.

guram-se evidentes. Repetindo uma afirmação já aqui produzida, a participação orgânica coloca "particulares *na* Administração", enquanto o exercício de funções públicas por particulares identifica uma situação de "administração *por* particulares": neste contexto, o exercício privado da função administrativa abrange naturalmente apenas os casos em que a função administrativa se encontra delegada em particulares. Estes actuam, então, "como particulares" e não como membros de uma instância pública.

Apesar da distinção teórica nítida, há casos em que a destrinça pode revelar-se, na prática, menos clara. Trata-se de situações em que pode haver dúvidas sobre se um particular exerce funções na posição de titular de um órgão público – incorporado num centro institucional predefinido da organização administrativa, com uma "competenza astrattamente inquadrata e precostituita"[734] –, ou se, pelo contrário, actua, em posição exterior ao aparelho administrativo, como um colaborador externo da Administração Pública[735].

Por outro lado, segundo alguma doutrina, pode haver uma conexão entre os dois institutos nos casos em que a participação de particulares na Administração resulta de um acto de designação ou de uma proposta vinculativa dos grupos ou das colectividades que aqueles mesmos particulares vão representar no órgão participado. Entendem alguns autores que esse poder de designar ou de propor constitui um "poder público"[736]. Teríamos então, nesses casos – de uma suposta "delegação do poder

---

[734] Cfr. GARRI, "In tema di delega, concessione e affidamento ad enti pubblici della progettazione ed esecuzione di opere pubbliche", p. 423.

[735] Recordem-se as dúvidas que no direito alemão se chegaram a colocar a propósito da posição jurídica dos alunos encarregados da manutenção da ordem nas salas de aulas ou do acompanhamento dos colegas mais novos fora da escola; cfr., *supra*, Parte II, Cap. I, 1.2.1.1.

[736] Cfr. JAFFE, Ob. cit., p. 231, destacando que a atribuição a um grupo do poder de designar oficiais públicos não significa a entrega de um poder decisório ao grupo, mas coloca um poder público "in the hands of private interests". No sentido de que a "designação" de um membro de um órgão público constitui um acto administrativo, mesmo quando provenha da associação privada representada, cfr. DAGTOGLOU, *Der Private,* cit., p. 84. Sobre as várias formas de participação de instâncias não públicas no procedimento de nomeação de titulares de órgãos públicos, cfr. JESTAEDT, Ob. cit., p. 382 e ss.

Note-se ainda que, embora associando a delegação de funções públicas à participação de particulares em órgãos públicos, o objectivo da tese defendida por BRITZ, Ob. cit., p. 432 e ss, é apenas o de aplicar, por analogia, a ideia da delegação à participação de particulares em órgãos públicos (cfr., *supra*, Parte, II, Cap. I, 1.2.1.1.).

público de designação"[737] –, uma conjugação do instituto da participação orgânica de particulares com o exercício privado de poderes públicos. Contudo, no nosso juízo, as entidades com poder de designação ou de propositura (proposta vinculativa) de indivíduos para as representarem em órgãos administrativos não exercem poderes públicos administrativos, mas sim *direitos subjectivos públicos.* A lei dirige-se-lhes enquanto entidades privadas defensoras ou portadoras de interesses particulares; é nessa qualidade, enquanto entidades que actuam na esfera privada, da Sociedade, que se lhes confere o "poder" de designar representantes. Trata-se, por conseguinte, da atribuição de um direito subjectivo público e não da delegação de um poder público (de designação).

1.2.2. *Colaboração auxiliar: privatização funcional*

O exercício privado da função administrativa apresenta-se como uma consequência de uma medida de privatização no âmbito da execução de tarefas públicas. Consiste, todavia, numa medida de *privatização orgânica*, associada à transferência da *responsabilidade de execução* de uma tarefa pública. A entidade privada surge, pois, investida de uma função pública administrativa; não se limita a contribuir para a execução de uma função dessa natureza por uma outra entidade, como sucede com os colaboradores auxiliares, no cenário de privatização funcional. Neste último caso, uma entidade privada actua no direito privado, presta *serviços privados* que contribuem para a preparação e/ou para a execução material de uma tarefa pública. Contudo, a responsabilidade pela gestão ou direcção desta tarefa mantém-se na esfera de uma entidade pública[738]. Não há aí, portanto, um exercício privado da função administrativa, mas apenas o desenvolvimento de uma actividade privada em cujos resultados a Administração está interessada.

1.2.3. *Mandato administrativo*

As entidades privadas podem exercer funções e poderes públicos *em nome próprio* ou *por conta e em nome de uma entidade pública.*

---

[737] Sobre esta delegação de poderes de designação, cfr. LAWRENCE, Ob. cit., p. 687[160].

[738] Sobre os critérios, os corolários e as dificuldades de distinção entre privatização orgânica (exercício privado da função administrativa) e privatização funcional (colaboração auxiliar), cfr., *supra*, Parte I, Cap. III, 2.1.

Resulta claro que, para nós, as entidades privadas, no exercício de poderes públicos, podem actuar em nome próprio[739], parecendo-nos, assim, desnecessária e até inútil a "ficção da representação"[740]. Não vemos, de facto, qualquer vantagem ou necessidade de ordem teórica de explicar o exercício de poderes públicos por entidades privadas através da figura da representação. De resto, como se sabe, o direito português pressupõe ou admite, há muito tempo, o exercício de funções e de poderes públicos por entidades privadas que actuam em nome próprio e não em nome ou em representação de entidades públicas[741].

Mas, naturalmente, disso não decorre que as entidades privadas não possam ser encarregadas de exercer funções públicas "por conta e em nome de uma entidade pública". Quando tal se verifique, teremos, então, um *mandato administrativo conferido a entidades privadas*[742].

---

[739] Contra, cfr. Diogo Freitas do AMARAL, *Curso,* I, cit., p. 586.

[740] A figura da *representação* chegou a ser abertamente invocada por Marcello Caetano a propósito da prática de actos públicos por concessionários: dizia o Autor que "as pessoas colectivas de direito privado exercem poderes de autoridade quando concessionárias e, portanto, *em nome alheio,* isto é, representando a pessoa pública concedente e por delegação dela"; por outro lado, as empresas singulares concessionárias referem-se a casos em que o "indivíduo-concessionário representa a Administração nas suas relações com o público e na medida em que exerce os poderes concedidos"; cfr. Marcelo CAETANO, *Tratado elementar,* cit., p. 156.

Mais tarde, Marcello Caetano abandonou essa tese, passando a entender que a empresa concessionária é uma pessoa jurídica dotada dos seus próprios órgãos, que se integra na Administração como entidade autónoma, segundo um processo de descentralização. Por só admitir órgãos em pessoas colectivas, não aceita que a empresa concessionária seja considerada, em si mesma, um órgão da entidade concedente (era essa a tese de Zanobini); porém, admitia que "um órgão da empresa concessionária, se receber a *delegação* de certos poderes do concedente para a prática de actos administrativos definitivos e executórios (que sejam, portanto, considerados actos da jurisdição do delegante), poderá então ser considerado órgão indirecto"; cfr. Marcelo CAETANO, *Manual,* cit., p. 1101.

[741] Em geral, a doutrina alemã apresenta o "Beliehene" como um sujeito de direito privado que exerce funções e poderes públicos em nome próprio; cfr. WOLFF/BACHOF/STOBER, Ob. cit., 3, p. 509; MAURER, *Allgemeines,* cit., p. 616; MICHAELIS, Ob. cit., p. 128 e ss; STUIBLE-TREDER, Ob. cit., p. 71 e ss; RENGELING, Ob. cit., p. 26.

[742] Temos apenas em vista o mandato administrativo conferido a entidades privadas. Além dele, há – ou pode haver – um *mandato administrativo nas relações intra--administrativas*, uma figura próxima da delegação de competências, mas que dela se distingue pelo facto de o (órgão) mandatário actuar competências do (órgão) mandante em nome deste: sobre este mandato, que pode ser interno ou externo, consoante os órgãos envolvidos pertençam ou não à mesma autoridade, cfr. OBERMAYER, "Die Übertragung von Hoheitsbefugnissen im Bereich der Verwaltungsbehörden", p. 625 e ss;

Discute-se se o mandato conferido pela Administração a entidades privadas (pessoas físicas ou colectivas) representa uma figura autónoma no direito administrativo, distinta do mandato civil. Na nossa interpretação, essa autonomia existe, desde que o mandato conferido por uma entidade pública envolva a a atribuição de poderes de representação ao mandatário (mandato com representação). Pode, assim, definir-se o mandato administrativo como o *acto ou contrato pelo qual uma entidade pública encarrega uma entidade privada de, por conta, em nome e sob as instruções e a direcção daquela, realizar certas operações materiais e/ou praticar actos jurídicos determinados*[743]. Desta definição resulta, naturalmente, a recusa clara da doutrina que se propõe explicar, através do mandato, praticamente todas as situações de colaboração de entidades privadas na execução da função administrativa[744].

Por outro lado, ao contrário da posição em geral assumida pela doutrina alemã a propósito da distinção entre o mandato e a delegação de competências[745], entendemos que o mandato, sem realizar uma transfe-

---

SCHENKE, "Delegation und Mandat im Öffentlichen Recht", p. 118 e ss; RASCH, "Bemerkungen zur Rechtsnatur organisatorischer Maßnahmen", especial, p. 619 e ss. Ao estudo comparativo das figuras da delegação e do mandato dedicou-se Triepel, na monografia *Delegation und Mandat im öffentlichen Recht* (1942).

[743] A definição proposta afasta-se da noção de mandato acolhida no Código Civil (artigo 1157.º: "mandato é o contrato pelo qual uma das partes se obriga a praticar um ou mais actos jurídicos por conta da outra"): por um lado, o mandato administrativo pode abranger actos materiais, não apenas jurídicos, e, por outro lado, parece-nos que só se autonomiza se envolver a representação da entidade pública. Não actuando *em nome da entidade pública*, o particular investido de funções públicas será um concessionário, delegatário ou mero colaborador auxiliar da Administração.

[744] Alguma doutrina francesa afigura-se bastante generosa na definição do âmbito do mandato de direito administrativo, admitindo-o mesmo quando não haja uma referência expressa à actuação em nome da entidade pública; aliás, para alguns autores, mesmo que exista um contrato de concessão, o particular deverá qualificar-se como mandatário, se actua por "transparência" de uma entidade pública: sobre os indícios de transparência, cfr. COUDEVYLLE, "La notion de mandat en droit administratif", p. 12; mais recentemente, cfr. Canedo, Ob. cit., especial. p. 553 e ss, propondo uma publicização da figura civilista do mandato. Esta teoria acaba por reconduzir à noção de mandato todas as actuações de entidades privadas que colaboram com a Administração, pois que, em todos esses casos, está implicada uma actuação efectuada por conta da Administração Pública.

[745] Cfr. OBERMAYER, Ob. cit., p. 625 e ss; SCHENKE, Ob. cit., p. 118 e ss; RASCH, Ob. cit., p. 619 e ss. Estes autores entendem que, ao invés da delegação, o mandato deixa inalterada e intocada a ordem de competências legalmente estabelecida.

rência do exercício de competências, representa, todavia, uma efectiva perturbação no *sistema de execução* das competências públicas: o mandatário fica habilitado a exercer poderes que a lei adjudica ao mandante[746]. O facto, de relevo técnico-jurídico, de o mandatário não suportar a imputação final dos actos que pratica nesse domínio e de estar sujeito aos poderes de direcção da entidade mandante afigura-se-nos indiferente. Com efeito, externamente, quem se apresenta a actuar não é o órgão da pessoa pública que a lei indica como titular originário da competência pública. O mandatário actua *em vez* da pessoa ou do órgão legalmente competente[747]. A atribuição do mandato não se apresenta, por isso, como facto organizativo irrelevante. Embora daí não decorra que o mandato administrativo deva estar, em todos os casos, sob *reserva de lei* (institucional), supõe-se que a base legal deverá existir sempre que ele tiver por objecto o exercício de competências de autoridade (prática de actos administrativos) ou envolver uma actuação do mandatário em áreas típicas de autoridade (*v.g.*, acções de fiscalização)[748].

Admitindo a autonomia da figura do mandato no direito administrativo e aceitando que o mandato pode ser conferido para o exercício de funções públicas, pode, então, colocar-se a questão de saber se o instituto do "exercício privado da função administrativa" abrange as entidades privadas que actuam por conta e em nome de entidades públicas.

A dúvida deve ser claramente circunscrita aos casos de mandato atribuído a entidades privadas para o exercício de funções públicas administrativas.

Esta última observação faz sentido porque há situações de mandato e de representação previstas e reguladas em leis do direito administrativo que, manifestamente, não atribuem aos mandatários o exercício de uma

---

[746] É por isso que LAUBADÈRE/VENEZIA/GAUDEMET, Ob. cit., I, p. 369, afirmam que a utilização do mandato deve ser prudente: "as competências atribuídas às pessoas colectiva de direito público são normalmente exercidas pelos seus titulares e não por representantes".

[747] Cfr. STEINER, *Öffentliche,* cit., p. 228[131].

[748] Sempre que tenha por objecto a prática de actos materiais ou actos jurídicos não autoritários, a atribuição do mandato poderá considerar-se uma expressão do *poder de auto-organização da Administração Pública.* Não defendemos essa posição só pelo facto de o mandato não envolver a atribuição de competências de autoridade a entidades privadas. Essencial, do nosso ponto de vista, é a circunstância de o mandato não implicar a pluralização da Administração, por força da criação de um novo centro de competências públicas.

função pública administrativa. Assim sucede, por ex., com a procuração *ad lites* conferida a um advogado para representar uma entidade pública em juízo[749]. Situação que, do mesmo modo, não envolve o mandato para a execução de funções públicas administrativas é a que decorre da nomeação pública de gestores e de dirigentes de entidades empresariais públicas ou de empresas participadas pelo sector público (*v.g.*, nomeação, pelo Estado, dos administradores de uma empresa pública ou, por uma câmara municipal, dos membros do conselho de administração de uma empresa pública municipal). Mesmo que se entenda que os particulares nomeados exercem o cargo *em representação da entidade pública que os nomeou* (na defesa dos interesses desta e sujeitas às suas orientações)[750],

---

[749] Referindo este como um mandato conferido a "estranei alla Amministrazione", cfr. RANELLETTI, "Le categorie del personale al servizio dello Stato", p. 43; BACHELET, Ob. cit., p. 526.

[750] Não se afigura líquido que esse seja o entendimento correcto, porquanto os titulares dos órgãos de administração de empresas exercem os cargos em que são investidos *em nome próprio*. Isso verifica-se mesmo quando são nomeados pela pessoa colectiva designada administrador (no caso de sociedades anónimas), nos termos do artigo 390.º/4 do Código das Sociedades Comerciais (CSC); sobre isso, cfr. Paulo de Pitta e CUNHA, "As pessoas colectivas como administradores de sociedades", p. 5 e ss; Nogueira SERENS, "Pessoas colectivas – administradores de sociedades anónimas?", p. 75 e ss; entende este Autor que a pessoa colectiva não é administrador: este será "sempre (e só) a pessoa singular, por isso se diz que *exerce o cargo em nome próprio*" (p. 90).

O problema fundamental aqui envolvido reside em saber se os gestores das sociedades comerciais e empresas participadas pelo sector público ficam obrigados a cumprir *ordens*, *instruções* e *orientações* das entidades públicas que os nomeiam ou que os fazem eleger – no sentido de que a prossecução do interesse público impõe um "dever de direcção" por parte do Estado, que deve poder emitir instruções e orientações aos titulares dos órgãos sociais que faça eleger, cfr. Paulo OTERO, *Vinculação*, cit., p. 211.

O CSC – apesar de se referir a administradores *nomeados* pelo Estado ou entidade equiparada (*v.g.*, município, *ex vi* artigo 545.º): cfr. artigos 392.º/11 e 403.º/1 – não contém qualquer disposição específica sobre o estatuto desses administradores. Se não houver disposições legais fora do CSC a definir outra coisa, tem de se concluir que o sócio público não beneficia de um regime especial. Os administradores "públicos" estão, como quaisquer outros, obrigados a actuar exclusivamente no "interesse da sociedade" (artigo 64.º do CSC). Fora do CSC, a LEMIR não contém qualquer disposição especial sobre os gestores das empresas abrangidas e as entidades que os nomearem. Por seu lado, a LSEE dispõe que "os administradores designados ou propostos pelo Estado terão estatuto próprio, a definir por legislação especial (artigo 15.º/1), acrescentando que, "sem prejuízo das obrigações definidas no presente diploma ou em legislação especial, os administradores disporão de independência técnica no exercício das suas funções" (artigo

tem de se aceitar estar aí envolvido o exercício da função administrativa: os gestores nomeados não se encontram, *eles mesmos* (ainda que em nome de uma entidade pública), encarregados da execução de uma função administrativa.

Os casos referidos, mesmo quando traduzam uma situação de representação de uma entidade pública, não se referem ao exercício da função administrativa. Tratando-se, porém, de um mandato conferido a uma entidade privada para a execução de funções administrativas (*v.g.*, mandato conferido para realização de acções de inspecção), estaremos ou não no âmbito da figura do exercício *privado* da função administrativa?

Uma resposta positiva é dada por Udo Steiner[751]. Para o Autor, agindo em nome próprio ou em nome de um sujeito público, a entidade

---

15.º/3). Mas a LSEE, no artigo 39.º, mantém em vigor o *Estatuto dos Gestores Públicos* (Decreto-Lei n.º 464/82, de 9 de Dezembro).

De acordo com o citado artigo 1.º/1 desse *Estatuto*, são gestores públicos os indivíduos *nomeados* pelo Governo para os órgãos de gestão das empresas públicas ou "para os órgãos das empresas em que a lei ou os respectivos estatutos conferirem ao Estado essa faculdade". Fora da aplicação do *Estatuto* ficam: *i)* os administradores eleitos em sociedades comerciais por proposta do Estado; *ii)* os administradores nomeados nos termos do artigo 390.º/4 do CSC (quando a pessoa colectiva pública é, ela mesma, eleita administrador); *iii)* os administradores nomeados por entidades públicas diferentes do Estado.

Em relação aos administradores abrangidos pelo diploma de 1982, deve destacar-se que nele se fala expressamente de um *contrato de mandato* com o Estado, estabelecendo-se que o gestor deve "observar (...) as orientações que lhes sejam dadas pelos ministros da tutela" [artigo 9.º/1,*b*)]. O artigo 9.º/2 estipula, contudo, que, sem prejuízo desse dever (e de outros), ao gestor público reconhece-se plena autonomia no exercício das suas funções de gestão. Apesar da proclamação desta autonomia técnica, o dever de observar directivas, orientações e instruções governamentais não suscita dúvidas. Mas, dado o âmbito muito restrito de incidência do *Estatuto* resulta que aquele dever não existe em relação a um número muito significativo de administradores nomeados ou designados e propostos por entidades públicas; sobre o assunto, cfr. Coutinho de ABREU, *Da Empresarialidade,* cit., p. 156. Sobre a situação – com outros contornos – no direito italiano, cfr. OPPO, Ob. cit., p. 749 e ss.

O âmbito restrito e a manifesta desactualização do *Estatuto* de 1982 tornam urgente a aprovação de um novo *Estatuto dos Gestores Públicos*, que, além do mais, deverá manter e mesmo aprofundar a ideia da subordinação dos gestores às ordens, directrizes e instruções das entidades que "representam".

[751] Contra a doutrina corrente, o Autor inclui na "Beleihung" o exercício de funções públicas por particulares que actuam em nome da entidade pública que *representam*; cfr. STEINER, *Öffentliche,* cit., p. 227 e ss. Afastando-se expressamente dessa tese, por entender que a "Beleihung" pressupõe que o particular que exerce funções públicas é um

privada que exerce funções públicas apresenta-se, em qualquer caso, como um sujeito estranho à organização administrativa, que se substitui a uma instância pública na execução de tarefas ou competências desta. Mesmo que actue em nome dessa instância, a sua situação não corresponde à do titular de um órgão, porquanto, ao contrário deste, ele é *outra pessoa*, que actua por si mesma, embora em nome de outrem. Há, no caso de mandato com representação, uma *imputação transitória* ao próprio mandatário, situação que se não verifica com o titular do órgão. Por isso, os limites, as condições e os requisitos, de natureza constitucional ou legal, que se aplicam no caso de delegação de funções ou de poderes públicos em entidades privadas, não devem assumir contornos diferentes dos que se exigem quando eles são chamados a agir como representantes de uma entidade pública.

Ao contrário dessa posição, parece-nos que há diferenças essenciais entre o mandato e a delegação ou concessão de funções públicas a entidades privadas.

O delegado ou concessionário (que age em nome próprio) é um *membro da Administração*, responsável para todos os efeitos e em relação a todas as pessoas (Administração e terceiros) pela execução das tarefas e pelo exercício dos poderes que lhe estão confiados, enquanto *sujeito de imputação final*. Por seu lado, ao mandatário ou representante falta o atributo essencial de constituir o "Endpunkt" da tarefa e dos poderes de que é investido, razão por que a ele não cabe responder (em processo jurisdicional) perante terceiros pelos actos que pratica em nome de outrem. O mandatário ou representante não se apresenta como um autónomo titular ou membro da Administração Pública. Para efeitos de imputação, pode dizer-se que ele se revela um "quase-órgão" da entidade que representa, porquanto é na esfera jurídica desta entidade que vão produzir-se os efeitos jurídicos dos actos por si praticados[752].

Nestes termos, diremos que o exercício privado da função administrativa não inclui o exercício de funções administrativas por mandatários e representantes da Administração. Na nossa interpretação, aquele instituto distingue-se, como categoria autónoma da organização adminis-

---

sujeito de imputação final, cfr. MICHAELIS, Ob. cit., p. 128 e ss; STUIBLE-TREDER, Ob. cit., p. 71 e ss. Distinguindo expressamente entre "Beleihung" e mandato, cfr. WOLFF/BACHOF/STOBER, Ob. cit., 3, p. 517.

[752] Cfr. Diogo Freitas do AMARAL, *Curso*, I, cit., p. 665.

trativa, na medida em que a sua extensão coincide com a privatização orgânica e a assunção de responsabilidades de execução de tarefas públicas por entidades privadas que actuam *em nome próprio*. A exigência de coerência interna leva-nos, assim, a concluir que as entidades privadas que exercem funções públicas em representação e sob a direcção de entidades públicas não são abrangidas pelo instituto do exercício privado da função administrativa. Quando conferido a particulares, o mandato representa, pois, uma forma juridicamente autónoma de *colaboração com a Administração Pública*[753].

---

[753] Esclareça-se, contudo, que o mandato conferido a entidades privadas para o exercício de funções públicas não surge com frequência no direito administrativo português. Mas há exemplos dela: nos termos do artigo 48.º dos Estatutos do ICP – Autoridade Nacional de Comunicações (Decreto-Lei n.º 309/2001, de 7 de Dezembro), as funções de fiscalização da autoridade reguladora são exercidas pelos trabalhadores, pelos *respectivos mandatários*, bem como pelas pessoas ou entidades qualificadas devidamente credenciadas. No exercício das suas funções, todos eles são equiparados a agentes de autoridade.

Uma situação com o recorte de um mandato administrativo parece-nos verificar-se no contexto da nomeação de representantes do Estado para a gestão de empresas privadas intervencionadas. A intervenção do Estado na gestão de empresas privadas traduz, em si mesma, uma função pública administrativa. Ora, a actuação dos "representantes do Estado" – cfr. Decreto-Lei n.º 422/76, de 29 de Maio, sobre intervenção do Estado na gestão de empresas privadas – deve analisar-se em dois diferentes planos: eles executam essa tarefa pública por um lado, como representantes e, portanto, em nome do Estado (há aí um mandato administrativo), e, por outro, com o estatuto de membros de um órgão, colegial ou singular, da empresa intervencionada. Os actos que pratiquem como titulares de órgãos da empresa são actos da empresa, praticados pelos seus órgãos no regime do direito privado. Mas, asssumindo-se ao mesmo tempo como representantes, actuam em nome do Estado, pelo que terá de ser este a responder nos termos da responsabilidade por *actos de gestão pública* pelas consequências dos actos dos seus representantes no contexto da *relação de direito público* que entre o Estado e a empresa foi constituída pela *decisão pública de intervenção*.

Discutiu-se na jurisprudência do STA a questão de saber a que ordem de tribunais deveria pertencer a competência para conhecer os pedidos de indemnização por prejuízos decorrentes da intervenção do Estado em empresas privadas e dos actos praticados pelos gestores que o representam, quando em causa está a relação entre o Estado e as empresas. Segundo uma orientação – baseada no facto de o artigo 10.º/2 do Decreto-Lei n.º 422/76 estabelecer que a "responsabilidade do Estado emergente dos actos dos seus representantes será, nos termos gerais, a dos comitentes pelos actos dos seus comitidos" –, as acções de responsabilidade pertenceriam ao foro dos tribunais judiciais, pois estariam em causa actos de gestão privada (cfr., por ex., AcSTA/1.ª, de 18/03/99, proc. n.º 37 047). Segunda uma outra orientação (por ex., AcSTA/1.ª, de 01/04/93, proc. n.º 31 524), mais

1.2.4. *Administração autónoma*

Em geral, a entrega de tarefas administrativas a particulares constitui um fenómeno aparentado com o processo de devolução de poderes que está na raiz da chamada administração pública indirecta. Com efeito, a delegação representa, pelo menos em muitos casos, uma técnica ou expediente de *mediatização, de gestão indirecta* de uma tarefa própria de uma instância pública. Neste cenário – normalmente considerado –, o exercício privado da função administrativa não tem qualquer relação com a ideia democrática de participação dos interessados na gestão da Administração Pública. Considerando a delegação de funções administrativas como uma forma de pluralização da Administração, diremos que ela realiza uma mera *pluralização técnica*. A entidade privada surge como mero instrumento ou longa manus da entidade pública delegante ou concedente. A delegação ou concessão não visam incrementar a participação democrática dos interessados na gestão de assuntos públicos, mas simplesmente colocar entidades privadas e particulares na posição de agentes que auxiliam uma entidade pública na execução das missões que lhe estão confiadas[754]. O exercício privado da função administrativa aparece, nesse contexto, associado à "desburocratização" da Administração e ao aproveitamento da capacidade e da eficiência privadas em benefício do interesse das entidades públicas[755]. Segundo a doutrina, a entidade privada posiciona-se, em tal hipótese, como uma instituição da administração indirecta[756]. Ela aparece como membro da Administração, embora se trate de um *membro dependente ou subordinado* (que exerce funções de um outro membro, na base de uma delegação deste) e não de

---

elaborada, deveriam distinguir-se dois planos: o das *relações externas* (empresa com terceiros), em cujo âmbito são praticados actos de gestão privada, e o das *relações internas* (Estado e gestores; Estado e empresa intervencionada) que, revestindo a natureza de relações de direito público, dão lugar a uma responsabilidade do Estado por actos de gestão pública.

[754] Cfr. STUIBLE-TREDER, Ob. cit., p. 73; STEINER, *Öffentliche,* cit., p. 222 e ss. Com toda a pertinência, alguns autores falam, a este propósito, de uma "instrumentalização" da entidade privada para a prossecução de fins públicos; cfr. DREIER, *Hierarchische,* cit., p. 248.

[755] Cfr. BADURA, *Das Verwaltungsmonopol,* cit., pp. 251-2.

[756] Cfr. BADURA, *ibidem*; FRANTZEN, Ob. cit., p. 59; HAGEMEISTER, Ob. cit., p. 60; RENGELING, Ob. cit., p. 26; MAURER, *Allgemeines,* cit., p. 616; BURMEISTER, *Herkunft,* cit., p. 229.

um *membro independente* (com tarefas próprias)[757]. Em conformidade com esta orientação, o conceito de "administração indirecta privada"[758]. representa, por conseguinte, a fórmula correcta para traduzir a situação da entidade privada com funções administrativas.

Para uma parte importante da doutrina, o exercício privado da função administrativa constitui, em todas as suas manifestações, um instituto que serve exclusivamente fins públicos de natureza prática, operativa e técnica, de "descarga", de "desconcentração", de "aproveitamento da capacidade de iniciativa privada" e do "potencial administrativo dos particulares" – em qualquer caso, pretende assinalar-se que o instituto funciona como mero expediente ou processo de mediatização da execução de tarefas de entidades públicas[759]. Para tornar clara essa dimensão funcional, enfatiza-se que nele não estão em jogo as ideias de auto-administração e da participação democrática no exercício do Poder Público[760] e sublinha-se que o particular executa, em todos os casos, uma tarefa própria de uma entidade pública[761]. Ainda que se reconheça que as tarefas delegadas podem, em certas situações, dizer respeito ou ter uma relação mais próxima com os interesses próprios dos membros da organização privada a quem são atribuídas, a "delegação" ou "concessão", que representam sempre uma ideia de "transferência", indicam que aquela organização passa a actuar numa área que não lhe pertence, que não é nem se torna sua[762]. E isso basta para se concluir que não está envolvida neste contexto a promoção de uma forma de *administração autónoma*, mas apenas um fenómeno de *administração delegada* ou *concessionada*.

---

[757] Cfr. WOLFF, *Verwaltungsrecht*, II, cit. p. 40; MICHAELIS, Ob. cit., p. 130. Na doutrina portuguesa, referindo-se a pessoas colectivas públicas "dependentes" (directa ou indirectamente) do Estado-Administração, cfr. Marcelo Rebelo de SOUSA, *Lições,* cit., p. 283 e ss.

[758] Cfr. Paulo OTERO, *Vinculação*, cit., p. 229, e *Legalidade e Administração*, cit., p. 305.

[759] Por todos, cfr. BADURA, *Das Verwaltungsmonopol*, cit., p. 252; STEINER, "Der Beliehene", cit., p. 72; MAURER, Ob. cit., p. 616; RENGELING, Ob. cit., p. 26; DREIER, *Hierarchische*, cit., p. 249.

[760] Expressamente nesses termos, cfr. STEINER, "Der Beliehene", cit., p. 72, e *Öffentliche*, cit., p. 253; OSSENBÜHL, Ob. cit., p. 148; DREIER, *Hierarchische,* cit., p. 249; JESTAEDT, Ob. cit., p. 63.

[761] Cfr. STUIBLE-TREDER, Ob. cit., p. 31; MICHAELIS, Ob. cit., p. 130.

[762] Cfr. FRANTZEN, Ob. cit., p. 52 e ss.

Para a concepção que vimos expondo, o que explica o exercício privado da função administrativa é, em síntese, o específico interesse organizativo ou técnico de uma entidade pública de executar por outrem uma tarefa da sua responsabilidade. O instituto representa, em qualquer caso, um sistema de execução de uma tarefa usado como alternativa à execução pelos órgãos próprios do ente público por ela legalmente responsável; não existe, assim, qualquer ligação entre a administração por particulares e a participação democrática no exercício de funções públicas[763].

Para uma outra corrente, a entrega de tarefas públicas administrativas a particulares e a organizações privadas está, de facto, muitas vezes relacionada com um interesse ou com uma necessidade de descarga e de recurso à iniciativa privada para a realização de objectivos de uma pessoa pública. Contudo, daí não se segue que as ideias de participação dos particulares no exercício do poder público estejam necessariamente arredadas[764]. De acordo com esta visão, a delegação de funções administrativas em entidades privadas poderá assumir-se como um processo de *pluralização sociológica da Administração*, um meio de conferir aos membros de uma certa organização o poder de exercerem uma tarefa pública relacionada com os seus interesses específicos. Em suma, a delegação em particulares pode representar uma forma de participação das forças sociais no desempenho de funções públicas[765] e configurar até um exemplo de *administração pública pelos interessados*, de auto-administração[766]. A articulação ou intersecção entre os fenómenos da administração autónoma e do exercício privado da função administrativa surge

---

[763] Cfr. SCHWEIKERT, Ob. cit., p. 18; FRANTZEN, Ob. cit., p. 52.

Além dos autores citados, que assim se pronunciam expressamente, opinião diferente não parece ser a daqueles que, estudando de forma mais ou menos exaustiva o exercício privado da função administrativa, omitem a referência a uma vertente democrática da figura, destacando apenas motivações técnicas ou práticas; cfr. HAGEMEISTER, Ob. cit., p. 60; MAURER, *Allgemeines*, cit., p. 617; HUBER, *Allgemeines*, cit., p. 162.

[764] No sentido de que a colaboração oferecida à Administração por entidades privadas decorre de exigências financeiras e técnicas, mas também da necessidade de dar satisfação a aspirações de importantes sectores da sociedade, cfr. BERMEJO VERA, *Derecho administrativo básico*, cit., p. 197. Distinguindo duas razões fundamentais da intervenção de privados na acção administrativa, cfr. NEGRIN, *L'intervention*, cit., p. 21 e ss.

[765] Cfr. MICHAELIS, Ob. cit., p. 10.

[766] Cfr. HUBER, *Wirtschaftsverwaltungsrecht*, cit., p. 536; HENKE, *apud* HENDLER, *Selbstverwaltung als Ordnungsprinzip*, p. 282.

em estudos sobre a administração autónoma (a propósito dos respectivos suportes organizativos[767]) e também em escritos sobre a delegação de funções administrativas em particulares[768].

A doutrina está, portanto, dividida entre os que entendem que o exercício privado de funções administrativas representa sempre e apenas um expediente ou arranjo técnico de desconcentração e de mediatização, sem relação alguma com a participação dos cidadãos na gestão dos seus interesses, e os que, sem negar essa dimensão técnica em muitas aplicações do instituto, defendem que, em certos casos, ele pode constituir também um meio de incentivar a participação, podendo inclusivamente preencher todos os requisitos do conceito de administração autónoma[769]. Para esta última orientação, o exercício privado da função administrativa poderá dar lugar a uma "administração indirecta privada", se a delegação é essencialmente uma medida de natureza técnica, de divisão do trabalho, ou a uma "administração autónoma privada", uma "administração autónoma em formato privado", se a delegação visa instituir um sistema

---

[767] Cfr. SCHUPPERT, "Selbstverwaltung als Beteiligung Privater an der Staatsverwaltung?", pp. 197 e ss, e 205, que se refere, neste caso, a uma *administração autónoma indirecta*, a qual, em rigor, não abrange só a delegação de tarefas públicas em organizações de interessados, mas também formas de auto-regulação privada.

Note-se, no entanto, que em estudos monográficos dedicados à administração autónoma, a "Beleihung" é ignorada, supondo-se que os respectivos autores recusam que entidades privadas possam ser sujeitos de administração autónoma: assim sucede nas obras de EMDE, apesar de uma referência que faz à administração concessionada ou delegada (Ob. cit., p. 361), e de KLUTH, que afirma que os titulares da administração autónoma são criados por lei ou por um acto público com base numa lei (ou, em certos casos, por iniciativa particular, mas com aprovação pública), tratando-se, em qualquer caso, de entidades públicas (*Funktionale Selbstverwaltung*, cit., pp. 231 e 369).

[768] Cfr. HUBER, *Wirtschaftsverwaltungsrecht,* cit., p. 536; TERRAHE, Ob. cit., especial. p. 74 e ss; BANSCH, Ob. cit., p. 135 e ss. Alguns referem-se expressamente a uma dupla motivação da delegação de funções públicas em particulares (prática e democrática), mas entendem que não há ligação entre ela e a administração autónoma: é esse o caso de MICHAELIS, Ob. cit., pp. 10 e 130.

[769] Em geral, a doutrina recusa ver no exercício de funções administrativas por particulares uma forma de promover a participação dos cidadãos na gestão dos assuntos públicos que lhes digam directamente respeito – contra esse entendimento geral, cfr. Paulo OTERO, *O Poder de Substituição,* cit., p. 51, e "Coordenadas", cit., p. 50, afirmando que "o exercício privado de funções públicas consubstancia a manifestação de uma concepção democrática, traduzível na participação dos particulares na Administração Pública (CRP, artigo 267.º, n.º 1)".

de participação dos administrados na gestão das tarefas que lhes dizem respeito[770].

Antes de se assumir uma posição na matéria, deve sublinhar-se que a questão de saber se o exercício privado da função administrativa pode constituir uma expressão da ideia de administração autónoma revela-se, a vários títulos, uma *questão central* no contexto do presente trabalho.

Assim, desde logo, no que concerne à definição dos termos da possibilidade constitucional do exercício de poderes públicos por par-ticulares, a ideia de administração autónoma pode, por si só, jogar a favor da legitimidade constitucional da figura. De facto, se o exercício privado da função administrativa puder consistir numa "forma de repre-sentação democrática dos particulares na gestão dos seus assuntos" (artigo 267.º/1 da CRP), terá de se aceitar que a ideia constitucional de administração autónoma pode justificar e até favorecer a delegação[771]. O conceito de administração autónoma está, como vimos, associado à ideia de que a legitimação de uma organização para participar no exer-cício do Poder Público pode provir directamente dos seus membros. Os membros dessa organização formam uma espécie de "micro-demo-cracia" baseada em canais especiais de legitimação ("legitimação demo-crática pelos interessados")[772]. Esta *legitimação autónoma* dispensa, por isso, o modelo clássico de legitimação popular e representa até a reali-zação de um propósito de promoção de formas de participação demo-crática no exercício do Poder Público. Em suma, a ligação à ideologia da administração autónoma pode funcionar como uma alavanca de legiti-

---

[770] Referindo-se, neste cenário, a uma *administração autónoma indirecta*, cfr. SCHUPPERT, "Selbstverwaltung" cit., p. 197 e ss. O conceito de *administração autónoma indirecta* também aparece em FRANTZEN, Ob. cit., p. 59, mas para indicar os casos em que um particular assume, por delegação, a execução de tarefas de uma entidade pública da administração autónoma (*v.g.*, um município). Sobre os equívocos da expressão, cfr. Vital MOREIRA, *Administração Autónoma*, cit., p. 567.

[771] Não é por acaso que autores menos abertos à possibilidade constitucional da delegação de funções e de poderes públicos em particulares aceitam que a ideia de "Selbstverwaltung" pode jogar a favor da aceitação da figura; cfr. BANSCH, Ob. cit., p.135. No mesmo sentido, na doutrina portuguesa, cfr. Vital MOREIRA, *Administração autónoma,* cit., p. 545, afirmando – a propósito da legitimidade constitucional do exer-cício particular de tarefas administrativas – que o artigo 267.º/1 da CRP "parece admitir o exercício de funções administrativas por outras formas de representação democrática, o que deixa admitir formas privadas".

[772] Cfr. GROSS, "Selbstverwaltung", cit., p. 1192.

mação da delegação de funções e de poderes públicos em organismos privados que agrupem categorias de interessados.

Além de trazer uma legitimidade especial à delegação, a ideia de administração autónoma comporta ainda consequências relevantes quanto à relação jurídica de delegação, designadamente, no que se refere aos poderes de ingerência da Administração Pública sobre a entidade privada. A integração desta última na administração autónoma promove a redução e o abrandamento daqueles poderes, quer porque há uma conexão constitucional entre administração autónoma e mera tutela (fiscalização), quer porque a Administração acabará por "interiorizar" o tópico da legitimação própria ("autónoma") da entidade privada.

Estas observações sobre as implicações jurídicas e o impacto da ideia de administração autónoma na definição do regime jurídico do exercício privado de poderes públicos são suficientes para se perceber que o assunto reclama uma análise particularmente cuidada.

No direito português, a matéria foi estudada por Vital Moreira[773]. Defendeu o Autor que as associações privadas concessionárias de tarefas administrativas relativas à actividade dos seus membros preenchem os requisitos da administração autónoma[774]. Ilustram essa forma de administração autónoma por associações privadas com funções públicas as federações desportivas, as casas do povo, as comissões vitivinícolas regionais, as câmaras de comércio e indústria, as associações de bolsa e as associações profissionais oficialmente reconhecidas na área agrícola[775].

A tese defendida por Vital Moreira desvaloriza clara e abertamente o argumento – aparentemente formal – dos que entendem que a administração autónoma reclama um suporte institucional público[776]. Estando os ingredientes do conceito reunidos, a ideia de administração autónoma

---

[773] Cfr., *supra*, Introdução, 3.2.1.

[774] Cfr. Vital MOREIRA, *Administração Autónoma,* cit., *passim*, especial. pp. 19, 93, e 566 e ss.

[775] Cfr. Vital MOREIRA, *ibidem*, p. 558 e ss.

[776] Cfr. HENDLER, "Das Prinzip Selbstverwaltung", p. 1144, e *Selbstverwaltung,* cit., p. 282.

É aliás frequente a associação entre administração autónoma e personalidade de direito público: assim, por ex., SALZWEDEL, "Staatsaufsicht in der Verwaltung", p. 208; DI FABIO, "Verwaltung und Verwaltungsrecht", cit., pp. 246[38] e 270 ("a auto-administração não pode ser recusada apenas pelo facto de o suporte institucional (a entidade em que se organiza a colectividade de interessados), não possuir natureza jurídica pública, não se apresentar como uma instituição de direito público. A natureza privada da instituição (tratar-se-á, em regra, de uma associação) não representa, _por si só_, um obstáculo. Se os directos interessados numa tarefa pública (por ex., os fabricantes em relação à certificação de bens que produzem ou os profissionais em relação à regulação da profissão) aparecem investidos de competências de administração dessa tarefa, a questão da natureza jurídica da entidade que os agrupa parece, de facto, indiferente. Quer se trate de uma associação privada por eles criada e, depois, investida de competências públicas, quer se trate de uma associação pública criada por lei, está aí envolvida uma "administração realizada pelos interessados", uma auto-administração. O formato da associação de direito privado é apenas isso mesmo: _um formato, uma forma_ dessa administração autónoma.

Perante essa construção e tendo presente que a tese que se lhe opõe – exigindo a personalidade pública como requisito da administração autónoma – não apresenta ou não desvenda contra-argumentos substanciais, vamos tentar demonstrar a seguir que: _i)_ a forma da associação de direito privado não garante o envolvimento de todos os interessados; ou seja, o formato de direito privado pode assegurar uma administração "por interessados", mas não garante que se trate de uma administração "por _todos_ os interessados"; _ii)_ não se mostrando possível garantir a participação de todos os interessados na administração de uma tarefa, não deve invocar-se, _pelo menos para todos os efeitos_, a ideia de administração autónoma e de participação _democrática_ na gestão de tarefas públicas; o facto de uma tarefa estar delegada numa colectividade de interessados não representará, por isso e em princípio, qualquer legitimi-

---

apenas pode ser exercida através de membros da Administração com estatuto público"); EMDE, Ob. cit., p. 5; KLUTH, Ob. cit., p. 231 e ss; JESTAEDT, Ob. cit., p. 70 (este Autor entende, no entanto, que a afirmação de que só podem ser sujeitos da administração autónoma as pessoas de direito público exige uma revisão, mas no sentido de dever admitir-se que organismos _públicos_ sem personalidade jurídica também podem sê-lo). Deve notar-se que, em muitos casos, a exigência de um suporte institucional público surge num quadro de recusa da extensão do conceito de administração autónoma que acabaria por abranger formas de _auto-regulação privada_ – assim acontece notoriamente com Hendler e com Salzwedel.

dade constitucional específica dessa delegação; *iii)* independentemente desses argumentos, parece dever entender-se que a personalidade de direito público é um requisito do conceito dogmaticamente mais exigente de *administração autónoma*.

Começamos pelo último argumento referido.

O conceito de administração autónoma não pretende sublinhar apenas que os interessados numa tarefa têm o poder de a administrar. Ele significa também a "autonomia" da própria tarefa envolvida, que sofre uma deslocação do Estado para a colectividade de interessados[777]. Com efeito, uma tarefa pertence à administração autónoma quando se considera "própria" dos interessados, na sequência de um acto público e estadual que atribui a "titularidade" dela à colectividade que os congrega. A administração autónoma não se consuma, por conseguinte, no facto da mera participação de interessados na gestão ou administração de uma tarefa integrada na esfera do Estado, pressupondo, pelo contrário, uma medida de *desestadualização* – de transferência da titularidade do Estado para uma colectividade – ou de *reconhecimento estadual* do carácter público de uma tarefa[778]. No âmbito desse processo e qualquer que seja a medida adoptada, a entidade da administração autónoma *assume como sua* a tarefa pública. Neste contexto, a própria criação estadual da entidade que assume a titularidade da tarefa representa, na nossa interpretação, um elemento essencial e determinante no processo de desestadualização ou de reconhecimento. A falta de um acto de direito organizativo público que tenha por objecto a criação da entidade que vai acolher e suportar uma tarefa pública e na qual vão agrupar-se os interessados assume-se, no nosso juízo, como um sintoma de que, afinal, o Estado não se empenha em realizar uma operação consistente para autonomizar (por via de desestadualização ou do reconhecimento) uma tarefa pública. Sem criar um suporte público específico para acolher a tarefa e apenas *delegando* a execução dela numa entidade associativa de direito privado, o Estado não dá o passo decisivo para instituir uma "administração autó-

---

[777] Cfr. Diogo Freitas do AMARAL, *Curso*, I. cit., p. 393, sublinhando que "a administração autónoma prossegue interesses públicos *próprios* das pessoas que a constituem".

[778] No sentido de a existência de *tarefas próprias* representar um elemento do conceito de administração autónoma, cfr. Vital MOREIRA, *Administração Autónoma*, cit., p. 81.

noma" (que, note-se, chama-se assim porque é autónoma em relação à própria administração estadual[779]).

Por outro lado, a administração autónoma exige uma instituição com atributos para assumir a "titularidade de uma tarefa pública". Repare-se que está aqui em causa a "titularidade", quer dizer, o facto de, nos termos da lei, uma entidade *assumir como sua* uma tarefa pública. Ora, com o óbvio respeito por outra interpretação, não vemos como uma entidade privada, livremente criada e susceptível de ser livremente extinta por particulares pode ser titular de uma tarefa pública, assumindo-a como sua[780].

O tópico agora referido parece inviabilizar o conceito de administração autónoma em formato privado. Mas, podemos reconhecê-lo, esse tópico baseia-se em grande medida num argumento de natureza formal. O facto de a forma da associação de direito privado não se apresentar idónea, como suporte institucional de administração autónoma, não exclui necessariamente que ela possa servir como suporte de "administração pelos interessados". Quer dizer, mesmo que se entenda que a tarefa envolvida não é assumida como própria pela associação de direito privado (tratando-se, portanto, de uma tarefa estadual), poderia defender-se que a delegação de tal tarefa numa associação constitui um meio de conferir a interessados a administração dos seus interesses. De acordo com esta construção, seria pensável propor uma "aplicação específica", neste caso, da tese segundo a qual a administração autónoma se apresenta como modalidade particular de administração indirecta do Estado, caracterizada pela participação dos interessados na administração dos seus interesses[781]. A outorga de tarefas públicas a uma associação de interessados não significaria uma desestadualização, mas estaria ainda dentro do "espírito da administração autónoma" como forma de participação dos cidadãos na gestão de tarefas que lhes dizem respeito.

---

[779] "Inerente ao conceito material de administração autónoma está a sua contraposição em relação à administração estadual"; cfr. Vital MOREIRA, *ibidem*, p. 85.

[780] Estamos a supor, é claro, que o Estado não pode criar, por lei, associações de direito privado.

[781] Sobre a administração autónoma como modalidade de administração indirecta do Estado, cfr. MRONZ, Ob. cit., p. 159 e ss. Para a crítica dessa tese em geral, cfr. Vital MOREIRA, *ibidem*, p. 114 e ss.

Pensamos que essa tese também não viabiliza o entendimento segundo o qual a delegação de tarefas públicas em associações de direito privado pode explicar-se, em certos casos, como uma forma de promover a participação *democrática* dos cidadãos na administração dos seus interesses. Existe um argumento que, aos nossos olhos, põe em causa o sucesso da referida proposta: a impossibilidade constitucional de imposição legal de *filiação* em associações privadas. Com efeito, na CRP, "é enfática a proibição (...) da filiação coactiva"[782]. O artigo 46.º/3 não podia apresentar-se mais taxativo: "ninguém pode ser obrigado a fazer parte de uma associação (...)"[783]. A garantia constitucional da *liberdade dos cidadãos perante as associações privadas*, assim tão expressivamente formulada, não deixa qualquer espaço para a opinião que Udo Steiner defende na Alemanha: segundo o Autor, a filiação obrigatória é *inadmissível sem excepções* no caso das associações privadas sem funções públicas, mas já é *admissível sem restrições* no caso de associações – públicas ou *privadas* – com funções públicas[784]. Uma tese próxima dessa foi defendida pela *Corte Costituzionale* italiana[785].

---

[782] Cfr. Vital MOREIRA, *ibidem*, p. 562.

[783] Atento o disposto no artigo 16.º/2 da CRP, à mesma conclusão sobre o direito negativo de associação (proibição do *compelle intrare*) teria de se chegar por força do disposto no artigo 20.º/2 da Declaração Universal dos Direitos do Homem, onde se estabelece que "ninguém pode ser obrigado a pertencer a uma associação".

[784] Cfr. STEINER, *Öffentliche*, cit., p. 151, e "Öffentliche", cit., p. 532[78]; em sentido idêntico, cfr. MRONZ, Ob. cit., p. 234 (o que determina a possibilidade de filiação obrigatória não é a forma jurídica externa da associação, mas as funções que ela exerce, pelo que se pode impor a filiação numa associação privada com tarefas estaduais).

Uma outra tese defendida no direito alemão é a de SCHACHTSCHNEIDER: entende o Autor que as formas de auto-administração funcional – públicas ou privadas – são sempre institucional ou substancialmente privadas ("Grundgesetzliche", cit., p. 142 e ss, e *Anspruch*, cit., p. 34 e ss). Por isso mesmo, as razões que explicam a imposição da filiação não têm a ver com a natureza da associação, mas com a relevância pública dos assuntos a que ela se dedica. Nestes termos, a justificação da filiação obrigatória numa associação pública serve para explicar solução idêntica numa associação privada com tarefas de relevância pública (esclareça-se que, para o Autor, as entidades de auto-administração funcional não executam tarefas públicas – estaduais –, mas sim tarefas privadas com relevância pública; por outro lado, a tese que defende sobre a filiação obrigatória tem subjacente a concepção de que a *GG* não garante a liberdade negativa de associação: "Grundgesetzliche", cit., p. 157).

[785] Na sentença de 18/97/97, n.º 248 – in *Giurisprudenza Costituzionale*, 1997, p. 2334 –, a *Corte* considerou não infringir inconstitucionalmente a liberdade negativa de associação a lei que, tendo procedido à privatização de uma associação pública (*Entidade*

Embora mais elaborada, a construção de Johannes Bric também não se afigura defensável entre nós: numa monografia dedicada ao estudo da liberdade de associação, o Autor aceita a imposição da filiação quando a associação privada está incumbida de tarefas públicas, *desde que* o Estado assegure uma adequada fiscalização sobre a sua organização, bem como sobre os seus procedimentos internos, de modo a garantir a democracia interna e os direitos dos membros[786]. Ora, no direito português, o critério que separa os casos em que a filiação numa associação pode ser imposta daqueles em que terá de assumir carácter facultativo reconduz-se à natureza jurídica, pública (CRP: artigo 267.º/4) ou privada (artigo 46.º), da associação[787]. A delegação de tarefas públicas numa entidade associativa não legitima a infracção da garantia constitucional consagrada no artigo 46.º/3 (o direito dos cidadãos a não serem obrigados a fazer parte de uma associação)[788].

---

de Previdência dos Veterinários), manteve a obrigação de inscrição: o tribunal fundou-se no facto de a transformação da natureza jurídica da entidade não ter provocado qualquer alteração na natureza da actividade de previdência, que continua a revestir um "carácter público"; sobre esta sentença, cfr. LEONARDIS, *Soggettività*, cit., p. 101 e ss.

[786] Cfr. BRIC, *Die Vereinsfreiheit*, pp. 25 e ss e 102 e ss. O Autor parece querer invocar em favor do seu entendimento a decisão do Tribunal Europeu dos Direitos do Homem no caso *Sigurjónsson vs. Islândia* (proc. n.º 24/1992/369/443). Nessa decisão, estava em causa a apreciação da conformidade com a Convenção Europeia dos Direitos do Homem de uma lei da Islândia que impunha aos taxistas o dever de se filiarem numa associação de direito privado (sem a filiação, não poderiam obter autorização de exercício da profissão). O Tribunal, depois de considerar que a questão tinha a ver com a filiação obrigatória numa *associação de direito privado*, decidiu que o facto de a lei entregar à associação tarefas públicas administrativas (supervisão e fiscalização dos taxistas) não permite uma derrogação do direito negativo de associação (direito que considerou protegido pelo artigo 11.º da Convenção). Perante o argumento do Governo da Islândia – a solução de entregar as referidas tarefas públicas à associação era *mais cómoda e menos onerosa* do que a de as confiar a um órgão público –, o Tribunal entendeu que a imposição da filiação não se revelava *necessária*, já que não constituía o único meio de obrigar os taxistas ao cumprimento das suas obrigações legais. Os fundamentos da sentença não favorecem, em ponto algum, a tese que J. Bric defende.

[787] Para o direito alemão e no mesmo sentido, cfr. KLUTH, Ob. cit., p. 298 e ss.

[788] Observe-se ainda que não poderia sequer invocar-se a *necessidade* da restrição (pelo facto de estarem implicadas tarefas públicas), que, em rigor, só poderia basear-se na necessidade da própria delegação de tarefas públicas na associação privada. Ora, a delegação de tarefas em associações de interessados está muito longe de representar uma necessidade e, muito menos ainda, uma exigência constitucional. Além disso, como vai ver-se, a filiação obrigatória não é sequer condição da delegação de tarefas públicas em

Do facto de ao legislador estar vedada a imposição da filiação resulta que a ideia de administração autónoma não pode *em geral* ser invocada como *fundamento autónomo* do exercício privado da função administrativa. Com efeito, só a filiação obrigatória pode garantir a participação de *todos os membros* do agrupamento social representado, pelo que só ela permite invocar a auto-administração como forma de "mikrodemokratischer Legitimation"[789]. Como diz Vital Moreira, "uma razão bastante para justificar a filiação obrigatória pode ser a de que só desse modo se garante a necessária legitimidade democrática e a participação na vida da instituição"[790]. Não podendo estabelecer-se a filiação obrigatória numa associação privada, terá, então, de se aceitar que a ideia de administração autónoma não pode ser invocada, pois sabe-se de antemão que há ou pode haver *interessados não filiados*. Para estes, a associação assumir-se-á sempre como uma organização estranha, tão estranha como qualquer organismo burocrático de hetero-administração. Do mesmo modo que os poderes públicos desse organismo, os poderes da associação não são por aqueles legitimados, nem os titulares dos órgãos associativos são perante eles responsáveis[791]. Quer dizer, não existe, em relação aos não filiados (que são terceiros ou estranhos), uma *representação* (democrática), pelo que invocar as ideias de auto-administração e de legitimação autónoma – que pressupõem a identidade entre governantes e governados[792] – como fundamento independente e especial da delegação de tarefas públicas em associações privadas de interessados significa, afinal, confundir "administração por interessados" com "administração por *todos* os interessados". Ora, a administração por

---

associações representativas de interessados. Por outro lado, se o legislador quer devolver para uma certa colectividade a cura dos seus interesses e, ao mesmo tempo, pretende impor a filiação, tem ao seu dispor o formato da associação pública – de resto, a criação de uma associação pública pode ter justamente por escopo o estabelecimento da filiação obrigatória: cfr. Vital MOREIRA, *Administração Autónoma*, cit., p. 451.

[789] Cfr. STEINER, *Öffentliche*, cit., p. 151. A administração autónoma só respeita as exigências do princípio democrático desde que, nessa qualidade, não se dedique à administração de assuntos de *terceiros*; cfr. HAVERKATE, Ob. cit., p. 237.

[790] Cfr. Vital MOREIRA, *Administração Autónoma*, cit., p. 458.

[791] Cfr. STEINER, *Öffentliche*, cit., p. 253. Não pode falar-se de auto-administração nem de legitimação autónoma se uma instância não é legitimada por *todas as pessoas* que pertencem ao círculo dos interessados e que são abrangidas pelas competências dessa instância. Cfr. BRITZ, Ob. cit., p. 431.

[792] Cfr. SACHS, "Die Einheit", cit., p. 2343.

interessados só representa uma forma democrática de participação no exercício do Poder Público na medida em que pressupõe a participação de "todos os interessados". Como nota Vital Moreira, o "segredo da administração autónoma" reside na especial aceitabilidade e autoridade dos poderes exercidos em nome dos próprios interessados[793]; isso significa que o segredo reside na *participação de todos os interessados*. Sem isso, não há (só) administração autónoma, mas (também) hetero-administração: para todos os que se situam fora do círculo dos representados, o organismo representativo constitui uma entidade estranha.

Concluindo, pelo facto de a lei não poder impor aos cidadãos a filiação em associações de direito privado, estas não podem considerar--se suporte institucional da ideia de *participação democrática* inerente ao conceito de *administração autónoma*[794].

Concordando com a tese ora exposta, Frank Bansch admite, no entanto, que a ideia de administração autónoma pode, em certas condições, "legitimar" a outorga de funções públicas a associações de direito privado. Determinante será, nesse contexto, o facto de a lei limitar o exercício dessas funções ao âmbito associativo[795]. Portanto, desde que não apareçam investidas de poderes em relação a estranhos, as associações de direito privado podem ser um suporte de auto-administração em relação aos seus membros[796].

A proposta de Bansch parece-nos irrepreensível do ponto de vista teórico.

---

[793] Cfr. Vital MOREIRA, *ibidem*, p. 460.

[794] Contra esta conclusão não pode obviamente invocar-se o argumento de que os interessados que não se fazem sócios não participam porque não querem. Com efeito, a delegação de funções públicas numa associação pode (e deve) implicar a instituição de um "direito à filiação". Ora, sendo assim, o interessado que não exerça esse direito, "fica fora" porque quer. O argumento não procede, porquanto se baseia, no fim de contas, na ficção de uma ideia de representação democrática e na conversão do direito à filiação numa espécie de ónus. Quer dizer, partir-se-ia do princípio de que uma associação de direito privado *é* uma forma de representação democrática só porque todos os interessados têm a *possibilidade* de fazer parte dela.

[795] Cfr. BANSCH, Ob. cit., p. 135 e ss.

[796] Para Frank Bansch, que procurava um fundamento constitucional para a delegação de funções e poderes públicos em entidades privadas, a "ideia de administração autónoma" desempenharia, nesse caso, um papel decisivo como factor de admissibilidade e de justificação constitucional da "Beleihung"; cfr. BANSCH, *ibidem*.

O problema reside na sua viabilidade prática. Mas, desde que se afigure possível instituir organizações concorrentes para a execução da tarefa pública atribuída a uma associação de interessados, parece de reconhecer que essa associação pode ser habilitada a exercer as suas funções apenas em face dos respectivos membros. Os "estranhos" terão ao seu dispor outras organizações que possam satisfazer as suas pretensões. Suponha-se, por ex., um sistema oficial de certificação da qualidade de produtos em que os produtores podem agrupar-se numa associação responsável por uma parte do sistema e os que não pretendam agrupar-se podem obter a certificação por um organismo do Estado. Numa situação (decerto excepcional) com tais contornos[797], admitimos que o exercício privado da função administrativa pode apresentar-se como forma de participação democrática inspirada na ideia de administração autónoma.

Sem prejuízo do que acabámos de dizer sobre as associações investidas de funções públicas apenas em relação aos seus membros, insistimos na conclusão segundo a qual as associações de direito investidas de funções públicas não corporizam, em geral, a ideia de administração autónoma.

Dessa conclusão não tem, contudo, de se extrair a consequência da impossibilidade ou da ilegitimidade da delegação de funções públicas em associações de interessados.

Tecnicamente, afigura-se possível investi-las de funções e de poderes em relação a toda a categoria de administrados envolvidos, filiados e estranhos. De facto, a filiação não limita o âmbito subjectivo das tarefas públicas delegáveis numa associação: o exercício de um direito ou de uma actividade, por parte de filiados ou não, pode ficar dependente da sua *autorização* ou *certificação*; por outro lado, os filiados, como os estranhos, podem ser obrigados a *inscrever-se* ou a *registar-se* na associação. A imposição da filiação não constitui, portanto, condição necessária do desempenho das funções públicas da associação em relação a todos os membros da categoria que ela representa: há meios técnico-jurídicos de estender a incidência subjectiva da sua acção. E, note-se, não pode sequer dizer-se que tais meios mascaram uma filiação obrigatória,

---

[797] Parecem cumprir os requisitos referidos as "organizações de produtores pecuários", investidas de funções públicas que, em regra, apenas exercem face aos seus associados; cfr., *infra*, Parte III, Cap. I.

porquanto se assume que, por ex., a inscrição ou o registo obrigatório não implicam a adesão à associação, mas apenas a submissão dos "administrados" aos poderes públicos que nela estão delegados[798].

Neste momento, não pretendemos analisar a questão da "legitimidade" da delegação de funções públicas em associações de interessados. Vimos que há processos de estender a eficácia subjectiva dos poderes públicos das associações, pelo que, repetimos, em termos técnicos, a delegação é possível. Mais: a delegação de funções públicas em associações representativas de interessados pode até ser um mecanismo de fomento ou da activação da participação dos cidadãos na gestão de assuntos públicos que lhes dizem directamente respeito; para utilizar a fórmula de Hans-Georg Dederer, admite-se que o objectivo público pode efectivamente ser o de realizar uma *integração de interesses privados organizados no processo de realização de funções públicas*[799]. Vamos até mais longe e reconhecemos que, no direito português, os casos de delegação de funções e poderes públicos a associações privadas de interessados (*v.g.*, federações desportivas, associações com funções de regulação nos sectores do vinho ou do queijo) são claramente o efeito de uma operação montada com o propósito de distanciar o Estado da responsabilidade pela execução e pelos resultados de certas tarefas públicas. Neste sentido, não nos custa admitir que uma opção dessa natureza se baseia numa intencional e desejada "autonomização" – "desestadualização" – de tarefas públicas. Além disso, essa "operação de distanciamento" é exactamente nesses termos compreendida, em toda a sua *ratio* e extensão, pelos destinatários (associações e interessados representados): igualmente deste ponto de vista, o fenómeno é percepcionado e, mais do que isso, desejado com o significado de "autonomização" de uma tarefa pública.

---

[798] Neste aspecto, discordamos de Vital MOREIRA, *Administração Autónoma*, cit., p. 562, quando, a propósito de uma decisão do Tribunal Constitucional espanhol acerca das federações desportivas – sobre isso, cfr., *infra*, Parte III, Cap. I – sugere que a inscrição obrigatória numa associação de direito privado pode ser uma forma de contornar a questão da filiação obrigatória. O facto de um interessado ter de se sujeitar aos poderes de uma associação pode implicar a exigência da sua inscrição, nos mesmos termos em que seria eventualmente exigível que ele se inscrevesse num instituto público ou numa direcção-geral. Em todos esses casos, verifica-se a sujeição de um indivíduo aos poderes públicos de uma organização que lhe é estranha ("hetero-administração").

[799] Sobre este conceito e as suas aplicações Cfr. DEDERER, Ob. cit., pp. 25 e ss, e 47 e ss.

Sem embargo, não nos convence esta concepção – generalizada entre os actores envolvidos e defendida, entre nós, pela mais autorizada doutrina (Vital Moreira) – de que a delegação de funções públicas em associações de interessados, promovendo a participação democrática dos cidadãos na vida administrativa e no exercício do Poder Público, representa ou consubstancia um caso de administração autónoma. No nosso juízo, o sistema jurídico-administrativo apenas poderá reconhecer, para todos os efeitos, a corporização da ideia de administração autónoma quando exista a garantia de que há seguros canais de legitimidade democrática, o que, neste caso, passa por assegurar a representatividade de todos os interessados. Sem esta garantia – que não é possível obter no caso das associações de direito privado –, podemos "fazer de conta" que uma associação de interessados representa todos os interessados, mas, pura e simplesmente, não é isso que se verifica.

A concepção que aqui se defende, repetimo-lo, não propugna a proibição da delegação de funções públicas em associações de interessados. Sem discutir por ora a sua legitimidade, parece-nos, todavia, que a delegação com aqueles destinatários reclama especiais precauções. O facto de a função delegada ser executada apenas por uma "parte dos interessados" potencia o risco de desrespeito de valores e princípios fundamentais do direito público administrativo. Esse risco, a ponderar logo de início, mesmo que não inviabilize a delegação, chama a atenção para a exigência fundamental de o Estado não "interiorizar" uma (inexistente) ideia de administração autónoma e não "abrandar" no cumprimento dos seus indeclináveis deveres de fiscalização[800].

2. Exercício privado de poderes públicos de autoridade

O facto de uma entidade privada participar no desempenho da função administrativa faz dela um membro da Administração Pública (em sentido orgânico-funcional). Em regra, a outorga do exercício de funções administrativas a entidades privadas – além de, em princípio, envolver automaticamente a privatização do direito aplicável ao exer-

---

[800] Sobre esses e outros aspectos ligados às restrições da própria liberdade de associação, cfr., *infra*, Parte IV, Cap. I.

cício dessa função[801] – significa uma remissão para a respectiva *capacidade jurídica de direito privado*. Com efeito, se nada for expressamente estabelecido na lei ou (com fundamento na lei) no acto público que opera a transferência do exercício da função administrativa ou que cria uma entidade em forma privada, a entidade privada só se encontra autorizada a actuar com o *instrumentarium* ao dispor de um qualquer sujeito com personalidade de direito privado.

Mas nem sempre assim sucede, posto que as entidades privadas com funções administrativas aparecem, por vezes, investidas de poderes públicos. A outorga do exercício de poderes públicos de autoridade a uma entidade privada com funções administrativas resulta de um "acto organizativo" que vamos designar como "delegação de poderes públicos".

2.1. *"Delegação" de poderes públicos em entidades privadas*

Embora discordemos dos efeitos associados a tal verificação, reconhecemos que tem razão alguma doutrina espanhola quando fala da inoperatividade das técnicas jurídicas tradicionais (concessão e autorização) para representar o fenómeno da outorga de poderes públicos a entidades privadas[802]. De acordo com a ideia inicial de Esteve Pardo, essa doutrina propõe a aplicação, no direito espanhol, de uma figura próxima da germânica "Beleihung". O exercício privado de funções públicas de autoridade não parece poder explicar-se através do conceito de autorização, que se aplica ao exercício de actividades privadas, nem através da ideia de concessão, associada ao exercício de actividades de gestão de serviços de natureza técnica que se mantêm na titularidade do Estado. Apesar de discordarmos da aplicação concreta da "Beleihung" preconizada pela doutrina em referência[803] e descontando também os vários equívocos

---

[801] De acordo com um *princípio da congruência entre formas organizativas e direito aplicável*; cfr., *supra*, Parte I, Cap. II, 3.2.1.2.

[802] Cfr. ESTEVE PARDO, Ob. cit., 141 e ss; IZQUIERDO CARRASCO, "Algunas cuestiones", cit., p. 401; Dolors CANALS I AMETLLER, Ob. cit., p. 299. Em termos críticos, cfr. FERNANDEZ RAMOS, Ob. cit., p. 536 e ss.

[803] Recordamos que o objectivo é o de explicar a actuação dos organismos privados de controlo e certificação, que, na nossa interpretação, actuam na esfera do direito privado, exercendo actividades privadas. Não há, por isso, que falar aí de "Beleihung", a qual, como se explicou, pressupõe a natureza pública da tarefa delegada. Sobre a proposta de Esteve Pardo e seus seguidores, cfr., *supra*, Parte I, Cap. I, 3.1.1.2.

sobre o sentido da figura germânica que ela manifesta[804], parece-nos que há, de facto, razões para enquadrar juridicamente o fenómeno da atribuição do exercício de poderes públicos de autoridade a entidades privadas numa figura diferente das da autorização e da concessão.

Visto que a autorização não se apresenta como um candidato credível, a questão que está em aberto consiste em saber se a tradicional figura jurídico-administrativa da *concessão* pode cumprir a função de representar o efeito jurídico consistente na outorga do exercício de poderes públicos a entidades privadas.

Se tivermos em consideração os tópicos caracterizadores da concessão, não parece haver obstáculo teórico a uma aplicação particular da figura na situação de que nos ocupamos. Poderá falar-se, então, da "concessão de poderes públicos"[805], ao lado da concessão de obras públicas, de serviços públicos ou de utilização do domínio público. Sucede, todavia, que esse conceito implica, inevitavelmente, uma associação entre a concessão de poderes públicos e a figura dos concessionários e das empresas concessionárias. De facto, o contexto tradicional da concessão – e dos concessionários – remete-nos, *em regra*, para o exercício empresarial de actividades económicas públicas, geridas por conta e risco de concessionários[806]. Ora, não é necessariamente esse o cenário da outorga do exercício de poderes públicos de autoridade a entidades pri-

---

[804] Sintoma disso é o facto de ESTEVE PARDO, Ob. cit., p. 147, traduzir "Beleihung" por "habilitação" ou "acreditação", não dando o devido relevo ao facto de a doutrina germânica acentuar a exigência de que a tarefa envolvida tenha sido objecto de apropriação pública. Como explicámos, a "Beleihung" alemã pode, seguramente, ser traduzida por "concessão" ou "delegação". Ora, é justamente a ideia de concessão ou de delegação que esta doutrina espanhola pretende afastar no caso dos organismos privados de controlo e certificação, até porque, como reconhece expressamente, não há nenhuma lei que declare as actividades que eles exercem como serviço público (ou seja, não há "apropriação pública"). Por outro lado, a mesma doutrina sugere que a "Beleihung", ao contrário da concessão latina, não pressupõe uma cisão entre titularidade e exercício. Trata-se, neste ponto, de mais um equívoco sobre a figura germânica que, como destaca a literatura alemã, realiza uma "transferência do exercício do poder público"; sublinhando isso mesmo, cfr., entre outros, STEINER, *Öffentliche*, cit, p. 225; MENNACHER, Ob. cit., p. 69,

[805] Cfr. VIRGA, *Il provvedimento amministrativo*, cit., p. 75; GALLI, Ob. cit., p. 547. Sobre a concessão como um conceito unitário com distintas aplicações, cfr. Pedro GONÇALVES, *A Concessão*, cit., p. 50 e ss.

[806] Cfr. Diogo Freitas do AMARAL, *Curso*, I, cit., p. 664.

vadas, o qual se refere à participação de entidades privadas no exercício de "competências puramente administrativas"[807].

Embora sem considerarmos decisivas as questões de nomenclatura, afigura-se-nos que o conceito de *"delegação* de poderes públicos" se revela mais adequado para representar a especificidade do fenómeno de outorga do exercício de poderes públicos a entidades privadas do que o de *"concessão* de poderes públicos"[808]. Reconhecendo que, em geral, a figura da delegação referencia uma ocorrência entre órgãos públicos (ou entre órgãos e agentes públicos), supomos, todavia, que o facto de o instituto de que nos ocupamos ter como objecto o "exercício" de "poderes públicos" coloca o termo delegação em melhores condições para o representar nominalmente. Reservamos, por isso, o conceito de concessão para significar a entrega do exercício de actividades públicas de natureza económica, social ou cultural a entidades (em regra privadas) que se encarregam de as gerir segundo os princípios da gestão privada[809]. O objecto da concessão consiste, por conseguinte, numa "função", "tarefa" ou "actividade pública" (*v.g.*, serviço público). A empresa concessionária actua, em princípio, com o objectivo de alcançar um ganho e, em regra, segundo o direito privado (vinculada pelo direito privado administrativo). A destrinça entre as figuras da "concessão" e da "delegação de poderes públicos" sugere imediatamente a desconexão entre concessão de actividades públicas e exercício privado de poderes públicos de autoridade. Por outro lado, a mesma destrinça permite entender melhor a ideia de que há entidades privadas com funções administrativas e investidas de poderes públicos, mas desprovidas do estatuto formal de concessionárias (por não agirem com base em actos ou contratos de concessão)[810].

---

[807] No sentido de que a delegação de poderes se distingue da concessão, porque o "delegado passa a exercer uma competência puramente administrativa", cfr. Diogo Freitas do AMARAL, *ibidem.*

[808] A essa conclusão parece ter chegado também Paulo Otero quando qualificou como "delegação atípica" a delegação de poderes em empresas concessionárias. O carácter atípico dessa delegação decorreria da natureza privada da entidade que recebe a delegação; cfr. Paulo OTERO, *A Competência Delegada no Direito Administrativo Português*, p. 92 e ss.

[809] É claro que não estamos a incluir as concessões que têm por objecto a utilização de bens do domínio público.

[810] Para além de entidades privadas que actuam no contexto de um estatuto especial conferido pela Administração (por ex., federações desportivas com o estatuto de utilidade pública desportiva; organizações "reconhecidas" para exercer certas funções), encon-

Em suma, o *objecto* envolvido aproxima mais a investidura de poderes públicos em entidades privadas da figura jurídico-administrativa da *delegação de poderes* do que da figura da *concessão de actividades públicas*.

Esclarece-se, contudo, que as observações feitas nas linhas anteriores e a conclusão a que elas nos conduziram sobre a preferência pelo conceito de delegação, em detrimento do de concessão, envolvem sobretudo uma "escolha pessoal", não suportada em específicos imperativos ou exigências de natureza teórica. Os dois conceitos – *concessão* e *delegação* – assinalam um elemento determinante e decisivo para caracterizar correctamente o fenómeno da investidura de poderes públicos em entidades privadas: a *transferência do exercício de poderes* pertencentes a uma entidade pública que se mantêm na *titularidade* desta, apesar da transferência. Uma vez que ambos os conceitos satisfazem este requisito essencial, a opção por um ou por outro poderá basear-se num critério pessoal mais ou menos livre[811]: é, pelo menos, esta convicção que explica a posição que aqui se adopta.

Observa-se, por outro lado, que a preferência pelo conceito de delegação não pretende sugerir a identificação da "delegação de poderes públicos em entidades privadas" com a figura da "delegação de poderes" prevista e regulada no artigo 35.º e ss do CPA. Haverá, decerto, oportunidade de esclarecer que existem inúmeras diferenças entre as figuras, o que, aliás, vai levar à conclusão de que a delegação de poderes públicos em entidades privadas representa, a vários títulos, uma "figura jurídica autónoma" e não uma especial "delegação especial" em face da delegação prevista no CPA. Poderá considerar-se essa figura autónoma de delegação uma "delegação atípica", mas no exacto sentido em que cada concreta delegação em entidades privadas não encaixa em qualquer *tipo abstracto* de delegação legalmente definido e regulamentado[812].

---

tramos no direito portuguê exemplos de entidades privadas investidas de poderes públicos que desenvolvem actividades públicas ao abrigo de actos de autorização e até sem qualquer intervenção administrativa prévia (delegações legais).

[811] Até porque, se é verdade que a concessão se refere normalmente a actividades e não a poderes, também é certo que a delegação de poderes se refere a uma relação que intercede entre órgãos públicos e não entre uma entidade pública e uma entidade privada.

[812] Acompanhando, nessa medida, Paulo OTERO, *A Competência Delegada*, cit., p. 92, que assim qualifica a "delegação a empresas concessionárias". Aplicando a ideia de "delegação atípica" à delegação de poderes pelas autarquias nas empresas municipais

Apesar da autonomia da delegação de poderes em entidades privadas, a delegação prevista no CPA estará, naturalmente, presente na identificação da disciplina jurídica daquela, a qual, em larga medida, se percebe melhor através do confronto com o regime traçado na lei para a delegação de poderes entre órgãos públicos[813].

A delegação de poderes públicos em entidades privadas corresponde, no direito suíço, à figura da "Delegation" de poderes e prerrogativas públicas a entidades privadas[814] e, na configuração da *teoria da posição jurídica*, à "Beleihung" do direito alemão e do direito austríaco[815]. Nesses dois sistemas, a doutrina, ou pelo menos uma parte dela, dispensa um tratamento autónomo ao específico fenómeno da delegação de poderes públicos em entidades privadas (entidades particulares e entidades administrativas privadas).

2.2. *Delegação de poderes públicos em entidades privadas e outras figuras e conceitos*

A delegação de poderes públicos em entidades privadas assume contornos que, sem lhe retirar as especificidades, a aproximam claramente de outros institutos e figuras da organização administrativa. Nas linhas que se seguem, procuraremos, todavia, acentuar tão-somente

---

(artigo 6.º/2 da LEMIR), cfr. Rui Guerra da FONSECA, "Algumas reflexões sobre o regime de contencioso administrativo das empresas municipais, intermunicipais e empresas públicas integradas no sector empresarial do Estado", p. 137[22]. Este Autor esclarece, todavia, que aquela constitui uma delegação atípica, "se considerarmos como típica a delegação hoje prevista e regulamentada nos artigos 35.º e seguintes do CPA".

[813] Para sublinhar a autonomia e a especificidade da delegação de funções e poderes públicos em entidades particulares, a doutrina norte-americana usa o conceito de "*private* delegation", distinguindo-a, assim da "*public* delegation" (note-se, contudo, que esta referencia a "delegação" de funções públicas nas agências ou em quaisquer outras instâncias públicas, não revelando, por isso, qualquer proximidade com a "delegação de poderes" do direito administrativo português; aquela refere-se, em rigor, a um fenómeno de "devolução de poderes" em instâncias públicas de administração indirecta). Cfr. LAWRENCE, Ob. cit., p. 647; FREEMAN, "Private role", cit., p. 585; FROOMKIN, "Wrong turn", cit., p. 148; METZGER, Ob. cit., p. 1437 e ss.

[814] Cfr., *supra*, Introdução, 3.1.5.

[815] Cfr., *supra*, Introdução, 3.1.1. Equiparando expressamente a *Beleihung* a uma *Delegation*, cfr. MICHAELIS, Ob. cit., p. 135.

o *quid specificum* da delegação enquanto instrumento de outorga do exercício de poderes públicos administrativos a entidades privadas, distinguindo-a de figuras e conceitos que parecem estar associados à produção do mesmo efeito jurídico.

2.2.1. *Referendo*

A delegação de poderes públicos confere a entidades privadas uma oportunidade de participar no exercício do Poder Público. Especialmente quando a delegação tem por objecto poderes de natureza decisória, o delegatário participa no momento mais característico do Poder Público, no verdadeiro "momento de poder"[816]. A figura parece, assim, revelar alguma proximidade do referendo, particularmente do referendo que envolva "questões administrativas", o qual implica o exercício de um poder público administrativo.

Sucede, todavia, que, em sentido rigoroso, a "participação política" dos cidadãos no exercício do direito de sufrágio – eleições e referendos – não representa uma *"participação* no exercício do Poder Público", mas, verdadeiramente, o exercício do Poder Público pelo respectivo *titular*[817]: nos termos do artigo 10.º da CRP, "o povo exerce o poder político através do sufrágio (...), do referendo e das demais formas previstas na Constituição". Como o afirmou, numa decisão de 1976, a *Supreme Court* dos EUA, não há *delegação* de poderes públicos quando a lei impõe que um determinado assunto seja decidido por referendo. Nessa situação deve, pelo contrário, entender-se que o povo reserva para si mesmo o exercício directo e efectivo do Poder Público[818]. Particularmente no domínio do direito administrativo, a sujeição a referendo local de uma determinada questão significa devolver o poder público administrativo ao seu titular originário (a "parte do povo" abrangida pela autarquia local). Há efectivamente, nessa eventualidade, o exercício de um poder público administrativo pelos eleitores que participam no acto referen-

---

[816] Cfr. BRITZ, Ob. cit., p. 428

[817] Cfr. EHLERS, "Verwaltung und Verwaltungsrecht", cit., p. 15 e ss. Apresentando o referendo como um procedimento de democracia indirecta, cfr. J.J. Gomes CANOTILHO, *Direito Constitucional*, cit., p. 295.

[818] Cfr. *Eastlake v. Forest City Enterprises. Inc.*, 426 U.S. 668 (1976). Sobre essa decisão, cfr. FROOMKIN, "Wrong turn", cit., p. 147; GURLIT, *Verwaltungsvertrag und Gesetz*, p. 237.

dário. Com efeito, nos termos da lei portuguesa que regula o referendo local – Lei Orgânica n.º 4/2002, de 24 de Agosto –, os resultados do referendo *vinculam* os órgãos autárquicos, quando tenha participado mais de metade dos eleitores inscritos. Consoante a resposta dos eleitores, os órgãos autárquicos ficam obrigados a praticar o "acto concretizador do referendo"[819] ou impedidos de praticar qualquer acto contrário à resposta, no caso de esta ser negativa. Os cidadãos, ao participarem no referendo, exercem o poder, não na posição de delegatários, mas como titulares, "donos" desse poder.

2.2.2. *Contratos sobre o exercício de poderes públicos*

A figura dos contratos administrativos sobre o exercício de poderes públicos representa, já o vimos, um dos efeitos da tendência, que se tem vindo a acentuar, para uma certa generalização do consenso nas relações jurídicas administrativas[820]. Interessa agora saber se a celebração de contratos cujo objecto é o poder público administrativo (*v.g.*, o poder de praticar um acto administrativo com um certo conteúdo) representa, para o particular contratante, uma forma de participação no exercício desse poder.

Antes de equacionar os termos da resposta, cumpre esclarecer que a razão de ser da questão decorre, em larga medida, dos argumentos usados, ao longo do tempo, pelos opositores da figura dos contratos sobre o exercício de poderes públicos.

Ainda no século XIX, numa fase de afirmação da autonomia do direito administrativo (e do acto administrativo), afirmava Oreste Ranelletti, a propósito da natureza jurídica das concessões de serviços públicos e de utilização do domínio público: "se se admitisse que se trata de um contrato, teríamos de aceitar o absurdo de um acto de império para cuja formação concorreria um particular, sem veste para agir como autoridade"[821]. Algumas décadas depois, o mesmo argumento seria usado por Pietro Virga para recusar a figura dos contratos de direito público. Questionava-se Virga sobre "se o exercício dos poderes públicos, em que se consubstancia o acto administrativo, pode ser imputado não só à vontade

---

[819] Esse acto não pode ser revogado (expressa ou tacitamente) nem alterado "na sua definição essencial" no decurso do mesmo mandato.
[820] Cfr. *supra*, Parte, Cap. II, 3.1.
[821] Cfr. RANELLETTI, "Concetto", cit. p. 62.

de órgãos públicos, mas também à vontade dos sujeitos privados que contratam com a Administração Pública". Nas palavras do Autor, "a resposta não pode naturalmente deixar de ser negativa"[822].

Quer dizer, a recusa do contrato sobre o exercício de poderes públicos explicava-se pelo facto de o poder aparecer assumido como um objecto inegociável e indisponível, mas também por se entender que um contrato com esse objecto significava, afinal, reconhecer aos particulares contratantes uma palavra decisiva no momento de exercício do poder. Numa palavra, o contrato sobre o exercício de poderes públicos era percepcionado e apresentado como um instrumento de "exercício partilhado do poder público".

Uma outra doutrina filiava a recusa do contrato no âmbito do direito público num argumento de natureza diferente: o contrato não seria idóneo para a constituição de relações de direito público entre Estado e particulares, por se tratar de uma figura que pressupõe a igualdade das partes. Haveria uma *impossibilidade lógica* do contrato de direito público – tratar-se-ia de uma *contradictio in adjecto* –, porquanto não se afiguraria possível reunir ou misturar, num mesmo instrumento jurídico, uma declaração que corresponde ao exercício de um *poder público*, com uma outra correspondente ao exercício de um *direito subjectivo privado*[823].

Esta segunda linha crítica vem chamar a atenção para um factor da maior relevância neste contexto. Na outorga de um contrato sobre o exercício de poderes públicos, o particular não exerce, ele mesmo, o poder público; intervém no exercício de um direito subjectivo.

Explorando essa dicotomia, a doutrina posterior acabou por demonstrar a possibilidade lógica de um negócio jurídico em que se encontram ou se fundem dois poderes de natureza diferente, um *poder público,* da Administração, e um *direito privado*, do particular[824].

Por isso, pode dizer-se que uma das particularidades mais notáveis da categoria do contrato administrativo sobre o exercício de poderes públicos reside no facto de, tendo por objecto o poder público (que só a

---

[822] Cfr. VIRGA, *Il provvedimento*, cit., p. 143.

[823] Lembre-se que é esse o argumento da doutrina que se filia em Otto Mayer; sobre este argumento, mas em termos críticos, cfr. STEIN, "Der Verwaltungsvertag und die Gesetzmäßigkeit der Verwaltung", p. 321 e ss.

[824] Sobre esta "fusão" de poderes diversos, cfr. FALCON, *Le convenzioni*, cit., 242; LIBERATI, *Consenso e funzione nei contratti di diritto pubblico tra amministrazioni e privati*, p. 112 e ss.

Administração exerce[825]), neles ser parte um particular que age no exercício dos seus direitos privados, para a prossecução dos seus interesses e não no exercício de uma função pública ou para prosseguir interesses públicos[826].

Assim se tornou claro que, nos contratos sobre o exercício de poderes públicos, o particular contratante não intervém no exercício de um poder público, mas, para realizar os seus interesses, no âmbito da autonomia privada e de direitos subjectivos.

2.2.3. *Delegação de facto de poderes públicos*

Em consequência do seu relevo no plano institucional, a delegação de poderes públicos em entidades privadas encontra-se *sob reserva de lei*. A delegação poderá ser *legal*, se resulta directamente de um acto legislativo ("gesetzliche Delegation"), ou *administrativa*, se, com base na lei, surge efectuada através de um acto ou de um contrato administrativo ("administrative Delegation")[827].

Destacando a exigência do fundamento legal da delegação, alguns autores empregam a fórmula "delegação de facto de poderes públicos" para designar as constelações de casos em que, sem estar para tal legalmente habilitada, a Administração confia a particulares o exercício de poderes públicos.

Como houve oportunidade de explicar, o conceito começou por se empregar sobretudo no contexto da contratação de particulares com funções de auxílio à Administração na fase de preparação de decisões públicas[828]. A ideia de delegação "de facto" é sugerida pela imagem da situação de vinculação "de facto" em que a Administração parece ficar colocada diante dos resultados que lhes são propostos pelos particulares que contrata. Entende-se que há nessa hipótese uma delegação "de

---

[825] Segundo alguns, a Administração Pública exerce o seu poder por intermédio de um *acto unilateral de adesão ao contrato* (uma espécie de *pré-decisão pública*); cfr. FALCON, *Le convenzioni*, cit., p. 259 e ss, LIBERATI, Ob. cit., p. 112 e ss; CIVITARESE, Ob. cit., p. 181 e ss.

[826] Nesse sentido, cfr. FALCON, *ibidem*, p. 242; HUERGO LORA, Ob. cit., p. 111; DAGTOGLOU, "Die Beteiligung", cit., p. 536.

[827] Cfr. HUBER, *Wirtschaftsverwaltungsrecht*, cit., p. 537; MICHAELIS, Ob. cit., p. 136. Às hipóteses referidas no texto deve ainda acrescentar-se a delegação administrativa em forma de lei; sobre essa matéria, cfr., *infra*, Parte IV, Cap. I.

[828] Cfr., *supra*, Parte I, Cap. III, 2.2.1.

facto", por se pressupor que a mera contratação de um auxiliar tem, afinal, o efeito de operar uma verdadeira delegação de funções e poderes públicos *não autorizada por lei*[829].

Tendo defendido que o meio mais adequado para resolver o problema dessas ditas delegações de facto não passa pela mera legalização (previsão legal da contratação), não ficamos obviamente insensíveis ao risco real de a contratação de entidades privadas para auxiliar a Administração na preparação das suas decisões provocar uma "externalização de facto" do poder público – com toda a propriedade, poderia falar-se neste contexto de uma verdadeira "privatização de facto do poder público de decisão". Só uma cultura de responsabilidade, que consciencialize a Administração e a leve a colocar-se em posição de receber com cautelas e de forma orientada os resultados que lhe são apresentados[830], pode evitar e afastar o perigo de uma delegação *de facto*, *real* e *descontrolada* do poder público.

A delegação de facto de poderes públicos assume uma natureza juridicamente patológica; remete-nos para uma situação de "real" e de "efectivo" exercício privado de poderes públicos considerada juridicamente inaceitável. Não é, naturalmente, esse "exercício privado de poderes públicos" que nos vai ocupar nas linhas que se seguem. Sem descurar as suas patologias, visamos a delegação de poderes públicos em entidades privadas como uma figura *jurídica* e *juridicamente operativa* no direito português. E apenas se configura como tal a *delegação efectuada por lei ou com fundamento na lei*.

A observação anterior induz-nos a colocar ainda uma outra questão sobre o âmbito do conceito de "delegação de facto de poderes públicos".

Explicou-se que a figura da delegação de facto começou por se localizar primacialmente no domínio da colaboração auxiliar com funções de preparação de decisões públicas. Sucede, todavia, que a doutrina acabou por generalizar o conceito, estabelecendo uma correspondência mais ou menos imediata entre *delegação de facto* e *delegação sem fundamento legal*[831]. Mas, no nosso juízo, há todo o interesse em evitar aquela generalização e em estabelecer esta correspondência. Com efeito,

---

[829] Cfr. SEIDEL, Ob. cit., p. 32.

[830] Sobre as exigências que se colocam a esse nível, cfr., *supra*, Parte I, Cap. III, 2.2.1.

[831] Cfr. BURGI, "Der Beliehene", cit., p. 588; SEIDEL, Ob. cit., p. 89 e ss.

em geral, no direito administrativo, um acto sem base legal não se assume como um "acto de facto". Em regra, trata-se de um *acto jurídico ilegal*. Mais: em regra, apesar da falta de base legal, um tal acto até produz os seus efeitos jurídicos típicos.

Somos, deste modo, conduzidos a chamar a atenção para a diferença entre a referida "delegação de facto" e a "delegação sem base legal". A "delegação de facto" refere-se a um acto (jurídico) dirigido à produção de um efeito genericamente permitido por lei (*v.g.*, encomenda de um projecto ou de um estudo técnico), mas que, *por razões extrínsecas*, se releva susceptível de provocar um "efeito de facto" (delegação de um poder público) que a ordem jurídica não quer ver produzido. O acto ao qual se imputa o efeito de operar uma delegação de facto pode ser, em si mesmo e no seu conteúdo, legal. A ilegalidade não está nos seus efeitos jurídicos, mas apenas nos seus (eventuais) efeitos de facto. Ao contrário, a delegação de poderes públicos sem base legal configura um acto que, no seu *conteúdo explícito*, se propõe investir uma entidade privada de poderes públicos de autoridade. Agora, é *directamente* o próprio acto a pretender engendrar um efeito que a ordem jurídica não aceita ver produzido sem base legal. Consequentemente, um tal acto apresenta-se, *em si mesmo*, ilegal.

A diferença em relação à delegação de facto não podia ser mais clara. A delegação sem base legal visa, assumida ou explicitamente, efectuar uma transferência do exercício de poderes públicos. O "delegatário" vai pretender fazer valer a posição jurídica em que se supõe investido pelo acto de "delegação". Na situação de delegação de facto, o "colaborador auxiliar" pode até conhecer o relevo decisivo do resultado da sua colaboração, mas também sabe que esse relevo é, além de factual, eventual. A "verdadeira" delegação sem base legal coloca, imediatamente, o problema – que não existe na situação de delegação de facto – da validade jurídica dos actos praticados pela entidade privada no âmbito da delegação[832].

---

[832] Sobre o assunto, cfr., *infra*, Parte IV, Cap. I.

3. Delegação de poderes públicos em entidades privadas: identificação

Vamos ocupar-nos agora do complexo problema da identificação da delegação de poderes públicos. Em rigor, deve afirmar-se, o que está em causa não é exactamente um processo de identificação directa e imediata da figura da delegação, mas antes a identificação dos casos em que uma determinada situação jurídica activa de uma entidade privada se revela susceptível de se qualificar como *poder público de autoridade*. Concluindo-se ser essa a qualificação correcta num caso concreto, deduz-se, então, o envolvimento de uma *delegação de poderes públicos*: se uma entidade privada detém poderes públicos, participando assim no exercício do Poder Público (que pertence ao povo), há-de necessariamente actuá-los ao abrigo de uma "delegação", de uma posição jurídica derivada, e não no exercício de um direito próprio.

Parecendo pouco ortodoxa, a metodologia proposta apresenta-se como a única capaz de conduzir a resultados satisfatórios. Na verdade, é pouco mais do que insignificante o número de casos em que a lei se refere *explicitamente* à delegação – *concessão, transferência, devolução* ou *atribuição* – de *poderes públicos* a entidades privadas. Num grande número de situações, a lei não só não indica a existência de um qualquer efeito de delegação ou de transferência, como não faz sequer qualquer alusão directa à natureza dos poderes exercidos por entidades privadas. Estamos, nessa eventualidade, diante do cenário da designada *delegação implícita*, a qual se apresenta, portanto, como uma delegação de poderes públicos não explicitamente qualificada como tal pelo legislador. A *delegação implícita* assume-se como uma *verdadeira* delegação de poderes públicos: a entidade privada passa a deter o exercício de poderes que resultam *inequivocamente* da lei[833]. Sucede apenas que nesta não se

---

[833] Importa não confundir *delegação implícita* com *poderes implícitos*: poderes ou competências implícitas são todas as que não se encontram abertamente conferidas a um sujeito, mas que, apesar disso, se entende estarem-lhe atribuídas "por inerência", na medida em que se trata de poderes indispensáveis à realização eficaz dos fins que lhe estão confiados e das competências que lhe estão expressamente adjudicadas. Sobre os conceitos de poderes implícitos e de "competências anexas", cfr. Maria Luísa DUARTE, *A Teoria dos Poderes Implícitos e a Delimitação de Competências entre a União Europeia e os Estados-Membros*, p. 35; ACHTERBERG, "Die Annex-Kompetenz", p. 695 e ss; BASSI, *Principio di legalità*, cit., p. 102.

refere o efeito da delegação, nem se indica abertamente a natureza dos poderes atribuídos (ou que poderão vir a ser atribuídos) à entidade privada. Concluindo-se que tais poderes revestem natureza pública, considera-se, então, envolvida uma delegação de poderes públicos em entidades privadas.

Uma nota deve ainda ser acrescentada, para sublinhar a circunstância de a delegação de poderes públicos – explícita ou implícita – não se consubstanciar sempre num *plus* destacável, isto é, num acrescento susceptível de se destacar das funções públicas de que a entidade privada se encontra investida. Haverá casos em que se pode destacar ou isolar a delegação de poderes públicos em relação à função pública exercida pela entidade privada (*v.g.*, delegação de um poder regulamentar numa empresa concessionária de um serviço público económico), mas há outros, numerosos, em que a natureza da função pública concessionada pressupõe ou encontra-se naturalmente associada ao exercício de poderes públicos (*v.g.*, função de controlo e certificação de produtos).

Estamos agora em condições de perceber por que razão o processo de identificação da *delegação* de poderes públicos começa, em regra, pela exigência de identificar a natureza dos poderes exercidos por uma entidade privada.

Antes de passarmos à exposição dos critérios que permitem dizer que uma entidade privada está investida de poderes públicos, importa fazer algumas observações:

i) Esclarecer algo que se apresenta como evidente desde o início do trabalho, mas que, apesar disso, deve ser afirmado em termos explícitos: a delegação de poderes *públicos* numa entidade de *direito privado* não provoca a transformação da natureza jurídica (no sentido de uma espécie de *privatização*) dos poderes delegados[834]. O princípio segundo o qual *qui recipit ad modum recipiendum recipitur* aplica-se a tarefas e activi-

---

[834] Em sentido diverso, cfr. SANZ RUBIALES, "Los poderes del concesionario de servicios públicos locales". Invocando o "velho princípio filosófico" segundo o qual "quem recebe, recebe no modo de receptor (*qui recipit ad modum recipiendum recipitur*), o Autor entende que os poderes (originariamente) públicos conferidos a concessionários são por estes recebidos como poderes privados. Na medida em que se trata de poderes susceptíveis de serem exercidos por sujeitos públicos e por sujeitos privados, cada um exercê-los-á em função da sua própria capacidade jurídica, das suas características e das suas limitações.

dades não autoritárias (*v.g.*, gestão de serviços públicos), as quais são exercidas segundo o direito público ou o direito privado, de acordo com a natureza do autor. Mas já não se aplica a poderes que são públicos, pelo facto de só existirem no âmbito do direito público ou de não poderem deixar de ser regulados enquanto poderes públicos, seja quem for que os exerça.

ii) Recordar que o poder público se apresenta, por vezes, como um poder exorbitante: assim sucede com os poderes de autoridade actuados num contexto radicalmente estranho ao consenso (que não desconhecem apenas o consenso actual, como ainda qualquer forma de consenso prévio, por via de uma submissão voluntária ao titular do poder).

iii) Insistir na ideia de que, apesar de por vezes estar presente, a exorbitância do poder público não representa uma característica do poder público. Por isso, a identificação da natureza da actividade exercida pela entidade privada – sobretudo quando se trate de um particular – representa, em inúmeras situações, um dado essencial para determinar a natureza jurídica de uma situação subjectiva de poder de autoridade. Com efeito, a circunstância de o direito privado conhecer situações jurídicas com os mesmos contornos do poder público mostra-nos uma certa *neutralidade* do poder de autoridade: *autorizar, certificar* e *aplicar sanções disciplinares* não constituem realidades exclusivas do direito público. Se não considerarmos a situação envolvente, o "poder de aplicar sanções" apresenta-se susceptível de ser considerado público ou privado; diremos, por isso e *em abstracto*, que se trata de uma *situação subjectiva juridicamente neutra*. A qualificação correcta nestes casos fica dependente ou da natureza da função desempenhada no exercício do poder[835], ou da natureza da relação jurídica que intercede entre o titular do poder e a pessoa que está em situação de sujeição[836].

iv) Sublinhar que, ao contrário do que pode parecer, o poder público não representa sempre um alargamento da esfera jurídica do seu titular. Pelo contrário, a verificação de que uma determinada posição jurídica consubstancia um poder público é susceptível de traduzir não um *plus*

---

[835] Assim, o poder de avaliação e classificação de um aluno (integrado na *autoridade escolar*) constitui um poder de direito privado ou de direito público, consoante seja exercido numa escola privada ou numa escola pública.

[836] Se essa relação tem uma natureza pública (*v.g.*, se for constituída por um contrato administrativo), o poder (*v.g.*, de rescisão) configura-se como público. De outro modo, esse mesmo poder configura-se como de direito privado.

mas um efectivo *minus* (quanto à liberdade do titular): assim, por ex., se o "poder" de facultar o uso de um bem se configura como um poder público, o seu titular tem de se comportar segundo regras específicas de direito público administrativo que excluem a liberdade de decisão (para proteger interesses públicos e interesses pretensivos de terceiros); o mesmo poder no direito privado apresenta-se como um poder livre.

v) Por fim, uma nota fundamental, para observar que a exigência de determinar se uma entidade privada está investida de poderes públicos não passa, em muitos casos, pela interpretação da lei. Em vez disso, pode tornar-se necessário saber se, numa concreta situação de colaboração com a Administração, uma entidade privada aparece investida de poderes públicos, apesar de não haver lei que autorize a Administração a efectuar a delegação. Em situações com esse recorte, saber se estão envolvidos poderes públicos revela-se essencial para determinar se está presente uma *delegação ilegal* de poderes públicos.

3.1. *Poder normativo*

Iniciamos o percurso da definição de critérios que permitam qualificar uma posição jurídica subjectiva de uma entidade privada como poder público pelo poder público normativo. A referência ao poder de editar *normas jurídicas públicas* remete-nos, naturalmente, para o tema da emissão de normas jurídicas *administrativas* por entidades privadas.

3.1.1. *Poder normativo público e outras situações jurídicas*

A compreensão do fenómeno da edição de normas jurídicas públicas por entidades privadas reclama um contacto com figuras e situações jurídicas de algum modo próximas. Em primeiro lugar, a produção de normas jurídicas também pode ocorrer no âmbito do direito privado: existe um poder normativo privado. Por outro lado, urge explicar a proximidade do instituto da delegação de poderes públicos normativos de certas situações de edição de regras técnicas por organismos privados. Por fim, importa enfatizar a diferença entre o poder de edição de normas jurídicas públicas e o direito à edição de normas dessa natureza.

3.1.1.1. Poder normativo privado

A edição de normas jurídicas privadas revela-se, naturalmente, um fenómeno próximo da emissão de normas jurídicas públicas por entidades privadas. O tema da normação privada reclama, nesta sede, um especial aprofundamento; as páginas que se seguem não se limitam, por isso, a assinalar os tópicos que permitam distinguir normação privada e normação pública, indo um pouco mais além da exigência mínima a que teríamos de responder.

Na actualidade, a aceitação da possibilidade de "normas jurídicas de origem privada" pode considerar-se quase pacífica, estando definitivamente arredada a doutrina segundo a qual a emissão de normas jurídicas constitui um exclusivo ou um monopólio público. Além da *normação jurídica pública* – normas editadas por entidades públicas ou privadas no exercício de poderes públicos – há, por conseguinte, uma *normação jurídica privada*, um "direito dos privados"[837], composto pelo conjunto de normas jurídicas emitidas no exercício de um "poder normativo privado"[838].

O tema da normação jurídica privada reclama uma atenção particular, por duas razões principais: por um lado, os sujeitos privados podem encontrar-se investidos de poderes normativos de natureza pública, impondo-se, por isso, não confundir as duas situações; por outro lado, apesar de a doutrina actual se inclinar genericamente para aceitar a subsistência de um poder privado, de origem privada, há ainda alguns autores que persistem em acentuar que a produção de normas jurídicas por entidades privadas resulta, sempre, de um acto público de delegação ou de concessão de um poder normativo. Esta doutrina aparece, em certa medida, estribada no facto, incontestável, de que a normação privada tem crescido muito à custa de uma certa retracção da regulação pública (criação de vazios regulatórios)[839].

---

[837] Cfr. Cesarini Sforza, *Il diritto dei privati*, p. 62, que definia o direito dos privados como o "conjunto de normas emanadas por autoridades não estaduais (não públicas) para regular as relações jurídicas entre as pessoas que a elas estão subordinadas".

[838] Normas jurídicas privadas são, *hoc sensu*, normas jurídicas editadas por pessoas privadas; cfr. Kirchhof, *Private Rechtsetzung*, cit., p. 104.

[839] Já que a normação privada "descarrega" o Estado de tarefas de normação; cfr. Müller, "Rechtssetzung im Gewährleistungsstaat", p. 235.

a) Norma jurídica

Referindo-se a noção de *poder normativo privado* a um poder *jurídico*, está nela implicado o conceito de *norma jurídica*[840].

A óbvia similitude entre o poder normativo privado e o poder normativo público não deixa dúvidas quanto ao conceito de norma jurídica aqui envolvido: *padrão de conduta juridicamente vinculativo* ou *comando normativo jurídico autoritário*[841]. A norma jurídica é, assim, a expressão de um poder prescritivo, de eficácia geral ou não, que, para se impor juridicamente, não carece de consentimento dos respectivos destinatários[842]. Como proposição prescritiva, regra de conduta, critério

---

[840] Esclarecendo melhor o conceito de *normação privada*, importa dizer que nele apenas incluímos as normas *jurídicas* de origem privada, pois, parece-nos, só nesse caso o privado é um centro gerador de direito objectivo. Em sentido diferente, cfr. J.J. Gomes CANOTILHO, *Direito,* cit., p. 701, que adopta um conceito bastante mais generoso de normação privada, nele incluindo, "desde os conhecidos contratos colectivos de trabalho, até às cláusulas gerais de contratos (...), passando pelos modelos das regras técnicas (...)"; também num sentido diferente, cfr. BRENNECKE, *Normsetzung durch private Verbände,* pp. 1 e ss e 301, referindo-se à emissão de normas privadas como uma realidade diversa da de emissão de normas jurídicas.

[841] Cfr. KIRCHHOF, *Private Rechtsetzung,* cit., p. 59.

[842] Embora não se identifiquem *norma jurídica* e *lei,* dado que esta, mesmo quando entendida em sentido material, se concebe como *acto de uma autoridade pública,* convém esclarecer que se assume que o conceito adoptado repete o "paradigma da *heteronomia normativa* própria da legislação" – a expressão pertence a António Castanheira NEVES, "Fontes do direito", p. 80, que a usa na crítica à teoria tradicional das fontes do direito; segundo o Autor, a normatividade não existe só quando há uma *auctoritas* com poder prescritivo, mas está também presente noutros modos de constituição do direito, *v.g.,* de natureza *negocial* e *contratual.*

Como é óbvio, não é nossa pretensão discutir o problema das fontes da normatividade jurídica. Interessa-nos simplesmente destacar a existência de um *poder privado* para a emissão de normas jurídicas com as mesmas características da legislação, ou seja, de um *poder jurídico privado para a emissão de comandos gerais abstractos com força vinculativa.* Mesmo que se entenda que o negócio jurídico constitui uma *norma jurídica* (neste sentido, por ex., KELSEN, "Zum Begriff der Norm", p. 67 e ss; FERRI, "Norma e negozio nel quadro dell'autonomia privata", p. 38 e ss), e até com carácter *imperativo* (cfr. PERGOLESI, "I negozi giuridici come fonte normativa", p. 248 e ss), sempre se há-de reconhecer que entre ele e a "norma jurídica heterónoma" há uma diferença essencial que resulta de só a segunda possuir carácter *heterónomo,* uma vez que só ela é produzida sem o consentimento do obrigado. Como, exactamente a este propósito, observa BIANCA, Ob. cit., p. 3, a concepção do negócio jurídico como fonte normativa não o aproxima das normas jurídicas públicas: o negócio jurídico é *expressão de autonomia,* ao passo que a norma jurídica é *expressão de autoridade.*

de decisão ou de orientação de comportamentos autoritariamente fixado, a norma jurídica é o "pólo oposto" do contrato[843]. Este pressupõe um acordo e uma sujeição autónoma das partes às obrigações dele emergentes; a norma coloca o destinatário em *situação de sujeição*, pois que, mesmo sem consentir, aquele fica obrigado a afeiçoar o seu comportamento ao que nela se dispõe: no contrato, há *obrigações assumidas*, na norma há *obrigações impostas*[844]. Criada no seio da *autonomia privada*[845], a norma há-de pressupor sempre uma *relação jurídica de supremacia/subordinação* entre o seu autor e os destinatários, aparecendo, por isso mesmo, dotada da nota *heteronomia*[846]. Com efeito, esta nota da heteronomia "só se cumpre quando a norma se impõe contra ou independentemente da vontade das pessoas concretas a quem se dirige"[847].

Todavia, a autoridade ou heteronomia da *norma jurídica* não surge eliminada pelo facto de o destinatário aderir – ou entrar voluntariamente em contacto – ao titular do poder normativo, desde que a adesão e o contacto não sejam a *fonte imediata*, mas apenas o *pressuposto* da submissão à incidência das normas que venham ser editadas[848]. De resto, a existência de um "momento voluntário" de submissão ao titular do poder normativo apresenta-se como uma implicação do facto de a origem da heteronomia da norma dever ainda ser a autonomia e a liberdade[849].

---

[843] Cfr. KIRCHHOF, *Private Rechtsetzung*, cit., p. 86.

[844] Fazendo a distinção entre o *negócio jurídico* e a *norma jurídica*, diz PRATO, *I regolamenti privati*, cit., p. 21, que "o primeiro, para produzir os seus efeitos, necessita (...) do consenso dos destinatários; ao contrário, a norma contém em si mesma o fundamento da sua vinculatividade e eficácia".

[845] Neste sentido, cfr. PRATO, Ob. cit., p. 26 e ss. Segundo o Autor, a autonomia privada não se manifesta apenas através do negócio jurídico, mas também mediante actos de carácter autoritário; os regulamentos privados são justamente uma "espressione autoritativa dell'autonomia privata".

[846] Sobre a heteronomia como característica da norma jurídica, cfr. KIRCHHOF, Ob. cit., p. 84 e ss.

[847] Cfr. J.C. Vieira de ANDRADE, "A fiscalização da constitucionalidade das «normas privadas» pelo Tribunal Constitucional", p. 359.

[848] Cfr. PRATO, Ob. cit., p. 43. Referindo-se apenas às normas contidas em convenções colectivas de trabalho, diz GITTI, *Contratti regolamentari e normativi*, p. 67, que "a adesão (ao sindicato) determina um efeito autónomo para o particular, consubstanciado na constituição de uma relação entre ele e o sindicato, em virtude da qual a sua esfera jurídica fica sujeita ao poder da associação de ditar regras que o vinculam". Em sentido idêntico, cfr. KIRCHHOF, Ob. cit., p. 93.

[849] A explicação da heteronomia das normas privadas com recurso ao conceito de autonomia privada não deve, contudo, iludir a real natureza do poder normativo privado,

Assume-se esta como uma exigência da *democraticidade* do poder normativo privado: se é verdade que, em termos constitucionais, o princípio democrático vale apenas no âmbito do exercício do Poder Público (artigos 10.° e 108.° da CRP), a natureza democrática também há-de estar presente como factor de legitimação do poder privado[850]. As normas privadas só podem, por isso, vincular quem se submete voluntariamente ao titular do poder normativo, expondo-se à incidência das normas que ele venha a emitir. Neste sentido, a autonomia individual constitui o pressuposto da heteronomia da norma privada.

Por outro lado, como observa Ferdinand Kirchhof, a heteronomia da norma jurídica também não deixa de existir quando o destinatário (aquele a quem a norma é imposta) participa ou tem a possibilidade de participar na sua elaboração, como acontece com as normas editadas num sistema de democracia directa. De facto, nesses casos, o processo de criação da norma não se desenvolve em função da vontade individual de cada um dos membros da organização, mas de acordo com um princípio maioritário[851]. Uma vez aprovada, a norma aplica-se indistintamente a todos os membros da organização, independentemente de terem concordado ou não com o respectivo conteúdo[852].

Apesar da crise da concepção clássica, que apresenta a *generalidade* e a *abstracção* como elementos da essência da norma jurídica – crise

---

o qual é, na verdade, um *poder de editar normas jurídicas* e não um *poder negocial*. Com efeito, o negócio voluntário de adesão – ou o livre contacto – ao titular de poder normativo, podendo considerar-se como uma espécie de voluntária *auto-redução* ou *auto-ablação*, não pode, todavia, qualificar-se como um acto (negocial) de "aceitação presumida" das "normas" que venham a ser editadas, que, então, não seriam normas jurídicas, mas disposições de natureza negocial ou contratual; cfr. PRATO, Ob. cit., pp. 24 e 33.

[850] A democraticidade do poder normativo privado só pode mesmo provir da livre adesão, porquanto ela não resulta, como no caso do poder normativo público delegado em entidades privadas, da delegação estadual. Mas, obviamente, isso não significa que o direito do Estado não desempenhe ainda um papel essencial na *legitimação* do poder normativo privado.

[851] O que não quer dizer que haja, nesse caso, uma espécie de *poder da maioria*. Como observa LENER, Ob. cit., p. 626, a regra da maioria é um mero instrumento para a formação de uma vontade directamente imputável ao grupo organizado. Nessa medida, a *relação de autoridade* estabelece-se entre o grupo (não a maioria) e cada um dos membros.

[852] Cfr. KIRCHHOF, Ob. Cit., p. 90.

que atinge sobretudo a norma jurídica pública[853] –, entende-se aqui que, na análise do fenómeno da edição de *normas jurídicas* por privados, a generalidade e a abstracção constituem elementos essenciais da noção *material* de norma jurídica[854].

Assim, além da *heteronomia*, a norma jurídica (privada) caracteriza-se pela *abstracção* – trata-se de uma proposição prescritiva com uma "pretensão imanente de futuro"[855] – e pela *generalidade* – significando que a mesma regula os comportamentos de sujeitos indeterminados ou de todos os sujeitos que estão e dos que venham a estar situados na área de influência do titular do poder normativo[856].

b) Códigos de conduta editados por organizações privadas

O conceito de norma jurídica que acaba de se expor não abrange os designados códigos de conduta. Códigos de conduta, cartas de ética, directrizes deontológicas, instruções de boas práticas, recomendações de boa conduta, códigos deontológicos são, entre outras[857], as designações atribuídas a conjuntos mais ou menos ordenados e sistematizados de

---

[853] Em causa está a desconexão entre o conceito material de norma jurídica – regra de conduta que prevê uma situação determinada e que se aplica a todos, tantas vezes quantas a situação hipotética se verificar – e o emprego da forma de certas normas jurídicas ("leis") para impor comandos que desconhecem as facetas da generalidade e/ou da abstracção. É esse *dado de facto* que conduz a doutrina e a jurisprudência a aceitar que a generalidade e a abstracção não são características infungíveis do conceito de norma jurídica; cfr. BOBBIO, "Norma giuridica", p. 334; BASSI, *La norma interna*, cit., p. 19.

[854] De resto, a generalidade e a abstracção são elementos essenciais do conceito de *norma jurídica administrativa* (regulamento administrativo). Se uma prescrição da Administração em forma regulamentar (*v.g.*, portaria) desconhece tais características, não está, então, presente um regulamento (uma norma), mas um *acto administrativo em forma de regulamento*.

[855] A expressão, de Forsthoff, citada por Afonso QUEIRÓ, "Teoria dos Regulamentos", 1.ª parte, p. 3, sugere a característica traduzida na chamada "repetibilidade" ou "aplicação repetida"; cfr. MODUGNO, "Norma giuridica", p. 344.

[856] Sobre a generalidade da norma jurídica, cfr. KIRCHHOF, Ob. cit., p. 64 e ss. Segundo o Autor (p. 78), as normas internas das organizações privadas (*v.g.*, associações) não deixam de se configurar como normas jurídicas gerais pelo facto de só se aplicarem aos membros da organização. Verificar-se-á neste contexto uma situação semelhante à que existe com os *preceitos administrativos* ou *regulamentos internos da Administração*, que não deixam de ser regras jurídicas por apenas vincularem os funcionários.

[857] Cfr. OSMAN, "Avis, directives, codes de bonne conduite, recommandations, déontologie, éthique, etc.: réflexion sur la dégradation des sources privées du droit", p. 511 e ss.

regras de origem privada[858] que, *desprovidas de efeitos jurídicos obrigatórios*, estabelecem padrões de comportamentos a observar no exercício de uma profissão ou actividade económica e nas relações entre os profissionais ou agentes económicos ou entre eles e terceiros[859]. Os códigos de conduta, cuja elaboração surge frequentemente estimulada e apoiada pelo direito do Estado, constituem assim uma forma de *auto-regulação privada independente*[860] e uma manifestação daquilo que se convencionou designar de *soft law*, conceito que representa a "fraca juridicidade" das regras que esses códigos contêm[861].

Na verdade, uma das características essenciais dos códigos de conduta reside na *utilização voluntária*, a significar desde logo que eles estão desprovidos de força autoritária própria, não sendo, *proprio vigore*, juridicamente obrigatórios[862]. Mas, além disso, a utilização voluntária significa que, mesmo nos casos em que um agente ou profissional aceita vincular-se pelas regras de um código de conduta – *v.g.*, subscrevendo-o voluntariamente –, a relevância jurídica de tais regras pode continuar a

---

[858] A origem dessas regras também pode ser pública. Não acontece assim, todavia, no caso dos códigos deontológicos que regem as profissões organizadas em associações públicas, quando elaborados pelas próprias associações públicas, no exercício da respectiva autonomia normativa pública; alguns deles são, aliás, aprovados por via legislativa: cfr. Vital MOREIRA, *Administração Autónoma,* cit., p. 185. As regras dos códigos deontológicos elaborados pelas ordens profissionais têm *força jurídica vinculativa própria* e a infracção ao que nelas se estabelece pode mesmo dar lugar à aplicação de sanções disciplinares de natureza pública; no sentido de que os códigos das ordens profissionais contêm clássicas regras jurídicas de natureza regulamentar, cfr. PENNEAU, *Règles de l'art e normes techniques*, p. 3[13]; HANNEQUART, "Les normes déontologiques et leurs caractères spécifiques", p. 291 ss.

[859] Cfr. J.J. Gomes CANOTILHO/VITAL MOREIRA, Ob. cit., p. 989; RACINE, "La valeur juridique des codes de conduite privés dans le domaine de l'environnement", p. 554.

[860] A elaboração de códigos de conduta por privados representa uma das consequências da contenção reguladora do Estado, que cria um espaço para a emergência de formas de auto-regulação social.

[861] Cfr. Vital MOREIRA, *Auto-Regulação,* cit., p. 70; OSMAN, Ob. cit., p. 510; RACINE, Ob. cit., p. 554.

[862] Os códigos de conduta podem adquirir força obrigatória na medida em que, por acordo, sejam incorporados (ou objecto de reenvio) nos contratos celebrados entre os profissionais ou entre estes e os seus clientes; sobre a *cláusula de aceitação* do *Código de Autodisciplina Publicitária* editado na Itália pelo Instituto de Autodisciplina Publicitária, necessária para que o *Código* se aplique aos utentes do sistema que não sejam membros de associações aderentes ou adoptantes, cfr. GITTI, Ob. cit., p. 127; ZORZI, "Autodisciplina pubblicitaria", p. 569.

ser praticamente inexistente: tendo em conta a sua origem privada, essa relevância só existirá se, ao mesmo tempo, o agente ou profissional que subscreve o código adere, pertence ou aceita sujeitar-se a uma organização a quem estão confiados poderes de verificar o cumprimento do que nele se dispõe e de "punir" os infractores (*v.g.*, sanções associativas, proibição de invocar a adesão ao código, denúncia pública da infracção).

Embora originariamente desprovidos de eficácia jurídica vinculativa geral, os códigos de conduta podem, em certas condições, vir a adquirir essa eficácia: assim, por ex., o artigo 19.º da Lei n.º 24/96, de 31 de Julho (defesa dos consumidores), depois de estabelecer que as associações de consumidores podem negociar com os profissionais ou com as suas organizações representativas *acordos de boa conduta*, prescreve que "os acordos de boa conduta celebrados com associações de consumidores de interesse genérico obrigam os profissionais ou representados em relação a todos os consumidores, sejam ou não membros das associações intervenientes". Por força da lei, também assumem um carácter normativo (privado) os *códigos deontológicos* aprovados pelas sociedades gestoras de mercados regulamentados: a observância do que nele se estabelece dá, aliás, lugar à aplicação de sanções disciplinares (cfr. artigos 29.º e 31.º do Decreto-Lei n.º 394/99, de 13 de Outubro).

c) Inexistência de monopólio público de criação de normas jurídicas

Falar da *juridicidade* de *normas de origem privada* ou de um "direito dos privados"[863] equivale naturalmente a recusar a existência de um *monopólio público de criação de normas jurídicas*[864] e a reconhecer que o Estado não é "il signore (...) di tutto il diritto"[865].

Com efeito, do direito constitucional escrito resulta apenas um monopólio público da edição de "certos tipos de normas jurídicas" (*actos*

---

[863] Como explica CESARINI SFORZA, *Il diritto*, cit., p. 44, não deve confundir-se o "direito dos privados" com o "direito privado", uma vez que este é constituído pelo conjunto de normas jurídicas estaduais cujo escopo reside em regular relações entre sujeitos de direito privado.

[864] Neste sentido, cfr. OSSENBÜHL, "Gesetz und Recht", p. 295; MEYER-CORDING, *Die Rechtsnormen*, cit., p. 39 e ss; KIRCHHOF, Ob. cit., p. 107 e ss.

[865] Cfr. SANTI ROMANO, *L'ordinamento giuridico*, p. 89. No mesmo sentido, cfr. CESARINI SFORZA, *Il diritto, cit.*, p. 44; António Castanheira NEVES, "Fontes", cit., p. 47; ALVAREZ GARCIA, "La capacidad normativa de los sujetos privados", cit., p. 364.

legislativos e *regulamentos administrativos*), mas já não um monopólio público da normatividade jurídica[866] ou um "monopólio estatal da normação"[867]. Assim, no caso português, do artigo 112.º da CRP não pode inferir-se a proibição de quaisquer normas jurídicas nele não previstas, mas apenas a proibição de actos normativos de instâncias públicas não constitucionalmente competentes para a produção de actos legislativos ou de regulamentos[868].

Note-se, porém, que o facto de o direito constitucional não proibir a normação de origem privada não significa que não a condicione: logo a este nível, importa considerar que a *dignidade da pessoa humana* reclama uma *protecção do Estado*, que deverá passar por certas formas de controlo público.

Tendo em conta, por outro lado, os princípios constitucionais não escritos, os resultados a que somos conduzidos não são diferentes, pois a normação não pertence, por essência, às tarefas do Estado. De resto, a edição de normas jurídicas não se assume sequer como uma tarefa ou um conteúdo ("Was"), mas uma forma ou um instrumento ("Wie") que serve a prossecução de uma dada tarefa[869].

A negação de um monopólio público da criação de normas jurídicas não implica, no entanto, aceitar as doutrinas da *pluralidade de ordenamentos jurídicos*[870], que apontam para uma recusa de uma "unicidade originária" do ordenamento jurídico estadual[871]. Em vez disso e pelo

---

[866] Cfr. KIRCHHOF, *ibidem*, p. 114; MEYER-CORDING, *Die Rechtsnormen*, cit., p. 40.

[867] Cfr. J.J. Gomes CANOTILHO, *Direito*, cit., p. 699.

[868] Portanto, a *reserva normativa* (dos poderes legislativo e administrativo) que se extrai desse artigo vale apenas nas relações entre os poderes públicos, diz exclusivamente respeito à titularidade da competência para a produção de actos normativos públicos, não proibindo fontes não públicas de normatividade jurídica; cfr. António Castanheira NEVES, "Fontes", cit., p. 56.

[869] Cfr. KIRCHHOF, Ob. cit., p. 116.

[870] Sobre a pluralidade dos ordenamentos jurídicos e a contraposição entre "pluralismo" e "estadualismo", cfr. SANTI ROMANO, *L'ordinamento*, cit, p. 88 e ss; CESARINI SFORZA, *Il diritto*, cit. p. 43; ROMANO, "Ordinamenti giuridici privati", p. 250. Como observa CARBONNIER, *Flexible droit*, p. 14, todas as doutrinas do pluralismo jurídico tendem a relativizar o lugar do Estado e a afirmar que existem direitos não estaduais engendrados pelos grupos sociais constitutivos da Sociedade.

[871] A recusa da *pluralidade de ordenamentos jurídicos* não implica aceitar a tese do puro *monismo jurídico*, que reconduz todo o direito objectivo ao ordenamento jurídico estadual; sobre a noção de "monismo jurídico", contraposto a "pluralismo jurídico", cfr. BOBBIO, *Teoria dell'ordinamento giuridico*, p. 188.

menos de princípio, "basta" aceitar o *pluralismo das fontes do direito*[872]. Por esse motivo, para admitir a qualidade jurídica de normas editadas por privados, não se afigura sequer necessário rejeitar uma certa concepção basicamente estadual do direito[873] e deixar de reconhecer que o direito estadual tem, não apenas a *primazia*, mas verdadeiramente a *última palavra* sobre todos os preceitos que podem valer como normas jurídicas[874]. Assim, se a norma é editada por um sujeito de direito público, a juridicidade impõe-se por sua própria força; devendo-se a sua emissão a um privado, para adquirir a qualidade de norma jurídica, dotada de heteronomia, a norma carece de um *reconhecimento* ou de uma *validação estadual*[875].

Ao poder ou direito exclusivo do Estado de conferir carácter jurídico a normas editadas por terceiros pode chamar-se *monopólio do reconhecimento da juridicidade*.

A juridicidade da norma privada resulta, portanto, da conjugação de dois factores: por um lado, a *criação da prescrição*, acto de origem privada, a demonstrar a existência efectiva de uma auto-regulação social, fora da esfera do Estado, e, por outro lado, o *reconhecimento*, acto estadual que atribui qualidade jurídica àquela prescrição e que demonstra a necessidade de um *envolvimento* do Estado, justificado pela sua soberania[876] ou, de acordo com o Tribunal Constitucional português, pela *supremacia da Constituição*[877].

Em conclusão, a prescrição editada por privados só se afirmará como uma norma jurídica (privada) na medida em que exista uma norma jurídica estadual (em sentido amplo, pode falar-se de *base legal*) que a *reconheça* como norma jurídica.

---

[872] Sobre o pluralismo das fontes do direito como corolário da existência de limites jurídicos que retiram à lei a exclusividade da normatividade jurídica, cfr. CASTANHEIRA NEVES, *Fontes, cit.*, p. 75.

[873] Assim, por ex., KIRCHHOF, Ob. cit., p. 133, refere-se ao Estado como o *garante e o titular do ordenamento jurídico*, que tem o monopólio de conferir carácter jurídico às prescrições editadas por terceiros.

[874] Como se observa no AcTC n.º 214/94, OSSENBÜHL, "Gesetz und Recht", p. 295, partindo também do princípio de que não existe um monopólio estadual de criação de normas, fala todavia de uma "prerrogativa estadual de criação normativa" e considera suficiente, para garantir a soberania do Estado, que este tenha a última palavra sobre a normação jurídica.

[875] Cfr. KIRCHHOF, Ob. cit., p. 134.

[876] Cfr. KIRCHHOF, *ibidem*.

[877] Cfr. AcTC n.º 214/94.

d) Normas jurídicas de origem privada: fundamento da sua juridicidade

Dando como assente o princípio de que há "verdadeiras" normas jurídicas de origem privada, importa aprofundar o tema do fundamento da juridicidade de tais normas jurídicas.

Para os adeptos das teorias da *pluralidade dos ordenamentos jurídicos*, haveria um poder jurisgénico originário de todas as instituições ou organizações, mesmo as de direito privado: tendo como referência a máxima de Santi Romano de que "ogni ordinamento giuridico è istituzione e viceversa ogni istituzione è un ordinamento giuridico"[878], entende-se que, no seio de qualquer organismo social se instaura uma disciplina, que contém um "ordenamento de autoridade, de poderes, de normas e de sanções"[879]. Apesar de não ser *independente* ou, talvez melhor, *auto-suficiente* (em relação ao ordenamento estadual), trata-se de um *ordenamento originário*, em cujo seio são exercidos *poderes originários, não derivados* do Estado[880].

Para os críticos, tal doutrina revela-se contrária ao princípio do Estado de direito[881], pondo em causa a soberania do Estado e a unidade da ordem jurídica. Só o direito estadual pode indicar as normas que têm natureza jurídica, pelo que as organizações privadas não dispõem de qualquer poder normativo originário[882]. O carácter jurídico de uma norma deriva sempre do direito estadual. O poder normativo privado é, em qualquer caso, um *poder derivado ou reconhecido pelo ordenamento jurídico estadual*. Não existe, pois, uma capacidade originária dos privados para a criação de normas jurídicas.

---

[878] Cfr. SANTI ROMANO, *L'ordinamento,* cit., p. 27. A doutrina de Santi Romano pretendeu constituir a resposta a um dado real do princípio do século XX, representado pelo início de uma auto-organização social e pela ruptura com o modelo de divisão tradicional do século precedente (sociedade civil molecular frente a um poder político unitário); cfr. NELLA, "La teoria della pluralità degli ordinamenti e il fenomeno sportivo", p. 9.

[879] Cfr. SANTI ROMANO, *L'ordinamento,* cit., p. 103.

[880] A tese que advoga a existência de um poder originário privado (das corporações) foi sustentada, entre outros, por Otto von Gierke (1895); cfr. KIRCHHOF, Ob. cit.,, p. 158; MEYER-CORDING, *Die Vereinsstrafe,* cit., p. 50.

[881] Cfr. EHLERS, *Verwaltung in Privatrechtsform,* cit., p. 422, afirmando que o Estado de direito não autoriza qualquer "pluralização da unidade da ordem jurídica".

[882] Cfr. KIRCHHOF, *Private,* cit., p. 158.

A afirmação de que o poder normativo privado "deriva" do Estado parece sugerir a ideia de que se trata de um poder resultante de uma "transferência", "delegação", ou "concessão" estadual: a edição, por privados, de normas jurídicas privadas seria portanto a manifestação de um poder delegado, de natureza pública. A acolher-se esta orientação, teria de se concluir no sentido da inexistência de um poder normativo privado, pois só haveria o poder normativo público, que, no entanto, poderia exercer-se por privados ao abrigo de uma delegação. Quer dizer, com tal construção, teríamos o acolhimento da tese do *monopólio público de criação normativa*: a edição de normas jurídicas por privados constituiria a actuação de um "staatliche Gewalt"[883].

Reconhecendo-se a possibilidade da delegação de poderes públicos normativos, importa reiterar para já que *nem sempre* a edição de normas jurídicas por privados representar a manifestação de um poder público.

O problema reside, pois, em articular o tópico da *derivação*, através do qual se exclui a natureza *originária* do poder normativo privado, com a ideia de que um tal poder *não é transferido* pelo Estado.

A "chave da solução" reside no conceito, já referenciado, de *reconhecimento* (ou *validação*). De facto, o conceito de *reconhecimento* permite distinguir o acto (privado) de criação da norma do acto (público) que lhe confere juridicidade.

A norma proveniente de um poder privado constitui uma norma jurídica na medida em que o Estado a reconhece como tal. Neste sentido, diz-se que a sua juridicidade (e também a sua *legitimação*[884]) deriva de um acto estadual, cuja função não é, todavia, a de transferir poderes públicos, mas a de conferir carácter jurídico e legitimar a existência dos poderes privados[885]. Sem o reconhecimento ou a validação do Estado, a

---

[883] Sobre a doutrina que reconduz todas as manifestações de um poder normativo por privados a um fenómeno de delegação de poderes normativos públicos, cfr., em termos críticos, KIRCHHOF, Ob. cit., p. 159 e ss.

[884] Conferindo carácter jurídico a um *poder social*, o Estado legitima a existência de relações jurídicas de poder entre os cidadãos; cfr. KIRCHHOF, Ob. cit., p. 506.

[885] Importa esclarecer que, ao contrário do que supõe ALIPRANTIS, *La place de la convention collective dans la hiérarchie des normes*, p. 38, o termo *reconhecimento* (como o de *recepção*, segundo o Autor), não pressupõe a existência de duas ordens jurídicas, a que reconhece e a que produz a norma reconhecida. Como observa KIRCHHOF, o reconhecimento não é um acto de aceitação ou de inclusão de uma regra (já) jurídica. Ao contrário, trata-se de um *acto constitutivo da juridicidade da regra*. Na ausência de

norma privada até pode possuir uma eficácia social muito intensa, mas não consubstancia uma norma jurídica[886].

O reconhecimento da juridicidade das normas de origem privada pode revestir modalidades distintas:

i) Nuns casos, resulta do modo como o ordenamento jurídico estadual desenha um direito subjectivo privado (*v.g.*, direito de propriedade), verificando-se aqui uma espécie de *reconhecimento por inerência*;

ii) Noutros casos, o reconhecimento advém da norma estadual que confere a uma entidade o poder de se auto-regular, designadamente, disciplinando as relações de subordinação que se constituem entre ela e os seus membros; (*v.g.*, artigo 167.º/2 do Código Civil, sobre os estatutos das associações);

iii) Finalmente, o reconhecimento pode emergir da norma estadual que confere explicitamente a uma dada entidade o poder de criar normas de direito objectivo aplicáveis aos respectivos membros. Embora próxima da modalidade anterior, há uma diferença assinalável em relação a ela, que resulta de não estar já em causa uma regulação jurídica de "relações internas" entre a entidade titular do poder normativo e os seus membros, mas a regulação de "relações externas" dos membros dessa

---

uma norma de direito estadual a conferir a juridicidade a uma regra privada, esta não pode qualificar-se como regra jurídica (não sendo, por isso, *justiciável* segundo o direito estadual; sobre o conceito, anglo-saxónico, de "justiciable", cfr. GITTI, Ob. cit., p. 180 e ss).

[886] Sobre o reconhecimento da normação privada, cfr. KIRCHHOF, *Private,* cit., p. 133 e ss.

Importa notar que, em vez de *reconhecimento* da normação privada, alguma doutrina fala de *concessão* ou de *delegação de autonomia privada* (cfr. WOLFF/BACHOF/STOBER, Ob. cit., 3, p. 514; STERN, *Das Staatsrecht,* cit., p. 587) ou de *autonomia delegada* (neste sentido, a propósito da natureza normativa dos estatutos das associações, cfr. MEYER-CORDING, *Die Vereinsstrafe,* cit., p. 49). Em geral, o emprego dessas fórmulas não pretende traduzir a ideia de uma transferência ou delegação de poderes públicos, apesar de poder reconhecer-se o carácter equívoco dos conceitos de delegação e de concessão – referindo-se às dúvidas sobre o fundamento do poder normativo colectivo, ALIPRANTIS, Ob. cit., p. 28 e ss, começa por estabelecer a contraposição entre a *teoria da autonomia colectiva originária* e a *teoria da delegação,* explicando que esta se baseia na premissa de que o Estado tem o monopólio da criação do direito e que só ele pode conferir o poder de editar regras de direito. Acrescenta depois o seguinte: "a unidade da teoria da delegação fica-se por aí, uma vez que alguns dos seus defensores entendem que se trata de um poder normativo pertencente ao direito privado, enquanto outros vêem aí uma espécie de poder legislativo subdelegado com traços publicistas".

entidade; é o que se verifica com as normas jurídicas constantes de convenções colectivas de trabalho e com certos acordos colectivos inter-profissionais.

O reconhecimento ou a validação estadual constitui uma *condição necessária* da juridicidade de uma norma de origem privada. Todavia, há situações em que o direito do Estado se envolve mais intensamente na normação privada.

Uma análise sumária da normação privada permite-nos concluir que, em todos os casos, o poder normativo privado tem um *fundamento legal*. Este fundamento basta para que os titulares do poder normativo, os "órgãos administrativos" responsáveis pela execução das normas ou quaisquer pessoas (directa ou reflexamente por elas protegidas), logrem obter dos tribunais estaduais uma decisão que imponha a aplicação das normas de origem privada (*v.g.*, anulação de um negócio jurídico). Por outro lado, no caso de o titular do poder normativo dispor de poderes de autotutela declarativa (*v.g.*, aplicação de penas), a mesma base legal implica que os tribunais do Estado usem as normas privadas como parâmetros para aferir da validade da decisão impugnada e que as con-siderem, além disso, parâmetros da decisão que venham a tomar – neste sentido, afirma-se que o *reconhecimento* (ou o *fundamento legal*) de uma norma privada significa a sua "justiciabilidade" segundo o direito estadual. Contudo, nestas situações, que qualificamos como de *mero reconhe-cimento*, o direito estadual reconhece a juridicidade da norma privada, garante jurisdicionalmente a sua aplicação, mas não assume a respon-sabilidade de velar pela sua aplicação ou de fiscalizar a sua observância. Estas tarefas pertencem aos centros privados que a geraram, revelando--se indiferente, na perspectiva do Estado, que os comandos delas cons-tantes sejam acatados ou não.

Mas, como se disse, em relação a certas normas jurídicas de origem privada, o direito do Estado envolve-se de forma claramente mais empenhada.

De facto, apesar de não assumir a paternidade de certas normas de origem privada, o Estado responsabiliza-se pelo efectivo cumprimento do que nelas se estabelece, coloca agentes seus a fiscalizar a aplicação dessas normas e, corolário de tudo isso, pune as infracções ao que nelas se dispõe com as mesmas sanções que aplica a quem não cumpre as suas leis. Ora, tudo isso indicia que, nesses casos, o Estado não se limita a reconhecer o direito de origem privada, fazendo algo mais. Esse "algo mais" pode, quanto a nós, representar-se, na falta de melhor sugestão, pelo conceito de *integração normativa*. Sem se *apropriar* da norma, isto é, sem assumir (também) como *"seu* o respectivo *conteúdo normativo"*[887], o Estado integra-a no seu próprio ordenamento jurídico. A norma pública que prevê a punição do desrespeito da norma privada leva naturalmente implicada uma *imposição estadual* no sentido da observância da norma privada: trata-se, aliás, de uma imposição *autónoma* em relação àquela que já decorre da heteronomia originária da própria da norma e que ilustra o processo de integração dela no ordenamento estadual.

e) Alguns exemplos de normas jurídicas de origem privada

Considerando os dados fornecidos pelo direito positivo, podemos consignar os seguintes exemplares de normas jurídicas de origem privada:

i) Normas editadas em actuação de faculdades integradas em direitos privados – Estão aqui representados, sobretudo, os direitos subjectivos que atribuem ao respectivo titular o *gozo ou a fruição de coisas* (direito de propriedade, posse, direito de exploração de um imóvel onde está instalado um estabelecimento comercial)[888]: tratando-se de direitos com eficácia *erga omnes*, o titular fica autorizado a regular as condutas de quaisquer terceiros que venham a usar ou servir-se da coisa que é objecto do direito. Essas regulações de condutas constituem, portanto, *comandos jurídicos de carácter geral e abstracto* baseados num direito subjectivo[889]. Em regra, as normas jurídicas produzidas ao abrigo de direitos subjectivos formam um conjunto mais ou menos ordenado, designado, na prática, pelos nomes de *regulamentos internos* (*v.g.*, de um hotel ou de um parque de campismo) ou *regulamentos de utilização* (*v.g.*, de uma piscina aberta ao público)[890]. Aqui, como em todo os casos de normação privada, o facto de existir um *livre contacto* entre o

---

[887] Trata-se de uma expressão usada no AcTC n.º 392/89, para caracterizar a norma constante de uma convenção colectiva de trabalho objecto de uma *portaria de extensão*.

[888] Sobre os direitos subjectivos como suporte da produção de normas jurídicas, cfr., KIRCHHOF, Ob. cit., pp. 142 e ss e 354 e ss; BUCHER, *Das subjektive Recht als Normsetzungsbefugnis*, especial. p. 55 e ss.

[889] Cfr. KIRCHHOF, *Private, cit.*, p. 142 e 355.

[890] Cfr. KIRCHHOF, Ob. cit., p. 166.

destinatário da norma e o titular do poder normativo não exclui a heteronomia da norma constante do regulamento interno ou do regulamento de utilização[891].

Certos conteúdos de normas privadas desta categoria estão mesmo legalmente previstos, designadamente quando disciplinam relações jurídicas constituídas entre o titular do poder normativo e terceiros no contexto do exercício de actividades sujeitas a autorização administrativa (*v.g.*, regulamentos internos de empreendimentos turísticos e de recintos de diversões).

ii) Normas editadas ao abrigo do poder de regular as relações jurídicas entre uma organização e os seus membros – Considera-se aqui o exercício de um poder preceptivo no contexto de um *direito interno das organizações*: trata-se de preceitos que regulam *relações jurídicas de subordinação* existentes entre uma organização ou grupo organizado e os respectivos membros, editados ao abrigo de um *poder normativo* ou *autonomia normativa* reconhecida pelo direito estadual. Os exemplos mais gerais (e também mais discutidos) desta categoria de normas jurídicas privadas são os *estatutos*[892] e os *regulamentos das associações*[893], os

---

[891] Cfr. KIRCHHOF, Ob. cit., p. 367.

[892] Saber se os estatutos das associações constituem actos criadores de normas de direito objectivo ou disposições de carácter contratual é uma verdadeira *vexata quaestio* que, desde há muito tempo, vem dividindo a doutrina; referindo-se à discussão, cfr. OSSENBÜHL, "Satzung", p. 483. A favor da natureza normativa, destacam-se os argumentos de MEYER-CORDING, *Die Rechtsnormen*, cit., p. 83 e ss, e *Die Vereinsstrafe*, cit., p. 47: a aplicação dos estatutos aos novos associados, bem como o facto de eles poderem ser alterados por uma maioria dos associados (de "três quartos dos associados presentes", segundo a lei portuguesa: artigo 175.º/3 do Código Civil). A esses argumentos, acrescentamos nós o que deriva do artigo 177.º do Código Civil, na parte em que determina a anulabilidade das deliberações contrárias aos estatutos, o que também constitui um sintoma de que as disposições deles constantes fixam *critérios de decisão* a observar, desde logo, pelos órgãos associativos, mas, a seguir, também pelos tribunais; além disso, o facto de essa norma atribuir efeitos idênticos à violação de normas estaduais e à violação dos estatutos parece significar que as disposições estatutárias são "equiparadas" a actos normativos estaduais (neste sentido, sobre a norma correspondente do Código Civil italiano, cfr. BASSI, *La norma,* cit. pp. 135 e 190); para mais desenvolvimentos, cfr. KIRCHHOF, Ob. cit., p. 267 e ss; PRATO, Ob. cit., p. 178 e ss; BASSI, *La norma,* cit., p. 196 e ss.

[893] Os regulamentos das associações podem conter *normas executivas* de regras constantes dos estatutos ou *normas procedimentais* que disciplinam a prática de actos pelos órgãos da associação: em qualquer caso, trata-se de *normas de natureza executiva, secundária ou subordinada* (em relação aos estatutos) que vinculam os respectivos

regulamentos do condomínio[894] e os *regulamentos de empresa*[895]. A todos estes devem juntar-se outros exemplos de normas jurídicas criadas por entidades que gerem determinados estabelecimentos e que têm como escopo regular típicas *relações de subordinação* que se constituem entre essas entidades e os seus *membros, aderentes* ou *utentes*. É o que nos parece verificar-se, entre outros, com os *regulamentos internos das feiras e mercados grossistas* (Decreto-Lei n.º 259/95, de 30 de Setembro), os *regulamentos internos dos mercados abastecedores* (Decreto-Lei n.º 258/95, de 30 de Setembro) e com os *regulamentos internos dos estabelecimentos de ensino particular e cooperativo* (Decreto-Lei n.º 553/ /80, de 21 de Novembro).

iii) Normas editadas ao abrigo do poder de regular relações jurídicas entre terceiros ou de definir regras a observar por terceiros – Por fim, temos as situações em que o titular do poder normativo não se apresenta como parte da relação jurídica disciplinada pela norma privada, posicionando-se portanto como produtor de direito objectivo aplicável a terceiros ou a relações jurídicas constituídas ou a constituir entre terceiros. O facto de tais normas serem aplicáveis apenas a membros das organizações que as produzem não retira a estes a posição de "terceiros"[896], pois, quando assim sucede, o objectivo reconduz-se a regular relações *entre os membros* dessas organizações e não relações *entre as organizações e os membros*. Exemplos deste tipo de normação privada são as normas jurídicas contidas nas *convenções colectivas de trabalho*, nos *acordos colectivos interprofissionais* dos sectores agroalimentar e florestal, bem como, em certos termos, as regras dos designados códigos de conduta, quando editados por privados[897].

---

associados e que se mostram mais flexíveis do que as normas estatutárias, já que a respectiva alteração não exige a observância das disposições sobre alteração dos estatutos.

[894] O regulamento do condomínio a que se refere o artigo 1429.º-A do Código Civil, quando não contido no título constitutivo da propriedade horizontal, deve ser elaborado pela *assembleia de condóminos* (e aprovado pela maioria dos votos representativos do capital investido, segundo a regra do artigo 1432.º/3) ou pelo administrador, se aquela o não houver elaborado.

[895] Cfr. artigo 153.º do Código do Trabalho.

[896] "Terceiros" não tem aqui o sentido atribuído por NIGRO, "Formazioni, sociali, poteri privati e libertà del terzo", p. 854: terceiro é o estranho, que não é sócio ou membro de um grupo.

[897] O tipo de normação privada que aqui se tem em vista corresponde ao que Vital MOREIRA, *Auto-Regulação,* cit., p. 82, designa de "auto-regulação privada oficialmente reconhecida".

– *Convenções colectivas de trabalho*[898]

A CRP, no artigo 56.º/4, reconhece expressamente a existência de *normas* constantes de convenções colectivas de trabalho[899] [900]. Trata-se de *normas jurídicas privadas*, uma vez que as organizações signatárias das convenções não são "concessionárias de poderes públicos normativos"[901], actuando antes no âmbito de um *poder normativo próprio*. Porém, enquanto poder para a edição de normas jurídicas, não se trata de

---

[898] Sobre as modalidades de convenções colectivas de trabalho, cfr. artigo 2.º/3 do Código do Trabalho.

[899] Em comentário à referida disposição, afirmam J.J. Gomes CANOTILHO/Vital MOREIRA, Ob. cit., p. 308: "não restam, pois, dúvidas sobre o facto de as convenções colectivas de trabalho assumirem *carácter normativo*, impondo-se como tais às relações individuais de trabalho e funcionando assim como fonte de direito".

[900] O facto de o processo da respectiva elaboração ser *consensual*, de natureza (pelo menos) *bilateral*, não exclui a qualificação da convenção colectiva como um *acto unilateral*. Exactamente por isso, a doutrina italiana entende que a convenção colectiva constitui um *contrato normativo unilateral* (cfr. GITTI, Ob. cit., p. 49), na medida em que há sujeitos que devem observar o que nela se dispõe sem participarem na respectiva elaboração. Era já essa a opinião de ZANOBINI, "Il contratto collettivo e le altre forme di regolamento professionale", p. 251, quando assinalava que "se o acto tem carácter consensual no seu procedimento de formação, uma vez formado, e no que diz respeito à sua eficácia, tem o carácter unilateral dos actos de império e de soberania, dado que ele se impõe a pessoas completamente estranhas à sua formação: é, portanto, um comando". Importa contudo que a referência ao carácter consensual das normas criadas não seja fonte de equívocos, designadamente pondo em causa a heteronomia das normas jurídicas das convenções. De resto, para destacar aquela heteronomia, a doutrina não hesita em estabelecer comparações sugestivas: assim, KIRBERGER, Ob. cit., p. 150, afirma que as associações signatárias das convenções receberam do Estado uma competência para, em relação aos seus associados, proceder como um legislador, isto é, para criarem direito objectivo que os vincula; OSSENBÜHL, "Satzung", cit., p. 484, cita uma decisão do BVerfG onde se afirma que as *normas (em sentido técnico-jurídico) das convenções colectivas de trabalho são lei em sentido material*; por fim, HANAU/ADOMEIT, *Arbeitsrecht*, p. 65, dizem que as convenções têm uma eficácia normativa, "valendo como lei".

[901] Para uma crítica da teoria da delegação, que se baseia no monopólio normativo do Estado e que desconhece o facto de o fenómeno das convenções colectivas ser anterior à existência de leis sobre a respectiva celebração, cfr. ALIPRANTIS, Ob. cit., p. 34 e ss.
A teoria da delegação aparece defendida, entre outros, por HUBER, *Wirtschaftsverwaltungsrecht,* cit., p. 538 (para quem as convenções são contratos normativos – *Normenverträge* – celebrados no exercício de um poder público); BRAND, Ob. cit., p. 49; TERRAHE, Ob. cit., p. 109; MENNACHER, Ob. cit., p. 54; KOUKIADIS, "La nature juridique des conventions collectives", p. 363 (que fala de "delegação constitucional de poderes normativos").

um poder originário das organizações subscritoras, mas de um poder que lhes é conferido pelo Estado, na sequência de uma *opção do direito estadual* traduzida em "deixar-lhes" a capacidade para regular juridicamente certos aspectos das relações de trabalho, *reconhecendo* a juridicidade das normas por elas criadas[902]. A violação das disposições constantes de convenções colectivas é punida com o aparelho sancionatório do próprio Estado, no âmbito do ilícito de contra-ordenação social (cfr. artigo 687.º do Código de Trabalho).

– Acordos colectivos interprofissionais

Modalidade de *contrato colectivo económico*[903], o *acordo colectivo interprofissional* pode, em geral, definir-se como o acordo celebrado entre duas ou mais organizações representativas de categorias profissionais diferentes, destinado a concertar os interesses próprios dessas organizações e que estipulam regras que devem ser observadas nos contratos singulares que venham a ser celebrados entre os respectivos membros ou associados ou que definem práticas e acções que, do mesmo modo, devem ser adoptadas por estes.

No direito português, a primeira referência legal à figura do acordo interprofissional encontra-se na Lei de Bases do Desenvolvimento Agrário (Lei n.º 86/95, de 1 de Setembro), que, depois de consagrar o princípio de que o Estado deve estimular o *interprofissionalismo* como forma de prossecução dos objectivos da política agrícola, estabelece que "os acordos interprofissionais, que o Estado supletivamente pode reconhecer, promover e apoiar, constituem um instrumento preferencial na concertação dos interesses entre a produção, o comércio e a indústria" (artigo 9.º/1). Noutra disposição, inserida num capítulo relativo à regulação dos mercados agrícolas, a mesma Lei estabelece que "o Estado apoiará (...) a celebração de acordos interprofissionais, de natureza vertical, visando a orientação da produção agrícola para o mercado, designadamente pela melhoria da qualidade, pela promoção comercial e pela sua inovação" (artigo 28.º/2).

Na sequência da Lei de Bases do Desenvolvimento Agrário, a figura dos acordos interprofissionais foi regulada em dois sectores de actividade económica: sector agro-alimentar e sector florestal.

---

[902] Sobre a tese do *reconhecimento* estadual da qualidade jurídica das convenções colectivas de trabalho, cfr. KIRCHHOF, Ob. cit., p. 180 e ss; MARTENS, *Öffentliche*, cit. p. 164 e ss; EHLERS, *Verwaltung in Privatrechtsform,* cit., p. 422 e ss.

[903] Cfr. GITTI, Ob. cit., p. 57.

Segundo o regime previsto na Lei n.º 123/97, de 13 de Novembro, que estabelece as bases do interprofissionalismo agro-alimentar, os acordos interprofissionais são celebrados entre organizações representativas dos profissionais e das empresas ligadas à produção, transformação e comercialização de produtos agro-alimentares que integrem uma organização interprofissional (OI). Através desta modalidade de contratação colectiva, pretende o legislador, em geral, criar condições para que se alcance uma melhoria da qualidade dos produtos agrícolas destinados à alimentação, sem esquecer a protecção do ambiente: segundo a lei, tal objectivo alcança-se, entre outros meios, mediante controlos da qualidade ao nível da produção, da transformação e do acondicionamento do produto final, controlos sanitários e de qualidade ou da implantação de soluções que conjuguem ópticas de sustentabilidade económica e ambiental.

Os acordos podem revestir a forma de *contratos tipo* ou *acções comuns* ("práticas concertadas"): sobretudo no primeiro caso, os acordos constituem verdadeiros *contratos normativos*, uma vez que definem cláusulas e normas vinculativas para futuros e eventuais contratos singulares que venham a ser celebrados entre os membros de todas as estruturas que integram a organização interprofissional.

Portanto, desde a publicação da Lei n.º 123/97, em Portugal, como em França[904], em Espanha[905] ou (de certo modo) na Itália[906] e como

---

[904] Sobre os acordos interprofissionais no direito francês, cfr. VITAL MOREIRA, *Auto--Regulação,* cit., p. 368; LANGREO NAVARRO/GARCIA AZCARATE, *Las interprofesionales agroalimentarias en Europa,* p. 59 e ss. A legislação francesa sobre a organização inter-profissional no sector agro-alimentar consta actualmente dos artigos 66.º e ss da *Lei de Orientação Agrícola* (Lei n.º 99-574, de 9 de Julho).

[905] Em Espanha, os acordos interprofissionais no sector agro-alimentar são legal-mente regulados desde 1982, pela Lei 19/1982; sobre esse regime, cfr. VATTIER FUEN-ZALIDA, "Los contratos agroindustriales en el derecho español", p. 317. Entretanto, a Lei 39/1994, reguladora das "organizaciones interprofesionales agroalimentares", viria a introduzir alterações substanciais ao regime de 1982. Os acordos interprofissionais são agora obtidos no seio de organizações interprofissionais de que fazem parte as asso-ciações subscritoras; nos termos da lei, a eficácia vinculativa dos acordos é total em rela-ção a todas as organizações que integram a organização interprofissional, bem como a todos os seus associados. Além disso, a lei prevê que, por *Orden* ministerial, tais acordos possam adquirir eficácia *erga omnes,* aplicando-se a todos os operadores que intervêm no ciclo económico do sector ou produto; cfr. CABALLERO LOZANO, "Los contratos agro-industriales en la experiencia española: el problema de su naturaleza jurídica", p. 215 e ss.

[906] Na Itália, a figura dos acordos interprofissionais remonta ao ordenamento cor-porativo do regime fascista: tratava-se dos designados "acordos económicos colectivos

previsto também ao nível do direito comunitário[907], as organizações representativas dos profissionais e das empresas ligadas à produção, à
transformação e ao comércio de produtos agro-alimentares, desde que
integradas numa OI oficialmente reconhecida[908], constituem "estruturas"
às quais a lei atribui competência para celebrar os designados acordos
interprofissionais.

Uma vez aprovado pela OI, o acordo celebrado entre as estruturas
que a integram passa a obrigar todos os operadores económicos representados na OI. A aprovação ministerial não é condição da eficácia
jurídica[909], apesar de ter importantes consequências jurídicas: por um

---

corporativos". No período do pós-guerra, a contratação interprofissional viria a adquirir
novo fôlego, sobretudo no sector agro-industrial, aparecendo então os "acordos económicos colectivos pós-corporativos", cuja eficácia se baseia na inscrição voluntária nas
associações signatárias; cfr. PROSPERETTI, "Acordo economico collettivo", p. 303 e ss.
No fim da década de 80, veio a ser aprovada a Lei n.º 88/1988 ("Normas Sobre os
Acordos Interprofissionais e os Contratos de Cultivo e Venda de Produtos Agrícolas),
destinada a disciplinar as *convenções agro-industriais* – os contratos por cujo intermédio
os empresários agrícolas se obrigam a cultivar e a ceder toda a produção das suas terras a
empresas de transformação ou comercialização de produtos agrícolas contra um determinado correspectivo. Cfr. LA ROSA, *Profili della nuova disciplina dei contratti agro-
industriali*, p. 211; RUSSO, "Gli accordi interprofessionali e i contratti di coltivazione e
vendita nella legge n. 88 del 1988", p. 274 e ss; BIVONA, "Contratti di integrazione
verticale in agricoltura e disciplina degli accordi interprofessionali", p. 95 e ss;
FONTANA, "La «recezione» degli accordi interprofessionali", p. 173 e ss; GITTI, Ob. cit.,
p. 134 e ss.

A figura do acordo interprofissional no direito italiano parece, portanto, ter um
espectro de aplicação mais limitado do que a figura homóloga do direito português, o que
se deve à circunstância de ter nascido para regular ou disciplinar um tipo contratual
definido. Por outro lado, ao contrário dos regimes francês, espanhol (actual) e português,
os acordos interprofissionais na Itália não são celebrados no âmbito ou sob a égide de
organizações interprofissionais, mas, fora de qualquer quadro institucional, directamente
entre as organizações representantes dos produtores agrícolas e das empresas de transformação e comercialização; cfr. GITTI, Ob. cit., p. 138; PAOLINI, *Gli accordi interprofessionali in agricoltura*, p. 194 e ss.

[907] Cfr. PAOLINI, *ibidem*, p. 284.

[908] Sobre o regime do reconhecimento, cfr. Portaria n.º 967/98, de 12 de Novembro.

[909] A aprovação administrativa dos acordos é uma figura desconhecida no direito
estrangeiro, incluindo o direito comunitário. Assim, por ex., em Espanha, há duas
situações: a dos acordos com eficácia *erga omnes*, objecto de *Orden* de extensão, e a dos
acordos com eficácia limitada aos membros das organizações subscritoras. Dispensando
qualquer aprovação, os acordos têm imediatamente eficácia normativa, pois, *nos termos*

lado, implica o registo (artigo 7.º/2) e a publicação dos acordos no *Diário da República*; por outro lado, determina o artigo 10.º da Lei que as infracções aos *acordos aprovados* constituem contra-ordenações", puníveis de acordo com o previsto no regime geral do ilícito de contra-ordenação social; finalmente, a fiscalização da execução dos acordos aprovados cabe a instâncias públicas.

Como já antecipámos, as normas jurídicas constantes dos acordos celebrados entre as associações integradas numa OI agro-alimentar são *normas de origem privada*.

Contra essa conclusão improcede o argumento estribado no carácter público das sanções (coimas) que punem as infracções aos acordos (aprovados). Também a infracção ao disposto em convenções colectivas de trabalho é sancionada com coimas (artigo 687.º do Código do Trabalho), e, ao que supomos, ninguém considerou essa circunstância determinante para suportar a tese da natureza pública do poder normativo exercido pelas associações sindicais e patronais.

Além disso, se se tiver em conta as características daquilo que Vital Moreira designa por "auto-regulação *privada* oficialmente reconhecida", verifica-se que a regulação constante dos acordos aprovados preenche todos os requisitos do conceito: natureza privada dos organismos reguladores (no caso, as associações representativas da produção, transformação e comercialização de produtos agro-alimentares e as organizações interprofissionais), validade do sistema apenas para os associados (embora com possibilidade de extensão) e reconhecimento público do sistema de auto-regulação, que se integra e considera parte de um sistema global de regulação juntamente com a regulação pública[910].

Por outro lado, interessa notar que, nos termos do disposto na Lei de Bases do Desenvolvimento Agrário, o Estado só intervém *supletivamente*, para reconhecer, promover e apoiar a celebração de acordos interprofissionais. A lei deixa, assim, claro que o acordo é um instru-

---

da lei, o que neles se dispõe obriga todas as associações que integram a OI, bem como todos os membros destas.

Ao contrário deste modelo – que, recorde-se, vigora no campo da contratação colectiva laboral, onde não existe qualquer "aprovação administrativa" das convenções colectivas de trabalho –, em matéria de acordos interprofissionais, a lei portuguesa distinguiu três situações: *acordos não aprovados*, *acordos aprovados* e *acordos objecto de extensão*.

[910] Cfr. Vital MOREIRA, *Auto-Regulação*, cit., p. 82.

mento de concertação de interesses entre a produção, o comércio e a indústria, que se desenvolve dentro de uma lógica de auto-regulação *não concedida* ou *delegada* pelo Estado, ainda que por ele *reconhecida, enquadrada* e *estimulada*.

Adoptando um figurino praticamente idêntico ao da Lei n.º 123/97, a Lei n.º 158/99, de 14 de Setembro, regula as *bases do interprofissionalismo florestal*. A Lei prevê os acordos interprofissionais, que são celebrados entre organizações representativas dos profissionais e das empresas ligadas à produção, transformação, prestação de serviços e comercialização de produtos do sector florestal que integrem uma *organização interprofissional da fileira florestal*. O regime previsto sobre aprovação e extensão dos acordos não difere do previsto para o sector agro-alimentar: tudo o que se afirmou a propósito da eficácia normativa dos acordos interprofissionais nesse sector agro-alimentar vale para os acordos interprofissionais no sector florestal. Apesar da grande proximidade entre os dois regimes, importa deixar algumas notas sobre uma diferença importante entre eles, relacionada com as consequências da aprovação administrativa do acordo.

Vimos que, no domínio da Lei n.º 123/97, da aprovação ministerial do acordo resulta que as infracções às suas normas passa a ser sancionada com coimas, cabendo além disso a fiscalização da sua execução a instâncias públicas. Ora, no domínio dos acordos que nos ocupam agora, dispõe o artigo 12.º da Lei n.º 158/99, sobre coimas, que "as infracções aos *acordos objecto de extensão*, aprovados nos termos da presente lei, constituem contra-ordenações (...)". Ou seja, em vez de "acordos aprovados" (Lei de 1997), fala-se aqui de "acordos objecto de extensão": a infracção aos acordos aprovados não consubstancia um ilícito de mera ordenação social, tudo se passando, a esse nível, como se o acordo não tivesse sido aprovado. O facto de a aprovação administrativa não ser uma condição de eficácia jurídica do acordo (para os membros das organizações integradas na OI), não significa no entanto que se trate de um acto desprovido de consequências: ela implica o registo do acordo e a sua publicação no *Diário da República*.

f) Controlo público das normas jurídicas de origem privada

O exercício de poderes normativos privados desenvolve-se no contexto de "relações de domínio entre particulares", facto que, seguramente, reclama o reconhecimento da *vinculação dos titulares do poder normativo pelos direitos fundamentais*. Além disso, a circunstância de o

Estado – através do reconhecimento – *se envolver* na normação privada acentua a exigência *de protecção estadual dos direitos fundamentais*. No cumprimento desse dever de protecção, cabe ao Estado garantir que o conteúdo das normas de origem privada não é ilegal nem viola as normas que consagram direitos fundamentais[911].

Um tal dever de protecção afigura-se susceptível de ser exercido por expedientes de vária ordem[912]: directamente através da lei, que deve delimitar os conteúdos possíveis das normas privadas; por via da criação legal de obrigações de registo ou de sujeição das normas privadas a aprovação administrativa[913]; através da fiscalização de autoridades administrativas, sobretudo quando em causa estejam normas editadas no contexto de actividades autorizadas pela Administração Pública; por meio do poder de controlo dos próprios pelos tribunais, *v.g.*, promovendo a anulação ou a declaração de nulidade das normas privadas ilegais ou violadoras de direitos fundamentais[914].

---

[911] Para KIRCHHOF, Ob. cit., p. 522 e ss, o dever de protecção do Estado não se baseia na designada *eficácia externa dos direitos fundamentais*, mas resulta directamente do seu *envolvimento* na normação privada. Ao "validar" ou "reconhecer" a normação privada, o Estado envolve-se directamente na produção dessas normas, de modo que as infracções aos direitos fundamentais que elas possam conter não podem deixar de se imputar também ao Estado.

Sem se pôr em causa a vinculação dos titulares de poderes normativos pelos direitos fundamentais, entende-se, pelo menos para este tipo de *poder privado*, que a configuração de um *dever de protecção* não pretende ser um *Ersatz* da vinculação, mas mais exactamente um *plus* em relação a ela. De algum modo, pode até dizer-se que o dever estadual de protecção pressupõe a eficácia externa dos direitos fundamentais, já que, em muitos casos, os expedientes por cujo intermédio esse dever é cumprido visam justamente prevenir a lesão de direitos fundamentais nas relações entre privados.

[912] Cfr. KIRCHHOF, Ob. cit., p. 525 e ss.

[913] A lei exige frequentemente a sujeição das normas privadas a *aprovação administrativa*. Esta não deve ser entendida como factor de publicização, mas como um processo de o Estado cumprir o seu dever de controlar a constitucionalidade e a legalidade de normas privadas; neste sentido, cfr. AcTC n.º 156/88, onde se entendeu que a sujeição dos regulamentos de empresa a aprovação administrativa "não é suficiente para lhe conferir a natureza de acto normativo público".

[914] No último caso (violação das normas que consagram direitos fundamentais), temos uma consequência da vinculação do poder normativo privado aos direitos fundamentais; como observam J.J. Gomes CANOTILHO/Vital MOREIRA, Ob. cit., p. 989, se as "normas de natureza privada" infringirem a Constituição, na parte em que esta se aplica directamente também a entidades privadas, elas serão inválidas por motivo de violação da Constituição. Assim, por ex., é inconstitucional a norma de um regulamento

Ainda a propósito do controlo público das normas de origem privada, tem-se discutido se tais normas estão sujeitas aos meios específicos de controlo da constitucionalidade (fiscalização sucessiva, concreta e abstracta, pelo Tribunal Constitucional).

A tomada de uma posição sobre o assunto, que depende do sentido do *conceito de norma* para efeitos de controlo da constitucionalidade[915], está longe de ser uma tarefa fácil.

Na doutrina, refira-se, em primeiro lugar, a posição de Jorge Miranda, que recusa o controlo da constitucionalidade de todas as normas privadas, "sejam as decorrentes da autonomia privada (contratos normativos, cláusulas ou compromissos arbitrais), sejam as decorrentes da autonomia associativa *lato sensu* (estatutos de associações e fundações, pactos sociais, regulamentos internos das pessoas colectivas privadas), sejam as fundadas na autonomia colectiva (convenções colectivas de trabalho)"[916].

Nessa mesma linha segue Carlos Blanco de Morais, ao defender que o controlo pelo Tribunal Constitucional de normas de privados apenas deve estender-se aos casos em que estes se encontram investidos de funções públicas e poderes públicos de autoridade[917].

Aparentemente semelhante é a tese defendida por Gomes Canotilho e Vital Moreira, quando afirmam que as normas de natureza privada (regulamentos das associações, regulamentos de locais abertos ao público, regulamentos de empresa e os estatutos de sociedades e fundações) não estão sujeitas ao controlo da constitucionalidade[918]. Contudo, os mesmos

---

associativo que prevê a pena de expulsão para o associado que decida submeter aos tribunais estaduais a resolução de litígios entre ele e a associação (cfr. GAILLARD, Ob. cit., p. 71); era isso que previam normas do Estatuto e do Regulamento Disciplinar da Federação Portuguesa de Futebol que, em 1989, o Tribunal Constitucional entendeu não dever conhecer por serem "normas provenientes da autonomia privada" (AcTC n.º 427/89).

[915] Em geral, sobre o conceito de norma como objecto de fiscalização da constitucionalidade pelo Tribunal Constitucional, cfr. J.J. Gomes CANOTILHO/Vital MOREIRA, Ob. cit., p. 983 e ss; Carlos Blanco de MORAIS, *Justiça Constitucional*, p. 433 e ss; F. Licínio Lopes MARTINS, "O conceito de norma na jurisprudência do Tribunal Constitucional", p. 599 e ss.

[916] Cfr. Jorge MIRANDA, *Manual*, IV, cit., p. 417.

[917] Cfr. Carlos Blanco de MORAIS, Ob. cit., p. 435 e ss.

[918] Cfr. J.J. Gomes CANOTILHO/Vital MOREIRA, Ob. cit., p. 989; cfr. ainda J.J. Gomes CANOTILHO, *Direito*, cit., p. 931[29], observando que se excluem do controlo da constitucionalidade as normas de natureza privada (regulamentos de associações, regulamentos de empresa).

Autores, além de considerarem problemático o caso dos regulamentos privados sujeitos a *aprovação ou homologação pública* (caso dos regulamentos de empresa), entendem ainda que os contratos e acordos colectivos de trabalho devem estar sujeitos ao controlo da constitucionalidade, tese que não fica invalidada "pelo facto de se tratar de normas criadas pela autonomia privada, pois as convenções colectivas transportam normas juridicamente vinculativas sendo esta vinculatividade reconhecida pelos poderes públicos"[919].

Posição mais aberta ao controlo de normas privadas pelo Tribunal Constitucional defende Vieira de Andrade. Para o Autor, devem ser tidos como normas, para fins da fiscalização da constitucionalidade, "aqueles actos normativos privados que, embora não sejam praticados ao abrigo de uma delegação ou de uma concessão formal de poderes públicos, visam a satisfação de interesses públicos e obtêm do ordenamento jurídico estadual, a diversos títulos e com diferentes intensidades, um reconhecimento que lhes confere um carácter, diríamos agora, *quase público* ou *semipúblico*"[920].

Quanto ao Tribunal Constitucional, embora com algumas oscilações, tem entendido que as "normas provenientes da autonomia privada" não preenchem os requisitos de um conceito de norma funcionalmente adequado para efeitos de controlo da constitucionalidade[921].

Na nossa opinião, uma tomada de posição sobre o assunto não pode perder de vista que a missão do Tribunal Constitucional consiste essencialmente em controlar a conformidade constitucional dos *actos normativos públicos*[922]. Quer dizer, por regra, o sistema de fiscalização da constitucionalidade há-de ter por objecto *normas jurídicas públicas*.

Não obstante, *algumas normas jurídicas privadas* deverão estar sujeitas ao controlo da constitucionalidade pelo Tribunal Constitucional.

Para identificar as normas privadas que entram nesse grupo parece-nos inadequado o critério baseado na pretensa distinção entre *normas privadas heterónomas e gerais* e *normas criadas pela autonomia privada*, pois, em qualquer caso, trata-se de normas jurídicas, que só o são por possuírem a característica da heteronomia. Em vez disso, a solução

---

[919] Cfr. J.J. Gomes CANOTILHO, *Direito,* cit., p. 930-931.

[920] Cfr. J.C. Vieira de ANDRADE, "A fiscalização da constitucionalidade", cit., p. 363.

[921] Cfr. Licínio Lopes MARTINS, Ob. cit., p. 615 e ss; Carlos Blanco de MORAIS, Ob. cit., p. 436.

[922] Neste sentido, cfr. Ac'sTC n.ºs 472/89 e 730/95.

passa, na nossa interpretação, pela análise do grau de *envolvimento do direito estadual na normação privada*. Com efeito, o envolvimento do direito estadual não apresenta sempre a mesma intensidade: nuns casos, a norma estadual limita-se a reconhecer ou a legitimar a norma privada (*v.g.*, regulamentos de condomínio, estatutos das associações); noutros, exige, além disso, a aprovação pública da norma privada (*v.g.*, regulamentos de empresa, regulamentos das feiras e mercados grossistas); finalmente, numa terceira categorias de casos, o direito estadual integra a norma privada no seu próprio ordenamento jurídico (convenções colectivas de trabalho e acordos interprofissionais).

Para os efeitos aqui tidos em vista, a destrinça essencial processa-se entre as duas primeiras situações, por um lado, e a terceira, por outro. Ao contrário das duas primeiras, na terceira situação, a norma privada constitui objecto de um processo de *integração* no ordenamento jurídico estadual, fenómeno atestado pelo facto de o Estado assumir a responsabilidade de punir com o seu próprio aparelho sancionatório as violações ao que nela se dispõe. É por isso manifesto que, não obstante a sua origem privada, a autoridade das normas desse tipo aparece inequivocamente *reforçada* pela lei estadual, que atribui ao direito por elas criado a força e a vinculatividade de que dispõe o direito criado por normas públicas. Aliás, na medida em que pune as infracções ao disposto em normas de origem privada, o Estado *exige* (também) a respectiva observância pelas pessoas por ela (já) vinculadas. Quer dizer, nesse caso, o respeito pela norma privada aparece como objecto de uma *imposição pública autónoma*, factor que nos permite dar por verificada uma condição fundamental da justiça constitucional: a existência de uma *norma jurídica cuja vinculatividade se encontra não apenas permitida, mas verdadeiramente imposta por um acto dos poderes públicos*. Assim sucede com as normas constantes das convenções colectivas de trabalho e dos acordos interprofissionais administrativamente aprovados (sector agro-alimentar) ou objecto de extensão (sector florestal)[923].

---

[923] Situação próxima verifica-se com os regulamentos internos dos corpos de bombeiros voluntários, elaborados pelas respectivas associações. A inobservância dos deveres desses regulamentos pode dar origem à aplicação de sanções disciplinares públicas; cfr., *supra*, 2.1.3.2.2.

3.1.1.2. Edição de normas técnicas

A edição de normas técnicas processa-se, em regra, no contexto de formas privadas de auto-regulação social[924], a cargo dos designados *organismos de normalização*. A regulação técnica, apesar de desconhecer uma originária e imediata relevância jurídica[925], responde a imperativos de interesse público inerentes à *sociedade industrial e de risco*[926]. Por isso mesmo, em múltiplos sectores, a regulação jurídica estadual não dispensa a referência técnica[927]; não raras vezes, essa regulação resume-se mesmo a uma referência a normas técnicas.

A regulação técnica de origem privada revela-se um fenómeno que, afinal, acaba por corresponder a uma participação de organismos privados na definição do conteúdo (técnico) de normas jurídicas públicas. Coloca-se, nessa medida, a questão de saber se a referência jurídica às normas técnicas não acaba por ter um efeito semelhante ao de uma delegação de poderes normativos públicos[928]. A questão tem tanto mais sentido quanto a referência do direito estadual às normas técnicas vem demonstrar que os organismos privados de normalização exercem uma actividade que interessa directamente ao Estado e à regulação jurídica pública[929].

---

[924] Nesse sentido, cfr. PREDIERI, "Le norme tecniche nello Stato pluralista e prefederativo", pp. 262 e 278; SCHMIDT-PREUSS, "Private technische Regelwerke", p. 91; DI FABIO, "Verwaltung und Verwaltungsrecht", cit., p. 245; ENSTHALER, Ob. cit., p. 15; MALARET GARCIA, "Una aproximación jurídica al sistema español de normalización de productos industriales", p. 299; LUGARESI, "Profili comparitistici della normazione tecnica: l'esperienza francese dell'AFNOR", p. 432.

[925] Cfr. HAMMER, "Technische Normen in der Rechtsordnung", p. 977.

[926] A maior parte da regulação técnica tem por objecto a *vida industrial* (produtos e empresas), sendo seus objectivos essenciais a segurança e a protecção do ambiente (bens jurídicos que estão no centro das preocupações da sociedade de risco).

[927] Cfr. BREUER, "Direkte und indirekte Rezeption technischer Regeln durch die Rechtsordnung", p. 46.

[928] Embora sustente que a delegação de poderes públicos normativos em sujeitos de direito privado não é possível, KRAUTZBERGER, Ob. cit., p. 33, fala numa situação próxima de uma delegação com esse objecto no domínio do "direito técnico", já que aí os organismos privados acabam por criar regras que, por lei, são transformadas em direito estadual vinculativo.

[929] Referindo-se expressamente à *Staatsentlastung* como efeito do "trabalho normativo" dos organismos privados de normalização, cfr. SCHMIDT-PREUSS, "Private technische Regelwerke", cit., p. 93.

a) Norma técnica: noção

Quando se tenta apurar um conceito de norma técnica e uma vez que estamos a falar de algo que, em parte, recebe o mesmo nome da *norma* jurídica, ocorre imediatamente a necessidade de estabelecer uma distinção entre os dois tipos de normas. Um tal objectivo só se alcança quando se proponha um conceito de norma técnica que não se limite a destacar a sua dimensão material específica (conteúdo técnico), mas que, além disso, dê adequado relevo às suas características formais (onde se contemplam aspectos como os relacionados com o documento que a suporta, o procedimento que a serve e, sobretudo, o tipo de competência que a sua edição pressupõe), pois só desse modo nos colocaremos em posição de apresentar a norma técnica como uma prescrição distinta da norma jurídica.

A diferença essencial, como se concluirá, não se afigura estrutural[930], nem sequer necessariamente de conteúdo, resultando antes de a norma técnica ser produzida por um organismo (público ou privado) que não exerce uma *competência de regulação jurídica* (produção de preceitos com eficácia jurídica vinculativa) mas sim uma *competência de mera regulação técnica* (formulação de normas ou regras de conduta de conteúdo técnico que não obrigam juridicamente).

Na verdade, se a formulação do conceito se limita a destacar o conteúdo técnico da norma, teremos de concluir que, nesse sentido, qualquer norma jurídica pode constituir (também) uma norma técnica[931]: importa por isso não confundir norma técnica com "norma jurídica de conteúdo técnico"[932]. Se, por outro lado, a formulação do conceito de norma técnica se limita a destacar a origem privada do seu autor, então terá de se excluir a regulação técnica de origem pública (não confundida com a regulamentação técnica), como é, por ex., a regulação elaborada, entre nós, pelo *Instituto Português da Qualidade*.

Nestes termos, a correcta definição de norma técnica, como entidade de natureza extra-jurídica, implicará ter em consideração, por um lado, o respectivo conteúdo, que tem de ser ditado pela ciência, pela tecnologia ou pela experiência, e, por outro lado, a competência envolvida

---

[930] Cfr. MARBURGER, *Die Regeln der Technik im Recht*, p. 295

[931] Cfr. GARRI, "La normativa tecnica in Italia", p. 1007 e ss.

[932] Cfr. ALVAREZ GARCIA, "La capacidad normativa", cit., p. 348, e "Introducción a los problemas jurídicos de la normalización industrial", cit., p. 322 e ss; MALARET GARCIA, Ob. cit., p. 299 e ss.

na sua elaboração, que não consubstanciará uma competência jurídica (para a edição de preceitos juridicamente vinculativos, ainda que de conteúdo técnico), mas sim uma competência de mera regulação técnica, isto é, uma competência e, sobretudo, uma capacidade (científica) para a formulação de regras de conduta que impõem uma referência a critérios técnicos e empíricos e não jurídicos.

Atentando nas considerações anteriores, definimos normas técnica como uma *norma editada por um organismo de direito público ou privado dotado de capacidade técnica cujo conteúdo, formulado com base em dados fornecidos pela ciência, pela tecnologia e pela experiência, define, para utilização voluntária, os critérios a que deve obedecer a execução de uma dada tarefa (v.g., processo de fabrico) ou as características técnicas que deve reunir um produto (v.g., uma máquina) ou uma entidade (v.g., um organismo de inspecção)*[933].

A distinção essencial entre a regra técnica e a regra jurídica reside, assim, na respectiva "eficácia": as normas jurídicas são juridicamente vinculativas, assumindo-se como padrões de comportamento de observância obrigatória; as normas técnicas desconhecem tal eficácia imperativa, revelam-se de utilização facultativa[934].

A circunstância de as normas técnicas não possuírem eficácia jurídica – e de, por essa razão, se distinguirem claramente das normas jurídicas – parece dispensar mais desenvolvimentos sobre o tema no contexto de uma investigação sobre o exercício privado de poderes jurídicos públicos e, particularmente, num momento em que se analisa o fenómeno da edição de normas jurídicas. A aparência não se altera mesmo quando se chama a atenção para o facto de as normas técnicas, de origem privada, poderem conhecer uma forma de *imperatividade de facto*[935].

---

[933] Sobre o conceito de regra técnica, cfr. MARBURGER, *Die Regeln,* cit., p. 286 e ss; ENSTHALER, Ob. cit., p. 15; PENNEAU, Ob. cit., p. 71; ALVAREZ GARCIA, "Introducción"*,* cit., p. 323; MALARET GARCIA, Ob. cit., p. 299; IZQUIERDO CARRASCO, *La seguridad,* cit., p. 235. No artigo 43.º/6,*a*), do Decreto-Lei n.º 179/99, de 8 de Junho (contratação pública relativa a bens móveis e serviços), define-se regra técnica como "*a especificação técnica para aplicação repetida ou continuada aprovada por um organismo reconhecido como actividade normativa, cuja observação não é, em princípio, obrigatória".*

[934] Cfr. DI FABIO, *Produktharmonisierung,* cit., p. 18; LAMB, *Kooperative Gesetzeskonkretisierung,* p. 88 e ss.

[935] Sobre a imperatividade de facto das normas técnicas, cfr. MARBURGER, *Die Regeln der Technik,* cit.*,* p. 297; SCHMIDT-PREUSS, "Verwaltung und Verwaltungsrecht", cit., p. 203.

Em qualquer caso, a formulação dessas normas nada tem a ver com a edição de normas jurídicas.

Não obstante, há que considerar dois factores relevantes.

Em primeiro lugar, como já houve oportunidade de referir, a tarefa de regulação técnica em si mesma é, pelo menos, uma tarefa de interesse público. Se é verdade que, mesmo reconhecendo isso, o tema continua fora do âmbito do presente trabalho, não pode deixar de se referir a doutrina que, tendo em consideração a função de regulação técnica desempenhada pelo principal organismo privado de regulação alemão, o *Deutsches Institut für Normung* (DIN), aproxima o respectivo estatuto jurídico do das entidades privadas com funções públicas[936].

Todavia e bem mais relevante do que isso, apresenta-se a circunstância de, com frequência crescente, as normas técnicas de origem privada serem objecto de *incorporação* em normas jurídicas, de direito estadual ou comunitário. Noutros casos, em vez de incorporarem o conteúdo de normas técnicas, as directivas comunitárias, as leis e os regulamentos da Administração efectuam *reenvios* para aquelas normas. Por essa razão, não podemos deixar de colocar uma questão que acaba por ser a mesma de que tratamos neste ponto do trabalho. Como já se percebeu, trata-se de saber se, por via da técnica da *incorporação* ou do *reenvio normativo* não acabam, no fim de contas, as autoridades públicas por efectuar uma "delegação" de poderes normativos públicos (definição do conteúdo de normas jurídicas públicas) nos organismos de direito privado com funções de regulação técnica.

A análise do problema equacionado implica uma referência breve às várias formas de atribuição de relevância jurídica às normas técnicas.

---

[936] Referimo-nos à tese de J. Backherms, que defende que o DIN, não desempenhando uma tarefa estadual, encontra-se incumbido de uma tarefa (de interesse público) especialmente reconhecida pelo Estado e em cujos resultados este está interessado. O interesse estadual explica que o Estado e o DIN tenham celebrado um contrato que atribui a este último o estatuto de organismo de regulação nacional, encarregado de representar a Alemanha no plano internacional. O DIN é um *substituto do Estado*, já que cumpre uma missão que, se não fosse por si assumida, cumpriria ao Estado executar: cfr. BACKHERMS, Ob. cit., especial., pp. 40 e 93 e ss.

b) Relevância jurídica (do conteúdo) das normas técnicas

aa) Incorporação

Trata-se da forma menos problemática de conferir relevância jurídica a normas técnicas, sendo também a menos frequente[937]. Neste caso, o legislador ou a Administração, servindo-se ou aproveitando do trabalho técnico de organismos privados, incorpora na norma jurídica (legal ou administrativa) o conteúdo da regra técnica, reproduzindo-o integral ou parcialmente[938]. Dado que a norma jurídica pública assume o conteúdo da regra técnica, não há aí qualquer fenómeno que possa assimilar-se a uma delegação de poderes normativos, isto sem embargo de poder falar-se de uma cooperação entre os sectores público e privado na tarefa de regulação jurídica de conteúdo técnico.

bb) Recepção directa por reenvio estático

Agora, em vez de incorporar ou reproduzir o seu conteúdo, a norma jurídica efectua um reenvio para uma regra técnica concreta e determinada, normalmente através da indicação do respectivo número. A eventual alteração da regra técnica não tem qualquer influência sobre o conteúdo da norma jurídica, uma vez que o processo só abrangeu o conteúdo dela que existia no momento em que foi efectuado o reenvio. A regra técnica não se transforma em norma jurídica, permanecendo portanto como um *Nicht-Recht*[939]. Apenas o seu conteúdo, que, também agora, é como que "fotografado"[940], adquire a força jurídica que a norma que efectua o reenvio lhe atribui[941]. Portanto, mesmo quando a regra técnica tem origem privada, não nos encontramos diante de um fenómeno que possa assemelhar-se a uma delegação de poderes normativos[942], uma vez que a juridicidade (do conteúdo) da regra técnica só surge no momento da recepção, que, neste caso, é ou pode ser uma

---

[937] Cfr. BACKHERMS, Ob. cit., p. 68; MOOR, *Droit Administratif*, III, cit., p. 100.

[938] Cfr. ALVAREZ GARCIA, "Introducción", cit., p. 327.

[939] Cfr. KIRCHHOF, *Private*, cit., p. 152; MOOR, *ibidem*, p. 102.

[940] Cfr. CLEMENS, "Die Verweisung von einer Rechtsnorm auf andere Vorschriften – insbesondere ihre Verfassungsmässigkeit", p. 67.

[941] Cfr. HERSCHEL, "Regeln der Technik", p. 620; CLEMENS, *ibidem*; BACKHERMS, Ob. cit., p. 69.

[942] Assim, claramente, cfr. KIRCHHOF, *Private*, cit., p. 151 e ss. Note-se, no entanto, que o reenvio (mesmo estático) já foi confundido com uma "transferência de poderes públicos normativos"; cfr. MICHAELIS, Ob. cit., p. 51, que critica essa confusão, uma vez que só a delegação – mas não o reenvio estático – cria um novo poder jurídico.

recepção livre e não uma recepção forçada que o autor da norma pública se tenha imposto a ele próprio em momento prévio. O facto de não haver problemas jurídicos a esse nível, não significa que eles não existam quanto a outros aspectos, *v.g.*, quanto ao problema constitucional que pode suscitar-se pelo facto de uma norma jurídica exigir a observância de disposições normativas não publicadas em jornal oficial[943].

cc) Recepção directa por reenvio dinâmico

Trata-se da forma de reenvio mais problemática: a norma jurídica exige a observância do disposto numa regra técnica determinada nos termos em que ela se apresenta em cada momento da sua aplicação e não apenas com o conteúdo que ela detinha no momento em que o reenvio foi efectuado[944]. O reenvio abrange aqui as eventuais modificações de que a regra técnica venha a constituir objecto, pelo que a decisão sobre o conteúdo da norma jurídica passa a caber ao organismo de normalização[945]. Segundo a doutrina alemã, tal forma de reenvio para normas técnicas de origem privada padece de inconstitucionalidade, por violar o *princípio do Estado de direito*, na parte em que exige que a actuação do Estado seja pautada por normas jurídicas e em que pressupõe a clareza e a determinação dos actos normativos públicos; lesa também o *princípio democrático*, na medida em que a definição do conteúdo da norma jurídica passa a caber a instâncias não democraticamente legitimadas e em que os poderes públicos se dispensam de efectuar uma "recepção controlada" dos conteúdos das normas técnicas, impondo a observância de "qualquer conteúdo técnico" que o organismo de normação venha a ditar[946]. A tudo isso acresce a circunstância, específica do direito alemão, de se entender que é inconstitucional a delegação de poderes normativos públicos em sujeitos de direito privado: tendo o reenvio dinâmico os efeitos da delegação de poderes para a definição do conteúdo de normas

---

[943] Sobre a questão, cfr. ALVAREZ GARCIA, "Introducción", cit., p. 329.

[944] Cfr. MOOR, *Droit Administratif,* III, cit., p. 101; IZQUIERDO CARRASCO, *La seguridad,* cit., p. 251.

[945] Cfr. ALVAREZ GARCIA, "La capacidad normativa", cit., p. 351.

[946] Cfr. MARBURGER, *Die Regeln der Technik, cit.,* p. 390 e ss; BACKHERMS, Ob. cit., p. 71 e ss. No sentido da inconstitucionalidade dos reenvios dinâmicos para normas técnicas, além de todos os Autores citados, cfr. ARNDT, "Die dynamische Rechtsnormverweisung in verfassungsrechtlicher Sicht", p. 787, SCHENKE, "Die verfassungsrechtliche Problematik dynamischer Verweisungen", p. 743 e ss; BADEN, "Dynamische Verweisungen und Verweisungen auf Nichtnorm", p. 623 e ss.

jurídicas públicas, entende a doutrina que não pode fazer-se pelo reenvio aquilo que a *GG* proíbe por via da delegação[947].

dd) Recepção indirecta: sistema da cláusula geral

Estamos agora perante uma forma de recepção indirecta *e, nesse sentido, uma relevância jurídica indirecta de normas técnicas. Agora, em vez de se referir a uma regra técnica concreta e determinada, a norma jurídica, com o objectivo de adquirir maior flexibilidade e de se ajustar continuamente à evolução tecnológica[948], usa uma cláusula geral ou um* standard *normativo que implica uma referência técnica (cláusula técnica) – v.g., estado da ciência e da tecnologia, estado da tecnologia, normas técnicas geralmente respeitadas ou reconhecidas. No momento da aplicação da norma, a* concretização *do padrão jurídico será auxiliada pelas normas técnicas em vigor. Não há, neste caso, qualquer fenómeno assimilável a uma delegação de poderes normativos, pois, além do mais, a concretização da norma jurídica não exige sequer a referência às normas elaboradas por um determinado organismo de regulação[949], mas apenas a consideração de quaisquer (e eventuais) normas técnicas existentes e geralmente observadas: assim, a norma jurídica apenas pretende que a sua aplicação em cada momento seja a mais próxima das exigências da vida real, desiderato que se propõe obter mediante a imposição ao seu intérprete ou aplicador do dever de considerar as normas técnicas em vigor e geralmente observadas.*

ee) Reenvio com função de orientação

Nesta hipótese, não se impõe a observância estrita da regra técnica, mas o respectivo cumprimento faz presumir o cumprimento de exigências genéricas constantes de uma lei. Aparentemente semelhante à anterior, trata-se contudo de um esquema de reenvio diferente. Agora, além de recorrer a cláusulas gerais ou ao estabelecimento de condições gerais (*v.g.*, exigências essenciais de segurança e protecção da saúde), a norma jurídica reenvia para normas técnicas cuja aplicação não impõe; mas a

---

[947] Neste sentido, cfr. BACKHERMS, Ob. cit., p. 72; BREUER, Ob. cit., p. 63. No sentido de que o reenvio dinâmico se traduz numa autorização para a produção de normas jurídicas, cfr. SACHS, "Die Verweisung als Ermächtigungsnorm", p. 1651 e ss.

[948] Cfr. ESTEVE PARDO, "La adaptación de las licencias a la mejor tecnologia disponible", p. 46 e ss.

[949] Cfr. BRUGGER, "Rechtsprobleme der Verweisung im Hinblick auf Publikation, Demokratie und Rechtsstaat", p. 39; BACKHERMS, Ob. cit., p. 74.

observação dessas normas cria, em benefício do interessado, a *presunção do cumprimento* das exigências que a lei formula genericamente[950].

Trata-se de uma forma de reenvio usada nas directivas da União Europeia (e nos diplomas nacionais que as transpõem) que disciplinam sectores de segurança técnica, desde que, em meados dos anos 80, foi instaurada a *nova abordagem em matéria de harmonização técnica e de normalização*[951].

c) Origem privada das normas técnicas: organismos de normalização

Na generalidade dos Estados europeus, a regulação técnica cabe a organismos privados de tipo associativo nos quais é garantida a participação de representantes da Administração Pública, bem como dos agentes sócio-económicos mais directamente interessados na normação.

Na Alemanha, o principal organismo de normação técnica é o DIN (*Deutsches Institut für Normung*), uma associação de direito privado com sede em Berlim que, em 1975, foi reconhecida como o organismo de normação competente na área da Federação. Não obstante, o DIN (sigla que também significa "Das Ist Norm") não é o único organismo de normação alemão, partilhando essa tarefa com a associação dos engenheiros alemães, com a associação dos engenheiros electrotécnicos alemães e com a comissão electrotécnica alemã[952].

Em França, a regulação técnica cabe fundamentalmente à AFNOR (*Association Française de Normalisation*), uma instituição de direito privado a quem o legislador confiou a gestão do serviço público da normalização e em cujos órgãos estão representados os interessados nas normas[953].

Na Itália, a normação está confiada a duas associações de direito privado, o UNI (*Ente Nazionale Italiano di Unificazione*) e o CEI (*Comitato Elettronico Italiano*)[954].

---

[950] Cfr. MARBURGER, *Die Regeln der Technik,* cit., p. 395; DI FABIO, *Produktharmonisierung,* cit., p. 21.

[951] Referindo-se, nesta situação, a um "reenvío improprio ou orientativo", cfr. IZQUIERDO CARRASCO, *La seguridad*, cit., p. 252.

[952] Cfr. MARBURGER, *ibidem*, p. 195 e ss; BACKHERMS, Ob. cit., p. 45 e ss.

[953] Cfr. PENNEAU, Ob. cit. p. 83.

[954] Cfr. ANDREINI, "La normativa tecnica tra sfera pubblica e sfera privata", p. 83 e ss.

Em Espanha, esta tarefa também está confiada a uma associação de direito privado, a AENOR (*Asociación Española de Normalización e Certificación*), a qual actua em situação de monopólio de facto[955].

Como vimos, também ao nível do direito comunitário, a tarefa de regulação técnica encontra-se atribuída a organismos de direito privado – o CEN (*Comité Europeu de Normalização*) e o CENELEC (*Comité Europeu de Normalização Electrotécnica*). No sector das telecomunicações, o organismo de regulação europeia é o ETSI (*Instituto Europeu de Normalização para as Telecomunicações*).

d) Regulação técnica no ordenamento jurídico português

No direito português e ao contrário do que é regra no direito estrangeiro, a elaboração de normas técnicas (as chamadas *normas portuguesas*) está confiada, em primeira linha, a um instituto público, o IPQ (*Instituto Português da Qualidade*), que funciona como *Organismo Nacional de Normalização* – Decreto-Lei n.º 140/2004, de 8 de Junho.

Contudo, nem por isso deixam de se colocar no direito português alguns dos problemas que a doutrina estrangeira equaciona a propósito do fenómeno da regulação técnica, problemas que, como se viu, se relacionam em grande medida com os *reenvios dinâmicos* para normas elaborados por organismos de direito privado (de natureza corporativa)[956].

Com efeito, nos termos da lei, a actividade de normalização pode ser desenvolvida por organismos de normalização sectorial reconhecidos para o efeito. Por outro lado, uma grande parte das *normas portuguesas* resulta da adopção de *normas europeias* e *internacionais*, criadas na origem por organismos privados.

Além disso, deve dizer-se também que a regulação técnica de origem privada é susceptível de alcançar uma relevância quase directa no ordenamento jurídico português por força da aplicação do direito comunitário: referimo-nos naturalmente às *normas europeias harmonizadas*, elaboradas por organismos privados, cuja "transposição" ou "adopção como normas nacionais" assume carácter obrigatório. Ainda que se trate

---

[955] Cfr. IZQUIERDO CARRASCO, "Algunas cuestiones", cit., p. 372.

[956] O artigo 26.º/3 do Decreto-Lei n.º 4/2002, de 4 de Janeiro, estabelecia que "a referência a uma norma abrange as eventuais edições resultantes de posteriores revisões dessa norma, se o contrário não resultar do texto legal". Após a revogação desse diploma (pelo Decreto-Lei n.º 140/2004), deixou de existir qualquer referência legislativa à natureza do reenvio legislativo para normas técnicas do IPQ.

de normas não obrigatórias para os agentes económicos, os Estados-membros não deixam de estar por elas vinculados, na medida em que a invocação, pelo fabricante de um determinado produto, do respectivo cumprimento (*declaração de conformidade*) obriga, em princípio, as autoridades nacionais a considerarem que o produto respeita as *exigências essenciais* previstas na lei.

3.1.1.3. Direito (formal) à emissão de normas jurídicas administrativas

O poder de emissão de normas jurídicas é um poder público que, naturalmente, não se confunde com o *direito de exigir a emissão de normas jurídicas administrativas*. Este último direito, na sua vertente formal ou meramente procedimental – como direito ao exercício do poder normativo público –, parece encontrar hoje tutela jurisdicional, nos termos do artigo 77.º/1 do CPTA. Sobre a designada *declaração de ilegalidade por omissão de normas administrativas*, estabelece-se naquela norma o seguinte: "quem alegue um prejuízo directamente resultante da situação de omissão [pode] pedir ao tribunal administrativo competente que aprecie e verifique a existência de situações de ilegalidade por omissão das normas cuja adopção, ao abrigo de disposições de direito administrativo, seja necessária para dar exequibilidade a actos legislativos carentes de regulamentação". Dispõe o n.º 2 do mesmo artigo: "quando o tribunal verifique a existência de uma situação de ilegalidade por omissão (...), disso dará conhecimento à entidade competente, fixando prazo, não inferior a seis meses, para que a omissão seja suprida".

As normas transcritas representam uma novidade absoluta no direito português[957], tutelando uma posição jurídica substantiva que pode configurar-se como um *direito formal à edição de normas jurídicas administrativas*[958].

---

[957] No regime anterior, João CAUPERS, "Um dever de regulamentar?", p. 7 e ss, pronunciava-se em termos algo cépticos quanto à bondade da solução de atribuir aos particulares um direito a exigir a regulamentação. Admitia, contudo, a possibilidade de responsabilizar a Administração pelos danos imputáveis à ausência de regulamentação indispensável. No mesmo sentido, no direito francês, cfr. Hanicotte, "Le juge face au retard des textes d'application", p. 1691 e ss.

[958] A solução do CPTA vai além disso, porquanto estende a legitimidade processual nesta acção administrativa especial ao Ministério Público e às pessoas e entidades defensoras dos interesses referidos no artigo 9.º/2.

Ao reconhecer implicitamente esse direito, conferindo-lhe tutela jurisdicional, o CPTA torna claro que a emissão de normas administrativas não constitui sempre um poder livre da Administração e que a possível condenação judicial da Administração à edição de uma norma ilegalmente omitida não se apresenta como uma intromissão abusiva da justiça em matérias administrativas[959]. Além disso, a solução legislativa contribui para desmontar o dogma segundo o qual o poder público de edição de normas administrativas se encontra sempre apenas ao serviço do interesse público, do interesse geral da colectividade, não se revelando, por isso, viável invocar a juridicidade de um interesse particular à edição de uma norma pública[960].

Com efeito, em primeiro lugar, o poder de editar normas administrativas, sendo em princípio livre[961], pode, todavia, configurar-se, em certos casos, como um "poder de exercício obrigatório" (quanto ao *an*)[962]. Assim sucede quando a lei impõe expressamente a necessidade de uma regulamentação administrativa. Além disso, em geral, a obrigatoriedade da intervenção regulamentar não suscita dúvidas sempre que se afigure imprescindível para dar a exequibilidade e praticabilidade a um regime legal ("seja necessária para dar exequibilidade a actos legislativos carentes de regulamentação")[963]. Nessas hipóteses, a omissão da *indispensável regulamentação* configura uma ilegalidade.

Depois, deve dizer-se que não há seguramente uma intromissão abusiva do tribunal, quando a intervenção deste se limita, na prática, a verificar a subsistência da obrigatoriedade do exercício do poder regulamentar e a fixar um prazo para o cumprimento de uma obrigação que já decorre directamente da lei.

---

[959] No sentido de que esse é o entendimento tradicional sobre o assunto, cfr. WÜRTENBERGER, "Die Normenerlaßklage als funktionsgerechte Fortbildung verwaltungsprozessualen Rechtsschutz", p. 376. Sobre a evolução do direito francês nesta matéria, cfr. SEILLER, "Précisions sur l'obligation d'exercer le pouvoir réglementaire", p. 762 e ss.

[960] Cfr., sobre o assunto, Robbers, "Anspruch auf Normerlaß", p. 1684; WÜRTENBERGER, *ibidem*; REIDT, "Der Rechtsanspruch auf Erlass von untergesetzlichen Normen", p. 604; EISELE, *Subjektive Rechte aus Normerlaß*, p. 205. Ainda na literatura jurídica germânica, sobre a via jurisdicional adequada para reagir contra a omissão de normas (legais e infra-legais), cfr. SCHENKE, "Rechtsschutz gegen das Unterlassen von Rechtsnormen", p. 307 e ss.

[961] Cfr. EISELE, Ob. cit., p. 203; REIDT, Ob. cit., p. 606.

[962] Sobre o "dever regulamentar", cfr. João CAUPERS, Ult. ob. cit., p. 7 e ss.

[963] Cfr. EISELE, *ibidem*.

Por fim, a edição de normas administrativas pode representar um instrumento de acção administrativa essencial à realização de interesses individuais, particularmente quando o exercício de um direito expressamente reconhecido por lei fica dependente da regulamentação administrativa. Neste horizonte, a inércia da Administração constitui um verdadeiro obstáculo à realização do direito subjectivo do particular. Por isso, pode seguramente dizer-se que o particular tem um interesse na edição da regulamentação. Esse interesse será de considerar juridicamente protegido pela norma que impõe à Administração a obrigação de regulamentar. Pode falar-se, neste contexto, de um direito à edição da norma, que se configura como um "direito formal"[964], uma vez que protegido não é o interesse na edição de uma norma com certo conteúdo, mas apenas o interesse no cumprimento da obrigação de regulamentar[965].

O interesse ou direito formal à edição da norma apresenta-se como uma posição jurídica subjectiva análoga ao interesse na emanação de um acto administrativo não vinculado de conteúdo favorável[966]. De certo modo, a solução do CPTA aponta para uma equiparação entre as duas situações, ao fazer corresponder à inércia administrativa perante o dever legal de editar a norma[967] a possível condenação da Administração. Embora o artigo 77.º/2 não o afirme abertamente, e apesar da referência legal à "declaração de ilegalidade por omissão"[968], a sentença pela qual o tribunal verifica uma situação de ilegalidade por omissão implica a *condenação da Administração* a editar a norma administrativa em falta num certo prazo[969].

---

[964] Cfr. EISELE, Ob. cit., p. 205.

[965] Cfr. REIDT, Ob. cit., p. 604.

[966] Cfr. WÜRTENBERGER, *ibidem*, p. 377.

[967] No caso do acto administrativo, o dever legal (de decidir) decorre do requerimento; no caso da norma administrativa, o dever (de editar a norma) decorre directamente da lei.

[968] Essa fórmula denuncia a inspiração do legislador do CPTA no processo de fiscalização de inconstitucionalidade por omissão; neste sentido, cfr. J.C. Vieira de ANDRADE, *A Justiça*, cit., p. 222.

[969] No sentido de que a formulação legal parece apontar para uma pronúncia declarativa, embora a sentença deva entender-se como condenatória, cfr. J.C. Vieira de ANDRADE, *ibidem*, p. 223.

Com um entendimento próximo, cfr. Mário Aroso de Almeida, *O Novo Regime*, cit., p. 226. Segundo este Autor, a solução do artigo 77.º não está em perfeita sintonia com o disposto nos artigos 66.º e ss do CPTA para as situações de omissão ou de recusa de actos administrativos (em que os poderes de pronúncia judicial seriam mais amplos).

Para o que nos interessa de forma imediata, supõe-se que é óbvia a destrinça entre o direito a que acabámos de fazer referência e o exercício privado de poderes públicos normativos. Neste último caso, está presente uma participação directa de uma entidade privada na actuação de um poder público. O direito à edição de normas jurídicas representa apenas um direito a obter o resultado do exercício, pelo respectivo titular, do poder público de edição de normas jurídicas.

3.1.1.4. Poder de propor a emissão de normas administrativas

Do direito referido no ponto anterior deve distinguir-se o poder de *propor* a emissão de normas dessa natureza, que, por vezes, aparece confiado a entidades privadas. Está agora presente uma posição jurídica de outra natureza, relacionada já com a intervenção de uma entidade privada num procedimento administrativo regulamentar. Todavia, trata-se de uma intervenção prévia à fase constitutiva desse procedimento, não podendo ainda falar-se da edição de normas públicas por entidades privadas[970].

Por outro lado, este poder de propor a emissão de normas administrativas não deve confundir-se com a mera intervenção privada em momento prévio ao início de um procedimento regulamentar, *v.g.*, no exercício de um direito de petição[971].

Discordamos desta posição, pois quando em causa está a pura recusa da prática de um acto administrativo – que é a única situação assimilável à da omissão de norma –, a pronúncia judicial traduz-se apenas em condenar a Administração a praticar "um qualquer acto administrativo". De resto, o Autor refere-se aos processos de condenação à prática de actos administrativos como *processos de geometria variável* (Ob. cit., p. 212). Tudo isto para dizer que, na nossa perspectiva, o regime do artigo 77.º/2 é, quanto aos poderes de pronúncia condenatória, igual ao dos artigos 66.º e ss, na medida em que, neste último caso, esteja envolvida a pura omissão da prática de um acto administrativo devido.

[970] Cfr. BRUNNER, *Rechtsetzung durch Private*, p. 58.

[971] O direito de petição, consagrado no artigo 52.º/1 da CRP e concretizado e regulado na Lei n.º 43/90, de 10 de Agosto (alterada pela Lei n.º 6/93, de 1 de Março), pode dar lugar à apresentação de um pedido a um órgão público com competência regulamentar no sentido da produção de um regulamento. De resto, em relação às "petições regulamentares" esse direito está até consagrado no artigo 115.º do CPA, onde se estabelece que "os interessados podem apresentar aos órgãos competentes petições em que solicitem a elaboração, modificação ou revogação de regulamentos"; sobre essa *petição regulamentar*, cfr. Esteves de OLIVEIRA/Pedro GONÇALVES/ Pacheco de AMO-RIM, Ob. cit., p. 516 e ss.

O poder de propor a emissão de normas administrativas confere ao respectivo titular uma faculdade de *iniciativa procedimental*, tratando-se, por conseguinte, de um poder de pôr em marcha um procedimento administrativo regulamentar[972]. O órgão público com competência regulamentar terá de dar sequência ao procedimento (instrução e decisão de fundo) e, no exercício dessa mesma competência, tem de tomar posição perante a *proposta* que lhe é apresentada[973].

Em regra, a proposta não coloca o titular do direito de propor na situação de partilhar o poder público com o órgão competente para adoptar o acto proposto. Contudo, podem configurar-se hipóteses em que o direito de apresentar uma proposta está na base de uma "verdadeira partilha de competências"[974]: assim sucede com as *propostas duplamente vinculativas* (vinculativas *quanto à emanação* e *quanto ao conteúdo* do acto a praticar)[975].

---

[972] No contexto do procedimento administrativo, é discutida a questão de saber se os actos propulsivos ou de iniciativa procedimental iniciam o procedimento ou se cumprem apenas a função de obrigar a autoridade a instaurá-lo oficiosamente depois de verificar a regularidade formal do acto de iniciativa; sobre a questão, cfr. MELONCELLI, *L'iniziativa amministrativa*, p. 215 e ss; CAVALLO, Ob. cit., p. 182 e ss; Esteves de OLIVEIRA/Pedro GONÇALVES/Pacheco de AMORIM, *ibidem*, pp. 293 e 373.

[973] O acto de iniciativa do procedimento regulamentar é, em princípio, uma *proposta* (não um mero *pedido*), uma vez que, além de promover o início do procedimento e de solicitar a emissão de um regulamento, aquele acto exprime, em regra, um juízo sobre o próprio conteúdo da norma a aprovar. A proposta configura um acto de iniciativa que exprime simultaneamente uma *vontade* do proponente e um *juízo* acerca do conteúdo a atribuir ao acto cuja adopção solicita; neste sentido, cfr. VIRGA, *Il provvedimento*, cit. p. 249; GALATERIA/ STIPO, Ob. cit., p. 348; CAVALLO, Ob. cit., p. 122. Sobre o acto de proposta no direito administrativo, cfr. Rogério Ehrhardt Soares, *Direito*, (1978), cit., p. 132; Moderne, "Proposition et décision", p. 595 e ss; BRACCI, *La proposta in diritto amministrativo*, p. 18 e ss; FRAGOLA, *Gli atti amministrativi*, p. 133 e ss; BERGONZINI, *L'attività del privato nel procedimento amministrativo*, p. 177 e ss.

[974] Cfr. Moderne, Ob. cit., p. 599, a propósito das designadas "propostas-orientações".

[975] As propostas podem ser *obrigatórias* ou *facultativas*, consoante sejam ou não indispensáveis para a instauração de um dado procedimento: se a proposta é obrigatória, o titular da competência dispositiva não pode exercê-la sem a proposta do órgão competente.

Por outro lado, as propostas podem ser *vinculativas* ou não *vinculativas*.

As propostas não vinculativas fornecem uma mera sugestão, pelo que o órgão a quem ela se dirige pode acolhê-las, não as acolher ou praticar um acto com conteúdo diferente do proposto.

As propostas vinculativas criam uma vinculação para o destinatário. O tipo de vinculação varia: pode haver propostas *vinculativas quanto à emanação do acto* (um acto

A referência ao conceito de *proposta* – em vez de *requerimento* – permite ainda perceber que estamos diante de um acto de iniciativa procedimental praticado com o fim de obter a tutela de interesses públicos e não a satisfação exclusiva dos interesses do proponente[976]. Quer dizer, a legitimidade procedimental, especialmente conferida a uma entidade privada para pôr em movimento um procedimento através de uma proposta não consubstancia um meio colocado ao serviço dos interesses específicos dessa entidade, constituindo, em vez disso, um instrumento para a cura de interesses públicos que ela terá (também) a seu cargo.

A proposta, quando apresentada por entidades privadas no exercício de um direito de propor, apresenta-se como um *acto de direito público*.

Tendo presente a configuração e os efeitos da proposta – a qual acaba sempre por limitar a liberdade de acção do órgão investido do

---

positivo tem de ser praticado, mas o órgão competente não está vinculado pelo conteúdo sugerido na proposta) ou *vinculativas quanto ao conteúdo do acto* (se vier a ser praticado, o acto positivo tem de estar *conforme* com o conteúdo da proposta). Quando, nos termos da lei, a proposta se assume, simultaneamente, como vinculativa quanto à *emanação* e quanto ao *conteúdo* do acto a praticar pelo destinatário, teremos já não um "mero direito de propor", mas uma efectiva participação no exercício do poder público de decisão. Sobre as classificações das propostas, cfr. Rogério Ehrhardt SOARES, *ibidem;* BRACCI, Ob. cit., p. 28 e ss; MODERNE, Ob. cit., p. 599 e ss; SANDULLI, *Il procedimento amministrativo*, p. 145; VIRGA, *Il provvedimento,* cit., p. 249; CASULLI, "Proposta", p. 97; BREGANZE, "Proposta e designazione", p. 5.

A distinção prática entre proposta *facultativa* e *obrigatória* fica dependente da indagação sobre a questão de saber se pode ou não haver lugar a um início oficioso do procedimento: assim, se a lei estabelece que "o órgão A pratica o acto X sob proposta do órgão B", a proposta é obrigatória; no caso de a lei estabelecer que "o órgão B pode propor a prática do acto X ao órgão A", a proposta revestirá, em princípio, carácter facultativo.

Mais complexa se revela a distinção entre a proposta *vinculativa* e *não vinculativa*. Tendo em consideração a circunstância de a proposta se destinar a atribuir ao acto final do procedimento um certo conteúdo, supomos que, *em regra*, ela deverá ser entendida como *vinculativa quanto ao conteúdo*: assim, quando, sem mais esclarecimentos, a lei diz que "o órgão A pratica o acto X sob proposta do órgão B", parece-nos que, havendo proposta, o órgão A só pode praticar o acto X com o conteúdo proposto por B ou então recusar-se a praticar o acto proposto e qualquer outro acto positivo (caso em que o órgão B pode apresentar nova proposta).

[976] Segundo BRACCI, Ob. cit., p. 26, a entidade privada que exerce o direito de propor desempenha uma função pública, porque o interesse que aspira a satisfazer é um interesse de carácter público e geral ou, mais concretamente, um "fim estadual".

poder de decisão[977] –, compreende-se que o poder de apresentar propostas exista apenas nos casos expressamente previstos na lei.

Apesar disso, surgem com relativa frequência as situações de atribuição desse poder a entidades privadas, sobretudo quando investidas de funções públicas. Assim sucede, por ex., no âmbito de relações administrativas de concessão (designadamente, concessões de serviços públicos e de exploração de bens públicos). Com efeito, muitas vezes a lei atribui às concessionárias o encargo de *elaborar* e de *propor* à entidade concedente os designados "regulamento de exploração" e de "utilização". O mesmo ocorre, *v.g.*, com o Departamento de Jogos da Santa Casa da Misericórdia de Lisboa, que, nos termos da lei, tem legitimidade para propor regulamentos (*v.g.* regulamentos de lotarias e de apostas mútuas) a *homologar* por portaria ministerial.

Em regra, a atribuição do poder de propor a elaboração de normas administrativas a entidades privadas apresenta-se como uma consequência natural da situação específica em que tais entidades estão colocadas. Investidas de funções públicas ou da gestão de serviços públicos, tais entidades encontram-se em condições de perceber as necessidades, bem como os contornos específicos da regulamentação pública. Neste sentido, a atribuição do direito de propor contribui para o aligeiramento das incumbências da instância pública que assume formalmente a autoria da norma.

Apesar da destrinça teórica entre *propor a emissão* e *emitir* uma norma se apresentar nítida, vamos ter a oportunidade de explicar que há situações duvidosas: situações em que não se afigura claro se a entidade privada aparece investida de um mero poder de propor a emissão de normas administrativas ou antes do poder de emitir uma norma administrativa sujeita a controlo preventivo de uma instância pública.

3.1.2. *Poder de emissão de normas administrativas*

A participação directa de entidades privadas na emissão de normas jurídicas administrativas representa, naturalmente, o envolvimento no exercício de um poder público de autoridade. A emissão de normas administrativas desenvolve-se, nesse caso, ao abrigo de uma delegação de poderes normativos de natureza pública.

---

[977] Cfr. Moderne, Ob. cit., p. 597.

Ao contrário do que se verifica noutros sistemas jurídicos – onde, por vezes, se recusa mesmo a possibilidade constitucional da participação de entidades privadas na emissão de normas jurídicas administrativas[978] –, no direito português, a edição de normas administrativas por entidades privadas está expressamente *pressuposta* na lei processual administrativa: assim sucedia no âmbito do artigo 51.º/1,*e)*, do ETAF/ /1984, em relação às normas regulamentares ou outras normas emitidas no desempenho da função administrativa por pessoas colectivas de utilidade pública administrativa e concessionários, e continua a suceder, nos termos do artigo 4.º/1,*d)*, do ETAF, que atribui aos tribunais da jurisdição administrativa competência para fiscalizar a *"legalidade das normas* e demais actos jurídicos praticados por *sujeitos privados*, designadamente concessionários, *no exercício de poderes administrativos"*. Também na doutrina, encontra-se expressamente admitida a possibilidade de regulamentos administrativos de entidades privadas[979]. O mesmo pode dizer-se em relação ao Tribunal Constitucional, que admite a "devolução de competências normativas públicas a entidades privadas"[980].

No exercício de poderes normativos, as entidades privadas emitem, portanto, normas ou regulamentos administrativos. Os regulamentos administrativos, que, ao mesmo tempo, constituem um *instrumento da acção* da Administração e uma *fonte* reguladora do agir administrativo subsequente[981], podem definir-se como *normas jurídicas emanadas no desempenho da função pública administrativa por órgãos da Administração ou por entidades privadas para tal expressamente habilitadas por lei*[982].

---

[978] É essa a posição de uma parte significativa da doutrina germânica, que recusa a admissibilidade constitucional da delegação de poderes públicos regulamentares em entidades privadas; cfr., *infra*, Parte IV, Cap. II.

[979] Cfr. Diogo Freitas do AMARAL, *Curso*, I, cit., pp. 152 e 156-7; Afonso QUEIRÓ, "Teoria dos regulamentos", (2.ª parte), cit., p. 17; Vital MOREIRA, *Administração Autónoma*, cit., pp. 547 e 555.

[980] Cfr. Ac´sTC n.ᵒˢ 472/89 e 730/95.

[981] Cfr. DITTMANN, "Die Rechtsverordnung als Handlungsinstrument der Verwaltung", p.109 e ss.

[982] Sobre o conceito de regulamento administrativo, cfr. Marcello CAETANO, *Manual,* cit., p. 95 e ss; Afonso QUEIRÓ, "Teoria", cit., 1.ª parte, p. 1; J.M. Sérvulo CORREIA, *Noções,* cit., p. 95 e ss; Diogo Freitas do AMARAL, *Curso,* II, cit., p. 152; J.C. Vieira de ANDRADE, "O ordenamento", cit., p. e 58 e ss.

Teremos regulamentos administrativos de entidades privadas quando estiveram reunidas as condições seguintes: desempenho de uma função administrativa; habilitação legal expressa para a emissão de normas jurídicas externas no desempenho dessa função; responsabilidade de emitir e não apenas de propor a emissão do regulamento.

Em primeiro lugar, exige-se uma conexão entre a habilitação legal e o exercício de uma função administrativa: uma norma jurídica qualifica-se como norma administrativa quando for emitida no desempenho de uma função administrativa. Trata-se de uma condição essencial para distinguir o poder normativo público do poder normativo que também existe no âmbito das relações de direito privado. Decisiva para qualificar uma norma proveniente de uma entidade privada não se afigura, por conseguinte, a heteronomia dessa norma (que, na verdade, não representa uma nota exorbitante), mas, insiste-se, a atribuição a essa entidade de uma missão pública administrativa. O regulamento que uma associação edita para disciplinar as relações com os seus associados será de direito privado ou de direito público se, além da habilitação legal expressa para o emitir, se tornar claro que a associação está investida de uma função administrativa que exerce face aos seus associados. A administratividade das normas emitidas por entidades privadas torna-se mais óbvia nos casos em que essas normas regulam relações não baseadas no consenso e na livre adesão (por ex., regulamentos do gestor de um estabelecimento público de saúde em relação aos utilizadores ou de uma associação em relação a não filiados). Por fim, apresentar-se-á ainda mais óbvia quando a própria lei qualifica a outorga de poderes normativos como delegação de poderes públicos regulamentares. Neste caso, pode dizer-se que existe um acto de poder público a operar directa e iniludivelmente uma delegação de competência normativa pública[983].

Verificadas as condições referidas, se a entidade privada fica habilitada a emitir normas sem sujeição a qualquer controlo por parte de instâncias públicas, parece não haver motivos para duvidar nem da natureza pública dessas normas, nem da respectiva imputação àquela entidade privada. Temos, então, uma hipótese nítida de exercício de poderes normativos públicos por entidades privadas. Assim sucede, por ex., com os regulamentos das federações desportivas, com os regulamentos elaborados por entidades concessionárias e outras entidades pri-

---

[983] Neste sentido, AcTC n.º 472/89.

vadas que, nos termos da lei, entrem em vigor sem dependência de aprovação pública ou que apenas careçam de ser comunicados a uma instância pública antes de entrarem em vigor.

Contudo, deve dizer-se, nem sempre se afigura simples a tarefa de indagar se a lei investe uma entidade privada num poder normativo público ou apenas no poder de propor a emissão do regulamento a uma instância pública. Assim sucede quando a lei atribui a uma entidade privada (*v.g.*, empresa concessionária) a *competência*, o *poder* ou a *missão* de "elaborar" um regulamento administrativo e, simultaneamente, exige que, uma vez elaborado, o regulamento seja submetido a aprovação de um órgão público[984]. Numa situação com esses contornos pode pôr-se a dúvida de saber se estamos diante de uma mera *proposta de regulamento* ou de um *regulamento já perfeito, mas carecido de aprovação.*

Como se sabe, "aprovação" constitui, na classificação dos actos administrativos, um acto de integração de eficácia por cujo intermédio um órgão se pronuncia sobre a legalidade e/ou o mérito de um acto perfeito[985]. Contudo, aprovação é também o *nomen* do acto constitutivo do procedimento regulamentar[986]. Por seu lado, o termo "elaborar", usado frequentemente na lei para indicar a incumbência confiada a uma entidade privada no seio do procedimento regulamentar, tanto pode significar a atribuição de uma competência regulamentar, como a atribuição da competência para, na fase de iniciativa desse procedimento, contribuir para a definição do conteúdo de um regulamento a editar pela

---

[984] Em geral, sobre a aprovação administrativa de regulamentos editados por entidades privadas, cfr. ZANOBINI, "L'esercizio", cit., p. 477 e ss, e p. 499; BRUNNER, Ob. cit., pp. 61 e 84 e ss.

[985] Sobre a aprovação – enquanto acto administrativo por cujo intermédio um órgão, no exercício de uma função de controlo da legalidade e/ou da conveniência, confere eficácia jurídica a um acto de outro órgão –, cfr. Rogério Ehrhardt SOARES, *Direito*, (1978), cit., p. 119; Diogo Freitas do AMARAL, *Curso*, II, cit., p. 266-267; J.M. Sérvulo CORREIA, *Noções*, cit., p. 121; SANDULLI, *Il procedimento*, cit., p. 274; VIRGA, *Il provvedimento*, cit., p. 126; RICHTER, "Atti e poteri amministrativi", p. 362 e ss; TOMEI, *L'approvazione amministrativa*, especial. p. 68 e ss.

[986] Assim, por ex., o artigo 53.º/2,*a)*, da LMunFreg estipula que compete à assembleia municipal, sob proposta da câmara municipal, "aprovar" regulamentos; do mesmo modo, o artigo 72.º/1 do CPTA refere-se ao *procedimento de aprovação* de normas administrativas.

Contudo, a aprovação pode também ser a designação de um acto inserida na fase integrativa de eficácia do procedimento regulamentar; cfr. Afonso QUEIRÓ, "Teoria", 2.ª parte, cit., p. 21.

Administração. Deste modo, a afirmação segundo a qual "compete à entidade *A* elaborar o regulamento *X*" pode significar que tal entidade se apresenta competente para "emitir o regulamento *X*" ou para "propor a emissão do regulamento *X* ao órgão competente para o aprovar".

Utilizando uma fórmula de Mario Bracci, pode dizer-se que a diferença entre os dois fenómenos se cifra no seguinte: a entidade que propõe não possui o poder de realizar o seu desejo; a entidade que emana um acto sujeito a aprovação possui sempre tal poder, ainda que esteja mais ou menos condicionada por uma intervenção de outra autoridade[987].

Tentando fornecer uma resposta para as situações duvidosas, diremos que, quando esteja prevista a intervenção de um órgão público no procedimento regulamentar iniciado por uma entidade privada, a distinção entre os casos em que esta entidade apenas detém a competência de elaborar e de propor o regulamento daqueles em que ela tem competência regulamentar passa pela obtenção de uma conclusão segura quanto à questão de saber se lhe foi conferida, por lei ou com fundamento nela, uma *competência regulamentar*. Não se revelando inequívoca tal atribuição, deverá concluir-se que a intervenção administrativa de aprovação não se assume como meramente integrativa e de controlo; tratar-se-á de uma intervenção constitutiva, pelo que o regulamento deverá ser imputado ao órgão público que o aprovou e não à entidade privada incumbida de o elaborar.

Diremos, por conseguinte, que, em princípio, a referência legal a uma "competência para elaborar regulamentos" sujeitos a aprovação posterior significa que se pretende atribuir à entidade privada o encargo de *elaborar* e de *propor* a emissão (aprovação) do regulamento pelo órgão legalmente competente para o *aprovar*[988]. Só assim não sucederá quando a lei fornecer indícios claros de que a aprovação do regulamento

---

[987] Cfr. BRACCI, Ob. cit., p. 34.

[988] Supomos ser essa a solução congruente com a disciplina legal de alguns importantes procedimentos regulamentares: assim, por ex., o Decreto-Lei n.º 380/99, de 22 de Setembro (regime dos instrumentos de gestão territorial) distingue claramente, a propósito dos instrumentos municipais de gestão do território (que possuem natureza de regulamento administrativo), entre a competência para a *elaboração*, que pertence à câmara municipal (artigo 74.º), e a competência para a *aprovação*, que pertence à assembleia municipal (artigo 79.º). *Elaborar* um regulamento sujeito a aprovação significa, neste contexto, que o órgão que o elabora é proponente e que o órgão que o aprova é o titular da competência regulamentar.

elaborado pela entidade privada é um acto de controlo, que desempenha a função procedimental de descondicionar a eficácia jurídica do regulamento.

Vejamos a aplicação prática do critério proposto.

A propósito do regulamento de tarifas, estabelece a Base XI do regime das concessões do serviço público de movimentação de cargas em áreas portuárias (aprovadas pelo Decreto-Lei n.º 324/94, de 30 de Dezembro) o seguinte: "as taxas máximas a praticar, dentro da área afecta à concessão, na realização das operações, prestação de serviços e uso das instalações constarão de *regulamento a elaborar pela concessionária*, nos termos contratualmente definidos, *o qual entra em vigor após a respectiva aprovação pela concedente*". A conexão estabelecida entre a aprovação e a entrada em vigor do regulamento parece-nos indicar que a lei pretendeu atribuir à aprovação uma função procedimental de mera integração de eficácia. O regulamento encontra-se perfeito depois de elaborado pela concessionária, apenas carecendo de aprovação para entrar em vigor. A natureza meramente integrativa do acto de aprovação afigura-se ainda mais nítida quando a lei determina que a falta de aprovação dentro de um certo prazo equivale a deferimento. Em hipóteses desse tipo, o acto principal ou constitutivo do procedimento regulamentar é da competência da entidade privada que, nos termos da lei, elabora o regulamento. A lei que lhe confere essa competência investe-a do exercício de poderes normativos públicos.

A situação apresenta outra fisionomia no exemplo, já referido, dos regulamentos do Departamento de Jogos da Santa Casa da Misericórdia de Lisboa: estabelece o artigo 3.º/1 do Regulamento do Departamento de Jogos que "no exercício das suas atribuições compete, nomeadamente, ao DJ *elaborar*, para cada modalidade de lotarias, de apostas mútuas e demais jogos, o respectivo regulamento geral". Por sua vez, o artigo 3.º/2 dispõe que, como outros, aqueles regulamentos do DJ "são homologados por portaria conjunta dos ministros da tutela". Fica claro que as normas de tais "regulamentos" só adquirem força jurídica quando e se vierem a ser assumidas como normas integradas numa portaria. Antes disso, existe apenas uma "proposta de regulamento", devendo, portanto, entender-se que a competência do DJ para *elaborar* regulamentos não constitui senão o reconhecimento do poder de *propor* a adopção de regulamentos aos órgãos competentes.

Por outro lado, nos termos do artigo 9.º,*a)*, do Regulamento do Sistema Tarifário dos Portos Nacionais, às autoridades portuárias compete *elaborar* os regulamentos relativos às taxas que praticam e que cobram. O artigo 2.º/2 do diploma que aprova o referido Regulamento (Decreto-Lei n.º 200/98, de 10 de Julho) estabelece que "os regulamentos de tarifas (...) são aprovados por portaria do Ministro do Equipamento, do Planeamento e da Administração do Território". Do mesmo modo que no exemplo anterior, a referência à aprovação ministerial do regulamento por *portaria* sugere que se trata de uma aprovação constitutiva e não meramente integrativa.

Como acaba de se mostrar, a conclusão de que uma entidade privada está habilitada a emitir normas administrativas pressupõe a demonstração de que a lei a investe de uma competência para a emissão (e não apenas para propor a emissão) de normas jurídicas pelo facto de essa entidade ser responsável pela execução de uma função administrativa. Quanto a este último aspecto, há-de revelar-se inequívoco que a lei se dirige à entidade privada como instância com funções públicas administrativas. Sem essa condição preenchida, não estão verificados os requisitos que permitam concluir que uma entidade privada beneficia de uma competência normativa pública devolvida, "directa e ineludivelmente", por um acto de poder público[989].

3.2. *Poder para praticar actos jurídicos concretos*

As entidades privadas aparecem também investidas de poderes públicos de autoridade para a prática de actos jurídicos sem carácter normativo. Recordando a noção de poder público de autoridade – *poder, estabelecido por uma norma de direito público, de que um sujeito dispõe de, através de um acto unilateral e no desempenho da função administrativa, provocar a produção de efeitos que vão ter uma repercussão imediata na esfera jurídica de terceiros, ou de empregar meios coactivos sobre pessoas ou coisas* –, verifica-se que há inúmeras situações em que se coloca a dúvida sobre se uma determinada posição jurídica de uma entidade privada se assume como um poder público. Antes de expormos os critérios que permitem identificar as posições jurídicas de entidades privadas configuráveis como poderes públicos (para a prática de actos

---

[989] Cfr. AcTC n.º 472/89.

concretos), apresentamos algumas posições jurídicas subjectivas que não se reconduzem a essa figura com o intuito de contribuir para a respectiva delimitação.

3.2.1. *Poder público para praticar actos jurídicos concretos e outras posições subjectivas de entidades privadas*

Nas linhas que se seguem procuramos explicar que não são assimiláveis a poderes públicos de autoridade as seguintes posições jurídicas que a lei atribui a entidades privadas: prerrogativas em matéria de expropriação por utilidade pública e outras prerrogativas de acção e de protecção; direitos especiais ou exclusivos, nos termos do artigo 86.º/1 do Tratado CE; direito de ocupação de terrenos particulares por empreiteiros; poderes de efectuar a sinalização de obras nas vias públicas e de regulação do trânsito; direito de suspensão de fornecimentos ou de prestação de serviços.

3.2.1.1. Prerrogativas em matéria de expropriação por utilidade pública das "entidades expropriantes"

Com frequência, referem-se conexões entre o tema do exercício privado de poderes públicos e a detenção, por entidades privadas, do que se entende serem prerrogativas e poderes de autoridade em matéria de expropriação por utilidade pública. É assim ao nível da doutrina[990], mas também da legislação: veja-se por exemplo como a LSEE, no seu artigo 14.º, sobre "poderes de autoridade", estabelece que as empresas públicas poderão exercer "poderes e prerrogativas de autoridade de que goza o Estado", "designadamente quanto à expropriação por utilidade pública".

Ora, entende-se aqui que as prerrogativas conferidas a entidades privadas em matéria de expropriações por utilidade pública configuram, em geral, posições jurídicas subjectivas que não se reconduzem à categoria dos poderes públicos de autoridade. No nosso juízo, em matéria de expropriações, a situação subjectiva reconduz-se ao poder de autoridade

---

[990] Cfr. BASSI, "Concessionario di opera pubblica, p. 9; AZZARITI, "L'attività del concessionario di opere pubbliche", p. 412, referindo-se à intervenção de concessionários em matéria de expropriações como um exemplo de exercício de poderes públicos por entidades privadas. No mesmo sentido, cfr. ESCUIN PALOP, *Comentarios a la Ley de Expropriación Forzosa*, p. 71, que fala de uma "delegação intersubjectiva de poderes administrativos".

apenas na hipótese de as entidade privadas surgirem como titulares de um "poder de expropriação" (com competência para emitir a declaração de utilidade pública) – mas, como veremos, no direito português só uma categoria de entidades de estatuto formalmente privado detém um efectivo poder de expropriação (sociedades de reabilitação urbana). Com excepção destas, as entidades privadas, ditas "entidades expropriantes", não actuam investidas do exercício de poderes públicos de expropriação. Eis o que procura mostrar-se de seguida.

Mantendo uma tradição do direito português, o actual Código das Expropriações (aprovado pela Lei n.º 168/99, de 18 de Setembro) continua a distinguir entre os titulares da *potestas expropriandi* – que, nos termos do Código[991], são o Estado, as Regiões Autónomas dos Açores e da Madeira e os municípios[992] – e a *entidade expropriante*. Esta é a entidade – pública ou privada – que, em regra, beneficia da expropriação, assumindo uma posição de vantagem sobre o bem objecto da expropriação[993].

A entidade expropriante, ao contrário do que a designação sugere, não detém um poder expropriativo[994]. É, aliás, por essa razão que a doutrina entende afigurar-se mais lógico reservar o conceito de entidade expropriante para os titulares do poder expropriativo, designando de *beneficiárias da expropriação* as entidades que a tradição legal indica como entidades expropriantes[995]. Note-se, ainda assim, que esta distinção também não está isenta de dificuldades, porquanto há entidades que be-

---

[991] Nos termos do Código, titulares do poderes públicos de expropriação são apenas as que a seguir se indicam. Mas, como já se disse, a essas há que acrescentar as *sociedades de reabilitação urbana* – sobre isso, cfr., *infra*, 3.2.2.1. e Parte III, Cap. II.

[992] Sobre a inovação do Código de 1999 quanto à atribuição do poder expropriativo aos municípios, cfr. Fernando Alves CORREIA, *A Jurisprudência do Tribunal Constitucional sobre Expropriações por Utilidade Pública e o Código das Expropriações de 1999*, p. 97; J. Vieira FONSECA, "Principais linhas inovadoras do Código das Expropriações de 1999", p. 115.

[993] O conceito de entidade expropriante é usado logo nos dois primeiros artigos do Código.

[994] Por isso, essa entidade não toma qualquer *resolução de expropriar*, ao contrário do que se deduz da epígrafe do artigo 10.º do Código. Ela pode simplesmente *"resolver"* requerer a declaração de utilidade pública, como o legislador acaba, aliás, por concluir (artigo 10.º/1).

[995] Cfr. Fernando Alves CORREIA, *As Garantias do Particular na Expropriação por Utilidade Pública*, p. 111. A distinção que referimos no texto é adoptada, em Espanha,

neficiam da expropriação sem serem portadoras do estatuto e da posição procedimental que o Código das Expropriações confere às entidades expropriantes[996].

A questão fundamental que nos vai ocupar imediatamente reside em saber se as entidades a que o Código das Expropriações chama entidades expropriantes exercem poderes públicos de autoridade no desenrolar da operação expropriativa.

Trata-se de uma questão que nos interessa particularmente, visto que resulta claro do Código que a entidade expropriante pode ser uma entidade privada: o artigo 19.º, sobre posse administrativa, refere-se à hipótese de aquela entidade constituir uma "pessoa colectiva de direito público *ou* empresa pública (...) *ou* concessionária de serviço público ou de obras públicas"; por outro lado, o artigo 42.º estabelece que "compete à entidade expropriante, *ainda que seja de direito privado*, promover, perante si, a constituição da arbitragem". Pode, aliás, dizer-se que o estatuto que o Código confere à entidade expropriante não varia em função da sua personalidade jurídica. A única especificidade, que aliás não decorre da natureza jurídica da entidade, resulta de a autorização da posse administrativa não poder ser dada a entidades privadas que não sejam concessionárias de serviços públicos ou de obras públicas (artigo 19.º).

A entidade expropriante pode ser privada. Mas quando é que uma entidade privada pode ser expropriante e assumir o estatuto respectivo?

Não há para isso resposta directa no Código. Mas esse silêncio não permite certamente afirmar que qualquer entidade privada pode ser expropriante. Aliás, o Código não fornece uma resposta directa, mas, implícita ou indirectamente, ela está lá: no artigo 10.º/1,*a)*, sobre a resolução de requerer a declaração de utilidade pública, diz-se que aquela resolução deve mencionar expressa e claramente a "causa de utilidade pública a prosseguir e a *norma habilitante*". Ora, pelo menos quando a requerente constituir uma entidade privada, a norma habilitante há-de

---

na *Ley de Expropriación Forzosa* (artigo 2.º); sobre o conceito de beneficiário da expropriação na lei espanhola, cfr. RIVERO YSERN, *El derecho administrativo*, cit., p. 193 e ss.

[996] Por isso, no direito francês, a doutrina distingue três *actores da expropriação*: o titular do poder de expropriar, as entidades competentes para iniciar e conduzir o procedimento e os beneficiários da expropriação; cfr. AUBY/BON, *Droit administratif des biens*, p. 359 e ss; CHAPUS, Ob. cit., II, p. 566 e ss. Cfr. ainda J. Vieira FONSECA, Ob. cit., p. 117.

identificar-se com a norma legal que atribui a essa entidade o direito de requerer a expropriação por utilidade pública[997].

Por conseguinte, não basta que uma entidade privada esteja incumbida da execução de uma tarefa pública para se concluir que tem legitimidade activa no procedimento expropriativo. Torna-se necessário que essa legitimidade resulte de uma lei: eis o que decorre seguramente do Código, mas, ainda que assim não fosse, sempre seria isso que teria de se entender por força do estatuto em que fica investida a entidade expropriante[998].

Com efeito, o estatuto de entidade expropriante investe o beneficiário de uma nítida posição de direito público: a atribuição de legitimidade activa no procedimento expropriativo não se configura apenas como um direito de "déclencher la procédure", uma vez que ao beneficiário vai também caber o designado "espletamento della procedura espropriativa", a condução de uma grande parte do procedimento administrativo de expropriação (iniciativa, instrução, bem como toda a tramitação subsequente à declaração de utilidade pública)[999].

Neste sentido, parece poder concluir-se que o direito de requerer a declaração de utilidade pública representa, por si só, um *direito público* ou uma *prerrogativa de direito público*[1000], que a lei atribui a uma entidade, em princípio por uma de duas razões: ou porque ela exerce uma actividade pública (por ex., concessionários de obras públicas e de serviços públicos), ou porque desempenha uma missão de interesse público, neste último caso sobretudo se a aquisição de bens de terceiros se revelar uma condição do exercício da própria actividade (por ex., exploração de *indústrias de rede*: telecomunicações ou energia)[1001].

---

[997] Contra, cfr. J. Vieira FONSECA, Ob. cit., p. 83.

[998] Em termos diferentes, admitindo que, mesmo sem texto especial, uma pessoa privada (desde que exerça uma actividade de serviço público) pode estar na origem de um procedimento expropriativo, cfr. AUBY/BON, Ob. cit., p. 365 e ss.

[999] Nesse sentido, cfr. LEONE, *Opere pubbliche tra appalto e concessione*, p. 178 e ss.

[1000] Cfr. NEGRIN, *L'intervention,* cit., p. 162. Trata-se de uma prerrogativa de *direito público*, mas não de uma prerrogativa de *poder público*. Contra, considerando que o poder de requerer o início de um procedimento de expropriação se apresenta como um desmembramento do direito de expropriação e, por isso, uma prerrogativa de poder público, cfr. RICHER, Ob. cit., p. 108.

[1001] Veja-se por exemplo como, em Espanha, o artigo 2.º/2 da Ley de Expropriación Forzosa estabelece que, além das entidades expropriantes, podem beneficiar da

Considerando então que, para efeitos do Código, como entidade expropriante se assume apenas a entidade a quem a lei atribui o direito de requerer a declaração de utilidade pública da expropriação, verifica-se que a essa categoria não pertencem todas as entidades privadas que podem beneficiar de uma expropriação por utilidade pública.

Com efeito, o próprio Código das Expropriações parece reconhecer essa eventualidade, ao referir-se ao reconhecimento do interesse público requerido por empresas e à declaração de utilidade pública dos imóveis necessários à instalação, ampliação, reorganização ou reconversão das suas unidades industriais ou dos respectivos acessos (artigo 14.º/5). De facto, a inserção dessa norma na lei das expropriações só pode querer significar que uma entidade (uma empresa) a quem não está legalmente atribuído o direito de requerer a declaração de utilidade pública pode, no entanto, obter o reconhecimento do seu interesse público e, por essa via, vir a beneficiar de uma expropriação, embora, porventura, não na qualidade de entidade expropriante. Exemplo ainda mais claro de entidades que podem beneficiar da expropriação sem serem entidades expropriantes retira-se do regime das colectividades de utilidade pública (Decreto-Lei n.º 460/77, de 7 de Novembro): aí se estabelece que poderão ser considerados de utilidade pública as expropriações necessárias para que as pessoas colectivas de utilidade pública prossigam os seus fins estatutários; a lei esclarece que "compete à Administração" proceder às expropriações destinadas àqueles fins (artigo 11.º). Além dos casos citados e generalizando os princípios acolhidos nas leis que os consagram, diremos mesmo que não parece estar proibida, no direito português, a figura que a doutrina alemã designa por *expropriação em benefício de particulares*[1002]: trata-se de uma expropriação realizada num procedimento clássico, desenrolado apenas entre a Administração e o expropriado, mas em que o bem objecto da expropriação ingressa directamente no património de um terceiro particular, o beneficiário da expropriação[1003]. Embora com cautelas e exigindo, em qualquer caso, a garantia de

---

expropriação as *Entidades e concessionários aos quais seja reconhecida legalmente essa condição*. Por isso, a doutrina esclarece que a condição de beneficiário resulta de uma atribuição legal; cfr. ESCUIN PALOP, Ob. cit., p. 65.

[1002] Configuram situações de expropriação em benefício de particulares aquelas em que empresas privadas necessitam de adquirir bens essenciais para a sua expansão – ora, essas são justamente as situações previstas no artigo 14.º/5 do Código das Expropriações.

[1003] No direito alemão, sobre a expropriação em benefício de particulares, cfr. BULLINGER, "Die Enteignung zugunsten Privater", p. 449 e ss; FRENZEL, *Das öffentliche*

que o beneficiário da expropriação se dedique de forma segura e duradoura à prossecução de missões de interesse público, a doutrina aceita a
viabilidade da expropriação em benefício de particulares. E, na verdade,
não há razão para considerá-la excluída. É sabido que a expropriação de
bens ou de direitos dos particulares só pode ter lugar quando a ablação
em que se traduz seja exigida por uma razão de *utilidade pública* (artigo
62.º/2 da CRP). A utilidade pública – que remete para os conceitos de
interesse público[1004], interesse comum, interesse ou utilidade geral[1005] –
constitui o pressuposto de todo o acto de expropriação[1006]: "o acto de
expropriação assenta numa prevalência do interesse público sobre o
direito de propriedade privada, pelo que desaparecerá o fundamento, a
razão de ser daquele acto, se o seu fim não for o da realização de uma
utilidade pública específica"[1007]. Mas o facto de o bem ou direito expropriado ingressar no património de um particular – sendo expropriado
para servir também interesses de natureza privada (por ex., no âmbito de
uma actividade empresarial lucrativa) – não se afigura incompatível com
a prossecução do interesse público. O interesse público não é monopólio
do Estado[1008], podendo, por isso, existir situações de *coincidência* ou
paralelismo entre o interesse privado e o interesse público[1009].

Interesse als Voraussetzung der Enteignung, especial. p. 72 e ss; BRÜNNECK, "Das Wohl
der Allgemeinheit als Voraussetzung der Enteignung", p. 430 e ss; GRAMLICH, "«Privatbegünstigende» Enteignung als Verfassungsproblem", p. 269 e ss; SCHMIDBAUER, *Enteignung zugunsten Privater*, p. 21 e ss, observando que a história da expropriação se
confunde com a expropriação em benefício de particulares); ENGEL, "Die privatnützige
Enteignung als Steuerungsinstrument", p. 543 e ss; Pommer, Ob. cit., p. 164 e ss.
   A doutrina distingue a *expropriação em benefício de particulares* da chamada
expropriação transitória, em que o bem expropriado é adquirido pela Administração e
depois transmitido a um particular; cfr. FRENZEL, Ob. cit., p. 148; SCHMIDBAUER, Ob.
cit., p. 29 e ss. No direito francês, fala-se também de uma "expropriação em vista da
cessão dos bens expropriados", figura próxima da referida expropriação transitória; cfr.
CHAPUS, Ob. cit., II, p. 567.
   [1004] Cfr. J.J. Gomes CANOTILHO/Vital MOREIRA, Ob. cit., p. 335.
   [1005] Cfr. Fernando Alves CORREIA, *As Garantias,* cit., p. 103
   [1006] Cfr. FRENZEL, Ob. cit., p. 68 e ss.
   [1007] Cfr. Fernando Alves CORREIA, *ibidem*, p. 103.
   [1008] No sentido de que as actividades económicas privadas podem constituir um
"potencial objecto do interesse público", cfr. BULLINGER, Ob. cit., p. 451; FRENZEL, Ob.
cit., p. 97 e ss.
   [1009] Sobre o paralelismo entre interesses públicos e interesses privados como
fundamento da expropriação em benefício de particulares, cfr. SCHMIDBAUER, Ob. cit.,

Os casos que acabámos de ver reportam-se a hipóteses em que uma entidade privada beneficia do resultado de uma expropriação, mas, apesar disso, não está investida do estatuto de entidade expropriante. Sem qualquer intervenção activa no desenrolar do procedimento expropriativo[1010], não se põe em relação a ela o problema de saber se exerce poderes públicos ou se é titular de uma qualquer específica posição de direito público.

De forma diferente apresenta-se a situação das entidades privadas que, tendo legitimidade legal para requerer a declaração de utilidade pública, assumem, por isso, o estatuto de entidades expropriantes[1011].

A situação configura-se em termos diferentes, mas, mesmo neste caso, a entidade privada (expropriante) não exerce poderes públicos no decurso da operação de expropriação.

Como já se observou, é verdade que as entidades expropriantes "são quase tudo na relação expropriativa: iniciam e conduzem o procedimento e contencioso expropriativo como sujeitos ou partes e são responsáveis pelo pagamento da indemnização devida aos proprietários – só não declaram a utilidade pública nem autorizam a posse administrativa"[1012].

Como Leone, acentuaríamos, todavia, que esse *tudo* que elas se encarregam de fazer "non comporta l'emanazione di atti ammnistrativi"[1013]. Quer dizer, as entidades expropriantes efectuam, na operação de

---

p. 150 e ss. O AcSTA/1.ª, de 20/05/99 (proc. 40 054) confirma essa ideia de paralelismo ou de coincidência: nele se afirma que "o interesse público poderá coincidir com o interesse privado sem que daí resulte já se não verificar o requisito legalmente previsto para se poder recorrer ao instituto da expropriação por utilidade pública, pois o fim determinante para o uso de tal instituto é a realização, em primeira linha, do interesse comum".

Segundo a jurisprudência e a doutrina alemãs, a invocação do interesse público na existência de concorrência justifica a conformidade constitucional das restrições ao direito de propriedade resultantes de às empresas de telecomunicações ter sido legalmente conferido um direito de utilização de prédios particulares: cfr. SCHUSTER, "Wegerecht für Telekommunikationsnetze gemäß § 57 TKG auf dem Prüfstand der Gerichte", p. 138.

[1010] Cfr. BULLINGER, Ob. cit., pp. 462 e 473.

[1011] Esse estatuto está, em regra, atribuído a entidades privadas que exercem actividades públicas (concessionários), mas há casos em que a lei o confere a entidades que exploram actividades privadas, com objectivos de lucro: *v.g.*, operadores de telecomunicações.

[1012] Cfr. J. Vieira FONSECA, Ob. cit., p. 119.

[1013] Cfr. LEONE, *ibidem*, p. 179.

expropriação, todas as diligências que não representam o exercício de poderes públicos[1014]. Apesar da aparência em contrário, a conclusão diferente não chega a doutrina alemã sobre a designada "concessão do poder expropriativo" ("Verleihung des Enteignungsrechts")[1015]. Na Itália, também Zanobini chamava a atenção para a impropriedade do conceito de "concessione della espropriazione" uma vez que o "Estado jamais concede o direito de expropriar", pois "é sempre o Estado que expropria"[1016]. Nos dois casos, o emprego da expressão *concessão* do poder de expropriar não significa a transferência de um poder expropriativo, acentuando apenas a posição jurídica especial conferida a uma entidade privada, cujo interesse em adquirir bens por expropriação passa a ser protegido pela ordem jurídica.

Não estando investidos de um poder de expropriar, as entidades privadas expropriantes não podem, naturalmente, *resolver expropriar*, mas apenas *resolver pedir a declaração de utilidade pública* ao órgão competente (artigo 10.º). Manifestamente tal resolução não é emitida no exercício de um poder público de autoridade, pelo que não faz qualquer sentido qualificá-la como acto administrativo[1017]. O acto administrativo continua a ser – e a dever ser – considerado uma pronúncia emitida *no*

[1014] No mesmo sentido, para o direito espanhol, cfr. RIVERO YSERN, Ob. cit., p. 198.

[1015] Praticamente sem excepções, a doutrina entende que a designada *concessão do poder expropriativo* – fórmula usada sobretudo em leis mais antigas – não consubstancia uma transferência do poder de expropriar. A fórmula pretendia dizer que determinadas entidades detinham o direito de requerer a expropriação à autoridade pública competente. Tratava-se, por conseguinte, de um direito face à Administração e não diante dos expropriados. A circunstância de a lei atribuir esse direito significava apenas o reconhecimento de que determinadas entidades prosseguem fins de interesse público, pelo que, apesar de privadas, podem não só beneficiar de uma expropriação, como ter mesmo o direito de a requerer à instância competente; nesse sentido, cfr. STEINER, *Öffentliche*, cit., p. 81 e ss; VOGEL, Ob. cit., p. 84; MICHAELIS, Ob. cit., p. 108; WOLFF/BACHOF/STOBER, Ob. cit., 3, p. 515; sobre a figura, cfr. ainda BULLINGER, Ob. cit., p. 462; SCHMIDBAUER, Ob. cit., p. 75.

[1016] Cfr. ZANOBINI, "L'esercizio", cit., p. 441. Como vimos, a afirmação de Zanobini não corresponde à realidade actual do direito italiano.

[1017] Contra, cfr. J. Vieira FONSECA, Ob. cit., p. 59 e ss, que, apesar de simpatizante da ideia de que o "acto administrativo já perdeu o protagonismo dogmático, explicativo e legislativo de outros tempos" (p. 57), reiterando que não faz mais sentido uma perspectiva "actocêntrica" (p. 62), acaba por ver actos administrativos em tudo o que são comportamentos administrativos adoptados "no exercício e no âmbito de uma actividade administrativa", desconsiderando inclusivamente os tradicionais "elementos de índole orgânica ou subjectiva do seu autor" (p. 61).

exercício de um poder público de autoridade. Ora, não há qualquer *fumus* de autoridade no acto através do qual uma entidade, pública ou privada, decide pedir a uma terceira instância a produção de um efeito que só esta pode engendrar[1018]. Nem pode sequer invocar-se a ideia, que alguns defendem, segundo a qual os titulares do direito de requerer a expropriação partilham o poder expropriativo com o respectivo titular[1019]. Na verdade, a atribuição do direito de requerer a expropriação confere ao beneficiário um determinado estatuto no âmbito do procedimento expropriativo, mas é ao titular do poder de expropriar que cabe *sempre* a responsabilidade de verificar a viabilidade, adequação e necessidade da pretensão[1020]. O direito de requerer a expropriação está, portanto, muito longe de implicar uma obrigação de expropriar ou sequer uma espécie partilha do poder expropriativo. Voltando à resolução de requerer a declaração de utilidade pública, parece que, mais do que atribuir-lhe um valor jurídico especial, o Código pretendeu impor à entidade expropriante apenas o dever geral[1021] de comunicar aos interessados a *decisão interna* de requerer a declaração de utilidade pública, ou, o que significa o mesmo, o dever de comunicar a intenção de pôr em marcha um procedimento expropriativo. A decisão ou resolução de requerer a declaração de utilidade pública é, desde 1999, aquilo que sempre foi: uma decisão interna de uma entidade expropriante. Agora exige-se apenas a comunicação dessa decisão antes de ter lugar o início do procedimento[1022]. Como

---

[1018] No sentido de que a resolução de requerer a declaração de utilidade pública não consubstancia um acto administrativo, cfr. Fernando Alves CORREIA, *A Jurisprudência,* cit., p. 94[66]; Fernanda Paula OLIVEIRA, "Coordenar e concertar, em vez de mandar", p. 33.

[1019] Cfr. ESCUIN PALOP, Ob. cit., p. 71.

[1020] No caso de expropriações requeridas na sequência de estudos e projectos (*v.g.,* projectos de traçados de auto-estradas) apresentados por empresas concessionárias compete ao titular do poder expropriativo a aprovação desses estudos e projectos, pelo que, mesmo nesse caso, é sua a responsabilidade de verificar a adequação e a necessidade das concretas pretensões expropriativas.

De resto, como se sabe, a declaração de utilidade pública resultante genericamente de lei ou de regulamento deve concretizar-se em *acto administrativo* que individualize os bens a expropriar: esse acto administrativo é naturalmente praticado pelo órgão competente para emitir a *declaração de utilidade pública* (como se deduz do artigo 13.º/2 do Código das Expropriações).

[1021] Que existe sempre, mesmo quando a entidade expropriante não está obrigada a tentar a aquisição pela via do direito privado (artigo 11.º/1).

[1022] Daí que se fale, a este propósito, de um pré-procedimento de expropriação; cfr. Fernando Alves CORREIA, *A Jurisprudência,* cit., p. 93 e ss.

parece evidente, uma tal decisão não provoca qualquer alteração na esfera jurídica do destinatário da notificação, que apenas fica a conhecer a intenção (manifestada por alguém com legitimidade para tal) de dar início a um procedimento expropriativo[1023]. O Código de 1999 não reclama, por conseguinte, qualquer alteração da jurisprudência do STA na parte em que, na vigência do Código das Expropriações de 1991, entendia que todos os actos que precedem o acto de declaração de utilidade pública se integram na fase preparatória do procedimento administrativo de expropriação, não sendo, por isso, impugnáveis[1024]. De resto, o STA teve já oportunidade de esclarecer isso mesmo, ao decidir que a resolução de expropriar não configura um acto administrativo[1025].

Após a declaração de utilidade pública e, nos termos artigo 19.º/3, "em qualquer fase da expropriação", a entidade expropriante – se for uma empresa pública ou concessionária de serviço público ou de obras públicas – pode ser autorizada a tomar *posse administrativa* dos bens a expropriar. O acto de poder público consiste, naturalmente, na autorização e não a posse, que se traduz num mero facto. A entidade expropriante, ao tomar posse administrativa, não está, por conseguinte, a exercer poderes públicos. O mesmo vale para toda a restante sequência da *operação de expropriação* que, em geral, visa fixar o montante da indemnização a atribuir ao expropriado e adjudicar a propriedade à entidade expropriante[1026].

Esclareça-se, contudo, que o facto de o estatuto de entidade expropriante não investir o seu titular de poderes públicos não significa a natureza privada da actividade por si desenvolvida. A entidade expropriante surge como titular de uma posição de direito público e age, no

---

[1023] Contornos diversos assume a comunicação do *início oficioso* do procedimento às pessoas cujos direitos ou interesses legalmente protegidos possam ser lesados pelos actos a praticar; cfr. artigo 55.º/1 do CPA. Porém, como no caso que estamos a ver, essa comunicação também não dá a conhecer um acto administrativo, mas apenas um acto público de iniciativa procedimental.

[1024] Cfr. AcSTA/Pl, de 31/03/98, proc. 28 719: "no «iter» procedimental da expropriação, o único acto dotado de potencialidade lesiva dos direitos e interesses legítimos do particular é o acto de declaração de utilidade pública".

[1025] Cfr. AcSTA/1.ª, de 22/06/2002, proc. 47 229.

[1026] Do artigo 2.º do Código das Expropriações deduz-se que o legislador distingue, dentro daquilo que podemos designar por operação de expropriação, o *procedimento* (até à declaração de utilidade pública) e o *processo expropriativo* (fixação da indemnização e adjudicação da propriedade).

âmbito do Código das Expropriações, ao abrigo de normas de direito público que disciplinam uma relação jurídica administrativa e que a obrigam a prosseguir o interesse público e a observar princípios fundamentais da actividade administrativa (artigo 2.º). No desenrolar da operação expropriativa, a sua actuação apresenta-se como *actuação pública, regulada pelo direito público*[1027].

Tudo o que acaba de se dizer sobre as prerrogativas de entidades expropriantes em matéria de expropriações por utilidade pública vale, *mutatis mutandis*, em matéria de servidões administrativas (artigo 8.º/3 do Código das Expropriações). Note-se, porém, que a lei não se apresenta sempre clara a este respeito: assim, vê-se, com alguma frequência, estabelecido que uma determinada entidade privada (*v.g.,* uma concessionária) pode *constituir servidões*; embora aparente o contrário, uma fórmula legal como essa não significa que a entidade beneficiária detenha o "poder público de constituir servidões". A lei confere-lhe, também nesse caso, apenas o poder de desencadear o procedimento de constituição da servidão. Em certas situações, a constituição de servidões decorre da aprovação de projectos pelos órgãos públicos competentes, cabendo à entidade privada beneficiária exercer os "poderes resultantes da constituição das servidões" (cfr. artigo 6.º/1 do Decreto-Lei n.º 11/94, de 13 de Janeiro, sobre *servidões de gás*[1028]). A referência legal, no caso das servidões de gás, a "*poderes resultantes* da constituição das servidões", a "*poderes conferidos* pelas servidões" (artigo 6.º/2) e ao "exercício efectivo dos *poderes englobados* nas servidões" (artigo 15.º/1) não significa a indicação de que se trata de poderes públicos. O acto de exercício do poder público traduz-se na constituição da servidão: é esse o acto que impõe directa e imediatamente um efeito na esfera jurídica do destinatário (restrição do direito de propriedade). A seguir terá lugar a "execução da servidão", que se processa através da prática de factos e de operações materiais que não representam o exercício de um *outro* poder público, *diferente* do que esteve na origem da constituição da servidão[1029]. Deparando-se o titular do direito de executar a servidão com

---

[1027] Cfr., *supra*, Parte I, Cap. II, 3.2.1.2.

[1028] O diploma citado foi alterado pelo Decreto-Lei n.º 23/2003, de 4 de Fevereiro.

[1029] A execução das servidões não constitui uma execução coerciva que se segue ao não cumprimento das determinações constantes de um acto administrativo. A execução apresenta-se aqui como uma fase juridicamente autónoma, na qual se adoptam novas decisões e se efectuam ponderações diferentes daquelas que estiveram na génese do acto impositivo.

obstáculos levantados pelos titulares dos bens onerados, a eventual intervenção policial (autorizada por lei[1030]) destina-se simplesmente a impor o cumprimento dos deveres que resultam do acto público de constituição da servidão.

3.2.1.2. Prerrogativas especiais de protecção

Determinadas entidades privadas beneficiam, por vezes, de *privilégios* e *prerrogativas especiais de protecção*[1031] específicas de direito público ou, pelo menos, atribuídas, em regra, apenas a entidades com personalidade de direito público.

Na categoria das prerrogativas de protecção integram-se, por ex., o benefício ou privilégio que resulta da *impenhorabilidade relativa* dos bens de entidades concessionárias de obras ou serviços públicos ou de pessoas colectivas de utilidade pública, que se encontrem especialmente afectados à realização de fins de utilidade pública (artigo 823.º do Código de Processo Civil); este mesmo privilégio está ainda atribuído às associações sindicais, em relação aos bens móveis e imóveis cuja utilização seja estritamente indispensável ao respectivo funcionamento (artigo 488.º do Código do Trabalho).

Configurando-se os poderes públicos como prerrogativas especiais de *acção*, não se levantam, naturalmente, dúvidas sobre o facto de privilégios e prerrogativas de protecção como as descritas não representarem posições configuráveis como poderes públicos de autoridade. Convém, todavia, observar que certas prerrogativas de *protecção* específicas de direito público aparecem articuladas com competências ou prerrogativas de *acção* e, nesse âmbito, associadas ao exercício de poderes públicos de autoridade: assim sucede, de forma inequívoca, com os *poderes (públicos) conferidos para a protecção de bens públicos.*

3.2.1.3. Direitos especiais ou exclusivos, nos termos do artigo 86.º/1 do Tratado CE

Com origem no direito comunitário, os termos *direitos especiais* ou*direitos exclusivos* pretendem representar a situação especial em que podem encontrar-se as empresas, públicas ou privadas, a que o Estado atribua direitos de exercer actividades económicas em regime de mono-

---

[1030] Cfr. artigo 15.º/2 do Decreto-Lei n.º 11/94, de 13 de Janeiro.
[1031] Sobre este conceito, cfr. CHAPUS, *Droit*, I, cit., p. 351.

pólio ou direitos de outra natureza que não fazem parte do estatuto geral ou normal das entidades que gerem serviços de natureza económica[1032]. Sobre a matéria, estabelece o artigo 86.º/1 do Tratado CE que "no que respeita às empresas públicas e às empresas a que concedam direitos especiais ou exclusivos, os Estados-membros não tomarão nem manterão qualquer medida contrária ao disposto no presente Tratado".

A explicação para a referência que aqui se faz aos direitos especiais e exclusivos reside no facto de não existir uma equiparação entre eles e os poderes públicos de autoridade. Ou seja, a concessão de direitos especiais ou exclusivos representa, em regra, um fenómeno diferente da delegação de poderes públicos, tendo, desde logo, uma extensão manifestamente mais ampla. Mas as delegações de poderes públicos, quando efectuadas em entidades que se dedicam ao exercício de actividades económicas – sobretudo, empresas que gerem *serviços públicos* – representam, na perspectiva do direito comunitário, "concessões de direitos especiais"[1033].

Sem desconsiderar essa eventualidade, interessa sublinhar que os direitos especiais ou exclusivos se referem em geral a quaisquer posições relativas de vantagem ou benefício que o Estado confere a certas empresas: empresas privilegiadas, que "beneficiam de uma situação de excepção ou privilégio concedido pelo Estado"[1034]. Pode tratar-se de um direito de exclusivo quanto à prestação de um determinado serviço numa área geográfica delimitada ou mesmo em todo o território nacional[1035], mas também de direitos especiais, como, por ex., o de poder recorrer a um processo de expropriação pública ou utilizar o solo, o subsolo e o espaço

---

[1032] Sobre a aplicação de alguns aspectos do regime das empresas públicas "às empresas privadas encarregadas da gestão de serviços de interesse económico geral, por força da concessão de direitos especiais ou exclusivos", cfr. artigo 36.º/4 da LSEE.

[1033] Cumpre observar que a própria entrega da gestão de um serviço público poderá ser considerada uma concessão de direitos especiais ou exclusivos; neste sentido, cfr. artigo 3.º da Directiva 2004/18/CE do Parlamento Europeu e do Conselho, de 31 de Março de 2004, relativa à coordenação dos processos de adjudicação de empreitadas de obras públicas, dos contratos públicos de fornecimento e dos contratos públicos de serviços (JO L134/114, de 30/04/2004).

[1034] Cfr. J. Mota de CAMPOS, *Direito*, III, cit., p. 580.

[1035] Por ex., direitos atribuídos a uma empresa de transportes aéreos sobre certas rotas, direitos exclusivos de emissões de televisão e de rádio ou direitos exclusivos de exploração de serviços postais.

sobre a via pública[1036], ou os de que uma empresa desfruta pelo facto de actuar num mercado acessível a um número limitado de empresas ou de ter vantagens que outras não têm[1037]. Em qualquer destes casos, afigura-se manifesto que os direitos exclusivos e os citados direitos especiais não são poderes públicos, não têm qualquer relação com o exercício da autoridade pública.

Todavia, como se disse, a delegação de poderes públicos em entidades privadas que se dediquem a gerir serviços públicos pode, para efeitos de direito comunitário, considerar-se como concessão de direitos especiais[1038]. Os direitos especiais são situações jurídicas de vantagem conferidas pelo Estado a empresas que exercem actividades económicas, requisitos que os poderes públicos conferidos a empresas dessa natureza preenchem. Desta possível identidade entre poderes públicos e direitos especiais resulta uma consequência relevante, relacionada com as restrições de origem comunitária quanto à atribuição de direitos especiais a empresas que explorem actividades económicas, ainda que actuem em regime de monopólio. Com efeito, a atribuição de poderes públicos coloca a empresa numa *dupla posição*, porquanto, além de explorar uma actividade económica (âmbito em que deve ficar sujeita ao direito da concorrência), pode actuar também como autoridade pública (âmbito excluído das regras da concorrência)[1039]. A acumulação de funções de autoridade com o exercício de actividades económicas é sobretudo reprovada pelo direito comunitário no caso de delegação em empresas de funções públicas de regulação (estabelecimento de regras, jurídicas ou técnicas, controlo dos mercados, etc.). A este propósito, o Tribunal de Justiça decidiu, por ex., que o direito comunitário se opõe a que um Estado-membro confira a uma sociedade que explora a rede pública de telecomunicações os poderes de editar normas relativas aos aparelhos

---

[1036] Como já vimos, no Acórdão *British Telecom II*, de 12/11/96 (proc. C-302/94), entendeu o TJCE que a existência de direitos especiais para o estabelecimento de redes de telecomunicações não pode ser caracterizada pela possibilidade de os organismos autorizados beneficiarem de determinadas prerrogativas, designadamente o direito de adquirir terrenos por expropriação, entrar em terrenos para efeitos de exploração, instalar equipamentos de rede em cima ou por baixo das vias públicas.

[1037] Cfr. SOUVIRON MORENILLA, *La actividad*, cit., p. 264.

[1038] Será talvez por isso que o artigo 14.º da LSEE (com a epígrafe "poderes de autoridade") se refere, no n.º 1, a "poderes e prerrogativas de autoridade", e, no n.º 2, a "poderes especiais"; seja como for, há aí uma inusitada abundância conceptual.

[1039] Cfr. Paulo OTERO, *Vinculação*, cit., p. 241; RIVERO ORTEGA, Ob. cit., p. 144.

telefónicos e de verificar o seu respeito pelos operadores económicos, quando ela é concorrente destes operadores no mercado desses aparelhos[1040] – em vez da acumulação, exige-se portanto a *separação entre regulação e exploração*.

Para evitar a mistura de funções de natureza diversa, entende-se, de harmonia aliás com o artigo 86.º/2 do Tratado CE, que a delegação de poderes públicos (enquanto concessão de direitos especiais) deve ficar limitada por um critério de proporcionalidade, em termos de só se revelar possível na medida em que os poderes delegados se afigurem indispensáveis ao cumprimento efectivo da missão confiada à empresa[1041]. Provavelmente inspirado neste ambiente restritivo de origem comunitária, o artigo 14.º/2 da LSEE estabelece que "os poderes especiais serão atribuídos (...) em *situações excepcionais e na medida do estritamente necessário à prossecução do interesse público*".

3.2.1.4. Direito de ocupação de terrenos particulares por empreiteiros

Como os que o precederam, o actual RJEOP continua a estabelecer que "enquanto durarem os trabalhos da empreitada, os terrenos por onde haja de fazer-se o conveniente acesso aos locais de exploração de pedreiras, saibreiras ou areeiros ficam sujeitos ao regime legal da servidão temporária" (artigo 168.º/2). Relacionado com essa disposição, o artigo 25.º do mesmo diploma diz que "será da conta do empreiteiro, salvo estipulação em contrário, o pagamento das indemnizações devidas (...) pela ocupação temporária de prédios particulares".

Em face do disposto nessas normas, e sobretudo na primeira delas, tem de colocar-se a questão de saber se os empreiteiros podem, sem intervenção de autoridades administrativas, *decidir* efectuar a ocupação de terrenos particulares[1042].

Não havendo dúvidas de que a ocupação, enquanto facto ou operação material, vai ser naturalmente realizada pelo próprio empreiteiro – e assentando, de igual modo, que a efectivação de uma tal operação não constitui, em si mesma, o exercício de um poder público, mas sim uma

---

[1040] Cfr. Acórdão *GB-INNO-BM*, de 13/12/91 (proc. C-18/88).

[1041] Cfr. MOLINA GIMENEZ, *El servicio público de abastecimiento de agua en poblaciones*, p. 344 e ss.

[1042] No direito francês, entende-se que o poder de ocupação de terrenos particulares constitui uma *prerrogativa de autoridade pública delegada nos empreiteiros de obras públicas*; cfr. RICHER, Ob. cit., p. 108.

actuação executiva necessariamente suportada numa decisão de poder público[1043] –, afigura-se óbvio que a decisão que autoriza (na perspectiva do empreiteiro) ou que impõe (na perspectiva do proprietário) a ocupação não pertence ao empreiteiro. Só uma instância investida de competência para tal pode autorizar e impor a ocupação temporária de terrenos particulares.

3.2.1.5. Poderes de efectuar a sinalização de obras nas vias
públicas e de regulação do trânsito

Uma parte da doutrina alemã entende que as empresas que realizam obras de construção e de reparação de vias públicas exercem, em situações especiais, poderes públicos de regulação de trânsito[1044]. Equacio-

---

[1043] Ao contrário de Marcello CAETANO, *Manual,* cit., p. 1002 e ss – que definiu a ocupação temporária de terrenos, como a "utilização directa e imediata pela Administração pública, independentemente de acto administrativo e da intervenção dos proprietários, mas mediante indemnização, de terrenos particulares, para fins determinados de interesse público e durante o tempo estritamente necessário à sua prossecução" –, somos de opinião que a efectivação da ocupação não pode deixar de se suportar numa *decisão prévia,* constitutiva da limitação do direito de propriedade e, naturalmente, passível de impugnação contenciosa.

No direito estrangeiro, a procedimentalização da ocupação temporária de terrenos é uma exigência que já constava de leis do fim do século XIX. Assim, no direito italiano, a lei de 1865, sobre a expropriação por utilidade pública, indica os órgãos competentes para a adopção do *provvedimento di occupazione,* bem como os trâmites do procedimento que serve esse acto administrativo ablativo, em cujo desenvolvimento o proprietário tem o direito de participar; cfr. SANDULLI, *Manuale,* cit., p. 876, ANNUNZIATA, *Occupazione e requisizione di immobili,* p. 70, VERBARI, "Occupazione", p. 635, SANTORO, "Occupazione temporanea e d'urgenza", p. 3. Do mesmo modo, no direito francês, uma lei de 1892 atribui ao prefeito competência para autorizar os empreiteiros de obras públicas a efectuar a ocupação temporária de terrenos necessária para a realização de obras públicas (instituição tradicionalmente conhecida por "servidão de ocupação temporária"); nos termos dessa lei, o despacho de autorização, notificado ao proprietário e susceptível de recurso contencioso, indica as parcelas sujeitas a ocupação, a natureza e a duração desta; cfr. CHAPUS, Ob. cit., II, p. 508; DUFAU, *Droit des travaux publics,* p. 407.

No direito português, há um estranho silêncio da lei: primeiro quanto à autoridade competente para autorizar o empreiteiro a efectivar a ocupação; depois, quanto ao procedimento que serve a prática desse acto. Tendo presente o silêncio do RJEOP, deverá aplicar-se, por analogia, o regime que disciplina a "ocupação de prédios vizinhos" de prédios objecto de expropriação (cfr. artigo 18.º do Código das Expropriações).

[1044] É o que pode verificar-se nos termos de uma disposição de um regulamento do código da estrada que autoriza as referidas empresas a decidir com autonomia o modo de dirigir o trânsito em vias públicas parcialmente encerradas, podendo fazê-lo através de

nada a questão no direito português, a resposta parece estar clara na lei: em geral, o artigo 8.º do Decreto-Lei n.º 2/98, de 3 de Janeiro, dispõe que "a sinalização das vias públicas compete à Junta Autónoma das Estradas e às câmaras municipais nas vias públicas sob a respectiva jurisdição". Em face dessa disposição, dir-se-á pois que o problema não se coloca entre nós. Não obstante, são conhecidos de todos os utentes das vias públicas os fenómenos da regulação do trânsito por trabalhadores das empresas que aí realizam obras, que se servem, para o efeito, de "raquetes de sinalização" (regulação manual); noutros casos, esse mesmo pessoal procede à colocação de semáforos móveis. É, portanto, necessário identificar a fonte normativa que permite atribuir às empresas de construção a "competência para efectuar a sinalização temporária do trânsito".

Aparentemente, essa fonte encontra-se no artigo 80.º/1 do *Regulamento de Sinalização do Trânsito*[1045], onde se estabelece que "os contratos de adjudicação de obras na via pública que envolvam a necessidade de colocação de sinalização temporária devem contemplar, sempre que a sinalização fique a cargo do adjudicatário, cláusula contendo penalidades aplicáveis a este no caso de incumprimento do disposto no presente Regulamento quanto a sinalização temporária" – dizemos que esta é aparentemente a fonte da atribuição da competência pelo facto de, ao que supomos, não existir outra. Da referida norma resulta que a sinalização pode ficar a cargo das empresas adjudicatárias das obras, o que, na prática, faz dela uma norma de habilitação para atribuir a referida tarefa.

O problema que essa norma coloca consiste em saber o que há-de entender-se por "sinalização a cargo do adjudicatário"[1046].

---

sinais luminosos ou de raquetes; nesse âmbito, entende alguma doutrina, as empresas de construção praticam actos públicos de autoridade, imperativos para os condutores; cfr. MICHAELIS, Ob. cit., p. 109; MUTIUS, "Zur Übertragung öffentlich-rechtlicher Kompetezen auf Private", p. 300 e ss. Porém, em relação a todos os outros casos de colocação de sinais de trânsito, a doutrina entende que as empresas de construção se assumem como meras entidades auxiliares das autoridades administrativas para o desempenho de uma tarefa técnico-executiva, actuando sem autonomia, sob as instruções daquelas autoridades. As decisões sobre a sinalização são tomadas pelas autoridades, que, por isso, assumem, perante terceiros, a responsabilidade que daí possa advir; além dos autores citados, cfr. STEINER, *Öffentliche*, cit., p. 115; BACKHERMS, Ob. cit., p. 43.

[1045] Aprovado pelo Decreto-Regulamentar n.º 22-A/98, de 1 de Outubro.

[1046] Segundo o *Regulamento*, a sinalização de carácter temporário de obras na via pública deve ser efectuada com recurso a sinais verticais e luminosos, bem como a

Sobre isso, não temos grandes dúvidas em afirmar que o conceito de "sinalização a cargo do adjudicatário" significa apenas que as empresas de construção podem ficar encarregadas de *colocar* na via pública os sinais verticais e luminosos e as marcas rodoviárias. Assim, aquela norma confere à Administração Pública contratante o poder de encarregar aquelas mesmas empresas exclusivamente do desempenho da *tarefa auxiliar e executiva de colocação dos sinais* (tarefa essa que não exige qualquer poder jurídico especial[1047]), razão por que a regulação efectuada pelos sinais por elas colocados não lhes é imputável. Quer dizer, a colocação da sinalização não equivale à transferência da competência de sinalização. Mesmo que a elas cumpra a escolha das condições de colocação dos sinais, deve entender-se que o estão a fazer *em nome e por conta de uma autoridade administrativa* que, perante terceiros, se apresenta como a única responsável por eventuais prejuízos provocados pela sinalização incorrecta ou deficientemente colocada pelas empresas.

Se, em relação aos sinais, a imputação da regulação do trânsito a uma autoridade com competência de sinalização se apresenta simples, dado que a intervenção da empresa se limita a colocar e a operacionalizar o sinal (fonte de regulação), já o mesmo não pode dizer-se no que concerne às raquetes que os trabalhadores das empresas de construção utilizam na regulação manual. Agora, o dispositivo não faz por si só a regulação; quem usa e comanda o dispositivo para dirigir e regular o trânsito é uma pessoa. Não pode, neste caso, dizer-se que a empresa se limita a "colocar a sinalização", uma vez que agora está manifestamente envolvida a pretensão de efectuar uma *regulação pessoal*.

E assim se coloca o problema de saber se os trabalhadores da empresa podem ser considerados *agentes reguladores do trânsito*[1048], problema que aliás se afigura de resolução simples: não há nenhuma norma no ordenamento jurídico português que atribua ou permita atribuir às empresas que efectuam a construção ou a reparação de vias públicas ou aos seus trabalhadores o poder de regular o trânsito. As autoridades

---

marcas rodoviárias e a dispositivos complementares; a *circulação alternada* deve ser regulada por sinalização luminosa *ou por operadores utilizando raquetes de sinalização*.

[1047] Cfr. MICHAELIS, Ob. cit., p. 68.

[1048] Nos termos do Código da Estrada, os utentes das vias públicas devem obedecer às ordens legítimas dos *agentes reguladores do trânsito*; essas ordens prevalecem sobre as prescrições resultantes dos sinais e sobre as regras de trânsito.

públicas que contratam a realização das empreitadas, mesmo que sejam competentes para regular o trânsito, não estão habilitadas a transferir o exercício dessa competência para terceiros.

Em suma, nem as empresas de construção nem os seus trabalhadores podem ser investidos de poderes de regulação do trânsito nas vias públicas; não constitui, naturalmente, infracção a "desobediência" às "ordens" de regulação do trânsito emitidas por trabalhadores de empresas de reparação de obras na via pública.

3.2.1.6. Poder de suspensão de fornecimentos e de prestação de serviços

Com alguma frequência, as leis autorizam expressamente certas entidades (por ex., empresas concessionárias) a suspender, por acto unilateral, o fornecimento ou a prestação de serviços aos clientes, como consequência da falta de pagamento[1049]. Apesar da expressa atribuição legal, não se trata de um poder público, nem tão-pouco de um poder legal excepcional, pois que a suspensão, em caso de mora do cliente, é em princípio, válida, no quadro do instituto civilístico da *excepção do não cumprimento do contrato*[1050]. A explicação para o facto de uma lei especial consagrar o direito de suspensão do serviço encontra-se na necessidade de afastar eventuais dúvidas sobre a existência de um tal direito no caso de contratos de prestação ou de fornecimento de serviços públicos ou outros serviços essenciais; por vezes, o objectivo da lei passa por instituir exigências ou procedimentos (de pré-aviso) que evitam a suspensão de surpresa. Diferente – por se configurar, esse sim, como um poder público de autoridade – é o poder de determinar a interrupção do fornecimento de um serviço (*v.g.*, de energia eléctrica), mediante notificação à entidade que o fornece[1051]. Também já parece de qualificar como poder público de autoridade o poder de suspender o fornecimento

---

[1049] Sobre a suspensão do fornecimento no caso de serviços públicos essenciais, cfr. artigo 5.º da Lei n.º 23/96, de 26 de Julho.

[1050] Cfr. A. Pinto MONTEIRO, "A protecção do consumidor de serviços públicos essenciais", p. 344. Diferentemente, considerando o corte da distribuição de água por falta de pagamento como uma medida pública de execução coerciva, cfr. Maria da Glória F.P.D. GARCIA, "Breve reflexão", cit., p. 555[111].

[1051] Cfr., por ex., o artigo 19.º do Decreto-Lei n.º 69/2003, de 10 de Abril (sobre actividade industrial), que autoriza as entidades coordenadoras a notificar a entidade distribuidora de energia eléctrica para interromper o fornecimento a estabelecimentos industriais sempre que se verifiquem as circunstâncias nele previstas.

do serviço de energia eléctrica aos consumidores cujas instalações oferecem manifesto perigo para as pessoas[1052].

3.2.2. *Categorias de poderes públicos para praticar actos jurídicos concretos*

Passando agora à identificação das posições jurídicas de entidades privadas como poderes públicos, vamos distinguir duas possibilidades: a da investidura de poderes públicos para a prática de *actos externos*, que repercutem efeitos directos sobre a situação jurídica de particulares (efeitos *ad extra*), e a investidura de poderes para a prática de *actos internos*, que irradiam efeitos jurídicos fundamentalmente no âmbito de relações que se processam entre a entidade privada e uma instância da Administração Pública (efeitos *ad intra*).

No primeiro cenário – mais frequente – a entidade privada actua na posição de titular de um poder face aos administrados: podemos falar, então, de *delegação externa*. Na segunda situação, a entidade privada não estabelece qualquer relação directa com os cidadãos, limitando-se, em certos termos, a participar no exercício de um poder público que, depois, há-de reflectir-se nos actos praticados por uma instância pública: *delegação interna*[1053].

3.2.2.1. Poder público para praticar actos externos

Iniciamos a exposição pelos poderes que colocam uma entidade privada em posição de praticar actos externos, produtores de efeitos jurídicos que atingem directamente a esfera jurídica de terceiros, seja qual for o sentido da vontade destes.

A qualificação pública de um poder dessa natureza pode resultar directamente da lei: assim, por ex., no diploma que aprova o regime jurídico das federações desportivas estabelece-se que "têm natureza pública os poderes das federações exercidos no âmbito da regulamentação e disciplina das competições desportivas, que sejam conferidos pela lei para a realização obrigatória de finalidades compreendidas nas

---

[1052] Um tal poder encontrava-se atribuído à EDP pelo Decreto-Lei n.º 740/74, de 26 de Dezembro; qualificando-o como um poder público de autoridade, cfr. AcSTA/1.ª, de 27/01/1994, proc. 33 240.

[1053] No sentido de que a "Beleihung" pode ser interna, cfr. STEINER. *Öffentliche*, cit., pp. 51, 115[492], 128 e ss, e "Fragen", cit., p. 609; Heimburg, Ob. cit., p. 112 e ss.

atribuições do Estado e envolvam, perante terceiros, o desempenho de prerrogativas de autoridade ou a prestação de apoios ou serviços legalmente determinados"[1054].

Todavia, a lei não se apresenta sempre assim tão taxativa a indicar a natureza pública dos poderes confiados a entidades privadas. Deve esclarecer-se, no entanto, que o silêncio da lei não causa necessariamente dificuldades de qualificação: assim sucede sempre que estejam envolvidos *poderes públicos exorbitantes*, que não tenham correspondência no direito privado. Sabendo-se que a exorbitância é sobretudo contextual, nem por isso deixa de constituir um factor relevante neste domínio. Também não se suscitarão dúvidas nas hipóteses em que a natureza pública do poder decorre imediatamente da natureza da relação jurídica que se desenrola entre entidades particulares (por ex., relação de emprego público).

De acordo com os critérios já definidos, devem considerar-se públicos, por ex., os poderes conferidos a uma entidade privada para, no âmbito da execução de uma *tarefa pública* – objecto de apropriação pública, explícita ou implícita[1055] –, permitir e disciplinar o exercício de uma actividade (*v.g.*, autorização) ou de uma profissão (*v.g.*, emissão de carteira profissional), permitir e regular as condições de comercialização de um produto (*v.g.*, certificação) ou assegurar a prática dos actos necessários ao cumprimento de deveres públicos que impendem sobre os cidadãos (*v.g.*, deveres de inspecção de veículos automóveis ou de elevadores). Em todas essas hipóteses, a entidade privada aparece investida de poderes públicos de autoridade, em cujo exercício pratica actos públicos de recorte muito variado: autorizações, inscrições, registos, certificações, sanções, verificações constitutivas, etc. Comum a todas estas situações surge o facto de a entidade privada aparecer investida de uma *função pública de controlo de actividades privadas* que os cidadãos têm o direito – ou o dever – de exercer. Apesar de, como sabemos, os "sistemas de controlo de actividades privadas" poderem revestir natureza privada e estar devolvidos ao mercado (*v.g.*, controlo da segurança de certos produtos industriais), quando sejam públicos (*v.g.*, controlo da segurança de elevadores, controlo da comercialização de vinhos e de queijos com indicação de origem geográfica) e apareçam confiados a

---

[1054] Cfr. artigo 7.º do Decreto-Lei n.º 144/93, de 26 de Abril.
[1055] Cfr., *supra*, cap. I, 2.1.2.

uma entidade privada, os actos que esta pratica no desempenho das funções de controlo assumem-se como actos públicos, praticados no exercício de poderes públicos.

Já num outro plano, consideram-se também públicos os poderes desenvolvidos por uma entidade privada no desempenho de uma missão de *gestão de bens públicos*: não sofre contestação, neste contexto, a natureza pública do poder de permitir o acesso e a utilização de bens públicos (licenças e concessões de uso privativo do domínio público), de adjudicar concessões de serviços públicos ou da exploração de bens públicos, ou de licenciar o exercício de actividades e a execução de obras em áreas do domínio público. O mesmo vale em relação aos poderes de protecção de bens públicos (*v.g.*, poderes de impor a desocupação de parcelas ilegitimamente ocupadas ou de ordenar a demolição de construções ilegais sobre o domínio público)[1056].

Também se qualificam como inequivocamente públicos os poderes que uma entidade privada fica autorizada a exercer – nos termos do artigo 180.º do CPA – no âmbito de uma relação jurídica administrativa constituída por um contrato administrativo. Neste caso, a dúvida pode residir na própria administratividade do contrato, mas, quando ela for nítida, a parte que ocupa a posição de Administração fica investida dos poderes públicos inscritos naquela norma do CPA[1057].

Natureza claramente pública ostenta igualmente a *potestas expropriandi*, o poder de, por via unilateral e impositiva, adquirir bens imóveis ou direitos a eles inerentes: poder que, em termos procedimentais, se traduz na competência pública para emitir a *declaração de utilidade pública para efeitos de expropriação*. Quando um tal poder se encontra confiado a uma entidade privada, fala-se de "delegação do poder de expropriação" ("Verleihung des Enteignungsrechts"; "concessione della espropriazione"), situação que, como já vimos, não se confunde com a atribuição às designadas "entidades expropriantes" da mera faculdade de desencadear procedimentos de expropriação[1058]. No direito português, conhecemos apenas um caso – excepcional – de delegação de poder de expropriação a uma entidade privada: trata-se das sociedades de reabili-

---

[1056] Sobre a garantia das coisas públicas, cfr. Ana Raquel Gonçalves Moniz, *O Domínio*, cit, p. 505 e ss.

[1057] Sobre os contratos administrativos entre entidades privadas, cfr., *infra*, Parte IV, Cap. II.

[1058] A propósito desta situação jurídica, cfr., *supra*, 3.2.1.1.

tação urbana (que podem adoptar a forma de sociedades anónimas) às quais o Decreto-Lei n.º 104/2004, de 7 de Maio, atribui expressamente o poder de expropriar os bens imóveis e direitos a eles inerentes destinados à reabilitação urbana[1059].

Apresenta ainda inquestionável natureza pública o poder de aplicar sanções públicas, no âmbito do *ilícito de mera ordenação social*. Não configurando uma situação frequente, o poder de aplicar coimas e sanções acessórias aparece, por vezes, expressamente delegado em entidades privadas: assim sucede com a Santa Casa da Misericórdia de Lisboa, que tem competência para aplicar coimas que sancionam as infracções aos seus direitos exclusivos[1060], bem como com as administrações portuárias, que aplicam coimas e sanções acessórias no desempenho das funções de regulação que lhes estão atribuídas.

Ainda no domínio da aplicação de sanções públicas, não pode deixar de se colocar a questão de saber se configura uma delegação de poderes públicos o acto pelo qual uma instância da Administração entrega a uma entidade privada a competência para fiscalizar o cumprimento de normas públicas ou a execução de contratos (*v.g.*, de empreitadas de obras públicas), documentar as infracções que verifique e participar tais infracções à autoridade competente para aplicar sanções (coimas e sanções acessórias, multas contratuais e rescisões de contratos). Já nos referimos a situações com este recorte, a propósito da distinção entre formas de privatização funcional e orgânica. Esclarecemos então que a outorga de funções de fiscalização do cumprimento de regras públicas representa

---

[1059] Para mais desenvolvimentos, cfr. Parte III, Cap. II. A delegação de poderes de expropriação em entidades privadas não é só rara em Portugal. Contra a tendência mais ou menos generalizada, em Itália, desde 2001, num diploma que altera a legislação sobre expropriação por utilidade pública, estabelece-se que "autoridade expropriante" é a autoridade administrativa titular do poder de expropriar ou "o sujeito privado ao qual, com base numa norma, tenha sido atribuído esse poder". Acrescenta ainda o diploma que, quando uma obra pública ou de interesse público for realizada por um concessionário ou por um contratante geral, a Administração titular do poder expropriativo pode delegar, no todo ou em parte, o exercício dos seus poderes expropriativos, determinando claramente o âmbito da delegação no acto de concessão ou no contrato. Cfr. Pagliari, "La nuova disciplina dell'espropriazione per pubblica utilità (d.p.r. 8 giugno 2001, n. 327): una prima riflessione sistematica", p. 261 e ss; Sciullo, *Il testo unico in materia di espropriazione*, p. 35 e ss.

[1060] Cfr. Decreto-Lei n.º 84/85, de 28 de Março (republicado em anexo ao Decreto-Lei n.º 317/2002, de 27 de Dezembro).

uma forma de privatização orgânica, devendo entender-se que, nesse cenário, a entidade privada participa directamente na *execução de funções públicas*, no âmbito do direito público[1061]. Interessa explicar agora que, quando investida de poderes de documentação e de participação de infracções públicas, a entidade privada encarregada pela Administração de funções de fiscalização participa no exercício de poderes públicos.

Isso apresenta-se de forma muito nítida nos casos em que a documentação e a participação de infracções têm, nos termos da lei, um valor probatório reforçado (fazendo fé até prova em contrário). Apesar de não fazerem prova plena dos factos documentados, os autos e as participações que fazem fé até prova em contrário possuem uma força probatória reforçada, razão pela qual a lei reserva, em geral, a prática desses actos a agentes de autoridade (ou a pessoas equiparadas a agentes de autoridade)[1062]. Aparentemente, a situação assume diferente fisionomia quando a lei não associa à participação da infracção pública verificada uma força probatória especial. Assim, por ex., no regime do ilícito de mera ordenação social, a participação das autoridades fiscalizadoras apresenta-se como um acto prévio ao processo, não se tratando sequer de um acto de iniciativa (que determine o início do processo)[1063]. Sem embargo, afigura-se-nos claro que a participação apresentada por entidades institucionalmente encarregadas de fiscalizar o cumprimento da legalidade não constitui um acto assimilável a uma mera denúncia particular. A entidade fiscalizadora actua no cumprimento de uma missão pública e, mais do que isso, de uma missão pública de autoridade. Com efeito, a participação não representa a mera comunicação de uma infracção, pois que haverá de incluir dados decisivos sobre a própria natureza e o contexto da ocorrência da infracção. Quer dizer, a participação constitui apenas um acto isolado integrado numa competência mais geral de *documentar* a infracção verificada nas acções de fiscalização. Ora, parece-nos óbvia a *conexão* entre a documentação e a aplicação subsequente da sanção[1064].

[1061] Cfr., *supra*, Parte I, Cap. III, 2.2.2.

[1062] Assim sucede no âmbito da fiscalização do estacionamento na via pública. Ao contrário desse, o estacionamento em *locais fechados* pode ser gerido como actividade privada, pelo que os vigilantes não têm de estar dotados de qualquer poder de direito público. A infracção cometida dentro do parque não constitui uma infracção pública (ao Código da Estrada) mas a violação do contrato (de direito privado) de utilização do espaço; cfr., neste sentido, BELLÉ, Ob. cit., p. 41.

[1063] Nos termos da lei, o processo de contra-ordenação inicia-se oficiosamente.

[1064] Cfr. STEEGMANN, Ob. cit., p. 2157.

É certo que não se verifica, neste domínio, um *automatismo absoluto*, pois que, como se sabe, a aplicação da sanção tem lugar na sequência de um processo que comporta a instrução, a acusação e a defesa do arguido[1065]. Todavia, é a documentação da infracção que dá por oficialmente verificada a situação que está na origem imediata da instauração do processo sancionatório; por outro lado, há um manifesto *momento de poder* na actuação das entidades fiscalizadoras, que, no terreno, têm, afinal, uma palavra decisiva sobre o funcionamento da máquina sancionatória do Estado, podendo, por ex., "abrir os olhos" para certas infracções e "fechá-los" para outras[1066]. Apesar de a entidade com funções de fiscalização e de documentação de infracções não estar investida da competência pública sancionatória, afigura-se indiscutível que a mesma fica encarregada de desempenhar uma missão de verificação *pública*, *oficial* e *autoritária* do cumprimento da legislação vigente. Os actos jurídicos que pratica, nesse contexto, assumem-se, claramente, como actos de direito público praticados no exercício de um poder público[1067].

As observações acabadas de formular sobre o exercício de actividades de fiscalização valem, naturalmente, para as situações – próximas

---

[1065] A circunstância de não existir esse automatismo aparece considerada por alguns autores como determinante para se admitir a delegação de poderes públicos de documentação de infracções em particulares; nesse sentido, cfr. SCHOLZ, "Verkehrsüberwachung", cit., p. 17, destacando a ausência de automatismo para explicar que a entidade privada não intervém no contexto do monopólio público do emprego da força. Outros autores vão mais longe, e defendem que a falta de automatismo justifica que se admitam mesmo formas de privatização funcional (contratação livre de particulares para prestarem *serviços privados* de documentação de infracções públicas); cfr. GRAMM, "Schranken der Personalprivatisierung", cit., p. 351; WEINER, Ob. cit., p. 232.

[1066] Cfr. JANKER, "Rechtliche und rechtspolitische Aspekte kommunaler und privater Verkehrsüberwachung", p. 451.

[1067] Em sentido diferente, admitindo que pode haver formas de mera privatização funcional nestes casos, cfr. Gramm, "Schranken", p. 352; WEINER, Ob. cit., p. 230 e ss. Os dois Autores admitem apenas a privatização funcional, mas já não a delegação de competências públicas de fiscalização. Distinguem os dois cenários com base na ingerência e na programação da actuação dos particulares incumbidos de tarefas de fiscalização. Assim, se a Administração estabelecer rigorosamente o local, a duração e o tipo de infracções a autuar, os particulares exercem uma actividade meramente auxiliar. Ao contrário, se a actuação dos particulares contratados não estiver rigorosamente programada, haverá uma delegação de responsabilidade pública: trata-se de uma delegação inconstitucional, por infringir o princípio do monopólio público da repressão de infracções públicas. No mesmo sentido, cfr. STEEGMANN, Ob. cit., p. 2158. Contra, admitindo a delegação, cfr. SCHOLZ, "Verkehrsüberwachung", cit., p. 17 e ss.

– de exercício de competências de *inspecção* por entidades privadas.
As acções de inspecção desenrolam-se, em regra, no contexto de uma
relação pública marcada pela equação supremacia/subordinação[1068].
Trata-se de acções de natureza essencialmente técnica ou material ("opé-
rations sur le terrain"[1069]): visitas, vistorias, exames, observações e consultas de documentos constituem as operações típicas[1070]. O carácter executivo da inspecção não significa, no entanto, que não esteja implicada a
autoridade e o poder público; pelo contrário, a actividade de inspecção
caracteriza-se pela sua natureza imperativa[1071]. Desde logo, a relação de
inspecção pressupõe que a entidade inspeccionada fica constituída no
dever de suportar a realização da inspecção, bem como no de colaborar
com os agentes incumbidos da realização das operações em que aquela
se traduz. Por outro lado, a falta de colaboração ou a obstrução à inspecção é em regra sancionada, pelo menos no plano administrativo. A acção
de inspecção limita, pois, a liberdade dos cidadãos e das entidades ins-
peccionadas[1072], consistindo numa função pública intimamente associada
ao exercício de poderes públicos[1073]. Além da dimensão autoritária presente no desenrolar da própria relação de inspecção[1074], a realização das
acções de inspecção tem ainda uma projecção sobre o exercício sucessivo de poderes públicos, constituindo o *fundamento imediato* de actos
sancionatórios da maior transcendência para a vida das entidades inspec-
cionadas (*v.g.*, medidas de suspensão ou de encerramento de empresas,
cancelamentos de autorizações, aplicação de coimas)[1075].

[1068] Cfr. Dolors CANALS I AMETLLER, Ob. cit., p. 227.

[1069] Cfr. BERNARD-FRANK MACERA, "La problemática", cit., p. 1607.

[1070] Cfr. BERNARD-FRANK MACERA, *ibidem*, p. 1607 e ss; BERMEJO VERA, "La administración inspectora", cit., p. 44; GRÖSCHNER, *Das Überwachungsrechtsverhältnis*, p. 317; FERNANDEZ RAMOS, Ob. cit., p. 48.

[1071] Cfr. FERNANDEZ RAMOS, *ibidem*.

[1072] Cfr. Dolors CANALS I AMETTLER, Ob. cit., p. 227. A propósito das inspecções realizadas no âmbito do direito comunitário, cfr. DAVID, *Inspektionen*, cit., p. 279, referindo-se ao carácter imediatamente agressivo das acções de inspecção.

[1073] Cfr. FERNANDEZ RAMOS, Ob. cit., p. 54.

[1074] A caracterização genérica da actividade de inspecção e de fiscalização como actividade de autoridade não dispensa uma indagação sobre os poderes concretamente delegados na entidade privada com funções de fiscalização.

[1075] Cfr. BERMEJO VERA, "La administración", cit., p. 57; BERNARD-FRANK MACERA, Ob. cit., p. 1611.

As entidades privadas aparecem, por vezes, ainda investidas de poderes públicos conexos com relações de emprego que mantêm com trabalhadores ao seu dispor vinculados ao regime da função pública. Há, neste contexto, duas situações que convém distinguir: *i)* a dos funcionários públicos "pertencentes" a entidades privadas e *ii)* a dos funcionários vinculados a uma entidade pública, mas colocados, temporariamente, na dependência de entidades privadas.

A primeira situação aparece sobretudo associada aos processos de transformação de entidades públicas em entidades com personalidade de direito privado: assim sucedeu, por ex., com a Santa Casa da Misericórdia de Lisboa, com a Caixa Geral de Depósitos ou com as administrações portuárias. Tais entidades, actualmente privadas, tiveram no passado personalidade de direito público e, nessa qualidade, dispunham de trabalhadores vinculados ao regime da função pública. A privatização não pôs, naturalmente, em causa a subsistência desse regime da função pública, pelo menos, para os trabalhadores que não exerceram o direito (que, em regra, a lei lhes conferiu) de optar pelo regime do contrato individual de trabalho. A relação de emprego desses funcionários subsiste, portanto, como relação jurídica administrativa, pelo que os poderes de direcção e de disciplina a que eles ficam submetidos constituem poderes públicos. Quer dizer, a privatização de entidades com funcionários públicos implica a continuidade das relações de emprego público e, nessa medida, aparece associada a uma automática investidura da nova entidade privada no exercício de poderes públicos conexos com tais relações. Em rigor, o caso não representa uma *delegação* (de poderes *novos*), mas, mais exactamente, a *continuação de uma capacidade de exercício de poderes públicos* conexa com um fenómeno de "continuação da personalidade jurídica e de conservação das posições jurídicas" de uma entidade formalmente extinta como entidade com personalidade de direito público, mas que continua a existir como entidade privada[1076].

[1076] A situação enunciada apresentaria outros contornos se os funcionários públicos afectados em permanência (não simplesmente requisitados) a tais entidades se encontrassem *vinculados ao Estado*. Neste cenário, a manutenção da situação dos funcionários – mas agora afectados a uma entidade privada – exigiria uma delegação de "poderes públicos patronais" nesta entidade. Foi exactamente o que se verificou na Alemanha e em França com os funcionários públicos (do Estado) afectados aos antigos operadores públicos de telecomunicações. A atribuição de personalidade jurídica privada ao património autónomo (Alemanha) ou à anterior empresa pública (França), associada à manutenção do estatuto do pessoal, implicou a atribuição de poderes públicos patronais a

No segundo cenário indicado – funcionários vinculados a uma entidade pública, mas colocados, temporariamente, na dependência de entidades privadas[1077] – está em causa a situação de trabalhadores vinculados ao regime da função pública (funcionários públicos) que, durante um certo período de tempo, são, nos termos da lei, autorizados ou chamados (por *requisição*, *destacamento* ou *comissão de serviço*) a desempenhar funções sob a direcção de uma entidade privada, mantendo o seu estatuto e os direitos inerentes ao seu quadro de origem. Trata-se de uma situação que se verifica, com alguma frequência, no contexto de relações de concessão, mas também no âmbito de empresas públicas (cfr. artigo 17.º/1 da LSEE) ou de outras entidades administrativas privadas (*v.g.*, Santa Casa da Misericórdia de Lisboa), bem como de entidades particulares, eventualmente até sem funções públicas[1078]. Houve já oportunidade de referir que os funcionários públicos colocados na dependência de entidades particulares actuam, *no plano das relações externas*, como particulares. A circunstância de terem o estatuto de funcionários públicos não representa, assim, um factor especial de legitimação da delegação de funções e de poderes públicos. Embora se trate de funcionários públicos, enquanto estejam ao serviço e na dependência de entidades particulares, são particulares, que, por isso, apenas podem actuar dentro do círculo de competências conferidas à entidade que servem. Por outras palavras,

---

entidades privadas. No caso alemão, o modelo da "delegação de poderes públicos patronais" foi mesmo objecto de previsão constitucional: artigo 143.º-B, 3, 2.ª fr. Sobre o assunto, cfr., para o caso francês, FORTIER, "La consolidation juridique du lien fonction publique – service public", p. 291; RICHER, "Le statut des agents de France Telecom", p. 463; CHEVALLIER, "La nouvelle réforme des télécommunications: ruptures et continuités", p. 944 e ss; para o caso alemão, cfr. BENZ, Ob. cit., p. 174 e ss; WOLFF, "Die Wahrung der Rechtsstellung von Beamten, die bei den privatisierten Unternehmen von Bahn und Post beschäftigt sind", p. 72 e ss; BACIGALUPO SAGGESE, "Reducción y laboralización de la función pública alemana en el marco del proceso de privatización de servicios públicos de los años noventa", p. 294 e ss.

[1077] Esta situação também pode estar associada a processos de transformação de entidades públicas em entidades com estatuto de direito privado. Assim sucede sempre que se encontravam ao dispor da entidade pública funcionários do Estado em regime de requisição.

[1078] Em princípio, este tipo de mobilização de funcionários públicos – previsto em lei – só é aceitável quando vise beneficiar entidades administrativas privadas e entidades particulares encarregadas de missões públicas ou, pelo menos, de missões de reconhecido interesse público.

os funcionários mobilizados não transportam consigo as competências nem o estatuto que detinham no lugar de origem[1079].

Revelando-se indiscutível o que acaba de dizer-se, a verdade é que, *no plano estatutário*, os funcionários públicos destacados ou mobilizados para o exercício de funções na dependência de entidades privadas mantêm a sua condição estatutária de funcionários públicos[1080]. Essa condição determina, ou pode determinar, a natureza pública dos poderes de regulação (*v.g.*, poderes de direcção, atribuição de licenças, marcação de faltas) e de disciplina (aplicação de sanções) exercidos no desenvolvimento da relação de emprego[1081].

A questão que, nesse caso, se coloca consiste em saber que poderes públicos fica a entidade privada autorizada a exercer sobre os funcionários públicos colocados ao seu dispor. Como propõe João Pacheco de Amorim, deve distinguir-se, nesta eventualidade, o *vínculo estrutural* (entre os funcionários e a entidade pública a que pertencem) e o *vínculo funcional* (entre os funcionários e as entidades em que se encontram a prestar serviço)[1082]. No silêncio da lei sobre o assunto, parece-nos de seguir a tese segundo a qual o mero facto de a legislação admitir a mobilização implica a autorização da entidade privada para o exercício dos poderes públicos conexos com a estrita *obrigação de servir* e o correlativo *poder de dirigir* a actuação do funcionário. Assim, os poderes de determinar a sua função, o seu horário de trabalho, de emitir instruções e ordens, de marcar faltas ou de definir o mapa de férias, bem como

---

[1079] Um polícia municipal colocado ao serviço de uma entidade particular com funções de fiscalização do trânsito só pode exercer as eventuais competências públicas que estejam delegadas na entidade que serve e não as que detinha enquanto funcionário ao serviço da autarquia; cfr., *supra*, cap. I, 1.1.1.

[1080] Cfr. MATHIOT, "Le détachement des fonctionnaires", p. 461; CHARLES, "Les fonctionnaires mis à la disposition d'organismes publics ou privés", p. 609 e ss.

[1081] Esclarecemos que a situação "pode determinar" a natureza pública dos poderes de regulação e de disciplina exercidos no desenvolvimento da relação de emprego porque também pode dar-se o caso de se aplicar o princípio, acolhido nos artigos 23.º e 24.º da lei que aprova o regime jurídico do contrato individual de trabalho na Administração Pública (Lei n.º 23/2004, de 22 de Junho): de acordo com aquelas normas, o estatuto de funcionário público pode ser suspenso, e substituído pelo regime do contrato de trabalho, durante o período em que vigora a designada "cedência especial" de funcionários a pessoas colectivas privadas.

[1082] Cfr. João Pacheco de AMORIM, "Duas questões de direito disciplinar suscitadas pela criação de empresas municipais", p. 9.

de um modo geral, todos os poderes sobre a "marche du service" de que
o funcionário fica encarregado passam a pertencer à entidade privada
que beneficia da mobilização[1083]. Já o mesmo não pode suceder quanto
ao poder disciplinar, pelo menos na medida em que envolva a aplicação
de sanções de suspensão, inactividade e demissão ou aposentação compulsiva. No silêncio da lei sobre os poderes que "passam" para a entidade privada, a situação de mobilização não investe essa entidade de
poderes de provocar alterações na situação estatutária de um funcionário
público[1084].

Retomando as categorias de poderes públicos que aparecem conferidos a entidades privadas, devemos referir os poderes de cobrar "taxas".
Como se sabe, as taxas são tributos, que, nos termos da lei, assentam na
prestação concreta de um serviço público, na utilização de um bem do
domínio público ou na remoção de um obstáculo jurídico ao comportamento dos particulares (artigo 3.º/2 da LGT). Tivemos já oportunidade
de esclarecer que só se afigura líquida a natureza tributária da contraprestação susceptível de ser exigida por uma entidade privada quando se
verifique qualquer uma das três situações seguintes: *i)* além da referência
ao conceito de *taxa*, a lei autoriza expressamente essa entidade a recorrer
ao "processo de execução fiscal" para obter a cobrança coerciva[1085]; *ii)* a

---

[1083] Cfr. MATHIOT. Ob. cit., p. 490; CHEMILLIER-GENDREAU, "Le détachement dans
la fonction publique", p. 647 e ss.

[1084] Em sentido diferente, mas para os casos de funcionários públicos requisitados
por ou destacados para entidades públicas, cfr. João Pacheco de AMORIM, "Das questões", cit., p. 11 e ss.

Por vezes, a lei indica as competências de que a entidade privada passa a dispor;
assim sucede no caso da ANA, S.A., que, em relação aos funcionários públicos requisitados que estejam ao seu serviço, tem competência para atribuir licenças e autorizações
que os mesmos requeiram nos termos legais, bem como para exercer o poder disciplinar,
"salvo quanto à aplicação das penas de demissão e de aposentação compulsiva da função
pública".

Note-se que os artigos 23.º e 24.º da Lei n.º 23/2004 – regime de cedência especial,
com suspensão do estatuto de funcionário público – acolhem as soluções propostas no
texto quanto ao exercício do poder disciplinar; sucede, todavia, que, neste caso, os actos
disciplinares a praticar pela entidade privada têm uma "natureza privada" (dado ser
aplicável o regime do contrato de trabalho), isto apesar de os comportamentos do funcionário terem relevância no âmbito da relação jurídica de emprego público e se determinar que o procedimento disciplinar deve respeitar o Estatuto Disciplinar dos Funcionários e Agentes da Administração Pública (cfr. artigo 23.º/7).

lei determina que o não pagamento de uma taxa constitui uma contravenção ou uma contra-ordenação, deixando assim claro que está aí em causa um ilícito público; *iii)* o contexto em que aparece a referência ao conceito de taxa deixa perceber claramente que a lei pretende investir a entidade privada de um poder especial. Fora dessas situações e apesar da designação legal – "taxa" –, estaremos em face de um preço (porventura, um preço público, administrativamente fixado).

A natureza especial da contrapartida económica da prestação de um serviço público ou da utilização privativa de bens públicos não reside na unilateralidade (que, de resto, não existe) mas no facto de a emissão da nota cobrança se consubstanciar na criação (aqui, sim, unilateral) de um título executivo. Afigura-se-nos, pois, que, não sendo inequívoca a delegação deste poder público unilateral de criação de um título executivo, o mero facto de a lei estabelecer que uma entidade privada cobra taxas pela prestação de um serviço não envolve a delegação de um poder público de natureza tributária. Se bem vemos a questão, o poder de cobrar um valor, por ex., pela licença de utilização do domínio público, não introduz na esfera jurídica do respectivo titular um poder público; trata-se apenas de o autorizar a obter uma contrapartida pelas utilizações que autorize. O momento público, tributário, só existe nessa eventualidade porque se associa a esse poder de cobrar a taxa uma protecção ou garantia especial. Se, no caso de entidades privadas, a lei não esclarece explicitamente que – além de poderem cobrar um valor pelos serviços que prestam – os seus créditos beneficiam de executividade, entendemos que tais entidades não aparecem investidas de um poder público de natureza tributária; a mera referência ao *nomen* taxa afigura-se insuficiente.

As considerações expostas conduzem-nos, por conseguinte, à conclusão de que o poder de cobrar "taxas" se apresenta como um poder público quando a lei o articula, de forma explícita ou inequívoca, com a criação unilateral de um título executivo. O acto de liquidação constitui, então, um acto de direito público (tributário) e a entidade privada surge como sujeito activo de uma relação jurídica tributária[1086].

[1085] Nos termos da lei, podem recorrer ao processo de execução fiscal para obter a cobrança coerciva de taxas, entre outras, as comissões vitivinícolas regionais, a ANA, S.A., e as sociedades gestoras de áreas de localização empresarial.

[1086] O facto de a entidade privada se apresentar como sujeito activo da relação tributária tem implicações processuais. Com efeito, no caso de impugnação judicial do

Acrescente-se, a propósito, que a circunstância de a cobrança coerciva da taxa se realizar através do *processo de execução fiscal* introduz um factor suplementar de poder público e de autoridade. Com efeito, o titular do crédito tributário – que, neste caso, é uma entidade privada[1087] –, surge, nesse processo, investido das competências que o CPPT atribui ao órgão de execução fiscal, praticando actos materialmente administrativos, correspondentes ao exercício de poderes de autoridade de natureza administrativa[1088].

---

acto de liquidação da taxa, a participação no processo deveria caber à própria entidade privada, porquanto é ela que tem o interesse e o direito de se opor e de contestar a impugnação: por um lado, trata-se de um acto por ela praticado e, por outro, na hipótese de procedência da impugnação, a execução (o dever de repor) atinge-a a ela. Contudo, nos termos do artigo 54.º do ETAF (que mantém a solução do ETAF/1984), a intervenção processual cabe à Fazenda Pública, que, nos tribunais tributários, é representada por titulares de órgãos da administração fiscal. Quer dizer, a entidade privada autora do acto de liquidação da taxa – sujeito da relação tributária – e, por isso, interessada em contradizer, não intervém processualmente em defesa do acto que praticou.

A situação da entidade privada apresenta óbvias analogias com a situação das autarquias locais em relação às taxas autárquicas – neste caso, a lei acabou por atribuir às autarquias o direito de designar o advogado ou licenciado em direito para representar a Fazenda Pública (solução legal adoptada na sequência do AcTC n.º 553/94).

[1087] Apesar do disposto no artigo 3.º/1 do Decreto-Lei n.º 241/93, de 8 de Julho – "o processo de execução fiscal passa a aplicar-se exclusivamente à cobrança coerciva das dívidas ao Estado e a outras pessoas colectivas de direito público" –, há, no direito português, entidades privadas expressamente habilitadas a cobrar coercivamente certos créditos de que são titulares pelo processo de execução fiscal (por ex., as comissões vitivinícolas regionais, a ANA, S.A., as empresas públicas de administração dos portos) A situação não tem, de resto, nada de anormal, desde que se trate de créditos de natureza tributária, provenientes de taxas; note-se que, nos termos do artigo 148.º do CPPT, o processo de execução fiscal abrange a cobrança coerciva de "taxas".

Como resultava do preâmbulo daquele diploma de 1993, na mente do legislador estava o interesse de excluir do processo de execução fiscal "a execução de dívidas a entidades que não integrem a Administração Pública e *actuem no âmbito do direito privado*". Acrescenta ainda o preâmbulo que o processo de execução fiscal ficava, assim, liberto "para a função para que foi concebido, que é a cobrança coerciva das receitas do Estado e outras pessoas de direito público no âmbito das relações administrativas e fiscais". Embora à data da publicação desse diploma a Caixa Geral de Depósitos (CGD) ainda tivesse personalidade de direito público, podemos admitir que o legislador estava a pensar exactamente na cobrança de créditos da CGD através do processo de execução fiscal (situação que existia à data e que seria abolida pouco tempo depois, com a publicação do Decreto-Lei n.º 278/93, de 20 de Agosto).

[1088] Dissemos já que, ao contrário do processo executivo civil – que se desenrola sempre sob controlo do juiz –, bem como ao contrário do que estabelece o artigo 103.º da

A cobrança de taxas constitui, em Portugal, o exemplo único de exercício de poderes públicos tributários por entidades privadas[1089]. Apesar das várias formas de colaboração de particulares com a Administração fiscal, quer no âmbito da administração e da liquidação dos impostos[1090], quer no da própria cobrança (recepção do valor do imposto)[1091], não se conhecem, no direito português, outros fenómenos de delegação de poderes de natureza tributária em particulares[1092] – como, por ex., os que, noutras ordens jurídicas, se associam à delegação do *serviço de cobrança de impostos*[1093].

LGT, o processo de execução fiscal apresenta-se como um *processo de natureza administrativa*, embora com determinados momentos jurisdicionais, que implicam a intervenção de um juiz (artigo 151.º do CPPT). Na verdade, o exequente é o credor, que actua motivado pelo interesse de obter a cobrança do seu crédito. Na medida em que, no desenrolar desse processo, são praticados actos de autoridade (actos materialmente administrativos: artigo 151.º do CPPT), o credor fiscal actua enquanto autoridade pública. Assim sucede também quando se trata de uma entidade privada. No sentido de que o processo de execução fiscal assume um carácter fundamentalmente administrativo, cfr. Ac'sTC n.ºˢ 142/02, e 263/02.

[1089] Acrescente-se, contudo, que, por vezes, as entidades privadas com poder de cobrar taxas aparecem também investidas da competência para fixar o respectivo valor ou condições de pagamento. Nessa eventualidade, teremos a participação de entidades privadas na emissão de *normas regulamentares fiscais*; o ETAF/1984 contemplava uma referência expressa ao recurso de normas regulamentares fiscais emitidas por concessionários; cfr. artigo 62.º/1,*j*).

[1090] A colaboração privada no exercício de funções de administração tributária – concretamente, na liquidação e na cobrança de impostos – assume actualmente uma grande importância em Portugal, embora tenha lugar no contexto de um *sistema de colaboração forçada* (imposição de deveres de autoliquidação e de substituição fiscal, bem como de deveres de apresentação dos dados fiscalmente relevantes) em que os particulares não actuam como delegatários de funções públicas; sobre o que designa por "sistema de *administração privada* dos impostos" e "privatização fiscal", cfr. J. Casalta NABAIS, "O quadro constitucional da tributação das empresas", p. 48 e ss, e *Direito Fiscal*, cit., p. 337 e ss.

[1091] Cfr. artigo 51.º do CPPT; na doutrina, cfr. J. CASALTA NABAIS, *Direito Fiscal*, cit., p. 302.

[1092] Neste contexto, deve chamar-se a atenção para a situação especial que resulta de, no processo de execução fiscal, poder figurar na posição de órgão de execução o terceiro que proceda ao pagamento das dívidas tributárias do devedor, na hipótese de *sub-rogação nos direitos da Fazenda Pública*; cfr. artigos 41.º da LGT e 92.º/1 do CPPT; sobre a sub-rogação, cfr. J. Casalta NABAIS, *Direito Fiscal,* cit., p. 272.

[1093] Na Itália, o exercício de poderes públicos de cobrança (incluindo mesmo os *privilegia fisci* de recorrer ao processo de execução fiscal para efectivar a cobrança

3.2.2.2. Poder público para praticar actos internos

A delegação tem, por vezes, por objecto poderes para a prática de actos internos, que irradiam efeitos nas relações que se estabelecem entre a entidade privada e entidades públicas[1094].

Aqui se incluem, desde logo, os poderes de praticar actos que produzem *efeitos jurídicos vinculativos – preclusivos* ou *conformativos –* sobre o exercício da competência de um órgão administrativo (*v.g.*, pareceres vinculantes[1095]). Neste domínio, importa não confundir os planos da *vinculação jurídica* e da *vinculação de facto.* O efeito fáctico de vinculação de um órgão público pode resultar da mera privatização funcional no domínio da preparação da decisão administrativa[1096]. Por seu lado, a vinculação jurídica ocorre nos termos de um plano enquadrado e regulado por uma lei que reparte a responsabilidade de ponderação e de decisão por duas instâncias. A entidade privada não aparece, nesse caso, como um mero auxiliar da Administração, mas como instância investida por lei de um poder de fixar parâmetros que uma decisão pública tem de considerar. Quando esteja presente uma situação com estes contornos, encontramo-nos perante uma delegação de poderes públicos numa entidade privada.

Noutras situações, a lei pode não estabelecer expressamente o carácter vinculativo dos actos praticados por uma entidade privada. Apesar disso, a entidade privada pode aparecer investida, por lei ou com fundamento na lei, do poder de realizar o trabalho de preparação de uma decisão pública, ficando incumba de organizar e dirigir toda ou parte da

---

coerciva) surge, em certos casos, delegado em particulares: assim sucede com a tradicional figura do *esattore* – desde 1986 substituído pelos *concessionários do serviço de cobrança de impostos –*, com a *Sociedade Italiana de Autores e Editores* (cobrança dos impostos sobre os espectáculos), com o *Automóvel Clube de Itália* (cobrança dos impostos sobre a circulação automóvel) e com o *concessionário para o imposto sobre a publicidade*; sobre estas concessões de funções públicas e poderes públicos tributários, cfr. COCIVERA, *Principi di diritto tributario*, p. 136 e ss; BERLIRI, *Principi di diritto tributario*, I, p. 367 e ss; RASTELLO, *Diritto tributario*, p. 423 e ss; na doutrina mais antiga, cfr. FORTI, "Due speciali forme di concessione amministrative", p. 337 e ss.

[1094] Sobre estas delegações internas, cfr. STEINER, *Öffentliche*, cit., pp. 55 e 128 e ss; HEIMBURG, Ob. cit., pp. 113 e 126: FRENZ, Ob. cit., p. 60 e ss; STUIBLE-TREDER, Ob. cit., p. 50.

[1095] Sobre os pareceres vinculantes, cfr. Pedro GONÇALVES, "Apontamento sobre a função e a natureza dos pareceres vinculantes", p. 3 e ss.

[1096] Cfr., *supra*, Parte I, Cap. III, 2.2.1.

instrução de um procedimento administrativo. Nesta categoria de situações[1097], a conexão íntima entre a intervenção privada e a decisão pública adoptada (que encontra naquela intervenção o seu "fundamento decisivo"[1098]) conduz a doutrina a entender que está presente uma espécie de delegação interna de poderes públicos. No direito português, foi também esse o entendimento do Tribunal Constitucional, sobre o exercício, pelos sindicatos, de competências instrumentais à competência (da Administração Pública) de passagem de carteiras profissionais (*v.g.*, realização de exames necessários à obtenção das carteiras). Segundo o Tribunal Constitucional, o facto de um sindicato organizar o processo para a emissão de carteiras profissionais significa a atribuição à organização sindical de verdadeiros poderes ou prerrogativas de autoridade[1099].

3.3. *Poderes de execução coerciva e de coacção directa*

Por fim, as entidades privadas podem ainda aparecer investidas de poderes públicos de execução coerciva de actos administrativos e até de poderes públicos de coacção directa.

3.3.1. *Poder público de execução coerciva de actos administrativos*

A referência ao exercício do poder de execução coerciva de actos administrativos por entidades privadas envolve dois cenários. Por um lado, o que se relaciona com a execução de actos administrativos praticados pela própria entidade privada: assim, por ex., a execução coerciva do acto que impõe a demolição de uma construção ilegal numa parcela do domínio público. Se estiver habilitada a executar coercivamente, o "momento de poder", que existe no procedimento administrativo executivo, pertence à entidade privada. Discutida afigura-se a questão de saber se o facto de uma entidade privada estar munida de um poder impositivo, por ex., para ordenar a demolição de obras ilegais, a investe

---

[1097] Desde que seja claro que a entidade privada se move no exercício de uma actividade pública de preparação de uma decisão pública. Como se sabe, há casos de conexão entre actividades privadas e actividades públicas que podem introduzir, neste domínio, algumas dificuldades de qualificação; cfr., *supra*, Cap. I, 2.1.2.3.

[1098] Cfr. STEINER, *Öffentliche*, cit., p. 129, e "Fragen", cit., p. 609.

[1099] Cfr. AcTC n.º 197/2000.

do poder de execução coerciva, nos termos dos artigos 149.º/2 e 157.º/2 do CPA[1100]. Por outro lado, pode suceder que a entidade privada surja investida apenas de poderes públicos de execução coerciva pelo facto de ser contratada pela Administração para com esta colaborar na implementação de decisões que públicas. Nesses casos, se as entidades privadas aparecerem investidas do poder de definir as condições e os termos da execução coerciva, estando autorizadas a tomar decisões juridicamente relevantes nesse plano (*v.g.*, escolha de medidas executivas a adoptar ou do momento de aplicação dessas medidas) ou decisões que comportem um autónomo dever de acatar ou de suportar do executado, teremos, então, exercício de poderes públicos de autoridade. A este propósito, recordando uma interpretação que já expusemos, deve dizer-se que o artigo 157.º/2 do CPA não autoriza a Administração a delegar poderes públicos nas entidades que contrata para com ela colaborarem na execução de actos administrativos não cumpridos pelo destinatário; as entidades privadas contratadas pela Administração actuam no âmbito do direito privado (*privatização funcional*)[1101].

3.3.2. *Poder* público *de coacção directa e direitos* privados *de emprego da força*

O poder público de coacção directa remete-nos para a prática de actos materiais que envolvem o emprego da força e da coacção física sobre pessoas ou coisas não precedido de título executivo e em "directa execução da lei". Esclarece Carla Amado Gomes que a coacção directa pode ainda apresentar um "ténue elemento jurídico", nos casos em que, de forma desprocedimentalizada, a Administração Pública emite um acto que se limita a verbalizar um imperativo – uma ordem ou proibição – que já resulta da lei[1102]. Pelo menos teoricamente, pode admitir-se que, em circunstâncias decerto excepcionais, a lei devolva poderes públicos de coacção directa a entidades privadas[1103].

Neste domínio do emprego da força e da coacção física, importa ter bem presente a destrinça entre poderes públicos e os *direitos privados de empregar a força*.

[1100] Sobre isso, cfr., *infra*, Parte IV, Cap. II.

[1101] Sobre a intervenção auxiliar de entidades privadas na execução coerciva de actos administrativos, cfr., *supra*, Parte I, Cap. III, 2.2.2.

[1102] Cfr. Carla Amado GOMES, *Contributo*, cit., p. 166.

[1103] Sobre o assunto, cfr., *infra*, Parte IV, Cap. I.

A admissibilidade de direitos privados de coacção física pela ordem jurídica estadual parece em contradição com alguns dos fundamentos filosóficos e políticos mais sólidos do Estado, entidade cuja razão de ser constitui inicialmente a garantia da segurança, da paz e da ordem (Bodin, Hobbes e Locke)[1104]. É, aliás, esse o lastro ideológico que fundamenta e explica o *monopólio estadual do emprego da força* ("Gewaltmonopol"), princípio com origem na filosofia política[1105], mas que foi acolhido na ordem jurídico-constitucional, segundo alguns, como dimensão essencial dos princípios do *Estado de direito democrático* e da *soberania popular*[1106], ou, para outros, como um *princípio constitutivo do Estado*[1107] ou ainda como um *princípio constitucional não escrito*, mas com afloramentos em preceitos constitucionais, como os que consagram o direito de resistência (apenas) "quando não seja possível recorrer à autoridade pública"[1108/1109].

Todavia, do monopólio estadual do emprego da força não resulta exactamente uma exclusão absoluta do emprego da força por particulares, mas apenas um "princípio de proibição"[1110], que admite cenários em que, em condições excepcionais, o emprego da força nas relações

---

[1104] Cfr. HOBBES, *Leviatã ou Matéria, Forma e Poder de um Estado Eclesiástico e Civil*, Parte II, cap. XVIII ("se não for instituído um poder suficientemente grande para a sua segurança, cada um confiará, e poderá legitimamente confiar apenas, na sua própria força e capacidade, como protecção contra todos os outros"; o Estado é, por isso, uma pessoa instituída "de modo a poder usar a força e os recursos de todos, da maneira que considerar conveniente, para assegurar a paz e a defesa comum"); LOCKE, *Ensaio Sobre a Verdadeira Origem, Extensão e Fim do Governo Civil*, especial., p. 113 e ss.

[1105] Cfr. GUSY, "Rechtsgüterschutz", cit., p. 575. Sobre os fundamentos do monopólio do emprego da força pelo Estado, cfr. NITZ, *Private und öffentliche*, cit., p. 315 e ss.

[1106] Cfr. MERTEN, Ob. cit., p. 35 e ss; HAMMER, Ob. cit., p. 617.

[1107] Sobre o *Gewaltmonopol* como princípio constitutivo do Estado, cfr. WOLFF, *Ungeschriebenes*, cit., p. 320; no sentido de que o monopólio estadual do emprego da força não constitui uma dimensão do Estado de direito, mas uma característica essencial da própria noção de Estado, cfr. BRACHER, Ob. cit., p. 104.

[1108] Cfr. JEAND'HEUR, Ob. cit., p. 11; SCHULTE, Ob. cit., p. 132.

[1109] Em divergência com a doutrina maioritária sobre o "Gewaltmonopol", cfr. KNEIHS, Privater *Befehl und Zwang*, p. 73 e ss, e "Verfassungsfragen des so genannten staatlichen Gewaltmonopols am Beispiel des österreichischen Rechts", p. 265 e ss. Para o Autor, o dito monopólio estadual do emprego da força deve ser relativizado, pois que o que verdadeiramente existe é apenas um monopólio estadual (legal) de definição das condições do emprego da força ("monopólio de regulação do emprego da força").

[1110] Cfr. ISENSEE, "Staat und Verfassung", p. 621.

inter privatos se afigura legítimo. Trata-se, em regra, de casos em que a *força privada* é legalmente autorizada numa lógica de *subsidiariedade* relativamente ao uso da força pelas autoridades públicas[1111]. Em geral, o fundamento da força privada reside na exigência de a ordem jurídica admitir, em certas condições[1112], a *auto-defesa* ou a *defesa provisória de interesses próprios*, baseando essa possibilidade na ideia de *solidariedade* ou na necessidade da *defesa legítima de interesses do próprio agredido*. Em qualquer caso, cabe ao legislador do Estado, no âmbito do "monopólio de regulação do emprego da força" – monopólio com carácter taxativo e absoluto – definir os exactos termos e condições em que o emprego da força é viável[1113].

Para uma parte da doutrina, a coacção física nas relações *inter privatos* representa sempre o resultado de um "poder conferido pelo Estado", devendo recusar-se a existência de qualquer direito originário, que o Estado tenha de respeitar. Nesta ordem de ideias, estará sempre subjacente ao uso legítimo da força uma "permissão estadual", a qual pode traduzir-se numa verdadeira *delegação* de um poder público ou numa *autorização* para o exercício de um direito privado: no primeiro caso, os particulares exercem, em seu nome, um *poder público*, tratando--se, portanto, da manifestação de um *exercício privado de poderes públicos*; no segundo, o particular fica autorizado a empregar a força física como um *direito seu*, integrado no seu *status civilis*, sempre que se verifiquem certas circunstâncias previstas na lei[1114].

Saber se a razão está do lado desse entendimento, que concebe o emprego da força como o exercício de um *poder conferido pelo Estado*,

---

[1111] A regra da *subsidiariedade da defesa privada*, ainda que, por ex., não expressamente prevista no Código Penal para a legítima defesa (ao contrário do que acontece com a legítima defesa prevista no Código Civil: "desde que não seja possível fazê-lo pelos meios normais"), resulta claramente da parte final do artigo 21.º da CRP; cfr. A. Taipa de CARVALHO, *A Legítima Defesa*, p. 323 e ss.

[1112] Como observa BRACHER, Ob. cit., p. 131, até Hobbes, um dos fundadores da teoria do monopólio estadual da força, reconheceu que o dever de não recorrer à coacção nas relações entre privados desaparece quando o Estado não exerce ou não está em condições de exercer os seus deveres de protecção; cfr. HOBBES, *Leviatã*, Parte II, cap. XXI.

[1113] Sem autorização legal e sem a verificação concreta das condições previstas em lei, o emprego da força entre privados é ilegítimo e ilícito; cfr. KNEIHS, *Privater Befehl*, cit., p. 48, e "Verfassungsfragen", cit., p. 265.

[1114] Sobre a bifurcação da *Gewaltgestattung* em *delegação* e em *autorização*, cfr. MERTEN, Ob. cit., p. 56 e ss.

ou do que considera que o uso da força se baseia, não numa autorização, mas antes numa espécie de *tolerância* do Estado (que decide não punir certas condutas desde que se verifiquem determinados pressupostos que tornam legítima a excepção ao monopólio estadual[1115]), ou ainda do que defende que, neste caso, o Estado se limita a respeitar um direito pré-existente[1116] afigura-se relativamente indiferente, pois todas essas teses concordam num ponto essencial: o de estarem presentes direitos privados de emprego legítimo da força e não poderes ou competências públicas, transferidas ou delegadas por lei. Esta é, para os nossos propósitos, a conclusão fundamental.

O *resto* de um legítimo emprego da força nas relações entre particulares, com manifesto carácter excepcional e subsidiário[1117], e que, por isso, só pode ser exercido como *ultima ratio*[1118], encontra expressão em institutos clássicos do direito civil, como a *acção directa*[1119], ou também do direito penal, como a *legítima defesa*[1120].

A conformidade com a ordem constitucional desses "direitos de coacção dos particulares em lugar do Estado"[1121] e a legitimação constitucional do respectivo exercício, não suscitam quaisquer dificuldades no direito português[1122], pois o próprio texto constitucional consagra o direito de resistência como "o direito (...) de repelir pela força qualquer agressão, quando não seja possível recorrer à autoridade pública"[1123] – a última parte do preceito sublinha claramente a ideia *de subsidiariedade* e a *regra do primado do emprego da força pelo Estado*.

Aos referidos, devem juntar-se outros direitos privados de coacção física, como o direito de detenção *in flagranti*: artigo 255/1,*b)*, do Código de Processo Penal.

Autorizados, conferidos, respeitados ou tolerados pelo Estado, todos os direitos de coacção física referidos são *direitos privados*, que

---

[1115] Neste sentido, cfr. DAGTOGLOU, "Die Beteiligung", cit., p. 536.

[1116] Cfr. NITZ, *Private und öffentliche*, cit., p. 75.

[1117] Cfr. GÖTZ, "Innere Sicherheit", p. 1027.

[1118] Cfr. MERTEN, Ob. cit., p. 57.

[1119] Artigos 336.º, 1277.º e 1314.º do Código Civil.

[1120] Artigos 337.º do Código Civil e 32.º do Código Penal.

[1121] Cfr. Eduardo CORREIA, *Direito Criminal*, II, p. 113.

[1122] No mesmo sentido, para o direito alemão, cfr. BRACHER, Ob. cit., p. 42.

[1123] O direito de resistência é a consagração constitucional da ideia, presente em todos os institutos referidos, de que "o direito não deve ceder diante do não direito"; nesse sentido, cfr. HOFFMANN-RIEM, "Übergang der Polizeigewalt auf Private?", p. 281.

pertencem a todos ("direitos de todos")[1124]. Não constituem, portanto, poderes ou competências de direito público confiadas ou delegadas pelo Estado nos particulares, como pensava Georg Jellinek em relação à legítima defesa de terceiro, à detenção em flagrante delito, e, como em relação a esta última, continua a pensar uma boa parte da doutrina, sobretudo italiana.

Para Jellinek, numa "sobre-acentuação da estadualidade" (como notou Dagtoglou[1125]), a legítima defesa de terceiro (não a do próprio) ou a detenção em flagrante delito não consubstanciariam direitos privados, individuais, uma vez que o cidadão não actua, nesse âmbito, para a prossecução de um interesse próprio; nos dois casos verificar-se-ia, "não o exercício de um direito individual, mas um acto de polícia, mediante um órgão ocasional do Estado"; o particular seria pois um representante do Estado, agindo para a prossecução de um interesse público[1126].

Na actualidade, sobretudo os autores de língua italiana sustentam que a detenção em flagrante delito representa o exercício de uma função pública ou de um *munus* público por particulares[1127]; no direito português, é também essa a opinião de Paulo Otero[1128].

Na nossa interpretação, a detenção em flagrante delito não se apresenta como um poder público, nem como um dever de colaboração cívica[1129], mas como um *direito*, uma *faculdade* – artigo 255º/1,*b*), do Código de Processo Penal: "qualquer pessoa *pode* proceder à detenção" –, qualificação que não pode deixar de relevar na determinação da sua natureza jurídica. A formulação legal não suscita dúvidas quanto à sua qualificação como poder *autorizado ou permitido* (e não delegado ou concedido)[1130]. A circunstância de não estar aí em causa a

---

[1124] Cfr. HEYEN, Ob. cit., p. 51[8]; MAHLBERG, Ob. cit., p. 75.

[1125] Cfr. DAGTOGLOU, "Die Beteiligung", cit., p. 536; em sentido próximo, entendendo que deve recusar-se uma interpretação estatizante desses poderes, cfr. STEINER, *Öffentliche,* cit., p. 69[267].

[1126] Cfr. JELLINEK, *Sistema,* cit. p. 271 e ss.

[1127] Cfr. ZANOBINI, *Corso,* cit., p. 320; VALENTINI, Ob. cit., p. 979; SANDULLI, *Manuale,* cit., p. 567; IRELLI, Ob. cit., p. 65.

[1128] Cfr. Paulo OTERO, *O Poder de Substituição,* cit., p. 61, considerando a detenção em flagrante delito exemplo de uma *função pública ocasionalmente atribuída a entidades privadas.*

[1129] Como propõe, por exemplo, SANDULLI, *Manuale,* cit., p. 567.

[1130] No sentido de que o instituto da detenção "provisória" representa um "Privatrechtsmacht", cfr. MERTEN, Ob. cit., p. 57; HEYEN, Ob. cit, p. 51; STEINER, *Öffentliche,*

prossecução ou a defesa de um interesse próprio do agente ou de um outro interesse privado[1131], e de, nesse sentido, ser adequado falar-se de um "agere pro magistratu"[1132], não parece determinante, uma vez que está longe de se assumir como necessário o entendimento de que os direitos de acção privada não podem ser autorizados pelo Estado para a cura de interesses públicos[1133].

Do mesmo modo, e apesar de estar situada numa área de intervenção que *também* pertence ao Estado (reparação da ordem jurídica violada)[1134], a legítima defesa de terceiro[1135] constitui em geral o exercício de um *direito de auxílio necessário*[1136]. A situação pode complicar--se quando o direito de actuar em legítima defesa para tutelar interesses juridicamente protegidos de terceiro se transforma em *dever de auxílio* – a existência de um tal dever decorre, não de uma norma que positivamente o consagre, mas da norma jurídico-penal que incrimina a *omissão de auxílio* (artigo 200.º do Código Penal). Apesar de, ao contrário dos outros casos, não estar aqui presente um *direito*, entende-se que continua a não existir qualquer justificação para considerar que o exercício do poder de coacção física sobre um eventual agressor de terceiro corresponde ao exercício de um poder público[1137]. Para além de outros argumentos, importa salientar, desde logo, que a consagração legal deste dever "radica, em última instância, na ideia antiquíssima de solidariedade"[1138], o que representa um indício de que está presente uma actuação exigida a *cada cidadão* ou membro de uma comunidade e não o exercício de uma actuação solidária que, em primeiro lugar, caberia ao

---

p. 69 [267] (considerando-o um "poder privado clássico"); STUIBLE-TREDER, Ob. cit., p. 13; BACKHERMS, Ob. cit., p. 16.

[1131] Cfr. Eduardo CORREIA, Ob. cit., p. 113, observando que a lei coloca nas mãos dos particulares este poder de coacção "para assegurar a realização de direitos públicos, por exemplo a pretensão punitiva". Sublinhando o interesse público da detenção em flagrante delito, cfr. MAHLBERG, Ob. cit., p. 130; NITZ, Ob. cit., p. 134.

[1132] Cfr. A. Taipa de CARVALHO, Ob. cit., p. 291.

[1133] Cfr. STEINER, *Öffentliche*, cit., p. 69[267].

[1134] Cfr. MAHLBERG, Ob. cit., p. 111.

[1135] No sentido de que a legítima defesa constitui o *exercício de um direito*, cfr. Eduardo CORREIA, Ob. cit., p. 35.

[1136] Cfr. Eduardo CORREIA, Ob. cit., p. 48.

[1137] Em sentido contrário, cfr. GAUSE, Ob. cit., p. 67 e ss.

[1138] Cfr. Maria Leonor ASSUNÇÃO, *Contributo para a Interpretação do Artigo 219.º do Código Penal (O Crime de Omissão de Auxílio)*, p. 27.

Estado levar a cabo (concepção que, também aqui, representaria uma inusitada sobre-acentuação da estadualidade). O cumprimento do dever de auxílio representa, pois, o exercício de uma *actuação de colaboração cívica*[1139] em relação a outros cidadãos[1140], e não o exercício de uma competência pública.

Os "direitos de todos" de emprego da força em situações de necessidade não revestem natureza pública; constituem direitos privados que o ordenamento jurídico reconhece a qualquer pessoa. No âmbito da presente investigação, a importância destes direitos privados não está conexa apenas com a exigência de os distinguir dos poderes públicos de emprego da força; releva ainda porque, em grande medida, esses mesmos direitos representam uma base jurídica fundamental da *actividade de segurança privada* e, particularmente, do emprego da força pelo pessoal das empresas que exercem essa actividade[1141].

[1139] No sentido de que o dever de auxílio é um *dever de colaboração cívica*, consagrando o direito positivo, desse modo, antigos princípios de solidariedade humana, cfr. GIANNINI, *Diritto,* cit., I, p. 175; Paulo OTERO, *O Poder de Substituição,* cit., p. 52.

[1140] Embora, como nota BRACHER, Ob. cit., p. 42, ao dever de auxílio não corresponde um direito da vítima a exigir uma actuação em sua defesa, o que, segundo o Autor, é determinante para distinguir esse dever de colaboração da competência pública de protecção dos direitos e dos interesses protegidos dos cidadãos.

[1141] Cfr., *supra,* Parte I, Cap. III, 2.2.2., e, *infra,* Parte IV, Cap. I.

PARTE III
Entidades privadas com funções administrativas e poderes públicos de autoridade

Na presente parte da investigação pretendemos deixar uma indicação tão completa quanto possível sobre casos que, no direito português vigente, ilustram a figura do exercício de poderes públicos de autoridade por entidades privadas com funções administrativas. Trata-se, portanto, da exposição dos resultados de um *trabalho de campo*, de natureza sobretudo empírica.

A referência a situações concretas que elucidam a figura poderia ser efectuada segundo critérios muito variados. Elegemos um possível, considerando, em primeira linha, a natureza substancial das entidades privadas e distinguindo, assim, entre entidades particulares (Cap. I) e entidades administrativas privadas (Cap. II)[1].

---

[1] Antes de iniciar a apresentação, lembramos duas categorias de entidades que, em tempos mais ou menos recentes, integravam a categoria das entidades privadas com poderes públicos: a *Câmara dos Revisores Oficiais de Contas* e alguns *sindicatos*.

i) Câmara dos Revisores Oficiais de Contas

Desde 1979 e até ao estatuto de 1993, a *Câmara dos Revisores Oficiais de Contas* era "uma pessoa colectiva de direito privado e utilidade pública, dotada de autonomia administrativa, financeira e patrimonial, que agrupa, mediante inscrição oficiosa, os revisores e as sociedades de revisores oficiais de contas" (artigo 14.º/1 do Decreto-Lei n.º 519--L2/79, de 29 de Dezembro). Tratava-se de uma associação privada criada por lei que possuía todas as características das corporações profissionais públicas (Vital MOREIRA, *Administração Autónoma,* cit., p. 558). À *Câmara* competia exercer a regulação pública da profissão de *revisor oficial de contas*, estando investida dos poderes públicos regulamentares e disciplinares para tanto necessários. Nos termos da lei, estava dotada de "autonomia administrativa", que é uma categoria de direito público (Diogo Freitas do AMARAL, *Curso,* I, p. 380), associada à personalidade jurídica de direito público.

Em 1993, ao rever o Estatuto da *Câmara* (que, desde 1999, passou a denominar-se *Ordem*), a lei passou a defini-la como *pessoa colectiva de direito público*, desaparecendo assim do direito português esse exemplo do exercício privado de poderes públicos de regulação profissional – para uma crítica do regime de 1979, quanto ao aspecto da liberdade de associação, cfr. Vital MOREIRA, *Administração Autónoma*, cit., p. 558 e ss.

ii) Sindicatos (quanto à passagem de carteiras profissionais)

Mantendo uma tradição do direito português – que, num enquadramento diferente, vinha do regime corporativo do Estado Novo – o *Estatuto do Jornalista* de 1979 atribuía aos sindicatos dos jornalistas a função pública de regulação da profissão, conferindo-lhes competências para passar as carteiras profissionais (título que habilitava o acesso à profissão), para fiscalizar e para exercer o poder disciplinar sobre todos os jornalistas. O disposto nesse *Estatuto* viria a ser regulamentado pelo *Regulamento da Carteira Profissional dos Jornalistas*, aprovado pelo Decreto-Lei n.º 513/79, de 24 de Dezembro, onde, para o caso de vir a existir mais do que uma associação sindical, se admitia que as referidas funções poderiam então ser exercidas por uma comissão intersindical.

Em 1993, o Tribunal Constitucional declarou inconstitucionais as normas do *Estatuto do Jornalista* e do *Regulamento* que confiavam aqueles poderes aos sindicatos dos jornalistas: entendia o Tribunal que a atribuição de "verdadeiros poderes ou prerrogativas de autoridade" ao sindicato infringia a liberdade sindical negativa dos jornalistas (na medida em que o regime legal comportava um "certo potencial de coerção" sobre os jornalistas, que deveria considerar-se um limite indirecto à liberdade de os profissionais se sindicalizarem), bem como a liberdade de acção e a independência dos sindicatos (o mesmo regime comportaria uma perda de autonomia jurídica dos sindicatos em face do Estado); cfr. AcTC n.º 445/93; para uma crítica dessa jurisprudência, cfr. Vital MOREIRA, *Administração Autónoma,* cit., p. 411[253], e *Auto-Regulação Profissional,* cit., p. 295.

Em termos idênticos aos que acabámos de referir a propósito dos jornalistas, os sindicatos dos ajudantes de farmácia do distrito de Lisboa, dos auxiliares de farmácia e dos empregados de banca nos casinos eram também competentes para a emissão de carteiras profissionais ou detinham competências instrumentais à da passagem de carteiras profissionais. Todas as normas que lhes atribuíam tais competências foram declaradas inconstitucionais; cfr., respectivamente: Ac'sTC n.os 91/85, 272/86 e 197/2000.

Apesar dessa jurisprudência, o artigo 493.º do Código de Trabalho (na linha da Lei n.º 81/2001, de 28 de Julho) continua a *pressupor* que os sindicatos podem assumir competências em matéria de carteiras profissionais, estabelecendo que "a falta de pagamento de quotas não pode prejudicar a passagem de carteiras profissionais ou quaisquer outros documentos essenciais à actividade do trabalhador, quando a emissão desses documentos seja da competência dos sindicatos".

CAPÍTULO I
Particulares

Dedicamos este capítulo à apresentação das entidades particulares ou genuinamente privadas que participam no exercício da função administrativa investidas de poderes públicos de autoridade. A exposição distribui o exercício de poderes públicos por pessoas singulares e por pessoas colectivas.

1. Pessoas singulares

Com frequência, o exercício de poderes públicos por pessoas singulares anda associado ao desempenho de profissões, quer em regime independente ou liberal, quer em regime dependente.

A conexão entre o exercício de poderes públicos e as profissões desdobra-se em três situações típicas: *a)* as que estão na génese das designadas "profissões públicas independentes"[2]; *b)* as que se referem à delegação de poderes públicos em titulares de profissões privadas independentes; *c)* as que se concretizam na delegação de poderes públicos em indivíduos que exercem uma profissão por conta de outrem (trabalhadores dependentes)[3].

Apesar da conexão frequente com as profissões, o exercício de poderes públicos por pessoas singulares pode aparecer dissociado do exercício de uma profissão: um caso em que tal se verifica é o do comandante dos corpos de bombeiros voluntários.

---

[2] O caso mais típico é o da profissão (liberal) de notário. Contudo, este, exercendo poderes públicos (delegatário de fé pública), não participa no desempenho de uma função administrativa. A função notarial perfila-se como uma função pública autónoma; cfr., *supra*, Parte II, Cap. I, 2.5.5.

[3] Sobre a articulação entre o exercício privado de funções e poderes públicos e as profissões, cfr. João Pacheco de AMORIM, *A Liberdade de Profissão*, cit., p. 719 e ss; SAINZ MORENO, Ob. cit., p. 1777 e ss; SCHACHTSCHNEIDER, *Der Anspruch*, cit., p. 238.

1.1. *Trabalhadores dependentes*

O exercício de poderes públicos de autoridade pode aparecer delegado em trabalhadores dependentes de entidades particulares. Neste cenário, um indivíduo assume o exercício de uma função administrativa e é investido de poderes públicos pelo facto de desempenhar uma certa profissão como trabalhador dependente de uma outra entidade[4]. Apesar de não apresentarem contornos diferenciados no estrito plano da dependência profissional, há toda a conveniência em distinguir duas hipóteses: *i)* trabalhadores dependentes que aparecem investidos de poderes públicos por causa da situação de facto em que o desempenho da profissão privada os coloca, actuando no interesse directo do Estado e, *hoc sensu*, quase como titulares de "órgãos estaduais desconcentrados" (*v.g.*, comandantes de navios)[5]; *ii)* trabalhadores dependentes, exercendo poderes públicos no interesse imediato da entidade patronal, quer porque a actividade principal desta consiste numa missão pública desempenhada através desses trabalhadores, quer porque, de qualquer modo, ela beneficia directamente dos resultados das prerrogativas públicas que os seus trabalhadores estão habilitados a desenvolver (*v.g.*, portageiros de concessionárias de auto-estradas).

a) Comandantes ou capitães de navios mercantes
Não existindo a bordo dos navios mercantes funcionários do Estado encarregados de exercer a autoridade e as atribuições próprias da Administração Pública, poderia supor-se que o navio constitui um espaço físico em que se encontram cidadãos emancipados do *poder geral da Administração Pública de um Estado*[6]. Não é todavia assim.

No microcosmo que é a sociedade de bordo[7] estabelecem-se relações e ocorrem factos juridicamente relevantes, como, por ex., a morte

---

[4] Cfr. FRENZ, Ob. cit., p. 44.

[5] No juízo do TJCE, essa circunstância, conjugada com outras, pode até viabilizar a consideração de relações laborais privadas (com empregadores privados) como "empregos na Administração Pública", para efeitos do disposto no artigo 39.º/4 do Tratado CE; neste sentido, cfr. Acórdãos *Colegio de Oficiales de la Marina Mercante Española* e *Anker e outros*, de 30/09/2003 (procs. C-405/01 e C-47/02).

[6] Sobre a particular situação das pessoas a bordo do navio, "longe de terra e dos órgãos do Estado", cfr. SPASIANO, "Comandante della nave o dell'aeromobile", p.701; MICHAELIS, Ob. cit., p. 105.

[7] Cfr. REMOND-GOUILLOUD, *Droit Maritime*, p. 135; VIALARD, *Droit Maritime*, p. 172.

de uma pessoa ou a prática de crimes. Além desses factos, cuja ocorrência implica a adopção de determinadas providências de natureza pública, a vida a bordo exige *ordem e segurança*. Por isso, a *sociedade de bordo* pressupõe uma *autoridade de bordo*, isto é, uma instância hierarquicamente superior, com poderes para, nessa qualidade, tomar medidas que um funcionário público na mesma situação teria competência para adoptar. Essa autoridade é o *comandante* ou *capitão do navio*[8]. Nos termos da lei, trata-se da "pessoa encarregada do governo e expedição do navio"[9], contratada pelo proprietário ou pelo armador mediante um contrato de direito privado[10].

Uma vez celebrado o contrato que origina a posição de *comandante ou capitão de navio*, este adquire um estatuto jurídico público[11], pois que, por força de uma *delegação legal*[12], passa a dispor de uma *capacidade de exercício de poderes públicos* do âmbito do designado *poder de bordo*[13].

---

[8] Que é, portanto, o "chef de la société de bord"; cfr. RODIÈRE/PONTAVICE, *Droit Maritime*, p. 204.

A doutrina alemã apresenta o *Schiffskapitän* como um dos mais antigos exemplos de exercício de poderes públicos por particulares; cfr. STEINER, *Öffentliche*, cit., p. 70; MENNACHER, Ob. cit., p. 143; MICHAELIS, Ob. cit., p. 104. No direito italiano, sobre os poderes públicos de comando e disciplina dos capitães de navios sobre a "gente di mare", cfr. SANTI ROMANO, "I poteri disciplinari", cit., p. 268; ZANOBINI "L'esercizio privato", cit., p 411. No direito francês, cfr. RENAUT, "La répression des fautes disciplinaires de la marine marchande", p. 195 e ss.

[9] Cfr. artigos 492.º do Código Comercial e 3.º do Código Penal e Disciplinar da Marinha Mercante (Decreto-Lei n.º 33 252, de 20 de Novembro de 1943); na legislação mais recente, cfr. artigo 5.º/1 do Decreto-Lei n.º 384/99, de 23 de Setembro (diploma que aprova o regime jurídico relativo à tripulação do navio).

[10] Cfr. SPASIANO, Ob. cit., p. 689; GRIGOLI, "Comandante della nave e dell'aeromobile", p. 1.

[11] Sobre a dupla condição, pública e privada, do comandante de navio, cfr. SAINZ MORENO, Ob. cit., p. 1702; ARROYO, *Estudios de Derecho Marítimo*, p. 204.

[12] Cfr. SAINZ MORENO, Ob. cit., p. 1704, fala em exercício de funções públicas por "ministerio de la ley"; KIRCHHOF, *Private Rechtsetzung*, cit., p. 250, refere-se às competências públicas do comandante como sendo o resultado de uma "delegação legal".

[13] Cfr. KIRCHHOF, *ibidem*, p. 214 e ss. A propósito de casos suscitados na Espanha e na Alemanha, o TJCE reconheceu que, embora de forma apenas esporádica ou ocasional, os comandantes de navios participam no exercício de prerrogativas de autoridade pública, em matéria de polícia, de ordem pública e certificação; cfr. Acórdãos *Colegio de Oficiales de la Marina Mercante Española* e *Anker e outros*, de 30/09/2003 (procs. C-405/01 e C-47/02).

Relacionado com a tarefa de manutenção da ordem pública[14], o *poder de bordo* é uma manifestação de um *poder público de polícia*[15], que, legalmente, ainda resulta do artigo 9.º do Código Penal e Disciplinar da Marinha Mercante: "o capitão tem sôbre os oficiais, restante gente ou equipagem, pessoal auxiliar e passageiros a autoridade que exigir a disciplina de bordo, a segurança da embarcação, os cuidados das fazendas e o bom êxito da viagem". As medidas tomadas pelo comandante ao abrigo desse poder constituem exercício de um poder público, ficando naturalmente a sua adopção sujeita às regras gerais do exercício dos poderes públicos de polícia (princípio da proporcionalidade, utilização de meios coercivos nos termos admitidos pelas leis gerais de polícia, etc.[16]). Todas as pessoas a bordo, sem distinção – equipagem e passageiros[17] – estão abrangidas pelo *poder público de polícia do comandante*[18].

Além do poder geral de polícia, entendido como poder e manutenção da ordem pública, o comandante fica ainda habilitado a exercer um *poder público disciplinar*. Neste domínio, tem competência para punir o incumprimento de deveres disciplinares a que se encontram adstritas todas as pessoas a bordo[19]. As penas aplicáveis por faltas disciplinares são a *admoestação*, a *repreensão*, e a *multa*[20]. Nos termos da lei, "das penas aplicadas cabe recurso, nos termos gerais de direito".

---

[14] O comandante é o *representante da ordem pública a bordo do navio*; cfr. REMOND-GOUILLOUD, Ob. cit., p. 136; sobre as funções públicas policiais do comandante, cfr. STEINER, Ob. cit., p. 71; MICHAELIS, Ob. cit., p. 104 e ss; KIRCHHOF, Ob. cit., p. 248.

[15] Cfr. MENNACHER, Ob. cit., p. 143.

[16] Cfr. KIRCHHOF, Ob. cit., p. 248; REMOND-GOUILLOUD, Ob. cit., p. 137.

[17] A identidade das necessidades não permite estabelecer distinções entre as pessoas a bordo para efeitos de aplicação das medidas de polícia (manutenção da ordem pública); cfr. RODIERE/PONTAVICE, Ob. cit., p. 204. No direito alemão, filiada num interpretação literal da *Seemannsgesetz*, prevalece a opinião de que os poderes públicos do comandante apenas podem ser exercidos sobre a equipagem e já não sobre os passageiros; cfr. STEINER, Ob. cit., p. 73; BRACHER, Ob. cit., p. 27.

[18] No direito italiano, cfr. D'OVIDIO/PESCATORE/TULLIO, *Manuale di diritto della navigazione*, p. 381.

[19] Cfr. Decreto-Lei n.º 678/75, de 6 de Dezembro, alterado pelo Decreto-Lei n.º 194/78, de 19 de Julho.

[20] Diferentemente do que se verifica nos direitos francês (REMOND-GOUILLOUD, Ob. cit., p. 137) e alemão (MICHAELIS, Ob. cit., p. 105), foi revogada, entre nós, a norma que previa a *prisão do infractor*. Em Espanha, as infracções são punidas segundo a "prudente arbítrio do comandante", que aplicará a medida correctiva tendo em conta a

No domínio das *funções de certificação*[21], o comandante do navio exerce poderes públicos de registo civil e da função notarial (*função de oficial público*): registo de nascimentos (artigo 109.º do Código do Registo Civil), registo de óbitos ocorridos a bordo (artigo 204.º) e registo de testamentos (artigos 2214.º a 2218.º do Código Civil)[22].

b) Comandantes de aeronaves

Não obstante as diferenças que resultam dos diversos meios em que um e outro exercem as suas funções, há um paralelismo óbvio entre a situação jurídica do comandante de aeronaves e a do comandante ou capitão de navio[23]: em qualquer caso, existe um conjunto de pessoas que, durante um período de tempo mais ou menos longo, se encontram fora do espaço normal de actuação dos funcionários da Administração Pública, sendo comum às duas situações a necessidade de atribuir a uma *autoridade* o encargo de velar pela manutenção da *ordem* e da *disciplina* entre essa comunidade de pessoas. No entanto, é óbvio que o tempo menor de duração da viagem aérea, a preponderância de linhas regulares e as paragens nas escalas constituem elementos que contribuem para limitar os poderes do comandante de aeronave, quando comparados com aqueles que a lei confia aos comandantes ou capitães de navio[24].

Emergindo a posição de comandante de aeronave de uma relação laboral de direito privado, a pessoa que adquire essa posição passa, por efeito directo da lei, a ser a *autoridade máxima a bordo*[25], a qual, durante

---

importância da infracção e as circunstâncias em que a mesma se verificou; cfr. SAINZ MORENO, Ob. cit., p. 1704.

Muito embora a pena de prisão tenha desaparecido *enquanto pena disciplinar*, o Código Penal e Disciplinar da Marinha Mercante prescreve, no seu artigo 17.º, que "é dever do capitão da marinha mercante empregar todos os meios para *pôr os agentes de qualquer crime em estado de não prejudicarem*".

[21] Nos termos dos artigos 9.º/1,*b)*, do Código do Registo Civil e 3.º/1,*c)*, do Código do Notariado, os *comandantes de navios e de aeronaves* são, respectivamente, *órgãos especiais para o desempenho de funções de registo civil* e *órgãos especiais da função notarial*.

[22] Sobre o registo de testamentos pelos comandantes de navio, cfr. GIANDOMENICO, "Il testamento del capitano", p. 449 e ss.

[23] De resto, esse paralelismo está bem evidenciado no preâmbulo do Decreto-Lei n.º 71/84, de 27 de Fevereiro, que aprova o *Estatuto do Comandante de Aeronave*.

[24] Neste sentido exacto, cfr. SPASIANO, Ob. cit., p. 702.

[25] Cfr. artigo 4.º/1 do *Estatuto do Comandante de Aeronave*.

o período de tempo em que desempenha a função de comandante[26], exerce as competências que a lei lhe atribui – "manutenção da ordem e da disciplina a bordo", "exercício da autoridade sobre a tripulação da aeronave", bem como funções de *oficial público*[27] – sobre as pessoas que se encontram na aeronave (tripulação e passageiros)[28]. O exercício pelo comandante da aeronave de competências de natureza policial e certificativa constitui mais um caso de exercício de poderes públicos por pessoas singulares, desligadas da estrutura orgânica da Administração Pública[29].

c) Assistentes de recintos desportivos e outros agentes de segurança privada

Múltiplas estratégias vêm sendo adoptadas para incrementar a participação de privados na execução de tarefas de segurança de pessoas e de bens. Neste contexto, referimo-nos já às técnicas de *imposição legal de deveres de autoprotecção* ou de *privatização de facto*[30]. Nos dois casos, do que se trata, porém, é de entregar a privados, mas como própria deles, uma parcela de responsabilidade em matérias de segurança. O fenómeno envolvido nesse processo consiste no reforço das *responsabilidades privadas*, sustentado no tópico segundo o qual a segurança não representa uma tarefa exclusivamente pública. É assim no âmbito das tarefas privadas e do direito privado que tem vindo a crescer o *mercado da segurança privada* (em que, aliás, o Estado intervém como adquirente de serviços privados[31]).

---

[26] Sobre o "início e o fim do exercício das funções de comandante", cfr. artigo 4.º/3 do *Estatuto do Comandante de Aeronave*.

[27] Em relação aos nascimentos e aos óbitos ocorridos, bem como aos testamentos feitos a bordo de aeronave, o comandante (enquanto *oficial público*) tem os mesmos poderes que o comandante de navio.

[28] No direito alemão, o § 29 da *Luftverkehrsgesetz* atribui ao comandante, durante o voo e desde a descolagem até à aterragem, competência para tomar as medidas adequadas à preservação da segurança e da ordem a bordo. Com base nessa norma, a doutrina conclui que o comandante de aeronave exerce poderes públicos, ao abrigo de uma "delegação legal"; cfr. MICHAELIS, Ob. cit., p. 106 e ss; KIRCHHOF, Ob. cit., p. 251.

[29] No mesmo sentido, cfr. WOLFF/BACHOF/STOBER, Ob. cit., 3, p. 512; KIRCHHOF, Ob. cit., p. 251; SPASIANO, Ob. cit., p. 705; GRIGOLI, Ob. cit., p. 7; SAINZ MORENO, Ob. cit., p. 1706.

[30] Cfr., *supra*, Parte I, Cap. I, 2.1. e 3.1.1.

[31] Sobre a contratação de empresas de segurança privada pela Administração Pública, cfr., *supra*, Parte I, Cap. III, 2.2.2.

Todavia, em casos limitados, o Estado confia a *agentes de segurança privada* – os quais, em geral, actuam no âmbito do direito privado – o exercício de verdadeiros poderes públicos de autoridade, investindo-os do desempenho de *funções de segurança pública* e de colaboradores no exercício de actividades públicas de polícia[32].

Na nossa interpretação, assim sucede em duas hipóteses, previstas na LSegPriv.

Assim, nos termos dessa Lei, os designados *assistentes de recinto desportivo* passam a ter o poder de efectuar *revistas pessoais* de prevenção e segurança com o estrito objectivo de impedir a entrada, em recintos desportivos, de objectos e substâncias proibidas ou susceptíveis de gerar ou possibilitar actos de violência – assistentes de recinto são vigilantes especializados que desempenham funções de segurança e protecção de pessoas e bens em recintos desportivos e que são contratados pelos promotores de espectáculos desportivos obrigados a dispor de um sistema de segurança privada[33].

Por outro lado e ainda segundo a mesma LSegPriv, o poder de proceder a *revistas pessoais* apresenta-se susceptível de ser conferido ao pessoal de vigilância no controlo de acesso a aeroportos e, bem assim, a outros locais de acesso vedado ou condicionado ao público, nestes casos sempre a título excepcional, mediante *autorização expressa* do Ministro da Administração Interna e por um período delimitado de tempo.

Nas duas hipóteses referidas, o poder de proceder a revistas pessoais surge claramente como um *poder do Estado*, enquadrado nas atribuições e objectivos públicos de segurança e de prevenção de ilícitos criminais[34]. Mais relevante ainda é naturalmente o facto de a faculdade de efectuar revistas pessoais, no controlo do acesso a estádios de futebol ou a outros locais de acesso público, não integrar o catálogo dos poderes privados (*v.g.*, o *Hausrecht*) dos donos ou responsáveis por tais locais;

---

[32] Neste caso particular, o pessoal de *segurança privada* é utilizado no desempenho de missões de *segurança pública*. Importa, contudo, considerar que, *em geral*, a *actividade de segurança privada* constitui uma actividade de natureza privada, subsidiária e complementar da função de segurança pública.

[33] Sobre a figura do assistente de recinto desportivo e sobre as situações em que é obrigatório o recurso à segurança privada nos recintos desportivos, cfr., respectivamente, as Portarias n.ºs 1522-B/2002 e 1522-C/2002, de 20 de Dezembro.

[34] Não altera o que acaba de se afirmar o facto de o preâmbulo da LSegPriv que a nova modalidade de revista "não se confunde nem visa os objectivos de obtenção de prova da prática de ilícito criminal".

por outro lado, pela vertente das finalidades, afigura-se também óbvio que os bens a proteger não são apenas os direitos (privados) dos proprietários dos locais, mas verdadeiramente os direitos de todos os cidadãos que aí se encontram. O poder de revistar pessoas apresenta-se, pois, dos pontos de vista _material_ e _funcional_, como um poder público de autoridade. O exercício de tais poderes por agentes de segurança privada consubstancia, por conseguinte, um caso de exercício privado de poderes públicos, que ocorre no contexto de contratação da segurança privada, efectuada livremente pelos responsáveis pela gestão de certos locais ou no cumprimento de um dever de adoptar um sistema de segurança privada (assim sucede no caso dos promotores de espectáculos desportivos).

d) Guardas florestais auxiliares

Nos termos da Lei de Bases Gerais da Caça (Lei n.º 173/99, de 21 de Setembro), a gestão dos recursos cinegéticos integra a competência do Estado, embora possa ser _transferida_ ou _concessionada_. Estabelece a Lei que o policiamento e a fiscalização da caça competem ao Corpo Nacional da Guarda Florestal, à Guarda Nacional Republicana, à Polícia de Segurança Pública, aos _guardas florestais auxiliares_, bem como às autoridades a quem venham a ser atribuídas essas competências.

De acordo com o disposto no artigo 142.º do Decreto-Lei n.º 227-B/ /2000[35], os guardas florestais auxiliares exercem funções de polícia da caça (apenas) no âmbito das zonas concessionadas. Os guardas são _nomeados_ pela Direcção-Geral das Florestas (DGF), sob proposta dos concessionários de zonas de caça. Embora nomeado por um organismo público, o guarda florestal auxiliar não estabelece qualquer relação de emprego com esse organismo. Fica submetido a uma _relação jurídica de emprego privado_ com o concessionário de zona de caça que propôs a sua nomeação. Trata-se, portanto, de um particular que fica investido de funções e poderes públicos enquanto trabalhador dependente: _nomeação_ constitui, neste âmbito, o nome do acto público que investe o destinatário de funções e poderes públicos. Apesar de não estar na génese de uma relação de emprego, a nomeação cria uma relação jurídica entre a DGF e o guarda florestal auxiliar: nos termos da lei, em tudo o que respeita às "funções de polícia", ele fica na dependência hierárquica e disciplinar da DGF[36].

---

[35] Diploma que regulamenta a Lei de Bases Gerais da Caça. Foi republicado na sequência das alterações introduzidas pelo Decreto-Lei n.º 338/2001, de 26 de Dezembro.

[36] O exercício de funções públicas de fiscalização e de polícia da caça por agentes privados de fiscalização não constitui uma originalidade portuguesa. As competências

Os guardas florestais auxiliares têm competência para o policiamento e a fiscalização das zonas de caça adstritas aos concessionários que os contratam. Devem *participar* à DGF todas as infracções que presenciem ou de que tenham conhecimento. A letra da lei deixa-nos algumas dúvidas sobre a questão de saber se os guardas florestais auxiliares são competentes para redigir autos de notícia por contra-ordenações (os quais, nos termos da lei, fazem fé até prova em contrário). A referência, no artigo 142.º/6 do Decreto-Lei n.º 227-B/2000, ao dever de participação de infracções parece indicar que se trata de uma coisa diferente do dever de redigir o auto de notícia a que se refere o artigo 142.º/2. Contudo, esta disposição respeita aos autos de notícia dos agentes de autoridade indicados no n.º 1 do mesmo artigo, sendo certo que os guardas florestais aparecem aí expressamente referidos[37]. Mas, mesmo que se entenda que as participações de infracções dos guardas florestais auxi-

---

policiais desses agentes privados surgem com maior amplitude no direito estrangeiro do que no direito português.

Assim, na Alemanha, os *guardas da caça credenciados*, contratados por particulares e acreditados pela Administração Pública para o exercício de competências de polícia, têm poderes para ordenar a proibição de caça às pessoas não autorizadas, para vistoriar e apreender objectos de caça ou para identificar pessoas; SCHWEIKERT, Ob. cit., p. 45 e ss; MICHAELIS, Ob. cit., p. 111 e ss; BRACHER, Ob. cit., p. 30; WOLFF/BACHOF/STOBER, Ob. cit., 3, p. 512. Não é muito diferente a situação no direito austríaco, onde os *guardas de caça ajuramentados* podem perseguir pessoas, bem como vistoriar e apreender objectos: cfr. SCHÄFFER, Ob. cit., p. 62; KOJA, Ob. cit., p. 102; RASCHAUER, Ob. cit., p. 67. Por sua vez, na Itália, entende-se que, no exercício da função de polícia e de fiscalização da caça, os *guardas particulares ajuramentados*, dependentes das associações venatórias ou de protecção do ambiente, possuem a qualidade de "pubblici ufficiali", uma vez que exercem poderes autoritários e certificativos (*v.g.*, poder de exigir a exibição da licença de porte de arma ou dos documentos de caça; poder de redigir autos de notícia, que fazem "fé em juízo até prova contrária"); cfr. BALLETA, "Le guardie venatorie volontarie come pubblici ufficiali ed agenti di polizia giudiziaria", p. 84 e ss; BARTOLINI, "Le guardie volontarie di vigilanza venatoria: sono agenti di polizia giudiziaria?", p. 760 e ss; RAIMONDO, *Diritto di polizia,* cit., p. 299 e ss; MONICA/MAZZA/MARINI/RIONDATO, *Manuale del diritto di polizia,* cit., p. 313. Por fim, em França, os *gardes-chasse particuliers*, contratados pelos proprietários (sujeitos a um *agrément* conferido pelo Prefeito e à prestação de juramento num tribunal), encontram-se dotados de poderes de documentação das infracções à disciplina da caça; cfr. GUILBAUD, *La chasse et de droit*, p. 446 e ss.

[37] Pode, contudo, entender-se que os "agentes de autoridade referidos no número anterior" são apenas os agentes de autoridade *pública*.

liares não têm a força jurídica dos autos de notícia, parece inquestionável que se trata de actos praticados no exercício de um poder público de polícia e de fiscalização da caça.

No exercício das funções de polícia e de fiscalização da caça, os guardas florestais auxiliares têm ainda competência para[38]: (*a*) verificar a posse, pelos que exercem a caça, da carta de caçador e das respectivas licenças de caça; (*b*) verificar a identidade e o conteúdo do equipamento dos que cometam qualquer infracção relativa a disposições sobre caça ou sejam suspeitos da sua prática; (*c*) tomar as medidas cautelares necessárias à preservação de vestígios das infracções, bem como relativamente a objectos susceptíveis de apreensão; e (*d*) ordenar aos caçadores que descarreguem as armas, as coloquem no chão e se afastem 10 metros do local onde a arma fica colocada.

Trata-se, em qualquer caso, de poderes públicos. Quanto ao último dos poderes conferidos aos guardas florestais auxiliares, há que ter em conta o facto de a Lei de Bases Gerais de Caça estabelecer que "a recusa do caçador em descarregar a arma, colocá-la no chão e afastar-se 10 metros do local onde a mesma foi colocada, quando tal lhe seja ordenado pelos agentes fiscalizadores, é punida com a pena correspondente ao crime de desobediência simples". O facto de a Lei não fazer qualquer distinção deixa supor que a pretensão terá sido a de incriminar a desobediência em face de qualquer *agente fiscalizador*, incluindo portanto os guardas florestais auxiliares, aos quais o diploma que regulamenta a Lei atribui expressamente o poder de emitir a ordem cujo não acatamento é incriminado[39].

e) Portageiros de empresas concessionárias de auto-estradas

Pelo Decreto-Lei n.º 193/92, de 8 de Setembro, foi criado um regime de penalização geral (*multa*) para os utentes das auto-estradas com portagem que se recusam a pagar a respectiva taxa de utilização: o objectivo residia, nos termos do preâmbulo do diploma, em evitar a "situação de privilégio" para os utentes que não cumprem o dever de pagar a taxa.

---

[38] A lei limita os poderes dos guardas florestais auxiliares, os quais não têm competências, por ex., para realizar exames de pesquisa de álcool.

[39] A incriminação da desobediência às ordens do guarda florestal auxiliar não pressupõe a qualificação dele como funcionário para efeitos penais. Na verdade, o tipo legal de crime previsto na Lei de Bases da Caça detém autonomia, referindo-se ao não acatamento de uma ordem específica emitida por *agentes fiscalizadores*.

Prescreve o referido diploma que "sempre que um utente passe uma portagem sem proceder ao pagamento da taxa devida é levantado auto de notícia" da infracção, qualificada como *contravenção*. Além das autoridades públicas com competência para fiscalizar o trânsito, podem levantar o *auto de notícia* os *portageiros da empresa concessionária*[40], os quais, para esse efeito, ficam *equiparados a funcionários públicos*[41].

A *equiparação legal e automática* dos portageiros a funcionários públicos, para efeitos do levantamento do auto de notícia, permite que ao auto se possa reconhecer a força probatória especial que, em geral, detêm os autos levantados por qualquer autoridade ou agente de autoridade com competência para fiscalizar o trânsito.

De acordo com o disposto no Decreto-Lei n.º 130/93, de 22 de Abril, ao processamento e tramitação dos autos de notícia aplica-se, com adaptações, o regime geral das contravenções. Ao mesmo tempo que é notificado da prática da infracção, o utente faltoso é informado de que pode efectuar o pagamento voluntário da multa e da taxa de portagem em dívida. No caso de não proceder ao pagamento voluntário, o auto levantado pelo portageiro é remetido ao tribunal. Nos termos do regime de processamento das contravenções, "*o auto de notícia (...) faz fé em juízo, até prova em contrário*", além de que "*a remessa do auto de notícia que faça fé em juízo equivale a acusação*".

f) Trabalhadores de empresas de transportes públicos rodoviários

Por força do Decreto-Lei n.º 108/78, de 24 de Maio, as empresas concessionárias de transportes colectivos de passageiros em autocarros, troleicarros e carros eléctricos, as empresas concessionárias de transportes fluviais e o Metropolitano de Lisboa passaram a ter o direito de

---

[40] Originariamente, apenas a BRISA – Auto-Estradas de Portugal, S.A. Posteriormente, por força do Decreto-Lei n.º 39/97, de 6 de Fevereiro, o regime foi alargado ao processamento e tramitação dos autos de notícia previstos nas bases de quaisquer concessões de infra-estruturas rodoviárias onde seja devido o pagamento de taxas de portagem.

[41] A lei equipara os portageiros a funcionários públicos sem exigir a *prestação de juramento* – perante um anterior projecto de diploma que equiparava os portageiros da Brisa, *devidamente ajuramentados,* a agentes de autoridade, para o efeito da verificação de infracções e levantamento de autos de notícia, o Conselho Consultivo da PGR (Parecer n.º 187/81) entendia não haver reparos a fazer. Contudo, concluía o mesmo Parecer, o preceito do projecto deveria ser completado com a indicação do teor do julgamento e da autoridade competente para o receber.

exercer a fiscalização de bilhetes e outros títulos de transporte, através de agentes seus devidamente credenciados mediante cartão próprio passado pelas empresas.

Esses agentes – que, pelo Decreto-Lei n.º 110/88, de 14 de Maio, passaram a ter de *prestar juramento (de exercer com probidade a competência que lhes é atribuída)* perante o governador civil, sendo então "considerados, para todos os efeitos, agentes da autoridade pública" – levantam *auto de notícia* das infracções (contravenções) que verifiquem. Se o infractor não optar por efectuar o pagamento voluntário da multa e do preço do transporte (esse pagamento pode ser efectuado ao próprio agente autuante), o auto de notícia é remetido ao tribunal, aplicando-se então o regime geral das contravenções[42].

1.2. *Trabalhadores independentes*

No direito português, o único exemplo de exercício de poderes públicos por trabalhadores dependentes que conhecemos reconduz-se ao dos *médicos veterinários acreditados.*

Trata-se de médicos veterinários habilitados pela Direcção-Geral de Veterinária a *exercer o poder público de certificação dos animais e dos produtos de origem animal* (Decreto-Lei n.º 275/97, de 8 de Outubro). A certificação constitui, nos termos da lei, um requisito para a circulação e comercialização dos animais e dos produtos animais, visando garantir a qualidade e a ausência de nocividade para a saúde pública.

Podem ser designados como médicos veterinários acreditados quaisquer médicos inscritos na Ordem dos Médicos Veterinários. Os interessados deverão requerer a sua designação à direcção regional de agricultura da área onde pretendem actuar.

Acreditado para as funções de certificação, o médico veterinário exerce a sua actividade, solicitado pelos interessados ou pela Administração Pública, mas sempre sob a orientação e o controlo da Direcção--Geral da Veterinária e da Direcção-Geral da Agricultura.

---

[42] Sobre o exercício de poderes de polícia (manutenção da ordem e da segurança públicas) por funcionários das empresas de transportes públicos, cfr., no direito alemão, WOLFF/BACHOF/STOBER, Ob. cit., 3, p. 512; VOGEL, Ob. cit., p. 83; MICHAELIS, Ob. cit., p. 107; BRACHER, Ob. cit., p. 30.

Do extenso conjunto de deveres do médico veterinário acreditado cumpre destacar os relativos à obrigação de não emitir certificados falsos, enganosos, fraudulentos ou em que se atestam factos que não são do seu conhecimento pessoal ou que não pode verificar. É pessoalmente *responsável* por todos os certificados (ou outros documentos) que emita.

O exercício das funções de médico veterinário acreditado em violação da lei pode dar lugar à *suspensão ou mesmo ao cancelamento da acreditação*.

1.3. *Comandantes e outros membros de corpos de bombeiros voluntários*

O exercício de poderes públicos por pessoas singulares não se encontra sempre articulado com o desempenho de uma profissão. O direito português conhece um exemplo em que essa articulação não existe: poderes públicos de comandantes e restantes membros dos corpos de bombeiros voluntários.

Vimos já que os corpos de bombeiros voluntários são criados por associações de direito privado, as associações humanitárias de bombeiros voluntários. Uma vez criados, os corpos de bombeiros adquirem autonomia, pelo menos nos planos técnico e operativo, em relação às associações a que pertencem[43]. Actuam segundo "um princípio de unidade de comando" (artigo 4.º do *Regulamento Geral dos Corpos de Bombeiros*), e os respectivos membros, todos eles, integram-se numa cadeia que os submete técnica e juridicamente ao *Serviço Nacional de Bombeiros e Protecção Civil* (SNBPC)[44]. Trata-se, de todo o modo, de particulares, que não actuam na qualidade de membros de órgãos públicos, nem no de qualquer relação de emprego com entidades públicas[45].

---

[43] Cfr., *supra*, Parte II, Cap. I, 2.1.3.2.

[44] Os corpos de bombeiros voluntários são criados por iniciativa de associações privadas, destas se destacando, para se encaixarem numa cadeia de hierarquia e comando cujo vértice é o presidente do SNBPC.

[45] No sentido – de que discordámos já (*v*. Parte II, Cap. I, 2.1.3.2.) – de que existe uma relação de emprego público entre os comandantes de corpos de bombeiros e as associações respectivas, cfr. AcSTA/1.ª, de 06/05/2003, (proc. 47 547); na mesma linha deste, cfr. AcSTA/1.ª, de 23/09/2003, (proc. 46 952).

Elemento essencial da estrutura hierarquizada e de comando que o corpo de bombeiros constitui é o exercício de *funções e poderes de comando e de disciplina*.

Neste âmbito, há que referir, desde logo, a situação dos designados elementos de comando: o comandante, o 2.º comandante e os adjuntos de comando; todos são *nomeados* pela associação de bombeiros: a nomeação, que é um *acto de direito privado*, carece de homologação pelo coordenador distrital do SNBPC, que a pode fazer depender da prévia prestação de provas para aferir das condições do nomeado para o exercício do cargo (artigo 31.º/3 do Decreto-Lei n.º 49/2003, de 25 de Março)[46].

Os membros do comando, como quaisquer graduados em face dos seus subordinados, são competentes para aplicar penas disciplinares de advertência e de repreensão escrita. Por sua vez, a competência para a aplicação de penas de suspensão e de demissão pertence ao comandante do corpo de bombeiros[47]. Das decisões disciplinares tomadas pelo comandante cabe recurso hierárquico (necessário) para o conselho disciplinar da entidade detentora do corpo de bombeiros[48]. Da decisão proferida

---

[46] No regime jurídico que vigorava antes do ano de 2000, os comandantes eram *nomeados* pelos inspectores regionais de bombeiros, *sob proposta* da direcção da associação de bombeiros. Como explica STOBER, *Der Ehrenbeamte in Verfassung und Verwaltung*, p. 31, no direito alemão, os comandantes de bombeiros das corporações voluntárias são *funcionários honorários*, ligados às autarquias locais; nesse ordenamento, o conceito de funcionário honorário refere o pessoal que actua em nome da Administração, embora, diferentemente do que se verifica com os outros funcionários, não desempenhe profissionalmente uma função pública. O acto de nomeação do funcionário honorário faz referência expressa à constituição de uma relação de serviço. O exercício de funções públicas a este título tem lugar durante um período de tempo definido e, normalmente, em acumulação com uma actividade profissional privada; cfr. DAGTOGLOU, *Der Private in der Verwaltung*, cit., p. 23; STEINER, *Öffentliche*, cit., p. 215[77].

[47] O comandante é o único membro do corpo de bombeiros que não se encontra submetido aos poderes públicos disciplinares de outros membros ou da associação; a aplicação de sanções compete, nesse caso, ao coordenador distrital do SNBPC.

[48] A associação pratica, neste contexto, um acto administrativo; como já explicámos, afigura-se-nos que a lei pretendeu colocar essa entidade na posição de árbitro de um conflito jurídico entre o comandante e o bombeiro punido (cfr., *supra*, Parte II, Cap. I, 2.1.3.2). Na nossa interpretação, esta "intromissão" da associação em matéria disciplinar não faz sentido: lembre-se que entre os membros do corpo de bombeiros e a associação não existe qualquer relação de emprego (público ou privado) nem qualquer outra relação de dependência jurídica daqueles em face desta.

no âmbito deste recurso administrativo "cabe recurso contencioso nos termos legais"[49].

Trata-se em qualquer caso de competências disciplinares de natureza pública, que, no interior de um sistema modelado segundo os princípios da hierarquia, surgem *legalmente desconcentradas* nos comandantes e noutros membros dos corpos de bombeiros voluntários.

Além das competências disciplinares, de punição, os órgãos de comando exercem ainda *poderes de comando*, que, nos termos dos regulamentos internos aprovados pelas associações, podem traduzir-se na emissão de ordens e determinações concretas que os subordinados têm de acatar – tais actos impositivos, em regra, apenas projectam efeitos no âmbito interno (nas relações internas que se processam entre membros de uma organização), mas não está excluída a relevância ou lesividade externa de alguns deles[50]

Num campo já diferente do comando e da disciplina, os *comandantes dos corpos de bombeiros voluntários* têm ainda (com as autoridades policiais) as competências previstas no artigo 162.° do Código Administrativo, que podem ser actuadas "em caso de incêndio"[51]. Trata-se de um conjunto de poderes de autoridade típicos de *situações de emergência*: requisitar os serviços de quaisquer pessoas e as viaturas indispensáveis para o socorro de vidas e bens; ocupar prédios rústicos e urbanos necessários ao estabelecimento dos serviços de salvação pública; requisitar a utilização imediata de quaisquer águas públicas e, na falta delas, a das particulares necessárias para evitar o dano; utilizar quaisquer serventias que facultem o acesso ao local do sinistro; ordenar as destruições, demolições, remoções e cortes nos prédios contíguos ao sinistro quando sejam

---

[49] Sobre a aplicação de medidas disciplinares por comandantes de corpos de bombeiros voluntários, cfr., entre outros, Ac'STA/1.ª, de 26/01/88, proc. 25 068, e de 28/02//2002, proc. 133/02.

[50] O Tribunal Central Administrativo Sul apreciou já pedidos de suspensão de eficácia de actos praticados por comandantes de corpos de bombeiros que obrigavam determinados membros a realizarem os designados "serviços de camaratas" (permanência no quartel durante a noite); cfr. Acórdãos, de 01/09/2004, (proc. 225/04), e de 16/06/2005, (proc. 801/05).

[51] A disposição aplica-se aos comandantes de todos os corpos de bombeiros, excepto – parece-nos – aos comandantes dos corpos de bombeiros privativos [a área de actuação destes corpos é circunscrita ao domínio privado de que seja titular a entidade a que pertence e ao domínio público que lhe esteja afecto: artigo 8.°/7,*c*), do Decreto-Lei n.° 295/2000].

necessários ao desenvolvimento das manobras de extinção ou para impedir o alastramento do fogo. O comandante de bombeiros surge, assim, investido de significativos poderes de autoridade sobre coisas e sobre pessoas, mas a lei revela-se omissa quanto às consequências do não acatamento das suas determinações (quando existam e, portanto, quando a actuação das referidas competências não se traduza na prática de meros factos, por ex., captação de águas em piscinas através de helicóptero)[52]. Por fim e ainda nos termos da disposição do Código Administrativo a que nos temos vindo a referir, cabe aos municípios a indemnização dos danos imputados aos actos dos comandantes (a lei apenas se refere, no entanto, aos prejuízos decorrentes da requisição de águas particulares).

Por fim, embora já não se trate de competências próprias do comandante (mas do corpo de bombeiros por ele comandado), observe-se que, por vezes, a lei confia directamente aos corpos de bombeiros – e não, como acontece mais frequentemente, ao SNBPC – a emissão de pareceres no contexto de procedimentos de autorização de actividades particulares potencialmente perigosas. Assim sucede, por ex., com a realização de queimadas: nos termos do artigo 40.º do Decreto-Lei n.º 310/2002, de 18 de Dezembro, a câmara municipal pode autorizar a realização de queimadas, "mediante audição prévia aos bombeiros da área, que determinarão as datas e os condicionamentos a observar na sua realização".

---

[52] No exercício das competências que lhe são atribuídas por aquela norma do Código Administrativo, o comandante de corpos de bombeiros preenche os requisitos do conceito alargado de funcionário previsto no artigo 386.º/1,*c)*, do Código Penal. Todavia, como tem sido defendido, o âmbito desse *conceito penal de funcionário* só tem aplicação nos casos em que o funcionário desempenhe, no crime em causa, o papel de sujeito activo (cfr., nesse sentido, Damião da CUNHA, "Comentário do Artigo 386.º do Código Penal", p. 808 e ss). Parece, pois, arredada a hipótese de dar por verificado um crime de desobediência no caso de não acatamento das ordens do comandante de bombeiros emitidas no âmbito das suas competências, uma vez que, para efeitos do artigo 348.º do Código Penal, não será já viável considerá-lo funcionário. Com efeito, na ausência de disposição legal a cominar a punição da desobediência, a possibilidade de incriminação teria de passar pelo entendimento de que o comandante poderia elevar "o dever infringido à dignidade penal", fazendo, ele mesmo, a correspondente cominação (em geral, em termos críticos quanto a esse ponto, cfr. Cristina Líbano MONTEIRO, "Comentário ao Artigo 348º do Código Penal", p. 351). Porém, para isso, ele teria de ser considerado funcionário para efeitos desta disposição.

2. Pessoas colectivas

No direito português, há um extenso número de pessoas colectivas genuinamente privadas investidas de funções administrativas e poderes públicos. Desenvolvem actividades em diversos sectores, que vão desde a gestão de serviços públicos até à regulação de actividades industriais, passando pela regulação do desporto ou da internet. Na exposição subsequente, procede-se a uma apresentação das pessoas colectivas com poderes públicos que atende exactamente ao sector de actividade em que elas intervêm.

2.1. *Gestão de serviços públicos e exploração de obras ou bens públicos*

O direito português actual continua a autonomizar os concessionários como uma das categorias de entidades privadas com poderes públicos administrativos: o CPA refere-se a "actos praticados por *entidades concessionárias* no exercício de poderes de autoridade" (artigo 2.º/3) e o ETAF/2002 destaca os *concessionários* como uma espécie de sujeitos privados cuja actuação (emissão de normas ou prática de outros actos jurídicos), quando no *exercício de poderes administrativos*, fica sujeita à fiscalização dos tribunais da jurisdição administrativa [artigo 4.º/ /1,*d*)].

Apesar de a figura dos concessionários não esgotar o fenómeno do exercício privado de poderes públicos de autoridade, é compreensível a associação que a lei estabelece entre as duas realidades. Na verdade, o exercício de poderes públicos por concessionários surge como uma das manifestações mais típicas e constantes daquele fenómeno ao longo da história do direito administrativo[53]. Por isso mesmo, já a doutrina mais antiga destacava a associação frequente e até normal entre a concessão da gestão de uma actividade pública (sobretudo a concessão de serviço público) e a investidura de poderes públicos, relevando, nesse contexto, a circunstância de certos "direitos de supremacia" serem acessórios ou

---

[53] Em especial, sobre a relação entre a concessão de serviços públicos e a investidura de poderes públicos no concessionário, cfr. Pedro GONÇALVES, *A Concessão,* cit., p. 299 e ss.

instrumentais da actividade concedida. Uma tal associação estaria justificada por motivos de carácter pragmático e de oportunidade[54].

Tendo isso em consideração, não se estranhará que as leis gerais do direito administrativo (de processo e de procedimento administrativo) incluam no âmbito da jurisdição administrativa a fiscalização de normas editadas ou de actos praticados por concessionários e que submetam tais normas e actos às regras que disciplinam a actuação da Administração Pública[55]. Em qualquer caso, trata-se de normas gerais, dispostas para a *eventualidade* de outras normas de direito substantivo atribuírem aos concessionários uma capacidade para o exercício de poderes públicos, razão por que não se afigura legítimo inferir delas qualquer pista sobre a natureza jurídica dos actos praticados por concessionários. De resto, representando a concessão um expediente de privatização da execução de tarefas públicas (o que implica a privatização do direito regulador do agir do concessionário) e tratando-se de sujeitos de direito privado, a regra é mesmo a de que eles actuem segundo as formas do direito privado, no exercício da sua capacidade de direito privado[56]. Como em geral, as excepções a essa regra terão de resultar da lei, sendo, por isso, certo que o facto de uma entidade agir na qualidade ou na posição de concessionária não a investe de um *poder geral* – ou, menos ainda, de uma qualquer espécie de *competência implícita* – para a prática de actos de direito público ou para o exercício de poderes públicos.

Repare-se inclusivamente que a tradicional associação entre concessão de actividades públicas e delegação de poderes públicos no con-

---

[54] Cfr. ZANOBINI, "L'esercizio", cit., p. 424; FORTI, *Diritto,* cit., p. 65.

[55] A referência legislativa genérica a actos administrativos de concessionários não é uma originalidade portuguesa. A lei de jurisdição contenciosa administrativa espanhola também se refere a actos administrativos praticados por concessionários (de serviços públicos).

Na Itália, a lei geral não se refere expressamente à impugnação contenciosa de actos de concessionários. Desde 1998, passou contudo a haver formulações legais gerais que remetem para a jurisdição administrativa o julgamento de certas matérias, independentemente da natureza jurídica, pública ou privada, dos sujeitos envolvidos. É assim, por ex., com os conflitos no domínio dos procedimentos de adjudicação de contratos públicos (a competência do juiz administrativo deixou de depender da qualificação da entidade adjudicante: cfr. FILIPPI, Ob. cit., p. 583).

[56] Por ter uma extensão limitada, o âmbito dos direitos delegados nos concessionários revela-se insuficiente para caracterizar a concessão de actividades públicas como uma delegação de prerrogativas de poder público; cfr., neste sentido, RICHER, "Remarques sur les entreprises privées de service public", p. 109.

cessionário se encontra, em muitos casos, em fase recessiva, por força do princípio, que tem vindo a generalizar-se, da *separação institucional entre as funções de regulação e de exploração comercial*. De acordo com esse princípio, os organismos que exercem actividades comerciais não devem estar investidos de poderes públicos, pelo menos dos poderes de regulação das relações jurídicas que estabelecem com os seus clientes[57]. O princípio teve implicações imediatas na conformação dos novos estatutos dos antigos concessionários dos sectores (liberalizados) das indústrias de rede, além de que, por outro lado, a instituição de autoridades reguladoras independentes veio, em muitos casos, retirar competências de regulação antes atribuídas a empresas concessionárias[58].

Independentemente dessas considerações, a verdade é que a análise do direito português vigente ainda nos fornece exemplos de delegação de poderes públicos em empresas concessionárias. Assim se passa com os seguintes:

i) Poderes públicos regulamentares – Os concessionários continuam a deter, em muitos casos, poderes de *elaborar* e de *propor* a instâncias administrativas (em regra, um órgão da entidade concedente) os regulamentos de fornecimento, de exploração do serviço ou de tarifas, cuja proposta é, nalguns casos (obrigatória e) *vinculativa*; por vezes, encontram-se mesmo investidos do próprio poder de edição de regulamentos, com ou sem intervenção pública sucessiva (com função de controlo e de integração de eficácia).

ii) Poderes impositivos e de execução coerciva – Embora mais raramente, há ainda casos de atribuição aos concessionários de poderes de comando sobre terceiros: assim, por ex., a empresa concessionária da Marina de Cascais tem competência para ordenar a remoção de embarcações, equipamentos, materiais ou quaisquer outros objectos, lixos ou detritos que estejam a ocupar indevidamente espaços dominiais, procedendo, se e quando necessário, à desocupação a expensas do proprietário[59]; a empresa concessionária do serviço público de importação de

---

[57] Referindo-se, neste contexto, à "arcaica figura do operador-regulador", cfr. Vital MOREIRA, "A regulação do gás natural em Portugal", p. 8.

[58] Assim, por ex., desde 2002, a Entidade Reguladora dos Serviços Energéticos (Decreto-Lei n.º 97/2002, de 12 de Abril) passou a ser competente para regular as relações comerciais entre as operadoras de gás natural, bem como para aprovar os regulamentos de exploração e fornecimento elaborados pelas entidades concessionárias.

[59] Cfr. Base XV (*Bases da Concessão*: pelo Decreto-Lei n.º 335/91, de 7 de Setembro).

gás natural é competente para impor aos seus clientes, sempre que o exijam razões de segurança, a substituição, reparação ou adaptação dos respectivos sistemas de ligação à sua rede[60].

iii) Poderes públicos no âmbito de relações emergentes de contratos administrativos – As empresas concessionárias surgem, com frequência, investidas de capacidade para celebrar contratos administrativos, por ex., *contratos de utilização privativa do domínio público* ou *contratos de empreitada de obras públicas*. Nas relações que emergem de tais contratos, aquelas empresas ocupam a posição de supremacia jurídica em que a lei coloca a Administração Pública, ficando por isso autorizadas a exercer *poderes públicos contratuais* (artigo 180.º do CPA).

iv) Poderes de cobrança de taxas – Embora as relações jurídicas entre os concessionários e os utentes ou utilizadores dos serviços por eles geridos revistam, em geral, natureza privada, em certos casos continua a ter um carácter tributário a contraprestação que o utilizador paga pelo uso do serviço ou do bem gerido em concessão: assim sucede no âmbito das concessões de gestão do domínio público, em que o concessionário fica autorizado a cobrar taxas pelos serviços que preste e pela utilização das instalações dominiais que gere. Nos termos antes analisados, se a lei autorizar a empresa concessionária a obter a cobrança coerciva das taxas pelo processo de execução fiscal, afigura-se evidente a natureza tributária da contraprestação por eles cobrada. O mesmo sucede nos casos em que o não pagamento da taxa devida configura um ilícito público (taxas de utilização de auto-estradas).

Por vezes, a "lei da concessão" refere-se explicitamente à prática de actos administrativos pelas empresas concessionárias. Embora com outra designação, assim sucede, por ex., no caso da concessão do serviço público de importação e transporte de gás natural: nos termos das *Bases da Concessão*, "os actos da concessionária praticados por via administrativa, nos casos em que a lei, os regulamentos ou o contrato de concessão lhe conferem essa prerrogativa, são sempre imputáveis, para efeitos de recurso contencioso, ao respectivo conselho de administração"[61].

---

[60] Cfr. Base XXXVI (*Bases da Concessão*: pelo Decreto-Lei n.º 274-C/93, de 4 de Agosto).

[61] Cfr. Base XLV.

2.2. Sector agrícola

No sector agrícola há vários organismos com funções de certificação e de controlo: todos os que analisámos na 1.ª parte da presente investigação estão integrados em sistemas de *adesão voluntária*; a certificação e o controlo surgem, nesses casos, como *actividades privadas, reguladas e vigiadas pelo Estado.*

Contudo, há também tarefas de certificação e de controlo de natureza pública, que integram o sector das responsabilidades públicas de execução ("sistemas oficiais de controlo e de certificação"). Isso verifica-se, desde logo, com a certificação de vinhos e de queijos produzidos em regiões demarcadas: nesses casos, o Estado procede à criação de uma região demarcada à qual associa uma denominação de origem ou uma indicação geográfica; a menção dessa referência geográfica – que pertence ao património comum dos produtores estabelecidos na área abrangida (*propriedade comunal*) – fica dependente de uma certificação a efectuar por organismos independentes; na medida em que restringe ou condiciona o exercício desse direito, o Estado fica obrigado a organizar um sistema em cujo âmbito os interessados possam obter o descondicionamento dos seus direitos pela via da obtenção da certificação. Ora, como vimos, se não liberaliza a actividade de certificação, tem de entender-se que o Estado a assume como sua, pelo que a entrega da execução respectiva a uma entidade privada – em regime de exclusivo – corresponde a uma delegação de funções públicas. Assim sucede com a certificação de vinhos e de queijos tradicionais, actividades confiadas, por acto legislativo ou regulamentar, a *entidades privadas certificadoras*. Com algumas variações, tais entidades exercem, no âmbito das funções de certificação e de controlo, poderes públicos vários (regulamentação, inscrição, certificação oficial, inspecção, disciplina e cobrança de taxas). Além dos dois tipos de entidades referidas, exercem ainda actividades públicas de certificação e de controlo os organismos que actuam no âmbito do designado sistema comunitário de protecção das referências geográficas de produtos agrícolas e dos géneros alimentícios: por estes iniciamos a exposição.

2.2.1. *Organismos de certificação e controlo: sistema comunitário de protecção das referências geográficas de produtos agrícolas e dos géneros alimentícios*

Historicamente associadas à protecção da qualidade dos vinhos[62], as *denominações de origem* e as *indicações geográficas* (indicações que "visam distinguir produtos"[63], indicando a respectiva proveniência e procurando sugerir uma relação entre tradição, qualidade e local de produção[64]) passaram mais recentemente a proteger igualmente produtos agrícolas e agro-alimentares (*v.g.*, "carne de bovino de raça alentejana", "Azeite de Moura", "presunto de Barrancos"). Mediante a instituição de sistemas de protecção das indicações de proveniência geográfica, através de um *registo público*, procura-se, em geral, valorizar as produções agrícolas e agro-alimentares[65]. Simultaneamente, protegem-se os interesses dos produtores da zona geograficamente definida (titulares do direito exclusivo de fazer referência à origem geográfica do produto), dos consumidores, que encontram na indicação geográfica um sinal de confiança de que o produto que adquirem corresponde aos níveis de qualidade e às características do produto na sua formação original, e, por fim, o interesse geral da colectividade em ver respeitado o princípio da verdade da origem do produto e da sua produção segundo regras específicas[66].

Nos termos do artigo 305.º/4 do Código da Propriedade Industrial, *"a denominação de origem e a indicação geográfica, quando registadas, constituem propriedade comum dos residentes ou estabelecidos na localidade, região ou território, de modo efectivo e sério, e podem indistintamente ser usadas por aqueles que, na respectiva área, explorem qualquer ramo de produção característica, quando autorizados pelo titular do registo"*[67]. Consagram-se, nessa disposição, dois princípios essen-

---

[62] A menção das indicações geográficas remonta aos antigos povos egípcios, fenícios, gregos e romanos, que usavam o nome dos lugares de produção para distinguir os vinhos – cfr. ZANON, "La qualità dei prodotti alimentari con particolare attenzione alla disciplina delle denominazioni di origine e delle indicazioni di provenienza", p. 504.

[63] Cfr. J.M. Coutinho de ABREU, *Curso de Direito Comercial*, p. 365.

[64] Cfr. BASILE, "Marchi e certificazioni dei prodotti agricoli ed agroalimentari", p. 333.

[65] Cfr. COSTATO, "La protezione delle indicazioni geografiche e delle denominazioni d'origine e le attestazioni di specificità", p. 488.

[66] Cfr. SORDELLI, "Denominazioni di origine ed indicazioni geografiche", p. 523.

[67] Sobre a eficácia do registo (no sentido da sua natureza meramente declarativa), cfr. Coutinho de ABREU, *Curso,* cit., p. 366.

ciais: as denominações de origem e as indicações geográficas constituem propriedade comum dos residentes, pelo que, indistintamente, todos eles são titulares do direito de as usar[68]. Quanto a este segundo aspecto (*direito de uso*), há, no entanto, que ter em consideração o facto de a tutela ou defesa das denominações de origem e das indicações geográficas poder estar associada a sistemas de *inscrição obrigatória* (vinhos) ou de *certificação*, pelo que, embora constituindo propriedade comum dos residentes, o uso das indicações, desde que registadas, não assume carácter livre nem descondicionado. Nos casos referidos, tais indicações só podem ser apostas depois de o interessado se inscrever na lista dos produtores autorizados a usá-las ou depois de se vincular a um sistema de certificação.

Em 1992, a Comunidade Europeia entendeu promover a organização de um sistema europeu de protecção das referências geográficas dos produtos agro-alimentares: a abordagem comunitária iniciou-se pela aprovação do Regulamento (CEE) n.º 2081/92, do Conselho, de 14 de Julho de 1992 (JOCE n.º L 208/1)[69], que criou, ao nível comunitário, um *Registo das Denominações de Origem e das Indicações Geográficas Protegidas*, gerido pela Comissão[70].

No Regulamento, distinguem-se os já citados dois níveis de referência geográfica, as *denominações de origem* e as *indicações geográficas*, e estabelece-se que, para beneficiar dessas referências, um produto agrícola ou um género alimentício deve obedecer a *especificações*.

Por outro lado, para poder beneficiar de uma denominação de origem protegida ou de uma indicação geográfica protegida, a entidade interessada – que, em regra, deverá ser um *agrupamento*[71], "uma organi-

---

[68] Sobre a natureza da denominação de origem, cfr. Ribeiro de ALMEIDA, *Denominação de Origem e Marca*, p. 122 e ss ("a DO é propriedade comunal dos produtores estabelecidos na área da denominação, que se dediquem à exploração do produto típico": p. 135).

[69] Alterado pelo Regulamento (CE) n.º 535/97, do Conselho, de 17 de Março de 1997, e pelo Regulamento (CE) n.º 1068/97, da Comissão, de 12 de Junho de 1997.

[70] Sobre o Regulamento, cfr., entre outros, BERTOLINO, "Denominazione di origine e indicazione geografica", p. 684 e ss; CAPELLI, "La tutela delle denominazioni dei prodotti alimentari di qualità", p. 161 e ss; SORDELLI, "L'identificazione dei prodotti agricoli sul mercato", p. 489 e ss, e "Denominazioni", cit., p. 529 e ss; FETTES, "Appelations d'origine et indications géographiques: le réglement 2081/92 et sa mise en oeuvre", p. 141 e ss.

[71] Nos termos do Regulamento, excepcionalmente, poderá ser uma *pessoa singular ou colectiva* (se se tratar do único produtor na área geográfica a delimitar). No entanto, o

zação, qualquer que seja a sua forma jurídica ou composição, de produtores e/ou transformadores de um mesmo produto agrícola ou de um
mesmo género alimentício"[72] – deve apresentar um *pedido de registo* a
uma instância do Estado-membro em cujo território se encontra a área
geográfica a considerar (em Portugal, o pedido é dirigido à Direcção-
-Geral do Desenvolvimento Rural: Despacho Normativo n.° 47/97, de 11
de Agosto). Depois de efectuar um conjunto de diligências instrutórias[73],
a autoridade administrativa nacional remete o pedido à Comissão Europeia, que o publica no Jornal Oficial; se não receber qualquer manifestação de oposição de um outro Estado-membro no prazo de seis meses, a
Comissão procede então ao *registo*.

O procedimento de registo inicia-se, pois, com o pedido emanado
de um agrupamento, acompanhado dos elementos ou especificações referidas no artigo 4.°/2 do Regulamento, onde, entre outras, se incluem a
descrição do método de obtenção do produto (as "regras de produção"),
bem como a indigitação das designadas *estruturas de controlo*. A função
das *estruturas de controlo* consiste em "garantir que os produtos agrí-

---

regulamento nacional de execução (Despacho Normativo n.° 47/97) confere legitimidade
procedimental apenas aos agrupamentos.

[72] O agrupamento pode revestir qualquer forma jurídica: *associação* (despacho 4/94),
sociedade anónima (despacho 5/94), *cooperativa* (despacho 6/94), *sociedade de responsabilidade limitada* (despacho 7/94): cfr. DR, 2.ª série, de 26/01/94.

[73] Nos termos do Regulamento, o Estado deve verificar a correcta fundamentação
do pedido – entre nós, a fase nacional do procedimento de registo está regulada em anexo
ao Despacho Normativo n.° 47/97 (cfr. Anexo I), onde se estabelece que os pedidos de
registo são submetidos a despacho do Secretário de Estado da Agricultura e do Desenvolvimento Rural. Como destaca alguma doutrina, o exame nacional do pedido não tem um
carácter apenas formal, pois cabe às autoridades nacionais verificar a subsistência dos
pressupostos do registo.

O Regulamento não contém nenhuma disposição a prever a hipótese de a autoridade nacional indeferir o pedido. Em tal caso, o requerente poderá usar as vias nacionais de
impugnação de actos administrativos; neste sentido, cfr. HEINE, "Das neue gemeinschaftsrechtliche System zum Schutz geographischer Bezeichnungen", p. 100. Em geral,
sobre as fases nacionais do procedimento de registo de denominações de origem e de
indicações geográficas, cfr. PETRELLI, Ob. cit., p. 78 e ss; KNAAK, "Der Schutz geographischer Herkunftsangaben im neuen Markengesetz", p. 103 e ss; MEYER-KOCH, "Rechtsschutz im Verfahren zum Schutz geographischer Angaben und Ursprungsbezeichnungen", p. 113 e ss; GOEBEL, "Schutz geographischer Herkunftsangaben nach den neuen
Markenrecht", p. 98 e ss; TILMANN, "EG-Schutz für geographischer Herkunftsangaben",
p. 830.

colas e géneros alimentícios que comportem uma denominação protegida satisfazem as condições formuladas nos cadernos de especificações e obrigações" (artigo 10.º/1). Ainda de acordo com o disposto no diploma comunitário, uma *estrutura de controlo* poderá incluir um ou vários *serviços de controlo designados* e/ou *organismos privados autorizados* para o efeito pelo Estado-membro.

O Regulamento não define, portanto, um modelo rígido e obrigatório de organização da certificação e controlo: permite que essa tarefa seja reservada ao Estado (através de serviços designados) ou confiada a organismos privados, admitindo até um modelo misto. Em qualquer caso, cabe aos Estados assegurar "que tenham sido criadas estruturas de controlo" (artigo 10.º/1). Quer dizer, o Regulamento comunitário não exige nem pressupõe a natureza pública, estadual, das actividades de certificação e controlo a cargo das estruturas de controlo; pública e estadual terá de ser apenas a responsabilidade de assegurar a existência dessas estruturas (*responsabilidade pública de garantia*).

A liberdade de configuração do sistema de organização permitiu que, na Itália, se tivessem instituído dois modelos diferentes no período de dois anos: em 1995, adoptou-se um sistema público, tendo sido designada uma autoridade nacional de controlo, que poderia delegar parte das suas funções em organismos privados (*exercício privado de funções públicas*); posteriormente, em 1997, foi adoptado um sistema misto, com a intervenção de organismos privados autorizados (indicados pelos agrupamentos) e, subsidiariamente, de autoridades públicas de controlo (estas autoridades só intervêm se, em relação a uma denominação registada, não houver pedidos de autorização de organismos privados de controlo)[74].

Tendo presente o leque de opções que o Regulamento permite, vejamos o modelo adoptado entre nós.

Nos termos do Despacho Normativo n.º 47/97, "o controlo e a certificação dos produtos agrícolas e dos géneros alimentícios (...) podem ser efectuados por organismos privados, para o efeito reconhecidos e supervisionados".

O *reconhecimento* dos designados *organismos privados de controlo e certificação* (OPC) surge regulado no Anexo IV do referido Despacho[75]: podem ser reconhecidos os organismos privados ou as entidades

---

[74] Cfr. PETRELLI, Ob. cit., p. 76 e ss.

[75] Os OPC só são reconhecidos se oferecerem garantias adequadas de objectividade e imparcialidade em relação aos produtores e transformadores que controlam e se

de natureza profissional ou interprofissional *indigitados por agrupamentos* requerentes de registos de denominações de origem ou de indicações geográficas. Os OPC ficam incumbidos de proceder à certificação da conformidade dos produtos, de modo a garantir que eles satisfaçam as condições formuladas nos cadernos de especificações e obrigações (regras de produção), e de efectuar tarefas de controlo sobre os produtores. Se, no desempenho das tarefas de controlo, verificarem que um produto agrícola ou género alimentício com denominação de origem ou indicação geográfica protegida não satisfaz as condições do caderno de especificações e obrigações, os OPC "tomarão as medidas necessárias para garantir a observância das disposições do regulamento".

Considerando o que acabou de se referir, observa Vital Moreira[76] que, além do controlo e da certificação oficial dos produtos beneficiários, os "organismos detêm funções sancionatórias em relação a todos os produtores, em caso de irregularidades, que é obviamente um poder público"; segundo o Autor, há aqui "mais um caso de «administração delegada» confiada a entidades privadas"[77]. Como vimos, o Regulamento comunitário não veda ao Estado a opção de liberalizar esta actividade de certificação: neste caso, os interessados poderiam contratar os serviços de certificação de um qualquer organismo reconhecido, autorizado, acreditado; o acesso ao exercício da actividade de certificação dependeria de requerimento do próprio organismo interessado. Contudo, não foi esta a opção acolhida pelo Estado português no Despacho Normativo n.º 47/97: por um lado, o acesso à actividade de certificação ficou dependente de indigitação feita pelos agrupamentos requerentes do registo da denomi-

---

dispuserem dos recursos materiais e humanos necessários para levar a cabo as operações de controlo. Além disso, devem preencher os requisitos estipulados na norma portuguesa EN 45 011 (critérios gerais para organismos de certificação de produtos) – trata-se de uma norma técnica que define os critérios para que um organismo se possa considerar competente e digno de confiança na actuação de um sistema de certificação de produtos (cfr. PETRELLI, Ob. cit., p. 75). O reconhecimento pode ser retirado quando os organismos não assegurem as funções para as quais foram reconhecidos ou quando não cumpram certas obrigações.

Nos termos do disposto no Despacho Normativo n.º 12/99, de 8 de Março, "os nomes dos organismos de controlo (...) reconhecidos (...) *devem obrigatoriamente figurar na rotulagem* dos produtos agrícolas ou dos géneros alimentícios cujos nomes são denominações de origem protegidas ou indicações geográficas protegidas (...)".

[76] Em face do disposto no Despacho Normativo n.º 213/93.

[77] Cfr. Vital MOREIRA, *Auto-Regulação,* cit., p. 371.

nação de origem ou da indicação geográfica; por outro lado, o OPC reconhecido fica numa "situação substancial de monopólio", pelo que os produtores (fazendo ou não parte do agrupamento) terão de se sujeitar aos poderes de certificação desse (único) organismo[78]: por isso, o Despacho estabelece que a Direcção-Geral do Desenvolvimento Rural deve adoptar as medidas adequadas para que os produtores não sejam impedidos de usar as referências geográficas, desde que cumpram as condições requeridas.

No exercício das suas funções, os OPC fazem a certificação oficial, aplicam medidas correctivas e sanções públicas em caso de verificação de irregularidades: quanto às concretas sanções aplicáveis, o Regulamento comunitário ficou longe de ser claro. Não há nele qualquer tipificação das medidas, ficando por esclarecer se os organismos podem ser autorizados a punir os infractores, por ex., com a proibição do uso das referências geográficas[79].

2.2.2. *Entidades certificadoras de vinhos e de produtos vitivinícolas*

Apesar de ter sido publicada há já mais de um ano nova legislação sobre o estatuto das designadas *entidades certificadoras de produtos vitivinícolas* (Decreto-Lei n.º 212/2004, de 23 de Agosto), continua em vigor o quadro legislativo aprovado na década de 80 do século passado. Apesar de a nova legislação estabelecer significativas inovações, mantém uma das pedras de toque do anterior regime: delegar em entidades privadas representativas dos agentes do sector funções regulação pública. Justifica-se, por isso, que mantenhamos o texto que se segue, elaborado antes da publicação do Decreto-Lei n.º 212/2004.

a) Vinhos de qualidade produzidos em região demarcada (VQPRD)
De acordo com o disposto na Lei n.º 8/85, de 4 de Junho, as regiões demarcadas vitivinícolas são criadas por acto legislativo; o estatuto de cada região "providenciará a constituição e organização de uma comissão vitivinícola regional" (CVR)[80].

---

[78] Neste sentido, cfr. PETRELLI, Ob. cit., p. 80.

[79] Cfr. COSTATO, Ob. cit., p. 496; PETRELLI, Ob. cit., p. 75[7].

[80] Não se revelando *possível ou aconselhável a criação de uma CVR própria* para uma região, a acção de disciplina e do fomento dos respectivos vinhos pode ser efectuada em associação com outras regiões ou zonas de proximidade cujos vinhos tenham caracte-

A CVR consiste num _organismo interprofissional_ em cujo órgão deliberativo, o _conselho geral_, estão representados os interesses da produção e do comércio, segundo um princípio de paridade[81]; nesse órgão tem ainda assento um representante do Estado, designado pelo ministro da tutela. Por sua vez, a _comissão executiva_ constitui o órgão operativo do organismo: é composta por três membros, presidida pelo representante do Estado, sendo os restantes eleitos pelo conselho geral[82]. As CVR têm a responsabilidade de garantir a genuinidade e a qualidade dos vinhos de região demarcada e apoiar a produção. A inscrição nas CVR dos agentes que se dediquem à produção ou ao comércio de VQPRD é obrigatória. Embora não haja um regime uniforme, aplicável a todas, as CVR têm _em regra_ poderes regulamentares (definição das características dos vinhos; quadro de sanções a aplicar aos infractores[83]), de controlo e de inspecção (vistorias e colheitas de amostras nas instalações, acesso a toda a documentação), de disciplina (aplicam penas aos agentes nelas inscritos[84]), de certificação oficial (emissão de certificados de origem,

---

rísticas análogas ou pelo Instituto do Vinho e da Vinha (IVV); cfr. artigo 3.º/2 do Decreto-Lei n.º 350/88, de 30 de Setembro. A previsão da intervenção do IVV na certificação de VQPRD (igualmente prevista na sua Lei Orgânica: Decreto-Lei n.º 99/97, de 26 de Abril) decorre do facto de a criação de CVR representar uma _alternativa_ à certificação pela Administração Pública ("substituição originária da Administração Pública por particulares").

[81] Sobre a designação dos representantes da lavoura e do comércio, cfr. artigo 2.º do Decreto-Lei n.º 350/88, de 30 de Setembro.

[82] Quanto à aplicação do princípio de paridade na composição da comissão executiva, cfr. VITAL MOREIRA, _Auto-Regulação_, cit., p. 383[263].

[83] Por vezes, a lei refere-se a _regulamentos internos_ das CVR para indicar os regulamentos sobre sanções disciplinares: trata-se, como é óbvio, de _regulamentos externos_. Além do mais, eles aplicam-se a todos os agentes económicos _inscritos_.

[84] Sobre a aplicação de penas disciplinares pelas CVR, cfr. Ac'sSTA/1.ª, de 18/06/96 (proc. 36 234), e de 13/03/97 (proc. 41 886) – neste foi indeferido um pedido de suspensão de eficácia de uma pena de suspensão aplicada pela Comissão de Viticultura da Região dos Vinhos Verdes (CVRVV); no primeiro, o STA julgou o recurso do acto de um Secretário de Estado que indeferiu o recurso hierárquico de uma medida disciplinar aplicada pela CVRVV: discutiu-se nesse acórdão a questão de saber se a CVRVV detinha competência disciplinar sobre os agentes económicos nela inscritos (em causa estava uma pena de suspensão dos direitos decorrentes da inscrição pelo período de três meses), tendo-se entendido que, "embora essa competência não seja conferida por lei por forma clara e directa, no entanto, ela resulta implícita das normas que lhe conferem (...) atribuições": hoje, a dúvida não subsiste, porquanto a lei confere expressamente à CVRVV competências sancionatórias.

selos de garantia e guias de trânsito), de cobrança de taxas (com possibilidade de cobrança coerciva[85]): todos os poderes referidos estão delegados, por ex., na Comissão de Viticultura da Região dos Vinhos Verdes[86].

As CVR encontram-se submetidas a *orientação* e a *tutela* do ministro com atribuições no sector agrícola: assim, por ex., nos termos da lei, a CVR de Bucelas, Carcavelos e Colares está subordinada ao Ministro da Agricultura, ao qual compete, além do mais, "dirigir instruções no âmbito da política vitivinícola" (artigo 3.º do Decreto-Lei n.º 43/2000, de 17 de Março). A fiscalização técnica cabe ao IVV, organismo público competente para verificar o cumprimento pelas CVR das regras e princípios aplicáveis aos produtos que controlam [artigo 1.º/5,*b*), do Decreto-Lei n.º 99/97, de 26 de Abril].

Apesar de a lei-quadro de 1985 nada estabelecer sobre a natureza jurídica das CVR, a legislação posterior (estatutos de cada região demarcada) assumiu em geral a natureza privada desses organismos: foi assim, por ex., logo em 1987, com a CVRVV, qualificada como "associação regional, pessoa colectiva de direito privado e utilidade pública"[87]. Tendo em consideração a sua natureza privada, a definição legislativa da respectiva organização e as competências que lhes estão confiadas, as CVR apresentam-se como *associações privadas de configuração legal, com funções públicas e poderes públicos*[88].

As CVR não são organismos de administração autónoma[89]. Não representam necessariamente *todos* os agentes económicos abrangidos pela sua acção, do que resulta a impossibilidade de invocação da ideia de *legitimação autónoma* para justificar o exercício das funções e dos poderes públicos que lhes estão confiados[90]. O sistema em que se baseiam

---

[85] Artigo 12.º do Decreto-Lei n.º 119/97, de 15 de Maio.

[86] Reconhecida como CVR (depois da Lei n.º 8/85) pelo Decreto-Lei n.º 104/87, de 6 de Março; os Estatutos da Região Demarcada dos Vinhos Verdes foram aprovados pelo Decreto-Lei n.º 10/92, de 3 de Fevereiro (alterado pelos Decretos-Leis n.ºs 263/99, de 14 de Julho, e 449/99, de 11 de Abril).

[87] Do Decreto-Lei n.º 350/88 resulta que a instituição das CVR cabe aos interessados. Como já vimos, se não se revelar possível o estabelecimento de uma CVR, as competências de certificação são exercidas pelo IVV.

[88] Sobre as perplexidades suscitadas pela natureza privada das CVR, cfr. Vital MOREIRA, *Auto-Regulação,* cit., p. 384.

[89] Contra, cfr. Vital MOREIRA, *Auto-Regulação*, cit., p. 385.

[90] Sobre isso, cfr., *supra*, Parte II, Cap. II, 1.2.4.

é o da *inscrição obrigatória*[91]; na nossa interpretação, as CVR apresen-tam-se diante dos "administrados" como instâncias de hetero-administra-ção (ainda que alguns dos que são por elas administrados possam estar representados pelas entidades que designam os dirigentes associativos).

b) Vinhos de mesa regionais

O Decreto-lei n.º 309/91, de 17 de Agosto, definiu as condições de utilização da menção "vinho regional", associada ao nome da região específica de produção de um vinho de mesa. Estabelece o diploma que a designação e a delimitação de cada região produtora devem ser feitas por portaria do Ministro da Agricultura[92] e que compete ao IVV realizar todas as acções necessárias à garantia da qualidade e da tipicidade do vinho regional nos domínios da produção, armazenagem e circulação.

Entretanto, sublinha-se a publicação da Portaria n.º 382/97, de 12 de Junho, em cujo preâmbulo se esclarece que, "na sequência da orienta-ção da política vitivinícola de transferência das funções de controlo, certificação e promoção dos vinhos com indicação geográfica para as organizações interprofissionais, o Decreto-Lei n.º 119/97, de 15 de Maio, veio atribuir às organizações interprofissionais do sector, nomeadamente às comissões vitivinícolas regionais (...) as competências inerentes às disciplinas de produção dos vinhos de mesa regionais"[93].

Essa Portaria dispôs que as CVR, bem como as associações de CVR dotadas de personalidade jurídica, podem ser *reconhecidas* como entida-des responsáveis pela realização das acções de controlo e de certificação dos vinhos de mesa regionais.

---

[91] Não está aqui presente um caso em que a inscrição obrigatória no registo gerido por um organismo tenha como efeito automático a filiação; cfr. Vital MOREIRA, *Adminis-tração Autónoma*, cit., p. 463.

[92] Exs: Portarias n.ºˢ 1202/97, de 28/11 (*Vinho Regional Rios do Minho*), 123/99, de 15/02 (*Vinho Regional Beiras*), 370/99, de 20/05 (*Vinho Regional Ribatejano*), 303/98, de 19/05 (*Vinho Regional Terras do Sado*), e 90/94, de 02/07 (*Vinho Regional Alentejo*).

[93] Ao contrário do que o excerto transcrito afirma, o Decreto-Lei n.º 119/97, de 15 de Maio, não atribui aquelas competências às CVR, sendo omisso quanto ao conceito de organizações interprofissionais. Não obstante, esse mesmo diploma, que regula as taxas que incidem sobre os vinhos e produtos vínicos, autonomiza as *entidades certificadoras* (em relação ao Instituto da Vinha e do Vinho) e estabelece mesmo que "por portaria (...), são regulamentadas as condições a que deve obedecer o reconhecimento das entidades certificadoras dos vinhos de mesa regionais, bem como os requisitos necessários ao exer-cício dessas funções" – ao abrigo desta norma é que foi editada a Portaria referida no texto.

O acto de *reconhecimento*, da competência do Instituto da Vinha e do Vinho (mas sujeito a homologação ministerial), autoriza imediatamente a beneficiária a exercer poderes públicos de *certificação* e de *controlo* dos "vinhos de mesa regionais": nenhum vinho poderá usar essa designação, associada ao nome da região específica de produção, se não constituir objecto de certificação, documentada através do selo de garantia. Além disso, a entidade certificadora é investida da competência de *fixar e de cobrar taxas* ("taxa de certificação")[94].

Sem prescrever quaisquer condições para o respectivo exercício, a Portaria atribui ao IVV poder para *retirar*, mediante decisão fundamentada (sujeita a homologação ministerial), o reconhecimento da entidade certificadora.

c) Produtos vitivinícolas com indicação geográfica

Além dos *vinhos de qualidade produzidos em regiões determinadas* e dos *vinhos regionais*, também a utilização de unidades geográficas associadas à designação de alguns produtos do sector vitivinícola foi objecto de regulação legislativa, através do Decreto-Lei n.º 117/99, de 14 de Abril: nos termos do seu artigo 2.º/1, podem ser utilizados nomes de unidades geográficas associados à designação dos vinhos espumantes de qualidade, dos vinhos frisantes, das aguardentes bagaceiras e das bebidas espirituosas à base de produtos vitivinícolas, que satisfaçam as características legais aplicáveis a esses produtos e as disposições específicas a publicar por portaria.

A utilização do nome de unidades geográficas fica submetida ao *controlo* e à *certificação* da respectiva *entidade certificadora*.

Podem ser reconhecidas como entidades responsáveis pela realização das acções de controlo e de certificação as organizações interprofissionais do sector vitivinícola, as CVR, ou equiparadas, e as associações de CVR, neste caso, quando dotadas de personalidade jurídica e na medida em que os respectivos estatutos prevejam expressamente o exercício das funções de controlo e de certificação dos produtos vitivinícolas com indicação geográfica. Compete ao IVV efectuar o *reconhecimento* da entidade certificadora de cada indicação geográfica. A entidade certifi-

---

[94] Cfr. artigos 1.º/2 e 5.º/2 do Decreto-Lei n.º 119/97, de 15 de Maio; nos termos do mesmo diploma, a cobrança coerciva destas taxas é feita pelo processo das execuções fiscais (artigo 12.º/3).

cadora de produtos vitivinícolas com indicação geográfica, que é uma entidade privada, exerce, também aqui, poderes públicos relativos ao controlo, à certificação e à cobrança de taxas parafiscais.

2.2.3. *Entidades certificadoras de queijos produzidos em regiões demarcadas*

O Decreto-Lei n.º 146/84, de 9 de Maio, definiu as regras do processo de criação de regiões demarcadas para queijos tradicionais. Procurou o legislador, por essa via, defender e valorizar a tipicidade dos queijos produzidos nas diversas regiões do País, estabelecendo que o uso da designação de origem do queijo produzido em região demarcada e, portanto, protegido (*v.g.*, "queijo de Azeitão"; "Serra da Estrela"[95]), poderia somente fazer-se em certas condições: o queijo teria de ser produzido dentro dos limites da região demarcada (*protecção dos produtores da região*), a designação de origem poderia ser usada apenas pelos produtores autorizados, que ficavam sujeitos ao controlo de uma *entidade certificadora* (*garantia de qualidade*), e, por fim, a introdução no mercado de queijo com uma designação de origem protegida passava a só poder ter lugar quando ao produto fosse aposto um selo de certificação (*protecção e informação ao consumidor*)[96].

As regiões demarcadas são criadas por decreto regulamentar. Uma vez criada a região, as próprias entidades que se considerem em condições de obter o estatuto de entidade certificadora, deverão dirigir o seu pedido ao Ministro da Agricultura. Entidades certificadoras podem ser quaisquer "associações e cooperativas de criadores de gado, de produtores de leite ou queijo e de industriais de queijo".

Os produtores da região que pretendam indicar a proveniência do queijo têm de solicitar a *prévia autorização* da entidade certificadora,

---

[95] Sobre o "queijo Serra da Estrela", cfr. Decreto Regulamentar n.º 42/85, de 5 de Julho, que criou a *Região Demarcada do Queijo Serra da Estrela,* e a Portaria n.º 10/91, de 3 de Janeiro, que concedeu o estatuto de entidade certificadora à Federação das Associações de Produtores de Queijo da Serra da Estrela (*Faproserra*).

[96] Embora os produtos abrangidos por este sistema possam ser protegidos no sistema comunitário de protecção das indicações geográficas e denominações de origem dos produtos agrícolas e dos géneros alimentícios, a *protecção nacional* continua a fazer-se nos termos do regime que estamos a analisar (apesar de as denominações poderem ser registadas no sistema comunitário).

decorrendo da lei que a qualidade de membro da associação titular do estatuto de entidade certificadora não dispensa a autorização – na verdade, a entidade certificadora não pratica exactamente um acto autónomo de autorização, limitando-se antes a efectuar o *registo* dos produtores interessados. Contudo, esse registo acaba por possuir um *efeito jurídico de tipo autorizatório*, uma vez que representa um factor de descondicionamento do exercício de um direito (o direito ao uso da designação geográfica, que pertence a todos os que produzam queijo na região demarcada).

Quando registados, os produtores podem indicar a designação de origem protegida (desde que aponham os *selos de certificação* nos queijos), ficando submetidos ao controlo e à fiscalização sucessiva da entidade certificadora.

Além de poderes públicos relacionados com o registo ou a autorização para o uso da designação de origem, as entidades certificadoras de queijos têm competências punitivas: a lei não estabelece o quadro das sanções que tais entidades podem aplicar, limitando-se a exigir que o requerimento para a obtenção do estatuto de entidade certificadora seja acompanhado de um *regulamento técnico* do qual constem a indicação das modalidades de controlo a praticar, o modelo de etiqueta da marca de origem, bem como as penalidades previstas para o não cumprimento das regras estabelecidas. De qualquer modo, parece não haver dúvidas de que as entidades certificadoras só sancionam as infracções cometidas pelos produtores registados, não estando investidas de competência para punir infracções cometidas por produtores (ou outros agentes económicos) não registados. Ou seja, a tais entidades não está conferido o encargo geral de fiscalizar a produção de queijo e de punir todas e quaisquer infracções (*v.g.*, os agentes que indicam uma designação protegida sem estarem registados), mas apenas o controlo e a punição dos produtores registados: além de observações ou advertências, podem aplicar-se tão-só as sanções de *suspensão* ou *interdição do uso da designação protegida* (através do cancelamento do *registo*). Os pressupostos de aplicação dessas (e eventualmente de outras) sanções são definidos por regulamento da entidade certificadora.

2.2.4. *Organizações de produtores pecuários para defesa sanitária*

Uma das importantes tarefas do Estado no domínio da protecção da saúde pública reside no combate e na erradicação das doenças dos animais destinados à alimentação humana.

As tarefas de "polícia sanitária veterinária" – ramo da fiscalização da qualidade alimentar que exige uma actuação fiscalizadora que ofereça garantias públicas de que os animais e produtos de origem animal destinados a entrar no circuito comercial estão aptos para o consumo – não surgem desempenhadas apenas por organismos públicos. Além dos *médicos veterinários acreditados* que, a título individual, podem ser chamados a desempenhar funções neste domínio, existem ainda as *organizações de produtores pecuários* (OPP)[97], que, nos termos da Portaria n.º 1088/97, de 30 de Outubro, são *reconhecidas* pelo Estado para participarem na execução das acções de combate às doenças animais de erradicação obrigatória. Para esse efeito, as OPP ficam investidas do exercício de poderes públicos: controlo sanitário, identificação animal, emissão do boletim sanitário, registo dos efectivos e das explorações pecuárias[98]. Exercem essas funções públicas e poderes públicos[99], em princípio, apenas em face dos respectivos associados. Mas, desde que com o respectivo consentimento, podem actuar igualmente perante os produtores existentes nessa mesma área geográfica de actuação.

O estatuto jurídico de OPP é atribuído por um *acto administrativo de reconhecimento* (da competência do director-geral de Veterinária) às associações de produtores pecuários que integrem pelo menos 40% dos produtores existentes na área abrangida. Ficam submetidas à fiscalização ou tutela (inspectiva e de auditoria técnica) a efectuar pela Direcção--Geral de Veterinária, que pode "impor correcções tidas como necessárias ou propor medidas sancionatórias".

---

[97] Sobre os anteriores "agrupamentos de defesa sanitária", cfr. Vital MOREIRA, *Auto-Regulação,* cit., p. 371.

[98] Note-se que alguns dos poderes públicos instrumentais da execução do programa sanitário não são exercidos pelas OPP mas sim, com "total independência técnica", por médicos veterinários acreditados por elas designados.

[99] Como a que foi por ela revogada, também esta Portaria padece de inconstitucionalidade, uma vez que, sem base legal explícita, transfere para entidades privadas o exercício de poderes públicos. A norma habilitante invocada (artigo 4.º do Decreto-Lei n.º 39 209, de 14 de Maio de 1953) não constitui credencial suficiente para a elaboração de um regulamento com aquele efeito: nela se diz que "sempre que (...) se verifique a existência ou se considere iminente (...) o aparecimento de qualquer zoonose infecto--contagiosa ou parasitária, fica o Ministro (...) autorizado a mandar executar (...) as medidas de sanidade veterinária que julgar necessárias para evitar, limitar ou debelar a doença"; o artigo 5.º do diploma enuncia algumas das medidas possíveis, não havendo qualquer referência à emissão de normas.

2.2.5. *Entidades intervenientes no controlo e na certificação de sementes de espécies agrícolas e hortícolas*

Transpondo três directivas comunitárias, o Decreto-Lei n.º 75/2002, de 26 de Março, disciplina o controlo e a certificação de sementes de espécies agrícolas e hortícolas destinadas a comercialização. Nos termos do diploma, a comercialização de sementes depende da certificação oficial. De acordo com a definição legal, a certificação consiste na "verificação do cumprimento das normas legalmente exigidas, através da realização de inspecções de campo e de amostragem, ensaios e análises de controlo dos diversos parâmetros de qualidade de sementes, e ensaios de pós-controlo". O acto de certificação traduz-se no "acto oficial de aposição nas embalagens de sementes de uma etiqueta oficial de certificação". As entidades que pretendam produzir, acondicionar ou importar sementes têm de obter uma licença para esse efeito; por outro lado, têm de proceder à inscrição das variedades de espécies no designado Catálogo Nacional de Variedades. Cumpridos esses requisitos, as sementes produzidas são então admitidas ao processo oficial de controlo e de certificação. A Direcção-Geral de Protecção das Culturas (DGPC) constitui o organismo responsável a nível nacional pelo controlo e certificação. Todavia, a DGPC pode "autorizar" pessoas singulares, colectivas, públicas ou privadas, a executar, "mediante controlo apropriado e regular, competências e funções que lhe estão atribuídas, designadamente, entre outras, em matéria de inspecção de campo, amostragem, ensaios e análises laboratoriais de qualidade de sementes e emissão de etiquetas de certificação, desde que nem essas pessoas singulares ou colectivas, nem os seus membros, tenham qualquer interesse pessoal, directo ou indirecto, no resultado das medidas que tomem". Além da delegação genérica das funções de controlo e certificação de sementes, o diploma autoriza ainda a DGPC a, sob sua supervisão, confiar a "agentes privados" a execução de inspecções dos campos de multiplicação. Tais agentes actuam, então, como "inspectores fitossanitários e de qualidade". As inspecções aos campos de multiplicação integram o procedimento de certificação (fase preparatória), sendo certo que a reprovação de um campo de multiplicação inviabiliza a certificação das sementes nele produzidas. Na medida em que condicionam de forma decisiva o acto público de aprovação ou de reprovação dos campos de multiplicação, os próprios agentes privados autorizados pela DGPC exercem poderes públicos (embora num âmbito mais limitado do que as entidades que beneficiem de uma delegação genérica, que inclui a competência para emitir a etiqueta oficial de certificação).

2.3. **Sectores industrial e comercial**

2.3.1. *Sociedades gestoras de áreas de localização empresarial*

Criadas por um diploma de 2001 (que nunca veio a ser regulamentado), as áreas de localização empresarial são agora objecto do Decreto-Lei n.º 70/2003, de 10 de Abril, que, além do mais, estabelece os princípios gerais relativos à sua gestão. Nos termos do diploma, "áreas de localização empresarial" (ALE) são *zonas territorialmente delimitadas e licenciadas para a instalação de determinado tipo de actividades industriais, podendo ainda integrar actividades comerciais e de serviços.*

A criação das ALE, que também poderiam designar-se como "parques" ou "pólos industriais"[100], concentrando as actividades industriais num determinado local, prossegue objectivos gerais de interesse público, como a melhoria do ordenamento do território, a maior qualificação ambiental, a racionalização do aproveitamento do espaço urbano, a promoção de um desenvolvimento económico de qualidade. Por outro lado, evidenciam-se com facilidade as vantagens para os agentes económicos nelas instalados, que beneficiam de uma extensa cópia de serviços de utilização colectiva.

Nos termos da lei, a instalação das ALE depende de uma licença, a atribuir à designada *sociedade gestora*, que terá de estar constituída sob a forma de sociedade anónima e que deverá ter como accionista maioritário uma entidade que comprovadamente tenha experiência no domínio da concepção, instalação, promoção e gestão de parques empresariais. Uma vez autorizada a instalação, a ALE entra em funcionamento e será então gerida pela sociedade gestora. Esta sociedade fica obrigada a assegurar o regular funcionamento dos serviços e instalações comuns, garantindo a prestação de determinados serviços, como a limpeza das áreas de utilização colectiva, a jardinagem e conservação dos espaços verdes, a gestão dos meios comuns de sinalização informativa, a coordenação da recolha de resíduos sólidos urbanos, a vigilância nas áreas de utilização colectiva e a manutenção de certas infra-estruturas e equipamentos.

Além de prestadora daqueles serviços, a sociedade gestora fica ainda investida – o preâmbulo do diploma fala de "delegação" – de um vasto

---

[100] Sobre os parques industriais na Alemanha, cfr. MÜGGENBORG, "Das Phänomen von Industrieparks – eine erste Annäherung aus umwelt- und sicherheitsrechtlicher Sicht", p. 417 e ss.

leque de poderes públicos de regulação das actividades exercidas pelas empresas instaladas nas ALE, detendo competências para:

i) Conferir as autorizações de instalação nas ALE das empresas de natureza industrial, comercial ou de serviços, nos termos do regime jurídico do licenciamento industrial e demais legislação aplicável. Além de competente para atribuir as autorizações que a lei exija quanto ao exercício de actividades comerciais e de serviços, a sociedade gestora adquire, em relação às actividades industriais exercidas na ALE, a posição jurídica que o regime do licenciamento industrial (Decreto-Lei n.º 69/2003, de 10 de Abril) confere à designada "entidade coordenadora", entidade a quem "compete a coordenação plena do processo de licenciamento, de instalação ou de alteração e da exploração de um estabelecimento industrial" e que é, para o efeito, a "única entidade interlocutora do industrial"[101]. Nestes termos, cabe-lhe licenciar a instalação, a alteração e a exploração de estabelecimentos industriais (assumindo, nesse contexto, a direcção e a coordenação de todo o procedimento de licenciamento), bem como, após vistoria, emitir a licença de exploração comercial.

ii) Supervisionar as empresas instaladas nas ALE, com vista a assegurar o cumprimento dos limites individuais de instalação e do exercício da actividade de cada uma delas, tal como está definido na autorização de instalação atribuída pela sociedade gestora, nos termos do regime jurídico do licenciamento industrial. No âmbito dessa competência genérica de supervisão, a sociedade gestora fica investida dos poderes que o regime do licenciamento industrial confere à entidade coordenadora (adopção de medidas cautelares) e, além desses, de poderes de fiscalização (de supervisão[102]). Assim, em relação às empresas instaladas nas ALE, a sociedade gestora é competente para realizar acções de inspecção às instalações, requerer as informações e os apoios necessários à realização dessas acções, bem como para tomar as medidas cautelares previstas no regime de licenciamento (suspensão de actividade, encerramento temporário do estabelecimento, apreensão de equipamentos) e solicitar a interrupção de fornecimento de energia eléctrica. Além disso, cabe-lhe

---

[101] O novo regime do licenciamento industrial desenha um procedimento administrativo segundo um princípio de "concentração" e de "balcão único"; sobre os modelos de concentração procedimental, cfr., entre nós, Filipa Urbano CALVÃO, "O procedimento administrativo como instrumento de coordenação de competências", p. 46 e ss.

[102] Cfr., nesse sentido, o artigo 23.º/3 do Decreto-Lei n.º 69/2003.

ainda decidir reclamações relativas à instalação, alteração, exploração e desactivação de qualquer estabelecimento industrial instalado nas ALE (cfr. artigo 6º do Decreto-Lei n.º 69/2003).

iii) Cobrar taxas pela utilização e manutenção das infra-estruturas e das restantes partes comuns das ALE, bem como pelos actos por si praticados relativos à instalação, alteração e exploração dos estabelecimentos industriais (nos termos do disposto no Decreto-Lei n.º 69/2003), sendo que, no último caso, a sociedade gestora pode proceder à cobrança coerciva das taxas através do processo de execução fiscal.

A sociedade gestora, uma empresa privada, surge, pois, investida de largos poderes no domínio do licenciamento industrial e da supervisão e fiscalização das empresas industriais instaladas nas ALE. Sublinhe-se, contudo, que as sociedades gestoras não detêm poderes sancionatórios no âmbito do ilícito de mera ordenação social, apenas lhes cabendo comunicar às autoridades administrativas a ocorrência de factos susceptíveis de constituírem contra-ordenação. Por outro lado, também não detêm poderes públicos de polícia e de manutenção da ordem pública no âmbito da ALE: a lei comete-lhes a "vigilância nas áreas de utilização colectiva", o que, ao que supomos, não as investe de poderes públicos, mas apenas as torna responsáveis por efectuar a vigilância nos termos do direito privado (com pessoal próprio ou por via da contratação de empresas de segurança privada).

2.3.2. *Câmaras de comércio e indústria*

Ao contrário do que se verifica na generalidade dos países da Europa continental, que adoptam o designado modelo público francês[103], em

---

[103] Cfr. Vital MOREIRA, *Auto-Regulação,* cit., p. 297 e ss; sobre o modelo público francês, contraposto ao modelo privado anglo-saxónico, cfr. ainda GALLEGO MORALES, *Las Cámaras de Comercio: organizaciones de intereses o administración?,* p. 61 e ss. Sobre a natureza jurídica e as funções das câmaras, cfr. PUAUX, *Les chambres de commerce et d'industrie,* especial., p. 18 e ss; SEPE, "Il sistema organizzativo delle camere di commercio in Italia", p. 319 e ss; Silvia del SAZ, "Cámaras oficiales y cámaras de comercio", p. 183; GARCIA DE ENTERRIA, "Las Cámaras de Comercio, Industria y Navegación ante el Derecho", p. 153 e ss, e Sebastián MARTIN-RETORTILLO, "Funciones de las Cámaras Oficiales de Comércio, Industria e Navegación", p. 185 e ss. Quanto ao direito alemão, existe um projecto de privatização das câmaras de comércio e indústria, que actualmente são corporações de direito público de filiação obrigatória: no novo formato (que, nos termos do projecto, segue o modelo de outros Estados europeus, como

Portugal, as câmaras de comércio e indústria são legalmente *pessoas colectivas de direito privado* (artigo 1.º do Decreto-Lei n.º 244/92, de 29 de Outubro[104]). As suas funções principais reconduzem-se à defesa dos interesses e à representação dos seus associados. Nascem por impulso privado, no desenvolvimento da liberdade de associação e de organização dos agentes comerciais e industriais, sem obrigação de inscrição daqueles que não desejam associar-se[105]. Uma vez reconhecidas, podem colaborar com a Administração Pública na prossecução de interesses públicos e na prestação de serviços aos seus associados e aos agentes económicos em geral[106]. Na intervenção das câmaras, há, portanto, dois planos que importa não confundir: o da liberdade de organização e de associação e de defesa dos interesses dos associados e das classes que representam, por um lado, e o da colaboração com a Administração, na

---

o português), as câmaras passam a ser *associações de direito privado reconhecidas pelo Estado*, sendo abolida a filiação obrigatória. Confiando-lhes o desempenho de tarefas públicas (emissão de certificados de origem e de outros documentos de natureza administrativa de que os agentes económicos necessitam para o exercício das suas actividades), o projecto atribui às câmaras competência para a prática de actos administrativos e para a cobrança de taxas no desempenho daquelas tarefas e submete-as à tutela administrativa; em termos críticos sobre o projecto e as questões que a privatização coloca, cfr. KLUTH, *Verfassungsfragen der Privatisierung von Industrie-und Handelskammern*, especialmente, p. 37 e ss.

[104] Alterado pelo Decreto-Lei n.º 81/2000, de 10 de Maio.

[105] Neste sentido, AcSTA/1.ª, de 25/06/2002, proc. 46 570, que considera as câmaras de comércio e indústria associações de classe.

[106] Têm legitimidade para pedir o *reconhecimento* como câmaras de comércio e indústria as associações empresariais já existentes ou outras associações que cumpram os requisitos definidos em função de critérios legalmente previstos (*v.g.*, representatividade, implantação territorial, estruturas materiais e humanas; em qualquer caso, a entidade requerente terá de possuir o estatuto de pessoa colectiva de utilidade pública); o reconhecimento é efectuado por portaria do Ministro da Economia (sobre as normas a observar na apreciação de pedidos de reconhecimento, cfr. Portaria n.º 1066/95, de 30 de Agosto). Como decidiu o AcSTA de 25/06/2002, pode existir, na mesma área territorial, mais do que uma associação com poderes de emissão de certificados de origem; de facto, a lei não o proíbe, apesar de a "existência na mesma área territorial de outra câmara de comércio e indústria" figurar como critério a ponderar no reconhecimento. Ainda sobre o regime do reconhecimento das câmaras de comércio e indústria, cfr. AcSTA/1.ª, de 30/09/2004, (proc. 1426/02), decidindo que, sob pena de violação de lei, as áreas territoriais e de implantação de cada câmara não podem abranger todo o território nacional, e que, se uma câmara não pode ter uma representatividade inferior a 500 associados (nos termos da Portaria nº 1066/95), é ilegal o acto que alguma reconheça, se o número dos seus associados for apenas de 278.

prossecução de finalidades públicas, por outro. Em relação a esta segunda vertente, a lei fala expressamente de "funções públicas delegadas" nas câmaras (artigo 9.º) e do "exercício de funções delegadas pela Administração Pública" (artigo 10.º).

As citadas disposições legais referem-se, naturalmente, a funções públicas previstas no próprio diploma. Deste resulta que tal qualificação apenas pode ser atribuída às competências de certificação a que se referem as alíneas *c) – "emitir certificados e outros documentos necessários ao desenvolvimento das relações económicas nos termos que, para cada câmara e em cada caso, vier a ser definido" –*, e *g) – "emitir certificados de origem, quando autorizadas pelo Ministro da Economia".* Parece claro, por um lado, que a habilitação para o exercício de funções públicas de certificação resulta ("*para cada câmara e para cada caso*") de actos concretos da Administração e não directamente do diploma de 1992[107], e, por outro, que, com fundamento nesse mesmo diploma, apenas podem ser delegadas as referidas competências para a emissão de certificados de origem ou outros certificados ou documentos necessários ao desenvolvimento das relações económicas[108]. Outros diplomas poderão investir as câmaras de comércio e indústria de outras funções públicas: por ex., o Decreto-Lei n.º 28/2000, de 13 de Março, conferiu-lhes o poder de certificar a conformidade de fotocópias com documentos originais.

As câmaras de comércio e indústria ficam obrigadas a exercer as funções e competências públicas em que ficam investidas em benefício de todos os agentes económicos da sua área territorial, independentemente de serem ou não seus associados; trata-se de uma exigência decorrente do princípio de que as competências públicas que lhes são

---

[107] Em princípio, será a portaria de reconhecimento a indicar as competências públicas delegadas em cada câmara.

[108] Não habilita a delegação de outros poderes públicos a referência, no artigo 4.º,*b)*, à competência das câmaras de comércio e indústria para o exercício de determinadas "missões" que lhe venham a ser confiadas: "actividades de interesse público", "gestão ou participação na gestão de estabelecimento ou de infra-estruturas destinadas aos agentes económicos ou de interesse para a economia nacional ou regional".

Para nós, o diploma de 1992 não autoriza a Administração a delegar nas câmaras de comércio e indústria funções diferentes das referidas nas alíneas *c)* e *g)* do artigo 4.º; em sentido aparentemente diferente, cfr. Vital MOREIRA, *Auto-Regulação,* cit., p. 339, afirmando que "as atribuições especificamente públicas das câmaras de comércio reduzem-se à função certificativa, bem como às funções que lhe sejam *ad hoc* conferidas pelo Governo".

conferidas não podem beneficiar apenas os respectivos associados[109]. Desde que para tanto autorizadas, as câmaras podem *subdelegar* tais competências públicas em "organismos de cúpula" (nacionais ou regionais) por elas constituídos (artigo 9.º).

2.3.3. *Confederações empresariais*

O Decreto-Lei n.º 30/88, de 3 de Fevereiro, atribuiu às confederações de empresários (*Confederação da Indústria Portuguesa, Confederação do Comércio Português* e *Confederação dos Agricultores de Portugal*) competência para a emissão de *certificados comprovativos de actividades industriais, comerciais ou agrícolas por profissionais independentes*, sempre que qualquer norma jurídica comunitária exija a prova dessa condição ao interessado em exercer a sua actividade profissional noutro Estado-membro da União Europeia[110]. O diploma prevê um procedimento especial – "mecanismo de subsidiariedade" – para o caso de as entidades nele referidas demorarem ou recusarem a emissão dos certificados solicitados: o certificado poderá então ser emitido pelo governador civil do distrito onde a actividade se exerce ou tenha sido exercida.

2.4. *Mercados de valores mobiliários*

Fizemos já uma referência desenvolvida à natureza da actividade de gestão de mercados de valores mobiliários confiada às designadas *sociedades gestoras de mercado regulamentado*[111]. Explicámos, então, que essas entidades particulares exercem, em geral, uma actividade privada publicamente regulada (gestão e regulação privada dos mercados). Todavia, nos termos do Decreto-Lei n.º 349/99, estão também investidas de certas e delimitadas competências públicas de regulação (pública). Nesse âmbito, a lei delega-lhes os poderes públicos seguintes:

i) Deliberar sobre a admissão dos membros dos mercados ou, quando deixem de se verificar os requisitos da sua admissão ou em virtude de sanção disciplinar, sobre a suspensão e exclusão daqueles membros [artigo

---

[109] Cfr. Vital MOREIRA, *ibidem*.

[110] Sobre os emolumentos a cobrar pela emissão de certificados, cfr. Portaria n.º 338/97, de 20 de Maio.

[111] Cfr., *supra*, Parte II, Cap. I, 2.1.3.4.

13º/2,*e)* do Decreto-Lei n.º 394/99][112] – Nos termos do artigo 216.º do CVM, a admissão como membro dos mercados de bolsa e a manutenção dessa qualidade dependem, além do mais, da observância das condições fixadas pela entidade gestora da bolsa, quanto à sua organização, aos meios materiais exigíveis e à idoneidade e aptidão profissional das pessoas que actuem em seu nome; a entidade gestora da bolsa não pode limitar o número máximo dos seus membros nem fazer depender a admissão como membro da titularidade de qualquer parcela do capital social da sociedade gestora. Por outro lado, o artigo 203.º/4 do CVM estabelece uma regra que as sociedades gestoras terão de considerar quando deliberem sobre a admissão de membros: ali se dispõe que "a admissão dos membros de um mercado compete à respectiva entidade gestora, de acordo com princípios de igualdade e de respeito pelas regras de sã e leal concorrência". Além disso, as sociedades são também competentes para impor a suspensão e a exclusão dos membros dos mercados.

ii) Admitir à negociação, bem como suspender e excluir da negociação valores mobiliários [artigo 13.º/2,*g)*, do Decreto-Lei n.º 349/99] – A *admissão* de valores mobiliários à negociação num mercado depende de decisão da sociedade gestora a requerimento do emitente (artigo 205.º/1 do CVM): o CVM regula em pormenor o *processo de admissão* à negociação em mercado de bolsa a contado, definindo quem tem legitimidade para apresentar o pedido de admissão (artigo 233.º), indicando o prazo de que a sociedade dispõe para decidir e impondo a notificação imediata da decisão ao requerente (artigo 234.º) e, por fim, referindo, de modo taxativo, as razões que podem basear uma decisão de recusa de admissão (artigo 235.º: o n.º 3 deste artigo considera a admissão recusada se a decisão da sociedade não for notificada ao requerente nos 90 dias posteriores ao pedido de admissão). A sociedade gestora deve *suspender* a negociação de valores mobiliários em relação aos quais deixem de se verificar os requisitos de admissão, desde que a falta seja sanável, ou quando ocorram circunstâncias susceptíveis de, com razoável grau de probabilidade, perturbar o regular desenvolvimento da negociação (artigo 206.º do CVM). A suspensão da negociação mantém-se pelo tempo estritamente necessário à regularização da situação que lhe deu origem, não ficando o emitente, durante esse período de tempo, exonerado das obri-

---

[112] Membros dos mercados são os intermediários financeiros autorizados a negociar valores mobiliários nos mercados.

gações de informação a que está sujeito. Há-de determinar-se a *exclusão* da negociação quando deixem de se verificar os requisitos de admissão dos valores mobiliários, se a falta for insanável, ou quando não tenham sido sanadas as faltas que justificaram a suspensão (artigo 207.º do CVM)[113]. As decisões de suspensão e de exclusão produzem efeitos imediatos; apesar de estar prevista a dispensa de audiência dos interessados no Decreto-Lei n.º 394/99, o CVM estabelece que a sociedade deve notificar o emitente para se pronunciar sobre a suspensão ou a exclusão. Mas ela só fica obrigada a proceder assim se tal diligência não prejudicar a urgência da decisão.

iii) Credenciar os mandatários dos membros que podem intervir nos mercados: artigo 13º/2,*h*), do Decreto-Lei n.º 349/99.

Os actos praticados no exercício desses poderes consubstanciam actos administrativos, regulados pelo CPA. O artigo 14.º/1 do Decreto-Lei n.º 349/99 dispensa, contudo, a audiência prévia dos interessados, solução ditada por razões especiais de celeridade ao "nível da tramitação das decisões"[114]. Nos termos da lei, tais actos são recorríveis para a CMVM e desta para os tribunais administrativos.

2.5. *Domínio internet.pt*

Quem, em Portugal, pretender "existir na internet" tem de obter a "identidade ciberespacial", o registo de um nome de domínio, que passará a ser o seu endereço internet. Para esse efeito, pode pretender registar o seu domínio "abaixo" de um domínio de topo genérico (*v.g.*, www.almedina.net), para o que deve dirigir a sua pretensão a uma entidade acreditada pela ICANN para registar nomes com o domínio de topo genérico pretendido[115]. O interessado pode, porém, preferir adoptar um nome que contenha uma indicação sobre o país em que reside ou em que oferece serviços ou produtos; tratando-se de Portugal, terá então de obter o registo pretendido junto da entidade que gere o domínio.pt. Essa entidade é a Fundação para a Computação Científica Nacional (FCCN).

---

[113] De acordo com o artigo 208.º do CVM, a CMVM pode ordenar à entidade gestora que proceda à suspensão ou à exclusão de valores mobiliários da negociação, quando aquela entidade não o tenha feito em tempo oportuno.

[114] Cfr. Paulo OTERO, "Alguns problemas", cit., p. 255.

[115] Sobre a ICANN, cfr., *supra*, Introdução. Sobre a regulação da internet, cfr. Pedro GONÇALVES, "Regulação administrativa da internet", cit., p. 177 e ss.

i) A FCCN, entidade responsável pela gestão nacional da internet

Revelando-se apropriado falar-se de uma *gestão nacional da internet* – os próprios documentos oficiais da ICANN reconhecem que os gestores dos TLD com código de país actuam "according to local policies" –, temos então de concluir que, em Portugal, essa incumbência está confiada à FCCN, instituição privada sem fins lucrativos, que, desde 1991, gere o serviço de registos dos domínios internet para o nosso País.

Como noutros países, também em Portugal a gestão dos domínios internet com código de país nasceu e cresceu à margem do Governo, num contexto universitário e científico: no início, a internet era sobretudo um assunto científico, o que explica que todo o processo de controlo tenha sido assumido por instituições de natureza universitária, ligadas entre si e todas elas em conexão com os gestores norte-americanos do DNS. Essa especificidade genética do mundo da internet em conjugação com a natureza centralizada e hierárquica do controlo do sistema de endereços representa a razão pela qual a gestão de domínios com códigos de país foi, em geral, assumida por entidades privadas que actuavam fora de um específico canal público de legitimação. Digamos que, nesse quadro, a *legitimação começou por ser interior à internet*, vinha sobretudo dos EUA, dos organismos de controlo centralizado do DNS.

Percebe-se assim que a FCCN apareça a gerir o serviço de registos dos domínios internet para Portugal *sem base legal e na falta de uma delegação expressa* do Governo português ou de qualquer outra instância da Administração Pública[116].

ii) A questão da natureza jurídica da actividade de gestão do domínio.pt

Pronunciámo-nos já (cfr. Introdução) sobre a natureza jurídica das funções confiadas à ICANN no sentido de as considerar tarefas públicas,

---

[116] Situação diferente existe, por ex., em Espanha, onde o Real Decreto 164/2002, de 8 de Fevereiro, atribuiu o *serviço público* de gestão dos nomes e endereços de domínio internet sob o código de país correspondente a Espanha (.es) a uma entidade empresarial pública, a Red.es, que funciona assim como uma agência de regulação para os domínios. Mas, em abono da verdade, deve dizer-se que a situação portuguesa não se afigura muito diferente daquela que se vive na Alemanha (com a DE-NIC, que é uma associação de prestadores de serviços de acesso à Internet) ou em França (com a AFNIC, ainda que esta seja uma associação de direito privado na qual o Estado francês está representado, através dos ministérios com atribuições nos sectores das telecomunicações, da indústria e da investigação).

exercidas de resto num contexto autoritário. Essa qualificação, baseada até na própria doutrina norte-americana, estava de algum modo facilitada por uma série de indícios da *apropriação* do controlo do DNS pelo Governo americano. A ICANN é, no fim de contas, um organismo contratado pelo Governo dos EUA para a operação de um sistema e a execução de uma tarefa que este assumiu. Ora, essa circunstância – a *apropriação pública e estadual do controlo do DNS* – explicou a qualificação proposta.

Ao propormo-nos qualificar as funções confiadas à FCCN no âmbito da gestão do domínio.pt, falta-nos, contudo, pelo menos em termos inequívocos, o pressuposto fundamental da *apropriação estadual* (pelo Estado português) do controlo e da gestão desse subsistema de endereços internet. Ao contrário do que se passa com a ICANN, a autoridade da FCCN não provém de um contrato ou de uma delegação estadual, mas antes de uma delegação das "autoridades" americanas que precederam a ICANN (porventura, da IANA, a Internet Assigned Numbers Authority, que, até há pouco tempo, delegava em gestores nacionais os domínios de topo com código de país). Ou seja, o fundamento histórico da autoridade da FCCN na gestão do domínio.pt não é nacional, residindo *antes* nas autoridades de administração global da internet.

Ainda sem avançarmos na exposição dos argumentos que permitam solucionar o problema, importa procurar saber se os governos nacionais se encontram em condições de assumir um controlo nacional da gestão dos domínios com os códigos de país respectivos. Trata-se, de facto, de uma questão central, pois que, na eventualidade de um controlo nacional ser tecnicamente inviável, a possibilidade da apropriação estadual não chega sequer a existir.

Ora, sobre isso, há que dizer que a ICANN, como organismo de gestão global do sistema comum de endereços, tem uma palavra decisiva sobre o estabelecimento de domínios de topo com indicação de código de país. Dada a natureza intrinsecamente centralizada da gestão do DNS, essa competência não pode ser dispersa, dando a cada país, região ou território interessado o poder de criar o seu domínio de topo. Porém, uma coisa é o estabelecimento ou a criação do domínio de topo, outra a sua gestão e controlo. Supomos que deve até entender-se que a ICANN não exerce neste âmbito um verdadeiro poder regulatório, visto que ela não pode recusar atribuir um domínio de país a um Estado (salvo se o conjunto de caracteres que identifica o domínio já estiver registado). Ou seja, diremos que um Estado, qualquer Estado, tem o *poder soberano* de obter o registo do "seu" domínio de topo. A ICANN exerce, nesse estrito âmbito, uma actividade puramente técnica e vinculada, de mero registo do nome no DNS.

Depois de tecnicamente criado, pode (e deve) caber ao Estado gerir e controlar o "seu" domínio, estabelecendo, por ex., quais as pessoas ou entidades que podem obter o registo de domínios "abaixo" do domínio de topo do país, que língua pode ser usada nos domínios (de segundo nível), como se tratam as eventuais colisões dos nomes de domínio com marcas registadas ou outros direitos de terceiros, qual os montantes das taxas a pagar pelos requerentes de registos, etc.. Todos esses aspectos integram aquilo que pode designar-se como *componente nacional de gestão da internet*, revelando-se susceptível de ser regulado pelo Estado e, mais do que isso, gerido pelo próprio Estado, como gere outros serviços públicos registrais. A tal não se opõe o carácter centralizado da gestão da internet, posto que o funcionamento coerente do sistema reclama tão-somente o estabelecimento do domínio do topo com código de país por um organismo central. A seguir, a gestão do domínio pode – e deve – caber aos governos nacionais, que poderão, portanto, definir uma política nacional de gestão dos seus domínios de topo.

Respondendo directamente à questão colocada, pode dizer-se que a tarefa de gestão dos domínios de topo com código de país *é susceptível de apropriação estadual*, mesmo tendo em conta o carácter centralizado e global da gestão da internet[117].

---

[117] Apesar de algumas diferenças, a gestão do sistema de nomes de domínio nacionais cosntitui uma actividade próxima da tarefa de controlo da *concessão dos recursos nacionais de numeração*, no âmbito das actividades de telecomunicações (no serviço de telefone, fixo ou móvel, ou nos serviços audiotexto). Ora, de acordo com a legislação nacional de telecomunicações (artigo 28.º e ss do Decreto-Lei n.º 415/98, de 31 de Dezembro), a gestão do designado Plano Nacional de Numeração cabe à autoridade reguladora das comunicações, o ICP–ANACOM, tratando-se, portanto, de uma actividade de natureza inequivocamente estadual. De resto, em termos de direito comunitário, a *directiva-quadro* para o sector das comunicações (*Directiva 2002/21/CE, do Parlamento e do Conselho, de 7 de Março de 2002, relativa a um quadro regulamentar comum para as redes e serviços de comunicações electrónicos*) reiterou esse princípio, ao estabelecer que "os Estados-Membros assegurarão que as autoridades reguladoras nacionais tenham o controlo da concessão de todos os recursos nacionais de numeração, bem como da gestão dos planos nacionais de numeração" (artigo 10.º, n.º 1). Com interesse directo para o nosso tema, importa dizer que a disposição citada está inserida num artigo intitulado "numeração e atribuição de nomes e endereços": lida isoladamente, a referência à atribuição de *nomes* pode sugerir que se pretendeu ver consagrada a natureza estadual da

Do que se trata então de saber é se, em Portugal, o Estado assumiu a referida tarefa de gestão, transformando-a portanto numa tarefa pública nacional (nesse caso, a FCCN actuaria como uma espécie de "organismo delegado", exercendo uma função ou um serviço público de registo de domínios, como acontece em Espanha, com a Red.es)[118]. Interessa, portanto, saber se houve uma "apropriação pública", uma *publicatio*, do componente nacional de gestão da internet[119].

Recordando os critérios de qualificação de uma tarefa como pública, diremos que, na falta de uma *apropriação pública*, tem de considerar-se privada a gestão do domínio.pt, que cabe à FCCN[120]. Só assim não sucederá se houver *indícios de apropriação pública*. Na nossa opinião, tais indícios existem.

---

tarefa de gestão dos nomes de domínio. Porém, não é assim, como aliás se pode inferir do n.º 5 do mesmo artigo da Directiva, onde se estabelece que os Estados-Membros devem coordenar as suas posições nas "organizações e instâncias internacionais onde são tomadas decisões sobre as questões da numeração e atribuição de nomes e endereços de redes e serviços de comunicações electrónicas" (cfr. ainda a parte final do considerando 20 da directiva, onde se diz que "as disposições da presente directiva não estabelecem quaisquer novas áreas de responsabilidade para as autoridades reguladoras nacionais no domínio da atribuição de nomes e endereços na internet").

[118] Sobre a gestão de domínios em Espanha, cfr. GARCIA-TREVIJANO GARNICA, "Es aplicable la responsabilidad administrativa por la denegación, para operar en internet, del registro de un nombre de dominio de dns de segundo nivel bajo «es»"?, p. 311 e ss. O Autor recusa qualificar a actividade de registo de nomes como um serviço público *de iure*, que exige uma prévia *publicatio*, a qual não parece ter tido lugar. Sem nos querermos imiscuir na interpretação de normas de direito estrangeiro, sempre perguntaremos que valor jurídico se deve então atribuir ao facto de a lei espanhola ter criado uma pessoa jurídica pública para a gestão dos nomes do domínio – de resto, é exactamente com base nesta natureza da entidade gestora que o Autor remete para a esfera do direito administrativo a regulação jurídica da responsabilidade pela denegação ilegal de registos.

[119] No sentido da natureza pública da gestão nacional dos nomes de domínio, cfr., no direito alemão, KOENIG/NEUMANN, "Telekommunikationsrechtliche Regulierung von Domainnamen", p. 187.

[120] Uma resposta diferente seria pensável no caso de se entender que a FCCN exercia uma tarefa ao abrigo de uma delegação de um organismo internacional legitimado pelo Estado português (*v.g.*, um organismo criado por tratado internacional assinado por Portugal). Nessa eventualidade, poderia falar-se de uma *recepção* de direito (administrativo) internacional na ordem interna. Mas, como sabemos, a situação não se verifica nesses termos, pois a FCCN actua ao abrigo de poderes e competências que nela foram delegadas por um organismo privado estranho ao Estado português (a ICANN).

iii) O envolvimento do Governo português: indícios de apropriação pública

A FCCN é responsável pelo serviço de registo de domínios com a indicação.pt, fazendo-o sem uma delegação expressa do Governo português. Contudo, isso não significa que ela exerça as funções de que se incumbiu em violação da lei. De resto, pelo menos desde 1997, o Governo português *reconhece oficialmente* aquele organismo e as funções que ele desempenha.

Com efeito, na Resolução do Conselho de Ministros n.º 69/97 (DR, I série, de 5/5/97), afirmava-se que, "na ausência de uma regulamentação específica, e por razões históricas, a Fundação para a Computação Científica Nacional tem vindo a proceder, a nível nacional, ao registo e gestão dos nomes de domínio de Internet para Portugal". Tendo em conta "a expansão da Internet e o consequente aumento de pedidos de nomes de domínios" entendia o Governo que tinha chegado a hora de proceder à "regulamentação da matéria". Resolvia então mandatar o Ministro da Ciência e da Tecnologia para:

aa) Preparar, ouvido o Instituto das Comunicações de Portugal e a Equipa de Missão para a Sociedade de Informação – tendo em atenção as orientações internacionais sobre a matéria –, as medidas legais tendentes à regulamentação do registo e gestão dos nomes de domínio da internet para Portugal;

bb) Dirimir, até à aprovação das medidas legais referidas, todas as divergências que possam vir a existir entre a FCCN e os requerentes ou beneficiários dos domínios ou subdomínios Internet específicos de Portugal.

Com esta Resolução, que, no geral, consubstanciava um acto anunciativo de medidas regulamentares futuras (salvo quanto à atribuição de poderes de resolução de conflitos ao Ministro da Ciência e da Tecnologia), o Governo português envolvia-se abertamente na gestão da internet no País, assumindo a responsabilidade de regular o registo e a gestão dos nomes de domínio.pt.

É verdade que, desde então e até hoje, o Governo primou pela inércia na regulamentação da matéria. Durante o período que decorreu desde 1997, limitou-se a reiterar, por duas vezes, a sua intenção regulamentadora:

– em primeiro lugar, na Resolução do Conselho de Ministros n.º 94/99 (DR, I série, de 25/08/99), que aprovou o *Documento Orientador da Iniciativa Nacional para o Comércio Electrónico*; na Área 2 desse *Documento*, sob o título *Domínios Internet*, escrevia-se o seguinte: "importa acautelar que o regulamento de gestão de nomes de domínio «.pt», que se encontra sob a responsabilidade da FCCN, seja revisto para assegurar a máxima protecção aos legítimos interesses das empresas e das restantes instituições públicas e privadas";

    – em segundo lugar, na Resolução do Conselho de Ministros n.º 110/2000 (DR, I série, de 22/08/2000), que lança a *Iniciativa Internet*, no plano das acções e medidas, fala-se em "aperfeiçoar o sistema de regulação de registo de nomes de domínios na Internet (visando, designadamente, a prevenção do *cybersquatting*)".

Fazendo um balanço de todas as referências oficiais ao controlo da internet em Portugal (no domínio.pt), pode dizer-se que, desde 1997, o Governo reconhece oficialmente a FCCN como gestor nacional do domínio.pt. Além disso, tem intenção de regular e de organizar o sistema, de lhe dedicar regras específicas (não estando, por ex., excluída a atribuição das actuais funções da FCCN a um outro organismo). Por outro lado, ao nível da resolução de conflitos entre a FCCN e terceiros, o Governo já assumiu competências públicas.

Apesar do vazio legislativo e da falta de uma explícita apropriação pública, afigura-se clara a decisão de assumir a gestão nacional da internet como uma tarefa cuja execução é da responsabilidade do Estado. Neste contexto, o reconhecimento oficial da FCCN corresponde a uma "delegação" ou, pelo menos, a uma "ratificação nacional da delegação efectuada pela ICANN".

Concluímos, assim, no sentido de que a FCCN exerce, na qualidade de entidade oficialmente reconhecida pelo Governo português, funções e poderes públicos de natureza administrativa, incluindo poderes regulamentares (*v.g.*, "regulamento de gestão de nomes de domínio.pt"), no âmbito das relações que estabelece com as entidades a quem confere o registo de nomes de domínio "abaixo" do domínio.pt.

2.6. *Desporto*

Em Portugal, como por outras paragens, a *federação desportiva* constitui, com toda a certeza, um dos exemplares mais relevantes do fenómeno do exercício de poderes públicos administrativos de autoridade por entidades privadas.

Desde a Lei de Bases do Sistema Desportivo de 1990 (Lei n.º 1/90, de 13 de Janeiro), as federações desportivas com o _estatuto de utilidade pública desportiva_ constituem _associações de direito privado_ com capacidade de exercício de _poderes regulamentares, disciplinares e outros de natureza pública_ (artigos 21.º e 22.º). O diploma que, na sequência dessa Lei, veio estabelecer o regime jurídico das federações desportivas dotadas do estatuto de utilidade pública desportiva[121] confirmou o que nele se dispunha, contendo mesmo uma norma sobre os "poderes públicos das federações desportivas dotadas de utilidade pública desportiva" (artigo 8.º). Mais recentemente, e na mesma linha, a Lei n.º 30/2004, de 21 de Julho (Lei de Bases do Desporto: LBD), reiterou o _acquis_ nestas matérias; no n.º 1 do artigo 22.º, sobre o estatuto de utilidade pública desportiva, estabeleceu que "às federações desportivas pode ser concedido o estatuto de utilidade pública desportiva, através do qual se lhe atribui a competência para o exercício, dentro do respectivo âmbito, de poderes regulamentares, disciplinares e outros de natureza pública".

Por motivos de vária ordem, são preciosas as indicações legais no sentido de que, em certas circunstâncias, as federações desportivas exercem poderes públicos regulamentares e disciplinares. O silêncio da lei sobre o assunto poderia gerar dúvidas de resolução difícil, pois, como se sabe, os poderes públicos delegados em entidades privadas não correspondem sempre a prerrogativas ou poderes desconhecidos do direito privado: neste sector do ordenamento também existem relações jurídicas marcadas pela equação supremacia/subordinação jurídica. Ora, no caso que nos ocupa agora assumem nitidez, mais uma vez, as dificuldades de fazer repousar a natureza pública dos poderes das federações desportivas na _relação especial de poder_ que se estabelece entre elas e as entidades ou agentes integrados na sua organização. Na verdade, esta apresenta-se, em qualquer caso, como uma "relação de poder", independentemente da sua ordenação no direito público ou no direito privado[122]. Os poderes

---

[121] Decreto-Lei n.º 144/93, de 26 de Abril, alterado pelo Decreto-Lei n.º 111/97, de 9 de Maio, e pela Lei n.º 112/99, de 3 de Agosto.

[122] É por isso que uma parte da doutrina francesa contesta a decisão pela qual, pela primeira vez, o _Conseil d'Etat_ se considerou competente para apreciar um acto praticado por uma federação desportiva (1974). Na verdade, o poder de sancionamento de que dispõe uma federação diante dos seus membros poderia encontrar um fundamento suficiente nos "poderes estatutários normais das associações". Por outro lado, o poder de

privados (associativos) de regulamentação e de disciplina apresentam, no plano estrutural e material, contornos idênticos aos poderes públicos da mesma natureza. A esse factor de ordem geral, acresce, para o nosso caso, a circunstância de ordenamentos estrangeiros próximos do português – como o alemão – desconhecerem qualquer fenómeno de delegação de funções e de poderes públicos nas federações desportivas[123]. Quer dizer, esteja ou não envolvida uma delegação de funções e poderes públicos, afigura-se seguro que esses organismos exercem poderes de autoridade e de supremacia sobre as pessoas integradas na sua organização ou submetidas à sua acção reguladora. O sistema de regulação do desporto funciona nos mesmos termos, com os mesmos poderes e as mesmas faculdades, em ordenamentos jurídicos – como o francês ou o espanhol – onde aquela delegação existe e em ordenamentos – como o alemão ou o britânico – que a desconhecem[124].

---

editar uma regulamentação para disciplinar o funcionamento interno das federações também não é nada de extraordinário em face do direito comum das associações. Como observa KERMADEC, "Le contrôle de la légalité des décisions des fédérations sportives ayant le caractère d'acte administratif", p. 414 e ss, afigura-se inegável que numerosas associações impõem aos seus membros obrigações tão pesadas como as federações desportivas sem que jamais alguém defendesse que elas exercem prerrogativas de poder público.

[123] Como se verá a seguir, no direito alemão vigora um sistema privado, de "autonomia do desporto", em que a auto-regulação (privada) do fenómeno desportivo fica a cargo de associações e federações desportivas. O Estado obriga-se a respeitar a autonomia e a independência do sistema de regulação privada do desporto, mantendo, em relação a esse sistema, uma posição de *subsidiariedade* (fomento, promoção e financiamento do desporto).

As federações e associações desportivas, constituídas ao abrigo do direito de associação, gozam de *autonomia regulamentar* (editando regras, designadamente as "regras dos jogos", vinculativas para os respectivos membros e inscritos), bem como de *autonomia privada administrativa e disciplinar* ("actos administrativos associativos" e penas disciplinares). Por outro lado, criam no seu seio organismos de justiça arbitral a quem são confiados poderes para a resolução de conflitos. Sobre o sistema de regulação jurídica do desporto na Alemanha, cfr. FRITZWEILER/ PFISTER/SUMMERER, *Praxishandbuch Sportrecht*, pp. 8 e ss, 29 e ss, 80 e ss, 139 e ss, e 165 e ss; STEINER, "Staat, Sport und Verfassung", p. 173 e ss, e "Verfassungsfrage des Sports", p. 2729 e ss; TETTINGER, "Sport als Verfassungsthema", p. 1069 e ss; REAL FERRER, *Derecho público del deporte*, p. 241 e ss.

[124] Neste sentido, CAMPS POVILL, *Las federaciones deportivas. Régimen Jurídico*, p. 233. Sobre os modelos alemão e inglês como aqueles em que a autonomia desportiva atinge a sua máxima expressão, cfr. Alexandra PESSANHA, *As Federações Desportivas*, p. 35[70].

a) Da "autonomia do desporto" à ingerência estadual

Apesar da clareza das disposições legislativas acima referidas, impõe-se efectuar uma análise mais profunda da questão, de modo a conhece-rem-se os fundamentos da opção da lei portuguesa. Uma tal tarefa, de manifesto interesse teórico, revela-se ao mesmo tempo particularmente útil para a compreensão do quadro de relacionamento tenso que tantas vezes existe entre os *agentes desportivos* e os poderes públicos[125]: as constantes afirmação e reivindicação da autonomia e mesmo da indepen-dência da organização do desporto em face do Estado têm uma explica-ção que convém conhecer.

Na verdade, a ingerência ou intromissão do Estado no sector do desporto – é essa ingerência que vai abrir a porta à delegação de poderes públicos nas federações – constitui um fenómeno que, onde existiu, só ocorreu depois dos anos 40 do século XX.

Antes desse período e nalguns sistemas jurídicos muito depois dele e até hoje, o desporto[126] foi sempre organizado por entidades privadas[127], as quais, sem qualquer relação especial com o Estado, fixavam as regras que o enquadravam[128]. Uma vez que uma certa regulação é inerente ao conceito de desporto[129], pode dizer-se que as primeiras regras que lhe são dirigidas nascem espontaneamente no próprio interior do mundo despor-tivo[130], com um total alheamento do direito estadual[131]. Sem qualquer

---

[125] Como explica BECHILLON, Ob. cit., p. 505, o facto de as organizações privadas do desporto serem originariamente muito ciosas de uma certa auto-regulação da sua actividade constitui um factor que potencia os pontos de fricção com o direito estadual.

[126] Estamos a pensar no desporto enquanto fenómeno social organizado e enqua-drado por regras. Para o jurista, o desporto é, antes de mais, o desporto organizado, ficando fora das suas preocupações a actividade física não enquadrada, praticada de forma espontânea e independentemente de qualquer regra; cfr. GROS/VERKINDT, "L'autonomie du droit du sport", p. 699.

[127] Desde o século XIX que se manifesta o interesse pelo desporto (com regras), daí resultando a emergência de associações de praticantes que vão dar origem às actuais federações desportivas; cfr. REAL FERRER, Ob. cit., p. 315

[128] Sobre a autonomia originária do ordenamento jurídico desportivo, cfr. BERMEJO VERA, "Constitución y ordenamiento deportivo", p. 346; AGIRREAZKUENAGA ZIGORRAGA, "Público e privado en ordenamiento jurídico deportivo", p. 4218.

[129] Sem regras não pode falar-se de desporto, mas apenas – e só em parte – de jogo; cfr. MANDIN, "Riflessioni sul diritto sportivo", p. 389.

[130] Cfr. RIGAUX, "Il diritto disciplinare dello sport", p. 388. Note-se que as regras que, desde o início, nascem no mundo desportivo não se reconduzem apenas às "regras dos jogos", mas englobam o edifício completo das normas aplicáveis ao desporto; a esse

interferência pública, pertencia a organismos privados de natureza associativa as tarefas de definição das "regras dos jogos", do licenciamento de praticantes e de aplicação de sanções. Numa palavra, desde o início, o mundo desportivo dotou-se de um «direito» próprio[132]. Esse sistema regulador, esse "ordenamento jurídico", surge, todo ele, engendrado e accionado no contexto de uma relação de poder constituída entre grupos organizados em associações e os respectivos membros: tal sistema estava pois erigido segundo um princípio de independência em relação ao direito estadual e aos actores desse direito (legislador, administração e juiz[133]). Aí se encontra a explicação para o facto de o conceito de "autonomia do direito desportivo" não significar historicamente a autonomia científica de uma disciplina jurídica[134], mas, em vez disso, a independência (a "autonomia", a "soberania") da organização, da regulação e da administração desportivas em relação ao direito do Estado[135]. Uma importante manifestação desta tese autonomista encontra-se na aplicação da teoria da pluralidade dos ordenamentos jurídicos de Santi Romano ao fenómeno

---

propósito é elucidativa uma frase atribuída a Pierre de Coubertin: "la règle est écrite, et n'émane pas du législateur politique ordinaire, mais de la fédération sportive internationale"; cfr. BERMEJO VERA, "Constitución", cit., p. 350.

[131] Cfr. REAL FERRER, Ob. cit., p. 317.

[132] Cfr. GIANNINI, "Ancora sugli ordinamenti giuridici sportivi", p. 671.

[133] A independência e a auto-suficiência do sistema regulador do desporto encontram uma expressão na *proibição de acesso aos tribunais do Estado*, estatutariamente imposta aos membros das organizações do desporto desde o início (*auto-jurisdição independente*). Explicando a proibição, afirmava CESARINI SFORZA, "La teoria degli ordinamenti giuridici e il diritto sportivo", p. 1397: "admitindo-se que a uma qualquer comunidade organizada corresponda um ordenamento jurídico autónomo, torna-se compreensível que, em caso de controvérsia entre si ou com a associação em matéria regulada por lei desta, os estatutos vedem aos associados a possibilidade de aceder à jurisdição do Estado". Sobre as razões que explicam a proibição da ingerência da jurisdição do Estado na resolução de conflitos desportivos (tradição olímpica que reserva ao Comité Olímpico Internacional a resolução desses conflitos, que terá passado para os direitos nacionais), cfr. BERMEJO VERA, "El conflicto deportivo y la jurisdicción", p. 179 e ss. Ainda sobre a tradicional resistência do ordenamento desportivo a aceitar a intromissão do juiz estadual, cfr. VIDIRI, "Il caso Maradona: la giustizia sportiva e quella ordinaria a confronto", p. 337 e ss, e "Il «caso Catania»: i difficili rapporti tra ordinamento statale e ordinamento sportivo", p. 511 e ss; RIGAUX, Ob. cit., p. 403.

[134] Embora por vezes se fale da autonomia do direito desportivo também nesse sentido: cfr. REAL FERRER, Ob. cit., p. 140 e ss; GROS/VERKINDT, Ob. cit., p. 699 e ss.

[135] Sobre a «autonomia-soberania» do desporto, cfr. BERMEJO VERA, "Constitución", cit., p. 351.

desportivo: assim, para Cesarini Sforza, um dos responsáveis por essa aplicação, o direito desportivo é "formado pelas leis, que podem considerar-se constitucionais e administrativas (estatutos, regulamentos), e pelas leis desportivas sem sentido técnico" formuladas pela organização desportiva. Em si mesma, a organização desportiva no seu conjunto oferece o exemplo mais típico de uma comunidade que se dota de um ordenamento jurídico autónomo[136]. Como chegou a observar-se, "naturalmente, qualquer grupo tende a gerar uma normação própria, conferindo-lhe a forma lógica do direito, existindo por isso organismos que vivem *iure proprio*, permanecendo ligados ao Estado por nexos extrínsecos ou por relações genéricas que não tocam a sua estrutura nem destroem a sua autonomia"[137].

Ao originário pendor autonomista da regulação do desporto não é, certamente, alheio o facto de, na organização do sistema desportivo, se inserir uma dimensão ou componente internacional: o sistema organiza-se em pirâmide, em cuja base se encontra o cidadão que se inscreve num pequeno clube membro de uma associação regional, a qual, por sua vez, está integrada numa federação nacional, estando, por fim, esta integrada numa federação internacional. A dimensão internacional da organização do desporto promove um complexo sistema de hierarquias entre organizações privadas (locais, regionais e sobretudo nacionais e internacionais) no qual nem sempre se apresenta fácil o enxerto de um "actor externo", como é o caso do Estado.

Apresentado como um ordenamento jurídico autónomo, independente e auto-suficiente, baseado no associativismo e na autonomia privada, o direito desportivo revelou, desde a sua origem, uma manifesta propensão para viver à margem do direito estadual (num estatuto de extra-territorialidade, como alguns dizem) ou, pelo menos, para se manter imune à intervenção do Estado. Essa pretensão foi em geral atendida pelo próprio Estado, pelo menos até à década de 40 do século XX. Por essa altura, em França, em Espanha e, como veremos, em Portugal, inicia-se a transição de uma época do abstencionismo e da indiferença para uma outra de *ingerência estadual no desporto*.

---

[136] Cfr. CESARINI SFORZA, "La teoria", cit., p. 1390.

[137] Cfr. ALBANESI, "Il procedimento disciplinare nell'organizzazione sportiva", p. 149. A ideia de que o desporto está dotado de um ordenamento jurídico autónomo foi desenvolvida por Giannini, desde 1949: sobre isso e analisando em termos críticos a aplicação das teorias da pluralidade dos ordenamentos jurídicos ao desporto, cfr. NELLA, "La teoria della pluralità degli ordinamenti e il fenomeno sportivo", p. 5 e ss.

Dos sistemas que estamos a considerar, só o alemão continuou a manter-se fiel às origens, não tendo existido, ao que parece, um "assalto do direito público" ao desporto[138]. Com efeito, na Alemanha, onde não existe qualquer referência ao desporto na *GG*, a "Autonomie des Sports" aparece enfatizada pela doutrina, que explica constituir o *princípio da subsidiariedade da intervenção do Estado em matéria de desporto*[139] uma expressão dessa mesma autonomia[140]. Salvo por solicitação das próprias associações desportivas, o Estado não interfere na organização nem na regulação do desporto, limitando as suas missões à promoção e ao fomento das práticas desportivas[141]. Apesar do abstencionismo oficial em assuntos de desporto – que a generalidade da doutrina corrobora, articulando-o mesmo com o necessário respeito pelo Estado da autonomia privada e da liberdade de associação[142] –, importa referir a existência de, pelo menos, uma voz dissonante que, em 1978, chamou a atenção para conveniência de uma lei especial para as associações desportivas (que considerava organismos dotados de "poderes quase-públicos", "Estados dentro do Estado") e que pretendeu deslocar o desporto do sistema de auto-regulação privada, em que sempre esteve, para uma área pública; nesta perspectiva, isolada no contexto germânico, o desporto constitui uma "öffentliche Aufgabe", pelo que não faz sentido mantê-lo fora do ordenamento jurídico estadual[143].

---

[138] Cfr. GROS/VERKINDT, Ob. cit., p. 699.

[139] A intervenção do Estado em matéria de desporto segundo um *princípio de subsidiariedade* chegou mesmo a constar expressamente em documentos internacionais (reuniões de ministros europeus responsáveis pelo desporto, em 1975 e 1978); cfr. BERMEJO VERA, "Constitución", cit., p. 347 e ss.

[140] Cfr. STERN, "Verfassungsrechtliche und verfassungspolitische Grundfragen zur Aufnahme des Sports in die Verfassung des Landes Nordrhein-Westfalen", p. 271.

[141] Sobre as formas de fomento e de promoção do desporto que, numa lógica de subsidiariedade, o Estado deve implementar, cfr. STEINER, "Staat, Sport", cit., p. 176.

[142] Cfr. STEINER, *ibidem*, p. 174, que se refere ao facto de o artigo 9, I, da *GG* (sobre a liberdade de associação) constituir a garantia de o sistema desportivo associativo continuar livre de ingerência estadual. Para o Estado resulta daquela norma constitucional uma obrigação de não ingerência; cfr. FRITZWEILER/PFISTER/SUMMERER, Ob. cit., p. 30; KROGMANN, *Grundrechte im Sport*, p. 149.

[143] Cfr. BURMEISTER, "Sportverbandswesen und Verfassungsrecht", p. 1 e ss.

No Reino Unido, na sequência da aprovação da Lei dos Direitos Humanos de 1998, entende uma grande parte da doutrina – embora não acompanhada pela jurisprudência – que os organismos de regulação do desporto devem qualificar-se como "autoridades quase-públicas", e, por isso, sujeitas ao direito público e aos tribunais. Invoca-se,

Voltando aos ordenamentos jurídicos marcados pela ingerência
pública, François Rigaux, numa síntese interessante, indica os três principais factores que terão estado na origem da ingerência estadual: por um
lado, a ajuda que o sector desportivo espera do Estado e que entronca no
interesse deste em favorecer a educação física e desportiva dos jovens;
por outro lado, a popularização das práticas desportivas, em claro contraste com a ideia inicial de que o desporto era um divertimento de elites
capazes de se auto-financiarem; por fim, o facto de os cidadãos dos
Estados democráticos adquirirem a titularidade de direitos fundamentais
e deixaram de estar dispostos a aceitar os comportamentos arbitrários e
insindicáveis das autoridades desportivas[144].

Supomos que os factores há momentos enunciados facultam uma
explicação muito associada à luz dos actuais conceitos de regulação
pública do desporto, embora só apontem algumas razões da transição do
abstencionismo para o intervencionismo do Estado. Para nós, esta transição ficou ainda a dever-se à percepção de que o desporto está inquestio-
navelmente conexo com o interesse público: além de constituir um instrumento de melhoria das condições físicas e morais dos praticantes e
"um factor cultural indispensável na formação plena da pessoa humana e
no desenvolvimento da sociedade" (artigo 1.º/1 da LBD), representa
também um meio de prestigiar um país no domínio internacional[145].
O "interesse geral" servido pelo desporto e a sua relevância social são
razões fundamentais para justificar a ingerência pública, a qual não deve
limitar-se ao fomento ou à promoção do desporto, mas tem de abranger
ainda a organização de todo o sistema desportivo e a sua regulação.
A percepção de uma conexão desporto/interesse público abre a porta à
concepção (tipicamente francesa) do desporto como *serviço público administrativo* e a uma lógica de verdadeira simbiose ou interacção entre
direito desportivo e direito do Estado[146].

---

em favor dessa tese, a ideia de que os organismos de regulação do desporto exercem
"funções que são públicas por natureza"; cfr. BOYES, "The regulation of sport and the
impact of the Human Rights Act 1998", p. 517 e ss; OLIVER, "The frontiers", cit., p. 477,
CRAIG, Ob. cit., p. 203; WADE/FORSYTH, Ob. cit., p. 633;

[144] Cfr. RIGAUX Ob. cit., p. 391. Quanto ao último factor, está em causa aquilo que
KERMADEC, Ob. cit., p. 422 e ss, designa como "autoritarismo federal".

[145] Cfr. SANDULLI, *Manuale*, II, cit. p. 948.

[146] Cfr. RIGAUX, Ob. cit., p. 392; GROS/VERKINDT, Ob. cit., p. 701.

Assim se explica a publicação, em França, da *Ordonnance* de 28 de Agosto de 1945[147], por cujo intermédio o Estado se atribuiu o direito exclusivo de organizar as competições desportivas e de proceder à selecção dos atletas e das equipas chamadas a representar a França em competições internacionais. Essa prévia *publicatio* da organização e da regulação do desporto constituiu o fundamento para, por via de uma delegação de poderes, o Estado "restituir" às federações desportivas a organização do desporto: tratava-se efectivamente de uma "restituição", porquanto a função cometida às federações já era por elas exercida, em nome dos seus filiados, antes de 1940. Apesar da publicização, as federações "continuam" a exercer as "mesmas funções" e a praticar os "mesmos actos". Porém, na sequência da apropriação pública formal, passam a fazê-lo ao abrigo de uma delegação, ficando associadas ao desempenho de uma missão de serviço público[148]: as normas que editam e os actos que praticam nesse âmbito, na medida em que constituam a manifestação de uma "prerrogativa de poder público", são normas e actos administrativos, impugnáveis nos tribunais administrativos do Estado[149]. A evolução legislativa posterior (leis de 1975[150], de 1984[151] e de 2000[152]) não alterou

---

[147] Antes disso, em 1940, o Governo de Vichy já havia ditado uma lei (que teve uma vida efémera) a aprovar a *Charte des Sports*; cfr. GROS/VERKINDT, Ob. cit., p. 701; REAL FERRER, Ob. cit., p. 198.

[148] Alguma doutrina mostrou-se reticente quanto à qualificação da actividade das federações desportivas como missão de serviço público; assim, por ex., MODERNE, "A propos", cit,, p. 147, afirma: "à relire les premiers théoriciens du service public (Romieu, Hauriou, Duguit), on n'imaginait pas que le sport professionnel bénéficiait un jour d'une telle promotion".

[149] A história do controlo de regulamentos e de decisões individuais das federações pelo *Conseil d'Etat* iniciou-se em 1974, no âmbito de um processo de recurso iniciado pela federação das indústrias francesas de artigos de desporto contra um acto de natureza regulamentar da Federação francesa de ténis de mesa: sobre essa decisão, cfr. WALINE, "Notes de Jurisprudence", 1975, p. 1109 e ss. Já antes dessa decisão emanada da mais alta instância da jurisdição administrativa, a doutrina tinha sustentado a natureza administrativa de alguns actos das federações desportivas: era, por ex., o caso de TAUPIER, "Recherches sur la nature des fédérations sportives et de leurs actes", p. 75 e ss. Em geral, sobre a jurisprudência administrativa francesa das federações desportivas, cfr. SAINT--MARC, "Les fédérations sportives devant le juge administratif", p. 66 e ss.

[150] Cfr. PLOUVIN, "Les associations sportives ou le sport à la recherche de son juge et de son droit", p. 177 e ss.

[151] Nos termos da lei n.º 84-610, de 16/07/84, as federações desportivas reconhecidas "participam numa missão de serviço público".

[152] Lei n.º 2000-627, de 06/07/2000. Cfr. Manuel CARIUS, "Le nouveau droit des fédérations sportives", p. 169 e ss.

substancialmente os dados referidos, acabando até por confirmá-los[153]. Não admira, por isso, a conclusão de que, no direito público francês, as federações desportivas são exemplares representativos da «raça» dos organismos privados que gerem serviços públicos administrativos, sujeitos ao controlo do juiz administrativo[154]. Como se observa num comentário alemão sobre o direito francês das federações desportivas, a regulação do desporto constitui, em França, uma genuína tarefa pública do Estado[155].

Sistema ainda mais publicizado (segundo alguns, "mais politizado") do fenómeno desportivo foi erigido na vizinha Espanha por um Decreto de 1941, que pôs um ponto final no ambiente absolutamente privado em que, até essa data, se movia o universo associativo desportivo. A *Delegación Nacional de Deportes*, então criada, ficava incumbida de "dirigir e representar o desporto nacional" e as federações desportivas passavam a consubstanciar organismos técnicos e administrativos hierarquicamente dependentes daquela entidade. Dada a integração das federações no sistema público de regulação desportiva, alguma doutrina passou a considerá-las entidades de direito público[156]. Ao que parece, a legislação de 1961, que revogou a dos anos 40, não alterou a essência do regime[157] – note-se, porém, que a publicização do ordenamento desportivo que caracteriza esse longo período não tem a consequência, que vimos ter-se verificado em França, da sujeição dos actos das organizações desportivas ao controlo da jurisdição administrativa estadual: com uma excepção, nunca a jurisdição contenciosa administrativa foi chamada a pronunciar-se sobre actos praticados pelas federações ou pela *Delegación*[158].

---

[153] Por isso, KERMADEC, Ob. cit., p. 440, conclui assim o seu texto: "uma coisa é evidente e não mais pode ser discutida: incontestavelmente, as federações desportivas fazem parte dos organismos de direito privado que participam na gestão de um serviço público administrativo e são titulares de prerrogativas de poder público. Por isso, os seus actos, desde que praticados em execução desse serviço e reveladores de tais prerrogativas, têm a natureza de actos administrativos".

[154] Neste sentido, cfr. SCHOETTL/HUBAC, "Le contentieux administratif du sport", p. 531.

[155] Cfr. RÖTHEL, "Das Recht der französischen Sportvereine und Sportverbände", p. 91.

[156] Sobre o regime criado pela legislação dos anos 40, cfr. REAL FERRER, Ob. cit., p. 331 e ss.

[157] Cfr. REAL FERRER, Ob. cit., p. 351 e ss.

[158] A excepção refere-se a uma sentença do Tribunal Supremo (secção de contencioso administrativo) que aceitou conhecer de uma decisão da *Delegación Nacional de Deportes* que se pronunciava sobre um acto da federação hípica que excluiu dos

Alterações profundas no sistema espanhol de regulação desportiva viriam a ocorrer, já na vigência da Constituição de 1978, com leis de 1980 (sobre a cultura física e o desporto) e de 1990 (Lei do Desporto)[159]. No novo regime, as federações desportivas espanholas, que, segundo o Tribunal Constitucional e uma parte da doutrina, revestem a natureza de entidades de direito privado[160], passam a poder exercer, por delegação, funções públicas de carácter administrativo, actuando, nessa medida, como agentes colaboradores da Administração Pública[161]. Como em França, também em Espanha, as federações desportivas surgem como entidades de direito privado investidas de poderes públicos[162]: alguns dos regulamentos que editam e dos actos individuais que praticam são regulamentos e actos administrativos[163].

Na Itália, a ingerência pública na regulação desportiva fez-se sentir, designadamente mediante uma lei de 1942 que fazia das federações desportivas "órgãos" do Comité Olímpico Nacional Italiano (CONI), entidade que nasceu como ente privado (1914) mas à qual veio mais tarde a atribuir-se personalidade de direito público[164]. A referência legal levaria

---

campeonatos de Espanha um importante desportista. Entendeu o Tribunal que a competência da federação era pública e, nessa medida, os actos que a actuavam poderiam constituir objecto de controlo pelo contencioso administrativo – sobre essa sentença, cuja importância chegou a ser equiparada por ARIAS SENOSEAIN ("El control por la jurisdicción contencioso-administrativa de los actos y normas del ordenamiento jurídico-deportivo", p. 153 e ss), à que, no direito administrativo francês, tiveram as decisões *Blanco* e *Terrier*, cfr., além do Autor citado, BERMEJO VERA, "El conflicto", cit., p. 194 e ss.

[159] Cfr. BERMEJO VERA, "El marco jurídico del deporte en España", p. 7 e ss.

[160] Numa sentença de 1985, o Tribunal Constitucional considerou as federações desportivas associações de carácter privado às quais são atribuídas funções públicas de carácter administrativo ("associações de configuração legal"); cfr. BERMEJO VERA, "Constitución", cit., p. 357. Quanto às discussões sobre a natureza jurídica, pública (corporativa) ou privada (associações privadas de configuração legal), cfr. CAMPS POVILL, Ob. cit., p. 119 e ss; TEJEDOR BIELSA, *Público y privado en el deporte*, p. 79 e ss.

[161] Sobre a delegação de funções públicas nas federações, cfr. CAMPS POVILL, Ob. cit., p. 156 e ss; CAZORLA PRIETO, *Derecho del deporte*, p. 247 e ss; TEJEDOR BIELSA, Ob. cit., p. 144 e ss.

[162] Cfr. BERMEJO VERA, "Entes instrumentales para la gestión de la función pública del deporte: las federaciones deportivas", p. 299 e ss.

[163] Uma tipologia dos poderes públicos de que estão investidas e dos actos sujeitos ao direito administrativo que elas praticam, cfr. CAMPS POVILL, Ob. cit., pp. 229 e ss e 360 e ss.

[164] Sobre as dificuldades suscitadas pela qualificação das federações como "órgãos" do CONI, cfr. NELLA, "Il fenomeno sportivo nell'unitarietà e sistematicità dell'ordinamento giuridico", especial. p. 60 e ss.

alguma doutrina a entender que as federações participam da natureza pública do ente que integram[165]. Actualmente (desde 1999), as federações são qualificadas legalmente como entidades de direito privado, ainda que, como a doutrina assinala, isso não corresponda a uma "privatização da regulação do desporto"[166].

b) Direito português

Depois da breve incursão pela situação das federações desportivas no direito estrangeiro, chegou o momento de se proceder à análise do direito português[167]. Podemos identificar quatro fases ou épocas fundamentais no processo de evolução do direito do desporto em Portugal.

aa) Primeira época: até 1942

Até à publicação do Decreto-Lei n.º 32 421, de 5 de Setembro de 1942, que "é, se não o primeiro, pelo menos o mais decisivo diploma que marcou a história do fenómeno desportivo em Portugal"[168], o sistema desportivo português – à semelhança do que se verificava no estrangeiro – foi organizado e regulado, no quadro da autonomia privada, pelos próprios interessados reunidos em associações[169]. O Estado não tinha qualquer intervenção no fenómeno desportivo, auto-regulado nos termos do direito privado.

Sintomático desse estado de coisas é o Acórdão do Supremo Tribunal Administrativo que, em 1937, anulou um acto administrativo pelo qual o Governador Civil de Lisboa havia anulado uma deliberação da *Federação Portuguesa de Foot-Ball Association*. Em causa estava uma deliberação da assembleia geral dessa Federação que havia recusado a filiação de dois clubes; estes, os visados, "recorreram" para o Gover-

---

[165] Cfr. ALVISI, *Autonomia privata e autodisciplina sportiva*, p. 57 e ss; VIDIRI, "Natura giuridica e potere regolamentare delle federazioni sportive nazionali", p. 136 e ss.

[166] Cfr. ALVISI, Ob. cit., pp. 59, 269 e 304; NAPOLITANO, "La nuova disciplina dell'organizzazione sportiva italiana: prime considerazioni sul decreto legislativo 23 luglio, n. 242, di «riordino» del C.O.N.I.", p. 617 e ss.

[167] Sobre o assunto, cfr. José Manuel MEIRIM, *A Federação Desportiva como Sujeito Público,* cit., especial. p. 215 e ss; Alexandra PESSANHA, Ob. cit., p. 39 e ss.

[168] AcSTA/Pl, de 30/04/97 (proc 27 407).

[169] Como se escreveu no AcSTA/1.ª, de 31/01/89 (proc. 26 270), pode afirmar-se que "antes desse diploma, o Estado português não se tinha interessado em disciplinar juridicamente o desporto em Portugal, deixando a respectiva disciplina e regulamentação dependentes da iniciativa privada".

nador Civil e este anulou a deliberação. A Federação recorreu para o STA, alegando que o Governador Civil não tinha competência para, por via administrativa, anular uma deliberação da sua assembleia geral: uma vez que se tratava de uma associação de direito privado, só os tribunais ordinários poderiam fazê-lo. Nos seus considerandos, o STA entende que a recorrente é, de facto, uma pessoa colectiva de direito privado, de fim ideal, e dá procedência ao pedido na parte em que era solicitada a anulação do acto do Governador Civil[170].

bb) Segunda época: de 1942 até 1976

Através do Decreto-Lei n.º 32 421, de 5 de Setembro de 1942, iniciava-se, em Portugal, a ingerência estadual no mundo desportivo. O diploma criava uma direcção-geral – que, segundo o seu preâmbulo, não pretendia substituir a organização existente formada espontaneamente ou sem intervenção directa do Estado – com competências para conhecer, directamente ou em recurso, de todas as questões relativas à disciplina do desporto, quer surjam entre desportistas, quer entre organizações desportivas, quer entre uns e outras, bem como para exercer autoridade disciplinar sobre os desportistas, organizações desportivas, assim como técnicos ou fiscais com poderes de consulta ou decisão. Sobre poderes disciplinares, o diploma continha ainda duas normas relevantes: numa, estabelecia que os poderes disciplinares atribuídos à direcção-geral não eliminavam os que já se exerciam dentro da própria organização desportiva, mas, uma vez que aquela tome qualquer decisão e a comunique, cessa toda a actividade disciplinar desta; noutra, dispunha-se que "as decisões da direcção-geral em matéria de disciplina são insusceptíveis de recurso". Nesta última disposição, o legislador português respeitava, *em certos termos*, a imunidade do direito desportivo em relação à intervenção da jurisdição estadual. Confirmava-se assim, também no direito português, que a publicização do desporto não era acompanhada da sua jurisdicionalização.

A tendência interventora e tutelar do Estado no mundo do desporto revela-se ainda mais patente com o Decreto-Lei n.º 32 496, de 3 de Agosto de 1943, em cujo preâmbulo se esclareceu não constituir pretensão do legislador eliminar os elementos da organização desportiva

---

[170] AcSTA/1.ª, de 11/06/37 (proc. 226).

existente, "desde que se tornasse possível dirigir-lhes a actuação e orientá-
-los no sentido de sobreporem aos interesses clubistas o interesse geral".
Nos termos do diploma, às federações desportivas – cuja constituição
passava a depender de autorização prévia do Ministro da Educação –
competia, sob orientação da direcção-geral, promover, regulamentar e
dirigir as práticas desportivas e representar perante o Estado o respectivo
ramo desportivo. A competência disciplinar continuava repartida entre as
organizações desportivas e a direcção-geral, mantendo-se esta competente para conhecer dos recursos de penas aplicadas por aquelas organizações. Em relação às penas mais pesadas, passava a admitir-se recurso
para o Ministro. Da decisão que este viesse a tomar continuava a não se
admitir impugnação jurisdicional.

Perante o quadro normativo abreviadamente descrito, afirma-se em
dois acórdãos do STA que as federações desportivas não poderiam continuar a ser consideradas pessoas colectivas de direito privado[171], devendo
antes qualificar-se como "organismos corporativos", associações de
carácter representativo de uma actividade social. E, de entre tais organismos, as federações integrar-se-iam nos obrigatórios, uma vez que
eram criadas por lei geral que impunha a obrigatoriedade de inscrição a
todas quantos exerciam a actividade representada[172].

O regime legal instituído nos anos 40 sofreu uma pequena alteração
em 1973 (Decreto-Lei n.º 82/73, de 3 de Março), que, todavia, não alterou nenhum dos traços essenciais que ficaram descritos.

Durante todo este período, não existe qualquer decisão da jurisdição
administrativa sobre actos das federações desportivas: é a consequência
visível do princípio da irrecorribilidade jurisdicional das decisões dos
órgãos administrativos (director-geral e ministro) tomadas sobre actos
disciplinares federativos.

cc) Terceira época: de 1976 até 1990
Após a alteração política de 25 de Abril de 1974, "algumas modificações significativas vieram a ocorrer na disciplina legal do desporto

---

[171] Note-se que, segundo Vital MOREIRA, *Administração Autónoma*, cit., p. 304,
durante esse período, "elas eram correntemente consideradas como entidades privadas
para todos os efeitos".
[172] Cfr. AcSTA/1.ª, de 31/01/89 (proc. 26 270), e AcSTA/Pl, de 30/04/97 (proc.
27 407).

federado"[173]; não obstante, entende-se que a legislação de 1942-43 continuou em vigor em certos aspectos, aliás essenciais para o problema que nos ocupa.

Contudo, antes de analisarmos essa situação, importa chamar a atenção para algumas disposições da Constituição de 1976 relevantes para as federações desportivas e, em geral, para o direito desportivo.

Logo na versão originária, a CRP incluía um artigo (79.º), com a epígrafe "cultura física e desporto", que rezava assim: *"o Estado reconhece o direito dos cidadãos à cultura física e ao desporto, como meio de valorização humana, incumbindo-lhe promover, estimular e orientar a sua prática e difusão"*. Esta disposição deixava claro que a ingerência do Estado no fenómeno desportivo não ia seguir o modelo alemão (fomento e promoção do desporto numa lógica de subsidiariedade), mas sim o modelo francês (desporto como serviço público, da responsabilidade originária do Estado): isso resultava justamente da incumbência que a CRP confiava ao Estado, a de *orientar a prática e a difusão da cultura física e do desporto*[174]. Quer dizer, a *orientação do desporto* (independentemente do sentido que a fórmula assuma) não era nem poderia ser restituída afinal ao universo associativo privado. Foi, desde a versão originária da CRP, assumida como uma responsabilidade do Estado.

Meia dúzia de anos mais tarde, com a primeira revisão (1982), a CRP esclarece o esquema de articulação da intervenção do Estado com o universo associativo: agora desdobrado em dois números, o artigo 79.º passa a dispor, no seu n.º 2, que "incumbe ao Estado, em colaboração com as escolas e as associações e colectividades desportivas, promover, estimular, orientar e apoiar a prática e a difusão da cultura física e do desporto". Na nova formulação, o Estado assume mais uma incumbência (a de "apoiar" o desporto) e esclarece-se que toda a sua intervenção no sector se faz segundo um princípio de *colaboração* com as (escolas e as) associações e colectividades desportivas[175]. Assim e para o que mais nos

---

[173] Cfr. AcTC n.º 472/89.

[174] Segundo REAL FERRER, *Ob. cit.*, p. 164 e ss, as funções do Estado no domínio do desporto são ou podem ser as seguintes: estímulo, garantia, prestação e orientação.

[175] Referindo-se a esta disposição da CRP, HÄBERLE, "»Sport« als Thema neuerer verfassungsstaatlicher Verfassungen", p. 30, chama a atenção para os modos de colaboração que o nosso direito constitucional do desporto acolhe. De resto, o Autor não se inibe mesmo de considerar barroca a referida norma constitucional, criticando a extensão e a intensidade de regulação do desporto nela feita. Compreende-se a crítica, sobretudo se se recordar que a *GG* não tem qualquer preceito dedicado ao desporto.

importa, a orientação do desporto aparece, nos termos constitucionais, como incumbência originária do Estado, confirmando-se em toda a linha a ideia de que está presente uma *tarefa estadual*. Porém, a CRP exige que a execução dessa tarefa tenha lugar segundo formas de cooperação entre o Estado e as associações e colectividades desportivas.

Em termos de legislação ordinária, esta época da evolução do direito aplicável ao desporto não se afigura particularmente rica. Não obstante, há que considerar um diploma de 1977 que atribui a uma direcção da Direcção-Geral dos Desportos competência para exercer a tutela dos organismos não governamentais de carácter desportivo; um outro de 1981, que dispensa a necessidade de homologação administrativa dos corpos gerentes dos clubes, associações e federações desportivas. Importância reveste também o Decreto-Lei n.º 164/85, de 15 de Maio, que acentua a independência e a autonomia das organizações desportivas privadas: além do mais, estabelece-se que "o Estado reconhece o papel essencial e a autonomia das pessoas colectivas de direito privado com atribuições no âmbito dos desportos e cria condições ao livre exercício da sua actividade".

Considerando este ambiente normativo, Jorge Miranda afirmava que "as associações e federações desportivas (objecto de disposições legais desactualizadas e dispersas) são associações de pessoas colectivas. A natureza pública transparece na sua unicidade, nos seus poderes de regulamentação e direcção da prática desportiva e disciplinares e na fortíssima interferência que sofrem do Governo"[176]. Porém, a restante doutrina e a jurisprudência vão qualificar as federações desportivas como associações privadas. De resto, o diploma de 1985 justifica esta posição, que também a PGR viria a acolher: em quatro pareceres[177], o seu Corpo Consultivo defendeu a natureza privada das federações desportivas, o que, nos termos dessa tese, não impedia a competência delas para a prática de actos administrativos no cumprimento da missão de serviço público (ou execução da tarefa estadual) que lhe estava confiada e no desempenho de prerrogativas de autoridade pública.

Ainda nesta terceira época, ocorrem as primeiras intervenções da jurisdição administrativa no sector do desporto, suscitadas por recursos contenciosos que tinham como objecto actos de federações

---

[176] Cfr. Jorge MIRANDA, *As Associações Públicas,* cit., p. 22.
[177] Pareceres n.ºˢ 66/81, 114/85, 65/88 e 101/88.

desportivas[178]: depois de três acórdãos em que se considerava incompetente, o STA, desde uma decisão de 13 de Novembro de 1990, assumiu-se competente para julgar os actos praticados pelas federações desportivas no cumprimento da missão do serviço público de organização e gestão do desporto federado, que, quando revestidos de autoridade, são actos administrativos. O STA passava a entender que "os actos de aplicação (pelas federações) da lei e do regulamento ou estatutos por parte dos órgãos das referidas autoridades, assumem, materialmente falando, a natureza de actos administrativos, traduzindo-se em decisões unilaterais e executórias perante os respectivos destinatários"[179].

Por fim, refira-se o acórdão, de 1989, pelo qual o Tribunal Constitucional decidiu não conhecer do pedido de declaração de inconstitucionalidade de normas do Estatuto e do Regulamento Disciplinar da Federação Portuguesa de Futebol[180]. Para a maioria dos juízes, a legislação dos anos 40 que atribuía competências regulamentares e disciplinares às federações desportivas, embora não revogada expressamente, deveria considerar-se revogada "por razões de ordem sistemática". Assim, por falta de lei a efectuar uma *devolução de poderes públicos*, estaria excluída a qualificação dos poderes normativos ou disciplinares das federações como poderes públicos. "O fundamento desses poderes e dessas normas é outro: são os próprios estatutos (privados) de tais entidades". Embora reconhecendo que o artigo 79.º/2 da CRP permite uma certa "publicização" da actividade desportiva, o Tribunal Constitucional remetia, em 1989, a regulação desportiva para o universo privado. O poder disciplinar e o poder regulamentar das federações seriam poderes "privados".

dd) Quarta época: após 1990 e até à actualidade

A partir de 1990, com a Lei de Bases do Sistema Desportivo, e, três anos depois, com o novo regime jurídico das federações desportivas de utilidade pública desportiva, torna-se evidente a opção legislativa de efectuar uma *jus-publicização* da regulação do desporto. A regulação, organização e gestão do desporto são assumidas como tarefas públicas, do Estado. Para usarmos a expressão corrente do direito francês, a exe-

---

[178] Sobre essa jurisprudência e a importância que ela teve quanto ao problema da admissibilidade dos *actos administrativos de privados*, cfr., *supra*, Introdução, 3.2.2.

[179] Cfr. Mário Esteves de OLIVEIRA, *Direito Administrativo*, cit., p. 385.

[180] AcTC n.º 472/89.

cução dessas tarefas constitui uma *missão de serviço público*. Fica ao mesmo tempo claro que o Estado reconhece o papel essencial dos clubes e das suas associações e federações e que a participação das estruturas associativas de enquadramento da actividade desportiva na definição da política desportiva é um princípio geral da acção do Estado no sector do desporto.

A conjugação dos factores referidos – natureza estadual da organização e regulação do desporto e colaboração das organizações desportivas de carácter privado na execução dessas tarefas – abre a porta à delegação de funções públicas e de poderes públicos em algumas dessas organizações: desde logo, às *federações desportivas*, mas também às *ligas profissionais de clubes*. Trata-se, insistimos, de *funções e de tarefas do Estado*: isso mesmo resulta da lei que aprova o regime jurídico das federações desportivos, onde se fala da atribuição, por lei, de poderes para a realização "de finalidades compreendidas nas atribuições do Estado" (artigo 8.º/1 do Decreto-Lei n.º 144/93)[181].

A LBD, de 2004, mantém-se na mesma linha: em geral, parece-nos de assinalar nessa lei o "renascimento" de uma velha semântica ("corpos sociais intermédios"), bem como a discutível inclusão das *federações desportivas com estatuto de utilidade pública desportiva* na "organização privada do desporto" – sendo inquestionável que elas se situam num pólo de intervenção e de regulação públicas do desporto.

Antes de passarmos ao estudo da natureza jurídica das federações e das funções e poderes que exercem e, de certo modo, para caracterizar o regime jurídico desta quarta época, convém referir o AcTC n.º 730/95 (sobre um pedido de declaração de inconstitucionalidade de uma norma do Regulamento Disciplinar da Federação Portuguesa de Futebol[182]),

---

[181] Como se disse, a dimensão internacional da regulação do desporto promove um complexo sistema de hierarquias entre organizações privadas no qual nem sempre se apresenta fácil a intrusão do Estado. Torna-se, assim, necessário coordenar e articular os papéis que são próprios do sistema desportivo (por ex., a elaboração das regras do jogo ou regras técnico-desportivas) com as atribuições que cabem ao Estado e que esta delega nas organizações desportivas; sobre a coexistência entre o ordenamento desportivo mundial e o ordenamento interno, cfr. AGIRREAZKUENAGA ZIGORRAGA, "Claves para la comprensión del ordenamiento jurídico del deporte", p. 35 e ss.

[182] Sobre este Acórdão, cfr. J. M. MEIRIM, "A fiscalização da constitucionalidade dos regulamentos das federações desportivas", p. 117 e ss.

onde a certa altura se afirma: "há, pois, e independentemente da linha do discurso do Acordão n.º 472/89, um acto do poder público a operar directa e iniludivelmente uma devolução de competência normativa pública à FPF", considerando-se assim o Tribunal competente para conhecer dessa norma emitida ao abrigo de um poder público[183].

c) Jurisprudência administrativa sobre as federações desportivas

Numa primeira fase, preso a um conceito orgânico tradicional de acto administrativo, o STA declinou a sua competência para apreciar actos praticados por órgãos de federações desportivas: dado tratar-se de pessoas colectivas de direito privado e não sendo concessionárias nem pessoas colectivas de utilidade pública administrativa, os seus actos não poderiam qualificar-se como actos administrativos, uma vez que não estavam incluídos no catálogo do artigo 51.º do ETAF/1984 (Ac'sSTA/1.ª, de 31/01/89, proc. 26270, de 28/09/89, proc. 27317, e de 18/01/90, proc. 25853). Tratava-se de uma orientação que, evitando classificar materialmente as tarefas exercidas pelas federações desportivas, recusava liminarmente considerar administrativos os actos dessas entidades, por não preencherem um requisito da existência do acto administrativo: ser um acto praticado por um órgão de um ente público ou por um ente privado que a lei admite expressamente como potencial autor de actos dessa natureza. Como se viria a afirmar em acórdão posterior, "a natureza jurídica das federações desportivas constituiu, quase exclusivamente, a razão determinante da decisão de incompetência dos tribunais administrativos de círculo".

Num acórdão de Novembro de 1990, sobre um recurso contra um acto praticado pelo Conselho Jurisdicional da Federação Equestre Portuguesa (AcSTA/1.ª, de 13/11/90, proc. 27407), o STA propôs-se "deslocar o que, dominantemente, tem constituído o centro da controvérsia"[184]. Dando por assente a natureza jurídica privada das federações desportivas

---

[183] Tendo em consideração a matéria regulada na norma do Regulamento Disciplinar cuja declaração de inconstitucionalidade era pedida (violência no desporto), deverá admitir-se que, já em 1989, o Tribunal Constitucional se teria considerado competente para dela conhecer: é isso que resulta de o AcTC n.º 472/89 ter reconhecido, já nessa altura, que há matérias (como a violência nos recintos desportivos) em que "se poderá falar de uma «devolução de poderes públicos» às federações".

[184] No sentido de que esse acórdão operou uma "mudança dramática" na jurisprudência do STA sobre a matéria, cfr. Vital MOREIRA, *Administração Autónoma*, cit., p. 554.

e evitando adoptar o entendimento da PGR, segundo o qual, para garantir a sindicabilidade contenciosa, se qualificariam aquelas entidades como pessoas colectivas de utilidade pública administrativa, o STA sustenta a tese da libertação do "espartilho que constitui a conexão imperativa do acto administrativo (…) à Administração Pública". Essa libertação consegue-se por força da norma do ETAF/1984, que atribui aos tribunais administrativos de círculo competência para conhecer "dos recursos (…) pertencentes ao contencioso administrativo para que não seja competente outro tribunal" (artigo 51.º/1,j). Desligado do elemento orgânico, o que passa a estar em causa como critério de sujeição ao contencioso administrativo (e de qualificação do acto administrativo) é a prossecução de _interesses públicos_ ("missão de serviço público") por entidades que detêm _poderes públicos_ para os satisfazer (prerrogativas de autoridade). Estando tais condições reunidas, os actos praticados em tal âmbito por qualquer entidade privada estão necessariamente sujeitos ao controlo jurisdicional dos tribunais administrativos, uma vez que, nos termos da lei, "pertencem ao contencioso administrativo". A via ensaiada por este acórdão viria a ser seguida em todas as decisões posteriores do STA sobre as federações desportivas[185].

Mais recentemente, depois de ter considerado que a natureza privada das federações desportivas e a competência da jurisdição administrativa para apreciar de certos actos que elas praticam são "questões arrumadas",[186] o STA tem sido confrontado com a delimitação das questões que envolvem a sujeição das federações à jurisdição dos tribunais administrativos: neste âmbito, aquela instância judicial declinou a competência da jurisdição administrativa para apreciar uma acção de reconhecimento de direitos ou interesses legalmente protegidos proposta por "Árbitros de Futebol Associados" no sentido de ser reconhecida como sócio ordinário da Federação Portuguesa de Futebol[187]; num outro Acórdão, o STA considerou nulo, por falta de atribuições, um despacho ministerial que mandou instaurar um inquérito a uma federação desportiva

---

[185] Cfr., entre outros, Ac'sSTA/1.ª, de 18/02/92 (proc. 25 785), de 19/05/92 (proc. 27 217), de 30/4/97 (proc. 27 407), e de 04/06/97 (proc. 25 785); sobre as decisões do STA relativas às federações desportivas, cfr. J. M. MEIRIM, "A disciplina das federações desportivas no contencioso administrativo", p. 18 e ss, e _A Federação Desportiva_, cit., p. 312 e ss.

[186] Cfr. AcSTA/1.ª, de 20/12/2000 (proc. 46 393).

[187] Cfr. AcSTA/1.ª, de 20/12/2000 (proc. 46 393).

para apurar a responsabilidade desta na morte de um atleta, ocorrida na sequência de um acidente de viação: entendeu o Tribunal que não estava envolvido o exercício de poderes públicos pela federação, não cabendo, por isso, à Administração fiscalizar a federação nesse domínio[188]; por Acórdão de 2004, o STA considerou não serem actos administrativos – mas decisões arbitrais – as decisões da Comissão de Arbitragem instituída para resolver litígios entre clubes inscritos na Federação Portuguesa de Futebol[189]. Por sua vez, o Tribunal de Conflitos pronunciou-se no sentido de que pertence aos tribunais administrativos a competência para decretar uma providência cautelar não especificada em que se pede a interdição da realização de um prova de tiro aos pombos organizada por uma federação desportiva; entende o Tribunal que, quando uma federação, "dentro das suas competências, que são de regulação e disciplina, promove, organiza, regula e fiscaliza – coordena, enfim – provas oficiais de tiro aos pombos, leva a cabo uma actividade de gestão pública e não uma pura actividade de gestão privada"[190].

2.6.1. *Federações desportivas com estatuto de utilidade pública desportiva*

Nos termos da legislação vigente, federação desportiva é a pessoa colectiva que, integrando agentes desportivos, clubes e agrupamentos de clubes, se constitua sob a forma de associação sem fim lucrativo, que se proponha prosseguir, a nível nacional, exclusiva ou cumulativamente, os seguintes objectivos: promover, regulamentar e dirigir a prática de uma modalidade desportiva ou conjunto de modalidades afins, representar perante a Administração Pública os interesses dos seus filiados e representar a modalidade desportiva, ou conjunto de modalidades afins, junto das organizações congéneres estrangeiras (cfr. artigo 20.º da LBD)[191].

---

[188] Cfr. AcSTA/Pl, de 23/01/2003 (proc. 46 299).

[189] Cfr. AcSTA/1.ª, de 15/12/2004, (proc. 74/02).

[190] Cfr. Acórdão do Tribunal de Conflitos, de 17/06/2003, proc. 07/02.

[191] É já uma *federação desportiva* regularmente constituída que requer a concessão do estatuto de utilidade pública desportiva – nesse sentido, cfr. AcSTA/1.ª, de 10/02/99, anotado por J. M. MEIRIM: "Uma bicicleta para todos", p. 8 e ss. A solução, menos clara na Lei n.º 1/90, surge agora nítida também na LBD: "*às federações desportivas* pode ser concedido o estatuto de utilidade pública desportiva (…)".

Por conseguinte, não deve confundir-se "o acto de personalização da federação com a concessão do estatuto de utilidade pública administrativa"[192].

A génese da federação desportiva é, portanto, privada. A federação desportiva apresenta-se como uma *associação livremente constituída por particulares* (agentes desportivos, clubes e agrupamentos de clubes). Por isso, com excepção de um conjunto limitado de normas (artigos 4.º a 6.º do regime jurídico das federações desportivas de utilidade pública), às federações desportivas – naturalmente, sem estatuto de utilidade pública desportiva – aplica-se o regime jurídico das associações de direito privado[193].

Como associação de direito privado, livremente constituída, a federação desportiva, num procedimento de sua iniciativa, requer, em pedido dirigido ao Primeiro-Ministro, a concessão do estatuto de *utilidade pública desportiva*. Independentemente do conteúdo desse estatuto e das exigências que a lei associa à sua concessão, a natureza da federação desportiva está marcada pela sua génese: trata-se de uma pessoa colectiva de direito privado de tipo associativo[194].

De acordo com o *princípio da unicidade* ("Ein-Platz-Prinzip"), o estatuto de utilidade pública desportiva só pode ser concedido a uma federação[195]. A pronúncia sobre o pedido de concessão do estatuto de utilidade pública apresenta-se como um acto administrativo de natureza vinculada, que, sem ponderar a oportunidade da delegação, se limita a

---

[192] Cfr. Alexandra PESSANHA, Ob. cit., p. 108; J. M. MEIRIM, *A Federação Desportiva*, cit., p. 442 e ss.

[193] É verdade que o artigo 3.º do Decreto-Lei n.º 144/93 estabelece que "às federações desportivas é aplicável o disposto no presente diploma e, subsidiariamente, o regime jurídico das associações de direito privado". Contudo e de acordo aliás com o seu objecto, o regime nele previsto só se aplica *na íntegra* às federações desportivas com o estatuto de utilidade pública desportiva.

[194] Com excepção de Jorge MIRANDA, *As Associações*, cit., p. 22, a tese da natureza jurídica privada é genericamente defendida na doutrina portuguesa (bem como na jurisprudência do STA); cfr. Freitas do AMARAL, *Curso*, cit., I, p. 403; Vital MOREIRA, *Administração Autónoma*, cit., pp. 304 e 551 e ss; Alexandra PESSANHA, Ob. cit., p. 141; J. M. MEIRIM, *A Federação Desportiva*, cit., p. 334 e ss.

[195] Por essa razão, o artigo 19.º/1 do Decreto-Lei n.º 144/93 confere legitimidade às entidades concorrentes à concessão do estatuto de utilidade desportiva para solicitar a instauração do procedimento de cancelamento do estatuto atribuído a uma federação.

verificar o preenchimento de certos requisitos fixados na lei de forma objectiva (artigo 13.º do Decreto-Lei n.º 144/93)[196].

O estatuto de utilidade pública desportiva atribui a uma federação desportiva a competência para o exercício, dentro do respectivo âmbito, de poderes regulamentares, disciplinares e outros de natureza pública (artigos 22.º da LBD e 7.º do Decreto-Lei n.º 144/93). A concessão do estatuto de utilidade pública investe a federação no exercício de poderes públicos. Trata-se, genericamente, de poderes públicos de regulação e de disciplina de uma actividade desportiva. Os poderes públicos de regulação que as federações ficam autorizadas a exercer não representam poderes que lhes pertençam: trata-se de *poderes delegados*, que *pertencem ao Estado* e que lhes são conferidos "para a realização de finalidades compreendidas nas atribuições do Estado" (artigo 8.º/1 do Decreto-Lei n.º 144/93). Tais poderes, com efeito, não são próprios das federações, mas, além disso, também não pode dizer-se que lhes sejam "emprestados" pelo Estado num cenário de "delegação isolada de poderes públicos"[197]. A lei não podia ser mais clara na referência às finalidades compreendidas nas atribuições do Estado. Trata-se, de resto, de uma indicação em perfeita consonância com a ideia, que defendemos, segundo a qual as associações de direito privado não estão em condições de corporizar ou de representar a "ideia" de administração autónoma, com todas as implicações jurídicas[198]. Salvo o devido respeito por quem pense de forma diferente, a nossa interpretação revela-se claramente adequada para identificar a posição das federações quando no desempenho de "funções genuinamente estaduais": o combate à violência no desporto[199] ou ao

---

[196] Trata-se de um dos raríssimos casos em que a delegação de competências públicas em entidades privadas é um *acto administrativo vinculado*. Ao contrário do que pode parecer, a situação nada tem de patológico, porquanto está subjacente ao sistema uma opção política de substituição originária da Administração Pública por entidades particulares; para mais desenvolvimentos sobre o assunto, cfr., *infra*, Parte IV, Cap. II.

[197] Cfr., *infra*, Parte IV, Cap. I.

[198] Cfr., *supra*, Parte II, Cap. II, 1.2.4. Expressamente contra, cfr. Vital MOREIRA, *Administração Autónoma*, cit. p. 566 e ss; também o Conselho Consultivo da PGR considera que as federações prosseguem, "através de órgãos representativos, interesses próprios de determinadas colectividades de pessoas" (Parecer n.º 101/88). Concordamos em que as federações prosseguem os interesses próprios de determinadas colectividades de pessoas, mas temos dúvidas sobre que o façam através de órgãos representativos dessas mesmas pessoas.

[199] Estabelecendo medidas preventivas e punitivas a adoptar em caso de *manifestações de violência associadas ao desporto*, a Lei n.º 38/98, de 4 de Agosto, atribui às

doping[200] são apenas dois exemplos de missões típica e genuinamente estaduais, que, só com distorção total da "natureza das coisas", podem ser percepcionadas como tarefas autónomas. Mas a nossa recusa de uma "visão autonomista" das funções e poderes "federais" toca todas as áreas de regulação e disciplina oficial do desporto confiadas às federações desportivas.

É provável, ou talvez certo, que todos os actores implicados – Governos incluídos – queiram "fazer de conta", "desejem" e promovam uma visão autonomista das missões federativas e, todos eles, apresentem até como *evidente* a autonomia de tais missões (que são, *de facto*, desenvolvidas em sistema de total "independência" perante o Estado Administrador). Há todavia um muro contra o qual os defensores da autonomia não podem deixar de bater: um muro composto, por um lado, pela taxativa indicação legal de que a delegação de poderes se efectua "para a realização de finalidades compreendidas nas *atribuições do Estado*" e, por outro, pelo facto (fora de discussão) de as federações actuarem perante "administrados" que nelas estão inscritos, mas que não são seus associados obrigatórios, nem participam em qualquer processo de legitimação dos seus dirigentes[201]. Para estes administrados, as federações afiguram-se autoridades tão estranhas – tão "hetero-administrações" – como qualquer instância burocrática da Administração Pública[202].

---

federações (e às ligas profissionais) funções e poderes – regulamentares e sancionatórios – numa esfera inequivocamente estadual.

[200] Cfr. Lei n.º 183/97, de 26 de Julho, sobre o combate à dopagem no desporto, que delega vastas incumbências de regulamentação e de disciplina nas federações desportivas e nas ligas profissionais.

[201] A lei não reconhece sequer aos interessados o direito de filiação na federação desportiva (assim como não há um direito à filiação nas associações privadas que integram a federação); o artigo 9.º do Decreto-Lei n.º 144/93 consagra um *direito de inscrição* dos cidadãos nacionais, referindo-se depois a um *direito de filiação* dos clubes e sociedades com fins desportivos que preencham as condições regulamentares.

[202] Não desconhecemos que o Decreto-Lei n.º 144/93 estabelece que as federações se organizam de acordo com os princípios da democraticidade e da representatividade: cfr. artigos 4.º/1 e 13.º/1,*a*); de resto, não negamos que as federações representem, efectivamente, certos intervenientes no desporto por elas regulado. Já não nos parece, contudo, que sejam representativas de todos os agentes submetidos à sua acção reguladora, desde logo os praticantes (para os quais o desporto representa, em muitos casos, o exercício de uma actividade profissional).

O núcleo dos poderes delegados nas federações no âmbito da regulação do desporto compõe-se de *poderes regulamentares* e *poderes disciplinares*.

Quanto ao poder regulamentar – da competência da assembleia geral –, a lei habilita as federações a elaborar regulamentos que contemplem as seguintes matérias: funcionamento e articulação de órgãos e serviços[203], organização de provas[204], participação nas selecções nacionais, participação de praticantes estrangeiros nas provas, disciplina[205], arbitragem e juízes, medidas de defesa da ética desportiva, designadamente nos domínios da prevenção e da punição da violência associada ao desporto[206], da dopagem[207] e da corrupção no fenómeno desportivo, e atribuição do estatuto de alta competição e respectivos critérios. Os regulamentos que contemplam tais matérias constituem regulamentos administrativos, revestindo também essa natureza os actos jurídicos que os apliquem em casos concretos, desde que, obviamente, satisfaçam os requisitos de natureza material do conceito de acto administrativo. Os regulamentos administrativos das federações têm, naturalmente,

---

[203] Esses *regulamentos de organização* são *regulamentos administrativos*, na medida em que disciplinem o funcionamento de órgãos e serviços que intervêm no desempenho das funções públicas administrativas cometidas às federações desportivas.

[204] Observa TAUPIER, Ob. cit., p. 84, que, segundo a doutrina e a jurisprudência francesas, na organização de competições reside o elemento essencial da missão de serviço público confiada às federações.

[205] Sobre regulamentos disciplinares das federações, cfr. Lei n.º 112/99, de 3 de Agosto (aprova o regime disciplinar das federações desportivas).

[206] Nos termos do artigo 4.º da Lei n.º 38/98, de 4 de Agosto – que estabelece medidas preventivas e punitivas a adoptar em caso de manifestações de violência associadas ao desporto – as federações desportivas devem adoptar regulamentos ou normas desportivas de prevenção e controlo da violência em relação às competições que tutelam. Nesses regulamentos devem ser indicadas as sanções aplicáveis pela federação aos promotores de espectáculos desportivos que tenham praticado infracções tipificadas (as sanções disciplinares a aplicar podem consistir em penas disciplinares desportivas, pecuniárias e na interdição de recintos desportivos, podendo ainda, cumulativamente, ser imposta ao promotor do espectáculo desportivo sancionado a obrigação de instalar outros dispositivos físicos de protecção dos agentes desportivos envolvidos no espectáculo e do público).

[207] Sobre o combate à dopagem no desporto, cfr. Decreto-Lei n.º 183/97, de 26 de Julho: nos termos do seu artigo 9.º, as federações desportivas ficam obrigadas a adoptar regulamentos de controlo antidopagem que prescrevam as normas a que se subordina tal controlo no âmbito das respectivas modalidades.

de respeitar a Constituição e a lei, não podendo incidir sobre matérias reservadas ao legislador[208].

O poder regulamentar das federações não se traduz sempre na emissão de regulamentos administrativos. Assim, por ex., os regulamentos que definem as *regras do jogo* (*v.g.*, as "leis do futebol"[209]) não constituem regulamentos administrativos[210]. De resto, não contêm sequer normas jurídicas[211], pelo que a imposição da observância do que nelas se dispõe não pode ser objecto de um processo jurisdicional num tribunal do Estado[212].

Quanto ao poder disciplinar[213] – a que ficam sujeitos clubes, dirigentes, praticantes, treinadores, técnicos, árbitros, juízes, e, em geral, todos os agentes desportivos que desenvolvam a actividade desportiva compreendida no objecto estatutário de uma federação dotada de utilidade pública administrativa –, deve salientar-se a existência de uma lei que aprova o regime disciplinar das federações desportivas, lei essa que representa um importante passo no sentido da jurisdicização da disciplina desportiva. Nela se definem os princípios gerais a observar nos regulamentos disciplinares – entre os quais se menciona a exclusão de penas de irradiação ou duração indeterminada e a "garantia de recurso" –, fixa-se o âmbito do poder disciplinar das federações e estabelece-se a escala de penas a aplicar (Lei n.º 112/99).

Como em relação aos regulamentos, também agora importa esclarecer que nem todas as penas disciplinares aplicadas por órgãos das federações – os conselhos disciplinares – possuem natureza pública

---

[208] Neste sentido, cfr. Parecer PGR n.º 72/2001.

[209] As regras do jogo representam um elemento chave para a distinção entre as várias modalidades desportivas; cfr. CAMPS POVILL, Ob. cit., p. 245 e ss.

[210] Como afirma VIDIRI, "Il caso Maradona", cit., p. 341, não integram o grupo de normas públicas que compõem o ordenamento federativo as *regras técnicas* editadas pelas federações cuja observância deve ser assegurada pelos árbitros (*órgãos de justiça técnica*, segundo o autor). Em sentido idêntico, afirma TAUPIER, Ob. cit., p. 87: "le code du jeu lui-même n'est pas un acte administratif".

[211] Neste sentido, cfr. MARBURGER, *Die Regeln der Technik,* cit., p. 303; sobre o assunto, mas em termos diferentes, cfr. PFISTER, "Sportregeln vor staatlichen Gerichten", p. 221 e ss.

[212] Parece claro que os tribunais estaduais não podem julgar em que circunstâncias se deve apitar um *penalty*; cfr. AGIRREAZKUENAGA ZIGORRAGA, Ob. cit., p. 4220.

[213] Sobre o poder disciplinar das federações desportivas, cfr. J. M. MEIRIM, "A disciplina das federações desportivas", cit., p. 18 e ss.

(administrativa): assim sucede com as medidas disciplinares aplicadas aos trabalhadores das federações, que constituem actos de direito privado[214], ou com as sanções que punem a violação das regras do jogo[215].

Por fim e ainda quanto aos poderes públicos exercidos pelas federações desportivas, deve dizer-se que, embora a lei só indique como objecto de delegação os poderes regulamentares e disciplinares, são ainda praticados no exercício de um poder público os actos que se integrem no desempenho da tarefa estadual de *organização do desporto* confiada às federações: esta hipótese verifica-se, por ex., com os actos de inscrição (ou de recusa de inscrição) dos praticantes desportivos[216]. Também estes são actos praticados no exercício de poderes públicos e no âmbito de uma relação jurídica administrativa em que o requerente se apresenta como titular de um direito subjectivo público (cfr. artigo 9.º do Decreto-Lei n.º 144/93). Outro tanto se aplica em geral em relação a todas as actuações que as federações levam a cabo no domínio da organização de uma qualquer prova desportiva (oficial)[217].

A concessão do estatuto de utilidade pública desportiva, investindo a federação desportiva de funções administrativas e de poderes públicos, comporta consequências que convém conhecer.

a) Configuração legal da organização interna das federações

Em face da natureza das funções e dos poderes que desempenham, o legislador considerou-se autorizado a definir a estrutura orgânica das federações desportivas dotadas do estatuto de utilidade pública desportiva: pode por isso dizer-se que, também em Portugal, as federações desportivas constituem, quando titulares do estatuto de utilidade pública administrativa, *associações privadas de configuração legal*. A lei define os tipos de órgãos de que dispõem (*assembleia geral, presidente, direcção, conselho de arbitragem, conselho fiscal, conselho jurisdicional*),

---

[214] Cfr. KARAQUILLO, "Le pouvoir disciplinaire dans l'association sportive", p. 121; sobre os limites do poder disciplinar público das federações, cfr. KERMADEC, Ob. cit., p. 415.

[215] Cfr. VIDIRI, "Il caso Maradona", cit., p. 340.

[216] No sentido de que a inscrição de um jogador na Federação Portuguesa de Futebol é um acto administrativo, cfr. Acórdão do Supremo Tribunal de Justiça, de 03/07/2003 (proc. 03B1442).

[217] Neste sentido, cfr. Acórdão do Tribunal de Conflitos de 17/06/2003 (proc 07/02).

indica algumas competências que não podem deixar de lhes ser atribuídas (por ex., que o *conselho jurisdicional* tem competência para
conhecer dos recursos interpostos das decisões disciplinares em matéria
desportiva ou que ao *conselho disciplinar* cabe apreciar e punir as infracções disciplinares em matéria desportiva) e define a composição desses
mesmos órgãos e as regras de eleição dos respectivos titulares. A intervenção legislativa em matéria de organização interna associativa visa
incutir alguns valores de direito público (transparência, democraticidade)
na vida da associação e está legitimada pelo facto de estar envolvida uma
associação com funções públicas[218].

b) Sujeição à jurisdição administrativa

Corolário da natureza pública dos poderes confiados pelo Estado às
federações desportivas é a sujeição dos actos praticados no exercício
desses poderes à jurisdição administrativa, como aliás estabelece expressamente o artigo 8.º/2 do regime das federações.

O *direito administrativo desportivo* aplicado pelas federações não
constitui, portanto, um subsistema jurídico à margem do restante direito
público. Os regulamentos administrativos editados e os actos administrativos praticados pelos órgãos federativos estão, como quaisquer outros
regulamentos ou actos da mesma natureza, sujeitos à fiscalização dos
tribunais administrativos. A sujeição à jurisdição estadual – que os dirigentes do sector desportivo na generalidade ignoram, reclamando a
necessidade da criação de um "verdadeiro tribunal" para a apreciação de
questões jurídicas relacionadas com o desporto[219] – aparece, nestes termos, como uma consequência lógica e necessária de às federações estar
confiada a execução de tarefas públicas e de, para esse efeito, estar nelas
delegado o exercício de poderes públicos[220].

---

[218] Cfr. Vital MOREIRA, *Administração Autónoma*, cit., p. 563.

[219] Esta aspiração a uma jurisdição desportiva constitui ainda uma expressão das
ideias autonómicas do direito desportivo. Contudo, a pretensão afigura-se atendível no
quadro jurídico actual, desde que se entenda que o que está em causa seria a criação de
uma jurisdição estadual especializada para as questões desportivas, um *tribunal do desporto*, uma espécie de *tribunal administrativo de competência especializada*. Sobre a
possível institucionalização de uma justiça desportiva na ordem judiciária, cfr. MANDIN,
Ob. cit., p. 401.

[220] A antiga exclusão do acesso à justiça estadual e o consequente monopólio da
justiça endofederativa para o julgamento de questões relacionadas com o desporto – num

A sujeição das federações à jurisdição estadual e a exclusão do *vínculo de justiça*[221] não excluem, contudo, a existência da designada "justiça desportiva" (endofederativa), a qual se encontra, aliás, legalmente legitimada no próprio regime das federações, ao estabelecer que um dos seus órgãos, o conselho "jurisdicional", tem competências para conhecer dos recursos interpostos das decisões disciplinares em matéria desportiva. Os actos daquele órgão têm, *ao nível interno e federativo*, natureza parajurisdicional (os estatutos das federações designam-nos "acórdãos"), sem embargo de, para efeitos de impugnação nos tribunais do Estado, se tratar de *actos administrativos*[222]. Do ponto de vista do direito administrativo, os recursos para o conselho de justiça representam meios de *impugnação administrativa*. Simultaneamente, a lei legitima por essa via uma forma mitigada de *vínculo de justiça*, ao admitir que os lesados pelos actos federativos não podem accionar os tribunais do Estado *antes* de os órgãos jurisdicionais da federação desportiva se pronunciarem.

Não se encontram naturalmente sujeitas à jurisdição administrativa as questões de natureza privada (*v.g.*, contratos com outras entidades, relações com o pessoal) que envolvam as federações[223], bem como "as decisões e deliberações sobre questões estritamente desportivas que tenham por fundamento a violação de normas de natureza técnica ou de carácter disciplinar": essas decisões e deliberações não são susceptíveis de recurso fora das instâncias competentes na ordem desportiva (artigo 47.º/1 da LBD). Trata-se de actos de aplicação das regras do jogo que não poderiam qualificar-se como actos administrativos, já que não cons-

---

sistema que abandonava os interessados à mercê de "vessazioni inflitte dai poteri privati": RUOTOLO, "Giustizia sportiva e costituzione", p. 424 – deixa de poder admitir-se. Em causa estão questões sobre as quais não há direito de dispor da jurisdição estadual.

[221] Sobre o *vínculo de justiça*, cfr. J.J. Gomes CANOTILHO/Vital MOREIRA, Ob. cit., p. 381; VIRGA, *Diritto*, IV, cit., p. 270; VIDIRI, "Il «caso Catania»", cit., p. 513 e ss; RUOTOLO, Ob. cit., p. 408 e ss.

[222] Considerando que o Conselho de Justiça da Federação Portuguesa de Futebol não "é um tribunal" (arbitral ou outro) e que, por isso mesmo, as decisões que toma não são decisões jurisdicionais, cfr. Acórdão do Tribunal Constitucional n.º 391/2005.

[223] Neste sentido, afirmou-se o seguinte no Acórdão do Supremo Tribunal de Justiça de 18/09/91 (*BMJ*, n.º 406, p. 586 e ss): "conservam a natureza de direito privado os litígios emergentes de decisões federativas que não resultam do exercício de prerrogativas de autoridade ou de execução duma missão de serviço público, nomeadamente quando se trata de decisões de natureza financeira e quando ocorram consequências do foro cível, penal ou laboral".

tituem uma expressão, directa ou sequer indirecta, de um poder público. Em relação a "questões estritamente desportivas", do foro "estritamente técnico-desportivo", o direito estadual revela uma completa indiferença[224].

Dúvidas existem sobre a questão de saber se pertence à jurisdição administrativa apreciar o contencioso eleitoral das federações desportivas[225].

c) Sujeição a fiscalização administrativa

Na medida em que exercem funções e poderes públicos – e, nos termos da lei, também na medida em que aplicam dinheiros públicos –, as federações desportivas com utilidade pública desportiva encontram-se sujeitas a fiscalização administrativa (artigo 10.º do Decreto-Lei n.º 144/ /93). Naturalmente, a fiscalização só incide, e só pode incidir, sobre aquilo que interessa ao Estado, especificamente, sobre o modo como os poderes públicos são exercidos, sobretudo em tudo o que se refere à observância da legalidade[226].

A verificação de ilegalidades graves ou da prática continuada de irregularidades pode implicar a suspensão ou o cancelamento do estatuto da utilidade pública desportiva. A suspensão e o cancelamento podem resultar também da falta superveniente dos requisitos necessários para a concessão do estatuto de utilidade pública desportiva (artigos 18.º e 18.º-A do Decreto-Lei n.º 144/93)[227].

---

[224] Cfr. VIDIRI, "Il caso Maradona", cit., p. 341. No mesmo sentido, cfr. o Acórdão do Supremo Tribunal de Justiça citado na nota anterior, onde se chama a atenção para a existência de relações de carácter desportivo («questões desportivas») que, pela sua própria natureza, escapam à tutela da ordem jurídica. Do nosso ponto de vista, e ao contrário do que o Acórdão parece sugerir, os *regulamentos de organização dos jogos* (que não se confundem com as *leis dos jogos*) não contêm regulamentações desportivas à margem da intervenção estadual: estamos perante regulamentos editados na execução da função estadual de organização do desporto.

[225] Cfr., *infra*, Parte IV, Cap. II.

[226] Em geral, sobre a sujeição das federações a fiscalização administrativa, cfr. Alexandra PESSANHA, Ob. cit., p. 126; J.M. MEIRIM, A *Federação Desportiva*, cit., p. 570. Sobre o âmbito da fiscalização administrativa, cfr. AcSTA/Pl, de 23/01/2003 (proc. 46 299).

[227] Pronunciando-se sobre actos administrativos de suspensão (Federação Portuguesa de Motociclismo) e de cancelamento (Federação Portuguesa de Halterofilismo) do estatuto de utilidade pública desportiva, cfr., respectivamente, Ac'sSTA, de 26/06/2002 (proc. 44 811), e de 26/03/2003 (proc 422/02).

2.6.2. *Ligas profissionais de clubes: natureza jurídica e poderes públicos*

Manifestações institucionais da mercantilização do desporto[228], as ligas profissionais de clubes são entidades criadas no seio das federações unidesportivas em que se disputam competições desportivas de natureza profissional e constituídas por todos os clubes que disputem tais competições. São dotadas de personalidade jurídica e autonomia administrativa, técnica e financeira. De acordo com a LBD, a liga constitui "um órgão autónomo da federação para o desporto profissional".

As ligas profissionais são competentes para: *i)* organizar e regulamentar as competições de natureza profissional que se disputem no âmbito da respectiva federação, respeitando as regras técnicas definidas pelos órgãos federativos; *ii)* exercer, relativamente aos clubes seus associados, as funções de tutela, controlo e supervisão, que forem estabelecidas por lei ou pelos estatutos e regulamentos das federações; *iii)* exercer o poder disciplinar e gerir o específico sector da arbitragem nos termos definidos pelos estatutos federativos ou em protocolo; *iv)* definir regras de gestão e fiscalização de contas aplicáveis aos clubes; *v)* registar os contratos de trabalho dos respectivos praticantes desportivos profissionais; *vi)* para exercer as demais competências que lhes sejam atribuídas por lei ou pelos estatutos federativos.

O facto de as ligas profissionais de clubes se configurarem como órgãos (ainda que autónomos) das federações desportivas poderia conduzir a supor que não faz sentido, para efeitos do presente trabalho, autonomizá-las e, portanto, desligá-las das federações em que se integram. Para efeitos do estudo da delegação de funções públicas, dir-se-ia que as entidades em quem o Estado delega são as federações, embora o exercício de algumas das funções nelas delegadas caiba a um órgão específico das federações: a liga profissional.

Temos, no entanto, dúvidas de que essa se revele a concepção mais ajustada aos dados legais. A lei considera as ligas profissionais órgãos, é certo. Mas o facto de exigir que sejam dotados de personalidade jurídica esclarece logo que não se trata apenas de indicar como titular de um órgão federativo uma pessoa colectiva (associação de clubes). Ou seja, a

---

[228] Cfr. BASSOLS COMA, "Las ligas deportivas profesionales. Sus relaciones jurídicas con los clubes y federaciones deportivas", p. 275.

liga assume-se como um "*órgão com personalidade jurídica*": trata-se de uma *associação* composta obrigatória e exclusivamente pelos clubes que disputam as competições de natureza profissional[229].

Ainda assim, poderia supor-se que, embora com personalidade jurídica, a liga actuaria, em termos técnico-jurídicos, como órgão da federação, exercendo as competências que lhe estão confiadas. Com efeito, apesar da personalidade, que poderia revelar para outros efeitos, as ligas exerceriam aquelas competências *em nome da federação*, entidade que suportaria os efeitos desta específica actuação (*imputação à federação*)[230]. Supomos que também não é isso que a lei pretende. Ao conceber as ligas como entidades dotadas de personalidade jurídica, a lei quis que actuassem com *imputação própria*. Por isso, designa-as como *órgãos autónomos da federação para o desporto profissional*.

O conceito de *órgão autónomo* pretende apenas indicar que se trata de instâncias que, apesar de juridicamente autónomas e independentes, actuam no seio de uma federação. As ligas funcionam "junto de uma federação", no âmbito da actuação de uma federação determinada, como uma espécie de "administração indirecta da federação"[231]. Os actos que praticam não se imputam à federação, como o conceito de *órgão* parece sugerir, mas à própria liga, como o conceito de órgão *autónomo* esclarece.

As ligas constituem, pois, entidades juridicamente diferentes das federações, que exercem competências delegadas pelas federações, mas também competências *próprias*, isto é, competências que lhes são

---

[229] Referindo-se ao direito espanhol, diz CAZORLA PRIETO, Ob. cit., p. 266, que as ligas profissionais são *associações de segundo grau*.

[230] A situação criada no direito português nas relações entre liga e federações é semelhante à que existia no direito italiano entre as federações e o CONI. Apesar da sua personalidade jurídica privada, as federações italianas eram órgãos de uma entidade pública. A doutrina discutia a questão da compatibilidade entre as qualificações de órgão e de pessoa jurídica, aludindo-se a uma relação orgânica *sui generis*, ou numa posição dupla das federações (órgãos do CONI enquanto encarregadas da regulação do desporto e actuando no âmbito das atribuições daquele ente público, e pessoas jurídicas, quanto ao resto); cfr. NELLA, "Il fenomeno", cit., p. 60 e ss.

[231] Neste contexto, afirma BERMEJO VERA, *Derecho administrativo – parte especial*, cit., p. 233: "não é difícil ver nas ligas uma espécie de federação dentro da federação, pois a lei atribui-lhes personalidade jurídica e autonomia, embora façam necessariamente parte da federação desportiva". Referindo-se ao "relevante espaço de autonomia" das ligas e considerando que parece estarem em causa "duas entidades federativas, resultado para o qual muito contribui a personalidade jurídica da liga profissional de clubes", cfr. J.M. Meirim, *A Federação Desportiva*, cit., p. 582-3.

confiadas directamente por lei (e não pelas federações). Numa palavra, as ligas profissionais de clubes participam no exercício da função pública de regulação do desporto, exercendo, nesse âmbito, poderes públicos de autoridade.

2.7. *Segurança técnica: inspecção e certificação oficial*

Apesar da nítida retracção da intervenção pública – substituição dos controlos públicos por controlos privados e reforço das responsabilidades privadas de controlo[232] –, o Estado continua a deter extensas *responsabilidades de execução* no sector da segurança técnica e, por conseguinte, a assumir o dever de desempenhar missões de controlo de recorte muito variado. Especificamente no domínio das missões de inspecção, o Estado recorre a estratégias de privatização orgânica material, delegando a execução dessas missões em entidades privadas. Uma vez que, com frequência, efectua delegações globais, as entidades privadas delegatárias aparecem investidas não apenas na função de realizar a inspecção técnica, como ainda de certificar oficialmente a realização da inspecção e a conformidade do produto ou processo inspeccionado com as normas, jurídicas e técnicas, aplicáveis.

2.7.1. *Inspecção técnica de veículos automóveis e seus reboques*

Nos termos do artigo 116.º/1 do Código da Estrada, os veículos a motor e os seus reboques podem ser sujeitos, nos termos a fixar em regulamento, a inspecções para aprovação do respectivo modelo, para atribuição de matrícula, para verificação periódica das suas características e condições de segurança; o n.º 2 do mesmo artigo acrescenta que pode ser determinada a sujeição dos veículos a inspecção quando, em consequência de alteração das características regulamentares do veículo, de acidente ou de outras causas, haja fundadas suspeitas sobre as suas condições de segurança ou dúvidas sobre a sua identificação (*inspecções extraordinárias*).

Por sua vez, o Decreto-Lei n.º 2/98, de 3 de Janeiro, que aprovou alterações ao Código da Estrada, estabelece, no seu artigo 11.º/1,*g)*, que

---

[232] Cfr., *supra*, Parte I, Cap. I, 3.1.1.

a realização de inspecções a veículos compete à Direcção-Geral de Viação (DGV), a qual, no entanto, pode recorrer, para o efeito, a *centros de inspecção que funcionem sob a responsabilidade de entidades autorizadas* nos termos de diploma próprio[233].

O diploma a que se refere a disposição citada é, actualmente, o Decreto-Lei n.º 550/99, de 15 de Dezembro, que estabelece o regime jurídico da actividade de *inspecção técnica de veículos a motor e seus reboques*, quanto à autorização para o exercício da actividade de inspecção de veículos, à aprovação, abertura, funcionamento e encerramento de centros de inspecção e ao licenciamento de técnicos de inspecção (o diploma foi regulamentado pela Portaria n.º 1165/2000, de 9 de Dezembro)[234].

Nos termos da lei, o exercício da actividade de inspecção técnica de veículos depende de uma autorização a conceder por despacho do Ministro da Administração Interna, sob proposta da DGV. Beneficiárias da autorização podem ser quaisquer pessoas colectivas, nacionais ou estran-

---

[233] O artigo 2.º da Directiva 96/96/CE, do Conselho de 20 de Dezembro de 1996 (JOCE n.º L46, de 17/02/97), relativa à aproximação das legislações dos Estados-membros respeitantes ao controlo técnico dos veículos a motor e seus reboques, diz que "o controlo técnico (...) deve ser efectuado pelo Estado ou por entidades de natureza pública por ele incumbidos dessa função, ou por organismos ou estabelecimentos por ele designados, eventualmente de carácter privado, autorizados para o efeito, e actuando sob a sua vigilância directa".

[234] Em Portugal, a história das inspecções técnicas de automóveis por entidades privadas iniciou-se em 1985, por via do Decreto-Lei n.º 154/85, de 9 de Maio, que permitia a *concessão do serviço público de realização de inspecções periódicas* a "pessoas colectivas sem fins lucrativos estatutariamente devotadas à prevenção dos acidentes rodoviários ou ao apoio a condutores e proprietários". Tal diploma nunca chegou a conhecer implementação. Posteriormente, viria a ser publicado o Decreto-Lei n.º 352/89, de 13 de Outubro, que previa um modelo de concessão de serviço público, a atribuir *em regime de exclusivo nacional a uma única entidade*. Este regime também nunca chegou a ser concretizado. Só três anos mais tarde e já ao abrigo do Decreto-Lei n.º 254/92, de 20 de Novembro (que substitui o modelo da concessão única pelo actual modelo das autorizações múltiplas), passaram a existir em Portugal entidades privadas autorizadas para a realização de inspecções em veículos automóveis.

O diploma de 1992 foi revogado em 1999 (pelo diploma referido no texto), que, além do mais, veio alargar o âmbito da actividade dos centros de inspecções: até então, os centros privados só podiam efectuar inspecções periódicas. Com o novo regime, passaram a poder realizar inspecções para identificação dos veículos ou verificação das suas condições de segurança, em consequência de alteração de características, de acidente ou de outras causas, bem como para atribuição de nova matrícula.

geiras, neste caso, desde que se encontrem regularmente estabelecidas em território nacional[235]. As entidades autorizadas podem associar-se em *agrupamentos complementares de empresas*, equiparados, para todos os efeitos, a entidades autorizadas.

A autorização só se pode conceder a entidades que reúnam, cumulativamente, requisitos de idoneidade e de capacidade técnica, económica e financeira definidos na lei – ao contrário do que sucede noutros ordenamentos, estabelece a lei que não podem ser autorizadas a exercer a actividade de inspecção entidades cujo objecto social não se limite ao exercício da actividade de inspecção de veículos ou cujos sócios, gerentes ou administradores se dediquem ao fabrico, reparação, aluguer, importação ou comercialização de veículos, seus componentes e acessórios ou ao exercício da actividade de transportes[236].

A autorização não basta para a entidade beneficiária exercer a actividade de inspecção. Com efeito, as inspecções de veículos fazem-se em *centros de inspecção*, estabelecimentos constituídos pelo conjunto de terreno, edifício, área de estacionamento, equipamentos, meios técnicos e direitos inerentes onde uma entidade autorizada exerce a actividade de inspecção, dependendo a instalação dos centros de um procedimento oficioso de concurso público; por outro lado, os centros não podem entrar em funcionamento sem a aprovação da DGV, no âmbito de um procedimento que exige uma prévia acreditação pública, a conferir pelo Instituto Português da Qualidade. Os centros são classificados de acordo com o tipo de inspecções que realizam: os da categoria A realizam inspecções periódicas e os da categoria B realizam inspecções extraordinárias e de atribuição de nova matrícula. Por outro lado, apenas inspectores licenciados pela DGV podem efectuar as inspecções de veículos.

Um outro diploma, o Decreto-Lei n.º 554/99, de 16 de Dezembro, regula as inspecções, prevendo, além do mais, que a realização das ins-

---

[235] Do Acórdão do Tribunal de Justiça da CE no proc. C-55/93 (*Van Schaik*) – em que se entendeu que o reconhecimento por um Estado da inspecção realizada por entidades estabelecidas noutros Estados-membros constitui um "alargamento de uma *prerrogativa do poder público* para fora do território nacional" (cfr. Introdução, 4.2.2.) – não pode deduzir-se a conformidade com o direito comunitário a solução de vedar a estrangeiros (comunitários) o acesso à actividade de inspecção, com base no artigo 45.º do Tratado.

[236] A Directiva 96/96/CE prevê expressamente a hipótese de os estabelecimentos encarregados do controlo técnico funcionarem como oficinas de reparação de veículos.

pecções periódicas se comprova por uma *ficha de inspecção* e uma *vinheta* que a entidade titular do centro emite para cada veículo inspeccionado; a aprovação nas inspecções extraordinárias e nas de atribuição de nova matrícula é comprovada por um *certificado*.

O diploma indica os pressupostos de reprovação do veículo e prevê a impugnação desse resultado: discordando, o responsável pelo veículo pode apresentar reclamação fundamentada, entregando-a no centro em que a inspecção foi efectuada; para esse efeito, cada centro de inspecção deve dispor de um livro de reclamações. A entidade autorizada deve remeter a reclamação, acompanhada de cópia do relatório e da ficha de inspecção, no prazo de 24 horas, à direcção de serviços de viação da área onde se localiza o centro. No prazo de cinco dias após a recepção da reclamação, o director de serviços deve proferir decisão, a qual deve ser comunicada de imediato ao reclamante e à entidade autorizada respectiva.

Descrito sumariamente o regime da realização de inspecções técnicas de veículos por entidades privadas, importa tomar posição perante a questão fundamental que a matéria suscita e que no estrangeiro, sobretudo na Alemanha[237], está na origem de um inacabado debate doutrinal:

---

[237] O sistema português de inspecção de automóveis tem grandes analogias com o germânico: de facto, na Alemanha, as inspecções podem ser efectuadas por instâncias públicas ou por peritos ou inspectores oficialmente reconhecidos, em centros de controlo técnico pertencentes a entidades de direito privado – as associações de controlo técnico (*Technishe Überwachungsvereine*: TÜV). A criação destas surgiu com o advento da civilização técnica e industrial, inicialmente para fiscalizar as instalações industriais dos respectivos associados; depois, foi-lhes sendo confiada pelos poderes públicos a responsabilidade pela realização de outros tipos de controlos técnicos, como a realização de exames de condução, de inspecções de veículos automóveis, da certificação da segurança técnica de produtos, e, por último, também a fiscalização dos níveis de emissões poluentes; sobre as TÜV, cfr. MAURER, *Aufgaben, Rechtsstellung und Haftung der Technischen Überwachungsvereine*, p. 1 e ss.

Sistema ligeiramente diferente do português é o italiano: o artigo 80.° do *Codice della Strada* atribui ao Ministro dos Transportes o poder de "affidare in concessione quinquennal" a realização de inspecções a oficinas de reparação de automóveis. Depois de efectuada cada inspecção, as empresas concessionárias transmitem a uma autoridade pública a "certificazione" da inspecção efectuada, com a indicação das operações de controlo efectuadas. No prazo de 60 dias, a referida autoridade procede à anotação da realização da inspecção na "carta di circulazione" (documento que atesta a conformidade do veículo com as regras de segurança e ambientais) – durante esse prazo, a certificação da empresa substitui, para todos os efeitos, a carta de circulação. A "certificação" da inspecção é portanto um *acto vinculativo* para a autoridade pública, que se limita a exercer uma actividade de complemento executivo.

trata-se da questão de saber se a realização das inspecções constitui uma função pública associada ao exercício de poderes públicos.

A actividade de realização de inspecções técnicas de veículos constitui decerto uma tarefa que serve o *interesse público da segurança rodoviária*. Ninguém põe em causa essa qualificação, nem mesmo os que se recusam a considerá-la uma tarefa pública, da responsabilidade originária do Estado[238]. Na verdade, todos concordam em que a actividade de

---

[238] É essa uma tese com muitos adeptos na Alemanha: a propósito das inspecções de veículos automóveis realizadas nos centros das TÜV, uma significativa parte da doutrina entende que se trata de uma actividade privada: entre outros, defendem essa posição PETERS, Ob. cit., p. 883 e ss; FORSTHOFF, Ob. cit., p. 707[84]; HERSCHEL, "Die Haftung der Technischen Überwachungs-Vereine", p. 818 e ss; OSSENBÜHL, "Die Erfüllung", cit., p. 156[87]. Em geral, entendem estes autores que a realização de inspecções por entidades de direito privado consubstancia uma manifestação do princípio de "quanto menos Estado, melhor", tratando-se de uma *actividade privada de mera preparação de um acto público de autoridade*: o proprietário do veículo está obrigado perante o Estado a realizar a inspecção (trata-se de um *dever administrativo*), mas deve cumprir essa obrigação no âmbito do direito privado, contratando os serviços de um terceiro. Assim, a inspecção reveste a natureza de uma *actividade privada* que, embora estabelecendo um pressuposto de um acto público, não pode ser qualificada como actividade pública, uma vez que não existe qualquer *mandato de direito público* que tenha as TÜV por destinatárias; trata-se, assim, de um fenómeno da esfera do direito privado.

Contra essa posição, e considerando que, ao efectuarem inspecções, os peritos e examinadores das TÜV estão a exercer uma actividade pública de autoridade, cfr., também entre muitos outros, RUPP, JZ, 1968, p. 300; STEINER, "Der Beliehene", cit., p. 69 e ss, e *Öffentliche,* cit., p. 119 e ss, WOLFF/BACHOF/ STOBER, Ob. cit., 3, p. 512; MAURER, *Aufgaben,* cit., p. 144 e ss; MENNACHER, Ob. cit., p. 143 e ss; VOGEL, Ob. cit., p. 82; BRACHER, Ob. cit., p. 36 e ss.

A discussão sobre a natureza da actividade de inspecção de veículos também existe em Espanha, onde se conhecem, pelo menos, as seguintes qualificações: na legislação autonómica, a actividade aparece qualificada como um *serviço público*; por sua vez, o Tribunal Supremo, numa sentença de 1997, qualifica-a como uma *função pública soberana*; alguns entendem que ela é uma *função pública de conteúdo declarativo* (cfr. ESTEVE PARDO, Ob. cit., p. 144; Dolors CANALS I AMETTLER, Ob. cit., p. 159 e ss), sendo, para outros, uma *actividade privada de verificação do cumprimento de regras técnicas de segurança rodoviária* [nestes últimos inclui-se ARANA GARCÍA, "Naturaleza jurídica de la actividad de inspección técnica de vehículos (I.T.V.)", p. 9 e ss: o Autor, que reconhece a liberdade de conformação dos legisladores nacionais face ao direito comunitário, admite que a *lei* pode reservar a actividade ao sector público, fazendo dela um serviço público, mas entende que a legislação autonómica não pode declará-la como serviço público, uma vez que tal declaração restringe a liberdade de empresa, sendo por isso matéria de lei parlamentar]. Cfr. ainda FERNANDEZ RAMOS, Ob. cit., p. 527; PADROS REIG, *Actividad administrativa y entidades colaboradoras*, p. 94 e ss.

inspecção está ao serviço do interesse público[239]. Do que se trata é, pois, de saber se a realização de inspecções constitui, mais do que uma actividade de interesse público regulada e vigiada pelo Estado, uma verdadeira e originária tarefa estadual.

No direito português, a resposta do legislador não podia emergir com maior clareza: "as inspecções (...) *são da competência da Direcção-Geral de Viação*" (artigo 5.° do Decreto-Lei n.° 554/99). Quer dizer, a realização de inspecções de veículos constitui, legalmente, uma atribuição originária do Estado[240] em cujo desempenho ele se pode servir da "colaboração de entidades privadas"[241].

A circunstância de a lei conferir à DGV competência para recorrer a entidades *autorizadas* não significa obviamente a privatização material da tarefa. Com efeito, quando a lei transfere ou permite a transferência da execução de uma tarefa originariamente pública a entidades privadas não está a efectuar uma espécie de restituição ou de devolução de uma função estadual à sociedade. Nesse caso, verificar-se-ia tão-somente a renúncia do Estado à execução de uma tarefa estadual pelos seus próprios órgãos[242]. Afigura-se irrelevante o emprego do *nomen* autorização para identificar o acto que confia o exercício da tarefa pública a terceiros[243]: para além de "razões históricas" que podem explicar a sua razão de ser[244] e ainda para além do facto de as opções legais de nomenclatura

---

[239] O interesse público da segurança rodoviária, mas também o da preservação do ambiente (controlo das emissões de gases e de ruídos): cfr. REINHARDT, Ob. cit., p. 626.

[240] Neste sentido, para o direito alemão, cfr. STOBER, *Technische Prüfstellen für den Kfz-Verkehr in den neuen Bundesländern*, p. 10; considerando-a uma tarefa específica do Estado, cfr. MICHAELIS, Ob. cit., p. 96.

[241] Nesse sentido, cfr. Parecer PGR n.° 67/95.

[242] Cfr. SAUER, "Rechtsnatur der Entscheidung des amtlich anerkannten Sachverständigen oder Prüfers beim Technischen Überwachungsverein über Bestehen oder Nichtbestehen der Fahrprüfung", p. 488.

[243] Uma entidade que actua ao abrigo de uma *autorização* (e não de uma *concessão*) pode exercer "auténticas funciones públicas delegadas", cfr. FERNANDEZ FARRERES, Ob. cit., p. 2590; a fórmula escolhida pelo legislador (autorização, concessão ou outra) não pode esconder a verdadeira natureza de uma actividade.

[244] O legislador optou pelo *nomen* autorização em 1992, depois de, em dois diplomas anteriores (1985 e 1989) indicar que a actividade de realização de inspecções poderia ser objecto de *concessão*. Eventualmente para exprimir a nova filosofia do sistema – e sobretudo porque o anterior se revelou inoperativo – a lei de 1992 passou a usar o conceito de autorização para indicar um acto com o conteúdo das anteriores concessões. O objectivo do legislador foi, na verdade, o de *liberalizar a actividade*, sem a privatizar:

não se assumirem como decisivas, importa salientar que, por si só, a autorização não confere o poder de realizar inspecções. Como se viu, a entidade autorizada tem ainda de instalar o centro onde as inspecções se vão realizar, sendo a instalação de centros aprovada no contexto de um procedimento oficioso de concurso público.

Demonstrado o carácter público e estadual da actividade de inspecção, importa agora mostrar que, no desempenho dela, as entidades privadas praticam actos no exercício de um poder público ou de uma *função pública declarativa*, como lhe chama Esteve Pardo[245].

Sobre o assunto e como esclarece Udo Steiner[246], há, abstractamente, duas possibilidades de explicar a natureza pública dos poderes actuados na realização de inspecções: ou se entende que às entidades autorizadas está cometida uma função de natureza meramente preparatória, no âmbito de um procedimento administrativo que culmina com uma decisão de uma autoridade pública (sistema italiano), ou se considera que a essas entidades cabe a preparação do procedimento, bem como a tomada da decisão que o encerra[247]. O sistema português é claramente o segundo. Entre nós, como na Alemanha ou em Espanha (e ao contrário do que se verifica na Itália), a entidade autorizada, sem qualquer intervenção administrativa posterior, toma a decisão de aprovar ou de reprovar o veículo. A decisão positiva, documentada por uma ficha de inspecção e por uma vinheta ou por um certificado, e que constitui um *acto certificativo*, comporta um efeito jurídico positivo que imediatamente se incrusta na esfera jurídica do proprietário do veículo[248]: a aprovação assume-se como um

---

pretendeu-se, pois, permitir a instalação de vários centros explorados por várias entidades privadas que podem mesmo actuar numa mesma zona. A atribuição de maior relevo a este factor de liberalização do que à intrínseca natureza da actividade de inspecção explica a preferência pelo conceito de autorização.

[245] Cfr. ESTEVE PARDO, Ob. cit., p. 144; Dolors CANALS I AMETLLER, Ob. cit., p. 159 e ss.

[246] Cfr. Steiner, *Öffentliche,* cit., p. 126.

[247] A este se reconduz o sistema alemão, segundo o próprio STEINER, *Öffentliche,* cit., p. 126.

[248] Neste sentido exacto, para o sistema alemão, cfr. STEINER, *ibidem*, p. 126 (o fundamento para a qualificação da realização de inspecções como actividade pública reside no facto de a ordem jurídica atribuir imediatamente à verificação pericial e ao respectivo resultado consequências jurídicas); MICHAELIS, Ob. cit., p. 98 ("o perito ou inspector decide vinculativamente sobre se o automóvel pode ou não circular"); BOR-CHERT, "Der Private Funkstreifenwagen", p. 726; HEIMBURG, Ob. cit., p. 120; MAURER,

requisito indispensável para que o veículo possa circular legalmente[249]. A decisão de reprovação implica a impossibilidade, oficialmente verificada, de circulação do veículo. As entidades autorizadas não proíbem a circulação do veículo, mas o resultado da verificação tem efeitos jurídicos imediatamente desfavoráveis para o proprietário: se quiser cumprir a lei, ele não pode circular com o veículo; a reprovação afecta o direito de dispor do veículo e de o utilizar[250].

Uma vez que a inspecção de veículos automóveis consubstancia uma tarefa pública associada ao exercício de poderes públicos, importa agora saber a quem está confiado, delegado ou atribuído o exercício dessas competências[251]. Em termos genéricos, três respostas são possíveis: as entidades autorizadas, os centros de inspecção e os inspectores.

Como resulta do título que atribuímos a este número, o nosso entendimento vai no sentido de considerar que, em Portugal, tais competências estão delegadas nas entidades privadas autorizadas.

Com efeito, nos termos da lei, a *"autorização para o exercício da actividade de inspecção de veículos (...) é concedida a pessoas colectivas"* (artigo 3.º/1 do Decreto-Lei n.º 550/99); essas pessoas – as entidades autorizadas – *"devem exercer a actividade em centro ou centros de inspecções aprovados, através* de inspectores devidamente licenciados" (artigo 12.º/1). No *exercício da actividade de inspecção*, as entidades autorizadas ficam sujeitas a certos deveres (artigo 12.º/2). Por sua vez, o Decreto-Lei n.º 554/99 estabelece que as "inspecções (...) são da competência da Direcção-Geral de Viação, *que pode recorrer, para a sua realização, a entidades previamente autorizadas"* (artigo 5.º/1); ainda no mesmo diploma, estabelece o artigo 8.º/1 que "para comprovar a realização das inspecções periódicas, *são emitidas pela entidade titular do centro uma ficha de inspecção e uma vinheta para cada veículo inspeccionado"*.

Aufgaben, cit., p. 145, que falam de uma *eficácia jurídica imediata* da decisão da instância fiscalizadora sobre a emissão da *Prüfplakette* (ficha de inspecção).

[249] No enquadramento da actividade de inspecção como tarefa privada, dizia PETERS, Ob. cit. p. 887, que o proprietário do veículo tem uma obrigação perante o Estado, que pode cumprir com meios privados.

[250] No sentido de que os peritos e inspectores não exercem poderes públicos porque não dispõem do poder de sancionar as infracções cometidas, cfr. PETERS, Ob. cit., p. 887[35].

[251] A questão é colocada nesses mesmos termos por STUIBLE-TREDER, Ob. cit., p. 47.

O transcrito conjunto de referências legais afigura-se suficiente para se concluir com segurança que a competência para a realização de inspecções está confiada às entidades autorizadas. O facto de essa competência dever ser exercida em centros resulta apenas da exigência legal de uma relativa autonomização jurídica do estabelecimento que a entidade autorizada deve afectar à prossecução da actividade – esse estabelecimento, como "conjunto unitário de coisas", pertencente à entidade autorizada, pode aliás ser objecto de comércio jurídico (artigo 23.º do Decreto-Lei n.º 550/99, sobre transmissão dos centros[252]).

Por outro lado, as mesmas disposições deixam indícios suficientes no sentido de que a delegação de poderes públicos de inspecção não é feita nos inspectores[253]. Afigurando-se indiscutível que só podem

---

[252] Como observa MAURER, *Aufgaben,* cit., p. 39, o centro de inspecção é desprovido de existência jurídica autónoma, constituindo uma derivação da entidade autorizada. Quanto à natureza jurídica dos centros de inspecções, supomos que ele constitui uma "unidade jurídica", isto é, "um conjunto de coisas entendido unitariamente" que pertence, como um "todo organizado", à entidade autorizada – as expressões com aspas foram retiradas de Ferrer CORREIA, *Lições de Direito Comercial*, vol. I (Coimbra, 1973), pp. 229 e 241, onde são usadas para explicar a natureza jurídica do estabelecimento comercial. A "coisificação" (Orlando de CARVALHO) do centro, bem assim como a tese de que a competência de inspecção está confiada às entidades autorizadas, não são infirmadas pelo facto de a lei considerar que os centros constituem "*organismos* de inspecção", uma vez que o que se pretende ligar a esse conceito não é o exercício de poderes ou direitos ou a assunção de obrigações (o que implicaria a personalização dos organismos), mas antes a garantia de que a inspecção compete a uma entidade que observa determinados padrões técnicos e de qualidade. Ora, no nosso caso, o sistema de qualidade tem de ser implementado pela entidade autorizada no estabelecimento que o centro de inspecção constitui, sendo, portanto, os meios aí existentes, e não outros, que devem satisfazer as exigências feitas aos organismos de inspecção. Por isso, a acreditação tem por objecto o centro, compreendendo-se, nesse sentido, que seja este o *organismo de inspecção acreditado*: de facto, com isso só se pretende significar que os meios e os processos nele usados satisfazem todos os requisitos de uma inspecção de qualidade. Porém, a entidade obrigada a manter em funcionamento o sistema de qualidade acreditado é a entidade autorizada: cfr. artigo 12.º/2,*f*), do Decreto-Lei n.º 550/99.

[253] Na Alemanha, embora alguns Autores sustentem que a competência pública para a realização de inspecções está cometida às próprias associações de controlo técnico (TÜV) – nesse sentido, RUPP, *Privateigentum,* cit., p. 19; VOGEL, Ob. cit., p. 82 –, a maior parte da doutrina inclina-se claramente para considerar que essa competência pertence aos *inspectores* e aos *examinadores oficialmente reconhecidos* que, num regime laboral privado, exercem a sua actividade profissional como trabalhadores das TÜV: cfr. STEINER, "Der Beliehene", cit., p. 74, e *Öffentliche*, cit., p. 123 e ss; MAURER, *Aufgaben,*

efectuar inspecções técnicas inspectores licenciados pela DGV[254], a letra da lei afigura-se também muito clara ao estabelecer que a autorização (seguida da aprovação do centro) confere à entidade autorizada a competência para realizar inspecções. Nos termos da lei, a relação de colaboração estabelece-se entre a DGV e a entidade autorizada. Os inspectores têm de ser oficialmente habilitados para desempenhar profissionalmente a actividade técnica de inspecção, mas só as entidades autorizadas estão investidas da função de realizar as inspecções. Diremos que os inspectores constituem os instrumentos *por cujo intermédio* a entidade autorizada tem de exercer as *operações materiais* em que se consubstanciam os procedimentos de inspecção – "as entidades autorizadas devem exercer a actividade (...) *através* de inspectores", estabelece a lei. Enquanto funcionários da entidade autorizada, os inspectores executam as operações de inspecção *com independência e autonomia técnica, mas em nome e por conta daquela entidade.*

2.7.2. *Inspecção e certificação de navios*

Decorre de vários instrumentos de direito internacional convencional que o controlo da conformidade dos navios com as normas de segurança marítima e a prevenção da poluição marinha é da responsabilidade do "Estado de pavilhão" – Estado em que o navio se encontra registado – e, em certos termos, também do "Estado do porto" – Estado enquanto autoridade portuária. Assim sucede, por ex., no âmbito da Convenção Internacional para a Salvaguarda da Vida Humana no Mar, de

---

cit., pp. 36-37 e 202; STUIBLE-TREDER, Ob. cit., p. 52; HEIMBURG, Ob. cit., p. 120; BORCHERT, Ob. cit., p. 726; MICHAELIS, Ob. cit., p. 99.

Os argumentos invocados pela corrente maioritária suportam-se em grande medida na *letra da lei*, que esclarece encontrarem-se os poderes públicos em causa (realização de inspecções) atribuídos aos peritos e inspectores oficialmente reconhecidos – com efeito, a lei que regula a actividade dos centros de inspecção mostra-se clara nesse sentido: "nos centros de controlo técnico só podem ser desempenhadas tarefas que tenham sido atribuídas, por lei ou pela competente autoridade administrativa, aos inspectores ou examinadores". As TÜV e os centros funcionam como meras *bases organizativas* para a realização de inspecções pelos *inspectores oficialmente reconhecidos*; neste sentido, cfr. BENZ, Ob. cit., p. 68.

[254] Sobre as condições de exercício da actividade profissional de inspecção técnica de veículos a motor e seus reboques, cfr. Decreto-Lei n.º 258/2003, de 21 de Outubro.

1974 (Convenção SOLAS)[255], estabelecendo que a inspecção e a vistoria de navios devem ser efectuadas por funcionários da Administração dos Estados signatários. No direito português, tais competências, que antes pertenciam à Direcção-Geral de Portos, Navegação e Transportes Marítimos, estão actualmente confiadas ao Instituto Portuário e dos Transportes Marítimos (IPTM)[256].

A vistoria, a inspecção e a emissão de certificados que comprovem a conformidade dos navios com as normas internacionais uniformes de segurança marítima constituem, portanto, actividades públicas. Trata-se, por outro lado, de actividades associadas ao exercício de poderes públicos de autoridade, quer no que concerne à vertente inspectiva, quer quanto à certificação (emissão de certificados de segurança)[257].

Neste domínio do direito marítimo, há uma longa tradição da delegação de funções públicas nas designadas *sociedades de classificação de navios*, organismos técnicos de natureza privada, com experiência e saber técnico acumulado no domínio do controlo das condições de segurança dos navios. Assim, a par da prestação do designado serviço de classificação, as *sociedades* exercem actividades públicas, delegadas por Administrações estaduais[258].

Embora, como vimos, atribua aos Estados a responsabilidade pela execução das actividades de vistoria, inspecção e certificação, a Convenção SOLAS, reconhecendo a tradição da "delegação" no sector, estabelece que "a Administração (do Estado signatário) pode confiar a inspecção e a

---

[255] Introduzida no direito interno português pelos Decretos n.ºs 78/83 e 79/83, de 14 de Outubro; posteriormente foram introduzidos vários protocolos e emendas relativas à Convenção: cfr. Decreto-Lei n.º 145/95, de 14 de Junho, e Decretos n.ºs 38/92, de 20 de Agosto, 40/92, de 2 de Outubro, 21/98, de 10 de Julho, 51/99, de 18 de Novembro, e 19/2000, de 11 de Agosto.

[256] Nos termos do artigo 5.º dos respectivos Estatutos (Decreto-Lei n.º 257/2002, de 22 de Novembro), "compete ao IPTM promover a aplicação e fiscalizar o cumprimento das leis, dos regulamentos, das normas e dos requisitos técnicos aplicáveis no âmbito das suas atribuições".

[257] Neste sentido, cfr. Dolors CANALS I AMETLLER, Ob. cit., p. 180 e ss. Referindo-se expressamente à delegação de autoridade (pelos Estados em organizações de vistoria e certificação de navios), cfr. Regra 6 da Convenção Internacional de Torremolinos para a segurança dos navios de pesca (Decreto-Lei n.º 155/2003, de 17 de Julho, Anexo II).

[258] Sobre a história e as funções das *sociedades de classificação*, cfr. RODIERE/ PONTAVICE, Ob. cit., p. 52 e ss; Mário RAPOSO, "Responsabilidade extracontratual das sociedades de classificação de navios", p. 833 e ss.

vistoria de seus navios quer a inspectores nomeados para esse efeito quer a organismos por ela reconhecidos". Acrescenta depois que "em todos os casos, a Administração deve proceder como garante pleno de execução completa e da eficácia da inspecção e da vistoria e deverá comprometer--se a tomar as medidas necessárias para satisfazer esta obrigação"[259]. A entrega funções e de poderes de vistoria, inspecção e certificação de navios a organismos privados representa, pois, mais uma ilustração do instituto da delegação de funções e de poderes públicos em entidades privadas.

A regulamentação portuguesa da matéria consta agora do Decreto--Lei n.º 321/20003, de 23 de Dezembro, que efectua a transposição das Directivas 2001/105/CE e 2002/84/CE, do Parlamento Europeu e do Conselho Europeu, respectivamente, de 19 de Dezembro de 2001 e de 5 de Novembro de 2002, estabelecendo as regras relativas ao reconhecimento prévio e acompanhamento das actividades das organizações de vistoria e inspecção. Já nos referimos a essa regulamentação, que disciplina os termos da atribuição das funções de vistoria, inspecção e certificação de navios às chamadas "organizações reconhecidas"[260].

Segundo o regime (internacional e) comunitário em vigor, os Estados-membros devem assegurar que as respectivas administrações competentes possam garantir uma aplicação adequada das convenções internacionais. Podem realizar as tarefas de vistoria, inspecção e certificação de navios que arvorem o respectivo pavilhão pelas suas administrações ou optar por "autorizar" organizações especializadas (privadas) a fazê-lo.

De acordo com o disposto nas directivas comunitárias, optando pelo sistema da "autorização" – "delegação" –, os Estados-membros só poderão confiar a execução daquelas tarefas a organizações reconhecidas pela Comissão Europeia. Trata-se, portanto, de um caso (único) em que a delegação de funções e de poderes públicos exige uma prévia qualificação do organismo por uma instância exterior ao Estado. Uma vez reconhecida pela Comissão, a organização pode então ser "autorizada" pelo Estado-membro a exercer as funções de vistoria, inspecção e certificação de navios. A "autorização", quando requerida por uma organização reconhecida, constitui um *acto administrativo vinculado*. Não é invocável o

---

[259] Cfr. Regra 6 da Parte B do Capítulo I do Anexo aprovado pelo Protocolo de 1988 (Decreto n.º 51/99, de 18 de Novembro).
[260] Cfr. Introdução, 4.3.

disposto no artigo 45.º do Tratado CE para recusar a autorização a organizações não nacionais, vigorando, neste domínio, a regra *de proibição
do tratamento discriminatório em razão da nacionalidade*[261].
Uma vez autorizada, a organização fica sujeita a fiscalização conjunta da Comissão Europeia e do Estado-membro. A organização pode
ver suspenso e/ou cancelado o reconhecimento e suspenso e/ou cancela-
da a autorização.

O citado Decreto-Lei n.º 321/2003, de 23 de Dezembro, transpõe o
regime descrito para o direito nacional. As competências de inspecção e
de certificação de navios com pavilhão português cabem ao IPTM[262],
podendo ser confiadas a organizações reconhecidas pela Comissão Europeia. Nos termos do diploma, *autorização* é o acto pelo qual o Estado
concede uma autorização ou *delega poderes* numa organização reconhecida. A atribuição da autorização tem de ser precedida de uma "acordo
prévio", a celebrar entre a organização e o ministério que tutela o sector
da segurança das embarcações. O IPTM pode recusar-se a estabelecer
acordos com organizações reconhecidas no direito comunitário se, em
face das necessidades, entender que os acordos existentes asseguram
convenientemente a cobertura da frota de pavilhão nacional[263].

---

[261] Cfr., sobre isso, Introdução, 4.3.

[262] Nos termos do Decreto-Lei n.º 145/95, de 14 de Junho, que aprova emendas à
convenção SOLAS, constituem entidades certificadoras de navios o IPTM (na versão do
diploma, era ainda a Direcção-Geral de Portos, Navegação e Transportes Marítimos) ou
*outra entidade legalmente habilitada para, em nome do Governo Português, emitir o
certificado de segurança para navio de passageiros ou o certificado de segurança radio-
eléctrica para navio de carga*. Cfr. ainda o Decreto-lei n.º 293/2001, de 20 de Novembro, sobre a construção e os equipamentos de navios de passageiros e das embarcações de
passageiros de alta velocidade, onde se estabelece que as vistorias e inspecções necessárias à certificação e a certificação de navios podem ser realizadas por organizações
reconhecidas que tenham celebrado com o Estado Português acordo que contemple as
embarcações abrangidas pelo diploma.

[263] De acordo com a Regra 12 da Parte B do Capítulo I do Anexo aprovado pelo
Protocolo de 1988 da Convenção SOLAS, os certificados de segurança podem ser atribuídos pelas Administrações dos Estados signatários ou por organismos por elas autorizados. Acrescenta essa Regra que *"em todos os casos, a Administração assume inteira
responsabilidade pelos certificados"*. Assim, mesmo que deleguem as funções de vistoria, inspecção e certificação de navios que arvorem o seu pavilhão, os Estados assumem a
responsabilidade por quaisquer danos que terceiros venham a sofrer por causa de acções
ou omissões dos organismos encarregados daquelas funções. Sobre *responsabilidade
civil*, cfr. artigo 11.º do Decreto-Lei n.º 321/2003.

2.7.3. *Inspecção de instalações eléctricas*

De acordo com o disposto no Decreto-Lei n.º 272/92, de 3 de Dezembro, as associações inspectoras de instalações eléctricas são associações de direito privado constituídas e reconhecidas para aprovar projectos, inspeccionar e certificar instalações eléctricas[264]; tais competências estavam antes confiadas aos distribuidores públicos de energia eléctrica.

Aquele diploma foi regulamentado pela Portaria n.º 662/96, de 14 de Novembro, que acabou por organizar o sistema de exercício das actividades nele previstas em bases relativamente inovadoras (em relação ao que estabelecia o diploma regulamentado).

Considerando (no seu preâmbulo) os *princípios de desconcentração administrativa* em que se baseia o diploma que regulamenta, a Portaria prevê a intervenção no sector de uma *associação nacional inspectora de instalações eléctricas* (ANIIE), à qual confia praticamente todas as competências que o diploma legal define como competências das associações inspectoras: a ANIIE surge como uma "pessoa colectiva de direito privado, de natureza associativa, sem fins lucrativos, com autonomia técnica, administrativa, económica e financeira". A Portaria prevê ainda *entidades regionais inspectoras de instalações eléctricas* (ERIIE) seleccionadas, reconhecidas e contratadas pela ANIIE.

Além de aprovar o *Regulamento da Actividade e Reconhecimento da ANIIE*, a Portaria conferiu o reconhecimento provisório como ANIIE à CERTIEL – *Associação Certificadora de Instalações Eléctricas*[265]. A CERTIEL passou, assim, a assumir-se como a entidade competente para receber, analisar e aprovar projectos de instalações eléctricas, para proceder à respectiva certificação, bem como para realizar inspecções.

---

[264] Sobre as categorias das instalações eléctricas, cfr. o *Regulamento de Licenças para Instalações Eléctricas*, aprovado pelo Decreto-Lei n.º 26 852, de 30 de Junho de 1936, com alterações decorrentes do Decreto-Lei n.º 446/76, de 5 de Junho – à 5.ª categoria pertencem as instalações de serviço particular alimentadas por fonte de baixa tensão, incluindo as que forem estabelecidas em locais frequentados pelo público por motivo de festejos, divertimentos ou outro semelhante. As associações reconhecidas ficam legalmente habilitadas a exercer as suas competências sobre as instalações eléctricas de 5.ª categoria e os elevadores. Porém, o artigo 2.º/2 do Decreto-Lei n.º 272/92 atribui às delegações regionais do Ministério da Indústria e Energia o poder de, *caso a caso*, delegar nas associações as inspecções de outras instalações eléctricas.

[265] Posteriormente, a Portaria n.º 1055/98, de 28 de Dezembro, converteu aquele reconhecimento provisório num reconhecimento definitivo, indicando o dia 1 de Fevereiro de 1999 como data de início do exercício da actividade dessa associação como ANIIE.

Às ERIIE, que colaboram com a ANIIE com base num contrato, compete a *"análise* de projectos e a *inspecção* de instalações eléctricas" – também as ERIIE terão de ser pessoas colectivas de direito privado, de natureza associativa e sem fins lucrativos.

Como se disse, apesar de o Decreto-Lei n.º 272/92 se referir sempre, no plural, a associações inspectoras, a Portaria de 1996 acabou por atribuir quase todas as competências públicas naquele previstas a uma associação nacional, pelo que a ANIIE (CERTIEL) está investida das seguintes competências públicas:

aa) Aprovação de projectos de instalações eléctricas

O projecto de instalação eléctrica constitui um dos *projectos das especialidades* a que se refere o artigo 20.º do RJUE: nos termos do artigo 20.º/7 deste diploma, têm de ser consultadas as entidades que, nos termos da lei, devam emitir parecer, autorização ou aprovação sobre os projectos das especialidades[266]. Uma vez requerida a aprovação, a ANIIE emitirá, quando a tal houver lugar, um *certificado de aprovação*, que será entregue à entidade que o solicitou no prazo máximo de 23 dias úteis a contar da recepção do pedido[267]. Sempre que houver motivo para recusa de atribuição do certificado de aprovação do projecto, deverá a ANIIE comunicar tal facto à entidade que solicitou a aprovação. Nos termos do Decreto-Lei n.º 517/80, de 30 de Maio, a licença municipal só poderá ser concedida após a aprovação do projecto respeitante às instalações eléctricas de que a obra será dotada – a *aprovação* do projecto de instalação eléctrica revela-se, assim, como um requisito indispensável para a obtenção de uma licença válida.

---

[266] Sobre o procedimento de consulta, veja-se o Decreto-Lei n.º 517/80, de 31 de Outubro.

Nos termos do artigo 19.º do Decreto-Lei n.º 555/99, o próprio interessado pode solicitar previamente os pareceres, autorizações ou aprovações legalmente exigidos junto das entidades competentes, entregando-os com o requerimento inicial do pedido de licenciamento.

O mesmo diploma estabelece que, com excepção de situações nele previstas, não há lugar a consultas a entidades exteriores ao município no domínio dos *procedimentos de autorização administrativa* (cfr. artigo 28.º/2); assim, por se tratar de um procedimento desse tipo, a autorização para a realização de obras de construção em área urbana consolidada [artigo 4.º/3,*c*)] não exige a aprovação prévia do projecto da instalação eléctrica pela entidade competente (associação inspectora).

[267] Nos termos do Decreto-Lei n.º 517/80, na ausência de pronúncia da instância competente, "considerar-se-á o projecto aprovado para todos os efeitos legais".

bb) Certificação de instalações e certificado de exploração

Outra área de intervenção da ANIIE respeita à *certificação de instalações eléctricas* e emissão dos designados *certificados de exploração*. Nos termos do artigo 5.º do Decreto-Lei n.º 272/92, "os certificados de exploração (…) têm o mesmo valor que a licença de exploração prevista no Regulamento de Licenças para Instalações Eléctricas" – embora esse Regulamento não exija uma *licença de exploração* para as instalações eléctricas de 5.ª categoria, exige contudo a *inspecção* dessas instalações antes da sua entrada em funcionamento; o documento que certifica que a instalação foi inspeccionada, oferece condições de segurança e cumpre os requisitos técnicos exigidos é o *certificado de exploração*. De acordo com o diploma, os distribuidores de energia eléctrica só a poderão fornecer a instalações dos consumidores que apresentarem o respectivo certificado de exploração emitido por um serviço público ou por uma associação inspectora de instalações eléctricas.

cc) Outras competências públicas exercidas pela ANIIE

A CERTIEL, enquanto ANIIE, tem ainda competência para proceder à cobrança das taxas devidas pelos serviços que presta (o valor das taxas foi fixado pela Portaria n.º 1056/98, de 28 de Dezembro).

Além disso, a essa associação cabe apreciar as divergências ou desacordos entre as várias entidades envolvidas ou implicadas no sector do controlo da segurança das instalações eléctricas (distribuidores de energia eléctrica, técnicos responsáveis pelas instalações, proprietários e ERIIE). As referidas apreciações, que nos parecem *actos administrativos de resolução de litígios*, podem ser impugnadas numa instância administrativa, "sem prejuízo do direito de recurso nos termos gerais de direito".

Por outro lado, como já se viu, cabe à ANIIE seleccionar e atribuir o reconhecimento às ERIIE: a selecção processa-se no âmbito de um procedimento de concurso público organizado e gerido pela ANIIE.

2.7.4. *Inspecção de elevadores*

As actividades de vistoria e de inspecção periódica de elevadores têm sido confiadas a entidades privadas: até há pouco tempo, eram exercidas pelas *associações inspectoras de elevadores*, entidades privadas oficialmente reconhecidas com competências para efectuar a primeira vistoria (documentada por um certificado de exploração), bem como as inspecções periódicas obrigatórias.

A designada "nova abordagem" em matéria de controlo da segurança determinou a transferência para o fabricante ou para o instalador da responsabilidade pela verificação da conformidade dos ascensores com os requisitos de segurança. A colocação no mercado e a entrada em funcionamento dos elevadores ficou assim dependente de um *sistema de controlo privado*, a efectuar por *organismos notificados*: Decreto-Lei n.º 295/98, de 22 de Setembro.

Já depois de publicado o diploma referido, a Lei n.º 159/99, de 14 de Setembro, definindo o quadro de transferência de atribuições e competências para as autarquias locais, viria a atribuir aos órgãos municipais a competência para o *licenciamento* e *fiscalização de elevadores* [artigo 17.º/2,*a*)]: no que respeita ao licenciamento, trata-se decerto de um lapso do legislador, pois o licenciamento administrativo tinha sido abolido pelo diploma de 1998.

Posteriormente, o Decreto-Lei n.º 320/2002, de 28 de Dezembro, veio estabelecer o regime de manutenção e de inspecção de ascensores, monta-cargas, escadas mecânicas e tapetes rolantes: a responsabilidade pela *manutenção* é atribuída ao proprietário, que fica obrigado a contratar para o efeito uma *empresa de manutenção de ascensores* (EMA); por seu lado, a responsabilidade pela realização das inspecções (periódicas e extraordinárias) fica atribuída às câmaras municipais. Para o exercício dessa competência, as câmaras municipais podem recorrer às designadas *entidades inspectoras* (EI), definindo, mediante contrato ou por via de regulamento municipal, as condições em que estas podem prestar serviços de inspecção.

As EI terão de ser objecto de reconhecimento oficial pela Direcção-Geral de Energia (DGE), só podendo obter o reconhecimento se preencherem requisitos de idoneidade, de competência técnica e de capacidade de meios humanos, materiais e financeiros. A DGE é responsável pelo acompanhamento do exercício da actividade das EI; pode realizar auditorias e, em caso de anomalias, pode decidir-se a suspensão ou a retirada do reconhecimento.

Uma vez reconhecidas, as EI podem ser contratadas pelas câmaras municipais para a realização das inspecções periódicas obrigatórias, estando autorizadas, nesse âmbito, a emitir o designado *certificado de inspecção periódica*. Podem também ser habilitadas pelas câmaras a proceder à *selagem das instalações* que não ofereçam as necessárias condições de segurança. Por outro lado, quando as instalações não oferecerem condições de segurança para as pessoas, as EI têm competência para *impor a correcção das deficiências*, imposição cujo cumprimento deve ocorrer dentro de um prazo. Findo esse prazo, há lugar a reinspecção e se as EI verificarem que os proprietários não cumpriram as suas determinações, deverão informar as câmaras municipais por escrito.

Diferentemente do que se verifica com outras entidades com funções de inspecção, as competências públicas das EI não se limitam à realização da inspecção e à emissão da inerente documentação. Têm ainda poderes impositivos e até poderes públicos de execução material (selagem).

2.8. *Outras actividades de verificação e de fiscalização*

2.8.1. *Exames de condução de veículos automóveis*

O Decreto-Lei n.º 2/98, de 3 de Janeiro, atribui à DGV competência para a realização dos exames de condução previstos para a obtenção de carta de condução. Como em relação às inspecções, o diploma permite que a DGV recorra, para o efeito, a centros de exames que funcionem sob a responsabilidade de entidades autorizadas nos termos de diploma próprio.

O "diploma próprio" ali previsto reconduz-se ao Decreto-Lei n.º 175/91, de 11 de Maio[268], que define o regime da realização de exames de condução de veículos automóveis por associações de direito privado sem fins lucrativos. A actividade de realização de exames depende de autorização ministerial. Os exames têm de ser efectuados por examinadores credenciados pela DGV em *centros de exames* criados pelas entidades autorizadas, mas que só podem funcionar após autorização do director-geral de viação. Os examinadores só podem exercer a sua actividade se estiveram ao serviço de uma associação. A direcção de cada centro compete a um responsável, a nomear pela entidade autorizada, a quem cumpre dirigir e coordenar as actividades do centro e validar os processos de exame e demais documentos necessários.

Os candidatos a condutor que pretendem realizar o exame de condução num dos centros de exame em funcionamento declaram expressamente à escola de condução qual o centro em que pretendem prestar

---

[268] Com as alterações introduzidas pelos Decretos-Leis n.ᵒˢ 343/97, de 5 de Dezembro, e 209/98, de 15 de Julho, e pela Lei n.º 21/99, de 21 de Abril.

provas. O requerimento de exame deve ser apresentado no serviço da DGV em cuja área de jurisdição o proponente tenha domicílio ou, por escolha do candidato, num centro de exames privado localizado no respectivo distrito, ou ainda, em caso de inexistência de um centro nessa circunscrição, no centro de exames mais próximo dos referidos locais, mas sempre na área da respectiva direcção de serviços de viação. O centro de exames fixa o dia, hora e local para a realização do exame e dá conhecimento ao serviço da DGV em cuja área de jurisdição se situe de todas as marcações efectuadas, até cinco dias úteis antes da realização dos exames. Terminado o exame, com aprovação, o centro guarda o respectivo processo em arquivo próprio, remetendo ao serviço de viação da sua área, no prazo de dois dias úteis, o *relatório de exame* necessário à emissão da respectiva carta de condução. Os serviços de viação que não possam imediatamente proceder à entrega da carta de condução validam a licença de aprendizagem do novo condutor como guia de substituição da carta até à entrega desta.

As reclamações sobre o funcionamento dos centros de exame ou sobre os resultados das provas neles efectuadas, apresentadas pelos examinandos, instrutores ou escolas de condução, nos referidos centros, são remetidas pelos seus responsáveis, no prazo de cinco dias úteis, ao serviço de viação da área, acompanhadas de relatório ou resposta à reclamação.

As entidades autorizadas, através dos seus examinadores e sem qualquer interferência externa, praticam o acto principal do procedimento administrativo de obtenção da carta de condução: a *decisão sobre o exame*[269]. A intervenção posterior, nesse mesmo procedimento, de uma instância administrativa – a DGV – não tem por objecto o exercício de um poder administrativo decisório (vinculado pela decisão da instância privada[270]), mas simplesmente a emissão do documento que *titula* a habilitação para conduzir[271].

---

[269] Cabe às entidades autorizadas exercer, por si sós, o poder jurídico de verificar se o candidato está ou não apto a conduzir um veículo automóvel – é essa uma tarefa pública e, por preencher os respectivos requisitos, é administrativo o acto pelo qual os órgãos daquela entidade se pronunciam sobre o exame (neste sentido, por todos, cfr. SAUER, Ob. cit., p. 489).

[270] No direito alemão, tal como nas inspecções, também os exames de condução podem ser realizados por peritos e inspectores em centros privados geridos por associações de controlo técnico. Diferentemente do que se passa em Portugal, a lei prevê aí expressamente que a autorização para conduzir – não a mera emissão do documento –

Além de habilitar o examinado, a decisão de aprovação no exame de condução produz ainda *efeitos jurídicos obrigatórios* em relação à instância pública competente para emitir a carta de condução: a DGV terá de praticar esse *acto de execução da decisão de exame*. Opondo-se, o interessado poderá propor, contra ela, uma acção administrativa comum com o fim de obter a condenação à prática daquele acto[272].

2.8.2. *Exames psicológicos de candidatos a condutores ou condutores de veículos automóveis*

Estabelece o Decreto-Lei n.º 2/98, de 3 de Janeiro, que a realização dos exames psicológicos previstos no Código da Estrada compete à DGV. Mas, também neste domínio, a DGV pode recorrer a laboratórios, públicos ou privados, estando autorizada a conferir-lhes, mediante protocolo, a competência para a realização dos referidos exames. Ora, nos

---

pertence a uma autoridade pública, que, todavia, não pode deixar de atender ao resultado do exame que lhe foi comunicado pelo centro privado.

Em face desse regime, doutrina e jurisprudência administrativas, em maioria, entendem que os inspectores praticam um *acto administrativo* que tem efeitos jurídicos imediatos nas relações com o cidadão examinado e que, ao mesmo tempo, tem efeito jurídicos vinculativos sobre a decisão de autorização a tomar pela autoridade administrativa, uma vez que fornece o fundamento decisivo desse acto – neste sentido, cfr., entre outros, MENNACHER, Ob. cit., p. 145; MICHAELIS, Ob. cit., p. 99; SAUER, Ob. cit., p. 489; STEINER, *Öffentliche*, cit., p. 128 e ss; MAURER, *Aufgaben*, cit., p. 107 e ss; BRACHER, Ob. cit., p. 37 e ss.

Segundo uma posição minoritária na doutrina (em que, neste caso, se destaca o nome de Siebert), a intervenção dos peritos ou inspectores tem uma função preparatória da decisão e possui natureza consultiva, comportando uma eficácia meramente interna; em linguagem actual, esta corrente entende que haveria aqui uma espécie de "privatização material do procedimento administrativo", ao que a doutrina contrária responde desconsiderar essa posição o efeito vinculativo (*Bindungswirkung*) da decisão de exame sobre a decisão subsequente da autoridade administrativa (em termos críticos, cfr. BRACHER, Ob. cit., p. 38). Além disso, a lei não procede à privatização material da actividade de realização de exames de condução, que continua portanto a constituir uma tarefa pública (entre nós, da competência originária da DGV).

[271] Artigo 122.º/1 do Código da Estrada: "*o documento* que titula a habilitação para conduzir automóveis e motociclos designa-se carta de condução".

[272] Na Alemanha, entende-se que a decisão positiva sobre o exame cria na esfera jurídica do interessado um *direito à autorização*; se a instância pública não lhe atribuir essa autorização, ele poderá então lançar mão de uma *Verpflichtungsklage*; cfr. SAUER, Ob. cit., p. 491.

termos do artigo 17.º/6 do Regulamento da Habilitação Legal para Conduzir[273], "o resultado do exame psicológico efectuado pela Direcção-Geral de Viação ou por entidade com a qual esta tenha celebrado protocolo para o efeito e que conclua por parecer desfavorável é vinculativo".

Apesar de a lei designar como *parecer* o acto que conclui o procedimento de exame psicológico, julgamos que se trata de um acto jurídico funcionalmente autónomo, que realiza um *requisito* ou *pressuposto* de um efeito jurídico a produzir no âmbito de um outro procedimento administrativo. Deste modo, o resultado desfavorável do exame psicológico não é um *parecer* (destinado a uma autoridade administrativa), mas um *acto administrativo dirigido a um particular*, cujo efeito desfavorável se consubstancia na exclusão da sua legitimidade procedimental para requerer ou ser proposto à realização de exame para obtenção da carta de condução (artigo 24.º/2 do Regulamento da Habilitação Legal para Conduzir).

2.8.3. *Fiscalização de centros de inspecção de veículos automóveis e de exames de condução*

O Decreto-Lei n.º 250/95, de 21 de Setembro, reafirmou a competência da DGV para "fiscalizar a actividade dos centros privados que realizam exames de condução e inspecções periódicas obrigatórias de veículos automóveis". O diploma permite, no entanto, que os *actos de fiscalização* sejam realizados por entidades privadas, para tanto autorizadas por despacho ministerial, sob proposta da DGV.

No sector das inspecções técnicas de veículos e da realização de exames de condução, existe assim uma cascata de intervenções de entidades privadas, que, além de terem acesso às actividades públicas de verificação e de controlo técnico (exames e inspecções), podem ainda ser incumbidas do *controlo do controlo* (no âmbito da responsabilidade pública de garantia).

As entidades autorizadas não podem prosseguir fins lucrativos, devem ter âmbito nacional, não podem exercer, directa ou indirectamente, as actividades que controlam e devem ter um objecto social que integre actividades na área da segurança rodoviária ou serem titulares de habilitação legalmente atribuída no âmbito da certificação de veículos automóveis.

---

[273] Cfr. Decreto-Lei n.º 209/98, de 15 de Julho, alterado pela Lei n.º 21/99, de 21 de Abril e pelos Decretos-Leis n.ºs 315/99, de 25 de Junho, e 570/99, de 11 de Agosto.

No exercício das funções públicas que lhes estão confiadas, estabelece-se entre as entidades autorizadas e os titulares dos centros de exames ou de inspecções uma *relação jurídica de inspecção*: os últimos estão obrigados a prestar todas as informações solicitadas e, de um modo geral, a submeter-se à inspecção ou fiscalização; nos termos da lei, a recusa, por parte dos centros, da sujeição à fiscalização é punível com coima. Por outro lado, determina-se que, quando, no âmbito da fiscalização, se verifique que o resultado da avaliação do exame de condução ou da inspecção é oposto ao apurado pelos centros, a entidade autorizada deve comunicar tal facto à DGV, havendo, depois, lugar à instauração pela DGV "do processo adequado, passando os actos de fiscalização a constituir elementos de prova nos respectivos autos"[274]. Por conseguinte, os actos de fiscalização realizados pelas entidades constituem um *fundamento decisivo* dos actos de autoridade que venham a ser praticados no âmbito de procedimentos de natureza sancionatória.

2.8.4. *Fiscalização, inspecção e vistoria de obras*

Nos termos do artigo 93.º do RJUE, a realização de quaisquer operações urbanísticas está sujeita a fiscalização administrativa, a qual se destina a assegurar a conformidade daquelas operações com as disposições legais e regulamentares aplicáveis e a prevenir os perigos que da sua realização possam resultar para a saúde e a segurança das pessoas. A lei atribui o encargo de fiscalização ao presidente da câmara municipal (com a faculdade de delegação em qualquer dos vereadores), que, para o exercício dessa função, é auxiliado por funcionários municipais. Neste domínio, o artigo 94.º/5 estabelece que a câmara municipal pode contratar com "empresas privadas habilitadas a efectuar fiscalizações de obras" a realização das inspecções a que se refere o artigo 95.º e as vistorias a que se refere o artigo 64.º. A celebração desses contratos (de concessão ou de delegação) depende da observância de decreto regulamentar, de onde consta o âmbito das obrigações a assumir pelas empresas, o respectivo regime de responsabilidade e as garantias a prestar.

---

[274] Além disso, as entidades autorizadas podem "solicitar a colaboração dos candidatos a condutores examinados ou dos proprietários ou utilizadores dos veículos inspeccionados, através de questionário, sobre a forma como decorreu o exame ou inspecção". Apesar de falar de *solicitação da colaboração,* a lei estabelece que a falta de colaboração "implica a anulação do exame de habilitação para conduzir ou da inspecção, bem como a não emissão ou apreensão do título de habilitação para conduzir ou ficha de inspecção".

As empresas privadas a que alude o citado artigo 94.º/5 do RJUE podem, por conseguinte, ser autorizadas a realizar inspecções aos locais onde se desenvolvam actividades sujeitas a fiscalização, sem dependência de prévia notificação. Segundo o artigo 95.º, a realização de inspecções pressupõe uma autorização judicial no caso de envolver a entrada no domicílio. Embora a lei o não afirme expressamente, afigura-se evidente que, sendo detectadas anomalias ou actuações desconformes com a lei, as empresas documentarão tais factos e participá-los-ão ao órgão competente para aplicar sanções.

Por outro lado, as empresas podem ficar incumbidas da realização das vistorias prévias à concessão da licença ou autorização de utilização (artigo 64.º/2 do RJUE). Nos termos do artigo 65.º/4 do RJUE, "as conclusões da vistoria são obrigatoriamente seguidas na decisão sobre o pedido de licenciamento ou autorização de utilização".

2.8.5. *Fiscalização no sector das telecomunicações*

De acordo com o disposto no artigo 48.º dos Estatutos do ICP – ANACOM, as funções de fiscalização de que a autoridade reguladora das comunicações está incumbida podem ser desempenhadas pelos seus trabalhadores, por mandatários, bem como por "pessoas ou entidades qualificadas devidamente credenciadas". Nos termos daquela disposição, quando se encontrem no desempenho de funções de fiscalização, equiparam-se tais entidades a agentes de autoridade, gozando, nomeadamente, das prerrogativas de: *a)* aceder às instalações, equipamentos e serviços das entidades sujeitas a inspecção e controlo da autoridade reguladora; *b)* requisitar documentos para a análise, bem como equipamentos e materiais para a realização de testes; *c)* identificar, para posterior actuação, todos os indivíduos que infrinjam a legislação e regulamentação que devam respeitar; *d)* solicitar a colaboração das autoridades competentes quando o julguem necessário ao desempenho das suas funções.

2.9. *Solidariedade social, protecção civil e saúde*

a) Instituições particulares de solidariedade social
São instituições particulares de solidariedade social (IPSS) as associações ou fundações constituídas, sem finalidade lucrativa, por iniciativa de particulares (desde que não sejam administradas pelo Estado

ou por uma autarquia), com o propósito de dar expressão organizada ao dever moral de solidariedade e de justiça entre os indivíduos para, mediante a concessão de bens e a prestação de serviços, prosseguir, entre outros, os seguintes objectivos: apoio a crianças e jovens, à família, à integração social, protecção dos cidadãos na velhice e invalidez, promo-ção e protecção da saúde, educação e formação profissional dos cidadãos e resolução de problemas habitacionais das populações (artigo 1.º do Estatuto das IPSS[275]). Nos termos da CRP (artigo 63.º/5) e da *Lei de Bases da Segurança Social*[276], o Estado apoia e valoriza as IPSS e exerce sobre elas poderes de tutela (de fiscalização e de inspecção)[277]. O apoio público aparece juridicamente enquadrado por *acordos ou protocolos de cooperação*. Como resulta da *Lei de Bases*, a cooperação com as IPSS representa um modelo de desenvolvimento do *apoio social do Estado*: os acordos de cooperação constituem, muitas vezes, instrumentos de dele-gação da concreta execução de programas do serviço público de acção social[278]. Além disso, as IPSS podem assumir, também por via de acor-dos – *acordos de gestão* –, a gestão de instalações, serviços e estabele-cimentos pertencentes ao Estado ou a autarquias locais.

Com base nos referidos acordos de gestão e de cooperação, as IPSS passam a colaborar com o Estado no desempenho do *serviço público de acção social*: ficam encarregadas de conceder prestações sociais enquadradas em programas públicos, de regular ou de fixar critérios da concessão ou da recusa dessas prestações, bem como de fixar comparticipações dos beneficiários, tendo em conta os rendimen-tos destes e dos respectivos agregados familiares. Trata-se, em qual-quer caso, de poderes públicos em cujo exercício se adoptam decisões fundamentais sobre a realização de direitos subjectivos públicos dos cidadãos – poderes regulamentares, de concessão ou de recusa de pres-tações sociais, de fixação de taxas ou comparticipações[279]. Dada a natu-reza pública das relações jurídicas que se estabelecem entre as IPSS e os beneficiários da sua actuação (nos casos de colaboração dessas insti-

---

[275] Aprovado pelo Decreto-Lei n.º 119/93, de 25 de Fevereiro.

[276] Lei n.º 32/2002, de 20 de Dezembro.

[277] Sobre o regime jurídico das IPSS, cfr. F. Licínio Lopes MARTINS, *As Institui-ções Particulares de Solidariedade Social*, p. 61 e ss.

[278] Cfr. F. Licínio Lopes MARTINS, Ob. cit. p. 304 e ss, que fala de uma espécie de "delegação financiada" da prestação de um serviço público.

[279] Cfr. F. Licínio Lopes MARTINS, *ibidem*, p. 384 e ss.

tuições na execução de programas públicos), fazia todo o sentido o disposto na *Lei de Bases da Segurança Social* de 1984 (Lei n.º 28/84, de 14 de Agosto) sobre a competência da jurisdição administrativa para decidir conflitos entre as IPSS e os titulares de um interesse directo no cumprimento dos acordos de cooperação: apesar de a lei actual não contemplar uma disposição semelhante, continua a caber à jurisdição administrativa a competência para se pronunciar sobre a legalidade dos actos e dos regulamentos das IPSS praticados ou editados ao abrigo da lei e dos acordos de gestão e de cooperação que celebrem.

Por outro lado, desde 1998 (Decreto-Lei n.º 120/98, de 8 de Maio[280]), o regime jurídico da adopção prevê que as IPSS podem actuar em matéria de adopção, desde que seja oficialmente reconhecida (portaria) a capacidade dessas instituições para actuarem como *organismos de segurança social em matéria de adopção*[281].

Os requisitos e condições que devem reunir as instituições interessadas para beneficiar do referido reconhecimento constam do Decreto Regulamentar n.º 17/98, de 14 de Agosto, que inclui entre as áreas de intervenção possível das instituições, a *"inscrição e selecção de candidatos a adoptantes"*. Além disso, as instituições reconhecidas podem ainda decidir acerca da *confiança administrativa do menor*.

Quanto aos procedimentos de inscrição e selecção de candidatos a adoptantes, aplica-se o disposto, em geral, no regime jurídico da adopção: quem pretenda adoptar, comunica essa intenção ao organismo de segurança social da área da sua residência; esse organismo pode ser uma *instituição particular de solidariedade social reconhecida*. Na sequência da comunicação, a instituição emite e entrega ao candidato a adoptante o certificado da comunicação e do respectivo registo e procede ao estudo da pretensão durante o prazo máximo de seis meses[282]. Concluído o estudo, profere *decisão* sobre a pretensão e notifica-a ao interessado. Da decisão que rejeite a candidatura cabe recurso, a interpor no prazo de

---

[280] Entretanto alterado pela Lei n.º 31/2003, de 23 de Agosto.

[281] Cfr. a Portaria n.º 1021/98, de 9 de Dezembro, que reconhece ao *Refúgio Aboim Ascensão*, uma instituição particular de solidariedade social, capacidade para actuar como *organismo de segurança social em matéria de adopção*.

[282] Depois de receber a manifestação da pretensão do interessado, a instituição deve comunicá-la, no prazo de 10 dias, ao organismo *público* de segurança social da respectiva área de actuação (artigo 15.º/1 do Decreto Regulamentar n.º 17/98).

30 dias, para o tribunal competente em matéria de família da área da sede da instituição. Esta decisão é, pois, um *acto administrativo impugnável nos tribunais judiciais*.

No que respeita à entrega de menor com vista à adopção, a lei prevê, além da confiança judicial, a *confiança administrativa*. Esta resulta da *decisão* do organismo de segurança social que entrega o menor ao candidato a adoptante ou confirme a permanência de menor a seu cargo (nos casos em que o candidato já tem a guarda do adoptando). A confiança administrativa só pode ser atribuída se, após audição do representante legal e de quem tiver a guarda de direito e de facto do menor, resultar, inequivocamente, que não há oposição. As decisões que não confirmem a presença do menor ou que recusem a confiança administrativa são recorríveis para o tribunal competente em matéria de família.

b) Casas do povo

O que se afirmou acima sobre o exercício de funções de acção social e de poderes públicos pelas IPSS vale para as *casas do povo* que prossigam os mesmos objectivos, dado que, quando tal sucede, elas são equiparadas às IPSS[283]. Nos termos da lei, as casas do povo – associações privadas de utilidade pública que têm por fim a promoção do desenvolvimento e do bem-estar das comunidades, sobretudo do meio rural[284] – podem ser incumbidas, por delegação, da execução de tarefas de serviços públicos (da saúde e da segurança social), caso em que ficam obrigadas a prestar os serviços a quaisquer utentes, sócios ou não. As relações que estabelecem com os beneficiários das tarefas de serviços públicos que lhes estão confiadas revestem o carácter de relações de direito público, em cujo âmbito podem estar habilitadas a exercer poderes públicos relativos à regulamentação ou à fixação de critérios de acesso às prestações, bem como à concreta concessão de prestações sociais[285].

---

[283] Decreto-Lei n.º 171/98, de 25 de Junho. O regime jurídico das casas do povo consta do Decreto-Lei n.º 4/82, de 11 de Janeiro, com as alterações do Decreto-Lei n.º 246/90, de 27 de Julho.

[284] Segundo Vital MOREIRA, *Administração Autónoma,* cit., p. 295, "trata-se de uma nova modalidade peculiar de pessoa colectiva de utilidade pública administrativa".

[285] Sobre as casas do povo como exemplo da administração autónoma em formato jurídico-privado, cfr. Vital MOREIRA, *ibidem*, pp. 558 e 561.

c) Associações de bombeiros voluntários

As associações de bombeiros voluntários são pessoas colectivas de direito privado, em regra, com o estatuto de utilidade pública administrativa. Desenvolvem as suas missões *no âmbito do direito privado*; pertencem, além disso, ao direito privado as relações jurídicas que se estabelecem entre elas e os respectivos associados[286], trabalhadores[287], os corpos de bombeiros de que são titulares e terceiros. Não há nenhuma norma no direito português vigente ao abrigo da qual seja, em geral, possível qualificar como de direito público qualquer daquelas relações jurídicas (apenas pelo facto de estar envolvida uma associação de bombeiros ou uma pessoa colectiva de utilidade pública administrativa[288]). Todavia, como sabemos[289], nos termos do *Regulamento dos Corpos de Bombeiros*, o conselho disciplinar das associações de bombeiros voluntários[290] tem competências para apreciar os recursos hierárquicos necessários interpostos pelos membros dos corpos de bombeiros relativamente a penas disciplinares aplicadas pelos comandantes. O acto que venha a praticar na resolução desse recurso é impugnável nos tribunais da jurisdição administrativa. A associação aparece, nesse caso, chamada a resolver um conflito originado pela aplicação de uma pena disciplinar, actuando como uma espécie de árbitro num conflito de que não é parte. Tanto quanto podemos apurar a partir do regime jurídico que conhecemos, trata-se do único caso em que a associação de bombeiros voluntários pratica um acto de direito público (acto administrativo).

---

[286] As relações internas entre a associação de bombeiros com utilidade pública administrativa e os seus associados configuram-se como relações de direito privado. A apreciação de litígios relacionados com o contencioso eleitoral não pertence, por conseguinte, à jurisdição administrativa, ao contrário do que se pressupôs no já citado AcSTA/1.ª, de 06/07/2000 (proc. 46 236).

[287] Até 1979, vigorava uma norma (§ único do artigo 177.º do Decreto-Lei n.º 35 108, de 7 de Novembro de 1945) que prescrevia que ao pessoal dos quadros das *pessoas colectivas de utilidade pública administrativa* se aplicava o regime disciplinar a que estavam sujeitos os funcionários dos corpos administrativos; essa norma foi entretanto revogada pelo Decreto-Lei n.º 519-G2/79, de 29 de Dezembro.

[288] Por isso, insistimos, é de aplaudir, sem reservas, o desaparecimento da referência nas leis do contencioso administrativo às pessoas colectivas de utilidade pública administrativa.

[289] Cfr., *supra*, 1.3. e Parte II, Cap. I, 2.1.3.2.

[290] Órgão composto pelos presidentes da direcção, da assembleia geral e do conselho fiscal da associação, nos termos do artigo 37.º do *Regulamento Geral dos Corpos de Bombeiros*.

d) Entidades gestoras de estabelecimentos do Serviço Nacional de Saúde

A figura dos contratos de gestão de estabelecimentos públicos de saúde está prevista desde 1993 no Estatuto do Serviço Nacional de Saúde (Decreto-Lei n.º 11/93, de 15 de Janeiro). Mais recentemente, ela foi regulada em novos termos pelo diploma que define os princípios e os instrumentos para o estabelecimento de parcerias em saúde, em regime de gestão e financiamento privados: Decreto-Lei n.º 185/2002, de 20 de Agosto.

O contrato de gestão – que, nos termos do preâmbulo do diploma, "tem natureza concessória" – tem por objecto principal assegurar as prestações de saúde correspondentes ao serviço público de saúde através de um estabelecimento, ou parte funcionalmente autónoma, integrado ou a integrar no Serviço Nacional de Saúde. O contrato de gestão pode atribuir às entidades gestoras os direitos e faculdades que sejam indispensáveis à realização das obras ou à exploração dos serviços, nomeadamente quanto à utilização do domínio público a título gratuito, à constituição de servidões, à realização de expropriações e à celebração de contratos jurídico-públicos (cfr. artigo 17.º). Dentre os designados *direitos especiais*, interessa-nos muito particularmente o que se referiu em último lugar, o que atribui à entidade pública contratante o poder de conferir, por via contratual, à entidade gestora uma capacidade de (direito público) para a celebração de contratos administrativos (em princípio, embora não necessariamente, de *certos* contratos administrativos). No âmbito das relações que emergem dos contratos celebrados no exercício da capacidade de direito público que lhes é outorgada, as entidades gestoras exercem poderes públicos (contratuais).

CAPÍTULO II
Entidades administrativas privadas

Passamos agora à exposição das entidades administrativas privadas investidas de poderes públicos de autoridade. Teremos oportunidade de verificar que, em certos casos, o exercício de funções públicas de autoridade e de poderes públicos está longe de representar uma excepção no quadro geral de intervenção desta categoria de entidades privadas; para algumas delas, o exercício de poderes públicos constitui verdadeiramente o processo normal de desempenho das funções públicas de que estão incumbidas.

O critério de exposição subsequente baseia-se na distinção entre entidades privadas com uma natureza societária (sociedades comerciais) – que se dedicam à gestão de serviços públicos económicos, à instalação de infra-estruturas ou até à regulação de actividades económicas – e entidades sem natureza societária.

1. Entidades administrativas privadas de natureza societária

Estas entidades (*sociedades comerciais públicas* ou *empresas públicas*) podem pertencer ao sector empresarial do Estado (nos termos dos artigos 2.º/1 e 3.º da LSEE) ou ao sector empresarial regional ou municipal[291]. Com base nessa distinção e tendo em conta os dados fornecidos pelo direito positivo, referimo-nos a seguir às empresas públicas integradas no sector empresarial do Estado e a certas empresas municipais. Nos dois casos, a legislação que define, em geral, o regime dessas

---

[291] De acordo com o artigo 5.º da LSEE, além do Estado, apenas dispõem de sectores empresariais próprios as Regiões Autónomas, os municípios e as suas associações.

empresas alude expressamente ao exercício de funções de autoridade e de poderes de autoridade.

1.1. *Empresas públicas integradas no sector empresarial do Estado*

Pertencem ao sector empresarial do Estado, nos termos do artigo 3.°/1 da LSEE, "*as sociedades constituídas nos termos da lei comercial, nas quais o Estado ou outras entidades públicas estaduais possam exercer, isolada ou conjuntamente, de forma directa ou indirecta, uma influência dominante em virtude de alguma das seguintes circunstâncias: a) detenção da maioria do capital ou dos direitos de voto; b) direito de designar ou de destituir a maioria dos membros dos órgãos de administração ou de fiscalização*"[292].

No que se refere concretamente ao exercício de poderes públicos de autoridade por estas entidades privadas da Administração, estabelece o artigo 14.°/1 da LSEE que as empresas poderão exercer *poderes e prerrogativas de autoridade de que goza o Estado,* designadamente quanto a: *a)* expropriação por utilidade pública[293]; *b)* utilização, protecção e gestão das infra-estruturas afectas ao serviço público; *c)* licenciamento e concessão, nos termos da legislação aplicável à utilização do domínio público, da ocupação ou do exercício de qualquer actividade nos terrenos, edificações e outras infra-estruturas que lhe estejam afectas.

Embora quando lidos isoladamente sugiram o contrário, os poderes catalogados no artigo 14.°/1 da LSEE não são atribuídos directamente às empresas públicas: esta ideia deduz-se precisamente do n.° 2 do mesmo artigo, ao estabelecer que "os poderes especiais serão atribuídos por diploma legal, em situações excepcionais e na medida do estritamente necessário à prossecução do interesse público, ou constarão de contrato de concessão". O artigo 14.°/1 funciona como a *base legal* para a delegação de poderes de autoridade por via contratual (em princípio, contrato de concessão[294])[295].

---

[292] Sobre esta disposição, cfr., *supra*, Parte II, Cap. I, 1.1.2.

[293] Sobre as prerrogativas (que não são poderes públicos de autoridade) de que podem gozar as entidades privadas em matéria de expropriações por utilidade pública, cfr. *supra*, Parte II, Cap. II, 2.3.2.1.1.

[294] O contrato de que a norma tem em vista é aquele a que se refere o artigo 19.°/2.

[295] Em sentido diferente, cfr. João Pacheco de AMORIM, *As Empresas,* cit., pp. 10[10], 13[14] e 15.

Ainda quanto aos poderes de autoridade das empresas públicas, tem interesse o disposto no artigo 18.º/1 da mesma LSEE: nessa disposição, sobre os *tribunais competentes* para conhecer dos litígios em que intervenham empresas públicas, estabelece-se que *"para efeitos de determinação da competência para julgamento dos litígios, incluindo recursos contenciosos, respeitantes a actos praticados e a contratos celebrados no exercício dos poderes de autoridade a que se refere o artigo 14.º, serão as empresas públicas equiparadas a entidades administrativas"*. Por outras palavras, competentes para julgar tais litígios são os tribunais da jurisdição administrativa[296].

A LSEE define um regime geral e constitui base legal suficiente para a delegação de certos poderes públicos nas empresas públicas do Estado. Contudo, como aliás resulta do disposto no artigo 14.º/2, os "poderes especiais" indicados no artigo 14.º/1 encontram-se atribuídos por *diploma legal*. Ora, o elenco que a seguir se apresenta de empresas públicas do Estado com poderes públicos de autoridade baseia-se exactamente em concretas indicações constantes de vários diplomas legais (em regra, trata-se dos diplomas que instituem as empresas públicas).

a) Empresas de administração de portos marítimos

No final de 1998 ocorreu uma profunda reforma do tradicional modelo de gestão e administração dos portos e das áreas do domínio público marítimo, até então geridos e administrados por institutos públicos (as juntas autónomas dos portos e as administrações portuárias).

Na reforma então promovida, foi criado o Instituto Marítimo-Portuário – entidade de supervisão, fiscalização e planeamento estratégico no sector da política marítimo-portuária, ao qual foram confiadas tarefas até então dispersas por várias organizações (Decreto-Lei n.º 331/98, de 3 de Novembro) –, operando-se a transformação das cinco juntas autónomas dos portos em três institutos públicos (os Institutos Portuários do Norte, do Centro e do Sul)[297]; além disso, aspecto que mais nos toca, as

---

[296] Sobre a interpretação desta norma, cfr. Rui Guerra da FONSECA, "Algumas reflexões", cit., p. 139 e ss. Em geral, sobre as implicações processuais do exercício privado de poderes públicos, cfr., *infra*, Parte IV, Cap. II.

[297] Os diplomas que criaram os referidos institutos públicos viram a sua vigência cessar por força da apreciação parlamentar (cfr. Resoluções da Assembleia da República n.os 13/99, 14/99 e 15/99, publicadas no DR de 3 de Março de 1999). Mas o modelo dos três institutos públicos viria a ser reposto pelos Decretos-Leis n.os 242/99, 243/99 e 244/99, todos de 28 de Junho.

quatro administrações dos portos, bem assim como a Junta Autónoma dos Portos de Aveiro (*institutos públicos*) foram transformadas em sociedades anónimas de capitais exclusivamente públicos (*empresas públicas*): APDL – *Administração dos Portos do Douro e Leixões, S.A., APL – Administração do Porto de Lisboa, S.A., APS – Administração do Porto de Sines, S.A., APSS – Administração dos Portos de Setúbal e Sesimbra, S.A, e APA – Administração dos Portos de Aveiro* (Decretos-Leis n.ºs 335/98, 336/98, 337/98, 338/98 e 339/98, todos de 3 de Novembro[298])[299].

Entretanto, em 2002, a orgânica do sector foi alvo de uma nova reforma, que se concretizou na criação do Instituto Portuário e dos Transportes Marítimos (IPTM), por fusão do Instituto Marítimo-Portuário e dos Institutos Portuários do Norte, do Centro e do Sul (Decreto-Lei n.º 257/2002, de 22 de Novembro). O IPTM, um instituto público, tem por objecto a supervisão, regulamentação e inspecção do sector marítimo e portuário, bem como a administração dos portos sob sua jurisdição[300]. A reforma de 2002 não alterou as opções da reforma de 1998 quanto às administrações portuárias, que se mantêm, por conseguinte, como *sociedades anónimas de capitais exclusivamente públicos*[301].

Esclarece-se nos diplomas que instituíram as administrações portuárias[302] que a adopção da forma jurídica de direito privado, conjugada com o seu enquadramento no sector público, representa a solução que corresponde melhor às atribuições das administrações portuárias, as quais desenvolvem, em simultâneo, actividades de natureza puramente empresarial, mas também poderes de autoridade decorrentes do estatuto de autoridades portuárias[303].

---

[298] Os diplomas foram, todos, alterados pelo Decreto-Lei n.º 334/2001, de 24 de Dezembro.

[299] A exploração de portos marítimos é uma das poucas actividades económicas que continuam vedadas a empresas privadas (salvo concessão); cfr. artigo 1.º/1,*d)*, da Lei n.º 88-A/97, de 25 de Julho.

[300] Sobre os portos administrados pelo IPTM, cfr. artigo 6.º do Decreto-Lei n.º 257/2002.

[301] A reforma de 1998 baseou-se nas propostas preconizadas no *Livro Branco Política Marítimo-Portuária rumo ao século XXI*, aprovado pela Resolução do Conselho de Ministros n.º 82/98 (*Diário da República*, 1.ª série B, de 10 de Julho de 1998).

[302] Com ligeiras diferenças – que existem – a estrutura, a numeração e a letra dos cinco diplomas são praticamente as mesmas. Por isso, as referências que a seguir se fazem reflectem soluções comuns.

[303] O *Livro Branco* havia proposto a transformação das antigas administrações portuárias (institutos públicos) em empresas públicas (de direito público). Nele se afirmava

As administrações dos portos – sociedades anónimas de capitais exclusivamente públicos – constituem *autoridades portuárias* (partilhando essa qualificação com o IPTM). Mais do que desenvolver actividades de exploração económica das actividades portuárias, cabe-lhes *regular* tais actividades, exercidas, segundo uma *lógica de mercado*, por empresas que elas licenciam ou às quais concessionam a exploração de serviços públicos portuários. Conjugam essas funções públicas de regulação com a *gestão das áreas do domínio público* que se encontra sob a sua jurisdição. Dir-se-á, pois, que o grosso da acção das administrações portuárias se traduz no desempenho de funções de natureza claramente autoritária; por outras palavras, o exercício da autoridade por estas "autoridades portuárias" constitui, claramente, a *regra* na acção que desenvolvem. Não admira, pois, que se encontrem investidas de vastos poderes de autoridade.

Assim, nos termos dos vários diplomas que as instituíram, elas detêm os poderes de:

i) Atribuição de usos privativos – licenças e concessões – dos bens do domínio público que lhes estão afectos, bem como a prática de todos os actos de autoridade respeitantes à execução, modificação e extinção das licenças ou concessões;

ii) Atribuição de licenças de actividades portuárias de exercício condicionado e de concessões de serviços públicos portuários, podendo ainda praticar todos os actos necessários à atribuição, execução, modificação e extinção das licenças ou concessões[304];

---

ter sido "devidamente ponderada a escolha entre um modelo de empresa pública e um modelo de sociedade anónima, entendendo-se que o primeiro é mais adequado para a expressão orgânica das atribuições prosseguidas pelas administrações portuárias". Depois acrescenta: "a opção de constituir sociedades anónimas, para estes efeitos, implicaria que fossem previamente expurgadas do território afecto às administrações portuárias todas as áreas do domínio público sobre as quais é necessária a realização de actos de autoridade pública administrativa, bem como exigiria que todos os actos que revestissem a natureza de mera administração dominial fossem cometidos a outra entidade pública. O modelo de empresa pública afigura-se, deste modo, particularmente adequado, na medida em que permite a conciliação das actividades de natureza puramente empresarial com a afirmação de poderes de cunho vincadamente públicos conexos com o exercício da autoridade portuária". Dizendo-se inspirados nas soluções preconizadas no *Livro Branco*, os diplomas adoptaram, quanto à natureza das administrações portuárias, a solução exactamente oposta.

[304] Em certos casos, o legislador regula expressamente as concessões a atribuir pelas administrações dos portos, aprovando ou não as respectivas bases. Assim sucedeu, por ex., com:

iii) Cobrança de taxas pelo fornecimento de bens e prestação de serviços relativos à exploração económica dos portos, bem como pela ocupação dos espaços dominiais; nos termos dos Regulamentos de Tarifas, podem obter a cobrança coerciva dessas taxas[305];

iv) Protecção das suas instalações e do seu pessoal[306];

v) Licenciamento de obras na respectiva área de jurisdição, bem como a cobrança de taxas inerentes às mesmas;

vi) Embargo de obras que estejam a ser executadas sem licença ou em infracção das condições previstas em licença atribuída;

vii) Licenciamento da utilização de edifícios ou de instalações.

Além dos referidos, exercem ainda poderes públicos no contexto de relações de emprego público, uma vez que os trabalhadores das antigas administrações (institutos públicos) com vínculo à Administração Pública foram integrados automaticamente nas novas sociedades anónimas, mantendo a mesma situação jurídico-profissional, designadamente quanto à natureza do vínculo[307].

– o Decreto-Lei n.º 507/99, de 23 de Novembro, que autoriza a *APA – Administração do Porto de Aveiro, S.A.*, a conceder, em regime de serviço público, a construção e exploração de uma marina para apoio à navegação e abrigo portuário de embarcações de recreio, bem como as instalações e serviços de natureza comercial e industrial operacionais, complementares e acessórios, denominando-se o complexo Marina da Barra.

– o Decreto-Lei n.º 384-A/99, de 24 de Setembro, que autoriza a *APS – Administração do Porto de Sines, S.A.*, a conceder, em regime de serviço público, a exploração de um terminal para a movimentação de contentores.

– o Decreto-Lei n.º 262/2000, de 18 de Outubro, que autoriza a *APS – Administração do Porto de Sines, S.A.* a concessionar a prestação do serviço público de reboque e de amarração de navios que carreguem, descarreguem ou transportem mercadorias perigosas a granel para o porto de Sines.

[305] Os diplomas referem-se ainda às competências das administrações dos portos para a "fixação das taxas a cobrar pela utilização dos portos, dos serviços neles prestados e pela ocupação de espaços dominiais ou destinados a actividades comerciais ou industriais" – sucede que os regulamentos tarifários (actos em que as referidas taxas são fixadas) são *elaborados* pelas administrações dos portos (artigo 2.º/2 do Decreto-Lei n.º 200/98, de 10 de Julho), mas estão dependentes de *homologação* por portaria ministerial.

[306] Deve notar-se, a este propósito, que o pessoal das empresas de administração de portos marítimos pode não apenas solicitar o auxílio das autoridades administrativas e policiais, quando isso se revelar necessário para o desempenho das suas funções, como está ainda habilitado a usar armas de fogo (se para tanto estiver autorizado nos termos gerais) para defesa própria, dos objectos de serviço e das instalações ou valores à sua guarda.

[307] Sobre o estatuto do pessoal das administrações portuárias, cfr. Decreto-Lei n.º 421/99, de 21 de Outubro. Nos termos do artigo 23.º deste diploma, sobre o poder

Por outro lado, o Decreto-Lei n.º 49/2002, de 2 de Março, outorgou às administrações portuárias poderes de aplicar sanções no domínio do ilícito de mera ordenação social, investindo-as de competência para aplicar coimas e sanções acessórias para punir contra-ordenações consistentes, por ex., na realização de operações portuárias sem autorização, na permanência, utilização ou ocupação de áreas ou de instalações portuárias sem autorização ou na paragem ou estacionamento de viaturas nas vias fixas de circulação do equipamento portuário e ferroviário ou em locais proibidos e devidamente sinalizados nas áreas portuárias.

Nos termos explícitos dos diplomas que as instituem, a actuação das administrações portuárias, no uso de poderes de autoridade, rege-se por normas de direito público.

b) ANA, Aeroportos de Portugal, S.A.

O Decreto-Lei n.º 404/98, de 18 de Dezembro (alterado, por apreciação parlamentar pela Lei n.º 35/99, de 26 de Maio) procedeu à cisão da *Empresa Pública Aeroportos e Navegação Aérea, ANA, E.P.* (instituída em 1979), criando-se, a partir dela, a *Empresa Pública Navegação Aérea de Portugal, NAV, E.P.* (que tem por objecto a prestação do serviço público relativo à exploração e desenvolvimento das infra-estruturas e dos serviços de apoio à navegação aérea) e a *ANA, E.P.* Esta empresa pública resultante da cisão, foi transformada, pelo mesmo diploma, em sociedade anónima (de início, com o capital social integralmente subscrito e realizado pelo Estado[308]), assim se constituindo a *ANA – Aeroportos de Portugal, S.A.*, sociedade comercial que tem por objecto principal a exploração, *em regime de concessão*[309], do serviço público aeroportuário de apoio à aviação civil, consubstanciado no estabelecimento, gestão e desenvolvimento de infra-estruturas aeroportuárias e compreendendo: a prestação do serviço destinado a assegurar a partida e chegada de aero-

---

disciplinar, aos trabalhadores das actuais administrações portuárias que transitaram das anteriores administrações portuárias (institutos públicos) aplica-se o estatuto disciplinar da função pública, incumbindo aos conselhos de administração as competências atribuídas que aquele estatuto atribui aos ministros.

[308] Sem embargo, note-se que o preâmbulo do diploma que criou a *ANA, S.A.*, deixou indicações claras sobre a abertura da empresa a capitais privados (*privatização do capital social*), não estando legalmente vedada a privatização integral.

[309] O Decreto-Lei n.º 404/98 atribui à *ANA, S.A.* a concessão do serviço público aeroportuário de apoio à aviação civil; cfr. artigo 12.º. A *ANA, S.A,* actua, portanto, como empresa concessionária do Estado.

naves e o embarque, desembarque e encaminhamento de passageiros, carga e correio nos aeroportos de Lisboa, Porto, Faro, Santa Maria, Ponta Delgada, Horta e Flores, bem como noutras infra-estruturas portuárias em que lhe venha a ser cometida pelo Governo aquela prestação de serviço; a manutenção e desenvolvimento das infra-estruturas dos aeroportos referidos; o estudo, planeamento, construção, exploração e desenvolvimento de novas infra-estruturas civis aeroportuárias quando tais actividades lhe forem cometidas pelo Governo.

Nos termos do artigo 14.º do Decreto-Lei n.º 404/98, a *ANA, S.A.*, detém os poderes e prerrogativas do Estado quanto:

i) Ao licenciamento e concessão, nos termos da lei aplicável à utilização do domínio público aeroportuário (Decreto-Lei n.º 102/90, de 21 de Março), da ocupação e exercício de qualquer actividade nos terrenos, edificações e outras infra-estruturas afectas à actividade da sociedade, bem como à prática de todos os actos respeitantes à execução, modificação e extinção das licenças e concessões;

ii) À fixação, nos termos da lei aplicável, das taxas a cobrar pela ocupação de terrenos, edificações ou outras instalações e pelo exercício de qualquer actividade na área dos aeroportos incluídos no âmbito da concessão;

iii) À cobrança coerciva de taxas e rendimentos provenientes das actividades incluídas no âmbito da concessão, sendo os créditos correspondentes equiparados aos créditos do Estado para todos os efeitos legais e constituindo título executivo as respectivas facturas, certidões de dívida ou documentos equivalentes;

iv) À execução coerciva das demais decisões de autoridade, incluindo o recurso à força pública.

Por outro lado, uma vez que a empresa continua a ter ao seu serviço pessoal com vínculo à Administração Pública (funcionários requisitados), os seus órgãos têm competència para a prática de actos públicos no âmbito das relações de emprego público que a empresa mantém com esse pessoal: o conselho de administração é competente para conceder licenças e autorizações requeridas pelos funcionários, bem como para exercer o poder disciplinar[310], "salvo quanto à aplicação das penas de demissão e de aposentação compulsiva da função pública, que são da

---

[310] O exercício do poder disciplinar pode ser delegado pelo conselho de administração "nos órgãos da estrutura orgânica da empresa".

competência exclusiva do Ministro do Equipamento (...) e serão aplicadas nos termos previstos no regime disciplinar do funcionalismo público"[311].

O diploma dedica uma disposição (artigo 15.º) a aspectos do regime jurídico aplicável aos *actos de gestão pública*, esclarecendo que "compete ao conselho de administração da *ANA, S.A.*, enquanto concessionária de um serviço público, praticar todos os actos administrativos definitivos e executórios cuja prática vise a prossecução do serviço público concedido, designadamente aqueles que se revelem necessários ao exercício dos poderes de autoridade conferidos à *ANA, S.A.*". O conselho de administração pode, nos termos da lei, delegar as suas competências no domínio dos actos de gestão pública em qualquer dos seus membros e autorizar a subdelegação nos órgãos de estrutura da sociedade. A lei estabelece ainda que se integram na competência dos tribunais administrativos os julgamentos dos recursos dos actos dos órgãos da *ANA, S.A.*, que se encontrem sujeitos a um regime de direito público, bem como o julgamento das acções sobre validade, interpretação ou execução dos contratos de direito público celebrados pela sociedade ou tendentes à efectivação da sua responsabilidade e dos seus órgãos, no domínio dos actos de gestão pública.

c) EDIA, Empresa de Desenvolvimento e Infra-Estruturas do Alqueva, S.A.

Para a concepção, execução, construção e exploração do designado Empreendimento de Fins Múltiplos do Alqueva (o qual, nos termos do Decreto-Lei n.º 33/95, de 11 de Fevereiro, se considera como um empreendimento de interesse público nacional, que constitui um instrumento de intervenção pública numa vasta área do território nacional) foi constituída, pelo Decreto-Lei n.º 32/95, de 11 de Fevereiro[312], a *EDIA, Empresa de Desenvolvimento e Infra-Estruturas do Alqueva, S.A.*, sociedade anónima de capitais exclusivamente públicos.

---

[311] A *ANA, S.A.* pode ainda agir na qualidade de entidade expropriante, para efeitos da expropriação de imóveis e direitos a eles relativos que se mostrem necessários à prossecução do serviço público concedido; além disso, detém poderes de ocupação de terrenos, implantação de traçados, exercício de servidões administrativas e aeronáuticas ou de poderes definidos para as zonas de protecção, designadamente os relativos a medidas restritivas de actividades e de utilização dos solos.

[312] Alterado pelo Decreto-Lei n.º 232/98, de 22 de Julho.

A EDIA tem a responsabilidade da gestão global do Empreendimento e, além da concepção, execução e construção das infra-estruturas primárias, conhece por objecto social o desenvolvimento do projecto e a construção das infra-estruturas secundárias e terciárias dos perímetros de rega, a utilização do domínio hídrico afecto ao Empreendimento (nos termos de um contrato de concessão a celebrar com o Estado), a exploração das infra-estruturas de armazenamento, adução e distribuição da água que integram o Empreendimento, bem como a contribuição para o desenvolvimento económico e social da sua área de intervenção.

Além de especiais prerrogativas e direitos públicos[313], o diploma confere à EDIA "os poderes e prerrogativas do Estado quanto à *protecção, desocupação, demolição* e *defesa administrativa da posse* dos terrenos e instalações que lhe sejam afectos e das obras por si executadas ou contratadas".

O Decreto-Lei n.º 21-A/98, de 6 de Fevereiro, reforçou os poderes da EDIA, outorgando-lhe poderes para praticar os actos e realizar as operações necessárias à reinstalação da Aldeia da Luz, ao realojamento da sua população e à desmontagem das construções e equipamentos nesse local, assim como para *aprovar as obras de urbanização relativas à nova Aldeia da Luz* – no âmbito dos procedimentos administrativos a que a execução desses poderes der lugar, a EDIA assegura a informação e cooperação dos municípios envolvidos (artigo 14.º/2).

Por fim, quanto aos contratos de empreitada que celebre, a empresa beneficia do regime das empreitadas de obras públicas no que respeita ao modo e às garantias de execução e conclusão de empreitadas e fornecimentos (*poderes contratuais*), desde que nos contratos se encontre prevista a aplicação subsidiária daquele regime ou expressa, por qualquer forma, a subordinação do co-contratante particular às exigências de interesse público da conclusão atempada da obra ou fornecimento.

---

[313] A EDIA recebeu poderes para agir como entidade expropriante – o Decreto-Lei n.º 21-A/98, de 6 de Fevereiro, criou um regime especial aplicável às expropriações necessárias à realização do Empreendimento –, o direito de utilizar e administrar os bens do domínio público do Estado que estejam ou venham a estar afectos ao exercício da sua actividade, bem como o direito de ocupação temporária de terrenos particulares de que necessite (cfr. o artigo 10.º do Decreto-Lei n.º 21-A/98, sobre o direito de atravessamento e ocupação de prédios particulares).

d) Sociedades gestoras das intervenções previstas no *Programa Polis*

As formas organizativas do direito privado têm sido usadas também para a realização de intervenções de transformação urbana[314]. Foi assim com a *Parque Expo 98, S.A.*, o mesmo se verificando, agora, com as sociedades gestoras das intervenções previstas no *Programa Polis*. Nos dois casos, a lei optou por confiar a tais sociedades públicas poderes públicos de autoridade[315].

Com base nas disponibilidades financeiras do III Quadro Comunitário de Apoio, a Resolução do Conselho de Ministros n.º 26/2000, de 15 de Maio, instituiu o Programa de Requalificação Urbana e Valorização Ambiental das Cidades, abreviadamente designado *Programa Polis*. Para a gestão das intervenções em cada uma das cidades beneficiárias do Programa, previu-se a constituição de uma *sociedade anónima de capitais exclusivamente públicos*, à qual seria confiada a tarefa de dar execução aos objectivos constantes do projecto. Assim se criaram as condições para a constituição das *sociedades Polis*[316]: trata-se, no momento da constituição, de sociedades anónimas de capitais exclusivamente públicos, cujo capital social é repartido entre o Estado (60%) e o município a que pertence a cidade beneficiada (40%); por aumento de capital poderão participar outras pessoas colectivas públicas de âmbito territorial e sociedades exclusiva ou maioritariamente participadas pelo Estado, mas a titularidade de acções representativas de pelo menos 51% do capital social deve ser detida, em qualquer caso, por entidades públicas; as sociedades regem-se pelo regime do sector empresarial do Estado, pelo diploma que as cria, bem como pelos respectivos estatutos (aprovados por diploma legal).

---

[314] Como já se observou a propósito de experiências idênticas noutras ordens jurídicas, as sociedades de transformação urbana pertencem ao género, de derivação romanística, das *societates unius negotii*: o contrato de sociedade não visa a criação de uma entidade dedicada a um indeterminado número de relações, uma vez que ela deverá cingir-se à gestão de um específico e isolado negócio ou assunto, mais ou menos complexo; no direito italiano, sobre as sociedades de transformação urbana (sociedades mistas: autarquias e particulares), cfr. PAGLIARI, "Le società di trasformazione urbana, p. 87 e ss; DUGATO, "Oggetto e regime delle società di trasformazione urbana", p. 511 e ss; BALESTRERI, "Sussidiarietà, territorio, cooperazione fra mano pubblica e soggetti privati", p. 634.

[315] Sobre os poderes públicos da Parque Expo 98, S.A., cfr. Maria João ESTORNINHO, *A Fuga*, cit., p. 70 e ss; Jaime D. do VOLLE, "Algumas Considerações", cit., p. 2525 e ss; Paulo OTERO, *Vinculação e Liberdade*, cit., p. 226.

[316] Entre muitos diplomas, cfr. o Decreto-Lei n.º 186/2000, de 11 de Agosto, que constituiu a sociedade *VianaPolis*.

Os diplomas que as criam atribuem às *sociedades Polis* poderes públicos no âmbito da protecção, desocupação, demolição e defesa administrativa da posse dos terrenos, instalações que lhes estejam afectas e direitos conexos a uns e a outras, bem como das obras por elas executadas ou contratadas. Além disso, às sociedades são atribuídos direitos públicos: requerer declaração de utilidade pública para efeitos de expropriação, direito de utilizar, fruir e administrar bens do domínio público e do domínio privado do Estado, poder de ocupação de terrenos particulares, nos termos da lei.

Por outro lado e no uso da autorização legislativa concedida pela Lei n.º 18/2000, de 10 de Agosto, o Governo aprovou um regime jurídico especial aplicável às sociedades, atribuindo-lhes um conjunto de *poderes excepcionais*: Decreto-Lei n.º 314/2000, de 2 de Dezembro.

Além de lhes conceder benefícios fiscais, de definir um regime especial das expropriações requeridas pelas sociedades[317] e de estabelecer prazos especiais para o licenciamento municipal de loteamentos urbanos, de obras de urbanização e de obras de edificação a realizar em execução dos programas de intervenção[318], o diploma permite que as competências das administrações dos portos das cidades onde devem realizar-se intervenções aprovadas no âmbito do *Programa Polis* sejam atribuídas às *sociedades Polis*, quando as intervenções a levar a cabo respeitem a imóveis e direitos a eles relativos localizados nas zonas de jurisdição de tais administrações, desde que tal seja necessário e se justifique[319].

Por outro lado, o Decreto-Lei n.º 314/2000 atribui às sociedades competência para *elaborar* os planos de urbanização e os planos de pormenor das zonas de intervenção: os planos são submetidos a aprovação pela assembleia municipal, no prazo de 30 dias após a fase de discussão pública, e, quando a lei o determine, a ratificação pelo Governo, no prazo de 30 dias após a aprovação pela Assembleia Municipal.

---

[317] O objectivo desse regime especial é o de tornar mais eficaz e mais célere o processo de expropriações; cfr. artigo 2.º,*f)*, da Lei n.º 18/2000.

[318] Ao invés do que sucede com certas operações urbanísticas de entidades concessionárias de obras ou de serviços públicos – obras de edificação e de demolição, quando conexas com o objecto da concessão –, as operações urbanísticas a cargo das *sociedades Polis* não estão isentas de licenciamento municipal.

[319] A *delegação* dessa competência é efectuada por despacho conjunto do Ministro do Equipamento Social e do Ministro do Ambiente e do Ordenamento do Território que reconheça a necessidade da mesma.

O regime descrito, que se consubstancia na deslocação para as *sociedades Polis* de uma competência das câmaras municipais[320] e que altera regras do procedimento geral de elaboração de planos municipais de ordenamento do território (por ex., o período de discussão pública é reduzido para metade), parece determinar a desaplicação de algumas daquelas regras: assim sucede, por ex., com as regras que exigem a publicidade da deliberação que determina a elaboração do plano e das reuniões da câmara municipal que respeitem à elaboração dos planos. As sociedades elaboram os planos e conduzem todo o procedimento de planificação até à aprovação pela assembleia municipal: embora a lei o não diga, supõe-se que elas submetem ao órgão autárquico uma *proposta de plano*, pelo que a aprovação por este órgão não configura um acto de integração de eficácia, mas um acto de criação do plano. Por isso, o plano elaborado e proposto pelas sociedades constitui um plano munici-pal, imputado ao município, por força da aprovação pela assembleia municipal – de resto, não poderia deixar de assim suceder, já que, nos termos do artigo 65.º/5 da CRP, a "definição das regras de ocupação, uso e transformação dos solos urbanos", designadamente através de instru-mentos de planeamento, se assumiu como um poder (do Estado, das regiões autónomas e) das autarquias locais. É ainda por essa razão que a proposta de plano, apresentada pelas sociedades, não é vinculativa quanto ao conteúdo: nos termos gerais, a assembleia municipal pode introduzir alterações à proposta (artigo 79.º do Decreto-Lei n.º 380/99). Afigu-rando-se inquestionável que a "competência para a elaboração de pla-nos" confiada às sociedades é uma *competência pública*, necessariamen-te exercida como tal e segundo as regras e os princípios do direito público, deve contudo sublinhar-se que a mesma está desligada do exer-cício de poderes públicos normativos.

Nos termos da lei, os "poderes excepcionais" confiados às *socieda-des Polis* caducam com a conclusão das respectivas intervenções.

e) Imprensa Nacional-Casa da Moeda, S.A.

Acompanhando a tendência da década de noventa do século XX, a da privatização formal de entidades públicas, o Decreto-Lei n.º 170/99, de 19 de Maio, procedeu à transformação da antiga empresa pública

---

[320] Nos termos da lei geral, a *elaboração* dos planos municipais de ordenamento do território compete à câmara municipal; cfr. artigo 74.º/1 do Decreto-Lei n.º 380/99, de 22 de Setembro.

Imprensa Nacional-Casa da Moeda, E.P. (criada em 1972, com base na integração da Casa da Moeda na empresa pública Imprensa Nacional), numa sociedade anónima de capitais exclusivamente públicos, a *Imprensa Nacional-Casa da Moeda, S.A.* (INCM).

A INCM tem por objecto a edição do *Diário da República* e do *Diário da Assembleia da República*, a produção de moeda metálica e de papel-moeda, de títulos da dívida pública e de valores selados, a autenticação dos artefactos de metais preciosos, a produção de documentos de segurança, a edição de obras de relevante interesse cultural, podendo ainda exercer outras actividades complementares, subsidiárias ou acessórias dessas.

O diploma refere-se expressamente ao exercício de poderes de autoridade pela INCM, estabelecendo o seguinte: "até que seja aprovado o novo regime de acesso e exercício das actividades de produção e comercialização de artefactos de metais preciosos e de respectiva fiscalização e o corresponde regime sancionatório, continua a INCM, S.A., a exercer as competências conferidas neste âmbito à INCM, E.P., pelo Regulamento das Contrastarias"[321]. Nos termos deste Regulamento, aprovado pelo Decreto-Lei n.º 391/79, de 20 de Setembro (alterado pelos Decretos-Leis n.ºs 384/89, de 8 de Novembro, e 63/98, de 16 de Março), a administração da INCM (ou as Contrastarias, serviços integrados no Departamento das Contrastarias daquela empresa) detém competências de *licenciamento* (concessão de matrículas e de licenças anuais a industriais e comerciantes do sector), de *autenticação* (aplicação de marcas de contraste), de *fiscalização* e de *sancionamento* (aplicação de multas e de outras penas).

Contudo, no mesmo dia em que era publicado o diploma que transformava a INCM numa sociedade anónima, estabelecia o Decreto-Lei n.º 171/99, um novo regime de *fiscalização* e *sancionamento* das actividades de comércio e indústria de artefactos de metais preciosos[322]. O diploma

---

[321] No preâmbulo esclarece-se que "até à publicação e entrada em vigor do diploma que transfira para outra entidade púbica os poderes actualmente conferidos à INCM em matéria de licenciamento e fiscalização da produção e comércio de objectos de metais preciosos e da aplicação das sanções por violação dos preceitos do Regulamento das Contrastarias (...), no que diz respeito aos exclusivos e aos poderes de autoridade de que a INCM goza actualmente, afigurou-se preferível mantê-los, *provisoriamente*, na titularidade da futura sociedade anónima de capitais exclusivamente públicos".

[322] No preâmbulo esclarecia-se que "o facto de a INCM, E.P., entidade a quem competiam os poderes de fiscalização e sancionatórios nesta área, ter sido objecto de

cometia à Inspecção-Geral das Actividades Económicas a tarefa de fiscalização da actividade de comércio e indústria de artefactos de metais preciosos; a aplicação de coimas e de sanções acessórias passava para a Comissão de Aplicação de Coimas em Matéria Económica.

Fora da incidência do Decreto-Lei n.º 171/99 ficaram, por conseguinte, as competências de licenciamento e as de autenticação, as únicas que se mantêm na INCM. As competências de licenciamento – matrículas e licenças anuais (artigos 14.º e ss do Regulamento das Contrastarias) – continuam na esfera da empresa, mas só *provisoriamente*. Com efeito, de acordo com o disposto no Decreto-Lei n.º 170/99, as competências conferidas à INCM, E.P., mantêm-se na sociedade, mas apenas "até que seja aprovado o novo regime de acesso e exercício das actividades de produção e comercialização de artefactos de metais preciosos". As competências de autenticação dos artefactos de metais preciosos manter-se-ão, ao que parece, na esfera da INCM[323].

f) Hospitais com estatuto de sociedades anónimas

De acordo com a Lei n.º 27/2002, de 8 de Novembro, que aprova o regime jurídico da gestão hospitalar, os hospitais integrados na rede de prestação de cuidados de saúde podem revestir, entre outras, a forma jurídica de sociedade anónima de capitais exclusivamente públicos (a titularidade do respectivo capital social pertence apenas ao Estado e a empresas de capitais exclusivamente públicos). Através da forma societária pretende criar-se um novo modelo de gestão dos estabelecimentos públicos de saúde, sem alterar as responsabilidades constitucionais do Estado pela prestação de cuidados de saúde. Está portanto envolvido um *processo de empresarialização da gestão hospitalar*, que, neste caso, implica a *privatização formal* do estabelecimento de saúde – esse efeito daquele mesmo processo não se verifica já nos casos em que o hospital revista a forma jurídica de *estabelecimento público de natureza empre-*

---

transformação em sociedade anónima veio determinar que se iniciasse este processo de revisão legislativa pelo estabelecimento de um novo quadro ordenador desses poderes".

[323] O controlo do toque dos metais preciosos e a aplicação de marcas de contraste constitui uma tarefa estadual desde o fim do século XIX, com a criação das Contrastarias de Lisboa e Porto, subordinadas à Casa da Moeda. Durante a Idade Média, o controlo do toque dos metais preciosos passou a realizar-se, em sistema de auto-administração, pelas Corporações de Ourives; na época liberal, com a extinção das corporações, a tarefa foi assumida pelos municípios (sistema que vigorou até à criação das Contrastarias).

sarial [artigos 2.º/1,*b)*, e 18.º da Lei n.º 27/2002], pois que, então, o hospital é uma pessoa colectiva de direito público (uma entidade pública empresarial).

Na sequência da publicação daquela Lei, foram aprovados vários diplomas a efectuar a transformação de hospitais em sociedades anónimas de capitais exclusivamente públicos: cfr. *Diário da República* de 9, 10 e 11 de Dezembro de 2002.

Sem variações de relevo, os diplomas de criação atribuem aos hospitais "poderes especiais" de *a)* requerer a expropriação por utilidade pública, de *b)* utilizar, proteger e gerir as infra-estruturas afectas ao serviço público, de *c)* concessionar, nos termos da legislação aplicável à utilização do domínio público, a ocupação ou o exercício de actividades relacionadas com o seu objecto social nos terrenos, edificações e outras infra-estruturas que lhes sejam afectas, e de *d)* celebrar contratos ou acordos que tenham como objecto a gestão de partes funcionalmente autónomas dos hospitais. Em todos os diplomas de criação prevê-se ainda que os hospitais poderão exercer (outros) "poderes e prerrogativas especiais" que lhes sejam atribuídas por diploma legal e em situações excepcionais (forma que recorda imediatamente o disposto no artigo 14.º/2 da LSEE).

Nestes termos, os hospitais ficam investidos, desde a sua criação, do poder público de atribuir concessões e de exercer os poderes inerentes às relações emergentes dos contratos de concessão, bem como os poderes inerentes às relações que emergem dos contratos administrativos de gestão de partes funcionalmente autónomas dos hospitais.

Embora não incluídos nas disposições sobre os poderes especiais, os hospitais ficam ainda, desde a sua criação, investidos de outros poderes administrativos: por um lado, os poderes no âmbito das *relações de emprego público* que mantenham com o pessoal que não opte pelo contrato individual de trabalho (nos termos da lei, o pessoal com relação jurídica de emprego público transita para os hospitais, sendo garantida a "manutenção integral do seu estatuto jurídico"); por outro lado, deve notar-se que o *regulamento interno* do hospital (nos termos da lei, a aprovar pela assembleia geral) pode conter normas de direito administrativo, designadamente as que se referem à regulação das relações (especiais) entre os hospitais e o público ou das relações entre os hospitais e os internados: nessa medida, estaremos em presença do exercício de um poder regulamentar de carácter público.

g) Caixa Geral de Depósitos, S.A.

A Caixa Geral de Depósitos (CGD) é uma sociedade anónima de capitais exclusivamente públicos, criada em 1993, a partir da privatização formal da antiga Caixa Geral de Depósitos, Crédito e Previdência. Apesar de ter adoptado um formato de direito privado, a CGD pratica actos de direito público no domínio das relações de emprego que mantém com alguns dos seus funcionários.

Como consta do preâmbulo do diploma que efectuou a transformação referida – Decreto-Lei n.º 287/93, de 20 de Agosto –, o legislador pretendeu submeter a CGD "a um regime de direito privado", razão por que, em matéria de pessoal, foi consagrado o princípio geral da aplicação do regime jurídico do contrato individual de trabalho. A aplicação desse regime representava uma alteração em relação ao regime jurídico aplicável ao pessoal da CGD por força do Decreto-Lei n.º 48 953, de 5 de Abril de 1969, o qual, no artigo 31.º/2, estabelecia que o pessoal da Caixa continuava sujeito ao *regime do funcionalismo público*[324].

Mas, nos termos do disposto no artigo 7.º/2 do Decreto-Lei n.º 287/ /93, os trabalhadores que, aquando da entrada em vigor do diploma, se encontrassem ao serviço da CGD continuariam sujeitos ao regime que lhes era até então aplicável – o *regime do funcionalismo público*. Aliás, em consonância com esse princípio, o artigo 9.º/2,*a)*, do mesmo diploma exceptuava da revogação do Decreto-Lei n.º 48 953 (entre outros) o seu artigo 31.º/2.

Assim, aos trabalhadores da CGD que não optaram pelo regime laboral continua a aplicar-se o *regime jurídico do funcionalismo público*, daí resultando a natureza pública dos actos que regulam a relação jurídica de emprego que a instituição mantém com esses trabalhadores[325]: a

---

[324] A relação jurídica de emprego público entre a CGD e o seu pessoal era disciplinada por um *estatuto de direito público privativo*. De resto, o artigo 31.º/2 do Decreto--Lei n.º 48 953 referia-se explicitamente à aplicação do regime do funcionalismo público, "com as modificações exigidas pela natureza específica da actividade da Caixa como instituição de crédito".

[325] Outra consequência da aplicação do regime do funcionalismo público a uma parte dos trabalhadores da CGD consiste no facto de, *nessa medida*, a instituição não estar sujeita à fiscalização do Instituto do Desenvolvimento e Inspecção das Condições de Trabalho (IDICT) – é, pelo menos, esse o entendimento do Supremo Tribunal de Justiça: afirmando não subsistirem dúvidas de que os trabalhadores da CGD que, em 1993, não optaram pelo regime do contrato individual de trabalho estão sujeitos ao

prática desses actos traduz o *exercício de um poder público* que se manifesta pela produção de efeitos jurídicos que podem consistir na introdução de alterações ao *status* dos funcionários (promoções) ou na aplicação de sanções disciplinar[326].

h) Sociedades de reabilitação urbana (SRU)

Em conformidade com o disposto no Decreto-Lei n.º 104/2004, de 7 de Maio – *regime jurídico excepcional de reabilitação urbana de zonas históricas e de áreas críticas de recuperação e reconversão urbanística* –, os municípios, no desempenho das suas atribuições e responsabilidades de recuperação do património e da reabilitação urbana, podem

---

regime do funcionalismo público, o STJ decidiu que continua excluída do âmbito de competência do IDICT a fiscalização das condições de trabalho daqueles trabalhadores da CGD (Acórdão do STJ, n.º 5/99, in DR, de 13/11/99).

[326] Até à entrada em vigor do Decreto-Lei n.º 287/93, a CGD beneficiava de privilégio de foro para cobrança dos seus créditos, através do processo de execução pelos tribunais fiscais (sobre isso, cfr., entre muitos, os Ac'sSTA/2.ª, de 17/05/95, proc. n.º 14 162, e de 15/01/97, proc. n.º 18 785); por várias vezes, o Tribunal Constitucional decidiu no sentido de que esse regime não padecia de inconstitucionalidade, designadamente, por não violar o princípio da igualdade e a equilibrada concorrência entre as empresas bancárias, uma vez que era, no mínimo, duvidoso que o recurso aos tribunais fiscais constituísse um instrumento de cobrança mais expedito do que a instauração de uma execução nos tribunais judiciais: cfr., entre outros, o AcTC n.º 371/94. Inconstitucionais eram, no entanto, algumas normas que conferiam à CGD certos privilégios no processo de execução fiscal (nesse sentido: AcTC n.º 646/96).

A legislação continua, por vezes, a dispensar um tratamento especial à CGD, *v.g.*, equiparando-a ao Estado (artigo 524.º do Código das Sociedades Comerciais) ou isentando-a de requerer a necessária licença para a realização de leilões em lugares públicos (artigo 41.º/2 do Decreto-Lei n.º 310/2002, de 18 de Dezembro). Mas, ao contrário do que parece sugerir Maria João ESTORNINHO, *A Fuga,* cit., p. 69, o artigo 9.º/4 do Decreto-Lei n.º 287/93 não cria qualquer *regime especial, prerrogativa* ou *privilégio de direito público* a favor da CGD – estabelece-se ali que "os documentos que, titulando acto ou contrato realizado pela Caixa, prevejam a existência de uma obrigação de que a Caixa seja credora e estejam assinados pelo devedor revestem-se de força executiva, sem necessidade de outras formalidades". A executividade de tais documentos nada tem de excepcional: nos termos gerais, estão dotados de executividade os "documentos particulares, assinados pelo devedor, que importem constituição ou reconhecimento de obrigações pecuniárias cujo montante seja determinado ou determinável" – cfr. artigo 46.º,*c)*, do Código de Processo Civil. No sentido de que a executividade não constitui um privilégio «exorbitante» da Administração, cfr. Vasco Pereira da SILVA, *Em Busca,* cit., p. 562.

conduzir tarefas de reabilitação urbana através dos seus órgãos e serviços (cfr. artigo 36.º) ou por *empresas de propósito específico*, que, em qualquer caso, se denominam SRU, *sociedades reabilitação urbana*.

As SRU poderão assumir o formato de *empresas municipais*, quando a totalidade ou a maioria do capital social pertence a municípios, ou, "em casos de excepcional interesse público", de *sociedades anónimas de capitais exclusivamente públicos*, com participação municipal e estatal – depreende-se da letra lei que, para este efeito, "participação *estatal*" e "capital social detido pelo *Estado*" equivalem a detenção do capital ou participação social do Estado, mas também de pessoas colectivas públicas da administração indirecta do Estado e pessoas colectivas empresariais do Estado (*empresas públicas* e *entidades públicas empresariais*, nos termos da LSEE). De acordo com o artigo 3.º/1 do diploma, as SRU regem-se pela LEMIR ou pela LSEE, consoante a *maioria do capital social* seja detido pelo município ou pelo Estado: a SRU apresenta-se, pois, como *empresa municipal*[327] ou como *empresa pública (do Estado)*.

Seja como for quanto aos formatos que, em geral, pode apresentar, no contexto do presente estudo interessa-nos o cenário de a SRU adoptar a forma de sociedade anónima de capitais exclusivamente públicos: configurada então como entidade privada do sector empresarial do Estado, aparece investida de um significativo leque de poderes públicos de autoridade (sobre a competência das SRU, *v.*, em geral, o artigo 6.º; aludindo expressamente a "poderes de autoridade", *v.* artigo 3.º/2).

Para realizar o objectivo que conduziu à sua criação – a promoção da reabilitação urbana de uma determinada zona de intervenção –, a SRU começa por definir uma "unidade de intervenção" (a qual poderá corres-

---

[327] Uma leitura mais apressada do diploma deixa ficar a dúvida sobre se, para este efeito, pode adoptar-se o formato da *empresa (municipal) de capitais públicos*, com participação *minoritária* do Estado. Apesar de o artigo 3.º/1 sugerir a sua admissibilidade, uma tal hipótese aparente ser excluída pelo artigo 2.º/1, que aponta para a exigência de detenção pelos municípios da totalidade do capital social da empresa municipal (remetendo, assim, para o formato da *empresa pública municipal*, nos termos da LEMIR). A ser assim, teríamos a consequência de ao Estado não ser dado, em nenhum caso, deter uma participação minoritária numa SRU. Todavia, há que ter em consideração a referência explícita, no artigo 8.º, ao facto de poder haver "empresas total ou *maioritariamente* detidas pelos municípios". Ora, nas empresas detidas maioritariamente pelos municípios, a *participação minoritária* terá de ser do Estado; estaremos, neste caso, em face de uma empresa municipal de capitais públicos, que se rege pela LEMIR, nos termos do artigo 3.º/1.

ponder a um quarteirão, pátio ou rua e, em casos de particular interesse público, a um edifício isolado); a seguir, elabora e aprova o designado *documento estratégico*: mais do que um plano orientador ou referencial, esse *documento* constitui um *quadro ou referencial normativo das operações de reabilitação* a realizar, fixando, além do mais, parâmetros a observar na prática de actos administrativos (*v.g.*, actos de concessão de licenças e de autorizações urbanísticas); *hoc sensu*, o documento estratégico preenche as notas caracterizadoras do regulamento administrativo[328].

Definida a unidade de intervenção e delineado, num plano regulamentar, o trabalho a realizar na operação de reabilitação, segue-se, agora num plano operativo, a execução da reabilitação.

Enquanto operação executiva (de cariz urbanístico), a reabilitação pode ser realizada: *a)* pelos proprietários, nos termos de um contrato celebrado com a SRU[329]; *b)* pela própria SRU; *c)* por uma entidade[330] – *parceiro privado* – com a qual a SRU tenha celebrado o designado *contrato de reabilitação urbana*[331].

Nesta fase da execução da reabilitação, a SRU aparece investida das competências de: *i) licenciar* ou *autorizar* operações urbanísticas, a executar pelos proprietários ou pelo parceiro privado (artigos 9.º/2 e 10.º); *ii) fiscalizar* as obras de reabilitação urbana, exercendo os poderes de fiscalização referidos no artigo 93.º e segs. do RJUE, com excepção da competência para a aplicação de sanções por infracção contra-ordena-

---

[328] Como já resulta do texto, não estamos certos da natureza jurídica do *documento estratégico*, embora vejamos nele (no seu conteúdo) algumas analogias com os instrumentos de gestão territorial, designadamente na parte em que aquele descreve as opções estratégicas no que concerne a habitação, acessibilidades, equipamentos, infra-estruturas ou espaços públicos. Por outro lado, em favor da natureza regulamentar do *documento estratégico* pode invocar-se o artigo 6.º/3, que associa a eficácia daquele às obras que se inserem no procedimento de reabilitação urbana. Ainda no sentido da eficácia normativa daquele documento, cfr. artigos 16.º e 17.º, sobre a participação de interessados na sua elaboração, bem como, em especial, o disposto no n.º 5 da última disposição: a inscrição do acto de aprovação no registo predial dos prédios abrangidos só se compreende na medida em que o documento estratégico comporta, por si mesmo, consequências jurídicas directas sobre os prédios abrangidos.

[329] O artigo 13.º/1 acolhe o princípio segundo o qual a reabilitação deverá ser prioritariamente levada a cabo pelos proprietários.

[330] No sentido de que essa entidade é uma "empresa", cfr. artigo 20.º/2,*a)*.

[331] Sobre o *contrato de reabilitação urbana* (que é um contrato administrativo), cfr. artigos 31.º e ss.

cional (a qual se mantém como competência do município); *iii)* nos termos da Lei dos Solos, tomar *posse administrativa* de imóveis e ordenar o *despejo*, definitivo e temporário, de prédios a demolir.

Além das referidas, a SRU tem ainda competência para, no âmbito da designada *intervenção forçada*, "expropriar os bens imóveis e os direitos a eles inerentes destinados à reabilitação urbana, bem como (para) constituir servidões administrativas para os mesmos fins"; cfr. artigos 6.º/1,*b)*, 20.º/3 e 21.º a 23.º. Como já acima se aludiu, por força deste aspecto do regime jurídico que as regula, as SRU – com o Estado, as Regiões Autónomas e os municípios –passaram a ser titulares de um "poder expropriativo" (para efeitos de execução das operações de reabilitação urbana)[332]: a conjugação do n.º 2 com a alínea *b)* do n.º 1 do artigo 6.º deixa claramente perceber que é a própria *potestas expropriandi* dos municípios[333] que se considera transferida para as SRU[334]. Apesar do silêncio da lei, afigura-se liquido que a competência para emitir a *declaração de utilidade pública* da expropriação pertence ao conselho de administração da SRU (além do mais, esse acto administrativo insere-se no processo de aquisição de um bem).

Nos termos do artigo 6.º/2, as competências acabadas de referir consideram-se *transferidas* para as SRU, que as exercerão em exclusivo, durante o procedimento de reabilitação urbana, nas respectivas zonas de intervenção.

Esta "transferência" e, consequentemente, a investidura de poderes de autoridade nas SRU apresentam, assim, limites *geográficos* (as competências são exercidas pelas SRU apenas nas respectivas zonas de intervenção) e limites de *natureza temporal* (as competências extinguem-se com o fim do procedimento de reabilitação urbana).

---

[332] Cfr., *supra*, Parte II, Cap. II, 3.2.2.1.As SRU não são portanto meras "entidades expropriantes" (sobre esta situação jurídica, cfr., *supra*, Parte II, Cap. II, 3.2.1.1.).

[333] Do artigo 14.º/2 do Código das Expropriações resulta que o poder de expropriação dos municípios só pode ser exercido "para efeitos de concretização de plano de urbanização ou plano de pormenor eficaz".

[334] O mesmo se diga em relação ao poder de constituição de servidões administrativas.

1.2. *Empresas municipais*

a) Empresas de capitais maioritariamente públicos (formato da LEMIR)

As empresas municipais de capitais maioritariamente públicos constituídas nos termos da LEMIR são *pessoas colectivas de direito privado*[335].

Sem fazer qualquer distinção em função do tipo de empresa, o artigo 6.º/2 da LEMIR habilita as autarquias locais a delegarem "poderes respeitantes à prestação dos serviços públicos nas empresas por elas constituídas nos termos da presente lei, desde que tal conste expressamente dos estatutos"[336] – a disposição não prima pela clareza quanto a dois aspectos: por um lado, não determina os concretos poderes que as autarquias podem delegar nas empresas, parecendo-nos, no entanto, que aí podem estar incluídos, pelo menos, os *poderes regulamentares* (*v.g.*, regulamentos de exploração do serviço), bem como os poderes de *cobrança de taxas*; por outro lado, também não se afigura clara quanto ao sentido da exigência de que "tal conste expressamente dos estatutos" (poderá entender-se que a delegação, ou a possibilidade dela, tem de estar *prevista nos estatutos*, ou que os poderes têm de ser delegados por via estatutária e *constar dos estatutos da empresa*).

Nos termos do artigo 39.º/2 da LEMIR, "é da competência dos tribunais administrativos o julgamento do contencioso de anulação de actos praticados pelos órgãos das empresas públicas quando actuem no âmbito do direito público, bem como o julgamento das acções emergentes dos contratos administrativos que celebrem e das que se refiram à responsabilidade civil que a sua gestão pública provoque". Apesar de se referir literalmente apenas às *empresas públicas*, os outros formatos estão, naturalmente, também abrangidos[337].

A propósito do exercício de poderes públicos por empresas municipais, tem-se colocado a questão de saber em que termos podem os municípios delegar em empresas a fiscalização do estacionamento nas vias públicas.

---

[335] Cfr., *supra*, Parte I, Cap. II, 2.3.

[336] Para o caso de haver delegação de poderes estabelece o artigo 6.º/3 que "os estatutos da empresa definirão as prerrogativas do pessoal da empresa que exerça funções de autoridade" (*v.g.*, documentação de infracções).

[337] Sobre o contencioso das empresas municipais, cfr. Rui Guerra da FONSECA, "Algumas questões", cit., p. 136 e ss.

Como se sabe, a fiscalização do cumprimento das disposições do Código da Estrada compete aos municípios nas vias públicas sob a respectiva jurisdição: cfr. artigo 7.º/1,*d),* do Decreto-Lei n.º 2/98, de 3 de Janeiro. Nos termos do artigo 7.º/3 deste diploma, a competência referida "é exercida também pelas polícias municipais, quando existam"[338]. Articulando essa competência municipal com o regime da LEMIR sobre empresas municipais, afigura-se-nos não existirem obstáculos à criação de uma empresa num dos formatos ali previstos, dedicada à fiscalização do estacionamento nas vias públicas. Como vimos, a LEMIR habilita as autarquias a delegarem "poderes" respeitantes à prestação de serviços públicos e, simultaneamente, a estabelecerem as "prerrogativas do pessoal da empresa que exerça funções de autoridade" (artigo 6.º, n.ºs 2 e 3).

Embora os municípios estivessem legalmente habilitados a criar empresas com o objecto referido e a estabelecer as prerrogativas do respectivo pessoal, o Decreto-Lei n.º 327/98, de 2 de Novembro[339], veio regular a matéria. Fê-lo, todavia, de forma pouco esclarecida.

De acordo com o respectivo sumário, inscrito na primeira página do *Diário da República,* o Decreto-Lei n.º 327/98 "atribui às empresas públicas municipais competência para a fiscalização do estacionamento de duração limitada". O disposto no sumário coloca imediatamente o problema de saber se o objectivo é o de atribuir a referida competência apenas às empresas públicas municipais, e não, por ex., às empresas de capitais maioritariamente públicos [artigo 1.º/3,c), da LEMIR]. Por outro lado, embora o sumário estabeleça que "atribui às empresas públicas municipais competência", é óbvio que o poder de atribuir essa competência (municipal) pertence aos municípios e não à lei. "Esquecendo-se" do sumário, o diploma estabelece, no artigo 1.º, o seguinte "é equiparado a agente de autoridade administrativa para o exercício das suas funções de fiscalização *o pessoal das entidades a que, no âmbito autárquico, incumbe ou venha a incumbir* a fiscalização do estacionamento de duração limitada na via pública". Quer dizer, afinal, o Decreto-Lei n.º 327/98 não se dirige às empresas públicas municipais, mas ao *pessoal* das "entidades a que, no âmbito autárquico, incumbe ou venha a incumbir a

---

[338] A Lei n.º 140/99, de 28 de Agosto, que estabelece o regime e a forma de criação das polícias municipais, estabelece, no artigo 4.º/1,*a),* que as polícias municipais são competentes em matéria de fiscalização do cumprimento das normas de estacionamento de veículos e de circulação rodoviária, incluindo a participação de acidentes de viação.

[339] Alterado, por apreciação parlamentar, pela Lei n.º 99/99, de 26 de Julho.

fiscalização do estacionamento". Diremos, por conseguinte, que o diploma não se propõe definir a quem podem os municípios confiar a fiscalização do estacionamento, mas tão-só equiparar o pessoal encarregado das acções de fiscalização e de documentação a agente de autoridade administrativa – nos termos do artigo 1.º/3, esse pessoal é competente para levantar autos de notícia, nos termos do artigo 151.º do Código da Estrada e para proceder às intimações e notificações previstas nos artigos 152.º a 155.º do mesmo Código. Ou seja, o Decreto--Lei n.º 327/98 esclarece o âmbito das competências dos agentes de fiscalização das entidades criadas pelos municípios. Na nossa interpretação, as entidades encarregadas dessa função podem ser: o município, directamente (através dos seus funcionários), as polícias municipais e qualquer empresa num dos formatos da LEMIR (não apenas as empresas públicas). Na medida em que seja criada uma empresa de capitais maioritariamente públicos com essa incumbência, teremos, então, um caso de exercício de poderes públicos por entidades administrativas em formato privado.

b) Empresa titular da concessão intermunicipal do serviço público de gestão urbana da zona de intervenção da Expo 98

Para a realização da Exposição Mundial de Lisboa (Expo 98) foi criada uma sociedade anónima de capitais exclusivamente públicos (*Parque Expo 98, S.A.*), que, além do mais, assumiu a propriedade e a gestão do conjunto dos solos compreendidos na zona de intervenção da Exposição. Terminada a Exposição, a *Parque Expo 98* ficou obrigada a transferir para o domínio dos Municípios de Lisboa e de Loures os espaços afectos ao uso directo e imediato do público, assim como as infra-estruturas de serviço público urbano implantadas no quadro de investimentos realizados por aquela empresa.

Com o objectivo de assegurar uma gestão conjunta e articulada entre os Municípios envolvidos e a *Parque Expo* foi constituída uma sociedade anónima participada pelas três entidades – *sociedade controlada pelos Municípios*, os quais têm de deter, pelo menos, 51% do respectivo capital social com direito a voto, acrescida da capacidade efectiva de designar a maioria dos membros do órgão de administração.

Pela Lei n.º 2/2001, de 8 de Fevereiro, foi o Governo autorizado a aprovar um regime jurídico de concessão do serviço público de gestão urbana, a atribuir àquela sociedade pelos Municípios de Lisboa e de

Loures[340]. No uso dessa autorização legislativa, surgiu o Decreto-Lei n.º 165/2001, de 23 de Maio, que aprovou as *Bases da concessão*. O preâmbulo do diploma esclarece a *ratio* da intervenção legislativa: "dada a especificidade do modelo de concessão intermunicipal visado pelas partes envolvidas, bem como a necessidade de habilitar os municípios a dotarem a futura empresa concessionária de um conjunto de poderes de natureza administrativa, essenciais ao bom desempenho do serviço público de gestão urbana de que ficará incumbida, importa, pois, estabelecer o regime jurídico-legal adequado".

A concessão, atribuída pelo prazo de 20 anos, tem por objecto as seguintes actividades: *a)* administração dos bens do domínio público municipal; *b)* manutenção e limpeza do espaço público; *c)* manutenção e limpeza dos espaços verdes e infantis; *d)* manutenção e gestão das infra-estruturas; *e)* manutenção e gestão da galeria técnica; *f)* ordenamento do trânsito rodoviário e pedonal; *g)* disciplina e fiscalização do estacionamento de veículos na via pública; *h)* disciplina e fiscalização da ocupação do espaço público; *i)* recolha e transporte de resíduos sólidos urbanos e equiparados, *j)* iluminação pública; *l)* prevenção da deambulação e remoção de animais nocivos; *m)* monitorização ambiental. Como se pode concluir, trata-se de um vasto conjunto de *tarefas tipicamente municipais*, que a lei abrangeu na genérica fórmula de "serviço público de gestão urbana".

Para o "bom desempenho" do serviço público concessionado, as *Bases da concessão* habilitam os Municípios a atribuir à concessionária um extenso "conjunto de poderes de natureza administrativa":

i) Poder regulamentar – A concessionária elabora e propõe aos concedentes os regulamentos relativos à prestação dos serviços compreendidos no âmbito da concessão, designadamente no que respeita ao ordenamento do trânsito, ao estacionamento de duração limitada, à ocupação do espaço público e à gestão de resíduos urbanos e equiparados na área da concessão. Os regulamentos são aprovados pelos concedentes, através

---

[340] Trata-se de uma *concessão multilateral*, que, noutro escrito, definimos como aquela que cria uma relação entre um concessionário e vários concedentes (*A Concessão,* cit., p. 131[88]). A pluralidade de concedentes coloca algumas dificuldades quanto ao desenvolvimento da relação de concessão, designadamente no que concerne à articulação dos interesses e das posições dos concedentes – *in casu*, sobre o exercício de poderes pelos concedentes e a regra do exercício desses poderes *de forma conjunta*, cfr. Base XLVII e ss.

dos órgãos municipais competentes, os quais *não podem introduzir alterações às propostas de regulamentos*, mas apenas formular sugestões e recomendações. A proposta de regulamento apresentada pela concessionária assume-se, assim, como uma *proposta obrigatória e vinculativa quanto ao conteúdo*: sem proposta, os concedentes não podem editar regulamentos relativos à prestação dos serviços concessionados; por outro lado, podem rejeitar a proposta (a rejeição tem de ser fundamentada), mas não podem impor alterações. A aprovação pelos Municípios não constitui, por conseguinte, um acto de mera integração de eficácia, apresentando-se antes como o acto constitutivo do procedimento regulamentar. Apesar disso, afigura-se óbvio que a sociedade concessionária exerce poderes públicos no âmbito do procedimento regulamentar (elaboração e proposta obrigatória vinculativa do regulamento).

ii) Aplicação de coimas – Estabelecendo que a violação dos regulamentos constitui contra-ordenação sancionada com coima (nos termos a fixar nos próprios regulamentos), as *Bases da concessão* atribuem ao conselho de administração da concessionária (com possibilidade de delegação em qualquer dos seus membros) "a competência para determinar a instrução dos processos de contra-ordenação e para a aplicação das coimas".

iii) Ordenamento do trânsito rodoviário e pedonal, bem como disciplina e fiscalização do estacionamento de duração limitada na via pública – Trata-se de uma competência essencialmente regulamentar; mas, além disso, a concessionária beneficia do facto de os seus trabalhadores serem legalmente equiparados a agentes de autoridade administrativa para efeitos do levantamento de autos de infracção no âmbito da fiscalização do estacionamento de duração limitada;

iv) Administração do domínio público – A concessionária atribui licenças de ocupação do domínio público municipal integrado no estabelecimento da concessão, bem como concessões de uso privativo do domínio público (que devem ser atribuídas por concurso público, sempre que o mesmo seja exigível para as concessões atribuídas pelos municípios); ademais, é competente para licenciar a publicidade exterior a instalar na área da concessão;

v) Cobrança de taxas – A concessionária fica autorizada a cobrar taxas pelo estacionamento de duração limitada na via pública, pela ocupação do espaço público, pela utilização da galeria técnica, pela ocupação do subsolo, pelo recolha e transporte de resíduos sólidos urbanos e equiparados, bem como pela afixação de publicidade exterior.

1.3. *Sociedades concessionárias de sistemas multimunicipais*

Por via das alterações à lei de delimitação de sectores introduzidas pelo Decreto-Lei n.º 372/93, de 29 de Outubro, foi permitido o acesso de capitais privados às actividades de captação, tratamento e distribuição de água para consumo público, de recolha, tratamento e rejeição de efluentes e de tratamento de resíduos sólidos urbanos.

Na sequência dessas alterações, o Decreto-Lei n.º 379/93, de 5 de Novembro, distinguiu os sistemas multimunicipais, da responsabilidade do Estado, e os sistemas municipais, da responsabilidade dos municípios: nos termos desse diploma, são multimunicipais os sistemas que sirvam pelo menos dois municípios e exijam um investimento predominante a efectuar pelo Estado em função de razões de interesse nacional. A gestão dos sistemas pode ser directamente efectuada pelo Estado ou atribuída, em regime de concessão, a entidades públicas de natureza empresarial ou a sociedades de capitais exclusiva ou maioritariamente públicos. Em geral, adoptou-se o modelo da concessão da gestão dos sistemas multimunicipais a sociedades de capitais maioritariamente públicos[341]: apesar de pertencerem ao *sector público* e de gerirem um serviço estadual, as sociedades concessionárias podem não ser empresas públicas do sector empresarial do Estado, porquanto a lei não exige a influência dominante do Estado – em regra, os diplomas que criam os sistemas multimunicipais e que procedem à atribuição das concessões exigem a partilha da *participação pública* (que terá de corresponder à maioria do capital social: 51%) pelos municípios utilizadores dos sistemas e pelo Estado[342], mas os municípios *podem* deter uma participação maioritária[343]; as concessionárias consubstanciam, pois, entidades privadas da

---

[341] Cfr. Decreto-Lei n.º 294/94, de 16 de Novembro (regime da concessão de sistemas multimunicipais de tratamento de resíduos sólidos urbanos), Decreto-Lei n.º 319/94, de 24 de Dezembro (regime da concessão de sistemas multimunicipais de captação, tratamento e distribuição de água para consumo público), Decreto-Lei n.º 162/96, de 4 de Setembro (regime da concessão de sistemas multimunicipais de recolha, tratamento e rejeição de efluentes).

[342] Na fase de constituição das sociedades, a participação pública é, em regra, dividida em duas tranches: 51% para a Empresa Geral do Fomento, S.A., e 49% para os municípios utilizadores.

[343] Cfr. o Decreto-Lei n.º 439-A/99, de 29 de Outubro, que alterou o artigo 3.º-A do Decreto-lei n.º 372/93, na redacção que lhe havia sido dada pela Lei n.º 176/99, de 25 de Outubro.

Administração, de natureza mista, estadual e municipal, que, nos termos do artigo 6.º da LSEE, tanto podem integrar o sector empresarial do Estado como o sector empresarial municipal.

As sociedades concessionárias de sistemas multimunicipais detêm poderes públicos normativos: elaboram os *regulamentos de exploração e serviço*. Tais regulamentos não prescindem de parecer dos municípios utilizadores, a emitir no prazo de 60 dias. Após a recepção do parecer ou decorrido o prazo para a sua emissão, são submetidos a aprovação ministerial, a qual se terá por concedida se não for expressamente recusada no prazo de 30 dias. Uma vez aprovados (eficazes), os regulamentos das concessionárias obrigam os municípios utilizadores. Além disso, as sociedades celebram contratos administrativos de empreitada nos termos do regime jurídico das empreitadas de obras públicas: nesse âmbito, exercem poderes públicos contratuais[344].

2. Outras entidades administrativas privadas

a) Santa Casa da Misericórdia de Lisboa

Até 1991 – e desde 1983 –, não assumia nitidez a natureza jurídica da Santa Casa da Misericórdia de Lisboa (SCML)[345]. Naquele ano, com o

---

[344] Nos termos do artigo 4.º-A do Decreto-Lei n.º 379/93, aditado pelo Decreto-Lei n.º 103/2003, de 23 de Maio, o Governo pode, mediante decreto-lei, atribuir "direitos especiais ou exclusivos" às sociedades.

[345] A questão da natureza jurídica da SCML foi tratada pelo Conselho Consultivo da PGR em diversas ocasiões: em pareceres de 1959, de 1960, de 1973 e de 1976, aquele Conselho sempre entendeu que a instituição tinha a natureza de uma *pessoa colectiva de utilidade pública administrativa* – todos os referidos pareceres foram emitidos na vigência do Decreto-Lei n.º 40397, de 24 de Novembro de 1955, cujo artigo 1.º estabelecia: "a Santa Casa da Misericórdia de Lisboa (...) goza de personalidade jurídica e autonomia administrativa e financeira (...)". Por força de uma norma do Estatuto das Instituições Privadas de Solidariedade Social (1979), que expressamente a qualificava como instituto público, a PGR teve de abandonar a sua tese tradicional (Parecer n.º 17/82). A revogação daquela norma (em 1983) estaria na origem da recuperação da tese tradicional da PGR, acolhida no Parecer n.º 17/82 (Complementar), que volta a qualificar a SCML como uma *pessoa colectiva de utilidade pública administrativa*.

Na doutrina, Diogo Freitas do AMARAL, na 1.ª edição do seu *Curso de Direito Administrativo*, entendia que a SCML constituía um *instituto público*, embora defendesse que deveria voltar a ser uma *instituição particular de utilidade pública* (cfr. p. 325[1]); na 2.ª edição, p. 352, o Autor refere-se à transformação da instituição em *pessoa colectiva de utilidade pública administrativa*.

Decreto-Lei n.º 322/91, de 26 de Agosto[346], que aprovou os seus novos Estatutos, a questão ficou resolvida: a Misericórdia de Lisboa passava a ser legalmente considerada uma *pessoa colectiva de direito privado de utilidade pública administrativa*[347].

A SCML prossegue fins de acção social, de prestação de cuidados de saúde, e educação e cultura e de promoção da qualidade de vida, sobretudo em proveito dos mais desprotegidos. Desenvolve ainda, por incumbência ou em conjugação com o Estado e outras entidades públicas, as missões de serviço ou interesse público que lhes sejam confiadas. Como meio de obtenção de receitas, é concessionária da exploração de lotarias, do totobola, do totoloto e de outros jogos, em regime de exclusivo para todo o território nacional.

Constituindo uma entidade privada, a SCML parece-nos dever qualificar-se como um *instituto privado do Estado*. O Governo exerce sobre ela vastos poderes de tutela e de superintendência – define as orientações gerais de gestão, determina os critérios de actuação e os objectivos a prosseguir, autoriza, aprova e homologa inúmeros actos, regras e negócios jurídicos da instituição, fiscaliza a sua actividade: é, de facto, o Governo que "determina, estabelece ou marca a agenda" da instituição[348], além de nomear os titulares dos órgãos de administração (Provedor e Mesa), assim como a maioria dos titulares dos órgãos consultivos e de fiscalização[349].

Nos termos do artigo 5.º/1 dos Estatutos, a SCML "exerce a sua actividade em conformidade com a sua natureza", o que quer dizer que a instituição actua em regra segundo o direito privado, no exercício da sua capacidade geral de direito privado.

---

[346] Alterado pelo Decreto-Lei n.º 469/99, de 6 de Novembro.

[347] Apesar da qualificação legal expressa, há autores que sustentam assumir a SCML a natureza de *pessoa colectiva de direito público*: é o caso de Mário Esteves de Oliveira e de José Gabriel Queiró, como se conclui do Parecer PGR n.º 11/95. Como se afirma nesse Parecer, não se afigura legítimo tomar por meramente despiciendo o intuito do legislador manifestado no preceito que qualifica a SCML como pessoa colectiva de utilidade pública administrativa. No sentido da natureza privada da SCML, cfr. Marcelo Rebelo de SOUSA, "Os novos estatutos", cit., p. 69 e ss; J.C. Vieira de ANDRADE, "Os novos estatutos", cit., p. 101.

[348] Cfr. F. Licínio Lopes MARTINS, "O Conceito de Norma", cit., p. 637.

[349] Para efeitos de aplicação dos procedimentos de adjudicação de contratos públicos, a SCML é um *organismo de direito público* – cfr. anexos das Directivas 93/36/CE e 97/52/CE. Sobre o conceito de organismo de direito público, cfr., *supra*, Parte I, Cap. II, 2.

Todvia, o artigo 5.º/3 estabelece que "a Misericórdia de Lisboa, sempre que por lei expressa lhe for concedido, *goza da capacidade para a prática de actos jurídicos de direito público*, nomeadamente no que respeita à regulamentação, organização e exploração dos seus serviços e instituições anexas em matérias das suas atribuições e competência".

Apesar de na aparência se limitar a fixar um princípio de possibilidade de atribuição legal (expressa) de capacidade para a prática de actos jurídicos de direito público à SCML, o diploma que aprova Estatutos contém normas que procedem a essa atribuição. Assim, por ex., o artigo 7.º, sobre subsídios, prestações e serviços a prestar pela instituição, estabelece que estes se processam de acordo com os critérios e nos termos estabelecidos pela mesa, tomando em conta a necessária harmonização com os critérios de política geral definidos pela tutela; ora, estando em causa subsídios e prestações de *direito público*, no âmbito de sistemas cuja gestão esteja confiada à instituição, parece de considerar que os critérios e termos do respectivo processamento – definidos pela mesa – são *regulamentos administrativos*. Por outro lado, uma vez que o pessoal com vínculo definitivo à instituição na data da entrada em vigor dos Estatutos estava sujeito a um regime público e era titular de um estatuto de *funcionário público*[350], a SCML ficou investida da competência para a prática de actos jurídicos públicos no âmbito das relações de emprego público que mantém com esses funcionários (que não exerceram o direito de opção pelo regime jurídico do contrato individual de trabalho[351]): a progressão na carreira e a disciplina sobre os funcionários são reguladas por actos jurídicos de direito público[352].

---

[350] Nesse sentido: AcTC n.º 229/94 ["os trabalhadores da Santa Casa da Misericórdia de Lisboa (...) tinham um estatuto de *funcionários públicos*"], e Parecer PGR n.º 64/95 ("*o regime jurídico-funcional do pessoal da ML estava essencialmente moldado segundo um regime de direito público* – os seus trabalhadores estavam sujeitos a uma relação de emprego público, podendo mesmo afirmar-se que tinham um estatuto de *funcionários públicos*"). De acordo com o Parecer PGR n.º 38/2002, o pessoal da SCML cuja nomeação teve lugar antes da entrada em vigor do Decreto-Lei n.º 322/91, muito embora empossado nos respectivos cargos já na vigência desse diploma, adquiriu pela nomeação o *status* legal de funcionário público.

[351] Referindo-se à dualidade de regimes jurídicos dos trabalhadores da Misericórdia de Lisboa, cfr. Maria João Estorninho, *A Fuga,* cit., p. 71

[352] Por isso mesmo, o pessoal com estatuto público que não tenha optado pelo regime do contrato individual de trabalho goza dos direitos próprios dos funcionários públicos, designadamente o de recorrer para o ministro dos actos dos órgãos da Misericórdia de Lisboa relativos a concursos de promoção – cfr., sobre isso, Parecer PGR n.º 64/95.

Como meio de obtenção de receitas, a SCML beneficia da concessão de direitos de promover jogos e concursos de apostas mútuas em regime de exclusivo para todo o território nacional: *lotarias*, *Totobola*, *Totoloto*, *Joker* e *Totogolo*[353]. A gestão dos jogos cabe ao designado *Departamento de Jogos*, serviço integrado na Misericórdia de Lisboa, cuja direcção é presidida pelo provedor. Além da direcção, são órgãos do *Departamento de Jogos* os *júris dos concursos*, de *extracções* e de *reclamações*.

No âmbito da gestão dos jogos, também estão confiados poderes públicos à SCML: assim, o artigo 23.º do Decreto-Lei n.º 84/85, de 28 de Março, depois de tipificar certas condutas como *contra-ordenações* – promoção, organização ou exploração de concursos de apostas mútuas ou de outros sorteios idênticos, com violação do exclusivo da Misericórdia, bem como a emissão, distribuição ou venda dos respectivos bilhetes ou boletins e a publicitação da sua realização –, dispõe no n.º 6 que a mesa da Misericórdia de Lisboa *"é competente para aplicação das sanções previstas no presente diploma (...), e o produto das coimas e da venda dos bens e valores apreendidos integrará o produto líquido da exploração dos concursos"*[354]: as infracções são punidas com coimas e sanções acessórias (apreensão e perda de bens ou valores utilizados para a perpetração da infracção). Além do exclusivo da exploração dos jogos, a instituição tem portanto ao seu dispor meios de defesa dos direitos exclusivo de que é titular, estando habilitada a punir quem os viole.

Ainda no domínio da exploração dos jogos sociais, há que ter em conta as competências públicas dos júris. Os júris são órgãos de composição mista: além de membros da direcção do *Departamento* ou representantes da Misericórdia de Lisboa, há representantes do Governo Civil de Lisboa e da Inspecção-Geral de Finanças; no caso de júri de reclamações, exerce a função de presidente um magistrado judicial, designado pelo Ministro da Justiça.

---

[353] *Totobola* e *Totoloto*: Decreto-Lei n.º 84/85, de 28 de Março, republicado, depois de várias alterações, em anexo ao Decreto-Lei n.º 317/2002, de 27 de Dezembro. *Joker*: Decreto-Lei n.º 412/93, de 21 de Dezembro (alterado pelo Decreto-Lei n.º 225/98, de 17 de Julho). *Totogolo*: Decreto-Lei n.º 225/98, de 17 de Julho. *Lotaria Instantânea*: Decreto-Lei n.º 314/94, de 23 de Dezembro.

[354] A apreciação dos processos de contra-ordenação respeitantes a explorações ilícitas de lotarias, de apostas mútuas ou outros jogos e actividades similares cabe ao *Departamento de Jogos*; cfr. artigo 3º/1,*j*), do respectivo Regulamento.

Entre outras incumbências, cabe ao *júri dos concursos* superintender nos sorteios que decorrerem das normas regulamentares; das deliberações que tomar apenas há recurso para o *júri de reclamações*. O *júri
das extracções* está incumbido de superintender e fiscalizar todas as
operações inerentes à realização das extracções, fiscalizar a extracção
dos números e dos prémios que lhes correspondem e resolver as dúvidas
que vierem a suscitar-se quanto à interpretação das normas constantes
dos regulamentos gerais das extracções; das deliberações que adoptar
apenas cabe recurso para o *júri de reclamações*. A este compete deliberar sobre os recursos das decisões dos júris dos concursos e das extracções, assim como deliberar sobre as reclamações que vierem a ser apresentadas (pelos interessados), nos termos da lei. As deliberações do júri
de reclamações não são recorríveis graciosamente; os interessados podem
impugná-las no Tribunal Administrativo de Círculo de Lisboa[355].

b) Comissão Regional de Cristalaria da Região do Vidro da Marinha
    Grande

Pelo Decreto-Lei n.º 154/99, de 10 de Maio, foi criada a *Região do
Vidro da Marinha Grande*. Como em geral sucede com a criação de
regiões demarcadas (por ex., vinhos e queijos), o legislador procurou
promover a matriz cultural da Região, que representa o centro da indústria vidreira em Portugal, defender os interesses do sector da cristalaria,
numa perspectiva de defesa da qualidade e de promoção do produto,
tanto a nível nacional como internacional (artigo 2.º).

Associada à Região, foi criada a marca *MG*, de que apenas poderão
beneficiar os produtos de cristalaria conformados manual ou semima-
nualmente (ou esses produtos transformados, quando já detentores da
marca *MG*), desde que fabricados por entidades estabelecidas na Região.

A criação da referida *marca de qualidade* surge assim como o
objectivo fundamental do Decreto-Lei n.º 154/99. Todavia, o diploma
vai mais longe, e protege também a própria denominação de origem
Região de Vidro da Marinha Grande: o artigo 11.º tipifica como contra-
-ordenação qualquer utilização dessa denominação em produtos não pro-

---

[355] Cfr. artigos 22.º/3 do Regulamento do *Totobola* (Portaria n.º 549/2001, de 31 de
Maio), 17.º/3 do Regulamento do *Joker* (Portaria n.º 550/2001, de 31 de Maio), 24.º do
Regulamento da *Lotaria Nacional* (Portaria n.º 551/2001, de 31 de Maio), 21.º/3 do
Regulamento do *Totoloto* (Portaria n.º 553/2001, de 31 de Maio) e 22.º/3 do Regulamento
do *Totogolo* (Portaria n.º 554/2001, de 31 de Maio).

duzidos e comercializados em conformidade com o que nele se estabelece. Assim, a denominação de origem só pode ser usada pelos fabricantes autorizados a usar a marca MG.

A competência para atribuir a marca *MG* está entregue à criada *Comissão Regional da Cristalaria*, "uma pessoa colectiva de direito privado, de natureza associativa e sem fins lucrativos" (artigo 3.º/2).

A *Comissão*, uma associação de direito privado criada por lei[356], tem quatro órgãos – conselho geral, comissão executiva, conselho fiscal e conselho técnico –, destacando-se a composição mista do conselho geral: quatro representantes do Estado, dois dos dois municípios abrangidos pela Região, um do Centro Tecnológico da Cerâmica e do Vidro, um das escolas do ensino técnico-profissional e centros de formação específicos do sector, caso existam, e sete das empresas, indicados pela Associação Industrial de Cristalaria.

A tarefa essencial da *Comissão* consiste em conceder autorizações de utilização da marca *MG* às empresas interessadas – além disso, deve dinamizar acções de promoção da Região e do produto e acções e projectos destinados a contribuir para a melhoria dos processos tecnológicos, organizacionais e de gestão das empresas que fabricam e transformam produtos de cristalaria, bem como todas as acções necessárias à aplicação do regime previsto no diploma e nos estatutos da própria Comissão.

A autorização da utilização da marca, também regulada pela Portaria n.º 395/99, de 29 de Maio, pressupõe basicamente a emissão de um *certificado* que atesta a capacidade da empresa requerente para ser titular da marca. Na posse do certificado e, nessa medida, *autorizada a usar a marca*, a empresa interessada terá de adquirir junto da *Comissão* os *selos de garantia*, destinados à marcação dos produtos. A Portaria atribui ainda à *Comissão* a competência para elaborar o *regulamento da marca*, que define as condições e os requisitos que os interessados devem preencher para poderem obter o certificado e serem autorizados a utilizar a marca.

---

[356] A criação de uma associação de direito privado suscita as mais sérias reservas do ponto de vista da constitucionalidade; cfr. Vital Moreira, *Administração Autónoma*, cit., pp. 398 e 561. Salvo quanto à criação por lei, a *Comissão* está muito próxima daquilo que a doutrina francesa designa por *associações administrativas* de composição mista, semi-pública, semi-privada: cfr. NEGRIN, "Les associations", cit., p. 129 e ss; BRICHET, "Le rôle des associations privées dans la vie administrative", p. 123; Vital MOREIRA, *Administração Autónoma,* cit., p. 285.

Embora competente para fiscalizar as empresas detentoras de autorização do uso da marca *MG* (artigo 9.º), a *Comissão* não tem poderes sancionatórios: sem distinguir entre fabricantes autorizados ou não autorizados a usar o certificado da marca, prescreve o artigo 11.º que a utilização da denominação de origem *Região de Vidro da Marinha Grande* ou da marca *MG* em produtos não produzidos ou comercializados em conformidade constitui uma contra-ordenação, punível com coima e sanções acessórias. A competência para aplicar coimas e sanções acessórias pertence à Comissão de Aplicação de Coimas em Matéria Económica (artigo 13.º).

PARTE IV
Delegação e exercício de poderes públicos de autoridade por entidades privadas – configuração constitucional e regime jurídico

Encontrando-nos, neste momento, em condições de identificar o fenómeno do exercício de poderes públicos de autoridade por entidades privadas e conhecendo já algumas das suas manifestações no direito positivo português, é altura de passarmos à análise de três tópicos essenciais: *i)* enquadramento constitucional do exercício privado de poderes públicos; *ii)* regime jurídico da delegação de poderes públicos em entidades privadas; *iii)* regime jurídico do exercício de poderes públicos por entidades privadas.

O primeiro capítulo desta parte é dedicado à análise do primeiro desses temas; o segundo versa sobre os outros dois.

CAPÍTULO I
Enquadramento constitucional

No presente capítulo analisa-se o tema do mapa constitucional da delegação de poderes públicos de autoridade em entidades privadas.

A "questão constitucional" do exercício de poderes públicos de autoridade por entidades privadas gira em torno de dois eixos fundamentais: um, relacionado com a possibilidade e os limites da delegação; um outro, relativo às condições ou termos do eventual acolhimento ou viabilização constitucional dessa possibilidade.

A análise das referências constitucionais respeitantes ao exercício privado de poderes públicos reclama a destrinça entre a situação das entidades administrativas privadas e a das entidades particulares. Com efeito, impõe-se, neste contexto, chamar a atenção para o facto de a delegação de poderes em entidades particulares suscitar um leque de questões que não existe no cenário da delegação em entidades administrativas privadas. A *irredutível ambivalência*[1] ou *dualidade* e a *situação contraditória* em que se encontram as entidades particulares com funções e poderes públicos[2] convocam, desde logo, um discurso centrado nos riscos de conflitos de interesses e na exigência de salvaguardas que parece não fazer muito sentido no caso da delegação de poderes em entidades administrativas privadas. A necessária destrinça, quanto a este aspecto, entre a situação dos verdadeiros particulares e a das entidades administrativas privadas está patente na análise separada que se efectua nos dois números em que se divide a exposição do presente capítulo.

---

[1] A expressão é inspirada na referência que Vital MOREIRA, *Administração Autónoma*, cit., p. 559, faz ao facto de "as associações privadas dotadas de funções [serem] irredutivelmente ambivalentes".

[2] Referindo-se ao *estatuto duplo* ou à *estruturação dualista* das entidades particulares com funções e poderes públicos, cfr., respectivamente, STEINER, *Öffentliche*, cit., p. 264; BURMEISTER, *Herkunft*, cit., p. 230.

1. Delegação em particulares

Começamos por concentrar a atenção no tema da constitucionalidade da delegação de poderes públicos em *entidades particulares* (genuinamente privadas). Importa observar que no nosso horizonte está exclusivamente a figura da *delegação de poderes públicos* e não, em geral, o tema da investidura de funções públicas em entidades particulares. A este propósito, deve, contudo, recordar-se que, em muitos casos, a delegação de poderes públicos não se assume como uma ocorrência *destacável* da investidura de funções públicas[3]. Assim, por ex., a discussão do tema da constitucionalidade da delegação de poderes públicos de regulamentação e de certificação de um produto inclui ou pressupõe a análise e a clarificação sobre a própria participação de entidades particulares no exercício das funções públicas a que aqueles poderes dizem respeito. Mas a situação configura-se já em termos diferentes em casos como o da delegação de poderes de autoridade em empresas que gerem serviços públicos económicos, posto que a delegação pode agora ser isolada ou destacada do exercício de funções públicas.

1.1. *Tendências de abordagem da questão constitucional*

Numa visão panorâmica e resumida das orientações que se detectam na doutrina sobre o tema da admissibilidade constitucional da delegação de poderes públicos em particulares, pode dizer-se que, com algumas excepções, o centro actual do debate reside menos na questão de saber se a delegação é constitucionalmente possível do que na definição do *âmbito*, na determinação dos *limites* e no estabelecimento das *condições constitucionais* da delegação[4].

Apesar dessa concepção mais ou menos generalizada, reveste todo o interesse conhecer as grandes tendências que, no direito estrangeiro e no direito português, se têm vindo a desenhar sobre a questão; depois desse trabalho, apresentaremos o nosso modo de perceber as dimensões dessa questão e, sobretudo, de a resolver.

---

[3] Sobre isso, cfr., *supra*, Parte II, Cap. II, 2.3.

[4] Neste sentido, cfr. MENNACHER, Ob. cit., p. 110; STEINER, *Öffentliche*, cit., p. 259, e "Fragen", cit., 614.

Antes de passarmos a essa exposição, cumpre ainda chamar a atenção para o facto de a problemática constitucional se dever, em larga medida, ao silêncio dos textos constitucionais sobre a possibilidade (ou a impossibilidade) de participação de particulares na execução de funções públicas e, em particular, no exercício de poderes públicos – neste contexto de omissão generalizada, parece ocupar um lugar especial a Constituição Federal da Confederação Suíça de 1999, que, no seu artigo 179.º, n.º 3, autoriza expressamente o legislador a confiar a execução de "tarefas administrativas a organismos e a pessoas (...) de direito privado exteriores à administração federal"[5]. Esta norma constitucional responde directamente às reservas de uma parte da doutrina quanto à viabilidade da participação de particulares na execução de tarefas públicas sem fundamento constitucional específico para o efeito[6].

1.1.1. *Discurso da proibição*

Embora sufragada por uma doutrina claramente minoritária, não pode ignorar-se na presente investigação a tese que advoga a *impossibilidade constitucional* da delegação de poderes públicos em entidades particulares.

Trata-se de uma orientação defendida, na Alemanha, por W. Reuß e por H. H. Rupp.

Para Reuß, o silêncio da *GG* sobre a possibilidade de delegação deveria ser interpretado como uma "absoluta proibição constitucional". A *GG* indica, nos artigos 83 e ss, as instâncias encarregadas da função administrativa, não prevendo a possibilidade de delegação em entidades particulares. Por esta razão, sem autorização constitucional expressa, não pode aceitar-se a delegação: trata-se de uma figura que está em contradição manifesta com os princípios de uma democracia parlamentar,

---

[5] O teor da norma assume uma relevância muito particular, se se tiver em consideração que o projecto de Constituição consagrava que a lei poderia delegar a execução de tarefas administrativas em instituições de direito público ou, *excepcionalmente, em pessoas de direito privado*. Cfr. BURNET, Ob. cit., p. 126[75].

[6] Sobre essas dúvidas, cfr. BURNET, Ob. cit., p. 123. Cfr. ainda KNAPP, "La collaboration", cit., p. 366 e ss: o Autor procura passar ao lado da discussão sobre se não deveria ser considerada inconstitucional a entrega (sem base constitucional) de funções públicas a particulares, acabando, contudo por defender que essa participação se encontra legitimada pelo *costume* (prática duradoura largamente admitida).

abrindo as condições para a instituição de um arriscado "neo-feudalismo" (submissão do interesse público aos interesses privados). Estes efeitos manifestam-se abertamente contrários à Constituição, pelo que, do silêncio desta, só é legítimo deduzir-se a impossibilidade ou a proibição da delegação (*Beleihungsverbot*)[7].

Com fundamentos diferentes, também Rupp sustentou a inconstitucionalidade da delegação de funções e poderes públicos em particulares. Segundo o Autor, quando comparado com o exercício de funções públicas pelo Estado ou por outras organizações públicas, o exercício de funções públicas por particulares revela-se nefasto para os cidadãos (administrados), ao diminuir drasticamente as garantias do direito público de que estes beneficiariam se a acção pública proviesse do Estado. Este perigo deve-se, segundo Rupp, ao facto de os particulares com funções públicas não estarem sujeitos às vinculações de direito público (*v.g.*, vinculações pelos direitos fundamentais), porquanto o direito público regula as relações jurídicas entre Estado e particulares e não aquelas que se desenvolvem entre os particulares. A delegação de funções públicas está, por outro lado, associada aos perigos de uma "feudalização do Estado" e da apropriação privada das funções estaduais[8].

Já nos nossos dias, coube a K. A. Schachtschneider ressuscitar a doutrina da proibição da delegação de poderes públicos em particulares. Raciocinando sobretudo a propósito da delegação de funções públicas em indivíduos titulares das designadas profissões públicas independentes, entende o Autor que a *Beleihung* representa uma forma viciada do direito da organização administrativa. Além do mais, a figura infringe o princípio democrático, na medida em que o poder passa a ser exercido por pessoas que não representam o povo, nem foram escolhidas por este. Recuperando a ideia de Reuß, entende que, no silêncio da Constituição, o

---

[7] Cfr. REUSS, "Die Organisation", cit., p. 128 e ss, e "Öffentliche Verwaltung durch Private" (recensão à monografia de Udo Steiner), p. 930. Sobre a tese do Autor (em termos críticos), cfr. MENNACHER, Ob. cit., p. 88; BANSCH, Ob. cit., p. 59; STEINER, *Öffentliche*, cit., p. 256[23].

[8] Cfr. RUPP, *Privateigentum an Staatsfunktionen?*, cit., p. 23 e ss. Para uma apreciação crítica da tese de Rupp, sobretudo quanto à premissa segundo a qual as vinculações de direito público não se aplicam aos particulares com funções e poderes públicos, cfr. BANSCH, Ob. cit., pp. 59-60; STEINER, *Öffentliche*, cit., p. 264; OSSENBÜHL, "Die Erfüllung", cit., p. 193.

exercício do poder público não é susceptível de transferência para particulares. Esta transferência, para ser possível, teria de encontrar um fundamento constitucional expresso[9].

Em Espanha, várias disposições legislativas estabelecem a regra da proibição de delegação em particulares (e em entidades administrativas privadas) da *autoridade inerente aos poderes públicos*[10]. Como já escrevemos na Introdução, uma parte da doutrina acompanha o espírito dessa legislação, revelando uma nítida desconfiança em relação ao exercício de poderes públicos por particulares e salientando que as referências legais se limitam a representar a positivação de uma regra de proibição que decorre dos princípios gerais do direito[11]; essas referências constituem, por conseguinte, o mero reflexo normativo de uma regra de âmbito geral, inscrita no ordenamento jurídico espanhol, segundo a qual se exige a forma pública da personalidade jurídica para o exercício de poderes públicos de autoridade[12].

Por fim, também no direito norte-americano se encontram referências a uma "reacção de choque" dos tribunais estaduais às *delegações privadas*, considerando-se, por vezes, que tais delegações põem em causa valores fundamentais da democracia e enfatizando-se que os particulares não têm uma tradição institucional de servir o interesse público[13]. Esta versão mais radical da "doutrina da não delegação", afigura-se, contudo, pouco consistente, e conhece afloramentos meramente episódicos. Contudo, como informa Jody Freeman, não pode menosprezar-se uma certa *resistência cultural* – baseada, segundo a Autora, numa perspectiva tradicionalista –, acompanhada de um *visceral cepticismo*, pelo menos em relação à delegação em particulares de certas funções e poderes públicos essenciais[14]. Trata-se, em qualquer caso, de uma orientação desarticulada, que radica a sua fonte na pura intuição e que, por isso mesmo, carece de doutrina consistente e fundamentada.

---

[9] Cfr. SCHACHTSCHNEIDER, *Der Anspruch*, cit., pp. 246 e ss e 295 e ss.

[10] Artigo 15.º/5 do Regime jurídico das administrações públicas e do procedimento administrativo comum; artigos 155.º/1 e 196.º/4 da Lei de Contratos da Administração Pública.

[11] Cfr. BERNARD-FRANK MACERA, *El deber*, cit., p. 306 e ss, e "La problemática", cit., p. 1619 e ss.

[12] Cfr. RIVERO ORTEGA, *El Estado*, cit., p. 155.

[13] Sobre esta visão, cfr. LAWRENCE, Ob. cit., p. 650; FREEMAN, "Private parties", cit., p. 850 e ss, e "The contracting state", cit., p. 172 e ss; METZGER, Ob. cit., p. 1437 e ss.

[14] Cfr. FREEMAN, "Private parties", cit., p. 854 e ss.

1.1.2. *Discurso liberal*

Num sentido oposto à orientação anterior encontra-se a tese que advoga a liberdade de conformação legislativa em matéria de delegação de poderes públicos em particulares. Numa versão mais radical, protagonizada por Jody Freeman, enfatiza-se a inexistência de limites específicos da delegação de poderes e adianta-se que a delegação não carece de uma legitimação constitucional expressa.

Esta tese considera que a ausência de uma linha coerente a separar as esferas do público e do privado põe abertamente em causa a tradicional atitude doutrinal – "formalista" e "conceptualista" – que ensaia descortinar a subsistência de *funções essencialmente públicas*, insusceptíveis de delegação em particulares. Segundo Freeman, ao longo da história, há poucas funções públicas, mesmo as consideradas essenciais e nucleares ("core governmental functions"), que não tenham sido exercidas por particulares. Por outro lado, a delegação pode ter os efeitos benéficos de evitar a concentração do poder, ao fragmentar e descentralizar a autoridade[15], bem como o de abrir o sistema de acção pública à inovação e à criatividade dos actores privados[16]. Ainda que deva observar certas precauções[17], a delegação de funções e de poderes públicos em actores privados apresenta-se, em princípio, como uma possibilidade constitucional que praticamente não conhece limites.

Embora não apareça formulada nos mesmos termos, nem abertamente com as implicações acabadas de referir, o discurso liberal nesta matéria também encontra algum eco no direito alemão, designadamente por força da articulação, feita por F.-H. Frantzen, entre a delegação de funções públicas em particulares e o *princípio da subsidiariedade*. De acordo com este ponto de vista, o princípio da subsidiariedade (nas relações horizontais, entre Estado e Sociedade) reclama que o Estado não assuma a responsabilidade de executar tarefas e funções públicas que possam ser executadas, sob fiscalização pública, por particulares[18].

---

[15] Cfr. FREEMAN, "Private parties", cit., p. 851 e ss e "Private role", cit., p. 580 e ss.

[16] Cfr. FREEMAN, "Extending public law norms", cit., p. 1289.

[17] Neste contexto, o *contrato* apresenta-se como um instrumento essencial, de prescrição e de quantificação das metas a atingir pelas entidades particulares que desempenham funções públicas; sobre o contrato como "accountability mechanism", cfr. FREEMAN, "The contracting state", cit., p. 201 e ss.

[18] Cfr. FRANTZEN, Ob. cit., pp. 143-4. Para a crítica da invocação do princípio da subsidiariedade neste contexto, cfr. BANSCH, Ob. cit., p. 138; Steiner, *Öffentliche*, cit., p. 252.

Na doutrina portuguesa, Paulo Otero também alude ao "exercício privado de funções públicas" como uma manifestação do princípio da subsidiariedade da organização administrativa[19] e mesmo como uma forma de aprofundamento da democracia participativa[20].

A invocação do princípio da subsidiariedade neste contexto significa encontrar, mais do que um fundamento, um verdadeiro tópico ou um princípio de ordenação favorável e indutor da delegação de funções públicas em particulares. É para este sentido que aponta, pelo menos, a tese defendida por Frantzen.

No direito espanhol, onde, como se referiu, parte da doutrina se revela fortemente céptica quanto à possibilidade da delegação, outros autores, em sentido oposto, esclarecem que não há uma proibição constitucional da transferência de funções decisórias públicas para sujeitos privados, nem tão-pouco uma disposição que atribua em regra o exercício da função pública a entidades públicas. As referências legais genéricas que se encontram no ordenamento jurídico espanhol apenas impedem a Administração de, por sua iniciativa, proceder à delegação, mas não inibem naturalmente o legislador de definir regimes especiais a prever expressamente essa possibilidade[21].

1.1.3. *Discursos intermédios*

Entre os dois discursos mais ou menos extremados acabados de referir situam-se várias teses e posições doutrinais, que aqui vão ser consideradas como adoptando um discurso intermédio. Evitando misturar ou confundir estas várias posições, vamos dividi-las em dois grupos, segundo um critério que assenta na maior (a) ou menor (b) abertura de princípio à possibilidade de delegação.

a) Delegação possível, mas com limites
Uma parte significativa da bibliografia estrangeira aborda o tema da possibilidade constitucional da delegação de poderes públicos em particulares de acordo com um discurso baseado numa premissa liberal,

---

[19] Cfr. Paulo OTERO, *O Poder de Substituição*, cit., p. 51. Como teremos oportunidade de confirmar, o Autor revela-se, contudo, adepto de uma tese fortemente restritiva quanto à delegação de poderes públicos de autoridade em entidades privadas.
[20] Cfr. Paulo OTERO, "Coordenadas", cit., p. 50.
[21] Cfr. ESTEVE PARDO, *Autorregulación*, cit., p. 179.

embora mitigada pela referência à existência de limites. De acordo com esta linha de argumentação, a delegação aparece configurada como uma possibilidade constitucional ao dispor do legislador, embora haja alguns limites que este não pode deixar de considerar.

Na Alemanha, o ponto de partida desta doutrina baseia-se, em larga medida, no disposto no artigo 33, IV, da *GG*, que estabelece uma *reserva da função pública* em benefício de um grupo de pessoas determinado (funcionários públicos); nele se dispõe que o "exercício, com carácter permanente, de competências públicas deverá em regra ser confiado a funcionários dos serviços públicos sujeitos a uma relação jurídica pública de serviço e de lealdade"[22].

Com base nessa disposição constitucional – a qual estabelece, mas apenas como *regra*, uma reserva do exercício de competências públicas (de autoridade ou não) com carácter permanente a favor de funcionários públicos[23] –, a doutrina em referência entende que a delegação de funções e de poderes públicos não é apenas constitucionalmente *possível*, como se encontra até implicitamente *admitida* na própria Lei Fundamental[24]: dada a flexibilidade da sua determinação[25], resultante de não adjudicar aos funcionários públicos um monopólio da função pública ou do exercício de competências públicas, o artigo 33, IV, da *GG*, assume-

---

[22] Sobre a interpretação dessa norma, cfr. BENNDORF, "Zur Bestimmung der «hoheitsrechtlichen Befugnisse» gemäß Art. 33 Abs. 4 GG", p. 23 e ss; HAUG, "Funktionsvorbehalt und Berufsbeamtentum als Privatisierungsschranken", p. 816 e ss; STRAUSS, *Funktionsvorbehalt und Berufsbeamtentum*, p. 55 e ss; BANSCH, Ob. cit., p. 65 e ss; OSSENBÜHL, "Die Erfüllung", cit., p. 161 e ss; STEINER, *Öffentliche*, cit., p. 273 e ss; MENNACHER, Ob. cit., p. 110 e ss; EHLERS, *Verwaltung in Privatrechtsform*, cit., p. 121 e ss; SEIDEL, Ob. cit., p. 55 e ss; BURGI, *Funktionale Privatisierung*, cit., p. 215 e ss; REMMERT, Ob. cit., p. 404 e ss.

[23] O artigo 33, IV, *GG*, estabelece uma *regra de primazia* a favor das formas públicas de organização em detrimento das formas privadas; cfr. BURGI, *ibidem*, p. 218.

[24] A doutrina não é unânime quanto a este ponto. Segundo alguns autores, o artigo 33, IV, da *GG*, aplica-se apenas ao interior da Administração (à relação entre funcionários públicos e trabalhadores da Administração noutros regimes) e não à relação entre a Administração (funcionários) e particulares. Quer dizer, a relação regra/excepção nela contemplada vale apenas para a relação funcionários/trabalhadores não funcionários. Nesta interpretação, a disposição em referência não legitima constitucionalmente, ainda que em termos excepcionais, a delegação de funções e poderes públicos em particulares. Este é o ponto de vista de BANSCH, Ob. cit., p. 65 e ss.

[25] Cfr. EHLERS, *Verwaltung in Privatrechtsform*, cit., p. 123.

-se, por conseguinte, como uma *norma constitucional de legitimação* ou de *abertura* à possibilidade de delegação de funções e de poderes públicos em particulares[26].

De acordo com uma outra orientação, aquela disposição da *GG*, não se apresenta, nem directa nem indirectamente, como norma de legitimação da delegação. A possibilidade constitucional da delegação de funções e poderes públicos em particulares resultará, antes, do facto de a Lei Fundamental a não proibir, isto é, do *silêncio constitucional* na matéria. Uma tal omissão, articulada com o pressuposto de que a delegação não infringe qualquer princípio constitucional (Estado de direito, princípio democrático, etc.), conduz a doutrina a não questionar um *princípio de conformidade constitucional* da delegação e, por consequência, a dispensar-se do esforço de encontrar uma específica legitimação constitucional[27].

Nas suas duas variantes, a doutrina que vimos analisando enquadra-se num discurso liberal mitigado, porquanto, se não questiona o princípio da possibilidade constitucional de delegação, vai, contudo, exigir a observância de limites e condições constitucionais da aceitação de cada concreta delegação de funções e poderes públicos. A relação *regra/excepção* consagrada no artigo 33, IV, da *GG*, surge, neste contexto, como fundamento do designado "princípio dos limites quantitativos" da delegação[28]. De acordo com este princípio, a delegação de funções e de poderes públicos aparece *quantitativamente* limitada, num triplo sentido[29]: *i)* por um lado, a administração delegada em particulares deve representar uma *excepção* quando comparada com a administração a cargo das entidades e dos funcionários públicos, já que a regra é a do exercício da função pública e de poderes públicos por instâncias públicas: a delegação não pode pôr em causa essa regra, nem, muito menos, inverter o

---

[26] Cfr. MICHAELIS, Ob. cit., p. 148 e ss.

[27] Sem invocar qualquer fundamento constitucional expresso (que não é necessário), mas admitindo a possibilidade constitucional da delegação, cfr. HUBER, *Wirtschaftsverwaltungsrecht*, cit., p. 543, e "Beliehene", cit., p. 459; MENNACHER, Ob. cit., p. 110 e ss; STEINER, *Öffentliche*, cit., p. 251 e ss; STUIBLE-TREDER, Ob. cit., p. 80.

[28] Sobre este princípio – inicialmente formulado por HUBER, *Wirtschaftsverwaltungsrecht*, cit., p. 543, e "Beliehene", cit., p. 459, que o considerava um *princípio constitucional não escrito*, ainda que confirmado pelo artigo 33, IV, da *GG* –, cfr. MENNACHER, *ibidem*; MICHAELIS, Ob. cit., p. 149; STEINER, *ibidem*, p. 269; STRAUSS, Ob. cit., p. 207.

[29] Na formulação de STEINER, *Öffentliche*, cit., p. 273, os limites quantitativos têm apenas um duplo sentido.

seu sentido[30]; *ii)* por outro lado, a delegação não pode abranger todas as competências públicas relacionadas com um inteiro sector da actividade administrativa (*v.g.*, segurança técnica de produtos)[31]; *iii)* por fim, as competências delegadas devem ser pontuais e enumeradas (*princípio da enumeração*[32]), em termos de o âmbito da delegação e, portanto, da excepção apresentar um perímetro nítido[33].

Respeitando este princípio dos limites quantitativos[34] e configurada, *hoc sensu*, como *excepção* no sistema administrativo, a delegação surge como constitucionalmente possível. Sendo viável, a delegação só pode, no entanto, ser prevista ou efectuada por uma lei ("reserva de lei"), devendo observar ainda certas *condições* ("princípio dos limites qualitativos", segundo E.R. Huber): sujeição do delegatário a fiscalização administrativa, bem como sujeição dos seus actos a controlo judicial[35].

Sem desconsiderar a existência de perigos específicos da delegação – privatização material de funções públicas por força da intrusão de motivações privadas na acção pública, conflitos de interesses públicos e privados –, esta doutrina entende que tais riscos não reclamam um veredicto definitivo contra a admissibilidade da delegação. De modo a potenciar as diversas vantagens da administração delegada (conhecimentos,

---

[30] Cfr. HUBER, *Wirtschaftsverwaltungsrecht*, p. 544; MICHAELIS, Ob. cit., p. 148 e ss; STEINER, *Öffentliche*, cit., p. 273; SEIDEL, Ob. cit., p. 69 e ss.

[31] Cfr. MICHAELIS, Ob. cit., p. 150.

[32] Cfr. WOLFF/BACHOF/STOBER, Ob. cit., 3, p. 516; STEINER, *Öffentliche*, cit., p. 273.

[33] Cfr. STEINER, *ibidem*; STUIBLE-TREDER, Ob. cit., p. 78 (acrescentando a propósito que determinante não é o *número* de entidades particulares com funções públicas, mas o *âmbito* ou a extensão das competências públicas delegadas).

[34] Foi com base na infracção deste princípio que o Presidente Richard von Weizsäcker recusou promulgar uma lei que atribuía aquelas tarefas a uma sociedade de responsabilidade limitada de capitais exclusivamente públicos. Nos termos da decisão presidencial, o exercício de funções de "polícia aérea" implica, *em regra*, o exercício de competências públicas; deve, por isso mesmo, ser exercida por funcionários públicos, nos termos do artigo 33, IV, da *GG*: cfr. RIEDEL/SCHMIDT, Ob. cit., p. 375. Como já observámos, a decisão presidencial esteve na génese de uma alteração da *GG*: o artigo 87-D, I, passou então a prescrever que "a administração da navegação aérea é organizada como administração federal própria. Cabe à lei federal definir se a forma de organização é de direito público ou privado".

[35] Sobre estes *limites*, *condições* ou *pressupostos positivos*, cfr. STEINER, *Öffentliche*, cit., p. 277 e ss, e "Fragen", cit., p. 614; MENNACHER, Ob. cit., p. 112; MICHAELIS, Ob. cit., p. 151 e ss.

criatividade e experiência dos particulares e diminuição dos custos públicos), o que importa, de acordo com esta orientação, é essencialmente conceber um *regime jurídico* que, sublinhando o carácter necessariamente excepcional e pontual da delegação, tenha em consideração os perigos que lhe estão associados e contribua para os diminuir ou erradicar (*garantia da motivação pública* das entidades particulares com funções e poderes públicos)[36].

No direito norte-americano, a doutrina maioritária orienta-se também por um discurso liberal mitigado: partindo de um princípio de possibilidade constitucional da delegação de funções e poderes públicos, entende-se, porém, que há *pressupostos* e *salvaguardas* que condicionam a regularidade ou validade constitucional do processo. O centro das preocupações da doutrina reside no perigo da preponderância dos interesses privados sobre o interesse público no desenvolvimento da acção pública[37]. Uma vez que se pressupõe que os actores privados não actuam de forma desinteressada, a decisão legislativa de delegação deve considerar a existência desse risco e perigo e, no caso de ele existir, articular um regime jurídico de salvaguardas que aproveite os benefícios da delegação, neutralizando e minimizando as dificuldades inerentes. No caso de avaliação judicial da constitucionalidade da delegação, esta doutrina reclama dos tribunais um "espírito aberto" e favorável à delegação; admitindo que os tribunais podem ser induzidos a testar a "razoabilidade" da delegação, a verificar se ela "faz sentido", a mesma doutrina entende que essa "revisão substantiva" acabará em regra por salvar as delegações, conduzindo o tribunal à conclusão de que se baseiam em legítimas escolhas legislativas[38]. Será sobretudo assim se a delegação se encontrar estruturada de forma a assegurar a "accountability" constitucional[39] e acompanhada das salvaguardas jurídicas que a situação reclama: supervisão pública, sujeição do particular delegatário às vinculações públicas (no quadro da "state action doctrine"), responsabilidade por danos provocados atribuída à agência delegante[40].

---

[36] Cfr. STEINER, *Öffentliche*, cit., p. 283 e ss.

[37] Esse é tido como o "perigo essencial" da delegação de funções e poderes públicos em entidades particulares; cfr. LAWRENCE, Ob. cit., p. 662.

[38] Cfr. LAWRENCE, Ob. cit., p. 678 e ss; LIEBMANN, Ob. cit., p. 655 e ss.

[39] Cfr. METZGER, Ob. cit., p. 1470 e ss, que considera esse requisito preenchido quando, por ex., estiver estabelecida a supervisão pública (por via da regulação ou de contrato) sobre a acção do actor privado.

[40] Cfr. LAWRENCE, Ob. cit., p. 691 e ss.

Em síntese, o discurso liberal mitigado caracteriza-se, nesta matéria, por se basear no tópico segundo o qual a delegação de funções e poderes públicos em entidades particulares se apresenta como uma decisão constitucionalmente legítima, desde que sejam considerados certos *limites*, de carácter quantitativo, e observadas certas condições jurídicas.

Na doutrina portuguesa, parece-nos enquadrar-se nesta orientação a tese de Vital Moreira, apesar de o Autor enfatizar os limites da administração concessionada. No seu modo de entender, a "investidura de particulares no exercício de tarefas administrativas envolvendo poderes de autoridade tem dois limites: primeiro, ela não pode ter por objecto matérias que de forma explícita ou implícita estejam constitucionalmente reservadas para a Administração pública; segundo, ela deve ser uma situação excepcional ou pelo menos quantitativamente menor no contexto global da administração pública"[41]. Por causa desses limites, a delegação não consiste numa "faculdade livre do legislador". Mas, acrescenta o Autor, a "administração concessionada" apresenta-se constitucionalmente lícita, quer porque o artigo 267.º/6 menciona expressamente as "entidades privadas que exercem poderes públicos", quer porque o artigo 267.º/1 parece admitir o exercício de funções administrativas por outras formas de representação democrática, "o que deixa admitir formas privadas"[42]. Deduzimos, portanto, que, desde que não infringindo as duas categorias de limites referidas, a delegação de poderes públicos se apresenta, segundo Vital Moreira, como uma opção legislativa legítima[43].

b) Delegação possível, mas como restrição a uma garantia institucional

A orientação que nos ocupa agora, defendida por importantes sectores da doutrina alemã, aceita um postulado essencial das correntes alemãs analisadas na alínea anterior: a delegação de funções e poderes públicos em entidades particulares configura-se como uma *excepção* no sistema administrativo; assim, a administração delegada não pode deixar

---

[41] Cfr. Vital MOREIRA, *Administração Autónoma*, cit., p. 546.

[42] Cfr. Vital MOREIRA, *ibidem*, p. 545.

[43] Comprovando, de certo modo, uma atitude favorável à delegação, Vital MOREIRA, *Administração Autónoma*, p. 411[253], e *Auto-Regulação*, cit., p. 295[155], mostra-se contrário à jurisprudência do Tribunal Constitucional que se orienta no sentido da inconstitucionalidade da atribuição aos sindicatos de competências para a passagem de carteiras profissionais.

de se assumir como uma "administração excepcional". Confirmando a necessária observância do "princípio dos limites quantitativos", esta orientação vai, todavia, mais longe, entendendo que a reserva da função pública não se esgota em considerações de quantidade, apresentando em termos renovados o conceito de "limites qualitativos".

Vimos acima que a ideia de limites qualitativos remetia essencialmente para as *condições* constitucionais a observar para pôr em marcha uma delegação constitucionalmente possível. Agora, diferentemente, aquela mesma ideia surge conjugada com a exigência segundo a qual a delegação, para ser possível, tem de se revelar *necessária*, devendo basear-se num *fundamento objectivo* e *forçoso*[44]. Além de limitada por um critério quantitativo, a delegação de poderes públicos em particulares aparece condicionada pela conjugação dos princípios da *subsidiariedade* e da *proporcionalidade*.

Invocando a ideia de *subsidiariedade*, defende-se que, em termos constitucionais, a delegação apenas se apresenta como possível alternativa ao exercício de funções e poderes públicos por entidades públicas quando esta via não seja possível ou conveniente: assim, por ex., a delegação de poderes nos comandantes de navios parece justificada, pois outra solução exigiria colocar um agente público em cada navio.

Mas, além disso, a viabilidade da delegação de funções públicas deve passar por um teste de *proporcionalidade*. Neste contexto, uma parte da doutrina alemã invoca a reserva consagrada no artigo 33, IV, da *GG*, para defender que, em termos constitucionais, só se assume como aceitável uma excepção "objectivamente justificada", baseada num "motivo legítimo"[45], devendo, designadamente, demonstrar-se que o particular se encontra em melhores condições para exercer funções e poderes públicos do que as entidades públicas. De acordo com esta orien-

---

[44] Neste sentido, na sequência da posição assumida por Fritz Ossenbühl, na monografia *Eigensicherung und hoheitlicher Gefahrenabwehr*, cfr. REINHARDT, Ob. cit., p. 623 e ss; SEIDEL, Ob. cit., p. 70 e ss; BRACHER, Ob. cit., p. 69 e ss; STRAUSS, Ob. cit., p. 143 e ss; BURGI, "Der Beliehene", cit., 590; HUBER, *Wahrnehmung*, cit., p. 156; NITZ, *Private und öffentliche*, cit., p. 417; WEINER, Ob. cit., p. 166. Expressamente contra, defendendo que a delegação (de funções públicas) não tem de respeitar o pressuposto da *necessidade*, visto que não se deduz da *GG* qualquer imperativo no sentido da minimalização ou da subsidiariedade da delegação (com excepção dos limites quantitativos), cfr. STEINER, *Öffentliche*, cit., p. 274, e "Fragen", cit., p. 616.

[45] Cfr. BRACHER, Ob. cit., p. 70; SEIDEL, Ob. cit., p. 71.

tação, a reserva da função pública consagrada no artigo 33, IV, da *GG*, consubstancia uma *garantia institucional da função pública*, a qual só pode ser restringida segundo os cânones do princípio da proporcionalidade. Acrescenta-se que a aplicação deste princípio no contexto em apreciação não se pode recusar mediante a invocação de não estar envolvida a protecção de direitos dos cidadãos[46]: com efeito, o princípio da proporcionalidade apresenta-se como um princípio central de ordenação de toda a actividade pública, que funciona como critério de todas as medidas públicas, mesmo as que versam matérias estranhas aos direitos fundamentais[47]; além disso, sublinha-se que, *in casu*, a garantia institucional da função pública destina-se fundamentalmente a proteger os cidadãos e os seus direitos, visto que o objectivo último consiste em garantir o desenvolvimento da acção pública segundo o interesse público, de forma objectiva, imparcial e não motivada por interesses estranhos ao bem comum[48].

Corporizando a restrição de uma garantia institucional em matéria de direitos fundamentais, a delegação de funções públicas em particulares terá de se revelar *necessária, adequada* e *proporcional*. Aceitando o carácter não problemático da demonstração da necessidade e da adequação, esta doutrina insiste essencialmente em submeter a delegação ao teste da *relação entre meios e fins* e da ponderação entre *custos e benefícios*. Assim, para ser constitucionalmente viável, a delegação, como medida restritiva de um valor tutelado ao nível constitucional, tem de apresentar vantagens para o interesse público que compensem o custo que provoca[49]. Para observar o princípio da proporcionalidade, exige-se

---

[46] No sentido de que o princípio da proporcionalidade não se aplica neste cenário, uma vez que é duvidosa a aplicação de um tal princípio às medidas públicas de organização e porque ele não visa proteger o Estado contra si mesmo, cfr. HEINTZEN, Ob. cit., p. 243. É curioso observar que este Autor inicia o seu texto afirmando que a participação de particulares na execução de tarefas públicas constitui uma "anomalia" que carece de ser esclarecida (*ibidem*, p. 222).

[47] Cfr. BRACHER, Ob. cit., p. 72; STRAUSS, Ob. cit., pp. 145-6. Propondo a aplicação do princípio da proporcionalidade no domínio do direito da organização administrativa, cfr. HEUSCH, *Der Grundsatz der Verhältnismäßigkeit im Staatsorganisationsrecht*, especial. P 45 e ss.

[48] Cfr. BRACHER, Ob. cit., p. 74; STRAUSS, Ob. cit., p. 146.

[49] Cfr. BRACHER, Ob. cit., p. 76; STRAUSS, Ob. cit., pp. 146-7 e 207-8; SEIDEL, Ob. cit., p. 71; HUBER, *Wahrnehmung*, cit., p. 154; GRAMM, "Schranken", cit., p. 337; WEINER, Ob. cit., p. 175.

que, quanto mais agressiva se apresentar a ingerência e a restrição da garantia institucional, maiores exigências se deparem quanto à demonstração das vantagens e dos benefícios decorrentes da delegação[50].

A tese que enquadra a delegação de funções e poderes públicos em particulares como uma excepção apenas admitida no respeito do princípio da proporcionalidade e quando objectiva e legitimamente justificada releva de uma atitude de precaução, que não se limita a considerar o tema sob o ângulo ou vertente quantitativa. O legislador não dispõe de liberdade de conformação da organização administrativa, porquanto o modo como esta se encontra estruturada pode ser mais ou menos adequado para a tutela e garantia dos direitos dos cidadãos[51].

---

[50] Cfr. SEIDEL, *ibidem.*

[51] Ainda na doutrina alemã, uma referência é devida à posição de Frank Bansch, Autor que dedicou uma monografia à matéria constitucional da delegação de funções e poderes públicos em particulares. Contra a corrente maioritária, Bansch rejeita, neste contexto, a relevância do artigo 33, IV, da *GG*: a disposição não favorece a delegação, uma vez que o que nela se estabelece vale apenas para a relação entre o exercício de competências públicas por funcionários públicos (regra) e por outros trabalhadores de entidades públicas (excepção). Neutralizada a incidência daquela disposição (Ob. cit., p. 57 e ss), o Autor confronta a delegação com os princípios estruturantes da democracia representativa e do Estado de direito, concluindo que a figura não está em contradição necessária com nenhum deles (Ob. cit., p. 84 e ss). Entende, contudo, que a delegação infringe os princípios estruturantes da organização administrativa, baseados nos postulados de *objectividade, desinteresse* e *imparcialidade* no desempenho da acção pública (Ob. cit., p. 109 e ss). A delegação de funções e poderes públicos encontra-se, portanto, em princípio, constitucionalmente excluída, uma vez que é inerente ao instituto o risco da preponderância dos interesses particulares sobre o interesse público (Ob. cit., p. 114 e ss). Todavia, acrescenta Bansch, o facto de a delegação se encontrar *em princípio* proibida não significa que seja inconstitucional em todos os casos. De acordo com um *princípio de unidade da Constituição*, a delegação pode encontrar um fundamento constitucional que viabilize, em situações determinadas, a derrogação do princípio de proibição. Ora, segundo o Autor, a derrogação desse princípio decorre de três possíveis fundamentos constitucionais de legitimação da delegação: *eficiência, administração autónoma* e *direitos fundamentais*. A legitimação pela ideia de *eficiência* estará presente em todos os casos em que a delegação em particulares se apresenta como uma solução recomendada para diminuir custos e para evitar os inconvenientes que resultariam de o Estado não poder adoptar a solução organizativa mais conveniente em cada caso. A ideia de *administração autónoma* legitima a delegação como momento democrático de participação de particulares no exercício das funções públicas que lhes dizem directamente respeito (essencial é que as associações investidas de funções públicas apenas as exerçam perante os seus associados). Por fim, os direitos fundamentais também podem legitimar a delegação, invocando o Autor o exemplo da delegação de poderes públicos nas escolas

Embora sem se estribar nos fundamentos da doutrina germânica que acaba de ser exposta e referindo-se à entrega de poderes públicos a entidades administrativas privadas (*v.g.*, empresas públicas), baseia-se numa idêntica compreensão restritiva a tese subscrita na literatura jurídica portuguesa por Paulo Otero. Entende o Autor que, como do artigo 33, IV, da *GG*, resulta da CRP que "o exercício de poderes ou funções de soberania se encontra reservado, por via de regra, a autoridades públicas"[52]. Nestes termos, as entidades de direito privado não podem, a título normal ou sem carácter de precariedade, exercer poderes ou prerrogativas de autoridade como objecto social da sua actividade, "falando-se, por isso mesmo, numa reserva constitucional a favor das autoridades públicas do exercício normal ou permanente de poderes e prerrogativas de autoridade". O Autor orienta-se para esta conclusão por força: *i)* do princípio segundo a qual a CRP proíbe a delegação de poderes públicos nela expressamente previstos (artigo 111.º/2), do qual decorre que o artigo 267.º/6, sobre exercício de poderes públicos por entidades privadas, só pode estar a referir-se a poderes públicos que não resultem da CRP e que se não traduzam em prerrogativas de autoridade de carácter normal ou permanente; *ii)* da regra, acolhida no artigo 248.º, segundo a qual as organizações de moradores não podem ser investidas de poderes de autoridade: dessa disposição pode extrair-se o princípio de que o exercício normal de poderes ou prerrogativas de autoridade por entidades sem natureza pública só surge como admissível perante expressa habilitação constitucional; *iii)* da existência de uma reserva constitucional de direito administrativo, a qual impossibilita as formas jurídico-privadas de organização no âmbito do exercício de poderes públicos, pois que isso significaria excluir áreas típicas ou nucleares de actividade administrativa da égide do direito administrativo[53].

---

privadas (Ob. cit., p. 130 e ss). Quando estabelecida com um fundamento constitucional, a delegação é viável; para ser constitucional, a concreta decisão de delegação deverá depois observar determinadas condições, associadas não já ao "se", mas ao "como" da delegação: base legal, fiscalização do delegatário e vinculação deste pelo direito público.

[52] Cfr. Paulo OTERO, *Vinculação e Liberdade*, cit., p. 237.

[53] Cfr. Paulo OTERO, *ibidem*, p. 238-9.

1.2. *Premissas da posição adoptada*

Expostos os traços essenciais dos vários discursos e posições doutrinais sobre a questão constitucional, encontramo-nos em condições de expor a nossa compreensão sobre o assunto. Como já esclarecemos, o tema que nos ocupa refere-se concreta e especificamente à delegação de *poderes públicos de autoridade* em entidades particulares. Significa isto que as considerações seguintes não valem, por ex., para os vários cenários de participação, a qualquer título, de particulares na gestão de actividades públicas de natureza económica, cultural ou social. A participação de particulares na gestão de tarefas públicas só nos interessa na medida em que se traduza numa participação no exercício da *competência pública de autoridade*[54]. De acordo com o objectivo anunciado nas primeiras páginas da dissertação, a figura a estudar surgiu delimitada segundo a *posição jurídica* em que o particular fica colocado e não por força da *natureza das tarefas* que lhe são confiados.

Anunciando já a tendência de abordagem que aqui se ensaia fundamentar, diremos que, no ângulo jurídico-constitucional, o tema da delegação de poderes públicos de autoridade em particulares parece dever ser equacionado a partir de dois tópicos essenciais: *limites* e *condições*. São estes os tópicos essenciais do nosso discurso sobre a questão constitucional da delegação, tendo obviamente em conta a leitura que fazemos dos dados decorrentes do direito constitucional português. Deste ponto de vista, o discurso que aqui se expõe baseia-se em algumas premissas que convém dar a conhecer.

a) Inexistência de proibição constitucional de alcance geral
A consideração de limites e de condições da delegação significa imediatamente a recusa da doutrina que, nesta matéria, se inclina para um *discurso de proibição* (cfr., *supra*, 1.1.1.). Independentemente da expressa referência constitucional ao exercício de poderes públicos por entidades privadas (cfr. artigo 267.º/6), não seria de retirar do eventual *silêncio constitucional* sobre a possibilidade de delegação o princípio de proibição da figura.

---

[54] Na categorização das formas de participação, HEINTZEN, Ob. cit., p. 240, refere-se, neste caso, a uma "Befugnisbeteiligung".

Com efeito, não parece de aplicar *in casu* a doutrina que sublinha que o Estado não pode *transferir* ou *alienar* os seus "direitos de soberania", salvo autorização constitucional expressa[55]. Pode até concordar--se em que a *transferência estadual de direitos de soberania, v.g.*, para a União Europeia ou para organizações internacionais, tem de estar constitucionalmente prevista[56]: essa transferência significa a *perda*, a *alienação* ou a *cessão* de direitos; assiste-se, nessa eventualidade, a uma deslocação da titularidade (pelo menos exclusiva) do poder ou do direito transferido[57]. Por força desta implicação, a possibilidade de transferência de poderes públicos ou de direitos soberanos haverá de estar constitucionalmente prevista.

A situação apresenta, contudo, outra configuração na hipótese de delegação de poderes públicos em entidades particulares. A delegação não se assume como uma "verdadeira transferência", posto que não envolve a perda da titularidade de poderes ou de direitos públicos; trata--se, ao invés, de uma "transferência de exercício", que, provocando uma *cisão entre titularidade e exercício*, não põe manifestamente em causa a pertença do poder delegado ao Estado ou à entidade pública que ocupa a posição de delegante[58]. Quer dizer, a delegação de poderes públicos em

---

[55] Neste sentido, cfr. SCHACHTSCHNEIDER, *Der Anspruch*, cit., p. 295 e ss.

[56] Sobre a problemática da transferência de direitos de soberania, prevista nos artigos 23, I, e 24, I, da *GG*, cfr. KLEIN, *Die Übertragung von Hoheitsrechten*, p. 9 e ss; FLINT, *Die Übertragung von Hoheitsrechten*, p. 11 e ss. Em relação à União Europeia, a CRP não se refere à *transferência de direitos de soberania*, estabelecendo que "Portugal pode (...) convencionar o exercício em comum ou em cooperação dos poderes necessários à construção da União Europeia". Ao contrário da *GG*, que se refere expressamente ao poder da Federação de "transferir direitos da soberania" para a realização da União Europeia, a CRP pretende sugerir que a construção da União não postula uma *transferência da titularidade* (*perda*), mas apenas uma *partilha do exercício* dos direitos soberanos.

[57] Sobre a questão da "transferência de poderes soberanos" e a distinção entre as teorias da delegação e da transferência de poderes, cfr. Fausto de QUADROS, *Direito das Comunidades Europeias e Direito Internacional Público*, p. 196 e ss.

[58] Sobre a distinção entre "verdadeira ou autêntica transferência do poder público" (*echte Übertragung öffentlicher Gewalt*) e "transferência do exercício do poder público" (*Übertragung der Ausübung öffentlicher Gewalt*), cfr. MENNACHER, Ob. cit., p. 56 e ss. Na linha deste Autor, a generalidade da doutrina sublinha que a delegação de poderes públicos investe a entidade particular do mero exercício de tais poderes; neste sentido e por todos, cfr. STEINER, *Öffentliche*, cit., p. 225 e ss. Sobre a delegação de poderes (entre órgãos administrativos) como exercício de uma competência alheia ou como transferência do exercício de competências, cfr. Rogério Ehrhardt SOARES, *Direito Administrativo*,

entidades particulares não significa uma "perda", "cessão" ou "alienação" dos poderes públicos delegados: os particulares apenas são investidos da *capacidade de exercer poderes que continuam a pertencer ao Estado ou à entidade pública delegante*. A decisão legislativa de delegação (ou de previsão da possibilidade de delegação) tem, por isso, implicações ao mero nível da organização administrativa e dos sistemas ou modelos de execução de funções e de poderes públicos, desconhecendo, quanto a esse aspecto, um impacto político-constitucional que reclame a previsão constitucional expressa.

O silêncio constitucional sobre a possibilidade de delegação não pode, por si só, ser interpretado como um obstáculo à legitimidade constitucional da figura: é isso que resulta de a delegação de poderes públicos em entidades particulares não carecer, na nossa interpretação, de uma legitimação constitucional expressa[59].

Do que acabámos de afirmar não decorre, todavia, que a delegação de poderes públicos se apresente imediatamente como uma figura constitucionalmente possível. Na verdade, não está excluído que a delegação afronte princípios constitucionais estruturantes, cenário que, a verificar-se, poderia implicar a sua proibição, a partir do texto constitucional. Neste contexto, a doutrina estrangeira tem confrontado a figura da delegação com vários princípios constitucionais: *princípio do Estado de direito, princípio democrático, reserva da função pública, princípio da protecção dos direitos fundamentais*. Com a excepção, na Alemanha, de Bansch e Schachtschneider, toda as interpretações se têm orientado no sentido de concluir que a delegação não lesa directa ou necessariamente qualquer dos princípios referidos. De um modo geral, sublinha-se que há uma influência constitucional directa quanto ao *como* ("Wie"), mas não quanto ao *se* ("Ob") da delegação de funções e poderes públicos em particulares[60].

Admitindo que, no direito português, não há razões específicas para sustentar opinião diversa quanto à conformidade da delegação com aqueles princípios, importa, contudo, ter em atenção o disposto no artigo

---

(1978), cit., p. 255 e ss; Diogo Freitas do AMARAL, *Curso*, I, cit., p. 680 e ss. Distinguindo a *delegação de poderes em sentido restrito* e a *transferência de poderes*, cfr. J.J. Gomes CANOTILHO/Vital MOREIRA, Ob. cit., p. 498.

[59] No mesmo sentido, cfr. STUIBLE-TREDER, Ob. cit., p. 80. Em sentido contrário, cfr., no direito suíço, BURNET, Ob. cit., p. 123.

[60] Cfr. BANSCH, Ob. cit., p. 143.

248.º da CRP, onde se estabelece que "a assembleia de freguesia pode delegar nas organizações de moradores tarefas administrativas *que não envolvam o exercício de poderes de autoridade*"[61].

A inequívoca proibição constitucional da delegação de poderes de autoridade nas organizações de moradores poderá, na verdade, ser encarada como afloramento de um princípio constitucional geral de proibição da delegação em entidades ou organizações não públicas: por não admitir em geral a investidura de poderes públicos de autoridade em entidades exteriores à organização administrativa pública, a CRP proíbe a delegação de poderes dessa natureza nas organizações de moradores[62].

Todavia, na nossa interpretação, essa visão não procede. O que ela nos propõe é, em rigor, a extrapolação do sentido e do alcance de uma regra que vale para uma situação concreta e precisa. Por razões particulares e específicas, válidas apenas para a hipótese prevista, a Constituição proíbe a delegação de poderes de autoridade nas organizações de moradores[63]. Não se nos afigura legítimo deduzir dessa proibição especial uma proibição geral da delegação de poderes de autoridade em entidades particulares ou – ainda mais genericamente – em entidades privadas. Acrescente-se ainda um argumento, aliás decisivo: a CRP não se pronuncia sobre a natureza jurídica das organizações de moradores, não estando excluído que o legislador as criasse com personalidade de direito público[64]. Isso também prova que a opção constitucional de proibir a delegação de poderes de autoridade nas organizações de moradores surgiu determinada pela feição particular dessas colectividades e não por elas constituírem entidades privadas.

---

[61] Sobre as organizações de moradores, cfr. ainda os artigo 263.º a 265.º e 267.º/1 da CRP; na doutrina, cfr. Diogo Freitas do AMARAL, *Curso*, I, cit., p. 449 e ss; Jorge MIRANDA, *As Associações*, cit., p. 22; J.J. Gomes CANOTILHO/Vital MOREIRA, Ob. cit., p. 917 e ss.

[62] Sugerindo isso mesmo, cfr. Paulo OTERO, *Vinculação e Liberdade*, cit., p. 238.

[63] A CRP terá concebido as organizações de moradores como instâncias de participação das populações na vida local, mas apenas na prossecução de tarefas desprovidas de autoridade. Trata-se de uma opção constitucional traduzida em definir o conteúdo ou o âmbito da participação dos moradores residentes em certas áreas territoriais na vida administrativa local. A referência expressa à exclusão dos poderes de autoridade esclarece que a CRP terá pretendido incentivar a participação das populações sem perda das competências de autoridade dos órgãos democráticos da freguesia.

[64] Cfr. Jorge MIRANDA, *As Associações,* cit., p. 22.

Somos assim conduzidos a concluir que o direito português desconhece uma proibição constitucional da delegação de poderes públicos em particulares: a asserção é apenas válida quando se esclarece que não há uma proibição com carácter geral, posto que pode haver – e há – proibições específicas da delegação de *certos* poderes ou da delegação de poderes a *certos* particulares.

b) Inexistência de autorização constitucional expressa

Dando como firme a ausência de uma proibição da delegação, interessa agora equacionar a questão inversa, que consiste em saber se a Constituição acolhe uma norma cuja invocação se revele como uma espécie de base ou fundamento inequívoco da *legitimidade constitucional* da delegação de poderes públicos em particulares[65].

A forma como a questão acaba de ser formulada remete-nos imediatamente para o disposto no artigo 267.º/6 da CRP, norma aditada na 4.ª revisão constitucional (1997), que se refere explicitamente ao exercício de poderes públicos por entidades privadas. Atento o teor desta disposição, dir-se-á que, ao contrário do que sucede noutros ordenamentos jurídicos[66], a delegação de poderes públicos encontra, no direito português, um fundamento constitucional explícito, ainda que *indirecto*: ao regular o fenómeno, a Constituição aceita-o e, portanto, legitima-o[67].

Independentemente das considerações que a redacção (pouco feliz) do artigo 267.º/6 da CRP suscita – nele se estabelece que "*as entidades privadas que exerçam poderes públicos podem ser sujeitas, nos termos da lei, a fiscalização administrativa*"[68] –, supõe-se não ser possível retirar do seu enunciado a conclusão de que a Constituição aceita, autoriza ou legitima o exercício de *poderes públicos "de autoridade"* por entidades privadas. Manifestamente, o termo *poderes públicos* não aparece nessa disposição constitucional com o sentido de *poderes públicos de autoridade*, mas com o sentido de *tarefas*, de *incumbências* ou de *com-*

---

[65] Recorde-se que uma parte da doutrina alemã interpreta o artigo 33, IV, da *GG*, como uma norma constitucional de legitimação (excepcional) da *Beleihung*.

[66] Sublinhando a excepcionalidade da CRP nesta matéria, cfr. Vital MOREIRA, *Administração Autónoma*, cit., p. 545.

[67] Tratar-se-ia sempre de uma legitimação indirecta e não, como na Constituição Suíça, de uma legitimação directa, decorrente de uma autorização conferida ao legislador para confiar a execução de tarefas públicas a entidades particulares.

[68] Sobre a interpretação dessa disposição, cfr., *infra*, neste capítulo, 1.4.3.

petências públicas[69] – a Constituição pretende, decerto, legitimar a fiscalização administrativa de *todas as entidades privadas com funções públicas* e não apenas daquelas que surgem investidas de poderes públicos de autoridade[70].

Mesmo que o artigo 267.º/6 pudesse interpretar-se no sentido de legitimar, de forma indirecta, o exercício de poderes de autoridade por entidades particulares, não haveria, ainda assim, qualquer razão para extrair dele mais do que um princípio de não proibição constitucional da delegação de poderes públicos de autoridade. Essa interpretação – que não partilhamos – não conduziria, portanto, a conclusão muito diferente daquela a que nós também chegámos. De todo o modo, sempre importará sublinhar que, na nossa interpretação, a CRP não autoriza, nem legitima directamente o fenómeno da delegação de poderes públicos de autoridade em particulares.

c) Consideração de *limites* e de *condições constitucionais*

A exposição apresentada nas duas alíneas anteriores permite dar como assente uma premissa decisiva para o discurso subsequente: *a Constituição Portuguesa não proíbe com carácter geral, mas também não autoriza especificamente a delegação de poderes públicos de autoridade em entidades particulares.* Ao contrário do que poderia supor-se, dessa premissa não resulta exactamente uma *indiferença constitucional* em relação ao tema, nem, por isso, o surgimento de um completo ou incondicionado poder legislativo de disposição[71]. Com razão, observa Vital Moreira que não existe, nesta matéria, uma faculdade livre do legislador[72]. Quer dizer, apesar do "silêncio constitucional" sobre a "delegação de poderes públicos em geral", não há indiferença nem neutralidade constitucional, sendo possível e obrigatório deduzir, a partir da Constituição, *limites* e *condições* que vinculam os agentes públicos quanto à extensão possível da delegação, aos seus destinatários possíveis e aos modos de pôr em andamento o processo de a efectuar.

São esses *limites* e *condições constitucionais* que nos propomos analisar a seguir: em geral, o critério que explica a distinção entre *limites*

---

[69] Sobre os sentidos do conceito de poder público, cfr., *supra*, Parte II, Cap. I, 3.1.

[70] É contudo inegável que o artigo 267.º/6 pressupõe – *hoc sensu*, legitima – o fenómeno da participação de entidades privadas no desempenho de *funções públicas*.

[71] Cfr. REINHARDT, Ob. cit., p. 621.

[72] Cfr. Vital MOREIRA, *Administração Autónoma*, cit., p. 545.

e *condições* remete, respectivamente, para a destrinça entre o "se" e o "como" da delegação: a referência a *limites* conduz à exclusão da viabilidade da delegação; por sua vez, a alusão a *condições* pressupõe estar resolvida a questão da viabilidade da delegação, tratando-se, então, de observar exigências constitucionais do processo de efectuar a delegação.

1.3. *Limites constitucionais à delegação*

Na exposição subsequente indicam-se duas categorias de limites constitucionais à delegação de poderes públicos em particulares: os *limites absolutos*, que excluem, em termos liminares, a possibilidade de delegação em *certos* contextos – por razões de raiz *objectiva* ("poderes públicos indelegáveis") ou *subjectiva* (destinatários não elegíveis) –, e os limites *relativos*, os quais, sem excluir liminarmente a delegação, afastam contudo a possibilidade de ela operar se não se preencherem certos requisitos.

1.3.1. *Limites absolutos de carácter objectivo*

Esta primeira categoria de limites absolutos indica certos poderes públicos de autoridade que, numa perspectiva jurídico-constitucional, são indelegáveis, não podem pura e simplesmente ser delegados em particulares.

Um pouco por toda a parte, a doutrina vem observando que não se apresenta fácil a tarefa de identificar poderes públicos de autoridade imunes à possibilidade de delegação em entidades particulares. Em geral, convocam-se, neste contexto, conceitos ou ideias mais ou menos sugestivas que remetem para uma intuição sobre a existência de poderes indelegáveis, mas que, afinal, revelam um préstimo reduzido no momento de construir uma argumentação consistente nas situações concretas de delegação[73]. Apesar das dificuldades, temos a convicção de que é possível encontrar alguns pontos de apoio para apresentar uma construção doutri-

---

[73] No direito norte-americano, cfr. KRENT, Ob. cit., pp. 108-109, afirmando que a delegação privada não deve ter por objecto poderes que se revelem "too closely to areas at the core of executive powers"; neste caso, o interesse da "unidade da Administração" deve prevalecer.

nária consistente sobre a existência de poderes públicos de autoridade que, numa perspectiva jurídico-constitucional, se devem considerar insusceptíveis de delegação.

De um outro ângulo, a referência à existência de poderes públicos indelegáveis distancia-nos das correntes doutrinais que, admitindo limites à delegação, defendem que, apenas lidando com as circunstâncias de cada caso, se pode concluir pela inviabilidade da delegação. Ora, na nossa concepção, há um conjunto (limitado) de poderes públicos que, independentemente do cenário que se considere, se revelam insusceptíveis de delegação em entidades particulares.

1.3.1.1. *Poderes conferidos pela Constituição a instâncias públicas*

O artigo 111.º/2 da CRP estabelece que "nenhum órgão de soberania, de região autónoma ou de poder local pode delegar os seus poderes noutros órgãos, a não ser nos casos e nos termos expressamente previstos na Constituição e na lei". Esta disposição constitucional, consagrando o *princípio da indisponibilidade de competências*[74], tem várias implicações na definição do regime jurídico da delegação de poderes públicos em entidades particulares. Uma dessas implicações, que nos interessa agora, diz respeito ao facto de decorrer da referida disposição a proibição da delegação (legislativa ou autorizada por lei) de poderes e competências conferidas pela própria CRP a instâncias ou órgãos públicos. Nesta dimensão, trata-se, portanto, de impedir o legislador de alterar o sistema constitucional de ordenação e de distribuição de competências: as competências constitucionalmente fixadas apenas podem ser delegadas *nos casos* e *nos termos* expressamente previstos na própria CRP[75].

O alcance da regra acolhida no artigo 111.º/2 da CRP, no que se refere a concretos poderes de autoridade de natureza administrativa, é relativamente limitado. Com efeito, a CRP não cumpre a função de estabelecer directa e imediatamente as bases normativas da acção pública administrativa, limitando-se, em princípio, a indicar *finalidades*, *atribuições*

---

[74] Cfr. J. J. Gomes CANOTILHO/Vital MOREIRA, Ob. cit., p. 498.

[75] A possibilidade de a lei autorizar delegações de competências circunscreve-se, portanto, aos poderes atribuídos por lei; cfr. J. J. Gomes CANOTILHO/Vital MOREIRA, *ibidem*. Convocando esta regra para justificar a posição restritiva que defende sobre a possibilidade de delegação de poderes públicos em entidades privadas, cfr. Paulo OTERO, *Vinculação e Liberdade*, cit., p. 238.

ou *tarefas* públicas que possuem natureza administrativa: assim sucede sobretudo com o Estado (*v.g.*, artigos 9.º, 38.º/5, 48.º/2, 63.º, n.ºˢ 2 e 5, 65.º, 66.º/2, 67.º/2, 73.º, 69.º, 81.º da CRP), mas também com as Regiões Autónomas (cfr. artigo 227.º[76]) e com as autarquias locais (cfr. artigo 235.º/2). Apesar de se mover, em princípio, ao nível das atribuições ou das tarefas, a CRP adjudica, em certos casos, verdadeiras competências administrativas a entidades e órgãos públicos: assim se verifica, por ex., com certas competências da Alta Autoridade para a Comunicação Social (artigo 39.º), com as competências das autarquias locais para a definição das regras de ocupação, uso e transformação dos solos urbanos, através de instrumentos de planeamento (artigo 65.º/4), bem como, de forma mais alargada, com as competências administrativas do Governo (artigo 199.º). Esse conjunto de competências administrativas, porque estabelecidas pela própria CRP, não se apresenta passível de delegação em entidades particulares (nem tão-pouco noutras entidades ou órgãos públicos)[77].

Além das referidas, revelam-se ainda insusceptíveis de delegação as competências inseridas no âmbito da actividade de *alta administração*: mesmo que não se traduza na *mera execução de lei*, a actividade de alta administração representa uma manifestação da *função administrativa*, não se confundindo, por conseguinte, com a *função política* (apesar de esta abranger a designada *direcção político-administrativa*[78]).

---

[76] Note-se, contudo, que, nesta norma, se indicam competências de natureza tipicamente administrativa, como, *v.g.*, o exercício de poder de tutela sobre as autarquias locais, poderes de superintendência, administração do património e celebração de contratos.

[77] Neste contexto, interessa apenas sublinhar que a competência conferida ao Governo para "fazer os regulamentos necessários à boa execução das leis" [artigo 199.º,*c*)] não inviabiliza a delegação de poderes regulamentares em particulares. Com efeito, trata-se, neste caso, de uma norma que não visa fixar uma *competência material* (um "poder"), mas que apenas atribui ao Governo uma *capacidade regulamentar*.

[78] A *direcção político-administrativa* (*indirizzo politico-amministrativo*), função partilhada pelo Parlamento e pelo Executivo, visa fixar, a um nível geral, os critérios da acção administrativa, apresentando as características da *novidade* e da *liberdade* próprias dos *actos políticos*; cfr. NIGRO, "Lineamenti generali", p. 708. Sobre a *Staatsleitung*, como função de governo, cfr. BRACHER, Ob. cit., p. 96.

Para CUGURRA, "Considerazioni sull'attuale sistema degli atti pubblici", p. 120 e ss, a actividade de alta administração situa-se a um nível intermédio entre a actividade política e a actividade de administração activa.

Ao contrário da função de *direcção político-administrativa*, a actividade de alta administração traduz-se numa "função aplicativa" – cfr. NIGRO, *ibidem*, p. 709 –, embora

Apesar de integrar a função administrativa[79] e ser, portanto, actuada através de poderes públicos administrativos, a actividade de *alta administração* não pode ser confiada a entidades particulares[80]. Tendo presente o seu conteúdo – *promoção, direcção, coordenação e enquadramento das acções da Administração Pública* –, compreende-se que ela se encontre *exclusivamente* confiada a instâncias e órgãos do vértice da Administração Pública[81]. No direito português, tal função encontra-se constitucionalmente confiada ao Governo, pelo menos em relação à administração estadual: cfr. artigo 182.º da CRP, onde o Governo aparece como *órgão superior da Administração Pública*.

1.3.1.2. Poderes de emprego da força: sentido e extensão da proibição

Com frequência, aparece na literatura jurídica a ideia segundo a qual as *tarefas de segurança e de manutenção da ordem*, embora representando um dos domínios clássicos da intervenção do Estado, não integram o catálogo das tarefas em monopólio público[82]: como outras, essas tarefas revelam-se susceptíveis de várias formas de privatização e de partilha de responsabilidades entre o Estado e os particulares. Sendo isso indiscutível[83], a questão que importa equacionar não se refere à participação de particulares na execução de tarefas (públicas ou privatizadas) de segurança. Em vez disso, pretende-se mostrar apenas a inviabilidade de uma delegação em particulares do exercício de poderes públicos que envolvam o emprego da força: integrada na problemática não está, por conseguinte, uma concreta tarefa ou incumbência do Estado, mas os

---

de natureza discricionária (isto é, onde há *discricionaridade* e não *liberdade*). No que se refere ao *conteúdo*, caracteriza-se por se tratar de uma actividade destinada a *promover*, a *coordenar* e a *enquadrar* a acção da Administração Pública. Diz-se, por isso, que a alta administração aparece dotada de "força propulsiva da sucessiva acção do aparelho administrativo"; cfr. SANDULLI, "Governo e amministrazione", p. 751; CUGURRA, "L'annullamento governativo come atto di «alta amministrazione»", p. 626. Finalmente, quanto à *forma*, a actividade de alta administração manifesta-se através de *actos ou regulamentos administrativos*; cfr. PIGA, "Attività di alta amministrazione e controllo giurisdizionale", p. 481 e ss.

[79] Cfr. NIGRO, Ob. cit., p. 709, considerando-a a "attività amministrativa di rango più elevato".

[80] Cfr. TRONCOSO REIGADA, Ob. cit., pp. 132 e 271; BRACHER, Ob. cit., p. 95 e ss.

[81] Cfr. GARRONE, "Atto di alta amministrazione", p. 540.

[82] Nesse sentido, cfr. STOBER, "Staatliches", cit., p. 892; PITSCHAS, "Gefahrenabwehr", cit., p. 398; GUSY, "Rechtsgüterschutz", cit., p. 581; STOLL, Ob. cit., p. 15.

[83] Como, aliás, se demonstrou nos capítulos I e II da Parte I desta dissertação.

meios ou *instrumentos* utilizados na execução de tarefas ou missões públicas. Neste contexto, a proibição de delegação de poderes públicos de coacção física surge articulada com o *monopólio estadual do emprego da força (Gewaltmonopol)*[84].

Com algumas excepções, a doutrina europeia mostra-se praticamente unânime na aceitação da ideia de que um tal monopólio, mesmo que não expressamente consagrado, representa um elemento essencial do Estado de direito, devendo considerar-se ou implícito no *princípio do Estado de direito*, ou como um princípio constitucional não escrito[85]. Pelo facto de o Estado se apresentar como a única entidade com legitimidade para empregar a força ou coacção física, impõe-se a *proibição do emprego da força entre particulares*[86].

Mas, simultaneamente, aceita-se que aquele monopólio conhece *excepções*[87], casos em que, portanto, o emprego da força por particulares se revela igualmente legítimo: no direito português, a CRP consagra o direito de resistência como "o direito (...) de repelir pela força qualquer agressão, quando não seja possível recorrer à autoridade pública". Esta possibilidade – *excepcional* e numa estrita lógica de *subsidiariedade* em relação à intervenção da autoridade pública – do emprego da força por particulares remete-nos para a figura dos "direitos privados de coacção física"[88]. Embora não esteja excluída a possibilidade de

---

[84] Há, neste caso, um monopólio, não quanto a *tarefas*, mas quanto aos *meios de execução de tarefas*; cfr. GRAMM, *Privatisierung*, cit., p. 38.

[85] Cfr. MERTEN, Ob. cit., p. 35 e ss; GÖTZ, "Innere Sicherheit", cit., p. 1025 e ss; ISENSEE, "Staat und Verfassung", cit., p. 621 e ss; BRACHER, Ob. cit., p. 79; HUBER, *Wahrnehmung*, cit., p. 127 e ss; HAMMER, Ob. cit., p. 614; WEINER, Ob. cit., p. 115; NITZ, *Private und öffentliche Sicherheit*, cit., p. 313 e ss; WOLFF, *Ungeschriebenes*, cit., p. 331. Como se disse, há vozes dissonantes neste ponto: cfr. PITSCHAS, "Gefahrenabwehr", cit., p. 397, e "Verantwortungsteilung in der inneren Sicherheit", cit., p. 153; KÄMMERER, *Privatisierung*, cit., p. 169. Como já vimos, dissonante é também a opinião de KNEIHS, *Privater Befehl,* cit.,, p. 48 e ss, e "Verfassungsfragen", cit., p. 265 e ss, que entende que o Estado não dispõe de um *Gewaltmonopol*, mas apenas de um monopólio público de definição das condições e dos termos de emprego da força física, ou seja, um monopólio de regulação do emprego da força.

[86] Sobre este "Gewaltverbot inter privatos", cfr. MERTEN, Ob. cit., p. 56 e ss.

[87] Alguns autores falam, neste contexto, de *limites imanentes* ao monopólio estadual do emprego da força, que decorrem do facto de o Estado – por não ser uma entidade *omnipresente* – não se encontrar sempre em condições de defender os direitos dos cidadãos; cfr. HUBER, *Wahrnehmung*, cit., p. 131.

[88] Sobre o assunto, cfr., *supra*, Parte II, Cap. II, 2.3.3.2.

uma "instrumentalização" desses *direitos privados* para a realização de *fins públicos* de segurança, o tema que nos ocupa primacialmente neste número não é esse, mas sim o da eventual admissibilidade da delegação dos próprios poderes públicos de emprego da força em entidades particulares. Na bifurcação da *Gewaltgestattung* (permissão estadual do poder de emprego da força por particulares) proposta por Detlef Merten, interessa-nos imediatamente, não a autorização do exercício de um poder privado (*Gewaltermächtigung*), mas apenas a *transferência* ou *delegação* (*Gewaltübertragung*) do poder público de emprego da força[89].

Excluindo assim do tema os direitos privados de coacção física – no quadro da *legítima defesa*, da *acção directa* ou da *detenção em flagrante delito* –, a hipótese da *delegação* refere-se apenas à transferência para particulares do exercício de poderes públicos legitimados pelo próprio *Gewaltmonopol*[90]. Quer dizer, trata-se de poderes de emprego da força que não se apresentam como *excepcionais* em face do monopólio estadual, posto que *pertencem ao próprio Estado*[91].

O sector da segurança pública e das actividades policiais constitui, por excelência, aquele em que, para a prossecução de objectivos públicos (tranquilidade, ordem e segurança), o Estado emprega a força física sobre os cidadãos[92] – como anota Carla Amado Gomes, as actividades de polícia são "o reino da coacção directa"[93]. Nestes termos, a ser possível, a delegação de poderes públicos de emprego da força irá operar sobretudo no cenário da participação de particulares no desempenho de funções públicas de segurança e de polícia. Contudo, outros sectores de intervenção pública também pressupõem um "contacto físico" do aparelho de coerção do Estado com os cidadãos: assim sucede, por ex., em relação aos condenados a cumprir penas de prisão.

---

[89] Sobre esta distinção, cfr. MERTEN, Ob. cit., p. 56 e ss.

[90] No sentido de que o exercício *delegado* de poderes públicos de coacção física por particulares não conflitua nem infringe o *Gewaltmonopol*, cfr. HUBER, *Wahrnehmung*, cit., p. 150; LANGE, Ob. cit., p. 903; BURGI, "Der Beliehene", cit., p. 590.

[91] Cfr. BURGI, *ibidem*.

[92] O emprego da força também pode aparecer noutros contextos, *v.g.*, na execução coerciva de actos administrativos que imponham prestações de facto infungível (nesta hipótese, apenas nos casos expressamente previstos na lei, nos termos do artigo 157.º/3 do CPA).

[93] Cfr. Carla Amado GOMES, *Contributo*, cit., p. 164 e ss. Observe-se, contudo, que o uso da coacção e da força não se revela indispensável para caracterizar a actuação de polícia; neste sentido, cfr. Catarina Sarmento e CASTRO, *A Questão das Polícias Municipais*, p. 72.

Tentaremos demonstrar que a delegação de poderes públicos de emprego da força em particulares deve considerar-se, em princípio, constitucionalmente vetada. Neste ponto e ao contrário do proposto por outras correntes, parece-nos que a delegação pode afrontar directamente o monopólio estadual do emprego da força; por outro lado, não nos parece, pelo menos na generalidade dos casos, que uma tal delegação se encontre coberta pela abertura a excepções contemplada na regra segundo a qual a acção pública de autoridade (de qualquer natureza) deve ser exercida por entidades que se encontrem exclusivamente ao serviço do interesse público.

a) Justificação da proibição

Apesar de a evidência o demonstrar, não pode deixar de se sublinhar que o emprego da força representa a forma mais intensa de agressão à esfera dos cidadãos[94]. Essa circunstância, articulada com o facto de o emprego da força se justificar no contexto do *dever estadual de protecção dos direitos fundamentais*[95], explica o monopólio estadual, mas também o dever estadual de empregar a força quando tal se considere indispensável no âmbito do dever de protecção dos direitos dos cidadãos[96].

Para uma parte da literatura jurídica, a delegação de poderes públicos de emprego da força em particulares não contraria aquele monopólio

---

[94] Cfr. BRACHER, Ob. cit., p. 82.

[95] Cfr. WEISS, *Privatisierung*, cit., p. 149 e ss, afirmando, no entanto, que o dever de protecção de direitos fundamentais não constitui uma consequência ou um reflexo da proibição do emprego da força *inter privatos*, mas, verdadeiramente, o fundamento dessa proibição.

[96] Pelo facto de não consagrar um monopólio estadual do emprego da força, o sistema jurídico norte-americano revela-se bastante generoso quer quanto à delegação de funções policiais em entidades privadas, quer quanto à extensão da segurança privada. Deve notar-se que a ausência de um tal monopólio conduz o sistema a não reconhecer um dever estadual de protecção dos direitos dos cidadãos. Este ponto aparece firme na jurisprudência, a qual insiste na validade do princípio segundo o qual os cidadãos não têm direito à protecção policial do Estado contra agressões à sua integridade física ("there is no constitutional right to be protected by the state against being murdered by criminals or madmen. It is monstrous if the state fails to protect its residents against such predators but it does not violate the due process clause of the Fourteenth Amendment or, we suppose, any other provision of the Constitution"; cfr. *Bowers v. DeVito*, 686 F 2d 616, 7th Cir., 1982, citado também por NITZ, "»Private policing«", cit., p. 331 e *Private und öffentliche*, cit., p. 251).

estadual, uma vez que, por força da delegação, os particulares aparecem integrados na esfera do Estado. Quer dizer, a delegação não significa uma deslocação do poder estadual de coacção para o espaço dos particulares, mas, ao invés, a deslocação dos particulares para a órbita do Estado[97]. Neste contexto, a delegação não está em contradição com o *Gewaltmonopol*, uma vez que os particulares aparecem, por força da mesma, a exercer, por mandato do próprio Estado, os poderes públicos integrados nesse monopólio[98]. Segundo esta orientação, a delegação, não sendo livre, também não está em princípio proibida. A sua conformidade constitucional depende, tal como a outorga de poderes públicos de outra natureza, da mera observância de *limites relativos*, de natureza *quantitativa* e *qualitativa*[99].

Ora, neste âmbito, inclinamo-nos para uma orientação mais radical, excluindo, *por princípio e sem ponderação*, a outorga de poderes públicos de emprego da força a entidades particulares. Ao contrário da doutrina acima referenciada, entendemos que a delegação de poderes públicos dessa natureza se encontra imediatamente inviabilizada pelo monopólio estadual do emprego da força; além disso, uma tal delegação poderia ainda atentar frontalmente contra a regra segundo a qual o exercício de poderes públicos deve estar confiado a entidades que se encontrem exclusivamente ao serviço do interesse público.

O monopólio do *emprego* da força – que, insiste-se, se refere a *meios* e não a *tarefas* – não postula apenas a *titularidade* de um certo conjunto de poderes pelo Estado, mas também o *exercício* desses mesmos poderes pelo próprio Estado[100]. Trata-se, por conseguinte, de um *monopólio estadual de execução*, que não se apresenta susceptível de uma cisão entre a *titularidade* (estadual) e o *exercício* (particular). Esta compreensão, que resulta da própria natureza do *Gewaltmonopol*, não se vislumbra contornável pela ideia de que as entidades particulares a quem a delegação seja confiada passam a integrar a esfera pública. Mesmo que haja efectivamente lugar a um tal processo de integração, urge considerar

---

[97] Neste sentido, cfr. HUBER, *Wahrnehmung*, cit., p. 150; LANGE, Ob. cit., p. 903.

[98] Cfr. HAMMER, Ob. cit., p. 619; BURGI, "Der Beliehene", cit., p. 590.

[99] Apesar de adoptar esta estratégia argumentativa, a doutrina acaba, contudo, por concluir que a delegação de poderes que envolvam o emprego da força não passa o teste da constitucionalidade, designadamente por violar o princípio dos limites quantitativos da delegação.

[100] Cfr. WEINER, Ob. cit., p. 124.

que: *i)* embora funcionalmente integradas na esfera pública, as entidades particulares são particulares, pelo que não deixam de ser portadoras de interesses privados, que, necessariamente, pretendem também realizar no exercício da acção pública; é nisto que se traduz a já referida *situação contraditória* ou *ambivalente* das entidades particulares com funções e poderes públicos; *ii)* as entidades particulares com funções públicas integram a esfera pública, mas não na qualidade de órgãos do Estado, aparecendo como membros da Administração Pública, na posição de *elementos de administração indirecta*; daí resulta que a delegação em entidades particulares não constitui um processo realizado *interna corporis*, dentro do aparelho do Estado.

Consistindo a delegação de poderes de emprego da força um efeito rejeitado pela regra do monopólio estadual de execução, não se segue daí a total impossibilidade de a justificar como um facto ou ocorrência excepcional. Deste ponto de vista, importa, contudo, considerar que a admissibilidade de uma excepção ao monopólio teria de se moldar, simultaneamente, como excepção admissível em face da regra constitucional segundo a qual o *exercício de poderes públicos de autoridade cabe a entidades dedicadas exclusivamente à prossecução do interesse público*[101]. Ora, na nossa interpretação e pelo menos em princípio, a delegação de poderes públicos de emprego da força em entidades particulares não se perfila como excepção viável em face desta regra.

Com efeito, em princípio, o emprego da força tem lugar em circunstâncias que reclamam a tomada de decisões – quanto ao *se* e quanto ao *como* da utilização de meios coactivos – cujo conteúdo depende, em grande medida, do contexto e do grau de ameaça ou de perigo concreto em que se encontram determinados bens jurídicos. A definição antecipada, em abstracto, de critérios jurídicos e de *standards* reguladores da utilização da força não permite ignorar que a decisão sobre o emprego da força e sobre a medida concreta da sua utilização se assume como um especial "momento crítico" do exercício do Poder Público, que depende largamente das feições que apresenta a situação concreta de perigo ou de perturbação. Daqui resulta que a decisão sobre o exercício do poder de empregar a força e sobre os meios a empregar aparece adoptada num contexto normativo relativamente aberto. Por outro lado, além da especial *intensidade de ingerência* (integridade física e liberdade

---

[101] Sobre esta regra, cfr., *infra*, 1.3.3.1.

dos cidadãos) que lhe é inerente[102], o emprego da força e da coacção física determina ainda a imediata consumação de efeitos ou resultados de facto, insusceptíveis de, mais tarde, virem a ser anulados ou rectificados e, consequentemente, dados como não produzidos. Tudo isso nos conduz a supor que, *em geral*, o emprego da força como meio da prossecução de fins públicos integra o *núcleo duro*, intangível, da regra do exercício de poderes públicos por entidades colocadas exclusivamente ao serviço do interesse público, as quais, neste caso, devem aparecer dotadas do nível mais elevado de legitimidade democrática (correspondente à maior intensidade da agressão)[103]. Para o mesmo sentido concorre ainda o facto, já assinalado, de o emprego de meios de coacção, apesar de regulado por certos critérios normativos (*v.g.*, princípio da proporcionalidade), apresentar uma dimensão não programável ou não determinável por antecipação, circunstância que potencia o risco de erros e mesmo de abusos. Também esta ausência de determinação ou de definição das *medidas certas* para *cada situação concreta* joga contra a possibilidade de delegação em particulares. Por esse motivo, uma eventual delegação de poderes de emprego da força não se revela, pelo menos em princípio, em condições de respeitar igualmente o requisito dos limites quantitativos – *princípio da enumeração* – que a delegação de poderes públicos em entidades particulares deve observar sempre[104].

A exposição anterior conduz-nos a considerar inconstitucional – por infringir o monopólio estadual da força e a regra segundo a qual a acção pública de autoridade deve ser exercida por entidades criadas para a exclusiva prossecução do interesse público – a delegação de poderes públicos de emprego da força em entidades particulares. Disso resulta imediatamente a inviabilidade de confiar a entidades particulares o exercício de *funções genéricas de polícia e de segurança pública*[105] ou a

---

[102] Cfr. GRAMM, *Privatisierung*, cit., p. 436, e "Schranken", cit., p. 343.

[103] Considerando proibida a delegação da gestão de prisões em entidades particulares pelo facto de isso representar uma ofensa do princípio democrático, cfr. KRUIS, "Haftvollzug als Staatsaufgabe", p. 4.

[104] Apesar de estar envolvido o *princípio dos limites quantitativos*, trata-se, contudo, de limites absolutos, pois que, por sua natureza, o poder de emprego da força física não se apresenta susceptível de cumprir o requisito da determinação; é isso que leva a doutrina a excluir a possibilidade de delegação: cfr. GREIFELD, Ob. cit., p. 912;

[105] Cfr. GREIFELD, Ob. cit., p. 912; GUSY, "Polizei und private", cit., p. 358.

gestão global de prisões[106]. Em qualquer caso, a delegação colocaria nas mãos de particulares um poder *genérico* e *indeterminado* de emprego

---

[106] É no contexto do monopólio estadual do emprego da força que habitualmente se vê equacionado o tema da *privatização da gestão de prisões*.

A colaboração de entidades particulares na execução de *certas* tarefas públicas relativas à gestão de estabelecimentos prisionais – *v.g.*, construção de estabelecimentos, provisão de serviços secundários, como saúde, educação, alimentação – não suscita dificuldades. A situação apresenta-se diferente na hipótese de delegação da *gestão global de prisões*. Neste (impropriamente) designado modelo das *prisões privadas*, a entidade particular assume a gestão integral de um estabelecimento penitenciário e, por conseguinte, a responsabilidade pública de "guardar" o cidadão condenado a uma pena de prisão, desde o momento em que um tribunal decreta a sentença até ao fim da respectiva execução.

A gestão global de prisões por entidades particulares é, hoje e desde os anos oitenta do século XX, uma realidade consolidada, sobretudo nos Estados Unidos da América (embora não em todos os Estados) e no Reino Unido. Os fundamentos da estratégia da delegação da gestão de prisões são os esperados, na circunstância: aposta numa diminuição de custos para o sobrecarregado erário público e esperança na melhoria da qualidade do serviço; sobre as "prisões privadas" no espaço anglo-saxónico, cfr. WECHT, "Breaking the code of deference: judicial review of private prisons", p. 815 e ss; FREEMAN, "Private role", cit., p. 625 e ss, e "The contracting state", cit., p. 185 e ss; METZGER, Ob. cit., p. 1392 e ss.

No nosso juízo, a privatização da gestão *global* de prisões apresenta-se constitucionalmente inviável.

Com efeito, como notam os próprios defensores da solução, a gestão de prisões por particulares representa, de forma patente, um *perigo especial* de colisão entre os interesses privados (maximização do lucro) e o interesse público da ressocialização dos presos. O incentivo para cortar nos custos, contratando pessoal sem experiência, prestando serviços de saúde ou de educação deficitários, pode facilmente redundar na impossibilidade de cumprir os objectivos públicos das penas.

Além disso, e trata-se agora do aspecto mais comprometido com o tema do monopólio estadual da força, cumpre notar o facto de os gestores e o pessoal de guarda de prisões deterem "enormous coercive powers" sobre os presos. Pela sua própria natureza, o ambiente da prisão revela-se particularmente perigoso para os direitos dos cidadãos reclusos, dada a extrema vulnerabilidade em que estes se encontram, bem como a fraca visibilidade pública do que ocorre dentro dos estabelecimentos prisionais. A situação de grande proximidade e de verdadeira dependência dos reclusos em relação ao pessoal de guarda das prisões surge com evidência em todos os momentos do dia-a-dia e em todos os aspectos da vida daqueles (refeições, visitas, transporte, registo de infracções, informações sobre os comportamentos dos reclusos, etc.). Este carácter muito genérico e abrangente dos poderes das entidades encarregadas da gestão de prisões e a relevância de tais poderes para a situação particular em que se encontram os reclusos reclamam que o Estado assuma como inalienável o dever de gerir prisões, bem como o de o fazer através de funcionários adstritos à prossecução exclusiva do interesse público. Baseando-se no

da força. Ora, uma investidura com esse alcance afrontaria, em termos inaceitáveis, o *Gewaltmonopol* e, com este relacionado, o princípio do Estado de direito.

b) Excepções à proibição

A conclusão a que chegámos na alínea anterior aplica-se fundamentalmente aos casos em que a delegação de poderes públicos de emprego da força coloca um particular em posição de actuar com o *instrumentarium* mais agressivo ao dispor do Estado em *situações não determinadas.*

---

carácter genérico e não programado (ou não normativo) das competências em questão, bem como no facto de estar envolvida uma tarefa *nuclear* do Estado, a doutrina alemã maioritária exclui a possibilidade de uma delegação da gestão global de prisões em entidades particulares; cfr. HOFFMANN-RIEM, "Justizdienstleistungen", cit., p. 428; WAGNER, "Privatisierung im Justizvollzug – Ein Konzept für die Zukunft", p. 171; KRUIS, Ob. cit., p. 4 e ss. Contra, admitindo a viabilidade de uma *Beleihung* neste domínio, cfr. LANGE, Ob. cit., p. 901 e ss, sustentando que os perigos de desvio dos fins públicos podem ser evitados por via de contratos que imponham objectivos e que quantifiquem as obrigações assumidas (o Autor insere-se, assim, na linha que Jody Freeman protagoniza no direito norte-americano, com a sua teoria do contrato de delegação como mecanismo de "accountability").

Reconhecemos o limitado valor das objecções de cariz ideológico, não estribadas numa argumentação jurídica susceptível de se confrontar com as razões empíricas de eficácia e de redução de custos (denunciando o reduzido préstimo das objecções de natureza moral e ideológica contra a privatização das prisões, cfr. FREEMAN, "The contracting state", p. 173); apesar disso, não resistimos a afirmar que a privatização da gestão de prisões representa uma forma de retirada do Estado de um sector em que a sua presença e o seu "duty to govern" apresenta um valor simbólico indiscutível, pois que a prisão consubstancia, no fim de contas, a representação física mais eloquente do *poder de coerção estadual* (o conceito de "duty to govern" pertence a John DiIulio Jr., que o emprega num texto de crítica à gestão privada das prisões, considerando essa uma solução "moralmente imprópria"; cfr. METZGER, Ob. cit., p. 1393[79]). Em sentido contrário, cfr. KULAS, *Privatisierung hoheitlicher Aufgaben,* considerando – em face do artigo 33, IV, da *GG*, do monopólio estadual do emprego da força e de outros limites da privatização –, que a *Beleihung* para a gestão global de prisões depende sobretudo da "vontade política" (p. 111), posto que juridicamente não haverá dificuldades em privatizar a gestão global de 15% a 20% do sistema penitenciário alemão (p. 69).

As considerações anteriores não inviabilizam, todavia, a possibilidade de parcerias entre o Estado e o sector privado no domínio da gestão de prisões. Essencial é que, apesar da colaboração de particulares, o Estado não abandone as prisões e assuma a responsabilidade pela execução das tarefas que possam, directa ou indirectamente, envolver a coerção.

Todavia, reconhecemos que a proibição estrita só vale nessas situações. Desde que se torne viável determinar antecipadamente, em termos rigorosos, o âmbito da intervenção agressiva, a possibilidade de delegação não se encontra liminarmente excluída. Alguma doutrina refere-se, neste domínio, à viabilidade da delegação que tenha por objecto a adopção de medidas coactivas *enumeradas*, *estandardizadas* e de *aplicação rotineira*: assim sucede, por ex., com o controlo e a revista de pessoas nos aeroportos ou noutros locais públicos de acesso condicionado[107]. Com efeito, nesta hipótese, a intensidade da ingerência que representa a acção pública encontra-se predefinida e legalmente balizada, dando origem a uma *actuação esperada*, com *contornos definidos* e que se manifesta através de medidas que se aplicam, nos mesmos termos, a todos os cidadãos abrangidos. Apesar de estarem envolvidos poderes públicos que pressupõem um "contacto físico" com os cidadãos, a delegação em entidades privadas não apresenta, neste cenário, um risco especial, não devendo, por isso, considerar-se taxativamente eliminada. Contudo, importa insistir que o carácter predeterminado, rotineiro e estandardizado das medidas agressivas representa, em qualquer caso, uma *condição necessária* da viabilidade da delegação de poderes públicos cujo exercício reclame o contacto físico, corporal, entre a entidade particular delegatária e os cidadãos[108].

Por razões semelhantes – e desde que haja uma tipificação das medidas a adoptar no exercício do designado *poder de bordo* – devem considerar-se legítimas as delegações de poderes de polícia nos comandantes de navios ou de aeronaves; o mesmo deve ainda dizer-se dos poderes de polícia da caça confiados aos guardas florestais auxiliares.

c) Actividade de segurança privada: emprego da força no âmbito do direito privado

Tivemos já oportunidade de abordar uma dimensão do tema da segurança privada, no contexto da chamada privatização funcional de

---

[107] Sobre a revista de pessoas (em aeroportos) por agentes de segurança privada, cfr. GRAMM, *Privatisierung*, cit., p. 422 e ss, e "Schranken", cit., p. 333 e ss; HUBER, *Wahrnehmung*, cit., p. 86 e ss; NITZ, *Private und öffentliche*, cit., p. 66 e ss.

[108] Cfr. GRAMM, "Schranken", cit., p. 338.

Como vimos, a Lei n.º 29/2003, de 22 de Agosto, veio conferir aos assistentes de recinto desportivo e (permitir que seja conferido) ao pessoal de vigilância de aeroportos e outros locais de acesso condicionado o poder de proceder a *revistas pessoais*, com o "objectivo estrito" de impedir a entrada de objectos e substâncias proibidas ou susceptíveis de gerar ou possibilitar actos de violência; cfr., *supra*, Parte III, Cap. I, 1.1.

tarefas administrativas[109]. Contactámos ainda com o fenómeno consistente na participação dos agentes de segurança privada no desempenho de verdadeiras tarefas (e poderes) no âmbito da segurança pública: nesta eventualidade, não está presente o *exercício da actividade de segurança privada*, mas sim uma *actividade de segurança pública exercida por profissionais da segurança privada*.

Ora, temos agora em vista a referência à própria actividade de segurança privada, enquanto *actividade privada regulada pelo Estado*[110]. Com estes limites, o tema da segurança privada interessa-nos, para analisar a *possibilidade* e, sobretudo, o *fundamento jurídico* da adopção de medidas coactivas e de emprego da força física pelos agentes de segurança privada. A análise do problema é pertinente e necessária, visto revelar-se menos clara do que aparenta a destrinça entre os planos em que a força e a coacção física aparecem articuladas com o exercício de uma actividade pública – como *poderes públicos* – e aquele em que elas surgem no desenvolvimento de uma actividade privada e no exercício de direitos ou de competências privadas (no quadro das *excepções* ao monopólio estadual do emprego da força).

No que concerne à questão da *possibilidade* de emprego da força física, a LSegPriv é clara: depois de definir a segurança privada como a

---

[109] Cfr. Parte I, Cap. III, 2.2.2.

[110] Próxima de uma actividade de *segurança privada* encontra-se a actividade dos *guardas-nocturnos*. Neste caso, a Administração Pública não se limita a intervir para regular a actividade: nos termos da lei, "a criação e a extinção do serviço de guardas-nocturnos em cada localidade e a fixação e modificação das áreas de actuação de cada guarda são da competência da câmara municipal" (cfr. artigo 4.º do Decreto-Lei n.º 310/ /2002, de 18 de Dezembro); além da regulamentação, licenciamento e fiscalização da actividade de guarda-nocturno, aos órgãos municipais cabe ainda enquadrar orgânica e territorialmente a actividade. Não obstante, os guardas-nocturnos não cumprem as suas missões (de ronda e vigilância em espaços públicos) por conta dos municípios, mas, nos termos da lei, como trabalhadores independentes, remunerados pelos seus "clientes" (os moradores das zonas abrangidas pela sua acção). Desempenhando funções de mera ronda e vigilância, os guardas-nocturnos não se encontram autorizados a exercer poderes de autoridade pública, limitando-se a comunicar às forças de segurança os eventuais delitos que conheçam e, nos termos gerais, a exercer os "direito de todos" em situações de necessidade (legítima defesa, detenção em flagrante delito). Sobre a actividade de guarda- -nocturno no direito espanhol, cfr. EMBID IRUJO, "La problemática del servicio de vigilância nocturna: competencia municipal, orden público y régimen jurídico de los vigilantes nocturnos", p. 203 e ss (entende o Autor que os guardas-nocturnos participam no exercício de funções públicas de segurança).

actividade que consiste na protecção de pessoas e de bens e na prevenção da prática de crimes (artigo 1.º/3), esclarece, por ex., que a protecção se faz mediante o acompanhamento e a "defesa" das pessoas a proteger [artigo 2.º/1,*d*)]. Quer no âmbito da segurança de pessoas, quer no da segurança e vigilância de coisas, os agentes da segurança privada podem ser confrontados com agressões aos bens jurídicos que assumiram o dever contratual de proteger, encontrando-se, neste contexto, em condições de adoptar as medidas activas destinadas a repelir as agressões[111]. Nos termos da mesma Lei, as empresas de segurança podem utilizar canídeos (artigo 14.º), encontrando-se o respectivo pessoal sujeito ao regime geral de uso e porte de arma de defesa: no caso de ser portador da licença, o porte de arma em serviço depende de autorização da entidade patronal (artigo 13.º).

Quanto ao *fundamento jurídico* do emprego da força pelo pessoal das empresas de segurança privada, reiteramos a ideia já avançada[112], segundo a qual um tal fundamento reside no *direito privado*, concretamente, nos *direitos privados* de emprego da força em situações de excepção. Com efeito, a actividade de segurança privada constitui uma *actividade privada*, da esfera da Sociedade. Limitando-se a permitir e a regular o "negócio" da segurança privada, o Estado não delega nas empresas atribuições que lhe estejam confiadas. Não existe, neste processo, uma *privatização frontal*[113], traduzida num expediente de *deslocação* para as próprias empresas de responsabilidades públicas no capítulo da segurança[114]. Em vez disso, o crescimento da segurança privada vem-se veri-

---

[111] Já aludimos ao facto de, nos Estados Unidos da América, a "private security industry" conhecer uma extensão muito maior do que na Europa. Embora baseado nas ideias de "self-help" e de "self-protection", o sistema norte-americano desconhece o princípio da subsidiariedade de segurança privada, a qual abrange, por ex., patrulhas urbanas, funções de polícia, de investigação de crimes e de segurança informática. Por isso, surgem aí com maior generosidade os instrumentos de acção utilizados pelo pessoal da segurança privada (*v.g.*, buscas, perseguições). De resto, esse pessoal pode até ser constituído por agentes das próprias forças policiais públicas, os quais estão autorizados a desempenhar actividades de segurança privada fora do horário de trabalho na função pública (fala-se, neste contexto, de *moonlighting*); sobre o sistema norte-americano de segurança privada, cfr. NEMETH, Ob. cit., p. 1 e ss; LES JOHNSTON, *The rebirth of private policing*, p. 18 e ss; NITZ, "«Private Policing»", cit., p. 306 e ss, e *Private und öffentliche*, cit., p. 157 e ss.

[112] Cfr., *supra*, Parte I, Cap. III, 2.2.2., e Parte II, Cap. II, 2.3.3.2.

[113] Cfr. GONZALEZ-VARAS IBAÑEZ, "El desarrollo", cit., p. 208.

[114] Recorde-se, contudo, que o próprio Estado contrata empresas de segurança privada, no contexto de um processo de *privatização funcional de tarefas públicas*.

ficando num contexto claramente próximo de uma *privatização material das tarefas de segurança*, induzida pelos fenómenos da *activação estadual de responsabilidades privadas* (imposição de deveres de autoprotecção) e da chamada *privatização de facto*, resultante de formas variegadas de retirada estadual e da prestação deficitária ou ncgligente de serviços de segurança pública. Neste sentido, é verdade que o Estado se aproveita da segurança privada ou, até mais do que isso, "conta com ela" para a realização de objectivos de *controlo social*[115], provocando, de forma mais ou menos consciente, um *vazio* que sabe ir ser ocupado pelo mercado da segurança[116]. Por força disso, a segurança privada representa actualmente algo mais do que uma mera *actividade subsidiária* da segurança pública (artigo 1.º/2 da LSegPriv), tendo-se transformado, verdadeiramente, num *complemento necessário e indispensável* daquela sobrecarregada função pública[117]. Quer dizer, a segurança privada tem crescido por efeito de um certo eclipse do Estado, sendo certo, por outro lado, que ela se traduz na prestação de serviços – defesa dos direitos dos cidadãos – que coincidem exactamente com incumbências do próprio Estado.

Apesar do que acaba de se observar, deve sublinhar-se que as empresas de segurança privada não exercem a sua missão (de segurança privada) investidas de um mandato de colaboração com o Estado ou de partilha com este do desempenho da função pública de segurança. Por outras palavras, no desempenho daquela actividade, elas não actuam na esfera da responsabilidade do Estado, mas no âmbito das *responsabilidades* (e dos *direitos*) dos cidadãos. Subjacente a este processo não está a mera indução da colaboração das empresas de segurança com o Estado, mas, de forma mais profunda e radical (privatização *material*), uma verdadeira partilha das funções de segurança entre o Estado e os cidadãos

---

[115] Apesar de tecnicamente não existir uma privatização da função policial, a verdade é que, com alguma frequência, a doutrina se refere ao recurso a formas privadas de protecção de pessoas e de bens como um modelo de "privatização do controlo social"; cfr. LES JOHNSTON, Ob. cit., p. 204 e ss; NOGALA, Ob. cit., p. 121 e ss.

[116] A propósito, observa KUNZ, "Die organisierte Nothilfe", p. 992, que a segurança privada se apresenta como uma espécie de parasita que só cresce por se revelar defeituosa e pouco eficaz a protecção estadual dos direitos privados. No mesmo sentido, sobre a já referida "Vakuum-These", cfr. GUSY, *Polizeirecht*, p. 83; SCHOCH, "Polizei- und Ordnungsrecht", cit., p. 128; PITSCHAS, "Verantwortungsteilung in der inneren Sicherheit", p. 137; MÖSTL, Ob. cit., p. 291.

[117] Neste sentido, cfr. BAYLEY/SHEARING, "The future of policing", p. 587.

(que, depois, contratam as empresas). Por conseguinte, é exactamente no âmbito do direito privado, na base de *relações jurídicas privadas* – entre compradores e prestadores de serviços – que, em geral, se desenvolve a actividade empresarial de segurança privada.

A ordenação da actividade de segurança privada (quando se traduz no uso da força) no âmbito do direito privado – e não no direito público ou numa "zona cinzenta do direito"[118] – permite-nos perceber que o fundamento jurídico da intervenção das empresas reside em *competências de direito privado*, e não em poderes de direito público. Esta regra vale, naturalmente, também para a intervenção que possa traduzir-se no emprego da força física. Accionados, nesse caso, são os designados "direitos de todos", de legítima defesa, própria ou de terceiro, e de detenção em flagrante delito, bem como os "poderes derivados", os quais ficam confiados às empresas de segurança privada pelas entidades que as contratam ("acção directa" para defesa do direito de propriedade ou da posse)[119]. A natureza *privada* dos direitos de emprego da força exercidos pelas empresas de segurança conduz-nos a concluir que se trata de posições jurídicas permitidas como *excepção* ao monopólio estadual do emprego da força e que, por isso mesmo, apenas podem ser actuadas, de acordo com um princípio da subsidiariedade, "quando não seja possível recorrer à autoridade pública" (cfr. artigo 21.º da CRP).

A tese que aqui subscrevemos sobre o facto de a habilitação para o emprego da força no desempenho de missões de segurança privada se encontrar no direito privado – nos direitos privados, próprios ou derivados, dos agentes de segurança privada – constituiu objecto de forte contestação por alguma doutrina, destacando-se entre a corrente dos críticos o nome de Hoffmann-Riem[120].

O ponto de partida deste Autor baseia-se na ideia de que a tese que critica provoca uma inaceitável e perigosa "instrumentalização do instituto da legítima defesa"[121].

---

[118] Cfr. STOBER, "Staatliches Gewaltmonopol", cit., p. 893.

[119] Neste sentido, cfr. BRACHER, Ob. cit., p. 40 e ss; HUBER, *Wahrnehmung*, cit., p. 63; MAHLBERG, Ob. cit., p. 75; NITZ, Ob. cit., p. 126 e ss; GONZALEZ-VARAS IBAÑEZ, *Derecho administrativo privado*, cit., p. 182 e ss.

[120] Cfr. HOFFMANN-RIEM, "Übergang der Polizeigewalt auf Private?", p. 277 e ss; na linha desse Autor, cfr. ROSSNAGEL, "Zum Schutz kerntechnischer Anlagen gegen Angriffe von außen", p. 59 e ss.

[121] Sobre este aspecto, cfr. BRACHER, Ob. cit., pp. 42 e 130.

Do seu ponto de vista, a segurança privada constitui um *novo poten-cial de poder e de força*, que, ao contrário do poder exercido pela polícia pública, se encontra isento de um controlo democrático[122]. Pelo facto de a segurança privada constituir um "poder", a sua ordenação no direito privado, com a consequente sujeição às regras privadas sobre o emprego da força, revela-se, não só perigosa como questionável, visto que se baseia numa desactualizada justaposição entre Estado e Sociedade, esque-cendo que os novos poderes sociais, económicos e políticos também devem estar sujeitos ao direito constitucional, em especial à vinculação pelos direitos fundamentais[123].

Para demonstrar o erro da ordenação da actividade de segurança privada no direito privado, Hoffmann-Riem invoca o contexto social e cultural dos direitos de legítima defesa, para concluir que a designada *legítima defesa profissional* (exercida pelas empresas de segurança pri-vada) surge deslocada desse contexto e próxima da actuação pública policial: na legítima defesa, está presente o "direito de qualquer pessoa" se defender ou defender terceiros em situações extremas, excepcionais e ocasionais, pressupondo a lei que o agente não tem qualquer rotina ou preparação especial para lidar com a agressão[124]. É, aliás, isso que expli-ca uma certa generosidade da ordem jurídica, que, embora exigindo a "necessidade dos meios" a utilizar em legítima defesa, não impõe con-tudo o respeito pela proporcionalidade entre os bens jurídicos defendi-dos e os sacrificados, mas apenas a adequação da defesa à agressão[125]. Ao contrário, na *legítima defesa profissional*, está presente a actuação de uma entidade cujo escopo consiste na protecção de terceiros, de *forma organizada*, com *pessoal formado e especialmente escolhido* para o efeito, que está (contratualmente) obrigado a proteger e a defender direitos, bens e interesses de terceiros. A *defesa profissional* encontra-se, por-tanto, mais próxima da actuação policial do Estado do que do instituto da legítima defesa individual: como a actuação policial do Estado, a segu-rança privada baseia-se no *planeamento*, na *organização* e no *treino* para a protecção obrigatória de bens jurídicos. Por todas essas razões, o fun-damento jurídico da defesa profissional não pode residir no instituto da

---

[122] Cfr. HOFFMANN-RIEM, *ibidem*, p. 279.
[123] Cfr. HOFFMANN-RIEM, *ibidem*, p. 283.
[124] Cfr. HOFFMANN-RIEM, *ibidem*, p. 281 e ss.
[125] Cfr. HOFFMANN-RIEM, *ibidem*, p. 281.

legítima defesa[126]. Aliás, não pode, nem deve: segundo Hoffmann-Riem, a actividade de segurança privada, além de ter de se basear em *lei especial* (na medida em que se traduz no exercício de um poder susceptível de agredir os direitos dos cidadãos) – e não num "direito de todos" –, não pode ficar isenta da vinculação pelo princípio da proporcionalidade: as medidas adoptadas para defesa dos direitos e interesses dos adquirentes de serviços de segurança devem respeitar a proporcionalidade entre os bens jurídicos defendidos e os sacrificados. De contrário, teríamos o resultado indesejável de os agentes de segurança privada actuarem com maior liberdade de escolha de meios do que a própria polícia.

Em conclusão, segundo esta orientação, os agentes das empresas de segurança privada não actuam, quando usam a força, com base num direito de legítima defesa, antes exercem uma *função de segurança idêntica à da polícia pública*, mas *sem controlo democrático, sem base legal* e com *maior liberdade de acção*.

Sem excepção, os argumentos convocados por Hoffmann-Riem têm sido criticados pela doutrina maioritária.

Assim sucede, em primeiro lugar, com o argumento que se baseia na identidade dos bens protegidos pela segurança privada e pela polícia: como nota Gusy[127], a "segurança" é simultaneamente o objectivo das empresas de segurança privada e da polícia; contudo, a segurança (erradicação de riscos[128]) não consubstancia, em si mesma, um bem jurídico, mas apenas a situação em que um bem jurídico pode encontrar-se. Ora, a polícia protege bens jurídicos privados enquanto componentes ou dimensões da protecção do interesse público. Ao invés, as empresas de segurança privada protegem, a título principal, bens jurídicos privados. Em segundo lugar, quanto à tentativa de distinguir entre o direito de legítima defesa e a defesa profissional, a doutrina chama a atenção para a clara falta de apoio legal dessa distinção: as leis atribuem, em geral, aos cidadãos o direito de legítima defesa de terceiros, sendo ilegítimo considerar que o contexto social e cultural do instituto exclui a defesa profissional[129]. Em terceiro lugar, quanto ao argumento que se baseia na falta de controlo democrático, observa-se que a exigência de um controlo por órgãos democráticos só existe quando esteja presente uma manifestação

---

[126] Acompanhando o Autor neste ponto, cfr. JEAND'HEUR, Ob. cit., p. 127 e ss.
[127] Cfr. GUSY, *Polizeirecht*, cit., p. 83
[128] Cfr. GUSY, "Rechtsgüterschutz", cit., p. 578.
[129] Cfr. STOBER, "Staatliches Gewaltmonopol", cit., p. 894.

de Poder Público; ora, as empresas de segurança privada não exercem poderes públicos, mas competências privadas[130]. Por fim, sobre o argumento que se baseia na maior liberdade das empresas de segurança privada em relação à polícia, quanto à escolha das "medidas activas de defesa", esclarece-se que o uso da força só pode ter lugar quando estejam verificados os pressupostos de actuação em legítima defesa. Esta surge, mais do que como afirmação de uma liberdade, como um limite à intervenção da segurança privada[131].

Apesar de a nossa posição ser clara no sentido de considerar que o fundamento do uso da força pelas empresas de segurança privada se encontra no direito privado e de, portanto, nos colocarmos do lado da tese criticada por Hoffmann-Riem, há, todavia, um ponto da sua argumentação que merece o nosso acordo (bem como o de alguns dos críticos): referimo-nos à sua proposta de vinculação do emprego da força pelas empresas de segurança privada pelo princípio da proporcionalidade.

Nesse ponto, parece de·reconhecer razão a Hoffmann-Riem, quando conclui que a legítima defesa privada confere maior liberdade de acção ao pessoal da segurança privada do que aquela de que, nas mesmas circunstâncias e com idêntica preparação e organização, dispõe a polícia[132]: mesmo os que entendem que a polícia pode actuar em legítima defesa[133], não deixam de observar que essa actuação representa o exercício

---

[130] Cfr. MAHLBERG, Ob. cit., p. 88; BRACHER, Ob. cit., p. 124 e ss; HUBER, *Wahrnehmung*, cit., p. 162 e ss.

[131] Cfr. BRACHER, *ibidem*, p. 132; SCHWABE, "Zum Status privater Sicherheitskräfte", p. 167.

[132] Em geral, sobre as diferenças entre as competências agressivas da polícia e o direito de legítima defesa de terceiro, cfr. KIRCHHOF, "Polizeiliche Eingriffsbefugnisse und private Nothilfe", p. 970.

[133] No sentido de que a polícia pode actuar em legítima defesa de terceiro, cfr. KUNZ, Ob. cit., p. 981 e ss; BRACHER, Ob. cit., p. 131. A questão reveste no entanto alguma complexidade, existindo uma corrente doutrinal que se recusa a admitir que a polícia possa prevalecer-se de posições jurídicas claramente pensadas para as relações entre cidadãos: neste sentido, por ex., SCHENKE, "Polizei-und Ordnungsrecht", pp. 190 e 308.

Apesar de a lei estabelecer, por vezes, que o uso de certos meios (*v.g.*, arma de fogo) pelos agentes da polícia só é permitido como medida de *legítima defesa* adequada às circunstâncias, designadamente contra a agressão iminente ou em execução, ou tentativa de agressão, dirigida contra o próprio agente da autoridade, contra o seu posto de serviço ou *contra terceiros* – era o que dispunha artigo 2.º/1,*a)*, do Decreto-Lei n.º 364/83, de 28 de Setembro, que regulava o uso de armas de fogo pela PSP; o diploma parece ter

de um *Poder Público*, ficando, por isso, sujeita à incidência do princípio da proporcionalidade[134]. Ora, considerando que o pessoal de segurança privada é formado e preparado para agir em defesa de terceiros, fazendo da prestação de serviços de segurança a sua *profissão*, afigura-se de aceitar como correcta a ideia de que a actuação da segurança privada se encontra, *neste ponto*, mais próxima da actuação policial do que da actuação em legítima defesa individual, casual e desorganizada[135]. Dada a referida proximidade, parece não ter justificação a discrepância de regimes jurídicos a que fica submetido o emprego da força[136]; de resto, essa discrepância acaba por produzir o resultado indesejável de as organizações privadas poderem usar a força com limitações menos intensas do que a polícia pública.

Independentemente do que possa entender-se sobre as condições da actuação das empresas de segurança privada, elas desenvolvem a sua actividade no âmbito do direito privado, encontrando-se autorizadas a empregar a força com fundamento nos *direitos privados de coacção*

---

sido revogado pelo Decreto-Lei n.º 457/99, de 5 de Novembro, que criou um regime de utilização de armas de fogo uniforme para todas as forças e serviços de segurança: este diploma não contém qualquer referência ao conceito de legítima defesa –, apesar disso, dizíamos, deve entender-se que a defesa de terceiros pelos agentes da polícia, no exercício das suas funções, não constitui uma actuação em legítima defesa ("direito individual"), mas antes o desempenho de uma competência pública: repare-se que, pelo contexto em que aquele diploma usava o conceito de legítima defesa, concluía-se que a pretensão do legislador *não era a de basear* o uso de armas no instituto da legítima defesa (proclamado na lei penal), *mas a de limitar* esse uso aos casos em que o mesmo se assuma como necessário e adequado para defender um terceiro.

Ou seja, no instituto da legítima defesa, tal como definido nas leis civil e penal, não reside o *fundamento* da actividade policial. Os preceitos que o proclamam não são "normas de competência policial"; isso não impede, todavia, que uma "norma de polícia" apresente a legítima defesa como critério para o uso de meios coactivos no desempenho das competências policiais – assim, por ex., o artigo 16.º/1 da lei que estabelece o regime e forma de criação das polícias municipais (Lei n.º 140/99, de 28 de Agosto) prescreve que "os agentes de polícia municipal só podem utilizar os meios coercivos previstos na lei que tenham sido superiormente colocados à sua disposição, na estrita medida das necessidades decorrentes do exercício das suas funções, *da sua legítima defesa ou de terceiros*". O fundamento para o uso de meios coercivos pelas polícias municipais não é a norma que consta do artigo 32.º do Código Penal (que consagra um "direito de todos"), mas o preceito transcrito (que estabelece "uma norma de competência").

[134] Cfr. KUNZ, Ob. cit., p. 982.
[135] Nesses termos, cfr. KUNZ, Ob. cit., p. 975.
[136] Cfr. GÖTZ, "Innere Sicherheit", cit., p. 1028.

física; insistindo numa ideia já exposta, tais empresas actuam no âmbito dos direitos e das responsabilidades dos cidadãos e não no domínio das incumbências públicas do Estado. Os limites constitucionais invocáveis em face da *actividade de segurança privada* articulam-se com o tema dos limites da *privatização material* de tarefas públicas de segurança e não com a problemática constitucional da delegação de poderes públicos de emprego da força.

1.3.2. *Limites absolutos de carácter subjectivo*

Tratamos agora de casos em que se verifica uma impossibilidade de a delegação de poderes públicos de autoridade operar em benefício de *certos* particulares: ainda que a condição dos particulares a seguir referenciados não os impeça de figurar, em geral, como delegatários de poderes públicos, sucede, por vezes, contudo, que, exactamente por causa da condição em que se encontram, a delegação não pode ter lugar.

1.3.2.1. Particulares sem funções públicas

Uma dimensão estruturante do Estado de direito democrático reside no carácter derivado e funcional do poder do Estado: todo o Poder Público provém do povo e, por isso mesmo, todo ele tem de ser exercido para a prossecução de fins públicos. Esta "unidade radical do poder público" postula a conexão necessária entre *Poder Público* e *tarefa pública*, reclamando que o exercício apareça sempre e exclusivamente motivado por razões estritas de *interesse público*[137]. Os poderes públicos de autoridade, enquanto instrumentos ao serviço do interesse público, não podem ser actuados para servir fins privados, pois que isso significaria afinal perverter a sua intrínseca natureza. Nestes termos, uma entidade particular destituída de tarefas públicas – portanto, situada fora do cenário de um exercício privado de funções públicas e não actuando na posição de membro da Administração Pública – não pode surgir investida de poderes públicos de autoridade. O facto de, por vezes, os particulares se dedicarem à realização de interesses públicos ou à prossecução de interesses paralelos com interesses públicos[138] não justifica a delegação de poderes públicos de autoridade. Se for o caso, os particulares nessas condições podem beneficiar dos resultados do exercício de poderes

---

[137] Cfr. STEINER, *Öffentliche*, cit., p. 67 e ss.
[138] Cfr. LEISNER, "Privatinteressen als öffentliches Interesse", cit., p. 217 e ss.

públicos pela própria Administração (*v.g.*, expropriação em benefício de particulares); mas, nessa hipótese, o poder público aparece actuado pela Administração, a qual se deve encontrar em condições de garantir que aquele é exercido em benefício de um particular, mas para a realização de um interesse público.

Sublinhando a *conexão* ou *união* entre poder público e tarefa pública, Udo Steiner admite, todavia, que tal conexão se pode dissolver[139]. Mas, segundo o Autor, esta ruptura ou dissolução da conexão entre poder público e tarefa pública apenas pode ser estabelecida por uma norma constitucional que autorize o legislador a efectuar ou a prever uma *delegação de poderes públicos para fins privados*.

Na interpretação que faz da *GG*, Steiner sustenta que há duas manifestações da ruptura entre poder público e tarefa pública: trata-se dos casos de delegação de poder tributário nas associações religiosas com personalidade de direito público[140] e do poder de conferir títulos académicos com validade oficial nas escolas privadas[141].

Estas duas formas de *delegação isolada de poderes públicos* – que consistem afinal num verdadeiro "empréstimo de poderes públicos" – apresentam a característica de outorgar poderes públicos a entidades particulares que não se dedicam à execução de tarefas públicas, mas antes ao exercício de missões que se situam claramente na esfera privada e que dizem respeito a *direitos e liberdades fundamentais* (liberdade religiosa e liberdade de ensino). Por isso, o fenómeno aí presente é o da delegação de poderes públicos para fins privados.

Ao contrário do que eventualmente possa parecer e considerando sobretudo o caso das escolas particulares[142], a construção de Udo Steiner

---

[139] Cfr. STEINER, *Öffentliche,* cit., p. 67 e ss. Também no direito francês, WALINE (*Notes*: 1975, p. 1118) admite que uma pessoa pública possa delegar uma parcela da suas prerrogativas a uma pessoa privada "dans un but autre que celui de permettre la gestion d'un service public".

[140] Que têm uma personalidade de direito público apenas num sentido formal, já que se trata de entidades materialmente privadas, que pertencem à esfera da Sociedade e não ao Estado.

[141] A esses dois casos, STEINER, "Öffentliche", cit., p. 530, chegou a acrescentar a chamada "delegação do poder de expropriação" em entidades privadas; posteriormente, e apesar da letra da lei, acabou por entender que a delegação do poder de expropriar não é uma verdadeira delegação de poderes públicos.

[142] O caso da delegação de poderes públicos tributários nas associações religiosas é notoriamente diferente e especial no contexto germânico. Aí, há na verdade um caso inequívoco de delegação de poderes públicos para fins privados.

sobre a delegação isolada assume-se como a expressão de uma concepção estadualista que o conduz a apresentar, como públicos e exclusivos
do Estado, poderes que, na nossa interpretação, devem considerar-se
privados (pertencentes às próprias escolas)[143]. Identificando como público
o poder de conferir títulos académicos, o Autor pretende destacar que as
escolas privadas beneficiam do *empréstimo* de um poder público, verificando-se, no caso, uma conexão, constitucionalmente prevista, entre poder
público e tarefa privada.

Independentemente da aplicação concreta que dela faz, a teoria de
Steiner sobre o tema da delegação de poderes públicos para fins privados
é muito clara: a conexão entre poder público e tarefa pública só pode
dissolver-se na medida em que surja viabilizada por uma *decisão constitucional*. Concordando inteiramente com este ponto de vista e uma vez
que, na interpretação que fazemos, a CRP não acolhe nenhuma norma
com aquele alcance, diremos que padece de inconstitucionalidade a lei
que autorize uma delegação de poderes públicos de autoridade em particulares desligada da execução de tarefas públicas[144].

---

[143] Cfr., *supra*, Parte II, Cap. I, 2.1.3.1.5.

[144] Alguma doutrina aplica a teoria da "delegação isolada de poderes públicos" em
situações não constitucionalmente previstas: assim sucederá, por ex., com o poder público
de cobrança de taxas de portagem, delegado em empresas privadas gestoras de auto-
-estradas; cfr. SCHMITT, *Bau, Erhaltung*, cit., p. 168 e ss.

De acordo com este entendimento, as empresas gestoras de auto-estradas actuam
como meras colaboradores auxiliares da Administração no exercício de uma *actividade
de natureza privada* ("privatização funcional"). Contudo, o carácter privado da actividade de gestão das auto-estradas não impede a delegação de poderes públicos, posto que
se trata de uma actividade de realização de interesses públicos, destinando-se as taxas a
financiar os investimentos públicos feitos por particulares; cfr. SCHMITT, *Bau, Erhaltung*,
cit., p. 173.

A doutrina em apreço não parece transponível para o direito português, o qual,
neste sector, adopta o modelo francês da *concessão de obra pública*: a gestão de auto-
-estradas por entidades particulares é, entre nós, efectuada com base num contrato de
concessão, instrumento que atribui ao particular da responsabilidade pela execução da
tarefa pública de gerir a auto-estrada. A eventual delegação de poderes públicos nessas
empresas não surge isolada, mas conexa com uma tarefa pública.

Além disso, a mesma doutrina não consente extrapolações, por ex. no sentido de se
admitir que as empresas que exploram serviços de interesse económico geral sem *publicatio* podem beneficiar de poderes públicos de autoridade. Na nossa interpretação, o
equívoco em que ela está baseada reside na suposição de que a gestão de auto-estradas
por empresas privadas corresponde ao exercício de uma actividade privada, quando é
certo que, na Alemanha como em Portugal, a lei confere àquelas empresas as tarefas de

Num plano diferente, cumpre referir que a delegação de poderes públicos representa, em muitos casos – por ex., poder de cobrança de taxas por via coerciva –, um *benefício objectivo* para o delegatário, servindo de forma muito clara os seus interesses (no caso, de garantia de cobrança de receitas). No entanto, isso não significa que haja, nessa eventualidade, uma *delegação de poderes públicos para fins privados*. Ocorre apenas que esses poderes públicos *também servem fins privados*. De resto, a garantia da realização de tais fins privados representa, em grande medida, uma condição da própria colaboração das entidades particulares, as quais só se dispõem a suportar determinados custos públicos desde que possam beneficiar das garantias de obtenção de receitas.

1.3.2.2. Particulares que não oferecem garantias de uma actuação desinteressada no exercício de poderes públicos

A delegação de poderes públicos em entidades particulares representa, em todos os casos, um perigo para os valores da imparcialidade e da neutralidade e da prossecução exclusiva do interesse público[145]. O facto de o poder público aparecer investido em entidades que não foram propositadamente instituídas para servir apenas o interesse público cria uma situação de promiscuidade entre interesses privados e interesse público que pode redundar numa preponderância dos interesses próprios da entidade particular sobre o interesse geral da colectividade que os poderes delegados devem servir em termos exclusivos.

Admitindo que o risco existe aí sempre, deve reconhecer-se, todavia, que, em situações específicas, a sobreposição dos interesses privados e de *desvio de poder* assumem perfis de um *perigo essencial* ou *especialmente qualificado* para os direitos fundamentais dos cidadãos e para a prossecução do interesse público. Assim sucede, por ex., quando o exercício de poderes públicos aparece atribuído a uma entidade portadora do interesse em beneficiar de um comportamento livre – adoptado no exercício de um direito ou de uma liberdade – de terceiros. O facto de a

---

planear, de financiar, de construir e de gerir infra-estruturas públicas. Tem, por isso, razão STEINER, "Straßenbau durch Private", cit., p. 3150 e ss, ao considerar que a gestão de auto-estradas se efectua ao abrigo de uma verdadeira *delegação de tarefas públicas* (*Beleihung*) e não no contexto de um sistema de mera colaboração auxiliar (privatização funcional).

[145] Cfr. BANSCH, Ob. cit., p. 116. Sobre a diluição dos valores públicos como efeito possível da delegação de tarefas públicas em particulares, cfr. MINOW, Ob. cit., p. 1246.

entidade particular titular de um interesse próprio dessa natureza se encontrar investida de poderes públicos de autoridade cria uma situação de *autoridade/dependência* num contexto em que seria imperioso manter uma relação de estrita independência recíproca. Em tal eventualidade, a relação de autoridade/dependência inerente ao exercício de poderes públicos apresenta-se susceptível de diminuir, em termos juridicamente *inaceitáveis* e, sobretudo, *evitáveis*, as condições do exercício independente e autónomo dos direitos e liberdades dos cidadãos. Por isso mesmo, em casos com esse recorte – que poderíamos considerar como casos de *suspeição*[146] –, parece-nos que o legislador se encontra constitucionalmente impedido de delegar poderes na "entidade suspeita", visto que isso equivaleria afinal à oficialização de uma solução inequívoca e inutilmente perigosa para uma realização imparcial e objectiva do interesse público e para os direitos fundamentais dos cidadãos abrangidos pela acção daquela entidade[147].

A regra segundo a qual os poderes públicos de autoridade devem ser exercidos por entidades exclusivamente dedicadas ao interesse público admite excepções. Mas, naturalmente, estas só se apresentam viáveis se a realização do *thelos* que preside à enunciação da regra não estiver liminarmente afastada. Ora, visando essa regra constitucional garantir a objectividade e imparcialidade no exercício de poderes públicos e, simultaneamente, criar as condições de confiança e de expectativa numa actuação desinteressada dos protagonistas da acção pública, parece dever considerar-se vedada a delegação de poderes em entidades portadoras do interesse em beneficiar de comportamentos livres e autónomos dos cidadãos perante os quais se apresentam investidas de uma posição de autoridade. Nesse contexto, a institucionalização de uma relação jurídica de dependência representa, por inerência, uma ameaça ao exercício dos direitos dos cidadãos em condições de liberdade e introduz um inusitado factor de suspeição no exercício de poderes públicos.

---

[146] Como se sabe, a *suspeição* é um instituto de direito público, que, por ex., permite aos interessados na acção administrativa solicitar a não intervenção de titular de órgão ou agente administrativo quando ocorra circunstância pela qual possa razoavelmente suspeitar-se da sua isenção ou da rectidão da sua conduta; cfr. artigo 48.º do CPA.

[147] Sobre o risco especial inerente à delegação de certas funções públicas em instituições religiosas, cfr. MINOW, Ob, cit., p. 1247. A Autora refere-se, neste contexto, ao perigo de, uma vez investidas de funções públicas, tais instituições invocarem a liberdade religiosa como fundamento do exercício de funções públicas sem interferência governamental.

A *legitimidade* do exercício de poderes públicos ver-se-ia, portanto, seriamente questionada se a entidade investida de tais poderes se pudesse encontrar numa *situação equívoca*, geradora de uma *suspeição sistemática* sobre a sua independência e imparcialidade no exercício da autoridade pública. Assim, em termos homólogos ao que se verifica no caso de impedimentos, a resposta da ordem jurídica deverá passar pela proibição da delegação de poderes em entidades particulares que, por causa dos interesses próprios de que são titulares, não se encontram em condições de assegurar a convicção social numa acção pública desinteressada e, por conseguinte, motivada por exclusivos critérios de interesse público.

Neste contexto, concordamos com o teor de certos excertos das decisões do Tribunal Constitucional sobre a passagem de carteiras profissionais pelos sindicatos. Como observa o Tribunal, em situações dessas, "existe o perigo real de a competência para a emissão das cadernetas de registo da prática ser mal gerida e de os sindicatos se valerem dela para – recusando a passagem aos não filiados ou simplesmente levantando-lhes especiais obstáculos – forçarem a sindicalização aos auxiliares de farmácia que de tais cadernetas necessitarem para o exercício da sua actividade profissional"[148]; a passagem de carteiras profissionais ou o exercício de competências instrumentais (*v.g.*, realização de exames) é "susceptível de poder transformar-se em instrumento de coerção da liberdade sindical dos trabalhadores"[149], na medida em que "os trabalhadores poderiam sentir-se constrangidos a sindicalizar-se"[150].

Como já referimos, Vital Moreira mostra-se crítico dessa jurisprudência: quanto à liberdade sindical dos trabalhadores[151], entende o Autor que, desde que a função pública seja vinculada e aberta a todos os interessados (sindicalizados ou não), "não se vê em que é que isso afecta a liberdade sindical (…) dos trabalhadores"[152]. A solução de atribuir aqueles

---

[148] AcTC n.º 272/86.

[149] AcTC n.º 445/93.

[150] AcTC n.º 197/2000.

[151] Além da agressão à liberdade sindical negativa, o Tribunal Constitucional invoca ainda, a favor da tese da inconstitucionalidade, o princípio da *autonomia* e *independência* das associações sindicais, que decorre "do exercício de verdadeiros poderes ou prerrogativas de autoridade manifestamente contrários e estranhos àqueles que são próprios dos sindicatos e se inscrevem no âmbito das suas específicas finalidades".

[152] Cfr. Vital MOREIRA, *Administração Autónoma*, cit., p. 411[295].

poderes aos sindicatos só padeceria de inconstitucionalidade se restringisse a liberdade de inscrição individual ou a faculdade de criação de mais do que um sindicato[153].

A tese sustentada por Vital Moreira apresenta-se irrepreensível, pois que a atribuição de poderes públicos aos sindicatos não implica, abertamente, uma restrição da liberdade sindical dos trabalhadores. Contudo, no nosso juízo, a inconstitucionalidade da solução não decorre de estar presente uma restrição de direitos fundamentais, mas sim uma violação da regra segundo a qual o exercício do poder público não deve estar confiado a entidades que, por terem um interesse próprio, são suspeitas, e por isso mesmo, não oferecem garantias bastantes de desenvolver uma actuação pública desinteressada e imparcial.

1.3.2.3. Estrangeiros

Como *excepção* a uma regra de equiparação dos estrangeiros aos cidadãos (portugueses) para efeitos de titularidade de direitos e de deveres fundamentais, o artigo 15.º/2 da CRP estabelece – além dos direitos políticos e dos direitos e deveres reservados pela Constituição e pela lei exclusivamente aos cidadãos portugueses –, "o exercício das funções públicas que não tenham carácter predominantemente técnico"[154].

Apesar dessa excepção aparecer normalmente interpretada em conexão com o tema do acesso de estrangeiros ao emprego na Administração Pública, o seu alcance também abrange, natural e necessariamente, "o exercício de funções públicas" por indivíduos enquanto particulares (e não na qualidade de funcionários ou de agentes de entidades da Administração Pública). De certo modo, pode mesmo dizer-se que a excepção contemplada naquela disposição constitucional se aplica, *por maioria de razão*, ao exercício *privado* de funções públicas por estrangeiros, porquanto se trata, neste caso, de pessoas que assumem funções públicas, em seu nome e com imputação própria, e não como meros elementos inseridos na organização pública e, nessa qualidade, submetidos à hierarquia administrativa[155].

---

[153] Cfr. Vital MOREIRA, *Auto-Regulação*, cit., p. 295[155].

[154] Sobre a condição dos estrangeiros no direito português, cfr. J.J. Gomes CANOTILHO, *Direito Constitucional*, cit., p. 416 e ss; Jorge MIRANDA, *Direito Constitucional*, III, cit., p. 142 e ss; J.C. Vieira de ANDRADE, *Os Direitos Fundamentais*, cit., p. 130 e ss; Mário TORRES, "O estatuto constitucional dos estrangeiros", p. 7 e ss.

[155] Por outro lado, considerando o seu sentido, a norma abrange o *exercício de poderes públicos de autoridade por pessoas colectivas*: neste caso, haverá que atender,

Como já se tem observado, está actualmente consolidada – ao nível da doutrina e da jurisprudência – a tese segundo a qual a fórmula constitucional "exercício das funções públicas que não tenham carácter predominantemente técnico" se refere a funções que apresentem *traços* ou *componentes de autoridade*, que se encontrem, por conseguinte, associadas ao exercício de poderes de autoridade pública, *v.g.*, nas relações a estabelecer com terceiros[156].

Na interpretação do alcance da disposição contida no artigo 15.º/2, deve ter-se presente que o objectivo da excepção nele consagrada ao princípio da equiparação do artigo 15.º/1 não reside em viabilizar, em termos excepcionais, o acesso ao exercício de funções públicas por estrangeiros. Ao contrário, o objectivo dela reside antes em indicar as funções que, excepcionalmente, não podem ser conferidas a estrangeiros: trata-se, portanto, de um desvio ao princípio de equiparação para efeitos do acesso ao exercício da função pública, e não a um princípio de tratamento diferenciado. Daqui resulta que o sentido e o alcance da excepção há-de interpretar-se restritivamente, de modo a abranger apenas funções públicas que, *num contexto geral de equiparação*, devem estar vedadas a estrangeiros. Ora, neste âmbito e tendo em consideração o enunciado constitucional – *funções sem carácter técnico* –, tais funções serão fundamentalmente apenas as que impliquem o exercício de uma autoridade pública ou que, de algum modo, envolvam a soberania do Estado. Todas as outras, que se encontrem desligadas de componentes ou conexões de autoridade, devem considerar-se genericamente autorizadas a estrangeiros[157].

Na linha desta interpretação do artigo 15.º/2, entende-se que os estrangeiros não podem ser habilitados a exercer, por delegação, funções públicas que apresentem traços ou componentes de autoridade. Todavia, também parece resultar da CRP – na referência ao "carácter *predominantemente* técnico" – que a mesma excepção não abrange todas as funções

---

não exactamente à nacionalidade da pessoa colectiva, mas sim à dos respectivos dirigentes. Parece decorrer da CRP a viabilidade e a exigência de considerar como requisito da delegação (de funções públicas de carácter não predominantes técnico) numa pessoa colectiva privada a posse da cidadania portuguesa pelos respectivos dirigentes.

[156] Cfr. J.J. Gomes CANOTILHO/Vital MOREIRA, Ob. cit., p. 135; Jorge MIRANDA, *Direito Constitucional*, III, cit., p. 150; Mário TORRES, Ob. cit., p. 16.

[157] Neste sentido, no âmbito da Constituição de 1933 (após a revisão de 1971), cfr. Marcello CAETANO, *Manual*, II, cit., p. 697.

sem carácter técnico, mas apenas aquelas em que esse carácter não se assume como predominante. Nestes termos, supõe-se não estar constitucionalmente proibida a delegação em estrangeiros de funções públicas cuja execução se revele conexa com o exercício meramente *eventual*, *esporádico* ou *ocasional* de poderes de autoridade (*v.g.*, comandantes de navios) ou até com o exercício de uma *autoridade limitada* no contexto de uma função pública de natureza essencial ou primordialmente técnica (*v.g.*, poderes públicos de cobrança de taxas como contrapartida da partida da prestação de um serviço público económico).

A excepção do artigo 15.º/2 da CRP, na parte relativa ao exercício de funções públicas sem carácter predominantemente técnico, reclama ainda uma tomada de posição em face do disposto nos artigos 39.º/4 e 45.º (e 55.º) do Tratado CE, onde, respectivamente, se estabelece que as disposições do Tratado sobre livre circulação de trabalhadores não são aplicáveis aos "empregos na Administração Pública" e que as disposições sobre direito de estabelecimento e livre prestação de serviços "não são aplicáveis, às actividades que, num Estado-membro, estejam ligadas, mesmo ocasionalmente, ao *exercício da autoridade pública*"[158].

Assim, a questão que se coloca, para os *estrangeiros da União Europeia*, consiste em saber se o âmbito da excepção do artigo 15.º/2 da CRP coincide com o âmbito das excepções contempladas no Tratado CE.

Vejamos, em primeiro lugar, a questão em relação aos artigos 45.º e 55.º que permitem reservar aos nacionais do Estado em causa as actividades (não assalariadas) ligadas, mesmo ocasionalmente, ao exercício da autoridade pública.

Ora, afigura-se a regulação acolhida nessas normas coincide na prática com a que resulta do artigo 15.º/2 da CRP: *admitindo* (Tratado CE) ou *impondo* (CRP) a excepção de actividades ligadas ao exercício da autoridade pública ou, o que equivale ao mesmo, que não tenham carácter predominantemente técnico. Tendo presente a *interpretação restritiva* realizada pelo Tribunal de Justiça[159], a coincidência do âmbito normativo das duas disposições pressupõe, do mesmo modo, uma interpretação restritiva da excepção contemplada no artigo 15.º/2, tarefa que se encon-

---

[158] Sobre estas "cláusulas de reserva", cfr., *supra*, Introdução, 6.2.

[159] Designadamente, quanto à aplicação do princípio da proporcionalidade e à consideração da possibilidade de destacar a parcela da actividade especificamente respeitante ao exercício da autoridade pública; cfr., *supra*, Introdução, 6.2.1.

tra em certa medida facilitada pela fórmula elástica que a CRP acolhe (funções públicas sem carácter *predominantemente* técnico), a qual não impede taxativamente a participação de estrangeiros no exercício de *poderes públicos limitados* no contexto geral de uma função pública que lhes esteja confiada. Não se apresentando viável a compatibilização das duas normas (da respectiva interpretação), *v.g.*, porque o direito comunitário não admite uma excepção que a CRP impõe[160], parece que ao legislador nacional não resta outro caminho que não seja o de desligar os poderes de autoridade pública da actividade principal, permitindo o acesso de estrangeiros a esta (exigência do direito comunitário), sem lhes confiar poderes de autoridade pública (exigência do direito português).

Na aparência, o artigo 39.º/4 do Tratado CE – embora relevante no contexto da sua articulação com o artigo 15.º/2 da CRP[161] – não tem qualquer relação com o nosso tema, posto que se refere a "empregos na Administração". Não é todavia assim, pelo menos desde que o Tribunal de Justiça admitiu que um *emprego privado* pode ser considerado emprego na Administração, para os efeitos previstos no artigo 39.º/4: o que, contudo, exige a demonstração de que, para o cumprimento de missões públicas que lhes estão atribuídas, os trabalhadores ao serviço de um particular agem na qualidade de representantes da autoridade pública, ao serviço dos interesses gerais do Estado[162].

Apesar do carácter muito exigente dos requisitos necessários para legitimar a aplicação da excepção do artigo 39.º/4[163], supõe-se, também aqui, que a fórmula do artigo 15.º/2 da CRP se acomoda às exigências do direito comunitário.

---

[160] Pense-se na hipótese de o poder público delegado, embora *destacável* da missão principal confiada ao particular, não apresentar um carácter limitado, em termos de poder afirmar-se que está presente uma função pública com carácter *predominantemente* técnico.

[161] Sobre a compatibilidade do artigo 15.º/2 da CRP com o actual artigo 39.º/4 do Tratado CE (sobre a não aplicação das disposições do Tratado sobre a livre circulação de trabalhadores aos empregos na Administração Pública), cfr. Parecer PGR n.º 22/90. No direito alemão, sobre a compatibilização entre aquela norma do Tratado e o artigo 33, IV, da *GG*, cfr. REMMERT, Ob. cit., p. 392 e ss.

[162] Cfr. Acórdãos *Colegio de Oficiales de la Marina Mercante Española* e *Anker e outros*, de 30/09/2003 (procs. C-405/01 e C-47/02); sobre esta matéria, cfr., *supra*, Introdução, 6.2.2.

[163] Além da demonstração de que age ao serviço dos interesses gerais do Estado, é necessário que o trabalhador *(i)* surja investido de prerrogativas de autoridade, *(ii)* que estas sejam efectivamente exercidas de "forma habitual" (e não apenas esporádica ou ocasionalmente) e *(iii)* que não representem uma "parte muito reduzida", um "lugar insignificante", no âmbito das actividades exercidas pelo trabalhador.

As observações anteriores permitem-nos concluir que os limites constitucionais quanto à delegação em estrangeiros inviabilizam delegações só em casos limitados e excepcionais, que serão ainda mais excepcionais em relação a nacionais de Estados-membros da CE.

1.3.2.4. Associações privadas, relativamente às *delegações impostas*

Apesar de não se tratar de uma ocorrência frequente, a outorga de poderes públicos a entidades particulares pode resultar *directamente da lei*, contra ou independentemente da vontade dos destinatários. Estas formas de *delegação imposta* ("Zwangsbeleihung")[164], que, em geral, aparecem articuladas com o livre exercício de uma profissão (cfr. artigo 47.º da CRP) ou com o desempenho de uma actividade económica privada (artigo 61.º da CRP), não suscitam grandes dúvidas no plano da admissibilidade constitucional, naturalmente desde que respeitem os requisitos das leis regulamentadoras ou restritivas de direitos fundamentais[165].

A situação adquire diferente fisionomia na hipótese de delegação de poderes públicos legalmente imposta a associações privadas. Na já citada jurisprudência sobre a passagem de carteiras profissionais, o Tribunal Constitucional refere-se ao problema – embora apenas em relação às associações sindicais – considerando que estas associações não podem ser *forçadas* a desempenhar "tarefas impostas do exterior e estranhas à sua vocação", uma vez que isso atinge a sua independência e a autonomia[166]. Reconhecendo-se que há razões específicas a justificar esta jurisprudência no caso das associações sindicais (além do mais, a CRP garante expressamente a independência destas em relação ao Estado), pensamos, ainda assim, que se deve estender a mesma ideia a todas as associações privadas. Com efeito, as associações privadas, todas elas, são instituídas para prosseguir livremente determinadas finalidades, "sem interferência das autoridades públicas" (cfr. artigo 46.º/2 da CRP). Uma vez que a delegação de poderes públicos exige a intervenção *fiscalizadora* das autoridades públicas[167], parece-nos que uma tal intervenção se apresenta cons-

---

[164] Cfr. MICHAELIS, Ob. cit., p. 167 e ss; STUIBLE-TREDER, Ob. cit., p. 102.
[165] Cfr. STUIBLE-TREDER, *ibidem*.
[166] Cfr. AcTC n.º 197/2000.
[167] Sobre isso, cfr., *infra*, neste capítulo.

titucionalmente viável apenas se e quando a associação der o seu acordo à delegação, legitimando, por essa via, uma ingerência pública na acção (pública) da associação[168].

1.3.3. *Limites relativos*

Por causa da natureza dos poderes ou da situação dos destinatários, os limites absolutos afastam, em termos liminares, a possibilidade de delegação. Agora, têm-se em vista ainda circunstâncias que delimitam o espaço ou o território que a delegação pode ocupar – por isso são *limites* – que, contudo, não excluem liminarmente e *sem ponderação* a viabilidade da delegação. Falamos, neste contexto, de *limites relativos*, para assinalar que o processo de delegação reclama a formação de um juízo prévio e de uma cuidadosa ponderação sobre a sua viabilidade constitucional.

Os limites a considerar na referida ponderação são de natureza *quantitativa*, mas também *qualitativa*. Como se afigura evidente, a referência a tais limites constitucionais reclama de nós a apresentação da respectiva *ratio*, que há-de, naturalmente, descobrir-se no texto constitucional.

1.3.3.1. *Ratio* dos limites relativos

Na Alemanha, a doutrina maioritária apoia o discurso dos limites da delegação no artigo 33, IV, da *GG*, que estabelece uma explícita *reserva da função pública*.

Ora, ao contrário, a CRP não consagra expressamente uma regra do exercício de competências públicas por funcionários públicos.

Não obstante, a doutrina portuguesa que já se pronunciou sobre esta matéria tem-se referido à vigência, no direito português, de uma regra ou princípio segundo o qual o exercício de poderes públicos cabe às entidades públicas. Partilhando deste ponto de vista, afirma Vital Moreira que, apesar de não existir uma reserva constitucional da administração para as entidades públicas, "o princípio geral é o de que só as pessoas

---

[168] Sobre as questões constitucionais suscitadas pela delegação de funções públicas em associações privadas, cfr. Vital MOREIRA, *Administração Autónoma*, cit., p. 558 e ss; o Autor entende que as associações não podem ser encarregadas de tarefas administrativas delegadas por acto unilateral do Estado (*ibidem*, p. 564).

colectivas públicas podem ser titulares de poderes administrativos. A administração pública, em sentido objectivo, cabe em princípio à Administração Pública, sem sentido subjectivo"[169]. Na mesma orientação, situa-se Paulo Otero, ao sublinhar "que se deve entender resultar da Constituição que o exercício de poderes ou funções de soberania com carácter permanente se encontra reservado a autoridades públicas, aqui se incluindo a exigência de uma forma jurídico-pública de organização para o exercício, a título normal e permanente, de prerrogativas de autoridade ou para uma actuação sob a égide do direito administrativo em áreas típicas ou nucleares da actividade administrativa"[170]. Ainda neste âmbito, refere-se Paulo Otero à existência de uma *reserva constitucional a favor das autoridades públicas* que, organizadas sob formas jurídico--públicas, exercem poderes e prerrogativas de autoridade[171].

A consideração de um princípio constitucional estabelecendo que o exercício de poderes públicos de autoridade cabe às autoridades públicas representa, na verdade, um pressuposto ou condição de um discurso baseado nos limites da delegação. Como é bom de ver, na falta de um enunciado regulador inequívoco nesse sentido, a questão essencial reside em saber a partir de que referências ou elementos é legítimo deduzir a subsistência de um princípio ou de uma regra constitucional com esse alcance.

Neste contexto, deve-se começar por afirmar que se apresenta muito pouco consistente o argumento retirado da consagração constitucional de uma *garantia institucional da função pública*[172].

Com efeito, a existir essa garantia, parece inequívoco que ela não tem o sentido de determinar que o exercício de actividades ou de competências públicas se encontra *em princípio* ou *em regra* reservado aos funcionários públicos, instituindo assim uma espécie de *reserva da*

---

[169] Cfr. Vital MOREIRA, *ibidem*, p. 546.

[170] Cfr. Paulo OTERO, "Coordenadas", cit., pp. 55-6, e *Vinculação e Liberdade*, cit., p. 237 e ss (nesta obra, o Autor refere-se expressamente ao artigo 33, IV, da *GG*, indicando, assim, que da CRP resulta uma regra equiparada à dessa disposição da Lei Fundamental de Bona).

[171] Cfr. Paulo OTERO, "Coordenadas", cit., p. 56.

[172] Sobre essa garantia, cfr. Ana Fernanda NEVES, *Relação Jurídica de Emprego Público*, p. 325 e ss; Paulo OTERO, *Legalidade e Administração*, cit., p. 313, e "A privatização das relações de trabalho na Administração Pública", p. 188 e ss; Paulo Veiga e MOURA, *A Privatização da Função Pública*, p. 394 e ss.

função pública em favor de funcionários públicos. Ao invés, posto que exista, a garantia institucional da função pública cumprirá apenas o objectivo de esclarecer que a Constituição "prevê e protege uma relação de trabalho específica"[173], daí resultando que o valor ou bem jurídico protegido por essa garantia consistirá exclusivamente na própria *função pública* enquanto instituição[174]. Ao não determinar áreas de acção pública que devam estar preferencialmente confiadas a funcionários públicos[175], o texto constitucional não estabelece qualquer princípio de conexão entre a função pública (em sentido subjectivo) e o exercício da função pública em geral ou de certas funções públicas em particular (*v.g.*, de autoridade)[176/177]. No nosso modo de ver, daí resulta que, ao invés da garantia consagrada no artigo 33, IV, da *GG*, a referência à função pública na CRP – mesmo que seja para a garantir como instituição – não se encontra disposta, no interesse dos cidadãos ou no interesse geral, para garantir a *objectividade*, a *imparcialidade* e a *neutralidade* da acção pública e a *prossecução do interesse público*[178].

---

[173] Cfr. Ana Fernanda NEVES, *Relação Jurídica*, cit., p. 331.

[174] Referindo-se a uma garantia do funcionalismo público, cfr. J.J. Gomes CANO-TILHO, *Direito Constitucional*, cit., p. 1157.

[175] Recorde-se que é exactamente esse o sentido da reserva da função pública consagrada no artigo 33, IV, da *GG*; cfr. SEIDEL, Ob. cit., p. 56; STRAUSS, Ob. cit., p. 148, afirmando que aquela disposição visa estabelecer os sectores em que o Estado deve actuar por intermédio de funcionários.

[176] Cfr., a este propósito Paulo Veiga e MOURA, Ob. cit., p 397, qualificando como "ponto débil" do seu argumento – de que há uma preferência constitucional pelo regime estatutário da função pública – "a ausência de qualquer critério distintivo das funções que devem ser disciplinadas pelo direito público ou que devem encontrar a sua sede no direito privado.

[177] No patamar, jurídico-constitucional, em que estamos a colocar a questão, é indiferente o facto de o legislador ter optado por reservar a funcionários públicos as "actividades que impliquem o exercício directo de poderes de autoridade que definam situações jurídicas subjectivas de terceiros ou o exercício de poderes de soberania" (artigo 1.º/4 da Lei n.º 23/2004, de 22 de Junho). No sentido de que essa disposição se aproxima do núcleo mínimo que constitui a reserva da função pública, cfr. M. Rosário P. CARVA-LHO/P. M. de BRITO, *Contrato de Trabalho na Administração Pública*, p. 11.

[178] No sentido de que a *garantia* e a *reserva da função pública*, consagradas na *GG*, visam não só proteger a *função pública enquanto instituição*, mas também o *interesse dos cidadãos* numa actuação pública objectiva e imparcial, não influenciada por critérios estranhos ao interesse público, cfr. BRACHER, Ob. cit., p. 74 e ss; STRAUSS, Ob. cit., p. 145 e ss; HUBER, *Wahrnehmung*, cit., p. 160; WEINER, Ob. cit., p. 168; BURGI, "Der Beliehene", cit., p. 590.

Na verdade, não se revela possível considerar que as alusões à função pública visem apresentar-se como um referencial de protecção do interesse público e de uma actuação pública não influenciada por motivações privadas, porquanto está longe de ser possível delas extrair a consagração (implícita) de um princípio segundo o qual o exercício de competências públicas por *funcionários públicos* reforça a imparcialidade e a objectividade da acção pública.

Isto surge, aliás, bem nítido na referência que o artigo 269.º da CRP faz aos "*trabalhadores* da Administração Pública" como indivíduos que, no exercício da função pública, se encontram exclusivamente ao serviço do interesse público. O emprego do termo *trabalhadores* da Administração Pública – que, é claro, abrange os trabalhadores contratados em regime de direito privado[179] – esclarece que a Constituição não só não consagra uma *reserva da função pública* (no sentido de, para certas funções, preferir os funcionários públicos), como considera que, *em vista da protecção do interesse público*, se assume como indiferente que o Estado ou as demais entidades públicas actuem por meio de funcionários públicos ou de trabalhadores no regime do direito privado[180]: essencial é que se assegure, como um "mínimo denominador comum"[181] que, seja em que regime jurídico for, os "agentes" da Administração estão sujeitos à prossecução do interesse público e devem agir com imparcialidade e isenção perante os cidadãos[182].

No direito português, a *garantia da função pública* não envolve, por conseguinte, a consagração de uma *reserva da função pública*. Contudo, parece-nos possível deduzir da Constituição uma regra segundo a qual o exercício de funções e de poderes públicos de autoridade se encontra confiado, em regra, a instituições de origem pública e não particular. Vamos tentar demonstrar isso mesmo.

---

[179] Neste sentido, cfr. J.J. Gomes CANOTILHO/Vital MOREIRA, Ob. cit., p. 945.

[180] Tendo isso em consideração, não ficamos convencidos pelas teses que sustentam existir uma "reserva de forma jurídico-administrativa para certas relações de trabalho na Administração Pública" – Ana Fernanda NEVES, "A privatização", cit., p. 187 – ou uma "preferência (constitucional) pelo regime estatutário" – Paulo Veiga e MOURA, Ob. cit., p. 397.

[181] Cfr. Ana Fernanda NEVES, *ibidem*.

[182] Nesse sentido, para os trabalhadores no regime do contrato individual de trabalho, cfr. artigo 4.º/1 da Lei nº 23/2004, de 22 de Junho.

O sistema ou modelo de organização administrativa constitucional-mente acolhido apresenta-se fundamentalmente estruturado em volta de dois operadores jurídicos: *Estado* e *(demais) entidades públicas* – cfr. artigos 3.º/3, 22.º, 269.º, n.ᵒˢ 1 e 2; 271.º, n.ᵒˢ 1 e 4. É verdade que a CRP não acolhe qualquer disposição a estabelecer que o desempenho da função pública cabe, em regra, ao Estado e às demais entidades públicas. Mas além de não ser casual a articulação entre Administração Pública, por um lado, e Estado e demais entidades públicas, por outro, supomos viável deduzir do texto constitucional a afirmação de uma conexão entre *entidades públicas, desempenho da função pública* e *exercício de poderes de autoridade*.

Ao estabelecer que "a Administração Pública visa a prossecução do interesse público" (artigo 266.º/1), que "os órgãos e agentes administrativos estão subordinados à Constituição e à lei e devem actuar, no exercício das suas funções, com respeito pelos princípios da igualdade, da proporcionalidade, da justiça, da imparcialidade e da boa-fé" (artigo 266.º/2), ou que "os trabalhadores da Administração Pública e demais agentes do Estado e outras entidades públicas estão exclusivamente ao serviço do interesse público" (artigo 269.º), a CRP desenha um modelo administrativo baseado em entidades que cumprem as suas incumbências por intermédio de órgãos, agentes e trabalhadores que, *enquanto actuam para aquelas entidades*, se encontram *exclusivamente* ao serviço do interesse público. A circunstância de os sujeitos que actuam para as entidades da Administração estarem vinculados por uma exigência estrita de servir o interesse público permite, sem dificuldade, inferir que a *CRP pressupõe um sistema de Administração Pública composto por entidades e organizações que actuam exclusivamente em vista da prossecução do interesse público*. Trata-se, portanto, de entidades especificamente instituídas pelo direito estadual para a prossecução de finalidades exclusivamente públicas, as quais podem ser estaduais (administração estadual) ou autónomas (administração autónoma). O sistema administrativo assim modelado apresenta-se, de resto, como um dado fundamental da *dicotomia Estado/Sociedade* e da diferenciação de papéis entre estes dois pólos[183].

É certo que, acolhendo a vertente da *participação de particulares na gestão efectiva da Administração Pública* (cfr. artigo 267.º/1), a CRP

---

[183] Sobre essa dicotomia, cfr., *supra*, Parte I, Cap. II, 1.

pressupõe a abertura do sistema administrativo à participação e intervenção de particulares ("interessados"). Todavia, quanto a este aspecto, a Lei Fundamental visa fundamentalmente a abertura a uma forma de *participação institucionalizada* ou *organizada* em suporte organizativo público, ou seja e para empregar a fórmula constitucional, uma participação de interessados na "gestão efectiva da Administração Pública". Quer dizer, a abertura constitucional do sistema à participação *democrática* de interessados não promove nem favorece a delegação de funções públicas em particulares ("administração por particulares")[184], devendo antes entender-se como forma de viabilizar certos expedientes de "participação orgânica de particulares na Administração"[185].

A configuração constitucional de um modelo de Administração Pública (mesmo que institucionalmente participada por particulares) integrado por entidades ou instituições *exclusivamente* vocacionadas para a prossecução do interesse público surge, aliás, como inevitável corolário da exigência de fundar a acção pública nos princípios de *objectividade*, de *neutralidade*, de *imparcialidade*[186] e do *respeito pelos direitos e interesses legalmente protegidos dos cidadãos*[187]. São, desde logo,

---

[184] Ao contrário de Vital MOREIRA, *Administração Autónoma*, cit., p. 545, não nos parece que a referência constitucional a "outras formas de representação *democrática*" (artigo 267.º/1) possa ser entendida como abertura da CRP à adopção de formas privadas para o exercício de funções administrativas. Sobre isso, cfr., *supra*, Parte II, Cap. II, 1.2.4.

[185] Sobre o assunto, cfr., *supra*, Parte II, Cap. I, 1.2.1.1., e Cap. II, 1.2.1.

[186] Neste sentido, cfr. BANSCH, Ob. cit., p. 110.

[187] Apesar do limitado relevo dos direitos fundamentais em matéria de organização administrativa, não pode deixar de se entender que o legislador se encontra constitucionalmente impedido de configurar o modelo de organização administrativa em termos que representem um *perigo para os direitos fundamentais dos cidadãos*. Sobre o limitado relevo dos direitos fundamentais nesta matéria, cfr. BURGI, *Funktionale Privatisierung*, cit., p. 213; EHLERS, *Verwaltung in Privatrechtsform*, cit., p. 151. Sublinhando que os cidadãos não são titulares de um direito a uma certa conformação do aparelho administrativo, OSSENBÜHL, "Die Erfüllung", cit., p. 164, acaba, ainda assim, por reconhecer que os direitos fundamentais podem limitar as possibilidades de transferência de funções administrativas para entidades particulares. Por essa linha segue também a doutrina que sustenta visar a consagração constitucional de uma reserva da função pública a protecção dos interesses dos cidadãos. Com uma formulação curiosa a propósito do que designa como "revolução dos direitos", afirma CASSESE, "Tendenze", cit., p. 910, que se tem assistido à consagração de direitos novos, como será o caso do "direito dos cidadãos de serem administrados por funcionários imparciais".

estes princípios estruturantes, conjugados com o princípio legitimador de toda a acção pública administrativa – a *prossecução do interesse público* – que impõem uma determinada configuração organizativa do sistema administrativo: este só se revela idóneo para a realização dos fins públicos, na medida em que se encontre estruturado de modo a *garantir* a estrita observância daqueles princípios. Ora, a adjudicação de funções públicas a entidades ou organismos publicamente instituídos para cuidar exclusivamente do interesse público surge, em tal cenário, como a garantia mais idónea e segura da observância da neutralidade e da imparcialidade da acção pública. Mesmo que não surjam totalmente erradicados os riscos de uma colonização do aparelho administrativo e da ocorrência de desvios e de abusos, como o uso das competências públicas para fins privados (do "pessoal da Administração"), o sistema não pode deixar de conhecer uma estrutura pensada para, tanto quanto possível, prevenir tais perigos. E, repare-se, esta *dimensão preventiva* não passa apenas pela exigência de submeter o funcionamento do aparelho administrativo a um determinado *regime jurídico;* sem prejuízo do relevo essencial que o regime da delegação possa assumir, a prevenção deve iniciar-se, de facto, antes disso, na definição correcta dos termos de estruturação desse aparelho[188]. Desde logo neste *plano institucional*, o sistema não pode deixar de reflectir a nítida separação entre interesse público e interesses particulares, e dar o sinal inequívoco de que, para o seu funcionamento, se consideram impróprias todas as motivações alheias ao interesse público[189]. Só um sistema organizado nestes termos viabiliza a *convicção social* de que a máquina administrativa não está pensada para se mover por critérios estranhos ao interesse público. A "expectativa do desin-

---

[188] Recorde-se, a este propósito, que certas situações de colisão entre interesse público e interesses privados estão na génese da teoria dos *impedimentos*. O titular de órgão ou agente administrativo com interesse próprio num acto, contrato ou procedimento está proibido de intervir (cfr. artigo 44.º do CPA). O ordenamento jurídico adopta, neste cenário, uma *atitude preventiva*, destinada a evitar a mera eventualidade de contaminação ou de colonização da acção pública por interesses particulares.

O regime dos impedimentos mostra que um regime disciplinador dos protagonistas da acção pública não se revela suficiente para garantir bons resultados. Nas situações de patente colisão de interesses, a solução mais óbvia para garantir a satisfação do interesse público parece ser, de facto, a de excluir a intervenção de quem não se encontra em condições pessoais de garantir aquele resultado.

[189] Cfr. LAWRENCE, Ob. cit., p. 661.

teresse"[190], a suposição de que a Administração actua de *forma desinteressada e apenas ao serviço do bem comum*, constitui, na nossa interpretação, um dado fundamental do sistema administrativo concebido pela CRP, constituindo, de resto, um alicerce imprescindível da credibilidade do Estado de direito democrático[191]. Como observa com razão alguma doutrina, uma primeira e decisiva vertente do princípio do Estado de direito consiste em erigir um sistema administrativo que, no plano institucional ou organizativo, esteja colocado na posição certa para submeter as entidades que o compõem a um quadro de vinculações jurídicas dispostas para a prossecução exclusiva do interesse público[192]. A ideia de Estado de direito implica, de facto, a exigência de *assegurar preventivamente* a sua realização[193]; *hoc sensu*, a estruturação de um modelo organizativo predisposto, desde as suas fundações, para prevenir a confusão entre "estatuto particular" e "competência pública", a colisão entre "querer privado" e "dever ser público"[194], bem como a perniciosa intromissão de motivações privadas em domínios públicos[195], constitui, no nosso juízo,

---

[190] Sobre a importância desta "expectation of disinterest", cfr. LAWRENCE, *ibidem*, p. 659.

[191] Deve notar-se que a posição sustentada no texto não tem subjacente qualquer implicação sobre o que o Estado deve ou não fazer. O que se pretende deixar claro é apenas que, em relação ao que o *Estado entende dever fazer*, se espera que o faça segundo uma *ética de serviço e de interesse públicos*. É não só dispensável como também nefasta a intervenção meramente formal ou nominal de um Estado Administrativo que não se encontra em condições de pautar a sua acção por exclusivos critérios de interesse público. Isto permite perceber que a defesa de uma tese liberal quanto às possibilidades de recuo do Estado – por via das formas de privatização material – se apresenta compatível com a sustentação de uma posição menos aberta e favorável à delegação de (certas) funções públicas em particulares. Com efeito, as formas de privatização material remetem abertamente para uma lógica de mercado e de prossecução de interesses privados (caberá ao Estado, quando for o caso, *garantir* a prossecução do interesse público). Ao contrário, se o Estado assume a responsabilidade de *execução* de uma missão, espera-se que a sua actuação apareça exclusivamente fundada no interesse público. Assim se explica que uma grande parte da doutrina alemã defenda que a regra do artigo 33, IV, da *GG*, represente um limite às formas de *privatização orgânica*, mas não às estratégias de privatização material e mesmo funcional; cfr. KÄMMERER, *Privatisierung*, cit., p. 214 e ss; BURGI, *Funktionale Privatisierung*, cit., p. 222.

[192] Cfr. BANSCH, Ob. cit., p. 112.

[193] Cfr. BANSCH, *ibidem*.

[194] Cfr. BANSCH, *ibidem*, p. 115.

[195] Cfr. STEINER, *Öffentliche*, cit., p. 263; MINOW, Ob. cit., p. 1234.

um elemento determinante e essencial para a realização do princípio do Estado de direito[196].

Conjugando estas observações com a expressa conexão constitucional entre Administração Pública e prossecução exclusiva do interesse público, somos conduzidos a concluir que da CRP resulta um modelo administrativo fundamentalmente composto de entidades criadas para servir exclusivamente o interesse público. Um modelo com essa configuração, de uma Administração *neutra* e *estranha aos interesses particulares*, surge, já o vimos, como uma *garantia da realização do Estado de direito*. A outorga de funções públicas a entidades particulares – portadoras por definição de interesses estranhos à esfera pública[197] e situadas numa posição de *irredutível dualidade*, de *tensão interna* entre os seus interesses próprios e o interesse inerente às funções públicas[198] –, implica inevitavelmente (por inerência) uma mistura ou confusão entre interesse público e interesses particulares, representando, por conseguinte, um perigo real para a observância dos princípios da imparcialidade e da objectividade do agir público, bem como, naturalmente, para os princípios da prossecução do interesse público e pelo respeito dos direitos e interesses legalmente protegidos dos cidadãos.

A circunstância de a delegação de *funções públicas* em entidades particulares moldar uma solução contrária ao *princípio* – que retiramos da CRP – de que a acção pública deve ser exercida por entidades exclusivamente dedicadas à prossecução do interesse público não implica, todavia, a inconstitucionalidade da Administração Pública delegada ou concessionada. Com efeito, além de a própria CRP pressupor e admitir indirectamente este fenómeno (artigo 267.º/6), sempre teria de se aceitar que o enunciado segundo o qual a acção pública deve ser exercida por entidades instituídas para prosseguir exclusivamente interesses públicos assume um carácter principial, funcionando como exigência de optimização[199] e apresentando, por isso, uma textura aberta a concordâncias,

---

[196] No mesmo sentido, cfr. Bansch, Ob. cit., p. 112.

[197] Pode até tratar-se de interesses altruístas, que nem por isso deixam de ser interesses privados. Discordamos, neste ponto, de Bansch, Ob. cit., p. 115, quando associa o interesse das entidades privadas com competências públicas a um interesse de natureza egoísta (económica).

[198] Cfr. Steiner, "Fragen", cit., p. 615.

[199] Sobre os princípios como *exigências de optimização* e sobre a distinção entre *princípios* e *regras*, cfr. João Loureiro, *O Procedimento*, cit., p. 164 e ss; J.J. Gomes Canotilho, *Direito Constitucional*, cit., p. 1145 e ss.

ponderações e compromissos[200]. Ora, neste contexto, exigências postuladas pelos princípios de eficácia, de racionalização e até de economia pública podem justificar constitucionalmente a delegação em particulares de funções públicas nas áreas de intervenção económica, cultural e social. Observe-se, de resto, que o perigo da colisão entre interesses privados e interesse público poderá apresentar até, em casos concretos, uma reduzida intensidade: assim sucede, por ex., quando se trate de intervenções em áreas em que a produção de resultados determinados se assume como objectivamente mensurável e, simultaneamente, susceptível de programação exaustiva (*v.g.*, certas concessões de obras públicas ou de serviços públicos). A mistura entre interesse público (realização de uma infra-estrutura para a qual o Estado não tem recursos) e interesses privados (lucro) pode apresentar-se vantajosa para a própria realização do interesse público.

A situação apresenta, contudo, outra fisionomia no horizonte da *delegação de poderes públicos de autoridade*. A exigência de que a acção pública se processe por intermédio de entidades exclusivamente dedicadas à prossecução do interesse público torna-se agora mais premente, posto que a situação de colisão entre interesse público e interesses privados adquire, nesta hipótese, a relevância de um factor de *perigo acrescido* para o Estado de direito e para a prossecução do interesse público. Agora, não temos um mero fenómeno de colaboração de particulares na realização de fins públicos, pois que – embora para esse efeito – eles surgem investidos de uma capacidade de usar o *instrumentarium* característico do modo de agir das entidades públicas. Recorrendo a uma fórmula germânica, os particulares são autorizados aqui a participar no exercício de um verdadeiro "momento de poder". Se, como dissemos, toda a acção pública se deve encontrar exclusivamente submetida à prossecução do interesse público, o imperativo de que isso se verifique surge ainda mais reforçado no cenário do exercício do poder de autoridade. E, importa recordá-lo agora, se a autoridade do poder público não se confunde com a mera *auctoritas*, é inquestionável que o seu exercício não pode deixar de se encontrar em regra confiado a entidades que ostentam uma legitimação especial, decorrente de terem sido instituídas para a prossecução exclusiva do interesse público, sem subserviência a interesses de outra natureza. A legitimidade da acção da Administração

---

[200] Cfr. J.J. Gomes CANOTILHO, *ibidem*, p. 1149.

Pública como depositária de poder deriva certamente dos vários canais de legitimação democrática e do regime jurídico a que se encontra submetida, mas também do facto de se tratar de uma organização que se mostra especialmente credível pelo facto de se apresentar composta e servida por entidades exclusivamente dedicadas ao interesse público (entidades alheias aos complexos jogos de interesses da sociedade do nosso tempo)[201]. A expectativa perante a acção desinteressada dos actores da função pública e a convicção social de que o exercício do poder de autoridade se orienta exclusivamente por estritos critérios de interesse público revela-se, aos nossos olhos, como um aspecto verdadeiramente essencial para a própria sobrevivência do Estado de direito. A confiança em que o sistema administrativo produz uma actuação imparcial, neutra e objectiva assume, na hipótese do exercício do poder de autoridade, uma força particular, posto que, além do mais, está aí presente uma posição de supremacia jurídica sobre os cidadãos. O perigo de uma confusão entre interesse público e interesses privados atinge, agora, o carácter de um "perigo essencial" para os direitos dos cidadãos[202]. Por outro lado, os riscos de "privatização material do poder público", de "perda do sentido da publicidade" e de "feudalização da vida administrativa"[203] surgem bem mais evidentes e preocupantes do que na hipótese de mera participação na gestão de serviços públicos ou de quaisquer actividades públicas desligadas da autoridade.

A garantia de que as entidades investidas de poderes públicos de autoridade actuam com exclusivas motivações de interesse público reclama que tais entidades se encontrem institucionalmente vocacionadas para prosseguir, *em exclusividade*, finalidades de natureza pública. Esta vocação induz uma "ética" e uma "cultura" de serviço e de interesse público que uma entidade particular, proveniente da esfera privada e proposta à satisfação de objectivos privados, não está em condições de oferecer em exclusividade.

---

[201] Como observa MINOW, Ob. cit., p. 1234, o recurso a actores privados para o desempenho de (certas) funções públicas pode comprometer a legitimidade da acção pública porque o público pode suspeitar de que aquela acção sirva o propósito de ganho privado e não a satisfação do interesse público.

[202] Empregando o conceito de "essential danger" para representar o perigo que certas delegações de poderes em entidades particulares apresentam, cfr. LAWRENCE, Ob. cit., p. 662.

[203] Cfr. STEINER, *Öffentliche*, cit., p. 263 e ss.

Todas estas considerações nos levam a defender que a conexão constitucional entre Administração Pública e entidades exclusivamente dedicadas à prossecução do interesse público alcança, no caso de exercício de poderes públicos de autoridade, o sentido de uma *regra constitucional não escrita*[204] – de uma *regra sem disposição*[205] – que consideramos *concretizadora* do princípio do Estado de direito[206]. Diremos, pois, que, de um ponto de vista jurídico-constitucional, a *acção pública de autoridade deve, em regra, ser confiada a entidades que se encontrem exclusivamente ao serviço do interesse público*. Trata-se, como advertimos, de uma *regra* e não de um mero *princípio jurídico*. Esta assume-se, contudo, como uma regra que, no seu próprio enunciado, admite ou contempla a possibilidade de *excepções*. Mas, note-se, estão em causa *excepções* que, por isso mesmo, não são admitidas em certas situações (limites absolutos), e, quando o são, constituem objecto de limitações (limites relativos) que operam quer ao nível da entidade delegatária (limites subjectivos), quer no plano objectivo (limites objectivos), contendo-se numa *clara lógica de excepcionalidade* (limites quantitativos), e obedecendo a um conjunto de requisitos que, em cada caso, as tornem possíveis e juridicamente aceitáveis (limites qualitativos).

Por fim e ainda sobre o sentido da regra constitucional que implica a excepcionalidade da delegação de poderes de autoridade pública em entidades particulares, cumpre esclarecer que, ao contrário do que se passa na Alemanha, não vemos nenhuma razão para defender que ela só se aplica ao exercício de competências públicas *com carácter permanente*[207]. Esta não aplicação da regra faz, decerto, todo o sentido no contexto de uma norma que consagra uma *garantia da função pública*. Uma vez que o objectivo do artigo 33, IV, da *GG*, consiste em atribuir o

---

[204] Considerando que a excepcionalidade da delegação de funções públicas em particulares resulta de um *princípio constitucional não escrito* (embora confirmado no artigo 33, IV, da *GG*), cfr. HUBER, *Wirtschaftsverwaltungsrecht*, cit., p. 542. Em sentido próximo, cfr. BANSCH, Ob. cit., p. 112.

[205] Sobre a noção de "normas sem disposição", cfr. J.J. Gomes CANOTILHO, *Direito Constitucional*, cit., p. 1191.

[206] Cfr. BANSCH, *ibidem*.

[207] Sobre o sentido da referência do artigo 33, IV, da *GG*, o exercício, *com carácter permanente*, de competências públicas, cfr. STRAUSS, Ob. cit., pp. 142 e 206; HAUG, Ob. cit., p. 819.

exercício de competências públicas a funcionários públicos, parece lógico que essa regra não valha para o desempenho de missões de carácter transitório, com um horizonte temporal previamente delimitado. Com base nesta teleologia da disposição, a doutrina alemã, mesmo a mais restritiva, revela-se generosa quanto à possibilidade de delegação de poderes públicos de autoridade em particulares, desde que estejam em causa tarefas ocasionais e com uma duração limitada (*v.g.*, atribuição de poderes de polícia por ocasião de uma exposição internacional ou de um campeonato de futebol)[208]. Ora, no nosso juízo, a regra segundo a qual a acção pública de autoridade se deve encontrar confiada a entidades exclusivamente dedicadas à prossecução do interesse público aplica--se mesmo quando estejam envolvidas tarefas de carácter temporalmente delimitado. Uma vez que o *thelos* da regra que retiramos da Constituição não reside na garantia da função pública, não há qualquer razão para a não aplicar na hipótese de exercício de poderes públicos de autoridade a título meramente ocasional.

Em síntese, a regra segundo a qual a acção pública de autoridade deve ser confiada a entidades exclusivamente dedicadas ao serviço do interesse público explica um discurso centrado nos limites e no carácter excepcional da delegação de poderes públicos de autoridade em entidades particulares. Estas, provindo da esfera privada, não se encontram em condições de cumprir – em *exclusividade* – a condição da *prossecução do interesse público*. Ainda que se trate de entidades propositadamente criadas para se dedicarem à execução de tarefas públicas, a sua origem assinala a natureza privada do interesse que os seus criadores pretendem, através dela, realizar.

A tese que defendemos nesta abordagem da problemática constitucional da delegação de poderes públicos em entidades particulares aproxima-se assim, em muitos pontos, da orientação seguida pelo sector da doutrina germânica que admite a *Beleihung* apenas em casos excepcionais e devidamente justificados. Devemos, todavia, notar que se trata apenas de uma aproximação e não de uma identificação com essa doutrina, pois que, para alguns dos seus defensores, a *Beleihung* aparece com o significado de *delegação de funções públicas*. Ora, a nossa pro-

---

[208] Nessa eventualidade, a *garantia da função pública* (enquanto instituição) não está ameaçada.

posta aplica-se apenas à *delegação de poderes públicos de autoridade*, e não, em geral, à outorga de funções públicas administrativas a entidades particulares[209].

1.3.3.2. Limites quantitativos

Em conformidade com as observações anteriores, a delegação de poderes públicos em particulares representa uma *excepção* a uma regra constitucional. Nesse sentido, enquanto *excepção*, a delegação tem de começar por cumprir o *princípio dos limites quantitativos*. Quer isto dizer que, apesar da delegação, o sistema administrativo deverá continuar a encontrar-se estruturado em termos de observar a *regra* segundo a qual o exercício de poderes públicos de autoridade cabe às entidades exclusivamente dedicadas à prossecução do interesse público[210].

Desta exigência de uma dimensão quantitativamente limitada decorre que a delegação de poderes públicos em entidades particulares não pode transformar-se num expediente de utilização mais ou menos sistemática ou generalizada, nos sectores em que não está proibida. Não se trata, decerto, de definir um montante a partir do qual a delegação já não é possível[211], mas tão-só de chamar a atenção para a necessidade de uma utilização contida e cautelosa da figura, de modo a não inverter a relação de regra/excepção. Neste sentido, a referência a este limite quantitativo assinala, desde logo, a exigência de uma ponderação de teor *qualitativo*, que pressupõe a consciencialização pelo legislador de que o fenómeno da delegação de poderes de autoridade em particulares representa um *expediente excepcional* que, como tal, se revela aceitável apenas em *circunstâncias excepcionais*.

Uma outra vertente, aliás essencial, do princípio dos limites quantitativos, está associada à exigência de *determinação* ou de *enumeração* dos poderes públicos conferidos por via da delegação[212].

---

[209] Na nossa proposta, o discurso dos limites aparece especialmente atenuado no horizonte da delegação de funções públicas (desligadas da autoridade).

[210] Citando Breuer, afirma Vital MOREIRA, *Administração Autónoma*, cit., p. 546, que, de acordo com o princípio do Estado de direito, a cessão de poderes administrativos a entidades particulares há-de ser uma excepção. Sobre o princípio dos limites quantitativos, cfr. HUBER, *Wirtschaftsverwaltungsrecht*, cit., p. 544; MICHAELIS, Ob. cit., p. 148 e ss; STEINER, *Öffentliche*, cit., p. 273; SEIDEL, Ob. cit., p. 69 e ss.

[211] Cfr. STUIBLE-TREDER, Ob. cit., p. 78.

[212] Cfr. WOLFF/BACHOF/STOBER, Ob. cit., 3, p. 516; STEINER, *Öffentliche*, cit., p. 273; DREIER, *Hierarchische*, cit., p. 287.

Na verdade, a observância estrita dessa exigência representa uma *conditio sine qua non* da viabilidade constitucional da delegação de poderes públicos. Desde logo, por razões de segurança jurídica, impõe-se que a lei estabeleça com clareza o universo dos poderes abrangidos (ou que podem ser abrangidos) pela delegação. Cumpre notar, neste domínio, que a delegação de poderes em entidades particulares não constitui uma operação entre instâncias públicas que se resolva na mera ampliação das competências (públicas) da instância delegatária. Neste caso específico, a delegação implica, na verdade, a atribuição de uma *capacidade de direito público* a entidades que, sem delegação, dispõem apenas da capacidade de utilizar os instrumentos do direito privado. A determinação não satisfaz, por isso, apenas a necessidade de delimitar o círculo de *competências* atribuídas a uma entidade, respondendo ainda a uma exigência de delinear a *capacidade* atribuída a uma entidade privada para utilizar instrumentos específicos da acção pública. Na medida em que surge imposta por um princípio de limites quantitativos, o requisito da enumeração pressupõe ainda uma limitação quanto ao próprio *âmbito da delegação*, de modo a que esta abranja um conjunto *limitado* e *pontual* de poderes públicos[213].

De acordo com alguma doutrina, revela-se igualmente importante a faceta dos limites quantitativos relacionada com o facto de a delegação de funções e poderes públicos em particulares não dever assumir-se como a regra de organização num sector determinado de intervenção pública. Assim, considerando-se apenas um sector específico, a intervenção de entidades particulares deve manter-se, enquanto modelo de organização desse mesmo sector, como excepção. No interior de cada área de intervenção pública, a regra deve ser a do exercício de funções e poderes públicos por entidades públicas. Ora, apesar da nossa propensão para um discurso orientado para os limites, consideramos pouco adequada a exigência referida. Com efeito, não vemos por que razão se há-de considerar excluída a possibilidade de delegação de funções e poderes de regulação pública, por ex., no sector da regulação e certificação do vinho ou da regulação do desporto. Essencial parece-nos, contudo, que o sector específico em que a delegação se assuma como regra não fique abandonado pelas autoridades públicas. Na medida em que se trata de um sector

---

[213] Cfr. MENNACHER, Ob. cit., p. 111; HUBER, *Wahrnehmung*, cit., p. 156; DREIER, *ibidem*, p. 250.

sob regulação pública, o Estado poderá não estar presente, num primeiro nível de contacto entre regulador e regulados, mas não deve deixar de marcar a sua presença, designadamente através de instâncias encarregadas de fiscalizar a entidade particular com funções públicas de regulação.

1.3.3.3. Limites qualitativos

Respeitando os limites quantitativos, a delegação de poderes públicos em entidades particulares deve ainda observar os designados limites qualitativos. Trata-se agora de limites que decorrem do facto de a delegação de poderes públicos de autoridade em entidades particulares (não instituídas para se dedicarem exclusivamente à prossecução do interesse público) não poder constituir uma decisão arbitrária[214], devendo, pelo contrário, surgir baseada numa *especial justificação*[215] ou num *fundamento objectivo*[216] que explique a viabilidade de um processo que se traduz em instituir a excepção a uma regra. O cumprimento deste requisito remete para a exigência de a delegação se revelar como uma medida organizativa *que faça sentido*[217] e se apresentar, por isso, como um meio *adequado* e *necessário* para a realização de um fim de interesse público, bem como *proporcionado* em relação a este fim (*princípio da proporcionalidade*)[218].

A aplicação do princípio dos limites qualitativos assim configurado[219] reclama, desde logo, a consideração da *razão de ser*, dos *fundamentos possíveis*, da delegação de poderes públicos de autoridade em entidades particulares.

---

[214] Cfr. REINHARDT, Ob. cit., p. 623.

[215] Cfr. REINHARDT, *ibidem*; SEIDEL, Ob. cit., p. 71.

[216] Cfr. BRACHER, Ob. cit., p. 70; BURGI, "Der Beliehene", cit., p. 590.

[217] Cfr. LAWRENCE, Ob. cit., p. 680.

[218] Sobre o princípio dos limites qualitativos assim formulado (remetendo para a aplicação do princípio da proporcionalidade) e na sequência da já referida posição assumida por Fritz Ossenbühl, cfr. BRACHER, Ob. cit., p. 70 e ss; HUBER, *Wahrnehmung*, cit., p. 156; STRAUSS, Ob. cit., p. 213 e ss; REINHARDT, Ob. cit., p. 623 e ss; SEIDEL, Ob. cit., p. 70 e ss. A abordagem dos limites da delegação de acordo com um critério de proporcionalidade (*due process approach*) aparece também formulada, no direito norte-americano, por LAWRENCE, Ob. cit., p. 678 e ss.

Recusando a aplicação do princípio da proporcionalidade como critério para aferir da viabilidade da delegação, cfr. STEINER, *Öffentliche*, cit., p. 274, e "Fragen", cit., p. 616; HEINTZEN, Ob. cit., p. 243.

[219] Como já se observou, alguns autores referem-se ao princípio dos limites qualitativos para indicar *condições* e não *limites* à possibilidade de delegar; nesse sentido, cfr. HUBER, "Beliehene", cit., p. 460; MENNACHER, Ob. cit., p. 112.

Embora a ponderação a efectuar não se relacione, genericamente, com os fundamentos da participação de particulares na execução de tarefas administrativas, mas apenas com a outorga a esses mesmos particulares de poderes de autoridade pública, deve reconhecer-se que a conexão entre poderes públicos e certas funções públicas (*v.g.*, funções públicas de regulação ou de certificação oficial) provoca algumas dificuldades de destrinça. Contudo, já o vimos, há hipóteses em que a outorga de poderes públicos é *destacável* da função ou actividade pública concessionada a um particular (*v.g.*, poderes impositivos e de aplicação de sanções atribuídos a uma entidade que gere uma parcela dominial).

Na última categoria de situações, o fundamento da delegação reside, em geral, na vantagem de investir poderes públicos numa entidade que, colaborando com a Administração na execução de funções públicas, se encontra em contacto privilegiado com as circunstâncias que reclamam o exercício da autoridade pública. Essa proximidade com as situações de facto[220] representa, assim, um factor susceptível de justificar a delegação de poderes públicos como um *plus* em relação a uma actividade pública de cariz genericamente não autoritário. Este factor pode ainda justificar a atribuição de poderes públicos integrados numa função genérica de autoridade, como sucede com as funções de polícia de bordo confiadas aos comandantes de navios ou de aeronaves ou com as funções de documentação de infracções atribuídas aos portageiros de auto-estradas.

A específica capacidade ou preparação técnica das entidades particulares pode ainda tornar-se um fundamento decisivo da delegação; assim sucede, por ex., com a delegação de poderes de certificação da segurança de produtos ou de instalações. Neste caso, o Estado aproveita o potencial e a "autoridade técnica" dos particulares, evitando efectuar vultuosos investimentos para a execução de uma função com momentos de autoridade, mas de natureza predominantemente técnica[221].

O facto de uma tarefa ser tradicionalmente executada por particulares pode representar também um factor favorável à delegação, na hipótese de apropriação pública: assim se passou com a regulação do desporto. A publicização dessa regulação não tem de implicar a assunção

---

[220] Sobre o "domínio" ou "senhorio da situação" (por parte de particulares) como uma razão para delegar, cfr. OSSENBÜHL, "Die Erfüllung", cit., p. 148.

[221] Referindo-se à autoridade técnica dos privados, cfr. Dolors CANALS I AMETLLER, Ob. cit., p. 73.

estadual directa, considerando-se vantajoso "deixar" a organismos privados a execução de tal função pública, investindo-os, para o efeito, dos necessários poderes de autoridade.

Nesta última hipótese, como noutras próximas, a delegação de poderes públicos de autoridade pode surgir articulada com o objectivo de participação de interessados na execução de funções públicas que lhes dizem respeito. Ainda que, no nosso juízo, o exercício privado de funções públicas não corporize a "ideia" de administração autónoma, supomos que o interesse de fomentar a participação e o envolvimento de *interessados* na gestão de assuntos públicos pode, na verdade, constituir um *fundamento legítimo* da delegação de funções e poderes públicos[222].

Em termos genéricos, a delegação de poderes públicos em entidades particulares há-de apresentar-se como um expediente de aligeiramento da intervenção das entidades públicas em sectores mais dispendiosos[223], associado a uma estratégia de aproveitamento do "potencial endógeno" dos particulares (que pode resultar da sua experiência, das suas capacidades ou da conexão entre os poderes públicos e as funções públicas que lhes estão confiadas) ou, pelo menos, a uma promoção do envolvimento dos cidadãos na gestão dos assuntos públicos do seu interesse[224]. Em todo o caso, parece-nos que o objectivo de "redução dos

---

[222] Deve, contudo, chamar-se a atenção para a necessidade de, também neste caso, acompanhar a delegação de uma exigência de fiscalização pública empenhada. Importa não esquecer que as associações privadas de interessados não são instâncias de *representação democrática de todos os interessados*. Por outro lado, deve ainda ter-se em conta o facto de, em regra, as associações aparecerem a exercer poderes públicos de natureza largamente discricionária (desde logo, no plano da regulamentação e elaboração de regras de conduta). Tudo isso aconselha prudência quanto à possibilidade de delegar, além de reclamar a configuração especial do regime da delegação de funções e poderes públicos em associações de interessados, o qual deve consagrar explicitamente o *direito à filiação* de todos os interessados representados pela associação; na medida em que actue investida de funções públicas, a liberdade *da* associação admite restrições, como essa ou como a que decorre da regulamentação pública do processo de escolha dos respectivos dirigente. Recorde-se que, nos Estados Unidos da América, a *doutrina da não delegação* surgiu exactamente para proibir formas obnóxias e intoleráveis de delegações de poderes de regulação em associações e organismos privados que agregavam apenas uma parte dos regulados; cfr., *supra*, Introdução, 5.6.

[223] No sentido de que este constitui o fundamento decisivo de todas as políticas de privatização, cfr. STRAUSS, Ob. cit., p. 210.

[224] Segundo alguma doutrina alemã, a delegação (de funções públicas) pode servir também o interesse de limitar a intensidade da ingerência pública nos direitos funda-

custos públicos" não constitui por si só um fundamento capaz de viabilizar o estabelecimento de uma excepção à regra segundo a qual o exercício da autoridade pública deve estar confiado a entidades exclusivamente dedicadas à prossecução do interesse público[225].

Considerados os fundamentos que se associam à delegação de poderes públicos, os quais revelarão, em geral, a adequação e a necessidade dessa medida[226], interessa, de seguida, ponderar as vantagens que se pretendem obter da delegação em face do risco que a mesma envolve.

Nesta ponderação, cumpre ter presente, por um lado, a *natureza dos poderes delegados* e, por outro, o *regime jurídico da delegação*.

O regime jurídico da delegação pode (e deve) representar um factor de minimização do risco inerente à delegação. Neste contexto, a ponderação deve ter em consideração o facto de um regime bem articulado de *condições* e de *salvaguardas* contribuir para uma diminuição substancial dos riscos que decorrem de uma entidade particular aparecer investida de poderes de autoridade[227].

Por outro lado, deve ter-se presente que o risco de adulteração do interesse público não assume sempre a mesma intensidade. Assim, por

---

mentais. Esse é o objectivo que se aponta à delegação de funções de manutenção da ordem na figura dos "dirigentes de manifestações", prevista na lei que regula as manifestações de cidadãos (e que, em regra, coincide com o "promotor da manifestação"). Ao dirigente responsável da manifestação cabe a função de valer pela manutenção da ordem, competindo-lhe, nesse âmbito, determinar a interrupção ou o fim da manifestação; cfr. BRACHER, Ob. cit., p. 87; STRAUSS, Ob. cit., p. 212. No direito português, o Decreto-Lei n.º 406/74, de 29 de Agosto (direito de reunião), estabelece, no artigo 10.º/2, que "os promotores de reuniões ou comícios públicos em lugares fechados, *quando não solicitem a presença de agentes de autoridade*, ficarão responsáveis, nos termos legais comuns, pela manutenção da ordem dentro do respectivo recinto". Esta referência aos "termos legais comuns" indicia que os promotores não se encontram investidos de uma função pública de manutenção da ordem, apesar de, na teleologia da lei, exercerem essa função em *substituição* dos agentes de autoridade.

[225] Em sentido próximo, cfr. STRAUSS, Ob. cit., pp. 213-4; BRACHER, Ob. cit., p. 86; HAUG, Ob. cit., p. 819.

[226] Mesmo as orientações mais restritivas aceitam que é relativamente simples a demonstração da *necessidade* e da *adequação* da delegação de funções e poderes públicos; cfr. BRACHER, Ob. cit., p. 76; LAWRENCE, Ob. cit., p. 680.

[227] Neste sentido, cfr. LAWRENCE, Ob. cit., p. 685. Como alguns autores observam, na análise de custos/benefícios, devem ser contabilizados os *custos* decorrentes das tarefas de fiscalização e de supervisão das entidades particulares com funções públicas; cfr. SCHWARCZ, Ob. cit., p. 24 e ss.

ex., a competência para a prática de actos vinculados conhece um grau risco de intensidade claramente menor do que a competência para a tomada de decisões com espaços de discricionaridade administrativa. Ora, cumpre notar que, de acordo com o cânone da proporcionalidade (em sentido estrito), quanto mais elevado se perfila o risco, mais reforça-dos e inequívocos devem apresentar-se a vantagem e o interesse público em delegar[228].

1.4. *Condições constitucionais da delegação*

Observados os vários limites, a delegação pode ter lugar.

Mas urge ainda considerar algumas exigências constitucionais, já não quanto ao "se", mas quanto ao "como" da delegação de poderes públicos em particulares. Esta, para poder operar validamente, há-de cumprir três *condições fundamentais*: resultar de uma lei ou de um acto jurídico baseado numa lei, observar exigências constitucionais postu-ladas pelo princípio democrático, bem como pelo princípio da prosse-cução do interesse público no respeito pelos direitos dos cidadãos.

1.4.1. *Princípio da legalidade*

A primeira condição que a delegação de poderes públicos em enti-dades particulares tem de respeitar reside na exigência de *legitimação legal*: a delegação tem de se efectuar *por lei ou com fundamento numa lei*[229]. Como, de forma unânime, a doutrina alemã sublinha, esta condição

---

[228] A doutrina alemã refere-se aqui a um critério da importância da função pública envolvida ou da proximidade da "área nuclear do poder estadual", para explicar que, quanto mais próxima dessa área aquela função se encontrar, mais ponderosos devem ser os fundamentos para delegar; cfr. BRACHER, Ob. cit., p. 79 e ss; HUBER, *Wahrnehmung*, cit., p. 156; SEIDEL, Ob. cit., p. 71. No mesmo sentido, GRAMM, "Schranken", cit., p. 337, refere-se à necessidade de se ter em consideração um "critério da intensidade da ingerência" dos poderes públicos nos direitos fundamentais. Em qualquer caso, estas correntes destacam a ideia de que, quanto mais potencialmente agressivos se revelem para os direitos dos cidadãos, mais imperioso se torna que os poderes públicos sejam exercidos por funcionários públicos.

[229] Cfr. Vital MOREIRA, *Administração Autónoma*, cit., p. 546. A ideia de que a delegação tem de processar-se *por lei ou com fundamento na lei* surge, de forma invariá-vel e sistemática, na doutrina alemã: cfr. MENNACHER, Ob. cit., p. 115; STUIBLE-TREDER,

ou pressuposto da validade da delegação resulta do princípio da legalidade da Administração *num duplo sentido*: ora, num *sentido geral* – conexo com a exigência de base legal sempre que estão envolvidas competências que podem agredir os direitos dos administrados –, uma vez que a delegação de poderes públicos, embora não implique uma agressão *directa* da esfera jurídica dos cidadãos, investe uma entidade particular de competências públicas susceptíveis de gerar uma agressão[230]; ora, mesmo quando se trata da mera transferência de competências públicas já exercidas por uma instância pública, o respeito do princípio da legalidade impõe-se, num *sentido institucional*, visto que a delegação de poderes públicos constitui sempre um "facto organizativo" e uma "decisão essencial" no plano da organização administrativa que provoca uma perturbação na ordem de competências legalmente estabelecida[231]. Neste sentido, a delegação não pode, em caso algum, assumir-se como uma questão do foro doméstico da Administração[232].

No direito português, a exigência de legalidade da delegação (de qualquer delegação) de poderes conferidos por lei a órgãos de soberania, de região autónoma ou de poder local, aparece expressamente consagrada no já referido artigo 111.º/2 da CRP[233]. Na legislação ordinária, o CPA confirma esse princípio, estabelecendo a irrenunciabilidade e a inalienabilidade da competência dos órgãos administrativos, sem prejuízo da possibilidade de delegação (artigo 29.º), a qual, contudo, só pode efectuar-se quando para tal os órgãos estejam habilitados por lei (artigo 35.º).

Quando aludimos à exigência de a delegação ser efectuada por lei ou com fundamento numa lei neste contexto, lei conhece o significado

---

Ob. cit., p. 79; BURGI, "Der Beliehene", cit., p. 588; STEINER, "Fragen", cit., p. 612; BENZ, Ob. cit., p. 39.

[230] Alguns autores destacam, neste contexto, o facto de a delegação poder representar uma agressão para os direitos da própria entidade particular, impondo, contra ou independentemente da sua vontade, o dever de exercer os poderes públicos que lhe são confiados. Trata-se, aqui, do fenómeno da *delegação imposta de poderes públicos*; cfr. BÖCKENFÖRDE, *Die Organisationsgewalt*, cit, p. 95; MICHAELIS, Ob. cit., p. 152; STUIBLE-TREDER, Ob. cit., p. 82.

[231] Cfr. BANSCH, Ob. cit., p. 146 e ss; MICHAELIS, Ob. cit., p. 153; OSSENBÜHL, "Die Erfüllung", cit., p. 170; BURNET, Ob. cit., p. 126.

[232] Cfr. BANSCH, Ob. cit., p. 147; SEIDEL, Ob. cit., p. 115 e ss.

[233] Cfr. J.J. Gomes CANOTILHO/Vital MOREIRA, Ob. cit., p. 498.

de *acto legislativo* (artigo 112.º/1 da CRP); em si mesma, a delegação de poderes públicos em entidades particulares não tem, por conseguinte, de se basear num acto parlamentar. Contudo, a exigência de lei parlamentar poderá decorrer da natureza dos poderes delegados (os quais podem referir-se a matérias incluídas na reserva de competência legislativa da Assembleia da República). Mas, não sendo este o caso, não há razão alguma para impor uma intervenção parlamentar a efectuar ou a habilitar a Administração a efectuar delegações de poderes públicos em entidades particulares.

O respeito do princípio da legalidade vale para as delegações de poderes processadas, no quadro da administração autónoma, pelas autarquias locais. Ao contrário do que defende uma parte (minoritária) da doutrina germânica[234], pensamos que a autonomia das autarquias locais não inclui, no plano organizativo, um poder próprio para a emissão de regulamentos autónomos a habilitar os órgãos autárquicos a efectuarem delegações de poderes públicos em particulares[235].

Quando não processada por lei ou com fundamento numa lei, estamos, naturalmente, diante uma *delegação (administrativa) de poderes públicos sem fundamento legal*[236]. O acto ou o contrato administrativo que contenham a delegação ofendem o princípio da legalidade da Administração, devendo considerar-se nulos, nos mesmos termos em que, de acordo com a lei geral, é nulo qualquer acto ou contrato que tenham por objecto a renúncia à titularidade ou ao exercício das competências públicas (artigo 29.º/2 do CPA)[237]. O disposto neste artigo do CPA só se aplica aos casos em que a delegação de poderes em particulares tenha por objecto competências de que o órgão público (que se assume como "delegante") seja titular. Quando assim não sucede, isto é, se uma instância pública pretende confiar a particulares competências de que não disponha – em infracção à regra segundo a qual *nemo plus iuris ad alium transferre potest quam ipse haberet* –, a nulidade resulta então do artigo

---

[234] Cfr. HEIMBURG, Ob. cit., p. 37; FRENZ, Ob. cit., p. 70.

[235] Neste sentido, cfr. PEINE, "Grenzen", cit., p. 361.

[236] Recorde-se a distinção estabelecida entre a designada *delegação de facto de poderes públicos* e a *delegação sem fundamento legal*: cfr., *supra*, Parte II, Cap. II, 2.3.3.

[237] Como se esclarece em Esteves de OLIVEIRA/Pedro GONÇALVES/Pacheco de AMORIM, Ob. cit., p. 194, em consonância com o disposto no artigo 29.º/2, deve entender-se que a delegação de poderes feita sem previsão legal é nula e de nenhum efeito.

133.º/1 do CPA, por falta de um *elemento essencial* do acto de delegação (titularidade das competências delegadas)[238].

Da nulidade da delegação decorre automaticamente que a entidade particular não se encontra investida dos poderes públicos putativamente delegados, pelo que os actos que vier a praticar não devem qualificar-se como actos públicos (anuláveis, nulos ou inexistentes), mas sim como *actos de direito privado*, praticados no âmbito de uma capacidade estranha ao direito público[239]; a possibilidade, a licitude e a legalidade de tais actos ficam na dependência do ordenamento jurídico privado[240].

Por fim, cumpre sublinhar que a exigência da legalidade da delegação não se resolve numa imposição meramente formal. A lei há-de cumprir requisitos de *determinação*, quer quanto ao *âmbito dos poderes delegáveis*, quer quanto ao círculo de *entidades que podem assumir a posição de delegatárias*[241].

1.4.2. *Legitimação democrática do particular com poderes públicos*

O princípio do Estado de direito *democrático*, baseado na *soberania popular* (artigo 2.º da CRP), fundamenta a estrutura organizativa do Estado e postula uma "legitimação democrática efectiva para o exercício do poder (o poder e o exercício do poder derivam concretamente do povo), pois o povo é o titular e o ponto de referência dessa mesma legitimação – ela vem do povo e a este se deve reconduzir"[242].

---

[238] Sobre o conceito de elementos essenciais, usado no artigo 133.º/1 do CPA, cfr. J.C. Vieira de ANDRADE, "Validade (do acto administrativo)", p. 587; Esteves de OLIVEIRA/Pedro GONÇALVES/ Pacheco de AMORIM, Ob. cit., p. 642.

[239] A delegação de poderes públicos em entidades particulares não constitui apenas uma transferência de exercício de competência, mas também uma atribuição, na mesma medida, de uma capacidade de direito público. Se a delegação é nula, a capacidade de direito público não entra na esfera do particular, pelo que todos os actos que este venha a praticar – mesmo invocando a delegação – devem qualificar-se, naturalmente, como actos de direito privado. Sendo a delegação nula, tudo se deve passar como se a actuação do particular se desenvolvesse sem delegação. Ainda sobre este tema, cfr., *infra*, cap. II.

[240] Contra, cfr. KOPP, "Der beliehene Unternehmer", p. 726 e ss, defendendo que os actos praticados por uma entidade particular ao abrigo de uma delegação nula (porque não prevista na lei) são actos administrativos, aliás, em princípio apenas anuláveis.

[241] Sobre esta *dupla* exigência de determinabilidade, cfr. BANSCH, Ob. cit., p. 149 e ss; SEIDEL, Ob. cit., p. 121 e ss; STEINER, "Der beliehene", cit., p. 74; "Fragen", cit., p. 613.

[242] Cfr. J.J. Gomes CANOTILHO, *Direito Constitucional*, cit., p. 292.

Como toda a acção pública, os poderes públicos de autoridade, exercidos pela Administração Pública, representam um momento do exercício do Poder Público – Poder Político, nos termos do artigo 108.° da CRP – que pertence ao povo, constituindo, por isso mesmo, um "objecto carecido de legitimação democrática"[243].

A legitimidade democrática da Administração para o exercício do poder público, pressupondo a efectiva capacidade popular de influenciar a acção pública[244], resulta, em geral, de uma combinação de componentes *pessoais ou organizativos* e *objectivos ou materiais*[245].

No plano pessoal, a exigência de legitimidade democrática reclama que o exercício de funções e poderes públicos se encontre confiado a pessoas escolhidas directamente pelo povo (eleições) ou designadas a qualquer título (*v.g.*, nomeação[246]) por pessoas que detenham uma legitimidade pessoal imediata ou mediatamente derivada do povo[247]; decisivo é, portanto, que todos os protagonistas do exercício do poder público apareçam inseridos numa "cadeia de legitimação" que apresente o poder que eles exercem como um objecto que, sem descontinuidades ou interrupções, deriva, directa ou indirectamente, do povo e a este se reconduz[248].

No plano material ou objectivo, a legitimação democrática pressupõe uma capacidade de influência do povo sobre o *conteúdo* das próprias acções públicas, visando obter a garantia da prossecução do interesse público. Neste contexto, ocupa um papel decisivo a submissão da Administração à lei, aparecendo esta como um instrumento fundamental de

---

[243] Neste sentido, cfr. SCHMIDT-ASSMANN, "Verwaltungslegitimation", cit., p. 338; JESTAEDT, Ob. cit., p. 225 e ss (255 e ss); KLUTH, *Funktionale Selbstverwaltung*, cit., p. 355 e ss; TETTINGER/MANN, Ob. cit., p. 10; UNRUH, "Demokratie", cit., p. 242; BRITZ, Ob. cit., p. 425.

[244] Cfr. TETTINGER/MANN, Ob. cit., p. 5.

[245] Sobre a legitimidade democrática da Administração Pública portuguesa, cfr. Paulo OTERO, *Conceito e Fundamento*, cit., p. 314 e ss.

[246] Cfr. Paulo OTERO, *Conceito e Fundamento*, cit., p. 351.

[247] Distinguindo entre legitimidade pessoal originária e legitimidade pessoal indirecta, cfr. WOLFF/BACHOF/STOBER, Ob. cit., 3, p. 139.

[248] Sobre o componente pessoal da legitimação democrática dos actores do poder público e a ideia de "cadeia de legitimação", cfr. DREIER, in *Grundgesetz*, II, cit., p. 65 e ss; SCHMIDT-ASSMANN, "Verwaltungslegitimation", cit., p. 360 e ss, e *Das allgemeine Verwaltungsrecht*, cit., p. 85 e ss; JESTAEDT, Ob. cit., p. 267; TETTINGER/MANN, Ob. cit., p. 6; SEIDEL, Ob. cit., p. 41.

orientação da acção administrativa e de legitimação dos respectivos conteúdos. Papel essencial desempenha ainda o controlo parlamentar da administração governamental (responsabilidade pública), bem como a relação funcional do Governo com o Presidente da República (enquanto órgão com legitimidade democrática directa). Quanto às instâncias da administração estadual indirecta, torna-se essencial a respectiva *dependência* em relação aos poderes de *orientação* e de *fiscalização* do Governo, articulada com a relação funcional que este mantém com os órgãos dotados de legitimidade democrática directa[249].

Este sistema *clássico* de legitimação democrática das instâncias participantes no exercício do Poder Público baseia-se numa responsabilização de tais instâncias perante "todo o povo" (representado no parlamento). Mas o princípio democrático admite formas de legitimação alternativas ou complementares, derivadas de uma "parte do povo" (autarquias locais), bem como ainda a designada *legitimação autónoma*, articulada com o fenómeno da administração autónoma funcional, a qual se apresenta como uma administração realizada por organismos representativos dos interessados em certos assuntos públicos. A *legitimação democrática*, de natureza não parlamentar, deriva, neste caso, do facto de o poder público ser exercido, num contexto "micro-democrático", pelos próprios destinatários do poder ou por pessoas por eles designadas e que os representam[250].

Tendo presentes estas considerações, cumpre agora sublinhar que, estando investidos de poderes públicos, os particulares não escapam naturalmente ao pressuposto da *legitimação democrática*[251].

Do componente pessoal da legitimação democrática decorre, assim, que a entidade particular *concretamente* investida de poderes públicos

---

[249] Sublinhando, como factor de legitimação democrática, os poderes governamentais de direcção, orientação e fiscalização da Administração Publica, cfr. DREIER, *ibidem*, p 66; SCHMIDT-ASSMANN, "Verwaltungslegitimation", cit., p. 358; TETTINGER/MANN, *ibidem*, p. 7; SEIDEL, Ob. cit., p. 42.

[250] Cfr. STEINER, *Öffentliche*, cit., p. 151; GROSS, "Selbstverwaltung", cit., p. 1192. Sobre a legitimação autónoma, cfr. EMDE, Ob. cit., p. 383 e ss; DREIER, *ibidem*, p. 71; SCHMIDT-ASSMANN, "Verwaltungslegitimation", cit., p. 376 e ss, e *Das allgemeine Verwaltungsrecht*, cit., p. 87 e ss. Em termos críticos quanto ao conceito de legitimação autónoma e referindo-se a uma *legitimação democrática colectiva* (do grupo ou colectividade representada) imediatamente fundada na lei, cfr. KLUTH, *Funktionale Selbstverwaltung*, cit., p. 376 e ss; UNRUH, "Demokratie", cit., p. 551.

[251] Neste sentido, cfr. BANSCH, Ob. cit., p. 88; STUIBLE-TREDER, Ob. cit., p. 75.

deve ser designada por uma pessoa dotada de legitimidade democrática: a legitimidade desta representa, por conseguinte, um elo essencial da cadeia de legitimação que permite reconduzir ao povo, à soberania popular, o poder público exercido pela entidade particular[252].

Uma parte da doutrina alemã vê no próprio acto de delegação de funções ou poderes públicos o fundamento da legitimação democrática da entidade particular delegatária; a legitimação (pessoal) resulta da *Beleihung*, acto que concretiza a delegatária e que provém de órgãos públicos com legitimidade democrática. Esta premissa, associada à fiscalização pública a que fica sujeita a entidade particular no exercício de poderes públicos, conduz a doutrina a concluir que a delegação de poderes públicos em particulares não constitui um problema[253].

Apesar desta orientação, cremos que há boas razões para problematizar o tema da legitimação democrática (na sua vertente pessoal). Com efeito, se é certo que a delegação provém sempre de um órgão democraticamente legitimado (legislador ou órgão público da Administração), sucede, por vezes, que esse órgão não procede à designação da pessoa que, concretamente, vai assumir o exercício de poderes públicos: assim acontece em certas "delegações legais". Por outro lado, interessa ainda considerar o facto de a delegação aparecer muitas vezes efectuada a favor de pessoas colectivas (sociedades comerciais, associações), colocando-se então a questão de saber se pode falar-se de legitimidade *pessoal* neste caso.

---

[252] O modo como a questão da legitimação democrática, no seu componente pessoal, acaba de ser equacionado remete imediatamente para o conceito clássico de legitimação popular. Na verdade, a questão da legitimidade democrática das entidades particulares deve ser tematizada nesses termos, porquanto, como defendemos, não se é viável qualificar a outorga de funções e poderes públicos a organismos particulares como uma forma de promover a participação *democrática* dos cidadãos na gestão dos assuntos públicos. A circunstância de não ser possível impor a filiação em associações de direito privado impede que estas se possam considerar organismos de administração autónoma, o que exclui o sistema da legitimação democrática autónoma (pelos interessados). Sobre esta matéria, cfr., *supra*, Parte II, Cap. II, 1.2.4., onde se deu conta da possibilidade de articular administração autónoma e exercício privado de funções públicas na hipótese (excepcional) de as associações de interessados surgirem, *ex lege*, investidas de funções públicas a executar apenas em face dos respectivos membros, desde que existam para terceiros (estranhos) sistemas alternativos.

[253] Cfr. BANSCH, Ob. cit., p. 91; STEINER, *Öffentliche*, cit., p. 253; STUIBLE-TREDER, Ob. cit., p. 77; EMDE, Ob. cit., p. 361; JESTAEDT, Ob. cit., pp. 63-4; HEINTZEN, Ob. cit., p. 242.

Como se sabe, a delegação de poderes públicos pode operar-se directamente por lei. Nesse caso, se a lei não indica a entidade que, em concreto, vai assumir a posição de delegatária e se limita a referenciar uma categoria genérica de pessoas (*v.g.*, portageiros, comandantes de navio, assistentes de recinto desportivo) que, sendo colocadas na situação abstractamente prevista, ficam investidas de poderes públicos, impõe--se suscitar a seguinte interrogação: qual é o órgão democraticamente legitimado que coloca essas pessoas concretas na situação legal que as habilita a exercer poderes públicos?

Ao contrário do que se verifica, por ex., na Alemanha, no direito português, em todos os casos acima referidos, o exercício de poderes públicos pelas pessoas indicadas não depende da intervenção de um órgão público que *concretize, reconheça, acredite* ou *nomeie* as *pessoas concretas* que, por pertencerem ao círculo subjectivo definido na lei, ficam autorizadas a exercer poderes públicos[254]. Quer dizer, os portageiros, so comandantes de navios ou os assistentes de recinto desportivo não são designados para o exercício de funções públicas por um órgão democraticamente legitimado, mas por um *acto de direito privado*, da autoria das respectivas entidades patronais. Na nossa interpretação, o requisito da legitimação democrática pessoal não se encontra satisfeito em casos como esses: designadamente, parece-nos de recusar – aqui por maioria de razão – a "ficção" da designada *legitimação pessoal colectiva*[255].

---

[254] No direito alemão, sublinhado a exigência de um acto da Administração a identificar as pessoas concretas que se integram no círculo de pessoas abstractamente definido na lei, cfr. BANSCH, Ob. cit., p. 150; STEINER, "Der beliehene", cit., p. 74.

Vem a propósito recordar que, no parecer n.º 187/81 – sobre a atribuição de funções de autoridade aos portageiros das empresas concessionárias de auto-estradas –, a PGR concluiu não suscitar reparos de natureza jurídica a disposição de um projecto de decreto-lei que "visando disciplinar o não pagamento de portagem nas auto-estradas, equipara os portageiros da empresa concessionária, *quando ajuramentados*, a agentes de autoridade". No texto do parecer, sublinhava-se que "o exercício de poderes de autoridade pelos portageiros da empresas concessionária fica dependente da prestação de juramento". Ora, a *ajuramentação* pode justamente constituir um procedimento de acreditação e de legitimação pessoal para o exercício de funções e poderes públicos por entidades particulares.

[255] Referimo-nos à tese de KLUTH, *Funktionale Selbstverwaltung*, cit., p. 376 e ss (seguida por UNRUH, "Demokratie", cit., p. 551 e ss). Neste caso, não é de modo algum viável falar de uma legitimação colectiva das categorias de pessoas que a lei indica (*v.g.*, portageiros), visto que a opção legal se traduz em atribuir funções e poderes públicos a

De modo idêntico, também parece faltar a legitimação pessoal nos casos de atribuição do exercício de poderes públicos a uma pessoa colectiva de direito privado. Embora estejam identificados os dirigentes da entidade no momento da outorga dos poderes públicos, não há garantia de que eles se mantenham nessa função durante todo o tempo da delegação. Por esta razão, entende Winfried Kluth que a delegação de poderes públicos em entidades colectivas padece de inconstitucionalidade, violando o princípio democrático, na parte em que este exige uma legitimação *individualizada* das pessoas que exercem poderes públicos[256].

Na nossa interpretação, o facto de, nas hipóteses consideradas, se entender que falta a legitimação pessoal da entidade particular para o exercício de poderes públicos não tem de conduzir a um veredicto de inconstitucionalidade da delegação (por inobservância de uma condição constitucional imposta pelo princípio democrático)[257]. Com efeito, resultando a legitimidade democrática de um composto de elementos pessoais e materiais, e não impondo a CRP, de forma expressa, a legitimação por um acto individualizado, parece dever entender-se que o respeito pelo princípio democrático não reclama mais do que a garantia de um certo *nível de legitimação*, o qual pode, em determinados casos, estar preenchido apenas por componentes pessoais ou, o que é mais comum, pelos componentes materiais da legitimação democrática. Referindo-se em geral a uma eventualidade de substituição recíproca destes componentes, Horst Dreier alude exactamente à delegação em entidades particulares: quando uma *Beleihung* legal não seja seguida de um acto concreto de determinação do delegatário, pode, ainda assim, obter-se um *nível acei-*

---

pessoas que só aparentemente estão determinadas por um factor objectivo (exercício de uma profissão); na verdade, mais do que o exercício de uma profissão, assume carácter decisivo o acto da entidade patronal que coloca trabalhadores seus a exercer certas funções. Há aqui um "momento de escolha" que escapa ao legislador e que, portanto, nenhum órgão com legitimidade democrática está em condições de controlar. Em geral, para a crítica da doutrina da legitimidade pessoal colectiva, cfr., *supra*, Parte II, Cap. I, 1.2.1.1.

[256] Cfr. KLUTH, *Verfassungsfragen*, cit., p. 45 e ss. Em sentido oposto, considerando que o princípio democrático não reclama uma legitimação individual, cfr. BENZ, Ob. cit., p. 144 e ss.

[257] Contra, defendendo que a delegação em particulares atenta, em todos os casos, contra o princípio democrático, visto os particulares não poderem ser considerados órgãos legitimados para o exercício de poderes públicos, cfr. SCHACHTSCHNEIDER, *Der Anspruch*, cit., pp. 252 e 195 e ss.

tável de legitimação exclusivamente baseado no componente material ou objectivo da legitimação democrática, por via da subordinação do delegatário a fiscalização por órgãos democráticos[258].

Sem reconhecer a possibilidade de *compensar* a falta de legitimação pessoal pela fiscalização pública[259] e chamando a atenção para o carácter marcadamente anómalo e inconveniente do exercício de poderes públicos por particulares não legitimados pessoalmente, podemos admitir que a sujeição do particular a fiscalização pública pode garantir um grau suficiente de legitimação democrática.

1.4.3. *Vinculação do particular com poderes públicos por um regime que assegure a prossecução do interesse público, no respeito pelos direitos dos cidadãos*

Uma terceira condição ou pressuposto da regularidade constitucional da operação de delegação de poderes públicos em entidades particulares refere-se à exigência de vinculação destas entidades por um regime jurídico que garanta a prossecução do interesse público e o respeito pelos direitos dos cidadãos. Uma tal exigência projecta-se em dois planos: por um lado, ao nível das relações internas, entre a entidade particular delegatária e a entidade delegante, e, por outro, na esfera das relações externas, no contexto do próprio exercício de poderes públicos em face dos cidadãos.

a) Relações internas: fiscalização pública

A submissão da entidade particular com funções e poderes públicos a uma *fiscalização efectiva* realizada por instâncias públicas aparece, em geral, como um *pressuposto* ou *condição essencial* da viabilidade constitucional da delegação[260].

A fiscalização pública constitui, desde logo, uma peça fundamental no processo de legitimação democrática da entidade particular para o

---

[258] Cfr. DREIER, in *Grundgesetz*, II, cit., pp. 66[282] e 70.

[259] Rejeitando expressamente qualquer possibilidade de compensação nesta matéria, cfr. KLUTH, *Verfassungsfragen*, cit., p. 47.

[260] Em geral, sobre a importância da fiscalização na estruturação de um regime jurídico constitucionalmente viável para a delegação de poderes públicos em particulares, cfr. BANSCH, Ob. cit., p. 150 e ss; HEINTZEN, Ob. cit., p. 242; SEIDEL, Ob. cit., p. 53.

exercício de poderes públicos[261]; por outro lado, revela-se essencial para
minorar os riscos, *inerentes à delegação*, de desvio da realização do
interesse público e de privatização material de poderes públicos; além
disso, assume-se como um factor determinante para a unidade da Administração, bem como para a erradicação do risco da criação de um *poten-*
cial de poder que, incontrolado, poderia conduzir à anarquia e à feudalização do sistema administrativo[262]. Por todos estes motivos, E. R. Huber
sublinhava que a delegação de funções e poderes públicos em particulares desacompanhada do controlo ou da fiscalização por instâncias demo-
cráticas degenerava numa solução incompatível com a "estrutura constitucional de um Estado de direito democrático"; embora não prevista
expressamente no texto da Lei Fundamental, a fiscalização decorreria de
um princípio constitucional não escrito[263]. A doutrina actual continua a
insistir neste ponto, observando que os termos *delegação* e *fiscalização*
formam um par inseparável[264] e que as competências públicas de fiscalização não têm sequer de estar expressamente previstas em lei, pois que
resultam automática e directamente quer da própria possibilidade legal
de delegar, quer do facto de a entidade particular surgir, no exercício de
funções e poderes públicos, como um elemento da Administração[265].

Como é, em geral, anotado, a delegação de poderes públicos não
equivale à renúncia, alienação ou privatização material da autoridade
pública[266], mas apenas a um processo de *mediatização*[267] ou de transfe-

---

[261] Cfr. BURGI, "Der Beliehene", cit., p. 592; DI FABIO, "Verwaltung", cit., p. 265
Como vimos acima, a fiscalização pública constitui, em certos casos, o único
elemento do componente material da legitimidade democrática presente no fenómeno da
delegação.

[262] Quanto a este aspecto, a doutrina destaca a fiscalização como um dos aspectos
centrais para rejeitar a crítica dos que associam a delegação ao risco da feudalização do
sistema administrativo; nesta linha, cfr. BANSCH, Ob. cit., p. 92; STEINER, *Öffentliche*,
cit., p. 264.

[263] Cfr. HUBER, *Wirtschaftsverwaltungsrecht*, cit., pp. 544-5.

[264] Cfr. BENZ, Ob. cit., p. 153.

[265] Cfr. STEINER, "Fragen", cit., p. 615; STUIBLE-TREDER, Ob. cit., pp. 105-6.
Contra esta concepção, cfr., na doutrina menos recente, BROHM, *Strukturen*, cit., p. 220
(onde o Autor defende que do exercício de competências públicas não resulta *ipso iure* a
sujeição a fiscalização e orientação públicas).

[266] Cfr. GUSY, "Rechtsgüterschutz", cit., p. 583.

[267] O conceito de *mediatização* surge aplicado ao sistema de execução de tarefas
públicas por particulares em GALLWAS, Ob. cit., p. 216 e ss; no mesmo sentido, cfr.
PILLER, Ob. cit., p. 38 e ss.

rência (reversível) do exercício de competências que continuam a pertencer ao Estado ou à entidade pública delegante. Significa isto que, para todos os efeitos, o Estado ou a entidade delegante continuam a assumir a responsabilidade pública pelo exercício dos poderes públicos delegados: a entidade particular emerge, neste domínio, por força de uma decisão organizativa de uma entidade pública, pelo que esta assume necessariamente a designada "responsabilidade última" pelas consequências das opções organizativas que adopta[268]. Daí decorre a exigência de a entidade delegante assumir uma "posição de garante" como instrumento de concretização do princípio democrático e de protecção do interesse público[269].

A fiscalização pública surge, neste contexto, como um meio – por vezes único – de legitimar democraticamente o exercício de poderes públicos de autoridade por entidades particulares; além disso, representa um instrumento fundamental no âmbito da responsabilidade, que pertence à entidade delegante, de *garantir* a prossecução do interesse público[270].

As considerações anteriores levam-nos a concluir que a sujeição da entidade particular investida de poderes públicos a fiscalização pública constitui um *dado inerente* ao processo de delegação, que, por isso mesmo, dispensa uma autorização legal expressa para o efeito.

A referência a uma exigência de fiscalização pública da entidade particular constitui uma fundamental posição de princípio que não elucida

---

[268] Cfr. SEIDEL, Ob. cit., p. 47.

[269] A fórmula *posição de garante* para indicar a responsabilidade (de garantia) a assumir pelas entidades públicas que confiam a particulares a execução de missões públicas aparece pela primeira vez em GALLWAS, Ob. cit., p. 229 e ss; desde então, entrou na literatura jurídica alemã, tendo vindo, mais recentemente, a ser utilizada também para indicar a posição que o Estado deve assumir na sequência do processo de privatização material; sobre o conceito de responsabilidade pública de garantia neste domínio, cfr., *supra*, Parte I, Cap. I. Utilizando a fórmula *posição de garante* articulada com a delegação em particulares e outras formas de privatização no domínio da execução de tarefas públicas, cfr. PILLER, Ob. cit., p. 157 e ss; SEIDEL, Ob. cit., p. 39 e ss.

[270] Cfr. SEIDEL, Ob. cit., p. 47 e ss, chamando, designadamente a atenção para o facto de a fiscalização pública se revelar um instrumento insusceptível de compensação por outros meios, designadamente pela sujeição do exercício de poderes pela entidade particular a controlo jurisdicional. Na verdade, a fiscalização pública postula o acompanhamento da acção pública da entidade particular, cumprindo ainda um objectivo de natureza preventiva e cautelar, ao pretender prevenir os abusos, os desvios e a perda do sentido da publicidade dos poderes exercidos. É neste sentido que a fiscalização pública se encontra ao serviço da prossecução do interesse público.

sobre o *âmbito* ou *extensão* que pode abranger. Neste campo, deve, em primeiro lugar, esclarecer-se que a sujeição do particular a uma fiscalização específica relacionada com a delegação só se estende às áreas correspondentes ao exercício de funções e poderes públicos. A fiscalização é exigida para evitar o risco da "privatização do poder público", mas não pode, naturalmente, transformar-se num instrumento de "publicização da esfera privada" do particular[271]; pelo facto de exercer funções e poderes públicos, a entidade particular não se converte numa instância pública[272]: a fiscalização tem, por isso, de respeitar a privaticidade da entidade particular, a qual não se extingue pelo facto de esta exercer funções e poderes públicos. Concretamente quanto ao âmbito, a questão reside em saber se apenas se exige a fiscalização da *legalidade* ou – nos casos em que faça sentido – ainda a fiscalização do *mérito* da acção de autoridade da entidade particular[273]. Por fim, repare-se que a exigência de sujeição a fiscalização vale, de forma idêntica, para *todas as entidades privadas* com poderes públicos. Não lhe ficam, pois, imunes as associações: o disposto no artigo 46.º/2 da CRP – "as associações prosseguem livremente os seus fins, sem interferência das autoridades públicas" – só se aplica às actividades próprias das associações, e não às funções e competências públicas que nelas se encontram delegadas. Se uma associação aceita exercer competências públicas por acordo com a Administração, é indiscutível a possibilidade de fiscalização sobre a actividade atinente a tais competências[274].

Todas as observações feitas em volta do tema da fiscalização pública das entidades particulares com poderes públicos ignoraram, propositadamente, o disposto no artigo 267.º/6 da CRP, o qual estabelece que "*as entidades privadas que exerçam poderes públicos podem ser sujeitas, nos termos da lei, a fiscalização administrativa*".

É agora o momento certo para levantar dúvidas e perplexidades sobre o sentido e o alcance dessa disposição constitucional.

O teor do artigo 267.º/6 da CRP é diferente da que constava do Projecto de Revisão Constitucional n.º 3/VII, apresentado pelo Partido Socialista, que propunha a seguinte redacção: "*a lei determina as formas*

---

[271] Neste sentido, cfr. BANSCH, Ob. cit., p. 157.
[272] Cfr. FREEMAN, "Extending", cit., p.1339 e ss.
[273] Sobre isso, cfr., *infra*, Cap. II.
[274] Cfr. Vital MOREIRA, *Administração Autónoma*, cit., p. 563.

de fiscalização administrativa sobre as entidades que exerçam poderes de autoridade, sejam concessionárias de serviços públicos ou de bens do domínio público, ou que exerçam funções de especial interesse público".

No Relatório da Primeira Leitura da Revisão Constitucional, a redacção já era outra: *"as entidades que exerçam actividades de interesse público podem ser sujeitas, nos termos da lei, a fiscalização administrativa".*

Por fim, no Acordo Político de Revisão da Constituição da República, celebrado entre o Partido Socialista e o Partido Social Democrata, entendeu-se que a CRP deveria esclarecer *"que quaisquer entidades que exerçam poderes públicos estão sujeitas a fiscalização administrativa".* Como pode verificar-se, também essa fórmula não ficou positivada no texto da Lei Constitucional.

Comparando-a com as três formulações que estiveram na sua génese, podemos afirmar que a versão acolhida na CRP é, claramente, de todos os pontos de vista, a menos feliz.

A pretensão do legislador constitucional residia claramente em submeter (ou em autorizar o legislador a submeter) certas categorias de entidades privadas a fiscalização administrativa: a fórmula "fiscalização administrativa" constitui elemento comum aos quatro enunciados.

Na proposta do Partido Socialista, a Constituição deveria "incumbir" – mais do que autorizar – o legislador da tarefa de *determinar as formas de fiscalização administrativa sobre: a) as entidades que exerçam poderes de autoridade, b) que sejam concessionárias (de serviços públicos ou de bens do domínio público), ou c) que exerçam funções de especial interesse público.*

No Relatório da Primeira Leitura da Revisão Constitucional, o enunciado proposto sofria uma alteração: a norma constitucional passava a "autorizar" o legislador a submeter a fiscalização administrativa as *entidades que exerçam actividades de interesse público.*

No Acordo Político de Revisão, ficava definido que seria a própria CRP, não já apenas a *incumbir* ou a *autorizar* o legislador, mas a *estabelecer directamente* o princípio da sujeição das *entidades que exerçam poderes públicos* a fiscalização administrativa.

Os três enunciados apresentam variações, por um lado, quanto à identificação das entidades abrangidas e, por outro, quanto à estrutura da norma constitucional (autorização ao legislador, atribuição de incumbência ao legislador, determinação directa).

As múltiplas versões que estiveram na génese do artigo 267.º/6 conduzem-nos a concluir que os protagonistas da revisão constitucional de 1997 pretenderam que a CRP estabelecesse algo sobre a sujeição de *certas* entidades privadas a fiscalização administrativa, figurando-se possível detectar duas orientações: para uma, tratar-se-ia de uma disposição a *permitir* ou a *assegurar a constitucionalidade* da fiscalização administrativa sobre as entidades com *funções ou actividades (privadas) de interesse público*[275]; para outra, visava-se determinar ao nível constitucional que as *entidades privadas com poderes públicos teriam de ficar sujeitas* a fiscalização administrativa (neste sentido inclinava-se o Acordo Político de Revisão).

Em qualquer caso, é evidente que nenhum dos três enunciados apontava para a solução que veio a ficar consagrada. Com efeito, o artigo 267.º/6 da CRP apresenta-se como uma *norma de autorização ao legislador*, que aparece formulada com o objectivo primordial de assegurar a constitucionalidade da (eventual) lei que submeta as entidades privadas com poderes públicos a fiscalização administrativa. O teor literal da norma não deixa dúvidas; nele não se estabelece – como deveria estabelecer-se – que as entidades privadas com poderes públicos (funções públicas[276]) *estão sujeitas* a fiscalização administrativa, dizendo-se apenas que "*podem ser sujeitas, nos termos da lei*". A fórmula consagrada procurou, assim, resolver uma *questão constitucional*, admitindo uma *possibilidade* que, em algumas interpretações, se assumia controversa: a sujeição de certas entidades particulares, designadamente de natureza associativa, à fiscalização pública[277].

Tendo em consideração o modo como a questão da fiscalização administrativa das entidades com funções e poderes públicos tem sido posta no direito estrangeiro e teria de ser colocada em face do direito constitucional português, diremos que a CRP acabou por resolver um problema que, em rigor, não existia. De facto, a submissão a fiscalização administrativa das entidades privadas com poderes públicos, impondo-se

[275] Era, neste contexto, uma situação paralela à que acabou por ficar estabelecida no artigo 86.º/1 da CRP, sobre a incumbência do Estado de fiscalizar o cumprimento das obrigações legais por parte das empresas privadas, em especial por parte daquelas que prossigam actividades de interesse económico geral.

[276] Cfr., *supra*, 1.2.

[277] Sobre esta questão constitucional, cfr. J.M. MEIRIM, *A Federação Desportiva*, cit., p. 407.

pelo mero bom senso, aparece, em toda a parte, como um *pressuposto* ou *condição* da constitucionalidade da delegação: neste sentido, seria de esperar que, a dizer algo sobre o assunto, a CRP se limitasse a *impor* a sujeição das entidades privadas com poderes públicos a fiscalização. Em vez disso, a CRP veio a autorizar o legislador a estabelecer a fiscalização administrativa. Ao tentar resolver um problema aparente, acabou por criar um problema real. Com efeito, a letra da norma em apreciação sugere que as entidades privadas com poderes públicos (funções públicas) só ficam sujeitas a fiscalização administrativa se para tal existir um fundamento legal. A possibilidade de fiscalização deixa de se revelar inerente à própria delegação (como aconteceria claramente se o artigo 267.º/6 não existisse[278]). Trata-se, na nossa interpretação, de uma consequência absurda, que resulta de uma incursão menos feliz do legislador constitucional no mundo das entidades privadas com funções públicas e que adultera o sentido da fiscalização pública a que tais entidades devem ficar sujeitas: neste caso, a fiscalização não representa, na verdade, uma medida agressiva para a *esfera jurídica privada* (que deva ser autorizada constitucionalmente), pois que a exigência que ela cumpre se resolve na fiscalização do exercício da *função pública* e dos *poderes públicos*.

Tendo em consideração o disposto no artigo 267.º/6, espera-se que o legislador "não se esqueça" de atribuir a instâncias administrativas públicas competências de fiscalização sobre as entidades particulares com funções e poderes públicos. E, recorde-se, uma tal exigência vale para todas as categorias de entidades particulares, quer se trate de pessoas singulares, de sociedades comerciais ou de associações de interessados. De resto, neste último caso, a exigência de uma fiscalização atenta e empenhada deve ficar particularmente nítida, evitando-se, desse modo, os riscos de ilusão (pelas instâncias públicas) de uma autonomia das entidades particulares (que não existe) e do consequente abrandamento ou contenção da fiscalização. Ora, para além de o Estado não poder esquecer que as associações com funções públicas não representam todos os interessados, é de toda a conveniência que se lembre de que os poderes públicos exercidos por aquelas associações são dele, pertencem-lhe.

Esperando-se que o legislador não se esqueça de prever a fiscalização, defendemos, ainda assim e apesar do artigo 267.º/6 da CRP, que

---

[278] Se a pretensão constitucional era a de "garantir" a viabilidade da fiscalização, conclui-se que o resultado, porventura inesperado e de qualquer modo inaceitável, se traduziu em excluir a fiscalização quando não prevista em lei.

o poder administrativo de fiscalização da acção das entidades privadas com poderes públicos subsiste – embora só em certa medida – como um *poder implícito* da entidade pública delegante[279].

    b) Relações externas: vinculação pelas disposições constitucionais dirigidas à Administração Pública

Por fim, cumpre observar que a entidade particular investida de poderes públicos fica colocada na posição de elemento ou membro da Administração Pública, razão pela qual, no plano das relações que estabelece com terceiros no exercício de poderes públicos, está abrangida pelas disposições constitucionais que se aplicam às entidades com funções públicas, que regulam a execução da função administrativa, ou que, em concreto, se aplicam no caso do exercício de poderes públicos de autoridade[280].

2. Delegação em entidades administrativas privadas

    Analisando agora a delegação de poderes públicos de autoridade em entidades em forma privada pertencentes ao sector público, a primeira observação que deve fazer-se refere-se ao facto de, neste caso, não estarem, necessariamente, envolvidas excepções à regra segundo a qual o exercício de poderes públicos deve encontrar-se confiado a entidades exclusivamente dedicadas à prossecução do interesse público. Com efeito, as entidades administrativas privadas são exactamente instituídas para o desempenho de missões de interesse público. Como explicámos, ao contrário do que acontece na Alemanha com a *GG*, a CRP não articula a *garantia da função pública* com um *reserva de função pública*, pelo que não se revela possível extrair do texto constitucional uma regra segundo a qual o exercício de (certas) funções públicas ou de poderes públicos de autoridade deve ficar confiado a funcionários públicos[281]. Por outro lado,

---

[279] Sobre isso, cfr., *infra*, Cap. II.

[280] Para mais desenvolvimentos sobre esta matéria, cfr., *infra*, Cap. II.

[281] Na Alemanha, pelo facto de o artigo 33, IV, da *GG*, fixar uma reserva de função pública em benefício dos funcionários públicos, a delegação de poderes públicos em entidades administrativas privadas representa uma excepção a essa reserva nos mesmos termos que a delegação em entidades particulares. Mas isso não significa que o impacto jurídico da delegação de poderes públicos se apresente nos mesmos termos nos dois

apesar do acolhimento constitucional do conceito de entidades públicas (em contraposição a entidades privadas), também não se apresenta viável ver aí consagrada a regra de que o exercício de poderes públicos deve ser confiado a entidades públicas. Por fim, e com respeito pela tese que vem sendo defendida por Paulo Otero, não nos parece que a *reserva consti-tucional de direito administrativo* represente "uma verdadeira garantia institucional a favor da forma jurídico-pública das entidades colectivas integrantes da Administração"[282]: na nossa interpretação, a reserva de direito administrativo não existe como garantia ou reserva constitucio-nal, mesmo implícita[283]. Mas, ainda que uma tal reserva se encontrasse implicitamente consagrada na CRP, não vemos como seria possível, a partir dela, deduzir a impossibilidade de emprego de formas jurídico--privadas no âmbito dessa reserva. Na verdade, a existir, a reserva de direito administrativo haveria de se encarar como imposição constitu-cional de um *regime jurídico* para uma certa actividade, independen-temente de quem a executa. Neste sentido, a exigência traduzir-se-ia apenas na sujeição ao direito administrativo das entidades, públicas ou privadas, investidas de funções incluídas no âmbito da reserva.

As considerações anteriores não devem, todavia, conduzir-nos à conclusão de que o legislador dispõe de uma liberdade de conformação nesta matéria, podendo livremente confiar poderes de autoridade a enti-dades administrativas privadas.

Com efeito, em geral, a criação de entidades em forma privada para a execução de funções públicas apresenta-se como uma operação jurídica coerente – e até preferencial – quando se trata de entidades dedicadas ao exercício de actividades públicas que se acomodem aos *princípios da gestão privada* (por ex., serviços públicos económicos e, de um modo geral, actividades de intervenção económica pública)[284]. A forma jurídica

---

casos: como observam WOLFF/BACHOF/STOBER, Ob. cit., 3, p. 581, as entidades que integram a administração em forma privada não se encontram na situação de conflito de intereses típica das entidades particulares com funções públicas.

[282] Cfr. Paulo OTERO, *Vinculação e Liberdade*, cit., pp. 239 e 281 e ss.

[283] Sobre a inexistência de uma *reserva constitucional do direito administrativo*, cfr., *infra*, Cap. II.

[284] Referindo-se neste contexto a uma preferência pelas formas jurídico-privadas de organização: cfr. Paulo OTERO, *Vinculação e Liberdade*, cit., p. 235 e ss; LAGUNA DE PAZ, Ob. cit., p. 224 e ss; RIVERO ORTEGA, Ob. cit., p. 133 e ss; TRONCOSO REIGADA, Ob. cit., p. 147 e ss.

privada apresenta-se, nesse cenário, adequada e congruente com a natureza da missão pública, bem como com o regime jurídico aplicável à actuação *ad extra* da entidade. Já a criação de uma entidade privada para executar missões típicas de autoridade redunda em *solução irracional*, que não produz qualquer vantagem em termos do regime jurídico aplicável às relações com terceiros e que, de forma desadequada e arbitrária[285], introduz um elemento privado num contexto hostil a qualquer lógica ou fenómeno de privatização[286]. Recordando uma ideia já aflorada[287], diremos que as entidades apenas formalmente privadas apresentam um grau de autonomia dentro da Administração Pública que, revelando-se eventualmente útil para credibilizar a intervenção pública no mercado, de forma alguma se mostra compatível com o exercício da autoridade pública a título principal ou sistemático. No direito português, a criação das empresas de administração de portos é um bom exemplo de como o legislador se deixa, por vezes, orientar por uma política de privatização formal totalmente incongruente, sem qualquer justificação e sem utilidade visível, pois que, tratando-se de entidades que se dedicam à execução de funções essencialmente autoritárias (de regulação e de gestão dominial), a sua actividade ficará, por isso, genericamente sujeita ao direito administrativo[288]. O emprego do formato privado traduz, em casos como esse, ou o puro desconhecimento do significado e do âmbito da sujeição da Administração Pública ao direito administrativo, ou a tentativa, a qualquer custo, de introduzir uma lógica de gestão privada em organismos que pouco mais fazem do que gestão pública.

O recurso às formas organizativas de direito privado aparenta-se descabido quando se trata de entidades com funções públicas em que os traços de autoridade são predominantes; nessas hipótese, é adequado

---

[285] Referindo-se, neste contexto, a uma proibição do arbítrio, cfr. EHLERS, *Verwaltung in Privatrechtsform*, cit., p. 110.

[286] Essa constitui a razão por que, em Espanha, a LOFAGE, estabelece que as sociedades comerciais estaduais "em nenhum caso poderão dispor de faculdades que impliquem o exercício da autoridade pública"; cfr. MARTINEZ LOPEZ-MUÑIZ, "Sociedades", cit., p. 57 e ss; BERNARD-FRANK MACERA, "La sujeción", cit., p. 423 e ss.

[287] Como explicámos, a privatização orgânica formal é apenas formal, mas é mesmo privatização; cfr., *supra*, Parte I, Cap. III, 2.3.2.

[288] A privatização formal resulta ainda mais incompreensível pelo facto de ocorrer no mesmo momento em que se optava por colocar as administrações de portos na posição de instâncias de regulação, destituindo-as das funções empresariais que antes – quando eram institutos públicos – exerciam.

falar-se de uma "tendência ilegítima de privatização"[289], vetada pela regra geral da *proibição do arbítrio*[290]. O exercício a título exclusivo ou principal de funções públicas de cariz autoritário por entidades formalmente privadas condensa uma solução contrária a toda a lógica de privatização formal e representa, na nossa interpretação, um *abuso ou uma perversão das formas organizativas do direito privado*[291].

O facto de as entidades administrativas privadas só deverem dedicar-se a actividades que, em geral, se acomodem aos princípios da gestão privada não exclui, todavia, que, em *certos termos e numa medida limitada*, as mesmas não possam aparecer investidas de poderes públicos de autoridade[292]. De facto parece ser de aceitar esta possibilidade em relação a actividades que, não desconhecendo momentos de autoridade, revestem um carácter essencial ou predominantemente técnico (*v.g.*, tarefas de certificação técnica ou de gestão de um sistema de qualidade). Além disso, também não parece haver obstáculo de princípio à viabilidade da delegação de *limitados* e *enumerados* poderes de autoridade pública. Desde que a participação no exercício de funções de autoridade

---

[289] Neste sentido, cfr., num contexto mais ou menos próximo, BERNARD-FRANK MACERA, "La sujeción", cit., p. 423.

[290] O figurino do direito privado mostra-se totalmente inadequado para o exercício de funções de autoridade; cfr. Fernando Alves CORREIA, "Formas Jurídicas", cit., p. 73; no mesmo sentido, cfr. Paulo OTERO, *Vinculação e Liberdade*, cit., p. 240, afirmando que o objecto social de uma entidade privada que constitua uma actividade que envolve o exercício normal de poderes de autoridade ou de uma actividade típica e nuclear da função administrativa deve considerar-se contrário à ordem pública.

[291] Cfr. NEGRIN, *L'intervention*, cit., p. 17, considerando que a atribuição de poderes públicos a entidades formalmente privadas parece ir contra a própria razão de ser destas. No mesmo sentido, cfr. MARTINEZ LOPEZ-MUÑIZ, "Sociedades", p. 64 e ss, considerando contraditória e perturbadora a opção pública de criar uma empresa de direito privado que, no núcleo essencial da sua actividade, fica sujeita ao direito público administrativo.

[292] Em sentido contrário, além de uma parte significativa da doutrina espanhola, cfr., no direito alemão, PEINE, "Grenzen", cit., p. 362, considerando ilegítimo confiar a entidades em forma privada o exercício de competências públicas de autoridade. Apesar de invocar o nome de Udo Steiner, a posição assumida por este Autor não exclui a possibilidade de as entidades administrativas privadas aparecerem investidas de poderes de autoridade; de facto, STEINER, *Öffentliche*, cit., p. 206 e ss, limita-se a insistir no facto de a *Beleihung* e o fenómeno da administração concessionada não dever integrar as entidades administrativas em forma privada. Admitindo, como possibilidade excepcional, a delegação de poderes públicos nestas entidades, cfr. WOLFF/BACHOF/STOBER, Ob. cit., 3, p. 556; EHLERS, *Verwaltung in Privatrechtsform*, cit., p. 111.

pública não se perfile como a regra de actuação da entidade, mas se contenha como excepção (adequada em face da missão principal), podemos aceitar que não existe um abuso das formas de direito privado, pelo que se não deverá qualificar a delegação como decisão arbitrária. Diga-se, a propósito, que, em relação às empresas públicas (do sector empresarial do Estado), o artigo 14.º/2 da LSEE consagra a solução correcta, ao estabelecer que os "poderes especiais serão atribuídos (...) em *situações excepcionais* e na *medida do estritamente necessário* à prossecução do interesse público". Neste caso, o respeito pelo princípio da excepcionalidade está – e bem – consagrado de forma muito nítida.

Por fim, cumpre observar que a delegação de poderes de autoridade em entidades administrativas privadas tem de respeitar as condições constitucionais acima analisadas, relacionadas com o *princípio da legalidade*[293] e, naturalmente, com a *vinculação da entidade por um regime que assegure a prossecução do interesse público*[294].

---

[293] No mesmo sentido, cfr. EHLERS, *ibidem*, p. 112; STEINER, "Fragen", cit., p. 612.
[294] Quanto a este aspecto, cfr., *supra*, Parte I, Cap. III, 2.3.2.

CAPÍTULO II

Regimes jurídicos da delegação e do exercício
de poderes públicos de autoridade por entidades privadas

Neste último capítulo da investigação ocupamo-nos dos regimes jurídicos da delegação e do exercício privado de poderes públicos, procurando identificar as disciplinas que regulam o acto e o processo de delegação, bem como as que se dirigem à actuação das entidades privadas especificamente consubstanciada na actuação de poderes públicos de autoridade.

1. Regime jurídico da delegação de poderes públicos de autoridade em entidades privadas

A exposição subsequente reparte-se por dois itens: o *acto de delegação* e a *relação jurídica de delegação*. Antes de passarmos à exposição desses dois eixos para a compreensão do regime jurídico da delegação de poderes públicos de autoridade em entidades privadas, cumpre recordar que, na presente investigação, o conceito de *delegação* representa fundamentalmente um operador destinado a identificar o fenómeno jurídico que consiste na transferência do exercício de poderes públicos para entidades privadas[295]. A chamada de atenção para o facto de o termo delegação aparecer com o objectivo de viabilizar a exposição de um discurso sobre uma determinada realidade jurídica, deve ser agora intensificada, para esclarecer que não se pretende sequer sugerir a identidade do fenómeno da delegação de que aqui tratamos com a *delegação de poderes* a que se refere o artigo 35.º e ss do CPA, a qual constitui uma figura clássica do direito administrativo organizativo[296].

---

[295] Cfr., *supra*, Parte II, Cap. II, 2.1.

[296] Sobre a delegação de poderes no direito português, cfr. Rogério Ehrhardt SOARES, *Direito Administrativo*, (1978), cit., p. 251 e ss; Diogo Freitas do AMARAL, *Curso*, I, cit.,

Com efeito, como explicámos, a delegação de poderes públicos de autoridade em entidades privadas representa uma "figura autónoma" e não uma mera "delegação especial" em face da delegação prevista no CPA.

As diferenças entre as duas figuras não podiam surgir com maior evidência. Senão vejamos:

i) A delegação prevista e regulada no CPA refere-se a uma relação entre órgãos administrativos (ou entre órgãos e agentes), a qual se processa, portanto, no âmbito das relações administrativas inter-orgânicas. Diferentemente, a delegação de poderes públicos em entidades privadas pressupõe uma relação jurídica entre entidades (delegação intersubjectiva), detendo a entidade delegatária personalidade jurídica privada.

ii) A delegação do CPA transfere o exercício da competência para a prática de actos administrativos (e das competências conexas quer no âmbito da preparação, quer no da execução de actos administrativos). A delegação em entidades particulares abrange, pelo contrário, todas as espécies de poderes públicos (poderes regulamentares; poderes de celebração de contratos administrativos; poderes para a prática de actos materiais).

iii) A delegação do CPA assume-se, em todos os casos, como uma providência de natureza administrativa, resultando de uma desconcentração do poder decisório promovida pelos órgãos administrativos competentes. Esta delegação tem sempre subjacente uma lei que investe uma competência determinada num órgão administrativo: num momento lógico posterior, a lei (a mesma ou outra) habilita esse órgão a transferir para outro o exercício da sua competência (o órgão delegado exerce uma competência alheia, pertencente ao órgão delegante). Em termos diferentes, a delegação de poderes públicos em entidades privadas pode, desde logo, resultar directamente da lei, sem qualquer intervenção de um órgão administrativo. Além disso, mesmo nos casos em que se exige a intervenção de um órgão administrativo, este nem sempre é necessariamente competente para exercer os poderes delegados na entidade privada: enquanto delegação intersubjectiva, a delegação em entidades privadas pressupõe que estas exercem *poderes alheios*, que pertencem a uma entidade pública (delegante) e não a um órgão administrativo.

p. 661 e ss; Marcelo Rebelo de SOUSA, *Lições*, cit., p. 193 e ss; Paulo OTERO, *A Competência Delegada*, cit., p. 17 e ss; Esteves de OLIVEIRA/Pedro GONÇALVES/Pacheco de AMORIM, Ob. cit., p. 210 e ss.

iv) Por fim, a delegação do CPA opera apenas ao nível da transferência do exercício de uma competência administrativa para o delegado, que, *em regra*, é já um órgão administrativo, com competências públicas, independentemente da delegação[297]. O mesmo não se verifica na delegação em entidades privadas, pois que, para estas, a delegação de poderes públicos representa, mais do que uma transferência de exercício de poderes públicos, a atribuição de uma capacidade jurídica de direito público: fora da delegação, as entidades privadas actuam de acordo com a sua capacidade de direito privado.

Consideradas as profundas e evidentes diferenças entre as figuras, pode dizer-se que de comum entre elas existe apenas a ideia de *transferência do exercício* de poderes ou competências de direito público[298]. O conceito de delegação avulta neste trabalho para representar este movimento translativo, assinalando o carácter *derivado* dos poderes públicos exercidos por entidades privadas. Neste contexto, a situação das entidades particulares não assume lineamentos diversos da das entidades administrativas privadas. Por outro lado, é também indiferente que se trate de uma delegação legal ou administrativa.

Numa outra vertente, o termo delegação sugere outro tópico fundamental, relacionado com o carácter *precário* da transferência de poderes. Na verdade, estando envolvidos poderes públicos, pertencentes ao Estado ou a uma entidade pública, a precariedade da transferência do exercício constitui uma nota decisiva.

---

[297] Note-se, contudo, que, nos termos do artigo 35.º do CPA, a delegação pode ser feita num *agente*. Neste caso, o delegado assume-se como um verdadeiro órgão administrativo apenas no âmbito da delegação.

[298] Referindo-se à *Beleihung*, a doutrina alemã é muito clara a esclarecer que apenas se transfere para a entidade privada o exercício de competências públicas. A *titularidade* ou, como dizem alguns, a *substância* dos poderes públicos mantém-se na esfera da entidade pública delegante; cfr. STEINER, *Öffentliche*, cit., p. 225 (afirmando que a entidade privada delegatária entra apenas na "posse do exercício de uma competência pública"); MENNACHER, Ob. cit., p. 70. Neste domínio, cumpre ainda referir a destrinça efectuada por TERRAHE, Ob. cit., p. 37 e ss, entre *competência* ("Zuständigkeit") e *competência de exercício* ("Wahrnehmungszuständigkeit"), para assinalar que esta se refere à *competência* de um sujeito para *exercer* poderes e deveres (competências) pertencentes a outro sujeito. A ideia de *competência de exercício* permite explicar por que motivo o acto praticado por um órgão que apenas detém o exercício da competência constitui um acto praticado por *órgão competente*.

1.1. *Acto de delegação*

Analisaremos em seguida o acto de delegação nas dimensões *formal* (forma que reveste) e *material* (conteúdo ou efeitos jurídicos que produz).

1.1.1. *Forma*

O acto jurídico que opera a delegação pode revestir uma forma legal ou administrativa. No primeiro caso, temos uma *delegação legal*; no segundo, uma *delegação administrativa*, processada com fundamento na lei, por um acto administrativo ou por um contrato administrativo[299].

a) Delegação legal

Em sentido estrito e rigoroso, delegação legal é a delegação de poderes públicos realizada *directa* e *imediatamente* por um acto legislativo na direcção de entidades privadas. Como a doutrina assinala, encontramos duas modalidades de delegação legal de poderes públicos em entidades privadas: a *delegação (subjectivamente) indeterminada*, que investe de poderes públicos todas as entidades privadas que se encontrarem numa situação prevista na lei (*v.g.*, delegação de poderes nos comandantes de navios ou nas associações de bombeiros voluntários), e a *delegação (subjectivamente) determinada*, que investe de poderes uma entidade privada determinada (*v.g.*, delegação de poderes públicos na ANA, S.A. ou na SCML)[300].

Por motivos evidentes de segurança jurídica, a delegação indeterminada deve delimitar *rigorosamente* os requisitos a preencher pelas pessoas abrangidas (por ex., desempenho de uma profissão), de modo a ficar imediatamente nítido quais as *concretas pessoas* que ficam investidas de poderes públicos[301]. Em regra, nestes casos, a situação jurídica estatutária de delegatário de funções e poderes públicos não resultará directa e exclusivamente da lei: será ainda necessário um acto posterior

---

[299] Sobre esta distinção entre *delegação legal* e delegação administrativa, cfr. HUBER, *Wirtschaftsverwaltungsrecht*, cit., p. 537; MENNACHER, Ob. cit., p. 116 e ss; MICHAELIS, Ob. cit., p. 135 e ss; RENGELING, Ob. cit., p. 27; STUIBLE-TREDER, Ob. cit., p. 86.

[300] Sobre esta distinção, cfr. MICHAELIS, Ob. cit., p. 136; STUIBLE-TREDER, *ibidem*.

[301] Sobre esta *exigência de determinação* do âmbito de incidência subjectiva da lei, cfr. STEINER, "Der beliehene", cit., p. 74; SEIDEL, Ob. cit., p. 121.

de *individualização*, que identifique a pessoa concreta que exerce funções (pode, contudo, tratar-se de um acto privado, *v.g.*, o contrato entre a empresa gestora da auto-estrada e o trabalhador que vai assumir funções de portageiro).

Com frequência, a delegação determinada processa-se no contexto da criação por acto legislativo de entidades administrativas privadas (*v.g.*, sociedades legais). Teoricamente, não está excluída a possibilidade de uma delegação legal numa entidade particular identificada (*v.g.*, na entidade incumbida de assegurar a gestão nacional da Internet ou numa empresa concessionária em caso de adjudicação legal da concessão).

b) Delegação administrativa

Diz-se administrativa a delegação de poderes públicos de autoridade efectuada, com fundamento numa lei (acto legislativo), por um órgão administrativo, através de um acto ou de um contrato administrativo.

Efectuando-se a delegação de poderes públicos sempre com fundamento numa lei, deve assinalar-se que esta tem de cumprir, neste caso, uma exigência de determinação e de clareza quanto ao âmbito dos poderes públicos de autoridade delegáveis. O órgão administrativo legalmente competente para praticar o acto de delegação encontra-se legalmente vinculado quanto à determinação do conteúdo da delegação. Mas, em regra, não está já vinculado quanto à prática do acto de delegação: assim sucede porque, em princípio, a delegação administrativa resultará de uma decisão organizativa e de uma ponderação da própria instância da Administração Pública, a qual poderá optar entre exercer ela própria certas funções e poderes públicos ou efectuar uma delegação numa entidade privada. Neste âmbito, diz-se, com razão, que as entidades privadas não têm um *direito à delegação*[302], porquanto o reconhecimento da existência de um tal direito traduzir-se-ia, afinal, em conferir a tais entidades o direito de determinar a configuração da organização administrativa. Apesar da força do argumento, deve dizer-se que está em jogo a eventual admissibilidade de um direito diante de uma instância administrativa e não em face do *poder organizativo* (de organizar a Administração Pública), o qual, nesta matéria, pertence também ao legislador. Nestes termos, não custa aceitar que o legislador (titular de uma parcela do poder organizativo, de acordo com a reserva de lei em sentido institucional) vincule

---

[302] Cfr. MICHAELIS, Ob. cit., p. 159 e ss.

uma instância administrativa a praticar um acto administrativo que produza um efeito de delegação. Num caso destes – que acontece, por ex., no domínio da concessão do estatuto de utilidade pública desportiva a federações desportivas que preencham os requisitos legais –, a instância administrativa pratica um *acto vinculado* que constitui, afinal, um *acto administrativo que complementa* uma *delegação legal incompleta* (carecida de um acto de concretização)[303]. Um exemplo interessante de *obrigação de delegar* verifica-se no domínio da "autorização" de organizações reconhecidas para a inspecção e certificação de navios: como explicámos, nos termos da regulamentação comunitária, os Estados-membros da CE são livres de organizar o sistema de execução daquelas competências, mas, se optarem por um regime de delegação, ficam, em princípio, obrigados a autorizar todas as organizações com sede num Estado da União Europeia, reconhecidas pela Comissão Europeia (salvo se alegarem que as autorizações já atribuídas asseguram a cobertura das necessidades)[304].

1.1.2. *Conteúdo*

A delegação – legal ou administrativa – investe a entidade privada da "competência de exercício" de poderes públicos[305] e, na mesma medida, de uma capacidade de direito público. O acto de delegação deve, naturalmente, cumprir um *princípio de especificação* ou de *determinação* do círculo de poderes públicos cujo exercício é transferido. Como sabemos, a entidade privada só detém os poderes públicos taxativamente enumerados, cabendo ao acto de delegação proceder a essa enumeração de forma rigorosa[306].

---

[303] Ainda no capítulo relacionado com as exigências de natureza formal do acto de delegação, deve dizer-se que, ao contrário do que se verifica para as delegações de poderes abrangidas pelo CPA (cfr. artigo 37.º/2), não existe uma exigência estrita de publicidade das delegações em entidades privadas. Nos casos de delegação legal, o problema não se coloca, mas o mesmo não ocorre nas hipóteses de delegação administrativa. Notando isso mesmo no direito alemão, cfr. STEINER, "Fragen", cit., p. 613.

[304] Sobre este sistema comunitário de reconhecimento, cfr., *supra*, Introdução, 6.3. e Parte III, Cap. I, 2.7.2. Recorde-se que um tal sistema apresenta ainda a particularidade que resulta de o Estado só poder delegar poderes de inspecção e de certificação em organizações previamente reconhecidas pela Comissão Europeia.

[305] Sobre o conceito de *competência de exercício*, cfr. TERRAHE, Ob. cit., p. 37 e ss.

[306] Cfr. SEIDEL, Ob. cit., p. 121.

1.1.3. *Consequências da ausência ou da nulidade do acto de delegação*

Fora do âmbito da (ou de uma) delegação de poderes públicos de autoridade, a entidade privada actua no desenvolvimento das suas capacidades próprias do direito privado[307]: como explicámos já, o espaço ocupado pela delegação não corresponde só à investidura de poderes públicos; ele coincide exactamente ainda com o território em que a entidade privada delegatária pode, excepcionalmente, exercitar uma capacidade de direito público. Nestes termos, quaisquer actuações desenvolvidas "a descoberto" de uma delegação de poderes devem qualificar-se como *actuações de direito privado*: uma entidade privada – mesmo que, eventualmente, delegatária de *certos* poderes, ao abrigo de uma delegação válida – actua, *em regra*, no âmbito privado e, portanto, segundo a capacidade que o direito privado disponibiliza a todas as entidades da sua categoria. Esta regra, insiste-se, não pode ser excepcionada por força do simples facto *de se invocar* a existência de uma delegação de poderes públicos. Defendemos assim que, fora do âmbito de uma delegação, uma entidade privada não pratica *actos administrativos (ilegais)*; na falta de delegação de poderes públicos de autoridade, os seus actos são privados: saber se, em concreto, são possíveis e válidos é, pois, algo que fica na dependência do que determinar o direito privado[308].

1.2. *Relação de delegação*

O acto de delegação está na génese de uma relação jurídica entre os *sujeitos da delegação*; a relação de delegação tem um *conteúdo*, surgindo composta por um conjunto de posições jurídicas activas e passivas dos respectivos sujeitos.

---

[307] O mesmo se verifica nos casos de ilegalidade (nulidade) do acto de delegação; cfr., *supra*, Cap. I, 1.4.1.

[308] No mesmo sentido, cfr. MUTIUS, "Zur Übertragung öffentlich-rechtlicher Kompetezen auf Private und Nichtigkeit von Verkehrszeichen", p. 304, defendendo expressamente que os actos praticados por um particular fora do âmbito de uma delegação de poderes públicos não se qualificam como *actos administrativos nulos nem anuláveis*, visto que estes são, em qualquer caso, *actos administrativos*; outro tanto não se verifica com os actos do referido particular.

a) Sujeitos da delegação

Sujeitos da delegação são a entidade pública delegante e a entidade privada delegatária (no caso das delegações legais, a entidade delegante é o Estado[309]).

A entidade pública delegante surge na relação de delegação a actuar através dos seus órgãos administrativos, aos quais cabe exercer competências específicas (por ex., competências de fiscalização).

No caso das delegações de poderes em trabalhadores dependentes, importa ter em conta a situação da entidade patronal, a qual, estando fora da relação de delegação, pode pretender assumir um papel decisivo na orientação e direcção da acção do delegatário. Ora, nesta matéria, importa esclarecer que a situação de "dupla tutela" deve, tanto quanto possível, ser evitada, devendo a lei e o acto de delegação esclarecer que, no exercício de poderes públicos, o particular delegatário está obrigado a actuar exclusivamente de acordo com o interesse público e não no interesse da entidade patronal. O critério por que se deve guiar é, pois, o da neutralidade ou objectividade, não podendo deixar-se influenciar pelo interesse (económico) do empregador[310]. Por isso, em tudo o que diga respeito ao exercício de funções e poderes públicos que lhes estejam confiados, os trabalhadores não se encontram adstritos aos poderes hierárquicos (ordens e instruções) das entidades patronais[311].

---

[309] Discordamos neste ponto de STEINER, *Öffentliche*, cit., pp. 225[119] e 264[55], quando afirma que, no caso de delegações legais, não se afigura fácil identificar a entidade delegante. No nosso juízo, o que eventualmente pode não resultar da lei é o órgão público competente para actuar no âmbito da delegação, *v.g.*, para fiscalizar a acção da entidade privada delegatária. Esse constitui decerto um problema sério das delegações legais indeterminadas, mas, ainda assim, diferente do da identificação da entidade pública delegante.

[310] Referindo-se ao perigo de os trabalhadores de empresas privadas com funções de fiscalização do estacionamento na via pública se moverem pelos interesses económicos da entidade empregadora, cfr. STEEGMANN, Ob. cit., p. 2159.

[311] Cfr. STEINER, *Öffentliche*, cit., p. 269. A mesma exigência faz-se sentir nos casos em que os trabalhadores de entidades privadas com funções e poderes públicos estão publicamente credenciados para a execução de certos actos e operações materiais (*v.g.*, inspectores de veículos automóveis). Na medida em que actuam enquanto "órgãos" de entidades privadas com funções e poderes públicos, a sua independência funcional tem de estar assegurada; nesse estrito âmbito, não se encontram adstritos a cumprir as ordens ou instruções da entidade patronal.

b) Conteúdo da relação de delegação

No que se refere às posições jurídicas dos sujeitos da relação e recordando o "carácter atípico" da delegação de poderes públicos em entidades privadas, deve dizer-se que o regime dessa relação fica, em grande medida, dependente do que a lei da delegação estabelecer. Embora não seja de esperar que isso se verifique, não está excluído que a lei atribua a órgãos da entidade delegante um *poder quase-hierárquico* sobre a acção pública da entidade privada delegatária. Também poderá suceder que a lei se limite a prever a delegação, sem sequer submeter o delegatário a fiscalização pública. Por outro lado, os contornos da relação de delegação podem variar em função da natureza dos poderes delegados: assim, por ex., se está envolvida a outorga de um poder público para a tomada de decisões administrativas, colocam-se questões (*v.g.*, quanto à possibilidade de revogação ou à impugnação administrativa) que não fazem sentido quando o poder público delegado se consubstancia, por ex., na documentação de infracções ou no exercício de poderes de coacção física.

Assim, em termos gerais e sem prejuízo do disposto no artigo 267.º/6, diremos que a relação de delegação deverá implicar *sempre* – mesmo quando a lei é omissa – a sujeição da entidade privada delegatária a fiscalização administrativa.

Com efeito, o poder de fiscalizar a actuação da entidade delegada constitui, no nosso juízo, um *poder implícito* da entidade delegante[312]: trata-se de um poder imediatamente conexo com o poder que assiste à entidade pública delegante de impor a *revogação* da delegação ou, nos casos em que esteja previsto, do poder de aplicar a designada *revogação sancionatória* (para punir infracções praticadas pela entidade delegatária no exercício de poderes públicos de autoridade)[313]. Neste último caso, é inequívoco que, ainda quando não previsto, o poder de fiscalização tem de subsistir, por força do seu carácter instrumental em relação ao poder de impor a revogação sancionatória[314]. Mesmo que a revogação sancio-

---

[312] Usando a formulação de BASSI, *Principio di legalità*, cit., p. 408 e ss (417), trata-se de um "poder implícito em sentido impróprio", pois que, apesar de não abertamente conferido por uma lei à Administração, deve considerar-se incluído num poder mais amplo que aquela detém.

[313] Sobre a figura da revogação sancionatória, cfr. Pedro GONÇALVES, "Revogação (de actos administrativos)", p. 308.

[314] Exemplo de uma revogação sancionatória é o cancelamento do estatuto de utilidade pública desportiva de uma federação desportiva; cfr., *supra*, Parte III, Cap. I, 2.6.1.

natória não se encontre prevista expressamente na lei, supõe-se que não há dúvidas quanto à possibilidade de a entidade pública delegante determinar a revogação da delegação como consequência da prática de infracções sistemáticas pela entidade delegatária no exercício de poderes públicos[315]. Ora, a existência deste – para nós, inequívoco – poder de revogar ou de impor a extinção da delegação como consequência da prática de irregularidades pressupõe ou, como diria Nicola Bassi, inclui "no seu interior", o poder de fiscalizar a regularidade da acção da entidade privada delegatária.

Este poder implícito de fiscalização só abrange, contudo, a *legalidade* da actuação da entidade privada. Neste contexto, deve sublinhar-se que, salvo se outra for a indicação legal, a fiscalização não abrange a competência para proceder à anulação de actos administrativos praticados ou de regulamentos administrativos editados pela entidade privada delegatária. Na verdade, enquanto poder implícito, incluído no interior do poder de impor a extinção sancionatória da delegação, a fiscalização alcança apenas as acções ou medidas necessárias para verificar, *em geral*, a regularidade da acção do delegatário.

Contraposto ao poder público de fiscalização, a entidade privada tem o dever de colaborar com os agentes públicos encarregados das acções de fiscalização[316].

Além do poder de fiscalização, a entidade pública delegante dispõe *sempre* do poder de *livre revogação* da delegação; como a doutrina vem observando, admitir o contrário seria reconhecer a possibilidade de uma espécie de direito de propriedade privada sobre as funções e poderes públicos[317]. O poder de livre revogação da delegação existe mesmo quando a Administração se encontra vinculada a praticar um acto que atribui a uma entidade privada um estatuto que incorpora uma delegação

---

[315] No caso – frequente em certas *delegações legais* – de a lei não indicar o órgão do Estado que actua no âmbito da delegação, a competência para revogar pertence ao ministro com atribuições no sector em que actua o delegatário: assim, caberá ao Ministro da Justiça fiscalizar e, se for o caso, revogar a delegação de poderes públicos que resulta da lei para os comandantes de navio, ou ao Ministro da Administração Interna em relação aos portageiros das auto-estradas. Acrescente-se que o facto de a delegação ser legal não obsta à revogação por via administrativa nos casos de delegação indeterminada; já se a delegação legal é determinada, parece-nos que só um acto legislativo de igual valor poderá retirar a delegação.

[316] Cfr. MENNACHER, Ob. cit., p. 155.

[317] Neste sentido, cfr. RUPP, *Privateigentum*, cit., p. 19; MICHAELIS, Ob. cit., p. 176.

de poderes públicos. Com efeito, nesta hipótese, o carácter vinculado do acto administrativo impede certamente a sua revogação; todavia, o que não se pode excluir é, naturalmente, a possibilidade de revogação da lei de delegação.

Ao invés do que ocorre com a figura da delegação de poderes prevista e regulada no CPA, os órgãos da entidade pública delegante não detêm um poder geral de avocação. Apesar de efectuar a mera *transferência do exercício do poder público*, a delegação não dá, em princípio, origem a uma situação de "dupla competência". Salvo se a lei dispuser de modo diferente ou se as circunstâncias concretas da delegação reclamarem outra solução[318], os órgãos da entidade pública delegante estão impedidos de exercer os poderes delegados[319]: de resto, em princípio, serão até incompetentes, pois, como sabemos, se a delegação em entidades privadas não afecta a titularidade pública dos poderes delegados, o certo é que estes devem considerar-se pertencentes à entidade pública e não aos seus órgãos. Podemos, por isso, dizer que a entidade privada passa a assumir-se como a única instância competente para exercer os poderes delegados.

A entidade privada delegatária assume naturalmente o poder(-dever) de exercer os poderes públicos delegados, durante o período de tempo que durar a delegação. Além disso, deve exercer tais poderes *pessoalmente*, considerando-se, em princípio, proibida a possibilidade de *subdelegação*. Esta deverá, aliás, constituir objecto de uma autorização legal: no caso de delegações administrativas, o órgão que pratica o acto de delegação não pode, em princípio, autorizar a subdelegar (a menos que o regime legal aponte noutra direcção).

A entidade privada tem o direito de impugnar as medidas de fiscalização ou de outra natureza praticadas por órgãos da entidade delegante que considere lesivas da sua esfera jurídica privada ou que entenda não caberem no catálogo de competências dos órgãos da entidade delegante[320]. Por fim, no caso de revogação da delegação (a qualquer momento, no caso de não haver prazo de caducidade da delegação, ou antes de este se verificar, quando convencionado) a mesma entidade tem

---

[318] Assim, por ex., a delegação do poder de documentar infracções públicas em particulares não exclui o exercício desse poder pelos agentes públicos de autoridade.

[319] Assume-se aqui o princípio segundo o qual "donner et retenir ne vaut"; cfr. BECHILLON, Ob. cit., p. 519.

[320] Cfr. STUIBLE-TREDER, Ob. cit., p. 105.

ainda o direito a uma compensação financeira pelos custos não amorti-
zados dos investimentos que efectuou para se colocar em posição de
exercer os poderes públicos (*v.g.*, investimentos em parquímetros por
uma empresa com poderes de fiscalização do estacionamento)[321].

2. Regime jurídico do exercício de poderes públicos de autoridade por entidades privadas

Após a análise do regime da delegação, é chegado o momento de
conhecer a disciplina jurídica aplicável ao exercício dos poderes públicos delegados por entidades privadas: assim, nas páginas seguintes, des-
crevem-se as vinculações jurídicas a que a entidade privada se encontra
adstrita, identifica-se o espaço em que ela fica submetida à jurisdição
administrativa e, por fim, expõe-se o regime que disciplina a efectivação
da responsabilidade civil pelo actos públicos que pratique.

2.1. *Vinculações jurídicas das entidades privadas no exercício de poderes públicos de autoridade*

Actuando investidas de poderes públicos de autoridade, as entidades privadas encontram-se submetidas ao direito administrativo: independentemente das expressas indicações legais em tal sentido, esse é o
resultado do facto de a norma jurídica atributiva de poderes públicos
constituir uma *norma de direito público administrativo* (que se dirige à
entidade privada enquanto titular de funções públicas). A *vinculação
pelo direito administrativo*, cujo exacto âmbito interessa conhecer, representa, contudo, apenas um tipo de vinculação jurídica das entidades privadas com poderes públicos. Além dessa, cumpre ainda referir as vinculações pelos *direitos fundamentais* e pela *constituição administrativa*.
Trata-se, nestes dois casos, de vinculações a que as entidades privadas
se encontram adstritas pelo facto de, como membros da Administração
Pública, desempenharem funções públicas administrativas (ainda que
sem poderes públicos).

---

[321] Sobre este direito a uma compensação, cfr. STEINER, "Fragen", cit., p. 613 e ss;

A referência ao tópico da vinculação do exercício privado de poderes públicos por princípios e regras de direito público significa, além do mais, a recusa inequívoca das teses – defendidas por alguma doutrina norte-americana – que advogam a conveniência em submeter directamente a acção pública de entidades privadas a parâmetros de vinculação jurídica alternativos em relação aos cânones clássicos do direito público. De acordo com esta orientação, a submissão das entidades privadas com funções públicas ao tradicional regime de vinculações e restrições de direito público ("traditional constraints") releva de uma concepção teorética empobrecida, que, além do mais, pode ter o efeito pernicioso de frustrar a realização dos benefícios (criatividade, eficácia, inovação) procurados por via da designada *private delegation* (delegação de funções públicas em actores privados)[322].

Na nossa interpretação, a tese em referência, que se move num quadro de valorização dos mecanismos de controlo baseados na eficácia e no próprio mercado, subverte o sentido da distinção entre direito público e direito privado e promove uma injustificada diferenciação da disciplina aplicável à *acção pública*. Deve, além disso, dizer-se que, no direito português, a submissão das entidades privadas com funções e poderes públicos a certas vinculações de direito público constitui, em larga medida, um dado do sistema jurídico-constitucional, que, por conseguinte, não se encontra na disponibilidade do legislador.

---

[322] Cfr. FREEMAN, "Private role", cit., p. 591, e "Private parties", cit., p. 842. Segundo a Autora, os tradicionais regimes de vinculação dos actores públicos não constituem a única fonte de legitimidade da acção pública; a legitimidade, a aceitabilidade e o reconhecimento público podem provir de procedimentos internos de decisão e de controlo (auditorias internas), de métodos de controlos por via do mercado, da supervisão a efectuar por terceiros, etc. Para Jody Freeman, esta "aggregate accountability", que assegura a legitimidade da acção dos actores privados com funções públicas, substitui, com vantagem, os mecanismos tradicionais de controlo.

Ainda na doutrina norte-americana, também METZGER, Ob. cit., p. 1456 e ss, propõe a não aplicação directa do direito público às entidades privadas que colaboram no exercício de funções governamentais. Contudo, a sua tese – que propõe reformular a doutrina da "state action" articulando-a com a *delegação privada* – funda-se na ideia de que, apesar da delegação, a responsabilidade por assegurar a observância dos "constitutional constraints" se mantém na esfera das autoridades públicas, do Governo.

2.1.1. Vinculação pelos direitos fundamentais

No que respeita à problemática da vinculação das entidades privadas com funções públicas pelos direitos fundamentais (concretamente, *direitos, liberdades e garantias*), a situação do direito português aparenta ser clara: de facto, em termos principiais, o disposto no artigo 18.º/1 da CRP – "os *preceitos constitucionais respeitantes aos direitos, liberdades e garantias* são directamente aplicáveis e *vinculam as entidades públicas e privadas*" – não deixa dúvidas sobre a vinculação de *todas* as entidades privadas pelo regime dos direitos, liberdades e garantias.

Nesta matéria, a Constituição portuguesa vai bem mais longe do que, por ex., a *GG* ou a Constituição norte-americana, textos que desconhecem qualquer regra sobre a aplicação dos direitos fundamentais à acção de entidades privadas; mas, além disso, ela também vai também mais longe do que o artigo 35.º/2 da Constituição Federal da Confederação Suíça de 1999, o qual estabelece que "*quem assume uma tarefa do Estado fica vinculado pelos direitos fundamentais e obrigado a contribuir para a respectiva realização*".

O facto de o artigo 18.º/1 da CRP consagrar expressamente o princípio da vinculação de todas as entidades privadas pelos direitos fundamentais desonera-nos do esforço dogmático de construir uma teoria específica que enquadre a subordinação das entidades privadas com funções públicas à constituição dos direitos fundamentais: nos Estados Unidos da América, reside aqui o propósito da "state action doctrine", ao menos na parte em que esta teoria se refere ao exercício de funções públicas[323]; na Alemanha, para o mesmo efeito, a doutrina sublinha a circunstância de as entidades privadas com funções e poderes públicos estarem sujeitas às restrições *inerentes* às funções públicas que exercem e, nessa medida, vinculadas pelos direitos fundamentais, nos termos do artigo 1, III, da *GG*[324].

---

[323] A finalidade da "state action doctrine" consiste em verificar se e até que ponto a conduta de um particular pode ser assimilada à actividade de um órgão público, para o efeito de a submeter às garantias constitucionais; para mais desenvolvimentos, cfr., *supra*, Introdução, 3.1.6.

[324] Sobre a vinculação das entidades particulares com funções públicas pelos direitos fundamentais, cfr. OSSENBÜHL, "Die Erfüllung von Verwaltungsaufgaben", cit., p. 192; STEINER, *Öffentliche Verwaltung*, cit., p. 264; MICHAELIS, Ob. cit., p. 195 e ss; STUIBLE-TREDER, Ob. cit., p. 111 e ss; BURGI, "Der Beliehene", cit., p. 592; HENGSTSCHLÄGER, Ob. cit., p. 192; SCHNAPP/ KALTENBORN, "Grundrechtsbindung

Encontrando-se, em Portugal, fora de discussão a vinculação das entidades privadas pelos direitos fundamentais, nem por isso pode dar-se, todavia, por resolvida a questão da vinculação das entidades privadas com funções e poderes públicos[325].

Com efeito, apesar de o artigo 18.º/1 da CRP não distinguir o *modus vinculandi* das entidades privadas em relação ao das entidades públicas, a doutrina tem estabelecido uma destrinça, quer quanto à extensão, quer quanto à intensidade, entre os termos da vinculação, consoante estejam em causa entidades públicas ou privadas[326]. A "solução diferenciadora"[327] ou "metódica de diferenciação"[328] foi, naturalmente, pensada para as *entidades privadas sem funções públicas*, para os *meros particulares*, eles próprios titulares de direitos fundamentais. Ora, a bifurcação de regimes de vinculação pelos direitos fundamentais suscita, no direito português, a questão de saber se as *entidades privadas com funções e poderes públicos* devem ser tratadas como "entidades privadas" ou como "entidades públicas" para efeitos de vinculação pelos direitos fundamentais. Uma resposta cabal à questão reclama a necessidade de distinguir entre a situação das entidades particulares com funções públicas e a das entidades administrativas privadas.

i) Entidades particulares com funções públicas

Nesta categoria incluem-se as entidades particulares ou genuinamente privadas, as quais se assumem, em geral, como *titulares de direitos fundamentais*. Recordando a *dicotomia entre legitimação democrática* e *legitimação pelos direitos fundamentais*[329], as entidades particulares, quando e na medida em que actuam investidas de funções públicas, não

---

nichtstaatlicher Institutionen", p. 937 e ss. Contra a corrente maioritária, recusando, em geral, a eficácia dos direitos fundamentais nas relações entre particulares, cfr. RUPP, *Privateigentum*, cit., p. 24 e ss.

[325] Neste sentido, cfr. J.C. Vieira de ANDRADE, *Os Direitos Fundamentais*, cit., p. 228.

[326] Em geral, sobre o assunto, cfr. J.J. Gomes CANOTILHO, *Direito Constitucional*, cit., p. 1269 e ss; Jorge MIRANDA, *Manual de Direito Constitucional*, p. 284 e ss; J.C. Vieira de ANDRADE, *Os Direitos Fundamentais*, cit., p. 237 e ss; Vasco Pereira da SILVA, "A vinculação das entidades privadas pelos direitos, liberdades e garantias", p. 259 e ss; Paulo Mota PINTO, Ob. cit., p. 227 e ss.

[327] Cfr. Paulo Mota PINTO, *ibidem*, p. 237.

[328] Cfr. J.J. Gomes CANOTILHO, *ibidem*, p. 1274 e ss.

[329] Cfr. GERSDORF, Ob. cit., p. 60 e ss; HEINTZEN, Ob. cit., p. 235.

o fazem legitimadas pelos direitos fundamentais, no desenvolvimento da autonomia privada; o fundamento da sua acção (pública) é, nesse caso, o título jurídico público – lei, contrato, acto administrativo – que as habilita ou que lhes confia o desempenho de missões públicas. O *estatuto duplo* de que são titulares (membros da Administração e, simultaneamente, particulares[330]) explica a aparente contradição que consiste em uma mesma entidade se apresentar, simultaneamente, como legitimada a agir pelos direitos fundamentais, enquanto particular, na acção privada, mas também legitimada democraticamente, enquanto membro da Administração, na acção pública[331]. Só por si, o facto de o particular com funções públicas não agir, *nesse âmbito*, como titular de direitos fundamentais significa imediatamente que a situação de vinculação (pelos direitos fundamentais) em que ele se encontra não se assemelha à dos demais particulares. Como observa Vieira de Andrade, a vinculação (geral) das entidades privadas raramente se produzirá em termos semelhantes à vinculação das entidades públicas, porquanto "as entidades privadas são também, apesar de tudo, titulares de direitos, liberdades e garantias (…) e essa circunstância, que terá de ser levada em linha de conta, poderá sempre implicar uma *ponderação* dos direitos ou valores em conflito"[332]. Ora, no cenário do exercício privado de funções públicas, esse possível conflito entre direitos fundamentais não existe, circunstância que, desde logo, aproxima o regime da vinculação das entidades privadas com funções públicas do regime de vinculação das entidades públicas. Mas, independentemente do *modus* de legitimação da sua acção, as entidades particulares, na medida em que desenvolvam uma *acção pública*, encontram-se vinculadas pelos direitos fundamentais *nos mesmos termos das entidades públicas*[333], devendo, portanto, ser tratadas, para esse efeito, como *entidades públicas*[334]. Esta *regra de equipa-*

---

[330] Cfr. STEINER, *Öffentliche*, cit., p. 264.

[331] Cfr. GERSDORF, Ob. cit., p. 121.

[332] Cfr. J. C. Vieira de ANDRADE, *Os Direitos Fundamentais*, cit., p. 258. No sentido de que, nas relações entre sujeitos de direito privado, normalmente a quem invoca um direito fundamental se contrapõe igualmente uma pessoa que igualmente assume a titularidade de um direito fundamental, cfr. Paulo Mota PINTO, Ob. cit., p. 230.

[333] Cfr. OSSENBÜHL, "Die Erfüllung von Verwaltungsaufgaben", cit., p. 192.

[334] Ao contrário de J. C. Vieira de ANDRADE, *Os Direitos Fundamentais*, cit., pp. 230 e 255[40], defendemos que a equiparação dos particulares a entidades públicas não deve ficar circunscrita aos casos em que aqueles disponham de poderes públicos de autoridade. O critério decisivo consiste, no nosso juízo, o do *desempenho da função*

ração só se aplica, naturalmente, na exacta medida em que as entidades particulares actuam no cumprimento de missões públicas; trata-se, portanto, de uma *equiparação funcional*. Em tudo o que não se relacione com o desempenho de funções públicas, elas comportam-se como titulares de direitos fundamentais, passando a estar vinculadas pelos direitos fundamentais nos termos gerais das entidades privadas.

ii) Entidades administrativas privadas

As entidades apenas formalmente privadas encontram-se vinculadas pelos direitos fundamentais no mesmo plano e nos mesmos termos das entidades públicas[335]. Com efeito, não há nenhuma razão para afastar a regra da equiparação, a qual deve, neste caso, ser assumida como uma *equiparação institucional*. A vinculação pelos direitos fundamentais não resulta apenas do desempenho de funções públicas, mas, mais especificamente, do facto de se tratar de entidades que pertencem ao sector público, que integram a Administração Pública em sentido orgânico (estrito). Nestes termos, a vinculação pelos direitos fundamentais (nos mesmos termos das entidades públicas) ocorre, em relação a tais entidades, por imperativos de natureza subjectiva e não apenas por razões ligadas à substância das tarefas que executam. Em coerência com a tese que defendemos, segundo a qual as entidades administrativas privadas desenvolvem sempre uma *acção pública*[336], consideramos desajustada a doutrina que sustenta a conveniência em atenuar a vinculação pelos direitos fundamentais das entidades privadas da Administração quando não esteja envolvida a participação directa no exercício de funções públicas[337]. Do mesmo modo, consideramos, para este efeito, indiferente que se trate de entidades exclusivamente pertencentes ao sector público ou de entidades mistas, também participadas pelo sector privado. Desde que esteja presente uma *entidade administrativa privada*, não há razões para

---

pública (por contraposição à *autonomia privada*). Note-se, contudo, que o Autor já defende a equiparação das entidades administrativas privadas a entidades públicas, mesmo que não disponham de poderes públicos de autoridade (*ibidem*, p. 231).

[335] Cfr. J.J. Gomes CANOTILHO, *Direito Constitucional*, cit., p. 442; J.C. Vieira de ANDRADE, *Os Direitos Fundamentais*, cit., p. 231; Maria João ESTORNINHO, *A Fuga*, cit., p. 239; Paulo OTERO, *Legalidade e Administração*, cit., p. 798.

[336] Salvo as *empresas públicas de capitais maioritariamente privados*. Cfr., supra, Parte I, cap. III, 2.3.2.

[337] Sobre essa tese, cfr. Maria João ESTORNINHO, *ibidem*, p. 224 e ss.

distinguir, quanto a este ponto. Note-se, aliás, que, em qualquer caso e, portanto, mesmo quando se trate de *entidades mistas*, as entidades administrativas privadas não desenvolvem a sua acção no exercício de direitos fundamentais (o que não exclui, todavia, que elas não se assumam como titulares de direitos fundamentais nas relações com o Estado[338]).

2.1.2. *Vinculação pela "constituição administrativa"*

Como todas as instâncias investidas de funções públicas, as entidades privadas com poderes públicos encontram-se ainda vinculadas por aquilo que Vital Moreira designa como "constituição administrativa" (conjunto de princípios e normas constitucionais respeitantes à Administração Pública)[339].

As entidades privadas com funções e poderes públicos constituem elementos ou membros da Administração Pública, assumindo-se, naturalmente, como Administração Pública para efeitos constitucionais. Além de vinculadas pelos direitos fundamentais nos termos acabados de analisar, encontram-se ainda vinculadas pelas regras constitucionais

---

[338] Neste sentido, discordamos de GERSDORF, Ob. cit., p. 136 e ss, ao sustentar que as empresas públicas mistas (participados por particulares) não são titulares de direitos fundamentais, actuando na esfera do Poder Público e não na da autonomia privada. Mas, por outro lado, também não concordamos com POMMER, Ob. cit., p. 158 e ss, ao defender que uma empresa de capitais exclusivamente públicos, não só é titular, como prossegue as suas missões no exercício de direitos fundamentais.

Na nossa interpretação, as *empresas de capitais exclusivamente públicos* ou quaisquer outras entidades privadas detidas pelo Estado não actuam no exercício de direitos fundamentais, nem, em geral, se assumem como titulares de direitos fundamentais (nas relações com o Estado). Em relação a entidades exclusivamente públicas, a titularidade de direitos fundamentais poderá ser equacionada apenas nos termos e segundo os critérios de admissibilidade de titularidade de direitos fundamentais por pessoas colectivas públicas (*v.g.*, entidades privadas municipais em face de actos do Estado); sobre a titularidade de direitos fundamentais por pessoas públicas, cfr. J.J. Gomes CANOTILHO, *Direito Constitucional*, cit., p. 422 e ss; J.C. Vieira de ANDRADE, *Os Direitos Fundamentais*, cit., p. 125 e ss.

A situação é diferente em relação às entidades administrativas privadas de natureza mista, participadas por entidades particulares. Embora não desenvolvam a sua acção no exercício de direitos fundamentais, o facto de serem participadas por entidades particulares exige que se considerem titulares de direitos fundamentais nas relações com o Estado.

[339] Cfr. Vital MOREIRA, "Constituição e direito administrativo (a «constituição administrativa» portuguesa)", p. 1141.

especificamente dirigidas à *actuação* da Administração Pública[340]. Assim sucede, desde logo, com o dever de observar os *princípios fundamentais da actividade administrativa* consagrados no artigo 32.º/10 (garantias de audiência e de defesa em processos sancionatórios), bem como nos dois números do artigo 266.º da CRP[341]. O respeito e a permanente compreensão dessa rede de princípios jurídicos, mesmo quando não está presente uma actuação de *imperium*, são, pela natureza das coisas, uma condição indispensável de legitimidade da acção pública[342]. De entre todos os princípios aí consagrados, assume uma relevância digna de registo o *princípio da prossecução do interesse público*: sobretudo no caso de entidades particulares com funções e poderes públicos importa ter presente que o entrelaçamento entre *interesses privados* e *interesse público* pode conduzir a uma colisão entre esses dois tipos de interesses, à "perda do sentido da publicidade"[343], à sobreposição do "querer privado" ao "dever ser público"[344] e, por consequência, a uma perigosa subordinação da acção pública a "motivações impróprias", de natureza privada[345]. As instâncias públicas de fiscalização não podem, neste domínio, deixar de assumir uma permanente responsabilidade de garantia da prossecução do interesse público pelas entidades particulares com funções públicas.

Além da *vinculação geral* pelos princípios constitucionais da acção administrativa, aplicável a todas as entidades com funções públicas, as entidades privadas, quando investidas de *poderes públicos de autoridade,* encontram-se ainda vinculadas pela "constituição administrativa", na medida em que aqueles poderes se articulem com a forma do acto administrativo. Neste caso, elas estão obrigadas pela CRP a proceder à *notificação* dos actos administrativos aos interessados, na forma prevista na lei, bem como a apresentar a *fundamentação* expressa e acessível dos actos administrativos que afectem direitos ou interesses legalmente protegidos (artigo 268.º/3 da CRP).

---

[340] No mesmo sentido, no direito espanhol, cfr. Dolors CANALS I AMETLLER, Ob. cit., p. 309 e ss.

[341] Sobre as vinculações que resultam da CRP para toda a actividade da Administração Pública, cfr. Paulo OTERO, *Vinculação e Liberdade*, cit., p. 287 e ss. Em particular, sobre o sentido e o alcance do princípio da justiça, cfr. Diogo Freitas do AMARAL, "O princípio da justiça no artigo 266.º da Constituição", p. 885 e ss.

[342] Nestes termos exactos, embora referindo-se à acção pública do Estado, cfr. Maria da Glória GARCIA, "As transformações do direito administrativo", cit., p. 355.

[343] Cfr. STEINER, *Öffentliche*, cit., p. 270.

[344] Cfr. BANSCH, Ob. cit., p. 115.

[345] Cfr. MINOW, Ob. cit., p. 1234; LAWRENCE, Ob. cit., p. 661.

Por outro lado e ainda na medida em que actuem investidas de poderes públicos, as relações externas que tais entidades estabelecem quando actuam ao abrigo de *normas de direito administrativo* – normas que se lhes dirigem enquanto titulares de funções públicas – assumem-se como *relações jurídicas administrativas*. Ora, nos termos do artigo 212.º/3 da CRP, aos tribunais administrativos cabe resolver os litígios emergentes de tais relações[346]. Assim, apesar de hoje se encontrar consagrada legalmente, a submissão à jurisdição administrativa dos actos praticados por *entidades privadas ao abrigo de normas de direito administrativo* decorre imediatamente da CRP[347].

2.1.3. *Vinculação pelo direito administrativo*

A actuação de missões públicas por parte das entidades administrativas privadas e das entidades particulares pauta-se, *em regra*, pelo designado *direito privado administrativo*[348]. As relações que tais entidades estabelecem com terceiros no exercício das missões públicas que lhes estão confiadas apresentam-se como *relações jurídicas privadas*, ainda que reguladas por um *direito privado especial*, um direito privado modificado pelas exigências de observância dos princípios constitucionais dirigidos à Administração Pública e pela vinculação reforçada das entidades privadas com funções públicas pelos direitos fundamentais. Como já se observou, o *princípio de congruência entre formas organi-*

---

[346] Segundo J.C. Vieira de ANDRADE, *A Justiça*, cit., p. 55, a questão de saber o que deve entender-se por relação jurídica administrativa, "sendo fulcral, devia ser resolvida pelo legislador". Na nossa interpretação, a nova legislação processual, embora amplie o âmbito da jurisdição administrativa para lá desses limites, parece ter bem presente o sentido do conceito de relação jurídica administrativa, ao sugerir – artigos 4.º/1, als. *a)*, *b)*, do ETAF e 51.º/2 do CPTA – que assim se qualificam as relações jurídicas constituídas "ao abrigo de disposições de direito administrativo". Diremos, pois, que o legislador parte do entendimento do conceito de relação jurídica *administrativa* no sentido estrito tradicional de relação jurídica *de direito administrativo*; é também esse o entendimento de J.C. Vieira de ANDRADE, *ibidem*, sobre o sentido do conceito constitucional.

[347] Isto sem prejuízo de a lei poder estabelecer desvios pontuais e justificados ao princípio que decorre da CRP; sobre o alcance da reserva constitucional da jurisdição administrativa, cfr. J.C. Vieira de ANDRADE, *A Justiça*, cit., p. 107 e ss.

[348] Sobre isso, cfr., *supra*, Parte I, Cap. II, 3.2.1.2. No sentido do texto, cfr. Paulo OTERO, *Legalidade e Administração Pública*, cit., pp. 307 e 797; EHLERS, *Verwaltung in Privatrechtsform,* cit., p. 109; BURGI, "Verwaltungsorganisationsrecht", cit., p. 854; ERBGUTH/STOLLMANN, Ob. cit., p. 799.

zativas e direito aplicável explica a articulação entre a entrega de funções públicas a entidades privadas e a regra da aplicação do direito privado à actuação de tais entidades. Se descontarmos a influência principial do direito administrativo, resultante da sua conjugação com o direito privado aplicado pelas entidades privadas, aquele, de *forma autónoma*, só *excepcional* e *pontualmente* regula a *actuação externa* (em relação a terceiros) das entidades privadas da Administração Pública.

A aplicação – excepcional – do direito administrativo à actuação externa de entidades privadas com funções públicas pode resultar de factores muito variados. Numa formulação de espectro genérico, abrangendo todos os cenários, pode afirmar-se que a actividade externa das entidades privadas se encontra submetida ao direito administrativo quando as mesmas se posicionem como *destinatárias de normas jurídicas que lhes são dirigidas pelo facto de assumirem a execução de funções públicas*. Por conseguinte, para identificar a natureza pública de uma norma jurídica, aplicamos, também neste caso, o critério proposto, em geral, pela designada *teoria dos sujeitos modificada*[349]: uma norma jurídica ordena-se no direito público *quando* e *na medida* em que atribua *poderes* ou *deveres* a uma entidade administrativa privada ou a uma entidade particular com funções públicas, *enquanto tal,* isto é, *enquanto titular de funções públicas.* Cumpre, naturalmente, esse requisito a norma que adjudica poderes públicos de autoridade a uma entidade privada com funções públicas. Outro tanto se diga da norma jurídica que impõe à entidade privada deveres especiais relacionados com a execução de funções públicas que lhe estão cometidas.

No espaço de actuação desenvolvida ao abrigo das normas de direito público que lhe são dirigidas, a entidade privada encontra-se – *excepcionalmente* – submetida ao direito público administrativo, nos mesmos termos das entidades públicas.

A *actuação pública* da entidade privada com funções públicas fica, assim, marcada por um *regime duplo*: *em geral*, encontra-se vinculada pelo *direito privado administrativo*; especial ou excepcionalmente, fica submetida ao *direito administrativo*[350]. Na primeira situação, as relações

---

[349] Em geral, sobre a teoria dos sujeitos modificada, cfr., na doutrina portuguesa, J.M. Sérvulo CORREIA, *Legalidade e Autonomia*, cit., p. 395[109]; Maria João ESTORNINHO, *A Fuga*, cit., p. 147 e ss.

[350] As entidades particulares com funções públicas podem encontrar-se submetidas a *três regimes jurídicos*: além dos dois a que o texto se refere, actuam ainda segundo o

que estabelece com terceiros constituem *relações de direito privado*; na segunda, encontramos já *relações jurídicas administrativas*.

A vinculação pelo direito administrativo implica a submissão da entidade privada ao *regime do direito administrativo* em toda a acção que desenvolve no exercício de *poderes públicos*. Como já se esclareceu, o facto de as normas atributivas de poderes públicos constituírem normas administrativas impõe a presença necessária do direito administrativo na regulação da actuação que se desenvolve ao abrigo de tais normas. Apesar de a essência do direito administrativo não residir apenas no factor da autoridade, é inquestionável que a presença do *poder público de autoridade* constitui um *critério determinante* da sua aplicação[351]. Assim sucede com a acção das entidades públicas e também com a das entidades privadas com funções públicas[352].

Assim, no âmbito do exercício de poderes públicos de autoridade, a entidade privada encontra-se vinculada pelas *leis gerais do direito administrativo*, designadamente pelo CPA e pela LADA. Embora expressamente estabelecido, o princípio da vinculação pelas leis gerais do direito administrativo já decorreria da própria natureza jurídica das normas atributivas de poderes públicos: tratando-se de normas jurídicas administrativas, convocam naturalmente a aplicação do direito administrativo. Por outro lado, para o mesmo sentido concorre a ideia de que a regulação do exercício de poderes públicos não pode variar em função da natureza formal da instância incumbida de os exercer; com efeito, as razões – *objectivas* – que explicam a existência de regras específicas disciplinadoras do exercício de poderes públicos emergem da natureza das relações jurídicas em que tais poderes se actuam e não da natureza de quem

---

"puro" direito privado em todo o espaço da sua intervenção não consubstanciado no exercício de funções públicas.

[351] Cfr. Dolors CANALS I AMETLLER, Ob. cit., p. 249: "o exercício de poderes administrativos é o critério chave para a aplicação do direito administrativo"

[352] A sujeição de entidades privadas ao direito administrativo não implica qualquer ruptura com a tese estatutária, segundo a qual o direito administrativo é um direito próprio da Administração Pública. Com efeito, estão aqui envolvidas entidades privadas com funções e poderes públicos, que, por isso mesmo e como sabemos, devem ser consideradas elementos ou membros da Administração Pública; neste mesmo sentido, cfr. Dolors CANALS I AMETLLER, *ibidem*, p. 253.

os exerce. As vinculações de direito público possuem um carácter *material-funcional* e não *organizativo-formal*; trata-se, por conseguinte, de vinculações "inerentes" ao exercício de funções e poderes públicos[353].

Como Dolors Canals afirma em relação ao direito espanhol, parece-nos que, mais do que uma *reserva ou garantia constitucional*, existe, no direito português, uma *reserva legal de direito administrativo para o exercício de poderes públicos de autoridade,* o que significa que a submissão ao direito administrativo resulta, no caso de exercício de poderes públicos – por entidades públicas ou privadas – de princípios e de regras jurídicas de natureza e valor legislativo[354].

i) Código do Procedimento Administrativo

Nos termos do seu artigo 2.º/3, o regime instituído pelo CPA é "aplicável aos actos praticados por entidades concessionárias no exercício de poderes de autoridade". Como já se observou, a referência às entidades concessionárias não pode deixar de se interpretar como querendo abranger todas e quaisquer entidades privadas no exercício de poderes de autoridade (e não apenas entidades *concessionárias*)[355].

A referida disposição indica de forma clara o alcance ou o âmbito de aplicação do CPA neste caso: o regime do CPA é aplicável aos "*actos praticados (...) no exercício de poderes de autoridade*". Quer dizer, o facto de uma entidade privada se encontrar investida de poderes de auto-

---

[353] Cfr. BANSCH, Ob. cit., p. 105; STEINER, *Öffentliche*, cit., p. 264.

[354] Cfr. Dolors CANALS I AMETLLER, Ob. cit., pp. 302 e 309 e ss. A Autora afasta--se, assim, da tese que sustenta a existência de uma *reserva constitucional de direito administrativo*, defendida, entre outros, por Silvia del SAZ, "Desarollo y crisis del derecho administrativo. Su reserva constitucional", p. 173 e ss, e "La huida del derecho administrativo: últimas manifestaciones. Aplausos y críticas", p. 82 e ss; cfr. ainda MARTINEZ LOPEZ-MUÑIZ, "Sociedades", cit., p. 59 e ss.

No direito português, sobre o assunto, cfr. Paulo OTERO, *Vinculação e Liberdade*, cit., p. 281 e ss, concluindo que do artigo 212.º/3 da CRP pode extrair-se "a existência de uma reserva de Direito Administrativo garantida pela Constituição". Do mesmo modo que MARTIN-RETORTILLO, "Reflexiones sobre la «huida» del derecho administrativo", p. 40, diremos que subscreveríamos com gosto essa tese; sucede, contudo, que, em termos de regulação da actividade da Administração, a CRP consagra tão-somente uma série de princípios directamente vinculantes para actuação administrativa; concretamente, do artigo 212.º/3 apenas resulta que, *quando, nos termos da lei, a regulação de uma relação jurídica caiba ao direito administrativo*, são os tribunais administrativos os competentes para apreciar os litígios daí emergentes.

[355] Cfr. Esteves de OLIVEIRA/Pedro GONÇALVES/Pacheco de AMORIM, Ob. cit., p. 72.

ridade não a submete ao CPA, *salvo na medida em que exerça esses mesmos poderes*; por outro lado, quando for este o caso, o regime instituído no CPA aplica-se *apenas* aos "actos" praticados no exercício de poderes de autoridade.

Neste caso, o critério que comanda a aplicação do regime instituído na lei do procedimento administrativo resulta da necessária conjugação de um *factor de natureza subjectiva* (entidade concessionária ou privada) com um *factor de natureza objectiva* (actos praticados no exercício de poderes de autoridade). Disso decorre que, mesmo estando presente o exercício de poderes de autoridade por entidades privadas, não são aplicáveis as disposições do CPA que não visam especificamente regular ou disciplinar a prática de actos no exercício de poderes de autoridade. Assim sucede, por ex., com as disposições sobre os órgãos administrativos e, particularmente, sobre o funcionamento de órgãos colegiais (artigo 13.º e ss), as quais não se aplicam às entidades privadas, mesmo no exercício de poderes de autoridade[356]. Todavia, por estar envolvida uma regulação aplicável a "actos" e a "contratos", devem já considerar-se aplicáveis as regras sobre garantias de imparcialidade (*impedimentos* e *suspeições*): artigo 44º e ss do CPA[357]. De igual modo, tratando-se de órgãos colegiais, são aplicáveis as disposições dos artigo 27.º e 28.º, que visam criar um efeito de certeza sobre a tomada e o sentido de deliberações públicas, bem como isentar de responsabilidade os membros do órgão da entidade privada que votem vencido. Naturalmente, são também aplicáveis os princípios da *irrenunciabilidade e da inalienabilidade das competências* (artigo 29.º), dos quais resulta que a entidade privada não pode dispor da competência que lhe está conferida, salvo por via de uma *subdelegação de poderes* autorizada por lei[358].

---

[356] Nesta matéria, aplica-se o *regime jurídico privado* que disciplina, em geral, a formação e a expressão da vontade da entidade privada: os actos por esta última praticados têm de respeitar o disposto na lei geral privada ou, eventualmente, em lei estatutária especial. A inobservância de regras de direito privado poderá, assim, implicar a invalidade dos actos públicos que a entidade privada vier a praticar.

[357] No direito alemão, no sentido da aplicação dos §§ 20 e 21 da VwVfG, cfr. SEIDEL, Ob. cit., p. 267; BURGI, "Der Beliehene", cit., p. 594.

[358] Não carece de habilitação de uma lei administrativa a delegação de competências efectuada, *nos termos da lei civil*, por um órgão (*v.g.*, conselho de administração de uma sociedade comercial) noutro órgão da própria entidade privada (*v.g.*, presidente do conselho de administração). Abrangida pelos princípios do artigo 29.º encontra-se apenas

Quanto ao restante articulado do CPA, aplicam-se, em geral – sempre que estejam presentes actos praticados no exercício de poderes de autoridade –, todas as disposições relativas ao *procedimento administrativo* (princípios gerais, direito à informação procedimental, notificações, prazos, marcha do procedimento, audiência dos interessados e decisão). Outro tanto se diga a respeito de todas as regras da Parte IV do CPA, sobre a actividade administrativa, quando a entidade privada actuar no exercício do poder de emitir regulamentos, de praticar actos administrativos ou de celebrar contratos administrativos. Algumas das normas inseridas nos vários capítulos da Parte IV constituem, aliás, *normas de competência*, que atribuem poderes específicos articulados com a figura do acto administrativo (por ex., artigos 138.° ou 149.°/2) ou do contrato administrativo (artigo 180.°): tais normas aplicam-se às entidades privadas no exercício de poderes públicos de autoridade.

ii) Lei de Acesso aos Documentos Administrativos

A LADA regula o acesso a documentos que têm origem ou são detidos por entidades públicas (Estado, Regiões Autónomas, institutos públicos, associações públicas e autarquias locais), bem como por "outras entidades no exercício de poderes de autoridade".

As entidades privadas investidas de *poderes de autoridade* encontram-se, assim, vinculadas pela LADA, estando obrigadas a garantir o acesso aos documentos administrativos nos termos ali previstos. Todavia, essa obrigação só existe relativamente aos documentos relacionados com o exercício de poderes de autoridade. Isto mesmo se deduz da conjugação do artigo 2.°/1 com o artigo 3.°: da leitura conjugada dessas duas disposições resulta que a LADA regula "o acesso a documentos relativos a actividades desenvolvidas por entidades [privadas] no exercício de poderes de autoridade". Assim, por ex., uma empresa investida de poderes de gestão e administração de uma parcela do domínio público não está obrigada a garantir o acesso aos documentos que detenha sobre a actividade empresarial que desenvolve[359].

---

a delegação (não autorizada) efectuada pela entidade privada em benefício de outra entidade privada.

[359] Posição diferente nesta matéria (equiparando poderes de autoridade a competência administrativa e exercício de uma actividade pública) tem sido adoptada pela CADA, bem como pelo TCA; cfr., sobre o assunto, *supra*, Parte I, Cap. II, 3.2.1.2.

iii) Outras disposições de direito administrativo

Na exposição que acaba de se efectuar analisámos as directas consequências jurídicas do exercício de poderes públicos de autoridade: o facto de uma entidade privada aparecer investida de poderes públicos implica a vinculação pelo direito administrativo em todo o perímetro da sua intervenção relacionada com o exercício de tais poderes.

Mas, além disso, pode suceder que a lei especial sujeite essa mesma entidade ainda ao cumprimento de determinados *deveres específicos* pelo facto de se encontrar investida de funções e de poderes públicos (*v.g.*, deveres em matéria de organização interna ou de admissão de membros); não se exclui que a lei defina até regras específicas e detalhadas sobre os procedimentos de eleição dos dirigentes de certas entidades privadas com funções públicas, de modo a assegurar a democraticidade interna e o interesse público na regularidade do processo eleitoral[360]. Nesta eventualidade, apesar de, em rigor, nos encontrarmos fora do contexto do exercício de poderes públicos, o cenário envolvido ainda é claramente o da vinculação da entidade privada pelo direito administrativo (por disposições especiais de direito administrativo) devido ao exercício de funções e de poderes públicos. Na actuação que desenvolva ao abrigo de disposições normativas que se lhe dirigem especialmente por se encontrar investida de funções públicas (*v.g.*, a acção desenrolada nos processos eleitorais), a entidade privada movimenta-se no âmbito do direito administrativo, pelo que as relações que venha a estabelecer com terceiros, nesse âmbito, constituem relações jurídicas administrativas[361].

---

[360] A definição de regras sobre os procedimentos de eleição assume um papel relevante nas associações privadas de carácter representativo, aparecendo, nesse domínio, como instrumento de garantia dos interesses públicos da regularidade do processo eleitoral e da escolha democrática dos representantes dos interesses envolvidos; cfr., a propósito do regime eleitoral das federações desportivas espanholas, TEJEDOR BIELSA, Ob. cit., p. 126 e ss.

[361] Este tipo de vinculação pressupõe uma regulação legislativa mais ou menos detalhada do processo eleitoral (*v.g.*, quem pode votar, quem pode ser eleito; qual o peso de cada grupo representado). Entre nós, uma situação exemplar desse detalhe regulador encontra-se no regime das comissões vitivinícolas regionais (Lei n.º 8/85, de 4 de Junho, e artigo 2.º do Decreto-Lei n.º 350/88, de 30 de Setembro). Na ausência de detalhe regulador (por ex., a mera referência à exigência de democraticidade interna ou de um processo eleitoral justo), não nos parece que possa falar-se de vinculação pelo direito administrativo, designadamente com a consequência de publicizar a actuação da entidade privada nesse âmbito.

2.1.3.1. Utilização das formas do direito administrativo

Quando desenvolvem actuações no espaço em que se encontram investidas de poderes públicos, as entidades privadas ficam submetidas ao direito administrativo. Cumpre indagar agora se e em que termos podem agir pelas formas específicas do direito administrativo.

A equacionação do problema é pertinente, uma vez que, como sabemos, certos poderes públicos de autoridade[362] manifestam-se através da produção de normas jurídicas ou de actos jurídicos e da celebração de contratos que preenchem todas as notas caracterizadoras dos conceitos de *regulamento administrativo*, de *acto administrativo* ou de *contrato administrativo*. Depois de, em relação às *entidades públicas*, termos sustentado que não existe no direito português uma autónoma exigência de *legalidade formal* para o emprego das formas acto e contrato administrativo[363], chega agora o momento de tomar posição sobre a mesma questão, estando envolvidas entidades privadas.

Em geral, afigura-se inevitável qualificar como *actos de direito público* todos os que as entidades privadas praticam no exercício de poderes públicos. Com efeito, trata-se, em qualquer caso, de actos praticados no desempenho de uma *função pública* e, especificamente, ao abrigo de *normas de direito público* atributivas de *poderes públicos*. No entanto, a qualificação de tais actos como actos públicos decorre de uma exigência de ordenação jurídica não necessariamente conexa com uma qualificação formal. Assim, por ex., a ordem de desocupação de um imóvel, emitida ao abrigo de um poder público, tem de qualificar-se como um acto de direito público, mas já não tem imperativamente de se assumir como um acto administrativo. Com efeito, como se explicou, a forma do acto administrativo introduz um "factor suplementar ou aditivo de poder", que, em rigor, acresce àquele que já resulta do próprio poder público de autoridade enquanto poder de constituição ou de declaração de efeitos jurídicos. Se é certo que, para as entidades públicas, resolvemos a questão no sentido de considerar que a forma acto administrativo

---

[362] *Certos* poderes públicos e não *todos*; o poder público é susceptível de se manifestar através de operações materiais e de actos públicos que não se reconduzem a nenhuma das formas típicas do agir administrativo.

[363] Cfr., *supra*, Parte II, Cap. I, 3.5., onde concluímos que as entidades com personalidade de direito público estão *automaticamente* investidas da capacidade para o emprego da *forma* acto administrativo (artigo 120.º do CPA), bem como para a celebração de contratos administrativos (artigo 179.º/1 do CPA).

não se encontra sob reserva de lei, agora estamos perante actos de entidades privadas, pelo que, teoricamente, pode admitir-se a exigência de
uma resposta diferente.

Nas páginas que se seguem, procuraremos fornecer uma resposta
para essa questão, sendo certo que os títulos atribuídos aos itens em que
se desdobra este número ilustram já o sentido da resposta que propomos.

2.1.3.1.1. Regulamentos administrativos de entidades privadas

Ao contrário do que se verifica com as outras formas típicas da
actividade administrativa (acto e contrato administrativo), o regulamento
administrativo não representa o exercício de uma capacidade meramente
formal, no sentido em que o poder (formal) de editar regulamentos administrativos não se distingue do poder (material) de editar normas jurídicas sobre *certas matérias*[364]. Quer dizer, por si mesma, a capacidade de
empregar a *forma* regulamento administrativo não constitui um *plus* em
relação à capacidade de editar normas jurídicas. O emprego da forma
regulamento administrativo resulta, assim, imediata e inevitavelmente,
do poder público normativo conferido a uma entidade da Administração.
A mistura ou a confusão dos planos formal e material na forma regulamento administrativo explica que, ao contrário do que ocorre, por ex.,
em relação ao acto administrativo, a lei habilite expressamente as autoridades administrativas a emitir regulamentos administrativos; isso não
significa, naturalmente, que estas passem a deter uma capacidade formal
que acresce a uma eventual capacidade material prévia. A atribuição de
uma capacidade (aparentemente) formal equivale, afinal, à atribuição de
um *poder para a emissão de normas jurídicas sobre certas matérias*.

Estas observações já nos permitem perceber que uma entidade privada detém capacidade regulamentar – poder de editar regulamentos
administrativos – quando beneficiar de uma expressa *delegação de poderes regulamentares*, por conseguinte, quando for destinatária de um acto
de poder público que, "directa e iniludivelmente", lhe outorgue uma
competência normativa pública[365].

---

[364] Ao contrário, o poder (formal) de praticar actos administrativos distingue-se do
poder (material) de tomar decisões unilaterais individuais e concretas; do mesmo modo, o
poder de empregar a forma contrato administrativo distingue-se do poder de contratar.

[365] Neste sentido, cfr. AcTC n.º 472/89. Como se explicou, nem sempre é fácil
identificar em concreto as situações em que uma entidade privada se pode considerar
titular de um poder regulamentar; sobre isso, cfr., *supra*, Parte II, Cap. II, 2.3.1.2.

Diferentemente do que se verifica na Alemanha[366], no direito português não têm sido colocadas, em geral, reservas à possibilidade de delegação de poderes regulamentares em entidades privadas. Além de a lei a pressupor[367], a doutrina[368] e o Tribunal Constitucional[369] admitem abertamente uma tal possibilidade.

Em princípio possível, a delegação de poderes regulamentares em entidades privadas conhece, contudo, alguns limites.

Um primeiro limite relaciona-se com a exigência de determinação precisa do âmbito da competência regulamentar da entidade privada. Trata-se de aplicar, neste caso particular, um princípio geral da dele-

---

[366] Uma parte significativa da doutrina alemã entende que o artigo 80 da *GG* reserva o poder regulamentar ao Estado e a outros entes de direito público; cfr. WOLFF/ BACHOF/STOBER, Ob. cit., 3, p. 514; KRAUTZBERGER, Ob. cit., pp. 18 e 33; OSSENBÜHL, "Rechtsverordnung", p. 401; BANSCH, Ob. cit., p. 82.

Notam, contudo, alguns autores que a *GG* só indica os primeiros destinatários do poder regulamentar (no artigo 80, I, 1.ª fr.); já não indica, no entanto, qual o círculo das entidades que podem vir a receber, por *subdelegação*, competência para a emissão de regulamentos, limitando-se a prescrever (na fr. 4.ª da mesma disposição) que a lei de autorização poderá autorizar *subdelegações* do poder regulamentar; cfr. WOLFF, "Die Ermächtigung zum Erlass von Rechtsverordnungen nach dem Grundgesetz", p. 216; LEPA, "Verfassungsrechtliche Probleme der Rechtsetzung durch Rechtsverordnung", p. 359. Nestes termos, a delegação de poderes regulamentares em entidades privadas parece não se revelar absolutamente incompatível com a *GG*, havendo, aliás, autores que a admitem expressamente; cfr. DI FABIO, "Verwaltung und Verwaltungsrecht", cit., p. 271; HEINTZEN, Ob. cit., p. 242.

Em sentido contrário, a doutrina dominante entende que a (sub)delegação de poderes regulamentares em entidades privadas não é possível, pois, além de o artigo 80 visar o relacionamento entre o Legislativo e o Executivo (e não entre o Estado e a Sociedade), não parece defensável deduzir do silêncio da *GG* sobre o círculo dos *subdelegados* a possibilidade de uma transferência de poderes dessa natureza para entidades situadas fora da administração estadual; cfr. OSSENBÜHL, "Rechtsverordnung", cit., p. 401; a mesma ideia pode ver-se em STERN, *Das Staatsrecht*, II, cit., p. 669, quando afirma que o alargamento da possibilidade de delegar poderes normativos a instâncias exteriores à administração directa e indirecta do Estado, como, *v.g.,* a entidades privadas com funções públicas, deveria ter ficado claro na *GG*.

[367] Cfr. artigo 4.º/1,*d*), do ETAF, sobre a competência da jurisdição administrativa para fiscalizar a legalidade das normas emitidas por sujeitos privados, no exercício de poderes administrativos.

[368] Cfr. Afonso QUEIRÓ, "Teoria dos regulamentos", (2.ª parte), cit., p. 17; Diogo Freitas do AMARAL, *ibidem*, pp. 152 e 156-7; Vital MOREIRA, *Administração Autónoma*, cit., pp. 547 e 555.

[369] Cfr. Ac´sTC n.ᵒˢ 472/89 e 730/95.

gação de poderes públicos, mas que aqui deve ser sublinhado com clareza, para afastar todas as dúvidas sobre a existência de um poder regulamentar próprio e autónomo das entidades privadas, designadamente daquelas que se assumem como representantes de interesses[370]. O legislador deve, por conseguinte, delimitar com rigor e precisão as matérias susceptíveis de serem disciplinadas por regulamentos administrativos de entidades privadas. Apesar de não estar afastada a possibilidade de delegação de poderes para a emissão de _regulamentos independentes_[371], já nos parece de excluir a delegação de um _poder genérico_ para a emissão de regulamentos, _v.g._, para a emissão de regulamentos "no âmbito das suas competência de direito público" ou das "atribuições que lhes estejam cometidas". A delegação de um _poder regulamentar geral_ infringe abertamente os _princípios da enumeração das competências públicas das entidades privadas_ e da _exigência de determinação dos poderes delegados_.

Por outro lado – trata-se agora de um limite geral do poder regulamentar – a entidade privada não pode surgir investida do poder de emitir regulamentos em áreas reservadas à lei (_princípio da reserva de lei_)[372].

No exercício do poder regulamentar que lhe tenha sido confiado, a entidade privada encontra-se adstrita a observar todas as exigências constitucionais e legais aplicáveis à edição de regulamentos[373]: respeito do _princípio da constitucionalidade_ (os regulamentos não podem infringir normas constitucionais); do _princípio da legalidade_, quer na dimensão de _primado da lei_ (os regulamentos não podem contrariar a lei, nem os princípios gerais de direito administrativo), quer na de _reserva de lei_

---

[370] De harmonia com a ideia, que defendemos, segundo a qual as entidades privadas não são membros de administração autónoma, os regulamentos que sejam autorizadas a editar não deverão considerar-se _regulamentos autónomos_.

[371] Constituem regulamentos independentes aqueles em relação aos quais a lei se limita a definir a competência subjectiva e objectiva, sem indicar o conteúdo do regulamento, conferindo, assim, ao titular do poder regulamentar uma "liberdade de definição do conteúdo normativo"; cfr. Vital MOREIRA, _Administração Autónoma_, cit., p. 186.

[372] Neste sentido, a propósito dos regulamentos das federações desportivas, cfr. Parecer PGR 72/2001.

[373] Em geral, cfr. Afonso QUEIRÓ, "Teoria dos regulamentos", (1.ª parte), cit., p. 17 e ss; Diogo Freitas do AMARAL, _Curso_, II, cit., p. 178 e ss.

(salvo tratando-se de *regulamentos de execução*, os regulamentos não podem versar sobre matérias reservadas à lei); da observância do *dever de citação da lei de habilitação*[374].

Ainda no domínio do exercício do poder regulamentar, deve equacionar-se a questão relacionada com as consequências jurídicas dos regulamentos emitidos por entidades privadas sem cobertura legal (*precedência de lei*) e, portanto, deslocados do contexto de uma delegação. Aparentemente, trata-se de regulamentos administrativos ilegais, editados por uma instância incompetente. Não é, todavia, assim. Os regulamentos editados por entidades privadas fora do âmbito de uma delegação de poderes públicos regulamentares não são *regulamentos administrativos ilegais* (por falta de base legal e por incompetência). O poder público regulamentar das entidades privadas tem o seu fundamento exclusivo na delegação; sem delegação ou fora dela, tais entidades não detêm competências públicas, não devendo, por isso, qualificar-se como públicos os actos praticados a descoberto de uma delegação. As normas que editem neste domínio poderão, eventualmente, considerar-se normas produzidas ao abrigo de um poder normativo privado, se preencherem os pressupostos de juridicidade das normas de origem privada[375].

Os regulamentos das entidades privadas não se encontram sujeitos a uma forma especial[376]. Uma vez que se destinam a ser conhecidos pelos seus destinatários potenciais, os regulamentos carecem, naturalmente, de publicitação. Nos termos do artigo 119.º/3 da CRP, cabe à lei determinar a forma de publicidade[377].

2.1.3.1.2. Actos administrativos de entidades privadas

Diferentemente do que se passa com os regulamentos, a capacidade formal para a prática de actos administrativos é susceptível de se autono-

---

[374] Cfr. artigo 112.º/8 da CRP. A preterição do dever de citação da lei de habilitação consubstancia uma inconstitucional formal do regulamento; cfr. J.J. Gomes CANOTILHO/Vital MOREIRA, Ob. cit., p. 516; Diogo Freitas do AMARAL, *Curso*, II, cit., pp. 183-184.

[375] Sobre isso, cfr., *supra*, Parte II, Cap. I, 3.3.1.

[376] Cfr. Afonso QUEIRÓ, "Teoria dos regulamentos", (2.ª parte), cit., p. 21.

[377] De acordo com o artigo 3.º/1 do Decreto-Lei n.º 365/70, de 5 de Agosto, parece dever entender-se que os regulamentos de certas entidades privadas (concessionárias e empresas públicas) são publicados na 3.ª Série do Diário da República; cfr. Esteves de OLIVEIRA/Pedro GONÇALVES/Pacheco de AMORIM, Ob. cit., p. 533.

mizar do poder público para a tomada de decisões unilaterais produtoras de efeitos jurídicos inovadores e obrigatórios. Nesse sentido vai a distinção, feita por alguma doutrina estrangeira, entre os planos da *legalidade material* (articulada com o conteúdo do acto da Administração) e da *legalidade formal* (conexa com a forma de que esse acto se reveste). Em relação ao acto administrativo, a exigência de legalidade formal – e, portanto, a exigência da investidura de uma capacidade específica para a prática de actos administrativos – aparece fundada na circunstância de essa forma do agir administrativo representar um "factor suplementar de poder", que acresce ao próprio poder público de provocar a produção de um determinado efeito jurídico.

Com efeito, o poder unilateral de tomar uma decisão pública com efeitos obrigatórios na forma do acto administrativo investe o respectivo titular de "novos poderes", que se adicionam ao poder público de decisão: como se explicou já, trata-se, em certo sentido, de "poderes imanentes" (embora legais) ao poder de praticar actos administrativos. Assim, estando envolvido um acto exequível, o poder de decisão na forma do acto administrativo constitui, simultaneamente, um *poder de criação de um título executivo*. Além disso, ainda por estar presente essa forma, o autor do acto encontra-se em condições de beneficiar de um *poder de execução coerciva*, nos termos do artigo 149.º/2 do CPA. Por outro lado, do acto decorre um *ónus de impugnação*, pelo que, mesmo quando ilegal (se não for nulo), o acto administrativo reúne as condições para adquirir a força e a estabilidade de caso decidido, se não for tempestivamente impugnado. Além disso, nos termos do regime jurídico da forma acto administrativo, o respectivo autor dispõe sempre de um *poder unilateral de anulação* e ainda, em certos casos, de um *poder de revogação* (artigo 138.º e ss do CPA). O regime jurídico do acto administrativo comporta, assim, um efeito autónomo de *agressividade* o qual, na verdade, autonomiza a dimensão da *capacidade formal*; por isso, não pode dispensar-se um esforço dogmático no sentido de demonstrar que a entidade titular de um poder público de decisão detém – ainda – o poder de decidir através da forma do acto administrativo.

Como se aludiu acima[378], a referência constitucional (artigo 268.º) ao conceito de acto administrativo parece dever ser lida no sentido de legitimar o *sistema tradicional de administração de acto administrativo*.

---

[378] Cfr., *supra*, Parte II, Cap. I., 3.5.

A figura do acto administrativo, enquanto *forma típica* de certos actos da Administração, constitui um elemento fundamental do modelo administrativo português; o CPA confirma plenamente esta ideia, acolhendo um conceito de acto administrativo que abrange *todas* as "decisões dos órgãos da Administração que ao abrigo de normas de direito público visem produzir efeitos jurídicos numa situação individual e concreta". As decisões de "órgãos da Administração" que cumpram estas características constituem actos administrativos. O mesmo é dizer que, nos termos da lei, os "órgãos da Administração" dispõem, *por inerência*, da capacidade formal para a prática de actos administrativos.

Mas, as questões que agora se colocam são estas: as próprias entidades privadas investidas de poderes públicos para a tomada de decisões estarão investidas da capacidade formal para a prática de actos administrativos[379], ou só serão de qualificar como tais os actos públicos que elas pratiquem ao abrigo de uma específica atribuição da *capacidade formal para a prática de actos administrativos*[380]?

As interrogações têm toda a razão de ser, porquanto não pode excluir-se a possibilidade de uma *solução diferenciada*, eventualmente imposta pelas circunstâncias específicas decorrentes da natureza privada da entidade investida de poderes públicos. Aliás, para uma solução diferenciada apontam os autores que se recusam a admitir poderem os actos emitidos por organismos privados ser concebidos como "verdadeiros actos administrativos", optando ou por qualificá-los como "actos administrativos por assimilação"[381] ou por considerá-los actos material mas não formalmente administrativos[382].

---

[379] Poderemos, portanto, considerar actos administrativos as "decisões *das entidades privadas* que ao abrigo de normas de direito público visem produzir efeitos jurídicos (externos) numa situação individual e concreta"?

[380] Na Alemanha, o projecto de lei de privatização das câmaras de comércio e indústria – no § 5 (*Beleihung*) – referia-se expressamente a uma delegação do poder de praticar actos administrativos. Nas observações sobre essa disposição, afirma KLUTH, *Verfassungsfragen*, cit., p. 92, que as entidades privadas só se encontram em condições de praticar actos administrativos quando para tal estejam expressamente autorizadas. Note-se, contudo, que se trata de uma observação à margem da doutrina alemã maioritária, a qual admite, abertamente, a prática de actos administrativos pelos particulares com poderes públicos; cfr. WOLFF/BACHOF/STOBER, Ob. cit., 2, p. 22, e 3, p. 523; STUIBLE-
-TREDER, Ob. cit., p. 107; MICHAELIS, Ob. cit., p. 189.

[381] Cfr. MOREAU, Ob. cit., p. 452.

[382] Cfr. LAUBADERE/VENEZIA/GAUDEMET, *Traité,* I, cit., p. 524.

No direito português, o legislador vem revelando alguns cuidados nesta matéria, parecendo querer fugir à explícita referência a "actos administrativos de entidades privadas"; em vez disso, prefere adoptar fórmulas originais, aludindo, por ex., a actos de concessionários "praticados por via administrativa"[383]; mais recentemente, o artigo 51.º/2 do CPTA, integrado numa subsecção intitulada "do *acto administrativo* impugnável", estabelece que "são igualmente impugnáveis as *decisões materialmente administrativas* proferidas (…) por entidades privadas que actuem ao abrigo de normas de direito administrativo".

Não se suscitando dúvidas sobre a qualificação de certos actos de entidades privadas como *actos administrativos para efeitos processuais* (impugnação na jurisdição administrativa), a questão a colocar reside, então, em saber se, quando preencherem os respectivos requisitos, os actos de privados são, não apenas "equiparados a actos administrativos"[384], mas *verdadeiros actos administrativos*, com todas as consequências – substantivas e processuais – associadas a essa forma de acção administrativa.

Ora, na nossa interpretação, a delegação de poderes públicos em entidades privadas para a tomada de decisões que preencham os requisitos do conceito de acto administrativo envolve a atribuição de uma capacidade formal para a prática de actos administrativos. Quer dizer, os actos das entidades privadas qualificam-se como actos administrativos *nos mesmos termos* em que como tais se qualificariam se fossem praticados por órgãos de entidades públicas[385].

---

[383] Cfr. Base XLV/2 das Bases da concessão do serviço público de importação de gás natural e do seu transporte e fornecimento através da rede de alta pressão (anexo ao Decreto-Lei n.º 274-B/93, de 4 de Agosto).

[384] Note-se que o artigo 51.º/2 do CPTA, evitando referir-se a actos administrativos de entidades privadas, também não diz que as decisões materialmente administrativas proferidas por entidades privadas são (apenas) *equiparadas* a actos administrativos. O não emprego desta fórmula assume relevância, porquanto, como sabemos, o mesmo CPTA conhece e utiliza, noutro contexto, o conceito de "actos (de sujeitos privados) equiparados a actos administrativos": cfr. artigos 100.º/3 e 132.º/2. Sobre aquela disposição do CPTA, no sentido de que "teria bastado falar em impugnação de actos administrativos, pois que, pelo menos para efeitos processuais, as condutas constitutivas em causa se encontram cobertas pelo termo tal como o emprega o n.º 4 do artigo 268.º CRP", cfr. Sérvulo Correia, *Direito do Contencioso*, cit., p. 712.

[385] Em sentido diferente, cfr. J.C. Vieira de Andrade, *A Justiça*, cit., p. 196: entende o Autor que "o conceito processual de acto administrativo *impugnável* é diferente

Com efeito, a entidade privada com funções e poderes públicos constitui um membro da Administração Pública, pelo que, no nosso juízo, não tem qualquer sentido a discussão – comum na doutrina francesa – sobre o *critério orgânico* do conceito de acto administrativo[386]: a possibilidade de actos administrativos de entidades privadas com *funções públicas e poderes públicos* não provoca qualquer crise do conceito de acto administrativo, nem, por consequência, qualquer indefinição das fronteiras do direito administrativo. O acto administrativo de entidades privadas, que aqui admitimos, continua marcado por uma ligação muito nítida à função administrativa, bem como à Administração Pública. O que verdadeiramente poderia representar um atentado grave à nota orgânica do acto (e do direito administrativo) seria, isso sim, uma construção que o apresentasse como um acto desligado da função pública administrativa e da necessária presença de uma entidade privada investida dessa função. Em suma, o possível erro residiria em qualificar como acto administrativo "qualquer acto" praticado por um particular investido de uma "missão de serviço público". Visto que rejeitamos, frontalmente, as teses que desligam o acto administrativo da função administrativa[387], diremos que, neste plano, não nos impressionam minimamente os alertas da doutrina francesa, na parte em que imputa ao *acto administrativo de organismos privados (com funções públicas)* a responsabilidade pela crise do conceito orgânico de acto administrativo. De facto, não é esse o caso; os organismos privados com funções públicas administrativas são "membros da Administração" e, encontrando-se investidos de poderes públicos de decisão, os actos que praticam devem considerar-se, do ponto de vista orgânico, actos administrativos.

A questão colocada adquire já outros contornos quando nos confrontamos com o facto de a forma acto administrativo estar na génese de "novos poderes" da entidade privada investida de poderes públicos de decisão. Quanto a este aspecto, parece necessário encontrar um funda-

---

do conceito de acto administrativo, sendo, por um lado, mais vasto e, por outro, mais restrito", acrescentando que aquele conceito é "mais vasto, na medida em que não depende da qualidade do seu Autor", incluindo as "decisões por entidades privadas que exerçam poderes públicos".

[386] Sobre essa discussão, cfr., *supra*, Introdução, 5.3.

[387] Limitamo-nos, neste momento, a insistir na ideia de que a função administrativa representa um "modo de execução de uma tarefa pública" (= "tarefa objecto de apropriação pública"); sobre essa matéria, cfr., *supra*, Parte II, Cap. I, 2.1.1.

mento para a qualificação de actos de entidades privadas como actos administrativos. Quanto a nós, esse fundamento resulta ainda do acto de delegação, conjugado com as razões de interesse público que explicam o regime do acto administrativo. Por um lado, detendo a entidade pública delegante o poder de exercer a competência material delegada através de actos administrativos, não se percebe por que razão a delegação haveria de implicar uma cisão entre a competência material e a capacidade para a prática de actos administrativos. Por outro lado, o interesse público que justifica o regime especial da forma acto administrativo não deixa de estar presente pelo facto de o poder ser exercido por uma entidade privada: assim, por ex., o interesse protegido pelo princípio da executividade ou pelo regime do ónus de impugnação do acto administrativo mantém-se como interesse público, apesar de o acto provir de uma entidade privada. O que, neste âmbito, importa sublinhar é a ideia de que a delegação de poderes públicos serve o interesse público, não os objectivos da entidade privada que beneficia da delegação; esta entidade, tal como as entidades públicas, encontra-se adstrita a exercer os seus poderes segundo o cânone da exclusiva prossecução do interesse público. Não nos parece, pois, fazer sentido propugnar uma *solução diferenciada* sobre a questão da capacidade formal para a prática de actos administrativos, consoante estejam em causa actos de entidades públicas ou de entidades privadas.

Às considerações tecidas acresce o facto – relevante – de a figura do acto administrativo de entidades privadas não se revelar desconhecida da legislação portuguesa: assim, o ETAF/1984 refere-se expressamente a *actos administrativos de pessoas colectivas de utilidade pública administrativa* e a *actos administrativos de concessionários*; a jurisprudência tem-na admitido mesmo para além dessas indicações legais (*v.g.*, *actos administrativos de federações desportivas*), e a doutrina aceita-a também abertamente[388]. Diremos, pois, que os actos das entidades privadas que reúnam os requisitos gerais do conceito são *verdadeiros actos administrativos* e não apenas *actos assimilados ou equiparados a actos administrativos*, *actos em matéria administrativa* ou *decisões materialmente administrativas*[389]. Isso resulta também da conjugação do disposto nos

---

[388] Cfr. Mário Esteves de OLIVEIRA, "Reflexão", cit., p. 273 e ss; Diogo Freitas do AMARAL, *Curso*, II, cit., p. 219; Vital MOREIRA, *Administração Autónoma*, cit., pp. 548 e 557; Esteves de OLIVEIRA/Pedro GONÇALVES/Pacheco de AMORIM, Ob. cit., pp. 558-559.

[389] O conceito de decisões materialmente administrativas pretende, por vezes, indicar os actos sujeitos a um regime de direito administrativo praticados por autoridades públicas

artigos 120.º e 2.º/3 do CPA[390]: por força do disposto no artigo 2.º/3, as entidades privadas com poderes de autoridade devem ser consideradas "órgãos da Administração", para os efeitos previstos no artigo 120.º do CPA[391].

Cumprindo os demais requisitos do conceito, os actos de entidades privadas constituem actos administrativos para todos os efeitos: substantivos, procedimentais e contenciosos. Em relação aos actos administrativos que pratiquem, as entidades privadas ficam investidas, nos termos gerais, de todos os poderes associados a essa forma: poderes de anulação, de revogação e de execução coerciva, nos mesmos termos das entidades públicas.

Ainda neste âmbito, importa chamar a atenção para a natureza especial do âmbito da capacidade das entidades privadas para a prática de actos administrativos. Desse ponto de vista, há uma diferença essencial na situação em que elas se encontram em relação à das entidades com personalidade de direito público. Como tivemos oportunidade de explicar, as entidades privadas, ao contrário das entidades públicas, dispõem de uma *capacidade de direito público em sentido formal* apenas *parcial*. Quer isto dizer que apenas actuam pelas formas de direito público *se* e *na medida em que* se encontrem investidas de poderes públicos de autoridade. Nestes termos, os seus actos apenas poderão qualificar-se como administrativos se se contiverem dentro dos limites de uma delegação de poderes públicos. Sem delegação ou fora dos limites de uma delegação, a

---

não integradas na Administração Pública ou por entidades privadas. Ora, as entidades privadas com funções públicas, que colaboram ou que substituem a Administração Pública encontram-se numa posição muito diferente daquelas autoridades. Para nós, o conceito de acto materialmente administrativo apenas deve identificar os actos de tais autoridades, e não já os que têm origem em entidades privadas (os quais provêm de membros da Administração Pública).

[390] Interpretação o conceito de "concessionários" do artigo 2.º/3 do CPA no sentido de "entidades privadas".

[391] Tanto quanto sabemos sem excepções, a doutrina germânica considera o *Beliehene* uma autoridade (*Behörde*) para os efeitos previstos no § 35 da VwVfG (conceito de acto administrativo); cfr. BURGI, "Der Beliehene", cit., p. 593, e "Verwaltungsorganisationsrecht", cit. p, 863; KOPP/RAMSAUER, Ob. cit., p. 598; EHLERS, "Verwaltung und Verwaltungsrecht", cit., p. 10; STUIBLE-TREDER, Ob. cit., p. 110; MAURER, *Allgemeines*, cit., p. 617. Deve, contudo, observar-se que esse entendimento é, de algum modo, facilitado pelo conceito de autoridade definido no § 1, (4), da VwVfG: "autoridade, para os efeitos desta lei, é toda a instância que exerce funções de administração pública".

entidade privada não actua no perímetro do direito público, pelo que os seus actos não poderão ser qualificados como actos administrativos. Pelo facto de surgirem investidas da capacidade para a prática de *determinados* actos administrativos, as entidades privadas, todavia, não passam a dispor de *autonomia administrativa*, entendida como a *capacidade genérica* para a prática de actos administrativos. A capacidade delas para a prática de actos administrativos coincide, *pari passu*, com os poderes públicos de decisão de que se encontra investida. Assim, não existem actos administrativos ilegais por falta de atribuições, por falta de base legal ou por incompetência da entidade privada que assume a respectiva autoria. A falta de competência pública da entidade privada remete para o direito privado a resposta às questões da legalidade e da possibilidade da produção dos efeitos jurídicos pretendidos; ou seja, o acto em causa deve ser qualificado como *acto de direito privado*, praticado no âmbito de uma capacidade de direito privado[392].

Em relação aos actos de entidades públicas, a diferença fundamental que se descortina relaciona-se com o facto de, neste caso, a *competência* para a prática de actos administrativos pertencer aos *órgãos*, ao passo que, no cenário dos actos de entidades privadas, a *competência cabe à própria entidade privada*[393]. Todavia, daí não se segue que, tratando-se de uma pessoa colectiva, a entidade privada não tenha de praticar o acto através do seu *órgão competente* para o efeito. Quanto a este aspecto, poderá suceder que sejam as normas do direito privado (*v.g.*, Código das Sociedades Comerciais), os estatutos da pessoa colectiva (*v.g.*, estatutos associativos) ou até uma deliberação avulsa (*v.g.*, de delegação de poderes do conselho de administração) a indicar o órgão competente para a prática dos actos administrativos da competência da entidade privada. Em qualquer caso, a entidade tem de praticar os actos administrativos através de órgão competente. Neste domínio, não é, por isso, de excluir a eventual ilegalidade de um acto administrativo decorrente do desrespeito de uma norma jurídica privada ou até de uma deliberação sobre as condições do exercício da competência da entidade privada.

---

[392] Sobre isto, cfr., *supra*, 1.1.3.

[393] A delegação em entidades privadas é uma delegação de *competências* e não de *atribuições*.

2.1.3.1.3. Contratos administrativos entre entidades privadas

Do mesmo modo que a prática de actos administrativos, também a celebração de contratos administrativos está, pelo menos em regra, na origem de "novos poderes" da entidade contratante que ocupa a posição de Administração[394]. Desde logo por isso, a capacidade para utilizar a forma contrato administrativo distingue-se do plano da competência para, por via do contrato, estipular efeitos jurídicos. Ou seja, também neste caso, podemos distinguir entre a *competência material* (efeitos jurídicos estipulados) e a *capacidade formal* (emprego da forma contrato administrativo)[395].

Como se sabe, em relação às entidades públicas, a importância da destrinça entre aqueles dois planos encontra-se, de certo modo, desvalorizada, pelo facto de o CPA, no artigo 179.º/1, consagrar – para os "órgãos administrativos" – o *princípio da livre utilização do contrato administrativo*[396]. Dessa norma resulta, portanto, que as entidades com personalidade de direito público dispõem, em geral, de capacidade para o emprego da forma contrato administrativo (*autonomia pública contratual*), quer como alternativa ao acto administrativo, quer como alternativa ao contrato de direito privado[397].

Apesar da proximidade do tema de que nos ocupamos agora em relação ao da capacidade para a prática de actos administrativos, convém, todavia, ter em atenção algumas diferenças essenciais. Com efeito, a capacidade formal para a prática de actos administrativos desenvolve--se necessariamente no contexto do exercício de poderes públicos, de

---

[394] Referimo-nos, naturalmente, aos poderes consagrados no artigo 180.º do CPA.

[395] Sobre o assunto, em termos diferentes, mas na lógica de uma equiparação do contrato administrativo ao acto administrativo, cfr. J.M. Sérvulo CORREIA, *Legalidade e Autonomia*, cit., p. 566. De resto, noutro contexto (*ibidem*, p. 417), o Autor admite expressamente que a capacidade para celebrar contratos administrativos pode ser expressamente reconhecida a uma entidade (privada).

[396] Cfr. Pedro GONÇALVES, *O Contrato*, cit., pp. 79 e ss, e 93.

[397] Repare-se, todavia, nas diferenças entre estes dois planos: quando comparada com a *capacidade para a prática de actos administrativos*, a capacidade de celebração de contratos administrativos revela-se relativamente inócua, porquanto, em geral, não confere à entidade pública contratante "poderes" de que ela não disponha já, por estar autorizada a empregar a forma acto administrativo; ao contrário, quando usada em alternativa à *capacidade para celebrar contratos de direito privado*, a capacidade para celebrar contratos administrativos investe a entidade pública contratante de *novos poderes públicos* (o artigo 179.º/1 constitui, no direito português, o fundamento legal desses poderes).

competências de direito público; por essa razão, uma lei que, eventualmente, atribuísse a uma entidade privada capacidade para praticar actos administrativos revelar-se-ia inconsequente se não investisse essa mesma entidade de poderes públicos de decisão. Ora, o mesmo não se verifica já com a capacidade de celebração de contratos administrativos: como escrevemos noutro lugar, "a *capacidade de direito público* de usar a forma contrato administrativo não exige sequer que a lei invista os (...) órgãos (de uma pessoa colectiva pública) de específicas competências de autoridade"[398]. E isso sucede exactamente assim porque o contrato administrativo representa uma *alternativa ao contrato de direito privado*. Compreende-se, neste contexto, que a lei possa outorgar a uma entidade privada, de forma isolada, a capacidade para usar a forma contrato administrativo: uma disposição legal dessa natureza autoriza a entidade privada a beneficiar do *regime do contrato administrativo* – particularmente, dos *poderes públicos de execução do contrato* (artigo 180.º do CPA) – e, consequentemente, a "administrativizar" contratos que, de outro modo, teriam de qualificar-se como contratos de direito privado[399]. A expressa e isolada outorga da capacidade para celebrar contratos administrativos representa, afinal, uma *forma indirecta* de efectuar uma *delegação de poderes públicos*[400]. Deve, por isso, entender-se que a entidade beneficiária apenas fica autorizada a administrativizar os contratos que celebra na *execução directa das funções públicas de que esteja incumbida*: a capacidade (de direito público) para celebrar contratos administrativos não pode ser exercida para a prossecução de fins privados ou, de qualquer modo, fins alheios ao interesse público[401].

A atribuição legal expressa da capacidade para a celebração de contratos administrativos constitui apenas um dos cenários que pode estar na génese de *contratos administrativos entre entidades privadas*[402].

---

[398] Cfr. Pedro GONÇALVES, *ibidem*, p. 80.

[399] Nos termos do artigo 17.º do Decreto-Lei n.º 185/2002, de 20 de Agosto (parcerias em saúde), as entidades gestoras de estabelecimentos públicos de saúde gozam de certos direitos especiais, entre os quais se conta o da "celebração de contratos jurídico--públicos".

[400] Equiparando a uma *Beleihung* a atribuição do poder de celebrar contratos de direito público a uma entidade privada, cfr. KASTEN/RAPSCH, "Der öffentlichrechtliche Vertrag zwischen Privaten – Phänomen oder Phantom", p. 712.

[401] De outro modo, a atribuição da capacidade de celebrar contratos administrativos converte-se numa *delegação isolada de poderes públicos*.

[402] Cfr. J.M. Sérvulo CORREIA, *Legalidade e Autonomia*, cit., p. 417.

Deve dizer-se, no entanto, que se trata de um *cenário atípico*, porquanto a entidade privada fica, na prática, investida de uma situação próxima da *autonomia pública contratual*. Tal implica, pois, que com base na atribuição daquela *capacidade genérica* passa a ser essa entidade a definir em que circunstâncias e em que exacta medida ficam os seus contratos submetidos a um regime de direito público.

Uma outra situação que pode estar na génese de contratos administrativos entre entidades privadas decorre do facto de uma entidade privada com funções públicas se encontrar investida de poderes públicos unilaterais susceptíveis de se revelarem através de contratos; agora, o contrato administrativo apresenta-se como uma *alternativa ao acto administrativo* e, por conseguinte, a capacidade formal para o celebrar resulta da capacidade para a prática de actos administrativos. Trata-se, neste horizonte, do *contrato sobre o exercício de poderes públicos* ou, como se diz no artigo 18.º/1 da LSEE, do "contrato celebrado no exercício de poderes de autoridade". Observe-se, contudo, que, por si só, a competência da entidade privada para praticar actos administrativos apenas a autoriza a celebrar contratos administrativos *dentro dos limites dessa competência*[403].

Além das duas situações referidas, são ainda de qualificar como administrativos os contratos que uma entidade privada se encontra *expressamente autorizada* a celebrar por uma norma que se lhe dirige *enquanto titular de funções públicas* (*v.g.*, autorização conferida às

---

[403] Discordamos, neste ponto de J.M. Sérvulo CORREIA, *Legalidade e Autonomia*, cit., p. 414 e ss. Segundo o Autor, podem celebrar contratos administrativos as entidades privadas "que se encontrem submetidas a normas de direito administrativo que confiram a algum dos seus órgãos o poder de praticar actos administrativos" (*ibidem*, p. 417); acrescenta o Autor, em nota, que se uma empresa concessionária tiver órgãos competentes para a prática de actos administrativos, podem considerar-se administrativos os contratos de empreitadas por elas celebrados. Isso acontecerá assim porque "sendo o contrato administrativo uma forma de constituir, modificar ou extinguir relações jurídico-administrativas, a capacidade para a sua celebração é uma consequência lógica da titularidade do regime substantivo que ele serve como instrumento funcional" (p. 415). Com o devido respeito, parece-nos que o facto de uma entidade privada ter competência para a prática de actos administrativos *apenas* a autoriza (nos termos gerais) a celebrar contratos administrativos em vez de praticar os actos administrativos para que é competente. Esse é o resultado imediato do carácter parcial da capacidade (formal) de direito público das entidades privadas: a circunstância de uma entidade privada deter competência para a prática dos actos administrativos *X* e *Y* não a habilita, fora desse perímetro, a agir pelas formas do direito administrativo.

entidades responsáveis pelos serviços públicos de gestão de portos ou de aeroportos de celebrar contratos de concessão de serviços públicos ou de concessão do uso privativo do domínio público[404]).

Quanto a esta terceira situação, deve sublinhar-se que, para se poder concluir pela administratividade de um contrato, não basta que a entidade privada se encontre investida de funções públicas e, portanto, "investida na situação de elemento da Administração"[405]. Com efeito, no nosso juízo, a investidura de funções públicas constitui o pressuposto que, *em certos casos*, permite justificar a expressa atribuição da capacidade para a celebração de contratos administrativos. Neste domínio, em que está em jogo a delimitação da capacidade de direito público de uma entidade privada, e, concretamente, para o efeito do disposto no artigo 179.º/1 do CPA, a situação da entidade privada com funções públicas não pode ser equiparada à (dos órgãos) das entidades públicas. Com efeito, a entidade privada, mesmo quando investida de funções públicas e, portanto, na

---

[404] No direito francês, que conhece uma tradicional resistência à aceitação da possibilidade de contratos administrativos entre entidades privadas, os contratos de ocupação do domínio público são legalmente considerados administrativos, mesmo quando celebrados por empresas (privadas) concessionárias; cfr. NEGRIN, *L'intervention*, cit., p. 191. Esclareça-se, a este respeito, que o tema dos contratos administrativos entre entidades privadas aparece, em França, associado quase exclusivamente à identificação da jurisdição competente para apreciar os litígios emergentes de contratos. Num primeiro momento, o Tribunal dos Conflitos fixou a designada jurisprudência *Peyrot*, admitindo a natureza administrativa de certos contratos de empreitada de obras públicas celebrados por uma sociedade (de economia mista) concessionária; o Tribunal aplicou, então, a doutrina do *mandato*, decidindo que devem ser havidos como administrativos certos contratos celebrados por empresas que *actuam por conta do Estado*. Mais tarde, o mesmo Tribunal dos Conflitos abandonou a referência explícita à doutrina do mandato e passou a qualificar como administrativos todos os contratos de empreitada celebrados para a construção de estradas e de auto-estradas, mesmo que celebrados entre entidades privadas; cfr. PREVOST, "A la recherche du critère du contrat administratif", p. 817 e ss; LLORENS, "La jurisprudence *Société entreprise Peyrot*: nouveau développement", p. 353 e ss.

[405] Cfr. J.M. Sérvulo CORREIA, *Legalidade e Autonomia*, cit., p. 413; afirma o Autor que um "contrato entre pessoas colectivas privadas só pode ser administrativo na medida em que pelo menos uma delas esteja investida na situação de elemento da Administração (isto é, seja um «beliehene Hoheitsträger») e estipule o contrato com base nessa posição". Sublinhando que (só) as *entidades privadas com funções públicas* se encontram em condições de celebrar contratos administrativos, a doutrina pretende apenas destacar que essa possibilidade não existe quando estão envolvidos *meros particulares não investidos de funções públicas*; nesta linha, cfr. GERN, *Der Vertrag zwischen Privaten über öffentlichrechtliche Berechtigungen und Verpflichtungen. Zur Dogmatik des öffentlichrechtlichen Vertrages*, p. 45 e ss; BULL, *Allgemeines*, cit., p. 300.

situação de membro da Administração, não goza de um poder de empregar a forma contrato administrativo[406]. Dispõe apenas de um tal poder se uma norma jurídica a autorizar expressamente, enquanto titular de funções públicas, a celebrar *certos* contratos ou se for investida, de forma autónoma, da capacidade genérica para celebrar contratos administrativos.

A circunstância de uma entidade privada se encontrar investida de funções públicas (detendo, por ex., o estatuto de concessionária de serviço público) não basta, pois, para considerá-la autorizada a celebrar contratos administrativos; mas isso não significa que se possa prescindir da ideia segundo a qual se qualificam como administrativos *apenas* os contratos que ela celebra ao abrigo de normas que expressamente se lhe dirigem *enquanto titular de funções públicas*. Este constitui, na verdade, um requisito essencial, o qual, além do mais, esclarece que, decisivo nesta matéria, é o *critério estatutário* e não o *critério do objecto*[407].

---

[406] Embora não se referindo a esta situação específica, valem aqui as considerações de KASTEN/RAPSCH, Ob. cit., p. 712, segundo as quais a legitimação pública (legal) para a celebração de contratos de direito público não representa apenas uma condição de legalidade, mas, verdadeiramente, um *pressuposto conceptual* da própria noção de contrato de direito público.

[407] Afasta-se, assim, a tese, a que já aludimos, segundo a qual são viáveis contratos administrativos entre meros particulares não investidos de funções públicas; incluir-se-iam nesta hipótese, por ex., os contratos que envolvem a disposição de *direitos subjectivos públicos* (v.g., contrato de permuta de lugares em universidades). Seguindo o *critério do objecto* e, por isso, admitindo contratos administrativos entre particulares não investidos de funções públicas (desde que celebrados ao abrigo de normas jurídicas que os autorizam a dispor de direitos subjectivos públicos), cfr. GÖTZ, "Hauptprobleme des verwaltungsrechtlichen Vertrages", p. 2; GRZIWOTZ, Ob. cit., p. 29; WOLFF/BACHOF/STOBER, Ob. cit., 2, p. 212; PESTALOZZA, Ob. cit., pp. 51 e 53 e ss; ERICHSEN, Ob. cit., p. 409; KOPP/RAMSAUER, Ob. cit., p. 1195. Ao contrário, no sentido de que os contratos através dos quais particulares exercem um poder de disposição de direitos subjectivos públicos não constituem contratos administrativos, por não serem celebrados no âmbito de uma norma jurídica que se lhes dirija enquanto titulares de funções públicas (norma de direito público), mas, ao contrário, ao abrigo de um "direito de qualquer pessoa", cfr. GERN, Ob. cit., p. 52, e "Zur Möglichkeiten öffentlichrechtlichen Verträge zwischen Privaten", p. 694 e ss; KASTEN/RAPSCH, Ob. cit., p. 712; CLEMENS, "Öffentlich-rechtliche Verträge zwischen Privaten?", p. 380 e ss. Entre nós, cfr. J.M. Sérvulo CORREIA, *Legalidade e Autonomia*, cit., p. 414.

Neste contexto, importa equacionar o tema da natureza jurídica dos "contratos derivados" de contratos de concessão de serviços públicos: contratos de *subconcessão* e de *cessão ou de trespasse de concessões*.

Na doutrina portuguesa, J.M. Sérvulo CORREIA, *ibidem*, p. 414[139], recusa a natureza administrativa do contrato pelo qual "o particular co-contratante cede a terceiro a sua

As observações anteriores permitem-nos concluir que apenas devem qualificar-se como administrativos os contratos celebrados entre entidades privadas quando uma delas se apresentar como elemento ou membro da Administração Pública, portanto, investida de funções públicas, e *desde que* se verifique *uma* das condições seguintes: *i)* atribuição legal a essa entidade de capacidade para celebrar contratos administrativos; *ii)* utilização do contrato no exercício de competências de autoridade (em alternativa à prática de acto administrativo); *iii)* contratos celebrados ao abrigo de uma norma de *autorização expressa* que se dirige à entidade privada *enquanto titular de funções públicas*[408].

Ainda neste contexto, deve agora retomar-se o tema da natureza dos contratos celebrados por entidades privadas "apanhadas" pela incidência de normas reguladoras de procedimentos pré-contratuais de direito público.

---

posição no contrato administrativo"; ao contrário, no sentido da administratividade de tais *contratos derivados*, cfr. Esteves de OLIVEIRA/Pedro GONÇALVES/Pacheco de AMORIM, Ob. cit., pp. 72 e 815; Pedro GONÇALVES, *A Concessão*, cit., p. 277 e ss.

Ao contrário do que já defendemos, consideramos hoje que a tese de Sérvulo Correia é a correcta. Com efeito, a norma que se dirige a uma entidade concessionária, autorizando-a a proceder a uma subconcessão ou ao trespasse da concessão, não visa essa entidade *enquanto titular de funções públicas* (mas sim enquanto *titular de direitos subjectivos públicos*). Por essa razão, parece de considerar que tais contratos se ordenam no direito privado. As repercussões desses contratos no direito administrativo – particularmente, no caso do trespasse ou cessão de concessões, que implicam a novação subjectiva da concessão – são possíveis graças à intervenção autorizante da autoridade concedente. Essa autorização não constituirá, assim, um *acto de qualificação* pública do contrato (nesse sentido, cfr. PESTALOZZA, Ob. cit., p. 54), mas um *acto administrativo conformador de uma relação jurídica privada*.

[408] Em sentido diferente, cfr. M. Esteves de OLIVEIRA/R. Esteves de OLIVEIRA, Ob. cit., p. 57 e ss; discordamos dos Autores na medida em que defendem que os concessionários estão autorizados a, "no âmbito da concessão", submeter os seus contratos a um regime substantivo de direito público – cfr. artigo 4.º/1,*f)*, do CPTA. Ora, na nossa interpretação, os concessionários (como quaisquer outras entidades privadas) não dispõem de *autonomia pública contratual*; por isso mesmo, só podem submeter a um regime substantivo de direito público um contrato na estrita medida em que para tanto estiverem *autorizados expressamente por uma lei*. Quer dizer, por si só, a "vontade do concessionário" não é fonte de administratividade de contratos. Sem autorização expressa e na falta de outra indicação legal, os contratos que os concessionários celebrem ordenam-se no direito privado – o artigo 4.º/1,*f)*, do CPTA não é, nem poderia ser, norma atributiva de capacidade para a celebração, por concessionários, de contratos submetidos a um regime do direito público; a disposição, processual, *pressupõe* que o concessionário se encontra autorizado por uma norma substantiva a remeter o contrato para uma disciplina de direito público.

A questão coloca-se com particular acuidade no domínio do RJEOP, onde o contrato de empreitada de obras públicas surge expressamente qualificado como *contrato administrativo*. Assim, por ex., os contratos de empreitada de uma IPSS – como *organismo de direito público*[409] – ou de uma empresa concessionária de serviço público encontram-se abrangidos pelo RJEOP por força de regras (originariamente, de direito comunitário) que exigem a aplicação dos procedimentos de adjudicação de contratos públicos sempre que estejam envolvidos organismos *próximos* do Estado ou de outras entidades públicas. Contudo, o RJEOP, que contém as regras desses procedimentos, disciplina também a execução do contrato de empreitada, qualifica este como um contrato administrativo e é aplicável a todos os "donos de obras públicas" (incluindo as referidas entidades privadas). Nesta medida, entidades que se encontram submetidas ao RJEOP por *exclusivas razões de natureza procedimental*, acabam por beneficiar de tudo o que esse mesmo regime estabelece sobre os donos de obras públicas ou sobre a natureza do próprio contrato de empreitada celebrado no respectivo âmbito de aplicação: é esta a interpretação da jurisprudência administrativa[410]. Apesar de os tribunais ainda terem alguma margem de manobra (curta, reconhece-se), seria desejável uma alteração do RJEOP neste ponto[411]. De outro modo, continuará a ter de se admitir a natureza administrativa de certos contratos entre entidades privadas, apesar de nenhuma delas se encontrar investida de funções públicas administrativas ou, em qualquer caso, não explicitamente investida da capacidade para celebrar contratos administrativos[412]. A adminis-

---

[409] Sobre este conceito, cfr., *supra*, Parte I, Cap. II, 2.1.

[410] Qualificando como administrativo um contrato de empreitada celebrado por uma IPSS, cfr. AcSTA/1.ª, de 08/10/2002, proc. 1308/02.

[411] Observe-se, contudo, que a alteração do RJEOP poderia não ser suficiente para afastar todas as distorções do actual regime jurídico. Com efeito, mesmo que um contrato entre privados se não qualifique como administrativo, o facto de a lei submeter o respectivo processo de formação a normas de direito público determina, nos termos do artigo 4.º/1,*e)*, a submissão do próprio contrato à jurisdição administrativa. Para a crítica – a que nos associamos – dessa solução legal, cfr. Sérvulo CORREIA, *Direito do Contencioso*, cit., p. 716.

[412] O regime legal cria aliás situações verdadeiramente caricatas: pense-se, por ex., nos contratos de empreitadas das concessionárias de serviços públicos, que "só são administrativos" quando ultrapassem certo valor: cfr. artigos 3.º/1,*h)*, e 252.º do RJEOP; nos contratos abaixo desse valor, as concessionárias não são "donas de obras públicas",

tratividade de tais contratos representa um *efeito lateral* da submissão da entidade privada a um determinado regime jurídico.

2.2. *Sujeição à jurisdição administrativa*

Embora a lei o consagre explicitamente, a sujeição da entidade privada com poderes públicos à jurisdição administrativa resultaria do artigo 212.º/3 da CRP. Com efeito, como já se esclareceu, a delegação de poderes públicos numa entidade privada determina a natureza administrativa das relações jurídicas que esta estabelece no exercício daqueles poderes; nos termos da CRP, aos tribunais administrativos compete exactamente dirimir os litígios emergentes de relações jurídicas administrativas. Mesmo no silêncio da lei, caberia aos tribunais da jurisdição administrativa apreciar os actos praticados no desenvolvimento de relações jurídicas em que um dos intervenientes é uma entidade privada a actuar no exercício de poderes públicos de autoridade. Quanto a este aspecto, deve, em qualquer caso, sublinhar-se que, sem embargo da eventualidade da arbitragem[413], se encontra liminarmente excluída a possibilidade de subtrair à apreciação de um *tribunal estadual* os actos e as actuações da entidade privada no exercício de poderes públicos: trata-se de um princípio – que decorre imperativamente dos artigos 20.º/1 e 268.º, n.ºs 4 e 5, da CRP – aplicável ao legislador, mas, naturalmente, também à própria entidade privada, que não pode instituir, por sua iniciativa, um *vínculo de justiça* (*v.g.,* estatutos associativos que punem com a exclusão o membro que impugne um acto público da associação num tribunal estadual[414]). Por outro lado, sem perder de vista que o artigo 212.º/3 não se deve interpretar como estabelecendo uma reserva material absoluta a favor dos tribunais administrativos, entendemos que não seria constitucio-

---

situação que se altera pelo mero facto de o valor do contrato ultrapassar uma certa fasquia! No sentido de que é administrativo o contrato de empreitada de uma empresa concessionária acima de determinado valor, cfr. Acórdão do Tribunal de Conflitos, de 10/03/2005, proc. 21/03.

[413] Cfr. artigo 180.º e ss do CPTA.

[414] Era esse o teor do regulamento da Federação Portuguesa de Futebol que o AcTC n.º 427/89 se recusou a conhecer, por se tratar de um regulamento editado no exercício de um poder privado.

nalmente justificada uma solução legal que desviasse dos tribunais administrativos a competência para apreciar actos e actuações públicas apenas pelo facto de provirem de entidades privadas[415].

a) Observações preliminares

A *legitimidade processual* constitui, seguramente, um dos temas mais largamente debatidos na dogmática do direito processual administrativo. Tradicionalmente, o tema aparece analisado e discutido fundamentalmente na dimensão da *legitimidade processual activa*, tratando-se de saber em que circunstâncias uma pessoa é titular do direito de acção na jurisdição administrativa[416]. Com a reforma do direito processual administrativo, a problemática da legitimidade processual vai continuar no centro das preocupações da doutrina e da jurisprudência, mas agora, sobretudo, na vertente da *legitimidade processual passiva*. De facto, a esse nível, são significativas e de monta as inovações introduzidas pela reforma de 2002/03. Além de outros aspectos[417], algumas das inovações mais importantes consistem na previsão explícita da possibilidade de *particulares, concessionários, sujeitos privados* ou *entidades privadas* figurarem como sujeitos passivos de uma relação processual administrativa.

A possibilidade de particulares ou entidades privadas figurarem como sujeitos passivos de uma relação processual num tribunal administrativo não representa uma novidade no direito português: além das situações especiais dos *contra-interessados* nos processos de impugnação[418] e dos *titulares de órgãos ou agentes administrativos* nas acções de regresso[419], a lei processual já admitia a impugnação de actos administra-

---

[415] Os desvios legais ao disposto no artigo 212.º/3 são possíveis, mas têm de se basear numa justificação, a qual, no nosso juízo, não pode resultar da mera natureza jurídica do responsável pelas acções que dão origem ao estabelecimento de relações jurídicas administrativas.

[416] Cfr., do CPTA, artigos 9.º (princípio geral), 40.º (acções sobre contratos), 55.º (impugnação de actos administrativos), 68.º/1 (condenação à prática de acto devido), 73.º (impugnação de normas), 77.º/1 (declaração de ilegalidade de normas).

[417] Quanto a esses outros aspectos, relacionados com a legitimidade passiva das entidades públicas, cfr. Mário Aroso de ALMEIDA, *O Novo Regime*, cit., p. 46 e ss.

[418] Cfr. artigo 36.º/1,*b)*, da LPTA, e, agora, artigos 57.º e 68.º/2 do CPTA.

[419] Cfr. artigo 51.º/1,*h)*, do ETAF/1984, e, agora também em relação às acções de regresso propostas contra juízes e magistrados do Ministério Público, artigos 25.º/1,*f)*, e 37,*c)*, do ETAF.

tivos e de regulamentos administrativos de *concessionários* e de *pessoas colectivas de utilidade pública administrativa*[420], bem como a intimação de *particulares* ou *concessionários*, no âmbito do processo acessório de intimação para um comportamento[421]. Portanto, neste domínio, a inovação da reforma de 2002/03 reporta-se, sobretudo, ao *alargamento* das situações de legitimidade passiva de entidades privadas.

Assinale-se, contudo, que a legislação deixa algo a desejar no capítulo da identificação nominativa das *entidades não públicas*, notando-se, quanto a este aspecto, uma despropositada abundância terminológica. Assim, no ETAF, o artigo 4.º/1,*d)*, refere-se à fiscalização da legalidade de normas e demais actos jurídicos praticados por *sujeitos privados*, designadamente *concessionários*, no exercício de poderes administrativos; o conceito de *sujeitos privados* surge depois nos artigos 100.º/3 e 132.º/2 do CPTA, a propósito dos actos equiparados a actos administrativos dirigidos à celebração de contratos; mas o mesmo CPTA, no artigo 51.º/2, sobre os actos impugnáveis, adopta já o termo *entidades privadas* (*que actuem ao abrigo de normas de direito administrativo*[422]); ainda no CPTA, o artigo 10.º/7, sobre legitimidade passiva, estabelece que podem ser demandados *particulares* ou *concessionários* (esquecendo o conceito de *sujeitos privados*, do ETAF, bem como o de *entidades privadas*, que o próprio CPTA emprega no artigo 51.º/2); por outro lado, ainda no CPTA, associam-se *particulares* e *concessionários* nos artigos 37.º/3, 109.º/2, 112.º/2,*f)*; no artigo 157.º/2, o mesmo Código retoma, agora de forma isolada, o conceito de *particulares*. Por fim, o artigo 20.º/1 do CPTA, sobre competência territorial, refere-se a *pessoas colectivas de utilidade pública*. Não nos parece possível encontrar um critério que explique a profusão de designações: veja-se, por ex., que os *concessionários* aparecem uma vez associados a sujeitos privados com poderes administrativos, outras a particulares; por sua vez, às entidades públicas e às pessoas colectivas de direito público são contrapostos ora os particulares e os concessionários, ora os sujeitos privados e as entidades privadas. Esta abundância terminológica – que resulta de não terem sido devidamente identificados, em cada caso, os factores de conexão da acção de privados (em sentido lato) com a jurisdição administrativa –

---

[420] Cfr. artigo 51.º, als. *c)*, *d)* e *e)* do ETAF/1984.
[421] Cfr. artigo 86.º e ss da LPTA.
[422] O artigo 4.º/1,*d)*, do ETAF fala de *actos praticados por sujeitos privados no exercício de poderes administrativos*.

tem repercussões imediatas quanto à compreensão do alcance de certas referências, como é por exemplo o caso do conceito de particulares do artigo 157.º/2[423].

Tendo em consideração todo o espectro de inovações, é possível afirmar-se que, nesta matéria, a verdadeira originalidade (em termos de direito comparado) da nova legislação processual administrativa portuguesa reside na circunstância de, num processo principal, se admitir a *legitimidade passiva de meros particulares*, não investidos de funções públicas, nem postos na situação de colaboradores da Administração Pública.

Diferentemente, dada a sua situação de *membros da Administração Pública* e apesar de actuarem em regra segundo o direito privado, já parece de assumir como *normal* a possibilidade de entidades privadas com funções públicas figurarem, *em certos cenários*, como demandadas no processo administrativo[424].

b) Entidades privadas com poderes públicos na jurisdição administrativa

Para as finalidades imediatas da presente investigação, interessa-nos analisar, de forma especial, a situação processual das entidades privadas com poderes públicos e, particularmente, a sujeição delas à jurisdição administrativa[425]. Já vimos que, mesmo sem a referência explí-

---

[423] De modo a limitar a profusão de conceitos para identificar as entidades privadas sujeitas à jurisdição administrativa, eliminaríamos da lei as referências aos concessionários e às pessoas colectivas de utilidade pública. Falaríamos apenas de "particulares", para identificar os *meros particulares*, que actuam nessa qualidade e não investidos de qualquer incumbência de colaboração com a Administração Pública, e de *sujeitos privados* ou de *entidades privadas*, para identificar as entidades que se encontram sujeitas à jurisdição administrativa pelo facto de actuarem, em face de terceiros, segundo um regime substantivo de direito público administrativo.

[424] Referindo-se, neste âmbito (a propósito das empresas concessionárias), a uma *aparente* excepção ao princípio segundo a qual a parte resistente no processo administrativo deve ser um sujeito público, cfr. FOLLIERI, Ob. cit., p. 644.

[425] A sujeição das entidades privadas no exercício de poderes públicos à jurisdição administrativa não constitui, naturalmente, uma originalidade portuguesa.

No direito francês, coube aos tribunais administrativos formular, a partir de casos concretos, a categoria dos "actos administrativos editados por organismos privados". Actualmente, é pacífica a doutrina segundo a qual se encontram submetidos à jurisdição dos tribunais administrativos os actos que entidades privadas praticam no desempenho de

cita, no artigo 4.º/1,*d), do ETAF, à competência dos tribunais administrativos para fiscalizar a legalidade de normas e de actos praticados por entidades privadas no exercício de poderes públicos, a jurisdição administrativa seria, em qualquer caso, competente neste domínio[426].

Sem esquecer a crítica que dirigimos à abundância terminológica usada pela legislação processual administrativa para identificar as várias situações em que as entidades privadas se encontram submetidas à jurisdição administrativa, chega agora a altura de aplaudir a solução que essa

---

missões de serviço público, desde que para tal investidas de prerrogativas de autoridade pública.

Na Itália, depois de, durante grande parte do século XX, se recusar a competência dos tribunais administrativos para apreciar actos administrativos de entidades privadas, nos últimos anos, verificou-se, contudo, uma completa inversão, assumindo-se a jurisdição administrativa competente para apreciar actos de sujeitos privados (designadamente, actos de escolha de contratantes ou relativos a expropriações, praticados por empresas concessionárias); cfr. FILIPPI, Ob. cit., p. 581 e ss; LEONARDIS, *Soggettività*, cit., p. 227 e ss.

Na Alemanha, os *Beliehenen* são considerados *Körperschaften*, para efeitos do § 78, (1), 1, da VwGO; tendo legitimidade passiva, podem figurar no processo administrativo como partes demandadas, por ex., nas acções de anulação ou de condenação à prática de actos administrativos; cfr. EHLERS, "Der Beklagte im Verwaltungsprozess", p. 378; WOLFF/BACHOF/STOBER, Ob. cit., 3, p. 523; RENGELING, Ob. cit., p. 32; STUIBLE-TREDER, Ob. cit., p. 117 e ss; FRENZ, Ob. cit., p. 58; BURGI, "Der Beliehene", cit., p. 594.

Em Espanha, a *Ley de la Jurisdicción contencioso-administrativa* (1998) refere-se aos actos praticados por concessionários de serviços públicos no exercício de poderes administrativos, mas para estabelecer que a ordem jurisdicional administrativa apenas é competente para os apreciar nos casos expressamente previstos na legislação sectorial. Não havendo na lei nenhuma outra referência a entidades privadas, fica por esclarecer se a regra se aplica apenas à situação específica dos concessionários de serviços públicos ou ainda a quaisquer outras entidades privadas (por analogia com a situação dos concessionários). Admitindo-se esta segunda interpretação, terá de se concluir que, no direito espanhol, as entidades privadas só podem figurar como demandadas num processo jurisdicional administrativo nos casos previstos em lei especial. Por isso, encontrando-se investidas de poderes de autoridade, os seus actos terão de se impugnar junto da Administração. Só a resolução que esta venha a tomar sobre eles pode ser, depois, impugnada: é, de resto, essa a regra que o artigo 2.º,*d)*, da referida lei estabelece para os actos dos concessionários; cfr. GONZALEZ PEREZ, *Comentarios*, cit., p. 118 e ss e 186 e ss; MARTIN REBOLLO, Ob. cit., p. 90 e ss; RUIZ RISUEÑO, Ob. cit., p. 114 e ss.

[426] Por vezes, a legislação especial alude à sujeição de entidades privadas aos tribunais administrativos; assim sucede, por ex., com o artigo 18.º/1 da LSEE ou com o artigo 8.º/2 do Decreto-Lei n.º 144/93, de 26 de Abril (regime das federações desportivas).

mesma legislação adopta quanto à identificação nominativa das entidades privadas com poderes públicos. Quanto a este aspecto, a nova legislação toma a opção claramente mais correcta, abolindo as indicações que se referiam exclusivamente à situação estatutária em que pode eventualmente encontrar-se uma entidade privada com poderes públicos (por ex., "concessionários"), sem cair, porém, na tentação de acolher referências de cunho doutrinal (por ex., "pessoas de direito privado e regime administrativo"); consideramos, assim, particularmente feliz o emprego de *fórmulas neutras* ("entidade privada", "sujeito privado"), que se confinam a fornecer uma indicação genérica, susceptível de abranger, *sem excepções e sem dúvidas*, todas as variadas situações estatutárias em que podem encontrar-se entidades privadas com funções administrativas e poderes públicos.

As linhas que se seguem vão dedicadas ao estudo do âmbito e dos termos da sujeição à jurisdição administrativa das entidades privadas com poderes públicos e à discussão de alguns aspectos particulares de natureza processual.

i) Âmbito e termos da sujeição

No nosso horizonte está a delimitação do âmbito e a definição dos termos da sujeição das entidades privadas com poderes públicos à jurisdição administrativa. Naturalmente, a questão apenas nos interessa de forma imediata enquanto a entidade privada actua no *exercício de poderes públicos*, quer dizer, *ao abrigo de uma norma atributiva de poderes públicos*.

Para este efeito, a primeira tarefa consiste em identificar a situação litigiosa que envolve a entidade privada como uma situação verificada no contexto exacto de uma actuação desenvolvida ao abrigo de poderes públicos.

Pode, evidentemente, dar-se o caso de estar presente uma entidade investida de poderes públicos, mas a situação litigiosa não revelar conexão com uma actuação no exercício de poderes públicos. Não apresentando esta conexão, o litígio deverá, *em princípio*, ser apreciado por um tribunal judicial[427] – atento o facto de a *capacidade de direito público das*

---

[427] A actuação no exercício de poderes públicos representa um *factor de conexão* das entidades privadas com a jurisdição administrativa. Contudo, deve sublinhar-se que, nesse âmbito, a sujeição à jurisdição administrativa apenas ocorre porque e na medida em que a entidade privada actua (ou se recusa a actuar) no exercício poderes públicos; neste sentido,

entidades privadas com funções públicas ser sempre parcial, a sujeição delas à jurisdição administrativa deve, em coerência, ser assumida como *excepcional* ou, pelo menos, *pontual*.

Tendo presente a observação anterior, importa, entretanto, sublinhar que a entidade privada com poderes públicos pode, apesar disso, encontrar-se sujeita à jurisdição administrativa por *razões alheias ao exercício de poderes públicos*: assim sucede se estiver verificado um outro factor de conexão com a jurisdição administrativa, por ex., se estiver envolvida a prática de actos equiparados a actos administrativos, nos termos do artigo 100.º/3 do CPTA; o mesmo se verifica se a mesma entidade desenvolve actividades reguladas por normas de direito administrativo, por ex., actuando como *entidade expropriante*.

Ainda neste âmbito – das situações alheias ao exercício de poderes públicos –, importa equacionar o tema da jurisdição competente para apreciar as questões de *contencioso eleitoral* dos órgãos de entidades privadas e do *direito à filiação* em associações privadas.

Como vimos, se, pelo facto de uma entidade privada (de carácter associativo) estar investida de funções e poderes públicos, a lei regular específica e detalhadamente o processo eleitoral dos seus órgãos, parece de admitir a natureza administrativa desse processo e, por conseguinte, a natureza administrativa dos actos praticados no seu desenvolvimento[428]. A ser assim, interessa indagar se cabe aos tribunais da jurisdição administrativa apreciar tais *actos administrativos em matéria eleitoral*, nos termos do artigo 97.º e ss do CPTA[429].

Essa questão – que, insiste-se, só se coloca nos casos em que a lei regula especificamente o processo eleitoral dos órgãos da entidade privada, *pelo facto de ela estar investida de funções públicas* – só não tem uma resposta imediatamente afirmativa porque o artigo 4.º/1,*m)*, do

---

cfr. AcSTA/1.ª, de 20/12/2000, (proc. 46 393), que identifica, no domínio da intervenção das federações desportivas, as questões a apreciar pela jurisdição administrativa.

[428] Não satisfaz a exigência o processo eleitoral dos órgãos de *pessoas colectivas de utilidade pública administrativa* (do Código Administrativo). Discordamos, por isso, do modo como o AcSTA/1.ª, de 06/07/2000, (proc. 46236), admitiu um recurso eleitoral proposto por um associado contra a Associação Humanitária de Bombeiros Voluntários de Ílhavo, pressupondo estar aí envolvido um "contencioso eleitoral administrativo".

[429] A propósito do regime dualista a que se encontram submetidas as entidades privadas com funções administrativas, cfr. Vital MOREIRA, *Administração Autónoma*, cit., p. 547, que considera o contencioso eleitoral uma área problemática.

ETAF estabelece que cabe à jurisdição administrativa pronunciar-se sobre o "contencioso eleitoral relativo a *órgãos de pessoas colectivas de direito público*". Em face do disposto nessa norma do ETAF, dir-se-á que há razões para uma resposta imediatamente negativa[430]. Cremos, todavia, que a solução do problema reclama uma análise mais profunda, a qual passa por uma referência ao sentido e ao alcance das várias alíneas do artigo 4.º/1 do ETAF.

Como se sabe, o artigo 4.º do ETAF, nos seus três números, não se limita a *concretizar* a cláusula geral de delimitação do âmbito da jurisdição administrativa: "litígios emergentes de relações jurídicas administrativas" (artigos 212.º/ da CRP e 1.º/1 do ETAF)[431]. Quer na *enumeração positiva* (n.º 1) quer na *enumeração negativa* (n.os 2 e 3) que acolhe, a norma apresenta desvios, *para mais* e *para menos*, em relação à solução que resultaria da pura concretização da cláusula geral[432]. Concretamente, em relação à enumeração positiva do artigo 4.º/1, reconhece-se que algumas das suas alíneas (em matéria de contratos ou de responsabilidade civil das pessoas de direito público) contêm *cláusulas autónomas de atribuição* de competência aos tribunais administrativos; tais alíneas atribuem aos tribunais administrativos *competências novas*, que não se referem a litígios emergentes de *relações jurídicas administrativas* (enquanto *relações jurídicas de direito administrativo*)[433].

Ora, uma vez que o artigo 4.º/1 do ETAF não se limita a ilustrar o conceito de litígios emergentes de relações jurídicas administrativas, interessa saber se as *cláusulas de atribuição* de competência nele contidas podem interpretar-se, *a contrario*, como *cláusulas de exclusão*, no sentido de afastarem do âmbito da jurisdição administrativa os litígios que não contemplam expressamente[434]. Afigura-se claro que as cláusulas de

---

[430] No sentido de que essa disposição parece excluir as eleições no seio de quaisquer pessoas colectivas privadas, cfr. J.C. Vieira de ANDRADE, *A Justiça*, cit., p. 229[464].

[431] Neste sentido, cfr. J.C. Vieira de ANDRADE, *A Justiça*, cit., p. 116 e ss. Sobre o âmbito da jurisdição administrativa no ETAF, cfr. Diogo Freitas do AMARAL/Mário Aroso de ALMEIDA, Ob. cit., p. 26 e ss; Maria João ESTORNINHO, "A reforma de 2002 e o âmbito da jurisdição administrativa", p. 3 e ss.

[432] Cfr. J.C. Vieira de ANDRADE, *A Justiça*, cit., p. 117, referindo-se, por um lado, a um efeito *aditivo* e, por outro, a um efeito *subtractivo*.

[433] Referindo-se, neste domínio, a uma *ampliação* do âmbito tradicional da justiça administrativa, cfr. J.C. Vieira de ANDRADE, *A Justiça*, cit., p. 49.

[434] O problema que estamos a equacionar não se colocaria se as várias alíneas do artigo 4.º/1 do ETAF se circunscrevessem a exemplificar a cláusula geral.

atribuição que se limitam a concretizar a cláusula geral – sem atribuir *competências novas*, apenas exemplificam o conceito de litígio emergente de relação jurídica administrativa – não devem interpretar-se como cláusulas de exclusão quanto aos tipos de litígios que não contemplam[435]. Assim, se, numa alínea, a lei refere uma categoria específica de litígios para ilustrar uma aplicação concreta da cláusula geral, deve entender-se que ela não afasta do âmbito da jurisdição administrativa a apreciação dos litígios não expressamente contemplados, desde que, naturalmente, preencham os requisitos da cláusula geral. Neste pressuposto, diremos que o artigo 4.º/1,*m)*, ao referir-se às pessoas colectivas de direito público, não deve ser interpretado no sentido de excluir as pessoas colectivas privadas. O contencioso eleitoral destas estará submetido à jurisdição administrativa *se, a partir do direito substantivo, for qualificável como matéria de natureza administrativa*.

Quanto ao tema da filiação em associações de direito privado, deve dizer-se que a filiação só pode ser exigida à associação no contexto de um *direito subjectivo à filiação*. Se um tal direito não estiver *directa* ou *indirectamente* consagrado – neste último caso, por via da restrição imperativa da liberdade *da* associação[436] – a pretensão de obter a filiação não será, *em princípio*, justiciável, e, independentemente disso, não será, *decerto*, justiciável nos tribunais administrativos[437]. Contudo, se puder ser invocado um direito à filiação numa associação privada com funções e poderes públicos (direito resultante da norma que se dirige à associação enquanto titular de funções públicas, impondo-lhe o dever de aceitar os pedidos de filiação de interessados), pertencerá aos tribunais adminis-

---

[435] Mas se uma cláusula *amplia* a competência dos tribunais administrativos, deve entender-se que ela só procede a essa ampliação nos termos previstos, funcionando, pois, como *cláusula de exclusão* em relação aos litígios (idênticos) que não contempla (desde que tais litígios não preencham os requisitos da cláusula geral).

[436] Uma restrição desse teor deve considerar-se, mais do que possível, imperativa, sempre que se trate de uma associação investida de funções públicas em relação a interessados que supostamente representa; cfr., *supra*, Cap. I, 1.3.3.3, em nota de pé de página.

[437] Deste ponto de vista, suscita a maior apreensão o AcSTA/1.ª, de 03/03/2005, (proc. 341/04), pelo qual o Supremo Tribunal Administrativo se considerou competente para apreciar a legalidade estatutária do acto de recusa de admissão de um sócio numa associação humanitária de bombeiros voluntários. Ora, não existe qualquer sustentação jurídica para desenhar um direito à filiação nesse tipo de associações (que não exercem funções públicas em relação a *interessados*).

trativos a competência para, no âmbito da *acção administrativa comum*, dirimir os litígios provocados por deliberações associativas relativas à filiação de interessados.

Nas situações que acabam de ser referenciadas, a entidade privada (com poderes públicos) encontra-se submetida à jurisdição administrativa por razões alheias ao exercício, *em concreto*, de poderes públicos de autoridade; quer dizer, a submissão aos tribunais administrativos não resulta, directamente, do facto de a actuação da entidade privada que está na génese do litígio se encontrar regulada por *normas atributivas de poderes públicos* – de qualquer forma, a actuação em causa é objecto de uma regulação específica de *normas de direito público*; daí, a competência dos tribunais administrativos.

Movimentando-se nas áreas em que aparece investida de poderes públicos, a entidade privada fica, *por essa razão*, sujeita à jurisdição administrativa. Vejamos então em que termos se processa essa sujeição.

Neste contexto, deve partir-se do princípio de que, *quando actua no exercício de poderes públicos*, a entidade privada – membro da Administração Pública – se encontra sujeita à jurisdição administrativa nos mesmos termos das entidades públicas. Pode invocar-se, neste sentido e para efeitos contenciosos, um *princípio de equiparação entre entidades públicas e entidades privadas com poderes públicos*[438]: *no exercício de poderes públicos*, a situação processual das entidades privadas apresenta-se, em princípio, nos mesmos termos em que se encontram as entidades públicas nas mesmas circunstâncias (no exercício de poderes públicos)[439].

Assim, revela-se indiscutível a competência dos tribunais administrativos para apreciar a legalidade dos *actos administrativos* praticados e das *normas administrativas* emitidas por entidades privadas. Essas são, de resto, as situações expressamente visadas pelo artigo 4.º/1,*d),* do ETAF. O CPTA "lembra", no seu artigo 51.º/2, que, na forma da acção administrativa especial, são impugnáveis as decisões materialmente admi-

---

[438] Um princípio de equiparação entre *empresas públicas* e *entidades administrativas*, para efeitos contenciosos, encontra-se expressamente acolhido no artigo 18.º da LSEE.

[439] No mesmo sentido, para o *Beliehene*, cfr. STUIBLE-TREDER, Ob. cit., p. 117 e ss; FRENZ, Ob. cit., p. 58; BURGI, "Der Beliehene", cit., p. 594.

nistrativas proferidas por entidades privadas que actuem ao abrigo de normas de direito administrativo (*actos administrativos*[440]). Apesar do silêncio da lei, o mesmo deve dizer-se a respeito do pedido de *condenação à prática de acto devido*. Com efeito, apresentando-se a entidade privada como competente para a prática de um acto administrativo devido, a acção administrativa especial constitui a forma processual própria para obter a condenação dela à prática, dentro de determinado prazo, de um acto administrativo ilegalmente omitido ou recusado (artigo 66.°/1 do CPTA). O mesmo pode dizer-se em relação aos pedidos de declaração de ilegalidade de normas por omissão: na medida em que esteja investida da competência para editar normas, a verificação dos pressupostos do artigo 77.° do CPTA pode viabilizar a propositura de uma acção administrativa especial contra a entidade privada.

Por outro lado, a entidade privada pode, naturalmente, ser confrontada com a adopção de providências cautelares, nos termos do artigo 112.° e ss do CPTA (processos cautelares instaurados na dependência de uma acção administrativa especial)[441].

No domínio dos processos urgentes, a entidade privada pode ser intimada a prestar informações na sequência da não integral satisfação de pedidos formulados no exercício do *direito à informação procedimental* ou do *direito de acesso aos arquivos e registos administrativos* (cfr. artigo 104.°/1 do CPTA). O âmbito de aplicação deste processo de intimação depende, é claro, da subsistência de um direito de aceder a *informação administrativa* detida pela entidade privada. A existência de um tal direito parece indiscutível nos casos em que esta edita normas, pratica actos administrativos ou celebra contratos administrativos (direito à infor-

---

[440] O artigo 51.°/2 do CPTA "evita" qualificar como *actos administrativos* as decisões materialmente administrativas de entidades privadas, mas não hesita em prescrever expressamente que tais decisões são impugnáveis nos mesmos termos dos actos administrativos (artigo 51.°/1).

[441] Quando esteja envolvido o exercício de poderes públicos (*v.g.*, a prática de um acto administrativo discricionário), a entidade privada investida de poderes públicos deve ser considerada, para efeitos do disposto no artigo 112.°/2,*f*), do CPTA, *Administração* e não *um particular, designadamente, um concessionário* (mesmo que de uma empresa concessionária se trate). Em face do disposto no artigo 86.° da LPTA, a questão de saber se a intimação só poderia ser requerida contra concessionários sempre ou apenas quando estivessem investidos de poderes para a prática de actos não legalmente devidos chegou a ser abordada pelo Tribunal Constitucional, o qual, no entanto, acabou por não tomar posição sobre ela; cfr. AcTC 533/01.

mação procedimental, nos termos do CPA), bem como, em geral, quando actua investida de poderes de autoridade (direito de acesso à informação, nos termos da LADA)[442].

Embora aplicável em situações estranhas ao exercício da autoridade, a *acção administrativa comum* pode, ainda assim, revelar-se adequada para demandar a entidade privada em áreas em que ela actua investida (ou pretensamente investida) de poderes públicos de autoridade[443]. Assim, por ex., no contexto de um processo para obter a sua condenação a não emitir um acto administrativo (por carência de poder para esse efeito) ou a não continuar a execução de uma acção material de autoridade iniciada em "via de facto", em infracção ao princípio *nulla executio sine titulo* (artigo 151.º/1 do CPA)[444], ou a invalidação de um contrato administrativo sobre o exercício de poderes públicos[445] ou, por fim, a indemnização por actos praticados pela entidade privada no exercício de poderes públicos de autoridade[446].

---

[442] Na vigência da LPTA, o STA equiparava a "autoridades públicas" (artigo 82.º/1 da LPTA) as entidades privadas munidas de poderes públicos de autoridade; cfr. AcSTA/1.ª, de 27/01/94, proc. 33 240 (no caso, tratava-se da qualificação da EDP, S.A., como autoridade pública). No mesmo sentido, cfr. AcTCA/1.ª, de 21/02/2002, proc. 6031/02 (qualificação da Parque Expo, S.A., como autoridade pública, para efeitos do artigo 82.º/1 da LPTA).

[443] A propositura de uma *acção administrativa comum* contra entidades privadas *no âmbito do exercício de funções públicas* apenas é viável em casos contados, porquanto, em regra, a actuação dessas entidades é regulada pelo direito (administrativo) privado. Nestes termos, para que a acção comum na jurisdição administrativa seja viável, é necessário que seja *nítida* a natureza pública da relação jurídica paritária que intercede entre a entidade privada e terceiros (*v.g.*, no contexto do exercício de um direito à filiação numa associação privada investida de funções públicas em relação a interessados) ou que a pretensão judicial se relacione com o facto de a entidade privada deter ou pretender exercer poderes públicos de autoridade.

[444] Cfr. AcSTA/1.ª, de 04/03/2004, proc. 1353/03, confirmando a decisão da 1.ª instância que havia declarado a nulidade de uma acção material de remoção de embarcações executada pela Associação Marina de Funchal, entidade privada concessionária da Marina do Funchal.

[445] Cfr. artigo 18.º/1, da LSEE, que equipara as empresas públicas do sector empresarial do Estado a entidades administrativas para efeitos de determinação da competência jurisdicional para o julgamento de litígios respeitantes a "contratos celebrados no exercício de poderes de autoridade".

[446] Quanto aos pedidos de indemnização por *actos praticados no exercício de poderes públicos de autoridade*, importa atentar no disposto no artigo 4.º/1,*i)*, do ETAF, que atribui aos tribunais administrativos competência para apreciar litígios que tenham

ii) Particularidades de natureza processual

O princípio da equiparação para efeitos contenciosos entre entidades privadas com funções e poderes públicos e entidades públicas permite resolver, decerto, muitas das eventuais dúvidas sobre o sentido da aplicação de algumas disposições processuais no caso de entidades privadas se apresentarem na situação de entidades demandadas.

Todavia, além de situações em que parece não haver lugar à aplicação desse princípio de equiparação, há outras em que a aplicação pressupõe uma justificação.

Uma primeira dúvida que pode suscitar-se reside em saber se, no caso de acções propostas contra entidades privadas, se aplica o disposto no artigo 10.º/4 do CPTA. Como é conhecido, uma das inovações da reforma do contencioso administrativo de 2002 consistiu em estabelecer a regra segundo a qual a legitimidade passiva nas acções que tenham por objecto acções ou omissões de entidades públicas cabe à *pessoa colec-*

---

por objecto a "responsabilidade civil extracontratual dos sujeitos privados, aos quais seja aplicável o regime específico da responsabilidade do Estado e demais pessoas colectivas de direito público". A norma parece dever interpretar-se no sentido de atribuir à jurisdição administrativa a competência para apreciar a responsabilidade civil de entidades privadas *apenas nos casos* em que a lei da responsabilidade civil das entidades públicas lhes seja aplicável. Nesta situação especial, a *cláusula de atribuição* de competência assume-se, simultaneamente, como uma *cláusula de atribuição incompleta*, no sentido de que faz depender a competência dos tribunais administrativos de uma outra indicação legislativa, e como *cláusula de exclusão*, já que exclui da jurisdição administrativa as acções de responsabilidade civil dos sujeitos privados fora das situações nela contempladas – no sentido de que, nos termos daquela norma, a jurisdição administrativa *só é* competente para apreciar a responsabilidade civil de sujeitos privados "quando a esses sujeitos for aplicável o regime específico da responsabilidade do Estado e demais pessoas colectivas de direito público", cfr. Diogo Freitas do AMARAL/Mário Aroso de ALMEIDA, Ob. cit., p. 34; no mesmo sentido, cfr. J.C. Vieira de ANDRADE, *A Justiça*, cit., p. 124. O âmbito de aplicação da norma depende, pois, "do regime jurídico substantivo (de Direito Administrativo ou de direito privado) que, *in casu*, seja aplicável ao sujeito privado"; cfr. Ana Raquel G. MONIZ, *Responsabilidade Civil Extracontratual por Danos Resultantes da Prestação de Cuidados de Saúde em Estabelecimentos Públicos: o Acesso à Justiça Administrativa*, p. 50.

Apesar de a interpretação do artigo 4.º/1,*i)*, do ETAF dever, em geral, seguir os critérios acabados de referir, parece-nos, por uma razão de coerência, que deverão ser os tribunais administrativos a julgar os pedidos de indemnização por prejuízos provocados por *actos* e *actuações* de entidades privadas para cuja apreciação são competentes: é manifestamente assim no caso de prejuízos decorrentes de actos administrativos praticados por entidades privadas.

tiva de direito público (ou, no caso do Estado, aos ministérios): artigo 10.º/2 do CPTA. Assim, parte demandada é uma pessoa, uma entidade (ou um ministério) e não, directamente, o órgão que tenha praticado o acto jurídico impugnado ou sobre o qual recaia o dever de praticar os actos jurídicos ou observar os comportamentos pretendidos. Todavia, o artigo 10.º/4 esclarece que esse regime "não obsta a que se considere regularmente proposta a acção quando na petição tenha sido indicado como parte demandada o órgão que praticou o acto impugnado ou perante o qual tinha sido formulada a pretensão do interessado, considerando-se, nesse caso, a acção proposta contra a pessoa colectiva de direito público ou, no caso do Estado, contra o ministério a que o órgão pertence". Estando em causa uma acção proposta contra uma entidade privada, aplica-se o princípio de que a legitimidade processual passiva cabe à própria pessoa de direito privado (*v.g.*, federação desportiva, comissão vitivinícola regional, empresa concessionária): cfr., nesse sentido, o artigo 10.º/7, estabelecendo que "podem ser demandados *particulares* ou *concessionários*". O problema que se coloca, então, é o de saber se pode invocar-se o disposto no artigo 10.º/4, nos casos em que a acção surja proposta contra um acto praticado pelo "conselho executivo de uma CVR", pelo "conselho jurisdicional de uma federação desportiva" ou pelo "conselho de administração de uma empresa concessionária".

Na vigência da legislação processual de 1984-85, a questão chegou a colocar-se em relação à legitimidade passiva dos concessionários em recursos contenciosos de anulação. O STA fixou, então, a jurisprudência segundo a qual "nos recursos contenciosos de actos administrativos dos concessionários é o próprio concessionário, mesmo quando de uma pessoa colectiva se trate – e não o órgão autor do acto – que tem de estar em juízo"[447]. Esta jurisprudência, aplicável aos concessionários[448], não era,

---

[447] Cfr. Ac´sSTA/1.ª, de 19/12/89, proc. 27 392, de 18/03/97, proc. 39 610, e de 05/12/02, proc. 48 384. Cfr., contudo, AcSTA/1.ª, de 27/01/1994 (proc. 33 240), no qual o STA aceita um pedido de intimação para a consulta de documentos dirigido contra o conselho de administração da EDP, S.A., expressamente qualificada no Acórdão como empresa concessionária.

[448] Com base aliás num argumento literal, porquanto o artigo 51.º/1 do ETAF/1984 distinguia os *recursos de actos administrativos de órgãos* (*v.g.*, *de órgãos* de serviços públicos dotados de personalidade jurídica, *de órgãos* da administração pública regional ou local ou *de órgãos* de associações públicas) dos *recursos de actos administrativos das pessoas colectivas de utilidade pública administrativa* e dos *recursos de actos administrativos dos concessionários*.

contudo, estritamente seguida nos casos de recursos contenciosos de actos provenientes de outras entidades privadas: assim, por ex., o STA aceitou conhecer do pedido de suspensão de eficácia apresentado num processo movido contra a "comissão executiva" da Comissão de Viti-cultura da Região dos Vinhos Verdes[449].

Agora, com a nova legislação processual e com o princípio do favorecimento do processo que a perpassa, parece justificar-se a alte-ração da jurisprudência tradicional do STA em relação aos concessio-nários. Não vemos, de facto, razão substancial para não aplicar, neste caso, o princípio da equiparação entre entidades públicas e entidades privadas com poderes públicos, pelo que nos parece de aplicar o regime do artigo 10.º/4 às acções propostas contra *órgãos* de concessionários ou de outras entidades privadas. Nessa eventualidade, deve considerar-se a acção proposta contra a própria entidade privada[450].

Ao contrário do que se verifica na situação agora exposta, parece--nos que já se não aplica o referido princípio da equiparação em matéria de patrocínio judiciário e representação em juízo. As entidades privadas demandadas devem constituir advogado, de acordo com o princípio geral constante do artigo 11.º/1 do CPTA, não beneficiando, portanto, do poder, que assiste às pessoas colectivas de direito público, de se fazerem representar em juízo por licenciado em Direito com funções de apoio jurídico (artigo 11.º/2).

A *ratio* do princípio da equiparação, associada à situação jurídica especial em que se encontra a entidade privada no exercício de poderes públicos, justifica plenamente a aplicação do regime de execução de sentenças proferidas contra entidades públicas, nos termos do disposto no 157.º/1 do CPTA. Por conseguinte, o processo de execução das sen-tenças (relacionadas com o exercício de poderes públicos) proferidas contra entidades privadas deve ser regulado pelo CPTA e não pelo dis-posto na lei processual civil[451].

---

[449] Cfr. AcSTA/1.ª, de 13/03/97, proc. 41 886.

[450] Não se entendendo assim, parece, então, que deve aplicar-se (na forma da acção administrativa especial) o disposto no artigo 88.º/1 do CPTA, o qual incumbe o juiz de, sendo possível, corrigir oficiosamente as deficiências ou irregularidades de carácter formal.

[451] O conceito de *particulares*, do artigo 157.º/2, deve abranger apenas os particula-res que, actuando segundo o direito privado, se encontram submetidos à jurisdição admi-nistrativa pelo facto de sobre eles impenderem vinculações jurídico-administrativas em

Num contexto já diferente, cumpre equacionar a questão da definitividade vertical dos actos administrativos praticados por entidades privadas[452]. Como se sabe, o CPTA não exige, "em, termos gerais, que os actos administrativos tenham sido objecto de prévia impugnação administrativa para que possam ser objecto de impugnação contenciosa. Das soluções consagradas nos artigos 51.º e 59.º, n.ºs 4 e 5, decorre, por isso, a regra de que a utilização de vias de impugnação administrativa não se afigura necessária para aceder à via contenciosa"[453]. De acordo com as regras do CPTA resulta, assim, que os actos administrativos de entidades privadas constituem, em princípio, *actos definitivos*, susceptíveis de impugnação jurisdicional imediata. Todavia, como também a doutrina já observou, o CPTA "não tem, porém, o alcance de revogar as múltiplas determinações legais avulsas que instituem impugnações administrativas necessárias"[454]. Quer isto dizer que a figura da impugnação administrativa necessária – que, além de útil, não é, em princípio, inconstitucional[455] –, não foi abolida, podendo encontrar-se prevista em legislação especial. No caso dos actos administrativos de entidades privadas, a

---

face da Administração Pública. Trata-se, nesse caso, de verdadeiros particulares que actuam, em face de terceiros, no âmbito do direito privado. No sentido de que o artigo 157.º/2 carece de uma interpretação restritiva, cfr. Rui Chancerelle de MACHETE, "Execução de sentenças administrativas", p. 60; J.C. Vieira de ANDRADE, *A Justiça*, cit, p. 374. Em sentido diferente, cfr. Mário Aroso de ALMEIDA, *O Novo Regime*, cit., p. 335.

[452] No direito espanhol, a *Ley de la Jurisdicción Contencioso-Administrativa* (1998) estabelece que os actos praticados por concessionários no exercício de poderes administrativos apenas podem ser impugnados *directamente* na ordem jurisdicional administrativa nos casos especialmente previstos na legislação sectorial. A regra consiste, pois, em estabelecer que tais actos têm de ser recorridos para a Administração concedente e só o acto que esta venha a praticar pode, depois, ser impugnado na jurisdição administrativa.

No direito alemão, a regra geral da necessária impugnação administrativa prévia à propositura de acções de anulação ou de condenação à prática de actos administrativos (*Widersprüche*: §§ 68 e 73 da VwGO) vale também para as acções propostas contra entidades privadas. Cfr. WOLFF/BACHOF/STOBER, Ob. cit., 3, p. 523; RENGELING, Ob. cit., p. 32; STUIBLE-TREDER, Ob. cit., p. 117 e ss; FRENZ, Ob. cit., p. 58; BURGI, "Der Beliehene", cit., p. 594.

[453] Cfr. Mário Aroso de ALMEIDA, *O Novo Regime*, cit., pp. 63 e 139.

[454] Cfr. Mário Aroso de ALMEIDA, *ibidem*.

[455] Sobre isso, cfr. Pedro GONÇALVES, *Relações entre as Impugnações Administrativas Necessárias e o Recurso Contencioso de Anulação de Actos Administrativos*, p. 29 e ss.

impugnação administrativa pode estar legalmente prevista para ocorrer em vários cenários: impugnação do acto de um órgão da entidade privada para outro órgão dessa mesma entidade (por ex., do conselho disciplinar para o conselho jurisdicional de uma federação desportiva), mas também impugnação de um acto de uma entidade privada para outra entidade privada (pena disciplinar aplicada por comandante de bombeiros voluntários impugnada junto do conselho disciplinar da associação de bombeiros) ou ainda impugnação de um acto de uma entidade privada para o órgão de uma entidade pública (por ex., do acto de um concessionário para o órgão da entidade pública concedente). Mesmo que, eventualmente prevista na lei como possível (*facultativa*)[456], a impugnação administrativa de actos administrativos de entidades privadas só se assume, contudo, como *necessária* quando nesses termos se encontrar expressamente prevista. Na ausência de expressa previsão legal e ainda que haja indicações regulamentares ou estatutárias em sentido diferente[457], os actos administrativos de entidades privadas são verticalmente definitivos, susceptíveis, por conseguinte, de impugnação imediata na jurisdição administrativa.

Por último, interessa esclarecer que o princípio da equiparação da posição processual das entidades privadas com poderes públicos em relação àquela que ocupam as entidades públicas tem ainda uma repercussão quanto à extensão e aos limites dos poderes de jurisdição dos tribunais administrativos: não há nenhuma razão para o reforço dos poderes dos tribunais quando em causa estão, por ex., actos administrativos discricionários praticados por entidades privadas. De acordo com um princípio de *integração completa* da entidade privada no exercício da função administrativa, o tribunal deve controlar a legalidade dos seus actos nos termos em que aprecia a legalidade dos actos provenientes de entidades públicas[458].

---

[456] O recurso de actos administrativos de entidades privadas para a Administração Pública delegante ou com funções de fiscalização só existe *nos casos expressamente previstos por lei* e tem, salvo disposição em contrário, *carácter facultativo*. Estas são as regras do designado *recurso tutelar* (cfr. artigo 177.º do CPA), as quais – considerando a extensão dos poderes de fiscalização da entidade delegante – nos parecem aplicáveis, por analogia, no caso de actos administrativos de entidades privadas.

[457] Pelo menos sem base legal expressa para esse efeito, a entidade privada não pode instituir, por regulamento, impugnações administrativas necessárias ou condicionar, de qualquer modo, o exercício do direito de acesso à justiça administrativa dos interessados.

[458] Neste sentido, cfr. BECHILLON, Ob. cit., p. 508 e ss. Contra, advogando um princípio de reforço da *judicial review* sobre actos praticados por organismos privados

2.3. *Responsabilidade civil decorrente de actos praticados por entidades privadas no exercício de poderes públicos de autoridade*

O tema da responsabilidade civil decorrente do exercício de poderes públicos por entidades privadas coloca, imediatamente, o problema de saber se há lugar a uma imputação directa da responsabilidade por aqueles danos à entidade pública delegante.

De acordo com o artigo 22.º da CRP, "o Estado e as demais entidades públicas são civilmente responsáveis, em forma solidária com os titulares dos seus órgãos, funcionários ou agentes, por acções ou omissões praticadas no exercício das suas funções e por causa desse exercício, de que resulte violação dos direitos, liberdades e garantias ou prejuízo para outrem". A disposição, que estabelece o *princípio da responsabilidade civil das entidades públicas*[459], cumpre, em primeira linha, o objectivo de *protecção dos cidadãos*, garantindo a efectiva eliminação dos danos imputáveis a actuações ou omissões ilícitas dos titulares dos órgãos, funcionários e agentes do Estado ou de quaisquer outras entidades públicas.

Nos termos daquela disposição constitucional, a imputação da responsabilidade ao Estado ou a entidades públicas resulta, além do mais, de uma acção ou omissão de *titulares de órgãos*, *funcionários* ou *agentes* do Estado ou de entidades públicas. A entidade privada investida de funções públicas e poderes públicas não cumpre esse requisito, uma vez que, assumindo-se como sujeito de direito e, nessa qualidade, membro da Administração Pública, não é nem órgão[460], nem titular de órgão, nem

---

gestores de prisões, cfr. WECHT, Ob. cit., p. 815 e ss. No nosso juízo, um controlo especial do exercício, por entidades privadas, de poderes públicos com espaços amplos de discricionaridade deverá caber à própria entidade delegante, no âmbito da fiscalização administrativa, porventura complementada por impugnações administrativas necessárias. Preferimos, assim, nesta matéria, a proposta de METZGER, Ob. cit., p. 1470 e ss, no sentido do reforço dos poderes de controlo e de supervisão administrativa. Mas se a lei não prevê esse reforço, parece-nos que não deve ser o tribunal a substituir-se à Administração.

[459] No sentido de que "o propósito do artigo 22.º é fundamentalmente o de conceder dignidade constitucional ao princípio da responsabilidade do Estado", cfr. Margarida CORTEZ, *Responsabilidade Civil da Administração por Actos Administrativos Ilegais e Concurso de Omissão Culposa do Lesado*, p. 25.

[460] O artigo 2.º/1 do Decreto-Lei n.º 48 051, de 21 de Novembro de 1967, refere-se à responsabilidade civil do Estado e demais pessoas colectivas por ofensas resultantes de "actos (...) praticados pelos respectivos órgãos ou agentes administrativos".

funcionário, nem agente do Estado ou de qualquer entidade pública. Independentemente das soluções que possam resultar da legislação ordinária, parece, numa interpretação literal, que a CRP não inclui na norma de garantia institucional da responsabilidade civil das entidades públicas o dever de estas assumirem (solidariamente) a responsabilidade civil decorrente dos actos praticados por entidades privadas no exercício de funções públicas delegadas[461].

A conclusão só poderá ser outra se se admitir, *para efeitos do disposto no artigo 22.º da CRP*, que as entidades privadas com funções e poderes públicos podem ser equiparadas a titulares de órgãos, funcionários ou agentes de entidades públicas.

Movendo-se num contexto jurídico relativamente próximo – artigo 34 da *GG* e § 839 do *BGB* –, a doutrina alemã claramente maioritária defende exactamente neste âmbito a equiparação do particular com funções públicas (*Beliehene*) aos funcionários públicos. Trata-se de uma orientação que suscita toda a atenção, porquanto provém da mesma doutrina que, em geral, apresenta o *Beliehene* como um membro da Administração Pública indirecta, como um "titular da função administrativa", que actua, diante dos administrados, no seu próprio nome, mas não enquanto órgão, funcionário ou agente ao serviço de uma instância da Administração. Ora, essa doutrina sustenta que, para efeitos de atribuição de responsabilidade, o particular deve ser qualificado como funcionário da entidade pública delegante[462]. Aliás, em rigor, a exigência de equiparação do particular com funções públicas a funcionário só se coloca em face do § 839 do *BGB*[463], mas já não em face da letra do artigo 34 da *GG*, o qual atribui ao Estado ou a uma entidade pública o dever de responder pelos danos provocados por *alguém* que actue no exercício de uma função pública que lhe tenha sido confiada (pelo Estado ou por uma

---

[461] Sobre o artigo 22.º da CRP como norma de garantia do instituto da responsabilidade civil da Administração Pública, cfr. Maria Lúcia AMARAL PINTO CORREIA, *Responsabilidade do Estado e Dever de Indemnizar do Legislador*, p. 424 e ss (444).

[462] Cfr. OSSENBÜHL, *Staatshaftungsrecht*, p. 15 e ss; WOLFF/BACHOF/STOBER, Ob. cit., 2, p. 528; 3, p. 523; STUIBLE-TREDER, Ob. cit., p. 120 e ss; MICHAELIS, Ob. cit., p. 200 e ss; BURGI, "Der Beliehene", cit., p. 593; STEINER, "Der Beliehene", cit., p. 75, e "Rechtsfragen", cit., p. 610.

[463] O qual se refere à violação de deveres funcionais por funcionários. No sentido de que, para efeitos do § 839 do BGB, funcionários são "quaisquer pessoas que actuam no desempenho de uma função pública"; cfr. STUIBLE-TREDER, Ob. cit., p. 120.

entidade pública); segundo o entendimento generalizado, nesse *alguém* abrangem-se, além dos funcionários e dos trabalhadores de entidades públicas, quaisquer pessoas colocadas numa relação especial de serviço com uma entidade pública (*v.g.*, soldados, juízes), os titulares de órgãos públicos, bem como os particulares investidos de funções públicas[464]. Para efeitos de responsabilidade, os danos provocados por estes particulares surgem, pois, imputados à entidade pública delegante e, por consequência, esta tem de assumir o dever de responder, indemnizando os lesados. A doutrina propõe, neste caso específico, a aplicação da "Anvertauenstheorie"[465], justificando a tese na garantia constitucional consagrada no artigo 34 da *GG*, de onde resulta que as entidades públicas têm o dever constitucional de responder pelos actos praticados por *quem quer que* actue no âmbito de funções por elas próprias confiadas[466]. No cenário da delegação de funções públicas em entidades privadas, a aplicação dessa teoria fará, por conseguinte, todo o sentido, porquanto, por via da delegação, a entidade pública delegante não renuncia à titularidade da função pública, mas apenas à respectiva execução pelos seus órgãos; a entidade pública *serve-se* da entidade privada para realizar os fins que lhe estão confiados, parecendo, por isso, lógico que seja ela a assumir a responsabilidade pelas acções empreendidas por quem escolheu para a servir[467]. De resto, a solução contrária – a de atribuir a responsabilidade à própria entidade privada – traduzir-se-ia, afinal, numa viola-

---

[464] Cfr. OSSENBÜHL, *ibidem*, p. 13; STUIBLE-TREDER, Ob. cit., p. 121.

[465] Sobre esta teoria, que pretende resolver o problema de legitimidade passiva nas acções de responsabilidade civil (e, simultaneamente, estabelecer quem deve assumir o dever de indemnizar), indicando que a acção deve ser proposta contra a entidade pública que confiou ao lesante a responsabilidade pela execução da função pública (e não à entidade de que ele é funcionário), cfr. OSSENBÜHL, *ibidem*, p. 114; WOLFF/BACHOF/STOBER, Ob. cit., 2, p. 528.

[466] Cfr. MICHAELIS, Ob. cit., p. 200 e ss; STEINER, "Der Beliehene", cit., p. 75.

[467] Ao acentuar a ideia de que a entidade pública *se serve* do particular, a doutrina em referência procura explicar que o particular se encontra *ao serviço da entidade pública*, como o exige o artigo 34 da *GG* ("sempre que alguém, no exercício de uma função pública que lhe tenha sido confiada, violar os deveres que a função lhe imponha para com terceiros, a responsabilidade recai, em princípio, sobre o Estado ou a entidade a cujo serviço se encontre"). Na crítica a esta interpretação, faz-se no notar que o *Beliehene* não se encontra ao serviço de uma entidade pública, mantendo a sua independência funcional; cfr. FRANTZEN, Ob. cit., p. 119.

ção da garantia constitucional da responsabilidade do Estado e das entidades públicas e poderia reverter num prejuízo para os cidadãos lesados[468].

Apesar da nítida diferença entre os artigos 22.º da CRP e 34 da *GG* – a CRP não responsabiliza as entidades públicas por actos praticados por *quem quer que* exerça funções públicas, mas apenas por acções ou omissões de *titulares de órgãos, funcionários* e *agentes* –, poderia, ainda assim, pensar-se numa aplicação da teoria proposta pela doutrina alemã, equiparando, ao nível constitucional, a entidade privada com funções públicas aos titulares de órgãos, funcionários ou agentes. Admitindo-se essa orientação, as entidades públicas, na situação de entidades delegantes, seriam consideradas civilmente responsáveis, em forma solidária, com as entidades privadas, por acções ou omissões por estas praticadas no exercício de funções públicas delegadas.

Cremos, todavia, que essa equiparação não se apresenta viável.

Como se explicou, o objectivo primeiro da consagração do princípio da responsabilidade civil das entidades públicas consiste na *protecção dos cidadãos*, garantindo que o Estado ou as entidades públicas assumem a responsabilidade pelas acções ou omissões praticadas por quem actua em seu nome. Neste sentido, o princípio tem o alcance de representar, em termos inequívocos, a ideia fundamental de que o exercício de funções públicas não exonera as entidades públicas do dever de responder pelos danos provocados pela sua acção. Por outras palavras, *a acção pública não legitima o não ressarcimento de danos por ela provocados*: na nossa interpretação, esta constitui a ideia fundamental contida no princípio da responsabilidade civil das entidades públicas[469]. A referência, no artigo 22.º da CRP, aos titulares de órgãos, funcionários e agentes confirma, em toda a extensão, essa mesma ideia, pois que, em qualquer caso, se trata de "sujeitos" que actuam *em nome* das entidades públicas e com imputação da sua actuação ("no exercício das suas funções") a tais entidades. Quer dizer, o artigo 22.º da CRP consagra o princípio da responsabilidade das entidades públicas, esclarecendo, nesse contexto, quais os sujeitos por cujo intermédio elas actuam. Dir-se-á, pois, que o que verdadeiramente resulta daquela disposição constitu-

---

[468] Cfr. MICHAELIS, *ibidem*; STEINER, *ibidem*. Sobre o assunto, mas em termos críticos, cfr. FRENZ, Ob. cit., pp. 68 e ss e 150 e ss.

[469] Nesse sentido, o princípio acolhido no artigo 22.º configura um dos princípios estruturantes do Estado de direito democrático; cfr. J.J. Gomes Canotilho/Vital MOREIRA, Ob. cit., p. 168; Margarida CORTEZ, *Responsabilidade*, cit., p. 25.

cional é a exigência de equiparar as entidades privadas com funções e poderes públicos ao Estado e às entidades públicas, não aos titulares de órgãos ou a funcionários[470]. Como quaisquer outras entidades com funções públicas, as entidades privadas nessa situação também têm o dever de responder civilmente por acções ou omissões praticadas por elas mesmas (no caso de pessoas singulares) ou pelos seus órgãos, trabalhadores e agentes (no caso de pessoas colectivas) no exercício das funções públicas que lhes estão confiadas[471].

A equiparação entre entidades privadas com funções públicas e entidades públicas, para efeitos do artigo 22.º da CRP, representa uma solução coerente e uma consequência lógica da "transferência de responsabilidades" inerente ao processo de delegação, bem como do facto de a entidade privada desenvolver a função pública em nome próprio e com imputação pessoal, e não enquanto órgão ou agente de uma entidade pública[472]. Como se explicou ao longo da presente dissertação, a entidade privada com funções públicas assume a posição de membro da Administração, ocupando uma posição institucional semelhante à das entidades públicas; em rigor, a entidade privada actua *como* entidade pública[473]. Nessa perspectiva, seria incongruente com a própria natureza da delegação atribuir à entidade pública o dever de responder pelos actos praticados pela entidade em quem delegou a responsabilidade de executar funções públicas e de exercer poderes públicos[474]. A delegação de fun-

---

[470] Recusando a equiparação do *Beliehene* à *Körperschaft* (entidade pública) a que se refere o artigo 34 da *GG*, cfr. MICHAELIS, Ob. cit., p. 201; STEINER, "Der Beliehene", cit., p. 75. Admitindo expressamente essa equiparação, cfr. BRAND, Ob. cit., p. 105; HUBER, *Wirtschaftsverwaltungsrecht*, cit., p. 547. Estes dois Autores sustentam que a responsabilidade decorrente do exercício privado de funções públicas cabe à entidade privada. Mais recentemente, no mesmo sentido orienta-se também FRENZ, Ob. cit., p. 172.

[471] Nestes termos, a propósito da responsabilidade civil do *Beliehene*, cfr. FRANTZEN, Ob. cit., p. 119.

[472] Neste sentido, cfr. FRENZ, Ob. cit., pp. 172 e ss e 208-209.

[473] Articulando essa situação jurídica do *Beliehene* com o tema da responsabilidade civil, cfr. FRENZ, Ob. cit., p. 162.

[474] O mesmo não diremos já se, numa situação concreta, a entidade privada praticar um acto em execução de uma obrigação que lhe tenha sido imposta pela Administração. Neste cenário – por analogia com a situação do funcionário ou agente que actue no cumprimento de ordens ou instruções (cfr. artigo 271.º/2 da CRP) –, a sua responsabilidade encontra-se excluída; já assim nos pronunciámos a respeito da responsabilidade dos concessionários de serviços públicos: cfr. Pedro GONÇALVES, *A Concessão*, cit., p. 325.

ções e de poderes públicos apresenta-se, simultaneamente, como uma *delegação de responsabilidades*. É verdade que a entidade privada desenvolve a acção pública sob a fiscalização de entidades públicas, mas, quanto a esse aspecto, não está em situação diferente de todas as outras entidades da administração pública indirecta. Também por isso, apresenta-se inequívoca a diferente situação em que se encontra a entidade privada com funções públicas relativamente à dos titulares de órgãos, funcionários ou agentes de entidades públicas.

Por outro lado, deve ainda sublinhar-se que, em relação à orientação contrária – a de equiparar as entidades públicas a titulares de órgãos ou a funcionários –, a tese proposta não diminui as garantias dos cidadãos lesados, posto que, nos termos do artigo 22.º da CRP, não lhes recusa a titularidade do direito de acção para efectivar a responsabilidade por actos praticados no exercício de funções públicas[475].

De certo modo, pode até dizer-se que o único beneficiado por um regime de atribuição directa de responsabilidades à entidade pública seria a entidade privada investida de funções públicas e causadora dos danos a indemnizar: um tal benefício surgiria com particular evidência se, também ao nível do regime legal, a entidade privada fosse equiparada a funcionário ou órgão da entidade pública[476].

Em suma, a entidade privada, e em princípio só ela, responde pelos danos imputados aos actos que pratica no exercício das funções públicas que lhe estão confiadas. Trata-se de um regime que, além de não infringir a garantia da responsabilidade civil das entidades públicas – e entidades privadas com funções públicas –, se mostra claramente congruente com ela, sendo acolhida no artigo 22.º da CRP[477].

---

[475] A entidade privada encontra-se, neste contexto, numa situação de vinculação pelo direito consagrado no artigo 22.º da CRP; porém, no sentido de que esse é um dos direitos fundamentais que só pode ter como sujeito passivo o Estado, cfr. J.J. Gomes CANOTILHO, *Direito Constitucional*, cit., p. 1272; note-se, contudo, que o Autor produz essa afirmação a propósito do problema metódico da aplicação dos direitos fundamentais nas *relações jurídicas privadas*. Nesse âmbito, o da eficácia dos direitos fundamentais no plano das relações jurídicas privadas, não há, de facto, dúvidas de que as entidades privadas não se encontram vinculadas pelo artigo 22.º da CRP.

[476] O regime da responsabilidade civil extracontratual da Administração não protege só os cidadãos; protege também os próprios funcionários, ao estabelecer que eles só respondem em termos finais em certas circunstâncias (dolo ou negligência grave); sobre esta finalidade de protecção, inscrita no artigo 34 da *GG*, cfr. FRENZ, Ob. cit., p. 133 e ss.

[477] A propósito do artigo 34 da *GG*, cfr., no mesmo sentido, FRENZ, Ob. cit., p. 195 e ss, acrescentando que o *Beliehene* é a entidade que, em termos jurídicos, se encontra em

Como acaba de se afirmar, *em princípio*, só a entidade privada responde pelos danos provocados pelos seus actos. Sem infringir a regra de que essa entidade privada responde *sempre* e *directamente*, parece--nos que a entidade pública delegante não pode deixar de assumir uma *responsabilidade subsidiária*, encontrando-se, por conseguinte, em posição de ser accionada na hipótese de a entidade privada não estar em condições (em regra, financeiras) de reparar os prejuízos que provocou. Esta responsabilidade subsidiária não decorre, contudo, do artigo 22.º da CRP ou do princípio nele consagrado, mas apenas da *posição de garante* e da *responsabilidade última* e de *garantia* que a entidade pública assume no processo de delegação de funções e poderes públicos em entidades privadas[478].

Estabelecido o princípio da responsabilidade directa da entidade privada, interessa, a seguir, identificar o regime jurídico que regula a efectivação dessa responsabilidade. Como sabemos, a privatização orgânica articula-se, em regra, com a privatização do direito que regula o exercício (privado) da função pública (*princípio de congruência entre formas organizativas e direito aplicável*). Neste contexto, a responsabilidade por actos praticados pela entidade privada no exercício da função pública será, em princípio, efectivado nos termos da lei civil (com a competência dos tribunais judiciais para o julgamento das acções propostas nesse âmbito). O mesmo já não deverá, contudo, suceder quando a actuação da entidade privada se encontra especificamente regulada por regras de direito público, situação que se verifica exactamente quando ela surge investida de poderes públicos de autoridade. Nesta eventualidade, a responsabilidade da entidade privada pela prática de *actos de direito público* deve efectivar-se nos termos que regulam a responsabi-

---

melhores condições para cumprir a obrigação de indemnizar, a qual, em princípio, se consubstancia numa *reconstituição natural*.

[478] Deduzindo a responsabilidade subsidiária da entidade pública delegante da sua posição de garante, e não do artigo 34 da GG, cfr. FRENZ, Ob. cit., p. 229 e ss. Sobre o princípio de *responsabilidade subsidiária da Administração concedente* (no caso de concessão de serviços públicos), cfr. MUÑOZ MACHADO, *La responsabilidad civil concurrente de las administraciones públicas*, p. 135; Pedro GONÇALVES, *A Concessão*, cit., p. 324. Cfr. ainda GONZALEZ-VARAS, "La responsabilidad administrativa en casos de «colaboración» de los particulares en el ejercicio de funciones administrativas", p. 399 e ss.

lidade civil da Administração; competente para julgar as acções de responsabilidade será, então, a jurisdição administrativa: cfr. artigo 4.º/1,*i*), do CPTA.

Nesta matéria, recorde-se que a proposta de lei n.º 88/IX, sobre o regime da responsabilidade civil extracontratual do Estado, estabelece que as disposições que regulam a responsabilidade das pessoas colectivas de direito público são também "aplicáveis à responsabilidade civil de pessoas colectivas de direito privado e respectivos trabalhadores, *por acções ou omissões no exercício de prerrogativas de poder público* ou que seja reguladas por normas ou princípios de direito administrativo"[479]. A ser aprovada essa proposta e convertida em lei, teremos, então, que a responsabilidade decorrente de *actos praticados por entidades privadas no exercício de poderes públicos de autoridade* passa a constituir objecto de regulamentação pelo regime da responsabilidade civil extracontratual do Estado e das demais entidades públicas[480]. Competentes para julgar essas acções de responsabilidade serão os tribunais administrativos, nos

---

[479] A solução acolhida na proposta de lei aponta claramente para o princípio, que acima defendemos, da equiparação das entidades privadas com funções públicas a entidades públicas.

Acrescente-se ainda que a referência nela feita às "acções ou omissões reguladas por normas ou *princípios de direito administrativo*" parece significar que o regime da responsabilidade das entidades públicas se aplica a toda a actividade da entidade privada no âmbito do exercício de funções públicas. Com efeito, a entidade privada está sempre vinculada pelo "direito privado administrativo" – e, por conseguinte, pelos *princípios de direito administrativo* estabelecidos na CRP –, mesmo quando, como é regra, actua segundo o direito privado. Parece-nos, quanto a este aspecto, que, a não ser modificada, a conversão da proposta em lei exigirá uma interpretação restritiva, na parte em que se refere aos "princípios de direito administrativo". Em face do teor do artigo 1.º/2 da proposta, o mesmo vale, aliás, para o Estado e as entidades públicas: o que essa disposição estabelece equivale a afirmar que a responsabilidade civil resultante de qualquer acto (de direito público ou de direito privado) do Estado ou de uma entidade pública é regulada pelo disposto no regime legal proposto. Isso resulta, claramente, do conceito de função administrativa que aquela disposição acolhe: "acções ou omissões no exercício de prerrogativas de poder público ou reguladas por normas ou princípios de direito administrativo". Ora, como a actuação das entidades públicas se apresenta *sempre* regulada, pelo menos, por *princípios de direito administrativo* – cfr. artigo 2.º/5 do CPA – a conclusão aparece como inevitável: toda a acção de entidades públicas representa o exercício de uma função administrativa, para efeitos do disposto na proposta.

[480] Sobre esta matéria, cfr. C. A. Fernandes CADILHA, "Regime geral da responsabilidade civil da Administração Pública", p. 19 e ss.

termos do artigo 4.º/1,*i)*, do ETAF. A proposta de lei faz ainda uma referência aos *trabalhadores* das pessoas colectivas de direito privado, indiciando, desse modo, que a pretensão de aplicar às entidades privadas o regime da responsabilidade civil extracontratual do Estado se projecta também no plano das relações internas entre elas e os respectivos trabalhadores (em termos homólogos ao que se passa nas relações internas entre as entidades públicas e os titulares de órgãos, funcionários ou agentes)[481].

O que acaba de se dizer sobre os trabalhadores das entidades privadas com poderes públicos remete-nos para a análise do último aspecto da problemática da responsabilidade civil daquelas entidades.

Como observa Walter Frenz, a propósito da imputação directa da responsabilidade às entidades privadas com funções públicas, importa distinguir três situações: as entidades privadas podem ser *pessoas colectivas, pessoas singulares independentes* e *pessoas singulares dependentes (profissionalmente) de outras entidades privadas*[482].

Recordando a proposta de lei n.º 88/IX, o cenário nela previsto é (apenas) o das pessoas colectivas. Afastada a responsabilidade da entidade pública delegante, a questão encontra uma solução simples: o dever de responder cabe à própria entidade colectiva, nos mesmos termos em que respondem as entidades públicas.

De idêntico modo, parece não suscitar dúvidas a responsabilidade directa das pessoas singulares independentes investidas de funções públicas. A circunstância de se tratar de pessoas singulares poderá, eventualmente, impressionar, mas não há nenhuma razão para não lhes aplicar o princípio geral.

Por fim, temos a terceira situação, mais difícil, a das pessoas singulares investidas de poderes públicos que exercem no contexto de uma actividade profissional como trabalhadores dependentes[483]. De acordo

---

[481] A ser assim, parece que os tribunais administrativos serão também competentes para julgar as *acções de regresso* neste âmbito.

[482] Cfr. FRENZ, Ob. cit., pp. 44-45 e 172 e ss.

[483] Sobre o assunto, cfr. FRENZ, Ob. cit., p. 181 e ss, defendendo que a responsabilidade cabe, neste caso, à entidade patronal, ou seja, em princípio, à pessoa colectiva que emprega o *Beliehene*. O Autor fundamenta a sua tese nos poderes de direcção inerentes à relação laboral. Embora reconhecendo que a entidade patronal tem de respeitar a autonomia e a independência funcional dos seus trabalhadores delegatários de poderes públicos, esclarece que o poder de direcção inclui sempre uma dimensão de concretização dos

com uma ideia já defendida no presente trabalho[484], a situação dos trabalhadores dependentes não se apresenta sempre do mesmo modo: umas
vezes, actuam no interesse directo do Estado (que é o único beneficiado
com os resultados da sua actuação), outras, actuam em benefício e no
interesse directo da respectiva entidade patronal. Ora, ao contrário do
que se verifica no primeiro cenário, parece-nos que, no segundo, se deve
admitir a imputação à entidade privada empregadora da responsabilidade
pelos actos praticados pelos seus trabalhadores. Apesar de esta entidade
não aparecer investida de funções e poderes públicos nem poder dirigir
ou orientar o exercício de poderes públicos pelos seus trabalhadores, o
facto de ser a beneficiária directa do exercício de poderes públicos delegado naqueles, conjugado com o seu estatuto de entidade empregadora,
coloca-a numa situação particular, que, no nosso juízo, justifica a sua
responsabilidade. Outro tanto não diremos já em relação ao primeiro
cenário descrito: apesar da relação de emprego e dos poderes de direcção
que detém nesse âmbito, a entidade privada empregadora não retira qualquer benefício especial do facto de os seus trabalhadores aparecerem
investidos de poderes públicos. Parece-nos, por isso, que ela não deve
responder pelos actos praticados pelos seus trabalhadores no exercício de
poderes públicos; são estes mesmos que devem ser accionados e, *subsidiariamente*, o Estado ou a entidade pública que lhes confiou o exercício
de funções e poderes públicos.

---

termos de cumprimento da obrigação do trabalhador. Nesse âmbito, a entidade patronal
detém o poder de escolher os trabalhadores que, concretamente, vão executar funções
públicas; quer dizer, é àquela entidade que cabe *confiar* a uma pessoa determinada o
exercício de funções públicas, (ainda que só possa eleger pessoas para tal oficialmente
habilitadas). Conclui Frenz que a influência que a entidade patronal exerce sobre os
trabalhadores justifica que seja ela a responder pelos actos praticados pelos trabalhadores
que ela mesma escolheu e que por si foram investidos no exercício de poderes públicos.

[484] Cfr., *supra*, Parte III, Cap. I, 1.1.

REFLEXÕES FINAIS

Esclarecemos na *Introdução* que, ao apresentar um estudo sobre o exercício de poderes públicos de autoridade por entidades privadas, a nossa pretensão consistia fundamentalmente em, por essa via – ou com esse *pretexto* –, efectuar um percurso em volta do sentido e do alcance de algumas das profundas transformações que se estão verificando no sistema administrativo, particularmente das que se relacionam com a participação de actores privados e a utilização de formatos privados na acção pública. Neste sentido, pode dizer-se que não fomos movidos pelo incentivo de demonstrar a validade de um qualquer tópico ou de uma pré-compreensão estabelecida.

Sem recusarmos a paternidade de nenhum dos múltiplos *juízos* e de nenhuma das inúmeras *interpretações* e *opiniões* que, ao longo da exposição, fomos emitindo e defendendo a propósito do tema que induziu toda a investigação, preferimos, neste instante, percorrer um caminho alternativo ao de simplesmente reiterar *conclusões* ou *teses*. Fica assim explicada a designação do presente item do trabalho, dedicado exactamente à exposição de um pequeno conjunto de *reflexões finais* que o caminho da investigação nos proporcionou. Essas reflexões – dispersas e heterogéneas – localizam-se num espaço que, mesmo quando contíguo, ultrapassa as fronteiras do exercício de poderes públicos de autoridade por entidades privadas com funções administrativas. Não obstante, tais reflexões apresentam, todas elas, uma conexão muito directa com uma *ideia central* que supomos ter defendido e iremos continuar a defender: a submissão da Administração Pública – incluídas as entidades privadas com funções públicas – ao *direito administrativo* ou, pelo menos, a um regime jurídico moldado com base na ética, nos princípios e nos valores do *direito administrativo*, enquanto *direito que se ocupa da defesa do interesse público e dos direitos dos cidadãos*.

a) Direito administrativo e direito privado administrativo – Um traço essencial do regime jurídico do exercício de poderes públicos por entidades privadas reside na submissão do delegatário ao direito administrativo[1]. Essa conclusão surge como uma espécie de implicação mecânica da ideia de que o direito administrativo é, no seu *núcleo essencial e incomprimível*, a disciplina reguladora do exercício da autoridade pública. Mas, para quem, como nós, delimita o direito administrativo segundo um *critério estatutário*, conclui que assume natureza administrativa toda a *norma jurídica que se dirige a uma entidade – pública ou privada – enquanto titular de funções públicas*, quer para lhe conferir *poderes*, que para lhe impor a observância de *deveres*.

Ensina a doutrina que, quando não se abriga numa norma administrativa, a actuação da entidade titular de funções públicas não é remetida para o puro direito privado, tendo antes de se pautar pelo designado *direito privado administrativo*: trata-se de um "direito privado *alterado*" por força de uma conjugação de regras jus-privadas com princípios de direito administrativo, com normas de direitos fundamentais e, em geral, com a "constituição administrativa". Mas, em qualquer caso, na visão tradicional, o direito privado administrativo pressupõe que a actuação pública se desenvolve na ausência de uma "lei especial": se existir uma lei especial a regular uma actuação pelo facto de provir da Administração, então essa será uma lei de direito administrativo e aquela actuação reger-se-á pelo *corpus* normativo jus-administrativo.

Ora, neste domínio, detecta-se a emergência de um "novo tipo" de direito privado administrativo, formado por *normas especialmente editadas para a Administração Pública, mas que, com adaptações, remetem a regulamentação da acção por ela desenvolvida para a esfera do direito privado*. Na nossa interpretação, exemplo paradigmático de uma "lei de direito privado administrativo" é a Lei n.º 23/2004, de 22 de Junho, que aprova o regime jurídico do contrato individual de trabalho na Administração Pública: escopo dessa legislação é exactamente o de definir as condições específicas de utilização pela Administração de um instrumento negocial de direito privado. Assim, embora actuando ao abrigo de uma lei que se lhe dirige especialmente, a Administração que celebra um contrato de trabalho actua na esfera do direito privado – direito privado *alterado*, não já por força da sobreposição de princípios gerais, mas, em concreto, por uma "lei especial".

---

[1] Cfr., Parte IV, Cap. II, 2.1.3.

Nesta linha, merece atenção a jurisprudência do Tribunal Constitucional, que pelo menos em dois Acórdãos (n.ᵒˢ 406/2003 e 61/2004) declarou inconstitucionais normas de leis orgânicas de institutos públicos que autorizavam a contratação de trabalhadores no regime do contrato individual de trabalho, "sem prever qualquer procedimento de recrutamento e selecção dos candidatos à contratação que garanta o acesso em condições de liberdade e igualdade". Sem ser inequívoca nesse sentido, pode, todavia, ver-se nessa jurisprudência a exigência de uma *concretização legislativa* de princípios constitucionais em casos em que a Administração Pública actua pela via do direito privado: essas normas de concretização são, porventura, *normas de direito privado administrativo*[2].

b) Crise da autoridade – A elaboração, no momento histórico presente, de um estudo sobre o exercício de *poderes públicos de autoridade* (por entidades privadas) afigurar-se-á, para muitos, pouco afeiçoada aos ventos que vão soprando, mais favoráveis às especulações dogmáticas sobre os lugares que o *consenso* e a *paridade* podem ocupar no âmbito do direito público. Não sendo este o momento próprio para aprofundar uma explanação sobre o assunto e, no nosso juízo, sobre a bondade das soluções que, em doses equilibradas, conjuguem e articulem *paridade e autoridade nas relações entre Administração e particulares*, não resistimos, porém, a deixar uma reflexão sobre a *crise da autoridade*. Em causa não está apenas a designada crise dos modos de acção pública autoritária (*v.g.,* crise do acto administrativo), *ideia* – mais do que crise efectiva – promovida pelos adeptos da instituição de um modelo de acção pública baseado no contrato. A crise a que nos referimos agora é mais profunda, chegando, em muitas das suas manifestações, a tocar a autoridade enquanto *auctoritas*, minando a idoneidade do sistema para a produção de decisões que se impõem por serem reconhecidas como legítimas: num sistema democrático, a *crise e o declínio da autoridade para impor decisões* suscita sérias perplexidades. Perplexidades e angústias resultam, do mesmo modo, da pressentida *incapacidade* dos actores públicos para decidir: reféns de interesses privados organizados, cedem diante de uma pressão sistemática, levada a cabo nos bastidores, que inviabiliza

---

[2] Sobre o processo de selecção de trabalhadores no regime do contrato individual de trabalho, cfr., actualmente, os artigos 5.° da Lei n.° 23/2004 e 34.° da Lei n.° 3/2004, de 15 de Janeiro (lei quadro dos institutos públicos).

o exercício da autoridade formal para decidir e actuar na protecção do interesse público. Como arma para combater a *crise da autoridade*, o direito administrativo pode pouco; mas, neste contexto, será decerto útil pensá-lo como uma *disciplina de objectivos variáveis*, que não defende apenas os direitos dos cidadãos isolados perante a labiríntica burocracia administrativa e as decisões arbitrárias que ela produz, mas que também tem de proteger o próprio sistema administrativo, ameaçado de colonização por interesses privados do mais variado recorte.

c) Globalização ideológica do discurso sobre a bondade da participação privada na governação pública – Numa época em que parece emergir um *direito administrativo global*[3], são igualmente nítidos, ao nível estadual, vários processos de *imitação de modelos estrangeiros*[4]. Estes processos, combinados (no caso português) com um fenómeno de *europeização*, contribuem para uma *harmonização* dos sistemas administrativos e para a estruturação de modelos que, tendencialmente, adoptam as mesmas soluções para problemas, semelhantes, que defrontam. Exactamente neste contexto, apoiado num discurso que glorifica a eficiência privada e que enfatiza a capacidade dos privados para resolver problemas públicos, tem-se assistido, um pouco por toda a parte, ao fomento da delegação de funções públicas em privados, ao incremento da montagem de parcerias público-privadas, bem como, num outro plano, à instituição de múltiplos mecanismos de *activação das responsabilidades privadas*. Sem pôr em causa a retórica de afirmação da bondade da participação privada na governação pública e de insistência no designado "potencial administrativo dos privados", pretendemos apenas registar que, na base desse fio discursivo, encontra-se uma *ideologia* que, por muitos canais, se propaga, descobrindo as vantagens de uma "market-style action" em sectores tão genuinamente públicos como a gestão das prisões ou o policiamento das cidades.

d) Exercício do Poder Público e interesse público – Se tivéssemos de expor uma tese essencial da investigação efectuada, apresentaríamos, sem hesitar, a formulação segundo a qual a *acção pública deve,*

---

[3] Sobre o *direito administrativo global*, cfr. Introdução (7).
[4] Cfr. MELLERAY, "L'imitation de modèles étrangers en droit administrative", p. 1224 e ss.

em princípio, ser confiada a entidades que se encontrem exclusivamente ao serviço do interesse público[5]. Apesar dos desvios, compressões e acomodações que o princípio consente, acreditamos que a configuração optimizada do sistema administrativo reclama a adopção de soluções que viabilizem a *convicção social* de que a máquina administrativa trabalha apenas em função do bem comum. O risco da *intromissão de motivações privadas em domínios públicos* não pode deixar de ser tido como um factor a considerar na necessária ponderação dos custos e dos benefícios que podem resultar da participação de privados na acção pública.

e) Novo direito administrativo centrado no tópico da garantia – Está hoje mais ou menos popularizada a referência a um "novo direito administrativo"; esta é uma formulação com significados muito variados[6], mas que, pelo menos em regra, pretende exprimir a exigência de adaptação e de renovação do direito administrativo como resposta ao relevo crescente dos mais diversos papéis que os actores privados são chamados a assumir na realização dos fins públicos[7]. Simultaneamente, a formulação sublinha a persistência e a continuidade do direito administrativo, esclarecendo que a necessária resposta às múltiplas transformações e aos novos desafios há-de passar por um esforço de reconstrução e de adaptação, mas não pela substituição ou pela morte do direito administrativo. Deste ponto de vista, tem razão Jean-Bernard Auby, ao afirmar que "l'annonce, parfois faite, d'une possible «fin du droit administratif» est une pure illusion d'optique"[8].

A verdade que encerra a afirmação de Auby não deve, contudo, conduzir-nos a adoptar uma perigosa atitude de indiferença perante os múltiplos sinais de mudança: retracção da intervenção pública e satisfação do interesse público pelos particulares, envolvimento crescente de particulares na execução das missões que ainda se mantêm públicas

---

[5] Esse "princípio" converte-se em "regra" quando está envolvida a acção pública de autoridade; cfr. Parte IV, Cap. I, 1.3.3.1.

[6] Fala-se de um "novo direito administrativo", por ex., no contexto das inovações associadas à intervenção reguladora do Estado no domínio económico: proliferação de novos figurinos institucionais (autoridades administrativas independentes), de novos modelos de acção ("novos regulamentos independentes") e de novas funções administrativas ("administração arbitral" e de resolução de conflitos).

[7] Nesse sentido, cfr. FREEMAN, "Private parties", cit., p. 815.

[8] Cfr. AUBY, "La bataille", cit., p. 921.

e, nesse processo, integração de interesses privados organizados na realização de funções públicas[9], adopção de um "estilo de mercado" na produção de bens públicos sem carácter empresarial, preferência por uma administração negociada e de compromisso em detrimento de uma gestão decidida e responsável representam apenas alguns sinais de uma transformação que, em certa medida, parece evidenciar um certo eclipse do clássico Direito administrativo.

Esses e outros sinais reclamam, efectivamente, a necessidade de combater por um *Estado com direito administrativo*[10]. Um tal combate, para ser sucedido, não pode, contudo, conduzir-se na convicção de que o clássico direito da Administração Pública assegura uma resposta adequada e cabal aos novos problemas. Não é, de facto, assim[11]. As coordenadas culturais que se impuseram a partir dos anos oitenta do século XX representaram uma ruptura evidente com a tradicional conexão entre interesse público e acção pública, aparecendo hoje os actores privados, no perímetro da esfera privada, como protagonistas da prossecução de interesses públicos e de finalidades estaduais. Neste contexto cultural, em larga medida favorecido, quando não imposto, por uma "globalização ideológica" a apontar para a glorificação de tudo o que tem proveniência privada, a resposta que se exige há-de passar por (continuar a) apresentar o direito administrativo como o *direito de garantia da realização do interesse público*. Mas este papel que o direito administrativo deve continuar a desempenhar não pode ignorar que, em larga escala, está presente uma exigência de garantir a realização do interesse público pelos próprios particulares, na esfera privada e no mercado.

A referência que, recentemente, Andreas Voßkuhle fez à necessidade de se desenvolver um *direito administrativo de garantia*[12] aponta no sentido correcto, ao destacar o tópico da *garantia*, o qual nos parece caracterizar com rigor a função essencial do *Estado Administrativo* e o papel do direito administrativo na fase da "pós-privatização"[13].

---

[9] Sobre o que designa como "poder público corporativo", cfr. DEDERER, Ob. cit., p. 27 e ss.

[10] A expressão é usada por J.J. Gomes CANOTILHO, "O direito constitucional passa", cit., p. 706.

[11] Cfr. VOSSKUHLE, "Beteiligung Privater", cit., p. 305.

[12] Cfr. VOSSKUHLE, *ibidem*, p. 304 e ss.

[13] Referindo-se à necessidade de construir um direito administrativo da pós-privatização, cfr. TRUTE, "The after privatization", cit., p. 212. Sobre a necessidade de reo-

A compreensão do sentido exacto do papel do direito administrativo centrado na ideia de garantia exige, em primeiro lugar, ter-se presente que não cabe a esta disciplina questionar os fundamentos ideológicos do processo que conduziu ao reforço da intervenção privada na vida social. As opções políticas tomadas na direcção do aproveitamento do potencial da Sociedade criaram uma situação que constitui um pressuposto ou um dado de facto sobre o qual o direito administrativo deve agora actuar. Ter bem presente este momento lógico da intervenção jus-administrativa torna-se essencial para não se incorrer no equívoco de publicizar juridicamente a acção privada ou de promover a estatização da vida privada e dos actores privados[14]. Uma ingerência directa das normas administrativas na acção de particulares que se movem nas novas áreas privadas criaria um indesejável *efeito paradoxal* do processo de privatização; provocaria, além disso, uma inútil e perigosa indefinição das fronteiras de uma disciplina jurídica que, no nosso juízo, deve continuar a reger apenas a acção da Administração Pública[15].

No plano dos instrumentos e dos meios formais de que carece para cumprir as novas funções, cumpre sublinhar que o novo direito administrativo de garantia não reclama uma renovação significativa. As formas tradicionais – complementadas pela utilização, já consolidada, de meios informais de acção (advertências, avisos, recomendações) – mantêm-se operativas e parecem mostrar-se suficientes.

Mais do que uma renovação ao nível das formas, está sobretudo em causa um novo "discurso explicativo"[16] que represente o direito administrativo, em termos globais, como uma "sólida e permanente estrutura de garantia"[17]. Na época que vivemos, esta fórmula tem um relevo bem mais decisivo do que aparenta, enfatizando a ideia de compromisso e de responsabilidade do Estado na (garantia da) realização do interesse público.

---

rientar e redimensionar a tradicional vertente de garantia do direito administrativo, cfr. ESTEVE PARDO, *Autorregulación*, cit., p. 171 e ss.

[14] Cfr. VOSSKUHLE, *ibidem*, p. 307.

[15] Percebe-se, assim, que a renovação do direito administrativo deve ser acompanhada de uma "renovação do direito privado". Neste domínio, como defendemos, deve ao Estado infundir valores de direito público na legislação de direito privado, *v.g.*, impondo aos actores privados deveres de recorte variado (organizacional, procedimental e decisório) exigidos pela relevância social e pública da acção privada.

[16] Cfr. J.M. Sérvulo CORREIA, "Acto administrativo", cit., p. 1159.

[17] Cfr. VOSSKUHLE, *ibidem*, p. 307.

Por isso mesmo, a fórmula *direito administrativo de garantia* parece claramente mais adequada para representar a essência do actual direito administrativo do que outras que têm sido propostas, como, por ex., a de *direito administrativo da cooperação*[18]. O primeiro conceito tem, sobre este, a vantagem de apontar para um *desígnio* do direito da Administração Pública, não se limitando a descrever ou a representar a realidade sobre a qual ele incide. Na verdade, a ideia de *garantia* remete-nos imediatamente para o conceito de *responsabilidade pública de garantia* e, nesse contexto, para o princípio, que expusemos por outras palavras, segundo o qual a "garantia pública implica acção pública". Quer dizer, o Estado de garantia apresenta-se-nos como um Estado comprometido com a realização de certos valores e com a satisfação do interesse público; continua a assumir o dever de assegurar a realização de grande parte dos objectivos que outrora tentava atingir com os seus próprios recursos. E este dever de garantia não pode passar apenas por uma "acção normativa", de fixação à distância das regras de um jogo apenas jogado por actores privados. Além desse plano normativo, há, depois, uma "acção no terreno" de que a Administração tem de ser incumbida.

Ora, enquanto estrutura de garantia, cabe ao direito administrativo investir a Administração Pública das competências de acção e dos meios necessários à realização de missões públicas essenciais que ela tem de desenvolver, entre as quais se contam: *i)* as missões genéricas de contribuir para credibilidade da acção privada de interesse público e de garantir a obtenção de certos resultados por parte dos particulares; *ii)* as incumbências de qualificar, de acreditar e de escolher, por processos transparentes, os particulares encarregados de certas tarefas de interesse geral e de prestação de serviços de interesse público; *iii)* as indeclináveis responsabilidades de supervisionar e de fiscalizar de forma atenta e empenhada a acção desses particulares[19].

Como noutros momentos históricos, o direito administrativo tem de continuar a acompanhar as transformações impostas pelo ambiente que o envolve[20] e a assumir-se, no nosso tempo, como uma "ideia de ordem",

---

[18] Cfr. WEISS, "Beteiligung Privater", cit., p. 1179. O conceito é também usado por BAUER, "Zur notwendigen Entwicklung eines Verwaltungskooperationsrechts", p. 251 e ss, embora com um sentido mais específico, associado à expansão das relações jurídicas administrativas baseadas em contratos.

[19] Cfr. VOSSKUHLE, *ibidem*, p. 310 e ss.

[20] Cfr. Rui Chancerelle de MACHETE, "Palavras introdutórias", p. XVI.

capaz de identificar correctamente as linhas da sua acção, de se afeiçoar a novos modelos de intervenção e de responder aos múltiplos desafios com que se encontra defrontado[21].

---

[21] Sobre o direito administrativo como uma "ideia de ordem", cfr. SCHMIDT-ASSMANN, "El derecho administrativo", cit., p. 10.

BIBLIOGRAFIA

Abreviaturas utilizadas nas indicações bibliográficas:

AD	Acórdãos Doutrinais (do STA)
Arch. Giur.	Archivio Giuridico "Filippo Serafini"
AJDA	L'Actualité Juridique – Droit Administratif
ALR	Administrative Law Review
AÖR	Archiv des öffentlichen Rechts
BauR	Baurecht
BFDC	Boletim da Faculdade de Direito de Coimbra
Cal. L. Rev.	California Law Review
Card. L. Rev.	Cardozo Law Review
CEDOUA	Revista do Centro de Estudos de Direito do Ordenamento, do Urbanismo e do Ambiente
CJ	Colectânea de Jurisprudência
CJA	Cadernos de Justiça Administrativa
CR	Computer und Recht
DA	Documentación Administrativa
DDP	Digesto dei discipline pubblicistiche
DII	Diritto dell'informazione e dell'informatica
Dir. Amm.	Diritto Amministrativo
Dir. dell'Eco.	Diritto dell'Economia
Dir. Proc. Amm.	Diritto Processuale Amministrativo
DJ	Direito e Justiça
DJAP	Dicionário Jurídico da Administração Pública
DÖV	Die Öffentliche Verwaltung.
Duke L.J.	Duke Law Journal
DV	Die Verwaltung
DVBl	Deutsches Verwaltungsblatt
EdD	Enciclopedia del Diritto
EGT	Enciclopedia Giuridica Treccani
EJIL	European Journal of International Law
ELR	European Law Review
EPL	European Public Law

ESC	Estudos Sociais e Corporativos
FI	Foro Italiano
Fl. St. U. L. Rev.	Florida State University Law Review
FS	Festschrift
GewArch	Gewerbearchiv
Giur. It	Giurisprudenza Italiana
GRUR	Gewerblicher Rechtsschutz und Urheberrecht
Harv. L. Rev.	Harvard Law Review
Ind. L. J.	Indiana Law Journal
JA	Juristische Arbeitsblätter
Jour. Eur. Pub. Pol.	Journal of European Public Policy
JuS	Juristische Schulung
Jus	Rivista di Scienze Giuridiche
Just. Adm.	Justicia administrativa (Revista de Derecho Adminis-trativo)
JZ	Juristenzeitung
LQR	The Law Quarterly Review
MMR	Multimedia und Recht
NEJ	Nueva Enciclopedia Jurídica
NJW	Neue Juristische Wochenschrift
NDI	Nuovo Digesto Italiano
NssDI	Novissimo Digesto Italiano
NVwZ	Neue Zeitschrift für Verwaltungsrecht
N.Y. U. L. Rev.	New York University Law Review
OD	O Direito
PAR	Public Administration Review
RAP	Revista de Administración Pública
RAOT	Revista do Ambiente e do Ordenamento do Território
Riv. Dir. Agr.	Rivista di Diritto Agrario
RDA	Revista de Direito Administrativo (Rio de Janeiro)
RDE	Revista de Direito e Economia
RDES	Revista de Direito Estudos Sociais
RDM	Revista de Derecho Mercantil
RDP	Revue de Droit Public et de la Science Politique
RDPE	Revista de Direito Público da Economia
RDS	Rivista di Diritto Sportivo
RDUMA	Revista de Derecho Urbanístico y Medio Ambiente
REDA	Revista Española de Derecho Administrativo
REDC	Revista Española de Derecho Constitucional
REDP	Revue Européene de Droit Public
RFDA	Revue Française de Droit Administratif
RFDL	Revista da Faculdade de Direito de Lisboa

RGU	Rivista Giuridica Urbanistica
Riv. Giur. Edil.	Rivista Giuridica dell'Edilizia
RJE	Revue Juridique de l'Environnement
RJUA	Revista Jurídica do Urbanismo e do Ambiente
RLJ	Revista de Legislação e de Jurisprudência
RMUE	Revue du Marché Unique Européen
RMP	Revista do Ministério Público
ROA	Revista da Ordem dos Advogados
RTDE	Revue Trimestrielle de Droit Européen
RTDP	Rivista Trimestrale di Diritto Pubblico
RTDPC	Rivista Trimestrale di Diritto e Procedura civile
SI	Scientia Iuridica
SpuRt	Zeitschrift für Sport und Recht
U. Col. L. Rev	University of Colorado Law Review
U. Ill. L. Rev.	University of Illinois Law Review
UPR	Umwelt- und Planungsrecht
VerwArch	Verwaltungsarchiv
VVDStRL	Veröffentlichungen der Vereinigung der Deutschen Staatsrechtslehrer
Yale L. J.	The Yale Law Journal
ZGR	Zeitschrift für Unternehmens- und Gesellschaftsrecht
ZRP	Zeitschrift für Rechtspolitik

I. DOUTRINA

AA.VV.

—— *Droit administratif et subsidiarité*, ed. por R. Anderson e Dian Déom, Bruxelas; Bruylant, 2000

—— *Grundgesetz. Kommentar*, ed. por H. Dreier, Tübingen: Mohr Siebeck, I (1996) II (1998)

—— *Market-based governance (suply side, demand side, upside, and downside)*, ed. por J.D. Douhane, J.S. Nye Jr., Washington, D.C.: Brookings Institution Press, 2002

—— *Private authority and international affairs*, ed. por A. C. Cutler, V. Haufler e T. Porter, Nova Iorque: Suny Press, 1999

—— *The emergence of private authority in global governance*, ed. por Rodney Bruce Hall e Thomas J. Biersteker, Cambridge: Cambridge University Press, 2002

—— *The Province of administrative law*, ed. por Michael Taggart, Oxford: Hart Publishing, 1997

ABERNATHY, G. – "Expansion of the state action concept under the fourteenth amendment", *Cornell Law Quarterly*, vol. 43, (1957-58), p. 375 e ss.

ABRAMSON, H. I. – "A fifth branch of government: the private regulators and their constitutionality", *Hastings Constitutional Law Quarterly*, vol. 16, (1989), p. 165 e ss.

ABREU, J. M. Coutinho de – *Curso de Direito Comercial*, vol. I, Coimbra: Almedina, 2003

—— *Da Empresarialidade (as Empresas no Direito)*, Coimbra, Almedina, 1999

—— "Sobre as novas empresas públicas (notas a propósito do DL 558/99 e da L 58/98)", *BFDC*, *Volume Comemorativo do 75.º Tomo do Boletim da Faculdade de Direito*, Coimbra, 2003, p. 55 e ss.

ACHTERBERG, N. – "Die Annex-Kompetenz", *DÖV*, 1966, p. 695 e ss.

—— "Privatrechtsförmige Verwaltung", *JA*, 1985, p. 503 e ss.

—— *Allgemeines Verwaltungsrecht*, Heidelberg: C.F. Müller, 1982

ACQUARONE, G. – "La scelta del socio privato di minoranza nelle società miste di gestione dei servizi pubblici locali", *Giur. It.*, 1998, p. 1257 e ss.

—— *La denuncia di inizio attività*, Milão: Giuffrè, 2000

ADAMOVICH/FUNK – *Allgemeines Verwaltungsrecht*, Viena: Springer, 1987

ADOMEIT, K. – "Heteronome Gestaltungen im Zivilrecht?", *FS für Hans Kelsen zum 90. Geburtstag*, Viena: Franz Deuticke, 1971, p. 9 e ss.

ADRAGÃO, Paulo Pulido – *A Liberdade de Aprender e a Liberdade das Escolas Particulares*, Lisboa: Universidade Católica Editora, 1995

AGIRREAZKUENAGA ZIGORRAGA, I. – "Perfiles y problemática de la seguridad privada en el ordinamiento jurídico español", *RAP*, n.º 118, (1989), p. 103 e ss.

—— *La coacción administrativa directa*, Madrid: Civitas, 1990

—— "Nuevas coordenadas jurídicas en materia de seguridad privada", *RVAP*, n.º 43 (1995), p. 9 e ss.

—— "Claves para la comprensión del ordenamiento jurídico del deporte", *REDC*, n.º 57, (1999), p. 33 e ss.

—— "Público e privado en ordenamiento jurídico deportivo", in Sosa Wagner, *El derecho administrativo en el umbral del siglo XXI (Homenage Ramón Martín Mateo)*, Valencia: Tirant lo Blanch, 2000, vol. III, p. 4215 e ss.

AICARDI, N. – "La disciplina generale e i principi degli accordi amministrativi: fondamenti e caratteri", *RTDP*, 1997, p. 1 e ss.

AKKERMANS, P.W.C. – "Privatisation: a survey", *REDP*, 1994, (n.º especial), p. 15 e ss.

ALBAMONTE, A. – *Autorizzazione e denuncia di inizio di attività edilizia*, Milão: Giuffrè, 2000

ALBANESI, A. – "Il procedimento disciplinare nell'organizzazione sportiva", *RDS*, 1956, p. 146 e ss.

D'ALBERTI, M. – *Le concessioni amministrative*, Nápoles: Jovene, 1981

—— "La 'visione' e la 'voce': le garanzie di partecipazione ai procedimenti amministrativi", *RTDP*, 2000, p. 1 e ss.

—— "Poteri pubblici e autonomie private nel diritto dei mercati", *RTDP*, 2000, p. 395 e ss.

ALESSI, R. – *Sistema istituzionale del diritto amministrativo italiano*, Milão: Giuffrè, 1960

ALIPRANTIS, N. – *La place de la convention collective dans la hiérarchie des normes*, Paris: L.G.D.J., 1980

ALLEGRETTI, U. – "Pubblica amministrazione e ordinamento democratico", *FI*, 1984, V, p. 205 e ss.

—— *Amministrazione pubblica e costituzione*, Pádua: Cedam, 1996

ALMEIDA, A. F. Ribeiro de – *Denominação de Origem e Marca*, Coimbra: Coimbra Editora, 1999

ALMEIDA, J. Coutinho de – "Os poderes da entidade patronal no direito português", *RDE*, 1977, p. 301 e ss.

ALMEIDA, Mário Aroso de – *Anulação de Actos Administrativos e Relações Jurídicas Emergentes*, Coimbra: Almedina, 2002

—— *O Novo Regime do Processo nos Tribunais Administrativos*, Coimbra: Almedina, 2003[2]

—— "A arbitragem no direito administrativo português", in *La contratación pública en el horizonte de la integración europea*, Madrid: INAP, 2004, p. 95 ss.

ALMEIDA, Mário Aroso/CADILHA, C.A. Fernandes – *Comentário ao Código de Processo nos Tribunais Administrativos*, Coimbra: Almedina, 2005

ALVAREZ GARCIA, V. –"Introducción a los problemas jurídicos de la normalización industrial: normalización industrial y sistema de fuentes", *RAP*, n.º 147, (1998), p. 307 e ss.

—— "La capacidad normativa de los sujetos privados", *REDA*, n.º 99, (1998), p. 343 e ss.

—— "La protección del medio ambiente mediante las técnicas de la normalización industrial y de la certificación", *REDA*, n.º 105, (2000), p. 59 e ss.

—— "El proceso de privatización de la calidad y de la seguridad industrial y sus implicaciones desde el punto de vista de la competência empresarial", *RAP*, n.º 159, (2002), p. 341 e ss.

ALVISI, Ch. – *Autonomia privata e autodisciplina sportiva*, Milão: Giuffrè, 2000

AMAN Jr., A. C. – "Administrative law for a new century", in M. Taggart, *The province of administrative law*, Oxford: Hart Publishing, 1997, p. 90 e ss.

AMARAL, Diogo Freitas do – *Curso de Direito Administrativo*, vols. I e II Coimbra: Almedina, 2001

—— "O princípio da justiça no artigo 266.º da Constituição", in *Estudos em Homenagem ao Prof. Doutor Rogério Soares*, Coimbra: Coimbra Editora, 2001, p. 685 e ss.

AMARAL, Diogo Freitas do/ALMEIDA, Mário Aroso de – *Grandes Linhas da Reforma do Contencioso Administrativo*, Coimbra: Almedina, 2002

AMARAL (PINTO CORREIA), Maria Lúcia A. – *Responsabilidade do Estado e Dever de Indemnizar do Legislador*, Coimbra: Coimbra Editora, 1998
—— "A execução dos actos administrativos no projecto de código de processo administrativo gracioso", *Revista Jurídica* (AAFDL), n.º 4, (1984), p. 153 e ss.

AMATO, G. – "Nuove tendenze nella formazione degli atti governativi di indirizzo", *RTDP*, 1970, p. 92 e ss.

AMORIM, J. Pacheco de – *A Liberdade de Profissão*, Separata de Estudos em Comemoração dos Cinco Anos (1995-2000) da Faculdade de Direito da Universidade do Porto, Coimbra: Coimbra Editora, 2001
—— *As Empresas Públicas no Direito Português*, Coimbra: Almedina, 2000
—— "Duas questões de direito disciplinar suscitadas pela criação de empresas municipais", *RDES*, ano XLII, (2001), n.ᵒˢ 1 e 2, p. 5 e ss.

ANDRADE, J. C. Vieira de – "Grupos de interesse, pluralismo e unidade política", *BFDC*, Supl. XX (1973), p. 1 e ss.
—— *Os Direitos Fundamentais na Constituição Portuguesa de 1976*, Coimbra: Almedina, 2001
—— *Autonomia Regulamentar e Reserva da Lei*, Separata do BFDC, n.º especial de Estudos em Homenagem ao Prof. Doutor Afonso Rodrigues Queiró, Coimbra, 1978
—— "O ordenamento jurídico administrativo português", in *Contencioso Administrativo*, Braga: Cruz, 1986, p. 33 e ss.
—— *O Dever da Fundamentação Expressa de Actos Administrativos*, Coimbra: Almedina, 1992
—— "Interesse público", *DJAP*, vol. V, (1993), p. 275 e ss.
—— "Validade (do acto administrativo)", *DJAP*, VII, p. 581 e ss.
—— "A reserva do juiz e a intervenção ministerial em matéria de fixação das indemnizações por nacionalizações", *SI*, n.ᵒˢ 274-276, (1998), p. 213 e ss.
—— "Algumas reflexões a propósito da sobrevivência do conceito de «acto administrativo» no nosso tempo", in *Estudos em Homenagem ao Prof. Doutor Rogério Soares*, Coimbra: Coimbra Editora, 2001, p. 1189 e ss.
—— "A fiscalização da constitucionalidade das «normas privadas» pelo Tribunal Constitucional", *RLJ*, ano 133.º, (2001), n.º 3921, p. 357 e ss.
—— "Os novos estatutos da Santa Casa da Misericórdia de Lisboa", *Estudos de Direito Público – Santa Casa da Misericórdia de Lisboa*, Coimbra, Almedina, 2003, p. 99 e ss.
—— *A Justiça Administrativa*, Coimbra: Almedina, 2004

D'ANDREA, A. – "La prospettiva della costituzione italiana ed il principio di sussidiarietà", *Jus*, 2000, 227 e ss.

ANDREANI, A. – *Crisi e metamorfosi del potere esecutivo*, Pádua: Cedam, 1999

ANDREINI, P. – "La normativa tecnica tra sfera pubblica e privata", in Andreini/ Caia/Elias/ Roversi-Monaco, *La normativa tecnica industriale*, Bolonha: Il Mulino, 1995, p. 45 e ss.

ANNUNZIATA, M. – *Occupazione e requisizione di immobili*, Pádua: Cedam, 1988

ANSELMANN, N. – "Die Bezugnahme auf harmonisierte technische Regeln im Rahmen der Rechtsangleichung", Müller-Graff (ed.), *Technische Regeln im Binnenmarkt*, Baden-Baden: Nomos, 1991, p. 101 e ss.

ARANA GARCIA, E. – "Naturaleza jurídica de la actividad de inspección técnica de vehículos (I.T.V.)", *RVAP*, n.º 54, (1999), p. 9 e ss.

ARIAS BONET, J.A. – "Societas publicanorum", *Anuario de Historia del Derecho Español*, Tomo XIX, (1948-49), p. 218 e ss.

ARIAS SENOSEAIN, M. – "El control por la jurisdicción contencioso-administrativa de los actos y normas dele ordenamiento jurídico-deportivo", *REDA*, n.º 8, (1976), p. 153 e ss.

ARIÑO ORTIZ, G. – *Principios de derecho público económico*, Granada: Comares, 1999

ARLERI, A. B. – "Dalla procedimentalizzazione del contrato alla contrattualizzazione del procedimento", Marongiu/Martin (eds.), *Democrazia e amministrazione* (in ricordo di Vittorio Bachelet), org. de G. Milão: Giuffrè, 1992, p. 197 e ss.

ARNDT, G. – "Die dynamische Rechtsnormverweisung in verfassungsrechtlicher Sicht", *JuS*, 1979, p. 784 e ss.

ARNOULD, J. – "Les contrats de concession, de privatisation e de services «in house» au regard des règles communautaires", *RFDA*, 2000, p. 2 e ss.

—— "Le texte définitif de la communication interprétative de la Comission européenne sur les concessions en droit communautaire", *RFDA*, 2000, p. 1015 e ss.

ARONSON, M. – "A public lawyer´s response to privatization and outsourcing", in M. Taggart, *The province of administrative law*, Oxford: Hart Publishing, 1997, p. 40 e ss.

ARROYO, I. – *Estudios de derecho marítimo*, Barcelona: Bosch, 1995

ARTS, B. – "Non-state actors in global governance. Three faces of power", www.mpp-rdg.de/pdf_dat/2003_4.pdf (visita em 12/06/2003)

ASCENSÃO, Oliveira – *Direito Civil (Reais)*, Coimbra: Coimbra Editora, 1983

—— "A reserva constitucional da jurisdição", *OD*, ano 123º, (1991), II-III, p. 465 e ss.

ASSUNÇÃO, Maria Leonor – *Contributo para a Interpretação do Artigo 219º do Código Penal (o crime de omissão de auxílio)*, Coimbra: Coimbra Editora, 1994

ATAZ, A. Pedro – "Ecogestão e auditoria ambiental no direito comunitário do ambiente (algumas anotações ao Regulamento CEE n.º 1836/93, de 9 de Junho)", *RAOT*, n. º 3 (1998), p. 9 e ss.

ATRIPALDI, V. – "Il concetto di partecipazione nella dinamica della relazione Stato-società", *Scritti in onore di Massimo Severo Giannini*, vol. III, Milão: Giuffrè, 1988, p. 77 e ss.

AUBY, J.-B. – "La bataille de San Romano", *AJDA*, 2001, p. 912 e ss.

AUBY, J.-M./AUBY, J.-B. – *Institutions administratives*, Paris: Dalloz, 1996

AUBY, J.-M./AUBY, J.-B. – *Droit de la fonction publique*, Paris: Dalloz, 1993

AUBY, J.-M./BON, P. – *Droit administratif des biens*, Paris: Dalloz, 1995

AUDIVERT ARAU, R. – *Régimen jurídico de la etiqueta ecológica,* Barcelona: Cedecs, 1996

D'AURIA, G. – "Autorité et contrat dans l'administration moderne en Italie", *Annuaire Européen d'Administration Publique*, vol. XX, 1997, p. 93 e ss.

AZZARITI, G. – "L'attività del concessionario di opere pubbliche", *Dir. Proc. Amm.*, 1990, p. 384 e ss.

—— "La giurisdizione nelle controversie contro gli atti delle società concessionarie de opere pubbliche", *Dir. Proc. Amm.*, 1991, p. 532 e ss.

AZOFRA VEGAS, F. – "La financiación privada de infraestructuras públicas", *REDA*, n.º 96, (1997), p. 543 e ss.

AZZENA, A. – "Esercizio privato di pubbliche funzioni e di pubblici servizi", *DDP*, vol. XII, p. 165 e ss.

BACHELET, V. – "Incarichi di studi speciali e incarichi professionali conferiti ad estranei all'amministrazione", *RTDP*, 1958, p. 506 e ss.

BACHOF, O. – "Teilrechtsfähige Verbände des öffentlichen Rechts", *AÖR*, 1958, p. 208 e ss.

BACIGALUPO SAGGESE, M. – "Reducción y laboralización de la función pública alemana en el marco del proceso de privatización de servicios públicos de los años noventa", *DA*, n.º 243, (1995), p. 293 e ss.

BACKHERMS, J. – *Das DIN Deutsches Institut für Normung e.V. als Beliehener*, Colónia: Carl Heymanns, 1978

BADEN, E. – "Dynamische Verweisungen und Verweisungen auf Nichtnorm", *NJW*, 1979, p. 623 e ss.

BADURA, P. – *Das Verwaltungsmonopol*, Berlim: Duncker & Humblot, 1963
—— "Die parlamentarische Demokratie", Isensee/Kirchhof, *Handbuch des Staatsrechts der Bundesrepublik Deutschland*, I, Heidelberg: C.F. Müller, 1988, p. 953 e ss.
—— *Staatsrecht*, Munique: Beck, 1996

BALESTRERI, A. M. – "Sussidiarietà, territorio, cooperazione fra mano pubblica e soggetti privati", *Dir. amm.*, 1998, p. 615 e ss.

BALLBE PRUNES, M. – "Ejercicio de las potestades y derechos administrativos", *Nueva Enciclopeia Jurídica*, VIII, p. 139 e ss.

BALLETA, M. – "Le guardie venatorie volontarie come pubblici ufficiali ed agenti di polizia giudiziaria", *Rivista Giuridica dell'Ambiente*, 1997, p. 84 e ss.

BALOCCHI, E. – "Volontariato e pubblica amministrazione", Marongiu/ Martin, *Democrazia e amministrazione (in ricordo di Vittorio Bachelet)*, Milão: Giuffrè, 1992, p. 189 e ss.

BAMBERGER, Ch. – "Die verwaltungsgerichtliche vorläufige Einstellung genehmigungsfreier Bauvorhaben", *NVwZ*, 2000, p. 983 e ss.

BANFI, F. T. – "Il diritto privato dell'amministrazione pubblica", *Dir. Amm.*, 2004, p. 661 e ss.

BANSCH, F. – *Die Beleihung als verfassungsrechtliches Problem – zur Zulässigkeit einer Übertragung hoheitlicher Befugnisse auf Private nach dem Grundgesetz*, Munique, (s/ed), 1973

BARATA, J. F. Nunes – "A devolução de poderes às instituições autónomas não territoriais", *Revista de Direito Administrativo*, n.º 2, 1958, pp. 61 e ss., 133 e ss., 201 e ss., 291 e ss.

BARONE/BASSI – "La comunicazione interpretativa sulle concessioni nel diritto comunitario: spunti ricostrutivi", *FI*, 2000, Parte IV, p. 389 e ss.

BARONE, G. – *L'intervento del privato nel procedimento amministrativo*, Milão: Giuffrè, 1969

BARROS, Henrique da Gama – *História da Administração Pública em Portugal nos Séculos XII a XIV*, Lisboa, 1945

BARTOLINI, F. – "Le guardie volontarie di vigilanza venatoria: sono agenti di polizia giudiziaria?", *Rivista Penale*, 1995, p. 760 e ss.

BASILE, E. R. – "Marchi e certificazioni dei prodotti agricoli ed agroalimentari", *Riv. Dir. Agr.*, 1993, p. 325 e ss.

BASSI, F. – *La norma interna*, Milão: Giuffrè, 1963
—— "Concessionario di opera pubblica", *Il Dir. dell'Eco.*,1989, p. 7 e ss.
—— "Autorità e consenso", *RTDP*, 1992, p. 744 e ss.

BASSI, N. – *Principio di legalità e poteri amministrativi impliciti*, Milão: Giuffrè, 2001

BASSOLS COMA, M. – "Consideraciones sobre los convenios de colaboración de la administración con los particulares para el fomento de actividades economicas privadas de interés público", *RAP*, n.º 82, (1977), p. 61 e ss.
—— "Las ligas deportivas profesionales. Sus relaciones jurídicas con los clubes y federaciones deportivas", Pérez Moreno, *Administración instrumental*, I, Madrid: Civitas, 1994, p. 275 e ss.

BASTIDA FREIJEDO, F. – "Derecho de participación através de representantes y función constitucional de los partidos políticos", *REDC*, n.º 21, (1987), p. 205 e ss.

BATEUP, Ch. – "Power v State: some cultural foucauldian reflections on administrative law, corporatisation and privatisation", *Southern Cross University Law Review*, vol. 3, 1999, p. 85 e ss.

BATTAGLINI, A. O. – "Attività vincolata e situazioni soggettive", *RTDPC*, 1988, p. 3 e ss.

—— "Autorizzazione", *DDP*, vol. II, p. 70 e ss.

BATTINI, S. – "International organisations and private subjects: a more toward a global administrative law?", IILJ Working paper 2005/3, *www.iilj.org*. (visita em 06/06/2005)

BATTIS, U. – *Allgemeines Verwaltungsrecht*, C. F. Müller, Heidelberg, 1985

BAUER, H. – "Privatisierung von Verwaltungsaufgaben", *VVDStRL*, n.º 54, (1995), p. 243 e ss.

—— "Verwaltungsrechtliche und verwaltungswissenschaftliche Aspekte der Gestaltung von Kooperationsvertägen bei Public Private Partnership", *DÖV*, 1998, p. 89 e ss.

—— "Zur notwendigen Entwicklung eines Verwaltungskooperations-rechts", in Schuppert, *Jenseits von Privatisierung und "schlankem" Staat*, Baden-Baden: Nomos, 1999, p. 251 e ss

BAUR, F. – "Betriebsjustiz", *JZ*, 1965, p. 163 e ss.

BAYLEY, D. H./SHEARING, C. – "The future of policing", *Law & Society Review,* 1996, p. 585 e ss.

BECKER, F. – "Die landesrechtliche «Kapitalgesellschaft des öffentlichen Rechts» in der bundesstaatlichen Kompetenzordnung", *DÖV*, 1998, p. 97 e ss.

BECKER, J. – "Rechtsrahmen für Public Private Partnership", *ZRP*, p. 303 e ss.

BECKER, S. – "Rechtsfragen zu Gründung und Betrieb privater Universitäten", *DVBl*, 2002, p. 92 e ss.

BECHILLON, D. – *Hiérarchie des normes et hiérarchie des fonctions normatives de l'État*, Paris: Economica, 1996

BELLÉ, R. – *Il sistema sanzionatorio amministrativo del codice della strada*, Pádua: Cedam, 2001

BENKLER, Y. – "Internet regulation: a case study in the problem of unilatera-lism", *EJIL,* 2000, p. 171 e ss.

BENNDORF, M. – "Zur Bestimmung der «hoheitsrechtlichen Befugnisse» gemäß Art. 33 Abs. 4 GG", *DVBl*, 1981, p. 23 e ss

BENVENUTI, F. – "Funzione amministrativa, procedimento e processo", *RTDP*, 1952, p. 118 e ss.

—— "Per un diritto amministrativo paritario", *Studi in memoria di Guic-ciardi*, Pádua: Cedam, 1975, p. 807 e ss.

—— "Il ruolo dell'amministrazione nello stato democratico contempo-raneo", *Jus*, 1987, p. 277 e ss.

BENZ, H. – *Die verfassungsrechtliche Zulässigkeit der Beleihung einer Aktien-gesellschaft mit Dienstherrenbefugnissen*, Tübingen: Peter Lang, 1995

BERENDES, D. – "Der «Blaue Engel» – ein Eingriff in Wettbewerbsfreiheit und Gewerbebetrieb?", *GewArch*, 1998, p. 14 e ss.

BERG, W. – "Das Hausrecht des Landgerichtspräsidenten", *JuS* 1982, p. 260 e ss.

BERGONZINI, G. – *L'attività del privato nel procedimento amministrativo*, Pádua: Cedam, 1975

BERKEMANN, J. – "Juris als öffentlich-rechtlich »beliehener Unternehmer«", *VerwArch*, 1996, p. 362 e ss.

BERLIRI, A. – *Principi di diritto tributario*, I, Milão: Giuffrè, 1967

BERMAN, P. Sch. – "Cyberspace and the state action debate: the cultural value of applying constitutional norms to «private» regulation", *U. Col. L. Rev.*, vol. 71, n.º 4, (2000), p. 1263 e ss.

BERMEJO VERA, J. – "El marco jurídico del deporte en España", *RAP*, n.º 110, (1986), p. 7 e ss.

—— "El conflicto deportivo y la jurisdicción", *DA*, n.º 220, (1989), p. 179 e ss.

—— "Constitución y ordenamiento deportivo", *REDA*, 1989, p. 337 e ss.

—— *Derecho administrativo – parte especial*, Madrid: Civitas, 1999

—— "Entes instrumentales para la gestión de la función pública del deporte: las federaciones deportivas", Pérez Moreno, *Administración instrumental*, I, Madrid, 1994, p. 299 e ss.

—— "La dimensión constitucional del derecho de asociación", *Estudios Jurídicos en Homenage al Profesor Aurelio Menéndez*, Madrid: Civitas, 1996, p. 4245 e ss.

—— "La administración inspectora", in *RAP*, n.º 147, (1998), p. 39 e ss.

—— *Derecho administrativo básico*, Saragoça: Egido Editorial, 2002

BERNARD-FRANK MACERA – *El deber industrial de respetar el ambiente*, Madrid: Marcial Pons, 1998

—— "La problemática de la asunción de la inspección administrativa por entidades privadas", in Sosa Wagner, *El derecho administrativo en el umbral del siglo XXI (Homenage Ramón Martín Mateo)*, Valencia: Tirant lo Blanch, 2000, vol. II, p. 1605 e ss.

—— "La sujeción a control contencioso-administrativo del «fieri» de los contratos celebrados por ciertas sociedades mercantiles públicas: un remedio improcedente a una tendência privatizadora ilegítima", in *Os Caminhos da Privatização da Administração Pública*, Coimbra: Coimbra Editora, 2001, p. 406 e ss.

BERRETA, P. – "I poteri di democrazia diretta", Amato/Barbera, *Manuale di Diritto Pubblico*, Bolonha: Il Mulino, 1994, p. 315 e ss.

BERTI, G. – "Il principio contrattuale nell'attività amministrativa", *Scritti in onore di Massimo Severo Giannini*, vol. II, Milão: Giuffrè, 1988, p. 47 e ss.

—— "Stato di diritto informale", *RTDP*, 1992, p. 3 e ss.

—— "I pubblici servizi tra funzione e privatizzazione", *Jus*, 1999, p. 867 e ss.

BERTOLINO, G. – "Denominazione di origine e indicazione geografica", *DDP*, vol. XI, p. 684 e ss.

BETTERMANN, K. A. – "Die Rechtsprenchende Gewalt", in Isensee/Kirchhof, *Handbuch des Staatsrechts der Bundesrepublik Deutschland*, III, Heidelberg: C.F. Müller, 1988, p. 775 e ss.

BIAMONTI, L. – "Arbitrato (Diritto Processuale Civil)", *EdD*, vol. II, p. 899 e ss.

BIANCA, C. M. – *Le autorità private*, Nápoles: Jovene, 1977

BIANCHI, A. – "La denuncia de inizio de attività in materia edilizia. Profili riconstrutivi dell'istituto con particolare riferimento alla tutela giurisdizionale del terzo", *Riv. Giur. Edil.*, 1998, II, p. 147 e ss.

BILBAO UBILLOS, J.M. – *Los derechos fundamentales en la frontera entre lo público y lo privado*, Madrid: Macgraw-Hill, 1997

BISBAL, J. – "El interés público protegido mediante la disciplina de la contabilidad", *RDM*, n.º 160, (1981), p. 257 e ss.

BIVONA, G. – "Contratti de integrazione verticale in agricoltura e disciplina degli accordi interprofessionali", Alfredo Massart (ed.), *Accordi interprofessionali e contratti agroindustriali*, Pisa: ETS Editrice, 1990, p. 95 e ss.

BLAU, K. – "Bedeutung und Probleme der Privatschulfreiheit", *JA*, 1984, p. 463 e ss.

BLUMANN, C. – "Le pouvoir exécutif de la commission à la lumière del l'Acte unique européen", *RTDE*, 1988, p. 23 e ss.

BOBBIO, N. – "Norma giuridica", *NssDI*, vol. XI, p. 330 e ss.

BÖCKEL, M. – "Projektmanagement in Verwaltungsverfahren", *DÖV*, 1995, p. 102 e ss.

BÖCKENFÖRDE, E.-W. – *Die Organisationsgewalt im Bereich der Regierung*, Berlim, Duncker & Humblot, 1964

—— "Die Bedeutung der Unterscheidung von Staat und Gesellschaft im demokratischen Sozialstaat der Gegenwart", in E.-W. Böckenförde (ed.), *Staat und Gesellschaft*, Darmstadt: Wissenschaftliche Buchgesellschaft, 1976, p. 395 e ss.

—— "Demokratie als Verfassungsprinzip", in Isensee/Kirchhof (eds), *Handbuch des Staatsrechts der Bundesrepublik Deutschland*, Heidelberg: C.F. Müller, I, 1987, p. 887 e ss.

BOQUERA OLIVER, J. M. – "Criterio conceptual del derecho administrativo", *RAP*, n.º 42, (1963), p. 121 e ss.

—— *Estudios sobre el acto administrativo*, Madrid, Civitas, 1993

BORCHERT, H. – "Der private Funkstreifenwagen", *JuS*, 1974, p. 723 e ss.

BORRAJO INIESTA, I. – "The privatization of legal rules", *REDP*, 1994, (n.º especial), p. 145 e ss.

BORRMANN, A. – *Der Schutz der Berufsfreiheit im deutschen Verfassungsrecht und im europäischen Gemeinschaftsrecht*, Berlin: Duncker & Humblot, 2002

BORTOLOTTI, D. – *Attività preparatoria e funzione amministrativa*, Milão: Giu-ffrè, 1984

BOY, L. – "L'éco-label communautaire, un exemple de droit post-moderne", *Revue Internationale de Droit Économique*, 1996, p. 69 e ss.

BOYES, S. – "The regulation of sport and the impact of the Human Rights Act 1998", *EPL*, 2000, p. 517 e ss.

BRACCI, M. – *La proposta in diritto amministrativo*, Florença: Felice Le Monier, 1961

BRACHER, Ch.-D. – *Gefahrenabwehr durch Private*, Berlim: Duncker & Humblot, 1978

BRAND, J. – *Die Rechtsstellung des Beliehenen*, Münster (s/ed.), 1953

BREGANZE, M. – "Proposta e designazione (dir. pubbl.)", *EGT*, vol. XXIV

BRENNER, M. – "Gesellschaftsrechtliche Ingerenzmöglichkeiten von Kommunen auf privatrechtliche ausgestaltete kommunale Unternehmen", *AÖR*, 2002, p. 222 e ss.

BRESSMAN, L. S. – "Schechter Poultry at the millennium: a delegation doctrine for the administrative state", *Yale L. J.*, vol. 109 (2000), p. 1399 e ss.

BREUER, R. – "Direkte und indirekte Rezeption technischer Regeln durch die Rechtsordnung", *AÖR*, 1976, p. 46 e ss.

—— "Selbstverwaltung und Mitverwaltung Beteiligter im Widerstreit verfassungsrechtlicher Postulate", *DV*, 1977, p. 1 e ss.

BRIC, J. – *Vereinsfreiheit*, Viena: Springer, 1998

BRICHET, R. – "Le rôle des associations privées dans la vie administrative", *AJDA*, 1980, p. 123 e ss.

BRITZ, G. – "Die Mitwirkung Privater an der Wahrnehmung öffentlicher Aufgaben durch Einrichtungen des öffentlichen Rechts", *VerwArch*, 2000, p. 418 e ss.

BROHM, W. – *Strukturen der Wirtschaftsverwaltung*, Estugarda: Kohlhammer, 1969

BRUGGER, W. – "Rechtsprobleme der Verweisung im Hinblick auf Publikation, Demokratie und Rechtsstaat", *VerwArch*, 1987, p. 1 e ss.

BRÜNING, Ch. – *Der Private bei der Erledigung kommunaler Aufgaben*, Berlim: Duncker & Humblot, 1997

—— "Von öffentlichen Zwecken und privaten Rechten", *DÖV*, 2003, p. 389 e ss.

BRÜNNECK, A. von – "Das Wohl der Allgemeinheit als Voraussetzung der Enteignung", *NVwZ*, 1986, p. 425 e ss.

BRUNNER, U. – *Rechtsetzung durch Private*, Zurique: Schulthess Polygraphischer, 1982

BUCHER, E. – *Das subjektive Recht als Normsetzungsbefugnis*, Tübingen: Mohr Siebeck, 1965

BUDÄUS, D./GRÜNING, G. – "Public Private Partnership – Konzeption und Probleme eines Instruments in die aktuelle Verwaltungsreform aus Sicht der Public Choice-Theorie", in Budäus/Eichhorn (eds.), *Public Private Partnership*, Baden-Baden: Nomos, 1997, p. 25 e ss.

BUHCK, H. – *Überwachungsgemeinschaften im Umweltrecht*, Berlim: Duncker & Humblot, 1996

BUJAN Y FERNANDEZ, A. F. – *Derecho público romano*, Madrid: Civitas, 1997

BULL, H. P. – *Die Staatsaufgaben nach dem Grundgesetz*, Kronberg: Athenäum, 1977

—— "Privatisierung öffentlicher Aufgaben", *VerwArch*, 1995, p. 621 e ss.

—— *Allgemeines Verwaltungsrecht*, Heidelberga: C. F. Müller, 2000

—— "Über Formenwahl, Formwahrheit und Verantwortungsklarheit in der Verwaltungsorganisation", M.-E. Geis e D. Lorenz, (eds.), *Staat, Kirche, Verwaltung*, FS für H. Maurer, Munique: Beck, 2001, p. 545 e ss.

BÜLLESBACH/RIESS – "Outsourcing in der öffentlichen Verwaltung", *NVwZ*, 1995, p. 444 e ss.

BULLINGER, M. – "Die Enteignung zugunsten Privater", *Der Staat*, 1962, p. 449 e ss.

—— "Procedimientos administrativos al ritmo de la economía y de la sociedad (directivas constitucionales para una reforma)", *REDA*, n.° 69, (1991), p. 5 e ss.

—— "La administración, al ritmo de la economía y la sociedad (reflexiones y reformas en Francia y en Alemania)", *DA*, n.° 234, (1993), p. 85 e ss.

BURGI, M. – "Freier Personenverkehr in Europa und nationale Verwaltung", *JuS*, 1996, p. 958 e ss.

—— *Funktionale Privatisierung und Verwaltungshilfe*, Tübingen: Mohr Siebeck, 1999

—— "Privat vorbereitete Verwaltungsentscheidungen und staatliche Strukturschaffungspflicht", *DV*, 2000, p. 183 e ss.

—— "Der Beliehene – ein Klassiker im modernen Verwaltungsrecht", in M.-E. Geis e D. Lorenz, (eds.), *Staat, Kirche, Verwaltung,* FS für H. Maurer, Munique: Beck, 2001, p. 581 e ss.

—— "Vergaberechtliche Fragen bei der Privatisierungsvorgängen: das Beispiel Zusammenarbeit mit dem Sicherheitsgewerbe", *GewArch,* 2001, p. 217 e ss.

—— "Verwaltungsorganisationsrecht", in H.-U. Erichsen/Dirk Ehlers, *Allgemeines Verwaltungsrecht*, 2002, p. 791 e ss.

—— "Die Funktion des Verfahrenrechts in privatisierten Bereichen", in Hoffmann-Riem/ Schmidt-Aßmann, *Verwaltungsverfahren und Verwaltungsverfahrensgesetz*, Baden-Baden: Nomos, 2002

BURGO Y MARCHAN, A. M. del – "El poder administrativo", *REDA*, n.° 33, (1982), p. 249 e ss.

BURMEISTER, G. C. – *Herkunft, Inhalt und Stellung des institutionellen Gesetzes-vorbehalts*, Berlim: Duncker & Humblot, 1991

BURMEISTER, J. – "Sportverbandswesen und Verfassungsrecht", *DÖV*, 1978, p. 1 e ss.

—— "Die Ersatzvornahme im Polizei- und Verwaltungsvollstreckungs-recht", *JuS*, 1989, p. 256 e ss.

BURNET, O. – *L'exécution de tâches publiques par un organisme privé*, Lausan-ne: Payot, 1983

BUXTON, R. – "The Human Rights Act and private law", *LQR*, vol. 116, (2000), p. 48 e ss.

CABALLERO LOZANO – "Los contratos agroindustriales en la experiencia es-pañola: el problema de su naturaleza jurídica", *Riv. Dir. Agr.*, 1996, p. 206 e ss.

CABALLERO SANCHEZ, R. – "La *Beschleunigung* o aceleración del procedi-miento administrativo y del proceso contencioso en Alemania", *RAP* n.º 147, (1998), p. 423 e ss.

CADILHA, C. A. Fernandes – "Intimações", *CJA*, n.º 16, (1999), p. 62 e ss.

—— "Legitimidade processual", *CJA*, n.º 34, (2002), p. 9 e ss.

—— "Regime geral da responsabilidade civil da Administração Pública", *CJA*, n.º 40, (2003), p. 18 e ss.

CAETANO, Marcello – "Corporações administrativas – Notas sobre o seu con-ceito e regime jurídico", *OD*, ano 66.º, (1934), p. 33 e ss.

—— *Tratado Elementar de Direito Administrativo*, I, Coimbra, 1944

—— "Resumo da história da administração colonial portuguesa", *Estudos de História da Administração Pública Portuguesa*, Coimbra: Coimbra Editora, 1994, p. 451 e ss.

—— *História do Direito Português*, Lisboa: Verbo, 1981

—— *Manual de Direito Administrativo*, (2 vols.), Coimbra: Almedina, 1984

CAGLI, A. – "Organizzazione e procedure dell'attività amministrativa tecnica nel settore dei prodotti industriali", in Andreini/Caia/Elias/Roversi-Mona-co, (eds.), *La normativa tecnica industriale*, Bolonha: Il Mulino, 1995, p. 165 e ss.

CAGNAT, R. – "Publicani", *Dictionnaire des Antiquités Grecques et Romaines (Daremberg-Saglio)*, tomo IV, 1.ª parte, p. 752 e ss.

CAIA/ROVERSI-MONACO – "Amministrazione e privati nella normativa tecnica e nella certificazione dei prodotti industriali", in Andreini/Caia/Elias/ Roversi-Monaco, *La normativa tecnica industriale*, Bolonha: Il Mulino, 1995, p. 13 e ss.

CAIVANO, R. J. – *Arbitraje*, Buenos Aires: Ad Hoc, 1993

CALCERANO/CABRERA – "Scuola", *EdD*, XLI, p. 828 e ss.

CALLIESS, Ch. – "Öffentliches und privates Nachbarrecht als wechselseitige Auffangordnungen", *DV*, 2001, p. 169 e ss.

CALVÃO, Filipa Urbano – "O procedimento administrativo como instrumento de coordenação de competências", CJA, n.º 32, (2002), p. 46 e ss.

CAMMEO, F. – *Corso di diritto amministrativo* (1911-14), Pádua: Cedam, 1992

CAMPOS, João Mota de – *Direito Comunitário*, vol. III (O Ordenamento Económico), Lisboa: Gulbenkian, 1997
—— *Manual de Direito Comunitário*, Lisboa: Gulbenkian, 2002

CAMPS POVILL, A. – *Las federaciones deportivas. Régimen Jurídico,* Madrid: Civitas, 1996

CANALS I AMETLLER, Dolors – *El ejercicio por particulares de funciones de autoridad (control,spección y certificación)*, Granada: Comares, 2003

CANEDO, Marguerite – *Le mandat administratif*, Paris, LGDJ, 2001

CANN, S. J. – *Administrative Law*, Thousand Oaks: Sage, 2002

CANNADA-BARTOLI, E. – "Degli atti di gara dele concessionario di sola costruzione", p. 939 e ss, *FA*, 1991, p. 929 e ss.

CANNIVÉ, K. – *Infrastrukturgewährleistung in der Telekommunikation zwischen Staat und Markt*, Berlim: Duncker & Humblot, 2001

CANOTILHO, J.J. Gomes – *Direito Constitucional e Teoria da Constituição*, Coimbra: Almedina, 2002
—— "Constituição e «tempo ambiental»", *CEDOUA*, 1999, n.º 2, p. 9 e ss.
—— "O direito constitucional passa; o direito administrativo passa também", in *Estudos em Homenagem ao Prof. Doutor Rogério Soares*, Coimbra: Coimbra Editora, 2001, p. 705 e ss.

CANOTILHO, J.J. Gomes/MOREIRA, Vital – *Constituição da República Portuguesa Anotada*, Coimbra: Coimbra Editora, 1993

CAPACCIOLI, E. – *Manuale di diritto amministrativo*, Pádua: Cedam, 1983

CAPELLI, F. – "La tutela delle denominazioni dei prodotti alimentari di qualità", *Jus*, 1999, p. 157 e ss.

CARBONNIER, J. – *Flexible droit*, Paris: LGDJ, 1979

CARINGELLA, F. – *Il procedimento amministrativo*, Nápoles: Simone, 1985

CARIOTA-FERRARA, L. – "Riflessioni sul contratto normativo", *Arch. Giur.*, 1937, p. 52 e ss.

CARIUS, M. – "Le nouveau droit des fédérations sportives", *AJDA*, 2001, p. 169 e ss.

CARRO, J. L. – "Libertad de enseñanza y escuela privada", *REDA*, n.º 33, (1982), p. 209 e ss.

CARVALHO, Américo Taipa de – *A Legítima Defesa (da fundamentação teorético-normativa e preventivo-geral à redefinição dogmática)*, Coimbra: Coimbra Editora, 1995

CASETTA, E- – "Provvedimento e atto amministrativo", *DDP*, XII, p. 243 e ss.
—— *Manuale di diritto amministrativo*, Milão: Giuffrè, 1999
—— "La difficoltà di «semplificare»", *Dir. Amm.*, 1998, p. 335 e ss.

CASPAR, J. – "Schlichten statt richten – Möglichkeiten und Wege außergerichtlicher Streitbeilegung", *DVBl*, 1995, p. 992 e ss.

—— "Der fiktive Verwaltungsakt – zur Systematisierung eines aktuellen verwaltungsrechtlichen Instituts", *AÖR*, 2000, p. 131 e ss.

CASSESE, S. – "Il privato e il procedimento amministrativo", *Arch. Giur.* 1970, p. 25 e ss.

—— "Le privatizzazioni in Italia", *RTDP*, 1988, p. 32 e ss.

—— *Le basi del diritto amministrativo*, Turim: Einaudi, 1995

—— "Quattro paradossi sui rapporti tra poteri pubblici ed autonomie private", *RTDP*, 2000, p. 389 e ss.

—— "Lo spazio giuridico globale", *RTDP*, 2002, p. 323 e ss.

—— "Tendenze e problemi del diritto amministrativo", *RTDP*, 2004, p. 901 e ss.

CASTAN PEREZ-GOMEZ, S. – *Régimen jurídico de las concesiones administrativas en el derecho romano*, Madrid: Dykinson, 1996

CASTRO, Catarina Sarmento e – *A Questão das Polícias Municipais*, Coimbra: Coimbra Editora, 2003

CASULLI, V. R. – "Proposta", *NssDI*, Vol. XIV, p. 95 e ss.

CATARINO, Luís Guilherme – "A Responsabilidade do Estado pela Administração da Justiça (o erro judiciário e o anormal funcionamento)", Coimbra: Almedina, 1999

CAUPERS, João – "Notário", *DJAP*, VI, p. 157 e ss.

—— "Um dever de regulamentar?", *Legislação. Cadernos de Ciência de Legislação*, n.º 18, (1997), p. 7 e ss.

—— "Imposições à Administração Pública", *CJA*, n.º 16, (1999), p. 49 e ss.

—— *Introdução ao Direito Administrativo*, Lisboa: Âncora Editora, 2001

—— "A arbitragem nos litígios entre a administração pública e os particulares", *CJA*, n.º 18, (1999), p. 3 ss.

—— "A arbitragem na nova justiça administrativa", *CJA*, n.º 34, (2002), p. 65 ss.

CAVALLO, B. – "Provvedimenti e atti amministrativi", Giuseppe Santaniello, *Tratatto di Diritto Amministrativo*, III, Pádua: Cedam, 1993

CAZORLA PRIETO, L.M. – *Derecho del deporte*, Madrid: Civitas, 1992

CERRI, A. – "Potere e potestà", *EGT*, vol. XXIII.

CESARINI SFORZA – "La teoria degli ordinamenti giuridici e il diritto sportivo", *FI*, 1933, I, p. 1381 e ss.

—— *Il diritto dei privati*, Milão: Giuffrè, 1963.

CHAPUS, R. – *Droit administratif général*, Paris: Montchrestien, vol. I (1998); vol. II (1997)

CHARLES, H. – "Les fonctionnaires mis à la disposition d'organismes publics ou privés", *AJDA*, 1977, p. 609 e ss.

CHEMILLIER-GENDREAU – "Le détachement dans la fonction publique", *RDP*, 1967, p. 647 e ss.

CHEVALLIER, J. – "L'association entre le public et le privé", *RDP*, 1981, p. 887
e ss.
—— "La nouvelle réforme des télécommunications: ruptures et continui-
tés", *RFDA*, 1996, p. 944 e ss.
CHIMENTI, C. – "I partiti politici", in Amato/Barbera, *Manuale di Diritto
Pubblico*, Bolonha: Il Mulino, 1994, p. 283 e ss.
CHINCHILLA MARÍN, C. – "El derecho a la ocupación del dominio público y de
la propiedad privada necessarios para el establecimiento de redes públicas
de telecomunicaciones", Carmen Chinchilla Marín, (ed.), *Telecomunicaciones (estudios sobre dominio público y propiedad privada)*, Madrid:
Marcial Pons, 2000, p. 93 e ss.
CHITI, M. P. – "El organismo de derecho público y el concepto comunitario de
administración pública", *Just. Adm.*, n.º 11, (2001), p. 33 e ss.
CICCOTTI, E. – "Lineamenti dell'evoluzione tributaria nel mondo antico", *Biblio-
teca di Storia Economica*, vol. V, Milão, 1921, p. XCV e ss.
CIERCO SEIRA, C. – "La simplificación de los procedimientos administrativos
en Italia", *RAP*, n.º 152, (2000), p. 385 e ss.
CIVITARESE, S. – *Contributo allo studio del principio contrattuale nell'attività
amministrativa*, Turim: Giappichelli, 1997
CLARICH, M. – *Termine del procedimento e potere amministrativo*, Turim:
Giappichelli, 1995
—— "Modelli di semplificazione nell'esperienza comparata", *RTDP*, 1998,
p. 679 e ss.
CLARO, João Martins – "A arbitragem no Projecto do Código de Processo nos
Tribunais Administrativos", in *Reforma do Contencioso Administrativo,
O Debate Universitário*, vol. I, Ministério da Justiça, 2000, p. 179 e ss.
CLAUSSEN, C. P. – *Bank- und Börsenrecht*, Munique: Beck, 1996
CLEMENS, Th. – "Öffentlich-rechtliche Verträge zwischen Privaten?", *DV*,
1979, p. 380 e ss.
—— "Die Verweisung von einer Rechtsnorm auf andere Vorschriften –
insbesondere ihre Verfassungsmässigkeit", *AÖR*, 1986, p. 63 e ss.
COCIVERA, B, – *Principi di diritto tributario*, Milão: Giuffrè, 1959
COLLAÇO, MAGALHÃES, J.M. – *Concessões de Serviços Públicos – Sua Natu-
reza Jurídica*, Coimbra, 1914
COGLIANESE, Cary – "Is consensus an appropriate basis for regulatory poli-
cy?", Orts/Deketelaere, *Environmental contracts: comparative approaches
to regulatory innovation in the United States and Europe*, Boston: Klue-
wer Law International, 2001, p. 93 e ss.
—— "Assessing consensus: the promise and performance of negotiated
rulemaking", *Duke L. J.*, vol. n.º 46, (1997), p. 1255 e ss.
COLIN, Th. – *Le notaire français et le notaire suisse face à l'Europe*, Paris:
LGDJ, 1993

CORDEIRO, António Menezes – "Da abertura de concurso para a celebração de um contrato no direito privado", *BMJ*, n.º 369, (1987), p. 27 e ss.
—— *Manual de Direito do Trabalho*, Coimbra: Almedina, 1994
CORREIA, Eduardo – *Direito Criminal*, II vol., Coimbra: Almedina, 1988
CORREIA, Fernando Alves – *As Garantias do Particular na Expropriação por Utilidade Pública*, Coimbra: Separata do BFDC, 1982
—— "Formas jurídicas de cooperação intermunicipal", *Estudos em Homenagem ao Prof. Doutor Afonso Rodrigues Queiró*, I, Coimbra: BFDC, 1984, p. 61 e ss.
—— *A Jurisprudência do Tribunal Constitucional sobre Expropriações por Utilidade Pública e o Código das Expropriações de 1999*, Separata da RLJ, Coimbra: Coimbra Editora, 2000
—— *Alguns Conceitos de Direito Administrativo*, Coimbra: Almedina, 2002
CORREIA, J. M. Sérvulo – *Noções de Direito Administrativo*, Lisboa: Danúbio, 1981
—— *Legalidade e Autonomia Contratual nos Contratos Administrativos*, Coimbra: Almedina, 1987
—— "Acto administrativo e âmbito da jurisdição administrativa", in *Estudos em Homenagem ao Prof. Doutor Rogério Soares*, Coimbra: Coimbra Editora, 2001, p. 1155 e ss.
—— "Unidade ou pluralidade de meios processuais principais no contencioso administrativo", *CJA*, n.º 22, (2000), p. 23 e ss.
—— "A arbitragem voluntária no domínio dos contratos administrativos", in *Estudos em Memória do Professor Doutor João de Castro Mendes*, Lisboa: Lex, 1995, p. 230 e ss.
—— *Direito do Contencioso Administrativo*, Lisboa: Lex, 2005
CORREIA, J.M. Sérvulo/MEDEIROS, Rui – "Restrições aos poderes do Governo em matéria de reconhecimento e de alteração dos estatutos das fundações de direito privado", *ROA*, ano 62.º, (2002), II, p. 347 e ss.
CORSO, G. – "Attività economica privata e *deregulation*", *RTDP*, 1998, p. 629 e ss.
CORTEZ, Francisco – "A arbitragem voluntária em Portugal: dos ricos homens aos tribunais privados", *OD*, ano 124.º, (1992), pp. 365 e ss e 541 e ss.
CORTEZ, Margarida – *Responsabilidade Civil da Administração por Actos Administrativos Ilegais e Concurso de Omissão Culposa do Lesado*, Coimbra: Coimbra Editora, 2000
—— "A inactividade formal da administração como causa extintiva do procedimento e as suas consequências", in *Estudos em Homenagem ao Prof. Doutor Rogério Soares*, Coimbra: Coimbra Editora, 2001, p. 367 e ss.

COSTATO, Luigi – "La protezione delle indicazioni geografiche e delle deno-
    minazioni d'origine e le attestazioni di specificità", *Riv. Dir. Agr.*, 1995,
    p. 488 e ss.

COUDEVYLLE, André – "La notion de mandat en droit administratif", *AJDA*,
    1979, p. 7 e ss.

COURET/IGALENS/PENAN – *La certification*, Paris: PUF, 1995

Craig, Paul – "Public law and control of private power", in M. Taggart, *The
    province of administrative law*, Oxford: Hart Publishing, 1997, p. 196 e ss.

CREPALDI, G. – "La denuncia di inizio attività: natura giuridica e tutela del
    terzo", *FA (CdS)*, 2004, p. 3204 e ss.

CREVELD, M. – The rise and the decline of the state, Cambridge: University
    Press, 1999

CRISAFULLI, Vezio – "La scuola nella Costituzione", *RTDP*, 1956, p. 54 e ss.

CRUZ, Sebastião – *Direito Romano*, I, Coimbra, 1980

CUGURRA, Giorgio – "L'annullamento governativo come atto di «alta amminis-
    trazione»", *RTDP*, 1972, p. 604 e ss.

—— "Considerazioni sull'attuale sistema degli atti pubblici", *RTDP*, 1972,
    p. 48 e ss.

CUNHA, Damião – Comentário do Artigo 386° do Código Penal, in Jorge de
    Figueiredo Dias (dir.), *Comentário Conimbricense do Código Penal, Parte
    Especial*, Tomo III, Coimbra: Coimbra Editora, p. 808 e ss.

CUNHA, Paulo de Pitta e – "As pessoas colectivas como administradores de
    sociedades", *ROA*, ano 45, (1985), p. 5 e ss.

CUTLER, A.C. – *Private power and global authority*, Cambridge: Cambridge
    University Press, 2003

DAGTOGLOU, P. – *Der Private in der Verwaltung als Fachmann und Interessen-
    vertreter*, Heidelberg: Carl Winter, 1964

—— "Die Beteiligung Privater an Verwaltungsaufgaben", *DÖV*, 1970,
    p. 532 e ss.

DANWITZ, Th. von – "Vom Verwaltungsprivat- zum Verwaltungsgesellschafts-
    recht", *AÖR*, 1995, p. 596 e ss.

DANIELE, N. – *L'Ordinamento scolastico italiano*, Pádua: Cedam, 1988

—— "La parità scolastica", *Rivista Giuridica della Scuola*, 2000, n.° 3,
    p. 367 e ss.

DAVID, A. – *Inspektionen im Europäischen Verwaltungsrecht*, Duncker & Hum-
    blot, 2003

DECHARME, P. – *Compagnies et sociétés coloniales allemandes*, Paris, 1903

DEDERER, H.-G. – *Korporative Staatsgewalt*, Tübingen: Mohr Siebeck, 2004

DEGIACOMI, F. – *Erfüllung kommunaler Aufgaben durch Private*, Zürich:
    Schulthess Polygraphischer, 1989

DEHOUSSE, R. – "Regulation by networks in the European Community: the role of european agencies", *Jour. Eur. Pub. Pol.*, vol. 4.º, n.º 2, (1997), p. 246 e ss.

DELL'UTRI, M. – "Poteri privati e situazioni giuridiche soggettive", *Rivista di diritto civile*, 1993, II, p. 303 e ss.

—— "Poteri privati, interessi legitimi e forme di tutela", *Rivista di diritto civile*, 1997, II, p. 47 e ss.

DEODATO, C. – "Le società pubbliche", www.giustamm.it (visita 02/06/05).

DI FABIO, U. – *Produktharmonisierung durch Normung und Selbstüberwachung*, Colónia: Heymanns, 1996

—— "Verwaltung und Verwaltungsrecht zwischen gesellschaftlicher Selbstregulierung und staatlicher Steuerung", *VVDStRL*, n.º 56, (1997), p. 235 e ss.

—— "Verwaltungsentscheidung durch externen Sachverstand", *VerwArch*, 1990, p. 193 e ss.

—— "Privatisierung und Staatsvorbehalt", *JZ*, 1999, p. 585 e ss.

DI GASPARE, G. – *Il potere nel diritto pubblico*, Pádua: Cedam, 1992

DIAS, José E. Figueiredo – "Que estratégia para o direito ambiental norte--americano do século XXI: o «cacete» ou a «cenoura»?", *BFDC*, vol. LXXVII, (2001), p. 291 e ss.

DIAZ LEMA, J. M. – *Los conciertos educativos en el contexto de nuestro derecho nacional y el derecho comparado*, Madrid: Marcial Pons, 1992

—— "El régimen de las autorizaciones de los centros privados de enseñanza no universitaria", *RAP*, n.º 133, (1994), p. 441 e ss.

DIIULIO Jr., J. J. – "Government by proxy: a faithful overview", *Harv. L. Rev.*, vol. 116, (2003), p. 1271 e ss.

DITTMANN, A. – "Bundeseigene Verwaltung durch Private?", *DV*, 1975, p. 431 e ss.

—— "Die Rechtsverordnung als Handlungsinstrument der Verwaltung", S. Biernat *et alli*, *Grundfragen des Verwaltungsrechts und Privatisierung*, Estugarda: Richard Boorberg, 1994, p. 107 e ss.

DOMINGO, R. – *Auctoritas*, Barcelona: Ariel, 1999

DREIER, H. – *Hierarchische Verwaltung im demokratischen Staat*, Tübingen: J.C.B. Mohr Siebeck, 1991

DREIFUSS, M. – "Service de stationnement payant et délégation de service public", *AJDA*, 2001, p. 129 e ss.

DREIFUSS/BOMPARD – "La gestion du service public de stationnement payant saisie par le juge", *Droit et Ville*, 1999, p. 285 e ss.

DREYFUS, J.D. – "L'externalisation, éléments de droit public", *AJDA*, 2002, p. 1214 ss.

DRUESNE, G. – "Réflexions sur la notion de pouvoirs publics en droit français", *RDP*, 1976, p. 1155 e ss.

DRUSCHEL, Ch. – *Die Verwaltungsaktbefugnis*, Berlim: Duncker & Humblot, 1999

DUARTE, Maria Luísa – *A Liberdade de Circulação de Pessoas e a Ordem Pública no Direito Comunitário*, Coimbra: Coimbra Editora, 1992

—— *A Teoria dos Poderes Implícitos e a Delimitação de Competências entre a União Europeia e os Estados-Membros*, Lisboa: Lex, 1997

DUBISCHAR, R. – "Inhalt und Schutzbereich von Bewachungsverträgen", *NJW*, 1989, p. 3241 e ss.

DUFAU, J. – *Droit des travaux publics*, Paris: Puf,1998

DUGATO, M. – "Oggetto e regime delle società di trasformazione urbana", *Dir. Amm.*, 1999, p. 512 e ss.

DUPUIS, G. – "Définition de l´acte unilatéral", *Recueil d'Études en Hommage à Charles Eisenmann*, Paris: Cujas, 1975, p. 205 e ss.

DURAND-PRINBORGNE – "Le principe d'égalité et l'enseignement", *RFDA*, 1988, p. 591ss

DURUPTY, M. – "Le privatizzazioni in Francia", *RTDP*, 1988, p. 44 e ss.

ECKERT, G. – "L'organisation et l'exploitation de jeux de loterie par la société «La Française des Jeux» ne revêt pas le caractère d'une mission de service public", *RDP*, 2000, p. 269 e ss.

EISELE, M. – *Subjektive öffentliche Rechte auf Normerlaß*, Berlim: Duncker & Humblot, 1999

EISENMANN, Ch. – "L'arrêt Monpeurt, légende et réalité", *Mélanges Mestre*, Paris, 1956, p. 221 e ss.

EHLERS, D. – *Verwaltung in Privatrechtsform*, Berlim: Duncker & Humblot, 1984

—— "Der Beklagte im Verwaltungsprozess", *FS für Ch.-Friedrich Menger*, Colónia: Carl Heymanns, 1985, p. 379 e ss.

—— "Verwaltung und Verwaltungsrecht im demokratischen und sozialen Rechtsstaat", in H.-U. Erichsen/Dirk Ehlers, *Allgemeines Verwaltungsrecht*, Berlim: Walter De Gruyter, 2002, p. 1 e ss.

—— "Rechtsprobleme der Kommunalwirtschaft", *DVBl*, 1998, p. 497 e ss.

ELIAS, G. – "Le regole comunitarie per l'acesso al mercato único: le misure per l'eliminazione delle barriere tecniche", in Andreini/Caia/Elias/Roversi-Monaco (eds), *La normativa tecnica industriale,* Bolonha: Il Mulino, 1995, p. 23 e ss.

EMBID IRUJO, A. – "La problemática del servicio de vigilância nocturna: competencia municipal, orden público y régimen jurídico de los vigilantes nocturnos", REDA, n.º 17, (1978), p. 203 e ss.

—— "La enseñanza privada en España: consideraciones sobre su problemática actual en el marco de la política europea sobre educación", *RAP* n.º 142, (1997), p. 75 e ss.

EMDE, E. Th. – *Die demokratische Legitimation der funktionalen Selbstverwaltung*, Berlim: Duncker & Humblot, 1991

EMMERT, U. – "Haftung der Zertifizierungstellen", *CR*, 1999, p. 244 e ss.

ENGEL, C. – "Die privatnützige Enteignung als Steuerungsinstrument", *DV*, 1998, p. 543 e ss.

—— "Institutionen zwischen Staat und Markt", *DV*, 2001, p. 1 e ss.

ENSTHALER, J. – *Zertifizierung, Akkreditierung und Normung für den Europäischen Binnenmarkt*, Berlim: Erich Schmidt, 1995

ERBGUTH/STOLLMANN – "Erfüllung öffentlicher Aufgaben durch private Rechtssubjekte?", *DÖV*, 1993, p. 798 e ss.

ERICHSEN, H.-U. – "Das Verwaltungshandeln", in H.-U. Erichsen/Dirk Ehlers, *Allgemeines Verwaltungsrecht*, Berlim: Walter De Gruyter, 2002, p. 229 e ss.

ESCUIN PALOP, V. – *Comentarios a la Ley de Expropriación Forzosa*, Madrid: Civitas, 1999

ESQUÍVEL, José Luís – *Os Contratos Administrativos e a Arbitragem*, Coimbra: Almedina, 2004

ESTEVE PARDO, J. – *Técnica, riesgo y derecho*, Barcelona: Ariel, 1999

—— "La adaptación de las licencias a la mejor tecnologia disponible", *RAP* n.º 149, (1999), p. 37 e ss.

—— *Autorregulación (génesis y efectos)*, Navarra: Aranzadi, 2002

ESTORNINHO, Maria João – *A Fuga para o Direito Privado*, Coimbra: Almedina, 1996

—— "A reforma de 2002 e o âmbito da jurisdição administrativa", *CJA*, n.º 35, (2002), p. 3 e ss.

EVERS, H.-U. – "Verwaltung und Schule", *VVDStRL*, n.º 23, (1966), p. 147 e ss.

—— "Verwaltungsrechtsweg und Aufnahme in eine anerkannte Privatschule", *JuS*, 1967, p. 257 e ss.

EVERSON, M./MAJONE, G. – "Réforme institutionnelle: agences indépendantes, surveillance, coordination et contrôle procédural", Schutter, Lebessis, Paterson (eds), *La gouvernance dans l'Union européenne*, Luxemburgo: Office des publications officielles des Communautés européennes, 2001, p. 139 e ss.

FABER, A. – *Gesellschaftliche Selbstregulierungssysteme im Umweltrecht – unter Berücksichtigung der Selbstverpflichtungen*, Colónia: Kohlhammer, 2001

—— "Öffentliche Aufträge an kommunalbeherrschte Unternehmen: in--house-Geschäfte oder Vergabe im Wettbewerb?", *DVBl*, 2001, p. 248 e ss.

FABIO, M. di – "Notaio (diritto vigente)", *EdD*, XXVIII, p. 565 e ss.

FABRI, A. – "L'ambito della materia dei servizi pubblici nella giurisdizione esclusiva del giudice amministrativo", *Dir. Proc. Amm.*, 2000, p. 1007 e ss.

FALCON, G. – *Le convenzioni pubblicistiche (ammissibilità e caratteri)*, Milão: Giuffrè, 1984

—— "La regolazione delle attività private e l'art. 19 della legge n. 241 del 1990", *Diritto Pubblico*, 1997, p. 411 e ss.

—— "La normativa sul procedimento amministrativo: semplificazione o aggravamento?", *RGU*, 2000, p. 119 e ss.

FALK, H. – *Die EG-Umwelt-Audit-Verordnung und das deutsche Umwelthaftungsrecht*, Heidelberg: C.F. Müller, 1997

FALK/FREY – "Die Prüftätigkeit des Umweltgutachters im Rahmen des EG-Öko-Audit-Systems", *UPR*, 1996, p. 58 e ss.

FAVOREAU, L. – *La reconnaissance par les lois de la République de la liberté de l'enseignement comme principe fondamentale*, *RFDA*, 1985, p. 602 e ss.

FEISER, C. D. – "Privatization and the Freedom of Information Act: an analysis of public access to private entities under federal law", *Federal Communications Law Journal*, vol. 52.°, (1999), p. 21 e ss.

—— "Protecting the public's right to know: the debate over privatization and acess to government information under state law", *Fl. St. U. L. Review*, vol. 27, (2000), p. 825 e ss.

FERLA, S. – "Diritto nazionale dei servizi pubblici e diritto comunitario della concorrenza. Argomenti di riflessione su un equilibrio non ancora definito: il caso delle società a capitale misto publlico/privato", www.dirittodeiservizipubblici.it (visita em 20/05/05).

FERNANDES, Monteiro – "Sobre o fundamento do poder disciplinar", *ESC*, n.° 18, (1968), p. 60 e ss.

FERNANDEZ FARRERES, G. – "La infraestructura organizativa para la calidad y la seguridad industrial y el fenómeno del ejercicio por particulares de funciones públicas de inspección y control", in Sosa Wagner, *El derecho administrativo en el umbral del siglo XXI (Homenage Ramón Martín Mateo)*, Valencia: Tirant lo Blanch, 2000, vol. II, p. 2575 e ss.

FERNANDEZ RAMOS, S. – *La actividad administrativa de inspección*, Granada: Comares, 2002

FERNANDEZ RODRIGUEZ, C. – *El auditor de cuentas*, Madrid: Marcial Pons, 1997

FERRARA, L. – *Diritti soggettivi ad accertamento amministrativo*, Pádua: Cedam, 1996

FERRARA, R. – "Le 'complicazioni' della semplificazione amministrativa: verso un'amministrazione senza qualità?", *Dir. Amm.*, 1999, p. 323 e ss.

FERRI, L. – "Norma e negozio nel quadro dell'autonomia privata", *RTDPC*, 1958, p. 38 e ss.

FETTES, J. – "Appelations d'origine et indications géographiques: le réglement 2081/92 et sa mise en oeuvre", *RMUE*, 1997, n. 4, p. 141 e ss.

FIGUEIREDO, **Lúcia Valle** – *Curso de Direito Administrativo*, São Paulo: Malheiros Editores, 2003

FILIPEK, **J.** – "Die deklaratorischen und die konstitutiven Verwaltungsakte", *Staat – Verfassung – Verwaltung, FS Koja*, Viena: Springer, 1998, p. 529 e ss.

FILIPPI, **M.** – "La giurisdizione amministrativa sugli atti di soggetti privati alla luce del d.lgs. 80/98", *Dir. Amm.*, 1998, p. 581 e ss.

FINOCCHIARO, **G.** – "Documento informatico e firma digitale", *Contratto e impresa*, 1998, p. 956 e ss.

FIORAVANTI, **M.** – "Otto Mayer e la scienza del diritto amministrativo", *RTDP*, 1983, p. 600 e ss.

FIORITTO, **A.** – *La funzione di certezza pubblica*, Pádua: Milão, 2003

FISCHER, **P.** – *Die internationale Konzession*, Viena: Springer, 1974

FLEINER, **F.** – *Institutionen des deutschen Verwaltungsrechts*, Tübingen: Mohr, 1919

FLEINER-GERSTER, **Th.** – *Grundzüge des allgemeinen und schweizerischen Verwaltungsrechts*, Zürich: Schultess Polygraphischer, 1980

FLINT, **Th.** – *Die Übertragung von Hoheitsrechten*, Berlim: Duncker & Humblot, 1998

FOÀ, **S.** – "Aspetti giuridici del finanziamento alle associazioni private senza scopo di lucro", p. 666, *Dir. dell'Eco.*, 2003, p. 651 e ss.

FOIS, **S.** – "Servizi e interessi tra privatizzazioni e regolazione pubblica", *Diritto e Società*, 2000, 1, p. 13 e ss.

FOLLIERI, **E.** – "Il privato parte resistente nel processo amministrativo nelle materie di cui agli artt. 33 e 34 del decreto legislativo 31 marzo 1998 n. 80", *Dir. Amm.*, 1999, p. 634 e ss.

FONSECA, **J. Vieira** – "Principais linhas inovadoras do Código das Expropriações de 1999", *RJUA*, n.os 11/12, (1999), p. 111 e ss; n.º 13, (2000), p. 55 e ss.

FONSECA, **Rui Guerra da** – "As companhias majestáticas de colonização do final do século" XIX, *OD*, ano 133º, (2001), p. 659 e ss.

—— "Algumas reflexões sobre o regime contencioso administrativo das empresas municipais,termunicipais e empresas públicas integradas no sector empresarial do Estado", *RMP*, n.º 90, (2002), p. 125 e ss.

FONTANA, **A.** – "La «recezione» degli accordi interprofessionali", A. Massart (ed.), *Accordi interprofessionali e contratti agroindustriali*, Pisa: ETS, 1990, p. 173 e ss.

FORGES, **M. de** – *Droit de la fonction publique*, Paris: Puf, 1997

FORSTHOFF, **E.** – *Traité de droit administratif allemand*, trad. de Michel Fromont, Bruxelles: Bruylant, 1969

FORTI, **U.** – "Natura giuridica delle concessioni amministrative", *Giur. It.*, 1900, V, p. 369 e ss.

—— "Due speciali forme di concessione amministrativa (riscossione d'imposte e teatri comunali)", *Studi di diritto pubblico*, Roma, vol. 1, 1937, p. 337 e ss.

—— *Diritto amministrativo*, Nápoles, vol. I (1931) e vol. II (1937)

FORTIER, Ch. – "La consolidation juridique du lien fonction publique – service public", *AJDA*, 1999, p. 291 e ss.

FRACCHIA, F. – *L'accordo sostitutivo*, Pádua: Cedam, 1998

—— "La costituzione delle società pubbliche e i modelli societari", *Dir. dell'Eco.*, 2004, p. 589 e ss.

FRAGOLA, U. – *Gli atti amministrativi*, Nápoles: Jovene, 1964

FRANCARIO, F. – "Sulla riforma del sistema di vigilanza sul mercato dei valori mobiliari", *Dir. Amm.*, 1999, p. 143 e ss.

FRANCHINI, C. – "Nuovi modelli di azione comunitaria e tutela giurisdizionale", *Dir. Amm.*, 2000, p. 81 e ss.

FRANCO, A. – "Vigilanza e investigazione privata", *EGT*, XXXII

FRANTZEN, F.-H. – *Der Beliehene Unternehmer nach geltendem Recht*, Würzburg (s/ed), 1960

FRANZIUS, C. – *Die Herausbildung der Instrumente indirekter Verhaltenssteuerung im Umweltrecht der Bundesrepublik Deutschland*, Berlim: Duncker & Humblot, 2000

—— "Der «Gewährleistungsstaat» – ein neues Leitbild für den sich wandelnden Staat", *Der Staat*, 2003, p. 493 e ss.

FREEMAN, J. – "The private role in public governance", *N. Y. U. L. Rev.*, vol. 75, (2000), p. 543 e ss.

—— "The contracting state", *Fl. St. U. L. Rev.*, vol. 28, (2000), p. 155 e ss.

—— "Private parties, public functions and the new administrative law", *ALR*, vol. 53, (2000), p. 813 e ss.

—— "Extending public law norms through privatization", *Harv. L. Rev.*, vol. 116, (2003), p. 1285 e ss.

FREITAS, José Lebre de – "Agente de execução e poder jurisdicional", *Themis (Revista da Faculdade de Direito da Universidade Nova de Lisboa)*, n.º 7, (2003), p. 19 e ss.

FRENZ, W. – *Die Staatshaftung in den Beleihungstatbeständen*, Berlim: Duncker & Humblot, 1992

FRENZEL, M. – *Das öffentliche Interesse als Voraussetzung der Enteignung*, Berlim: Duncker & Humblot, 1978

FREUND, H. – "Zur Rechtsproblematik einer Geschäftsführung ohne Auftrag im öffentlichen Recht", *JZ*, 1975, p. 513 e ss.

FRITZWEILER/PFISTER/SUMMERER – *Praxishandbuch Sportrecht*, Munique: Beck, 1998.

FROOMKIN, A. M. – "Reinventing the government corporation", *U. Ill. L. Rev*, 1995, p. 543 e ss.

—— "Wrong turn in Cyberspace: using ICANN to route around the APA and the Constitution", *Duke L. J.*, vol. 50, (2000), p. 17 e ss.

FROSINI, V. – "Potere (teoria generale)", *NssDI*, vol. XIII, p. 440 e ss.

FROWEIN, J. A. – *Zur verfassungsrechtlichen Lage der Privatschulen (unter besonderer Berücksichtigung der kirchlichen Schulen)*, Berlim: Walter De Gruyter, 1979

FUENTESECA, P. – *Derecho privado romano*, Madrid: E. Sánchez, 1978

FULLER, K. E. – "ICANN: the debate over governing internet", *Duke Law and Technological Review* (www.law.duke.edu/ journals/dltr/ARTICLES/ 2001dltr0002.html; visita: 20/10/02)

FUSS, E.-W. – "Verwaltung und Schule", *VVDStRL*, n.º 23, (1966), p. 199 e ss.

GAENTZSCH, G. – *Aufgaben der öffentlichen Verwaltung*, Berlim: Forschungsinstitut für öffentliche Verwaltung, 1995

GAETE GONZALEZ, E. A. – *Instrumento público electrónico*, Barcelona: Bosch, 2000

GAILLARD, E. – *Le pouvoir en droit privé*, Paris: LGDJ, 1985

GALATERIA, L./STIPO, M. – *Manuale di diritto amministrativo*, Turim: Utet, 1993

GALEOTTI, S. – *Contributo alla teoria del procedimento legislativo*, Milão: Giuffrè, 1957

GALLEGO MORALES, A. – *Las cámaras de comercio: organizaciones de intereses o administración?*, Madrid: Textos Universitarios, 1997

GALLI, R. – *Corso di diritto amministrativo*, Pádua: Cedam, 1996

GALLWAS, H.-U. – "Die Erfüllung von Verwaltungsaufgaben durch Private", *VVDStRL*, n.º 29, (1971), p. 211 e ss.

GARBAGNATI, E. – "Diritto subiettivo e potere giuridico", *Jus*, 1941, p. 550 e ss, 1942, p. 205 e ss.

GARCIA, Maria da Glória F. P. D. – "Breve Reflexão Sobre a Execução Coactiva dos Actos Administrativos", *Estudos do CEF,* Lisboa: DGCI, 1983, p. 523 e ss.

—— "Organização Administrativa", *DJAP*, VI (1994), p. 235 e ss.

—— *Da Justiça Administrativa em Portugal*, Lisboa: Universidade Católica Editora, 1994

—— "As transformações do direito administrativo na utilização do direito privado pela Administração Pública – reflexões sobre o lugar do direito no Estado", in *Os Caminhos da Privatização da Administração Pública*, Coimbra: Coimbra Editora, 2001, p. 345 e ss.

GARCIA DE ENTERRIA, E. – "Las cámaras de comercio,dustria y navegación ante el derecho", *RAP*, n.º 139, (1996), p. 153 e ss.

GARCIA DE ENTERRIA/TOMAS-RAMON FERNANDEZ – *Curso de derecho administrativo*, 2 volumes, Madrid: Civitas, 2002

GARCIA INDA, A. – "Firma electrónica y servicios de certificación", *RVAP*, n.º 55, (1999), p. 313 e ss.

GARCIA MARIN, J. M. – *Teoria general del oficio público en Castilla durante la Baja Edad Media*, Sevilha: Facultad de Derecho de la Universidad de Sevilla, 1972

GARCIA-TREVIJANO FOS – *Tratado de derecho administrativo*, tomo II, vol. I, Madrid: Ed. Revista de Derecho Privado, 1968
—— *Los actos administrativos*, Madrid: Civitas, 1991

GARCIA-TREVIJANO GARNICA, E. – "Es aplicable la responsabilidad administrativa por la denegación, para operar en internet, del registro de un nombre de dominio de dns de segundo nivel bajo «es»"?, *RAP*, n.º 149, (1999), p. 311 e ss.

GARRI, F. – "In tema di delega, concessione e affidamento ad enti pubblici della progettazione ed esecuzione di opere pubbliche", *RTDP*, 1967, p. 385 e ss.
—— "La normativa tecnica in Italia", *FA*, 1979, I, p. 1007 e ss.

GARRONE, G. B. – *Contributo allo studio del provvedimento impugnabile*, Milão: Giuffrè, 1990
—— "Atto di alta amministrazione", *DDP*, vol. II, p. 540 e ss.

GASCON Y MARIN, J. – *Tratado de derecho administrativo*, Madrid, 1928

GATTA SANCHEZ/NEVADO MORENO – "Evaluación de los sistemas de ecogestión: la auditoría ambiental, análisis y régimen jurídico", *RDUMA*, n.º 155, (1997), p. 167 e ss.

GAUSE, H. – *Die öffentliche Indienststellung Privater als Rechtsinstitut der Staatsorganisation*, Kiel, (s/ed), 1967

GÉCZY-SPARWASSER, V. – *Die Gesetzgebungsgeschichte des Internet*, Berlim: Duncker & Humblot, 2003

GEPPERT/RUHLE/SCHUSTER – *Handbuch Recht und Praxis der Telekommunikation*, Baden-Baden: Nomos, 1998

GERN, A. – *Der Vertrag zwischen Privaten über öffentlichrechtliche Berechtigungen und Verpflichtungen. Zur Dogmatik des öffentlichrechtlichen Vertrages*, Berlim: Duncker & Humblot, 1977
—— "Zur Möglichkeiten öffentlichrechtlichen Verträge zwischen Privaten", *NJW*, 1979, p. 694 e ss.

GERSDORF, H. – *Öffentliche Unternehmen im Spannungsfeld zwischen Demokratie- und Wirtschaftlichkeitsprinzip*, Berlim: Duncker & Humblot, 2000

GIACCHETTI, S. – "Gli accordi dell'art. 11 della legge n. 241 del 1990 tra realità virtuale e realità reale", *Dir. Proc. Amm.*, 1997, p. 513 e ss.
—— "Certificazione (diritto amministrativo)", *EGT*, vol. VI

GIANDOMENICO, G. di – "Il testamento del capitano", *Studi in onore di Gustavo Romanelli*, Milão: Giuffrè, 1997, p 449 e ss.

GIANNINI, M. S. – "Vita e opere di Guido Zanobini", *RTDP*, 1965, p. 3 e ss.
—— *Diritto amministrativo*, I, II, Milão: Giuffrè, 1993

—— "Accertamento (diritto costituzionale e amministrativo)", *EdD*, vol. I. p. 219 e ss.

—— "Atto amministrativo", *EdD*, IV, p. 157 e ss.

—— "Esercizio privato di pubbliche attività", *EdD*, XV, p. 685 (*nota*: a publicação não contém qualquer referência sobre o Autor; porém, a autoria é atribuída a GIANNINI: v., por ex., AZZENA, Ob. cit., p. 165)

—— "Certezza pubblica", *EdD*, VI, p. 769 e ss.

—— "Produzione (disciplina della)", *EdD*, XXXVI, p. 1018 e ss.

—— *Il pubblico potere: atti e amministrazioni pubbliche*, Bolonha; Il Mulino, 1998.

—— *L'amministrazione pubblica dello stato contemporaneo*, Giuseppe Santaniello, *Trattato di Diritto Amministrativo*, I, Pádua: Cedam, 1998

—— "Ancora sugli ordinamenti giuridici sportivi", *RTDP*, 1996, p. 671 e ss.

—— *Istituzioni di diritto amministrativo*, Milão: Giuffrè, 2000

GIEGERICH, Th. – *Privatwirkung der Grundrechte in den USA*, Berlim: Springer, 1992

GIESE, F. – "Parteien als Staatsorgane", *AÖR*, 1955-56, p. 377 e ss.

GIGER, H. G. – *Die Mitwirkung privater Verbände bei der Durchführung öffentlicher Aufgaben*, Berna: Paul Haupt, 1951

GILMOUR, R. S./JENSEN, L. S. – "Reinventing government accountability: public functions, privatization, and the meaning of «state action»", *PAR*, vol. 58, (1998), p. 247 e ss.

GITTI, G. – *Contratti regolamentari e normativi*, Pádua: Cedam, 1994.

GOEBEL, F. P. – "Schutz geographischer Herkunftsangaben nach den neuen Markenrecht", *GRUR*, 1995, p. 98 e ss.

GOLDSMITH, J. – "Unilateral regulation of the internet: a modest defence", *EJIL*, 2000, p. 135 e ss.

GOMES, Carla Amado – *Contributo para o Estudo das Operações Materiais da Administração Pública e do seu Controlo Jurisdicional*, Coimbra: Coimbra Editora, 1999

—— *A Prevenção à Prova no Direito do Ambiente (em especial, os actos autorizativos ambientais)*, Coimbra: Coimbra Editora, 2000

—— "Apontamentos sobre o direito ao recurso das decisões de avaliação de conhecimentos no ensino superior", in Carla Amado Gomes, *Três Estudos de Direito da Educação*, Lisboa: AAFDL, 2002, p. 17 e ss.

—— "Rebeldes com causas", in Carla Amado Gomes, *Três Estudos de Direito da Educação*, Lisboa: AAFDL, 2002, p. 89 e ss.

—— "Algumas cautelas são excessivas no contencioso administrativo", *CJA*, n.º 36, (2002), p. 48 e ss.

GOMEZ-FERRER MORANT, R. – "El régimen general de los centros privados de enseñanza", *RAP*, n.º 70, (1973), p. 7 e ss.

GONÇALVES, Pedro – *Relações entre as Impugnações Administrativas Necessárias e o Recurso Contencioso de Anulação de Actos Administrativos*, Coimbra: Almedina, 1996

—— "Apontamento sobre a função e a natureza dos pareceres vinculantes", *CJA*, n.º 0, (1996), p. 3 e ss.

—— "Revogação (de actos administrativos)", *DJAP*, vol. VII, . 303 e ss.

—— "O acto administrativo informático", *SI*, n.ᵒˢ 265/267, (1997), p. 47 e ss.

—— *A Concessão de Serviços Públicos*, Coimbra: Almedina, 1999

—— *Direito das Telecomunicações*, Coimbra: Almedina, 1999

—— "Advertências da Administração Pública", in *Estudos em Homenagem ao Prof. Doutor Rogério Soares*, Coimbra: Coimbra Editora, 2001, p. 723 e ss.

—— "A justiciabilidade dos litígios entre órgãos da mesma pessoa colectiva pública", *CJA*, n.º 35, (2002), p. 9 e ss.

—— "Regulação das Telecomunicações", www.fd.uc.pt/cedipre (05/03//2003)

—— *O Contrato Administrativo – Uma Instituição do Direito Administrativo do Nosso Tempo* , Coimbra: Almedina, 2003

—— "Regulação administrativa da internet", *RDPE*, n.º 1, (2003), p. 177 e ss.

GONZALEZ NAVARRO, F. – *Derecho administrativo español*, Pamplona: EUNSA, I (1993), II (1994)

GONZALEZ PEREZ, J. – "Personalidad y definición del derecho administrativo", Pérez Moreno (ed.) *Administración instrumental*, II, Madrid: Civitas, 1994, p. 909 e ss.

—— *Comentarios a la Ley de la Jurisdicción contencioso-administrativa (Ley 29/1998, de 13 de julio)*, Madrid: Civitas, 1998

GONZALEZ SALINAS, J. – "Personalidad y definición del derecho administrativo", in Pérez Moreno, *Administración instrumental*, II, Madrid: Civitas, 1994, p. 909 e ss.

GONZALEZ-VARAS IBAÑEZ – *El derecho administrativo privado*, Madrid: Montecorvo, 1996

—— "El desarollo de una idea de *colaboración* en el derecho administrativo, con el ejemplo de la seguridad privada y otros", *REDA*, n.º 94, (1997), p. 203 e ss.

—— "Derecho público y derecho privado", *Cuadernos de Derecho Público*, 1999, p. 199 e ss.

—— "Privatización de las infraestructuras", *Derecho Privado y Constitución*, n.º 15, (2001), p. 217 e ss.

—— "La responsabilidad administrativa en casos de «colaboración» de los particulares en el ejercicio de funciones administrativas", *REDA*, n.º 123, (2004), p. 399 e ss.

GORDILLO, A. – *La administración paralela*, Madrid: Civitas, 1997

GORJÃO-HENRIQUES, Miguel – *Direito Comunitário*, Coimbra: Almedina, 2005

GOTTI, P. – *Gli atti amministrativi dichiarativi*, Milão: Giuffrè, 1996

GÖTZ, V. – "Hauptprobleme des verwaltungsrechtliche Vertrages", *JuS*, 1970, p. 1 e ss.

—— "Innere Sicherheit", in Isensee/Kirchhof, *Handbuch des Staatsrechts der Bundesrepublik Deutschland*, III, Heidelberg: Beck, 1988 p. 1007 e ss.

GRAMM, Ch. – "Schranken der Personalprivatisierung bei der inneren Sicherheit", *VerwArch*, 1999, p. 329 e ss.

—— *Privatisierung und notwendige Staatsaufgaben*, Berlim: Duncker & Humblot, 2001

GRAMLICH, L. – "«Privatbegünstigende» Enteignung als Verfassungsproblem", *JZ*, 1986, p. 269 e ss.

GRAZIANO, A. – "I nuovi confini dell'ente pubblico e dell'appalto amministrativo: il caso degli appalti delle società in mano pubblica", *RTDP*, 1998, p. 109 e ss.

GRAZIOSI, B. – "Limite degli interventi edilizi in regime di asseverazione e tutela dei terzi", *Riv. Giur. Edil.*, II, 1996, p. 95 e ss.

GRECO, G. – *I contratti dell'amministrazione tra diritto pubblico e privati*, Milão: Giuffrè, 1986

—— "Le concessioni di pubblici servizi tra provvedimento e contratto", *Dir. Amm.,* 1999, p. 381 e ss.

GREIFELD, A. – "Öffentliche Sachherrschaft und Polizeimonopol", *DÖV*, 1981, p. 906 e ss.

GRIGOLI, M. – "Comandante della nave e dell'aeromobile", *EGT*, vol. IV

GROEBEN/THIESING/EHLERMANN – *Handbuch des Europäischen Rechts*, Baden-Baden: Nomos, 1993

GROS/VERKINDT – "L'autonomie du droit du sport", *AJDA*, 1985, p. 699 e ss.

GRÖSCHNER, R. – *Das Überwachungsrechtsverhältnis*, Tübingen: Mohr Siebeck, 1992

GROSS, Th. – *Das Kollegialprinzip in der Verwaltungsorganisation*, Tübingen: Mohr Siebeck, 1999

—— "Selbstverwaltung angesichts von Europäisierung und Ökonomisierung", *DVBl*, 2002, p. 1182 e ss.

GROTTI, Dinorá A.M. – "Teoria dos serviços públicos e sua transformação", in Sundfeld, *Direito Administrativo Econômico*, São Paulo: Malheiros Editores, 2000, p. 39 e ss.

GRZIWOTZ, H. – *Vertragsgestaltung im öffentlichen Recht*, Munique: Beck, 2002

GUARINO, A. – *Diritto privato romano*, Nápoles: Ed. Joveni, 1994

GUARINO, G. – *Atti e poteri amministrativi*, Milão: Giuffrè, 1994 (separata que corresponde à "entrada" in Guarino, *Dizionario Amministrativo*; Milão: Giuffrè, 1983, p. 106 e ss.)

GUEDES, A. M. Marques – *A Concessão (Estudo de Direito, Ciência e Política Administrativa)*, Parte I, Coimbra, 1954
—— "Tribunais arbitrais administrativos", in *RFDL*, vol. XIV, (1960), pp. 141 ss.

GUICCIARDI, E. – *La giustizia amministrativa*, Pádua: Cedam, 1957

GUILBAUD, J. – *La chasse et de droit*, Paris: Litec, 1994

GURLIT, E. – *Verwaltungsvertrag und Gesetz*, Tübingen: Mohr Siebeck, 2000

GUSY, Ch. –"Die Bindung privatrechtlichen Verwaltungshandelns an das öffentliche Rechts", *DÖV*, 1984, p. 872 e ss.
—— *Polizeirecht*, Tübingen: Mohr Siebeck, 1996
—— "Rechtsgüterschutz als Staatsaufgabe", *DÖV*, 1996, p. 573 e ss.
—— "Polizeikostenüberwälzung auf Dritte", *DVBl*, 1996, p. 722 e ss.
—— "Jenseits von Privatisierung und "schlankem" Staat: Duale Sicherheitsverantwortung", Schuppert, *Jenseits von Privatisierung und "schlankem" Staat*, Baden-Baden: Nomos, 1999, p. 115 e ss.
—— "Polizei und private Sicherheitdienste im öffentlichen Raum", *VerwArch*, 2001, p. 344 e ss.

HÄBERLE, P. – *Öffentliches Interesse als juristische Problem*, Bad Homburg, 1970
—— "Verfassungsstaatliche Staatsaufgabenlehre", *AÖR*, 1986, p. 595 e ss.
—— "»Sport« als Thema neuerer verfassungsstaatlicher Verfassungen", *FS für Werner Thieme*, Colónia: Carl Heymanns, 1993, p. 25 e ss.

HABERSACK, M. – "Private Public Partnership: Gemeinschaftsunternehmen zwischen Privaten und der öffentliche Hand", *ZGR*, 1996, p. 544 e ss.

HÄFELIN/MÜLLER – *Grundriß des Allgemeinen Verwaltungsrechts*, Zürich: Schultess Polygraphischer, 1990

HAFNER, F. – "Aufgaben der NGOs: Staatsaufgaben oder private Aufgaben?", www.mensch-im–recht.ch (visita em 25/08/2003)

HAGEMEISTER, A. von – *Die Privatisierung öffentlicher Aufgaben*, Munique: V. V. Florentz, 1992

HAMMER, F. – "Private Sicherheitsdienste, staatliche Gewaltmonopol, Rechtsstaatsprinzip und «schlanker Staat»", *DÖV*, 2000, p. 613 e ss.

HAMMER, W. – "Technische Normen in der Rechtsordnung", *Monatsschrift für Deutsches Recht,* 1966, p. 977 e ss.

HANAU, P./ADOMEIT, K. – *Arbeitsrecht*, Neuwied: Luchterhand, 1994

HANNEQUART – "Les normes déontologiques et leurs caractères spécifiques", in *Le Droit des Normes Professionnelles et techniques*, Séminaire organisé à Spa-Balmoral, Bruxelles: Bruylant, 1985

HANICOTTE, R. – "Le juge face au retard des textes d'application", *RDP*, 1986, p. 1667 e ss.

HATSCHEK, J. – *Lehrbuch des deutschen und preussischen Verwaltungsrechts*, Leipzig: A. Deichertsche, 1924

HAUG, V. – "Funktionsvorbehalt und Berufsbeamtentum als Privatisierungsschranken", *NVwZ*, 1999, p. 816 e ss.

HAURIOU, M. – *Précis élémentaire de droit administratif*, Paris: Sirey, 1926
—— *Précis de droit administratif et de droit public*, Paris: Sirey, 1927

HAVERKATE, G. – "Die Einheit der Verwaltung als Rechtsproblem", *VVDStRL*, n.º 46, (1988), p. 217 e ss.

HECKEL, H. – "Entwicklungslinien im Privatschulrecht", *DÖV*, 1964, p. 595 e ss.

HECKER, J. – "Privatisierung unternehmenstragender Anstalten öffentlichen Rechts", *VerwArch*, 2001, p. 261 e ss.

HEIMBURG, S. von – *Verwaltungsaufgaben und Private*, Berlim: Duncker & Humblot, 1982

HEINE, J. F. – "Das neue gemeinschaftsrechtliche System zum Schutz geographischer Bezeichnungen", *GRUR*, 1993, p. 98 e ss.

HEINTZEN, M. – "Beteiligung Privater an der Wahrnehmung öffentlicher Aufgaben und staatliche Verantwortung", *VVDStRL*, n.º 62, (2003), p. 220 e ss.

HENDLER, R. – *Selbstverwaltung als Ordnungsprinzip*, Colónia: Carl Heymanns, 1984
—— "Das Prinzip Selbstverwaltung", in Isensee/Kirchhof, *Handbuch des Staatsrechts der Bundesrepublik Deutschland*, IV, Heidelberg: C.F. Müller, 1990, p. 1133 e ss.

HENGSTSCHLÄGER, J. – "Privatisierung von Verwaltungsaufgaben", *VVDStRL*, n.º 54, (1995), p. 165 e ss.

HENKE, W. – "Parteien zwischen Staat und Gesellschaft", in E.-W. Böckenförde, *Staat und Gesellschaft*, Darmstadt: Wissenschaftliche Buchgesellschaft, 1976, p. 367 e ss.
—— "Praktische Fragen des öffentliches Vertragsrechts – Kooperationsverträge", *DÖV*, 1995, p. 41 e ss.
—— "Wandel der Dogmatik des öffentlichen Rechts", *JZ*, 1992, p. 541 e ss.

HERMES, G. – *Staatliche Infrastrukturverantwortung*, Tübingen: Mohr Siebeck, 1998

HERSCHEL, W. – "Regeln der Technik", *NJW*, 1968, p. 617 e ss.
—— "Die Haftung der Technischen Überwachungs-Vereine", *NJW*, 1969, p. 817 e ss.

HERZOG, R. – "Ziele, Vorbehalte und Grenzen der Staatstätigkeit", in Isensee/Kirchhof, *Handbuch des Staatsrechts der Bundesrepublik Deutschland*, III, Heidelberg: C.H. Müller, 1988, p. 83 e ss.

HERZOG, R./PIETZNER, R. – "Beliehener Unternehmer", *Evangelisches Staats-lexikon*, II, Berlim, 1975, p. 170 e ss.

HESSE, K. – "Die verfassungsrechtlichen Stellung der politischen Parteien im modernen Staat", *VVDStRL*, n.° 17, (1959), p. 12 e ss.

HETZER, W. – "Ökonomisierung der Inneren Sicherheit?", *ZRP*, 2000, p. 20 e ss.

HEUSCH, A. – *Der Grundsatz der Verhältnismäßigkeit im Staatsorganisations-recht*, Berlim: Duncker & Humblot, 2003

HEYEN, E. V. – *Das staatstheoretische und rechtstheoretische Problem des Beliehenen*, Berlim: Duncker & Humblot, 1973

HILL, H. – "Das hoheitliche Moment im Verwaltungsrecht der Gegenwart", *DÖV*, 1989, p. 321 e ss.

HOBBES, Th. – *Leviatã ou Matéria, Forma e Poder de um Estado Eclesiástico e Civil* (trad. de J. P. Monteiro e M. Beatriz Nizza da Silva), Lisboa: INCM, 1995

HOEREN, Th. – "Wegerecht auf dem Prüfstand", *MMR*, 1998, p. 1 e ss.

HOFFMANN, H. – "Die Verstaatlichung von Berufen", *DVBl*, 1964, p. 457 e ss.

HOFFMANN-RIEM, W. – "Übergang der Polizeigewalt auf Private?", *ZRP*, 1977, p. 277 e ss.

—— "Verhandlungslösungen und Mittlereinsatz im Bereich der Verwaltung: Eine vergleichende Einführung", in Hofmann-Riem/Schmidt-Aßmann, *Konfliktbewältigung durch Verhandlungen*, Baden-Baden: Nomos, 1990, p. 13 e ss.

—— "Reform des allgemeinen Verwaltungsrechts als Aufgabe (Ansätze am Beispiel des Umweltschutzes)", *AÖR*, 1990, p. 401 e ss.

—— "Reform des allgemeinen Verwaltungsrechts: Vorüberlegungen", *DVBl*, 1994, p. 1381 e ss.

—— "Ökologisch orientiertes Verwaltungsverfahrensrecht", *AÖR*, 1994, p. 590 e ss.

—— "Verfahrensprivatisierung als Modernisierung", *DVBl*, 1996, p. 225 e ss.

—— "Tendenzen in der Verwaltungsrechtsentwicklung", *DÖV*, 1997, p. 433 e ss.

—— "Justizdienstleistungen im kooperativen Staat", *JZ*, 1999, p. 421 e ss.

HONIGL, R. – *Tätigwerden von Privaten auf dem Gebiet der öffentlichen Sicherheit und Ordnung*, Estugarda: Boorberg, 1985

HOPPE, W. – "Rechtsprobleme bei der Verfahrensprivatisierung von Standor-tauswahlverfahren im Abfallrecht", in Hoffmann-Riem/Schneider, (eds), *Verfahrensprivatisierung im Umweltrecht*, Baden-Baden: Nomos, 1996, p. 275 e ss.

HÖSCH, U. – "Öffentlicher Zweck und wirtschaftliche Betätigung von Kom-munen", *DÖV*, 2000, p. 393 e ss.

HUBER, E. R. – "Beliehene Verbände", *DVBl*, 1952, p. 456 e ss.
—— *Wirtschaftsverwaltungsrecht*, I, J.C.B. Mohr, Tübingen, 1953

HUBER, F. – *Wahrnehmung von Aufgaben im Bereich der Gefahrenabwehr durch das Sicherheits- und Bewachungsgewerbe (eine rechtsvergleichende Untersuchung zu Deutschland und den USA)*, Berlim: Duncker & Humblot, 2000

HUBER, P.-M. – *Allgemeines Verwaltungsrecht*, Heidelberg: C.F. Müller, 1997
—— "Weniger Staat im Umweltschutz", *DVBl*, 1999, p. 459 e ss.

HÜBNER, V. – *Die Eigenverantwortlichkeit von Unternehmen im US-amerikanischen Umweltrecht*, Baden-Baden: Nomos, 2002

HUERGO LORA, A. – *Los contratos sobre los actos y las potestades administrativas*, Madrid: Civitas, 1998
—— *La resolución extrajudicial de conflictos en el derecho administrativo*, Bolonha: Publicaciones del Real Colegio de España, 2000

HUNT, M. – "Constitutionalism and the contractualisation of government in the United Kingdom", in M. Taggart, (ed.), *The province of administrative law*, Oxford: Hart Publishing, 1997, p. 21 e ss.

IBBA, C. – "Società legali e società legificate", *EGT*, vol. XXIX

IMMORDINO, M. – "Legge sul procedimento amministrativo, accordi e contratti di diritto pubblico", *Dir. Amm.*, 1997, p. 103 e ss.

INVREA, F. – "Diritti e potestà", *Rivista del diritto commerciale e del diritto delle obligazioni*, 1932, I, p. 145 ss.

IPSEN, H. P. – "Gesetzliche Bevorratungsverpflichtung Privater", *AÖR*, 1965, p. 393 ss.

IRELLI, V. C. – *Corso di diritto amministrativo*, Turim: Giappichelli, 1994.
—— "La simplificación de la acción administrativa", *DA*, n.º 248-249, (1997), p. 337 e ss.

ISAAC, G. – *Droit communautaire général*, Paris: A. Colin, 1999

ISENSEE, J. – *Subsidiaritätsprinzip und Verfassungsrecht*, Berlim: Duncker & Humblot, 2001 (republicação da monografia de 1968)
—— "Der Dualismus von Staat und Gesellschaft", in E.-W. Böckenförde, *Staat und Gesellschaft*, Darmstadt: Wissenschaftliche Buchgesellschaft, 1976, p. 317 e ss.
—— "Staat und Verfassung", in Isensee/Kirchhof, *Handbuch des Staatsrechts der Bundesrepublik Deutschland*, I, Heidelberg: C.F. Müller, 1987, p. 591 e ss.

ITALIA, V./LANDI, G./POTENZA, G. – *Manuale di diritto amministrativo*, Milão: Giuffrè, 2000

IZQUIERDO CARRASCO, M. – *La seguridad de los productos industriales*, Madrid: Marcial Pons, 2000

—— "Algunas cuestiones generales a propósito del ejercicio privado de funciones públicas en el ámbito de la seguridad industrial", in *Os Caminhos da Privatização da Administração Pública*, Coimbra: Coimbra Editora, 2001, p. 367 e ss.

JACHMANN, M. – *Die Fiktion im öffentlichen Recht*, Berlim: Duncker & Humblot, 1998

JACOBY, H. – *Die Beschleunigung von Verwaltungsverfahren und das Verfassungsrecht*, Frankfurt am Main: Peter Lang, 1996

JAFFE, L. L. – "Law making by private groups", *Harv. L. Rev.*, vol. 51, (1937), p. 225 e ss.

JAMBREMGHI, V. C. – "L'organismo di diritto pubblico", *Dir. Amm.*, 2000, p. 13 e ss.

JANKER, H. – "Rechtliche und rechtspolitische Aspekte kommunaler und privater Verkehrsüberwachung", *ZRP*, 1989, p. 449 e ss.

JARASS, H. D. – *Wirtschaftsverwaltungsrecht*, Neuwied: Luchterhand, 1997

JARASS, H./PIEROTH, B. – *Grundgesetz für die Bundesrepublik Deutschland*, Munique: Beck, 1997

JARROSSON, Ch. – *La notion d'arbitrage*, Paris: LGDJ, 1987

JEAND'HEUR, B. – "Von der Gefahrenabwehr als staatlicher Angelegenheit zum Einsatz privater Sicherheitskräfte", *AÖR*, 1994, p. 107 e ss.

JELLINEK, G. – *Sistema dei diritti pubblici subbiettivi*, Milão, 1912

JELLINEK, W. – *Verwaltungsrecht*, Berlim: Julius Springer, 1928

JESTAEDT, M. – *Demokratieprinzip und Kondominialverwaltung*, Berlim: Duncker & Humblot, 1993

JEZE, G. – "Essai d'une théorie générale des fonctionnaires de fait", *RDP*, 1914, p. 48 e ss.

JIMENEZ-BLANCO, A. – *Derecho público del mercado de valores*, Madrid: Civitas, 1989

JUNG, M. – *Ausübung öffentlicher Gewalt durch den Notar*, Frankfurt am Main: Peter Lang, 1994

JUSTO, A. Santos – *Direito Privado Romano, I (Parte Geral)*, Studia Iuridica, 50, Coimbra: Coimbra Editora, 2000

KÄMMERER, J. A. – "Verfassungsstaat auf Diät?", *JZ*, 1996, p. 1042 e ss.
—— *Privatisierung*, Tübingen: Mohr Siebeck, 2001

KASTEN, H.-H/RAPSCH, A. – "Der öffentlichrechtliche Vertrag zwischen Privaten – Phänomen oder Phantom", *NVwZ*, 1986, p. 708 e ss.

KAY, R. – "The state action doctrine, the public-private distinction, and the independence of constitutional law", *Constitutional Commentary*, 1993, p. 329 e ss.

KARAQUILLO, J.-P. – "Le pouvoir disciplinaire dans l'association sportive", *Recueil Dalloz Sirey*, 1980, Ch. XVII, p. 121 e ss.

KARPESCHIF, M. – "Définition du pouvoir adjudicateur par la Cour de justice des Communautés européennes", *AJDA*, 2004, p. 256 e ss

KASTER, G. – "Die Rechtsstellung der Betriebsbeauftragten für Umweltschutz", *GewArch*, 1998, p. 129 e ss.

KELSEN, H. – "Zum Begriff der Norm", *FS für Hans Carl Nipperdey (zum 70 Geburtstag)* I, Munique: Beck, 1965, p. 57 e ss.

KEMPEN, B. – *Die Formenwahlfreiheit der Verwaltung*, Munique: Franz Vahlen, 1989

KERMADEC. J.-M. H. – "Le contrôle de la légalité des décisions des fédérations sportives ayant le caractère d'acte administratif", *RDP*, 1985, p. 407 e ss.

KINGSBURY, B./KRISCH, N./STEWART, R. B. – "The emergence of global administrative law", *Law and Contemporary Problems*, vol. 68, n.º 3, (2005), p. 7 e ss

KIRBERGER, Wolfgang – *Staatsentlastung durch private Verbände*, Baden--Baden: Nomos, 1978

KIRCHHOF, F. – *Private Rechtsetzung*, Berlim: Duncker & Humblot, 1987

KIRCHHOF, P. – "Polizeiliche Eingriffsbefugnisse und private Nothilfe", *NJW*, 1978, p. 969 e ss.

—— "Kontrolle der Technik als staatliche und private Aufgabe", *NVwZ*, 1988, p. 97 e ss.

KLEIN, K. H. – *Die Übertragung von Hoheitsrechten*, Berlim: Duncker & Humblot, 1952

KLOEPFER, M/ELSNER, Th. – "Selbstregulierung im Umwelt-und Technikrecht", *DVBl*, 1996, p. 965 e ss.

KLOWAIT, J. – *Die Beteiligung Privater an der Abfallentsorgung*, Baden--Baden: Nomos, 1995

KLUTH, W. – *Funktionale Selbstverwaltung*, Tübingen, 1997

—— *Verfassungsfragen der Privatisierung von Industrie-und Handelskammern*, Munique: Franz Vahlen, 1997

KNAAK, R- – "Der Schutz geographischer Herkunftsangaben im neuen Markengesetz", *GRUR*, 1995, p. 103 e ss.

KNAPP, B. – "La collaboration des particuliers et de l'État à l'exécution des tâches d'intérêt général", *Mélanges Henri Zwahlen*, Lausanne, 1977, p. 363 e ss.

—— *Précis de droit administratif*, Bâle, 1991

KNAPP, N. – *Geschäftsführung ohne Auftrag bei Beteiligung von Trägern öffentlicher Verwaltung*, Frankfurt am Main: Peter Lang, 1999

KNEIHS, B. – *Privater Befehl und Zwang*, Viena: Springer-Verlag, 2004

—— "Verfassungsfragen des so genannten staatlichen Gewaltmonopols am Beispiel des österreichischen Rechts", *Der Staat*, n.º 44, (2005), p. 265 e ss.

KNILL, Ch. – "Private governance across multiple arenas: european interest associations as interface actors", *Jour. Eur. Pub. Pol.*, vol. 8, (2001), n.º 2, p. 227 e ss.

KNILL, CH./LENSCHOW, A. – "Modes of regulation in the governance of the European Union: towards a comprehensive evaluation", *http://eiop.or.at/eiop/texte/2003-001a.htm* (visita: 03/04/03)

KNOKE, Th. – "Betriebliche Ordnungsgewalt in Räumlichkeiten des Verwaltungsvermögens", *AÖR*, 1969, p. 388 e ss.

KOCH, H.-J. – "(Verfahrens-)Privatisierung im öffentliche Baurecht", Hoffmann-Riem/Schneider, (eds), *Verfahrensprivatisierung im Umweltrecht*, Baden-Baden: Nomos, 1996, p. 284 e ss.

KÖCK, W. – "Umweltschutzsichernde Betriebsorganisation als Gegenstand des Umweltrechts: die EG-"Öko-Audit"-Verordnung", *JZ*, 1995, p. 643 e ss.

—— "Das Pflichten-und Kontrollsystem des Öko-Audit-Konzepts nach der Öko-Audit-Verordnung und dem Umweltauditgesetz", *VerwArch*, 1996, p. 644 e ss.

KOJA, F. – *Allgemeines Verwaltungsrecht*, Viena: Manzsche, 1996

KÖLLER, F.J/HALLER, H.A. – "Prozessuale Durchsetzbarkeit eines Anspruchs auf Rechtsetzung", *JuS*, 2004, p. 189 e ss.

KOENIG, CH./NEUMANN, A. – "Telekommunikationsrechtliche Regulierung von Domainnamen", *CR*, 2003, p. 182 e ss.

KÖNIG, K. – "Entwicklung der Privatisierung in der Bundesrepublik Deutschland – Probleme, Stand, Ausblick", *VerwArch*, 1988, p. 241 e ss.

—— "Die Übertragung öffentlicher Aufgaben: eine europäische Sicht", *VerwArch*, 1990, p. 436 e ss.

—— "Öffentliche Verwaltung und Globalisierung", *VerwArch*, 2001, p. 475 e ss.

KOPP, F. – "Der beliehene Unternehmer", *DVBl*, 1970, p. 724 e ss.

KOPP, F./RAMSAUER, U. – *Verwaltungsverfahrensgesetz*, Munique: Beck, 2000

KORIOTH, S. – "Der Abschied von der Baugenehmigung nach § 67 BauO NW 1995", *DÖV*, 1996, p. 665 e ss.

KOUKIADIS, I. – "La nature juridique des conventions collectives", *Revue Hellénique de Droit International*, 1985-6, p. 359 e ss.

KRAUTZBERGER, M. – *Die Erfüllung öffentlicher Aufgaben durch Private (zum Begriff des staatlichen Bereichs)*, Berlim: Duncker & Humblot, 1971

KRAUSE, P. – *Rechtsformen des Verwaltungshandelns*, Berlim: Duncker & Humblot, 1974

KREBS, W. – "Verwaltungsorganisation", in Isensee/Kirchhof, *Handbuch des Staatsrechts der Bundesrepublik Deutschland*, Heidelberg: Beck, III, 1988, p. 567 e ss.

KREHER, A. – "Agencies in the European Community – a step towards administrative integration in Europe", *Jour. Eur. Pub. Pol.*, vol. 4, n.º 2, (1997), p. 225 e ss.

KRENT, H. J. – "Fragmenting the unitary executive: congressional delegations of administrative authority outside the federal government", *Northwestern University Law Review*, vol. 85, (1990), p. 62 e ss.

KRÖLLS, A. – "Privatisierung der öffentlichen Sicherheit in Fußgängerzonen?", *NVwZ*, 1999, p. 233 e ss.

KRÜGER, H. – *Allgemeine Staatslehre*, Estugarda: Kohlhammer, 1966

KRÜGER, R. – "Verfassungsrechtliche Aspekte einer gesetzlichen Pflicht zur Eigentumssicherung von Betrieben", *DÖV*, 1997, p. 263 e ss;

KRUHL, K. – *Nachbarschutz und Rechtssicherheit im baurechtlichen Anzeige-verfahren*, Berlim: Duncker & Humblot, 1999

KRUIS, K. – "Haftvollzug als Staatsaufgabe", in *ZRP*, 2000, p. 1 e ss.

KULAS, A. – *Privatisierung hoheitlicher Aufgaben*, Colónia: Carl Heymanns, 2001

KULLMANN, H. J. – "Sind Privatschulen «Behörden» und ihre Entscheidungen Verwaltungsakte?", *DÖV*, 1959, p. 569 e ss.

KUNZ, K.-L. – "Die organisierte Nothilfe", *Zeitschrift für die gesamte Strafrechtswissenschaft*, n.º 95, (1983), p. 973 e ss.

LA ROSA, P. – "Profili della nuova disciplina dei contratti agro-industriali", *Rivista del Diritto Commerciale*, 1989, p. 209 e ss.

LACHAUME, J. F. – "Quelques remarques sur les critères de l'acte administratif exécutoire émanant d'organismes privés gérant un service public administratif", *Mélanges Stassinopoulos*, Paris: LGDJ, 1974, p. 95 e ss.

—— *Droit administratif (les grandes décisions de la jurisprudence)*, Paris, 1997

LAFORTUNE, M.-A. – "L'application de la convention européenne des droits de l'homme aux procédures de sanctions administratives", *Revue de Droit Bancaire et de la Bourse*, n.º 76, (1999), p. 217 e ss.

LAFUENTE BENACHES, M. – "Las nociones de administración pública y de personalidad jurídica en el derecho administrativo, Pérez Moreno (ed.), *Administración instrumental*, II, Madrid: Civitas 1994, p. 956 e ss.

LAGUNA DE PAZ, J. C. – "La renuncia de la Administración pública al derecho administrativo", *RAP* n.º 136, (1995), p. 201 e ss.

LAMARQUE, J. – "La décision administrative de droit privé", *Mélanges Stassinopoulos*, Paris: LGDJ, 1974, p. 291 e ss.

LAMB, I. – *Kooperative Gesetzeskonkretisierung*, Baden-Baden: Nomos, 1995

LANDMANN/ROHMER – *Gewerbeordnung (Kommentar)*, 2 vols., Munique: Beck, 1997

LANG, A. V. – *Juge judiciaire et juge administratif*, Paris: LGDJ, 1996

LANGE, M. – "Privatisierungspotentiale im Strafvollzug", *DÖV*, 2001, p. 898 e ss.

LANGREO NAVARRO/GARCIA AZCARATE – *Las interprofesionales agroalimentrias en Europa*, Madrid, 1995

LASKOWSKI, S. – "Die funktionelle Privatisierung staatlicher Überwachungsaufgaben – Überwachungsmodell zwischen unternehmerischer Eigenverantwortung und staatlicher Gewährleistungverantwortung", in Ch. GUSY, *Privatisierung von Staatsaufgaben*, Baden-Baden: Nomos, 1998, p. 312 e ss.

LAUBADERE/VENEZIA/GAUDEMET – *Traité de Droit Administratif*, I, Paris: LGDJ, 1996

LAVIALLE, Ch. – *L'évolution de la conception de décision exécutoire en droit administratif français*, Paris: LGDJ, 1974

LAWRENCE, D. M. – "Private exercise of governmental power", *Ind. L. J.*, vol. 61, (1986), p. 647 e ss.

LEAL, A. da Silva – "Os grupos e as organizações na Constituição de 1976 – a rotura com o corporativismo", *Estudos Sobre a Constituição*, vol. III, Lisboa, 1979, p. 345 e ss.

LEDDA, F. – "Dell'autorità e del consenso nel diritto dell'amministrazione pubblica", *FA*, 1997, p. 1271 e ss.

LEINIUS, R. – "Zum Verhältnis von Sitzungspolizei, Hausrecht, Polizeigewalt, Amts-und Vollzugshilfe", *NJW*, 1973, p. 448 e ss.

LEISNER, W. – "Öffentliches Amt und Berufsfreiheit, *AÖR*, 1968, p. 162 e ss.
—— "Privatinteressen als öffentliches Interesse", *DÖV*, 1970, p. 217 e ss.
—— *Die undefinierbare Verwaltung*, Berlim, Duncker & Humblot, 2002

LENAERTS, K. – "Regulating the regulatory process: «delegation of powers» in the European Community", *ELR*, vol. 18, (1993), p. 23 e ss.

LENER, A. – "Potere (diritto privato)", *EdD*, vol. XXXIV, p. 610 e ss.

LEONARDIS, F. – "Il concetto di organo indiretto verso nuove ipotesi di applicazione dell'esercizio privato di funzioni pubbliche", *Dir. Amm.*, 1995, 347 e ss.
—— *Soggettività privata e azione amministrativa*, Pádua: Cedam, 2000

LEONDINI, G. – *Associazioni private di interesse generale e libertà di associazione, vol. I (profili costituzionalistici)*, Milão: Giuffrè, 1998

LEONE, G. – *Opere pubbliche tra appalto e concessione*, Pádua: Cedam, 1990

LEPA, M. – "Verfassungsrechtliche Probleme der Rechtsetzung durch Rechtsverordnung", *AÖR*, 1980, p. 335 e ss.

LES JOHNSTON – *The rebirth of private policing*, New York: Routledge, 1992

LIBERATI, E. B. – *Consenso e funzione nei contratti di diritto pubblico tra amministrazioni e privati*, Milão: Giuffrè, 1996

LIEBMANN, G. W. – "Delegation to private parties in american constitutional law", *Indiana Law Journal*, vol. 50, (1975), p. 650 e ss.

LIERMANN, H. – "Über die rechtliche Natur der Vereinbarungen politischer Parteien untereinander", *AÖR*, 1926, p. 401 e ss.

LIGUORI, F. – "Amministrazioni pubbliche e diritto privato nel disegno di legge sull'azione amministrativa", *FA, (T.A.R.)*, 2003, p. 1825 e ss.

LIMA, J. Zagalo – "Rótulo ecológico, situação europeia", *RAOT*, n.° 1, (1995) p. 43 e ss.

LINDE, H. A. – "Structures and terms of consent: delegation, discretion, separation of powers, representation, participation, accountability?", *Card. L. Rev.*, vol. 20, (1999), p. 823 e ss

LINDEMANN, P. – "Schlanker Staat und Justiz", *ZRP*, 1999, p. 200 e ss.

LINOTTE, D./CANTIER, B. – "«Shadow Tolls»: le droit public français à l'épreuve des concessions à péages virtuels", *AJDA*, 2000, p. 863 e ss.

LIROSI, A. – "Giurisdizione in materia di appalti indetti da società private concessionarie della costruzione di opere pubbliche", *Dir. Proc. Amm.*, 1992, p. 112 e ss.

LLISET BORREL, F. – "La vicariedad en el ejercicio de la función administrativa", *RAP* n.° 80, (1976), p. 203 e ss.

LLORENS, F- – "La jurisprudence *Société entreprise Peyrot*: nouveau développement", *RFDA*, 1985, p. 353 e ss.

LOCKE, John – *Ensaio Sobre a Verdadeira Origem, Extensão e Fim do Governo Civil*, trad. de João Oliveira Carvalho, Lisboa: Edições 70, 1999

LOLLI, A. – *L'atto amministrativo nell'ordinamento democratico*, Milão: Giuffrè, 2000

LOMBARDI, R. – "Principi di deontologia professionale ed efficacia normativa nell'ordinamento giuridico statale", *Dir. Proc. Amm.*, 1998, p.199 e ss.

LOPEZ MENUDO – "El derecho administrativo como derecho especial y excepcional de algunos entes públicos. Consecuencias", Pérez Moreno (ed.), *Administración instrumental*, I, Madrid: Civitas 1994, p. 543 e ss.

LOUREIRO, João – *O Procedimento Administrativo entre a Eficiência e a Garantia dos Particulares*, Coimbra: Coimbra Editora, 1995

—— "Da sociedade técnica de massas à sociedade de risco: prevenção, precaução e tecnociência", in *Estudos em Homenagem ao Prof. Doutor Rogério Soares*, Coimbra: Coimbra Editora, 2001, p. 797 e ss.

LÖWER, W. – "Funktion und Begriff des Verwaltungsakts", *JuS*, 1980, p. 805 e ss.

LÜBBE-WOLFF, G. – "Die EG-Verordnung zum Umwelt-Audit", *DVBl*, 1994, p. 361 e ss.

LUBRANO, F. – "Funzionario di fatto", *DDP*, vol. VII, p. 41 e ss.

LUCIANI, F. – *"The State Action Doctrine:* la questione irrisolta della Corte Suprema degli Stati Uniti d'America", *GI*, 2000, p. 2431 e ss.

LUDWIG, F. – *Privatisierung staatlicher Aufgaben im Umweltschutz*, Berlim: Duncker & Humblot,1998

LUGARESI, N. – "Profili comparitistici della normazione tecnica: l'esperienza francesa dell'AFNOR", in Andreini/Caia/Elias/Roversi-Monaco (eds.), *La normativa tecnica industriale*, Bolonha: Il Mulino, 1995, p. 419 e ss.

LUPO, E. – "Ausiliari del giudice", *EGT*, vol. IV

LUTHE, E. W. – *Bildungsrecht (Leitfaden für Ausbildung, Administration and Management)*, Berlin: De Gruyter, 2003

LÜTKES, S. – "Das Umweltauditgesetz – UAG", *NVwZ*, 1996, p. 230 e ss.

LUZZATTO, I. – "Vectigalia", *NssDI*, vol. XX, p. 588 e ss.

MACHADO, J. Baptista – "A hipótese neocorporativa", *RDES*, ano XIX, n.º 1, p. 3 e ss.

MACHETE, Pedro – *A Audiência dos Interessados no Procedimento Administrativo*, Lisboa: Universidade Católica Portuguesa, 1995

MACHETE, Rui Chancerelle de – "A execução do acto administrativo", *DJ*, 1992, p. 65 e ss.

—— "Privilégio da execução prévia", *DJAP*, VI, 1994, p. 448 e ss.

—— "Execução de sentenças administrativas", *CJA*, n.º 34, (2002), p. 54 e ss.

—— "Palavras Introdutórias", *Estudos de Direito Público*, Coimbra: Coimbra Editora, 2004, p. VII e ss.

—— "O Direito Administrativo Português no último quartel do século XX e nos primeiros anos do século XXI", *Estudos de Direito Público*, Coimbra: Coimbra Editora, 2004, p. 279 e ss.

MAESTRELLI, S. M. – *Il partito nella giurisprudenza del Tribunale Costituzionale Federale Tedesco*, Milão: Giuffrè, 1991

MAHLBERG, L. – *Gefahrenabwehr durch gewerbliche Sicherheitsunternehmen*, Berlim: Duncker & Humblot, 1988

MAJONE, G. – "The new european agencies: regulation by information", *Jour. Eur. Pub. Pol.*, vol. 4, n.º 2, (1997), p. 262 e ss.

—— "Ideas, interests and institutional change: the European Comission debates the delegation problem", www.portedeeurope.org/publications/cahiers.htm (visita: 02/03/2002)

MALARET GARCIA, E. – "Una aproximación jurídica al sistema español de normalización de productos industriales", *RAP*, n.º 116, (1988), p. 287 e ss.

MAMELI, B. – *Servizio pubblico e concessione*, Milão: Giuffrè, 1998

MAMPEL, D. – "Ver(de)reguliert: Einige Überlegungen zum Baugenehmigungs-Freistellungsverfahren", *NVwZ* 1996, p. 1160 e ss.

—— "Kein Verwaltungsrechtsschutz zwischen Privaten", *NVwZ*, 1999, p. 385 e ss.

MANDIN, F. – "Riflessioni sul diritto sportivo", *RDS*, 1998, p. 387 e ss.

MANFREDA, F. – "La qualificazione giuridica della denuncia di inizio attività: provvedimento amministrativo o atto del privato?", *FA (T.A.R.)*, 2003, p. 2914 e ss.

MANN, Th. – "Kritik am Konzept des Verwaltungsgesellschaftsrechts", *DV*, 2002, p. 463 e ss.

MANNORI, L./SORDI, B. – *Storia del diritto amministrativo*, Roma: Laterza, 2001

MANSSEN, G. – *Privatrechtsgestaltung durch Hoheitsakt*, Tübingen: Mohr Siebeck, 1994

MARBURGER, P. – *Die Regeln der Technik im Recht*, Colónia: Carl Heymanns 1979

—— "Formen, Verfahren und Rechtsprobleme der Bezugnahme gesetzlicher Regelungen auf industrielle Normen und Standards", Müller-Graff, Technische Regeln im Binnenmarkt, Baden-Baden: Nomos, 1991, p. 27 e ss.

MARCOS, Rui M. de Figueiredo – *As Companhias Pombalinas*, Coimbra: Almedina, 1997

—— "O «ius politiae» e o comércio. A idade publicista do direito comercial", in *Estudos em Homenagem ao Prof. Doutor Rogério Soares*, Coimbra: Coimbra Editora, 2001, p. 655 e ss.

MARRAMA, D. – "Contributo sull'interpretazione della nozione di «organismo di diritto pubblico", *Dir. Amm.*, 2000, p. 585 e ss.

MARTENS, W. – "Zum Rechtsanspruch auf polizeiliches Handeln", *JuS*, 1962, p. 245 e ss.

—— *Öffentlich als Rechtsbegriff*, Berlim: Gehlen, 1969

—— "Übertragung von Hoheitsgewalt auf Schüler", *NJW*, 1970, p. 1029 e ss.

MARTIN FERNANDEZ, J. – *Tasas y precios públicos en el derecho español*, Madrid: Marcial Pons, 1995

MARTIN MATEO, R. – *Nuevos instrumentos para la tutela ambiental*, Madrid: Trivium, 1994

MARTIN-REBOLLO, L. – "Comentarios a la Ley de la Jurisdicción contencioso-administrativa de 1998", *REDA* n.º 100, (1998), p. 90 e ss.

MARTIN-RETORTILLO, S. – "Funciones de las Cámaras Oficiales de Comércio, Industria e Navegación", *REDA*, n.º 90, (1996), p. 185 e ss.

—— "Reflexiones sobre la huida del Derecho administrativo", *RAP*, n.º 140, (1996), p. 25 e ss.

——"De la simplificación de la Administración pública", *RAP*, n.º 147, (1998), p. 7 e ss.

—— "Sentido y formas de la privatización de la administración Pública", in *Os Caminhos da Privatização da Administração Pública*, Coimbra: Coimbra Editora, 2001, p. 19 e ss.

MARTINEZ JIMENEZ, J. E. – *La función certificante del Estado*, Madrid: IEAL, 1977

MARTINEZ LOPEZ-MUÑIZ, J. L. – "Sociedades públicas para construir y contratar obras públicas?", *RAP*, n.º 144, (1997), p. 45 e ss.

——"Servicio público, servicio universal y "obligación de servicio público" en la perspectiva del derecho comunitario: los servicios esenciales y sus régimenes alternativos", in *Os Caminhos da Privatização da Administração Pública*", Coimbra: Coimbra Editora, 2001, p. 249 e ss.

MARTINI, M. – "Baurechtsvereinfachung und Nachbarschutz", *DVBl*, 2001, p. 1488 e ss.

MARTINS, F. LICÍNIO LOPES – "O conceito de norma na jurisprudência do Tribunal Constitucional", *BFDC*, vol. LXXV, Coimbra, 1999, p. 599 e ss.
—— *As instituições particulares de solidariedade social*, Coimbra (polic.), 2000

MARUOTTI, L. – "La giustizia amministrativa e le reforme costituzionali", *FA*, 1992, p. 2845 e ss.

MARZONA, N. – "Lo sviluppo delle funzioni esecutive dell'amministrazione comunitaria: un nuovo ruolo per la Comissione", *Scritti in onore di Pietro Virga*, Milão: Giuffrè, 1994, vol. II, p. 1023 e ss.

MASSERA, A. – "I contratti", Sabino Cassese (ed), *Trattato di diritto amministrativo*, II, Milão: Giuffrè, 2000, p. 1365 e ss.

MATEO TEJEDOR, M. – *La actividad arbitral de la administración en el transporte terrestre*, Madrid: Marcial Pons, 1998

MATHIOT, A. – "Le détachement des fonctionnaires", *RDP*, 1938, p. 457 e ss.
—— "L'intégration des comités d'organisation au droit positif français", *RDP*, 1943, p. 28 e ss.

MATTARELLA, B. G. – "L'attività", in Sabino Cassese (ed.) *Trattato di diritto amministrativo*, I, Milão: Giuffrè, 2000, p. 629 e ss.
—— "Il provvedimento", *ibidem*, p. 705 e ss.
—— *Sindicati e poteri pubblici*, Milão: Giuffrè, 2003

MATTEUCCI, S.C. – "Regime giuridico dell'attività amministrativa e diritto privato", *Diritto Pubblico*, 2003, p 405 e ss.

MATTLI, W./BÜTHE, T. – "Global private governance: lessons from a national model of setting standards in accounting", *Law and Contemporary Problems*, vol. 68, n.º 3, (2005), p. 211 e ss.

MATTOS, J.D.F. Belfort de – "As companhias gerais do comércio e a soberania delegada", *SI*, 1955, p. 265 e ss.

MAURER, J. – *Aufgaben, Rechtsstellung und Haftung der Technischen Überwachungsvereine*, Mainz, (s/ed), 1978

MAURER, H. – "Die Rechtsstellung der politischen Parteien", *JuS*, 1991, p. 881 e ss.
—— *Allgemeines Verwaltungsrecht*, Munique, Beck, 2002

MAYER, F. C. – "Europe and internet; the old world and the new medium", *EJIL*, 2000, p. 149 e ss.

MAYER, Otto – "Zur Lehre von öffentlichrechtlichen Vertrage", *AÖR*, 1888, p. 3 e ss.
—— *Deutsches Verwaltungsrecht*, Munique, I (1923) II (1924)

MAYNTZ, R. – *Sociología de la administración pública* (trad.), Madrid: Alianza Ed., 1985

MEHDE, V. – "Ausübung von Staatsgewalt und Public Private Partnership", *VerwArch*, 2000, p. 540 e ss.

MEIDINGER, E. E. – "«Private» environmental regulation, human rights, and community", *Buffalo Environmental Law Review,* vol. 7, (1999-2000), p. 125 e ss.

MEIRIM, J. M. – "A fiscalização da constitucionalidade dos regulamentos das federações desportivas", *RMP,* n.º 66, (1996), p. 117 e ss.

—— "A disciplina das federações desportivas no contencioso administrativo", *CJA,* n.º 4 (1997), p. 18 e ss.

—— "Uma bicicleta para todos", *CJA,* n.º 17, (1999), p. 8 e ss.

—— *A Federação Desportiva como Sujeito Público do Sistema Desportivo,* Coimbra: Coimbra Editora, 2002

MELE, E. – "Aspetti giustiziali in materia di certificazioni di conformità", in Andreini/Caia/Elias/ Roversi-Monaco (eds.), *La normativa tecnica industriale,* Bolonha: Il Mulino, 1995, p. 99 e ss.

MELEGARI, G. – "Notaio e notariato", *EGT,* XXI

MELLERAY, F. – "L'imitation de modèles étrangers en droit administrative", *AJDA,* 2004, p. 1224 e ss.

MELLO, Celso A. Bandeira de – *Curso de Direito Administrativo,* São Paulo: Malheiros Editores, 2003

MELO, A. M. Barbosa de – *Introdução às Formas de Concertação Social,* Separata do vol. LIX do BFDC, 1983

—— *Notas de Contencioso Comunitário* (polic), Coimbra, 1986

—— "Responsabilidade civil extracontratual do Estado – não cobrança de derrama pelo Estado", *CJ.,* ano XI, (1986), t. IV, p. 32 e ss.

MELONCELLI, A. – *L'iniziativa amministrativa,* Milão: Giuffrè, 1976

MENGER, Ch.-F. – "Zur verfassungsrechtlichen Stellung der deutschen politischen Parteien", *AÖR,* 1952-53, p. 149 e ss.

—— "Zu den Voraussetzungen des Aufwendungsersatzanspruchs eines privaten Geschäftsführers aus öffentlich-rechtlicher Geschäftsführung ohne Auftrag", *VerwArch,* 1978, p. 397 e ss.

MENNACHER, H. – *Begriffsmerkmale und Rechtsstellung der mit öffentlicher Gewalt beliehenen Hoheitsträger des Privatrechts,* Munique, (s/ed), 1963

MERCEDES FUERTES – *La Comisión Nacional del Mercado de Valores,* Valladolid: Lex Nova, 1994

MERTEN, D. – *Rechtsstaat und Gewaltmonopol,* Tübingen: Mohr Siebeck, 1975

MERTEN, J. O. – "Benannte Stellen: Private Vollzugsinstanzen eines Europäischen Verwaltungsrechts", *DVBl,* 2004, p. 1211 e ss.

MESQUITA, Henrique – "Arbitragem: competência do tribunal arbitral e responsabilidade civil do árbitro", *Ab Vno Ad Omnes, 75 Anos da Coimbra Editora,* Coimbra, 1998, p. 1381 e ss.

METZGER, G. E. – "Privatization as delegation", *Columbia Law Review,* vol. 103, (2003), p. 1367 e ss.

MEYER-CORDING, U. – *Die Rechtsnormen,* Tübingen: Mohr Siebeck, 1971

—— *Die Vereinsstrafe,* Tübingen, Mohr Siebeck, 1957

MEYER-KOCH – "Rechtsschutz im Verfahren zum Schutz geographischer Angaben und Ursprungsbezeichnungen", *GRUR*, 1999, p. 113 e ss.

MEYLAN, J. – "L'accomplissement par des organismes de droit privé de tâches d'intérêt général et la sauvegarde de l'intérêt général", *Mélanges Henri Zwahlen*, Lausanne, 1977 , p. 419 e ss.

MICHAEL, L. – *Rechtsetzende Gewalt im kooperierenden Verfassungsstaat*, Berlim: Duncker & Humblot, 2002

MICHAELIS, R. – *Der Beliehene*, Münster, (s/ed), 1969

MIELE, G. – *La manifestazione di volontà del privato nel diritto amministrativo*, Roma: Anonima Romana Ed., 1931

—— "La distinzione fra ente pubblico e privato", *Studi in memoria di Francesco Ferrara*, II, Milão: Giuffrè, 1943, p. 473 e ss.

—— "Potere, diritto soggettivo e interesse", *Rivista del diritto commerciale e del diritto generale delle obligazioni*, I, 1994, p. 123 e ss.

MINOW, M. – "Public and private partnerships: accounting for the new religion" in *Harv. L. Rev.*, vol. 116, (2003), p. 1229 e ss.

MIRANDA, Jorge – *Manual de Direito Constitucional*, II, 2000, III (1998), IV (2000), Coimbra: Coimbra Editora,

—— *As Associações Públicas no Direito Português*, Lisboa: Cognitio, 1985

—— *Funções, Órgãos e Actos do Estado*, Lisboa: Faculdade de Direito, 1990

—— "Parecer sobre o ensino superior particular e cooperativo", *RFDL*, 1995, p. 625 e ss.

MIRANDA, Jorge/MEDEIROS, Rui – *Constituição Portuguesa Anotada*, Tomo I, Coimbra: Coimbra Editora, 2005

MIROW, Th. – "Public Private Partnership – eine notwendige Strategie zur Entlastung des Staates", Budäus/Eichhorn (eds.), *Public Private Partnership*, Baden-Baden: Nomos, 1997, p. 13 e ss.

MODERNE, F. – "Proposition et décision", *Mélanges offerts à Marcel Waline*, II, Paris: LGDJ, 1974, p. 595 e ss.

—— "Remarques sur le concept d'acte administratif dans ses relations avec les notions de personne privée et de service public à gestion privée", *AJDA*, 1975, p. 4 e ss.

—— "A propos des actes administratifs pris par une personne privée", *AJDA*, 1977, p. 144 e ss.

MODUGNO, F. – "Norma giuridica (teoria generale)", *EdD*, vol. XXVIII, p. 328 e ss.

MOLINA GIMENEZ, A. – *El servicio público de abastecimiento de agua en poblaciones. El contexto liberalizador*, Valencia: Tirant lo Blanch, 2001

MÖLLERS, Th. M. J. – *Rechtsgüterschutz im Umwelt- und Haftungsrecht*, Tübingen: Mohr Siebeck, 1996

MONICA/MAZZA/MARINI/RIONDATO – *Manuale del diritto di polizia*, Milão: Giuffrè, 1993

MONIZ, **Ana Raquel G.** – *Responsabilidade Civil Extracontratual por Danos Resultantes da Prestação de Cuidados de Saúde em Estabelecimentos Públicos: o Acesso à Justiça Administrativa*, Coimbra: Coimbra Editora, 2003

—— *O Domínio Público – O Critério e o Regime Jurídico da Dominialidade*, Coimbra: Almedina, 2005

MONTEIRO, **A. Pinto** – *Cláusula penal e indemnização*, Coimbra: Almedina, 1990

—— "A protecção do consumidor de serviços públicos essenciais", *Estudos de Direito do Consumidor*, Coimbra: Centro de Direito do Consumo, n.º 2, 2000, p. 333 e ss.

MONTEIRO, **Cristina Líbano** – Comentário do Artigo 348º do Código Penal, in Jorge Figueiredo Dias (dir.), *Comentário Conimbricense do Código Penal, Parte Especial*, Tomo III, Coimbra: Coimbra Editora, p. 349 e ss.

MONTOYA MARTIN, **E.** – *Las empresas públicas sometidas al derecho privado*, Madrid: Marcial Pons, 1996

MOOR, **P.** – *Droit Administratif*, Berne: Staempfli, vols. I (1988), II (1991), III (1992)

MOORE, **MARK, H**. – "Privatizing public management", *Market-based governance (suply side, demand side, upside, and downside)*, ed. por J.D. Douhane, J.S. Nye Jr., Washington, D.C.: Brookings Institution Press, 2002, p. 296 e ss.

MORAIS, **Carlos Blanco de** – *Justiça Constitucional*, tomo I, Coimbra: Coimbra Editora, 2002

MORBIDELLI/PERICU – "Premesse introdutive e principi costituzionali", in Mazzarolli, Pericu, Romano, Roversi-Monaco e Scoca (eds.), *Diritto Amministrativo*, II, Bolonha: Monduzzi, 1998, p. 1175 e ss.

MOREAU, **J.** – *Droit Administratif*, Paris, 1989

MOREIRA, **Vital** – *Auto-Regulação Profissional e Administração Autónoma (A Organização Institucional do Vinho do Porto)*, Coimbra, (polic.), 1996

—— *Administração Autónoma e Associações Públicas*, Coimbra: Coimbra Editora, 1997

—— *Auto-Regulação Profissional e Administração Pública*, Coimbra: Almedina, 1997

—— "Constituição e direito administrativo (a «constituição administrativa») portuguesa", *Ab Vno Ad Omnes, 75 Anos da Coimbra Editora*, Coimbra, 1998, p. 1141 e ss.

—— "A regulação do gás natural em Portugal": Comunicação apresentada no *Colóquio Internacional Direito e Energia*, Coimbra, 5/6 Abril 2001 (polic.)

MORISON, J. – "Privatisation and the new politics of control", *REDP*, 1994, (n.º especial), p. 117 e ss.

MÖSBAUER, H. – *Staatsaufsicht über die Wirtschaft*, Colónia: Heymanns, 1990

MOSCATI, E. – "Pena (diritto privato)", *EdD*, vol. XXXII, p. 770 e ss.

MÖSTL, M. – *Die staatliche Garantie für die öffentliche Sicherheit und Ordnung*, Tübingen: Siebeck, 2002

MOURA, Paulo Veiga e – *A Privatização da Função Pública*, Coimbra: Coimbra Editora, 2004

MRONZ, D. – *Körperschaften und Zwangsmitgliedschaft*, Berlim: Duncker & Humblot, 1973

MUCKEL, S. – "Religionsgemeinschaften als Körperschaften der öffentlichen Rechts", *Der Staat*, 1999, p. 569 e ss.

MUELLER, M. – "Icann and internet governance", *INFO* (journal of policy, regulation and strategy for telecommunications,formation and media), vol. 1, n.º 6, (1999), p. 497 e ss.

—— "Technological and institutional innovation: internet domain names", *International Journal of Communications and Policy*, vol. 5, 2000, (www.ijclp.org, em 31/10/02)

MÜGGENBORG, H.-J. – "Das Phänomen von Industrieparks – eine erste Annäherung aus umwelt- und sicherheitsrechtlicher Sicht", *DVBl*, 2001, p. 417 e ss.

MULLAN, D. – "Administrative law at the margins" in M. Taggart, *The province of administrative law*, Oxford: Hart Publishing, 1997, p. 134 e ss.

MÜLLER, G. – "Rechtssetzung im Gewährleistungsstaat", in M.-E. Geis e D. Lorenz, (eds.), *Staat, Kirche, Verwaltung,* FS für H. Maurer, Munique: Beck, 2001, p. 227 e ss.

MÜLLER, N. – *Rechtsformenwahl bei der Erfüllung öffentlicher Aufgaben*, Colónia: Carl Heymanns, 1993

MÜLLER/KROMER – "Zur verfassungsmässigkeit staatlicher Prüfungsordnungen für anerkannte Ersatzschulen", *NVwZ*, 1984, p. 77 e ss.

MUÑOZ MACHADO, S. – *La responsabilidad civil concurrente de las administraciones públicas*, Madrid: Civitas, 1992

MUSSO, E.S. – "Giudice (nozione)", *EdD*, vol. XVIII, p. 931 e ss.

MUTIUS, A. von – "Zur Übertragung öffentlich-rechtlicher Kompetezen auf Private und Nichtigkeit von Verkehrszeichen", *VerwArch*, 1971, p. 300 e ss.

NABAIS, José Casalta – *A Autonomia Local*, Separata do número especial do BFDC de Estudos em Homenagem ao Prof. Doutor Afonso Rodrigues Queiró, Coimbra, 1986

—— *Contratos Fiscais*, Coimbra: Coimbra Editora, 1994

—— *O Dever Fundamental de Pagar Impostos*, Coimbra: Almedina, 1998

—— "O quadro constitucional da tributação das empresas", *Nos 25 anos da Constituição da República Portuguesa de 1976*, Lisboa: AAFDL, 2001

—— *Direito Fiscal*, Coimbra: Almedina, 2003

NAPOLITANO, G. – "La nuova disciplina dell'organizzazione sportiva italiana: prime considerazioni sul decreto legislativo 23 luglio 1999, n. 242, di «riordino» del C.O.N.I.", *RDS*, 1999, p. 617 e ss.

—— "Soggetti privati «enti pubblici»?", *Dir. Amm.*, 2003, p. 801 e ss.

NATALINI, A. – *Le semplificazioni amministrative*, Bolonha: Il Mulino, 2002

NEGRIN, J.-P. – *L'intervention des personnes de droit privé dans l'action administrative*, Paris: LGDJ, 1971

—— "Les associations administratives", *AJDA*, 1980, p. 129 e ss.

NELLA, L. di – "La teoria della pluralità degli ordinamenti e il fenomeno sportivo", *RDS*, 1988, n.ᵒˢ 1 e 2, p. 5 e ss.

—— "Il fenomeno sportivo nell'unitarietà e sistematicità dell'ordinamento giuridico", *RDS*, 1999, n.º 1, p. 25 e ss.

NEMETH, Ch. P. – *Private Security and Law*, Cincinnati: Anderson Publishing, 1995

NETANEL, N. W. – "Cyberspace self-governance: a skeptical view from liberal democratic theory", *Cal. L. Rev.*, vol. 88, (2000), p. 395 e ss.

NEVES, Ana Fernanda – *Relação jurídica de emprego público*, Coimbra: Coimbra Editora, 1999

—— "A privatização das relações de trabalho na Administração Pública", in *Os Caminhos da Privatização da Administração Pública*, Coimbra: Coimbra Editora, 2001, p. 163 e ss.

NEVES, António Castanheira – "Fontes do direito", *Digesta*, 2º vol., Coimbra: Coimbra Editora, 1995

NICKUSCH, K.-O. – "§ 330 StGB als Beispiel für eine unzulässige Verweisung auf die Regeln der Technik", *NJW*, 1967, p. 811 e ss.

NICOSIA, F. M. – *Potere ed eccesso di potere nell'attività amministrativa "non discrezionale"*, Nápoles: Jovene Editore, 1991

NIEHUES, N. – *Schul-und Prüfungsrecht, 2 (Prüfungsrecht)*, Munique: Beck, 1994

NIGRO, M. – *Studi sulla funzione organizzatrice della pubblica amministrazione*, Milão: Giuffrè, 1966

—— "Formazioni sociali, poteri privati e libertà del terzo", *Scritti in onore di Costantino Mortati, Aspetti e tendenze del diritto costituzionale*, III, Milão: Giuffrè, 1977, p. 859 e ss.

—— "Il notaio nel diritto pubblico", *RTDP*, 1979, p. 431 e ss.

—— *Giustizia amministrativa*, Bolonha: Mulino, 1986

—— "Il nodo della partecipazione", *RTDPC*, 1980, p. 225 e ss.

—— "Lineamenti generali", in Amato/Barbera, *Manuale di Diritto Pubblico*, Bolonha: Il Mulino, 1994

—— "Amministrazione pubblica", *EGT*, vol. II

NITZ, G. – "«Private Policing» in den Vereinigten Staaten", *AÖR*, 1997, p. 306 e ss.

—— *Private und öffentliche Sicherheit*, Berlim: Duncker & Humblot, 2000

NOGALA, D. – "Le marché de la sécurité privée: analyse d'une évolution internationale", *Les Cahiers de la Sécurité Intérieure (entreprise et securité)*, n.º 24, Paris, 1996, p. 121 e ss.

NOGUEIRA LOPEZ, A. – "Público e privado en el sistema comunitario de gestión y auditoría ambiental", in Sosa Wagner (ed.), *El derecho administrativo en el umbral del siglo XXI (Homenage Ramón Martín Mateo)*, Valencia: Tirant lo Blanch, 2000, vol. III, p. 3921ss

—— *Ecoauditorías, intervención pública ambiental y autocontrol empresarial*, Madrid: Marcial Pons, 2000

NUSSBERGER, A. – "Sachverständigenwissen als Determinante verwaltungsrechtlicher Einzelentscheidungen", *AÖR*, 2004, p. 282 e ss.

OBERMAYER, K. – "Die Übertragung von Hoheitsbefugnissen im Bereich der Verwaltungsbehörden", *JZ*, 1956, p. 625 e ss.

OCQUETEAU, F. – "How private security sector is winning its legitimacy in France?", Sack e outros (eds), *Privatisierung staatlicher Kontrolle: Befunde, Konzepte, Tendenzen*, Baden-Baden: Nomos, 1995

OEBBECKE, J. – "Demokratische Legitimation nicht-kommunaler Selbstverwaltung", *VerwArch*, 1990, p. 349 e ss.

OETER, S. – "Baurechtsvereinbarung, Drittschutz und die Erfordernisse wirksamen Rechtsschutzes", *DVBl*, 1999, p. 189 e ss.

OLESTI RAYO, A. – *La libre circulación de los profesionales liberales en la C.E.E.*, Barcelona: PPU, 1992

OLIVEIRA, F. Paula – "Coordenar e concertar, em vez de mandar", *CJA*, n.º 39, (2003), p. 24 e ss.

OLIVEIRA, Mário Esteves de – *Direito administrativo*, I, Coimbra: Almedina, 1980

—— "Reflexão sobre o conceito de acto administrativo: apontamentos para o estudo do regime jurídico substantivo e contencioso dos actos materialmente administrativos praticados por órgãos políticos, parlamentares e jurisdicionais e por entes privados", *Direito Administrativo, Revista de Actualidade e Crítica*, n.º 10, (1981), p. 285 e ss.

—— "A publicidade, o notariado e o registo *públicos* de direitos *privados*", in *Estudos em Homenagem ao Prof. Doutor Rogério Soares*, Coimbra: Coimbra Editora, 2001, p. 471 e ss.

OLIVEIRA, Mário Esteves de/GONÇALVES, Pedro/AMORIM, João Pacheco de – *Código do Procedimento Administrativo Comentado*, Coimbra: Almedina, 1997

OLIVEIRA, Mário Esteves de/OLIVEIRA, Rodrigo Esteves de – *Código de Processo nos Tribunais Administrativos*, vol. I, Coimbra: Almedina, 2004

OLIVEIRA, A.J. Simões de – "Auto", *DJAP*, vol. I, p. 600 e ss.

OLIVER, D. – "The underlying values of public and private law", in M. Taggart (ed.), *The province of administrative law*, Oxford: Hart Publishing, 1997, p. 217 e ss.

—— "The frontiers of the state: public authorities and public functions under the Human Rights Bill", *Public Law,* 2000, p. 476ss

OPPERMANN, Th. – "Bildung", Ingo von Münch (ed.), *Besonderes Verwaltungsrecht*, Berlim: Walter De Gruyter, 1976

OPPITZ, M. – *Die Börse im System des öffentlichen Rechts*, Viena: Springer, 1996

OPPO, G. – "Diritto privato e interessi pubblici", *Rivista di diritto civile*, 1994, I, p. 25 e ss.

ORTLOFF, K.-M. – "Abschied von der Baugenehmigung – Beginn beschleunigten Bauens?", *NVwZ*, 1995, p. 112 e ss.

—— "Verwaltungsrechtsschutz zwischen Privaten", *NVwZ*, 1998, p. 932 e ss.

ORTLOFF/RAPP – "Genehmigungsfreies Bauen: neue Haftungsrisiken für Bauherren und Architekten", *NJW*, 1996, p. 2346 e ss.

D'ORS, Alvaro – *Derecho privado romano*, Pamplona: Ediciones Universidad de Navarra, 1991.

OSMAN, F. – "Avis, directives, codes de bonne conduite, recommandations, déontologie, éthique, etc: réflexion sur la dégradation des sources privées du droit", *Revue trimestriel de droit civil*, 1995, p. 509 e ss.

OSSENBÜHL, F. – "Die Erfüllung von Verwaltungsaufgaben durch Private", *VVDStRL*, n.º 29, (1971), p. 137 e ss.

—— "Die Handlungsformen der Verwaltung", *JuS*, 1979, 683 e ss.

—— "Gesetz und Recht" – "Rechtsverordnung" – "Autonome Rechtsetzung der Verwaltung" – "Satzung", in Isensee/Kirchhof (eds.), *Handbuch des Staatsrechts der Bundesrepublik Deutschland*, III, Heidelberg: Müller, 1988, pp. 281 e ss, 387 e ss, 425 e ss, e 463 e ss.

—— *Umweltpflege durch hoheitliche Produktkennzeichnung*, Colónia: Carl Heymanns, 1995

—— "Mitbestimmung in Eigengesellschaften der öffentlichen Hand", *ZGR*, 1996, p. 504 e ss.

—— *Staatshaftungsrecht*, Munique: Beck, 1998

OSTERLOH, L. – "Erfordernis gesetzlicher Ermächtigung für Verwaltungshandeln in der Form des Verwaltungsakts?", *JuS*, 1983, p. 280 e ss.

—— *Privatisierung von Verwaltungsaufgaben*, VVDStRL, n.º 54, (1995), p. 205 e ss.

OTERO, Paulo – *A Competência Delegada no Direito Administrativo Português*, Lisboa: AAFDL, 1987

—— *Conceito e Fundamento da Hierarquia Administrativa*, Coimbra: Coimbra Editora, 1992

—— "A execução do acto administrativo no Código do Procedimento Administrativo", *SI*, n.ºs 239/240 (1992), p. 207 e ss.

—— *O Poder de Substituição em Direito Administrativo (Enquadramento Dogmático-Constitucional)*, Lisboa: Lex, 1995

—— "Alguns problemas do direito administrativo do mercado dos valores mobiliários", *Direito dos Valores Mobiliários*, vol. I, Coimbra: Coimbra Editora, 1999

—— *Vinculação e Liberdade de Conformação Jurídica do Sector Empresarial do Estado*, Coimbra: Coimbra Editora, 1998

—— "Coordenadas jurídicas da privatização da Administração Pública", in *Os Caminhos da Privatização da Administração Pública*, Coimbra: Coimbra Editora, 2001, p. 31 e ss.

—— *Legalidade e Administração Pública (O Sentido da Vinculação Administrativa à Juridicidade)*, Coimbra: Almedina, 2003

D'OVIDIO/PESCATORE/TULLIO – *Manuale di Diritto della Navigazione*, Milão: Giuffrè, 1996

PABST, H.-J. – *Verfassungsrechtliche Grenzen der Privatisierung im Fernstraßenbau*, Berlim: Duncker & Humblot, 1997

PABST, H.-J./SCHWARTMANN, R. – "Privatisierte Staatsverwaltung und staatliche Aufsicht", *DÖV*, 1998, p. 315 e ss.

PADROS REIG, C. – *Actividad administrativa y entidades colaboradoras*, Madrid: Tecnos, 2001

PAGLIARI, G. – "Le società di trasformazione urbana", *RGU*, 1998, p. 87 e ss.

—— "La nuova disciplina dell'espropriazione per pubblica utilità (d.p.r. 8 giugno 2001, n. 327): una prima riflessione sistematica", *Dir. dell'Eco*, 2002, p. 261 e ss.

PAJNO, A. – "Gli articoli 19 e 20 della legge n. 241 prima e dopo la legge 24 dicembre 1993 n. 537: intrapresa della attività privata e silenzio dell'amministrazione", *Dir. Proc. Amm.*, 1994, p. 23 e ss.

PAKEERUT, W. – *Die Entwicklung der Dogmatik des verwaltungsrechtlichen Vertrages*, Berlim: Duncker & Humblot, 2000

PAOLINI, L. – *Gli accordi interprofessionali in agricoltura*, Pádua: Cedam, 2000

PAREJO ALFONSO, L. – "Público e privado en la administración pública", *Estudios Jurídicos en Homenage al Professor Aurelio Menendez,* vol. IV, Madrid, 1996, p. 4667 e ss.

—— "El Estado social administrativo: algunas reflexiones sobre la «crisis» de las prestaciones y los servicios públicos", *RAP*, n.º 153, (2000), p. 217 e ss.

PAREJO ALFONSO/JIMENEZ-BLANCO/ORTEGA ALVAREZ – *Manual de derecho administrativo*, vol. I, Barcelona: Ariel, 1996

PASTORI, G. – "Pluralità e unità dell'amministrazione", in Marongiu/Martin, *Democrazia e amministrazione (in ricordo di Vittorio Bachelet)*, Milão: Giuffrè, 1992, p. 97 e ss.

—— "Interesse pubblico e interessi privati fra procedimento, accordo e autoamministrazione", *Scritti in onore di Pietro Virga*, II, Milão: Giuffrè, 1994, p. 1303 e ss.

PEILERT, A. – "Police Private Partnership", *DVBl*, 1999, p. 282 e ss.

PEINE, F.-J. – *Gesetz über technische Arbeitsmittel (Kommentar)*, Berlim: Carl Heymanns, 1995

—— "Verfahrensprivatisierung in der Verkehrswegeplanung", in Hoffmann-Riem/Schneider, (eds), *Verfahrensprivatisierung im Umweltrecht*, Baden-Baden: Nomos, 1996, p. 95 e ss.

—— "Grenzen der Privatisierung – verwaltungsrechtliche Aspekte", *DÖV*, 1997, p. 353 e ss.

PENNEAU, A. – *Règles de l'art et normes techniques*, Paris: LGDJ, 1989

PEREON, P. – "La délégation des services publics administratifs", *AJDA*, 2004, p. 1449 e ss.

PERFETTI, L.R./CHIARA, A. de – "Organismo di diritto pubblico, società a capitale pubblico e rischio di impresa. Variazioni su Corte di Giustizia delle Comunità Europee, Sezione V, 22 maggio 2003, C-18-01", *Dir. Amm.*, 2004, p. 135 e ss.

PERGOLESI, F. – "I negozi giuridici come fonte normativa", *FI*, 1937, IV, p. 248 e ss.

PERICU, G. – *Le sovvenzioni come strumento di azione amministrativa*, vol. I, Milão: Giuffrè, 1967

—— "L'attività consensuale dell'amministrazione pubblica", in Mazzarolli, Pericu, Romano, Roversi-Monaco e Scoca, *Diritto amministrativo*, II, Bolonha: Monduzzi, 1998, p.1555 e ss.

PESSANHA, Alexandra – *As Federações Desportivas*, Coimbra: Coimbra Editora, 2001

PESTALOZZA, Ch. – "Privatverwaltungsrecht: Verwaltungsrecht unter Privaten", *JZ*, 1975, p. 50 e ss.

PETERS, H. – "Elternrecht, Erziehung, Bildung und Schule", in Bettermann/Nipperdey/Scheuner (eds), Die Grundrechte, IV, Berlim: Duncker & Humblot, 1960, p. 369 e ss.

—— "Öffentliche und staatliche Aufgaben", *FS für Hans Carl Nipperdey*, II, Munique: Beck, 1965, p. 877 e ss.

PETRELLI, L. – "Prodotti DOP e IGP e certificazione", *Riv. Dir. Agr.*, 1999, p. 72 e ss.

PFISTER, B. – "Sportsregeln vor staatlichen Gerichten", *SpuRt*, 1998, p. 221 e ss.

PICARD, J. – *Le notariat et la CEE*, Paris: Litec, 1992

PICOZZA, E. – "Le situazioni giuridiche soggettive", Chiti/Greco *Tratatto di diritto amministrativo europeo*, Parte Generale, Milão: Giuffrè, 1997, p. 503 e ss.

PIETZCKER, J. – *Der Staatsauftrag als Instrument des Verwaltungshandelns*, Tübingen: Mohr Siebeck, 1978
—— "Verfahrensprivatisierung und staatliche Verfahrensverantwortung", in Hoffmann-Riem/Schneider (eds), *Verfahrensprivatisierung im Umweltrecht*, Baden-Baden: Nomos, 1996, p. 284 e ss.

PIGA, F. – "Attività di alta amministrazione e controllo giurisdizionale", *FA*, 1981, I, p. 481 e ss.

PILLER, W. – *Verwaltungsmittlung Privater*, Frankfurt am Main: Peter Lang, 1976

PINTO, Carlos Alberto da Mota – *Teoria Geral do Direito Civil*, 4.ª edição por **António Pinto Monteiro** e **Paulo Mota Pinto**, Coimbra: Coimbra Editora, 2005

PINTO, Mário – "Liberdades de aprender e de ensinar: escola privada e escola pública", *Análise Social*, vol. XXVIII, (1993), p. 753 e ss.

PINTO, Paulo Mota – "O direito ao livre desenvolvimento da personalidade", *Portugal-Brasil Ano 2000*, Stvdia Iuridica, 40, Coimbra: Coimbra Editora, 1999, p. 149 e ss.

PINTO, Ricardo Leite – *Intimação Para um Comportamento*, Lisboa: Edições Cosmos, 1995

PITSCHAS, R. – *Verwaltungsverantwortung und Verwaltungsverfahren*, Munique: Beck, 1990
—— "Gefahrenabwehr durch private Sicherheitsdienste?", *DÖV*, 1997, p. 393 e ss.
—— "Verantwortungsteilung in der inneren Sicherheit", G. F. Schuppert, *Jenseits von Privatisierung und "schlankem" Staat*, Baden-Baden: Nomos, 1999, p. 135 e ss.

PIZZA, P. – "Societè per azioni di diritto singolare, enti pubblici e privatizzazioni: per una rilettura di un recente orientamento del Consilgio di Stato", *Dir. Proc. Amm.*, 2003, p. 518 e ss.

PIZZORUSSO, A. – "Interesse pubblico e interessi pubblici", *RTDPC*, 1972, p. 57 e ss.

PLOUVIN, J.-Y. – "Les associations sportives ou le sport à la recherche de son juge et de son droit", *AJDA*, 1980, p. 177 e ss.

PLÜMER, E. – *Verfassungsrechtlicher Grundlagen und Rechtsnatur der Privatschulverhältnisse*, Hamburg: Wissenschaftlicher Verlag der Praxis, 1970
—— "Zum Anspruch der Privatschulen auf staatliche Anerkennung", *DVBl*, 1971, p. 540 e ss.

POLO SABAU, J. R. – *El régimen jurídico de las universidades privadas*, Madrid: INAP, 1997

POMMER, S. – *Bahnreform und Enteignung*, Duncker & Humblot, 2002

PONZANELLI, G. – "Pena privata", *EGT*, vol. XXII

PORTALURI, P. L. – *Potere amministrativo e procedimenti consensuali*, Milão: Giuffrè, 1998

PORTOCARRERO, Marta – *Modelos de Simplificação Administrativa*, Porto: Publicações Universidade Católica, 2002

POST, D. G. – "Governing cyberspace, or where is James Madison when we need him?", www.temple.edu/lawschool/dpost/icann/comment1.html (visita: 25/10/02)

POTOTSCHNIG, U. – "Atti amministrativi e «affievolimento» di diritti soggettivi", *Jus*, 1953, p. 221 e ss.

PRATO, E. del – *I regolamenti privati*, Milão: Giuffrè, 1988

PREDIERI, A. – "Le norme tecniche nello Stato pluralista e prefederativo". in *Il Dir. dell'Eco.*, 1996, p. 251 e ss.

PRESCHEL, Ch. – "Abbau der präventiven bauaufsichtlichen Prüfung und Rechtsschutz", *DÖV*, 1998, p. 45 e ss.

PRESUTTI, E. – *Istituzioni di diritto amministrativo italiano*, Roma, 1917

PRETEROSSI, G. – *Autorità*, Bolonha, Il Mulino, 2002

PREVOST, J.-F. – "A la recherche du critère du contrat administratif", *RDP*, 1971, p. 817 e ss.

PROSPERETTI, U. – "Acordo economico collettivo", *EdD*, vol. I, p. 303 e ss.

PUAUX, P. – *Les chambres de commerce et d'industrie*, Paris: PUF, 1998

PUCK, E. – "Erfüllung von Verwaltungsaufgaben durch juristische Personen des Privatrechts, die von der öffentlichen Hand beherrscht werden", in *Erfüllung von Verwaltungsaufgaben durch Privatrechtssubjekte,* Viena: Schriftenreihe der Bundeskammer der gewerblichen Wirtschaft, n.º 22, 1975, p. 9 e ss.

PUGLIESE, F. P. – "Il procedimento amministrativo tra autorità e «contrattazione»", *RTDP*, 1971, p. 1469 e ss.

PUNZI, C. – "Arbitrato (arbitrato rituale e irrituale)", *EGT*, vol. II

PÜTTNER, G. – *Die öffentlichen Unternehmen*, Estugarda: Boorberg, 1985

—— "Schulrecht", Achterberg/Püttner (eds), *Besonderes Verwaltungsrecht*, Heidelberg: C.F. Müller, 1990, p. 769 e ss.

—— "La privatisation des règles", *RFDP*, 1994 (n.º especial), p. 159 e ss.

—— *Verwaltungslehre*, Munique: Beck, 2000

QUADRI, R. – *Diritto coloniale*, Pádua: Cedam, 1964

QUADROS, Fausto de – *Direito das Comunidades Europeias e Direito Internacional Público*, Coimbra: Almedina, 1991

—— "Serviço público e direito comunitário", in *Os Caminhos da Privatização da Administração Pública*, Coimbra: Coimbra Editora, 2001, p. 279 e ss.

QUEIRÓ, Afonso R. – "Teoria dos actos de governo" (1948), *Estudos de Direito Público*, vol. I, Coimbra, 1989, p. 503 e ss.

—— *Administração e Direito Colonial*, 1953-54, Coimbra (polic.).

—— *Lições de Direito Administrativo*, I e II, Coimbra, 1959

—— *Lições de Direito Administrativo*, I, Coimbra, 1976

—— "A função administrativa", *RDES*, ano XXIV (1977), p. 1 e ss.

—— "Teoria dos regulamentos", 1ª parte in *RDES*, ano XXVII (1980), p. 1 ss, e 2ª parte in *RDES*, ano I (1986), 2ª série, p. 5 e ss.

—— "Atestado", *DJAP*, vol. I, Lisboa, 1990, p. 583 e ss.

—— "Coacção", *DJAP*, vol. II, Lisboa, 1990, p. 443 e ss.

—— Anotações de jurisprudência: *RLJ*, n.° 3286, p. 13 e ss, e n.° 3679, p. 350 e ss.

QUEIROZ, Cristina – *Os Actos Políticos no Estado de Direito*, Coimbra: Almedina,1990

QUINTANA LOPEZ, T. – "El sistema comunitario de ecoauditoría. Aproximación a su puesta en funcionamiento", in Sosa Wagner (ed.), *El derecho administrativo en el umbral del siglo XXI (Homenage Ramón Martín Mateo)*, Valencia: Tirant lo Blanch, 2000, vol. III, p. 3501 e ss.

RACHOR, F. – "Polizeihandeln", Lisken/Denninger (eds), *Handbuch des Polizeirechts*, Munique: Beck, 1992, p. 187 e ss.

RACINE, J.-B. – "La valeur juridique des codes de conduite privés dans le domaine de l'environnement", *RJE*, 1996, n.° 4, p. 553 e ss.

RADIN, M. J./WAGNER, P. – "The myth of private ordering (rediscovering legal realism in cyberspace)", *Chicago-Kent Law Review*, vol. 73, n.° 4, (1998), p. 1295 e ss.

RAGGI, L. – "Sull'ammissibilità della «negotiorum gestio» in favore degli enti pubblici", *FI*, 1927, I, p. 523 e ss .

RAIMONDO, M. di – *Diritto di polizia*, Rimini: Maggioli Editore, 1999

—— "Vigilanza privata", *EdD*, XLVI, p. 702 e ss.

RAMALHO, M. do Rosário P. – *Do Fundamento do Poder Disciplinar Laboral*, Coimbra: Almedina, 1993

RAMALHO, M. Rosário P./BRITO, P. M. de – *Contrato de Trabalho na Administração Pública*, Coimbra: Almedina, 2004

RAMM, Th. – "Schiedsgerichtsbarkeit, Schlichtung und Rechtsprechungslehre", *ZRP*, 1989, p. 136 e ss.

—— "Die Rechtsnatur des Tarifvertrags", *JZ*, 1962, p. 78 e ss.

RAMOS, Rui M. Moura – "A Santa Casa da Misericórdia de Lisboa e o âmbito pessoal de aplicação do Decreto-Lei n.° 55/95, de 29 de Março", *Estudos de Direito Público – Santa Casa da Misericórdia de Lisboa*, Coimbra, Almedina, 2003, p. 127 e ss.

RANELLETTI, O. – "Concetto e natura delle autorizzazioni e concessioni amministrative", *Giur. It.*, 1894, IV, p. 7 e ss.

—— "Le categorie del personale al servizio dello Stato", *FI*, 1938, IV, p. 41 e ss.

RANGEL, Paulo Castro – *Repensar o Poder (Fundamentos e Fragmentos)*, Porto: Universidade Católica, 2001

RAPOSO, Mário – "Responsabilidade extracontratual das sociedades de classificação de navios", *ROA*, ano 59.º, (1999), p. 833 e ss.

RASCH, E. – "Bemerkungen zur Rechtsnatur organisatorischer Maßnahmen", *DVBl*, 1983, p. 617 e ss.

RASCHAUER, B. – *Allgemeines Verwaltungsrecht*, Viena: Springer, 1998

—— *Grundriß des österreichischen Wirtschaftsrechts*, Viena: Manzsche, 1998

RASPONI, E. – *Il potere disciplinare*, Pádua: Cedam, 1942

RASTELLO, L. – *Diritto tributario*, Pádua: Cedam, 1994

RAYMUNDIE, O. – *Gestion déléguée des services publics en France et en Europe*, Paris: Le Moniteur, 1995

REAL FERRER, G. – *Derecho público del deporte*, Madrid: Civitas, 1991

REDENTI, E. – "Variazioni sul tema del verbo comandare", *RTDPC*, 1959, p. 777 e ss.

REICHARD, Ch. – "Der Dritte Sektor", *DÖV*, 1988, p. 363 e ss.

REIDT, O. – "Verfassungsrechtliche Aspekte der Mautfinanzierung von Fernstraßen", *NVwZ*, 1996, p. 1156 e ss.

—— "Der Rechtsanspruch auf Erlass von untergesetzlichen Normen", *DVBl*, 2000, p. 602 e ss.

REIHLEN, H. – "Private Regelwerke", Michael Kloepfer (ed.), *Selbst-Beherrschung im technischen und ökologischen Bereich*, Berlim: Duncker & Humblot, 1998, p. 75 e ss.

REINHARDT, M. – "Die Überwachung durch Private im Umwelt-und Technikrecht", *AÖR*, 1993, p. 617 e ss.

REMMERT, B. – *Private Dienstleistungen in staatlichen Verwaltungsverfahren*, Tübingen: Mohr Siebeck, 2003

REMON-GOUILLOUD, M. – *Droit maritime*, Paris: Pedone, 1993

RENAUT, M.-H. – "La répression des fautes disciplinaires de la marine marchande", *Le Droit Maritime Français*, n.º 624, (2002), p. 195 e ss;

RENNA, M. – "Le scuole paritarie nel sistema nazionale di istruzione", *Dir. Amm.*, 2002, n.º 4, p. 647 e ss.

RENGELING, H.-W. – *Erfüllung staatlicher Aufgaben durch Private,* Colónia: Carl Heymanns, 1986

REUFELS, M. J. – *Europäische Subventionskontrolle durch Private*, Colónia: Carl Heymanns, 1997

REUSS, W. – "Die Organisation der Wirtschaft", Bettermann/Nipperdey/Scheuner (eds), *Die Grundrechte*, III/1, Berlim: Duncker & Humblot, 1958, p. 91 e ss.

—— "Öffentliche Verwaltung durch Private", *DVBl*, 1976, p. 927 e ss.

RIBEIRO, J.J. Teixeira – "Noção Jurídica de Taxa", *RLJ*, ano 117° (1985), p. 289 e ss.

RICHER, L. – "Remarques sur les entreprises privées de service public", *AJDA*, 1997, (n.° esp.), p. 103 e ss.

—— "Le statut des agents de France Telecom", *AJDA*, 1994, p. 463 e ss.

RIDOLA, P. – "Partiti politici", *EdD*, vol. XXXII, p. 66 e ss.

RIEDEL, N. K./SCHMIDT, A. – "Die Nichtausfertigung des Gesetzes zur Privatisierung der Flugsicherung durch den Bundespräsidenten", *DÖV*, 1991, p. 371 e ss.

RIGANO, F. – *La libertà assistita (associazionismo privato e sostegno pubblico nel sistema costituzionale)*, Pádua: Cedam, 1995

RIGAUX, F. – "Il diritto disciplinare dello sport", *RDS*, 1997, p. 386 e ss.

RIOUFOL/RICO – *Le notariat français*, Paris: PUF, 1979

RITTER, E.-H. – "Der kooperative Staat", *AÖR*, 1979, p. 389 e ss.

—— "Bauordnungsrecht in der Deregulierung", *DVBl*, 1996, p. 542 e ss.

RIVERO ORTEGA, R. – *Administraciones públicas y derecho privado*, Madrid: Marcial Pons, 1998

—— *El Estado vigilante*, Madrid: Tecnos, 2000

RIVERO YSERN, E. – *El derecho administrativo y las relaciones entre particulares*, Sevilha: Instituto García Oviedo, 1969

—— "Potestad organizatoria y actividad organizativa", *DA*, n.° 152, (1973), p. 7 e ss.

ROBBERS, G. – "Anspruch auf Normerlaß", *JuS*, 1988, p. 949 e ss.

ROBINSON, G. O. – "Regulating the internet", www.legalessays.com (visita em 10/10/2002);

RODIERE/PONTAVICE – *Droit maritime*, Paris: Dalloz, 1997

RODRIGUEZ-ARANA MUÑOZ, J. – "Reflections on the reform and modernization of public administration", *RTDP*, 1996, p. 521 e ss.

RODRIGUEZ-CAMPOS GONZALEZ, S. – "Normalización industrial y derecho comunitario de la competencia", *RAP*, n.° 158, (2002), p. 187 e ss.

—— "El fomento de la ecoauditoría como estrategia interventora", in *REDA*, n.° 119, (2003), p. 375 e ss.

ROHMER-BENOIT, F. – "Les groupements d´intérêt public", *AJDA*, 1986, p. 663ss

ROLIN, F. – "Note", *AJDA*, 2005, p. 899 e ss.

ROMANO, A. – "I soggetti e le situazioni giuridiche soggettive del diritto amministrativo", in Mazzarolli, Pericu, Romano, Roversi-Monaco e Scoca (eds), *Diritto Amministrativo*, I, Bolonha: Monduzzi, 1998, p. 248 e ss.

ROMANO, S. –"Ordinamenti giuridici privati", *RTDP*, 1955, p. 249 e ss.

ROMANO-TASSONE, A. – "Legge sul procedimento e motivazione del provvedimento amministrativo (prime osservazioni)", *Scritti in onore di Pietro Virga*, II, Milão: Giuffrè, 1994, p. 1587 e ss.

RONELLENFITSCH, M. – "Das Hausrecht der Behörden", *VerwArch*, 1982, p. 465 e ss

—— *Selbstverantwortung und Deregulierung im Ordnungs- und Umweltrecht*, Berlim: Duncker & Humblot, 1995

—— "Staat und Markt: rechtliche Grenzen einer Privatisierung kommunaler Aufgaben", *DÖV*, 1999, p. 705 e ss.

ROSSANO, C. – "Partiti politici", *EGT*, vol. XII

ROSSNAGEL, A. – "Zum Schutz kerntechnischer Anlagen gegen Angriffe von außen", *ZRP*, 1983, p. 59 e ss.

RÖTHEL, A. – "Das Recht der französischen Sportvereine und Sportverbände", *SpuRt*, 2001, p. 89 e ss.

ROTUNDA, R./NOWAK, J. – *Treatise on Constitutional Law (Substance and Procedure)*, vol. 2, St. Paul, Minnesota: West Publishing, 1992

ROUBIER, P. – "Les prérogatives juridiques", *Archives de Philosophie du Droit*, 1960, p. 77 e ss.

RUBIO LLORENTE, F. – "Los deberes constitucionales", *Revista Española de Derecho Constitucional*, n.º 62, (2001), p. 11 e ss.

RUFFERT, M. – "Grundlagen und Maßstäbe einer wirkungsvollen Aufsicht über die kommunale wirtschaftlicher Betätitung", *VerwArch*, 2001, p. 27 e ss.

RUIZ RISUEÑO, F. – *El proceso contencioso-administrativo*, Madrid: Editorial Colex, 1998

RUOTOLO, M. – "Giustizia sportiva e costituzione", *RDS*, 1998, p. 403 e ss.

RUPP, H. H. – *Privateigentum an Staatsfunktionen?*, Tübingen: Mohr Siebeck, 1963

—— "Die Unterscheidung von Staat und Gesellschaft", in Isensee/Kirchhof, *Handbuch des Staatsrechts der Bundesrepublik Deutschland*, I, Heidelberg: C.F. Müller, 1987, p. 1187 e ss.

RUSCIGNO, C. – "Le procedure di scelta del partner privato nelle società di trasformazione urbana tra prassi amministrativa e più recenti orientamenti giurisprudenziali", *FA*, (TAR), 2004, p. 118 e ss.

RUSSO, L. – "Gli accordi interprofessionali e i contratti di coltivazione e vendita nella legge n. 88 del 1988", *Riv. Dir. Agr*, 1989, p. 274 e ss.

SABATINI, G. – "Guardia privata o particolare", *NssDI*, VIII, p. 27 e ss.

SABIANI, F. – "L'habilitation des personnes privées à gérer un service public", *AJDA*, 1977, p. 4 e ss.

SABOURIN, P. – *Recherches sur la notion d'autorité administrative en droit français*, Paris: LGDJ, 1966

—— "Peut-on dresser le constat de décès du critère organique en droit administratif français?", *RDP*, 1971, p. 589 e ss.

SACHS, M. – "Die dynamische Verweisung als Ermächtigungsnorm", *NJW*, 1981, p. 1651 e ss.

—— "Die Einheit der Verwaltung als Rechtsproblem", *NJW*, 1987, p. 2338 e ss.

—— *Grundgesetz. Kommentar*, Munique: Beck, 1999

SÄCKER, H. – "Zum Anspruch der Privatschulen auf staatliche Anerkennung", *DVBl*, 1971, p. 537 e ss.

SACKSOFSKY, U. – "Privatisierung des baurechtlichen Nachbarschutzes bei genehmigungsfreien Vorhaben?", *DÖV*, 1999, p. 946 e ss.

SAINT-MARC, R. D. – "Les fédérations sportives devant le juge administratif", *RFDA*, 1985, p. 67 e ss.

SAINZ MORENO, F. –"Ejercicio privado de funciones públicas", *RAP* n.º 100--102, (1983), vol. II, p, 1699 e ss.

SALA, G. – "Certificati e attestati", *DDP*, vol. III, p. 536ss

—— "Accordi sul contenuto discrezionale del provvedimento e tutela delle situazioni soggettive", *Dir. Proc. Amm.* 1992, p. 206 e ss.

SALVIA, F. – "Attività amministrativa e discrezionalità tecnica", *Dir. Proc. Amm.*, 1992, p. 685 e ss.

SALZWEDEL, J. – "Staatsaufsicht in der Verwaltung", *VVDStRL*, n.º 22, (1965), p. 206 e ss.

SANCHEZ ANDRES, A. – "A modo de prontuario sobre una reforma polémica: la ley 24/1988 del mercado de valores", *RDM*, n.º 192, (1989), p. 261e ss.

SANDULLI, A. – "Enti pubblici ed enti privati di interesse pubblico", *Scritti giuridici in onore di Giovanni Salemi*, Milão: Giuffrè, 1961

—— *Il procedimento amministrativo*, Milão: Giuffrè, 1964

—— "Governo e amministrazione", *RTDP*, 1966, p. 737 e ss.

—— "Spunti problematici in tema di autonomia degli organi costituzionali e di giustizia domestica nei confronti del loro personale", *Giur. It.*, 1977, I, p. 1831 e ss.

—— *Manuale di diritto amministrativo*, Nápoles: Eugenio Jovene, I (1989), II (1982)

—— "La semplificazione", *RTDP*, 1999, p. 757 e ss.

—— "Il procedimento", Sabino Cassese (ed), *Trattato di diritto amministrativo*, II, Milão: Giuffrè, 2000, p. 927 e ss.

SANTAGATA, A. – "L'ausiliarietà ai poteri statali o pubblici da parte di privati professionisti", *FA*, 1974, II, p. 555 e ss.

SANTAMARIA PASTOR, J.A. – *Principios de derecho administrativo*, 2 vols., Madrid: Ramón Areces, S. A, 2000

SANTI ROMANO – "I poteri disciplinari delle pubbliche amministrazioni", *GI*, 1898, IV, p. 238 e ss.

—— *Corso di diritto coloniale*, Roma, 1918

—— *Corso di diritto amministrativo (principii generali)*, Pádua, 1932

—— *L'ordinamento giuridico*, Florença, 1945

—— *Fragmentos de un diccionario jurídico*, Buenos Aires, 1964 (trad. de *Frammenti di un Dizionario giuridico*, Milão:1947)

—— *Il diritto pubblico italiano* (reimpressão), Milão: Giuffrè, 1988

SANTORO, S. – "Occupazione temporanea e d'urgenza", *EGT*, vol. XXI

SANZ RUBIALES, I. – "Sobre la naturaleza jurídica de la etiqueta ecológica", in Sosa Wagner, *El derecho administrativo en el umbral del siglo XXI (Homenage Ramón Martín Mateo)*, Valencia: Tirant lo Blanch, 2000, vol. III, p. 3693 e ss.

—— "Los poderes del concesionario de servicios públicos locales", *REAL*, n.º 291, (2003), p. 1063 e ss.

SATTA, F. – "Esercizio di fatto di pubbliche funzioni", *EGT*, vol. XII

—— "Esercizio privato di funzioni e servizi pubblici", *EGT*, vol. XII

SAUER, H. – "Rechtsnatur der Entscheidung des amtlich anerkannten Sachverständigen oder Prüfers beim Technischen Überwachungsverein über Bestehen oder Nichtbestehen der Fahrprüfung", *DVBl*, 1970, p. 486 e ss.

SAZ, Silvia del – "Desarollo y crisis del derecho administrativo. Su reserva constitucional", in Chinchilla, Lozano, Saz, *Nuevas perspectivas del derecho administrativo*, Madrid: Civitas: 1992, p. 99 e ss.

—— "La huida del derecho administrativo: últimas manifestaciones. Aplausos y críticas", *RAP*, n.º 133, 1994, p. 57 e ss.

—— *Cámaras oficiales y cámaras de comercio*, Madrid: Marcial Pons, 1996

SCHACHTSCHNEIDER, K. A. – "Grundgesetzliche Aspekte der freiberuflichen Selbstverwaltung", *DV*, 1998, p. 139 e ss.

—— *Der Anspruch auf materiale Privatisierung des staatlichen und kommunalen Vermessungswesens in Bayern*, Nürnberg, 2000: parecer jurídico (386 págs.) obtido através da Ingenieurverband Geoinformation und Vermessung Bayern, e. V. (*igvb.de*, em 07.04.2001); o parecer veio a ser publicado pela Duncker & Humblot, numa volume com o título *Der Anspruch auf materiale Privatisierung*, Berlin, 2005

SCHACK, F. – "Zur «Schlichten Hoheitsverwaltung»", *DÖV*, 1970, p. 40 e ss.

SCHÄFFER, H. – "Erfüllung von Verwaltungsaufgaben durch Private – Beleihung und Inpflichtnahme", *Erfüllung von Verwaltungsaufgaben durch Privatrechtssubjekte*, Viena: Schriftenreihe der Bundeskammer der gewerblichen Wirtschaft, n.º 22, 1975, p. 58 e ss.

—— "Modernização da Administração como desafio à legislação. Ideias novas sobre a Nova Administração Pública na Áustria", *Legislação. Cadernos de Ciência de Legislação*, n.º 27, (2000), p. 5 e ss.

SCHEEL, K.-Ch. – "»Benannte Stellen«: Beliehene als Instrument für die Verwirklichung des Binnenmarktes", *DVBl*, 1999, p. 442 e ss.

SCHENKE, W.-R. – "Delegation und Mandat im Öffentlichen Recht", *Verw-Arch*, 1977, p. 118 e ss.

—— "Die verfassungsrechtliche Problematik dynamischer Verweisungen", *NJW*, 1980, p. 743 e ss.

—— "Formeller oder materieller Verwaltungsaktsbegriff?", *NVwZ*, 1990, p. 1009 e ss.

—— "Rechtsschutz gegen das Unterlassen von Rechtsnormen", *VerwArch*, 1991, p. 307 e ss.

—— "Polizei-und Ordnungsrecht", in Udo Steiner (ed), *Besonderes Verwaltungsrecht*, Heidelberg: C.F. Müller, 1995, p. 175 e ss.

SCHERER, J. – "Umwelt-Audits: Instrument zur Durchsetzung des Umweltrechts im europäischen Binnenmarkt?", *NVwZ*, 1993, p. 11 e ss.

SCHICKERT, J. A. – *Der Umweltgutachter der EG-Umwelt-Audit Verordnung*, Berlim: Duncker & Humblot, 2001

SCHILLER, S./DRETTMANN, F. – "Probleme einer gesetzlichen Verpflichtung zur Eigensicherung gefährdeter Objekte", *DVBl*, 1977, p. 956 e ss.

SCHINAIA, M. E. – "Notazioni sulla nuova legge sul procedimento amministrativo con riferimento alla deregulation delle attività soggette a provvedimenti autorizzatori ed all'inerzia dell'amministrazione", *Dir. Proc. Amm.*, 1991, p.185 e ss.

SCHIPPEL, H. – *Bundesnotarordnung*, Munique: Franz Vahlen, 1995.

SCHLADEBACH, M. /SCHÖNROCK, S. – "Grundstrukturen des Verwaltungsrechts in den USA", *VerwArch.*, 2002, p. 100 e ss.

SCHLETTE, V. – *Die Verwaltung als Vertragspartner*, Tübingen: Mohr Siebeck, 2000

SCHMIDBAUER, W. – *Enteignung zugunsten Privater*, Berlim: Duncker & Humblot, 1989

SCHMIDT, R. – "Die Privatisierung öffentlicher Aufgaben", *Grundfragen des Verwaltungsrechts und der Privatisierung*, Estugarda: Boorberg, 1994, p. 210 e ss.

—— "Der Übergang öffentlicher Aufgabenerfüllung in private Rechtsformen", *ZGR*, 1996, p. 345 e ss.

—— "Die Reform von Verwaltung und Verwaltungsrecht", *VerwArch*, 2000, p. 149 e ss.

SCHMIDT-ASSMANN, E. – "Verwaltungslegitimation als Rechtsbegriff", *AÖR*, 1991, p. 329 e ss.

——"Zur Reform des Allgemeinen Verwaltungsrechts", in Hoffmann-Riem/Schmidt-Aßmann/Schuppert (eds), *Reform des Allgemeinen Verwaltungsrechts (Grundfragen)*, Baden-Baden: Nomos, 1993, p. 11 e ss.

—— "Öffentliches Recht und Privatrecht: ihre Funktionen als wechselseitige Auffangordnungen. Einleitende Problemskizze", in Hoffmann-Riem/Schmidt-Aßmann (eds.), *Öffentliches Recht und Privatrecht als wechselseitige Auffangordnungen*, Baden-Baden: Nomos, 1996, p. 7 e ss.

—— *Das allgemeine Verwaltungsrecht als Ordnungsidee*, Berlim: Springer, 1998

—— "Regulierte Selbstregulierung als Element verwaltungsrechtlicher Systembildung", in *Regulierte Selbstregulierung als Steuerungskonzept des Gewährleistungsstaates*, Berlim: Duncker & Humblot, 2001, p. 253 e ss.

—— "El derecho administrativo general desde una perspectiva europea", *Just. Adm*, n.º 13, (2001), p. 5 e ss.

—— "Verwaltungsverfahren und Verwaltungsverfahrensgesetz – Perspecktiven der Systembildung", Hoffmann-Riem/Schmidt-Aßmann, *Verwaltungsverfahren und Verwaltungsverfahrensgesetz*, Baden-Baden: Nomos, 2002, p. 429 e ss.

SCHMIDT-DE CALUWE, R. – *Der Verwaltungsakt in der Lehre Otto Mayers*, Tübingen: Mohr Siebeck, 1999

SCHMIDT-PREUSS, M. – *Kollidierende Privatinteressen im Verwaltungsrecht*, Berlim: Duncker & Humblot, 1992

—— "Verwaltung und Verwaltungsrecht zwischen gesellschaftlicher Selbstregulierung und staatlicher Steuerung", *VVDStRL*, n.º 56, (1997), p. 160 e ss.

—— "Private Technische Regelwerke", in Michael Kloepfer (ed.), *Selbst-Beherrschung im technischen und ökologischen Bereich*, Berlim: Duncker & Humblot, 1998, p. 89 e ss.

SCHMITT, Susanne – *Bau, Erhaltung, Betrieb und Finanzierung von Bundesfernstraßen durch Private nach dem FstrPrivFinG*, Berlim: Duncker & Humblot, 1999

SCHMITZ, B. K. – *Deregulierung und Privatisierung: Theoretische Steuerungskonzepte oder politische Schlagwörter?*, Aachen: Shaker Verlag, 2002

SCHMITZ, H. – "Moderner Staat – Modernes Verwaltungsverfahrensrecht", *NVwZ*, 2000, p. 1238 e ss.

SCHNAPP/KALTENBORN – "Grundrechtsbindung nichtstaatlicher Institutionen", *JuS*, 2000, p. 937 e ss.

SCHNEIDER, J.-P. – "Öko-Audit als Scharnier in einer ganzheitlichen Regulierungsstrategie", *DV*, 1995, p. 361 e ss.

—— "Kooperative Verwaltungsverfahren", *VerwArch*, 1996, p. 38 e ss.

SCHOCH, F. – "Rechtsfragen der Privatisierung von Abwasserbeseitigung und Abfallentsorgung", *DVBl*, 1994, p. 1 e ss.

—— "Privatisierung von Verwaltungsaufgaben", *DVBl*, 1994, p. 962 e ss.

—— "Polizei- und Ordnungsrecht", E. Schmidt-Aßmann, *Besonderes Verwaltungsrecht*, Berlim: Walter De Gruyter, 2003, p. 116 e ss.

SCHOENBROD, D. – "Delegation and democracy: a reply to my critics", *Card. L. Rev.*, vol. 20, (1999), p. 731 e ss.

SCHOETTL/HUBAC – "Le contentieux administratif du sport", *AJDA*, 1984, p. 531 e ss.

SCHOLZ, R. – "Rechsfrieden im Rechtsstaat", *NJW*, 1983, p. 705 e ss.

—— "Staatliche Sicherheitsverantwortung zu Lasten Privater", *FS für Karl Heinrich Friauf (Staat, Wirtschaft, Steuern)*, Heidelberg: C.F. Müller, 1996, p. 439 e ss.

—— "Verkehrsüberwachung durch Private?", *NJW*, 1997, p. 14 e ss.

SCHULTE, B. – "Schlanker Staat: Privatisierung der Bauaufsicht durch Indienstnahme von Bauingenieuren und Architekten als staatliche anerkannte Sachverständige", *BauR*, 1998, p. 249 e ss.

SCHULTE, M. – "Gefahrenabwehr durch private Sicherheitskräfte im Lichte des staatlichen Gewaltmonopols", *DVBl*, 1995, p. 130 e ss.

SCHUPPERT, G. F. – *Die Erfüllung öffentlicher Aufgaben durch verselbständigte Verwaltungseinheiten*, Göttingen: Otto Schwartz, 1981

—— "Selbstverwaltung als Beteiligung Privater an der Staatsverwaltung?", in A. von Mutius (ed.), *Festgabe zum 70. Geburtstag von G. C. von Unruh*, Heidelberg: R. v. Decker's, 1983, p. 183 e ss.

—— "Die Einheit der Verwaltung als Rechtsproblem", *DÖV*, 1987, p. 757 e ss.

—— "Die Erfüllung öffentlicher Aufgaben durch die öffentliche Hand, private Anbieter und Organisationen des Dritten Sektors", in Ipsen, *Privatisierung öffentlicher Aufgaben*, Colónia: Carl Heymanns, 1994, p. 17 e ss.

—— "Rückzug des Staates?", *DÖV*, 1995, p. 761 e ss.

—— "Die öffentliche Verwaltung im Kooperationsspektrum staatlicher und privater Aufgabenerfüllung – Erscheinungsformen von Public Private Partnership als Herausforderung an Verwaltungsrecht und Verwaltungswissenschaft", in Budäus/Eichhorn (eds.), *Public Private Partnership*, Baden-Baden: Nomos, 1997, p. 93 e ss.

—— "Die öffentliche Verwaltung im Kooperationsspektrum staatlicher und privater Aufgabenerfüllung: zum Denken in Verantwortungsstufen", *DV*, 1998, p. 415 e ss.

—— "Das Konzept der regulierten Selbstregulierung als Bestandteil einer als Regelungswissenschaft verstandenen Rechtswissenschaft", in *Regulierte Selbstregulierung als Steuerungskonzept des Gewährleistungsstaates*, Berlim: Duncker & Humblot, 2001, p. 201 e ss.

SCHUSTER, F. – "Wegerecht für Telekommunikationsnetze gemäß § 57 TKG auf dem Prüfstand der Gerichte", *MMR*, 1999, p. 137 e ss.

SCHÜTZ, R. – "Wegerecht für Telekommunikationsnetze", *NVwZ*, 1996, p. 1053 e ss.

SCHWABE, J. – "Grenzen des Notwehrrechts", *NJW*, 1974, p. 670 e ss.

—— "Zum Status privater Sicherheitskräfte", *ZRP*, 1978, p. 165 e ss.

SCHWARCZ, S. L. – "Private ordering" in *Northwestern University Law Review*, vol. 97, (2002), p. 319 e ss.

SCHWARK, E. – "Das neue Kapitalmarktrecht", *NJW*, 1987, p. 2041 e ss.

SCHWARZE, J. – *Droit administratif européen*, I, Bruxelles: Bruylant, 1994

SCHWEIKERT, W. – *Das beliehene öffentliche Unternehmen, insbesondere in seinen Verhältnis zum Staat und dessen Aufsichtsbefugnissen*, Tübingen, (s/ed.), 1959.

SCIULLO, G. – *Il testo unico in materia di espropriazione*, Turim: Giappichelli, 2004

SCOCA, F. G. – "Considerazioni sull'inerzia amministrativa", *FA*, 1962, I, p. 489 e ss.

—— "La concessione come strumento di gestione dei servizi pubblici", in Roversi-Monaco, *Le concessioni di servizio pubblico*, Roma, 1987, p. 25 e ss.

—— "La teoria del provvedimento dalla sua formulazione alla legge sul procedimento", *Dir. Amm.*, 1995, p. 1 e ss.

—— "La soggettività delle ammnistrazioni", in Mazzarolli, Pericu, Romano, Roversi-Monaco e Scoca, *Diritto Amministrativo*, I, Bolonha: Monduzzi, 1998, p. 451 e ss.

SCOGNAMIGLIO, A. – "Sui collegamenti tra atti di autonomia privata e procedimenti amministrativo", *RTDP*, 1983, p. 290 e ss.

SCOTTI, Elisa – *Il pubblico servizio (tra tradizione nazionale e prospettive europee)*, Pádua, Cedam, 2003

SCOZZAFAVA, O.T. – "Il problema della legitimità costituzionale dell'arbitrato obbligatorio", *Giur. It.*, 1978, I, p. 1809 e ss.

SEIDEL, A. – *Privater Sachverstand und staatliche Garantenstellung im Verwaltungsrecht*, Munique, Beck, 2000

SEIDENFELD, M. – "An apology for administrative law in *the contracting state*", *Fl. St. U. L. Rev.*, vol. 28, (2000), p. 215 e ss.

SEILLER, B. – "L'exorbitance du droit des actes administratifs unilatéraux", *RDP*, 2004, 2, p. 481 e ss.

—— "Précisions sur l'obligation d'exercer le pouvoir réglementaire", *AJDA*, 2004, p. 762 e ss.

SEMERARO, A. –"Denuncia di inizio attività e tutela dei terzi", *FA, (T.A.R.)*, 2003, p. 1925 e ss.

SEPE, O. – "Il sistema organizzativo delle camere di commercio in Italia", *Il Dir. dell'Eco.*, 1996, p. 319 e ss.

SERENS, M. Nogueira – "Pessoa colectivas – administradores de sociedades anónimas?", *Revista da Banca*, n.° 30, (1994), p. 75 e ss.

SHERLOCK, A. – "The apllicability of the United Kingdom's Human Rights Bill: identifying 'public' functions", *European Public Law*, vol. 4, (1998), p. 593 e ss.

SIGISMONDI, G. – "La tutela nei confronti del potere pubblico e dei poteri privati: prospettive comuni e aspetti problematici", *Diritto Pubblico*, 2003, p. 475 e ss.

SILVA, Vasco Pereira da –"A vinculação das entidades privadas pelos direitos, liberdades e garantias", *RDES*, 1987, p. 259 e ss.

—— *Em Busca do Acto Administrativo Perdido*, Coimbra: Almedina, 1996

SOARES, Rogério Ehrhardt – *Interesse Público, Legalidade e Mérito*, Coimbra, 1955

—— "Administração pública, direito administrativo e sujeito privado", *BFDC*, ano XXXVII, (1961), p. 117 e ss.

—— *Administração e Direito Ultramarino* (lições coligidas E. Portela, J. Xavier de Basto, J.M. Cardoso da Costa e S. Correia de Sousa), Coimbra, polic., 1965-66

—— *Direito Público e Sociedade Técnica*, Coimbra: Atlântida, 1969

—— *Direito Administrativo*, Coimbra: polic., 1978

—— *Direito Administrativo* (1980), Porto: Associação Académica da Universidade Lusíada, 1992

—— "Princípio da legalidade e administração constitutiva", *BFDC*, ano LVII, (1981), p. 169 e ss.

—— "A Ordem dos Advogados, uma corporação pública", *RLJ*, n.ºs 3807, p. 161 e ss, 3809, p. 225 e ss, e 3810, p. 267 e ss.

SODAN, H. – "Vorrang der Privatheit als Prinzip der Wirtschaftsverfassung", *DÖV*, 2000, p. 361 e ss.

SOLDATI, N. – "Le organizzazioni non profit: alcune esperienze straniere a confronto", *Dir. dell'Eco.*, 2000, n.º 3, p. 545 e ss.

SONNAUER, H. – Die Kontrolle der Schiedsgerichte durch die staatlichen Gerichte, Colónia: Carl Heymanns, 1992

SORACE, D. – "Promemoria per una nova 'voce' «atto amministrativo»", *Scritti in onore di Massimo Severo Giannini*, vol. III, Milão, 1998, p. 745 e ss.

SORACE, D./MARZUOLI, C. – "Concessioni amministrative", *DDP*, vol. III, p. 280 e ss.

SORDELLI, L. – "Denominazioni di origine ed indicazioni geografiche", *EdD*, vol. I (Actualização), p. 523 e ss.

—— "L'identificazione dei prodotti agricoli sul mercato", *Riv. Dir. Ind.*, 1994, I, p. 471 e ss.

SORDI, B. – "Pubblica amministrazione, negozio, contratto: universi e categorie ottocentesche a confronto", *Dir. Amm.*, 1995, p. 483 e ss.

SOUSA, Marcelo Rebelo de – *Os Partidos Políticos no Direito Constitucional Português*, Braga: Livraria Cruz, 1983

—— *Lições de Direito Administrativo*, Lisboa: Lex, 1999

—— "Os novos estatutos da Santa Casa da Misericórdia de Lisboa", in *Estudos de Direito Público – Santa Casa da Misericórdia de Lisboa*, Coimbra, Almedina, 2003, p. 43 e ss.

SOUSA, Miguel Teixeira de – *A Reforma da Acção Executiva*, Lisboa, Lex, 2004

Souto, Marcos J. Villela – *Desestatização*, Rio de Janeiro: Editora Lumen Juris, 2001

Souviron Morenilla, J. M. – *La actividad de la administración y el servicio público*, Granada: Comares, 1998

—— "Sobre la administración pública y el derecho administrativo: en torno a la sustantividad del derecho administrativo y su vis expansiva", in Sosa Wagner (ed.), *El derecho administrativo en el umbral del siglo XXI (Homenage Ramón Martín Mateo)*, Valencia: Tirant lo Blanch, 2000, vol. I, p. 119 e ss.

Spallanzani/Pioletti – "Certificati ed attestati", *NssDI*, vol. III, p. 129 e ss.

Spannowsky, W. – "Der Einfluß öffentlich-rechtlicher Zielsetzungen auf das Statut privatrechtlicher Eigengesellschaften in öffentlicher Hand", *ZGR*, 1996, p. 400 e ss.

Spasiano, E. – "Comandante della nave o dell'aeromobile", *EdD*, VII, p. 688 e ss.

Stadler, A. – "Außergerichtliche obligatorische Streitschlichtung – Chance oder Illusion?", *NJW*, 1998, p. 479 e ss.

Starr, P. – "The meaning of privatization", *Yale Law and Policy Review*, 1988, p. 6 e ss.

—— "The new life of liberal state: privatization and restructuring of state-society relations", Waterbury/Suleiman, *Public enterprise and privatization*, Boulder, (Colorado), 1990, p. 22 e ss.

Steegmann, Ch. – "Verkehrsüberwachung durch Private", *NJW*, 1997, p. 2157 e ss.

Stein, E. – "Der Verwaltungsvertag und die Gesetzmäßigkeit der Verwaltung", *AÖR*, 1961, p. 320 e ss.

Steindorff, E. – "Die Europaïschen Gemeinschaften in der Rechtsprechung", *Archiv des Völkerrechts*, n.º 8, (1959-60), p. 42 e ss.

Steiner, U. – "Der beliehene Unternehmer", *JuS*, 1969, p. 69 e ss.

—— "Öffentliche Verwaltung durch Private", *DÖV*, 1970, p. 526 e ss.

—— *Öffentliche Verwaltung durch Private*, Hamburg: Gildenverlag, 1975

—— *NJW*, 1975, 1797 e ss.

—— "Staat, Sport und Verfassung", *DÖV*, 1983, p. 173 e ss.

—— *Staatliche Gefahrenvorsorge und Technische Überwachung*, Heidelberg: Verlagsgesellschaft Recht und Wirtschaft, 1984

—— "Technische Kontrolle im privaten Bereich – insbesondere Eigenüberwachung und Betriebsbeauftragte", *DVBl*, 1987, p. 1133 e ss.

—— "Verfassungsfrage des Sports", *NJW*, 1991, p. 2729 e ss.

—— "Straßenbau durch Private", *NJW*, 1994, p. 3150 e ss.

—— "Fragen der Beleihungsdogmatik aus österreischischer und deutscher Sicht", in Schäffer *et alli* (eds), *Staat – Verfassung – Verwaltung, FS Koja*, Viena: Springer, 1998, p. 603 e ss.

STEINKEMPER, U. – *Die verfassungsrechtliche Stellung der Privathochschule und ihre staatliche Förderung*, Berlim: Duncker & Humblot, 2002

STELKENS, U. – "Die Stellung des Beliehenen innerhalb der Verwaltungsorganisation – dargestellt am Beispiel der Beleihung nach § 44 III BHO/LHO", *NVwZ*, 2004, p. 304 e ss.

STELLA RICHTER, P. – "Atti e poteri amministrativi (tipologia)", in Giuseppe Guarino, *Dizionario Amministrativo*, I, Milão: Giuffrè, 1983

STERN, K. – "Zur Problematik des energiewirtschaftlichen Konzessions-vertrags", *AÖR*, (1959) pp. 137ss, e 273 e ss.

—— *Das Staatsrecht der Bundesrepublik Deutschland*, II, Munique: Beck, 1980

—— "Verfassungsrechtliche und verfassungspolitische Grundfragen zur Aufnahme des Sports in die Verfassung des Landes Nordrhein-Westfalen", in *FS für Werner Thieme*, Colónia: Carl Heymanns, 1993, p. 269 e ss.

—— "Das Notariat in der Verfassungsordnung", in Arndt *et alli*, (dir.), *Völkerrecht und deutsches Recht (FS für Walter Rudolf zum 70. Geburtstag)*, Munique: Beck, 2001, p. 367e ss.

STEWART, R.B. – "U.S. Administrative law: a model for global administrative law?",*Law and Contemporary Problems*, vol. 68, n.º 3, (2005), p. 55 e ss.

STIPO, M. – "L'interesse pubblico: un mito sfatato?", in *Scritti in onore di Massimo Severo Giannini*, vol. III, Milão: Giuffrè, 1988, p. 907 e ss.

STOBER, R. – "Staatsgerichtsbarkeit und Schiedsgerichtsbarkeit", *NJW*, 1979, p. 2001 e ss.

—— *Der Ehrenbeamte in Verfassung und Verwaltung*, Königstein: Athenäum, 1981

—— "Die privatrechtlich organisierte öffentliche Verwaltung", *NJW*, 1984, p. 449 e ss.

—— *Technische Prüfstellen für den Kfz-Verkehr in den neuen Bundesländern*, Colónia: Carl Heymanns, 1992

—— "Staatliches Gewaltmonopol und privates Sicherheitsgewerbe", *NJW*, 1997, p. 889 e ss.

—— "Wirtschaftsverwaltungsrecht", Estugarda: Kohlhammer, 1996

—— "Police-Private-Partnership aus juristischer Sicht", *DÖV*, 2000, p. 261 e ss.

—— "Private Sicherheitsdienste als Dienstleister für öffentliche Sicherheit?", *ZRP*, 2001, p. 260 e ss:

STOLL, P.-T. – *Sicherheit als Aufgabe von Staat und Gesellschaft*, Tübingen: Mohr Siebeck, 2003

STOPPANI, A. – "Certificazione", *EdD*, vol. VI, p. 800

STRAUSS, Th. – *Funktionsvorbehalt und Berufsbeamtentum*, Duncker & Humblot, Berlim, 2000

STRAUSS, P. – "The place of agencies in government: separation of powers and fourth branch", in P. H. Schuck, *Foundations of administrative law*, Nova Iorque: Foundation Press, 1994, p. 231 e ss.

STUIBLE-TREDER, J. – *Der Beliehene im Verwaltungsrecht*, Estugarda, (s/ed.), 1986

SUNDFELD, Carlos Ari – "Reforma do Estado e empresas estatais", in Sundfeld, *Direito Administrativo Econômico*, São Paulo: Malheiros Editores, 2000, p. 264 e ss.

SUNSTEIN, C. R. – "Nondelegation canons", www.law.uchicago.edu/Publications/Workings/index.html.

TAGGART, M. – "The province of administrative law determined?", in M. Taggart (ed.), *The province of administrative law*, Oxford: Hart Publishing, 1997, p. 1 e ss.

TATO PLAZA, A. – "El nuevo sistema de autodisciplina publicitaria en España", *Actas de derecho industrial y derecho de autor*, tomo XVIII (1997), Madrid, 1998, p. 161 e ss.

TARRES VIVES, M. – "Los sujetos privados en la gestión y auditoría medioambiental comunitaria. Su desarollo en la Umweltauditgesetz alemana", *RAP*, n.º 145, (1998), p. 503 e ss.

TAUPIER, M. – "Recherches sur la nature des fédérations sportives et de leurs actes", *AJDA*, 1970, p. 75 e ss.

TEJEDOR BIELSA, J. C. – *Público y privado en el deporte*, Barcelona : Bosch, 2003

TERRAHE, J. – *Die Beleihung als Rechtsinstitut der Staatsorganisation,* Münster (s/ed.), 1961

TERRANOVA, S. – "Funzionario", *EdD*, vol. XVIII, p. 280 e ss.

TETTINGER, P. J. – "Der Imissionsschutzbeauftragte – ein Beliehener?", *DVBl*, 1976, p. 752 e ss.

—— "Die rechtliche Ausgestaltung von Public Privat Partnership", *DÖV*, 1996, p. 764 e ss.

—— "Sport als Verfassungsthema", *JZ*, 2000, p. 1069 e ss.

TETTINGER, P. J./MANN, Th. – "Zur demokratischen Legitimation in sondergesetzlichen Wasserverbände", in Peter Tettinger e outros, (eds.), *Wasserverbände und demokratische Legitimation*, Munique: Franz Vahlen, 2000

THIEME, H. – "Die Funktion der Regalien im Mittelalter", *Zeitschrift der Savigny-Stiftung für Rechtsgeschichte*, 1942, p. 57 e ss.

THIEME, W. – "Berufsfreiheit und Verwaltungsmonopol", *JZ*, 1961, p. 280 e ss.

TIEMANN, B. – "Verfassungsrechtliche und Finanzwirtschaftliche Aspekte der Entstaatlichung öffentlicher Leistungen", *Der Staat*, 1977, p. 171 e ss.

TILMANN, W. – "EG-Schutz für geographischer Herkunftṣangaben", *GRUR*, 1992, p. 828 e ss.

TIMSIT, G. – *Le rôle de la notion de fonction administrative en droit administratif français*, Paris, 1963

TOMAS Y VALIENTE, F. – "Origen bajomedieval de la patrimonialización y la enajenación de oficios públicos en Castilla", *Actas del I Symposium de História de la Administración*, Madrid: Instituto de Estudios Administrativos, 1970

TOMAS-RAMON FERNANDEZ – *Derecho administrativo, sindicatos y autoadministración*, Madrid: IEAL, 1972

TOMAS-RAMON FERNANDEZ/SAINZ MORENO – *El notario, la función notarial y las garantias constitucionales*, Madrid: Civitas, 1989

TONOLETTI, B. – *L'accertamento amministrativo*, Pádua: Cedam, 2001

TORNOS I MAS, J. – "La simplificación procedimental en el ordenamiento español", *RAP*, n.º 151, (2000), p. 39 e ss.

TORCHIA, L. – "Tendenze recenti della semplificazione amministrativa", *Dir. Amm.*, 1998, p. 385 e ss.

TORRES, Mário – "O estatuto constitucional dos estrangeiros", *SI*, n.º 290, (2001), p. 7 e ss.

TRAVI, Aldo – "I verbali amministrativi come mezzo di prova nei giudizi civili di opposizione a sanzione pecuniaria", *FI*, 1993, I, p. 2226 e ss.
—— "La liberalizzazione", *RTDP*, 1998, p. 645 e ss.

TREVES, G. – "Autarchia, autogoverno, autonomia", *RTDP*, 1957, p. 277 e ss.

TRIMARCHI, F. – "Sistema gestionali e forme contrattuali dell'*«outsourcing»* nella pubblica amministrazione", *Dir. dell'Eco*, 2002, I, p. 1 e ss.

TRONCOSO REIGADA, A. – *Privatización, Empresa Pública y Constitución*, Madrid: Marcial Pons, 1997

TRUTE, H.-H. – "The after privatization", *REDP*, 1994, (n.º especial), p. 211 e ss.
—— "Wechselseitige Verzahnungen von öffentlichem und privatem Recht", Hoffmann-Riem/ Schmidt-Aßmann, *Öffentliches Recht und Privatrecht als wechselseitige Auffangordnungen*, Baden-Baden: Nomos, 1996, p. 167 e ss.
—— "Die Verwaltung und das Verwaltungsrecht zwischen gesellschaftlicher Selbstregulierung und staatlicher Steuerung", *DVBl*, 1996, p. 951e ss.
—— "Verantwortungsteilung als Schlüsselbegriff eines sich verändernden Verhältnisses von öffentlichem und privatem Sektor", G. F. Schuppert, *Jenseits von Privatisierung und "schlankem" Staat*, Baden-Baden: Nomos, 1999, p. 13 e ss.

TÜNNESEN-HARMES, Ch. – "Die CE-Kennzeichnung zum Abbau technischer Handelshemmisse in der Europäischen Union", *DVBl*, 1994, p. 1334 e ss.

UERPMANN, R. – "Mittelbare Gemeinschaftsverwaltung durch gemeinschaftsgeschaffene juristische Personen des öffentlichen Rechts", *AÖR*, 2000, p. 551 e ss.

UNRUH, P. –"Kritik des privatrechtlichen Verwaltungshandelns", *DÖV*, 1997, p. 653 e ss.

—— "Demokratie und »Mitbestimmung« in der funktionalen Selbstverwaltung – am Beispiel der Emschergenossenschaft", *VerwArch*, 2001, p. 531 e ss.

URSI, R. – "Riflessioni sulla *governance* delle società in mano pubblica", *Dir. Amm.*, 2004, p. 747 e ss.

—— "Una svolta nella gestione dei servizi pubblici locali: non c'è «casa» per le società a capitale misto", *FI*, Parte IV, 2005, p. 136 e ss.

VALENTINI, S. – "Precisazioni sul munus publicum", *Scritti in onore di Massimo Severo Giannini*, vol. III, Milão: Giuffrè, 1988, p. 969 e ss.

VALLERGA, M. – "Società miste per la gestione dei pubblici servizi: «certezze» e prospettive di riforma", *Dir. Amm.*, 1999, p. 627 e ss.

VALLES, A. de – "Il concetto di giurisdizione in senso materiale", *Riv. di Diritto Pubblico*, 1918, 1, p. 297 e ss.

VARELA, Antunes/BEZERRA, Miguel/NORA, Sampaio e – *Manual de Processo Civil*, Coimbra: Coimbra Editora, 1985

VASIRCA, G. – "Funzionario", *EGT*, vol. XIV

VAZ, Manuel Afonso – *Lei e Reserva de Lei (A Causa de Lei na Constituição Portuguesa de 1976)*, Porto: Universidade Católica, 1992

VATTIER FUENZALIDA, C. – "Los contratos agroindustriales en el derecho español", *Revista de Derecho Privado*, 1989, p. 315 e ss.

VAUPLANE/BORNET – *Droit de la bourse*, Paris: Litec, 1994

VELA, A. – "Gestione di affari", *EGT*, vol. XV

VELLANI, G. – "Notaio e notariato", *DDP*, vol. X, p. 169ss

VENEZIA, J.-C. – "Puissance publique, puissance privée", *Recueil d'Études en Hommage à Charles Eisenmann*, Paris: Cujas, 1975, p. 363 e ss.

VENTURA, R. – "A convenção de arbitragem", *ROA*, 1986, p. 289 e ss.

VERBARI, G. B. – "Occupazione (diritto pubblico)", *EdD*, vol. XXIX, p. 627 e ss.

VESPERINI, G. – "Il controllo della sicurezza e della qualità dei prodotti industriali: due modelli a confronto", in Andreini/Caia/Elias/Roversi-Monaco, *La normativa tecnica industriale*, Bolonha: Il Mulino, 1995, p. 125 e ss.

—— "La semplificazione dei procedimenti amministrativi", *RTDP*, 1998, p. 655 e ss.

VIALARD, A. – *Droit maritime*, Paris: Puf, 1997

VIDAL, D. – *Le commissaire aux comptes dans la société anonyme,* Paris: LGDJ, 1985

VIDAL PRADO, C. – "Stato sociale, parità scolastica e sussidiarietà", *Diritto e Società*, 2001, 1, p. 67 e ss.

VIDIRI, G. – "Il caso Maradona: la giustizia sportiva e quella ordinaria a confronto", *FI*, 1991, p. 337 e ss.

—— "Natura giuridica e potere regolamentare delle federazioni sportive nazionali", *FI*, 1994, III, p. 136 e ss.

—— "Il «caso Catania»: i difficili rapporti tra ordinamento statale e ordinamento sportivo", *FI*, 1994, III, p. 512 e ss.

VIEWEG, K. – "Technische Normen im EG-Binnenmarkt, Müller-Graff (ed.), *Technische Regeln im Binnenmarkt*, Baden-Baden: Nomos, 1991, p. 57 e ss.

VILLAR EZCURRA, J. L. – "El derecho a la educación como servicio público", *RAP*, n.º 88, (1979), p. 155 e ss.

VILLAR ROJAS, F. J. – *Tarifas, tasas, peajes y precios administrativos,* Granada: Comares, 2000

VILLATA, R. – "L'atto amministrativo", in Mazzarolli/Pericu/Romano, Roversi--Monaco/Scoca, *Diritto Amministrativo*, II, Bolonha: Monduzzi, 1998, p. 1389 e ss.

VINCENT-JONES, P. – "Contractual governance: institutional and organizational analysis", *Oxford Journal of Legal Studies*, vol. 20, n.º 3, (2000), p. 317 e ss.

VIRGA, P. – *Il partito nell'ordinamento giuridico*, Milão: Giuffrè, 1948

—— *Il provvedimento amministrativo*, Milão: Giuffrè, 1968

VITTA, C. – "Il funzionario di fatto", *Rivista di diritto pubblico*, 1923, p. 473 e ss.

VITZTHUM, W. G. – "Gemeinderechtliche Grenzen der Privatisierung kommunaler Wirtschaftsunternehmen", *AÖR*, 1979, p. 581 e ss.

VOGEL, K. – *Öffentliche Wirtschaftseinheiten in privater Hand*, Hamburg: Kommissionsverlag Ludwig Appel, 1959

VOGEL, J.P. – "Ersatz- und Ergänzungsschule", *DÖV*, 1992, p. 505 e ss.

VOIT, W. – "Privatisierung der Gerichtsbarkeit", *JZ*, 1997, p. 120 e ss.

VOLLE, Jaime D. do – "Algumas considerações sobre o regime e a natureza jurídica da Parque Expo 98, S.A.", *Revista Jurídica* (AAFDL), n.º 18-19, (1996), p. 249 e ss.

VOSSKUHLE, A. – "Gesetzgeberische Regelungsstrategien der Verantwortungsteilung zwischen öffentlichem und privatem Sektor", G. F. Schuppert, *Jenseits von Privatisierung und "schlankem" Staat*, Baden-Baden: Nomos, 1999, p. 47 e ss.

—— "«Concetti chiave» della riforma del diritto amministrativo nella Repubblica Federale Tedesca", *Diritto Pubblico*, 2000, p. 699 e ss.

—— "Strukturen und Bauformen ausgewählter neuer Verfahren", Hoffmann-Riem/Schmidt-Aßmann, *Verwaltungsverfahren und Verwaltungsverfahrensgesetz*, Baden-Baden: Nomos, 2002, p. 277 e ss.

—— "Beteiligung Privater an der Wahrnehmung öffentlicher Aufgaben und staatliche Verantwortung", *VVDStRL*, n.º 62, (2003), p. 266 e ss.

WADE, H.W.R. /FORSYTH, C.F. – *Administrative Law*, Oxford: Oxford University Press, 2000

WAGNER, Ch. – "Privatisierung im Justizvollzug – Ein Konzept für die Zukunft", *ZRP*, 2000, p. 169 e ss.

WAGNER, G. – "Obligatorische Streitschlichtung im Zivilprozeß: Kosten, Nutzen, Alternativen", *JZ*, 1998, p. 836 e ss.

WAHL, R./GROSS, D. – "Die Europäisierung des Genehmigungsrechts am Beispiel der Novel Food-Verordnung", *DVBl*, 1998, p. 2 e ss

WALINE, M. – *Droit administratif*, Paris: Sirey, 1963
—— "Notes de Jurisprudence", *RDP*, 1962, p. 728 e ss, 1968, p. 893 e ss, e 1975, p. 1109 e ss.

WALL, H. – *Die Anwendbarkeit privatrechtlicher Vorschriften im Verwaltungsrecht*, Tübingen: Mohr Siebeck, 1999

WALLERATH, M. – *Allgemeines Verwaltungsrecht*, Siegburg: Reckinger & Co., 1992
—— "Der ökonomisierte Staat", *JZ*, 2001, p. 209 e ss.

WECHT, D. N. – "Breaking the code of deference: judicial review of private prisons", *Yale L. J.*, vol. 96, (1987), p. 815 e ss.

WEINBERG, J. – "ICANN and the problem of legitimacy", *Duke Law Journal*, vol. 50, (2000), p. 188 e ss.

WEINER, B. – *Privatisierung von staatlichen Sicherheitsaufgaben Aufgaben*, Frankfurt am Main: Peter Lang, 2001

WEISS, Wolfgang – *Privatisierung und Staatsaufgaben*, Tübingen: Mohr Siebeck, 2002
—— "Beteiligung Privater an der Wahrnehmung öffentlicher Aufgaben und staatliche Verantwortung", *DVBl*, 2002, p. 1167 e ss.
—— "Europarecht und Privatisierung", *AÖR*, 2003, p. 91 e ss.

WERNER/REUBER – "Der staatliche anerkannte Sachverständige nach den neuen Bauordnung der Länder", *BauR*, 1996, p. 786 e ss.

WIEGAND, K. – *Die Übertragung hoheitlicher Befugnisse auf Privatrechtssubjekte*, Mainz, (s/ed.), 1954

WINDTHORST, K. – "Staatshaftungsrecht", *JuS*, 1995, pp. 791 e ss, 892 e ss, e 992 e ss.

WOLF, K. D. – "Private actors and the legitimacy of governance beyond the state", www.essex.ac.uk/ecpr/jointsessions/grenoble/papers/ws5/wolf.pdf. (visita: 10.12.02)

WOLFERS, B./KAUFMANN, M – "Private als Anstaltsträger", *DVBl*, 2002, p. 507 e ss.

WOLFF, B. – "Die Ermächtigung zum Erlass von Rechtsverordnungen nach dem Grundgesetz", *AÖR*, 1952, p. 194 e ss.

WOLFF, H. – "Der Unterschied zwishen öffentlichem und privatem Recht", *AÖR*, 1950, p. 205 e ss.
—— *Verwaltungsrecht*, II, Munique: Beck, 1962

WOLFF, H/BACHOF, O./STOBER, R. – *Verwaltungsrecht*, 1 (1999), 2 (2000), 3 (2004), Munique: Beck

WOLFF, H. A. – *Ungeschriebenes Verfassungsrecht unter dem Grundgesetz*, Tübingen: Mohr Siebeck, 2002
—— "Die Wahrung der Rechtsstellung von Beamten, die bei den privatisierten Unternehmen von Bahn und Post beschäftigt sind", *AÖR*, 2002, p. 72 e ss.

WRIGHT, V. – "Le privatizzazioni in Gran Bretagna", *RTDP*, 1988, p. 86 e ss.

WÜRTENBERGER, Th. – "Die Normenerlaßklage als funktionsgerechte Fortbildung verwaltungsprozessualen Rechtsschutzes", *AÖR*, 1980, p. 370 e ss.

XAVIER, Alberto – *Manual de Direito Fiscal*, I, Lisboa, 1981

XAVIER, Bernardo G. Lobo – "A determinação qualitativa da prestação de trabalho", *ESC*, n.º 9, (1964), p. 9 e ss.
—— "Anotação", *RDES*, 1987, p. 231 e ss.

YATAGANAS, X. A. – "Delegation of regulatory authority in the European Union", www.jeanmonnetprogram. org/papers. (visita: 18/02/2002)

ZAGAMI, R. – "La firma digitale tra sogetti privati nel regolamento concernente «atti, documenti e contratti in forma elettronica»", *DII*, 1997, p. 903 e ss.

ZAHN, J. – "Selbstverwaltung und Staatsgewalt im Börsengeschehen", *Die Aktiengesellschaft*, 1978, p. 1 e ss.

ZANOBINI, G. – "L'amministrazione pubblica del diritto privato (1918)", *Scritti vari di diritto pubblico*, Milão: Giuffrè, 1955, p. 19 e ss.
—— "Gli atti amministrativi delle autorità non amministrative e la competenza della IV Sezione del Consilgio di Stato", *Rivista di Diritto Pubblico*, 1918, 2, p. 232 e ss.
—— "L'esercizio privato delle funzioni e dei servizi pubblici" (1920), V. E. Orlando (ed.), *Primo trattato completo di diritto amministrativo*, vol. II, parte III, Milão: Società Editrice Libraria, 1935, p. 235 e ss.
—— "L'esercizio privato delle pubbliche funzioni e l'organizzazione degli enti pubblici" (1920), *Scritti vari di diritto pubblico*, Milão: Giuffrè, 1955, p. 87 e ss.
—— "Il contrato collettivo e le altre forme di regolamento professionale" (1930), *Scritti vari di diritto pubblico*, Milão: Giuffrè, 1955, p. 247 e ss.
—— "Interessi legittimi nel diritto privato", *Scritti vari di diritto pubblico*, Milão: Giuffrè, 1955, p. 345 e ss.
—— *Corso di Diritto Amministrativo*, vol. III, Milão: Giuffrè, 1949

ZANON, E. – "La qualità dei prodotti alimentari con particolare attenzione alla disciplina delle denominazioni di origine e delle indicazioni di provenienza", *Riv. Dir. Agr.*, 1997, p. 495 e ss.

ZEIDLER, K. – "Schranken nichthoheitlicher Verwaltung", *VVDStRL*, n.º 19, (1961), p. 208 e ss.

ZEZSCHWITZ, F. v. – "Rechtsstaatliche und prozessuale Probleme des Verwaltungsprivatrechts", NJW, 1983, p. 1873 e ss.

ZIPPELIUS, R. – *Teoria Geral do Estado*, Lisboa: Gulbenkian, 1997

ZITTRAIN, J. – "ICANN: between the public and the private comments before Congress", *Berkeley Technological Law Journal* (visto em 7/11/02 em www.law.berkeley.edu/ journals/btlj/articles/Zittrain/html/text.html)

ZORZI, N. – "Autodisciplina pubblicitaria", *Contratto e impresa*, 1985, p. 549 e ss.

ZULEEG, M. – "Beleihung mit Hoheitsgewalt, Verwaltungshilfe und privatrechtliches Handeln bei Schülern", *DÖV*, 1970, p. 627 e ss.

ZUNDEL, F. – "Outsourcing in der öffentlichen Verwaltung", *CR*, 1996, p. 763 e ss.

II. JURISPRUDÊNCIA PORTUGUESA E COMUNITÁRIA

Tribunal Constitucional

Acórdão n.º 38/84, Acórdãos do Tribunal Constitucional, 3.º vol., p.75
Acórdão n.º 40/84, Acórdãos do Tribunal Constitucional, 3.º vol., p. 241
Acórdão n.º 46/84, Acórdãos do Tribunal Constitucional, 3.º vol., p. 275
Acórdão n.º 91/85, Acórdãos do Tribunal Constitucional, 5.º vol., p. 277
Acórdão n.º 68/86, Acórdãos do Tribunal Constitucional, 7.º vol. (II), p. 621
Acórdão n.º 104/86, Diário da República, 2.ª série, de 04/08/86
Acórdão n.º 150/86, Acórdãos do Tribunal Constitucional, 7.º vol. (I), p. 287
Acórdão n.º 230/86, Acórdãos do Tribunal Constitucional, 8.º vol., p. 115
Acórdão n.º 272/86, Acórdãos do Tribunal Constitucional, 8.º vol., p.189
Acórdão n.º 8/87, Acórdãos do Tribunal Constitucional, 9.º vol., p. 229
Acórdão n.º 32/87, BMJ, n.º 363, p.196
Acórdão n.º 86/87, Acórdãos do Tribunal Constitucional, 9.º vol., p. 583
Acórdão n.º 156/88, Acórdãos do Tribunal Constitucional, 11.º vol., p. 1057
Acórdão n.º 392/89, Acórdãos do Tribunal Constitucional, 13.º vol. (II), p. 1035
Acórdão n.º 472/89, Acórdãos do Tribunal Constitucional, 14.º vol., p. 7
Acórdão n.º 359/91, Acórdãos do Tribunal Constitucional, 19.º vol., p. 189
Acórdão n.º 443/91, Acórdãos do Tribunal Constitucional, 20.º vol., p. 477
Acórdão n.º 52/92, Acórdãos do Tribunal Constitucional, 21.º vol., p. 51
Acórdão n.º 179/92, Acórdãos do Tribunal Constitucional, 22.º vol., p. 407
Acórdão n.º 172/93, Acórdãos do Tribunal Constitucional, 24.º vol., p. 451
Acórdão n.º 209/93, Acórdãos do Tribunal Constitucional, 24.º vol., p. 537
Acórdão n.º 445/93, Acórdãos do Tribunal Constitucional, 25.º vol., p. 335
Acórdão n.º 453/93, Acórdãos do Tribunal Constitucional, 25.º vol., p. 787
Acórdão n.º 810/93, Acórdãos do Tribunal Constitucional, 26.º vol., p. 261
Acórdão n.º 214/94, Acórdãos do Tribunal Constitucional, 27.º vol., p. 1057

Acórdão n.º 229/94, Acórdãos do Tribunal Constitucional, 27.º vol., p. 181
Acórdão n.º 371/94, Diário da República, 2.ª série, de 03/09/94
Acórdão n.º 730/95, Acórdãos do Tribunal Constitucional, 32.º vol., p. 255
Acórdão n.º 757/95, Acórdãos do Tribunal Constitucional, 32.º vol., p. 787
Acórdão n.º 760/95, Acórdãos do Tribunal Constitucional, 32.º vol., p. 839
Acórdão n.º 761/95, Acórdãos do Tribunal Constitucional, 32.º vol., p. 847
Acórdão n.º 33/96, Acórdãos do Tribunal Constitucional, 33.º vol., p. 147
Acórdão n.º 250/96, Acórdãos do Tribunal Constitucional, 33.º vol., p. 465
Acórdão n.º 506/96, Acórdãos do Tribunal Constitucional, 33.º vol., p. 761
Acórdão n.º 646/96, Acórdãos do Tribunal Constitucional, 34.º vol., p. 177
Acórdão n.º 743/96, Acórdãos do Tribunal Constitucional, 34.º vol., p. 7
Acórdão n.º 963/96, Acórdãos do Tribunal Constitucional, 34.º vol., p. 159
Acórdão n.º 1/97, Acórdãos do Tribunal Constitucional, 36.º vol., p. 7
Acórdão n.º 118/97, Acórdãos do Tribunal Constitucional, 36.º vol., p. 89
Acórdão n.º 450/97, Acórdãos do Tribunal Constitucional, 37.º vol., p. 331
Acórdão n.º 24/98, Acórdãos do Tribunal Constitucional, 39.º vol., p. 7
Acórdão n.º 262/98, Acórdãos do Tribunal Constitucional, 39.º vol., p. 519
Acórdão n.º 197/00, Diário da República, 1.ª série, de 05/05/2000
Acórdão n.º 575/00, Diário da República, 2.ª série, de 01/02/2001
Acórdão n.º 533/01, www.tribunalconstitucional.pt
Acórdão n.º 143/02, Acórdãos do Tribunal Constitucional, 52.º vol., p. 241
Acórdão n.º 152/02, Acórdãos do Tribunal Constitucional, 52.º vol., p. 705
Acórdão n.º 263/02, www.tribunalconstitucional.pt
Acórdão n.º 219/2002, www.tribunalconstitucional.pt
Acórdão n.º 255/20002, www.tribunalconstitucional.pt
Acórdão n.º 304/2003, Diário da República, 1.ª série, de 19/07/2003
Acórdão n.º 406/2003, Diário da República, 1.ª série, de 24/10/2003
Acórdão n.º 61/2004, Diário da República, 1.ª série, de 27/02/2004

Tribunal de Justiça das Comunidades Europeias

Acórdão *Meroni*, de 13/06/58, proc. n.º 9/56, *Documentação e Direito Compa-rado*, 1986, p. 147
Acórdão *Reyners*, de 21/06/74, proc. 2/74, *Rec.* 1974, 631
Acórdão *Comissão/Grécia*, de 15/03/88, proc. 147/86, *Col.* 1988, 1651
Acórdão *Comissão/Itália*, de 05/12/89, proc. C-3/88, *Col.* 1989, 4035
Acórdão *GB-INNO-BM*, de 13/12/91, proc. C-18/88, *Col.* 1991, I-5941
Acórdão *Thijssen*, de 13/07/93, proc. C-42/92, *Col.* 1993, I-4047
Acórdão *Comissão/Itália*, de 26/04/94, proc. C-272/91, *Col.* 1994, I-1409
Acórdão *van Schaik*, de 05/10/94, proc. C-55/93, *Col.* 1994, I-4849
Acórdão *British Telecom*, de 12/11/96, proc. C-302/94, *Col.,* 1996, I-6417
Acórdão *Diego Calì & figli*, de 18/03/97, proc. C-343/95, *Col.* 1997, I-1581
Acórdão *Comissão/Espanha*, de 29/10/98, proc. C-114/97, *Col.* 1998, I- 6017

Acórdão *Teckal*, de 18/11/99, proc. C-107/98, Col. 1999, I-8139
Acórdão *Comissão/Bélgica*, de 09/03/2000, proc. C-355/98, *Col.* 2000, I-1221
Acórdão *Comissão/Itália*, de 31/05/2001, proc. C-283/99, *Col.* 2001, I-4363
Acórdão *Col. de Ofic. de la Marina Merc. Esp.*, de 30/09/2003, proc. C-405/01, *Col.* 2003, I-10447
Acórdão *Anker e outros*, de 30/09/2003, proc. C-47/02, *Col.* 2003, I-10391
Acórdão *Stadt Halle*, de 11/01/2005, proc. C-2603, *FI*, Parte IV, 2005, p. 134 e ss.

Supremo Tribunal Administrativo

AcSTA/1.ª, de 11/06/37, proc. 226, Colecção de Acórdãos: 1936/37
AcSTA/1.ª, de 19/10/51, proc. 3 764, Colecção de Acórdãos: vol. XVII
AcSTA/1.ª, de 02/07/54, proc. 4 266, Acórdãos do STA, vol. XX
AcSTA/Pl, de 28/07/55, proc. 4 799, Acórdãos do STA (Pleno), vol. VIII, 1957
AcSTA/1.ª, de 09/12/60, proc. 5 872, Acórdãos do STA, vol. XXVI, 1964
AcSTA/1.ª, de 21/05/65, proc. 6 874, Apêndice ao Diário do Governo, de 21/07/65
AcSTA/1.ª, de 24/04/70, proc. 8 037, AD n.º 103, p. 990
AcSTA/1.ª, de 06/05/71, proc. 8 330, AD n.º 115, p. 1011
AcSTA/1.ª, de 13/05/71, proc. 8 317, AD n.º 116/117, p. 1202
AcSTA/1.ª, de 24/01/80, proc. 13 732, Apêndice ao DR, de 11/04/84
AcSTA/1.ª, de 15/12/83, proc. 18 796, RMP, n.º 17, p. 111
AcSTA/1.ª, de 11/03/86, proc. 19 051, Apêndice ao DR, de 16/11/89
AcSTA/Pl, de 27/11/86, proc. 16 343, AD n.º 336, p. 855
AcSTA/1.ª, de 04/12/86, proc. 23 233, Apêndice DR de 15/10/92
AcSTA/1.ª, de 26/01/88, proc. 25 068, Apêndice DR de 30/10/93
AcSTA/1.ª, de 17/03/88, proc. 25 277, Apêndice DR de 8/10/93
AcSTA/1.ª, de 05/07/88, proc. 24 089, Apêndice DR de 30/10/93
AcSTA/1.ª, de 14/07/88, proc. 13 732, Apêndice DR de 31/07/89
AcSTA/1.ª, de 31/01/89, proc. 26 270, BMJ, n.º 383, p. 389
AcSTA/1.ª, de 28/09/89, proc. 27 317, Apêndice DR de 18/11/94
AcSTA/1.ª, de 19/12/89, proc. 27 392, BMJ, n.º 392, p. 336
AcSTA/1.ª, de 13/11/90, proc. 27 407, BMJ, n.º 401, p. 278
AcSTA/1.ª, de 18/02/92, proc 25 785, Apêndice DR de 29/12/95
AcSTA/1.ª, de 19/05/92, proc. 27 217, BMJ, n.º 417, p. 475
AcSTA/1.ª, de 30/11/93, proc. 31 602, Apêndice ao DR, de 15/10/96
AcSTA/1ª, de 27/01/94, proc. 33 240, AD n.º 390, p. 656
AcSTA/1.ª, de 10/05/94, proc. 34 135, Apêndice DR de 31/12/96
AcSTA/1ª, de 22/09/94, proc. 33 473, Apêndice DR de 07/02/97
AcSTA/1.ª, de 06/12/94, proc. 31 609, Apêndice DR de 18/04/97
AcSTA/1.ª, de 14/02/95, proc. 34 291, Apêndice DR de 07/02/97
AcSTA/1.ª, de 27/04/95, proc. 26 084, Apêndice DR de 07/02/97
AcSTA/1.ª, de 23/05/96, proc. 33 452, Apêndice DR de 23/10/98
AcSTA/1.ª, de 04/06/96, proc. 32 435, Apêndice DR de 23/10/98

AcSTA/1.ª, de 11/06/96, proc. 39 025, Apêndice DR de 23/10/98

AcSTA/1.ª, de 18/06/96, proc. 36 234, Apêndice DR de 23/10/98

AcSTA/1.ª, de 25/07/96, proc. 40 817, Apêndice DR de 23/10/98

AcSTA/Pl, de 11/12/96, proc. 26 651, AD, n.º 433, p. 84

AcSTA/1.ª, de 13/03/97, proc. 41 886, Apêndice DR de 25/11/99

AcSTA/1.ª, de 18/03/97, proc. 39 610, Apêndice DR de 25/11/99

AcSTA/1.ª, de 10/04/97, proc. 40 674, AD, n.º 444, p. 1505

AcSTA/1.ª, de 29/04/97, proc. 38 356, Apêndice DR de 23/03/2001

AcSTA/Pl, de 30/04/97, proc. 27 407, CJA, n.º 4, p. 3

AcSTA/1.ª, de 30/04/97, proc. 39 805, Apêndice DR de 23/03/2001

AcSTA/Pl, de 04/06/97, proc. 25 785, Apêndice DR de 18/04/2000

AcSTA/Pl, de 31/03/98, proc. 28 719, Apêndice DR de 05/04/2001

AcSTA/1.ª, de 14/05/98, proc. 42 938, Apêndice DR de 26/04/2002

AcSTA/1.ª, de 27/01/99, proc. 42 537, Apêndice DR de 12/06/2002

AcSTA/1.ª, de 10/02/99, proc. 37 023, CJA, n.º 17, p. 3

AcSTA/1.ª, de 03/03/99, proc. 44 366, Apêndice DR de 12/07/2002

AcSTA/1.ª, de 21/04/99, proc. 40 766, Apêndice DR de 30/07/2002

AcSTA/1.ª, de 20/05/99, proc. 40 054, Apêndice DR de 30/07/2002

AcSTA/1.ª, de 29/09/99, proc. 44 282, Apêndice DR de 23/09/2002

AcSTA/1.ª, de 13/10/99, proc. 43 284, Apêndice DR de 23/09/2002

AcSTA/1.ª, de 20/10/99, proc. 36 126, Apêndice DR de 23/09/2002

AcSTA/1.ª, de 10/05/2000, proc. 41 291, Apêndice DR de 09/12/2002

AcSTA/1.ª, de 06/07/2000, proc. 46 236, Apêndice DR de 16/12/2002

AcSTA/1.ª, de 18/10/2000, proc. 46 314, Apêndice DR de 12/02/2003

AcSTA/1.ª, de 20/12/2000, proc. 46 393, Apêndice DR de 12/02/2003

AcSTA/1.ª, de 03/04/2001, proc. 47 374, www.dgsi.pt

AcSTA/1.ª, de 10/07/2001, proc. 46 449, www.dgsi.pt

AcSTA/1.ª, de 28/02/2002, proc. 133/02, www.dgsi.pt

AcSTA/1.ª, de 22/06/2002, proc. 47 229, www.dgsi.pt

AcSTA/1.ª, de 25/06/2002, proc. 46 570, www.dgsi.pt

AcSTA/1.ª, de 26/06/2002, proc. 44 811, www.dgsi.pt

AcSTA/1ª, de 8/10/2002, proc. 1308/02, www.dgsi.pt

AcSTA/1.ª, de 05/12/2002, proc. 48 384, www.dgsi.pt

AcSTA/1.ª, de 08/01/2003, proc. 1986/02, www.dgsi.pt

AcSTA/Pl, de 23/01/2003, proc. 46 299, www.dgsi.pt

AcSTA/1.ª, de 01/04/2003, proc. 483/03, www.dgsi.pt

AcSTA/1.ª, de 26/03/2003, proc. 422/02, www.dgsi.pt

AcSTA/1.ª, de 06/05/2003, proc. 47 547, www.dgsi.pt

AcSTA/1.ª, de 23/09/2003, proc. 46 952, www.dgsi.pt

AcSTA/1.ª, de 08/10/2003, proc. 1662/02, www.dgsi.pt

AcSTA/1.ª, de 13/11/2003, proc. 1534/03, www.dgsi.pt

AcSTA/1.ª, de 09/03/2004, proc. 1509/02, www.dgsi.pt

AcSTA/1.ª, de 30/09/2004, proc. 1426/02, www.dgsi.pt
AcSTA/1.ª, de 15/12/2004, proc. 74/02, www.dgsi.pt
AcSTA/1.ª, de 03/03/2005, proc. 341/04, www.dgsi.pt
AcSTA/1.ª, de 05/04/2005, proc. 266/05, www.dgsi.pt

Tribunal Central Administrativo
AcTCA/1.ª, de 6/6/2002, proc. 11391: CJA, n.º 36, p. 40
Ac. TCA-N, de 9/9/2004, proc. 65/04.TA09423, www.dgsi.pt
Ac. TCA-S, de 1/9/2004, proc. 225/04, www.dgsi.pt
Ac. TCA-S, de 16/6/2005, proc. 801/05, www.dgsi.pt

Conselho Consultivo da Procuradoria-Geral da República
Parecer n.º 171/76, BMJ, n.º 277, p. 30
Parecer n.º 66/81, BMJ, n.º 313, p. 101
Parecer n.º 187/81,édito
Parecer n.º 17/82, BMJ, n.º 323, p. 152
Parecer n.º 17/82 (Complementar), BMJ, n.º 332, p. 197
Parecer n.º 17/84, BMJ, n.º 349, p. 46
Parecer n.º 11/85, DR, II, 11/01/86
Parecer n.º 114/85, BMJ, n.º 359, p. 189
Parecer n.º 65/88, DR, II, de 31/08/89
Parecer n.º 101/88, DR, II, de 08/06/89
Parecer n.º 22/90, BMJ, n.º 411, p. 5
Parecer n.º 11/95, DR, II, de 04/01/97
Parecer n.º 64/95, DR, II, de 31/07/96
Parece n.º 65/95, DR, II, de 18/06/96
Parecer n.º 67/95, DR, II, 29/08/96
Parecer n.º 59/99, DR, II, 25/10/2000
Parecer n.º 72/2001, DR, II, 18/06/2001
Parecer n.º 145/2001, DR, II, 23/04/2003
Parecer n.º 38/2002, DR, II, 09/97/2003

ÍNDICE

Agradecimentos 7
Abreviaturas utilizadas na exposição 9

INTRODUÇÃO

1. Apresentação 13
2. Relevância e actualidade do estudo 22
3. Considerações metodológicas e precisão do objecto do estudo 26
4. Referência histórica 33
5. Exercício privado de poderes públicos de autoridade no direito estrangeiro 46
   5.1. Alemanha e Áustria 46
   5.2. Itália 53
   5.3. França 58
   5.4. Espanha 64
   5.5. Suíça 71
   5.6. Estados Unidos da América 73
6. Exercício privado de poderes públicos de autoridade no direito comunitário 82
   6.1. Delegação de poderes no âmbito da CE 82
      6.1.1. "Doutrina Meroni": criação das agências europeias e delegação de funções de gestão do domínio internet eu num organismo privado 84
      6.1.2. Participação de particulares na execução de funções comunitárias 87
   6.2. Cláusulas de reserva relacionadas com o exercício da autoridade pública 92
      6.2.1. Artigos 45.º e 55.º do Tratado CE: "actividades ligadas ao exercício da autoridade pública" 92
      6.2.2. Artigo 39.º/4 do Tratado CE: "empregos na Administração Pública" 98

6.3. Sistema comunitário de reconhecimento de organizações de vistoria, inspecção e certificação de navios 101

7. Exercício privado de funções e de poderes públicos na arena internacional: o caso da ICANN na governação global da internet 103

8. Exercício privado de poderes públicos de autoridade no direito português 117

    8.1. Referências na doutrina 117

    8.2. Referências na jurisprudência 127

    8.3. Referências na legislação 133

PARTE I
**Exercício de poderes públicos de autoridade por entidades privadas
à luz de algumas coordenadas jurídicas da actualidade**

CAPÍTULO I
Estado e entidades particulares: responsabilidades partilhadas

1. Desestadualização da prossecução dos interesses públicos 140

2. Privatização de responsabilidades públicas e activação de responsabilidades privadas 151

    2.1. Privatização 151

        2.1.1. Privatização material de tarefas como processo 156

        2.1.2. Fase pós-privatização: "dever estadual de garantia" 158

    2.2. Activação e reforço das responsabilidades privadas 161

    2.3. Diversificação dos graus de responsabilidade pública 163

        2.3.1. Responsabilidade pública de execução 165

        2.3.2. Responsabilidade pública de garantia 166

3. Auto-regulação privada publicamente regulada 170

    3.1. Auto-regulação privada desenvolvida por impulso estadual 176

        3.1.1. Auto-regulação privada imposta pelo Estado 176

            3.1.1.1. Imposição legal de deveres 178

            3.1.1.2. Imposição legal de deveres: nota especial sobre os deveres de controlo 185

        3.1.2. Auto-regulação privada incentivada ou induzida pelo Estado – "sistemas privados de certificação voluntária" 211

    3.2. Auto-regulação privada organizada pelo Estado 224

CAPÍTULO II
Persistência das dicotomias tradicionais entre *público* e *privado*

1. Tarefas públicas e tarefas privadas 228
   1.1. Crítica da dicotomia: tópicos fundamentais................................. 228
   1.2. Permanência da dicotomia 231
   1.3. Importância da dicotomia para a concepção de uma "teoria das responsabilidades públicas" 238
   1.4. Contactos e continuidades entre tarefas privadas e tarefas públicas.... 246
2. Entidades públicas e entidades privadas 248
   2.1. Sintomas de desvalorização da distinção 249
   2.2. Continuação de importância da distinção 252
   2.3. Critérios jurídicos de distinção 258
3. Direito público e direito privado.. 270
   3.1. Ruptura com o paradigma clássico da distinção.......................... 270
   3.2. Sobrevivência da dualidade 280
      3.2.1. Direito administrativo: "direito próprio da Administração Pública" 281
         3.2.1.1. Conceito de Administração Pública 282
         3.2.1.2. Direito administrativo: graus de sujeição da Administração Pública.. 288
      3.2.2. Excepções à conexão entre Administração Pública e direito administrativo 296
      3.2.3. Vinculação de particulares pelo direito administrativo....... 303
         3.2.3.1. Vinculação pelo direito administrativo e vínculos jurídico-administrativos sobre meros particulares ... 303
         3.2.3.2. Casos de vinculação de particulares pelo direito administrativo: o *direito administrativo entre particulares* 309
      3.2.4. Expansão de valores do direito administrativo para o direito privado.. 315

CAPÍTULO III
Privatização no âmbito da execução de tarefas públicas

1. Noção de privatização no âmbito da execução de tarefas públicas 321
   1.1. Estratégia de privatização 322
   1.2. Pressupostos e limites 324
   1.3. Relação com outros conceitos e fenómenos................................. 325
      1.3.1. Privatização do financiamento 326
      1.3.2. Parcerias público-privadas 327

1.3.3. Contratação pública 330
1.3.4. Privatização do procedimento administrativo 331
1.3.5. Empresarialização da Administração Pública 334
1.3.6. Pluralização da Administração Pública 336
1.3.7. Publicização 344
2. Formas de privatização no âmbito da execução de tarefas públicas ... 345
  2.1. Privatização funcional e privatização orgânica 348
  2.2. Privatização funcional: contribuição privada no domínio da pre-
       paração ou da implementação de tarefas públicas 357
    2.2.1. Privatização funcional na preparação de tarefas públicas 359
    2.2.2. Privatização funcional na implementação de tarefas públicas .. 367
  2.3. Privatização orgânica: execução de tarefas públicas por entida-
       des privadas 391
    2.3.1. Privatização orgânica material: "Administração Pública dele-
           gada" 396
    2.3.2. Privatização orgânica formal: "Administração Pública em
           forma privada" 396

PARTE II
**Exercício de poderes públicos de autoridade por entidades privadas
com funções administrativas: elementos constitutivos e delimitação**

CAPÍTULO I
Elementos constitutivos

1. Entidades privadas 423
  1.1. Categorias de entidades privadas 423
    1.1.1. Particulares 423
    1.1.2. Entidades administrativas privadas 433
    1.1.3. Conceito de entidades privadas: observações complementares .. 433
  1.2. Entidades privadas e Administração Pública 437
    1.2.1. Particulares e Administração Pública 437
      1.2.1.1. Participação orgânica de particulares na Adminis-
               tração Pública 438
      1.2.1.2. Associação de particulares com a Administração
               Pública 453
      1.2.1.3. Cooperação entre particulares e Administração
               Pública 454
      1.2.1.4. Colaboração de particulares com a Administração
               Pública 455

1.2.1.5. Substituição originária da Administração Pública por particulares 456

1.2.2. Entidades administrativas privadas e Administração Pública 461

2. Função administrativa 461

2.1. Função administrativa: "modo de execução de uma tarefa pública" .. 463

2.1.1. Tarefa pública: traços caracterizadores 463

2.1.2. Factores marcantes da natureza pública de tarefas executadas por particulares: nota especial 467

2.1.2.1. Apropriação pública explícita com atribuição da tarefa à Administração 473

2.1.2.2. Apropriação pública explícita sem atribuição da tarefa à Administração 474

2.1.2.3. Apropriação pública implícita 479

2.1.3. Estudo de quatro casos controversos 489

2.1.3.1. Ensino privado oficializado 489

2.1.3.1.1. Modelos de organização do sistema de ensino 490

2.1.3.1.2. Estado e sistema de ensino 495

2.1.3.1.3. Sistema dual de ensino: ensino público e ensino privado 498

2.1.3.1.4. Comunicação e transição entre os dois subsistemas de ensino 501

2.1.3.1.5. Avaliações e atribuição oficialmente válidos 505

2.1.3.2. Actividades das pessoas colectivas de utilidade pública administrativa e das associações de bombeiros voluntários 516

2.1.3.3. Profissões legalmente designadas como "oficiais".. 529

2.1.3.4. Gestão de mercados de valores mobiliários 536

2.2. Função administrativa: função pública 543

2.3. Titulares da função administrativa 548

2.3.1. Administração Pública em sentido estrito 549

2.3.2. Entidades particulares 549

2.3.3. Órgãos públicos não integrados na Administração Pública 549

2.4. Exercício privado da função administrativa: remissão 550

2.5. Exercício privado de outras funções públicas estaduais 550

2.5.1. Função política 551

2.5.2. Função legislativa 556

2.5.3. Função jurisdicional 560

2.5.3.1. Arbitragem: os tribunais arbitrais na esfera da autonomia privada 564

2.5.3.2. Arbitragem imposta por lei: os tribunais arbitrais
necessários 570
2.5.3.3. Arbitragem no direito administrativo 573
2.5.4. Funções públicas judiciárias de carácter jurisdicional 578
2.5.5. Função notarial e funções afins 585
3. Poderes públicos de autoridade 590
3.1. Poder e autoridade 591
3.2. Autoridade dos poderes públicos 597
3.3. Poderes públicos e poderes privados 612
3.4. Categorias de poderes públicos de autoridade 619
3.4.1. Poder normativo 620
3.4.2. Poderes de "configuração" e de "determinação da produ-
ção" de efeitos jurídicos inovadores 620
3.4.3. Poderes de emissão de declarações que produzem um
efeito de certeza pública ou que estão dotadas de uma
força probatória especial 636
3.4.4. Poder de criação de títulos executivos 640
3.4.5. Poderes de execução coerciva e de coacção directa 641
3.5. Formas de manifestação dos poderes públicos de autoridade 642

CAPÍTULO II
Exercício privado da função administrativa e
exercício privado de poderes públicos de autoridade

1. Exercício privado da função administrativa 651
1.1. Delimitação 652
1.2. Confronto com outras figuras do direito da organização adminis-
trativa 654
1.2.1. Participação orgânica de particulares na Administração
Pública 654
1.2.2. Colaboração auxiliar: privatização funcional 656
1.2.3. Mandato administrativo 656
1.2.4. Administração autónoma 664
2. Exercício privado de poderes públicos de autoridade 679
2.1. "Delegação" de poderes públicos em entidades privadas 680
2.2. Delegação de poderes públicos em entidades privadas e outras
figuras e conceitos 684
2.2.1. Referendo 685
2.2.2. Contratos sobre o exercício de poderes públicos 686
2.2.3. Delegação de facto de poderes públicos 688
3. Delegação de poderes públicos em entidades privadas: identificação 691

3.1. Poder normativo 694

    3.1.1. Poder normativo público e outras situações jurídicas 694

        3.1.1.1. Poder normativo privado 695

        3.1.1.2. Edição de normas técnicas 721

        3.1.1.3. Direito (formal) à emissão de normas administra-
tivas 730

        3.1.1.4. Poder de propor a emissão de normas administra-
tivas 733

    3.1.2. Poder de emissão de normas administrativas 736

3.2. Poder para praticar actos jurídicos concretos 742

    3.2.1. Poder público para praticar actos jurídicos concretos e outras
posições subjectivas de entidades privadas 743

        3.2.1.1. Prerrogativas em matéria de expropriação por utili-
dade pública das "entidades expropriantes" 743

        3.2.1.2. Prerrogativas especiais de protecção 754

        3.2.1.3. Direitos especiais ou exclusivos, nos termos do
artigo 86.º/1 do Tratado CE 754

        3.2.1.4. Direito de ocupação de terrenos particulares por
empreiteiros 757

        3.2.1.5. Poderes de efectuar a sinalização de obras nas vias
públicas e de regulação do trânsito 758

        3.2.1.6. Poder de suspensão de fornecimentos e de presta-
ção de serviços 761

    3.2.2. Categorias de poderes públicos para praticar actos jurídicos
concretos 762

        3.2.2.1. Poder público para praticar actos externos 762

        3.2.2.2. Poder público para praticar actos internos 776

3.3. Poderes de execução coerciva e de coacção directa 777

    3.3.1. Poder público de execução coerciva de actos administrati-
vos 777

    3.3.2. Poder *público* de coacção directa e direitos *privados* de
emprego da força 778

PARTE III
**Entidades privadas com funções administrativas e
poderes públicos de autoridade**

CAPÍTULO I
Particulares

1. Pessoas singulares 787
  1.1. Trabalhadores dependentes 788
  1.2. Trabalhadores independentes 789
  1.3. Comandantes e outros membros de corpos de bombeiros volun-
     tários 799
2. Pessoas colectivas 803
  2.1. Gestão de serviços públicos e exploração de obras ou bens públicos 803
  2.2. Sector agrícola 807
    2.2.1. Organismos de certificação e controlo: sistema comunitário
       de protecção das referências geográficas de produtos agrí-
       colas e dos géneros alimentícios 808
    2.2.2. Entidades certificadoras de vinhos e de produtos vitiviní-
       colas 813
    2.2.3. Entidades certificadoras de queijos produzidos em regiões
       demarcadas 818
    2.2.4. Organizações de produtores pecuários para defesa sanitária .. 819
    2.2.5. Entidades intervenientes no controlo e na certificação de
       sementes de espécies agrícolas e hortícolas 821
  2.3. Sectores industrial e comercial 822
    2.3.1. Sociedades gestoras de áreas de localização empresarial .. 822
    2.3.2. Câmaras de comércio e indústria 824
    2.3.3. Confederações empresariais 827
  2.4. Mercados de valores mobiliários 827
  2.5. Domínio internet.pt 829
  2.6. Desporto 835
    2.6.1. Federações desportivas com estatuto de utilidade pública
       desportiva 855
    2.6.2. Ligas profissionais de clubes: natureza jurídica e poderes
       públicos 865
  2.7. Segurança técnica: inspecção e certificação oficial 867
    2.7.1. Inspecção técnica de veículos automóveis e seus reboques ... 867
    2.7.2. Vistoria, inspecção e certificação de navios 870
    2.7.3. Inspecção de instalações eléctricas 880
    2.7.4. Inspecção de elevadores 882

2.8. Outras actividades de verificação e de fiscalização 884
    2.8.1. Exames de condução de veículos automóveis 884
    2.8.2. Exames psicológicos de candidatos a condutores ou con-
        dutores de veículos automóveis 886
    2.8.3. Fiscalização de centros de inspecção de veículos automó-
        veis e de exames de condução 887
    2.8.4. Fiscalização, inspecção e vistoria de obras 888
    2.8.5. Fiscalização no sector das telecomunicações 889
2.9. Solidariedade social, protecção civil e saúde 889

CAPÍTULO II
Entidades administrativas privadas

1. Entidades administrativas privadas de natureza societária 895
    1.1. Empresas públicas integradas no sector empresarial do Estado ... 896
    1.2. Empresas municipais 916
    1.3. Sociedades concessionárias de sistemas multimunicipais 921
2. Outras entidades administrativas privadas 922

PARTE IV
**Delegação e exercício de poderes públicos de autoridade
por entidades privadas – configuração constitucional e regime jurídico**

CAPÍTULO I
Enquadramento constitucional

1. Delegação em particulares 932
    1.1. Tendências de abordagem da questão constitucional 932
        1.1.1. Discurso da proibição 933
        1.1.2. Discurso liberal 936
        1.1.3. Discursos intermédios 937
    1.2. Premissas da posição adoptada 947
    1.3. Limites constitucionais à delegação 953
        1.3.1. Limites absolutos de carácter objectivo 953
            1.3.1.1. Poderes conferidos pela Constituição a instâncias
                públicas 954
            1.3.1.2. Poderes de emprego da força: sentido e extensão
                da proibição 956

1.3.2. Limites absolutos de carácter subjectivo 974
    1.3.2.1. Particulares sem funções públicas 974
    1.3.2.2. Particulares que não oferecem garantias de uma actuação desinteressada no exercício de poderes públicos 977
    1.3.2.3. Estrangeiros 980
    1.3.2.4. Associações privadas, relativamente às *delegações impostas* 984
1.3.3. Limites relativos 985
    1.3.3.1. *Ratio* dos limites relativos 985
    1.3.3.2. Limites quantitativos 998
    1.3.3.3. Limites qualitativos 1000
1.4. Condições constitucionais da delegação 1004
1.4.1. Princípio da legalidade 1004
1.4.2. Legitimação democrática do particular com poderes públicos 1007
1.4.3. Vinculação do particular com poderes públicos por um regime que assegure a prossecução do interesse público, no respeito pelos direitos dos cidadãos 1013
2. Delegação em entidades administrativas privadas 1020

CAPÍTULO II
Regimes jurídicos da delegação e do exercício de poderes públicos de autoridade por entidades privadas

1. Regime jurídico da delegação de poderes públicos de autoridade em entidades privadas 1025
1.1. Acto de delegação 1028
1.1.1. Forma 1028
1.1.2. Conteúdo 1030
1.1.3. Consequências da ausência ou da nulidade do acto de delegação 1031
1.2. Relação de delegação 1031
2. Regime jurídico do exercício de poderes públicos de autoridade por entidades privadas 1036
2.1. Vinculações jurídicas das entidades privadas no exercício de poderes públicos de autoridade 1036
2.1.1. Vinculação pelos direitos fundamentais 1038
2.1.2. Vinculação pela "constituição administrativa" 1042
2.1.3. Vinculação pelo direito administrativo 1054
    2.1.3.1. Utilização das formas do direito administrativo... 1051

2.1.3.1.1. Regulamentos administrativos de entidades privadas 1052

2.1.3.1.2. Actos administrativos de entidades privadas 1055

2.1.3.1.3. Contratos administrativos entre entidades privadas 1063

2.2. Sujeição à jurisdição administrativa 1070

2.3. Responsabilidade civil decorrente de actos praticados por entidades privadas no exercício de poderes públicos de autoridade 1087

Reflexões finais 1097

Bibliografia 1107

Índice 1187